TRUDEAU
REGARDEZ-MOI
BIEN ALLER !

TOME 2 : 1968-2000

Traduction : Suzanne Anfossi, Louise Gaudette,
Arnaud Bréart, Audrey Vézina, Véronique Duguay,
Sophie Campbell et Marcel Anfossi
Révision : Suzanne Anfossi
Infographie : Luisa da Silva
Correction : Sylvie Massariol, Anne-Marie Théorêt,
Ginette Patenaude

**Catalogage avant publication de Bibliothèque et
Archives nationales du Québec et Bibliothèque
et Archives Canada**

English, John, 1945-

Trudeau, citoyen du monde

Traduction de : Citizen of the world, et de, Just watch me.
Titre du vol. 2 : Trudeau, regardez-moi bien aller !.
Comprend des réf. bibliogr. et un index.
Sommaire : t. 1. 1919-1968 -- t. 2. 1968-2000.

ISBN 978-2-7619-2083-4 (v. 1)
ISBN 978-2-7619-2506-8 (v. 2)

1. Trudeau, Pierre Elliott, 1919-2000. 2. Canada –
Politique et gouvernement – 1968-1979. 3. Canada –
Politique et gouvernement – 1980-1984. 4. Premiers
ministres – Canada – Biographies. I. Titre. II. Titre :
Trudeau, regardez-moi bien aller !

FC626.T7E5314 2006   971.064'4092C2006-941647-8

10-09

© 2009, John English

Traduction française :
© 2009, Les Éditions de l'Homme,
division du Groupe Sogides inc.,
filiale du Groupe Livre Quebecor Media inc.
(Montréal, Québec)

L'ouvrage original a été publié
par Alfred A. Knopf Canada,
succursale de Random House of Canada Limited,
sous le titre *Just Watch Me*

Dépôt légal : 2009
Bibliothèque et Archives nationales du Québec

ISBN 978-2-7619-2506-8

DISTRIBUTEURS EXCLUSIFS :

• Pour le Canada et les États-Unis :
MESSAGERIES ADP*
2315, rue de la Province
Longueuil, Québec J4G 1G4
Tél. : 450 640-1237
Télécopieur : 450 674-6237
Internet : www.messageries-adp.com
* filiale du Groupe Sogides inc.,
  filiale du Groupe Livre Quebecor Media inc.

• Pour la France et les autres pays :
INTERFORUM editis
Immeuble Paryseine, 3, Allée de la Seine
94854 Ivry CEDEX
Tél. : 33 (0) 1 49 59 11 56/91
Télécopieur : 33 (0) 1 49 59 11 33
Service commandes France Métropolitaine
Tél. : 33 (0) 2 38 32 71 00
Télécopieur : 33 (0) 2 38 32 71 28
Internet : www.interforum.fr
Service commandes Export – DOM-TOM
Télécopieur : 33 (0) 2 38 32 78 86
Internet : www.interforum.fr
Courriel : cdes-export@interforum.fr

• Pour la Suisse :
INTERFORUM editis SUISSE
Case postale 69 – CH 1701 Fribourg – Suisse
Tél. : 41 (0) 26 460 80 60
Télécopieur : 41 (0) 26 460 80 68
Internet : www.interforumsuisse.ch
Courriel : office@interforumsuisse.ch
Distributeur : OLF S.A.
ZI. 3, Corminboeuf
Case postale 1061 – CH 1701 Fribourg – Suisse
Commandes :   Tél. : 41 (0) 26 467 53 33
                   Télécopieur : 41 (0) 26 467 54 66
                   Internet : www.olf.ch
                   Courriel : information@olf.ch

• Pour la Belgique et le Luxembourg :
INTERFORUM BENELUX S.A.
Fond Jean-Pâques, 6
B-1348 Louvain-La-Neuve
Téléphone : 32 (0) 10 42 03 20
Fax : 32 (0) 10 41 20 24
Internet : www.interforum.be
Courriel : info@interforum.be

Gouvernement du Québec – Programme de crédit
d'impôt pour l'édition de livres – Gestion SODEC –
www.sodec.gouv.qc.ca

L'Éditeur bénéficie du soutien de la Société de développement des entreprises culturelles du Québec pour
son programme d'édition.

Le Conseil des Arts du Canada
The Canada Council for the Arts

Nous remercions le Conseil des Arts du Canada de l'aide
accordée à notre programme de publication.

Nous reconnaissons l'aide financière du gouvernement
du Canada par l'entremise du Programme d'aide au
développement de l'industrie de l'édition (PADIÉ) pour
nos activités d'édition.

JOHN ENGLISH

TRUDEAU
REGARDEZ-MOI
BIEN ALLER !

TOME 2 : 1968-2000

*Traduit de l'anglais
sous la direction de Suzanne Anfossi*

LES ÉDITIONS DE L'HOMME
Une compagnie de Quebecor Media

À Bob English,
qui n'a jamais voté pour Trudeau, et aujourd'hui le regrette.

CHAPITRE 1

La prise du pouvoir

Le champagne pétillait, alors que Pierre Elliott Trudeau, un sourire gamin aux lèvres, saluait de la main la foule en liesse. C'était au congrès du Parti libéral en 1968. Le 6 avril, un samedi après-midi, le Montréalais de quarante-huit ans, ministre réformiste de la Justice du Canada, venait d'être élu au quatrième tour à la direction du parti, le septième chef libéral depuis la Confédération. Grâce à cette victoire, il serait bientôt le sixième premier ministre du Canada de cette allégeance. Marchant sur les pas de Laurier et de King, de Saint-Laurent et de Pearson, Trudeau se préparait à s'adresser non seulement aux délégués réunis au Centre municipal d'Ottawa, mais aussi à la nation, curieuse, qui, rassemblée autour de téléviseurs pour la plupart en noir et blanc, allait assister à la naissance de la « Trudeaumanie ». Quel que soit le sens que l'on donnerait au phénomène, la soirée allait passer à l'histoire, semblait-il, car ce serait la première fois qu'on élirait un premier ministre né au xxᵉ siècle. De plus, Trudeau serait le plus jeune premier ministre depuis les années 1920, et, avec moins de trois ans passés à la Chambre des communes, le moins expérimenté de l'histoire canadienne.

La foule autour de Trudeau était jeune, mais c'était dans l'air du temps. Trudeau avait entamé sa campagne victorieuse juste comme les Beatles inauguraient leur *Magical Mystery Tour* et que la comédie musicale *Hair* exprimait sa découverte du sexe, des drogues et du rock-and-roll, et mettait le cap sur Broadway. Cette année-là, magie et choc politique s'amalgamèrent, le marginal et l'alternatif fusionnant avec le courant dominant. À la fin de janvier, le Viêt-công avait stupéfié les forces américaines au Viêtnam avec son offensive du Têt, et la présidence américaine de Lyndon Johnson commençait à s'effondrer. Richard Nixon, le vieux guerrier de la guerre froide, avait mis fin à sa traversée du désert pour devenir un sérieux candidat républicain à la présidence, tandis que les démocrates jouaient des coudes pour succéder à Johnson. Et le rêve américain s'était transformé en cauchemar. Cette vision prometteuse, qu'incarnait le jeune et éloquent John F. Kennedy, avait enchanté les Canadiens au début de la décennie, mais Kennedy n'était plus et, le jeudi 4 avril, la veille même de l'ouverture du congrès à la direction des libéraux, James Earl Ray avait abattu le révérend Martin Luther King, chef de file du mouvement pour les droits civils, sur le balcon d'un motel à Memphis, au Tennessee. L'éruption de la violence dans les plus grandes villes américaines après l'assassinat de King et le triomphe de Pierre Trudeau au congrès des libéraux se partagèrent tous deux les grands titres des premières pages des journaux canadiens.

Le contraste était saisissant. Soudain, le Canada semblait différent (*cool*, dans l'argot de l'époque), un « royaume pacifique », comme certains le désignaient alors. Dans ce contexte, la candidature d'un parlementaire n'ayant que trois ans d'expérience devenait fascinante d'un point de vue politique. Trudeau se positionnait d'une manière unique dans l'histoire du Canada, ne serait-ce que sur le plan du style : jadis socialiste, il s'intéressait aux œuvres des intellectuels français, portait des chaussures sans chaussettes et des vestes sans cravate sans pourtant manquer d'élégance, conduisait une impeccable Mercedes 300SL décapotable, et n'hésitait pas à flirter avec des femmes plus jeunes que lui d'une génération. Ce week-end d'avril, de jeunes Américains, semblables aux jeunes qui s'étaient réunis au Centre municipal d'Ottawa, manifestèrent avec colère dans les rues et sur les campus universitaires. Bob Rae qui étudiait alors à l'Université de Toronto, s'est rappelé plus tard comment le jeune étudiant militant aux cheveux ébouriffés qu'il était s'était rendu à ce congrès, attiré par l'esprit vif de Trudeau, son intelligence, « sa conviction que les idées sont importantes en politique », et, surtout, son « style ». Son colocataire Michael Ignatieff, un étudiant radical comme lui, s'était joint à l'équipe de Trudeau. Quarante ans plus tard, il devait déclarer que, pour lui, la politique n'a jamais été aussi excitante qu'à l'époque grisante de ce printemps de 1968. Bruce Allen Powe, un partisan de John Turner, emmena Bruce, son fils de treize ans, au congrès, mais ce dernier défia l'allégeance de son père et cacha ses macarons à l'effigie de Trudeau sous sa veste ; cet engouement né à ce moment-là n'allait jamais se démentir.

L'engouement était d'ailleurs contagieux. Après la clôture officielle du congrès, les partisans de Trudeau et des milliers d'autres s'entassèrent dans le nouvel hôtel Skyline, au centre-ville d'Ottawa, là où la sculpturale Diamond Lil exécuta l'une de ses danses les plus entraînantes entre deux affiches de la campagne de Trudeau. Une multitude de jeunes filles en minijupe accueillirent le nouveau chef en hurlant, tandis que les partisans plus âgés entonnaient *For He's a Jolly Good Fellow*. « Faisons la fête ce soir, déclara un Trudeau radieux, mais n'oubliez pas que lundi, la fête est finie. »

Trudeau ne fut pas long à remarquer la présence de la superbe jeune sœur de Bob Rae, Jennifer, de l'autre côté de la pièce. Fixant son regard bleu pénétrant sur elle, il s'approcha en murmurant : « Accepteriéz-vous de sortir un jour avec moi ? » Elle le ferait plus tard. Il se rappela toutefois la ravissante adolescente qui l'avait éconduit à Tahiti en décembre de l'année précédente, mais qui avait accepté le baiser passionné qu'il lui avait donné l'après-midi même, au moment de quitter la salle du congrès. Lorsque les journalistes demandèrent à Margaret Sinclair, la fille d'un ancien ministre du Cabinet libéral, si elle connaissait Trudeau et si elle était sa petite amie, elle répondit : « Non, je ne le connais que comme futur premier ministre. » Son poste de premier ministre procurait déjà à Trudeau des avantages imprévus et, pour la première fois depuis Laurier, un premier ministre canadien était sexy[1].

Trudeau savait que les attentes du public étaient trop élevées, et il s'empressa de les freiner lors de son discours d'investiture au congrès et de son passage suivant à la télévision. Le discours fut de piètre qualité, mais le contenu importait peu, car les mots de Trudeau disparurent dans l'ivresse de la victoire. Le 7 avril, soit le lendemain de son investiture, Trudeau organisa une conférence de presse télévisée diffusée dans tout le Canada. Arborant la rose rouge fraîche qui était déjà devenue sa marque de commerce, il fit l'éloge de ses adversaires, en particulier Robert Winters, qui avait terminé deuxième, et déclara étudier le rôle qu'ils pourraient jouer dans le Conseil des ministres. À la surprise de certains commentateurs, il affirma qu'il n'était pas nécessaire de déclencher immédiatement des élections. Puis, sans prévenir, il nia être un radical ou un « homme de gauche ». « Je suis, affirma-t-il, un pragmatiste. » Le commentaire déconcerta de nombreux observateurs.

Peu de temps auparavant, Trudeau avait déclaré fièrement être un gauchiste. Les vieilles coupures de journaux abondaient en preuves de son « radicalisme » et de ses opinions de gauche, tout comme les souvenirs de nombreuses personnes qui le connaissaient, ainsi que *Cité libre*, la revue dont il avait été le rédacteur en chef dans les années 1950. Tommy Douglas, le chef du Nouveau Parti démocratique, se rappelait avoir tenté de recruter Trudeau comme candidat socialiste à peine quelques années plus tôt. Le nouveau premier ministre savait que son succès futur reposait sur sa faculté d'inspirer confiance à nouveau, ce qui exigeait, paradoxalement, de faire preuve d'ambiguïté plutôt que d'y aller d'affirmations de principe énoncées avec force. Au congrès, il avait parlé de la « société juste » qu'il avait l'intention de bâtir, une notion dont les contours étaient toutefois peu définis, et les fondements, mis à part l'adhésion au principe du droit des individus à prendre leurs propres décisions, à peine perceptibles.

L'ambiguïté ou, peut-être plus exactement, le mystère apparemment séduisait*. Même le *Spectator*, magazine conservateur britannique si souvent cynique dans ses observations sur le plus ancien membre du Commonwealth, succomba à l'enthousiasme entourant Trudeau : « C'était comme si le Canada avait atteint sa majorité, comme si lui-même, d'une seule main, allait catapulter sous le soleil brillant de la fin

---

* Un grand mystère régnait, par exemple, autour de l'âge de Trudeau. La biographie qui figure dans le *Guide parlementaire canadien* de 1968, rédigé par le cabinet de Trudeau, indiquait qu'il était né en 1921. « Est-ce 46, 47 ou 48 ans ? », demanda un journaliste. « Seul son coiffeur le sait […] et M. Trudeau lui-même peut-être. » Faisant référence à l'âge réel de Trudeau, le chef conservateur Robert Stanfield déclara avec ironie que l'erreur laissait entendre que Trudeau ne comprendrait jamais rien aux chiffres. Trudeau lui-même taquinait la presse à propos du désaccord. Lorsqu'un intervieweur à la radio á Wingham, en Ontario, suggéra avec précaution que Trudeau avait quarante-huit ans, celui-ci répondit : « Eh bien, certains le disent. D'autres donnent un autre chiffre. Il faudra que je redemande à ma sœur ; je ne suis pas certain. » *Guide parlementaire canadien* (1968) (Ottawa : Pierre Normandin, 1968), p. 264 ; et *Le Devoir*, 8 avril 1968. L'interview de Wingham se trouve dans Brian Shaw, *The Gospel according to Saint Pierre* (Richmond Hill, Ont. : Pocket Books, 1969), p. 172 ; et *Le Devoir*, 8 avril 1968.

du XXe siècle le pays dont la politique était enlisée dans un marécage de traditionalisme et de médiocrité depuis des années. » Au printemps de 1968, intrigué, William Shawn, le célèbre rédacteur en chef du *New Yorker*, mandata Edith Iglauer pour écrire un long article sur le nouveau premier ministre du Canada. Il fallut un an pour le rédiger, mais l'article demeure le meilleur portrait de Trudeau tandis qu'il prenait le pouvoir et modelait sa vie personnelle aux nouvelles exigences de la vie publique.

Les plus grands journalistes canadiens ne pouvaient résister à son charme, et nombre d'entre eux oublièrent leur objectivité et signèrent une pétition endossant Trudeau. L'historien Ramsay Cook, de tradition néo-démocrate, mais rédacteur de discours pour Trudeau en 1968, a conservé un extrait d'article intitulé : « *Pierre Trudeau is a good shit* (merde). » Le papier est signé par June Callwood, éminente journaliste de gauche, et son mari, Trent Frayne, rédacteur sportif, par Peter Gzowski, rédacteur en chef de *Maclean's*, et sa femme, Jenny, ainsi que par Barbara Frum, une jeune et impertinente intervieweuse. Selon un commentaire de Peter C. Newman, le talentueux journaliste politique à succès du *Toronto Star* : « Tous les clichés véhiculés par des générations de politiciens tombent dès qu'il [Trudeau] prend la parole[2]. »

⁓

La fraîcheur de Trudeau semblait l'immuniser contre l'humeur politique sombre et opaque qui avait été le lot d'Ottawa au milieu des années 1960, époque où le Canada, selon l'expression célèbre de Peter C. Newman, souffrait de *distemper* politique. Deux anciens combattants de la Première Guerre mondiale, John Diefenbaker et Lester Pearson, livraient de véritables batailles qui ennuyaient et exaspéraient les Canadiens. En 1967, lors d'un congrès plein d'amertume, les conservateurs rejetèrent Diefenbaker pour se tourner vers le premier ministre de la Nouvelle-Écosse, Robert Stanfield, dont les manières soignées et le style laconique étaient aux antipodes de ceux du fougueux populiste de la Saskatchewan. Pearson, âgé de soixante-dix ans, s'effaça avec plus de grâce juste avant Noël, lorsque les sondages indiquèrent que Stanfield écraserait les libéraux si le gouvernement était renversé. La minorité libérale chancelait lorsque les candidats à la succession de Pearson prirent leur place à l'hiver de

1968. À ce moment-là, Pearson était devenu convaincu que son successeur devait être Pierre Trudeau. Ce dernier avait été son secrétaire parlementaire, mais était demeuré distant sur le plan personnel. Pearson dit à
un ami proche que de l'« eau glacée » coulait dans les veines de Trudeau.
Malgré tout, son successeur devait être francophone, pensait-il, et l'intellect de Trudeau, sa présence et même sa rationalité froide faisaient de lui
le choix logique. La femme de Pearson, Maryon, tomba ouvertement sous
le charme que Trudeau savait si adroitement et consciemment distiller
aux femmes, et l'affection qu'elle portait au successeur de son mari était
évidente pour tous. Un caricaturiste écrivit la légende suivante sur une
photographie au-dessus de Maryon, qui regarde Trudeau avec tendresse :
« Naturellement, Pierre, vous réalisez que si vous gagnez, je fais partie
des à-côtés[3]. » Ce n'était pas le cas, bien sûr, contrairement à la maison
victorienne de la promenade Sussex. C'était la première maison du
Pierre Trudeau célibataire. Avec seulement deux valises et sa précieuse
Mercedes, il en prit possession lorsque les Pearson déménagèrent à la
résidence du lac Mousseau après le congrès.

Les deux valises contenaient de magnifiques vêtements élégants,
son poignet arborait une Rolex en or, et ses cheveux clairsemés étaient
coiffés avec art de manière à cacher le crâne dégarni. « Les Canadiens,
déclara le *Winnipeg Free Press*, comptent sur M. Trudeau pour réaliser
de grandes choses, tout comme les Américains qui avaient élu John F.
Kennedy comme président s'attendaient à ce qu'il réalise de grandes
choses*. » Au printemps de 1968, la presse de langue anglaise abondait
en références élogieuses sur Trudeau, tandis que la presse de langue
française, tout en étant presque toujours respectueuse, était plus réservée
et même critique. Claude Ryan, du journal *Le Devoir*, connaissait
Trudeau depuis les années 1940, époque où il avait écrit pour une revue
catholique un article plein d'admiration sur le jeune intellectuel québé-

---

* Plus de trois décennies plus tard, Peter Gzowski, qui était devenu fasciné par
Trudeau à Montréal dans les premières années de la Révolution tranquille, se rappe-
lait que « pour ceux d'entre nous qui avaient embrassé la promesse américaine de
John F. Kennedy et pleuraient encore sa mort, Trudeau était particulièrement inspi-
rant. Il était glamour, il était sexy et il était des nôtres – le parfait symbole du nouveau
Canada revigoré ayant émergé de l'Expo et des célébrations du centenaire ». « Watch
Me », dans *Trudeau Albums* (Toronto : Otherwise Editions, 2000), p. 67.

cois. Il avait cependant appuyé la candidature de Paul Hellyer à la direction du parti lorsque son premier choix, Mitchell Sharp, s'était désisté en faveur de Trudeau. Il avait toujours reconnu la compétence et l'intérêt politique de Trudeau, mais il critiquait de plus en plus les prétentions constitutionnelles de l'homme qu'il connaissait de longue date, et surtout son refus condescendant d'accorder un statut spécial au Québec. Rejetant les suggestions voulant que Trudeau manquât d'expérience, Claude Ryan affirma : « Mais M. Trudeau possède, à un degré très poussé, des qualités fort importantes. Il a une pensée personnelle, laquelle est nettement articulée. Il a un langage direct qui plaît à l'homme d'aujourd'hui. Il ne paraît avoir peur de personne, d'aucune orthodoxie officielle ou officieuse[4]. » Tout en étant en désaccord avec ses politiques, Ryan reconnaissait qu'il y avait une clarté dans le rejet par Trudeau d'un « statut spécial » pour le Québec, une position qui le différenciait non seulement de celle de Ryan lui-même, mais aussi de celle du premier ministre du Québec, Daniel Johnson, et de Robert Stanfield qui, au cours de ses premiers mois en tant que chef du Parti conservateur, avait commencé à parler de « deux nations » – un concept qui, pour Trudeau, relevait de l'abomination.

L'ascension politique de Trudeau à l'échelle nationale était fondamentalement une réponse, premièrement du Parti libéral et, deuxièmement, de nombreux Canadiens, à la nouvelle contestation par le Québec de la fédération canadienne. Ce qu'on a appelé la Révolution tranquille au début des années 1960 avait détruit les bases des structures politiques du Québec, érodant la foi catholique qui avait constitué le pilier de la tradition. La montée d'un État laïque dynamique et activiste dans cette province fit exploser les deux forces politiques du nationalisme et du séparatisme, lesquelles poussèrent les politiciens et les intellectuels québécois à adopter des positions différentes. Autrefois nationaliste et, pendant une courte période, séparatiste, Trudeau choisit de se rallier à ceux qui croyaient que l'avenir des Canadiens d'expression française se vivrait plus pleinement dans le cadre d'un fédéralisme canadien renouvelé. En 1965, au moment où la Commission royale d'enquête sur le bilinguisme et le biculturalisme nommée par Pearson déclarait que le Canada traversait « la période la plus grave » de son histoire, Trudeau se réunit avec ses deux vieux amis et collaborateurs, le journaliste Gérard Pelletier et le dirigeant syndical Jean Marchand, pour devenir l'une des « trois colombes » qui allaient mettre de l'ordre dans la confusion causée à Ottawa par le nouveau Québec. En 1968, Trudeau avait éclipsé ses honorés collègues pour devenir un dirigeant au charisme exceptionnel, capable de relever un défi extraordinaire.

Trudeau avait attiré pour la première fois l'attention nationale en 1967 avec ses réformes du Code criminel, qu'il avait justifiées de manière intelligente et mémorable en alléguant que l'État n'avait pas sa place dans les chambres à coucher de la nation. Il avait créé rapidement son personnage public : franc, impertinent et animé de l'esprit des années 1960. Dans un discours prononcé à Montréal et dont le fort message fédéraliste troubla Ryan, Trudeau déclara qu'il dirait la « vérité » en politique et que « les Canadiens français* » devaient entendre la vérité. Certains d'entre eux voulaient hésiter, d'autres voulaient des faux-fuyants, mais les choix étaient enfin devenus clairs. D'une part, certains croyaient qu'un Québec moderne était incompatible avec un Canada uni. Selon Trudeau, cette attitude mènerait inéluctablement au séparatisme. D'autre part, il y avait le fédéralisme « avec une résolution nouvelle et les moyens nouveaux, les ressources nouvelles du Québec moderne ». Pour Trudeau, le choix était évident. Le fédéralisme canadien « représente un défi plus exigeant, plus excitant et plus enrichissant que la rupture séparatiste, parce qu'il offre à l'homme québécois, à l'homme canadien-français, l'occasion, la chance historique de participer à la création d'une grande réalité politique de l'avenir[5] ». Et c'est ainsi qu'une grande aventure politique débuta.

Tandis que la vague de la *Trudeaumania* ou, la « Trudeaumanie » – selon l'expression au Québec pour désigner le phénomène – déferlait sur les médias populaires, des dissidents commencèrent à se faire entendre, surtout dans la province d'origine de Trudeau. Parmi eux se trouvaient de nombreuses personnes qui avaient partagé des aventures avec lui dans le passé. De la gauche vinrent des plaintes voulant que le nouveau « pragmatiste » eût abandonné les idées auxquelles il croyait pour une recherche non déguisée du pouvoir. *Le Devoir* publia une attaque acerbe de Laurier LaPierre, historien de McGill, animateur à la télévision et

---

* NDT : En français dans le texte.

militant du NPD, qui dénonçait la rigidité de Trudeau à l'égard de la Constitution, son opposition au nationalisme québécois et son silence sur la guerre du Viêtnam. LaPierre, qui deviendra par la suite sénateur libéral, affirma que loin d'être un catalyseur de changements, l'élection de Trudeau signifierait un retour à la politique d'« inertie » de MacKenzie King et la fin du Canada. Trudeau devint la cible régulière de nombreuses revues radicales défendant la cause combinée du séparatisme et du socialisme. Certains de ses amis de plus longue date étaient à présent ses critiques les plus virulents : le sociologue Marcel Rioux, qui avait dîné régulièrement avec lui lorsqu'ils étaient deux jeunes intellectuels québécois travaillant à Ottawa au début des années 1950 ; le brillant professeur à l'Université Laval Fernand Dumont, qui avait écrit pour *Cité libre* dans les années 1950, à l'époque où Trudeau en était le rédacteur en chef ; et l'écrivain Pierre Vadeboncoeur, qui avait été un ami proche de Trudeau pendant l'enfance et l'adolescence.

De la droite au Québec et dans le Canada anglais vinrent des rumeurs sur l'homosexualité de Trudeau et sur son flirt avec le communisme. Ses voyages en Union soviétique et en Chine en étaient la preuve, disait-on. Bien que le chroniqueur de droite, Lubor Zink aborda ces sujets dans le *Toronto Telegram*, un journal grand public, la plupart des journalistes canadiens les ignorèrent ou les rejetèrent, les traitant d'histoires scatologiques[6]. À son crédit, Claude Ryan réprimanda sévèrement et admirablement ceux qui, y compris certains à l'intérieur de l'Église, faisaient courir des « calomnies insidieuses* » sur Trudeau. Bien qu'il déclarât être de plus en plus opposé aux politiques de Trudeau, Ryan rappela qu'ils avaient « une vieille amitié* » remontant aux années 1940 et qu'il pouvait personnellement attester que ces attaques n'avaient absolument « aucune crédibilité[7] ».

Trudeau avait perdu certains de ses amis, mais il trouva de nouveaux alliés qui, avec Marchand et Pelletier, le rassurèrent sur la justesse de son parcours. Les amis et les collègues étaient très importants pour Trudeau, mais la première sortie qu'il fit après avoir remporté la course à la direction des libéraux fut de se rendre à Montréal y visiter sa mère, Grace Elliott Trudeau, qui était aussi sa plus proche confidente. Après la

---

* NDT : En français dans le texte.

mort de son mari en 1935, elle s'était consacrée à ses trois enfants et adorait surtout Pierre, son fils aîné, qui avait partagé son élégante maison
dans Outremont, une riche banlieue de Montréal, jusqu'à ce qu'il
devienne premier ministre. Dans les années 1940, à l'époque où Trudeau
formait sa personnalité adulte, sa mère et lui avaient pris l'habitude de
badiner ensemble et, en sa présence, il avait toujours conservé un merveilleux mélange d'enjouement et de sérieux. Ils étaient allés aux concerts
ensemble, avaient roulé en Harley-Davidson sur les corniches de la
Riviera et elle partageait la peine de Pierre lorsque sa vie romantique
vacillait, ce qui était courant dans les années 1940 et 1950. Grace pouvait être critique lorsque les femmes ne répondaient pas à ses attentes, et
nombre des amies que Pierre a fréquentées se souviennent de l'appréhension ressentie en montant les marches du 84, avenue McCulloch.
Au milieu des années 1960, son esprit était devenu confus. Elle ne fut
probablement pas consciente que son fils devint premier ministre en
1968 comme elle en avait rêvé trois décennies plus tôt. Comme toujours, elle était habillée élégamment lorsqu'il la vit le 9 avril et elle
l'écouta, muette, lui parler doucement et lui raconter, tout en lui tenant
la main, leur triomphe le plus récent et le plus grand. Dans le silence, sa
présence demeurait forte[8].

∽

Au début, Trudeau hésita à déclencher des élections. Après le congrès, il
disparut soudainement, et la presse, dans tous ses états, le découvrit finalement à Fort Lauderdale, en Floride, avec ses collègues Edgar Benson
et Jean Marchand ainsi que leurs épouses. Benson, un comptable qui
fumait la pipe et un partisan de la première heure de la course à la direction de Trudeau, avait coprésidé la campagne de ce dernier, même si
peu de gens s'attendaient à ce qu'il obtienne un poste supérieur dans le
nouveau Conseil des ministres. Jean Marchand fumait aussi la pipe,
mais sa nature exubérante et ses discours enflammés, prononcés devant
des auditoires de durs à cuire de la classe ouvrière, étaient à l'opposé du
style flegmatique de Benson. Trudeau était à l'aise avec les deux, un trait
qui lui fut utile tant en politique que dans sa vie en général. De retour à
Ottawa et après sa rencontre avec le Conseil des ministres de Pearson le

17 avril, il resta ambigu sur la date des élections. Il parla d'une « autre option » suivant laquelle la Chambre se réunirait rapidement puis serait dissoute. Deux jours plus tard, le « désenchantement était généralisé » au Conseil des ministres quant à « l'efficacité présente du Parlement, et [il y avait un] commun accord dans le pays selon lequel le présent Parlement n'était plus utile ou efficace ». Mis devant ce renversement de situation, Pearson, qui s'était installé au lac Mousseau avec son matériel de pêche, fut obligeant lorsqu'on lui demanda de démissionner, et Trudeau prêta serment devant son Conseil des ministres le 20 avril, deux jours plus tôt qu'il ne l'avait d'abord indiqué[9].

Trudeau avait un riche héritage dans lequel puiser : le Conseil des ministres de Pearson était l'un des plus talentueux de l'histoire du Canada, avec trois futurs premiers ministres dans ses rangs et plusieurs autres ministres qui allaient contribuer de façon significative à la vie publique du pays. Trudeau fut prudent dans ses choix et, comme il l'avait promis, pragmatique. Un premier ministre demande généralement à ses adversaires à la direction de joindre le Conseil des ministres, et Trudeau respecta cette pratique. Le brillant et souvent difficile Eric Kierans fut la seule exception, mais uniquement parce qu'il n'était pas député. Joe Greene, dont le discours sans prétention avait charmé les délégués au congrès et avait été hautement apprécié des médias, devint ministre de l'Agriculture. John Turner avait irrité Trudeau par sa décision de rester au dernier tour, mais il n'était pas possible d'ignorer ses talents en politique et il fut récompensé en obtenant le ministère de la Consommation et des Corporations. Paul Hellyer, qui avait suscité une grande controverse en unifiant les forces armées du Canada, devint ministre des Transports. Allan MacEachen, un Cap-Bretonnais rusé et expérimenté, fervent adepte du catholicisme social, fut nommé ministre de la Santé nationale et du Bien-être social.

Paul Martin, le vétéran politique qui, seulement un an plus tôt, avait été considéré comme le successeur le plus probable de Pearson, posait maintenant un problème. Trudeau trouvait que Martin dirigeait mal le ministère des Affaires extérieures et il reprochait à certains des gens proches de ce dernier de faire circuler des rumeurs sur son socialisme et sa vie personnelle. Cependant, Martin avait des partisans et son expérience en politique était impressionnante. Les deux hommes se rencontrèrent et discutèrent du portefeuille de la Justice, mais Martin, fervent catholique, se refusait à mettre en œuvre les réformes que l'on avait déjà prévu apporter au Code criminel en raison de leur approche libérale relativement à l'homosexualité et à l'avortement. En ronchonnant un peu, le bon soldat Martin accepta donc la position de leader du gouvernement au Sénat. Cependant, le principal adversaire de Trudeau, le favori de Bay Street, Robert Winters, décida de se désister après deux rencontres avec Trudeau. « Pierre, dit Winters le 17 avril, cela fait deux jours de file que nous parlons pendant deux heures et je ne sais toujours pas si tu me veux ou pas dans ton gouvernement. » Trudeau répondit : « Eh bien ! c'est une décision que tu devras prendre toi-même. » Ces termes laconiques révèlent un trait de caractère de Trudeau qui n'allait pas se démentir : il insistait pour que les gens prennent leurs propres décisions. Il n'était pas de ceux qui cherchent à plaire à tout prix[10].

Il ne chercha aucunement à plaire à l'ex-ministre de Pearson, Judy LaMarsh, qui, au congrès du parti, avait déclaré à Hellyer, à proximité d'un microphone, qu'elle se battrait jusqu'à la fin contre ce *bastard* [salaud] de Trudeau. Comme on s'y attendait, elle démissionna promptement, et parla en grommelant entre ses dents de devenir indépendante. Le premier Conseil des ministres de Trudeau ne comptait aucun membre féminin, ce qui représentait un terrible point faible quand on sait que Diefenbaker comme Pearson avaient eu des femmes ministres. L'influence des francophones et du Québec était cependant frappante. Le Conseil des ministres qui fut annoncé le 20 avril était composé de onze ministres du Québec et onze francophones. Cette forte représentation semble expliquer l'attribution des charges importantes, soit les Affaires extérieures et les Finances, aux Ontariens Mitchell Sharp et Edgar Benson, respectivement. La faiblesse des libéraux dans l'Ouest limitait les choix de Trudeau, Arthur Laing, de la Colombie-Britannique, étant le seul ministre canadien important dans cette partie du pays. Charles « Bud » Drury, superbe administrateur dont Trudeau aimait le style patricien montréalais, devint ministre de l'Industrie, et Jean-Luc Pepin, que Trudeau connaissait depuis ses études universitaires à Paris dans les années 1940 et qui était plein d'entrain, fut nommé ministre du Travail.

C'était, comme l'affirma Trudeau à l'époque, un Conseil des ministres « improvisé », visant à mettre l'accent sur la continuité. Il déclara également à la presse qu'il avait choisi cette composition particulière pour apaiser les craintes que son gouvernement soit celui d'une nouvelle bande d'étrangers arrivés au parti. La prudence et la continuité l'emportaient parce que des élections étaient imminentes. Tout le monde savait que le Conseil des ministres qui importait serait formé après les élections – et refléterait pleinement le programme politique de Trudeau[11].

⌒

Si le Conseil des ministres était traditionnel, l'ambiance et le style à Ottawa, par contre, étaient soudainement bien différents. Les journalistes furent très surpris, et les photographes, ravis, d'apercevoir le 22 avril Trudeau traverser en courant la Colline du Parlement pour se rendre à son bureau afin d'éviter un groupe de « filles » de Toronto qui le pourchassaient. Le *Globe and Mail* mit trois photographies de la poursuite en première page, suivies d'un commentaire selon lequel Trudeau « savoure clairement son nouveau pouvoir et ses avantages indirects : les vieilles dames faisant la queue pour obtenir un autographe, les jeunes filles réclamant un baiser, les mères tenant à bout de bras leur bébé pour voir passer le grand homme, et les embouteillages dans la rue causés par les automobilistes qui s'arrêtent pour l'entrevoir ». Ses collègues du Conseil des ministres se rendirent vite compte, en revanche, que l'enjouement et la frivolité de Trudeau ne passaient pas la porte des réunions. À la première réunion officielle, il avertit d'un air sévère ses nouveaux ministres qu'il ne tolérerait pas de « fuites » sur ses plans politiques. Il y avait eu une fuite, semble-t-il, le week-end précédent à propos des « faucons » et des « poulets » du Conseil des ministres, les premiers étant en faveur d'une élection, les seconds, s'y opposant. Il les avisa également qu'il « s'assurerait d'une meilleure discipline dans la présence des ministres à la Chambre des communes et dans la coordination des affaires de la Chambre ». Il établit les rudiments d'un système de comités du Cabinet qui modifia fondamentalement la méthode du gouvernement. Dès cette première réunion, il fut évident que Trudeau ne plaisantait pas. Pour ses collègues en politique, il n'était plus « Pierre » ; il était désormais « monsieur le premier ministre[12] ».

Le lendemain matin, le 23 avril, il rencontra le caucus à la Colline du Parlement après une réunion avec les sénateurs Dick Stanbury et John Nichol, à l'époque l'actuel et l'ancien président du Parti libéral, pour discuter des derniers et très bons résultats des sondages. Le caucus était tapageur, et la plupart des députés libéraux étaient prêts pour des élections. Trudeau l'était aussi. Il se rendit immédiatement à son bureau de l'édifice de l'Ouest en s'esquivant par un escalier secret. Puis, pour éviter tout soupçon, il entra dans une voiture dans laquelle un Paul Martin perplexe attendait. Ils passèrent discrètement devant les édifices du Parlement et le long de la rue Rideau, et arrivèrent bientôt à la résidence de Martin, au Champlain Towers, dans l'est d'Ottawa. Ils descendirent dans le garage au sous-sol, où une autre voiture attendait Trudeau. La presse était tombée dans le panneau, et le nouveau chauffeur emmena Trudeau à Rideau Hall, où il entra par la porte discrète de la serre ; là, le gouverneur général Roland Michener, perplexe, signa l'ordonnance de dissolution de la Chambre. Comme Martin l'écrivit plus tard, le « tour illustrait parfaitement le goût de Trudeau pour l'imprévu et son dédain des conventions[13] ».

Trudeau retourna ensuite à la Chambre des communes et annonça que des élections auraient lieu le 25 juin. La vingt-septième législature prit fin cinq minutes après son ouverture avec les feuilletons jetés pêle-mêle dans les airs, les cris de joie et les dernières accolades avant que ne commence la campagne électorale. Stanfield était furieux, et il affirma à sa conférence de presse que la demande de mandatement de Trudeau était absurde, étant donné qu'il n'y avait « aucune donnée, ni politique, ni preuve de sa capacité à gouverner le pays ». Mais il n'y avait pas que les partis de l'opposition qui étaient vexés. La dissolution inattendue de la législature ne permit pas de rendre hommage à Lester Pearson — et l'ancien premier ministre vénéré ne put faire le discours courtois qu'il avait préparé en réponse aux généreux éloges qu'il s'était attendu à recevoir de ses amis et collègues, et de son successeur. Pour ne rien arranger, il avait eu soixante et onze ans le 23 avril. L'affection que Maryon Pearson avait pour Trudeau diminua — mais pas beaucoup. L'affront n'était pas délibéré, mais il traduisait la négligence dont Trudeau faisait parfois preuve dans ses relations personnelles et ses manières[14].

Toutefois, peu de gens firent des commentaires sur l'omission, et les Canadiens semblaient déjà impatients d'oublier Pearson et son gouvernement chancelant*. L'excitation montait, et le parti qui avait embrassé bien timidement Trudeau se précipitait à présent pour suivre ses principes. Trudeau se rappela son père conservateur qui se plaignait âprement dans les années 1930 de la « machine de la campagne politique » des libéraux, mais les engrenages de cette machine commençaient à présent à tourner rondement en sa faveur. Le soutien financier, qui était une source de grande inquiétude pour le parti, apparut soudain sous la forme de dons individuels venant s'ajouter aux sommes substantielles provenant du milieu des affaires. Partout au pays, les députés, les sénateurs, les candidats, les solliciteurs de fonds et autres se rallièrent derrière leur nouveau chef irrévérencieux, imprévisible et curieux, mais extrêmement populaire. Ils savaient qu'après six ans de gouvernements minoritaires, ils avaient un gagnant. Suzette Trudeau Rouleau, qui était sceptique comme peut l'être une sœur à l'égard de son frère, revint surprise d'un rassemblement et déclara à quelqu'un qu'elle connaissait bien : « Juste ciel ! c'est comme si Pierre était un Beatle. » Il y avait même une chanson populaire, *PM Pierre*, avec des paroles comme « *PM Pierre with the ladies, racin' a Mercedes/Pierre, in the money, find him with a bunny* » (PM [premier ministre] Pierre avec les dames, lançant à fond une Mercedes/Pierre, récoltant de l'argent, au bras d'une jolie fille).

Conscient de l'impact des instantanés photographiques et des interventions rapides mais percutantes – le « clip sonore » qui s'insère facilement dans les messages aux nouvelles télévisées – Trudeau, comme les Beatles, vécut une partie de sa vie comme s'il s'agissait

---

* Pearson lui-même sentit l'affront, mais comme à son habitude, il n'exprima pas de colère. Bien que ce soit les événements qui aient amené Trudeau à déclencher des élections, notamment le bon classement des libéraux dans les sondages et la dispute avec le Québec concernant le rôle de la province dans les affaires internationales, Douglas Fisher, ancien politicien du NPD devenu journaliste, avait raison lorsqu'il affirma qu'il y avait une « atmosphère d'indifférence à l'égard de M. Pearson lorsqu'il prit sa retraite en avril 1968 ; son successeur avait clairement la volonté de distinguer son gouvernement de celui de Pearson dont le règne avait été marqué par les scandales, les fuites, les législatures embrouillées et ahurissantes, et les entreprises désorganisées ». Douglas Fisher, « The Quick, Unusual Hallowing of Lester Pearson », *Executive* (juillet 1973), p. 8.

d'une représentation. Marshall McLuhan, le théoricien canadien des communications, alors au sommet de sa notoriété internationale, se retrouva à devoir commenter la campagne. Il déclara immédiatement que Trudeau cadrait parfaitement avec les années 1960, avec ses nouvelles instantanées, la télévision couleur et la politique intégrant rapidement les nouvelles technologies. « L'histoire de Pierre Trudeau, écrivit-il, est l'histoire de l'Homme au masque de fer. C'est la raison pour laquelle il s'est épanoui avec la télévision. Son image a été formée par l'écart culturel canadien. Le Canada n'a jamais eu d'identité. Il a plutôt eu une interface culturelle de la France du XVIIe siècle et de l'Amérique du XIXe. Après la Seconde Guerre mondiale, le Canada français est entré d'un bond dans le XXe siècle, sans avoir jamais connu le XIXe. Comme toutes les sociétés arriérées et tribales, il est tout à fait excité par le nouveau monde électrique du XXe siècle ou à l'aise dans celui-ci. » De tels commentaires consternèrent nombre des collègues universitaires de McLuhan, mais Trudeau lui-même en fut intrigué. Il partageait l'intuition de McLuhan voulant que les nouveaux médias avaient transformé non seulement la politique, mais aussi ce qu'un politicien représentait pour l'électorat*.

Pendant la campagne électorale, Trudeau et McLuhan commencèrent une correspondance riche en ironie et en espièglerie. Lorsque la CBC organisa un débat des chefs – le premier dans l'histoire du Canada –, McLuhan en critiqua avec raison la forme dans une lettre qu'il écrivit à Trudeau. « La barre des témoins avec lutrin et chaire pour les candidats

---

* Trudeau comptait sur le physicien Jim Davey, qui était un assistant proche et un « futuriste », pour qu'il lui explique les paroles de McLuhan. Cependant, Davey lui-même admettait parfois n'avoir aucune idée de ce que McLuhan voulait dire. La lettre de McLuhan du 16 avril eut un effet sur Trudeau : « Les gens de la presse ne peuvent travailler qu'avec des gens qui ont des points de vue fixes et des buts, des politiques et des objectifs précis. Ces positions et ces attitudes fixes ne sont, bien sûr, pas pertinentes à l'ère électronique. *Notre monde* [souligné par Trudeau] remplace les points de vue par des mosaïques et les cibles par des enquêtes. Sachant que vous connaissez De Tocqueville, je comprends pourquoi vous saisissez bien la situation difficile de l'Amérique du Nord dans cette nouvelle ère électronique. » Trudeau demanda à Davey d'appeler McLuhan pour le remercier de cette lettre, mais ils ne se sont pas parlé. Le mois suivant, Davey écrivit à McLuhan qu'ils avaient discuté des idées contenues dans la lettre et que Trudeau voulait lui parler après les élections. McLuhan à Trudeau, 16 avril 1968 ; Davey à McLuhan, 21 mai 1968, FT, MG 26 020, vol. 9, dossier 9-28, Bibliothèque et Archives Canada (BAC).

n'était pas du tout appropriée à la télévision. » La « télévision totale » était cependant parfaite pour l'image calme, détachée, mais vitale de Trudeau. « L'ère de la tactilité par la télévision et la radio est l'un des nombreux créneaux ou interfaces qui remplacent les anciens liens, juridiques, alphabètes et visuels », dit-il à Trudeau[15].

‿

Pour les médias, l'élection de 1968 représente un fossé historique. Dix-sept millions de Canadiennes et de Canadiens regardèrent le congrès des libéraux, et presque autant de personnes regardèrent le débat des chefs. Les sondages se succédèrent sans arrêt et les tournées à la manière américaine à bord d'un avion s'arrêtant partout au pays devinrent la norme. Trudeau volait à bord d'un jet DC-9 et respectait un programme serré : une brève déclaration, une visite au centre de la ville à bord d'une décapotable suivie d'un rassemblement dans un centre commercial ou une aréna avec des meneuses de claque portant une minijupe orange et blanche. Les caméras, bien sûr, filmaient les progrès de Trudeau. Le journaliste Walter Stewart, le biographe sympathique de Tommy Douglas, écrivit qu'« à côté de Trudeau, Stanfield semblait pataud et Tommy, de mauvaise humeur. Stanfield voyageait à bord d'un DC-7 à hélices deux fois moins rapide que l'avion de Trudeau, et faisait des discours laconiques, ternes et sages. Tommy Douglas voyageait en classe économique sur Air Canada et faisait des discours provocateurs qu'il aurait tout aussi bien pu déclamer dans la penderie de son appartement de Burnaby[16] ». Les chefs de l'opposition cherchèrent à trouver un enjeu sur lequel axer la campagne, mais n'y parvinrent pas.

L'attention que recevait Trudeau semblait le rendre perplexe et il le sera toujours lorsqu'il écrira ses mémoires vingt-cinq ans plus tard. Il se souviendra de l'« enthousiasme exceptionnel » des foules et du nombre stupéfiant de gens qui venaient le voir. À Victoria, « ville de retraités éminemment paisible », il fallut le déposer par hélicoptère sur une colline, où il fut entouré de milliers de personnes. Il décida que les foules ne venaient pas pour entendre ses discours, mais pour voir le « néo-politicien qui venait de faire irruption à la tête du parti au pouvoir ». C'était après l'Expo et « l'humeur populaire était encore à la fête[17] ».

À coup sûr, l'excitation qui régnait pendant la campagne était spontanée, mais il y avait également une mise en scène minutieuse par les stratèges libéraux, qui se concentraient sur leur chef d'une manière que seuls les nouveaux médias rendaient possible. Ils allèrent même jusqu'à mettre en scène pour les caméras de la télévision une fausse chute dans l'escalier pour mettre en valeur un Trudeau athlétique. Ils avaient eu recours à des « consultants » en 1963 pour tenter de refaire l'image démodée de Pearson, mais ils étaient beaucoup plus perfectionnés cinq ans plus tard et copiaient les innovations récentes de la politique américaine. Richard Nixon détestait la télévision, mais il avait appris de son débat malheureux de 1960 avec John F. Kennedy que la politique était devenue en grande partie une question de manipulation des images. Ainsi, pendant le débat, il avait été gagnant auprès des auditeurs de la radio, mais nettement perdant pour les téléspectateurs qui avaient vu ses yeux cernés à l'écran[18]. La télévision était flatteuse pour les traits de Trudeau : les pommettes très saillantes, les yeux bleus intenses ; le changement rapide d'humeur, de caustique à timide à affectueux ; la réplique cinglante ; ainsi que la présence calme et détendue. Pour une raison ou une autre, ses joues portant des cicatrices d'acné, son teint légèrement jaunâtre et sa taille inférieure à la moyenne échappaient à la caméra*. Walter Stewart, à contrecœur, admit que « quelle que soit la qualité faisant que la télévision fonctionne pour une personne et pas pour une autre, Trudeau l'avait[19] ».

Superbe acteur, Trudeau savait bien ce que la foule demandait : un plongeon carpé parfaitement maîtrisé dans une piscine, des jeunes gens beaux et brillants, et des femmes superbes en minijupe autour de lui. Dans ses mémoires, il choisit une photo révélatrice d'une jeune femme aux formes généreuses portant un t-shirt arborant le slogan « Vote P.E.T. or Bust** ».

---

* L'une des femmes les plus grandes avec qui il sortit fréquemment dans les années 1960, Carroll Guérin, se rappelle comment Trudeau insistait pour qu'elle porte des souliers à talons plats lors de leurs sorties. La CBC et Radio-Canada conservent de nombreux passages de Trudeau à la télévision. Les lecteurs peuvent les consulter à http://archives.cbc.ca/IDD-1-73-2192/politics_economy/trudeau/en anglais et à http://archives.radio-canada.ca/IDD-0-18-2076/personnalites/trudeau/en français. La différence dans la façon de parler de Trudeau en anglais et en français est évidente – il est plus animé en français, plus modulé en anglais.

** NDT : Le slogan repose sur un calembour en anglais, car *bust* peut signifier « rien » mais aussi « poitrine ».

George Bain, chroniqueur en chef du *Globe and Mail*, écrivit avec sarcasme à propos de la campagne de Trudeau : « *If it puckers, he's there* » (littéralement, « Si ça avance [telles les lèvres s'apprêtant à donner un baiser], il est là. ») Et, apparemment, il était toujours là.

Trudeau aimait l'attention, mais il s'opposait fermement à la tendance qu'elle avait de banaliser son message politique. Peut-être en réponse à la moquerie efficace de George Bain, Trudeau lui accorda une longue entrevue dans laquelle il tenta d'expliquer davantage la plate-forme libérale et, en particulier, de réitérer son appel à une « société juste ». À l'époque, le 22 mai, la presse anglophone devenait plus critique de l'accent mis sur le style au détriment de la substance. Lorsque Bain lui demanda : « Qu'est-ce qu'une société juste ? » Trudeau répondit :

Cela signifie certaines choses d'un point de vue juridique, comme libérer un individu afin qu'il n'ait plus d'entraves et puisse se réaliser dans la société de la façon qui lui convient le mieux, sans être lié par des normes de moralité qui n'ont rien à voir avec l'ordre public, mais bien avec les préjugés et la superstition religieuse.

Un autre aspect est économique, et, plutôt que de le développer en fonction de la législation sociale et du bien-être social, que je ne rejette pas et ne condamne pas, je sens qu'il est maintenant plus important de le développer en fonction de groupes de gens [...] La société juste ne signifie pas leur donner un peu plus d'argent ou leur accorder des prestations de bien-être social plus élevées. Elle signifie permettre à la province ou à la région dans son ensemble d'avoir une économie en développement. En d'autres termes, ne pas tenter simplement d'aider les individus, mais essayer d'aider la région elle-même pour que toutes les régions du Canada soient vivables dans un sens acceptable [...].

Un autre sens, je pense, se rapporte à nos relations avec d'autres pays. Le Canada est [...] un pays aux proportions modestes à l'échelle mondiale – pas en ce qui a trait à sa géographie, mais quant à son économie et à sa population – nous devons nous assurer que notre contribution à l'ordre mondial est [...] non seulement [...] de sembler juste [mais] [...] d'être juste[20].

Les contours de la « société juste » restent à peine esquissés dans cette entrevue, mais l'absence de détails précis était intentionnelle. Trudeau s'inquiétait des attentes et prit refuge dans l'ambiguïté et la prudence. Il signala que les innovations en matière de bien-être social introduites pendant les années Pearson – le Régime de pensions du Canada, le régime d'assurance-maladie, et le programme canadien de prêts aux étudiants – n'auraient pas de suites immédiates. Il mettrait l'accent sur les « groupes », les régions, et le changement général, progressif. Ce commentaire prit une forme concrète pendant les années Trudeau, époque où furent mis en place de nouveaux programmes, notamment pour le développement économique régional, des subventions spéciales pour les jeunes et les Autochtones, la reconnaissance des droits langagiers des francophones partout au Canada, et la création d'avenues facilitant l'accès des francophones au sommet de la fonction publique au Canada.

Malgré l'apparente modestie des programmes proposés, Trudeau croyait qu'il représentait une innovation révolutionnaire dans la politique canadienne. Il incitait les Canadiens à « parier sur lui », même s'il n'était pas prêt à leur dire ce que leur pari signifierait. Il exploitait leurs espoirs, révélant ingénieusement peu de choses tout en donnant à espérer. Il s'était exercé pour ce moment depuis l'adolescence. Le jour de l'An 1938, il avait écrit dans son journal : « Si vous voulez savoir ma pensée, lisez entre les lignes ! », et six mois plus tard, il exprimait ses ambitions sans détour : « J'aimerais tant être un grand politique et guider mon pays[21]. » Il savait que l'ambiguïté, le paradoxe, l'ironie et une nature insaisissable séduisante constituaient des atouts dans l'atteinte du but qu'il chérissait depuis si longtemps : être un grand politicien guidant une nation et influant sur sa destinée. Pierre Trudeau n'avait jamais été aussi heureux qu'au printemps de 1968 et il se délectait de ses premières gorgées du pouvoir.

Trudeau aimait exercer la plus haute charge, mais il était sur ses gardes et avait même peur du coût qu'elle aurait sur sa vie personnelle et de la manière flamboyante qu'il avait usée pour l'obtenir. Il chérissait sa vie privée, fuyait l'attachement émotionnel dans ses relations et, souvent, il gardait silence, un silence que personne ne pouvait percer ; son entourage apprit rapidement à se retirer alors. En outre, la campagne était longue et la répétition constante de l'accueil aux aéroports, des cortèges de voitures et des rassemblements commençait à l'ennuyer. Il s'inquiétait de savoir si sa légitimité en tant qu'intellectuel ayant aidé à former sa province dans les années de l'après-guerre n'allait pas être amoindrie par la futilité de la campagne. Il était surtout agacé par la mise en question de son orientation sexuelle dans certaines régions du Québec. Les créditistes avaient du succès dans le Québec rural parce que la population avait de profonds doutes à propos de la Révolution tranquille – des doutes qui avaient mené à la défaite du gouvernement de Lesage en 1966 et, en 1968, menaçaient l'intérêt des libéraux fédéraux dans ces régions. Les rumeurs sur le « communisme » de Trudeau et sur ses goûts sexuels étaient si fortes qu'il dut y faire face directement lors des rassemblements dans la région du Lac-Saint-Jean.

Dans le Canada anglais et dans le Québec urbain, la presse de grande diffusion ne parlait pas des aspects personnels de sa vie. Il y avait, comme d'habitude, une différence marquée entre les campagnes menées dans le Canada français et dans le Canada anglais pour ce qui était des enjeux et des reportages, différence qui s'expliquait surtout par un événement de l'année précédente. Le gouvernement québécois de Johnson avait en effet décidé de mettre à profit la bonne volonté de la France de donner à la province une envergure internationale en acceptant des invitations à des conférences internationales. Pour Trudeau et d'autres, ce choix représentait une grande menace pour le fédéralisme canadien. Puis, au milieu de 1967, le président français Charles de Gaulle avait proclamé « Vive le Québec libre ! » devant une foule l'acclamant à l'hôtel de ville de Montréal. La déclaration avait stupéfié les Canadiens qui célébraient dans la joie leur centenaire et agi comme un catalyseur sur les forces du séparatisme qui prenaient de plus en plus d'ampleur dans la province de Québec. Paul Martin, des Affaires extérieures, s'inquiétait qu'un reproche ferme ait peu d'effets. Il existait, déclara-t-il au Conseil des ministres, « un enthousiasme évident pour de Gaulle à Montréal et à l'Expo 67 ». Trudeau, qui s'était peu adressé au Conseil depuis sa nomination en avril, écarta rapidement ces inquiétudes. « Les Français, prévint-il, penseront que le gouvernement est faible s'il ne réagit pas ; le général n'avait pas l'appui des intellectuels de son pays et la presse française s'opposait à lui[22]. » Pearson, en colère, soutint Trudeau et fit des reproches à de Gaulle, qui repartit immédiatement à Paris. Dans cet incident, Trudeau avait fait une forte impression sur Pearson, sur le Conseil des ministres et même sur le général de Gaulle, qui avait conclu que Trudeau était « l'adversaire de la chose française au Canada[23] ».

Trudeau dès lors fit délibérément des ambitions internationales du Québec un enjeu de la campagne. Les comptes rendus du Cabinet révèlent en effet qu'elles étaient la principale raison pour laquelle il décida de déclencher des élections hâtives. En outre, les chefs du NPD et du Parti conservateur au Québec, Robert Cliche et Marcel Faribault, appuyaient tous les deux l'idée de « deux nations* » ou d'un « statut particulier* » pour le Québec – une position à laquelle Trudeau s'était longtemps opposé, mais qu'il considérait également comme la pente glissante menant directement au séparatisme. Ces diverses ambitions fournirent à Trudeau son « enjeu ». Ses discours au Québec étaient plus officiels, avec beaucoup plus de contenu et moins de bla-bla politique que ceux qu'il faisait dans le reste du Canada. La presse du Québec réagissait en prenant ce qu'il disait plus au sérieux et, sauf dans le cas des tabloïdes, ignorait complètement les aspects racoleurs.

Trudeau faisait également face à une plus grande controverse ainsi qu'à une opposition plus véhémente et même plus énergique au Québec. Le décès, le 1er juin, d'André Laurendeau, le coprésident de la Commission royale d'enquête sur le bilinguisme et le biculturalisme, bouleversa Trudeau et il pleura ouvertement aux funérailles célébrées le 4 juin à Outremont. Laurendeau avait été un mentor des premières heures, un critique fréquent, et un observateur perspicace de la carrière de Trudeau**. Ensemble, Trudeau, Marchand et Pelletier assistèrent aux funérailles à l'église Saint-Viateur, où Trudeau allait souvent prier. Au moment où ils quittaient l'église, une foule les affronta, leurs leaders criant : « Traîtres ! Maudits traîtres ! Retournez à Ottawa ! » Cet événement irrita Trudeau.

---

  * NDT : En français dans le texte.
 ** Laurendeau avait donné des conseils à Trudeau relativement à sa carrière au début des années 1940 ; il avait été son chef de parti lorsque Trudeau avait adhéré au Bloc populaire pendant la guerre ; il avait rédigé un long compte rendu critique, mais chaleureux de l'essai de Trudeau sur le Québec à la veille de la grève d'Asbestos ; et il l'avait encouragé à aller à Ottawa en 1965. Pourtant, Trudeau l'irritait souvent. Laurendeau refusa de le féliciter pour son élection cette année-là, entre autres parce qu'il découvrit qu'il avait critiqué ouvertement la Commission royale d'enquête sur le bilinguisme et le biculturalisme. Néanmoins, il rencontra Trudeau à Ottawa peu après son élection à la Chambre en 1965 : « Sa bonne humeur, son allant m'ont frappé : il y a longtemps que je ne l'avais vu ainsi. », observait-il dans son journal. Marchand lui dit que Trudeau réussissait « à merveille » à Ottawa et serait bientôt pour les libéraux « leur grand homme au CF [Canada français], il

Il devint moins à l'aise avec les exigences de la campagne et moins disposé « à faire du charme et à courir » pendant les événements soigneusement mis en scène et les discours rédigés. Le lendemain, Trudeau
devait prononcer un discours à Sudbury sur les « problèmes du Nord et
la société juste », que même son auteur, Ramsay Cook, trouvait médiocre.
Il jeta le discours et « improvisa avec passion devant un grand auditoire
attentif ». Il parla avec émotion de Laurendeau et de son propre attachement à la tolérance et à la diversité. Il vilipenda ceux qui avaient tué
Bobby Kennedy plus tôt ce jour-là et fit un lien entre eux et les terroristes
au Québec. Pearson appela Marc Lalonde, son ancien adjoint, qui avait
poussé Trudeau à entrer en politique, pour lui dire que c'était le meilleur
discours politique qu'il ait jamais entendu. Lorsque Cook félicita lui-
même Trudeau, ce dernier répondit en « souriant malicieusement » : « Et
ce n'est pas toi qu'il l'a écrit[24] ! »

Trudeau résistait de plus en plus souvent à ses conseillers au fur et
à mesure que la campagne avançait, et les foules remplies d'adoration
dans certaines parties du Canada anglais l'amenèrent à relâcher sa discipline habituelle. À une réunion organisée pour choisir un nouveau
« candidat vedette » dans la circonscription de North York, Trudeau présenta Barney Danson en tant que Barney Dawson. Danson le corrigea,
mais quelques minutes plus tard, Trudeau l'appela « Barry Danson ». Ces
erreurs n'eurent aucune importance : deux jours avant l'élection, l'adversaire conservateur de Danson l'avisa qu'il abandonnait : « L'effet Trudeau
est vraiment trop fort. » Les adversaires à l'échelle nationale de Trudeau
étaient également frustrés. Sa performance au débat du 9 juin était
morne, et il semble avoir injustement blâmé ceux qui l'ont préparé. Il
avait collé au scénario, tandis que Tommy Douglas et le chef créditiste

---

éclipsera tous les autres ». Laurendeau était déprimé par la radicalisation du mouvement nationaliste et séparatiste à la fin des années 1960. Il écrivit dans son journal que l'avenir lui paraissait « ingrat » et qu'il aurait « contre [lui] la plupart de
[ses] amis, [...] ceux pour qui l'amitié [lui] est naturelle et spontanée » – à savoir
René Lévesque et les jeunes. « Une seule chose me répugne plus que d'être cha-
huté par la jeunesse, et c'est de la flatter démagogiquement. » « La vie, écrivait-il,
ne me sourira plus guère. » Trudeau partageait certains de ses sentiments lorsqu'il
considérait sa propre place au Québec. Voir André Laurendeau, *Journal tenu pendant la Commission d'enquête sur le bilinguisme et le biculturalisme* (Outremont :
VLB Éditeur, 1990), p. 351, 380-381.

Réal Caouette furent drôles et spontanés. John Nichol, ancien président du Parti libéral, se rappelle que plus la campagne avançait, plus Trudeau refusait de faire tout ce qui n'était pas déjà prévu et se disputait avec Bill Lee, le directeur de campagne, à propos de toute nouvelle demande. Comme l'observa Edith Iglauer, la journaliste du *New Yorker*, lorsqu'elle voyagea avec Trudeau, le nouveau premier ministre, contrairement à Winston Churchill, à Franklin Roosevelt et à la plupart des autres politiciens, insistait pour dormir au moins huit heures chaque nuit[25].

Il était difficile de faire campagne dans un pays couvrant plusieurs fuseaux horaires en suivant ce régime. Le 15 juin, Nichol et d'autres conseillers échangèrent des paroles acerbes avec Trudeau, qui refusait de faire un dernier voyage dans l'Ouest. Nichol, furieux, cria que « des centaines de libéraux – des candidats et leurs militants bénévoles – avaient travaillé pendant des semaines pour préparer sa venue ». Lorsqu'il menaça de démissionner, Trudeau céda à contrecœur. Le succès et la célébrité avaient gonflé la campagne d'une multitude d'assistants, de conseillers et de « parasites ». Richard Stanbury, qui avait remplacé Nichol en tant que président du Parti libéral, écrivit dans son journal que la popularité de Trudeau avait attiré de nombreux admirateurs avides d'être près du messie. Il intervint lui-même pour tenir certains enthousiastes, y compris l'exubérant Michael Ignatieff, à une plus grande distance du chef[26].

Quelles qu'aient été les failles de la campagne, la clameur des foules et l'excitation autour du chef étouffèrent tout scepticisme parmi les libéraux. Contrairement aux conservateurs, dont les disputes entre l'ancien chef John Diefenbaker et Robert Stanfield gâchèrent la campagne, les libéraux semblaient unis, surtout le 19 juin à Toronto. Plus de cinquante mille personnes se rassemblèrent à midi au Nathan Phillips Square pour acclamer Trudeau. Plus tard ce jour-là, il se rendit à la circonscription de York Centre où Lester Pearson le présenta en ces termes élogieux : « Un homme prêt à parler haut et fort en faveur de l'unité [...] Un homme qui ne fait pas de promesses vaines [...] Un homme d'aujourd'hui et un homme de demain [...] Mon ami, mon ancien collègue et un homme pour tout le Canada – Pierre Elliott Trudeau. » Pearson sourit à son successeur qui s'avançait sur la scène et des larmes montèrent aux yeux de Trudeau[27].

Peut-être parce que l'accueil était si chaleureux dans le Canada anglais, la couverture médiatique de plus en plus hostile au Québec mettait Trudeau en colère – et son instinct combatif l'amena à réagir avec plus d'agressivité que ses conseillers ne le jugeaient sage. En privé, il traitait les journalistes d'ignorants et d'ennuyeux, et les médias, de « dernière tyrannie » des sociétés libres[28]. Il s'engagea dans une querelle inconvenante pour établir si Marcel Faribault, le candidat vedette des conservateurs, avait été personnellement impliqué dans l'interdiction dont avait été frappée Trudeau d'enseigner à l'Université de Montréal au début des années 1950 parce qu'il était socialiste. Claude Ryan se fit plus caustique vers la fin de la campagne et même la *Gazette* de Montréal devint critique. Ainsi, il ne fut pas surprenant que la *Gazette*, qui avait appuyé les libéraux en 1965, incitât ses lecteurs à voter pour « un conservatisme éclairé » qui « n'essaie pas d'éblouir sans raison, de diriger sans explication, d'agir sans stabilité, de rejeter sans cause ou d'ajouter sans nécessité[29] ».

La campagne de Stanfield avait impressionné de nombreux éditorialistes, surtout au Québec, où *Le Devoir*, *L'Action* et le *Sherbrooke Record* appuyaient tous les conservateurs, et même *La Presse*, *Le Droit* et *Le Soleil*, traditionnellement libéraux, émettaient des réserves dans leur appui à Trudeau. Dans le Québec rural, Caouette faisait campagne avec acharnement et succès contre les programmes sociaux libéraux de Trudeau et son économie « socialiste », tandis que, dans les milieux ruraux, les rumeurs concernant son orientation sexuelle continuaient d'animer les discussions dans les boucheries et les dépanneurs*. À Montréal, Pierre Bourgault du Rassemblement pour l'indépendance nationale (RIN) traitait continuellement Trudeau de « vendu** » et lui conseilla fortement de ne pas assister au défilé historique le jour de la Saint-Jean-Baptiste. Comme on pouvait s'y attendre, Trudeau annonça qu'il serait de la partie. Il se disputa avec ses conseillers proches et avec le maire de Montréal, Jean Drapeau, qui lui dirent qu'il y aurait certainement de la violence s'il assistait au défilé. Lorsque Richard Stanbury accompagna Trudeau à sa maison avant le rassemblement, un homme

---

 * NDT: Le mot « dépanneurs » est en français dans le texte.
 ** NDT: En français dans le texte.

plus ou moins bien habillé, qui connaissait de toute évidence Trudeau, l'arrêta et lui conseilla de rester chez lui. Trudeau dit à Stanbury que l'homme était un ami de jeunesse qui était à présent proche des séparatistes violents. Trudeau remercia son ancien ami, mais ignora son conseil[30].

À la tombée de la nuit le 24 juin, veille des élections, Trudeau arriva à l'estrade d'honneur du défilé, sur la rue Sherbrooke. Il prit sa place entre Paul Grégoire, l'archevêque de Montréal, et Daniel Johnson, le premier ministre, à deux sièges du maire Drapeau. Malgré la présence de centaines de policiers, la foule se mit à scander « Tru-deau au po-teau* » et, soudainement, la manifestation hostile éclata en une violente émeute, la foule lançant des bouteilles et des pierres. Des sirènes retentirent, tandis que des ambulances et des voitures de police allaient et venaient à toute allure. Provoquant, Trudeau se leva et salua de la main, mais les chants scandés s'intensifièrent. On renversa une voiture de police et mit le feu à une autre. Les manifestants déferlèrent du parc Lafontaine dans les rues, qui étaient à présent couvertes d'éclats de verre. Soudain, une bouteille fut lancée dans les airs en direction de l'estrade. Voyant son arc, Drapeau s'enfuit avec sa femme, Johnson se sauva, et deux agents de la Gendarmerie royale du Canada se précipitèrent pour protéger le premier ministre. L'un d'eux lança son imperméable sur Trudeau, mais ce dernier s'en dégagea, posa ses coudes sur la balustrade et regarda fixement d'un air de défi la mêlée plus bas. Il se tint là seul, son visage impassible**. La foule, d'abord stupéfaite, commença lentement à applaudir le courage de Trudeau. Les policiers de la GRC, réalisant qu'il n'accepterait pas de partir, s'assirent à ses côtés jusqu'à la fin du défilé, à 23 h 20. Les images surprenantes de Trudeau affrontant les émeutiers dominèrent les nouvelles télévisées de fin de soirée partout au Canada. Le lendemain matin, des photos montrant l'attitude de défi glaciale de Trudeau sur l'estrade faisaient la une des journaux, tandis que les éditorialistes rendaient hom-

---

 * NDT : En français dans le texte.
 ** Les lecteurs peuvent voir cet événement en détail dans une séquence tirée des archives de la CBC : http://archives.cbc.ca/IDC-1-73-2192-13270/politics_economy/trudeau/clip7. Donald Peacock fait un excellent compte rendu de cet incident dans son livre *Journey to Power : The Story of a Canadian Election* (Toronto : Ryerson, 1968), p. 372-377. Le présent compte rendu se fonde sur ces deux sources ainsi que sur les articles de journaux de l'époque.

mage à son caractère et à sa force. Toute cette affaire embellit l'image
d'un Trudeau dur et menaçant, et confirma l'impression d'avoir affaire à
un leader*. Et, en vérité, c'était jour d'élections.

Trudeau vota à Montréal ce matin-là, par temps couvert, puis s'envola pour Ottawa. Il visita ensuite le bureau central du Parti libéral et
remercia les militants bénévoles avant d'aller dîner à sa nouvelle maison
de la promenade Sussex. Après la clôture des scrutins, son chauffeur le
conduisit à l'historique Hôtel Château Laurier, où la police contint la
foule pendant qu'il se frayait un chemin jusqu'aux suites du Parti libéral
au cinquième étage. Les travailleurs de la campagne électorale se regrou-
pèrent à un étage inférieur. Trudeau regarda les résultats et travailla à
son discours dans une petite chambre à coucher, à une extrémité de
l'étage. Il sortit brièvement pour saluer Lester et Maryon Pearson, qu'il
avait invités à se joindre à lui. La soirée commença mal avec la perte de
6 sièges libéraux à Terre-Neuve, suivi d'un balayage par les conservateurs
des 4 sièges de l'Île-du-Prince-Édouard et de 10 des 11 sièges de la Nouvelle-
Écosse – attestant du pouvoir d'attraction de Bob Stanfield. Ensuite, la
marée conservatrice ralentit de façon spectaculaire lorsqu'elle atteignit
les circonscriptions francophones du Nouveau-Brunswick et se retira
complètement au Québec, où les libéraux gagnèrent 53,3 p. cent des
votes et 56 des 74 sièges. La Trudeaumanie se maintint en Ontario, où
les libéraux prirent 64 des 88 sièges. À la fin de la soirée, la victoire était
décisive. Même l'Alberta, qui avait rejeté le Parti libéral depuis plus
d'une génération, donna 4 sièges à Trudeau. En Colombie-Britannique,
Tommy Douglas perdit son propre siège, alors que les libéraux en décro-
chèrent 16 au total, soit 9 de plus qu'en 1965.

---

* Les remarques pleines de colère de Trudeau contre les chahuteurs séparatistes renforcèrent sans aucun doute l'impression des Canadiens anglais qu'il serait inflexible
envers les « voyous » du Québec. À une réunion à Rouyn, Trudeau s'en prit violemment à des séparatistes qui le harcelaient : « Les hommes qui ont tué Kennedy
sont des pourvoyeurs de haine, comme vous, ceux qui refusent de discuter ! Il n'y
aura pas de liberté de parole dans votre Québec libre, monsieur… Ce n'est pas moi
que vous insultez. Ce sont vos compatriotes… Vous voulez vous débarrasser des
étrangers, des Anglais, du capital américain ? Rien n'est plus facile. Vous n'avez
qu'à continuer dans la violence. Mais vous serez alors les laissés-pour-compte du
vingtième siècle. » *Ottawa Citizen*, cité dans George Radwanski, *Trudeau*
(Montréal : Fides, 1979), p. 127.

Une étude universitaire publiée plusieurs années après les élections est très révélatrice. Les libéraux obtinrent 45,2 p. cent des suffrages exprimés, mais 63,9 p. cent des suffrages des « professionnels », 72,2 p. cent des suffrages des immigrants arrivés au pays après 1946, 67,1 p. cent des suffrages des francophones et 59,2 p. cent des suffrages des Canadiens de moins de trente ans. Les grandes zones métropolitaines donnèrent 67,7 p. cent de leurs suffrages aux libéraux. Les conservateurs avaient une légère avance auprès des Canadiens des milieux ruraux, et le nombre de sièges du Ralliement créditiste, parti populiste et rural, passa de 8, à la dissolution, à 14. Cependant, les électeurs créditistes se préoccupaient probablement davantage de la situation économique difficile que des rumeurs sur le radicalisme et les habitudes sexuelles de Trudeau[31]. Comme Claude Ryan l'admit à contrecœur, la plupart des francophones arrivèrent à la même conclusion qu'ils avaient eue auparavant à propos de Wilfrid Laurier et de Louis Saint-Laurent : « Après tout, voici un Canadien français qui accède au poste de premier ministre du Canada. Pourquoi ne pas lui donner un essai loyal[32] ? »

On lui avait donné une chance et Trudeau était triomphant. Il attendit que Stanfield concède la victoire, ce qu'il fit avec sa grâce habituelle. Malheureusement, John Diefenbaker choisit de s'adresser aux électeurs canadiens également, et déclara que le résultat était une « calamité pour le Parti conservateur » et sembla se délecter du déluge venant après lui. Trudeau ignora les remarques de Diefenbaker et fit l'éloge de Stanfield et de Douglas. Il déclara ensuite : « Pour moi, l'expérience a été une grande découverte [...]. Nous en savons plus à présent sur ce pays qu'il y a deux mois [...]. Les élections se sont déroulées dans une atmosphère d'optimisme et de confiance dans notre avenir [...]. Nous devons accroître les occasions d'en apprendre davantage mutuellement[33]. » Il était étonnamment solennel, mais manifestement heureux. Il savait que son heure était venue.

Mais ce « nous », que savait-il exactement ? Qu'est-ce que les Canadiens avaient appris sur eux-mêmes et sur leur premier ministre ? L'attirance des jeunes et des francophones pour Trudeau était évidente. De façon intéressante, il augmenta l'appui des hommes pour les libéraux (de 39 p. cent en 1965 à 45 p. cent en 1968) davantage que celui des femmes (qui passa de 43 p. cent à 48 p. cent). Comme pour John Kennedy, les hommes admiraient apparemment tant le courage viril de Trudéau que son sex-appeal auprès des femmes[34]. Quelles que fussent les causes psychologiques, tant ses adversaires que ses partisans reconnurent la victoire de Trudeau ; Stanfield et Douglas déclarèrent plus tard que le sort avait été jeté à la démission de Pearson et à l'échec de la campagne de Winters. Néanmoins, John Duffy, dans son histoire des élections décisives du Canada, omet 1968 parce que, selon lui, les élections confirmèrent les tendances existantes sans provoquer de rupture spectaculaire avec le passé[35].

Trudeau lui-même minimisait l'importance du changement représenté par son gouvernement. Son esquisse de la société juste fournissait peu de détails, mais elle contenait des références connues. Il était, selon ses propres termes, un « pragmatiste » parmi les Canadiens, qui étaient « habitués à faire face à leurs problèmes avec pragmatisme ». Le socialiste et adolescent révolutionnaire d'autrefois réprimanda sans ménagement une foule rassemblée en Ontario en ces termes : « Vous savez fort bien que le gouvernement n'est pas le père Noël, et je me suis dit, quand j'avançais dans la rue et que je voyais tous les signes de la main et tous ces gens qui avançaient pour me serrer la main, que ce serait bon de vous rappeler qu'Ottawa n'est pas le père Noël. » Il n'y aurait pas de grands programmes, son gouvernement ne hausserait pas les impôts et ne ferait pas de promesses irréfléchies[36].

Duffy a raison de suggérer la continuité et de souligner comment les fondements du comportement électoral canadien persistaient en 1968. Dans les années 1960, les libéraux devinrent encore plus le parti de l'urbanité, des immigrants et des francophones, tandis que les conservateurs devinrent davantage synonymes de ruralité et d'anglophones. Contrairement aux élections historiques de 1896, de 1925-1926 et de 1957-1958, aucun réalignement fondamental ni grands enjeux de division ne caractérisèrent les élections de 1968. De fait, les journalistes avaient peine à trouver des questions séparant les partis, surtout dans le Canada anglais. Dans un autre sens, cependant, tant Duffy que Trudeau induisaient en erreur en minimisant le changement que Trudeau représentait. Stanfield, Winters ou Hellyer auraient été des premiers ministres très différents et, s'ils avaient été élus, ils auraient tous produit un Canada très différent.

L'importance des élections de 1968 s'explique en partie par la personnalité unique de Trudeau. Ce qui distingue ces élections des autres, cependant, tient surtout au moment particulier auquel les élections ont eu lieu et à la manière dont Trudeau le refléta : le printemps de 1968[37]. Les images restent : Paris en flammes ; l'offensive du Têt au Viêtnam ; les assassinats de Robert Kennedy et de Martin Luther King ; la police matraquant des étudiants de Harvard ; les Beatles et les Stones ; et la libération du Printemps de Prague. Trudeau, provoquant sur l'estrade et élégant sur le plongeon, cadrait parfaitement dans ce collage. Son style était à l'image de l'époque – et présageait l'avènement d'un nouveau Canada.

CHAPITRE 2

Un nouveau vin
dans de nouvelles bouteilles

L'année 1968 fut « l'épicentre d'une mutation, d'un changement fonda-mental, la naissance d'un monde postmoderne modelé par les médias », écrit Mark Kurlansky dans son histoire de « l'année qui ébranla le monde ». « C'est pourquoi la musique populaire de l'époque, l'expression domi-nante de la culture populaire du temps, est restée d'actualité pour les générations de jeunes qui ont suivi. C'était le début de la fin de la guerre froide et l'aube d'un nouvel ordre géopolitique dans lequel la nature de la politique et des leaders n'était plus la même. La façon de diriger de Trudeau, par laquelle un personnage politique est connu plus par son style que par la substance de son action, était bel et bien entrée dans les mœurs. » Les historiens américains regardent rarement vers le nord, mais Trudeau intriguait Kurlansky, qui remarquait que, « en cette époque d'ex-trémisme, il était modéré à la manière gauchiste, mais sa position exacte restait quasiment impossible à définir ». Aussi, au printemps de 1968, alors que les Américains devaient choisir entre Richard Nixon et Hubert Humphrey, le Canada « était en train de devenir étrangement heureux ». Comme l'écrira Robert Fulford quarante ans plus tard, Trudeau plaisait « aux citoyens qui vivaient une époque de partisanerie et [...] [aspiraient] à une ère nouvelle, dégageant une nouvelle énergie et un nouvel opti-misme ». À cette époque-là, le style était vraiment important[1].

Pour interpréter le phénomène de Trudeau, Kurlansky se tourne vers la prédiction de Marshall McLuhan selon laquelle les politiciens abdiqueront en faveur de l'image parce que l'image sera plus puissante qu'aucun politicien ne pourra jamais l'être. Le succès de Trudeau en 1968 reflétait les forces plus vastes à l'œuvre dans les politiques et les sociétés canadienne et nord-américaine, et était une réponse à celles-ci. Le choix de Trudeau comme chef libéral puis comme premier ministre s'explique par la transformation de la politique qu'entraîna la télévision. Au milieu des années 1960, les nouvelles et le divertissement avaient fusionné pour occuper le premier plan d'émissions comme *This Hour Has Seven Days*, qui raillait les dirigeants politiques et s'en moquait dans des chansons de Dinah Christie et des entrevues faites par des animateurs comme Patrick Watson et Laurier LaPierre. Lorsque la CBC avait annulé cette émission en mai 1966, il y avait eu un tollé général qui avait amené le premier ministre Pearson à ordonner une enquête*. L'enquête avait conclu que les producteurs avaient poussé les limites des traditions, de l'éthique et du bon goût en journalisme. À la fin des années 1960, cependant, ces limites n'étaient plus fixes[2]. La télévision couleur avait fait rapidement son apparition au Canada, juste au moment où l'émission *Seven Days* avait pris fin. La campagne de 1968, tout comme les manifestations explosives des jeunes à Paris, à Prague et

---

* Trudeau avait passé une entrevue pour devenir l'un des animateurs, mais LaPierre obtint le poste. Carroll Guérin, qui savait combien Trudeau souhaitait l'obtenir, compatit avec lui, en lui disant qu'il était dommage qu'il n'ait pas été choisi, et que cela montrait que leur appréhension n'était pas sans fondement. Elle trouvait dommage que le divertissement ait préséance sur les idées, mais que la chose n'était pas surprenante venant de Toronto. À propos de Trudeau et de la CBC, voir Eric Koch, *Inside Seven Days : The Show That Shook the Nation* (Scarborough : Prentice-Hall, 1986), p. 45 ; et Carroll Guérin à Trudeau, 16 décembre 1964, FT MG26 02, vol. 49, dossier 8, BAC. L'importance de cette émission est reconnue par le Museum of Broadcast Communication, de Chicago. Une évaluation de l'émission, rédigée par William O. Gilsdorf, est peu enthousiaste. Tout en faisant l'éloge de ses innovations techniques et de sa créativité, Gilsdorf remarque que « l'équipe de *Seven Days* semblait souvent atteindre l'objectif de faire participer le téléspectateur à l'émotion et à l'actualité de la télévision tout en révolutionnant et en repoussant les conventions du journalisme télévisé. Il est également clair que l'équipe était séduite par le pouvoir qu'avait la télévision de mettre des invités dans l'embarras ou de dramatiser certaines situations au moyen de mises en scène manipulatrices, comme dans l'interview du KKK. La série divertissait souvent, peut-être plus qu'elle n'informait, annonçant les préoccupations et le débat actuels quant à la démarcation entre nouvelles et divertissement », http://www.museum.tv/archives/etv/T/htmlT/thishourhas/thishourhas.htm.

à New York, gagnèrent en éclat et en instantanéité, non seulement en raison des différentes teintes sur l'écran, mais aussi des caméras à l'épaule et des autres progrès techniques.

La télévision traitait Robert Stanfield, qui était chauve et gauche, de manière impitoyable. Trudeau se moqua cruellement du politicien lorsque, juste avant de faire un plongeon délibérément maladroit, il déclara à la presse qu'il allait imiter Stanfield. Selon l'historien des médias Paul Rutherford, Trudeau n'aurait pu « devenir très vite célèbre si la télévision n'avait pas été là pour diffuser son charisme dans les foyers des Canadiens ». Son ascension rapide au pouvoir était un premier indice de son « effet d'avance rapide » sur la politique. Il est vrai que l'apparence et les qualités de Trudeau cadraient particulièrement bien avec la télévision, mais l'importance nouvelle de ce média signifiait aussi que les campagnes politiques n'étaient plus du tout les mêmes, tout comme les talents que devaient avoir ceux qui étaient au service des dirigeants politiques[3]. Leur entourage augmenta en nombre, jusqu'à inclure éventuellement des maquilleurs, des formateurs en pose de voix et des réalisateurs professionnels. Dans le passé, des politiciens comme Franklin Roosevelt et Adolf Hitler avaient déjà utilisé les médias de masse, mais ces outils étaient devenus essentiels au succès dans les années 1960, époque où les présidents devaient « se vendre », selon l'expression célèbre de Joe McGinniss. Le Canada, remarqua judicieusement George Radwanski, démontrait « une tendance nationale qui, à ce moment précis, favorisait justement un chef comme Trudeau. [...] Les Canadiens avaient en effet envié la présidence de John Kennedy aux Américains, et n'avaient cessé de souhaiter un chef qui lui ressemble », c'est-à-dire qui maîtrisait la télévision, s'entourait de belles femmes intelligentes, communiquait avec concision et précision, et transmettait excitation et énergie[4]. Bref, les Canadiens souhaitaient avoir un dirigeant qui ne ressemblât pas à Lester Pearson, à Mackenzie King ou à Bob Stanfield.

⤳

Les temps étaient nouveaux et l'équipe de Trudeau s'inscrivait à merveille dans ce cadre. Gordon Gibson, qui avait joué un rôle principal dans la campagne à la direction, rappela l'énergie extraordinaire qui entourait Trudeau et attirait à lui des gens brillants et passionnants. Trudeau connaissait son équipe de campagne et son personnel depuis relativement peu de temps. Ces collaborateurs partageaient sa méfiance à l'égard du nouveau nationalisme du Québec – qui, selon Trudeau, avait remplacé la loyauté aveugle envers l'Église par une foi encore plus dangereuse dans l'État. Tout en rejetant le séparatisme et le nationalisme, Trudeau embrassait les sciences sociales contemporaines avec la confiance d'après-guerre dans la planification, la rationalité et la primauté du droit qu'elles véhiculaient. Né dans les rues de Paris et dans les salles de conférence de la London School of Economics dans les années 1940, le « socialisme » de Trudeau possédait à présent les qualités des salons libéraux de New York, où les critiques encore discrètes à l'égard du capitalisme américain de John Kenneth Galbraith, économiste de Harvard et activiste au Parti démocrate, avaient de l'emprise et où Claude Julien, l'éditorialiste du journal *Le Monde* (qui était aussi une connaissance de Trudeau) faisait l'éloge tant de la technologie que de l'État providence de l'Amérique du Nord.

Dans le nouveau contexte des années 1960, la « politique fonctionnelle » de Trudeau, qu'il avait définie dans les années 1950 comme le rejet des approches idéologiques, changea de manière à s'inscrire dans le laïcisme et le nationalisme qui déferlaient sur la politique, l'économie et les arts. Trudeau tirait profit de cette montée du nationalisme canadien, même s'il se méfiait de sa nature : « [...] on devra un jour rejeter le nationalisme comme principe de bon gouvernement, écrivit-il. Dans le monde de demain, l'expression "république de bananes" ne s'appliquera plus aux nations indépendantes où l'on cultive les arbres fruitiers, mais aux pays où une indépendance toute formelle aura été jugée plus importante que la révolution cybernétique. Dans un tel monde, l'État, s'il ne veut pas se faire distancer par ses rivaux, aura besoin d'instruments politiques beaucoup plus précis, plus forts et maniés d'une façon beaucoup plus déliée que les moyens qui dépendent de l'émotivité. Ces instruments seront ceux que procurent une technologie poussée et la recherche scientifique, appliquées dans les domaines du droit, de l'économie, de la psychologie sociale, des affaires internationales, et en général dans le champ des relations humaines. En un mot, les instruments politiques de l'avenir, s'ils ne sont pas de purs produits de la raison, seront élaborés et jugés d'après des normes plus rationnelles que ce n'est actuellement le cas au pays pour tout ce que nous connaissons. » Le Canada se dirigeait dans une « voie pleine de périls graves », prévenait-il, et seule « la froide raison » allait permettre au pays d'éviter le désastre[5].

En mai 1964, le même mois où il avait écrit ces commentaires, Trudeau avait publié avec plusieurs autres intellectuels québécois un essai intitulé « Pour une politique fonctionnelle » dans *Cité libre*. Michael Pitfield, un fonctionnaire d'Ottawa, l'avait traduit en anglais sous le titre « An Appeal for Realism in Politics » pour *Canadian Forum*, une revue que lisaient avec avidité les intellectuels canadiens-anglais gauchisants[6]. Trudeau et ses coauteurs, attirés par les possibilités qu'offraient les sciences sociales contemporaines, étaient dégoûtés par les fanfaronnades de Diefenbaker, par l'émotivité de René Lévesque et par l'incompétence des mandarins anglophones d'Ottawa à faire face à la crise au Québec.

L'un des auteurs du manifeste, Marc Lalonde, conseiller en chef de Pearson en matière de politiques depuis 1965, joua un rôle central dans l'ascension au pouvoir de Trudeau. Il était, écrivit Peter C. Newman, « le premier d'une nouvelle race de brillants technocrates canadiens-français à atteindre un poste de grande influence dans la hiérarchie d'Ottawa ». Lalonde partageait de plus en plus avec Trudeau sa consternation devant la désorganisation du Cabinet de Pearson, le chaos de son Conseil des ministres et le manque de planification stratégique à Ottawa. Pitfield, qui travaillait au Bureau du Conseil privé au milieu des années 1960, se faisait l'écho de ces inquiétudes concernant la crise de la Confédération canadienne et de la capacité de Pearson à y faire face. Marc Lalonde et Trudeau étaient tous les deux nés à Montréal et y avaient fait leurs études. Ils étaient bilingues et disciplinés dans leurs habitudes de travail, et ils avaient un esprit cartésien[7]. Ils provenaient également de l'extérieur du Parti libéral et leurs racines étaient conservatrices.

Ramsay Cook, rédacteur en chef de *Canadian Forum* à l'époque où l'article fut publié, était un néo-démocrate actif. En 1968, cependant, lui aussi abandonna son affiliation politique traditionnelle et appuya la quête politique de Trudeau. Comme beaucoup d'autres universitaires, il descendit de la tour d'ivoire, devint membre d'une association de circonscription, encouragea ses étudiants à s'engager en politique et publia des articles débordants d'enthousiasme pour Pierre Trudeau. Cook devint un rédacteur de discours pour la campagne de Trudeau, tout comme Jean Le Moyne, auteur élégant et perspicace. Roger Rolland se joignit à eux. Ce dernier avait été le complice de Trudeau dans ses farces les plus extravagantes dans les années 1940, s'était battu à ses côtés contre Duplessis dans les années 1950 et lui avait donné de l'avancement à Radio-Canada (où il travaillait) dans les années 1960. Deux autres jeunes universitaires qui avaient signé le manifeste furent également importants dans l'élaboration de la politique de Trudeau. Il s'agissait des frères Breton : Albert, qui était économiste, et Raymond, sociologue. Trudeau les avait connus au début des années 1960 à l'Université de Montréal où ils s'étaient joints au Groupe de recherche sociale, fondé par Fernand Cadieux, autre intellectuel éminent qui participa activement à la campagne de Trudeau.

Il est significatif que tant de ceux qui étaient à présent rassemblés autour de Trudeau aient eu peu d'expérience auparavant en politique. Les nouveaux venus portaient en fait leur inexpérience et leur manque d'antécédents libéraux comme un macaron. Parmi les jeunes universitaires et professionnels qui animèrent la quête de leadership de Trudeau et les premiers jours du gouvernement, seul Gordon Gibson avait de forts liens libéraux, bien qu'ils aient été excusés du fait d'avoir été hérités de son père, aussi prénommé Gordon, qui avait été un membre libéral du Parlement de la Colombie-Britannique dans les années 1950. Autrement, les partisans de Trudeau étaient fiers de leur récente conversion, et comme la plupart des convertis, ils devinrent passionnés par la cause qui les unissait : Pierre.

Tandis que les frères Breton et Ramsay Cook continuèrent d'enseigner après juin 1968, Lalonde, Pitfield, Gibson et Cadieux devinrent des membres cruciaux du personnel particulier de Trudeau lorsqu'il entra en fonction. Les autres membres influents comprenaient Jim Davey, physicien montréalais d'origine britannique, qui partageait la fascination de Pitfield pour la planification et les approches « scientifiques » dans l'élaboration de politiques, et Tim Porteus, qui avait rencontré Trudeau en Afrique en 1957, mais qui était mieux connu pour son rôle dans *My Fur Lady*, une revue satirique montée par l'Université McGill qui connut le succès à l'échelle nationale. Carl Goldenberg, éminent avocat et universitaire de Montréal, devint conseiller constitutionnel, tout comme Ivan Head, ancien fonctionnaire aux Affaires extérieures qui, en 1963, était entré à la faculté de droit de l'Université de l'Alberta. Il avait pris une année sabbatique en 1967 pour travailler pour Trudeau et ne retourna jamais à l'université.

Tout comme *My Fur Lady* se moquait des coutumes canadiennes, le personnel de Trudeau et son nouveau Conseil des ministres cassaient les traditions politiques. Ils manquaient de liens avec le parti, venaient en majorité du Québec et avaient peu d'expérience à Ottawa. Lalonde et Pitfield s'étaient tracassés à propos de l'absence d'expertise sur le Québec au Cabinet de Pearson et de la difficulté à recruter des francophones à Ottawa, mais cette situation changea bientôt. Les membres du Cabinet de Trudeau étaient beaucoup plus nombreux, bilingues et totalement absorbés par la politique du Québec. Ils représentaient l'espoir pour l'avenir avec très peu de référence au passé d'Ottawa.

Le Conseil des ministres demeura en grande partie tel que Trudeau l'avait constitué après le congrès, mais certains changements s'imposèrent en raison des pertes subies aux élections, comme Maurice Sauvé, de certains besoins régionaux, comme ceux des provinces de l'Ouest, et des intérêts personnels de Trudeau. Contrairement au Cabinet du premier ministre, le Conseil des ministres avait beaucoup d'expérience en politique, mais il était, lui aussi, remarquablement jeune, avec vingt-deux de ses vingt-neuf membres âgés de moins de cinquante ans. Plusieurs ministres étaient dans la trentaine, y compris deux futurs premiers ministres : Jean Chrétien (trente-quatre ans) aux Affaires indiennes et du Nord canadien, et John Turner (trente-neuf ans) à la Justice, ayant une responsabilité cruciale dans la poursuite de la réforme du Code criminel amorcée par Trudeau. Trudeau nomma Eric Kierans, son ancien adversaire à la direction nouvellement élu, ministre des Postes – une fonction traditionnellement moins touchée par le favoritisme, mais qui devint soudain critique parce que les employés de la poste canadienne (ainsi que presque tous les fonctionnaires fédéraux) avaient obtenu le droit de grève et s'apprêtaient à en profiter pleinement.

Trudeau promut également Jean Marchand au ministère des Forêts et du Développement rural – qui fut bientôt transformé en ministère clé du Développement régional – et il nomma l'autre

« colombe », Gérard Pelletier, secrétaire d'État, responsable de toutes les politiques culturelles gouvernementales. Son ancien condisciple, Jean-Luc Pepin, alla au ministère de l'Industrie et du Commerce, soit le plus haut poste en économie à être occupé alors par un francophone. La composition de ce Conseil des ministres permit à Trudeau de se vanter d'avoir amené le pouvoir français au Canada et il resta immensément fier de cette réalisation, même si elle devint plus tard un fardeau politique.

~

À la première réunion le 8 juillet, Trudeau décrivit aux ministres le fonctionnement du Conseil. Les consignes seraient désormais : structure, comptes rendus, efficacité, confidentialité et responsabilité. Après avoir souhaité la bienvenue aux nouveaux ministres de sa voix curieusement monotone mais forte, Trudeau exprima ses demandes sans mâcher ses mots. Le premier point, déclara-t-il, « était la question de la solidarité ministérielle. Les serments des ministres du Cabinet devaient être pris très au sérieux. Les politiques seraient élaborées au Conseil et, à l'extérieur, les ministres devraient être entièrement solidaires. Il s'agissait d'une règle très stricte : si un ministre n'était pas d'accord avec une décision, il avait le droit, voire le devoir, de démissionner ». Le premier signe de l'érosion de la solidarité ministérielle serait une cause d'inquiétude : « La nomination des ministres n'était pas éternelle et il était possible d'envisager tant des départs du Conseil des ministres que des arrivées. » Trudeau établit les choses très clairement : les ministres étaient en poste à sa discrétion. Rappelant aux nouveaux membres du Cabinet les « fuites » nuisibles des années Pearson, il fixa la règle suivante : « Si la source d'une fuite d'une information du Conseil des ministres était identifiée, la mesure qui serait alors prise devrait être impitoyable. » À la fin de la réunion, il fit circuler un « programme de travail » pour l'été, lequel comprenait une série de réunions intensives jusqu'au 20 juillet. Les ministres pouvaient ensuite prendre un « congé de trois semaines » puis se remettre au travail à la mi-août[8]. Trudeau le dilettante semblait maintenant un souvenir lointain. Les libéraux avaient un chef, un gouvernement majoritaire et un mandat.

Pour Trudeau et, plus particulièrement pour Lalonde, Davey et Pitfield, le caractère chaotique du Conseil des ministres de Pearson était dû à son manque de structure. Suivant leurs conseils et sa propre fascination grandissante pour l'analyse de système et la futurologie, Trudeau entreprit d'imposer de l'ordre dans le système de gouvernement de cabinet qui s'était incrusté dans la tradition. En vérité, le système avait terriblement besoin d'être changé, car les communications modernes, les nouvelles technologies (surtout la photocopie) et l'expansion des services gouvernementaux avaient submergé le monde soigneusement construit par les mandarins de Mackenzie King. Au milieu des années 1960, le système de classement qui avait été mis au point dans les années 1940 s'effondra sous le poids des fonctions accrues du gouvernement et des montagnes de documents. « Or, après mon arrivée, le volume du courrier prit des proportions nouvelles, c'est-à-dire qu'il fut multiplié par quatre [...]. Il fallut bien répondre aux exigences incontrôlables que cela créait et multiplier dans les mêmes proportions le nombre de responsables [...]. » Il ajouta que la plupart des gouvernements reposant sur le système parlementaire britannique, y compris le gouvernement conservateur de Margaret Thatcher, prirent une expansion spectaculaire pour faire face aux nouveaux défis. Et de fait, Pitfield, l'architecte en chef de la machinerie du gouvernement de Trudeau, se lia d'une grande amitié avec Burke Trend, qui assumait la même responsabilité au Royaume-Uni[9]. Mais Trudeau alla plus loin que les Britanniques et entreprit une restructuration en profondeur du Conseil des ministres et du système de caucus. Les effets controversés de ces réformes ont modifié le gouvernement canadien pour des décennies.

Tout d'abord, Trudeau établit des « bureaux régionaux » liés au bureau du premier ministre, créant ainsi une force compensatoire aux ministres eux-mêmes. Dans les années 1960, Trudeau fut de plus en plus attiré par la notion de forces opposées et celle-ci influença grandement son approche de l'organisation du gouvernement et de la politique, en général. Ensuite, il augmenta le rôle du caucus et lui permit de discuter des lois avant qu'elles ne soient présentées au Parlement. Les membres du caucus pouvaient poser des questions directement aux ministres et ils le faisaient fréquemment. Il amorça un processus qui permit aux députés d'obtenir des fonds pour les bureaux de circonscription et d'acquérir plus de ressources pour les bureaux ainsi que du soutien pour les déplacements en famille. Bien que l'impulsion initiale ait été son appel à une « démocratie participative », les changements répondirent plus tard à son désir que les députés restent satisfaits dans un contexte de pouvoir de plus en plus centralisé. La centralisation se fit au moyen d'un système de huit comités du Cabinet, le plus important étant celui des « Priorités et planification », présidé par Trudeau. Ce comité coordonnait les activités du Conseil des ministres et les ministres devaient suivre les priorités qu'il fixait. Rompant de façon importante avec le passé, les comités du Cabinet pouvaient prendre des décisions et, à l'intérieur des comités, les ministres discutaient des politiques de leurs collègues. Au Conseil des ministres, seules les questions controversées ou majeures faisaient l'objet de discussions, et les ministres devaient les défendre contre leurs collègues et répondre au questionnement éclairé et parfois intense de Trudeau lui-même. Les adjoints de ministre ne pouvaient pas assister aux réunions des comités du Cabinet, mais les fonctionnaires, oui. Il en résultait un processus pénible et exigeant visant à imposer le consensus entre les ministres, et la prise de décisions éclairées.

Les évaluations ultérieures des changements ont été en grande partie défavorables, reflétant les commentaires souvent caustiques des membres du Conseil des ministres de l'époque. « Cela renforçait les faibles, dit Turner, et frustrait les forts. » Les vétérans Allan MacEachen et Paul Martin trouvaient les réunions du Conseil des ministres interminables et inefficaces comme outils de gouvernement – « l'ennemi du sens commun en politique ». Jack Pickersgill, fonctionnaire d'expérience, conseiller auprès du premier ministre et politicien terre-neuvien que certains considéraient comme l'analyste politique le plus perspicace de sa génération, « déplora » le « manque d'intérêt de Trudeau pour une bonne administration et son piètre jugement quant à la pertinence de la nomination de certains hommes et femmes au Conseil des ministres et à de hauts postes administratifs » – une critique implicite du choix de Davey et de Pitfield. Dans l'étude théorique la plus complète réalisée sur la tentative d'appliquer une approche systémique au gouvernement canadien, Jason Churchill conclut en outre que les attentes n'ont pas été comblées et que les réalisations n'ont pas été à la hauteur de ce qui avait été promis lorsque la bande pleine d'entrain entourant Trudeau avait entrepris de refaire le gouvernement canadien. Gordon Robertson, bureaucrate d'expérience qui devint le premier secrétaire de Trudeau au Conseil des ministres, admet que le système limitait certains ministres : il se rappelle comment John Turner a un jour explosé dans une conversation avec lui, disant qu'il était impossible de s'occuper du ministère des Finances « avec vingt-trois foutus ministres des Finances ». Quant à l'analyse de systèmes, Robertson « n'y trouva jamais un quelconque avantage ». Même Trudeau conclut plus tard : « Nous sommes peut-être parfois allés un peu trop loin[10]. »

Peut-être, mais les gouvernements de l'époque avaient grand besoin de réformes. Les tentatives de Trudeau étaient une réponse aux défis dont la complexité dépassait les fonctionnaires et les politiciens des sociétés démocratiques partout en Occident. Le système politique et la participation au système politique avaient perdu de leur attrait pour la « nouvelle génération » d'Américains de l'époque de Kennedy. En réaction, ils s'étaient tournés en partie d'abord vers la protestation et même la violence, puis vers l'intérieur, choisissant les drogues ou les mouvements sociaux comme le féminisme et la libération sexuelle. Les réformes du Conseil des ministres et du caucus mises en œuvre par Trudeau, ainsi que les nombreux groupes de travail, livres blancs et groupes de discussion regroupés sous l'étiquette de « démocratie participative », tentaient de revigorer l'espace public et la participation des citoyens. L'intention était de créer un parti de masse dans lequel les membres du caucus jouaient un rôle de premier plan. L'optimisme d'après-guerre concernant l'ère des organisateurs, la budgétisation keynésienne et l'État providence s'érodaient rapidement, et les critiques du consensus libéral avaient de plus en plus d'influence, non seulement ceux de la gauche, dont Noam Chomsky et Theodor Adorno, mais aussi ceux de la droite, avec Edward Banfield et Milton Friedman. Les années 1960 s'amorcèrent avec la célébration de la longue prospérité qui avait suivi la création de l'État activiste des années 1940. La « nouvelle frontière » de John F. Kennedy, la « grande société » de Lyndon Johnson, la « chaleur blanche » de la révolution technologique de Harold Wilson, et plus tard dans la décennie, la « société juste » de Pierre Trudeau, capturaient toutes la confiance de politiciens libéraux souscrivant à l'intervention activiste pour le bien général.

Le rêve commença à s'évanouir avec le Viêtnam et les émeutes raciales d'une part, et le ralentissement de la croissance de la productivité et les programmes sociaux dispendieux et infructueux d'autre part. « Après 1968, écrivit l'historien américain James Patterson, il n'y eut plus de retour aux grands espoirs qu'avaient eus les libéraux en 1964 et au début de 1965[11]. » Le contrecoup s'installa et les Américains perdirent la confiance qu'ils avaient dans les politiciens et l'action politique. Le Canada, comme à son habitude, réagit de la même façon à retardement, et le retard fut une chance pour Trudeau, car ainsi, de nombreux jeunes gens brillants le suivirent à Ottawa et formèrent un corps de fonctionnaires remarquables. L'une d'entre eux, Maureen O'Neil, se rappela plus tard la sensation d'excitation et le sentiment d'expérimentation, ainsi que « l'énergie extraordinaire » qui l'attira à l'époque vers la fonction publique. Ottawa, sous Trudeau, était bien loin de ce que l'historien américain Rick Perlstein a appelé le « Nixonland », où le débat public était enraciné dans la colère et le ressentiment, et la fonction publique, rabaissée par la gauche et par la droite[12]. Des études détaillées des élections de 1968 révèlent que l'appui aux libéraux de Trudeau « était directement tributaire de la religiosité, du libéralisme moral, de l'intérêt pour les affaires étrangères, de l'importance accrue accordée au gouvernement central » et de « l'optimisme général concernant l'avenir et les perspectives économiques[13] ». Au Canada, l'heure était toujours aux libéraux, du moins pour un court temps.

⌐

L'insistance de Trudeau sur le « pragmatisme », son refus d'être un « père Noël » et sa description vague de la « société juste » trahissaient ses propres doutes grandissants quant à certains aspects de l'héritage des libéraux. Déjà, le gouvernement de Pearson avait retardé l'introduction du régime d'assurance-maladie en raison des pressions économiques. En janvier 1968, à l'approche des nouveaux coûts liés aux soins de santé, Mitchell Sharp, le ministre des Finances, avait prévenu les provinces que les ressources d'Ottawa étaient limitées et que celles-ci devaient par conséquent adopter des politiques d'austérité. La querelle entre le gouvernement fédéral et les gouvernements provinciaux concernant le paiement des coûts liés aux soins de santé s'intensifia lorsque l'estimation de ces coûts continua d'augmenter. Ces différends se confondaient intimement avec les discussions concernant la réforme constitutionnelle. Peu après les élections, le nouveau ministre des Finances, Edgar Benson, annonça que le gouvernement appliquerait des politiques d'austérité et qu'il fallait mettre un terme à la croissance du gouvernement. Trudeau prévint le Conseil des ministres qu'il n'était pas suffisant de mettre de l'avant des programmes, il fallait aussi comprendre les coûts y étant rattachés. Homme d'affaires de Montréal et brigadier général à la retraite, Charles « Bud » Drury, qui était secrétaire du Conseil du Trésor, se tailla très tôt une place importante dans le gouvernement de Trudeau en tant qu'applicateur de la discipline fiscale, et il devint rapidement l'un des principaux conseillers de Trudeau. Les conseils de Drury péchaient généralement par excès de prudence et Trudeau trouvait ses arguments de plus en plus convaincants.

Dans l'esprit vaste de Trudeau, l'enthousiasme était toujours tempéré par le doute, surtout dans le contexte où les engagements en matière de dépenses dans les programmes sociaux des années 1960 non seulement se poursuivaient mais augmentaient. Derrière les portes closes du Conseil des ministres, cependant, l'été de 1968 demeura une période de célébration – une « lune de miel » politique, même pour nombre des critiques de la campagne de Trudeau. Dans *Le Devoir*, Claude Ryan fit l'éloge du nouveau Conseil des ministres et en particulier de la forte représentation du Québec, déclarant que Trudeau était devenu « un chef de gouvernement calme et sûr de lui, conscient de son pouvoir mais résolu à en user avec modération ». Il était prudent, mais « conscient de l'immense désir de renouveau qui [était] la source de son succès[14] ». Sans doute Trudeau eut-il un sourire ironique : il savait que la lune de miel serait de courte durée.

Sa popularité étant alors à son sommet, Trudeau quitta le 21 juillet pour une tournée de l'Arctique, une région qui l'avait toujours fasciné et qu'aucun premier ministre n'avait encore visitée. Il fit près de quinze mille kilomètres, d'abord dans un Jetstar, puis dans un DC-3, un Otter et un hélicoptère. Il traversa les vastes terres nordiques en huit jours à peine. Il voyagea avec un groupe de dix personnes, dont son frère, Charles, R. J. Orange, député des Territoires du Nord-Ouest, et Edith Iglauer, rédactrice au *New Yorker**. Trudeau campa sur l'île d'Ellesmere, alla à la messe à Fort Chimo, alla à la pêche à l'omble de l'Arctique, et dansa même avec des « danseuses à gogo » inuites à Frobisher Bay (maintenant Iqaluit). Le voyage renforça l'image de son intimité avec la nature et la Frontière canadienne. Cette image reflétait de manière tangible sa fascination pour les régions sauvages, mais elle exerçait aussi un attrait romantique dans les appartements des villes canadiennes, en constante expansion. Dans une entrevue réalisée à la fin de ce voyage frénétique, Trudeau déclara que les « Esquimaux » étaient moins « misérables » qu'il y a dix ans, lorsqu'il les avait rencontrés dans le cadre d'expéditions en canot. Malgré tout, conclut-il, le « Nord » était loin d'un « décollage » économique[15].

Comme d'habitude, les voyages et les bouffonneries de Trudeau dominèrent la une des journaux cet été-là, pendant que les ministres à Ottawa étaient occupés à élaborer leurs programmes pour l'automne. Les comptes rendus de leurs délibérations révèlent de nombreuses affaires en suspens des années Pearson – notamment le projet de loi sur les langues officielles, la modification du Code criminel commencée par Trudeau lui-même en 1967, et la réforme du Parlement. S'ajoutait à ces éléments une série d'examens, dont les plus importants étaient dans les domaines de la défense et de la politique étrangère et, séparément, de la

---

* Lorsqu'elle rencontra Roméo LeBlanc, l'attaché de presse de Trudeau, pour lui demander une entrevue avec le premier ministre afin de dresser un portrait de lui dans le *New Yorker*, LeBlanc lui dit que Trudeau était trop occupé. Il lui parla du voyage que Trudeau allait faire et elle lui apprit qu'elle avait écrit un livre sur le Nord. Elle envoya le livre à Trudeau, qui demanda à Gordon Robertson, qui avait été sous-ministre aux Affaires du Nord, si elle devrait les accompagner. Apparemment, Robertson répondit : « Emmenez-la avec vous. Vous ne le regretterez pas. » Il ne s'était pas trompé. Iglauer était une charmante compagne et elle fit un excellent portrait de Trudeau. À une occasion, à la mine d'amiante Cassiar, Trudeau décrivit habilement plusieurs cercles à motocyclette. Iglauer demanda alors à Charles : « À quoi ça ressemblait d'être son frère cadet ? » Il répondit en riant : « Il fallait toujours que Pierre ait le dernier mot. » C'est la phrase qu'elle utilisa comme amorce à son article. Iglauer dans *Trudeau tel que nous l'avons connu*, sous la direction de Nancy Southam (Saint-Laurent : Fides, 2005), p. 109 ; et Iglauer, « Prime Minister/Premier Ministre », *New Yorker*, 5 juillet 1969, p. 36-60.

politique fiscale[16]. L'examen fiscal était nécessaire pour préparer une réponse au rapport volumineux de la commission Carter de 1967, qui avait recommandé une restructuration en profondeur de la fiscalité au Canada. Il causa immédiatement une controverse en raison de l'accent mis sur l'équité dans le sens de justice et sur l'intégration de tous les revenus, y compris les gains en capital, qui n'étaient alors pas imposés au Canada. « Une piastre est une piastre », y déclarait-on selon la célèbre formule, au désespoir de Bay Street et de certaines parties de Main Street. Benson commença à travailler à un programme particulier répondant aux recommandations du rapport Carter, mais la tâche, comme nous le verrons, prit plusieurs années, causa énormément de controverse, et donna lieu à une crise politique vers la fin du mandat du premier gouvernement de Trudeau[17].

À la fin de l'été, soit le 9 septembre, le président français, le général de Gaulle, fit une autre incursion dans les affaires canadiennes en comparant le Canada au Nigeria, qui était alors en pleine guerre civile sanglante. Lorsqu'on lui demanda si l'élection d'un francophone au Canada faisait une différence, il répondit : « Certainement pas. » De Gaulle et ses fonctionnaires connaissaient et méprisaient Trudeau, « l'adversaire de la chose française au Canada* ». Le mépris était mutuel. Le 11 septembre, Trudeau réprimanda avec acidité de Gaulle et s'éleva contre les activités d'« agent secret » du fonctionnaire français Philippe Rossillon, qui travaillait au Canada en vertu d'un accord culturel France-Canada. Ses soupçons furent fortifiés lorsque certains fonctionnaires français proches de De Gaulle complotèrent pour appuyer le séparatisme et le nationalisme au Canada[18]. L'affaire Rossillon, qui portait sur les activités exercées par le fonctionnaire avec des Franco-Manitobains et des Acadiens, était l'équivalent de la lutte menée par le Canada et la France pour exercer une influence économique et diplomatique sur la Francophonie, l'ensemble des populations francophones dans le monde, et ainsi faire avancer leurs intérêts nationaux respectifs bien distincts. La relation entre la France et le Québec fut donc une question fondamentale au cours des deux premières années du mandat de Trudeau comme premier ministre.

---

* NDT : En français dans le texte.

Plus tard, l'analyste politique perspicace Jim Coutts attira avec justesse l'attention sur le point faible de ces premières années. Trudeau, de manière rhétorique et conformément à ses convictions, souhaitait détruire l'ancien système des agents du pouvoir politique et rêvait d'une nouvelle politique « participative » où les citoyens et leurs dirigeants s'uniraient pour choisir une politique publique fondée sur la raison plutôt que sur la passion. Mais Trudeau se rendit bientôt compte que les citoyens « ne voulaient pas participer à un débat national dans lequel ils devaient trouver leur propre chemin ». Conquis par son charisme, ils s'attendaient plutôt à ce qu'il dirige le pays, pas qu'il en discute. La tentative de Trudeau de mettre en place des examens publics et des groupes d'étude « examinant tous les aspects des sujets » résulta finalement en « peu d'initiatives » et beaucoup de frustration. La plupart de ces exercices « étaient contre-productifs, dilapidaient les ressources du gouvernement et sapaient les énergies créatrices des politiciens élus et de la fonction publique ». Il aurait été plus judicieux, affirma Coutts, que Trudeau se concentre sur quatre ou cinq « idées très précises » tout au plus. Au cours des premières années, le gouvernement forma plutôt un groupe d'étude qui formula douze priorités – beaucoup trop, même pour un gouvernement majoritaire. Ironiquement, Trudeau avait plus de succès dans la poursuite du riche héritage de son prédécesseur que dans ses nouvelles initiatives[19].

Trois questions centrales découlant de cet héritage dominèrent la politique canadienne à l'automne de 1968 : la Constitution et le Québec ; la réforme de la législation sociale pour refléter le nouveau Canada ayant émergé des années 1960 ; et le rôle du Canada dans le monde alors que la guerre du Viêtnam et l'essor de l'Europe modifiaient en profondeur les relations internationales. Il fallait également faire des ajustements fiscaux par suite des nouvelles demandes créées par l'expansion du gouvernement sur la trésorerie fédérale. Dans le cas de la Constitution et du Québec, Trudeau mit la main à la pâte. Il présida le comité du Cabinet formé pour s'occuper des relations fédérales-provinciales, et ses adjoints les plus proches se concentrèrent surtout sur cette question. Marchand géra habilement les libéraux du Québec, Pelletier réussit avec grâce à entrer dans des salles de conseil éditorial et des séminaires universitaires au départ hostiles, et Marc Lalonde porta son regard perçant d'avocat sur les détails et mit en application son esprit d'organisation formé par les jésuites. Plus tard, d'autres membres du Conseil des ministres de Trudeau se plaignirent qu'un « groupe distinct du Québec » avait accaparé la question constitutionnelle. Si d'autres, notamment Gordon Robertson au cours des premières années, ont pénétré ce groupe, la tendance fut, chose inévitable en raison de la nature de la question constitutionnelle, d'en discuter dans les limites d'un petit cercle de vieux amis proches. Leur proximité, d'abord source de force pour Trudeau et son gouvernement, devint par la suite source de faiblesse[20].

⟋

Le public et la presse s'intéressaient toujours autant à la vie personnelle de Trudeau et, au printemps de 1969, beaucoup le considéraient comme « le meilleur parti ». *Chatelaine*, le principal magazine féminin au Canada, publia de nombreux reportages sur Trudeau, dont celui portant le titre non équivoque « Whom Should Trudeau Marry? » (Qui Trudeau devrait-il épouser?). L'article était agrémenté de photographies « de petites amies passées et récentes », notamment la charmante jeune actrice Louise Marleau, qui avait joué Juliette au festival Shakespeare de Stratford au cours de l'été. Les journaux locaux s'étaient demandé si le Roméo d'Ottawa allait embrasser sa Juliette lors de sa visite au festival. Il le fit. Chose intéressante, la sœur de Louise Marleau, Huguette, était l'adversaire conservatrice de Trudeau dans Mont-Royal aux élections de 1968. L'article mentionnait également les noms de Jennifer Rae et de Madeleine Gobeil, professeur à l'Université Carleton. Il poursuivait la taquinerie en soumettant les caractéristiques de Trudeau à un ordinateur afin de savoir quel genre de femme conviendrait au premier ministre. La réponse était insignifiante, mais le commentaire suivant était intéressant: « Trudeau a besoin d'une femme parfaitement compatible avec lui, pour les raisons suivantes: il a vécu un demi-siècle; il a un style de vie distinctif (celui d'un célibataire); il est plus rigide et conservateur que libéral pour plusieurs raisons; il a été davantage influencé par sa mère que par son père au milieu de l'adolescence; il a besoin de contrôle et d'autodiscipline; il est naturellement timide; et il doit dompter ses impulsions et son caractère. Il ne cherche pas à être comblé par quelqu'un d'autre, et n'a donc qu'une faible tolérance envers les autres et envers la proximité [...]. Fondamentalement, c'est un solitaire[21]. »

Ni Trudeau ni ses amis n'auraient été en désaccord avec cet ordinateur perspicace. Il était très certainement un solitaire, même si on le voyait souvent au théâtre, au restaurant, sur les pentes de ski et dans l'allée du 24, promenade Sussex, accompagné d'une femme. Il en fréquentait beaucoup et elles étaient toujours belles. Les temps, aussi, changeaient – on ne faisait plus du tout la cour en Occident comme avant. Trudeau avait eu de nombreuses petites amies dans les années 1950, une décennie où, selon Ian MacEwan, « le fait d'être jeune représentait un handicap social, une preuve d'insignifiance, une maladie vaguement honteuse dont le mariage était le premier remède ». Comme de nombreux hommes, Trudeau était heureux de la plus grande liberté sexuelle qui régnait soudain, mais Carroll Guérin se rappelle qu'il y avait des limites à son acceptation des nouvelles mœurs : il eut des pointes de jalousie lorsqu'il apprit qu'elle avait commencé à sortir avec d'autres hommes, alors qu'elle se trouvait en Angleterre à la fin des années 1960, même s'il déclarait ne pas être du genre jaloux[22].

Immédiatement après le congrès à la direction des libéraux, Trudeau communiqua avec Jennifer Rae et ils commencèrent à sortir ensemble cette semaine-là. Pendant plusieurs mois, ils allèrent « voir des films, dîner au restaurant, assistèrent occasionnellement à des cocktails, à des soupers officiels et à des événements publics comme le Grand Prix de Montréal ». Il était « inventif, passionné, et un amant généreux », à défaut d'être généreux de son argent. Souvent, Jennifer ou le chauffeur dut acheter les billets de cinéma, et le seul cadeau que Pierre donna à Jennifer fut une paire de vieilles chaussures de tennis ayant appartenu de toute évidence à une autre petite amie. Ils passèrent de nombreux week-ends à la résidence du lac Mousseau, la retraite romantique de Trudeau pendant la durée de son mandat de premier ministre.

Un jour en février 1969, ils se retrouvèrent dans la cuisine en train de préparer des huîtres fumées sur des craquelins comme hors-d'œuvre avant un dîner pour quatre. Jennifer prépara l'assiette, pressant un peu de citron sur les huîtres. Trudeau explosa, exigeant de savoir ce qu'elle était en train de faire. « Nous eûmes l'une de ces horribles disputes qui ont lieu les dents serrées pour que les invités ne les entendent pas », et où il était question de la liberté de chacun de mettre du citron sur ses propres huîtres. « La raison pour laquelle je suis irrité, finit-il par m'expliquer, c'est parce que chacun a le droit de décider s'il souhaite ou non mettre du jus de citron sur ses huîtres. [...] Tu as privé les gens de ce choix. » La relation se termina peu de temps après cette soirée et Jennifer épousa bientôt quelqu'un d'autre. Quant à Pierre, une partenaire des plus fascinantes, venue du sud, allait bientôt se présenter[23].

Barbra Streisand et Elliott Gould, deux géants du cinéma américain, se séparèrent le 13 février 1969, juste avant que Barbra n'obtienne *ex æquo* l'Oscar de la meilleure actrice pour son interprétation dans *Funny Girl**. Gould était assis à côté d'elle lorsqu'elle apprit la bonne nouvelle, mais à cette époque leur union était terminée. Celui qui l'intéressait le plus, cependant, était Pierre Trudeau, qu'elle avait rencontré l'automne précédent à Londres, à la première de *Funny Girl*. Avant le gala, et sachant que sa relation avec Gould était terminée, Streisand et une amie proche, Cis Corman, avaient feuilleté la plus récente édition du magazine *Life*, « cherchant à la blague quelque prétendant susceptible de me plaire », expliqua Streisand. Leur regard tomba sur une photographie de Trudeau vêtu d'un imper et chaussé de sandales, ce qui piqua immédiatement leur curiosité. Il était si différent de Richard Nixon, de Spiro Agnew et des autres hommes politiques américains de l'époque. Peu après, à la première de *Funny Girl*, elle et Trudeau furent placés à la table de la princesse Margaret. « Il correspondait à tout ce que j'avais imaginé, et plus encore », racontera-t-elle ensuite. Quarante ans plus tard, elle se souviendra de Trudeau comme d'un mélange attirant « de Marlon Brando et de Napoléon ». Elle refusa néanmoins de danser avec lui ce soir-là, car elle savait qu'un premier ministre et une vedette attireraient immédiatement l'attention. Mais Cis Corman accepta avec plaisir ; le lendemain, elle apparut dans les tabloïdes comme « béguin » de Trudeau.

La célébrité de Streisand et de Trudeau les unit rapidement. Les deux possédaient également une intensité et une électricité qui attiraient tout autour d'eux. Ils rendirent leur relation publique immédiatement,

---

* L'autre actrice primée était Katherine Hepburn pour son rôle dans *The Lion in Winter* (*Le lion en hiver*). Barbra trébucha sur son tailleur-pantalon en se dirigeant vers la scène et découvrit plus tard que les forts projecteurs de télévision faisaient paraître transparente sa superbe tenue.

tandis que les fonctionnaires canadiens se tracassaient à propos de cette relation ouverte entre le premier ministre et une Juive américaine récemment séparée et démocrate très libérale. Le moins qu'on puisse dire, c'est que le président Nixon n'aurait pas approuvé la relation. De plus, la célébrité, l'extravagance et le perfectionnisme de Barbra – évidents dans tout ce qu'elle portait, dans le moindre de ses gestes et dans ses chansons – la rendaient menaçante aux yeux de bien des gens, qui s'inquiétaient de ce qui se passerait si la relation se terminait publiquement et dans la colère, comme c'était souvent le cas des relations entre célébrités. Les principaux conseillers de Trudeau se réunirent pour discuter de la situation. Tim Porteous finit par exploser : « Nous sommes là à nous demander si Pierre devrait sortir avec la vedette la plus sexy du monde. Bon sang, mais en politique, c'est de l'or en barre[24] ! »

Il aurait été étonnant que ses conseillers puissent l'arrêter, mais c'est tout de même avec leur bénédiction que Trudeau se rendit peu de temps après à New York passer un week-end avec Streisand. Le vendredi soir, ils dînèrent dans l'intimité, assis à une petite table du Casa Brasil dans l'Upper East Side, puis se rendirent chez Raffles, la discothèque de l'hôtel Sherry-Netherland et rendez-vous de l'élite. Leur relation était très romantique, et le lendemain, ils ne mirent pas le pied dehors de l'appartement de Streisand. Le couple glamour réapparut toutefois le dimanche au théâtre, entouré d'une horde de paparazzi. À d'autres occasions, ils se rencontrèrent pour dîner à un restaurant chinois, où Trudeau se délectait tout particulièrement d'escargots géants. Ils discutaient sans difficulté d'architecture, de politique et de leurs univers différents. Barbra voyait chez Pierre les qualités qu'elle adorait chez son père, qui était un intellectuel brillant et un athlète accompli. En janvier 1970, après le tournage de *La Chouette et le Pussycat*, Streisand vint à Ottawa. L'événement surchauffa la capitale, qui était alors au milieu du pire hiver de mémoire d'homme. Barbra, parée de fourrures, dégageait une impression de royauté par la majesté de sa présence, la couverture de presse dont elle était l'objet et l'effet qu'elle produisait. Elle assista à la période des questions à la Chambre des communes, et Trudeau fit un large sourire en direction de la tribune lorsque le président de la Chambre souligna la présence de la vedette. Lorsqu'elle s'en alla finalement, Trudeau quitta rapidement une réunion, courut jusqu'à la limousine de Barbra pour lui faire de brefs mais intenses adieux, leurs mains entrelacées et ses yeux plongés dans les siens. Le soir du 28 janvier, Barbra et Pierre assistèrent à la célébration du centenaire du Manitoba au nouveau Centre national des Arts. Ils s'y rendirent séparément, mais une fois sur place, Trudeau bondit de sa limousine pour ouvrir la porte de celle de Barbra et s'engager avec elle bras dessus, bras dessous dans l'édifice. Elle était resplendissante en vison blanc, et les reporters partout empruntèrent la célèbre phrase de *Funny Girl* pour la décrire : « You're gorgeous » (Vous êtes superbe !). Il y eut des sorties au restaurant, des moments amoureux et de tendres adieux qui firent d'Ottawa, pour une fois, plus qu'une capitale politique[25].

Trudeau et Streisand continuèrent à se fréquenter. Il l'invita à la résidence du lac Mousseau, où il l'impressionna en exécutant des plongeons de maître dans l'eau glacée du lac. Trudeau, savourant la présence extraordinaire de Streisand, parla de relation à long terme, et de son désir d'avoir des enfants. Mais elle eut soudain des « craintes » : son mariage venait à peine d'être rompu ; elle était en pleine gloire sur le plan professionnel ; et si merveilleux que Trudeau pût être à ses yeux, le Canada demeurait un pays étranger. Cela soulevait évidemment bien des questions et des difficultés. Qu'en serait-il de leurs différentes confessions, lui un catholique et elle une juive ? Devrait-elle apprendre le français ? Qu'adviendrait-il de sa carrière au cinéma si elle devenait la femme de Trudeau ? Libérale comme elle l'était, jamais elle ne lui demanderait de démissionner. Toutes ses questions résultèrent en un refus, et la relation se termina plus tard au printemps. Ils restèrent bons amis et gardèrent contact ; à la victoire des libéraux du Québec aux élections provinciales d'avril 1970, Streisand envoya un télégramme – « Félicitations au Québec, avec amour pour les libéraux » – et elle envoya ses vœux d'anniversaire, plus tard, en octobre. « Malgré le chaos, écrit-elle, j'espère que tu passes un joyeux anniversaire. Je pense à toi souvent. Je t'aime. Barbra. » L'affection demeura, tout comme, pour reprendre la célèbre chanson, le merveilleux souvenir de ce qui resterait leur « plus belle année », cet hiver-là de 1969-1970 : deux amants se vouant une « admiration et un respect mutuels – et où la chimie passait ». Ils allaient se revoir en novembre, et plus tard, dans les années 1980[26].

Trudeau continua de sortir avec d'autres femmes, notamment avec la charmante et intellectuelle Madeleine Gobeil, qu'il connaissait depuis de nombreuses années et qui enseignait maintenant le français à l'Université Carleton. Une proche compagne, elle était souvent celle qui l'accompagnait à des spectacles donnés au Centre national des Arts, et ils passaient parfois la soirée ensemble à dîner et à bavarder, chez Madeleine, à Ottawa. Il voyait toujours aussi Carroll Guérin, qui était à la fois amusée et préoccupée par les escapades romantiques de Trudeau. Il venait souvent la voir quand il était en crise, car elle était remarquablement habile à percer ses couches de protection. Sans être critique ni possessive, elle soupçonna que la dépendance de Trudeau aux rencontres en série pouvait être la cause de ces crises. Et elle avait raison.

Margaret Sinclair fut mise au courant du dîner aux chandelles avec Barbra Streisand au 24, promenade Sussex par les journaux du matin le 29 janvier 1970. Furieuse, elle raccrocha brutalement le téléphone lorsque Pierre l'invita à sortir après le départ de Barbra. « Va voir ton actrice américaine ! » avait-elle crié dans le récepteur. Elle avait de bonnes raisons de se sentir trahie. Ils avaient commencé à se fréquenter en août 1969. Trudeau l'avait invitée à sortir alors qu'il était en visite à Vancouver où elle était revenue après avoir mis fin à son aventure amoureuse torride avec le jeune Français Yves Lewis. À Tahiti, elle avait préféré Yves à Pierre, puis avait mené une vie de « hippie » au Maroc, où elle avait goûté à la promiscuité et aux drogues. Lorsque Trudeau l'appela à la maison, Margaret accepta son invitation en hésitant puis, avec l'aide de sa mère et de ses sœurs, se prépara frénétiquement à leur rendez-vous en transformant « l'enfant-fleur en poupée Barbie* ».

Accompagnés de deux agents en civil, Margaret et Pierre dînèrent au Grouse's Nest, un restaurant touristique, mais offrant une vue spectaculaire de Vancouver. Leur nervosité initiale se dissipa lorsque Margaret captiva Pierre avec ses histoires du temps où Yves, alors à Berkeley, avait caché des armes et des grenades en préparation de la révolution, et de sa

---

* Le père de Margaret, Jimmy Sinclair, semble avoir été heureux de l'idylle. En février 1969, il écrivit à Doug Abbott, son ancien collègue du Conseil des ministres et parrain de Margaret, que, de ses enfants, Margaret était « celle qui avait le mieux réussi ses études, mais qu'elle avait été très à gauche ». Elle avait commencé à s'intéresser à Trudeau et voulait assister au congrès des libéraux pour cette raison. Il précisa que la famille était allée à Tahiti à Noël et « c'est là que [...] [Margaret et ses sœurs] rencontrèrent Trudeau et en tombèrent amoureuses ! ». Sinclair à Abbott, 28 février 1969, Fonds Abbott MG 32 B6, vol. 4, BAC.

propre vie sur le fil du rasoir à Marrakech. Trudeau, toujours curieux, était intrigué et encourageait Margaret à parler : « Il est naturellement flatteur et charmant avec les femmes, se remémore-t-elle, et, depuis le temps que je m'étais éloignée de ce genre de galanterie vieux jeu, j'avais oublié combien cela peut être séduisant. » Il ne cessa de lui poser des questions. Ils dansèrent collés et, dans ce moment de grande émotion, elle oublia que Pierre avait deux ans de plus que sa mère. Ils parlèrent sans effort et avec une certaine excitation de religion et d'une expérience spirituelle, peut-être induite par les drogues, que Margaret avait eue au Maroc. La soirée se termina sur la suggestion qu'elle quitte Vancouver, où elle était malheureuse, et qu'elle déménage plus à l'est. Elle considéra son idée d'aller à Ottawa, mais essentiellement, elle eut du plaisir à passer la soirée à « ne pas avoir à subir l'ego d'un jeune homme », sans réfléchir à l'avenir possible d'un couple formé de deux personnes aussi différentes : « [...] l'un cérébral, lucide, rationnel, dévot et frôlant la cinquantaine ; l'autre, confuse, étourdie, âgée de vingt ans et convaincue d'une seule et unique chose : son désir d'éviter toute forme possible de responsabilité sociale conventionnelle. » Devant un avenir incertain, elle décida cet automne-là de déménager à Ottawa[27].

Leur histoire d'amour s'épanouit lorsqu'elle accepta un poste de sociologue au nouveau ministère de la Main-d'œuvre et de l'Immigration. À la demande de Pierre, leurs rencontres étaient tenues secrètes. Margaret détestait son emploi, mais adorait Pierre de plus en plus. Elle le trouvait jeune, prêt à écouter et compréhensif des rêves des jeunes. Ses opinions trouvèrent appui lorsque le Beatle John Lennon et sa compagne, Yoko Ono, apôtres de la jeunesse, rendirent visite à Trudeau à son bureau du parlement le 23 décembre 1969. Tout de noir vêtus et retenus au Canada parce que Lennon avait enfreint les lois américaines relatives aux drogues, les deux célébrités passèrent cinquante minutes avec Trudeau, soit quarante minutes de plus que ce qui avait été prévu. À leur sortie, ils déclarèrent à la horde de journalistes qu'ils étaient charmés. Lorsqu'on demanda à Lennon si Trudeau était « beau », il répondit : « Je pense qu'il l'est. » Yoko Ono, de son propre aveu, affirma avoir eu des doutes avant de venir, mais n'en avait plus : il était « plus beau que ce à quoi nous nous attendions ». Il était, déclara Lennon, un homme qui pouvait apporter « la paix » dans le monde. Compte tenu de la baisse de la popularité de

Trudeau et du fait que de nombreux journaux canadiens se plaignaient de son manque d'imagination en politique, ces appuis imprévus apportaient un réel poids politique[28].

⤿

Pendant la campagne électorale, Trudeau avait souvent parlé de la nécessité de réévaluer la politique étrangère canadienne. Au moment où il entra en fonction, le public avait cessé d'appuyer la participation de l'Amérique à la guerre du Viêtnam et les critiques canadiens s'attendaient à ce que Trudeau mette fin à l'ambiguïté qui avait marqué la politique de Paul Martin à l'égard cette guerre. N'avait-il pas critiqué Lester Pearson en 1963 lorsque le « défroqué de la paix » s'était engagé à ce qu'un futur gouvernement libéral accepte les armes nucléaires dans le cadre de ses engagements envers l'OTAN et la NORAD ? Trudeau réfléchit ouvertement à ces engagements pendant sa campagne et réaffirma que la politique étrangère et la politique en matière de défense du Canada devaient faire l'objet d'un « examen ». Le tome 1 de la présente biographie révélait en quoi les opinions de Trudeau différaient de celles de Pearson pendant l'âge d'or de la diplomatie canadienne, à la fin des années 1940 et dans les années 1950. Trudeau s'était opposé à la guerre de Corée et avait avancé des hypothèses sur la neutralité du Canada pendant la guerre froide. Pearson, affirmait Trudeau, croyait que le rôle du Canada était d'être l'interprète de « Londres auprès de Washington et vice versa, comme s'ils avaient besoin d'un porte-parole méprisable ». Comme pour beaucoup d'autres choses, Trudeau changea d'avis une fois qu'il fut au pouvoir, et la plupart des Canadiens acceptèrent que le premier ministre appartienne maintenant au courant dominant[29].

Le courant dominant devint cependant très turbulent à la fin des années 1960, et Trudeau conserva certains de ses sentiments antérieurs. Premièrement, il demeura convaincu que le ministère des Affaires extérieures était une chasse gardée « anglo-saxonne », une opinion que confirma la Commission royale d'enquête sur le biculturalisme et le bilinguisme. Deuxièmement, il ne se sentait toujours pas à l'aise avec le poids de « l'axe É.-U.–R.-U. » dans la politique étrangère et de défense du Canada. Il était fondamentalement opposé aux armes nucléaires alors que la participation à l'OTAN signifiait que le Canada était membre d'une alliance croyant à leur utilisation. Ses alliés politiques les plus proches, Marchand et Pelletier, penchaient vers le neutralisme, et en tant que journaliste, Pelletier s'était opposé vivement à la politique asiatique des États-Unis au début des années 1960. Trudeau était d'avis que l'OTAN avait dominé la politique internationale du Canada et que cette domination était mauvaise.

Troisièmement, Trudeau avait depuis longtemps conclu que le communisme soviétique était autoritaire, borné et dangereux, mais il détestait l'anticommunisme virulent souvent exprimé par la droite américaine. Ses fréquentes visites en Suède piquèrent son intérêt pour la neutralité, mais il reconnaissait que la relation du Canada avec les États-Unis rendait irréaliste la neutralité. Quatrièmement, dans *Deux innocents en Chine rouge*, Trudeau avait ridiculisé l'exclusion de la Chine des organisations internationales et sa non-reconnaissance par de nombreuses démocraties occidentales, y compris le Canada. Ce serait un signe de la « politique étrangère indépendante » que demandaient de nombreux intellectuels et journalistes canadiens si le gouvernement du Canada rompait avec les Américains et d'autres, et reconnaissait la Chine*.

Enfin, les voyages que Trudeau avait faits en Asie, en Afrique et en Amérique latine l'avaient marqué. Dans le premier discours important qu'il prononça sur la politique étrangère, en mai 1968, il parla avec éloquence du « tiers-monde ». À la longue, déclara-t-il, « la menace écrasante pour le Canada ne viendra pas d'intérêts étrangers ou d'idéologies étrangères, ou même, avec de la chance, d'armes nucléaires étrangères ». Elle viendra des « deux tiers des habitants de la planète qui tentent d'avoir un niveau de vie décent, mais ne réussissent qu'à s'en éloigner de plus en plus ». Le Canada, pensait-il, devait maintenant se tourner vers cette majorité négligée[30].

---

* Lors de la réédition anglaise du livre en 1968, Trudeau ajouta une préface dans laquelle il indiquait se méfier de l'aspect provocateur que ses propos antérieurs pouvaient avoir eu. Il ajouta un « avertissement général » : « Si des propos énoncés dans ce livre peuvent servir à prouver que les auteurs sont des agents de la conspiration communiste internationale, ou bien des exploiteurs fascistes de la classe ouvrière, je suis certain que mon co-auteur, Jacques Hébert, qui demeure un citoyen privé, sera disposé à en assumer l'entière responsabilité. » *Two Innocents in Red China*, (Toronto : Oxford University Press, 1961), p. ix. [NDT : Tiré de « A Note on the First English Edition » (note sur la première édition anglaise).]

Ivan Head, qui avait commencé à travailler comme conseiller principal de Trudeau en matière de politique étrangère, rédigea le discours de
mai sur la politique étrangère. Head ne fut nommé officiellement qu'en
1970, mais sa présence assidue auprès de Trudeau confirma immédiatement les craintes fondées du ministère des Affaires extérieures que sa préé-
minence historique était menacée. Trudeau aimait bien Head, lui aussi
petit de taille mais robuste, et qui était toujours prêt à discuter et prompt à
exprimer des opinions différentes. Durant la campagne, il avait rédigé
pour Trudeau des discours et des notes sur des sujets de politique étrangère qui étaient souvent cinglants. Par exemple, en matière d'aide au développement, il affirma sans mâcher ses mots que les gouvernements
précédents « n'avaient jamais fait connaître un énoncé de politique précis
concernant les programmes d'aide économique du Canada ». Les Canadiens ne savaient, par conséquent, plus du tout quoi en penser[31].

Pour compliquer les choses, Trudeau n'aimait pas le sous-secrétaire
d'État Marcel Cadieux, le principal fonctionnaire responsable de la politique étrangère canadienne, même si les deux se connaissaient depuis
longtemps. Ils venaient d'un milieu semblable et ils avaient bien travaillé
ensemble lors de l'ingérence de la France dans la politique canadienne
au cours des dernières années de Pearson. Le fougueux Cadieux avait
cependant offensé Trudeau lorsque, à la fin des années 1940, il lui avait
dit qu'il n'était pas du tout fait pour les Affaires extérieures et ne devrait
pas poser sa candidature. Ardent catholique avec des croyances conservatrices, il avait aussi rendu Trudeau furieux en s'opposant à la candidature d'un des amis homosexuels de ce dernier et en étant un farouche
anticommuniste ; plus tard, il soutiendrait avec ferveur la guerre du
Viêtnam et le Pacte atlantique. Malgré leurs différences, Cadieux fut
d'abord heureux de la victoire de Trudeau, simplement parce que l'indécision de Paul Martin et son ambiguïté envers les politiques de De
Gaulle au Canada le mettaient au désespoir. Gordon Robertson, qu'il
admirait, lui dit que Trudeau « est bien préférable » à Pearson dans les
relations Canada-France. La trêve entre les deux connaissances de longue
date fut cependant de courte durée et prit fin lorsque Trudeau nomma
Head au poste de conseiller, accrut le droit de regard du Conseil des
ministres sur la politique étrangère et déclara qu'il y aurait un examen
complet de cette politique – même si Norman Robertson, le doyen du

La prise du pouvoir. De gauche à droite : James
Richardson, Trudeau, John Turner, Jean Marchand
et Gérard Pelletier en route vers Rideau Hall pour
la cérémonie d'investiture du premier cabinet de Trudeau,
le 6 juillet 1968.

Après un discours de rassemblement à North York au cours de la campagne de 1968, Trudeau présente le candidat vedette en l'appelant tout d'abord « Barney Dawson », puis « Barry Danson », jusqu'à ce que Barney Danson lui remette sa carte de visite.

Jour de la Saint-Jean-Baptiste, 1968. À la veille de l'élection, le courageux sang-froid dont fit preuve Trudeau en refusant de quitter l'estrade, au moment où des manifestants en colère chahutaient plus bas, et que la plupart des spectateurs quittaient précipitamment les lieux, impressionna de nombreux Canadiens.

Après un long entretien avec Trudeau le 23 décembre 1969, John Lennon et Yoko Ono se déclarèrent «enchantés». Trudeau écrira plus tard : «Il a eu la gentillesse de déclarer par la suite : "Si tous les politiciens ressemblaient à M. Trudeau, nous aurions la paix dans le monde." Je dois dire que "Donnez une chance à la paix" m'a toujours paru un sage conseil.» Trudeau, *Mémoires politiques*.

Trudeau s'échappant d'un groupe de jeunes étudiantes sur la Colline du Parlement. «Il me fait tourner la tête. Il fait tourner la tête à tout le Canada», a dit le premier ministre terre-neuvien, Joey Smallwood.

Madeleine Gobeil, brillante, cultivée et directe, fut la compagne assidue de Trudeau pendant plus de dix ans, jusqu'à ce qu'il épouse Margaret. Ils reprirent contact par la suite comme amis.

Elle enseigna à l'Université Carleton dans les années soixante, et attira l'attention internationale en raison d'une entrevue réalisée en 1966 avec Jean-Paul Sartre dans *Playboy*. C'est elle qui présenta Trudeau à Sartre et à Simone de Beauvoir à Paris.

Barbra Streisand accompagnant Trudeau au Centre national des arts, en janvier 1970. « Il a été le plus grand des premiers ministres », a-t-elle dit en 2006.

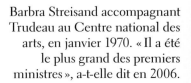

Trudeau demeura toujours un voyageur curieux et enthousiaste.
On le voit ici en Nouvelle-Zélande.

En pleine performance, près de la rivière Nahanni Sud, en août 1970. « [J'aimais] me
lancer à moi-même des défis […] on m'a considéré comme un enfant plutôt faiblard. »

La très jeune et charmante Margaret Sinclair, au cours de sa toute première sortie publique avec Pierre, au Centre national des arts, 1969.

Trudeau fait de la plongée sous-marine dans les Îles Vierges en compagnie de l'océanographe Joseph McInnis, en août 1970. Leur amitié a duré plus de 30 ans. MacInnis a invité Trudeau faire de la plongée dans les océans Arctique, Pacifique et Altlantique. « Il avait l'esprit d'un explorateur, conscient des beautés et des incertitudes de la nature », a-t-il écrit. Plus tôt cette année-là, Trudeau a déclaré, en appui à la Loi sur la prévention de la pollution des eaux arctiques que « par son action, le Canada affirme l'importance de l'environnement, du caractère sacré de la vie sur terre, de la nécessité de reconnaître le principe de mer propre ».

Trudeau affiche ses goûts vestimentaires lors du match de la Coupe Grey, le 28 novembre 1970 : chapeau de cow-boy pour les partisans de Calgary, cape noire pour Trudeau le Montréalais. Ce soir-là, Montréal a remporté la victoire 23 à 10.

«En 1970, je devins amoureux d'une très belle fille, Margaret Sinclair. Nous nous sommes mariés à Vancouver, le 4 mars 1971. » Trudeau, *Mémoires politiques*. Margaret dira plus tard qu'il n'y eut « rien dans la cérémonie à propos d'une vénération mutuelle, simplement des textes qui parlaient d'amour et de paix. » On voit ici Trudeau signant le registre pendant que le père Schwinkles observe la situation.

Un couple amoureux : Margaret et Pierre lors d'un bal tenu à Rideau Hall en 1973.

corps diplomatique canadien, avait déjà procédé récemment à un tel exercice. L'examen de Robertson avait approuvé globalement les politiques courantes (qui avaient été dirigées par Cadieux)[32].

De façon inattendue, la politique étrangère, un domaine qui n'était pas, selon Trudeau, une priorité pour lui, devint le sujet principal du débat public au cours de sa première année en fonction. Lorsque Charles Ritchie, haut-commissaire canadien en Grande-Bretagne, revint à Ottawa à la fin de l'été, il trouva l'« establishment » inquiet et gloussant « nerveusement ». Homme d'expérience, grand et mince, Ritchie servit de modèle au personnage d'agent double britannique énigmatique du roman *La chaleur du jour* écrit par sa maîtresse, Elizabeth Bowen. Il était aussi anglophile, entretenant de profonds doutes sur l'attitude critique du Canada par rapport au rôle de la Grande-Bretagne dans la crise de Suez. Ritchie incarnait tellement tout ce que Trudeau n'aimait pas des Affaires extérieures. Lorsque le diplomate chevronné rencontra Trudeau pour la première fois le 29 août, il consigna ce moment à sa manière mémorable : « Je me tournai et vis Trudeau, version moderne du gitan érudit en sandales et chemise à col ouvert, comme s'il venait de débarquer des lieux de la foulque et du héron*. Il est physiquement plus mince, plus pâle et plus petit que ne le suggèrent les photographies. Son air de jeunesse – ou est-ce sans âge ? – est surnaturel chez un homme de quarante-huit ans [sic] […]. L'attitude est non affectée et instantanément attirante ; les yeux bleu pâle sont ironiques et amusés, mais ils peuvent changer d'expression, et presque de couleur, pour prendre un ton plus froid, plus glacial. »

À cette première rencontre, Ritchie fut intrigué par Trudeau. Le lendemain, cependant, toutes les ambiguïtés s'évanouirent lorsque Trudeau, d'entrée de jeu, demanda à Ritchie s'il pensait que les Affaires extérieures étaient « réellement nécessaires ». Ritchie justifia le ministère, avec l'impression, au moment de le quitter, que Trudeau « s'est mis dans la tête que le ministère est divorcé des vrais intérêts du Canada et qu'il s'engage dans des projets internationaux qui ne sont pas solidement ancrés dans les besoins canadiens ». Selon Ritchie, lorsque le ministre des Affaires extérieures, Mitchell Sharp, interrogea Cadieux sur l'option

---

* NDT : « des lieux de la foulque et du héron », traduction de *Haunts of Coot and Hern*, vers tiré du poème « Brook » (le Ruisseau) d'Alfred Lord Tennyson, que reprend Ritchie sans le citer.

suédoise de la neutralité, une des favorites de Trudeau, Cadieux répondit avec acidité que le ministère « n'avait aucun expert dans ce domaine ». Le sentiment anti-OTAN était fort et les relations avec la Grande-Bretagne n'étaient pas populaires auprès de la nouvelle clique[33].

Les observations justes et perspicaces de Ritchie prouvaient la valeur des interventions diplomatiques, et sa préoccupation par rapport à l'OTAN montrait qu'il comprenait les difficultés qu'occasionnerait le retrait du Canada de l'alliance, étant donné la position centrale du pays dans les relations Est-Ouest. Comme on pouvait s'y attendre, les ministères de la Défense et des Affaires extérieures réagirent mal à la demande de Trudeau d'effectuer un autre examen complet. Ils présentèrent au Conseil des ministres des documents qui demandaient généralement le maintien du *statu quo*, avec très peu de changements dans le déploiement des troupes et la politique. Trudeau rejeta les études en disant aux ministères de se remettre au travail. Ils sous-estimèrent bêtement la volonté de Trudeau et l'incidence des critiques externes sur le gouvernement. Même Escott Reid, ancien haut fonctionnaire des Affaires extérieures et principal architecte de l'OTAN, partageait l'opinion de Trudeau selon laquelle les forces canadiennes devraient être retirées de l'Europe et les dépenses militaires, grandement réduites[34]. Trudeau affirma plus tard que ses opinions étaient influencées par l'essor de l'Europe, par son antipathie pour l'anticommunisme stupide, par son intérêt pour les questions Nord-Sud et, non des moindres, par ses amis, pour la plupart des intellectuels hostiles à la guerre du Viêtnam qui se méfiaient de l'armée. Même dans le ministère, certains partageaient ses points de vue.

Cadieux n'avait probablement pas conscience qu'Allan Gotlieb, le jeune agent du service extérieur avec qui Trudeau et lui avaient travaillé de manière étroite et efficace sur la question des relations Canada-France, influençait énormément la remise en question par Trudeau du *statu quo*. Après que Trudeau fut devenu premier ministre, Gotlieb le rencontra souvent et l'avertit que les activités du Canada étaient trop diversifiées sur le plan international, avec les nombreux soldats de la paix dispersés un peu partout et ses vrais intérêts mal définis. Gotlieb le réaliste toucha une corde sensible chez Trudeau, qui avait passé une période malheureuse aux Nations Unies en 1966, où lui et un autre jeune député, Donald Macdonald, s'étaient ouvertement dissociés des politiques de

Paul Martin sur la question de l'admission de la Chine. Pendant trop longtemps, déclara Trudeau, le Canada avait joué un rôle de « *helpful fixer* » (intermédiaire utile), s'occupant activement des querelles à Chypre, au Moyen-Orient, et ailleurs tout en fermant les yeux sur la crise dangereuse sévissant entre anglophones et francophones au pays. Trudeau décida que les intérêts (la promotion du commerce canadien et la participation des Canadiens à des activités internationales) et les valeurs (la représentation d'une société démocratique libérale bilingue et biculturelle) devaient coïncider. Sous Pearson, cela n'avait pas été le cas[35].

Après avoir rejeté les premiers documents d'examen des ministères, Trudeau demanda à Head de produire un « contre-examen ». Head forma rapidement un « non-groupe » de jeunes fonctionnaires qu'il appréciait pour s'atteler à la tâche. Il était inévitable qu'il y ait un conflit entre les deux camps. Lorsque le ministre des Affaires extérieures, Mitchell Sharp, et le ministre de la Défense nationale, Léo Cadieux, arrivèrent le 26 mars 1969 à la réunion du comité du Cabinet chargé de la politique étrangère et de la défense, ils furent très surpris de trouver non seulement les mémoires de leurs ministères, mais aussi un document totalement imprévu intitulé « Canadian Defence Policy – A Study ». Cette étude, produite sous la direction de Head, proposait une coupe claire de la moitié des forces armées, une réduction majeure des engagements envers l'OTAN, l'arrêt de la participation dans la course aux armes nucléaires, et un accent accru sur l'Amérique du Nord et le maintien de la paix. La réunion fut rapidement suspendue et Cadieux, en colère, appela Trudeau et lui dit que Sharp et lui démissionneraient si le document parvenait au Conseil des ministres. Trudeau retira l'étude, mais en permettant à Head de la faire circuler, il avait clairement indiqué l'orientation qu'il souhaitait prendre.

La dispute commença au Conseil des ministres, avec deux de ses plus habiles orateurs, Donald Macdonald et Eric Kierans, appuyant farouchement le retrait complet de l'OTAN. L'autre camp était représenté par Sharp et Cadieux, de plus en plus indignés par l'attitude de Trudeau. Loin de s'en écarter, Trudeau s'était directement impliqué dans la défense et la politique étrangère. Il surprit les deux ministres à une réunion du 9 décembre en rejetant la notion que l'OTAN soit un élément dissuasif et en refusant d'accepter l'idée que l'Union soviétique, lorsqu'elle réprima le Printemps de Prague en août, représentait une menace pour le Canada nécessitant la présence de militaires canadiens en Europe. Sharp, frustré, dit plus d'une fois à Cadieux qu'il envisageait de démissionner[36].

Sharp ne démissionna pas et Trudeau ne revint pas sur sa position. Aux prises avec une réunion cruciale de l'OTAN sur les plans futurs de défense en avril 1969, le gouvernement diffusa le 3 avril un communiqué indiquant que la politique canadienne faisait l'objet d'un examen. Trudeau déclara à Léo Cadieux que le groupe d'étude examinant la participation du Canada à l'OTAN devrait proposer « diverses options au gouverne-ment sur [...] la réduction progressive des forces armées stationnées en Europe ». Sharp, Cadieux et les représentants du Canada à l'étranger ne parlaient plus de la réduction comme étant une possibilité mais bien une certitude, tandis que les critiques canadiens s'opposant à l'OTAN, comme Macdonald et Kierans, continuaient à insister vivement pour le retrait complet. Les Alliés réagirent rapidement – les Allemands furent naturel-lement mécontents, les Britanniques, peu compréhensifs, et les Améri-cains, sévères, quoique comprenant en partie l'attitude du Canada. Les Américains subissaient également des pressions économiques qui pous-saient leurs propres hauts fonctionnaires à remettre en question l'étendue de l'engagement de leur pays envers l'Europe prospère, surtout compte tenu des fortes demandes exercées sur leurs militaires en Asie du Sud-Est. Ces réactions semblent avoir eu peu d'incidence sur la politique cana-dienne. Cependant, lorsque Maurice Couve de Murville, le ministre français des Affaires étrangères d'un gouvernement ne participant plus militairement à l'OTAN, avisa Trudeau qu'il devrait être prudent et ne pas se retirer de l'Europe trop rapidement, il eut, semble-t-il, un certain effet. Comme on pouvait s'y attendre, Marcel Cadieux fut consterné qu'un ministre français ait plus d'influence sur Trudeau que le haut fonc-tionnaire aux Affaires extérieures du Canada. En fin de compte, les troupes canadiennes basées en Europe passèrent de dix mille soldats à cinq mille, et les forces armées dans leur ensemble furent réduites de quatre-vingt-dix-huit mille soldats à quatre-vingt-deux mille. Et le Canada se retira de la course aux armes nucléaires, quoique pas immédiatement[37].

L'examen de la politique étrangère succéda à l'examen de la défense, mais le débat perdit de son élan lorsque les événements l'emportèrent sur le processus. Les discussions à propos de l'OTAN constituaient une tentative d'établir la primauté des politiciens sur la fonction publique, comme l'admirent beaucoup plus tard Head et Trudeau, et ces débats ne dissipèrent nullement leurs attitudes critiques envers le ministère des Affaires extérieures. Leur mémoire, *The Canadian Way* (qu'ils rédigèrent au début des années quatre-vingt-dix), le prouve très clairement. La colère est palpable dans le rappel d'une réunion que Head et Trudeau eurent en Europe avec un groupe de hauts diplomates canadiens en janvier 1969, à l'époque où le débat sur la guerre civile au Nigeria faisait rage au Canada : « Cependant, à l'étonnement mal dissimulé de Trudeau et de Head [curieusement, ils écrivirent à la troisième personne], les ambassadeurs canadiens en Europe exprimèrent l'opinion que ce drame africain majeur n'avait qu'une importance passagère pour le Canada et était sans conséquence dans l'écheveau des relations extérieures du Canada. La question Est-Ouest devrait être le point central, argumentaient-ils, la force motrice de la politique étrangère, le principal organisme auquel affecter des fonds et des ressources humaines. Chacun d'entre nous était en revanche préoccupé par les besoins évidents des pays en développement et l'influence inexorable qu'ils auraient sur les générations futures de Canadiens[38]. »

Head, en particulier, était de cet avis et exerçait une influence considérable sur le premier ministre. Trudeau agit immédiatement et créa l'Agence canadienne de développement international (ACDI), s'engagea à accroître le financement pour l'aide au développement, et nomma Maurice Strong, un homme d'affaires énergique, premier président de l'organisme. Strong forma également le Centre de recherches pour le développement international, qui avait le mandat d'appliquer la science et les technologies au développement international. Au même moment, Trudeau haussa l'aide du Canada aux pays en développement francophones au même niveau que celle accordée aux pays membres du Commonwealth depuis l'inauguration du Plan de Colombo.

Cependant, le compte rendu de Head dans *The Canadian Way* doit avoir sûrement laissé perplexes les nombreux lecteurs se rappelant comment, en 1968, Trudeau avait été très critiqué pour son attitude à l'égard de la crise du Biafra et du Nigeria. Lorsqu'un journaliste avait demandé que le Canada envoie une aide humanitaire aux victimes de la guerre, Trudeau avait répondu : « Où se trouve le Biafra ? » L'indifférence apparente de Trudeau à l'égard de la guerre civile nigérienne, que l'historien Jack Granatstein décrit dans la *Canadian Annual Review* comme « indiscutablement [...] la question de politique étrangère la plus importante » de 1968, déconcerta et embarrassa même nombre de ses partisans. Dans une décennie où la libération et la décolonisation de l'Afrique avaient touché le cœur des progressistes en Occident, Trudeau fit entendre une voix discordante qui fut vivement dénoncée.

Au moins, le premier ministre était conséquent. Pendant la campagne électorale, un journaliste de la CBC lui avait posé une question sur l'aide aux Ibos sécessionnistes du Nigeria occidental et Trudeau avait répondu qu'il posait « de drôles de questions », en ajoutant que son gouvernement n'y avait même pas réfléchi. Peu de gens remarquèrent le commentaire. Mais à la mi-août, la presse, avec à sa tête le *Toronto Star*, fervent libéral, critiqua sévèrement le gouvernement, en particulier pour son refus d'envoyer par avion des fournitures médicales directement au Biafra. « Jusqu'à ce jour, écrivit l'historien Robert Bothwell, Trudeau avait été bien coté par la presse : le Biafra fut la première occasion où sa raison se heurta à leur passion. » Les partis de l'opposition comprirent rapidement le problème, le premier à ternir les références « progressistes » de Trudeau, et ils furent inlassables dans leurs attaques en Chambre. Le 27 septembre 1968, Trudeau répondit avec colère : « Nous ne pouvons pas intervenir, à moins de commettre un acte de guerre contre le Nigeria et d'intervenir dans les affaires de ce pays. »

Pourtant, d'autres envoyaient de l'aide directement, et les Églises canadiennes envoyèrent David MacDonald, député conservateur, et Andrew Brewin, membre du NPD, au Biafra, d'où ils rapportèrent au début d'octobre que l'aide était maigre, qu'on avait besoin d'avions, que la réponse canadienne manquait fondamentalement d'humanité et qu'ils avaient été témoins de la famine*. Les Églises et Oxfam organi-

---

* Ce voyage rendit furieux Trudeau, qui croyait également que soutenir le Biafra séparatiste était profondément dangereux. Dans le Fonds Trudeau, on trouve un brouillon écrit en 1971 : « Ce gouv. n'a jamais soutenu les activités du Portugal en Afrique [...] Mais le NPD et les conservateurs *étaient dans le camp* [souligné dans l'original] du Portugal en Afrique, dans sa tentative de détruire l'intégrité territoriale du Nigeria. » FT MG 26020, vol. 22, dossier 14, BAC.

sèrent des vols de secours au Biafra – « Canairelief » – dont les premiers se firent en janvier 1969, mais l'aide gouvernementale officielle du Canada fut refusée, parce que le gouvernement central nigérien n'autorisait pas les vols directs, même si Head lui-même se rendit en Afrique pour obtenir son autorisation. Mais comme l'écrivit Walter Stewart, critique de Trudeau, « il ne se passa rien, sauf que les Biafrais moururent de faim, des photos de leur famine firent le tour de la planète et le Canada adopta la position officielle que tout cela était bien triste ». Enfin, le 9 janvier 1970, le gouvernement alloua des fonds de secours, y compris la somme de un million de dollars pour « Canairelief ». La guerre prit fin quatre jours plus tard[39].

L'apparente indifférence de Trudeau à la souffrance des Biafrais ternit ses références libérales, tout comme le fit son manque de leadership dans la lutte contre l'apartheid sud-africain. Ses mémoires ne contiennent qu'une courte référence à l'Afrique du Sud, soit une visite à un *shebeen*, un débit de boissons populaire à Soweto en 1992. « Pourquoi Trudeau était-il aveugle à l'Afrique ? » demandera plus tard Robert Fowler, diplomate canadien, expert de l'Afrique et admirateur de Trudeau. Dans une étude théorique primée sur le Canada et l'Afrique du Sud, Linda Freeman se fait l'écho de la question de Fowler et compare défavorablement Trudeau à cet égard avec Brian Mulroney, son successeur progressiste-conservateur. Elle conclut que les intérêts économiques et les conseils reçus par le gouvernement de Trudeau de ses conseillers expliquent le fait que le Canada n'ait pas été disposé à mettre fin aux préférences du Commonwealth pour les produits sud-africains avant 1979, même si l'examen de la politique étrangère de 1970 avait établi que la justice sociale en Afrique australe était dans « l'intérêt » du Canada. Ces politiques créèrent un écart évident entre la rhétorique – celle des expressions nobles utilisées pour appuyer le développement international dans le discours que Trudeau fit en Alberta en 1968 – et la réalité de la poursuite des activités commerciales avec le régime de l'apartheid. Elles rendent également compte du fait que le niveau de l'aide au développement qui avait été promis à la fin des années 1960 ne fut jamais atteint durant les années 1970[40].

Lors de la première entrevue qu'il avait accordée après le congrès, Trudeau avait prévenu qu'il était un « pragmatiste ». Il se battrait pour ses opinions, comme il le fit pour l'OTAN, mais il était prêt à faire des compromis. En ce qui concerne l'Afrique du Sud, il était irrité par ceux qui réclamaient avec insistance des sanctions ; il croyait que les sanctions étaient « irréalistes » et qu'il « serait plus profitable de consacrer son énergie à d'autres domaines ». Allan Gotlieb, le « réaliste », trouva en Trudeau un homme prêt à l'écouter lorsqu'il l'encourageait à laisser de côté les domaines présentant peu d'intérêts directs pour le Canada, à éviter les tribunes multilatérales gouvernées par la rhétorique et à se concentrer sur les tâches procurant aux Canadiens le plus grand avantage et pouvant avoir un certain effet[41]. Toutefois, Trudeau n'était pas que réaliste : il écoutait également les conseils d'autres personnes, notamment Head, qui s'autoproclamait idéaliste, et Marchand et Pelletier, dont les opinions faisaient écho à la sympathie pour le tiers-monde souvent exprimée dans les journaux *Le Devoir* et *Le Monde*. Ces derniers lui procuraient la force compensatoire qu'il appréciait tant. De ces différences, une politique émergeait enfin.

Il n'est pas surprenant que les agents du service extérieur aient été déroutés par l'approche de Trudeau en matière de politique étrangère et qu'elle leur ait fait perdre confiance en leur ministre, Mitchell Sharp, qu'Ivan Head semblait constamment éclipser. Les Américains étaient d'accord avec les plaintes de Sharp : un breffage du milieu des années 1970 portant sur une visite officielle du premier ministre décrit Head comme l'« architecte en chef de la politique étrangère au Canada[42] ». Tout en déclarant publiquement que l'intérêt de Pearson pour les affaires étrangères lui faisait défaut, Trudeau ne manquait pas d'opinions ou, pour être plus exact, de sentiments, qu'il exprimait souvent. Ceux-ci influèrent grandement sur la manière d'élaborer les politiques, tout comme ils laissèrent perplexes et souvent irrités les fonctionnaires canadiens qui tentaient de rédiger l'examen de la politique étrangère.

En juin 1970, le ministère des Affaires extérieures publia cet examen longtemps attendu sous la forme de six brochures illustrées présentant des Canadiens « ordinaires » portant les favoris et la minijupe de l'époque, et déclamant tous le « jargon à la mode de l'analyse de systèmes ». Ces étranges livrets colorés partageaient deux positions reniant de façon générale la « diplomatie de Pearson » : à l'avenir, « l'action à l'étranger [devait] émaner directement des politiques nationales établies au Canada et servir les mêmes fins », et le Canada ne serait plus un « homme-à-tout-faire international* » pour le monde. Étrangement, il n'y avait aucun livret sur les États-Unis[43].

Trudeau dédaigna le passé et professa qu'il fallait laisser l'élaboration des politiques à la participation du public et au débat rationnel, mais cela ne l'empêcha pas de marquer profondément et de manière personnelle la politique étrangère canadienne. Il y reportait ainsi ses croyances, ses hypothèses et ses expériences, lesquelles, comme il avait raison de le soutenir, tranchaient grandement avec celles de l'élite traditionnelle de la politique étrangère canadienne. En octobre 1970, une décennie après qu'un Trudeau « innocent » ait visité la Chine de Mao, le gouvernement qu'il dirigeait reconnut officiellement la République populaire de Chine. Les opinions de Trudeau orientèrent également la participation du Canada à l'OTAN. Être membre de cette organisation avait signifié auparavant que l'on acceptait l'utilisation des armes nucléaires dans l'éventualité d'une attaque soviétique. À présent, cependant, les avions de chasse et les missiles canadiens ne seraient plus équipés d'armes nucléaires. Enfin, critique du fait que, selon lui, la politique étrangère canadienne était dominée par l'anglais, Trudeau insista sur l'application du bilinguisme dans le ministère, appuyant la notion de Francophonie, le recrutement d'un plus grand nombre de francophones affectés au service, et même la nomination d'un représentant canadien au Vatican.

À cause des restrictions économiques, le gouvernement dut mettre à pied des employés et fermer des consulats, mais Trudeau insista pour aller de l'avant avec la nomination d'un ambassadeur canadien au Vatican. Lorsque la nomination fut décriée par les protestants fondamentalistes, le gouvernement répondit que le Saint-Siège était un excellent « poste d'écoute » pour un diplomate – même si Trudeau avait déjà déclaré en apprendre plus en lisant un bon journal qu'en lisant les dépêches diplomatiques sur son bureau. Comme on pouvait s'y attendre, Trudeau apprit peu de choses du Vatican, mais il avait dit ce qu'il avait à dire[44].

---

* NDT : Il s'agit de la traduction de « *helpful fixer* » telle qu'elle figure dans les livrets. Nous préférons l'expression « intermédiaire utile ».

⌒

Trudeau dit également ce qu'il avait à dire lorsqu'il refusa d'assister à sa première conférence du Commonwealth en janvier 1969. Jeune, il avait eu en horreur l'Empire britannique et ses fervents canadiens, et à l'automne de 1968, l'idée de se rendre à Londres pour participer à une réunion impériale présidée par un premier ministre britannique et de partager une table avec d'autres coloniaux lui restait sur le cœur. Il serait question du Biafra, et le Canada se retrouverait mêlé au différend de plus en plus profond entre la Grande-Bretagne et ses anciennes colonies à propos de la Rhodésie et de l'Afrique du Sud, où une minorité blanche riche dominait une majorité noire pauvre. Il fallait laisser Sharp y aller, affirma Trudeau à son personnel, « je vais perdre mon temps ». Horrifiés, Gordon Robertson et d'autres hauts fonctionnaires l'avisèrent qu'il paie-rait cher le fait d'être le premier des premiers ministres canadiens à boy-cotter une conférence du Commonwealth. Il assista finalement à la conférence – plein de ressentiment.

En raison d'une menace de mort, Trudeau reçut une protection policière supplémentaire à son arrivée à Londres, et toute la situation le rendit particulièrement espiègle. Le magazine *Time* rendit bien la situa-tion : « À Londres, la semaine dernière, on a pu voir les berlines Daimler, chacune avec un agent des renseignements assis devant à la place du passager, emportant les délégués depuis leur suite au Claridges, au Grosvenor House ou au Dorchester jusqu'à Marlborough House, le palais de style Regency. À la réunion même se trouvait Harold Wilson, qui, pendant le long discours d'un orateur, tapait impatiemment sur la table de conférence en acajou avec son énorme pipe en écume de mer de la Tanzanie. Se trouvaient là également Hastings Banda, du Malawi, agitant impérieusement un chasse-mouches, et Pierre Elliott Trudeau, du Canada, descendant fougueusement la rampe d'escalier après une séance ennuyeuse[45]. »

Cela n'amusa pas la reine, surtout lorsqu'elle vit les photographies de Trudeau en pleine descente dominer la couverture journalistique de la conférence. Usant d'une litote toute souveraine, elle déclara à l'aristo-crate socialiste Tony Benn qu'elle avait trouvé Trudeau « plutôt déce-vant ». Mais les tabloïdes anglais n'étaient pas du même avis que Sa

Majesté, et leurs photographes et journalistes s'agglutinaient autour de Trudeau. Un jour, ils se cachèrent près de l'endroit où il déjeunait en compagnie d'une superbe blonde, Eva Rittinghausen, qui, peu après la rencontre, leur raconta être tombée follement amoureuse de Trudeau. Il est le « meilleur parti de l'élite internationale, déclara-t-elle, et ils avaient eu le coup de foudre l'un pour l'autre ». Ce fut le cas pour elle, assurément, mais pour Trudeau, elle était simplement une autre femme avec qui il était sorti. Le lendemain, on publiait ses commentaires à la une des journaux, accompagnés de photos révélatrices de ses charmes. Cette fois, Trudeau fut furieux, et déclara à une conférence de presse que les journalistes s'étaient comportés de façon « minable ». Son mépris à l'égard de la presse, que son enjouement avait souvent dissimulé au cours de ses premiers mois en fonction, était à présent évident pour tous[46].

Pierre O'Neill, qui deviendra plus tard l'attaché de presse de Trudeau, fit valoir avec justesse dans *Le Devoir* que si Trudeau voulait de l'intimité, il ne devrait pas se vanter de ses exploits avec des jeunes femmes comme il le faisait si souvent. Charles Ritchie, maintenant de retour à Londres, écrivit dans son journal que la presse se concentrait surtout sur la vie amoureuse de Trudeau, et non sur la conférence. Lui aussi tenait Trudeau « en grande partie responsable » de cette malheureuse issue. « Il a le goût de la provocation, il fréquente des lieux bien en vue au bras de femmes qui attirent les regards. S'il cherche vraiment les aventures galantes, il pourrait facilement le faire discrètement. » « C'est une sorte de double bluff », de conclure Ritchie, la discrétion même concernant ses propres et nombreuses aventures. D'autres arrivaient à la même conclusion au début de 1969. Le célibataire dans le vent qui célébrait publiquement Gandhi et Louis Riel en tant que martyres et qui charma par son érudition, sa franchise et son esprit un groupe d'étudiants canadiens réunis à Westminster, attira l'attention à Londres comme aucun autre premier ministre canadien ne l'avait fait auparavant[47]. Mais au pays, les choses allaient mal.

Il ne s'était pas écoulé une année depuis l'entrée en fonction de Trudeau, et beaucoup étaient déçus et un assez grand nombre étaient désenchantés. La lune de miel était terminée pour le nouveau premier ministre. Lorsqu'il affirma à un groupe d'étudiants qu'un intellectuel pouvait opter pour la meilleure solution, mais que les politiciens devaient se contenter du deuxième ou troisième choix, le *Montreal Star* le réprimanda sévèrement : « Si le pays avait voulu ce genre d'homme, M. Standfield était disponible. C'était avant tout le rêveur que l'on avait choisi, l'intellectuel pour qui le pis-aller était intolérable. » Même s'il avait fait preuve d'audace au début, en reconnaissant la Chine, en réorganisant les Affaires extérieures, en rejetant les armes nucléaires, en faisant des francophones des participants à part entière de la représentation extérieure du Canada, et en reconnaissant même le Vatican, Trudeau décevait certains de ses plus fervents admirateurs. Bob Rae, alors boursier de Rhodes au Balliol College d'Oxford et ayant cessé d'être libéral, déclara en décembre à son parrain, Charles Ritchie, qu'il n'aimait plus Trudeau parce qu'il était « beaucoup trop conservateur ». De nombreux jeunes de gauche, comme Rae, trouvèrent refuge auprès du Nouveau Parti démocratique lorsque Tommy Douglas se prépara à se retirer, et au Québec, la gauche trouva dans la prudence de Trudeau une confirmation de ses réserves antérieures[48].

La rhétorique de Trudeau augmenta les attentes, son style encouragea les espoirs et ses antécédents offraient des raisons au Canada d'innover dans ses relations avec le monde. Pourtant, comme le souligna plus tard Tom Axworthy, l'idéalisme de Trudeau, qui se traduisait par son appui au développement international, était contrebalancé par son réalisme quant au rôle du Canada en tant que grande petite puissance dans un monde divisé. Trudeau trouva du vrai dans l'argument d'Allan Gotlieb selon lequel Pearson et sa génération n'avaient pas expliqué aux Canadiens que « la base de notre politique étrangère doit être notre propre intérêt personnel national et que, comme tous les autres États ayant toujours reconnu ce fait, nous ne devrions avoir aucune illusion sur les objectifs que doit servir la politique étrangère d'un pays ». Même s'il nourrissait l'ambition de construire un monde meilleur, il acceptait l'argument de Gotlieb voulant que le propre intérêt national du Canada doive être primordial, et à la fin des années 1960, aucune inquiétude n'était plus grande que la menace que représentait le séparatisme québécois pour l'unité canadienne[49]. En 1970, cette menace devint une crise, qui eut de multiples conséquences pour le Canada.

CHAPITRE 3

La crise d'Octobre

Dans les années 1960, Trudeau acquit la certitude que le Québec jouirait d'un plus bel avenir au sein du Canada qu'en tant qu'État indépendant, et c'est principalement avec cet objectif en tête qu'il décida d'aller à Ottawa. Sur le plan des relations extérieures, il insistait toujours pour s'occuper personnellement des questions pour lesquelles les politiques du gouvernement fédéral à l'égard du Québec coïncidaient avec la politique étrangère du Canada. Même avant de devenir premier ministre, il avait travaillé avec Michael Pitfield, Marc Lalonde et Marcel Cadieux en vue de renforcer l'opposition d'Ottawa à la volonté du gouvernement français de voir un Québec distinct prendre sa place sur la scène internationale, et de repousser les assauts lancés par le Québec contre le monopole du gouvernement fédéral sur les relations extérieures.

Au début de l'année 1968, en l'occurrence, Trudeau joua un rôle de premier plan dans la rupture des relations du Canada avec le Gabon, qui avait invité le Québec à une conférence internationale sur l'éducation malgré les objections du Canada. Cette réaction agressive mécontenta le gouvernement de l'Union nationale et recueillit peu d'opinions favorables au sein des universités francophones du Québec. Entre 1967 et 1970, Trudeau déplora que le premier ministre Daniel Johnson et son successeur, Jean-Jacques Bertrand, cherchent à renforcer les relations du Québec avec la France sous De Gaulle au-delà des limites acceptables de la part d'une entité appartenant à un État souverain. Sachant que les anciennes colonies françaises en Afrique pourraient devenir des pions dans le jeu de la France et du Québec, Trudeau accrut rapidement la représentation du Canada dans ces pays et dans le reste de la Franco-phonie*, ainsi que l'aide accordée par le gouvernement fédéral. Le fait que de Gaulle se soit montré favorable à l'indépendance du Biafra ne fit que renforcer l'opposition de Trudeau à cette sécession. Comme le pre-mier ministre le déclara au journaliste Peter C. Newman : « Se deman-der où se trouve le Biafra, c'est comme se demander où se trouve la Laurentie, le nom que les nationalistes du Québec donnent à l'État indé-pendant de leurs rêves[1]. »

Ce rêve devint progressivement le cauchemar de Trudeau après que René Lévesque eut rompu avec le Parti libéral du Québec en octobre 1967 et créé le Mouvement souveraineté-association. En avril 1968, la semaine même où Trudeau prit la tête du Parti libéral, le Mouvement prit le nom de Parti québécois. Trudeau savait que Lévesque était un redoutable rival, mais le PQ n'était qu'un des cinq partis de la province (le NPD et les créditistes étaient également populaires) et, au départ, il semblait bien loin du pouvoir. Parmi les libéraux fédéraux, certains, dont Trudeau, allèrent même jusqu'à se réjouir, car l'ambiguïté qu'avait recelée le sépa-ratisme était levée. Toutefois, les bouleversements économiques, la vio-lente querelle qui éclata à Montréal, dans le quartier de Saint-Léonard, au sujet des droits linguistiques des immigrants, l'affaiblissement du gou-vernement de l'Union nationale et les divisions du Parti libéral du Québec eurent pour effet de renforcer le nationalisme et l'agitation sociale. En 1969, le projet de loi 63 que le gouvernement de Jean-Jacques Bertrand proposa en vue de résoudre le problème linguistique incita la population à descendre dans la rue. En février, une bombe explosa à la Bourse de Montréal peu avant la fermeture, blessant vingt-sept per-sonnes. Une ville sous le choc et un pays de plus en plus alarmé prirent acte de l'agitation, mais en réagissant de manières différentes : Claude Ryan condamna cet attentat contre des citoyens ordinaires et déclara dans *Le Devoir* que cette stratégie allait mener à la catastrophe. Le *Globe and Mail* rapporta que, à Montréal, le nombre de meurtres avait aug-menté de 50 p. cent en un an et qu'il y avait eu quelque deux mille attaques à main armée. L'idée avancée par Claude Ryan, pour qui le « climat de violence » trouvait sa source dans les graves injustices subies

---

* NDT : En français dans le texte.

par le Québec au cours de son histoire, ne trouva pas d'écho dans les éditoriaux du *Globe and Mail*[2].

Les amis et les familles se divisèrent à mesure que les tensions s'exacerbèrent. C'est ainsi que, par exemple, les deux fils du premier ministre Johnson, Daniel et Pierre-Marc, s'engagèrent, à la fin des années 1960, dans des voies divergentes : « Jusque-là, leurs parcours avaient été quasi identiques. Même éducation, même apprentissage de la vie publique, souvent mêmes groupes d'amis, mêmes loisirs, mêmes études de droit. » Puis, Daniel entra dans le monde de la finance et devint partisan du fédéralisme, alors que Pierre-Marc opta pour la médecine, l'activisme social et le séparatisme. Tous deux allaient devenir premiers ministres sous leur couleur politique respective. Les plus vieux amis de Trudeau choisirent également leur camp et nombre d'entre eux prirent leurs distances. Vis-à-vis d'autres, un certain malaise s'installa. L'économiste Jacques Parizeau dont la brillante épouse, Alice, était particulièrement amie avec Trudeau et chez qui le célibataire endurci avait souvent été invité à dîner pendant les années 1960, se prononça à l'automne 1969 en faveur de l'indépendance du Québec. Michel Chartrand, le dirigeant syndical qui, avec Trudeau, s'était battu contre la conscription en 1942, avait manifesté en soutien aux grévistes de l'amiante à la fin des années 1940 et œuvré au sein du mouvement syndical dans les années 1950, appelait désormais à la révolution socialiste au sein d'un Québec indépendant. Pierre Vallières, qui, en tant que jeune rédacteur à la revue *Cité libre*, avait collaboré avec Trudeau au début des années 1960, était alors en prison pour homicide involontaire et en raison du rôle qu'il avait joué dans la violence politique au milieu des années 1960. Trudeau connaissait donc bien ses ennemis, car nombre d'entre eux étaient ses anciens amis[3].

À la fin des années 1960, Trudeau était en colère. Ceux qui le connaissaient bien pouvaient constater sa mauvaise humeur. Un jour, Thérèse Gouin Décarie, l'étudiante en psychologie qu'il avait aimée passionnément au milieu des années 1940 et qu'il avait souhaité épouser, lui écrivit un mot, s'inquiétant de ce qui lui arrivait, se demandant pourquoi il semblait toujours en colère, lui disant que ses yeux étaient méchants et qu'il avait l'air mesquin. « Nous pensons bien souvent à toi[4] », termine-t-elle avec tendresse. D'autres personnes, liées de manière moins personnelle, se montrèrent également préoccupées. Il suffit de

penser à son détestable comportement avec la presse lors de la Conférence du Commonwealth tenue à Londres en janvier 1969, au mécontentement que la couverture journalistique de la Loi sur les langues
officielles avait suscité chez lui, et à son départ en plein meeting quand,
dans l'Ouest canadien (où le bilinguisme et les difficultés économiques
rendaient les libéraux moins populaires), des contestataires s'étaient présentés avec des pancartes sur lesquelles on pouvait lire : « Trudeau est un
porc » et « Trudeau court après les femmes ».

En août 1969, alors que, entouré d'une meute de contestataires,
Trudeau entrait dans le manège militaire Seaforth de Vancouver; l'un
d'entre eux, coiffé d'une casquette du NPD, s'approcha dangereusement
de lui et lui cria : « Salaud ! Fils de pute ! » Tout à coup, la tête du jeune
homme partit vers l'arrière ; le lendemain, il intentait des poursuites
contre Trudeau pour agression. L'agent de la GRC Victor Irving savait ce
qu'il s'était passé, mais déclara dans sa déposition qu'il n'avait « pas vu le
premier ministre frapper quiconque à coup de poing ». Par chance, l'en-
quêteur posa à l'agent une question moins générale qui lui permit de
prendre ses aises avec la vérité. En fait, bien qu'il ne l'ait pas vu donner
le coup, il admit plus tard qu'il pensait que Trudeau avait « donné un
coup à ce type ». Néanmoins, le contestataire, selon lui, « n'avait eu que
ce qu'il méritait[5] ».

La timidité et la réserve naturelles de Trudeau cadraient mal avec
le milieu de la politique. Ces soudains accès de colère en étaient la
conséquence, en plus de refléter l'exaspération furieuse qu'il éprouvait
dans l'intimité face aux exigences de la politique sur sa vie privée.

⤳

S'il est vrai que Trudeau a pu avoir recours à la violence, cela ne l'empêchait pas de condamner ceux qui la considéraient comme un moyen de
favoriser le changement social ou de déclencher la révolution. Il y avait
de cela bien longtemps, dans ses jeunes années, lui aussi avait rêvé de
faire la révolution, mais il avait beaucoup changé, et cela, même si le
père Rodolphe Dubé, mieux connu sous le nom de François Hertel,
son mentor à l'époque, continuait de percevoir la violence comme
une force de changement au Québec. Pour Trudeau, la violence était

hors de question. Il déclara plus tard au journaliste Jean Lépine que les fréquents attentats à la bombe à Montréal, la montée de la violence syndicale au Québec et la propagande révolutionnaire du Front de libération du Québec (FLQ) l'avaient poussé à demander une enquête policière sur les terroristes au Canada, sur les liens qu'ils entretenaient avec l'étranger, sur le rôle joué par les représentants du gouvernement français dans la promotion du terrorisme et, décision plus controversée, sur le noyautage du PQ par les éléments qui préféraient la révolution aux réformes démocratiques[6]. Il s'inquiétait également de l'absence troublante de leadership dans la province : à l'approche d'une élection provinciale, il exhorta les libéraux du Québec à revitaliser le parti.

La démission inattendue de Charles de Gaulle en avril 1969 ne changea en rien la politique de la France à l'égard du Québec et du Canada. La tendance à la provocation et à l'ingérence que l'on avait observée était en fait profondément ancrée au sein de la bureaucratie française, et Georges Pompidou, le nouveau président, se montra réticent à rompre avec son illustre prédécesseur*. Concluant que l'Union nationale était trop proche du gouvernement français et trop désireuse de marcher main dans la main avec lui, Trudeau chercha des solutions de rechange. Il lui fallait travailler de concert avec un nouveau chef libéral au Québec pour contrer l'ingérence du gouvernement français et l'agitation croissante dans la province. À la démission de Jean Lesage, le chef du Parti libéral, en septembre 1969, on vit rapidement émerger trois candidats pour lui succéder à la tête du parti : Robert Bourassa, un économiste de trente-six ans, Claude Wagner, un avocat conservateur, et

---

* Trudeau pensait à la France et à l'influence « étrangère » au moment où, le 18 février 1969, il écrivit au solliciteur général George McIlraith pour lui dire qu'il était « quelque peu préoccupé [...] par les récents événements survenus à Montréal, à l'université Sir George Williams [une violente émeute y avait été déclenchée par les étudiants], et notamment par l'idée que des agents étrangers pourraient être entrés au Canada dans l'intention délibérée de fomenter des troubles ». Tout en reconnaissant que la justice était du ressort du gouvernement provincial, il avait jugé « prudent de charger la GRC d'examiner les événements sous l'angle de la sécurité ». L'enquête devait faire ressortir « quelles pouvaient être les responsabilités du gouvernement fédéral en la matière ». Ironie du sort, Anne Cools, l'une des meneurs de l'émeute, se présenta plus tard sous la bannière des libéraux de Trudeau et, après avoir été battue, elle fut nommée au Sénat. Renégate dans l'âme, elle adhéra plus tard au Parti conservateur. (FT, MG 26 020, vol. 22, dossier 12, BAC).

l'ancien journaliste Pierre Laporte. Partisan de la ligne dure, Wagner faisait sans cesse référence dans sa campagne aux cinquante bombes qui avaient explosé dans la province en 1969, dont une au domicile du maire Jean Drapeau. Pour répondre à Wagner, Bourassa proposait quant à lui un programme axé sur l'ouverture et la modernisation de l'économie et le « réalisme politique », en harmonie avec celui des libéraux fédéraux. En janvier 1970, Bourassa remporta la course de manière décisive et, le 12 mars, le premier ministre Jean-Jacques Bertrand, de plus en plus en proie à la frustration, déclencha une élection. Ce fut une erreur de jugement ; en effet, les sondages ne tardèrent pas à montrer que son parti se classait maintenant troisième derrière le Parti libéral et le PQ[7]. Le Parti libéral fédéral mit discrètement ses ressources au service du Parti libéral du Québec, et la France, semble-t-il, offrit 300 000 $ au PQ, un cadeau que René Lévesque jugea plus sage de refuser[8].

La campagne électorale ne se déroula pas aussi bien que Trudeau et Bourassa l'avaient espéré. Les sondages montraient une progression constante du PQ, l'un d'entre eux, réalisé une semaine avant l'élection, attribuant au Parti libéral 32 p. cent des intentions de vote, au PQ, 23 p. cent et à l'Union nationale, seulement 16 p. cent. Lévesque continuait sur son erre d'aller. Une société de placement incita ses clients à transférer leurs investissements hors du Québec et, le 26 avril, trois jours avant l'élection, la société Royal Trust sortit ses titres de la province dans neuf camions de la Brinks. Finalement, Bourassa sortit vainqueur de l'élection, remportant 72 sièges sur 108. Ayant conquis 17 sièges, l'Union nationale forma l'opposition officielle, mais le parti n'obtint que 19,6 p. cent des suffrages, alors que le PQ en obtint 23 p. cent, mais ne remporta que sept sièges. Après l'élection, dans une lettre adressée à Bourassa, Trudeau écrivit qu'en votant pour lui, il était clair que le peuple québécois avait entériné l'orientation qu'il avait proposée, c'est-à-dire la voie du travail, de la raison et de la confiance[9]. La presse anglophone et les libéraux fédéraux se réjouirent, mais Jacques Parizeau, candidat péquiste défait, déclara cette allégresse hâtive, et qu'elle revenait à agiter un chiffon rouge devant un taureau en colère. La quasi-exclusion du PQ de l'Assemblée nationale en dépit du grand nombre de voix recueillies constituait, déclara-t-il dans une mise en garde, l'échec de l'argumentation du PQ en faveur du système parlementaire[10].

Comme Parizeau l'avait prévu, l'élection n'apaisa pas les tensions. Durant tout l'été 1970, des bombes continuèrent d'exploser, le FLQ affichant des slogans révolutionnaires sur les panneaux de signalisation et les immeubles désaffectés, pendant que circulaient des tracts dans toutes les universités et tous les bistros d'étudiants. On vit surgir quantité de rumeurs d'enlèvements, de vols d'armes et d'explosifs, et de déclarations de solidarité révolutionnaire. La Confédération des syndicats nationaux (CSN), que Marchand avait dirigée et pour laquelle Trudeau avait travaillé à titre de conseiller juridique, payait couramment la caution de membres du FLQ qui étaient en prison, et paya notamment celle de Pierre Vallières, qui profita de l'occasion pour appeler à une révolution à la cubaine. Au milieu de l'été, une grève des chauffeurs de taxi montréalais entraîna le déploiement de l'armée en périphérie de la ville.

Sur ce terrain dangereux, le gouvernement de Bourassa ne parvint pas à établir des assises solides. Il montrait des signes de division, comme en témoignent les déclarations faites par certains de ses membres à leurs homologues français, à savoir que les politiques centralisatrices du gouvernement Trudeau risquaient de ruiner la « dernière chance de trouver un compromis ». Le 5 octobre, le surlendemain de cette déclaration, deux hommes armés enlevèrent James Cross, l'attaché commercial de Grande-Bretagne, alors qu'il se trouvait à son domicile de la prestigieuse avenue Redpath, à Montréal, en le faisant monter de force dans une voiture postée en attente[11].

Trudeau accusa le coup. Malgré les bombes et la violence de l'été, ni lui ni son gouvernement n'étaient préparés à l'enlèvement dramatique d'un haut diplomate au cœur même des beaux quartiers anglophones de Montréal. Ce qui ne l'empêcha pas de réagir sur-le-champ : le gouvernement ne devait céder en aucune façon aux demandes de terroristes. Comme Trudeau l'expliqua plus tard : « La raison en est simple : si l'on acceptait, comme l'exigeait le FLQ, de faire sortir de prison des felquistes criminels de droit commun qui avaient été condamnés pour homicide, vols à main armée ou attentats à la bombe, on mettait le doigt dans un engrenage dont on ne pourrait jamais le retirer. En effet, gonflés à bloc par le succès de leur chantage, les terroristes ne manqueraient pas de répéter leurs attentats et, s'ils étaient pris de nouveau et condamnés, de kidnapper quelqu'un d'autre pour faire libérer leurs prisonniers et ainsi de suite, indéfiniment[12]. »

Le FLQ annonça d'emblée qu'il exécuterait Cross, à moins que le gouvernement n'arrête les recherches, libère vingt-trois « prisonniers politiques », diffuse le manifeste felquiste, verse une rançon de 500 000 $ en lingots d'or et enfin permette aux ravisseurs de trouver asile en Algérie ou à Cuba. Comme Cross était un diplomate, la responsabilité des « négociations » incomba à Mitchell Sharp, le ministre des Affaires extérieures. Le 6 octobre, il déclara à la Chambre des communes qu'après consultation des gouvernements britannique et québécois, le gouvernement canadien avait refusé de se plier aux exigences du FLQ[13].

Deux jours plus tard, Sharp revint sur sa décision et autorisa la lecture du manifeste felquiste sur les ondes de Radio-Canada. Pour les rédacteurs du manifeste, la défaite électorale subie le 29 avril avait enlevé aux révolutionnaires tout espoir de pouvoir « canaliser leurs énergies et leurs impatiences » dans le Parti québécois. Plus jamais, disaient-ils, ils ne se laisseraient « distraire par les miettes électorales que les capitalistes anglo-saxons lancent dans la basse-cour québécoise à tous les quatre ans[14] ». Ils en avaient fini d'écouter les mensonges de « Trudeau la tapette » et de « Drapeau le dog ». Trudeau fut furieux que Sharp ait autorisé la lecture du manifeste felquiste à la télévision. Aussi scandaleux sur la forme qu'inacceptable sur le fond, le manifeste semble pourtant avoir électrisé les militants et convaincu d'autres sympathisants. Comme Gérard Pelletier l'écrivit au début des années 1970, « Qui ne souhaite pas, lorsqu'il reçoit une sommation de la police ou compare sa paye brute avec le total net de son chèque, donner une bonne raclée aux autorités ou proférer quelques insultes propices à un ministre ou à un autre ? L'insolence des injures proférées à l'endroit d'hommes publics encouragea l'auditeur ou le téléspectateur à des pensées de cette sorte en se disant au fond que M. Trudeau ou le maire Drapeau "l'ont eu en pleine face"[15] ».

Les avis divergèrent rapidement. Claude Ryan se montra favorable aux négociations ; Jean-Paul Desbiens dans *La Presse* se prononça pour la ligne dure adoptée par le gouvernement. Le gouvernement français partagea l'idée de Ryan ; celui de la Grande-Bretagne, endurci par le cas irlandais, comprit les raisons du gouvernement canadien. René Lévesque se rangea du côté de Ryan tout en condamnant les « rats d'égout » qui avaient enlevé Cross. En revanche, Michel Chartrand, de la CSN, déclara ne pas avoir davantage de sympathie pour Mme Cross que pour les milliers de travailleurs québécois au chômage. D'autres militants, quant à eux, trouvèrent ridicule la ligne dure adoptée par le gouvernement canadien. La rancœur s'accentua.

Puis, le samedi 10 octobre, à la tombée du jour, la cellule Chénier du FLQ enleva Pierre Laporte, le ministre du Travail et de l'Immigration du Québec, alors qu'il jouait au football près de chez lui, à Saint-Lambert. L'enjeu prenait subitement une ampleur beaucoup plus considérable. Trudeau connaissait bien Laporte : leurs pères avaient fréquenté le même collège et eux-mêmes s'étaient côtoyés sur les bancs de Brébeuf, avaient débattu de nationalisme et de politique québécoise quand, dans les années 1950, Laporte avait été un journaliste éminent. Puis, dans les années 1960, ils avaient eu des divergences de vues au sujet de la politique du Parti libéral, surtout lorsque, quelques mois auparavant, Laporte avait posé sa candidature pour prendre la direction du Parti libéral du Québec.

Le lendemain de son enlèvement, Laporte écrivit une lettre à Robert Bourassa (qu'il appelle « Mon cher Robert »), dans laquelle il le supplie d'agréer aux exigences de ses ravisseurs. « Tu as le pouvoir [...] de décider de ma vie », dit-il. À Ottawa, on commença à se dire au gouvernement que « peut-être les felquistes n'étaient pas seulement des diseurs de sottises et des planteurs de bombes à la petite semaine », pour reprendre les paroles de Trudeau, « mais les membres d'un puissant réseau capable de mettre en danger la sécurité publique et d'entraîner derrière lui les autres mouvements, assez nombreux à ce moment-là, qui préconisaient l'action violente ». Dans un tel climat, le brouillard d'incompréhension devint un impénétrable manteau de confusion[16].

Le week-end de l'Action de grâce, Bourassa emménagea au Reine Elizabeth, un hôtel situé au-dessus de la gare ferroviaire au centre-ville de Montréal et fortement gardé. À Toronto, John Robarts, le premier ministre de l'Ontario, réclama l'adoption de mesures immédiates et draconiennes, voire une « guerre » contre le FLQ. À l'Université de Montréal et à la toute nouvelle Université du Québec à Montréal, les étudiants se montrèrent réceptifs aux appels à la révolution. La frontière entre légitimité politique et révolution se brouilla, comme le montre l'exemple de

Carole de Vault, la maîtresse de Jacques Parizeau, figure marquante du PQ, qui en secret et à l'insu de Parizeau, organisa un vol pour le compte du FLQ dans l'entreprise où il l'avait fait embaucher. Tandis que les rumeurs s'amplifiaient et que les tensions s'exacerbaient, le gouvernement du Québec semblait nager en pleine confusion. Au cours de ce week-end surréaliste, Bourassa et Jérôme Choquette, le ministre de la Justice, alternaient d'une opinion à l'autre, semble-t-il, tantôt en faveur d'une solution de compromis, tantôt partisans de la ligne dure privilégiée par le gouvernement fédéral. À Ottawa, Trudeau ordonna à l'armée canadienne de protéger les fonctionnaires et autres représentants officiels de la capitale et, très vite, des troupes furent déployées dans le quartier Rockcliffe, où se trouvent les ambassades, et partout dans la ville autour des résidences privées. Des soldats nerveux, mitrailleuse au poing, assurèrent la protection des ministres. Leurs voisins prenaient parfois peur quand, braquant leur arme au visage, des gardes en uniforme décidaient de les interroger sans ménagement. La première victime fut l'adjoint de Mitchell Sharp qui fut blessé par un factionnaire inexpérimenté qui ouvrit accidentellement le feu sur lui[17].

À mesure que la crise s'intensifia, Trudeau et Marc Lalonde, son conseiller tout au long de cette crise, commencèrent à perdre confiance dans Bourassa et s'inquiétèrent de l'influence possible de la rhétorique révolutionnaire des syndicalistes et des étudiants radicaux sur les Québécois. Dans l'après-midi du mardi 13 octobre, alors que Trudeau descendait de sa limousine pour se rendre à la Chambre des communes, Tim Ralfe, de la CBC, lui mit un micro sous le nez.

« Monsieur, que font ici tous ces hommes armés ? »

Souriant, Trudeau répondit d'un ton goguenard : « Vous n'avez pas remarqué ? »

« Je les ai remarqués, rétorqua Ralfe. Mais, je me demandais pourquoi vous aviez fait appel à eux. »

« Qu'est-ce qui vous inquiète ? » demanda Trudeau.

« Je ne suis pas inquiet, mais vous semblez… »

« Alors, si vous n'êtes pas inquiet, quel est votre… », commença Trudeau, puis lança : « Moi, ça ne m'inquiète pas. »

« Ce qui m'inquiète, c'est de vivre dans une ville pleine d'hommes armés », se plaignit Ralfe.

« Pourquoi ? Vous ont-ils fait quelque chose ? Vous ont-ils mal-mené ? »

Le dialogue se poursuivit sur un ton de plus en plus sarcastique, tandis que la caméra enregistrait le froid mépris de Trudeau à l'égard du journaliste. Il répondit longuement quand Ralfe laissa entendre que l'armée était là pour éviter que des leaders comme lui ne se fassent enlever.

« Bien sûr, mais évidemment ce n'est pas moi qui ai voulu ça. Vous savez, je trouve qu'il est plus important de se débarrasser de ceux qui terrorisent l'ensemble de la population et qui tentent d'imposer un pouvoir parallèle par l'enlèvement et le chantage. Et je crois qu'en tant que membres du gouvernement, nous avons le devoir de protéger les représentants de l'État et les gens importants de notre société pour éviter qu'ils ne servent d'instruments dans ce chantage. Maintenant, vous n'êtes pas d'accord avec ça, mais je suis sûr que vous admettrez, si vous y repensez bien, qu'il aurait probablement mieux valu que messieurs Cross et Laporte aient bénéficié de cette protection, protection qu'ils n'ont pas eue parce que les mesures que nous prenons aujourd'hui ne l'ont pas été à ce moment-là. Mais même quand vous y repensez, je ne vois pas comment vous pouvez nier cela. »

« Non, répondit Ralfe. Je reviens encore aux choix qu'il faut faire par rapport au type de société où l'on vit. »

« Oui... Eh bien, c'est vrai qu'il y a beaucoup d'âmes sensibles qui n'aiment pas ça voir des gens avec des casques et des mitrailleuses », s'écria Trudeau. Tout ce que je peux leur dire, c'est tant pis, il est plus important de maintenir l'ordre social que de s'inquiéter de ce que pensent les faibles qui n'aiment pas l'allure... »

« À n'importe quel prix ?, l'interrompit Ralfe. Jusqu'où êtes-vous prêt à aller ? »

« Eh bien, regardez-moi bien aller ! » Puis, ayant remplacé son sourire par un regard glacial, Trudeau poursuivit : « Je considère que la société doit prendre tous les moyens dont elle dispose pour se protéger contre l'instauration d'un pouvoir parallèle qui met en péril la démocratie dans ce pays, et cela veut dire aller où il faudra aller. Aussi longtemps qu'un tel pouvoir cherchera à défier les représentants élus du peuple, je crois qu'il faudra le combattre, et je crois, et je le répète, que seuls les faibles et les âmes sensibles craignent de prendre de telles mesures[18]. »

Deux jours plus tôt, Claude Ryan, qui avait plaidé en faveur d'une solution de compromis dès le début, avait réuni la rédaction de son journal, envisageant la possibilité que le faible gouvernement de Bourassa s'effondre de l'intérieur devant la crise. Ryan dit à ses rédacteurs que le moment était venu de renforcer le gouvernement de l'extérieur ou, même, de former provisoirement un gouvernement parallèle. Il parla à Lucien Saulnier, le chef du Comité exécutif de Montréal, une instance représentant la région de Montréal, au sujet de la possibilité d'instaurer un gouvernement parallèle qui remplacerait le gouvernement Bourassa au moment de son effondrement. Très rapidement, la nouvelle que Ryan était en train de discuter de la création d'un comité visant à remplacer les « représentants élus du peuple » fut connue à Ottawa.

La confusion régnait toujours et certains ministres pouvaient changer d'opinion en l'espace d'une journée pour en adopter une autre radicalement différente. Dans son journal, William Tetley, un ministre du gouvernement du Québec, montre à quel point les opinions étaient partagées à Québec. Le 13 octobre, il écrivit : « Bourassa hésite toujours. Pour ma part, je suis partisan de la ligne dure et je veux faire appel à l'armée et imposer la loi martiale. J'ai complètement changé depuis deux jours. Bourassa m'a fait gentiment remarquer qu'il y a deux jours, j'étais favorable à la libération des 23 prisonniers[19]. »

Le 15 octobre, fut publiée dans *Le Devoir* une pétition demandant au gouvernement de négocier avec les ravisseurs, comme Bourassa en avait, au début, caressé l'idée, de manière à favoriser « un échange des deux otages contre les prisonniers politiques ». La pétition condamnait « certaines attitudes extérieures [...] dans certains milieux non québécois en particulier [...] dont la dernière et la plus incroyable est celle du premier ministre Robarts d'Ontario, s'ajoutant à l'atmosphère de rigidité *déjà presque militaire** que l'on peut déceler à Ottawa [...] ». Ce document, que Trudeau jugea « incroyable », avait vu le jour à la suite d'un coup de téléphone donné par Lévesque à Ryan la veille, et il portait la signature de Ryan, de Lévesque, de Parizeau, de plusieurs dirigeants syndicaux et du psychiatre Camille Laurin, un vieil ami en compagnie duquel Trudeau s'était souvent promené à Outremont au

---

* NDT : Les italiques figurent dans l'original.

début des années 1960, à l'époque où tous deux rejetaient l'option sépa-ratiste. Trois anciens amis et camarades de classe de Trudeau, les socio-logues Marcel Rioux, Fernand Dumont et Guy Rocher, faisaient aussi partie des seize signataires. « J'aurais compris que le premier quidam venu tînt de tels propos, écrira plus tard Trudeau. Mais chez des univer-sitaires et des responsables sociaux, ce déraillement du vocabulaire et cette disposition à capituler devant les exigences du FLQ manifestaient un désordre extrême[20]. »

Le 15 octobre fut également chaotique pour d'autres raisons. Robert Lemieux, l'avocat du FLQ, Michel Chartrand, Pierre Vallières et Charles Gagnon (un activiste felquiste libéré de prison depuis peu) firent des discours incendiaires aux étudiants de l'Université de Montréal, qui s'étaient mis en grève et parmi lesquels plus de mille avaient signé une copie du manifeste du FLQ. À l'Université du Québec, des sympathi-sants occupèrent les bureaux administratifs de l'université et menacèrent de ne pas les évacuer tant que les « prisonniers politiques » ne seraient pas libérés. Les alertes à la bombe obligèrent la police à se rendre préci-pitamment aux quatre coins de la ville, tandis que la population se dépla-çait en grand nombre pour assister au grand rassemblement qui devait avoir lieu dans la soirée, à l'aréna Paul-Sauvé, en soutien au FLQ.

Entre-temps, à Ottawa, le Conseil des ministres s'était réuni pour évaluer la situation qui se dégradait. La GRC déclara ne détenir aucune piste sur les otages, mais continua de signaler des histoires de complots et d'actes répréhensibles. Revenu de l'étranger à peine quatre jours plus tôt, John Turner, le ministre de la Justice, trouva la capitale en émoi. Comme l'a écrit le biographe de Turner, « le FLQ avait exploité une paranoïa unique aux Canadiens et fait naître en eux la sombre idée qu'un vaste mouvement terroriste clandestin au Québec était en train de fomenter la révolution ». Marchand, qui avait l'impression d'avoir été personnellement trahi par ses anciens collègues du mouvement syndical, bouillait de rage, plongé dans le désespoir. Lalonde se montrait chaque jour un peu plus inquiet au sujet de l'apparente faiblesse du gouverne-ment Bourassa, une inquiétude exagérée selon le journal de Tetley. Il n'en reste pas moins qu'en période de crise, les perceptions l'emportent sur la réalité. À cela s'ajoutent la personnalité et la mémoire, qui sont également un facteur[21].

En ce jour de la mi-octobre, le Cabinet prit une décision fatidique. Toute forme de détermination semblant s'être évanouie, et compte tenu du désordre qui régnait à Montréal et de certains avertissements émis par Drapeau, Choquette, Bourassa et Saulnier sur l'incapacité de la police à faire face à la situation, les ministres fédéraux décidèrent de déployer des troupes au Québec pour rétablir l'ordre dans la province et protéger les citoyens ainsi que les lieux publics. Malgré son ton bureaucratique et austère, le procès-verbal de la réunion laisse transparaître la tension qui était palpable. Marchand, le leader québécois du gouvernement Trudeau, donna le coup d'envoi de la réunion en se lançant dans une sombre description de la tourmente. Marc Lalonde, resté en contact permanent avec Québec, donna des nouvelles de l'évolution de la situation durant toute la journée. De fait, dans ses mémoires, Eric Kierans affirme que Lalonde fut la « figure dominante » de la réunion. Après chaque appel téléphonique, il revenait en disant « les choses […] [ont l'air] d'aller mal, vraiment mal[22] ».

L'effet fut impressionnant. Le 10 octobre, lors de la précédente réunion du Conseil des ministres, Trudeau avait déclaré que Bourassa avait réclamé des pouvoirs spéciaux, et Sharp lui avait répondu que, vu les circonstances, la Loi sur les mesures de guerre s'avérerait plus utile qu'une législation spéciale. Turner semblait maintenant favorable à l'idée, arguant qu'une « législation spéciale » rendrait obligatoire la tenue d'un débat parlementaire, ce qui aurait pour effet de mettre les terroristes au courant de leurs plans. En revanche, aucun débat n'était nécessaire pour appliquer la Loi sur les mesures de guerre, vestige de la Première Guerre mondiale datant des premiers mois du conflit. En outre, lorsque plus tôt le 15 octobre, Drapeau avait demandé l'aide de l'armée canadienne, il avait parlé d'« insurrection appréhendée », l'expression exacte employée dans la Loi pour en justifier le recours[23].

Marchand voyait des complots partout, et déclara lors d'une réunion du Conseil des ministres que le FLQ avait en sa possession « deux tonnes de dynamite et des détonateurs télécommandés ». Lorsqu'on lui demanda d'où il tenait ces renseignements, Marchand déclara simplement qu'ils venaient de sources policières. Selon lui, plus troublante encore était l'information selon laquelle le FLQ avait le soutien de personnes extérieures à l'organisation. À ce sujet, il fit référence à « la déclaration publique de M. Levesque [sic] et d'un certain nombre de personnes influentes » (la pétition publiée dans *Le Devoir* réclamant l'ouverture de négociations en vue d'aboutir à l'échange des deux otages contre les « prisonniers politiques »). Marchand exhorta le gouvernement non seulement à agir avec célérité pour résoudre la crise, mais aussi à dissoudre le FLQ, devenu « un État dans l'État[24] ».

Le Cabinet délibéra toute la matinée, puis après une pause, se réunit de nouveau dans l'après-midi. En effet, les manifestations se multipliaient à Montréal et la pression exercée sur les élus québécois s'intensifiait. Trudeau ne mâcha pas ses mots. Bourassa ne voulait pas que ses « simples députés restent réunis trop longtemps, car ils étaient au bord de l'effondrement ». Certains ministres émirent l'idée d'attendre une journée, certains autres, comme Allan MacEachen, voulurent d'abord consulter le Parlement, et une poignée d'entre eux, notamment Ron Basford (Consommation et Affaires commerciales) et Joe Greene (Énergie, Mines et Ressources), étaient en faveur de l'adoption d'une législation spéciale plutôt que de l'application de la Loi sur les mesures de guerre. Personne, cependant, ne doutait de la nécessité d'agir. D'ailleurs, quoique plus tard Eric Kierans ait déclaré en avoir douté, le procès-verbal de la réunion montre qu'il s'était borné à dire que « les habitants de sa circonscription [à Montréal] étaient terrorisés, et que plus tôt le gouvernement agirait, mieux ce serait[25] ».

Quand Basford et Greene signalèrent, à juste titre, que le Conseil de sécurité n'avait pas encore jugé que les conditions d'une intervention (« insurrection appréhendée ») étaient réunies, Marchand ne tint pas compte de leurs arguments. Il maintenait que la situation avait changé et qu'elle était devenue dangereuse : Bourassa était en « position de faiblesse », les gens étaient « effrayés » et « la perte du Québec n'était pas impossible ». Trudeau appuya son leader québécois en déclarant que les nouvelles incertitudes commandaient de réagir fermement. La police, affirma-t-il, ne savait pas si le noyau du FLQ était de deux cents ou de mille membres. Dans le second cas, « si le Cabinet ne réagissait pas et qu'une insurrection avait lieu, quelle position le gouvernement déciderait-il d'adopter ? ». En outre, il fallait à tout prix empêcher Bourassa d'accéder aux demandes du FLQ, c'est-à-dire remettre en liberté conditionnelle des criminels reconnus et leur permettre de s'envoler pour Cuba. Même si, par la suite, les personnes qui ont écrit sur la crise ont avancé que Turner avait émis des réserves, il n'en demeure pas moins que c'est lui qui dit de Marchand qu'il avait démontré le bien-fondé de sa thèse, à savoir qu'il fallait que la descente de police chez les membres et les sympathisants présumés du FLQ ait lieu avant que les plans du gouvernement ne soient éventés, c'est-à-dire la nuit même, et que, par conséquent, il était impossible de consulter le Parlement. Turner affirma qu'« une façon de sortir du dilemme était de proclamer l'imposition de la Loi sur les mesures de guerre ». Il serait toujours temps d'adopter une législation spéciale plus tard et « nous donnerions l'impression de nous être servis de [...] la Loi comme d'une mesure de protection temporaire. Par contre, si ce qui était appréhendé au Québec relevait véritablement de l'insurrection », la Loi pourrait rester en vigueur[26]. Bourassa et Drapeau demanderaient officiellement l'application de la Loi et, au matin du 16 octobre, qui n'était maintenant plus qu'à quelques heures, celle-ci entrerait en vigueur.

Les descentes de police débutèrent à quatre heures du matin. Alertés par un policier ami, les dirigeants du PQ se rendirent en toute hâte à la permanence du parti et repartirent avec les documents qu'ils craignaient voir saisis par la police. Sirènes hurlantes et gyrophares allumés, les policiers fondirent sur des suspects sélectionnés à la va-vite d'après des listes dressées par la police de Montréal et de Québec et validées rapidement par Jean Marchand et Gérard Pelletier. Si les dirigeants du PQ ne furent pas arrêtés, nombre de sympathisants du parti furent jetés en prison, dont des célébrités telles que la chanteuse Pauline Julien et le poète Gérald Godin, dont la cellule avoisinait celle de Nick Auf der Maur, célèbre journaliste mondain de Montréal et très improbable terroriste*. Cette nuit-là, la police arrêta 397 personnes, en dérangea un plus grand nombre encore, faisant naître un sentiment de colère et de peur chez les éléments extrémistes[27].

La furie atteignit son paroxysme au sein de la cellule Chénier : l'otage Pierre Laporte fut étranglé avec le crucifix qu'il portait autour du

---

* Avec son humour provocateur, Auf der Maur déclara qu'il avait choisi d'être de gauche pour rencontrer des femmes et que, en cette époque d'intensité et d'extrémisme, « tout ce qu'il fallait [...] pour organiser une véritable émeute à Montréal, c'était une idée et beaucoup de bière ». Il fut le rédacteur en chef de *The Last Post*,

cou et la police retrouva son cadavre un peu avant minuit, le samedi 17 octobre, dans le coffre d'une Chevrolet verte abandonnée dans le stationnement de l'aéroport de Saint-Hubert.

⌇

L'horreur du crime épouvanta tout le monde, à l'exception des militants les plus acharnés. Au petit matin, le dimanche, Trudeau se rendit au parlement. Il avait le visage blême, le regard froid et sa colère était palpable. À trois heures du matin, il fit une brève déclaration télévisée dans laquelle il condamna le « lâche » assassinat perpétré par une « bande de meurtriers ». « En tant que Canadien, je ne peux m'empêcher d'éprouver un profond sentiment de honte à l'idée du sang-froid qu'il a fallu pour préméditer et exécuter cet acte cruel et insensé[28]. »

Dans les jours qui suivirent l'assassinat, *Québec-Presse*, le journal des militants, donna comme responsable de la mort de Laporte le recours à la Loi sur les mesures de guerre et attaqua violemment Trudeau. Mais la plupart des critiques rejetèrent ce point de vue avec vigueur. Ainsi, Carole de Vault, la maîtresse de Parizeau, avait commencé à émettre des doutes sur la cause défendue par le FLQ; elle confia à l'épouse de Parizeau, en l'absence de ce dernier, le plan élaboré en vue de commettre une série de vols destinés à remplir les coffres du FLQ, pour ensuite décider, sur les conseils d'Alice Parizeau, de joindre les rangs des forces antiterroristes. Lévesque, dans les bureaux du PQ à Montréal, resta planté devant un écran de télévision, l'air abasourdi, refusant de croire à ce qui s'était passé, n'entendant rien du tumulte causé par les militants du parti. Il réclama la prise de mesures draconiennes à l'encontre des meurtriers, tout en continuant de condamner les décisions du gouvernement. À la Chambre des communes, les premières réticences du chef conservateur Robert Stanfield à propos de l'application de la Loi s'évanouirent,

---

un magazine radical, et prit fait et cause pour les chauffeurs de taxi montréalais qui remettaient en question le monopole que détenaient les limousines Murray Hill sur les courses entre l'aéroport et Montréal. Certains activistes du FLQ prirent part au mouvement. Par la suite, Auf der Maur s'impliqua en politique municipale et devint un partisan du premier ministre conservateur Brian Mulroney, un ami avec qui il aimait bien aller boire dans les années 1970. *Montreal Gazette*, 8 avril 1998.

et lorsque Tommy Douglas, le chef du NPD, se prononça contre son utilisation, quatre de ses députés refusèrent de le suivre. Le recours à la Loi sur les mesures de guerre fut voté à 190 voix contre 16, et plusieurs sondages ont révélé que partout au Canada, y compris au Québec, l'opinion publique était largement en faveur de cette mesure. En réponse à l'argument de Douglas qui reprochait au premier ministre d'avoir utilisé une pièce d'artillerie lourde pour détruire une punaise, Trudeau répondit que « ce blâme ne tient pas compte des faits. D'abord, les punaises ne posent pas de bombes, ne prennent pas d'otages et n'assassinent pas leurs prisonniers. Et quant à la pièce d'artillerie, c'est la seule dont nous disposions[29] ».

Après le meurtre sordide de Laporte, le FLQ détenait toujours Cross en otage dans un appartement. Dégoûté et furieux, Cross refusait maintenant de communiquer avec ses ravisseurs. « Je les détestais tous, déclarera-t-il plus tard, et je les aurais tués avec joie si l'occasion s'était présentée. » Cross disait que ses ravisseurs étaient des idéologues primitifs, enflammés par l'ardeur révolutionnaire des années 1960. Il passait le temps en regardant la télévision et en lisant les documents qui traînaient autour : les écrits de Pierre Vallières, *Les Damnés de la Terre*, du révolutionnaire algérien Frantz Fanon, et, bizarrement, des romans d'Agatha Christie, jusqu'au soir du 2 décembre, où les ravisseurs lui passèrent les menottes aux poings. La police savait où il se trouvait, lui dirent-ils, et il fallait s'attendre à une attaque. Le lendemain matin, toutefois, un négociateur du gouvernement fédéral se présenta sur le pas de la porte, et un accord fut passé. Les membres de la cellule Chénier relâcheraient Cross en échange d'un passage sûr vers Cuba. Avec Cross tassé entre eux, et accompagnés d'un avocat, les ravisseurs sortirent de l'appartement et se rendirent à bord de la voiture délabrée qui avait servi à l'enlèvement jusqu'au site d'Expo 67, sur l'île Sainte-Hélène, provisoirement déclarée territoire cubain. Là, Cross fut enfin relâché et les ravisseurs s'envolèrent pour Cuba. (Ils revinrent à Montréal à la fin des années 1970, pour ensuite être condamnés à des peines d'emprisonnement très légères, dont la plupart furent suspendues[30].)

En situation de crise, peu de gens restent cohérents avec eux-mêmes, mais cette négociation ne fut pas une capitulation (quoique la question soit sujette à débats) : elle correspondait à l'offre qu'avait faite le gouvernement fédéral au début de l'affaire Cross. Trudeau reprocha toujours aux gouvernements comme ceux du Brésil et de l'Allemagne de l'Ouest d'avoir négocié avec les terroristes pour obtenir la libération de diplomates ou de politiciens retenus en otage. Dans les deux cas, avançait-il, les enlèvements et la violence avaient continué. Toutefois, après octobre 1970, les enlèvements cessèrent au Québec. Et Trudeau conserva toujours la ligne dure. Lorsque Gordon Robertson lui demanda s'il restait inébranlable dans son opposition au paiement de rançons et à la libération de prisonniers accusés de crime, Trudeau répondit sans hésiter par l'affirmative. Il ajouta, pour appuyer ses dires, que s'il arrivait que lui, Robertson, soit victime d'enlèvement, aucune rançon ne serait versée. Il essaierait de négocier plus de temps, mais « l'ordre public au Canada […] passerait avant tout le reste[31] ».

Il ne fait aucun doute que c'est la volonté de fer de Trudeau qui donna le ton à la direction prise par le gouvernement, même si Marchand et Lalonde ont pu à l'occasion tenir la barre du navire. Kierans, loin d'être un admirateur de la dernière heure, écrivit en 2001 sur la présence de Trudeau au Conseil des ministres : « Comme à son habitude, Trudeau était calme et en parfaite maîtrise de ses moyens. Il était vraiment très impressionnant[32]. » Turner se rappelle qu'il ne s'était « jamais senti plus proche de [Trudeau] » que durant ces jours-là. « Nous étions comme des frères d'armes. Vous savez, quand on se tient à côté d'un gars qui regarde le danger en face sans vaciller, on ne peut s'empêcher de l'admirer. » Otto Lang a affirmé que le leadership de Trudeau a permis aux membres du Cabinet de soutenir la décision de recourir finalement à la Loi sur les mesures de guerre avec la même fermeté que celle employée dans toutes les autres décisions prises par le Cabinet qu'il pouvait se rappeler. Même Gordon Robertson, qui, dans ses mémoires, se montre très critique sur la carrière que Trudeau mena par la suite, affirme que « le ferme leadership de Trudeau, faire passer l'ordre public avant toute autre considération, a probablement été sa principale contribution en tant que premier ministre à la sauvegarde de la paix et de la démocratie au Canada[33] ».

Un sondage mené par le réseau CTV le 15 novembre 1970 révéla que seulement 5 p. cent des Canadiens ont désapprouvé les gestes faits par Trudeau, alors que 87 p. cent ont été favorables au recours à la Loi sur les mesures de guerre. Tout en étant en total désaccord avec Trudeau, Jacques Parizeau raconta néanmoins à son biographe, en 1999, que, sur le plan objectif, il admirait Trudeau. Il avait été le seul Canadien français depuis un siècle à avoir dit : « Je ne suis pas impuissant et je ne serai pas jugé en fonction de ce que j'ai dit ou de ce que je n'ai pas dit. Je le fais. » « J'ai une certaine admiration pour cela, dit Parizeau. Trudeau n'est pas un impuissant. »

Le pouvoir, comme Parizeau l'a reconnu, était un enjeu central dans le drame qui se déroulait en ce mois d'octobre. Trudeau croyait que seuls les représentants élus pouvaient détenir la légitimité démocratique. La pétition publiée dans *Le Devoir*, le 15 octobre, qui avait rendu furieux Trudeau, Lalonde, Marchand et Pelletier, reposait sur l'argument que le gouvernement élu du Québec était faible, opinion partagée par Ottawa. Toutefois, les conclusions auxquelles aboutissaient, d'une part, Ottawa et, d'autre part, Ryan, Lévesque et les signataires de la pétition, étaient radicalement différentes. Trudeau rejetait l'idée même de « prisonniers politiques » (le terme employé dans la pétition), et réfutait les prétentions des signataires qui disaient s'exprimer au nom de la majorité de la population. Autre raison de sa colère et non la moindre, quatorze des seize signataires avaient soutenu le PQ lors de la dernière élection provinciale. Quand Ryan, qui n'avait pas soutenu le PQ, continua, même après la mort de Laporte, à se montrer favorable à la négociation et à exhorter les élus à faire appel à d'autres pour consolider le gouvernement, Trudeau et Lalonde dévoilèrent l'histoire de la réunion de la rédaction du *Devoir* et le fait que Ryan avait envisagé la possibilité d'un gouvernement provisoire. Peter C. Newman persuada le *Toronto Star* de publier le compte rendu de la réunion. Paraphrasant les paroles de Lord Acton, Trudeau dit à propos de Ryan cette phrase restée célèbre : « L'absence de pouvoir corrompt, mais l'absence absolue de pouvoir corrompt absolument[34]. »

Lorsque l'histoire parut, Ryan commença par nier, puis confirma, dans deux articles publiés à la fin du mois d'octobre, que le 11 octobre, soit avant la publication de la pétition, il avait abordé avec quatre journalistes du *Devoir* la possibilité de former un gouvernement parallèle ou un gouvernement de salut public qui comprendrait des éléments extérieurs au gouvernement. Parmi les personnes présentes se trouvait l'éminent journaliste Michel Roy qui, plus tard, racontera qu'il fut littéralement

À son entrée à la Chambre des communes en 1972, avec Alastair Gillespie, un ministre hautement apprécié, qui a fait partie du Cabinet de 1971 à 1979. Gillespie fut le seul représentant important de la communauté d'affaires pendant les années 1970.

Quand Trudeau entendit que Nixon l'avait traité de « trou du cul », il répondit: « J'ai été traité de choses bien pires par de meilleures personnes. »

À dos de chameau à Bénarès, en Inde, en 1971. Dans ses mémoires, Trudeau note avec ironie : « Le premier ministre britannique Edward Heath qui visitait l'Inde au même moment a écrit que mon "élan et [mon] exubérance ont retenu l'attention du public et donné lieu à des manchettes". »

Trudeau reçoit des conseils du premier ministre Chou En Lai pour le maniement des baguettes, lors d'un voyage en Chine en 1973. Trudeau disait de lui qu'il était une « personne fascinante, un individu vraiment aimable, impressionnant ». Selon Henry Kissinger, Nixon était particulièrement irrité du fait que le Canada ait reconnu la République populaire de Chine avant que les États-Unis ne le fassent.

Fidel Castro et Trudeau en pleine harmonie. Toutefois, en dépit du caractère chaleureux et détendu de cette visite effectuée en 1976 en compagnie de Margaret et de bébé Michel – à faire de la plongée, à fumer le cigare, à danser sous la lune, logés dans une cabane rudimentaire sur une petite île –, à son retour, Trudeau retira officiellement une bonne partie de l'aide accordée à Cuba, après avoir découvert que Fidel l'avait trompé en toute connaissance de cause sur le nombre des troupes cubaines impliquées dans la violente incursion de Cuba en Angola. Des années plus tard, Castro fit le voyage jusqu'au Canada pour se rendre aux funérailles de Trudeau.

« Je ne connaissais pas ce sentiment merveilleux.
Il vous rend éternellement reconnaissant envers le miracle
de la vie et la mère qui a porté ces enfants. » Trudeau,
Mémoires politiques. Avec Margaret et le petit Sacha
à l'aéroport de Vancouver, le 19 octobre 1976.

Cette photo porte une inscription de Trudeau à Keith Davey : « Keith, est-ce qu'Équipe Canada vient de compter un but, ou bien avons-nous gagné deux points dans les sondages Gallup ? Meilleurs vœux, Pierre E. T., 1976. »

John Turner, le ministre des Finances, et Trudeau avaient des rapports de travail difficiles mais souvent fructueux. Aux dires de Turner, ils aimaient se côtoyer sur le plan personnel, surtout durant les premières années.

Années de bonheur.
Trudeau lançant
Sacha dans les airs
tandis que Michel
attend impatiemment
son tour.

Trudeau et Elizabeth Taylor, lors
d'une rencontre à la Maison Blanche où
les célébrités s'agglutinaient autour
des Trudeau, février 1977.

« Il nous ensorcelait. » Peter C. Newman. Trudeau était bien connu pour son irrévérence – mais il était aussi passé maître dans l'art de la représentation ; il s'était exercé avant de faire sa fameuse pirouette derrière la reine, au palais de Buckingham, en 1977.

« Puis-je m'abriter sous votre parapluie, Votre Majesté ? » 15 octobre 1977.

La pose caractéristique, les pouces dans les ganses de son pantalon, janvier 1978.
Le parti avait besoin d'un gars solide pour faire renverser les sondages. Cette célèbre
photographie, parue dans *Weekend Magazine* et que l'on utilisa dans la campagne
de 1979, a été mise en scène par le directeur des communications de Trudeau,
Jim McDonald, et le photographe David Montgomery. C'était une pose, toutefois,
que Trudeau prenait depuis des années.

Trudeau et le jeune Jean Chrétien. Au
début des années 1970, Chrétien était
le garçon de corvée de Trudeau, à qui l'on
confiait toutes les tâches difficiles, jusqu'à
ce qu'il soit nommé ministre de la Justice.
Trudeau aimait mener des combats « côte
à côte » avec celui qu'il appelait « un bon
soldat, jamais démoralisé ». Trudeau,
Mémoires politiques.

Le « Gunslinger », tel qu'il était vu
par Duncan Macpherson, *Toronto Star*,
21 mars 1978.

Pierre et les garçons, photographiés par Margaret Trudeau. « Les choses vraies et réelles à ses yeux, c'étaient nous. » Sacha Trudeau, dans un entretien avec Jane O'Hara, *Maclean's*.

abasourdi par les propos de Ryan. Tout en reconnaissant qu'une réunion avait eu lieu et que la formation d'un gouvernement de rechange, sinon provisoire, avait été envisagée, Ryan fut d'accord pour dire qu'il « ne s'agissait pas d'un complot, mais d'une idée ». Lévesque, qui n'avait pas assisté à la réunion du *Devoir*, tourna en ridicule l'idée qu'il y ait un plan de « gouvernement provisoire ». Pourtant, dans ses mémoires publiées en 1986, il déclare que Ryan et les autres étaient « même prêts, semble-t-il, à former une coalition pour consolider les assises du gouvernement » à Québec[35]. Pour Ryan et les signataires de la pétition, consolider les assises ne voulait pas dire que le gouvernement provincial devait prendre des mesures vigoureuses contre le FLQ. Cela voulait plutôt dire que le gouvernement devait mettre Trudeau « au défi » et mener ses propres négociations avec le FLQ[36].

Les différences qui opposaient les signataires de la pétition et le groupe de Trudeau étaient d'ordre intellectuel, politique et personnel. Leurs échanges acrimonieux ont parfaitement illustré ce que Freud appelait le narcissisme des petites différences. Plus tard, Pelletier déclara que Trudeau « [avait] agi beaucoup trop vite dans l'histoire du cabinet parallèle » et que Lalonde était du même avis. Toutefois, tout en reconnaissant l'influence que « l'histoire » avait eue sur les événements, Lalonde avait insisté sur la grande incertitude qui régnait à ce moment-là et sur le fait que les signes de « détérioration » étaient évidents. Pierre Duchesne, dans son excellente biographie de Jacques Parizeau, qui était à l'époque le nouveau venu au PQ et exerçait les fonctions de président du comité exécutif du parti, décrit l'humeur des dirigeants du PQ après l'assassinat de Laporte. Parizeau essayait d'expliquer à son entourage, notamment aux jeunes membres du parti, ce qui se passait : « Il explique d'abord que cette crise met aux prises des gens de la même génération. Les Marchand, Pelletier et Trudeau visitaient les Parizeau, Laurin et Lévesque. Nous dînions en couple et, dans certains cas, les épouses se connaissaient et magasinaient ensemble. Nous allions aux mêmes sorties. » Dans une entrevue qu'il accorda plus tard au sujet de la crise d'Octobre, Trudeau évoqua les propos tenus par Parizeau. En effet, lorsque des députés lui demandèrent qui étaient « ces types » à Montréal, il répondit : « C'est pas des maoïstes, c'est pas des anarchistes, c'est pas des trotskistes, c'est des gens de notre milieu. Mais en connaissez-vous ? Ils doivent boire leur café dans les mêmes endroits que nous et ils doivent fréquenter les mêmes rues et les mêmes théâtres et on n'en savait rien. » C'étaient des gens de « notre milieu* », comme il le disait : les étudiants de Trudeau à l'université, ses collègues de *Cité libre*, les « frères » de Marchand au sein des syndicats, leurs chauffeurs de taxi et parfois leurs vieux amis. Il y avait bien longtemps, Trudeau lui-même avait cru que le Canada avait des prisonniers politiques. En 1942, à l'époque où Camillien Houde, maire de Montréal et ami de son père, avait été mis en prison pour avoir parlé contre la guerre, Trudeau avait usé, dans un discours rempli d'amertume, de la même rhétorique que celle du manifeste du FLQ pour dénoncer l'abus de pouvoir pratiqué par Mackenzie King avec la Loi sur les mesures de guerre. Lui aussi, à l'époque, avait tenu des propos exsudant le mépris et la promesse de violence. Mais dans les années 1960, il se trouvait de l'autre côté de la barricade : il avait dénoncé le mentor provocateur de sa jeunesse, François Hertel, pour avoir proposé de recourir à la violence, il avait rompu avec son plus vieil ami, Pierre Vadeboncœur, pour avoir frayé avec la gauche révolutionnaire, et il avait publiquement ridiculisé ceux qui étaient venus en aide aux séparatistes prônant la violence. « Notre milieu » avait explosé en mille morceaux[37].

Parizeau partageait la même opinion : le mois d'octobre 1970 fut un moment charnière. Avant la crise, dit-il, « nous pouvions avoir des idées absolument opposées, tout en ayant le plus grand respect les uns pour les autres. Nous savons que nous allons dans des voies complètement incompatibles, mais nous sommes des gens de bonne compagnie et de bonnes manières… Mais Trudeau a cassé ça. » Pour Trudeau, le décorum volait en éclats et les bonnes manières prenaient le large quand ses anciens amis parlaient de prisonniers politiques, sapaient la légitimité d'un gouvernement démocratiquement élu et s'approchaient du feu meurtrier du FLQ**. Pour Parizeau et ses collègues, la rupture se produisit avec le

---

* NDT : En français dans le texte.

** Membre influent de la Ligue des droits de l'homme, l'un des plus importants organismes de défense des libertés civiles au Québec, Jacques Hébert, probablement le plus grand ami masculin de Trudeau, se rangea derrière les autres représentants de la Ligue pour demander la libération des prisonniers et exiger la reconnaissance de leurs droits. Plus tard, après une longue journée passée à aller de maison en maison pour parler aux amis et à la famille des prisonniers, il se souvint d'avoir appelé Trudeau pour lui dire qu'il ne lui facilitait vraiment pas la vie. En août 2007,

recours à la Loi sur les mesures de guerre, la découverte que nombre de membres du PQ étaient fichés par la police et l'arrestation de beaucoup de partisans du PQ : « À partir du moment où l'on met nos amis en prison, c'est une autre paire de manches, on change de régime. » Au cours des décennies qui suivraient, chaque camp se cramponnerait avec une furieuse ténacité à sa propre version des événements de la mi-octobre[38].

En fait, deux questions essentielles furent interprétées par les deux camps de manière fondamentalement différente : le recours à la Loi sur les mesures de guerre et les répercussions sur l'histoire du Canada et du Québec des décisions prises par les gouvernements fédéral et provincial. Les querelles au sujet de ces questions furent vives, et le ressentiment ne tarda pas à se répandre au-delà des frontières d'Ottawa et de Montréal. À propos de la Loi sur les mesures de guerre, par exemple, l'historien Jack Granatstein prononça, à la mi-octobre 1970, un discours devant une foule de cinq mille étudiants de la toute nouvelle université York de Toronto, réunis autour du drapeau national. Granatstein fut le seul orateur de ce « rassemblement pour le Canada » à ne pas approuver la décision du gouvernement fédéral. Sympathisant, à l'époque, du NPD, il affirma, à l'instar de Tommy Douglas, que Trudeau s'était servi « d'une pièce d'artillerie lourde pour détruire une punaise » et que « ses atteintes aux libertés civiles pouvaient non seulement servir à mettre sous les verrous les activistes du FLQ », mais aussi les hippies et les fauteurs de trouble où qu'ils soient. Il se fit huer par la foule. Pour la première fois de sa vie, Granatstein eut peur de se faire écharper. Quant à Ramsay Cook et à Jack Saywell, les autres historiens présents au rassemblement, ils soutenaient avec certaines réserves la décision du gouvernement. Par la suite, Cook et Granatstein allaient adopter des points de vue inverses. En effet, Cook entretint de plus en plus de doutes sur la façon dont le gouvernement avait géré la crise et Granatstein en vint à croire que « les actes pleins d'audace de Trudeau [...] ont permis au séparatisme de se débarrasser

---

lors d'une conversation que nous avons eue, il nia l'importance de cette expérience, déplora toute l'affaire et se montra d'une totale loyauté envers Trudeau. On trouvera la plus récente analyse du rôle joué par ce genre d'organisme durant la crise d'Octobre dans Dominique Clément, *Canada's Rights Revolution : Social Movements and Social Change 1937–82* (Vancouver : University of British Columbia Press, 2008), chap. 6.

de ses oripeaux de felquiste conspirateur pour se retrouver sur la place publique, vêtu de façon présentable ». Bien que de manière virulente et pénible, les gouvernements élus et les acteurs de la scène politique durent débattre démocratiquement de la question[39]. Pour Granatstein, voilà quelle fut la plus grande réussite de Trudeau.

Trudeau reprocha toujours aux gouvernements comme ceux du Brésil et de l'Allemagne de l'Ouest d'avoir négocié avec des terroristes pour obtenir la libération de diplomates ou de politiciens retenus en otage. Dans les deux cas, avançait-il, les otages avaient été retenus en captivité, et la violence avait continué. Toutefois, après octobre 1970, les enlèvements cessèrent au Québec et, au XXIe siècle, on peut s'attendre à ce que les gouvernements démocratiques suivent l'exemple de Trudeau et de ses collègues, plutôt que celui préconisé par ses adversaires dans la pétition du 15 octobre. Quoi qu'il en soit, l'importance que Trudeau accorde à cette période dans ses mémoires politiques révèle à quel point il fut immensément troublé par ces événements, par le délaissement de ses vieux amis et par les répercussions que ses actes ont entraînées sur la question des libertés civiles.

Le soir où Laporte fut tué, Trudeau se trouvait en compagnie de Margaret Sinclair. Peu de temps avant, ils s'étaient disputés au sujet de la Loi sur les mesures de guerre ; Margaret, en effet, était une étudiante gauchiste qui « sympathisait » avec « tous les "radicaux aux cheveux longs" [qui] étaient persécutés ». À une heure du matin, le téléphone sonna. « J'ai entendu Pierre dire : "Oh ! mon Dieu ! Où l'ont-ils trouvé ?" Et j'ai compris que Laporte était mort. Pierre raccrocha. Je l'ai entendu pleurer [...] Il était ébranlé et je l'ai vu vieillir sous mes yeux. C'était comme s'il avait porté la responsabilité de la mort de Laporte. C'était *lui* qui avait refusé de négocier et c'était *lui* qui aurait désormais à prendre la responsabilité du meurtre d'un homme innocent. Il devint amer et d'une profonde tristesse[40]. »

La tristesse et l'amertume qu'éprouvait Trudeau s'étaient intensifiées, mais il n'eut jamais aucun doute sur la décision que lui, Marchand, Lalonde, et ses collègues avaient prise. La mort de Laporte porta un coup terrible, mais pour Trudeau, l'autopsie qu'elle provoqua brisa un cycle de violence qui représentait une profonde menace pour la démocratie au Québec et au Canada.

CHAPITRE 4

Raison et passion

Lorsque Pierre Trudeau prit le pouvoir en 1968, l'artiste Joyce Wieland l'observa avec un grand intérêt : peut-être, espérait-elle, allait-il devenir ce lien vital qu'elle désirait tant entretenir, comme artiste canadienne et patriote, avec les courants politiques, artistiques et nationalistes naissants. Intéressée par la courtepointe, travail féminin traditionnel, elle entreprit la confection de *Reason over Passion/La raison avant la passion*, qui devint l'une des œuvres canadiennes des années 1960 les plus encensées. Trudeau produisait une impression telle sur Wieland qu'elle et son mari, l'artiste Michael Snow, décidèrent d'organiser une réception en son honneur dans leur loft de New York, où le couple vivait à l'époque. Ils y invitèrent une pléiade de célébrités de leur connaissance, et lorsque Trudeau se présenta chez ses hôtes avec son entourage, il eût tôt fait de les impressionner toutes, tant il « semblait très au courant des plus récents développements de la scène artistique new-yorkaise » : milieu du cinéma expérimental, milieu de la danse d'avant-garde et milieu du jazz. Lorsque Snow le présenta au batteur Milford Graves, « le plus grand batteur de jazz de notre époque », dit-il, Trudeau rétorqua : « Bravo ! Mais qu'est-ce que vous faites de Max Roach ? » Snow fut abasourdi et tomba sous le charme – tout comme Wieland, temporairement du moins.

Trudeau aussi fut charmé, et par la magie du moment et par l'artiste : il acheta *La raison avant la passion*, la version française de la courtepointe, pour le 24, promenade Sussex. Bilingue, populaire, féministe et ironique, « la raison avant la passion » devint une représentation de l'époque. Plus tard, lorsque la Galerie nationale* organisa une exposition sur les années 1960, cet ouvrage à valeur d'icône y occupa une place centrale. La conservatrice Denise Leclerc sut bien capter toute l'ambiguïté de l'œuvre : « Le message dit "la raison avant la passion", et pourtant, nous parlons bien d'un lit. » Elle trouvait exquise l'ironie d'une courtepointe symbolisant le règne de la raison : « Voici un homme qui insiste pour que la raison prime sur la passion. Or, voyez les passions politiques qu'il a déclenchées[1]. »

Chez Wieland et ceux qui pensaient comme elle, certaines de ces passions s'éteignirent rapidement à mesure qu'ils perdirent leurs illusions sur Trudeau. Plus tard, Wieland dira que la courtepointe et la réception de New York avaient été une « blague » faite à Trudeau, une interprétation que Snow, de toute évidence, ne partageait pas. Elle avoua avoir été, dans un premier temps, très attirée par Trudeau, mais que cette attirance avait ensuite disparu ; en effet, elle en était venue à la conclusion que Trudeau était un homme froid, chez qui il y avait trop de raison et trop peu de passion. C'était un « psychopathe », disait-elle, dont le gouvernement profita de sa position de pouvoir et révéla son caractère despotique et fondamentalement brutal en ayant recours à la Loi sur les mesures de guerre. Elle alla jusqu'à réaliser un film faisant l'éloge des qualités d'authenticité du séparatiste Pierre Vallières[2].

Ce changement d'inclination chez Wieland reflétait, sous une forme extrême, celui que vivaient les partisans de la gauche nationaliste, pour qui Trudeau avait incarné, sur le plan politique, la révolution culturelle alors en cours. Trudeau était un réceptacle ; beaucoup y versaient toutes leurs passions politiques, espérant que soit créée ainsi quelque potion magique qui viendrait porter remède aux divisions d'un pays partagé entre Français et Anglais et menacé par une Amérique impérialiste. Mais les problèmes persistèrent et Trudeau ne fut qu'un placebo, n'apportant que « des slogans ne touchant guère au fond des problèmes[3] », pour citer Claude Ryan.

‿⌐

---

* NDT : Aujourd'hui le Musée des beaux-arts du Canada.

Pour les partisans de Trudeau comme pour ses opposants, la crise d'Octobre fut un moment charnière et la célèbre phrase du premier ministre, « Eh bien, regardez-moi bien aller ! » ainsi que ses propos sur les « âmes sensibles » servirent de points de départ à de futurs débats. En 1971, le politologue Denis Smith publia un pamphlet intitulé *Bleeding Hearts, Bleeding Country* contre les politiques des gouvernements fédéral et québécois. Toutefois, Trudeau ne cessa jamais de croire que la détermination dont il avait fait preuve durant le chaotique mois d'octobre de 1970 avait empêché le Québec de basculer dans l'anarchie et la violence. Dans une entrevue éclairante qu'il accorda dans les années 1970, Trudeau déclara avoir été profondément troublé par les demandes de René Lévesque et de Claude Ryan, à savoir, libérer les « prisonniers politiques », « négocier avec le FLQ et accéder à ses demandes », et par le fait qu'ils avaient affirmé que « ce n'était pas le gouvernement qui s'écroulait, mais l'appui démocratique d'un gouvernement élu de façon démocratique ». Il affirma que « jusqu'à ma mort je resterai convaincu que ce fut là le tournant ». Pour Trudeau, « les personnalités québécoises qui ont signé le manifeste se sont recouverts d'une honte qui les suivra jusqu'à la tombe[4]. »

Cette conviction n'empêcha pas Trudeau et ses conseillers de s'inquiéter des possibles retombées négatives de la crise d'Octobre sur la popularité du premier ministre. Alors même que James Cross, l'attaché commercial de la Grande-Bretagne, était toujours retenu en otage, les conseillers de Trudeau prirent des dispositions pour que le premier ministre assiste à la Coupe Grey, le grand événement sportif au Canada, qui devait se dérouler à Toronto à la fin du mois de novembre. Les conseillers se mirent également à craindre que l'exaspération ressentie par Trudeau à l'égard des journalistes et des intellectuels francophones en vue ne s'étende à leurs homologues anglophones qui avaient joué un rôle de premier plan dans sa réussite politique. Car non seulement l'affection qu'ils témoignaient au premier ministre commençait à s'affaiblir, mais certains d'entre eux étaient même en colère contre lui. Aussi, à la demande de Trudeau, Tim Porteous, le responsable du Cabinet du premier ministre, demanda-t-il à l'historien Ramsay Cook d'inviter certains intellectuels et faiseurs d'opinion à rencontrer le premier ministre à l'issue de la partie pour discuter de la crise.

Tout se déroula comme prévu. Le 28 novembre, quand Trudeau entra dans le stade, il stupéfia la foule ainsi que les millions de téléspectateurs qui regardaient la chaîne nationale en se présentant vêtu d'une longue cape noire et d'un élégant chapeau à larges bords*. Dans les journaux du lendemain, son apparition préparée avec soin suscita un plus grand intérêt que la Coupe Grey. À l'issue de la partie, juste avant 21 heures, Trudeau se rendit, accompagné par son service de sécurité, au domicile de Ramsay Cook afin d'expliquer ses décisions. Des douze invités présents, il y en avait autant qui étaient favorables à la politique du gouvernement que défavorables, et pourtant la tension était particulièrement palpable. Les policiers de la GRC fouillèrent le cadeau de Ken McNaught destiné aux enfants de Cook, comme si l'éminent historien avait apporté un colis piégé. Trudeau prolongea les débats jusqu'au petit matin, mais il est clair qu'il fut déçu par les conversations. Plus tard, Eli Mandel, le professeur-poète de l'Université York, écrivit sur cette soirée un poème qui mit en évidence certaines des ambiguïtés de la situation.

> si la révolution devait se produire
> les Québécois seraient-ils prêts à se soulever?
> oui, les Québécois seraient prêts à se soulever
> donc, la révolution était sur le point de se produire
> faux encore une fois**

Cook aussi hésitait : il faisait confiance à Trudeau, mais prêtait une oreille attentive aux reproches de ses détracteurs. Pourtant, A.R.M. Lower, un des fondateurs de la Canadian Civil Liberties Union et directeur de thèse de Cook, appuyait de manière non équivoque les décisions de Trudeau. Tout comme Frank Scott, professeur de droit à

---

* La veille au soir, Trudeau avait soupé avec Marshall McLuhan, sa femme Corinne et leur fille Teri. McLuhan déclara que la visite de Trudeau avait été un « insigne honneur » et que Teri et Corinne avaient dit que « leur vie en avait été complètement bouleversée ». Au sujet de l'allure de Trudeau lors de la partie de football, McLuhan se dit enchanté « par le fait que Trudeau se soit présenté vêtu de manière si spectaculaire de sa cape et de son chapeau, par le match et par la victoire des Alouettes [de Montréal] ». McLuhan à Trudeau, 3 décembre 1970, FM, MG31, séries D-156, microfilm H-2069, BAC.

** NDT : Traduction libre.

l'université McGill, qui avait été le plus grand défenseur des libertés civiles devant la Cour suprême. Les deux hommes étaient d'accord avec Trudeau : un gouvernement démocratique était tenu de gouverner, « c'est-à-dire de ne pas céder au chaos ni à la terreur ». Lower déplora que le bureau de Toronto de la Canadian Civil Liberties Union ait condamné les décisions prises par Trudeau. « Selon moi, Trudeau a fait ce qu'il fallait. Dans une telle situation, il ne sert à rien de faire du sentimentalisme comme le font nombre de personnes bien intentionnées », écrit-il à un ami[5]. Trudeau était entièrement d'accord avec cette dernière affirmation.

Quant à Robert Bourassa, lui aussi avait exécré la pétition Ryan-Lévesque, mais Trudeau et ses proches collaborateurs pensaient, peut-être à tort, qu'il s'était montré « faible ». Par la suite, Trudeau écrivit que la crise d'Octobre lui avait appris « qu'il faut alors, au centre de l'État, une main très ferme, une direction qui ne s'affole pas, n'essaie pas de tout faire à la fois, dans l'énervement et la confusion, mais s'avance calmement, pas à pas dans la mise en œuvre des solutions[6] ». Évalué à cette aune, Bourassa aurait obtenu une note médiocre*. Avec le temps, les caricaturistes du Québec et du Canada en arrivèrent à partager la même opinion puisqu'ils se mirent de plus en plus souvent à le représenter comme une personne frêle, portant des lunettes et ayant les traits d'une souris. Trudeau, en revanche, fut représenté comme un homme très viril. En effet, même si ce dernier était plus petit et plus vieux que Bourassa, les caricaturistes lui donnèrent une ressemblance avec le jeune Marlon Brando et Jean-Paul Belmondo, cet acteur qui, dans les années

---

* En 1969, certaines personnes influentes du Parti libéral du Canada avaient eu une piètre opinion des trois candidats à la direction du Parti libéral du Québec. Le 2 octobre, Jean Marchand déclara au cours d'une discussion que tous les candidats étaient « faibles et que le parti allait avoir du mal à rester uni ». Deux ministres fédéraux du Québec, Bryce Mackasey et Eric Kierans, déclarèrent que « Bourassa était un faible et qu'il allait se faire chahuter ». On disait que Bourassa, qui, au départ, avait soutenu René Lévesque contre Kierans lors des débats sur l'autonomie qui avaient eu lieu dans la province en 1967, « accepterait probablement Lévesque » au sein du Parti libéral du Québec. Marchand, lui, avait refusé de prendre la direction du Parti libéral du Québec, malgré que beaucoup l'aient incité à se lancer dans la course. S'il l'avait fait, le cours de l'histoire aurait fort probablement été très différent (Journal de Richard Stanbury, 2 octobre 1969, non rendu public). À l'époque, Stanbury était président du Parti libéral du Canada.

1960, incarna si brillamment le « mec* » dans les films de la nouvelle vague. Comme ces acteurs, Trudeau fut représenté sous les traits d'un dur à cuire, d'un gars dans le vent, à la fois décontracté, brillant et pas facile ; une image, bien sûr, qu'il s'ingénia à entretenir.

D'ailleurs, Trudeau est le seul politicien à figurer dans le livre *Mondo Canuck*, une histoire de la culture populaire canadienne. Les auteurs commencent le chapitre sur le phénomène Trudeau, intitulé « Pierre Trudeau's Rule of Cool » (« Pierre Trudeau : l'art d'être cool »), par le fameux « Just watch me » (« Eh bien, regardez-moi bien aller ! »). Dans ce chapitre, Trudeau, personnage « au charisme naturel », pour qui « la sexualité est aussi importante que la politique », y est salué pour sa façon de « transformer le pays en scène de spectacle, d'en faire le film glamour que seul en rêve nous pouvions imaginer devenir, et dont Pierre « élite » Trudeau était à la fois la vedette et le réalisateur ». Contrairement à Bourassa, Trudeau maîtrisait toujours la situation[7]

Dans le manifeste que, au début de la crise d'Octobre, le FLQ avait fait lire à la radio et à la télévision, l'autorité et la virilité de Trudeau avaient été tournées en ridicule et le groupe avait appelé au renversement de son gouvernement vacillant et irresponsable. L'objectif des terroristes était d'affaiblir le pouvoir politique, notamment celui de Trudeau, mais cette tactique ne fonctionna pas. Après la crise, les séparatistes radicaux se déchaînèrent contre Trudeau, le traitant de fasciste et de despote doué de facultés maléfiques. En revanche, Bourassa, lui, conserva l'image d'homme timide qu'il avait acquise. En décembre 1970, le ministre du gouvernement québécois William Tetley, qui admirait Bourassa pour le rôle qu'il avait joué pendant la crise, écrivit que ce dernier « trouvait préoccupant que l'on dise de lui qu'il était faible ». Tetley pensait que le premier ministre du Québec s'était montré d'un pragmatisme prudent, mais qu'il n'était pas Trudeau, lequel se montrait « souple et résistant quand le besoin s'en faisait sentir » et savait « prendre des décisions[8] ».

Dans *L'Urgence de choisir* qu'il publia en 1971, Pierre Vallières, l'idéologue le plus en vue du FLQ, décrit Trudeau comme un dirigeant à poigne, qui sait ce qu'il veut[9]. Dans son livre, Vallières ne nie pas la violence dont a fait preuve le FLQ ; il déclare plutôt, de manière intéres-

---

* NDT : En français dans le texte.

sante, qu'étant donné le caractère répressif du gouvernement Trudeau, lui et ses compagnons du FLQ devaient abandonner la violence et adopter les idées démocratiques du Parti québécois de René Lévesque. Vallières n'était probablement pas le seul à penser ainsi et ses idées exercèrent une influence, car, effectivement, les bombes furent remplacées par les bulletins de vote. Néanmoins, même si sa gestion de la crise d'Octobre ternit l'image de Trudeau aux yeux des intellectuels et de la jeunesse, le fait de se poser en politicien ferme et résolu devint, sur le plan politique, un atout durable*.

Les sondages montrèrent qu'à la suite du meurtre de Laporte, la popularité de Trudeau auprès de l'opinion publique, si ce n'est auprès des faiseurs d'opinion, grimpa en flèche. Une caricature publiée dans le journal *Ottawa Citizen* illustra parfaitement l'ambivalence de son personnage politique : d'un côté, on voyait Trudeau, une rose rouge entre les dents, un béret sur la tête et un macaron « Flower Power » à la boutonnière ; de l'autre, on le voyait une baïonnette entre les dents, un casque sur la tête et arborant une médaille où était inscrit « War Measure

---

* Bien que, sous différentes formes, les attaques des séparatistes radicaux contre Trudeau continuèrent d'être virulentes. Il fut souvent comparé à Hitler, à Göring et à Mussolini, mais il ne fut plus jamais question de son orientation sexuelle comme cela avait été le cas dans le fameux manifeste. En 1971, le poète Gérald Godin, qui fut arrêté lors des descentes de police et qui, par la suite, devint ministre lorsque le Parti québécois prit le pouvoir, compara Trudeau à un proxénète dirigeant ses prostituées (les députés du Québec) dans l'intérêt des entreprises américaines (*Québec-Presse*, 12 septembre 1971). Étant lui-même homosexuel, Vallières dut se sentir mal à l'aise de traiter Trudeau de « tapette » dans le manifeste du FLQ. Il se montra de plus en plus déçu par ses compagnons du FLQ, tout en restant extrêmement méfiant sur les intentions des fédéralistes. Dans un livre paru en 1977, il affirma que la crise d'Octobre avait été orchestrée par le gouvernement fédéral et celui du Québec et que ce n'était pas la cellule Chénier qui avait assassiné Pierre Laporte. Selon lui, le recours à la Loi sur les mesures de guerre avait eu pour objectif d'écraser le Parti québécois (Pierre Vallières, *Les Dessous de l'opération*, Montréal, Québec Amérique, 1977). Même si certains membres de la cellule Chénier réfutèrent les propos de Vallières, la croyance que les deux gouvernements ont eu recours à la Loi sur les mesures de guerre pour détruire le Parti québécois reste très répandue. Toutefois, Trudeau a clairement réfuté ce point de vue dans les entrevues qu'il a accordées, ainsi que dans ses mémoires politiques. Par ailleurs, la documentation appuie largement son point de vue. Il visait le FLQ, et sa colère à l'endroit de Lévesque, de Parizeau et d'autres reflétait l'opinion qu'il avait, à savoir que sur le plan stratégique, ils avaient tort de recommander des compromis.

Power ». Trudeau avait lui-même engendré cette dualité lors de la campagne électorale de 1968, alors que sauts de l'ange et goût du flirt coexistaient avec une détermination inébranlable devant la violence des séparatistes à Montréal, à la veille de l'élection[10].

Ce paradoxe persista tout au long de sa vie. Si le côté « dur » de Trudeau lui attira du respect, parfois son originalité tenait de l'insouciance et lui était dommageable sur le plan politique. De fait, sa popularité commença à décliner peu après la libération de Cross et à mesure que d'autres problèmes apparurent à la fin de l'année 1970. Ses airs bravaches irritaient de plus en plus les journalistes et déroutaient ses partisans. Avec les jeunes, ses employés personnels et les visiteurs d'autres circonscriptions à la Chambre des communes, son charme lui attirait une affection indéfectible. Mais, peu à peu, ces excellentes qualités humaines devinrent pour la plupart inconnues du grand public, et cela, d'autant plus que, vis-à-vis des journalistes et des députés de la Chambre des communes, Trudeau pouvait se montrer carrément méprisant et hautain. Durant son premier mandat, son côté combatif donna souvent à la critique de quoi l'attaquer avec force, et dans bien des cas avec raison. Sur la question du génocide au Biafra, la première tragédie du genre à être montrée dans tous ses douloureux détails sur les écrans de télévision du monde entier, il se montra trop peu réceptif à ce que ressentaient ceux qui demandaient de l'aide. Pour les fermiers de l'Ouest, il se montra tout bonnement incapable de faire preuve d'empathie. Quant aux « gars de Lapalme* » (il s'agissait de 450 routiers en grève qui avaient perdu leur emploi en raison de l'annulation d'un contrat passé avec Postes Canada), Trudeau leur avait lancé son fameux « mangez de la merde ». Aux côtés des gars de Lapalme se trouvait Pierre Vadeboncœur, son meilleur ami du temps de ses premières études. Trudeau ne daigna même pas le regarder, déclara Vadeboncœur à un journaliste, disant qu'il avait eu l'impression qu'il n'existait plus aux yeux de Trudeau[11].

Trudeau pouvait également donner libre cours à sa colère de manière irresponsable, comme il le fit à la Chambre des communes, le 16 février 1971, lorsqu'il opposa grossièrement une fin de non-recevoir à la demande du député conservateur John Lundrigan, qui réclamait une

---

* NDT : En français dans le texte.

augmentation de l'assurance-chômage. Lundrigan se précipita hors de la Chambre où l'attendaient les journalistes de la télévision. « Le premier ministre m'a interrompu en articulant une grossièreté en silence, déclara-t-il. Je ne m'attendais pas à ce genre de comportement de la part du premier ministre du Canada. » Lundrigan avait lui aussi la réputation d'être impétueux, mais ses dires furent confirmés par Lincoln Alexander, député d'Hamilton et premier député afro-canadien, un homme intrinsèquement digne. En fait, il déclara que Trudeau avait articulé en silence « la même chose » (deux mots) à son endroit, « l'un commençant par F et l'autre, par O ». Il ajouta avec solennité que le comportement du premier ministre était « inacceptable ». Lorsque les journalistes accostèrent Trudeau, ce dernier nia avoir dit quoi que ce soit, mais admit avoir « bougé les lèvres et fait un geste de dérision ». Il reprocha à Lundrigan et à Alexander d'être allés se plaindre aux journalistes comme des enfants à leur mère. Quand les journalistes, insistants, lui demandèrent ce qu'il avait en tête lorsqu'il avait « bougé les lèvres », Trudeau répondit d'un ton cassant : « Selon vous, Messieurs, à quoi pense-t-on quand on dit à quelqu'un *fuddle duddle* ou quelque chose du genre ? Grands dieux... »

L'expression *fuddle duddle* finit par entrer dans le *Canadian Oxford Dictionary* et par faire partie de la légende de Trudeau, mais, à l'époque, les journaux condamnèrent presque unanimement son comportement. Cet épisode ne fit pas bon effet à Flin Flon et en divers autres endroits où la révolution culturelle des années 1960 irritait davantage qu'elle n'amusait. Le contexte de chacune des remarques cavalières de Trudeau permet de les comprendre, mais pas de les justifier*. Il était conscient que la présence des caméras de télévision, plus mobiles et captant les

---

* Le problème du contexte a été constaté par Anthony Westell dans l'analyse du premier mandat de Trudeau qu'il a judicieusement intitulée *Trudeau le paradoxe* et publié en 1972. Cette analyse est un modèle de journalisme politique. En décembre 1968, Trudeau répondit à la question « [...] comment et quand vous allez vendre le blé des fermiers de l'Ouest ? » par « Eh bien, pourquoi devrais-je vendre le blé des fermiers de l'Ouest ? ». Cette réponse souleva un tollé et devint l'une des principales raisons qui expliquent l'éternelle complainte des Canadiens de l'Ouest sur l'indifférence de Trudeau. Cependant, Westell fait remarquer que la tristement célèbre réponse a été extraite d'une réponse de 500 mots qui contenait des propos sur la théorie économique et l'analyse politique et des réflexions sur le

réactions presque instantanément, ainsi que le journalisme plus agressif des années 1960, avaient restreint le champ de l'expression politique et il finit par en tenir compte dans la plupart des cas[12].

⌐

Cinq questions tourmentèrent particulièrement Trudeau au cours de son premier mandat. Outre le dossier de la défense et de la politique étrangère décrit au chapitre 2, quatre autres dossiers revêtirent également une importance particulière : la réforme du Code criminel du Canada et des domaines connexes aux droits individuels, le processus constitutionnel, le bilinguisme et le multiculturalisme, et enfin l'économie canadienne. C'est aussi durant les trois premières années de son mandat que Trudeau entama une toute nouvelle phase de sa vie personnelle. L'un dans l'autre, ce fut pour le nouveau premier ministre une période particulièrement exigeante et pleine de rebondissements.

La réforme du Code criminel fut, bien sûr, la première question politique sur laquelle Trudeau se pencha, puisque, en décembre 1967, il avait déclaré que l'État n'avait pas sa place dans les chambres à coucher de la nation. Une fois devenu premier ministre, Trudeau délégua la responsabilité de mener à bien cette réforme à John Turner, son ancien adversaire dans la course à la direction du Parti libéral. Ce faisant, Trudeau fit un excellent choix, car le ministre de la Justice était un très bon communicateur et un juriste de premier plan. En outre, il était catholique, il avait noué des liens étroits avec nombre d'évêques et de personnalités laïques et sa jeunesse convenait parfaitement au caractère progressiste, très années 1960, des réformes entreprises. Par conséquent, en tant qu'avocat ayant d'étroites relations avec le milieu des affaires et l'Église catholique, Turner fut d'une grande utilité à Trudeau. Il fut d'autant plus efficace qu'il était

---

développement international. Cela aurait pu marcher si la tradition d'autosuffisance de l'Ouest sur le plan économique avait été évoquée, mais, comme l'écrit Westell, sa remarque « ne fut jamais vue dans cet éclairage, sans doute parce que la région recherchait un réconfort d'Ottawa [mais en n'y croyant] qu'à moitié en raison de la méfiance entretenue à l'endroit des gens de l'Est ». Avec, d'un côté, ses déclarations à l'emporte-pièce et, de l'autre, ses analyses théoriques fastidieuses, Trudeau avait souvent du mal à viser juste. *Trudeau le paradoxe* (Montréal : Éditions de l'Homme, 1972), p. 99-101.

jeune et qu'il avait le charme d'un Kennedy, un charme qui avait d'ailleurs paru nettement ensorceler la princesse Margaret lorsqu'ils avaient dansé ensemble un soir de mai 1959 lors d'une réception donnée à Victoria par le lieutenant-gouverneur de la Colombie-Britannique.

À l'époque, la réforme du Code criminel s'inscrivait dans le cadre plus large de la « révolution des droits » et le soutien que les Canadiens accordaient aux libertés individuelles constitua un élément important du mouvement qui allait transformer en profondeur les sociétés et les politiques occidentales. Le principal catalyseur de cette révolution fut la réaction du monde occidental aux horreurs du collectivisme et du racisme. À l'instar de l'ensemble de la société, Trudeau, qui, dans sa jeunesse, avait flirté avec les théories collectivistes et racistes – notamment avec l'antisémitisme et le nativisme canadien-français –, avait abandonné les idées corporatistes et étroites qui avaient été les siennes durant les années 1940 lorsqu'il avait étudié à Harvard, à Paris et à la London School of Economics. Ces idées s'évanouirent avec la fin de la Seconde Guerre mondiale et furent remplacées dans le monde occidental par le concept de droits individuels, qui s'imposa dans la foulée de l'adoption de la Déclaration universelle des droits de l'homme par les Nations Unies en décembre 1948. Étonnamment, le gouvernement canadien accueillit, dans un premier temps, cette transformation avec peu d'enthousiasme. Le premier ministre Louis Saint-Laurent hésita à empiéter sur un domaine qui, selon l'Acte de l'Amérique du Nord britannique, était de la compétence des provinces. Au cours des deux décennies précédentes, les droits individuels des Canadiens avaient été bafoués, notamment au Québec quand le gouvernement de Maurice Duplessis avait adopté, en 1937, la « loi du cadenas » pour lutter contre la « propagande communiste ». Le caractère général de cette loi permettait au gouvernement non seulement de saisir les textes « communistes », mais également d'ordonner la « fermeture à clé » des maisons ou lieux de réunion de groupes suspects. La loi fixait des limites aux libertés d'expression et d'association, et pourtant, en 1948, elle figurait toujours dans la législation[13].

Finalement, le gouvernement Saint-Laurent accepta la Déclaration universelle, car, après le fascisme et l'Holocauste, il aurait été impossible de ne pas céder et, dans les années 1950, les juges canadiens commencèrent à s'attaquer aux institutions du Canada qui avaient adopté des pratiques discriminatoires. Principales victimes d'un racisme abject, les Juifs remportèrent leurs premières victoires juridiques au cours de la même décennie, notamment en Ontario où les clubs privés, la fonction publique et le logement leur furent ouverts. La nomination en 1973 de Bora Laskin au poste de juge en chef de la Cour suprême fut emblématique de la « révolution » qui s'était produite après la guerre. En effet, dans les années 1930, le brillant Laskin n'était pas parvenu à trouver un poste à la hauteur de ses espérances, et ce, malgré son diplôme de la faculté de droit de l'Université Harvard. « Malheureusement, il est juif », écrivit Cecil Wright, l'éminent professeur de droit de Toronto, à son ami Sidney Smith, président de l'université du Manitoba, à la veille de la guerre. « Il se peut que cela compromette définitivement ses chances chez vous. Je l'ignore. Évidemment, la race à laquelle il appartient constitue un problème [...] à Toronto, [en dépit du fait que] Laskin ne soit pas un de ces Juifs exubérants. » Wright déclara qu'il aurait embauché Laskin s'il avait pu et qu'il espérait que Smith pourrait lui rendre ce service. Malheureusement, Smith ne le put pas. La tolérance avait encore de bien hautes limites[14].

Dans sa brillante étude sur la race et la loi au Canada, James Walker montre comment « le système judiciaire s'est attaqué aux lois ségrégationnistes américaines » et comment, en matière d'immigration, le mouvement international de décolonisation est entré en conflit avec les idéaux traditionnels du Canada. En 1954, l'année où la Cour suprême des États-Unis rendit une décision historique sur la ségrégation raciale, le *Star Weekly*, le quotidien le plus libéral du Canada et le journal libéral le plus lu du pays, écrivait encore, dans le cadre d'un débat sur la réforme de l'immigration, que la discrimination raciale « est une caractéristique établie (et même sensée, dira la majorité) de notre politique en matière d'immigration[15] ». En dépit de la forte pression internationale, symbolisée par la Déclaration universelle et le militantisme de la Cour suprême des États-Unis pour mettre fin à la ségrégation, le gouvernement libéral continua de se montrer peu enclin à prendre acte des décisions rendues par certains tribunaux canadiens. Ce n'est qu'avec la victoire électorale en 1957 du Parti progressiste-conservateur et de John Diefenbaker, avocat plaidant et illustre défenseur des libertés civiles, que le gouvernement fédéral abandonna son point de vue conservateur sur les droits individuels. Puis, en l'espace d'une décennie, la force des droits civils emporta la majeure partie des fondations à la base des privilèges de race[16].

Trudeau s'était opposé au gouvernement Duplessis à la fin des années 1940. Au Québec, lui et Jacques Hébert avaient pris la tête du mouvement en faveur des libertés civiles et l'avocat Trudeau avait représenté le journaliste Hébert durant les batailles acharnées que ce dernier avait menées au nom de ceux dont les droits étaient bafoués. Trudeau avait également écrit pour *Vrai*, le journal d'Hébert, des articles qui reprenaient les arguments que leur ami, l'avocat Frank Scott, avançait en faveur des droits individuels[17]. En 1967, alors qu'il était ministre de la Justice et se méfiait de plus en plus du caractère violent et intolérant de certains éléments de la pensée radicale, Trudeau avait écrit en préface de son recueil d'essais qu'il n'avait « jamais pu accepter de discipline, sauf celle que je m'imposais – à moi-même. Car, continue-t-il, dans l'art de vivre, comme d'aimer, comme de se gouverner [...], je ne pouvais admettre qu'un autre prétendît savoir mieux que moi-même ce qui était bon pour moi ». Pourtant, encore plus qu'il ne l'avait écrit dans *Vrai*, il reconnaissait à présent que la liberté avait ses limites : « Comment réconcilier l'individu et la société ? le désir d'être seul et le besoin de vivre en groupe ? l'amour de la liberté et la nécessité de l'ordre [...] ? » Pour Trudeau, ces questions vieilles comme le monde étaient des questions de philosophie politique auxquelles, en tant que politicien, il devait pourtant répondre concrètement[18].

Les limites imposées par l'État aux citoyens étaient, en grande partie, inscrites dans le Code criminel, mais elles reposaient sur le consensus social et sur les peurs de la société. Certes, la « révolution des droits » avait donné lieu à des moments d'apothéose, comme la Déclaration canadienne des droits adoptée en 1960 par le gouvernement Diefenbaker, imparfaite mais basée sur des principes clairs, le discours « I have a dream » de Martin Luther King livré en 1963 et la marche de la liberté à Selma (en Alabama) en 1965, et Trudeau avait accueilli avec joie ces moments tout en se demandant où se situerait le point d'équilibre. Au milieu des années 1960, il participa à la commission chargée d'étudier les « lois relatives aux crimes motivés par la haine » et de mesurer la liberté d'expression par rapport au besoin d'ordre et de respect des individus. C'est là qu'il eut l'occasion de travailler avec son futur collègue Mark

MacGuigan. S'il n'était pas aussi convaincu que ce professeur de droit de la nécessité d'adopter des lois sur les crimes motivés par la haine, il reste que Trudeau admit l'importance, dans une société libre composée de citoyens de diverses origines, de fixer des limites à la liberté d'expression dans certains cas, comme dans celui du négationnisme. Les deux hommes étaient des catholiques pratiquants libéraux qui considéraient l'Index et l'Inquisition comme des aberrations et qui, dans les années 1960, accueillirent favorablement la libéralisation de l'Église proposée par le concile Vatican II. Tous deux exprimèrent ouvertement leur accord avec John F. Kennedy, le premier candidat catholique à la présidence des États-Unis, qui déclara que ses opinions religieuses étaient d'ordre privé et qu'un président n'avait pas à imposer ses croyances à la nation. Tous ces événements, ces comportements et ces précédents juridiques constituèrent les balises qui encadrèrent la réponse du gouvernement Trudeau à la révolution des droits. Une règle de droit adaptée à la vie moderne servirait de pierre angulaire à la « société juste[19] ».

À une époque où le poète Philip Larkin déclara, avec son ironie caractéristique, que les rapports sexuels avaient été inventés entre l'affaire de *L'Amant de lady Chatterley* et le premier disque des Beatles, Trudeau semblait incarner les diverses révolutions de la décennie. Comme l'a écrit Richard Gwyn, « non seulement il représentait le libéralisme des Canadiens, mais il l'incarnait et l'exacerbait même ». Selon Gwyn, il semblait être « le chef libéral laïque par excellence ». Mais ce n'était pas le cas. Trudeau allait à la messe bien plus fréquemment que la plupart de ses collègues à Ottawa ou de ses voisins à Montréal, et il admirait son ami Gérard Pelletier pour son inébranlable foi catholique. En outre, sur le plan personnel, il désapprouvait l'avortement et accueillait favorablement les critiques de l'Église sur le divorce et même la contraception. Toutefois, il était en désaccord avec l'Église sur la question du droit de l'État à se mêler des comportements individuels. C'était peut-être un péché, soutenait-il, mais ce n'était pas un crime. Il fallait rendre les péchés à Dieu, et les crimes à César[20].

La réforme du Code criminel reflétait la manière dont Trudeau lui-même concevait la relation entre l'État et l'individu. N'eût été de Trudeau, les modifications auraient été moins profondes et donc moins sujettes à controverse. Elles devinrent l'élément central de la « société juste » que Trudeau, une fois devenu premier ministre, proposa aux Canadiens de créer. Le projet de loi C-195 de Trudeau, présenté pour la première fois en décembre 1967, comportait plus de cent articles concernant toute une panoplie d'activités, des rapports sexuels entre adultes consentants du même sexe aux jeux de hasard en passant par l'usage du fouet (aussi surprenant que cela puisse être, en vertu de la loi canadienne on pouvait encore punir par le fouet dans le cas de certains crimes*). Ce projet de loi omnibus causa bien des soucis à John Turner lorsque ce dernier en hérita en 1968, tant et si bien qu'il envisagea de le scinder en plusieurs projets de lois. Il alla même jusqu'à laisser entendre que les députés pourraient avoir la liberté de voter selon leur conscience sur les articles touchant à l'homosexualité ou à l'avortement. L'idée de laisser les députés voter selon leur conscience avait été émise durant la campagne électorale de 1968 par Robert Stanfield, le chef du Parti conservateur et, naturellement, cette idée plut à ceux qui étaient défavorables à ces changements controversés, car elle donnait la possibilité de faire pression sur les députés pour qu'ils s'opposent au projet du gouvernement. Trudeau et Turner se mesurèrent l'un à l'autre un certain temps sur cette idée, mais Trudeau prit vite le dessus, disant en fin compte à Turner que l'idée du vote libre était impossible. Toutefois, en raison du retard pris, la réforme du Code criminel fut retirée de la liste des priorités du gouvernement pour la première session d'automne de 1968. Aussi, quand, le 5 septembre, il informa le Cabinet au sujet du Discours du Trône, Trudeau déclara-t-il que les langues officielles, la réforme du Parlement et les réformes de la politique étrangère et de la défense auraient préséance. Et, faisant avant l'heure

---

* En vertu de la Constitution canadienne (article 91 de l'Acte de l'Amérique du Nord britannique de 1867), le droit pénal est de la compétence du gouvernement fédéral. Ce droit a été codifié en 1892 par sir John Thompson et modifié plusieurs fois depuis. Le code n'était pas exclusif, de sorte que les poursuites en vertu de la common law britannique étaient toujours possibles. La Loi modifiant le droit pénal, qui représente la révision de cette loi par Trudeau et Turner, entra en vigueur le 26 août 1969. À ce jour, l'ampleur de la révision reste inégalée puisqu'elle a porté sur la décriminalisation des actes homosexuels entre adultes consentants, le droit à la contraception et à l'avortement, la légalisation du jeu de hasard, le contrôle des armes à feu et l'administration de l'alcootest dans le cas des conducteurs dont la capacité de conduire était mise en doute. Le code contenait en outre bon nombre d'autres articles importants, mais seuls ceux touchant aux questions des « années 1960 » retinrent l'attention des médias et du public.

référence à la notion d'écologie, il déclara que le mot « pollution » reviendrait plusieurs fois dans le discours[21].

Pendant que Trudeau et le ministère de la Justice envisageaient de réformer le Code criminel, la commission internationale ordonnée par le pape Jean XXIII en était à ses délibérations finales. Ouvert à un grand nombre de participants, dont les couples mariés, la commission avait pour objectif d'adapter la doctrine catholique à la vie moderne. Toutefois, après avoir, au printemps de 1968, envoyé à Turner les objectifs de la commission, le pape Paul VI publia, le 25 juillet, l'encyclique *Humanae Vitae* dans laquelle il annonçait que la commission était divisée, que le pape possédait l'autorité suprême et que les doctrines traditionnelles sur les naissances et la famille devaient être maintenues. « Aux gouvernants, exhorte le pape dans son encyclique, nous disons : ne laissez pas se dégrader la moralité de vos peuples ; n'acceptez pas que s'introduisent, par voie légale, dans cette cellule fondamentale de la société qu'est la famille, des pratiques contraires à la loi naturelle et divine. »

Lorsque les évêques canadiens se réunirent en septembre, cette encyclique vint alimenter la polémique quant au rôle qu'ils devaient jouer sur la scène politique. Une intense campagne de lobbying s'amorça, visant tous les députés libéraux catholiques – et personne autant que John Turner. La réaction de ce dernier fut de mettre habilement à profit les liens étroits qu'il avait noués avec les chefs de l'Église catholique. Il argua avec eux en privé que la loi sur l'avortement ne faisait que « codifier » une situation de fait dans les domaines régis par la common law. La loi proposée, qui légalisait l'avortement lorsque, de l'avis de trois médecins, une femme était en danger de mort, visait à officialiser le fait que, au cours des quelque cinquante dernières années, les tribunaux fédéraux et ceux des diverses juridictions de common law n'avaient pas rendu un seul verdict de culpabilité à l'encontre d'une mère ou d'un médecin dans les cas d'avortement où la survie de la mère était en jeu. Turner et Trudeau se rendirent compte qu'au Québec, l'Église catholique était mieux disposée à l'égard de la nouvelle loi qu'au Canada anglais. Peut-être était-ce dû au fait que l'Église Unie, la plus grande confession protestante du Canada, s'était montrée très favorable aux réformes. Durant la première session parlementaire, la forte cohésion au sein des partis politiques sur la question de la réforme du Code criminel commença à s'affaiblir lorsque les adversaires de l'avortement entrèrent en conflit avec ceux qui considéraient les réformes comme insuffisamment radicales[22].

Subissant une forte pression, Turner réunit les dirigeants de la Conférence des évêques catholiques du Canada. Sous la direction de l'évêque Alex Carter, de North Bay, ces dirigeants rencontrèrent Turner au Cercle Universitaire, un ancien manoir d'Ottawa transformé en club privé. Turner reprit l'argument habituel selon lequel les changements n'étaient qu'une simple « codification » de ce qui était un état de fait dans la loi canadienne. L'évêque Carter mit alors fin à la réunion par ces mots : « Messieurs, je crois que John nous a convaincus. Trinquons. » La question ne fut toutefois pas complètement résolue. En effet, les craintes au sujet de la manière dont le pape réagirait à l'adoption du projet de loi omnibus influèrent sur la planification de la visite prochaine de Trudeau au Vatican en janvier 1969. En outre, Bernard Daly, secrétaire de longue date de la Conférence des évêques catholiques du Canada, n'est pas d'accord avec la version de Turner. Selon lui, l'arrangement auquel les parties étaient arrivées fut tout autre[23]. Néanmoins, quelle qu'ait été l'issue de la réunion, Turner repartit, décidé à faire passer la loi qui allait mettre les médecins en faveur de l'avortement à l'abri d'une condamnation à la réclusion criminelle à perpétuité.

En règle générale, les sondages montrèrent que, comme dans le cas du divorce, la population était favorable à une modification de la loi, quand celle-ci semblait absurde. Par exemple, comme l'adultère était le principal motif de divorce, les avocats payaient pour arranger les affaires de leurs clients féminins ou masculins et les tribunaux fermaient les yeux sur cette pratique douteuse. En revanche, l'opinion publique se montrait plutôt défavorable à la réforme des lois relatives à l'homosexualité. Au printemps 1969, durant les derniers jours du débat sur la réforme du Code criminel, le projet de légaliser la promiscuité sexuelle et autres actes « indécents » entre deux adultes consentants du même sexe suscita de vives discussions au Parlement. En vertu de la loi en vigueur, quiconque commettait un acte de « sodomie ou de bestialité » – même en privé – était passible d'une peine de quatorze ans de prison, et un acte de « grossière indécence », acte non défini par la loi, d'une peine maximale de cinq ans de prison. La réforme proposée aurait pour effet de décriminaliser ces actes[24].

Une firme de la circonscription de Trudeau réalisa un sondage montrant que les Canadiens étaient favorables aux réformes sur le divorce et l'avortement respectivement à 83 p. cent et à 73 p. cent. En revanche, les réformes concernant l'homosexualité étaient impopulaires, puisque dans 76 p. cent des cas les avis étaient défavorables, contre seulement 24 p. cent dans le cas des avis favorables De façon ironique, Trudeau pensait qu'il serait plus facile de faire passer cette réforme législative que les deux autres. En effet, au début des années 1950, il avait tenté d'aider un célèbre écrivain québécois qui avait perdu son emploi en raison de sa prétendue homosexualité et, de plus, beaucoup de ses amis étaient homosexuels, tout comme certains des membres de son gouvernement. En outre, il trouvait qu'interdire des actes à caractère privé était une violation manifeste des droits civils. À mesure que la date de l'adoption du projet de loi approchait, le débat parlementaire se mit de plus en plus au diapason de l'opinion publique représentée dans les sondages, et les réformes relatives à l'homosexualité retinrent toute l'attention. L'opposition devint virulente, à tel point que la Colline du Parlement croula sous des milliers de lettres et de pétitions, même si plusieurs ministres, dont Trudeau et Turner, tentèrent sans cesse de minimiser l'ampleur des réformes prévues. Un habitant de Jasper écrivit à Turner que « ce gouvernement [...] restera dans l'histoire comme celui qui a légalisé l'homosexualité dans ce pays. Selon moi, nombre d'homosexuels ne s'adonnaient pas à leur vice parce qu'il était illégal et que la loi les obligeait à réprimer leurs désirs. Maintenant, grâce à votre projet de loi, ils n'auront plus à se maîtriser ! ». Turner déclara avec feu qu'il restait convaincu du caractère « physiquement et moralement répugnant » des actes qu'il était question de permettre entre deux adultes consentants, mais que « de tels actes relevaient désormais de la vie privée ». Lors du débat final, Diefenbaker, qui aimait bien Turner, lui demanda pourquoi il soutenait cette cause et, comme souvent, il répondit lui-même à la question : « Je sais pourquoi il soutient cette cause. C'est parce qu'une personne le pousse l'épée dans les reins et cette personne n'est autre que le premier ministre. » Réal Caouette, le chef du Parti créditiste, est le politicien qui interpréta la nouvelle loi de la plus étrange manière : « À présent, les actes homosexuels sont acceptables, tant qu'il s'agit d'actes privés entre deux libéraux consentants[25]. »

Étonnamment, en dépit de leur virulence, les débats de la Chambre des communes intéressèrent peu l'opinion publique. En outre, durant les mois d'avril et de mai 1968, c'est sur la politique étrangère et sur le projet de loi sur les langues officielles que se concentrèrent les débats du Parlement et du Cabinet. Bien sûr, les réformes canadiennes étaient apportées par le vent de changement qui balayait l'ensemble des démocraties occidentales. Trudeau, mais surtout Turner, continuèrent à affirmer que ces réformes législatives ne remettaient pas fondamentalement en question les valeurs religieuses et morales traditionnelles. Aux yeux de certains historiens, les arguments des deux hommes se sont révélés convaincants. Andrew Thompson, par exemple, a intitulé son analyse des réformes du Code criminel « Difficile de sortir des chambres à coucher du pays ». Il fait référence à un document publié par le député NPD Ed Broadbent pour dénoncer les réformes de Trudeau et dans lequel, avec dérision, il qualifiait le premier ministre de « Mackenzie King olé olé qui cherchait à ce qu'une génération dans le vent accepte un programme conservateur la conscience tranquille ». Pourtant, les passions soulevées tant chez les partisans des réformes que chez les opposants, ainsi que les résultats à long terme de ces réformes, laissent croire que celles-ci représentaient un véritable bouleversement de la manière de concevoir la vie privée et le rôle de surveillance de l'État*. Le débat et la loi furent à l'origine d'une véritable prise de conscience de l'opinion

---

* Lorsque des changements similaires se produisirent en Grande-Bretagne, ceux qui étaient le plus concernés reconnurent qu'il s'agissait d'un véritable bouleversement. Dans son journal, le photographe mondain britannique Cecil Beaton, qui était bisexuel, écrivit le 26 décembre 1966 : « Cette semaine a été la plus importante de l'histoire du droit anglais et pourtant, c'est à peine si mes amis, même les plus directement concernés, ont relevé le fait que finalement les recommandations du rapport Wolfenden concernant l'homosexualité ont été acceptées […] alors que c'est la chose la plus importante depuis l'armistice. En effet, peu de personnes semblent se rappeler la terreur qu'elles éprouvaient à l'idée que leurs penchants naturels les mettaient hors la loi. » Beaton regrettait que ces changements (qui eurent lieu pratiquement en même temps que les réformes canadiennes) ne se soient pas produits plus tôt : « Ce n'est pas que j'aurais voulu profiter d'une plus grande liberté sexuelle, mais le fait de ne plus me culpabiliser ni de me sentir exclu m'aurait grandement aidé lorsque j'étais jeune. » Au printemps de 1969, un grand nombre de Canadiens devaient partager ce sentiment. Cecil Beaton, *Beaton in the Sixties : The Cecil Beaton Diaries As They Were Written*, Hugo Vickers, éd., (Londres : Phoenix, 2004), p. 168-169.

publique au sujet des droits individuels. Cette prise de conscience fut rapide et les guerres culturelles des décennies suivantes furent menées sur le même terrain[26].

La modification de la loi ne fut donc pas seulement le reflet du changement qui s'était opéré dans l'opinion publique. Elle s'inscrivait dans le droit fil de la « société juste » et coïncidait avec la manière dont Trudeau lui-même concevait les droits individuels et l'intérêt public. Il savait toutefois par expérience personnelle combien les mentalités changent lentement. En effet, lorsque, pour la première fois, Trudeau avait été pressenti pour diriger le Parti libéral, le très tolérant Lester Pearson lui avait demandé en privé de lui confirmer qu'il n'était pas homosexuel. Durant la campagne électorale de 1968, les analystes du Québec rural avaient glosé sur son orientation sexuelle et les journaux de droite, ouvertement affirmé qu'il était homosexuel. À Ottawa, les on-dit étaient même allés jusqu'à prétendre que Trudeau avait une relation homosexuelle avec son adjoint et ami Michael Pitfield, qui était célibataire. Dans son manifeste, le FLQ avait également, au grand dam de Trudeau, laissé entendre aux millions de téléspectateurs des deux langues qu'il était une « tapette ». La rumeur dépassa même les frontières du Canada, entraînant certaines répercussions. D'après Henry Kissinger, par exemple, Nixon n'avait jamais pu souffrir Trudeau parce qu'il était, selon lui, « un pédé », alors que « nous avons toutes les preuves du contraire », ajouta-t-il en riant aux éclats.

⌒

Lorsque le célibataire endurci approcha de la cinquantaine, il se mit à collectionner les aventures amoureuses avec l'énergie d'un adolescent des années 1960. Kissinger avait bien raison de dire que le pouvoir est « le plus puissant des aphrodisiaques[27] ». Si certains de ses centres d'intérêt différaient de ceux de la plupart des jeunes gens (musique classique, philosophie et théorie politique), Trudeau avait une allure jeune, il aimait la nature sauvage, il était svelte, spirituel et, bien entendu, il avait le pouvoir. Il ne faut pas se surprendre que la presse s'intéressât grandement à sa vie privée, notamment lorsqu'il se trouvait à l'étranger. Quant à Trudeau, il prenait d'ordinaire plaisir à être au centre de l'attention.

Lorsque, à Hawaï, une jolie journaliste lui demanda quel effet cela faisait d'être le « plus beau parti au monde », il répondit qu'il n'en profitait guère.

« Par exemple, dit-il en réfléchissant, si je vous invitais à dîner ce soir... »

« Je refuserais, l'interrompit-elle, car je suis mariée. »

« Parce que vous êtes mariée..., fit-il. Eh bien, dans ce cas, il ne faut pas cacher votre alliance sous votre bloc-notes[28]. »

Vers la fin des années 1960, il se mit à parler ouvertement d'abandonner le célibat. La décision de se lancer dans la course à la direction du parti l'incita-t-elle à prendre cette décision ? Chose certaine, l'idée de fonder une famille lui trottait dans la tête lorsqu'il s'était lancé dans la course et il alla même jusqu'à envisager l'idée de se désister. Après qu'il fut devenu premier ministre, des journalistes interrogèrent Trudeau, à l'aéroport d'Ottawa, sur les rumeurs voulant qu'il se soit marié durant son voyage dans le Nord en juillet 1968. Il coupa court aux rumeurs en affirmant que ce n'était pas vrai et, contre toute attente, il répondit qu'il pensait constamment au mariage. Fin 1968, il déclara à un journaliste de la CBC : « Je suis très déçu de voir cette année bissextile se terminer sans avoir réellement eu l'occasion de m'engager comme je l'aurais voulu. Mais bon, je ferai ce qu'il faut cette année[29] ! ». Et c'est ce qu'il fit.

Après qu'il eut fait la connaissance de Margaret Sinclair au congrès d'investiture, Trudeau pensait beaucoup à elle et on les voyait souvent ensemble. À Noël 1969, Trudeau et Margaret « [se sont] avoués mutuellement [qu'ils étaient] amoureux l'un de l'autre ». Bien sûr, ils hésitèrent : il était trop vieux, et elle, trop jeune et trop différente. Ils se virent secrètement à l'automne 1969 et passèrent des week-ends au lac Mousseau, où ils défaisaient les lits des autres chambres pour faire croire au personnel qu'ils n'avaient pas été seuls. En 1970, ils n'apparurent en public qu'en deux occasions : à la Galerie nationale, où Margaret prit part à un bal costumé déguisée en Juliette « hippie », et chez Wendy et Tim Porteous, à l'occasion d'une réception. À la Galerie, les conversations s'étaient arrêtées net lorsqu'ils s'étaient approchés, si bien que, surprise par cet accueil glacial, Margaret avait sangloté longtemps après leur départ. Chez les Porteous, tout le monde avait parlé français alors qu'elle ne comprenait pas un mot de cette langue. Au cours de l'hiver de 1970, ils se séparèrent pendant une courte période, durant laquelle Margaret commença à sortir avec un étudiant en théologie, et Trudeau, avec Barbra Streisand. Puis, à Pâques, peu de temps après que Barbra et Pierre eurent rompu, ce dernier alla passer des vacances de ski à Whistler en compagnie de Jean Marchand. C'est dans cette station de ski que Margaret revit Trudeau. Leur histoire d'amour reprit de plus belle, si bien que, à l'automne, Margaret décida de s'inscrire en psychologie à l'Université d'Ottawa. Comme elle était de plus en plus amoureuse de Pierre, ce dernier commença, rien d'étonnant, à hésiter et à la trouver « trop jeune et trop romanesque ». Ils rompirent une fois de plus et Margaret repartit en Colombie-Britannique. Puis, au début de l'été de 1970, alors que Trudeau se trouvait en visite à Vancouver, il l'appela et l'invita à faire de la plongée dans les Caraïbes. « Pourquoi ? avait-elle répondu, furieuse. Pour souffrir à nouveau ? Je ne peux pas continuer à jouer ce genre de vie. » Il la supplia de se montrer patiente, la priant de revenir avec lui à Ottawa[30].

Par la suite, ils passèrent un week-end au lac Mousseau et c'est là que, près des eaux miroitantes du lac, par un bel après-midi d'été, Trudeau, transporté, parla de mariage. Ce n'était pas une demande en mariage, déclarera-t-il plus tard, mais Margaret, elle, le pensa. Pierre jouait un jeu dangereux à cette époque, comme l'un des amis intimes de Trudeau devait le constater. Margaret sauta au cou de Trudeau : « Quand ? Demain ? » « Hé, doucement », répondit Trudeau, un peu décontenancé. Mais Margaret plongea dans le lac et se mit à nager « frénétiquement en rond comme un dauphin ». Lorsqu'elle finit par sortir de l'eau, Pierre lui donna ses conditions : il lui faudrait être « une bonne épouse fidèle, [qu'elle laisse] tomber la drogue et [qu'elle cesse] d'être aussi inconstante ». Il la mit en garde : il approchait de la cinquantaine et il était « très solitaire par nature ». Trudeau était troublé. Était-il allé trop loin ? Comme Margaret l'écrivit plus tard : « Je n'ai jamais vu Pierre avoir autant de difficulté à garder la pleine maîtrise de lui-même que durant cette période. » Tout en devenant « le prétendant le plus amoureux et le plus attentif », il savait, pour employer les mots de Margaret, « qu'il lui fallait me convaincre que tout allait marcher ». Il faut dire que, avec la guerre linguistique qui faisait rage à Montréal, les perpétuels conflits de travail et les manifestations des Amérindiens dans tout le pays, l'année avait été difficile sur le plan politique.

Au mois d'août, Trudeau décida de prendre des vacances dans les Caraïbes en compagnie de Margaret, de Joe MacInnis, l'éminent océanographe, et de sa femme Debby. Il prit ensuite des vacances seul chez l'Aga Khan en Sardaigne et sur un yacht en Méditerranée. Il décida aussi de s'entretenir avec Carroll Guérin, son amie de longue date[31].

Au cours des années précédentes, Carroll avait passé une bonne partie de son temps en Europe, notamment en Angleterre. Elle avait aussi poursuivi une quête spirituelle, séjournant entre autres dans un monastère pendant un certain temps*. Par conséquent, elle n'avait vu Trudeau que par intermittence depuis qu'il était entré en politique, bien que, sur le plan affectif, son engagement fût resté le même, et qu'elle ne fréquentât personne d'autre jusqu'à la fin des années 1960. D'une beauté saisissante, catholique, libérale, parlant couramment trois langues, indépendante de fortune, grande connaisseur d'arts, Carroll n'était pas intimidée par Trudeau et il y avait entre eux une relation pleine de respect et d'enjouement. Au fil des ans, Trudeau avait soulevé la question du mariage, au point de dire d'entrée de jeu avant une conversation : « Ne t'en fais pas, je ne te demanderai pas en mariage aujourd'hui. » Il lui disait maintenant envisager sérieusement de se marier (avec Margaret Sinclair), et voulait, se reportant à leurs discussions passées, soulever cette question une dernière fois. Mais Carroll écarta vite cette possibilité. « Non », répondit-elle. Elle ne croyait pas que Trudeau pourrait partager la vie spirituelle à laquelle elle se consacrait et, lui dit-elle, comme ils « ne pouvaient se rencontrer à ce niveau d'union né de la Grâce », le mariage n'était pas une bonne idée. Elle savait aussi qu'il voulait des enfants et, sur ce plan, il était possible que sa santé le lui permette difficilement. Elle a en sa possession une lettre

---

* Dans le premier tome de la présente biographie, je me suis appuyé sur la correspondance entre Mme Guérin et Trudeau, donnant à tort l'impression que Mme Guérin avait contracté un emprunt auprès de ce dernier, qu'elle souffrait d'une maladie grave qui la confinait à un fauteuil roulant, qu'elle n'était pas, de ce fait, « pleinement femme », et que Trudeau l'avait « déçue » lorsqu'il avait manqué le rendez-vous qu'ils s'étaient fixé à une certaine occasion en 1967. J'ai eu l'occasion depuis de discuter plusieurs fois de ces questions avec Mme Guérin, pour apprendre qu'elle n'a jamais eu à emprunter d'argent, que le fauteuil roulant n'avait été utilisé qu'une seule fois dans un aéroport où elle avait rencontré Trudeau, et que le rendez-vous manqué n'avait été qu'un malentendu, et non pas l'expression d'une colère au moment d'une séparation.

que Trudeau lui écrivit par la suite, dans laquelle il la remercie de sa délicatesse et d'avoir pris sa demande en considération[32].

Trudeau s'envola ensuite pour Nassau en compagnie de Margaret et des MacInnis ainsi que d'autres amis, pour s'installer au Small Hope Bay Lodge sur la petite île d'Andros dans les Bahamas. Les adjoints de Trudeau crurent bon d'avertir l'océanographe que, pour le premier ministre, la plongée sous-marine était « un passe-temps, pas une passion ». Ces adjoints, semble-t-il, ne comprenaient rien de la nature profonde de leur patron. Trudeau ne fut jamais un homme de « passe-temps », y compris lorsqu'il s'agissait d'explorer le fond des océans, une passion de toujours, avec MacInnis. Celui-ci aura l'occasion de l'emmener en plongée à des profondeurs remarquables, plus de 75 mètres dans un cas. Il dira plus tard que Trudeau était toujours « curieux du monde naturel et de sa place au sein de celui-ci ». Mais pour l'heure il y avait d'autres passions à assouvir. Margaret et Pierre « [sont] restés dans une vieille cabane abandonnée sur la plage et [faisaient] de la plongée toute la journée. [Ils passaient] la soirée à marcher sur la grève », tandis que Pierre lui posait toutes sortes de questions sur le passé de Margaret. Il se justifiait en disant qu'il lui fallait tout savoir pour éviter le chantage. Il répétait sans cesse : « Je sais que tu vas me quitter un jour. » Jamais elle ne le laisserait, affirmait-elle, mais ils convinrent de mettre leur amour à l'épreuve en se séparant : Margaret retournerait à Vancouver plutôt qu'à Ottawa. Ils se marieraient lorsqu'ils se sentiraient prêts et, en attendant, ils ne diraient rien à personne de leurs intentions. Margaret, toutefois, en parla à sa mère qui, dans un premier temps, s'opposa à l'union, pour ensuite finalement se mettre avec sa fille à la planification des noces. Jimmy Sinclair, son père, ne fut informé de leur relation que beaucoup plus tard, tout comme les amis de Margaret, dont la plupart ne furent mis au courant qu'en lisant le faire-part.

Margaret commença à suivre des cours de catéchisme en vue de se convertir à la religion catholique et, après quelques discussions, elle accepta d'arrêter la marijuana. Elle se mit également à suivre des cours de français à l'Alliance française de Vancouver. Margaret voyait le père Schwinkles, le prêtre qui la guidait dans sa conversion, comme un homme timide doué de peu d'imagination. Il lui remit un manuel intitulé *Ce que signifie devenir un bon catholique*, dans lequel étaient soulignés en noir les éléments importants à retenir. Lorsque, après avoir lu dans le livre que seuls les catholiques allaient au paradis, Margaret se montra préoccupée par le sort de ses amis protestants, le père Schwinkles la rassura en lui disant que « pour aller au ciel, le catholicisme, c'est l'avion à réaction ». Les protestants, semblait-il, étaient condamnés à voyager en avion turbopropulsé. Mécontent de cet enseignement, Pierre, qui téléphonait à Margaret tous les soirs, lui donna une liste de livres plus studieux, comme *Apologia Pro Vita Sua (Défense de sa propre vie)* de Newman et les *Confessions* de Saint Augustin, dont la lecture lui permettrait de parfaire son apprentissage. Il s'agit d'une pratique que Trudeau poursuivit après leur mariage, car il voulait que Margaret connaisse les fondements intellectuels de sa nouvelle religion[33].

C'est en novembre 1970 que Trudeau semble avoir pris rendez-vous avec Streisand à New York, mais si la rencontre eut lieu, ni la presse, ni même Margaret apparemment, n'en eurent vent. Elle se souvient néanmoins d'avoir vu dans le tiroir du bureau de Trudeau une pile de photos de femmes avec celle de Streisand sur le dessus. « Tu nous notes ? » lui demanda-t-elle. « Qui sait ? » lui répondit-il, moqueur. Chose certaine : à Noël 1970, Streisand avait déjà une liaison amoureuse avec l'acteur Ryan O'Neal, alors au sommet de sa gloire grâce au drame sentimental *Love Story*. Margaret, nous le savons, était avec Trudeau la nuit où Pierre Laporte fut tué (à l'Action de grâce) et cet événement les avait rapprochés. Les mesures de sécurité arrivèrent comme un choc, et nos amants, habitués à se cacher, mais pas à subir une sécurité rapprochée, décidèrent de prendre la clé des champs et de faire une randonnée dans les bois entourant la résidence du lac Mousseau, pour profiter d'un peu d'intimité. Il pleuvait, et ils se perdirent, et les forces de sécurité paniquèrent. Quand ils finirent par retrouver leur chemin, ils entendirent des coups de feu. Là, au milieu du lac, se trouvait un policier « complètement chauve » qui tenait dans une main un parapluie, et dans l'autre, un fusil avec lequel il tirait en l'air pour les guider jusqu'à la maison. Plus tard, Margaret écrivit que la sécurité l'avait beaucoup dérangée, mais qu'elle avait refusé d'écouter ses doutes sur son mariage avec le premier ministre. Elle rêvait de transformer « son existence froide et solitaire en une vie heureuse et chaude ». À la fin de cet automne-là, elle était convaincue d'avoir fait le bon choix[34].

En novembre, Margaret retourna à Vancouver pour confectionner sa robe de mariée, une robe inspirée d'un sari que Jawaharlal Nehru, le premier ministre indien, avait donné à sa mère en 1954. Elle se décida alors à annoncer à son père son mariage avec Pierre dans l'année suivante, ce qui remplit de joie l'ancien ministre libéral. Avant Noël, celui-ci écrivit à Trudeau : « Ce week-end, Margaret m'a annoncé la bonne nouvelle. Soyez le bienvenu dans notre famille. J'espère sincèrement que vous serez tous les deux aussi heureux que Kathleen et moi le sommes depuis notre mariage il y a trente ans. Cordiales salutations, James Sinclair. » Malicieusement, Margaret affirme dans ses mémoires que son mariage permit à son père de réaliser son propre rêve d'entrer au 24, promenade Sussex. Quoi qu'il en soit, les deux politiciens libéraux devinrent rapidement amis et, par la suite, Sinclair apporta son soutien à Pierre, contrairement à Margaret.

Sachant que le couple était maintenant bien décidé à se marier, les parents de Margaret acceptèrent de laisser leur fille passer Noël avec Pierre, car celui-ci voulait la présenter à sa famille, ce qui, on le comprend, effrayait la jeune femme. En vitesse, ils choisirent certains cadeaux parmi ceux que Trudeau avait reçus à titre de premier ministre et se rendirent à Montréal. Charles et Suzette, le frère et la sœur de Pierre, se montrèrent charmants et, selon Margaret, sentirent immédiatement que leur liaison était sérieuse, car c'était la première fois que Trudeau invitait une de ses petites amies à Noël. Souffrant à un stade avancé de la maladie de Parkinson, Grace, la mère de Pierre, put seulement saisir la main de Margaret et regarder sans rien dire sa future belle-fille assise sur le bord de son lit. Aux yeux de Margaret, la maison Trudeau était tout entière tournée vers le passé : « Rien n'avait changé depuis que Pierre, petit garçon, s'était enfui en courant terrifié par le tableau surréaliste d'un squelette tenant un crâne ». La pièce où les invités étaient reçus était sombre et oppressante, « pleine de brun foncé et de dentelle, [...] et [de] chaises capitonnées ». Pierre et Margaret échappèrent aux fantômes et s'abandonnèrent aux réjouissances de Noël d'une famille dont les membres étaient dévoués les uns aux autres[35]. C'est durant ces jours heureux qu'ils fixèrent la date du mariage au 4 mars 1971.

À Vancouver, chez les Sinclair, on s'affairait à la confection de la robe de mariée et à la préparation du gâteau de noces. Petit à petit, tous les membres de la famille de Margaret avaient appris la nouvelle. Pierre appelait Margaret tous les soirs pour lui demander, inquiet, si elle était toujours bien certaine de vouloir l'épouser. Mais les doutes de Margaret s'étaient dissipés. Néanmoins, elle avait toujours quelques amis hippies et elle l'échappa belle lorsque, quelques semaines avant le mariage, elle se rendit aux États-Unis avec trois d'entre eux. Ils se firent arrêter à la frontière lorsque les douaniers, leur ordonnant de sortir de la voiture, saisirent une boîte en provenance de l'Inde contenant des cendres, qu'ils prirent pour de la drogue de contrebande. Une policière soumit Margaret à une fouille intégrale devant le portrait de Richard Nixon qui la « lorgnait ». Heureusement, l'incident passa inaperçu. À Ottawa, les amis de Trudeau le trouvèrent tendu et frustré, notamment à la Chambre de communes lors de la tristement célèbre affaire du « *fuddle duddle* » du mois de février. Une semaine avant le mariage, Margaret se rendit chez le père Schwinkles pour lui dire qu'elle était prête à se convertir, et elle lui avoua quelques péchés, notamment le fait qu'elle lui avait menti au sujet de l'identité de son fiancé, qui s'appelait en réalité Pierre Trudeau et non pas Pierre Mercier. Abasourdi par cette révélation, le prêtre lui ordonna de se mettre à genoux et de réciter immédiatement le Notre Père et trois Je vous salue Marie.

À mesure que le jour du mariage approchait, Pierre devint de plus en plus « nerveux ». D'après Margaret, il se rendit « la vie encore plus difficile en ne se confiant à personne et en se murant dans le silence ». À la mi-février, il s'arrangea pour rencontrer Madeleine Gobeil et lui dire qu'il était amoureux de Margaret et qu'ils avaient une liaison sérieuse. Madeleine avait été sa proche compagne lors de ses sorties en public, et la plupart des amis de Trudeau pensaient qu'elle était celle qu'il allait un jour épouser, s'il décidait de se marier. Il avait déjà dit à Carroll Guérin qu'il avait l'intention d'épouser une fille bien plus jeune avec qui il sortait, et parlé de l'importance que revêtait la famille à ses yeux. Autrement, Trudeau garda la nouvelle pour lui et ne révéla rien à personne, pas même à ses plus proches collaborateurs. Le 3 mars, il fit un discours au sujet du rapport de la Commission royale d'enquête sur le statut de la femme. « La société, déclara-t-il, ne peut arriver à maturité sans la totale participation des femmes[36]. » Ce discours ainsi que diverses autres tâches retinrent Trudeau à Ottawa jusqu'au dernier moment, ce qui n'était pas sans risque étant donné le temps qu'il fait début mars dans cette région. Ce fut donc sans surprise qu'une tempête de neige entraîna la fermeture de l'aéroport d'Ottawa dans la matinée du 4 mars ; toutefois, Trudeau se dépêcha de profiter d'une brève éclaircie pour s'envoler vers Vancouver. Marc Lalonde monta avec lui dans la limousine qui conduisit Trudeau à l'aéroport et ils travaillèrent durant tout le trajet. À l'aéroport, Lalonde demanda à Trudeau ce qu'il allait faire pendant le week-end. « Je me marie », lui répondit-il sans hésiter, avant de courir vers l'avion[37]*.

Le jour du mariage, il faisait un temps frais et dégagé à Vancouver, mais chez les Sinclair, l'ambiance était survoltée. Le plan visant à garder secrète la cérémonie était à l'eau. Le coiffeur de Margaret avait attrapé la grippe et la personne qui l'avait remplacé lui avait donné « l'air d'un caniche ». Le gâteau que Margaret et sa mère avaient préparé avec tant de soins n'avait pas été glacé avec simplicité, comme Margaret l'avait demandé, mais décoré avec des figurines représentant les mariés, entourées d'abeilles et de colombes. Margaret arracha tous ces éléments, sachant combien ils contrarieraient Pierre. Suzette, la sœur de Trudeau, qui n'avait pas expliqué à son mari la raison de leur voyage à Vancouver, le mit au courant au moment où ils enlisèrent leur voiture dans un banc de neige, ratant du coup leur avion. Enfin, Pierre arriva avec une demi-heure de retard à l'église. Ornée de guirlandes de fleurs printanières et d'épis de blé, la petite église était baignée dans une douce lumière de fin d'après-midi. Le père Schwinkles avait accepté de célébrer le mariage,

---

* Bon nombre d'articles font état de la surprise de Mme Gobeil à l'annonce du mariage, et que Trudeau a laissé le soin à Gérard Pelletier, leur ami commun, de lui en faire part. Christina Newman, que Mme Gobeil connaissait bien, a laissé entendre qu'un journaliste du *Toronto Star* avait réveillé cette dernière pour lui annoncer la nouvelle-choc, et que Pelletier avait remplacé Trudeau pour s'occuper d'elle. Pelletier, alors secrétaire d'État, a effectivement aidé Mme Gobeil à obtenir un poste à Paris auprès de l'UNESCO, une agence culturelle, où elle s'est rendue pour entreprendre une carrière exceptionnelle. Trudeau avait parlé à Madeleine Gobeil en février du caractère sérieux de sa relation avec Margaret Sinclair, mais à cette occasion il ne mentionna aucun projet de mariage. Les divergences entre les articles résultent de ce malentendu. Beaucoup parmi les amis de Trudeau et de Madeleine Gobeil sont d'avis que Trudeau n'a pas traité cette affaire de manière correcte. Le Fonds Trudeau montre qu'ils sont redevenus bons amis dans les années 1980. Voir aussi Christina Newman, *Les Rouges* (Montréal : Éditions de l'Homme, 1983), p. À VENIR ; Entrevue avec Madeleine Gobeil, mai 2006 ; entrevues confidentielles.

quoique avec une certaine réticence au dire de Margaret. Charles, le frère de Pierre, était le garçon d'honneur et Lin Sinclair, la demoiselle d'honneur. Mené en bateau jusqu'à la dernière minute, Gordon Gibson, l'adjoint de Trudeau, se laissa convaincre de jouer le quatorzième membre de la cérémonie nuptiale.

Margaret était ravissante dans sa robe blanche à capuche d'une élégance sobre et la cérémonie se déroula sans la moindre anicroche.

Une fois de plus, Trudeau étonna les Canadiens par cette décision inattendue, et les badauds et les journalistes ne se montrèrent que lorsque les invités retournèrent à la maison des Sinclair passé 21 h 30. Les nouveaux mariés restèrent longtemps à la réception, puis ils se changèrent pour entreprendre leur voyage de noces. Un peu perdu, le père de Margaret suggéra à Pierre de s'habiller dans une pièce séparée, suggestion qu'il refusa. Tard dans la nuit, Margaret et Pierre se rendirent en voiture de police au chalet des Sinclair[38].

Le lendemain matin, à 6 h 30, le téléphone sonna. Inquiet, Trudeau sauta du lit nuptial pour aller répondre. C'était Richard Nixon qui, pensant que les nouveaux mariés étaient à Ottawa, appelait pour présenter ses félicitations en son nom, en celui de Pat et au nom de tous les Américains. Toutes sortes de félicitations inattendues furent publiées dans les journaux canadiens. Ainsi, faisant preuve de chauvinisme, le *Vancouver Sun* félicita Trudeau d'avoir fait un bon choix en épousant une Britanno-colombienne, tandis que *Le Devoir* se lança dans une analyse fantaisiste sur le fait que les provinces avaient toutes essayé de placer leur candidate. Les splendides photos du mariage qui firent la une des journaux du 5 mars furent suivies par des articles vantant avec fébrilité le côté athlétique de Margaret et racontant que l'heureux couple avait passé quatre heures à skier. Ce fut toutefois John Diefenbaker qui défraya le plus la chronique : le premier ministre, déclara-t-il d'une voix de stentor, avait eu le choix entre deux possibilités au sujet de Margaret : l'épouser ou l'adopter. Trudeau, qui, malgré les mots durs qu'ils avaient parfois l'un pour l'autre, aimait bien Diefenbaker et prit la remarque avec humour[39].

CHAPITRE 5

L'échec de Victoria

Le mariage de Trudeau et de Margaret vint illuminer, tel un rayon de soleil, l'hiver politique blafard de 1971. En effet, la manière dont le gouvernement gérait le dossier économique et, avec un certain retard, le recours à la Loi sur les mesures de guerre, suscitait de plus en plus de critiques. Le principal élément prévu à l'ordre du jour à la session du printemps était la Constitution, sujet qui avait propulsé Trudeau à l'avant-scène politique au début de sa carrière politique à Ottawa, mais qui avait suscité de moins en moins l'attention depuis la légendaire confrontation, en février 1968, entre Trudeau et Daniel Johnson, premier ministre du Québec. Le décès prématuré de Johnson, la faiblesse de son successeur, Jean-Jacques Bertrand, ainsi que d'autres demandes pressantes sur le plan politique avaient depuis ralenti l'avancement du dossier constitutionnel. Qui plus est, Ottawa avait choisi de se concentrer plutôt sur la Loi sur les langues officielles, qui traitait de la place des francophones au sein de la Confédération et, de manière plus générale, des droits des minorités linguistiques*. Tout comme la Loi sur le divorce,

---

* Cette loi historique garantissait un traitement égal du français et de l'anglais au sein de l'appareil gouvernemental fédéral. En particulier, elle garantissait aux francophones le droit de se faire servir en français dans n'importe quelle institution fédérale au pays, pourvu que leur nombre à l'intérieur d'un district donné soit supérieur à 10 p. cent de la population. La même garantie s'appliquait aux Canadiens anglophones du Québec. Les leaders de l'opposition donnèrent leur appui à la législation, quoique le chef progressiste-conservateur, Robert Stanfield, ait dû faire face à la rébellion de certains des membres du parti qui accusaient la Loi de « faire avaler de force la langue française » aux anglophones. La Loi connut une

il s'agissait d'une loi fédérale qui eut des répercussions considérables dans les champs de compétence provinciale.

Au moment de son entrée dans la vie publique en 1965, Trudeau ne voyait aucun avantage à « rouvrir » la Constitution, avec son lot de vieux et traditionnels problèmes de division des pouvoirs entre les gouvernements fédéral et provinciaux. Cependant, la conférence Confederation of Tomorrow tenue en 1967 à Toronto, la puissante force nationaliste au Québec, qu'exprimait la position d'« égalité ou indépendance » de Johnson, l'expansion de l'État providence (qui entraîna le gouvernement fédéral à s'immiscer dans les champs de compétence traditionnellement provinciale), ainsi que les rapides mouvements de l'opinion publique quant à savoir ce que le gouvernement devait interdire dans le comportement d'un individu, tout cela signifiait que, pour les fonctionnaires fédéraux et provinciaux et un nombre de plus en plus grand d'intellectuels, la Constitution était un dossier bien actif à la fin des années 1960. Avec le recul, la plupart des analystes politiques actuels s'entendent pour dire que la réforme constitutionnelle de Trudeau a fondamentalement transformé le Canada.

La conférence Confederation of Tomorrow représenta l'amorce d'une nouvelle ère de consultations politiques qui permit aux responsables

immense popularité au Québec, mais les initiatives entreprises par les gouvernements québécois successifs visant à faire du français la langue officielle de la province et à restreindre l'affichage public et l'accès à l'éducation en anglais provoquèrent des réactions chez les Canadiens anglais.

La Loi sur les langues officielles apporta des changements profonds au sein du gouvernement fédéral ; aujourd'hui, les employés de la haute fonction publique doivent pouvoir s'exprimer dans les deux langues, et le pourcentage des fonctionnaires francophones correspond en gros à celui des francophones dans la population. Par contraste, dans les années 1950, les francophones constituaient moins de 10 p. cent des employés de la fonction publique canadienne, et la langue de travail, sauf quelques rares exceptions, était l'anglais. La Commission royale d'enquête sur le bilinguisme et le biculturalisme joua un rôle important pour favoriser l'appui à la Loi au sein de la population, même si Trudeau lui-même avait des doutes sur les travaux menés par la commission. Il y mit d'ailleurs un terme lorsqu'on commença à y traiter de « questions constitutionnelles ». Dans une analyse judicieuse, Jack Granatstein affirme que les « contributions détaillées ne furent pas très intéressantes, mais que la commission eut le mérite d'aider les Canadiens anglais à comprendre la nécessité d'un changement. Ce fut là une réussite majeure, tout impossible qu'elle soit à mesurer ». J. L. Granatstein, *Canada 1957–1967 : The Years of Uncertainty and Innovation* (Toronto : McClelland and Stewart, 1986), p. 255.

fédéraux et provinciaux de se réunir sur une base régulière, et à leurs dirigeants politiques de se rencontrer beaucoup plus souvent que jamais auparavant. Mackenzie King avait détesté ce genre de rencontres entre le gouvernement fédéral et les premiers ministres des provinces, et les organisait le moins souvent possible, mais Trudeau s'était longuement penché sur les questions constitutionnelles, et son point de vue sur le fédéralisme lui avait fait gagner d'autres appuis lors de sa candidature. Il aimait participer aux discussions sur l'équilibre des pouvoirs entre les provinces et Ottawa, un sujet qui s'était retrouvé au centre des consultations fédérales-provinciales de plus en plus fréquentes au cours des années 1960. En outre, à l'époque où il était ministre de la Justice, il avait publié à titre d'auteur un énoncé gouvernemental intitulé *Charte canadienne des droits de l'homme* et, sous le nom du premier ministre Pearson, *Le fédéralisme et l'avenir*. Sa campagne dans la course à la direction fut beaucoup plus suivie après sa confrontation avec le premier ministre du Québec, Daniel Johnson, à l'occasion d'une conférence fédérale-provinciale tenue en février 1968. Dans un autre document publié un an plus tard, intitulé *La Constitution canadienne et le citoyen*, Trudeau établit la position du gouvernement fédéral en matière d'amendements constitutionnels. Il assura lui-même la direction du comité du Conseil des ministres chargé des relations fédérales-provinciales, garantissant de ce fait à ce comité une place prépondérante dans la structure du gouvernement. D'une façon similaire, les gouvernements provinciaux mirent sur pied leurs propres agences chargées de traiter de la multitude de problèmes et de possibilités soulevés dans le cadre de leurs relations avec Ottawa. À cet égard, le Québec avait été particulièrement impressionnant au cours des années 1960. Le politicologue Richard Simeon a décrit ce développement comme l'émergence de la diplomatie fédérale-provinciale; c'est à cette période que l'on vit surgir une poignée d'acronymes pour décrire les diverses agences traitant des rapports entre le fédéral et les provinces[1].

Ces agences et ces comités se rencontrèrent très régulièrement, même si seulement trois des provinces (l'Ontario, le Nouveau-Brunswick et le Québec) s'intéressaient à fond à ce qu'on y faisait. Cependant, en 1970, deux événements firent en sorte de renouveler l'intérêt porté au dossier constitutionnel: la nomination, en mars, de Bora Laskin à la Cour suprême du Canada, et, en avril, l'élection des libéraux au Québec, dirigés par Robert Bourassa. Laskin était un éminent théoricien constitutionnel au Canada anglais, et on vit sa nomination comme l'indication que Trudeau voulait rendre cette cour plus engagée dans les différents dossiers. Philip Girard, le biographe de Laskin, fait remarquer qu'en dépit de leurs origines très différentes, « les deux hommes étaient semblables à bien des égards. L'un comme l'autre étaient des intellectuels ayant vivement à cœur de façonner la société dans laquelle ils vivaient, et l'un comme l'autre étaient des apôtres du modernisme juridique [...]. Tous deux voyaient dans la protection des droits individuels l'antidote aux revendications du nationalisme basé sur la race [...]. Tous deux souhaitaient que le gouvernement fédéral puisse jouer dorénavant un rôle plus déterminant sur le plan national. Tous deux rejetaient la demande du Québec d'être reconnu dans la Constitution. [...] Si Laskin n'avait pas existé en 1970, conclut Girard, il aurait fallu que Trudeau l'invente[2]. »

Trudeau joua aussi un certain rôle dans « l'invention » de Robert Bourassa, ne serait-ce que parce qu'il était préférable aux autres candidats à la direction du Parti libéral provincial. À l'accession au pouvoir du nouveau venu, Trudeau crut d'abord « que son arrivée au poste de premier ministre nous permettrait de réaliser des progrès sérieux [...]. Il faisait figure d'homme nouveau. Il était fédéraliste. Économiste compétent, il avait l'esprit clair et ne passait pas, à l'époque, pour un nationaliste militant[3] ». Ce n'était pas le premier ministre idéal, mais il valait mieux que les autres candidats en lice. C'était suffisant pour que de nouveaux rêves s'épanouissent ce printemps-là.

La position de Trudeau lui-même par rapport à la Constitution était complexe ; on l'a souvent caricaturée comme résolument centriste, mais ce n'était pas le cas. Lorsque Allan Gotlieb, jeune et habile avocat au ministère des Affaires extérieures, avait déjeuné avec Trudeau pour la première fois en 1965, il avait été étonné de l'entendre parler de décentralisation comme d'une nécessité, et de l'importance de respecter les domaines de compétence provinciale. Trudeau avait aussi stupéfié bon nombre de ses collègues québécois, et même provoqué leur colère, lorsque, au milieu des années 1950, il s'était opposé aux octrois fédéraux aux universités, que beaucoup d'entre elles voyaient comme le moyen de hausser leurs maigres revenus et d'atténuer la mainmise exercée sur elles par Duplessis et l'Église catholique. Trudeau était contre les subventions assorties de conditions accordées aux provinces parce que, selon lui, elles faussaient la réalité des besoins des provinces, en plus d'intervenir dans l'éducation, une responsabilité provinciale. Néanmoins, comme Laskin, il était progressiste et favorable aux idées modernes en matière de législation, et il avait l'impression que, pris en charge par le droit, l'avènement d'une justice économique et sociale était possible. Cet instinct le poussa graduellement vers le centre, et à comprendre l'importance d'un leadership émanant du gouvernement fédéral[4].

L'expansion rapide, dans les années 1960, de l'État providence à l'échelle canadienne, qui avait résulté d'une succession de problèmes et de réactions entre les gouvernements fédéral et provinciaux, entraîna de profondes répercussions quant à l'équilibre des provinces au sein de la Confédération. Un keynésien et admirateur de la social-démocratie scandinave, Trudeau était d'avis que le gouvernement fédéral devait jouer un rôle de premier plan en matière de politiques monétaires et fiscales, et dans l'avancement du programme de péréquation établi en 1957. Il écrira plus tard qu'il s'était rangé du côté des provinces quand il avait cru qu'on avait empiété sur leurs champs de compétence, et du côté du fédéral lorsque l'autorité de ce gouvernement avait été grandement affaiblie. Maintenant, avançait-il, les provinces avaient fait des gains spectaculaires en matière de ressources, grâce à la péréquation et au transfert de points d'impôt sur le revenu, mais « l'appétit ne cessa pas de venir aux provinces en mangeant. Ayant doublé le gouvernement fédéral sur le plan des ressources budgétaires, l'envie leur vint de le doubler aussi sur le plan des compétences constitutionnelles ». Énoncé que la plupart des provinces réfutèrent, bien entendu. Comme dans bien d'autres domaines, les années 1960 firent voler en éclat la dynamique des relations fédérales-provinciales au Canada[5].

Une fois Bourassa au pouvoir, Trudeau envoya à Québec son lieutenant, Marc Lalonde, ainsi que Gordon Roberston, secrétaire de cabinet, pour tenter de connaître quel serait son « facteur décisif » sur la question des réformes constitutionnelles. On organisa une série de rencontres avec Julien Chouinard, secrétaire général du Conseil exécutif du Québec, et ses fonctionnaires. Chouinard, un fédéraliste, souhaitait vivement lui-même en arriver à une entente. À l'occasion d'une rencontre tenue en septembre, les premiers ministres des provinces s'accordèrent pour dire qu'il était possible de faire avancer le dossier, et acceptèrent l'invitation du premier ministre W.A.C. « Wacky » Bennett à se rendre à Victoria en juin 1971, en vue des célébrations du centenaire de l'entrée de la Colombie-Britannique dans la Confédération. Cependant, la véritable « percée », pour reprendre le terme de Trudeau, se produisit en février, lorsque les premiers ministres décidèrent de rapatrier la Constitution et de procéder « à toutes autres modifications sur lesquelles il serait possible de s'entendre rapidement ». Le plus important était la formule d'amendement, par laquelle toute province « qui comptait, en 1971, 25 p. cent de la population canadienne » disposait du pouvoir de bloquer un amendement quel qu'il soit. Le Québec et l'Ontario avaient obtenu un droit de veto perpétuel[6].

Les responsables travaillèrent à d'autres dispositions entre les mois de février et de juin. En mai, on conseilla à Trudeau, conseil qu'il suivit, de se rendre beaucoup plus souvent à Québec et de passer moins de temps à son bureau d'Ottawa[7]. Les négociations semblaient aller bon train, et on prit des dispositions pour s'assurer d'une représentation à la Chambre des communes, au Sénat et à la Cour suprême. En revanche, les questions concernant la politique sociale, et, plus particulièrement, le financement et le fonctionnement des programmes sociaux, présentèrent bientôt des difficultés insurmontables. Trudeau était prêt à envisager une coordination des politiques sociales fédérales et provinciales, mais il fallait que ces politiques gouvernementales soient compatibles, et que le gouvernement fédéral puisse jouer un rôle pour s'assurer de l'égalité des programmes partout au Canada. L'une des difficultés particulières était le régime universel de prestations sociales – ce qui revenait à dire un revenu annuel garanti. Claude Castonguay, ministre québécois des Affaires sociales, en faisait la promotion d'une manière tenace, mais de telle sorte que, aux yeux des responsables fédéraux, Ottawa n'aurait aucune manière de communiquer directement avec les citoyens et, naturellement, les électeurs[8]. Il n'empêche qu'après cette rencontre de février, les espoirs étaient permis.

John Turner, ministre de la Justice, se rendit de capitale en capitale pour évaluer le « facteur décisif » de chacun des premiers ministres des provinces, rassemblant ainsi les éléments d'une ébauche d'accord potentiel. Tout se passa bien, jusqu'à ce que, le 31 mai, Castonguay, à Québec, demande de procéder à une modification de l'article 94 *a)* de l'Acte de l'Amérique du Nord britannique, de responsabilité fédérale. Cet article concernait les allocations familiales, l'assurance-chômage et la formation professionnelle. Turner, Robertson, Lalonde et Trudeau y virent immédiatement un danger : un amendement menaçait l'accord durement négocié entre les autres provinces au moment de l'ébauche de la charte.

C'est un Trudeau anxieux et tendu qui s'envola, en compagnie de Margaret et de Gordon et Bea Robertson, pour Victoria à la mi-juin. Pierre et Margaret (qui, à leur grand ravissement, était déjà enceinte de trois mois) vêtus tous deux d'un t-shirt et de jeans, étaient pieds nus dans leurs sandales. À la stupéfaction de Robertson, Trudeau fut si totalement absorbé dans ses livres pendant le vol qu'il ne se rendit pas compte que Margaret lui caressait les pieds avec les siens. L'impressionnante faculté de concentration de Trudeau le prépara bien aux quatre longues journées de discussions qui eurent lieu dans une atmosphère chaotique, présidées par le premier ministre Bennett. Les rencontres importantes se déroulaient en privé, et Bennett ne fut que d'un maigre secours lorsque Trudeau et Bourassa concentrèrent leur attention sur l'article amendé traitant de la politique sociale. Québec insistait sur la primauté provinciale et le droit au financement fédéral dans le cas de programmes administrés par la province. Il ne restait que cette seule question à régler au moment où Trudeau, les yeux cernés de fatigue et une marguerite jaune pendant mollement de sa boutonnière, rencontra la presse tôt le matin du 17 juin. Toutes les provinces s'étaient entendues sur l'élaboration des fondements d'une charte des droits, sur la nomination de trois juges québécois à la Cour suprême, sur la reconnaissance du français et de l'anglais comme langues officielles, et, plus important encore, sur la formule d'amendement autorisant le droit de veto du Québec. Mais avant que l'on puisse procéder à la signature de l'accord, Bourassa demanda de se retirer pour consulter son cabinet sur les éléments relatifs à la politique sociale, en promettant une réponse dans les deux semaines suivantes. Pour Trudeau, cet accord pratiquement unanime représentait un accomplissement majeur, gagné « au prix d'immenses efforts ». Tous n'en seraient pas satisfaits, mais la nouvelle Constitution serait « aux yeux de nous tous, à l'avantage des citoyens canadiens ». Une fois que Bourassa et d'autres auraient donné leur approbation finale, après avoir consulté leurs cabinets respectifs, dit Trudeau, exultant, « nous pourrons tous porter fièrement notre couronne de lauriers ». Son enthousiasme ne fut pas contagieux[9].

Les lauriers se transformèrent en épines lorsque Bourassa retourna au Québec pour y affronter les opposants à cette nouvelle Constitution. Le 22 juin, Claude Ryan écrivit dans *Le Devoir* qu'une acceptation équivaudrait, pour le Québec, à « une fraude tragique* ». Bourassa rencontra son Conseil des ministres le même jour et, le lendemain après-midi à 14 heures, il annonça que le Québec ne signerait pas la charte de Victoria. La province, énonça-t-il, exigeait davantage de contrôle sur les programmes sociaux financés par le gouvernement fédéral. Il avait téléphoné à Trudeau le matin même pour lui dire qu'il n'avait pas réussi à convaincre son conseil et que Ryan menaçait de publier une série d'éditoriaux alléguant que Bourassa avait renoncé au « pouvoir de négociation » du Québec. Furieux, Trudeau raccrocha en posant violemment le combiné, et jamais, dans les années qui suivirent, il ne pardonna à Bourassa. Turner raconta à un ami qu'ils étaient « tous un peu sous le choc ». Après son annonce publique, Bourassa se rendit à l'Assemblée nationale et, à son entrée, tous les députés, les fédéralistes comme les séparatistes, se levèrent pour l'applaudir. Ryan, de son côté, railla Trudeau dans *Le Devoir* : « Le pupille qu'il croyait avoir trouvé à Québec est moins docile qu'il en avait l'air[10]. »

Le « château de cartes » bâti à Victoria s'était écroulé ; ce ne serait que la première indication que la vision du fédéralisme tel que Trudeau le concevait s'effondrait. Le *Globe and Mail* témoigna de la colère du Canada anglais dans un éditorial mordant : « Au Québec, y affirmait-on, un premier ministre ne vient pas à la table des négociations pour négocier, mais pour exiger, pour dire au reste du Canada : "Je dicte ce que sera l'avenir et vous vous y pliez." » Le Québec, poursuivait l'éditorial, avait déjà appuyé la décentralisation comme une compensation envers les torts causés dans le passé, mais cette époque était révolue[11].

---

* NDT : En français dans le texte.

Trudeau et Bourassa, polis dans leurs réactions publiques face à l'échec de la charte de Victoria, tentèrent en privé de déterminer s'il y avait une quelconque possibilité de sauver l'accord. Pour Bourassa, certainement, des obstacles importants se dressaient : la presse et la fonction publique québécoises avaient formulé leurs exigences avec véhémence, avant et après la conférence. Par ailleurs, les notions de séparatisme, de fédéralisme et de socialisme étaient indissociablement ramenées à l'avant-scène lorsqu'il était question de politique sociale. En juin, par exemple, la Corporation des enseignants du Québec établit un lien entre indépendance et socialisme, en avançant, avec une certaine justesse, qu'un Québec indépendant pourrait permettre l'atteinte des objectifs poursuivis par une société socialiste, puisqu'il serait libre des contraintes politiques et juridiques imposées par un gouvernement national non socialiste. De façon similaire, le Parti québécois avait fait du socialisme un aspect fondamental de son programme politique. Certains nationalistes plus conservateurs rejetèrent cette logique, tout en étant d'accord avec le principe de primauté du gouvernement du Québec par rapport à celui d'Ottawa. Durant tout le reste de l'été, Bourassa tenta de négocier sur chaque front un à la fois, à commencer par la question des allocations familiales. « Si Ottawa rejetait cette proposition, autant dire qu'on veut un fédéralisme unitaire, un fédéralisme rigide » – et cela, dit-il, le Québec ne pourrait l'accepter. « S'il fallait faire la guerre, je ferais la guerre[12]. »

À Ottawa, les rumeurs de guerre grondaient aussi. Jean Beetz, conseiller spécial en matière constitutionnelle, qui était proche de Trudeau et de Lalonde, était d'avis qu'il fallait affirmer davantage la position fédéraliste pour lutter contre « les grands feudataires* » des provinces. Parmi ceux-ci se trouvaient Bennett, qui exigeait que la Colombie-Britannique soit considérée au même titre que l'Ontario ou le Québec ; William Davis, le premier ministre nouvellement élu d'Ontario, qui cherchait nerveusement à éviter tout engagement constitutionnel sur la question du bilinguisme susceptible d'avoir une incidence sur le système d'éducation de sa province ; et Bourassa, qui refusait d'accorder au fédéral la primauté en matière d'affaires étrangères, tout en exigeant du même souffle une suprématie provinciale sur toutes les questions de politique sociale. John

* NDT : En français dans le texte.

Munro, le ministre fédéral de la Santé, poursuivait son travail avec Claude Castonguay sur la question des allocations familiales. Un accord semblait parfois sur le point d'être conclu, surtout lorsque, en mars 1972, le gouvernement fédéral proposa un compromis autorisant les provinces à décider des contribuables admissibles aux allocations familiales. Trudeau avançait que cela « rencontrerait les besoins fondamentaux du Québec pour l'établissement d'un système intégré d'allocations familliales qu'il désire mettre sur pied ». Mais à Québec, on était furieux à l'idée qu'Ottawa songe à augmenter la pension fédérale, et à Ottawa, on était frustré de la décision de Québec de se retirer du Régime de pension du Canada, et tout cela vint compromettre les négociations. Beetz exhorta Trudeau de rapatrier unilatéralement la Constitution après la prochaine élection, et d'affirmer clairement son intention durant la campagne, afin de « captiver l'opinion publique ». Trudeau souligna ces mots dans le memorandum de Beetz, mais rien ne fut dit à ce sujet au cours de la campagne électorale de l'automne. Toutefois, l'idée persista[13].

Les critiques de l'opposition, et notamment Claude Morin, un haut fonctionnaire du Québec, ont reproché à Trudeau d'avoir été trop rigide dans ses négociations avec Bourassa, et affirmé que le processus qui s'était bien entamé dans les années 1960, mais qui s'était effondré en 1971, était un échec qu'il fallait attribuer à Trudeau :

> L'appartenance au cadre fédéral canadien tel que nous le connaissons et la réalisation de l'option québécoise sont deux objectifs dorénavant irréconciliables. Dans le passé, l'un et l'autre ont pu coexister parce que les attributions gouvernementales fédérales et québécoises se touchaient moins. Aujourd'hui, celles-ci se compénètrent et demain elles se compénétreront davantage.
>
> À l'intérieur d'un pays à niveau fédéral et provincial, l'efficacité des pouvoirs publics et le bien-être des citoyens exigent [...] qu'il n'y ait qu'une instance jouissant des attributions législatives et administratives déterminantes et que son autorité soit incontestée. Autrement, si l'un et l'autre niveau de gouvernement ont chacun des pouvoirs de portée comparable [...] les deux [...] pourront se stériliser mutuellement dans des conflits constants [...] [I]l serait parfaitement illusoire dans un tel cas [...] de faire confiance aux ressources de la consultation et de la coordination[14].

La logique de cette argumentation incita Morin à faire « le choix du Québec » en 1972 et à adhérer au Parti québécois. La polarisation qu'il décrit ici se produisit rapidement à mesure que les appuis à l'Union nationale et aux créditistes se firent de moins en moins forts et que les électeurs québécois se retrouvèrent brutalement devant un choix à faire entre les libéraux et le Parti québécois[15].

Pour Trudeau, cette division fut la bienvenue en ce qu'elle permit clairement de distinguer les revendications séparatistes et nationalistes. Une étude récente montre en outre que la principale question qui préoccupait les citoyens dans les débats de 1971 n'était pas, ou rarement, les conséquences sur les individus d'un versement d'allocations familiales, mais plutôt le pouvoir, c'est-à-dire qui, du gouvernement fédéral ou provincial, avait la primauté[16]. Fondamentalement, pour Trudeau, le débat portait sur la nature du fédéralisme et sur la question de savoir s'il fallait ou non exprimer les différences sociologiques et historiques du Québec en termes juridiques et constitutionnels. Comme il l'écrivit dans ses mémoires politiques : « Cette proposition Castonguay équivalait à faire du gouvernement d'Ottawa un simple percepteur d'impôts qui n'aurait plus jamais de rapports directs avec les citoyens québécois, sauf pour aller chercher leurs sous. Accepter cela, c'était mettre le doigt dans un engrenage qui encouragerait les autres provinces à faire de même. En dernière analyse, le gouvernement du Canada serait devenu le percepteur des impôts pour une confédération de centres commerciaux[17]. »

Stephen Clarkson et Christina McCall affirment que « le mythe de Trudeau-sauveur-du-pays, qui savait comment s'y prendre avec le Québec s'effondra » avec le rejet de l'entente de Victoria. D'autres critiques avancent que le compromis qui avait été proposé en 1972 sur les allocations familiales aurait pu sauver l'entente. C'est possible. Cependant, la véhémence des réactions et la division qui régnait au sein du Conseil des ministres du gouvernement Bourassa laissent entendre que de tels espoirs étaient probablement illusoires. Trudeau et ses ministres rêvèrent souvent de ce qui aurait pu être si Bourassa avait dit oui. Pour Turner, qui avait parcouru le pays à maintes reprises et parlé aux premiers ministres des provinces, les transformations survenues par la suite – l'essor des provinces de l'Ouest, les revendications des Autochtones et la diversité croissante du Canada anglais – sont un signe que Victoria avait représenté un bref moment lumineux, une occasion rare mais ratée. Et pourtant, si le Québec avait accepté de signer la charte de Victoria, cela aurait provoqué un tumulte dans la province, déjà dans une agitation confuse en raison des divisions politiques et des problèmes économiques, sans parler du souvenir récent d'assassinats et de troupes militaires arpentant les rues. Léon Dion, codirecteur de la Commission royale d'enquête sur le bilinguisme et le biculturalisme, avait émis un avertissement alors qu'il témoignait devant le Sénat en mars 1971 : « Quant aux Québécois francophones, même dans la meilleure (*sic*) des contextes possibles, on ne peut prévoir quel sera finalement leur choix. » Pour Trudeau, Victoria représenta une déception profonde, et Bourassa, un espoir perdu. Pour les deux hommes, 1971 fut une année difficile[18].

Les vieux problèmes persistaient. Au Québec, la question du bilinguisme devint un sujet âprement contesté. Le Parti québécois, de plus en plus fort, proclamait en effet que, au Québec, le français devait être la langue de travail et celle de l'éducation des immigrants, et non l'anglais. Bourassa avait maille à partir à la fois avec les syndicats extrémistes, les nationalistes enflammés, et les groupes d'immigrants, qui tous opposaient une résistance au projet de loi sur la langue visant à promouvoir le français comme langue dans les lieux de travail et dans les écoles, sauf dans certains districts à prédominance anglophone. Quant à la Loi sur les langues officielles de Trudeau, visant les institutions fédérales à l'échelle du pays, elle suscita peu d'approbation dans les médias de langue française, qui n'y voyaient pas vraiment un pas en avant pour les francophones. Le bilinguisme progressait lentement à Ottawa, où la langue anglaise et les fonctionnaires anglophones avaient dominé pendant si longtemps. Les bureaucrates d'expérience dans la quarantaine n'apprenaient pas grand-chose dans les cours de français qui leur étaient destinés, tandis que les syndicats de la fonction publique tentaient jalousement d'empêcher toute expansion des postes désignés comme bilingues. Comme l'indiqua Claude Lemelin dans *Le Devoir* en juillet 1972, les mesures prises depuis 1968 « [ont] à peine égratigné l'épiderme de l'unilinguisme anglais à Ottawa ; [...] la proportion des francophones parmi les cadres supérieurs de la fonction publique a à peine augmenté ; [...] l'épineux problème de la désignation de districts bilingues fonctionnels n'est pas encore résolu ; et [...] l'on vient à peine d'amorcer l'établissement d'unités francophones de travail ».

Trudeau ne contestait pas ces récriminations, tout en faisant remarquer qu'Ottawa avait beaucoup changé par rapport à l'environnement « English Only » des années 1950. Il avait raison. Entre 1966 et 1976, le pourcentage des francophones au sein de l'armée et de la fonction publique doubla, et les communautés francophones à l'extérieur du Québec firent des percées considérables grâce à l'amélioration de leurs droits liés à l'éducation, si ce n'est par rapport au bilinguisme officiel à l'échelle de la province. Les anglophones se plaignaient que le « pouvoir français » à Ottawa leur barrait la route de l'emploi, de l'avancement et des privilèges, pour eux et leurs enfants. Ces Canadiens anglais qui s'étaient attendus de Trudeau qu'il « remette le Québec à sa place », et qui, avec d'autres, l'avaient soutenu lors de la crise d'Octobre, eurent tôt fait de le délaisser lorsqu'il devint clair que le bilinguisme officiel entraînerait une transformation des rouages de l'appareil gouvernemental fédéral[19].

Il reste que, sans ses aspects politiques, le bilinguisme posait des difficultés. Le caucus libéral, et surtout les députés et les sénateurs de l'Ouest du Canada, implorèrent Trudeau de cesser de laisser entendre que si le français imprimé sur une boîte de céréales les dérangeait, ils n'avaient qu'à la tourner de l'autre côté. Les événements qui survinrent au Québec, quand le gouvernement Bourassa tenta d'apaiser les Montréalais anglophones en établissant des commissions scolaires non confessionnelles, provoquèrent une polémique entre les nationalistes d'un côté, et les dirigeants d'entreprises et les anglophones de l'autre. Comme il fallait s'y attendre, cette dispute eut des répercussions sur l'acceptation du bilinguisme ailleurs au Canada. Entre les deux se trouvaient des Italiens, des Grecs et d'autres immigrants récemment arrivés au Canada, qui, au Québec, insistaient avec colère pour avoir le droit d'envoyer leurs enfants à l'école française ou anglaise à leur discrétion. Malheureusement pour Bourassa, la plupart d'entre eux optaient pour l'anglais. Cette polémique inquiétait Trudeau, en particulier la dispute entourant le rôle du français comme langue de travail et dans l'éducation. Tout comme son ami

Frank Scott, qui avait été l'un des membres de la Commission royale d'enquête sur le bilinguisme et le biculturalisme, il rejetait les fermes recommandations de la Commission concernant l'usage du français comme langue de travail dans les grandes entreprises au Québec. En outre, Trudeau n'avait jamais été à l'aise de voir l'accent que l'on mettait sur le biculturalisme ; à son avis, le concept glissait facilement vers celui de deux nations. Et maintenant, une nouvelle complication se présentait.

Trudeau répondit au malaise que ressentaient des groupes ni francophones ni anglophones en annonçant, le 8 octobre 1971, l'établissement d'une politique officielle de « multiculturalisme » – faisant du Canada le premier gouvernement national du monde à procéder ainsi. Très vite, un débat fondamental sur la société, la nation et les différences entre les êtres humains s'ensuivit, une discussion qui, dans les décennies qui suivirent, au fur et à mesure que les sociétés occidentales se diversifiaient, s'élargit à l'échelle de la planète. Le sociologue Fernand Dumont, le commentateur politique Christian Dufour, le politicologue Kenneth McRoberts, et le quotidien *Le Devoir*, tous ont avancé que la déclaration de Trudeau sur le multiculturalisme a compromis le biculturalisme et la dualité du Canada qui avait toujours été historiquement importante. D'autres, comme l'historien américain Arthur Schlesinger, l'écrivain canadien Neil Bissoondaath, et le critique social anglo-hollandais Ian Buruma, se sont inquiétés des répercussions du multiculturalisme sur les concepts partagés de nation et, dans une certaine mesure, sur les valeurs de justice et de droits humains. Le philosophe Kwame Anthony Appiah, de Princeton, a rejeté « le multiculturalisme » exprimé comme un concept permettant de comprendre comment nous pouvons mieux vivre ensemble. Le multiculturalisme a, écrit-il, « lui aussi, subi bien des variations sémantiques et [...] si souvent désigne le mal même qu'il est censé éradiquer ».

Le philosophe politique Charles Taylor et le politicologue Will Kymlicka ont rangé le concept parmi les questions plus vastes que sont l'identité et les droits humains, tout en refusant d'adhérer au concept de multiculturalisme officiel canadien. En réponse à plusieurs incidents de nature xénophobique survenus au Québec, Taylor et l'historien Gérard Bouchard ont rédigé un rapport à l'intention du gouvernement du Québec faisant appel à la notion d'« interculturalisme », par lequel les revendications historiques traditionnelles concernant la langue et la culture françaises avaient préséance dans une société québécoise de plus en plus diversifiée. Enfin, le politicologue Robert Putnam, de l'université Harvard, et l'économiste John Helliwell, de l'Université de la Colombie-Britannique, laissent entendre que le « bonheur » se trouve moins dans les villes de l'Amérique du Nord moderne, riche et cosmopolite, et plus souvent dans les agglomérations plus réduites et plus uniformes, telles que Saint-Jean, au Nouveau-Brunswick, ou la région du Saguenay, au Québec[20]. Tous ces débats, intellectuels, enflammés, politiques, non résolus, sont d'une importance cruciale.

La signification de ces débats, par rapport à Pierre Trudeau, réside dans les choix qu'il fit au début des années 1970 et qui eurent des répercussions profondes sur la société et la politique canadiennes. En 1942, Trudeau avait déclaré que la plus grande menace pour le Québec et le Canada était l'immigration. Un quart de siècle plus tard, Jean Marchand, qui avait partagé les sentiments nationalistes et nativistes de Trudeau pendant la guerre, persuadait le Conseil des ministres de lever toute forme de barrière raciale à l'immigration. Trudeau et Pelletier appuyèrent Marchand, mais ce ne fut pas le cas de la majorité des Canadiens, en particulier au Québec[21]. Trudeau, tout comme ses collègues et bon nombre d'autres Canadiens, était en faveur d'une immigration plus ouverte parce qu'il était d'accord avec les propos fondamentaux de la Déclaration universelle des droits de l'homme élaborée par les Nations Unies, et qu'il en était arrivé à croire qu'une société libérale devait considérer tous ses citoyens de manière égale. L'évacuation des Canadiens d'origine japonaise, la taxe d'entrée imposée aux Chinois, la ségrégation raciale ainsi que l'exclusion et l'extermination des Juifs étaient des événements récents et habitaient les esprits. En outre, sur le plan personnel, Trudeau aimait ce qui était cosmopolite, et pour lui, le concept d'État-nation était dépassé.

D'autres raisons moins théoriques ou fondées sur des principes sont également à la base de la nouvelle politique officielle de multiculturalisme. La Commission royale d'enquête sur le bilinguisme et le biculturalisme avait offensé certains Canadiens pour qui l'accent que l'on mettait sur la dualité de l'anglais et du français faisait d'eux des citoyens de deuxième zone. Pearson avait répondu en ajoutant deux représentants « ethniques » à la Commission comme « garantie » de la contribution

« d'autres groupes ethniques », et l'un des volumes du rapport de la Commission traite spécifiquement de cette « contribution » de groupes « d'autres ethnies » au développement du pays. Il était notoire, également, que les Canadiens en provenance d'autres « ethnies » apportaient leur appui de manière importante au Parti libéral, à l'exception notable des Canadiens d'origine ukrainienne[22]. De plus, en 1969, le gouvernement Trudeau avait publié un livre blanc proposant l'abolition de la Loi sur les Indiens et d'accorder aux peuples des Premières nations une « égalité de régime et de responsabilités » par apport aux autres Canadiens. La proposition provoqua un tollé chez les groupes autochtones, qui la rejetèrent en affirmant qu'il s'agissait d'une tentative d'assimilation à la société dominante. Cette amère réaction souleva des questions cruciales au sujet de la citoyenneté et des droits des collectivités*. La frustration qu'éprouvaient Trudeau et Chrétien, alors le ministre responsable du dossier, porta ces derniers à abandonner le livre blanc deux ans plus tard, mais l'expérience les affecta profondément tous les deux, notamment quant aux opinions qu'ils entretenaient sur les droits individuels et ceux des collectivités[23].

C'est de cette façon que les divers courants, dont certains puissants, convergèrent pour donner naissance au multiculturalisme canadien au cours du premier mandat de Trudeau. En septembre 1971, le comité du Cabinet chargé de la science, de la culture et de l'information proposa tout d'abord une politique de multiculturalisme officiel. Lorsque le

---

* S'inspirant des manifestations autochtones aux États-Unis, des revendications du Québec pour sa reconnaissance en tant que groupe, ainsi que du mouvement des droits civils aux États-Unis (comme l'était le livre blanc lui-même, d'une manière différente), les groupes autochtones canadiens s'organisèrent rapidement et efficacement partout au pays pour s'opposer au livre blanc. L'une des attaques les plus influentes fut menée par Harold Cardinal, dont le livre, *The Unjust Society* (Edmonton : Hurtig, 1969), avance que les « Indiens » canadiens pourraient trouver une place au sein de la « mosaïque » canadienne tout en rejetant l'assimilation (p. 12). Trudeau n'aborda pas le sujet du livre blanc dans ses mémoires politiques. Sally Weaver, dans son livre *Making Canadian Indian Policy : The Hidden Agenda 1968-1970* (Toronto : University of Toronto Press, 1981), analyse de manière intéressante les interactions sur les plans bureaucratique et politique et les interactions liées aux Autochtones qui ont mené au retrait du livre blanc. On trouvera une analyse plus récente des motifs à l'origine de cet incident, ainsi que de ses conséquences, dans Alan Cairns, *Citizens Plus : Aboriginal Peoples and the Canadian State* (Vancouver : University of British Columbia Press, 2000), p. 65-71.

Conseil des ministres discuta du sujet le 23 septembre, Trudeau fut particulièrement prudent, affirmant que l'accent devait être porté sur la capacité de la personne à s'aider elle-même, et non sur l'aide gouvernementale, et que le soutien devait promouvoir une égalité sur le plan culturel, et non sur le plan économique.

Avec l'appui du Conseil des ministres, Trudeau annonça finalement la politique le 8 octobre à la Chambre des communes. Vu l'importance de cette politique, ses commentaires méritent que l'on s'y attarde :

> Aux yeux de la Commission, du gouvernement et, j'en suis sûr, de tous les Canadiens, il ne peut y avoir une politique culturelle pour les Canadiens d'origine française et britannique, une autre pour les autochtones et encore une pour tous les autres. Car, bien qu'il y ait deux langues officielles, il n'y a pas de culture officielle, et aucun groupe ethnique n'a la préséance. Il n'y a pas un citoyen, pas un groupe de citoyens qui soit autre que canadien, et tous doivent être traités équitablement.
>
> La Commission était persuadée que l'adhésion à un groupe ethnique ne dépend pas tellement de l'origine ou de la langue maternelle, mais du sentiment d'appartenir au groupe et de ce que la Commission appelle « la volonté collective du groupe d'exister ». Le gouvernement partage ce point de vue.
>
> Tout homme verrait sa liberté entravée s'il se trouvait enfermé pour toujours dans un compartiment culturel déterminé uniquement par sa naissance ou sa langue. Il est donc essentiel que tout Canadien, quelle que soit son origine ethnique, puisse apprendre au moins l'une des deux langues dans lesquelles le pays conduit les affaires publiques.
>
> Le multiculturalisme dans un cadre bilingue apparaît au gouvernement comme le meilleur moyen de préserver la liberté culturelle des Canadiens. Une politique de ce genre devrait permettre de réduire la discrimination et la jalousie qu'engendrent les différences de culture. Pour que l'unité nationale ait une portée personnelle profonde, il faut qu'elle repose sur le sens que chacun doit avoir de sa propre identité ; c'est ainsi que peuvent naître le respect pour les autres, et le désir de partager des idées, des façons de voir. Une politique dynamique de multiculturalisme nous aidera à créer cette confiance en soi qui pourrait être le fondement d'une société où régnerait une même justice pour tous.

Loin d'être une déclaration portant sur les droits des groupes, l'annonce de Trudeau reflétait son individualisme libéral. Au départ, elle promettait à peine davantage que ce que ses critiques suggéraient : de l'argent permettant d'organiser des bals folkloriques, des festivals de musique et des fêtes en tout genre[24].

Les critiques furent nombreuses. Non sans justesse, l'opposition dénonça la politique comme une simple tentative d'acheter des votes libéraux. Au Québec, Bourassa dut composer avec une opposition quasi universelle face à la dilution du biculturalisme, et en particulier à la façon limitée dont Trudeau définissait la « culture » – une vision fondamentalement différente de celle du gouvernement québécois et des intellectuels nationalistes. La critique exprimée dans la presse et par le gouvernement québécois se joignit au camp de l'opposition fédérale pour affirmer – encore une fois non sans justesse – que le multiculturalisme de Trudeau compromettait le concept des deux nations. Du côté canadien anglais, on était aussi mécontent. Le *Toronto Star*, de tradition libérale et nationaliste de part en part, affirma que « les immigrants ne devaient en aucun cas être amenés à croire que le Canada est essentiellement une succession d'enclaves ethniques comme la Nouvelle république islandaise qui florissait jadis sur les rives du lac Winnipeg ». Dans son énoncé, Trudeau employa des images et des mots puissants pour bien appuyer ce qu'il voulait dire. Ce fut sans surprise que les nationalistes firent de ce document la cible de leurs flèches empoisonnées, mais tout aussi peu étonnant de voir Trudeau, « citoyen du monde » depuis ses années à Harvard, trouver plaisir à contre-attaquer à son tour[25].

Les propos de Trudeau sur le multiculturalisme révèlent à la fois les forces et les faiblesses de son attitude et de sa position sur le sujet. D'un côté, il accepta de reconnaître « d'autres » groupes, à l'insistance de ses conseillers politiques. Il le fit de manière éloquente, avec délicatesse et adresse politique, et l'énoncé, combiné au discours prononcé le lendemain devant un vaste auditoire formé de Canadiens d'origine ukrainienne, apaisa les députés préoccupés par le fait que l'on mettait trop l'accent sur le bilinguisme au Canada. D'un autre côté, il formula l'énoncé de telle sorte qu'il fut cohérent avec sa vision finement élaborée du rôle de l'individu dans la société. Ce faisant, il ne pouvait résister à l'envie de formuler des commentaires qui, comme il le savait assurément, provoqueraient de vives réactions chez de nombreux citoyens du Québec.

Ce fut également le cas de bon nombre des discours, des énoncés politiques et des gestes politiques de Trudeau dans les premières années de son gouvernement. Malheureusement, les commentateurs et, d'une manière plus générale, la population canadienne, ne voyaient pas cet aspect plus fin de sa personnalité, se concentrant sur les insultes, les sous-entendus, et les tirades que ses commentaires provoquaient. La subtilité dont il faisait preuve dégénérait parfois en obscurité ésotérique. Lorsque, par exemple, un journaliste lui demanda s'il avait éprouvé un quelconque cas de conscience au moment du recours à la Loi sur les mesures de guerre, Trudeau répondit : « Dans mon esprit, j'ai toujours été convaincu, intellectuellement et émotionnellement, que les mouvements démocratiques ne devaient craindre aucune mesure extraordinaire pour préserver la démocratie. Alors je n'ai pas eu à vivre de cas de conscience, comme le conflit qui oppose Créon à Antigone, dans la célèbre pièce de Sophocle, à savoir de décider de ce qui est le plus important, l'État ou l'individu. La démocratie doit se préserver elle-même. » Peu de Canadiens en dehors des facultés d'études classiques ou de littérature avaient entendu parler de Sophocle, encore moins de Créon et d'Antigone. Une performance impressionnante, mais sans substance sur le plan politique. Trudeau allait bientôt en payer le prix*.

---

* En lisant *Antigone* de Sophocle, Anthony Westell constata que Créon de Thèbes avait l'obligation de faire respecter la loi coûte que coûte. Lorsque sa nièce, Antigone, défie ses ordres, il la fait emmurer dans une grotte. Les dieux, n'acceptant pas son argument voulant qu'il agisse dans le meilleur intérêt de l'État, le terrassent. Les dernières paroles de Créon dans la tragédie sont une lamentation : « [...] tout ce que je peux toucher/s'effondre – tombe – tout autour de moi, et au-dessus de ma tête/le destin intolérable descend. » Westell remarque que « Trudeau avait choisi de citer un curieux précédent ». Anthony Westell, *Trudeau le paradoxe* (Montréal : Éditions de l'Homme, 1972), p. 382.

CHAPITRE 6

La fête est finie

Lorsque, en 1972, Trudeau amorça la quatrième année de son mandat, les libéraux devançaient de peu les autres partis, selon le sondage Gallup de décembre 1971 : ils obtenaient 37 p. cent des appuis, contre 33 p. cent pour les conservateurs, 21 p. cent pour les néo-démocrates, et 9 p. cent pour les créditistes et autres partis. L'appui aux libéraux, qui avait grimpé à 59 p. cent après le recours à la Loi sur les mesures de guerre, était vite retombé[1]. Trudeau avait toujours su que l'euphorie fiévreuse de l'été 1968, la période que tous avaient appelée la « Trudeaumanie », se consumerait rapidement et que son succès futur en politique dépendrait de sa réussite comme premier ministre. Les réalisations de son premier gouvernement connurent, cependant, des hauts et des bas.

Dans son étude du Parti libéral des années 1960 aux années 1980, le politicologue Joseph Wearing montre que de nombreux politiciens autour de Trudeau devinrent enivrés par les sondages et l'impression que l'« économie keynésienne » leur permettrait de manipuler l'économie : « Il était possible de déclencher une élection afin qu'elle coïncide avec un boom économique et une tendance à la hausse dans la popularité du gouvernement, dit-il, tandis qu'une répartition judicieuse des dépenses du gouvernement pouvait servir à éliminer toutes les sources de mécontentement persistantes. » Dans les années 1970, cependant, l'économie ne se révéla pas aussi malléable qu'on l'avait espéré, et l'opinion publique se montra plus libre dans une large mesure. Bref, les électeurs avaient leurs propres idées et les sondages en vinrent à être considérés comme des « instantanés ponctuels de la situation ». À l'occasion, comme John

Diefenbaker l'affirma dans une remarque mémorable, ces sondages de l'opinion publique étaient plus appropriés pour les chiens que pour les politiciens[2].

Toutefois, au Cabinet du premier ministre, les conseillers clés de Trudeau étaient convaincus qu'il pouvait y avoir une science de la politique et de l'administration publique. « Ils donnèrent l'impression – du moins aux yeux des principaux bénévoles qui organisaient les campagnes – qu'un parti n'avait pas vraiment besoin d'une organisation pour mener la prochaine campagne électorale » et que « tout pouvait être fait par les bureaux régionaux et les ordinateurs[3]. » Au Cabinet du premier ministre, Jim Davey, passionné de Marshall McLuhan, de l'analyse de système et de la cybernétique, et le conseiller québécois Pierre Levasseur furent les principaux responsables de l'analyse politique*. Pourtant, le journal intime détaillé du sénateur Richard Stanbury, alors le président du parti qui essayait consciencieusement de mettre Trudeau en contact avec les divers effectifs du parti, ne rapporte presque aucune relation avec Davey. Stanbury, qui était avocat, se souciait beaucoup du parti. Il entretenait notamment des liens personnels et commerciaux avec les jeunes libéraux, qui avaient transformé le libéralisme en Ontario pendant les années Pearson, centrant le parti à Toronto et nouant des relations avec les chefs des médias, des communications et des entreprises. Stanbury rendit compte dans son journal de plusieurs réunions avec Trudeau, et ses commentaires révèlent l'écart qui existait entre, d'une part, les bénévoles, les représentants élus et les organisateurs du parti, et, d'autre part, le Cabinet du premier ministre et les conseillers proches de Trudeau.

---

* Tôt après la formation du gouvernement de Trudeau, Davey avait envoyé une note à ce dernier par l'intermédiaire de Marc Lalonde le prévenant « d'un conflit entre la gauche humaniste et le centre technocratique ou rationnel » dans les rangs du gouvernement. Utilisant les catégories créées par le futurologue Herman Kahn, Davey séparait ceux de la « gauche humaniste », qui croyaient que « la fin révolutionnaire de la société industrielle » était proche, et ceux du « centre rationnel », qui croyaient que le monde occidental était sur le « seuil d'une nouvelle société technologique, d'abondance et humaniste ». Les deux positions, affirmait avec justesse Davey, se retrouvaient chez les ministres et les députés de Trudeau. Trudeau écrivit sur la note : « Très intéressant, merci beaucoup. » Lalonde, beaucoup moins enthousiaste, nota : « Pas urgent, mais intéressant. » Davey à Trudeau, 1er novembre 1968, FT, MG 26 03, vol. 290, dossier 319-14, BAC.

Déterminé à faire de la « démocratie participative » plus qu'une simple rhétorique de campagne, Stanbury, pleinement encouragé par Trudeau, amorça à la fin de novembre 1969 un processus de consultation du parti, comportant entre autres choses une grande conférence des « penseurs » à Harrison Hot Springs, en Colombie-Britannique, duquel devait découler un guide en vue des réunions de la base du parti avec les militants et les citoyens ordinaires. De plus, les libéraux avaient encore de mémoire récente le souvenir de la conférence historique de Kingston de 1960, qui avait joué un rôle majeur dans l'établissement du programme de réforme des gouvernements de Pearson. Ces réunions devaient aboutir à un congrès où l'on établirait les « politiques de base » du parti. Mais l'effort échoua lamentablement[4].

Dans les années 1950, Trudeau avait longuement réfléchi aux questions de participation de masse et de participation du citoyen. À cette époque, il avait joué un rôle principal dans le Rassemblement au Québec – une tentative d'imiter les partis de masse du territoire continental européen et, en particulier, le mouvement des citoyens qui, sous la gouverne de Jean Drapeau, avait pris le contrôle du gouvernement municipal de Montréal en 1954, avec comme plateforme d'enrayer la corruption[5]. Ces rêves subsistèrent, mais leur réalisation était incompatible avec l'approche systémique défendue par les nouveaux hommes du Cabinet du premier ministre et par de nombreux ministres, qui étaient aussi sceptiques.

Après une réunion du « cabinet politique » (un sous-groupe responsable de donner des conseils politiques), Stanbury s'envola avec le parlementaire chevronné Allan MacEachen, de la Nouvelle-Écosse, et le volubile Don Jamieson, de Terre-Neuve, à une réunion politique en Nouvelle-Écosse. Il découvrit avec « consternation » que pour les deux hommes, « l'organisation politique [n'était] pas particulièrement importante et [qu'il fallait dire], comme Don Jamieson [...], "Donnez-moi quelques milliers de dollars à affecter à des projets précis et je me ferai élire pour 50 ans et ferai élire d'autres gens avec moi." » Il ne fallait pas s'étonner, écrivit un Stanbury plein de sincérité, que les Maritimes fussent dans un aussi mauvais état du point de vue organisationnel. Il allait bientôt apprendre que, dans la majeure partie du Canada, le favoritisme politique demeurait toujours, comme l'avait déjà déploré Wilfrid Laurier, le « moteur » du système politique – et ce moteur assurait les rentrées de fonds du parti dans de nombreuses provinces. Trudeau tenta d'améliorer les efforts mis en œuvre pour réformer le système de financement des partis en accordant des subventions directes aux organisations de circonscription et en encourageant le financement de masse. En outre, son gouvernement adopta en 1974 la Loi sur les dépenses d'élection, une loi historique qui établit les limites des dépenses d'élection, réglementa le temps d'antenne alloué aux partis politiques, exigea la divulgation de l'information sur le financement, et permit le financement public partiel, reflétant ainsi la propre conviction de Trudeau (mais certainement pas celle de nombreux partisans libéraux), à savoir qu'un processus politique plus général était essentiel à l'essor de la démocratie canadienne[6].

La tentative de démocratiser le parti entrait en conflit avec la tendance dans l'État moderne à centraliser la prise des décisions. À la conférence de Harrison Hot Springs, Trudeau avait utilisé la rhétorique de la démocratie participative, comparant le parti à « des pilotes d'un avion supersonique. Lorsqu'un aéroport entre dans le champ de vision d'un pilote, il est trop tard pour commencer la procédure d'atterrissage. Ces avions doivent être navigués par radar. Un parti politique, en établissant des politiques, peut agir comme le radar d'une société ». La conférence elle-même, avait-il ajouté, devait être un « supermarché d'idées ». Mais le supermarché offrait parfois des produits au goût désagréable : le 20 novembre 1970, à l'ouverture du congrès sur les politiques du Parti libéral d'une durée de trois jours à Ottawa, les gardes armés étaient partout présents. Le souvenir de la mort de Pierre Laporte était encore frais à la mémoire et James Cross était toujours prisonnier. En vertu des règles existantes du parti, le congrès devait servir à déterminer le programme central du Parti libéral pour les prochaines élections. Avant l'ouverture du congrès, cependant, Trudeau et Stanbury avaient réfléchi à la difficulté de réussir une démocratie participative. Perspicace, Stanbury observa que les jeunes et d'autres avaient tendance « à refuser de croire que le parti était efficace » et avaient le sentiment « qu'ils pouvaient être plus efficaces à l'extérieur des partis ». Son commentaire était pénétrant : cette tendance marqua le reste du siècle, et les organisations non gouvernementales et la « société civile » devinrent les centres d'engagement préférés des jeunes comme des moins jeunes[7].

Malgré l'attrait exercé par les organismes non politiques et la menace de temps glacial, plus de 1500 membres du parti vinrent à Ottawa, armés des résolutions politiques adoptées par leur circonscription et dans les réunions régionales. Le processus créa une certaine nervosité chez les vétérans de la politique, et Trudeau se montra préoccupé en constatant qu'un groupe d'étudiants avait adopté des résolutions proposant la légalisation de la marijuana et de l'avortement sur demande. Traduisant ses propres opinions personnelles et peut-être ses discussions avec Margaret, il dit à Stanbury qu'il était « inquiet tant à propos de l'avortement que de la drogue [...] et que les changements demandés viendraient modifier la fibre morale de la nation ». Néanmoins, soupira Trudeau, si la population était prête à ces changements, « peut-être devrions-nous aller de l'avant ». Stanbury, lui, convint qu'une certaine retenue à propos de ces questions délicates était justifiée. Les participants au congrès réussirent à adopter une résolution prévoyant la vente de la marijuana par le gouvernement (de la même manière que l'alcool était vendu dans des magasins administrés par les provinces), mais en rejetèrent une autre ne faisant plus de la possession une infraction. Trudeau et d'autres furent irrités lorsque de nombreux délégués remirent en question sa réaction « autoritaire » aux enlèvements perpétrés par le FLQ, et Trudeau rejeta catégoriquement l'idée qu'un conseil soit formé pour examiner cette réaction.

À la fin, le congrès produisit tout une panoplie de résolutions qui allaient être rassemblées par le professeur Allan Linden, coprésident du groupe chargé des politiques. Dix mois plus tard, Stanbury et Linden présentèrent ces résolutions au cabinet politique dans un document intitulé « Direction for the Seventies » (Orientations pour les années soixante-dix). Les ministres réagirent rapidement. Comme le dit Stanbury : « L'attaque était dirigée par Mitchell Sharp et John Turner, ainsi que par Don Jamieson, parfois obligeant, parfois difficile ; mais de toute évidence, tous les ministres du Cabinet s'inquiétaient dans une certaine mesure des munitions que les résultats du congrès allaient procurer à l'opposition. » Trudeau ne voulait pas publier le document, mais Stanbury et Linden firent remarquer que le processus faisait partie de la constitution libérale. Il y eut, comme l'écrira plus tard Stanbury, « certains moments hautement théâtraux – John Turner fut terriblement intense et hostile ; Jean Chrétien et Jean Marchand furent de loin les meilleurs, mais nous arrivâmes au consensus qu'il fallait donner une conférence de presse, tout en ne distribuant le document que sur demande ». L'adoption de la « Liberal Charter for the Seventies » (Charte libérale pour les années soixante-dix) proposée, soit le programme établi démocratiquement par le parti, fut, dans les faits, renvoyée aux calendes grecques par les ministres. Linden quitta la réunion « réellement bouleversé », et accepta peu après une nomination judiciaire. Une décennie plus tard, il affirma que son rêve s'était éteint après la crise d'Octobre, lorsque le « centre » avait affirmé sa force et que la « charte libérale » s'était éteinte[8].

Le « centre » tint bon, comme ce fut le cas dans d'autres démocraties occidentales au cours des dernières décennies du XXe siècle. La contestation dans « les rues » à Paris, à Chicago et à l'Université Simon Fraser, fréquentée par Margaret Trudeau, se calma et les politiciens revinrent aux questions fondamentales, soit la manière de prendre les décisions et les rôles que devraient jouer le Parlement, la population et les dirigeants politiques dans la prise de ces décisions. Les tendances canadiennes reflétaient les influences internationales. Les propos de l'historien Tony Judt sur l'Europe s'appliquent entièrement au Canada et mettent en lumière les raisons pour lesquelles la « démocratie participative » ne s'imposa jamais : « Ce n'est pas tant l'idéalisme des années 1960 qui parut bien vite dater, que l'*innocence* de ce temps-là : le sentiment que tout ce que l'on pouvait imaginer était réalisable ; que tout ce que l'on pouvait produire pouvait être possédé ; et que la transgression – morale, politique, légale, esthétique – était intrinsèquement séduisante et productive. Alors que les années 1960 avaient été marquées par la croyance naïve et complaisante que tout ce qui arrivait était nouveau, et tout ce qui était nouveau significatif, les années 1970 furent une époque de cynisme, de désillusions et d'espérances réduites[9]. » À bien des égards, Trudeau l'homme politique resta attaché aux années 1960, avec son innocence et sa délectation de la nouveauté. Pour lui, les années 1970 furent une époque peu agréable.

Les réformes parlementaires mises en œuvre par le gouvernement Trudeau au cours de la première année de son premier mandat étaient une réponse aux « demandes incessantes faites au premier ministre en matière de reddition de comptes et de participation ». Le pouvoir se concentra davantage dans les mains du premier ministre, alors que l'étendue des activités du gouvernement augmentait. Toutes les démocraties occidentales connurent ce phénomène. Aux États-Unis, Arthur Schlesinger s'inquiéta de voir Lyndon Johnson et Richard Nixon appliquer les règles de la « présidence impériale » pour accroître la participation américaine à la guerre du Viêtnam sans l'approbation du Congrès. En Grande-Bretagne, Robert McKenzie, ancien condisciple de Trudeau, révéla dans ses écrits et dans ses interventions à titre de communicateur à la radio et à la télévision, en quoi la structure démocratique du Parti travailliste cachait de fortes tendances oligarchiques et comment le pouvoir était concentré dans les mains d'un petit groupe. Et en France, Charles de Gaulle proclama que la France était bien mieux gouvernée depuis que les réformes constitutionnelles avaient accru le pouvoir du président français[10].

Nous reconnaissons aujourd'hui que le phénomène de l'expansion du « centre » était une réaction à la plus grande complexité du gouvernement. Le politicologue Donald Savoie, par exemple, affirme que le Canada et la Grande-Bretagne pratiquent des « gouvernements de cour », où le pouvoir réel est détenu par le premier ministre ou la première ministre, et sa cour. Le journaliste Jeffrey Simpson ne cache pas sa résignation et sa déception lorsqu'il parle dans ses ouvrages de « dictature douce », tandis qu'Eddie Goldenberg, ancien conseiller du premier ministre, soutient hardiment que « la responsabilité ultime du gouvernement n'incombe qu'à lui seul ». Si, écrit-il, « un premier ministre est toujours accusé de despotisme lorsqu'il définit lui-même les priorités de son gouvernement ou lorsqu'il prend des décisions impopulaires », il sera bien plus critiqué s'il ne semble pas être un leader capable de prendre des décisions. Goldenberg rejette implicitement les appels de Savoie et d'autres intellectuels à une plus grande « reddition de comptes » et à de nouvelles relations entre les gouvernés et les gouvernants. Pendant les premières années de Trudeau, il y eut nombre de débats houleux sur ce que le politicologue Tom Hockin, qui devint par la suite ministre du Cabinet conservateur, appela l'*apex of power* (le sommet du pouvoir) : le Cabinet du premier ministre. Trudeau devint automatiquement la cible des critiques de tous ceux qui soutenaient qu'il avait agrandi son Cabinet par arrogance et qu'il avait créé une dictature où lui et sa cour gouvernaient du haut de leur supériorité[11].

Pendant la crise d'Octobre, on n'hésitait pas dans la population à faire l'éloge dans les sondages de la force témoignée par Trudeau. De fait, un sondage d'opinion des libéraux effectué juste avant la crise permit d'observer que Trudeau était déjà perçu comme un « homme fort » ; en revanche, les analystes firent une mise en garde : « [...] les choses iraient bien mieux si, à une prochaine élection, moins de gens le trouvaient arrogant, dictateur et froid. » Il semble, poursuivaient les analystes, « que ces gens ont l'impression que M. Trudeau est un peu méprisant à l'égard du peuple – qu'il vit dans son propre monde (un monde de luxe, par ailleurs) et qu'il décide arbitrairement de ce qui est bon et mauvais pour les autres ». Christina McCall, la meilleure journaliste de l'époque, fit un compte rendu de la manière dont le parti se sentait mis sur la touche par le « propre monde » de Trudeau : « [...] dans l'ensemble, il ne donnait guère l'impression de se soucier des opinions qui avaient cours au sein du parti. » Il balayait les rares objections exprimées par les membres loyalistes du parti à l'égard des événements et des représentants libéraux. Il évitait autant qu'il le pouvait les dîners de poulet sur lesquels les associations du parti comptaient comme sources cruciales de financement de la campagne. Christina Newman s'est souvenue de la manière dont Trudeau avait traité les députés de l'opposition de nullités qui n'avaient rien à faire sur la Colline parlementaire, une remarque que John Diefenbaker qualifia dans sa droiture de manque de respect pour le Parlement. Trudeau, qui avait été journaliste et professeur, manquait tout autant de respect pour ces professions qui l'avaient intéressé. Dans les mots de Newman :

> Il ne broncha pas plus lorsque les journalistes et les politicologues se mirent à écrire qu'il avait créé un bureau présidentiel dans l'édifice est. Après tout, n'était-il pas un démocrate libéral doté d'une solide position philosophique ? Il savait, lui, jusqu'à quel point la démocratie pouvait se permettre d'être démocratique.

Il négligeait les anciens du parti, comme Keith Davey, qui avait dirigé les campagnes de Pearson ; Jim Coutts, stratège intelligent ; et John Nichol, ancien président et organisateur de campagne du Parti libéral – et cela, même si ces hommes avaient beaucoup d'amis dans le parti. De plus, il ne consultait jamais les figures emblématiques du parti, comme Jack Pickersgill, qui avait encore une grande influence au Rideau Club, et Walter Gordon, qui influençait encore énormément les pages de l'éditorial et des nouvelles du grand quotidien *Toronto Star*[12].

Les plaintes déconcertaient Trudeau. Il avait l'impression qu'aucun autre dirigeant politique canadien n'avait autant essayé avec sincérité de faire participer non seulement le parti, mais aussi la population au processus d'élaboration des politiques. Sa correspondance augmenta de manière exponentielle pour répondre au déluge de courrier adressé au premier ministre, dont il lisait des résumés et, parfois, certaines lettres[13]. Grâce à ses réformes du système de comités, les ministres avaient plus d'autorité pour prendre des décisions qu'ils n'en avaient jamais eu auparavant*. De même, les nouvelles règles régissant la procédure à la Chambre des communes donnaient plus de liberté et de responsabilités aux députés, surtout dans les comités, et ses promesses d'allouer plus de personnel, de fonds et de capacité de recherche aux simples députés libéraient ces derniers, qui pouvaient alors se concentrer sur leur circonscription et leurs responsabilités au Parlement.

Le plus déroutant était l'attitude des électeurs à l'égard de sa force. Sa popularité atteignit des sommets étonnants lorsqu'il fit capituler les terroristes pendant la crise d'Octobre, et les souvenirs de l'excitation, de l'énergie et de l'enthousiasme de la Trudeaumanie étaient encore présents. Néanmoins, à l'approche de la fin de son premier mandat comme premier ministre, Trudeau et ses conseillers les plus proches commencèrent à comprendre que si Trudeau « [était] considéré comme un homme intelligent (et, pour beaucoup, brillant), ainsi que comme un leader fort

---

* Trudeau avait créé la série complexe de comités du Cabinet pour s'occuper du nombre accru de demandes exercées sur le gouvernement, mais un assistant l'avertit en août 1971 qu'en raison du système de comités ministériels en place du lundi au jeudi, « les ministres avaient beaucoup de difficulté à trouver du temps pour s'occuper des politiques et des communications prévues pour l'année à venir ». Le haut fonctionnaire Marshall Crowe exprima toutefois une mise en garde, à savoir qu'il serait « dangereux de restreindre le type de travail réalisé par les comités, car les ministres perdraient le contrôle de la situation, et, plus sérieusement pour Trudeau, son propre "système d'information", qui reposait sur les rapports des comités, s'effondrerait. Ce dilemme se poursuivit pendant tout le premier mandat de Trudeau. Gordon Gibson à Trudeau, 12 août 1971, FT, MG 26 03, vol. 121, dossier 313-05, BAC ; entrevue avec Marshall Crowe, janvier 2009.

et décidé », il avait en revanche de sérieux problèmes sur le plan politique. Les sondeurs du parti y allèrent de sinistres avertissements. « Tout
d'abord, il donne l'impression d'être un peu trop dur. Les termes hautain et dédaigneux viennent à l'esprit. M. Trudeau ne se soucie tout simplement pas assez des sentiments des autres. Et plus les gens seront de
cet avis, plus nombreux ils seront à sentir qu'il y a un abîme de plus en
plus grand entre le premier ministre et la population. Le deuxième [pro-
blème] est en fait lié au premier. Les gens le perçoivent comme un
homme qui voyage trop, comme un play-boy, et pas suffisamment sérieux
par rapport à son travail. D'une façon perverse, les gens disent qu'ils
n'aiment pas le premier ministre parce qu'il semble s'amuser. » Trudeau
devait sans aucun doute prendre du « bon temps », mais de l'avis des sondeurs, « ce serait sûrement plus facile s'il n'avait pas autant *l'air* de s'amuser ». Il devait, avertissaient-ils encore, devenir « on ne peut plus sérieux
[…] à servir son pays et sa population[14] ».

Charles, le frère de Trudeau, un homme timide, apporta quelque
consolation quand il lui dit, le 20 juin 1971, dans une lettre généreuse,
admirer « tout ce que tu as fait pour le bien du pays depuis l'époque où
tu étais ministre de la Justice ». Aucun autre éloge n'avait autant de prix
à ses yeux[15]. Très vite, déferla une avalanche de photographies montrant
Trudeau à son bureau, la cravate desserrée, « sérieusement » absorbé
dans ses documents. Mais l'humeur changeante de l'opinion publique
frustrait Trudeau, qui ignora de plus en plus les sondages et ceux qui les
transmettaient.

⌐

Les perceptions n'étaient pas le seul problème. Le gouvernement fédéral
se retrouva devant de nouveaux défis après 1968. Le gouvernement Pearson avait misé sur la forte croissance économique et les augmentations
de la productivité au début des années 1960 pour introduire une gamme
incroyable de programmes parrainés par le gouvernement fédéral, auxquels s'ajoutèrent ensuite des initiatives des gouvernements provinciaux.
Le régime d'assurance-maladie, le Régime de pension du Canada, l'aide
supplémentaire et améliorée aux aînés, les prêts aux étudiants, et la soudaine augmentation des services gouvernementaux généraux reposaient

tous sur les hypothèses de l'accroissement des exportations, de l'amélioration continue de la productivité et de la hausse de l'investissement fixe
dans les entreprises. Reflétant l'esprit d'abondance de l'époque, le gouvernement Pearson, répondant à l'exhortation de l'ancien chef syndicaliste Jean Marchand et contre l'avis d'anciens fonctionnaires comme
Mitchell Sharp et Bud Drury, avait accordé en 1966 le droit de négociation collective à la majorité des fonctionnaires. La crise du dollar canadien en février 1968, année où le gouvernement Pearson avait presque
été renversé, fut le signal que l'avenir ne serait pas le miroir du passé.
L'effervescence de la Trudeaumanie masquait une économie statique
marquée par la baisse de l'investissement et la hausse du chômage. Entre
1966 et 1971, le chômage passa de 3,6 p. cent à 6,4 p. cent de la population active. Pendant ce temps, le gouvernement fédéral se retrouva à
devoir payer les factures des folles dépenses dans lesquelles il s'était
lancé. Il en résulta un programme de restrictions gouvernementales
immédiates, de constantes disputes avec les provinces concernant les
programmes à frais partagés et la déception généralisée de la population
envers le nouveau gouvernement[16].

Trudeau avait pressenti les difficultés qui l'attendaient et, comme
nous l'avons vu, même pendant la campagne de 1968, il avait déclaré à
des auditoires que ce n'était plus le temps de lancer de nouveaux programmes sociaux. Formé comme économiste dans les années 1940, il se
raccrochait aux hypothèses de cette décennie, communément appelées
« économie keynésienne ». Il n'était pas le seul à croire que le gouvernement pouvait utiliser l'impôt et les dépenses publiques pour réglementer
l'économie et assurer la croissance et la stabilité. En 1971, le président
Richard Nixon déclara : « Nous sommes tous keynésiens à présent. »
Hélas, ces suppositions, librement inspirées des écrits célèbres de Keynes
pendant la Grande Crise, ne correspondaient pas aux défis auxquels
faisaient face les dirigeants occidentaux dans les années 1970. Au cours
de cette décennie, on assista à l'effondrement des accords de Bretton
Woods – système créé après la Seconde Guerre mondiale utilisant le
dollar américain comme monnaie de réserve et les institutions financières internationales à Washington comme garants des pays occidentaux dans le besoin –, ce qui entraîna des changements spectaculaires
également dans le système économique international. La stabilité des

années d'après-guerre, avec leur croissance régulière, la montée de la productivité et l'inflation faible, se désintégra à la fin des années 1960 lorsque, contrairement à la sagesse économique de l'époque, l'inflation comme le chômage augmentèrent, créant une décennie de « stagflation ». Les politiciens étaient frustrés. Alan Greenspan, partisan et conseiller de Richard Nixon, se souvient de l'agitation d'alors, lorsque « [ses] amis de Washington ont essayé un remède après l'autre ». Malheureusement, peu d'entre eux fonctionnèrent[17].

La conclusion des négociations commerciales (Kennedy Round) en 1967 constitua un grand tournant avec l'adoption de barrières tarifaires dans tout le monde non communiste et l'apparition des premières lueurs de la mondialisation de la fin du XXe siècle. Le secrétaire au commerce américain Alexander Trowbridge écrivit que les négociations représentaient « un très grand pas vers la chose dont nous avions tellement entendu parler pendant les années de l'après-guerre : le vrai marché unique mondial ». Elles signifiaient que « le marché intérieur américain – le marché le plus grand et le plus lucratif du monde –, n'était plus la chasse gardée de l'homme d'affaires américain[18] » – ou canadien, d'ailleurs.

Cette révolution prit fin avec l'économie de l'offre et le monétarisme dans les années 1980, mais à la fin des années 1960 et au début des années 1970, les politiciens canadiens ne prévoyaient pas qu'il allait en être ainsi. Les monétaristes réagirent aux problèmes économiques de la hausse du chômage et de l'inflation par de nouvelles panacées concentrées sur la réduction du rôle des dépenses fiscales dans le maintien de l'équilibre de l'économie et sur une intervention limitée de l'État dans l'économie en général. À long terme, leurs politiques entraîneraient la diminution du rôle du gouvernement, une prise des décisions économiques décentralisée et des marchés libres. En regardant au sud, les politiciens canadiens étaient à même de constater que les Américains avaient pris une décision inflationniste en fournissant à la fois « armes et beurre », au moment où la guerre du Viêtnam prit de l'ampleur, et ils savaient que les pressions sur le dollar américain, lié à l'or, étaient difficiles à contenir. Pendant ce temps, le marché commun européen se servait de sa politique agricole unique comme d'un liant pour unir ses membres, avec pour résultat que le vénérable et précieux Accord international du blé commença à s'effriter. Sur tous les fronts, les Canadiens se virent exclus des anciens marchés comme l'Europe, pour se retrouver aux prises avec de nouveaux concurrents dans de nouveaux marchés, comme le blé subventionné de la France et les économies de l'Allemagne et du Japon qui connaissaient un nouvel essor.

Le premier instinct de Trudeau devant l'orage qui se préparait fut de se mettre sur la défensive. Son gouvernement entreprit de réduire les dépenses et de restreindre la croissance rapide de la fonction publique, une décision qui contribua certainement non seulement à la hausse du chômage, mais aussi à l'agitation dans la fonction publique. En 1969, c'est un Trudeau sévère qui défendit sa guerre contre l'inflation : « Nous ne pouvons que nous renforcer et non pas nous affaiblir [...] Je crains qu'il y ait un grand nombre de personnes qui pensent que le gouvernement ne pourra continuer à agir durement parce qu'il sera effrayé s'il voit le chômage grimper à 6 p. cent. Mais si les gens pensent que nous allons perdre notre sang-froid à cause de cela ils devront y penser à deux fois parce que ce n'est pas le cas. » Ces propos peu judicieux et son doigt dressé devant les routiers en grève de Lapalme en 1970, à qui il déclara « mangez de la merde », transformèrent l'image que se faisaient de Trudeau de nombreux Canadiens. Le premier ministre n'était plus le progressiste de la gauche libérale ; il était devenu un conservateur impitoyable de la droite. Le nombre des partisans du NPD se mit à grimper[19].

Le milieu des affaires applaudit à la réduction des dépenses et de la fonction publique, mais les entreprises provoquèrent leur propre tempête lorsque le ministre des Finances, Edgar Benson, déposa la réponse du gouvernement à la Commission royale d'enquête sur la fiscalité (la commission Carter) le 7 novembre 1969. Ce rapport historique recommandait la « neutralité fiscale », c'est-à-dire que toutes les sources de revenus soient traitées également, ce qui constituait une recommandation révolutionnaire dans un pays qui ne levait pas d'impôt sur les gains en capital. Le livre blanc de Benson proposait de déplacer le fardeau fiscal des pauvres vers les riches et que la fiscalité encourage la prise de décisions rationnelles en matière d'investissement. Experts-comptables et avocats fiscalistes étaient à juste titre inquiets d'apprendre que le système serait simplifié, mais ils étaient peu nombreux. Les protestations les plus violentes et les plus troublantes du point de vue politique vinrent des petites entreprises. John Bulloch, un chargé de cours au Ryerson Polytechnical

Institute de Toronto, lut le livre blanc dans sa baignoire et décida immédiatement d'entreprendre une campagne d'opposition. Son père, qui était tailleur, faisait publier régulièrement une annonce frappante en page deux du *Globe and Mail*, laquelle était, dit-on, davantage lue que la page de l'éditorial. Bulloch, fils, prit l'annonce à sa charge et monta à l'assaut contre le gouvernement de Trudeau et les politiques fiscales qu'il proposait. Accompagnant une photographie du moment critique dans la baignoire, l'annonce invitait les opposants aux réformes fiscales à se joindre au Conseil canadien pour une juste imposition, nouvellement formé.

Si Bulloch était irritant, l'opposition farouche de l'avocat fiscaliste winnipégois Israel « Izzy » Asper fut prise beaucoup plus au sérieux. Chef des libéraux au Manitoba, il était considéré comme une étoile montante du parti. Terrassé par la maladie, il rédigea de son lit d'hôpital une attaque pleine de colère contre les réformes qu'il intitula *The Benson Iceberg*. Il y soutenait que le livre blanc sur la fiscalité visait à « réorganiser la société », rien de moins. La question était fondamentale pour Asper : « Chaque Canadien devait-il être le gardien de son frère ou simplement son aide ? » Le libéral conservateur faisait naître la peur que le Canada devienne un État socialiste. Le Conseil des ministres devint inquiet. Paul Hellyer, généralement considéré comme un porte-parole des intérêts du milieu des affaires, avait quitté le Cabinet en avril, et les commentateurs commençaient à faire des remarques sur la faible représentation de ce milieu parmi les ministres de Trudeau[20].

Barney Danson, un député torontois très respecté ayant d'excellents liens avec le milieu des affaires, organisa une rencontre entre Trudeau et les principaux gens d'affaires de Toronto le 27 novembre 1970. Trois jours plus tard, il raconta : « Le manque apparent de compréhension face à la position et à l'orientation du gouvernement dénotait la perplexité générale du milieu des affaires par rapport à sa relation avec notre nouveau style de gouvernement. [La rencontre] a aussi fait ressortir la nécessité de mettre en place de nouveaux mécanismes de communication avec le monde des affaires pour qu'il y ait identification et compréhension. Les gens d'affaires n'ont personne au gouvernement auquel ils peuvent facilement s'identifier ou qui leur donne l'impression d'avoir une voix au chapitre[21]. »

En réponse à ces critiques, Trudeau nomma en août de l'année suivante Alastair Gillespie, un homme d'affaires influent de Toronto, ministre d'État chargé des Sciences et de la Technologie. Dans l'inter-valle, les attaques cinglantes contre les propositions fiscales avaient entraîné le rétrécissement des recommandations audacieuses de la com-mission Carter en une série de mesures de réforme modérées. Il fallut plus de six mois avant que le projet de loi de soixante-dix pages de Benson ne soit adopté, en décembre 1971, et il ne serait pas devenu loi sans l'in-vocation de la clôture. De plus en plus désillusionné par le Parlement, Trudeau n'avait pas fait de discours important à la Chambre des communes depuis un an. Il reconnaissait néanmoins l'importance de ce projet de loi et termina le débat du 17 décembre en ces termes : « C'est la première fois au Canada qu'un gouvernement a invité la population dans son ensemble à participer à l'élaboration d'une politique importante. » Mal-heureusement, l'expérience n'avait pas été édifiante pour le gouverne-ment, et la cote des libéraux fléchit ce mois-là à 37 p. cent, soit le niveau le plus bas depuis la prise du pouvoir par Trudeau[22].

Les réformes éliminèrent l'impôt pour de nombreux travailleurs pauvres et introduisirent un impôt sur les gains en capital à un taux de 50 p. cent, ce qui n'empêcha pas le NPD, sous la gouverne de David Lewis, de s'attaquer sans relâche au projet de loi qu'il voyait comme un moyen d'amadouer les entreprises canadiennes et les riches Canadiens, qui tiraient profit de l'élimination des impôts sur les successions ainsi que des taux d'imposition marginaux moins élevés. L'appui au NPD augmenta au fédéral, au moment même où le parti prenait de l'expansion au provin-cial, avec les victoires électorales d'Ed Schreyer au Manitoba le 25 juin 1969 et d'Allan Blakeney en Saskatchewan, le 30 juin 1971. À l'in-térieur même du NPD, le mouvement Waffle très nationaliste, qui sou-haitait faire du NPD « l'aile parlementaire d'un mouvement ayant pour vocation de promouvoir le changement social fondamental », choqua les membres conservateurs à l'intérieur comme à l'extérieur du parti. Cepen-dant, la purge du parti dirigée en Ontario par Stephen Lewis (le fils de David), chef du NPD dans cette province, renforça probablement l'intérêt électoral du parti fédéral en faisant paraître Lewis, père, moins radical lorsqu'il fulminait avec éloquence contre le capitalisme contemporain. Trudeau, jadis néo-démocrate, se préoccupait à présent de l'appui des entreprises et des pressions inflationnistes, même s'il avait toujours à cœur la réduction des inégalités et du chômage. Plus que jamais un paradoxe, semblait-il, un « ensemble de contradictions », Trudeau, tant dans la presse qu'au Parlement, était « dénoncé tour à tour comme un play-boy et un avocat inflexible, un hippie attardé et un constitutionnaliste constipé ».

Anthony Westell soutient que deux hommes avaient fait campagne en 1968 – l'un, le rationaliste et le philosophe qui prêchait le débat et la participation démocratique, et l'autre, la pop star qui incarnait l'aventure, le changement et même la radicalisation. Le paradoxe était toujours présent en 1971 avec, d'une part, le mariage avec Margaret l'enfant fleur, la danse disco dans les clubs et l'épisode du « *fuddle duddle* » à la Chambre des communes et, d'autre part, les longues nuits à Victoria passées à discuter de la Constitution et le fastidieux débat sur la réforme fiscale. En matière de politiques, il dégageait également une image floue, qui n'était pas rare au Parti libéral, qui avait toujours attiré des partisans aux penchants politiques variés[23].

⌇

Pour ceux de la gauche, la politique étrangère de Trudeau offrait une certaine satisfaction. Son gouvernement réduisit la présence militaire du Canada en Europe et reconnut la Chine communiste, malgré les sérieuses réserves qu'avaient exprimées plusieurs alliés. Ce pays et son expérience communiste avaient longtemps fasciné Trudeau, qui avait fui la région lors de ses voyages de jeunesse juste avant que les troupes de Mao n'entrent dans Pékin. Trudeau avait également fait une visite mémorable dans le pays en 1960. Au Canada, la reconnaissance de la Chine communiste était devenue une cause de première importance pour les Canadiens de la gauche et même pour certains de la droite – notamment les producteurs de céréales de l'Ouest qui avaient tiré grand profit de l'empressement de John Diefenbaker à maintenir le commerce avec la « Chine rouge ». Le *Globe and Mail* fut l'un des premiers journaux occidentaux à avoir un correspondant en Chine, et l'un de ses meilleurs journalistes, Charles Taylor, avait des liens personnels étroits avec les principaux représentants du monde des affaires canadien. Dans sa campagne à la direction, Trudeau promit de reconnaître la nation communiste, et il était déterminé à tenir cet engagement, même si les Chinois montraient peu d'enthousiasme face à l'approche adoptée par le Canada.

L'opposition aux plans de Trudeau s'exprimait aussi ailleurs. Lorsque Trudeau se rendit en Australie en mai 1970, le gouvernement australien l'avertit que sa décision de reconnaître la Chine était imprudente étant donné les activités « subversives » de ce pays dans la région. Nixon abonda dans le même sens, même si sa propre administration planifiait en secret une initiative historique avec la Chine. C'est par une rencontre à Stockholm, zone neutre où les deux pays avaient une ambassade, que les Canadiens et les Chinois se sont finalement entendus, en octobre 1970, pour échanger des diplomates. Après un certain retard, le temps que les diplomates s'entendent sur le papier à utiliser pour la convention – optant finalement pour du papier suédois –, les Chinois firent l'acquisition d'un ancien couvent à Ottawa et s'y installèrent en février 1971[24].

Trudeau se révéla être un médiateur étonnamment efficace à la conférence du Commonwealth qui se tint à Singapour en janvier 1971. Certains membres craignaient la dissolution du Commonwealth, car les nations africaines exigeaient du groupe qu'il lutte contre l'apartheid, et le nouveau gouvernement conservateur britannique, dirigé par Edward Heath, insistait qu'il devait conserver sa base militaire à Simonstown, en Afrique du Sud. Le scepticisme de Trudeau à l'égard du Commonwealth était bien connu des diplomates canadiens, mais, encouragé par Lee Kuan Yew de Singapour et d'autres, il finit par trouver un compromis. Le Commonwealth survécut et, dès lors, l'affection de Trudeau pour l'institution grandit rapidement*. Edward Heath et lui établirent une bonne relation, et Lee Kuan Yew, qui avait fait ses études à Oxford et qui était un partisan des idées modernes, devint un ami proche[25].

La visite de Trudeau en Union soviétique en mai 1971 fut plus controversée. Le premier ministre nouvellement marié justifia le voyage en faisant référence aux intérêts mutuels de l'Union soviétique et du

---

* Trudeau dit au *Times* (de Londres) que son travail à Singapour avait peut-être évité la possibilité d'une « guerre raciale générale » en Afrique. Il n'était pas dans l'intérêt du Canada qu'une telle guerre se produise, de sorte que son leadership à la conférence avait une fin précise, non « un quelconque vague rôle international ». Son rôle « d'intermédiaire utile » à Singapour était par conséquent synchrone avec l'accent mis sur les intérêts nationaux du Canada, tels qu'ils étaient exprimés dans son examen de la politique étrangère – du moins à ses propres yeux.

Canada dans l'Arctique et à l'éclosion des premières fleurs issues de la détente. Il n'en restait pas moins que, trois ans auparavant, des tanks soviétiques étaient entrés dans Prague, que la guerre du Viêtnam faisait toujours rage et que des milliers de Canadiens cherchaient à obtenir des visas de sortie pour leurs proches vivant en Union soviétique ; la visite de Trudeau dans ce pays présentait des dangers sur le plan politique. À sa dernière conférence de presse à Moscou, Trudeau parla avec insouciance de la « présence écrasante des États-Unis » au Canada, remarque que Robert Ford, l'ambassadeur canadien en Russie, qualifia de lapsus, mais qui reflétait « une méfiance profonde des États-Unis et un sentiment d'amitié envers l'Union soviétique de la part du premier ministre[26] ». La réaction de Ford était injuste envers Trudeau, l'attitude de ce dernier envers l'une et l'autre superpuissances étant plus complexe. Cependant, à son retour, Trudeau n'arrangea pas les choses en déclarant : « Ma position en Union soviétique ou au Canada est que quiconque enfreint la loi pour défendre son nationalisme n'aura pas beaucoup de sympathie de ma part[27]. » La communauté ukrainienne-canadienne et les anticommunistes farouches comme Peter Worthington dénoncèrent vivement le premier ministre, dont les remarques mettant sur le même pied les fédéralismes canadien et soviétique étaient, franchement, erronées et stupides. Les sentiments s'échauffèrent davantage lorsque la *Pravda*, le journal soviétique, salua la « poignée de main de Trudeau de l'autre côté du pôle » dans un éditorial qui irrita le ministère des Affaires extérieures du Canada. Ford était un ami de longue date de Trudeau et il lui pardonnait ses défauts, mais à Washington, on n'était pas aussi indulgent[28].

L'avancement de Trudeau dans la liste des ennemis de plus en plus nombreux de Nixon fut rapide. Nixon avait eu du respect pour la manière dont Trudeau avait réagi avec fermeté au terrorisme du FLQ, mais la méfiance du conservateur américain pour le gauchiste « huppé » du nord refit vite surface. Trudeau écrivit à Nixon à propos de sa visite en Union soviétique, et le président rédigea initialement une réponse sèche. Nixon appréciait que Trudeau ait parlé « avec franchise et sans détour », et convint que la coopération au sein de l'Alliance atlantique serait un « facteur primordial dans l'établissement de meilleures relations avec l'Union soviétique reposant sur des conditions réalistes et acceptables ». Cependant, il biffa un dernier paragraphe conciliant où il remerciait

Trudeau de son « aimable invitation, à Mme Nixon et à moi, à vous visiter, vous et Mme Trudeau, à Ottawa plus tard cette année », en inscrivant un « non » catégorique dans la marge. La version finale était un peu plus modérée et indiquait qu'il se réjouissait à la perspective de visiter le Canada. Cependant, son humeur était changeante. C'est ainsi que, dans un enregistrement daté du 6 juillet, il dit : « À propos des Canadiens. Je ne ferais rien avec les Canadiens. Ce Trudeau est un fils de pute. C'est pourquoi j'ai annulé cette affaire là-bas. Je n'irai jamais dans ce pays tant qu'il y sera[29]. »

La joute de Trudeau avec les États-Unis commença durant les examens de la politique étrangère et de la défense, lorsque les Américains avaient fait savoir qu'ils « étaient très inquiets de l'ampleur de la réduction proposée des forces stationnées en Europe et de la rapidité avec laquelle le GC [gouvernement du Canada] avait l'intention de mettre ses plans à exécution ». D'autres troubles s'ajoutèrent lorsque les États-Unis agirent unilatéralement pour faire face à leurs graves problèmes économiques, en particulier une balance des paiements très déficitaire. En août, après une réunion du Cabinet où John Connally, le secrétaire du Trésor, déclara au président que le pays était « fauché », Nixon réagit aux pressions sur le dollar américain en annonçant ce que les Japonais appelèrent le « Nixon *shokku* » – des restrictions commerciales qu'il imposa en réaction à la pénétration par des fabricants étrangers de marchés qui avaient été auparavant la chasse gardée des États-Unis. Bien que leur surnom laissât entendre que les mesures protectionnistes visaient le Japon, elles touchèrent également beaucoup le Canada au moyen de la surtaxe à l'importation. L'annonce de Nixon mit également fin de façon spectaculaire aux liens existant entre le dollar américain et l'or, qui avait été, dans les faits, la base du système économique international depuis la Seconde Guerre mondiale. À la dernière minute, le Texan John Connally, qui avait une aversion particulière pour le Canada, ajouta le Pacte automobile canado-américain à l'ensemble, menaçant ainsi environ un tiers du commerce entre les deux pays. Pour ajouter à l'insulte, Nixon déclara que les mesures visaient le Japon, « le plus grand partenaire commercial de l'Amérique ». L'erreur – le Canada étant nettement le plus grand – trahissait la précipitation avec laquelle les mesures avaient été adoptées et l'indifférence à l'égard des intérêts canadiens ainsi que la méconnaissance de ces intérêts[30].

À la demande de ses collègues inquiets du Conseil des ministres, Trudeau coupa court à ses vacances en Europe, sur la côte adriatique. À la fin, le pacte automobile fut maintenu et des ententes auxiliaires furent conclues, mais l'expérience ébranla Trudeau. Elle lui fit se rendre compte à quel point le Canada était dépendant des États-Unis, et renforça les arguments des nationalistes canadiens selon lesquels il fallait réduire cette dépendance. Herb Gray, alors ministre du Revenu national, travaillait dur à un rapport sur l'investissement étranger, et en novembre, quelqu'un le divulgua au journal de gauche *Canadian Forum*, qui le publia sur-le-champ, créant ainsi une grande controverse. Les critiques qu'il avait formulées à l'endroit des multinationales actives au Canada accaparèrent les grands titres des journaux canadiens partout au pays[31]. Le scepticisme de Trudeau concernant le nationalisme le faisait hésiter lorsque les politiques économiques reposaient sur des justifications nationalistes, mais le Nixon *shokku* fit en sorte que la notion d'économie nationaliste gagna du terrain au Canada ainsi qu'ailleurs dans le monde.

Trudeau, préoccupé, demanda à visiter Nixon à Washington; à l'insistance de Kissinger, Nixon accepta de le rencontrer le 6 décembre. Avec ses cheveux longs comme c'était la mode et ses favoris bien au-dessous de l'oreille, Trudeau s'assit avec Nixon devant le foyer dans le bureau ovale et discuta du *shokku*. Avant la rencontre, Nixon demanda à Connally: « Quoi dire à ce fils de pute de Trudeau? » Néanmoins, les formalités l'emportèrent lorsque la réunion commença. Nixon se plaignit que d'autres pays se liguaient contre les États-Unis. Trudeau réagit en décriant le protectionnisme, mais ajouta, de façon intéressante: « Si vous allez être protectionniste, alors soyons-le ensemble. » Affirmant avec justesse qu'il n'était ni un nationaliste ni un protectionniste, Trudeau mit en garde Nixon que « toute notre économie est si étroitement liée à la vôtre que si vous choisissez une orientation très protectionniste, nous devrons prendre des décisions très importantes ». Les États-Unis, affirma-t-il, pouvaient « coloniser » le Canada en constituant un énorme excédent commercial: « Si nous sommes toujours endettés envers vous, le seul moyen de rembourser nos dettes consiste à vous vendre des parties de notre pays. »

Nixon répondit que le Canada était « terriblement important » pour les États-Unis, mais que les deux pays « allaient inévitablement faire ce qui les intéressait ». Voyant la mauvaise tournure que prenait la rencontre, Kissinger intervint et dit à Trudeau que le Canada serait traité plus équitablement qu'il ne l'avait initialement affirmée lorsque le *shokku* avait été annoncé. Trudeau répondit que les remarques de Kissinger étaient « très utiles », et ajouta : « Je pense que nous sommes rassurés par tout ce que vous avez dit sur le fait que cela [la politique protectionniste] était temporaire, qu'il ne s'agissait pas d'une approche philosophique par laquelle nous souhaitons vous garder dans un état de domination simplement parce que nous voulons maintenant protéger notre société. » Kissinger et Nixon finirent par assurer les Canadiens que les mesures protectionnistes n'étaient que temporaires. Après la rencontre, Trudeau déclara à la presse avec une certaine exubérance qu'il avait été rassuré par le président, mais Nixon redevint aigri. Après le départ de Trudeau, il le traita d'« intello pontifiant », tout en reconnaissant que le « trou du cul » était un « fils de pute intelligent* ». Le président poursuivit sur sa lancée en poussant son chef de cabinet, H. R. Haldeman, à raconter une histoire négative sur Trudeau à un chroniqueur de Washington particulièrement méchant[32].

Trudeau n'était pas entièrement rassuré par le commentaire de Kissinger selon lequel les États-Unis retourneraient plus tard au libre-échange. À l'intérieur de la bureaucratie et du Cabinet du premier ministre, on commença à dresser des plans pour qu'un organisme de révision examine soigneusement l'investissement étranger – en très grande majorité américain – au Canada[33]. De plus, l'énergie, qui était toujours un enjeu très chaud, devint alors au centre des négociations entre le Canada et les États-Unis. Chaque jour, de nouvelles difficultés semblaient apparaître. C'est lors de sa première visite à Washington en mars 1969 que Trudeau avait prononcé son argument célèbre : « Être votre voisin, c'est comme dormir avec un éléphant : quelque douce et

---

* Lorsque les premiers enregistrements de Nixon furent dévoilés pendant le scandale du Watergate, on sut que Nixon avait traité Trudeau de trou du cul. La réponse de Trudeau fut de dire : « J'ai été traité de choses bien pires par de meilleures personnes. » John Diefenbaker, espiègle, condamna la remarque de Nixon tout en reconnaissant que ce dernier avait montré qu'il connaissait bien l'anatomie humaine. Un compte rendu de l'enregistrement et la réponse de Trudeau figurent dans le *Toronto Star*, 8 décembre 2008.

placide que soit la bête, on subit chacun de ses mouvements et de ses grognements[34] », et ces paroles étaient plus que justes. Malgré la déclaration de Trudeau et le serment antérieur de Nixon de ne jamais mettre les pieds au Canada tant que Trudeau en serait le dirigeant, Nixon visita finalement la capitale canadienne en avril 1972. Les irritations vives laissées par le *shokku* du mois d'août s'étaient apaisées, mais Nixon fit bien comprendre qu'Ottawa n'avait plus une relation spéciale avec Washington. Dans des notes qu'il écrivit lui-même, Nixon affirma que le Canada et les États-Unis « ont des identités bien distinctes » et « ça ne sert les intérêts de personne lorsque cette réalité est obscurcie[35] ». Nixon ne mettait pas de gants blancs, mais Trudeau appréciait vraiment les mots durs et la déclaration publique. La franchise lui apportait un peu de liberté*.

Pour être juste envers Nixon, il faut dire que même s'il traitait constamment Trudeau de « fils de pute » en privé, il savait généralement séparer son antipathie personnelle des intérêts des Américains, et reconnaître que le Canada avait aussi ses propres objectifs. Dans le cadre d'une discussion sur le dollar canadien qui eut lieu en décembre 1971 à la Maison-Blanche après la visite de Trudeau au bureau ovale, Nixon déclara : « Je n'ai jamais vu ce fils de pute de Trudeau dire quoi que ce soit de positif concernant [la crise économique] avant, mais il a été très bon » pendant leur récente rencontre. « Je veux dire [...] nous n'essayons

---

* Nixon ne fut pas mieux disposé envers le Canada pendant cette visite. L'adjoint de Trudeau, Tim Porteous, que Nixon décrivit comme un « affreux type (*ugly bastard*), probablement de gauche » fut l'une de ses cibles. Encore une fois, Nixon demanda à Haldeman de raconter une histoire négative à la presse, cette fois concernant Porteous. Il dit à Haldeman : « N'y va pas de main morte. Trouve un moyen, nom de Dieu ! Il faut que tu leur fasses comprendre qu'ils ne devaient pas maltraiter les États-Unis après ce que nous avons fait pour ce fils de pute minable », faisant bien sûr référence à Trudeau et à l'entente conclue avec le Canada éliminant les effets dévastateurs des mesures économiques prises en août 1971. Nixon déclara : « Ce voyage, nous n'en avions vraiment pas besoin. » Porteous affirma plus tard à Kissinger que la visite n'avait pas aidé les relations entre le Canada et les États-Unis, même si Kissinger a, semble-t-il, apprécié sa soirée au Centre national des arts avec Charlotte Gobeil, animatrice à la télévision et sœur de Madeleine Gobeil, l'amie de Trudeau. Lorsqu'on lui demanda ce que Trudeau pensait de l'hostilité de Nixon envers lui, Porteous répondit : « Ce n'était pas le genre de choses qui préoccupaient réellement Pierre. Je ne crois pas qu'il ait jamais aspiré à devenir l'ami de Nixon. » Alexandra Gill, « Nixon's Bushy-Haired "Bastard" Bites Back », *Globe and Mail*, 23 mars 2002 ; entrevue avec Tim Porteous, septembre 2007.

pas d'exploiter le Canada – même si c'était le cas, nous posséderions 90 p. cent de leurs ressources pétrolifères. Vous savez que 85 p. cent de leur industrie automobile est liée à la nôtre [...] nous comprenons que le Canada a le droit à sa propre destinée et aucun politicien canadien ne survivrait sans cette idéologie. Mais [...] nous devons nous occuper de nos propres intérêts. » Même si Nixon et Trudeau avaient des opinions différentes sur les affaires internationales, chacun d'eux, à sa manière bien particulière, était un réaliste, et leur relation était fonctionnelle et efficace dans son approche aux détails. Néanmoins, le 19 juin 1972, Jay Walz, excellent correspondant canadien du *New York Times*, conclut que « malgré trois visites cordiales avec le président Nixon, [Trudeau] n'a toujours pas trouvé comment traiter avec le plus grand partenaire commercial du Canada ». À présent, se lamenta-t-il, il faudrait attendre les élections dans les deux pays avant de pouvoir résoudre « une douzaine de différends[36] ».

Des cambrioleurs étaient entrés dans les appartements du Watergate le 17 juin, deux jours avant que Walz n'écrive ses commentaires, et la réélection fatidique de Richard Nixon en novembre allait compliquer encore davantage la tâche de Trudeau. Ses propres plans de campagne tournaient à la déroute. La plupart des représentants officiels du parti avaient souhaité que des élections aient lieu au printemps, mais ni Trudeau ni son Conseil des ministres n'étaient prêts. Et entre-temps, la montée du NPD dans les sondages obligeait les libéraux à virer de cap vers la gauche, tant en politique étrangère qu'en politique intérieure.

Trudeau avait déclaré qu'il ne jouerait pas au père Noël avec les Canadiens ; toutefois, il avait précisé dans sa campagne électorale de 1968 qu'une société juste signifiait que le gouvernement fédéral se souciait, comme il se devait, des différences économiques régionales. Se fondant sur des programmes régionaux antérieurs, Trudeau créa le ministère de l'Expansion économique régionale (MEER), qui avait pour mandat d'utiliser les fonds et les pouvoirs du gouvernement fédéral pour encourager le développement économique dans les régions défavorisées du Canada. Avec Jean Marchand comme ministre, l'ancien conseiller très créatif de Pearson, Tom Kent, comme député, et la talentueuse et expérimentée Pauline Bothwell comme adjointe de direction, le MEER était ambitieux, puissant et avait de l'influence dans le gouvernement. Son enthousiasme n'a pas été mis en question, mais son efficacité, oui. De nombreux économistes croient que le MEER et les grandes réformes de l'assurance-chômage introduites en 1971 ont rendu l'économie moins flexible et productive, surtout lorsque d'autres initiatives dans les domaines de la concurrence, de la fiscalité et de la réduction des tarifs douaniers étaient restreintes.

Bryce Mackasey, à l'époque ministre de la Main-d'œuvre et de l'Immigration, modifia radicalement l'assurance-chômage en permettant aux travailleurs temporaires, qui étaient auparavant exclus du régime, de recevoir des prestations, et prolongea les prestations des chômeurs à long terme. Gordon Gibson, qui était conservateur sur le plan économique et alors haut fonctionnaire dans le Cabinet de Trudeau, s'est rappelé comment il avait explosé à l'adoption du projet de loi de Mackasey. Selon de nombreux ministres, cependant, cet agitateur politique irlandais, qui avait fait une crise cardiaque au congrès de 1968 lorsqu'il travaillait frénétiquement à la campagne de Trudeau, sembla charmer ce dernier, et parvint à ses coûteuses fins. En outre, au début de 1972, l'incidence de ces politiques était moins apparente et politiquement dangereuse que le taux de chômage en hausse, s'établissant alors à plus de 6 p. cent. La critique syndicale du gouvernement, étroitement liée au NPD, faisait rarement l'éloge des nouvelles mesures de dépenses, mais dénonçait régulièrement les politiques économiques plus vastes du gouvernement[37].

Le premier ministre et ses conseillers étaient conscients que les choses se présentaient mal au début de l'année 1972. En 1968, ils avaient mal évalué l'inflation dans l'établissement de leurs politiques économiques ; ils se précipitèrent pour redresser rapidement la situation, mais le taux de chômage demeura obstinément élevé, même lorsque l'inflation commença à monter. Le taux de chômage en Ontario en 1971 (5,4 p. cent) avait plus que doublé par rapport à celui enregistré en 1966 (2,6 p. cent), mais les taux étaient encore plus hauts dans d'autres grandes provinces, notamment au Québec (7,3 p. cent) et en Colombie-Britannique (7,2 p. cent). Trudeau chercha à plaire aux transfuges tant de la droite que de la gauche. Il se rendit à Toronto pour rencontrer les dirigeants d'entreprise, mais déclara au sénateur John Godfrey qu'il n'avait pas l'impression d'avoir « fait beaucoup de progrès auprès de ceux qui étaient présents ». C'était vrai. Il cessa les voyages à l'étranger et chercha énergiquement à plaire aux médias canadiens, une autre communauté auprès de laquelle sa popularité était en déclin. En janvier 1972, le journaliste conservateur John Gray écrivit : « Il est reconnu dans les cercles distingués que le gouvernement Trudeau est un désastre, néanmoins il a respecté à peu près toutes ses promesses de 1968. Il a promis très peu, et ceux qui s'attendaient à plus projetaient leurs propres fantasmes. Mais quels fantasmes ! Et quelles déceptions ils créèrent ! » Jerome Caminada, journaliste britannique de passage au Canada, trouva en février le pays en colère et se nourrissant, de façon très malsaine, de la « personnalité de M. Pierre Trudeau ». Il dominait la une des journaux canadiens avec son « don pour l'activité physique » et son sens infaillible du théâtre, écrivit Caminada, mais son public le suivit de moins en moins.

Tandis que se poursuivait cette pièce de théâtre, un acte majeur y fut présenté le 25 décembre 1971, lorsque Margaret donna naissance à Justin et que dans tous les journaux parurent des photographies de la petite famille rayonnante. Ces portraits d'un Trudeau fou de joie et d'une Margaret aimante tenant Justin dans ses bras exhalaient l'extraordinaire sentiment propre à la paternité, à la maternité, et à la plénitude affective qu'apportèrent leurs enfants dans leur vie. Pendant un court temps, l'atmosphère s'adoucit dans les journaux au sujet de Trudeau, mais l'humeur sombre refit bientôt surface. À un dîner organisé à Ottawa en février 1972, le journaliste britannique « écouta des Canadiens en provenance de régions d'un bout à l'autre du pays défaire leurs arguments pièce par pièce comme de la viande crue dans les mains d'hommes affamés ». Le Canada était d'humeur revêche, tout comme Trudeau d'ailleurs*. À bord d'un avion à destination de Montréal, où Caminada

---

* Le chef progressiste-conservateur Robert Stanfield, avec l'équité qui le caractérisait, rejeta les allégations voulant que Trudeau ne soit pas sérieux dans sa vie et au Parlement. Il déclara au journaliste britannique de passage : « Ils n'ont pas observé l'usure des quatre années passées au Cabinet ni les rides sur son visage. Il est très sérieux et dur, mais il devient impatient avec les gens et le Parlement. » Son analyse était juste. Jerome Caminada, « Canada's Struggle for Identity », *Times* (Londres), 17 février 1972.

se trouvait en compagnie de Trudeau, quelqu'un dit à ce dernier qu'il allait rencontrer Bourassa le lendemain, et demanda s'il avait un message pour le premier ministre du Québec. « Dites-lui donc qu'il se décide », répondit-il sur un ton brusque, avec colère, encore piqué au vif par la débâcle constitutionnelle à Victoria[38].

Trudeau remania le Conseil des ministres en janvier 1972 et, alors qu'on ne s'y attendait pas, nomma John Turner ministre des Finances et Donald Macdonald, ministre de l'Énergie, des Mines et des Ressources. Turner était devenu le ministre le plus populaire, surtout auprès des « Canadiens anglais de la classe moyenne supérieure » qui délaissaient le premier ministre et son groupe. Trudeau était déjà mal à l'aise avec Turner, en partie parce que ce dernier avait insisté pour rester dans la course à la direction en 1968, et en partie parce qu'il était devenu clairement un rival. Il avait beaucoup d'admiration pour Macdonald, qui se disputait avec assurance avec lui au Conseil et qui avait mérité son respect. Turner s'attela immédiatement à la préparation d'un budget qui rassurerait le monde des affaires, tout en maintenant les références progressistes dont le Parti libéral avait besoin pour les prochaines élections. Ministre solide, Turner demanda à Trudeau de donner un rôle plus essentiel aux Finances et à son ministre. Turner passa à l'acte : lorsqu'il annonça son premier budget, il reconnut que le chômage représentait un plus grand défi que l'inflation, alors il ajouta certains stimulants. Les impôts des sociétés furent réduits et les prestations aux aînés, indexées. La réaction de la presse fut généralement favorable, mais en raison des conflits de travail continus, de l'incertitude économique, des piètres résultats dans les sondages et de la désorganisation dans le parti, il fut décidé de ne pas tenir d'élections au printemps de 1972.

Le parti commença à souffrir de l'indifférence de Trudeau à l'égard des loyalistes, et on chargea deux ministres du Cabinet d'élaborer une campagne, soit Jean Marchand, l'ami de longue date de Trudeau, et Robert Andras, populaire concessionnaire d'automobiles du nord de l'Ontario qui était ministre d'État chargé des Affaires urbaines. À l'été, le spécialiste américain des sondages, Oliver Quayle, arriva pour évaluer ce que les Canadiens pensaient de Trudeau, tandis que les députés libéraux apprirent dans leur circonscription que nombre de leurs électeurs détestaient maintenant le premier ministre. Encore une fois, les conflits de travail troublèrent le repos estival du Conseil des ministres et, à la fin du mois d'août, Trudeau, frustré, réunit le Parlement pour forcer les débardeurs de la Colombie-Britannique à mettre fin à leur grève. Le 1er septembre, la législation sur le retour au travail fut rapidement adoptée par la Chambre des communes et par le Sénat, et Trudeau rencontra les membres de son cabinet politique, les informa qu'il avait décidé de déclencher des élections à l'automne, et leur présenta sa stratégie de campagne et sa déclaration électorale. Il prévoyait voir Roland Michener, le gouverneur général, cet après-midi-là et lui annoncer le déclenchement des élections le 30 octobre.

Pendant que Trudeau lisait sa déclaration électorale, Turner pensa qu'elle avait « trop de "la vie ne vous a jamais tant choyé" ». Certains problèmes devraient être mentionnés et leurs solutions, suggérées. Mitchell Sharp affirma que la déclaration deviendrait « un outil dans les mains de l'opposition ». Andras et Marchand soutinrent que le caucus était aussi mécontent du thème optimiste du document. Trudeau, désespéré, déclara qu'il était « prêt à le signer dans sa forme actuelle et à le travailler », mais que « l'autre solution consistait à aller en élection sans document de campagne ni plateforme ». Le président du parti, Richard Stanbury, accepta d'appuyer le document, même s'il « était tenté » de faire remarquer « qu'il avait peu rapport, sauf de manière très indirecte, aux décisions du parti prises en novembre 1970 » sur ce que devrait être la politique du parti. Après le départ de Trudeau pour Rideau Hall, le cabinet politique trouva un compromis à l'indécision collective : « Le thème de la campagne, *The Land is Strong* (Le pays se porte bien) ne serait pas annoncé en tant que tel, mais serait simplement développé dans les discours. »

Et il se développa, rapidement mais de manière désastreuse. Pour les libéraux en 1972, le pays ne se portait pas bien[39].

CHAPITRE 7

Le pays ne se porte pas bien

Pierre Trudeau n'aimait pas beaucoup la politique – du moins pas ces aspects que les vétérans considéraient comme le cœur des règles du jeu. Participer aux dîners de poulet, les appels pour apaiser les craintes des partisans chancelants, chauffer les salles, se rappeler les noms des enfants et faire des courbettes devant les journalistes étaient des tâches auxquelles il refusait de se plier. Cela avait eu peu d'importance les premiers mois après son arrivée au pouvoir, alors que la Trudeaumanie déferlait sur le pays. À cette belle époque, Trudeau pouvait organiser un dîner pour le grand économiste suédois Gunnar Myrdal, partir voir Ted Kennedy à Sainte-Adèle pour le week-end, et libérer une matinée pour rencontrer l'éditeur français Jean-Jacques Servan-Schreiber, mais répondre « Il n'en est pas question » lorsque le directeur national du Parti libéral lui demandait d'« envisager de recevoir l'exécutif national du Parti libéral pour un cocktail, à un moment donné au cours du week-end ». Mais en 1972, la situation était différente, et Trudeau et son groupe étaient mal préparés à un monde politique plus critique. Trop de débats, pas assez de décisions et des politiques beaucoup trop compliquées rendirent fragiles les bases de l'équipe de campagne de Trudeau en prévision des élections de l'automne. Comme elle n'avait aucun nouveau programme audacieux à présenter aux électeurs, elle décida, presque à défaut d'autres options, de faire valoir ses réalisations[1].

Les libéraux se lancèrent dans la campagne avec une trop grande confiance en eux-mêmes. C'en était stupéfiant. Leur projet de plate-forme du 10 août – le quatrième – était suffisant, condescendant et s'en allait à la dérive. Le premier gouvernement de Trudeau avait à son actif plusieurs réalisations concrètes, mais la façon dont elles étaient présentées par la nouvelle plateforme ne leur rendait pas justice. La section portant sur l'économie, intitulée *The Land Is Strong* (Le pays se porte bien), commençait comme suit : « L'économie canadienne a progressé de 20 % comparativement à il y a quatre ans. La population a plus d'argent à dépenser qu'il y a quatre ans (environ 815,00 $ de plus pour chaque homme, femme et enfant). Quelle que soit la mesure utilisée pour mesurer le bien-être du Canada, on constate que le pays va bien : la production industrielle s'est accrue de 18 % ; la fabrication manufacturière a augmenté de 14 % ; 744 000 maisons ont été construites ; les ventes au détail ont grimpé de 25 % ; les revenus du travail se sont accrus de 45 % ; et les bénéfices des entreprises sont en hausse de 17 % ; nos exportations ont augmenté de 25 % comparativement à celles de 1968. Ces *chiffres* font état d'une croissance stable et certaine. Derrière ces statistiques, on trouve un homme ayant un bon emploi et un salaire régulier ; un homme et une femme qui fondent une nouvelle famille dans une nouvelle maison ; un autre homme ayant un bon emploi tant les produits canadiens se vendent bien à l'étranger ; un autre homme encore ayant un bon emploi parce que l'entreprise canadienne a confiance en elle et dans le pays, et réinvestit ses bénéfices pour créer les nouveaux emplois que nos jeunes souhaitent avoir. » Les statistiques étaient complexes et le sexisme, détonnant. Plus loin, il était affirmé que « le Canada a de bons emplois pour tous ceux qui souhaitent travailler[2] ». Bien que les premières phrases aient été en grande partie exactes, la dernière ne l'était manifestement pas, surtout dans les Maritimes et au Québec, où 8 p. cent de la main-d'œuvre était au chômage lorsque, à la veille de la fête du Travail, on choisit la date des élections, soit le 30 octobre.

Trudeau ouvrit la campagne en déclarant que son gouvernement était « plus proche de la population » que tout autre dans l'histoire du Canada. À sa nomination dans Mont-Royal, ses cheveux étaient ramenés vers l'arrière avec style et sa calvitie à l'avant était plus évidente, le modèle étant à présent davantage Laurier que César. Il portait un complet bleu classique et une chemise blanche contrastant vivement avec le costume en cuir sport qu'il avait porté à sa nomination dans la même circonscription en 1965 et qui avait horrifié les organisateurs politiques. Il arborait toujours sa rose rouge si caractéristique. Peu de choses étaient décontractées lors de cet événement ; Margaret, sagement habillée, se tenait à la place qui lui avait été assignée pendant que de nombreux assistants distribuaient des photographies autographiées de Trudeau. « Lorsque je vois la vitalité du Canada aujourd'hui, déclara Trudeau à ses électeurs, je vois un pays qui n'a jamais autant cru en lui-même, n'a jamais autant eu confiance en lui, et qui n'a jamais regardé vers l'avenir avec autant d'optimisme. Jamais le Canada n'a été aussi lui-même[3]. » Le discours comme l'occasion manquaient de passion ; le ton était raisonnable et monotone.

Le coup d'envoi de la campagne, surtout la déclaration par Torrance Wylie, le directeur national du Parti libéral, que le gouvernement participerait à un « dialogue avec la population », non à une campagne électorale, horrifia le sénateur Keith Davey. Pour le légendaire Davey, exubérant travailleur de l'ombre en complet rayé, qui, dans les années Pearson, avait fait gagner les rouges en Ontario à force de pressions et de réprimandes, les efforts de Wylie et des autres organisateurs relevaient d'un amateurisme total. Davey faisait partie d'un présumé comité national de campagne, mais il eût tôt fait de constater que ce dernier ne jouerait aucun rôle aux élections*. En effet, à la surprise de Davey, qui n'était pas d'accord, Trudeau indiqua que, pendant les deux mois à suivre, les affaires du gouvernement se poursuivraient comme d'habitude, y compris la réunion du Conseil des ministres les mercredis[4].

---

* Davey et Richard Stanbury tentaient de recruter Judy LaMarsh comme candidate. Après avoir quitté avec amertume la politique en 1968, elle avait joué un rôle majeur dans la Commission royale d'enquête sur le statut de la femme au Canada. L'absence de membre féminin dans le Cabinet avait été une faiblesse manifeste du premier gouvernement de Trudeau, et les deux vétérans de la politique voyaient le retour de LaMarsh en politique comme une solution à ce problème. Accompagnée de Davey, elle rencontra Trudeau le 14 juin. Davey commença par faire l'éloge de son talent politique, et Trudeau poursuivit en l'invitant généreusement à se présenter comme candidate, mais soudain, elle se leva et mit fin abruptement à la visite. Trudeau, dit-elle, souhaitait simplement « l'accrocher dans la vitrine de la boucherie, telle une pièce de viande froide ». Elle quitta bientôt le Parti libéral, qui, ironiquement, organise régulièrement un dîner Judy LaMarsh destiné à réunir des fonds pour les candidats du parti. Keith Davey, *The Rainmaker : A Passion for Politics* (Toronto : Stoddart, 1986), p. 161-162; journal intime de Richard Stanbury, appartenant à des intérêts privés, mai-août 1971.

En l'absence d'une plateforme précise, les libéraux savourèrent l'effet que produisaient les généralités énoncées, ainsi que les résultats des premiers sondages, qui étaient favorables. Au début, l'approche sembla porter ses fruits. À la fin de septembre, le gouvernement tira gloire de la victoire d'Équipe Canada au tournoi de hockey Canada-URSS, où Paul Henderson marqua le but spectaculaire de la victoire alors qu'il ne restait plus que 34 secondes de jeu – le plus grand triomphe dans l'histoire du hockey canadien. Mais les célébrations cessèrent vite, et la grogne s'installa chez les Canadiens. La campagne libérale commença à piétiner. Les coprésidents de la campagne, Jean Marchand et Bob Andras, communiquaient rarement entre eux, et lorsque Marchand constata que les choses tournaient au vinaigre dans sa propre circonscription, il abandonna pratiquement son rôle au bureau central et retourna chez lui pour livrer bataille. Bill Lee, le directeur de campagne, n'était pas Keith Davey, mais il connaissait bien les circonscriptions. Campagniste chevronné qui avait dirigé la campagne à la direction de Paul Hellyer en 1968, il avait la confiance de ses homologues immédiats et savait que quatre années de négligence des militants bénévoles avaient nui aux circonscriptions. Son rôle était cependant beaucoup moins important que ne le suggérait son titre, et son désaccord avec le Cabinet de Trudeau à Ottawa devint de plus en plus manifeste. Il exhortait le premier ministre à se montrer plus ouvertement politique, mais celui-ci faisait la sourde oreille.

Le slogan de la campagne devint bientôt l'objet d'un humour grossier. Une publicité télévisuelle lénifiante présentait des images pittoresques de paysages canadiens, tandis qu'une voix grave affirmait : « The Land is Strong* » (Le pays se porte bien). Le stratège conservateur Dalton Camp la tourna en ridicule : « Lalonde is strong** » (Lalonde est fort), dit-il en raillant. Puis, à un rassemblement dans le sud-ouest de l'Ontario, un fermier chahuta un candidat libéral en ces termes : « Si vous aviez pour deux sous de bon sens, vous sauriez que c'est avec du fumier de cheval que l'on enrichit la terre, pas avec du fumier libéral. » Davey et sa

---

* NDT : Dans le slogan en anglais, le terme *land* peut désigner littéralement la terre ou le territoire du Canada, ainsi que le pays lui-même. Le terme *strong* renvoie littéralement à la force ou à la vigueur, mais aussi au fait « de se porter bien ».

** NDT : Basé sur la ressemblance phonétique (dans la prononciation anglaise) de « Lalonde » et « The Land ».

bande étaient d'accord : la campagne libérale de 1972 n'avait pas le « fumier de cheval » qu'il fallait pour une bonne campagne électorale, et c'est le désespoir dans l'âme qu'il écrivit personnellement à Trudeau pour lui en faire part. À maintes occasions, Trudeau réussit à faire ce qui avait semblé impossible pendant la campagne électrisante de 1968 : il fut ennuyeux. Charles Lynch, de Southam News, pourtant l'un des journalistes les plus sympathiques aux libéraux, se plaignit qu'il privât « ses auditoires de la possibilité d'exploser pendant qu'il [parlait] : son intonation, à la fin de ses phrases, [était] descendante plutôt qu'ascendante [...] Il [cherchait] à communiquer une excitation contrôlée et à montrer ouvertement qu'il [était] fier de ses accomplissements ». À la mi-octobre, cependant, sa fierté avait donné lieu à une chute[5].

Eric Kierans, qui avait quitté le Conseil des ministres de Trudeau en avril 1971, mais était resté un député libéral très mécontent, rompit alors publiquement avec les libéraux. Doté d'un esprit indépendant et partisan du nationalisme économique, Kierans considérait que le budget de John Turner de 1972 reflétait le conservatisme fondamental du ministère des Finances et son refus de reconnaître la vente des ressources canadiennes à des étrangers. Il écrivit une préface à *Louder Voices : Corporate Welfare Bums*, un livre soutenu par le NPD pour promouvoir la campagne de David Lewis. En 1972, alors que l'inflation et le chômage atteignaient des sommets inégalés, l'expression « *corporate welfare bums* » (c'est-à-dire des sociétés « parasites » qui profitent indûment de programmes gouvernementaux) suscita un intérêt électoral imprévu mais puissant, et les chefs d'entreprise devinrent des cibles faciles. Voilà un slogan qui fonctionnait, et l'éloquent Lewis fulmina du haut de sa tribune contre les privilèges accordés aux entreprises. Depuis longtemps un admirateur de Lewis, Montréalais comme lui, Kierans écrivit le 16 octobre une lettre à Trudeau dans laquelle il déclara que voter libéral « aggraverait nos problèmes actuels ».

Walter Gordon, le journaliste qui exerçait le plus d'influence sur les pages des nouvelles et éditoriales du *Toronto Star*, avait appuyé Trudeau en 1968 ; Gordon avait exprimé son opposition à la guerre du Viêtnam et son inquiétude concernant l'investissement étranger, et Trudeau avait semblé être d'accord avec lui. À présent, complètement désillusionné par le gouvernement Trudeau, Gordon, avec Peter C.

Newman, rédacteur en chef de *Maclean's*, qui avait aussi perdu son enthousiasme initial envers le premier ministre, et l'économiste politique Abe Rotstein, formèrent le Comité pour un Canada indépendant (CCI). Se joignirent bientôt à eux Eric Kierans, Claude Ryan, l'éditeur Jack McClelland, l'éminent membre des libéraux de l'Alberta et éditeur Mel Hurtig, et plus de 170 000 autres Canadiens. Tous exigeaient qu'il soit mis fin à la croissance de la propriété étrangère. Les États-Unis constituaient le principal acheteur, et l'impression que le Canada était non seulement dépouillé de ses ressources, mais que celles-ci contribuaient aux guerres impopulaires des États-Unis alimentait la rage des nationalistes canadiens. Ce fut donc sans surprise que Gordon rédigea en septembre un article dans le *Maclean's* dans lequel il condamnait l'inaction du gouvernement et prévenait que le premier parti qui adhérerait aux principes du CCI « résoudrait son dilemme personnel » – et celui des autres comme lui. « Si Pierre Trudeau n'annonce pas de changements majeurs à ses politiques, prévenait-il, je crois que certains d'entre nous déciderons, le jour des élections, de donner la priorité à l'avenir du pays. » Ce nouveau mouvement nationaliste était très dommageable pour les libéraux, et le 30 octobre, les multimillionnaires qu'étaient Kierans et Gordon votèrent tous deux socialiste[6].

Si le nationalisme économique du NPD attira Gordon et Kierans vers David Lewis, les attaques efficaces du chef du parti contre les « *corporate welfare bums* » attirèrent également de nombreux électeurs progressistes moins riches, surtout des professeurs d'université et des fonctionnaires, qui avaient l'impression que Trudeau avait pris un tournant imprévu à droite. Simultanément, les critiques du chef conservateur Robert Stanfield sur la manière dont le gouvernement de Trudeau s'occupait de l'économie commencèrent à trouver des appuis partout au pays : dans les journaux, dans les commentaires à la télévision, dans les salons de coiffure et dans les casse-croûte. Kathy Robinson, qui était responsable dans la compagne électorale libérale des « nouveaux électeurs », se rappelle que le thème du chômage dominait la plupart des réunions politiques[7]. Les jeunes de dix-huit ans avaient obtenu le droit de vote en 1970 (auparavant, il fallait avoir vingt et un ans) et se retrouvaient devant des perspectives d'emploi beaucoup plus limitées que celles qu'avaient eues leurs frères et sœurs aînés quelques années auparavant. Il est vrai que la révision en profondeur du programme d'assurance-chômage en 1971 accordait des prestations beaucoup plus généreuses aux 6,2 p. cent de Canadiens qui étaient à présent au chômage qu'aux 4,2 p. cent qui l'avaient été en 1968, et cet appui permit sans nul doute aux libéraux de conserver quelques sièges. Cependant, ces prestations coûtèrent également aux libéraux l'appui de certains petits entrepreneurs, retraités et banquiers pour qui les réformes controversées de Bryce Mackasey avaient créé beaucoup trop de « *corporate welfare bums*[8] ».

En tournée nationale avec Trudeau, il arrivait souvent que Richard Stanbury, le président du Parti libéral, rencontre des jeunes qui, avec ressentiment, lui parlaient de certaines de leurs connaissances qui prospéraient en recevant des prestations d'assurance-chômage. Dans l'est de l'Ontario, par exemple, le propriétaire « d'un "5-10-15" à Eganville » et son ami déplorèrent amèrement les « *welfare bums* paresseux et tous les gens qui étaient supposément au chômage, mais qui ne voulaient tout simplement pas travailler ». De même, dans une longue lettre adressée à Alastair Gillespie, ministre du Cabinet à Toronto, une électrice fit la liste de cinq « abus » du système par des « connaissances » à elle – un diplômé de l'université qui avait fait le tour du monde pendant une année, par exemple, avait décidé à son retour de « prendre » une autre année pour vivre des prestations d'assurance-chômage auxquelles il avait droit pour avoir travaillé avant de partir en voyage. Les emplois étaient maintenant plus rares, et les bureaux d'emploi avaient peu à offrir, de sorte que la situation était propice aux abus. Au grand embarras des libéraux, les prestations enrichies furent à l'origine d'une crise au milieu de la campagne lorsqu'il fut découvert que leur coût était beaucoup plus élevé – jusqu'à 500 millions de dollars de plus – que le gouvernement ne l'avait prédit dans ses estimations. Trudeau fit remarquer avec justesse que les partis d'opposition avaient non seulement appuyé les réformes, mais également proposé des modifications qui avaient même augmenté leur générosité. Malgré tout, les dommages furent considérables[9].

Un candidat est généralement le dernier à percevoir les difficultés, et c'est ce qui se produisit durant la campagne de 1972. Les foules demeurèrent enthousiastes, et la présence de Trudeau électrisait toujours les arénas, les hôtels de ville et les centres commerciaux même si ses discours étaient généralement plats*. Les sondages étaient moins fréquents qu'ils ne le seront des années plus tard, et les politiciens se fiaient davantage à leur instinct et aux ragots pour juger des vents politiques. Trudeau lui-même semblait plus détendu et, au début, davantage prêt à considérer les conseils qu'il ne l'avait été en 1968. Margaret était une présence irrégulière, mais utile, qui arrivait à charmer certains des critiques des médias. Les libéraux savaient qu'ils n'étaient pas aussi forts qu'en 1968, mais l'équipe de campagne de Trudeau demeurait confiante. Dans un discours d'une surprenante suffisance qu'il prononça devant les candidats libéraux, Trudeau déclara : « D'autres partis peuvent nous faire la lutte, ils peuvent essayer de nous rattraper – je sais bien qu'ils n'y arriveront pas –, mais on peut dire en toute vérité que nous ne leur faisons pas vraiment la lutte[10]. » La plupart des premiers sondages avaient indiqué une confortable marge de 10 p. cent pour les libéraux, et dix jours avant les élections, Torrance Wylie, responsable de campagne, était toujours convaincu que le « compte le plus pessimiste » était de 140 sièges libéraux. Richard Stanbury estima que les libéraux avaient plus de chance de ravir 10 sièges aux bleus que de les perdre. Le principal organisateur au Québec prédit 67 sièges dans sa province, 11 de plus que le nombre détenu par les libéraux au déclenchement des élections.

Le dernier des sondages Gallup eut raison de cette suffisance. Effectué au cours de la dernière semaine de la campagne, il fit état d'une course plus serrée, les libéraux obtenant 39 p. cent des intentions de vote, les conservateurs, 33 p. cent, et le NPD, 21 p. cent. Soudainement, les députés libéraux commencèrent à trembler. Trudeau craignit qu'il ne fût trop tard pour renverser la tendance, qui s'était clairement retournée

---

* Le livre de Trudeau, *Le fédéralisme et la société canadienne-française* (Montréal : H.M.H., 1967) avait été un succès de librairie l'année de sa publication. En 1972, Ivan Head révisa un ensemble de discours de Trudeau dans l'espoir que l'envergure intellectuelle et la perspicacité du premier ministre suscitent de semblables éloges. La tentative échoua. *Conversation with Canadians* (Toronto : University of Toronto Press, 1972) clarifia tout de même certaines des remarques controversées de Trudeau, comme le commentaire qu'il fit le 13 décembre 1968 lorsqu'on lui demanda quand il allait vendre le blé de l'Ouest canadien (p. 102). Cependant, le livre, avec des titres de chapitre comme *The Human Instinct* (L'instinct humain), *The Challenge of Democracy* (Le défi de la démocratie) et *The Threshold of Greatness* (Le seuil de la grandeur), révèle la distance qui semblait exister entre les préoccupations de Trudeau et celles des Canadiens « ordinaires ».

contre lui. Il ravala sa fierté, annonçant qu'il avait des *candies* (bonbons) à donner; il commença à les distribuer aux circonscriptions où, selon ses conseillers, les résultats étaient serrés. Shawinigan obtint un parc de loisirs, par exemple, et Toronto, la promesse de la rénovation majeure de sa façade portuaire désolée*. Les discours de Trudeau se remplirent d'émotion et devinrent plus politiques, et il commença à célébrer avec éloquence et passion la grandeur des paysages du Canada et l'esprit de sa population. Il affirma plus tard avoir d'abord été embarrassé « d'essayer de gagner une élection aussi facilement, en faisant appel aux sentiments des gens à l'égard du Canada », mais il perdit rapidement cette inhibition – et par la suite, cette façon de faire deviendrait sa baguette magique de politicien[11]. Les sondages montraient également que la majorité des Canadiens préféraient nettement avoir Trudeau comme premier ministre que Robert Stanfield, et l'équipe de la campagne libérale espéra que ce facteur ferait pencher le vote des indécis en leur faveur. Il ne le fit pas[12].

Le jour des élections, Trudeau vota dans Mont-Royal, puis il se rendit en voiture à Ottawa, accompagné de ses adjoints nerveux. Il avait établi son quartier général à l'hôtel Skyline, où ses partisans avaient fait la fête avec tant d'exubérance quatre ans plus tôt, le soir où il avait été nommé chef du Parti libéral. Mais l'atmosphère était différente à présent et Trudeau lui-même sembla ébranlé lorsque les premiers résultats arrivèrent des Maritimes. Les conservateurs avaient pris une solide avance dans les suffrages exprimés dans toutes les provinces de l'Atlantique, surtout dans la province natale de Stanfield, la Nouvelle-Écosse. Lorsque Trudeau arriva à sa suite au vingt-cinquième étage, le Québec avait finalement apporté de bonnes nouvelles, mais en Ontario, les libéraux avaient déjà perdu de nombreux sièges. Trudeau, découragé, se tourna vers Stanbury en lui disant: « Notre gouvernement doit avoir été mauvais[13]. »

---

* La remarque de Trudeau sur les *candies* fut faite dans la circonscription de Jean Chrétien, Shawinigan. Trudeau, affirme Chrétien, développa un enthousiasme pour un nouveau programme de parcs dont Chrétien faisait la promotion et dit que lorsqu'il y pensait, cela lui rappelait la fête de Noël où on donnait des *candies* aux enfants. Trudeau utilisait le terme anglais *candies* comme de l'argot français afin de paraître plus familier, comme Chrétien l'avait été dans son discours de présentation. Mais, comme pour la plupart des gaffes que fit Trudeau pendant la campagne, la presse s'en délecta au détriment de Trudeau. Jean Chrétien, *Dans la fosse aux lions* (Montréal: Éditions de l'Homme, 1994), p. 84.

Puis arrivèrent les résultats des provinces de l'Ouest, où l'appui aux libéraux s'effondra : au Manitoba, le parti n'obtint que deux sièges ; en Saskatchewan, seul Otto Lang, ancien doyen d'une faculté de droit jouissant d'un prestige considérable, survécut ; et en Colombie-Britannique, la province natale de Margaret Trudeau, les libéraux ne remportèrent que quatre des vingt-trois sièges. Tandis que ces résultats décevants entraient les uns après les autres, Trudeau se tourna vers Margaret et lui dit, curieusement : « Il se peut que tu deviennes la femme d'un fermier plus tôt que tu ne le pensais. » Elle fondit en larmes, se consola avec un verre, et s'assit d'un air morose près de Pierre qui remerciait son équipe de campagne.

En bon leader, il appela les ministres et les députés qui avaient perdu leur siège. Pendant qu'il faisait ces tristes appels, l'amertume s'installa dans le cœur des partisans. Certains adjoints de Trudeau devinrent « virulents », peut-être parce qu'ils avaient « un peu trop bu, mais probablement [...] davantage à cause de l'expérience traumatique des résultats des élections ». Finalement, arborant une rose rouge fraîche, Trudeau rencontra la presse. Une Margaret sombre à ses côtés, il dit que les résultats n'étaient pas concluants, puisque libéraux et conservateurs étaient *ex aequo* avec 108 sièges. Puis il conclut sa brève remarque en citant *Desiderata*, texte emblématique de la contre-culture des années 1960 : « Quoi que tu en penses/il est clair que l'univers continue sa marche comme il se doit[14]*. »

La plupart des libéraux n'étaient pas du tout d'accord, surtout lorsque le chef des conservateurs, Robert Stanfield, tenta d'accélérer le déroulement avec une déclaration selon laquelle les Canadiens avaient perdu confiance en Trudeau et que le gouverneur général devrait lui demander (à Stanfield) de former un gouvernement**. Le chef du NPD,

---

* NDT : *Desiderata* a été traduit en français en septembre 1996 par Hubert Claes sous le titre *Injonctions pour une vie sereine*.

** Trudeau avait le droit de réunir le Parlement et de demander la confiance de la Chambre. Si les libéraux avaient été défaits en Chambre, le gouverneur général aurait pu demander à Stanfield d'essayer de former un gouvernement. La situation est ambiguë lorsque plusieurs partis sont minoritaires, en partie à cause de la controverse entourant les élections de 1926 (lorsque le premier ministre Mackenzie King demanda une dissolution qui fut refusée par Lord Byng, le gouverneur général) et celles de 2008 (lorsque le premier ministre Stephen Harper obtint la prorogation avant de faire face à un vote de confiance dans lequel une opposition unie avait annoncé son intention de former un gouvernement).

David Lewis, dont le parti avait gagné un nombre record de trente et un sièges, détenait la balance du pouvoir et fit clairement savoir qu'il la ferait pencher du côté dicté par les besoins de son parti. Même si les libéraux avaient gagné un plus grand nombre de suffrages exprimés (38,42 p. cent contre 35,02 p. cent pour les conservateurs), ils n'avaient la pluralité que dans une seule province : le Québec. Les conservateurs menaient dans toutes les autres, donnant beaucoup de valeur à l'argument de Stanfield voulant que sa résidence serait bientôt le 24, promenade Sussex. Sa déclaration gagna en force tôt le lendemain, lorsque les conservateurs remportèrent temporairement un siège supplémentaire dans le décompte, donnant aux conservateurs 109 sièges, contre 107 pour les libéraux, avant que les deux partis n'obtiennent de nouveau le même nombre de voix.

Le jour de l'Halloween, Stanbury, abasourdi, et d'autres libéraux téléphonèrent à leurs relations partout au pays pour connaître les réactions au « tour » que les Canadiens avaient joué à leur parti. Certains perdaient espoir : Davey insistait vivement pour une démission immédiate, soutenant que la gouvernance de Stanfield serait tellement bâclée que les libéraux reviendraient bientôt triomphants. La plupart, cependant, souhaitaient que Trudeau s'accroche au pouvoir. Cette décision devint plus facile lorsqu'un recomptage dans une circonscription en partie rurale, située en Ontario à l'est de Toronto, annula la victoire des conservateurs dans la circonscription. Les bleus avaient été aussi surpris que les libéraux du classement élevé de leur candidat : ils avaient oublié d'envoyer un représentant au recomptage, que les libéraux gagnèrent par quatre voix seulement[15]. Il se pourrait que la place de Trudeau dans l'histoire fût maintenue grâce à une erreur des conservateurs et à moins de Canadiens que n'en comptent les doigts d'une main.

Trudeau a toujours détesté perdre. Il menait une compétition féroce, que ce soit pour sauter des rapides, se battre contre son condisciple Jean de Grandpré à Brébeuf, discuter avec René Lévesque aux réunions légendaires chez Pelletier, ou se mesurer à des adversaires beaucoup plus expérimentés que lui dans la course à la direction en 1968. Il n'avait jamais connu la défaite en politique et, en novembre 1972, il décida immédiatement de ne pas agir comme un perdant. Il répliqua de manière agressive aux premières analyses de la presse selon lesquelles les pertes subies étaient attribuables à ses politiques personnelles, surtout celle du bilinguisme, et à une piètre campagne. Dans sa première conférence de presse, il rejeta la suggestion que le bilinguisme avait causé sa défaite, mais suggéra : « Si je pouvais recommencer la campagne, j'expliquerais plus en détail la loi. L'intention n'a jamais été que tous les Canadiens parlent les deux langues officielles. Je pensais que cela était compris, mais il semble bien que non[16]. » Il admit avoir eu des « échecs », mais à aucun moment il ne proposa de se retirer. D'autres le firent. Ross Whicher, petit homme d'affaires de la circonscription rurale de Bruce, en Ontario, demanda la démission de Trudeau et que John Turner, ministre des Finances, lui succède. Whicher ne fut jamais pardonné, mais il n'était pas le seul à penser ainsi. Même le directeur de la campagne, Bill Lee, suggéra, semble-t-il, la même chose à Bob Andras, alors coprésident de la campagne[17].

Trudeau agit rapidement pour endiguer toute dynamique de changement en disant aux représentants du parti qu'il ne démissionnerait pas. Stanbury ouvrit une réunion du cabinet politique officieux (composé des ministres responsables de donner des conseils politiques) en présentant une lettre indiquant que Trudeau souhaitait rester et avait l'intention de tirer des leçons des résultats troublants des élections. Les membres furent sondés et trois d'entre eux recommandèrent vivement la démission du gouvernement. Deux d'entre eux avaient perdu leur propre siège, soit Martin O'Connell de Toronto, ministre du Travail, et Jean-Luc Pepin, ministre de l'Industrie et du Commerce, avec qui Trudeau avait une longue relation, marquée par la distance et la méfiance. Le troisième était John Turner[18].

~

La majorité des ministres et des députés continuèrent d'appuyer fermement Trudeau, mais après les élections, le premier ministre savait que les fils reliant le parti à lui étaient bien effilochés. Lorsqu'il rencontra tout son Conseil des ministres le 2 novembre, il essuya des critiques des ministres tant de la droite que de la gauche. James Richardson, du Manitoba, descendant de la célèbre famille de financiers de Winnipeg, blâma le bilinguisme d'avoir entraîné la défaite dans l'Ouest. Il causa la furie de Trudeau en soutenant également que l'Ouest partageait l'opinion du Québec selon laquelle chaque région devait bâtir sa propre voie dans un Canada décentralisé. Mitchell Sharp, ministre des Affaires extérieures, critiqua les politiques d'immigration et économiques du gouvernement, tandis que Bryce Mackasey, ministre de la Main-d'œuvre et de l'Immigration et cible de l'aile conservatrice du parti, défendit férocement les changements qu'il avait apportés à l'assurance-chômage. Trudeau mit rapidement fin à la discussion hargneuse en disant à Richardson que le bilinguisme officiel n'était pas négociable et, puisque « les autres partis n'étaient pas en position de régler le problème, le gouvernement avait une bonne raison de rester en poste ». Il promit une amélioration de l'administration, une gestion plus efficace de l'économie, et la mise en œuvre de politiques pour contrer les « réactions défavorables par rapport à l'aide sociale ». Un programme complet et ambitieux visant la résolution des questions en suspens serait bientôt présenté au Parlement et aux Canadiens, déclara-t-il.

Lorsqu'il rencontra le caucus le 8 novembre, Trudeau maîtrisait pleinement la situation, et s'assura que les critiques « étaient […] exprimées en fonction d'actions futures plutôt que de récriminations passées ». Avec ses yeux froidement pénétrants, son attention précise et sa détermination bien arrêtée, il rallia ses forces pour la guerre à venir. La réserve dont il avait fait preuve et sa façon d'être sur la défensive qui avaient marqué son premier gouvernement disparurent, même en ce qui a trait à la résidence du premier ministre. Auparavant, il avait empêché Margaret de faire les rénovations qui s'imposaient au vieil immeuble construit de manière anarchique, mais immédiatement après les élections, il la serra dans ses bras et lui dit : « Maintenant, vas-y, c'est le temps de redécorer la maison ! » Il prévoyait rester longtemps au 24, promenade Sussex[19].

C'était une prestation magistrale. « Il est surprenant, écrit Joe Wearing, historien du Parti libéral, qu'à une réunion de l'exécutif national suivant les élections, le parti ait convenu que les sentiments anti-Trudeau n'avaient pas été un facteur ayant beaucoup influé sur les résultats, même si de nombreux candidats libéraux le pensaient et que les sondages Gallup et de Radio-Canada indiquaient que le vote anti-Trudeau était la raison la plus souvent invoquée pour expliquer les pertes des libéraux[20]. » Mais Trudeau le disait lui-même : « Je refusais de me tenir pour perdant », et sa détermination à se voir ainsi eut pour effet que la plupart des libéraux, sinon d'autres, le firent aussi. Ce qu'il appela plus tard son « demi-échec » de 1972 « prenait l'aspect de plus en plus net d'un défi à relever », et il se retrouva mentalement à retrousser ses manches. Comme il l'exprima : « Je me sentais envahi par l'esprit combatif qui m'avait manqué pendant la campagne électorale. » Vêtu d'un blouson en cuir indien lors de sa visite à Roland Michener, le gouverneur général, au cours de laquelle il accepta de former le prochain gouvernement, Trudeau conduisit sa Mercedes décapotable aux lignes épurées de la promenade Sussex à Rideau Hall « pour bien marquer qu'il ne s'agissait pas d'une défaite mais d'un défi et qu'il n'était pas question pour [lui] d'abandonner la partie[21] ».

Les libéraux avaient perdu près du tiers de leurs sièges, mais, étonnamment, peu de ministres étaient tombés le soir des élections. Malgré tout, l'issue imposa de grands changements au Conseil des ministres. Bryce Mackasey devait partir vu sa réaction brutale contre les réformes de l'assurance-chômage, même si le fougueux Canadien irlandais faisait partie de ceux que le premier ministre aimaient le mieux parce que, contrairement à la majorité des autres, il « faisait rire Trudeau[*] ». Le petit homme d'affaires Bob Andras, qui voulait « débarrasser » le parti de son « socialisme », le remplaça en tant que ministre de la Main-d'œuvre et de l'Immigration. Sa nomination calma les commentateurs des pages des affaires, mais il fallait également réagir à la montée du NPD et à la défection de libéraux importants comme Kierans et Gordon sur la question du nationalisme économique. C'est la raison pour laquelle Trudeau promut Herb Gray, l'auteur du rapport sur l'investissement étranger, au

---

[*] À contrecœur, Trudeau envoya Mackasey aux bancs des simples députés. Beaucoup plus tard, il dit que « Bryce avait une solution [pour le chômage saisonnier et endémique] et je pense qu'on devrait se souvenir de lui [...] Il était sensible au sort des petites gens et c'est ce que j'aimais et c'est la raison pour laquelle je l'ai nommé dans mon Conseil des ministres. Comme moi, et comme Marchand, il pensait qu'il fallait d'abord aider ceux qui en avaient le plus besoin, et il était prêt à le faire ». Après les élections de 1972, Trudeau demanda à tous les ministres d'exprimer leur bonne volonté à changer de poste. Mackasey refusa et fut ainsi renvoyé du Conseil des ministres. « Interview between Mr. Trudeau and Mr. Graham », 4 mai 1992, FT, MG 26 03, vol. 23, dossier 7, BAC. Le commentaire sur l'habileté de Mackasey à faire rire Trudeau m'a été fait par Tom Axworthy, qui a été premier secrétaire du premier ministre. Pierre Elliott Trudeau, *Mémoires politiques* (Montréal : Le Jour, 1993), p. 144.

poste de ministre de la Consommation et des Affaires commerciales*. Alastair Gillespie devint ministre de l'Industrie et du Commerce, un poste que Pepin, qui n'avait pas été réélu, avait dirigé avec beaucoup de succès[22]. C'était un excellent choix, car Gillespie était non seulement un homme d'affaires de Toronto très respecté, mais aussi un nationaliste économique qui avait géré avec succès l'entreprise de Walter Gordon, la Société canadienne de gestion corporative.

Sur le plan de l'influence, Trudeau plus que compensa la perte de Pepin au Québec en nommant Jeanne Sauvé, le premier membre féminin du Cabinet de Trudeau, successeur de Gillespie au poste de ministre d'État chargé des Sciences et de la Technologie, et Marc Lalonde, au poste de ministre de la Santé nationale et du Bien-être social. Lalonde allait exercer, comme il l'avait fait au Cabinet du premier ministre, un grand pouvoir au gouvernement et être l'un des rares intimes de Trudeau en politique. Trudeau fit aussi du mieux qu'il put avec les maigres résultats obtenus dans les provinces de l'est et dans l'Ouest. En Nouvelle-Écosse et en Saskatchewan, il obtint de bons résultats avec les seuls membres libéraux élus – Allan MacEachen, dont Trudeau commençait à reconnaître la grande habileté tactique, et Otto Lang, qui était un excellent juriste et que Trudeau aimait et respectait. MacEachen était un vieux de la vieille à Ottawa et aucun autre libéral ne connaissait aussi bien que lui les règles de la Chambre des communes. Bien qu'il fût unilingue et habituellement taciturne, il convainquit peu à peu Trudeau qu'il

---

* Herb Gray fut le premier ministre du Cabinet à être Juif. Bien que sa nomination fût populaire auprès de la communauté juive, Gray se rappelle qu'à l'époque, Trudeau ne parla pas avec lui de politique étrangère. La plupart des discours de Gray traitaient de justice sociale plutôt que des questions intéressant en particulier les Juifs. Même s'il était un ministre fédéral, il croit qu'il consacra plus de temps à la question provinciale du soutien aux écoles indépendantes qu'à toute autre question. Il se prononça toutefois contre le boycott arabe des produits d'Israël après la guerre israélo-arabe de 1973, mais ni la presse ni le Cabinet du premier ministre ne portèrent tellement attention à ses commentaires. Plus tard dans la décennie, l'élection de Menachem Begin à la tête du parti de centre-droite du Likoud fit que le Canada s'intéressa plus directement à la politique d'Israël, et Gray livra même un « message » d'avertissement de Trudeau à Begin concernant l'occupation du plateau du Golan. Entrevue avec Herb Gray, juillet 2007. Sur la valeur de la nomination initiale de Gray avec le soutien des Juifs, voir Michel Vennat à Gordon Gibson, 28 octobre 1969, FT, MG 26 07, vol. 121, dossier 313.05, BAC.

était un atout politique précieux. Trudeau fit moins bien en Colombie-Britannique et au Manitoba : Jack Davis de la C.-B. était un ingénieur et un scientifique brillant, mais un politicien maladroit, et James Richardson était conservateur et critiquait son régime, comme Trudeau le savait déjà. Le premier ministre n'avait pas confiance ni en l'un ni en l'autre et croyait qu'ils n'étaient pas de vrais libéraux. La défection de Davis pour le Parti crédit social en 1975 et celle de Richardson pour le Parti réformiste en 1987 donnèrent raison aux soupçons initiaux de Trudeau[23].

Le deuxième gouvernement de Trudeau, au fur et à mesure que sa composition se précisait, parut, de façon réconfortante, prendre une allure connue et même conservatrice. La présence continue de Turner et Sharp aux postes supérieurs, soit aux Finances et aux Affaires extérieures, rassurait Bay Street et ceux qui s'inquiétaient des « socialistes » entourant Trudeau. Sur le plan des études et de l'expérience, le Conseil des ministres était l'un des meilleurs jamais formés au Canada. Davis, Lang, Turner et Gillespie avaient été boursiers de la fondation Cecil Rhodes, et plusieurs autres détenaient des diplômes d'études supérieures ou avaient étudié à l'étranger, surtout dans des universités britanniques, y compris le ministre de l'Énergie, Don Macdonald (Cambridge), Sharp (London School of Economics), le président du Conseil du Trésor, Charles « Bud » Drury (Paris), le leader du gouvernement au Sénat, Paul Martin (Cambridge et Harvard), Lalonde (Oxford) et Trudeau lui-même (London School of Economics, Paris et Harvard). Le petit nombre de diplômes obtenus aux États-Unis est frappant, et peut-être cette lacune explique-t-elle la résistance qu'avaient certains ministres à l'égard du nouveau conservatisme gagnant du terrain aux États-Unis.

Aucun conseil des ministres précédent n'avait été aussi bilingue, même si les réunions se tenaient généralement en anglais, sauf lorsque Trudeau s'adressait à un ministre francophone. Malgré les nombreuses plaintes exprimées par certains médias anglophones concernant le « French Power », Trudeau accrut la présence du Québec en ajoutant non seulement Lalonde et Sauvé, mais aussi André Ouellet (ministre des Postes) et Jean-Pierre Goyer (ministre des Approvisionnements et Services). La faible représentation de l'Ouest amena Trudeau à nommer le volubile Eugene Whelan, du sud-ouest de l'Ontario, ministre de l'Agriculture. Il portait un stetson vert partout, sauf à la Chambre des communes, où son extravagance amusante charmait la presse – mais pas toujours ses collègues. Comme Mackasey, il faisait rire Trudeau, et ce dernier le comptait parmi ses ministres préférés; en revanche, et contrairement à Mackasey, Whelan, qui était sans façon, représentait un atout politique considérable[24].

∽

Même si le nouveau gouvernement avait des allures connues et semblait même prudent, Trudeau décida pour plusieurs raisons qu'il devait se présenter sous un jour populiste et progressiste. Premièrement, il attribuait son «demi-échec» aux récentes élections à l'ambivalence de nombreuses réformes mises en place pendant son gouvernement. Il avait retiré certaines mais pas toutes les troupes canadiennes stationnées en Europe. Il avait imposé les gains en capital à 50 p. cent, non au taux complet que proposait instamment la commission Carter dans son rapport. Plusieurs autres projets comme la réforme de la législation sur les drogues, la création d'une agence d'examen de l'investissement étranger, et la réforme de la Loi sur les Indiens et de la Loi sur les dépenses d'élection avaient échoué ou n'avaient pas été adoptés[25]. Il pouvait certes ignorer l'accusation d'Ed Broadbent du NPD voulant qu'il soit le premier ministre le plus conservateur de son vivant, mais les défections de jeunes gens comme Bob Rae lui faisaient vraiment mal. De plus, les politiques de sa jeune femme étaient certainement progressistes, et elles avaient de plus en plus d'incidence sur lui. Une seconde raison de ce tournant vers la gauche était que, pour survivre dans ce Parlement minoritaire, les libéraux avaient besoin de l'appui des néo-démocrates. David Lewis avait des demandes claires, surtout liées aux questions de nationalisme économique et à la politique relative à l'assurance-chômage.

De plus, le bilan des élections amena les ministres à croire que les principes libéraux avaient été enterrés sous la rhétorique de la campagne et que s'ils voulaient consolider leur leadership, ils avaient tout avantage à être progressistes pendant ce deuxième gouvernement. À la première réunion du comité de la campagne après les élections, par exemple, Jean Marchand allégua que le parti au Canada anglais n'avait pas défendu le bilinguisme et les politiques progressistes. Richard Stanbury, le président du parti, était d'accord, et affirma que les députés et les membres du parti au Canada anglais « s'étaient sauvés des diverses réactions brutales » – au bilinguisme, au bien-être social et ainsi de suite –, et qu'il était temps de combattre ce genre d'idée, « sinon, l'opinion politique se polariserait et nous perdrions toute possibilité de maintenir une société libérale et tolérante ». Stanbury quitta la réunion en compagnie de Trudeau qui, lorsqu'il atteignit sa voiture, remercia Stanbury pour « ses remarques », déclarant qu'il « avait bien résumé la situation ». Tous n'étaient pas du même avis, mais le premier ministre l'était, et cela avait une importance cruciale.

La dernière raison sous-tendant le changement de cap vers la gauche du deuxième gouvernement de Trudeau fut la rébellion, à la suite de la quasi-défaite électorale, des vétérans du Parti libéral contre ce qu'ils considéraient comme les intellectuels prudents, abstraits et inexpérimentés sur le plan politique ayant dominé le gouvernement pendant les quatre années précédentes. Les protestations les plus vives vinrent de Toronto, où Trudeau avait perdu l'appui critique du *Toronto Star*. Son fondateur, Joe Atkinson, avait stipulé à ses héritiers que son « journal du peuple » devrait appuyer les libéraux seulement s'ils restaient de vrais libéraux. À sa place, le premier gouvernement de Trudeau avait gagné l'appui du favori de Bay Street, le *Globe and Mail*, journal historiquement reconnu pour son conservatisme, mais cet appui s'était révélé être fâcheux[26]. C'est ainsi que les marchandeurs politiques du parti en Ontario, travaillant dans l'ombre, décidèrent que le parti devait changer de direction.

Ce changement s'expliquait par des années de conflits internes, mais à la fin, c'est le groupe de Toronto qui eut le dessus. Après le désastre électoral de 1958, un groupe de libéraux connu sous le nom de *Cell 13* (cellule 13) avait pris le contrôle du parti dans la région métropolitaine et fait de « Toronto la conservatrice » une libérale dans les années 1960 – une décennie durant laquelle la ville « britannique » conservatrice vécut de nombreuses transformations. Le lendemain matin du désastre des élections récentes, quelques meneurs de la foule libérale de Toronto, qui n'avaient joué presque aucun rôle dans le premier gouvernement de Trudeau, commencèrent à s'appeler les uns les autres afin de « sauver le parti ». À la barre se trouvaient Jerry Grafstein, un avocat spécialiste des communications, dont les nombreuses passions étaient contagieuses, et Gordon Dryden, qui fut longtemps trésorier du parti, et dont l'esprit pince-sans-rire et la sagesse typique de l'Ontario rurale contrastaient de manière frappante avec les manières citadines de Grafstein. Ils étaient convaincus comme l'ensemble des libéraux, que lorsque le parti n'était pas au pouvoir, ils devraient pencher à gauche. Christina McCall décrivit leurs humeurs et opinions :

> Ils étaient intimement persuadés qu'en penchant vers la droite (comme il l'avait fait lors du premier mandat Trudeau, selon eux) le Parti libéral était voué à perdre non seulement sa ligne de conduite mais aussi sa clientèle naturelle. Ayant conclu qu'il fallait à tout prix sauver le parti des forces réactionnaires qui l'entravaient, ils [Dryden et Graftsein] décidèrent de convoquer une réunion des partisans libéraux dans le bureau de Grafstein, situé rue Richmond Ouest, pour décider des « mesures à prendre[27] ».

Comme on peut s'y attendre, ces « mesures à prendre » s'avérèrent contenir beaucoup plus de politique et beaucoup moins de théorie politique et de gestion scientifique que ce que les conseillers d'alors de Trudeau étaient susceptibles d'exposer.

Trudeau n'avait pas besoin d'une poussée de la part de Toronto. Il avait déjà commencé à « faire le ménage » de son Cabinet. Jim Davey, qui s'était attendu à remplacer Lalonde comme chef de cabinet et qui avait l'affection tant de Margaret que de son propre personnel, fut muté au ministère des Transports, loin du centre du pouvoir*. Son remplaçant au poste de secrétaire au programme fut John Roberts, député défait de Toronto, tandis qu'un autre député défait de Toronto, Martin O'Connell, succéda à Marc Lalonde. Les deux hommes correspondaient au moule précédent : ils étaient bilingues, détenaient un doctorat et avaient des intérêts intellectuels. Cependant, en

---

* Le ton particulier que prenaient les débats pendant le premier gouvernement de Trudeau est bien rendu dans une querelle qu'eurent Michael Pitfield, du Bureau du Conseil privé, et Jim Davey, du Cabinet du premier ministre. Pour la majorité des députés et certainement des vétérans politiques, le ton sonnait faux. Davey expliqua par écrit la dispute à Trudeau et lui dit de ne pas s'en faire, parce que les deux « avaient partagé trop d'expériences importantes pour que ce soit le cas. Il est peut-être trop jésuitique dans sa manière de garder la foi du Conseil des ministres et dans son discernement de l'esprit des autres. Quant à moi, bien que comme lui je garde la foi, mon approche à la doctrine de l'organisation, du gouvernement et autres est plus dominicaine. » (3 octobre 1969, FT, MG 26 07, vol. 290, dossier 319.11, BAC). Pitfield fut lui-même muté à un poste de délégué en 1973.

tant que politiciens, ils savaient que, pour gagner des élections, il fallait sans relâche bavarder à des rencontres-café, passer ses soirées à faire du porte-à-porte, et donner des poignées de main le matin à l'entrée des usines. Trudeau constata que la défection de Walter Gordon avait nui à son parti. En ajoutant O'Connell à son Cabinet et Gillespie à son Conseil des ministres, deux hommes qui avaient travaillé en étroite collaboration avec Gordon dans le passé, il espérait rétablir la communication non seulement avec Gordon, mais aussi avec le *Toronto Star*[28].

Le premier ministre opposa tout d'abord une résistance, ou du moins un temps de réflexion, à la suggestion du groupe de Toronto de nommer le sénateur Keith Davey directeur de campagne. Davey affirme que Trudeau l'appela quelques jours après les élections pour le remercier de ne pas avoir rendu ses critiques publiques et lui demander de le rencontrer avec Marc Lalonde. Entre-temps, Roberts organisa un dîner au 24, promenade Sussex pour le groupe de Toronto appuyant la nomination de Davey, auquel assistèrent Jim Coutts, l'ancien adjoint de Pearson, Bob Kaplan, ancien député, Jerry Grafstein, Gordon Dryden, l'avocat Tony Abbott, et Dorothy Petrie, organisatrice consommée. Trudeau connaissait à peine ces militants de longue date, mais ceux-ci ne s'empêchaient pas de critiquer ses réalisations ni de demander que Davey soit nommé directeur de campagne. Comme à son habitude, Trudeau se débattit contre ses détracteurs : « Écoutez, Messieurs, nous brûlions d'ardeur mes amis et moi lorsque nous avons décidé de nous lancer en politique : nous voulions obtenir certaines choses pour le Québec, mais vous, je ne comprends pas ce qui vous anime. Qu'allez-vous chercher au juste ? » Ses invités devinrent furieux, mais ils respectaient le Cabinet de Trudeau et répondirent avec prudence. Selon Christina McCall, « Trudeau était aussi désespéré que sceptique ». Il finit par demander à Davey de devenir directeur de campagne électorale, et immédiatement la politique devint une passion commune[29].

～

Détenant une majorité de deux voix sur les conservateurs infortunés de Robert Stanfield et plus de la moitié des sièges libéraux au Québec, Trudeau commença à faire la cour à ceux qui lui avaient résisté la veille des élections. Il séduisit facilement le *Toronto Star*. Ce dernier accueillit le programme libéral annoncé dans le discours du Trône du 4 janvier comme une pénitence aux péchés antérieurs : « Dépouillés de leur majorité et rendus plus humbles par les progressistes-conservateurs, Trudeau et son Conseil des ministres se sont ralliés pour établir un programme pour cette session de la législature – malgré sa brièveté –, promettant une législation qui lui aurait certainement permis de remporter une victoire décisive il y a quelques mois. » Trudeau méritait à présent « qu'on lui laisse une chance », concluait le *Toronto Star*. Le comité de rédaction nationaliste du journal s'enthousiasmait de la promesse du gouvernement d'étendre l'examen proposé de l'investissement étranger à tous les nouveaux investissements étrangers, de restreindre la vente de terrains à des étrangers, et de scruter plus attentivement les sociétés étrangères exerçant des activités au Canada. Même si le *Toronto Star* s'inquiétait du silence du gouvernement sur le contrôle des salaires et des prix, il se réjouissait de l'examen plus à fond des questions du revenu annuel garanti et des nouvelles sommes allouées aux personnes handicapées et aux personnes ayant une déficience visuelle.

Le *Globe and Mail* fut moins impressionné, et son chroniqueur George Bain, un esprit vif, tourna en dérision la liste d'épicerie des promesses contenues dans le discours du Trône :

> *We've bills relating to field and stream,*
> *Another allowance-for-families scheme,*
> *For corporate immigrants ; yet-new terms*
> *(We're putting more natives on boards of firms).*
> *We've plans for improving the IDB*
> *And tightening the rules of the UIP*
> *And still to make sure that we're back in grace,*
> *Oh, see how we've wrapped in a fond embrace,*
> *A threesome which simply ensures our health—*
> *The Mounties, the Queen, and the Commonwealth*.*

---

* NDT : Traduction libre :
  Nous avons des projets de loi se rapportant aux champs et aux ruisseaux,
  Un autre projet d'allocation pour les familles, ·

Mais cela pouvait ne pas suffire, prévint-il. Trudeau devait gagner la faveur de l'Ouest, et il n'était toujours pas préparé, ainsi que l'illustra Bain :

Western Liberal : Do you know how the West was lost ?
Pierre E. Himself : No, but if you hum a couple of bars,
I can fake it*.

Trudeau donna bientôt raison à Bain[30].

Le discours du Trône semblait être un bon programme, et faisait assurément gagner du temps au gouvernement, mais lors du débat de janvier 1973 sur le discours, Trudeau se mit en colère et attaqua l'opposition qui, selon lui, flattait les « fanatiques » Canadiens anglais – une attaque qu'il décrivit beaucoup plus tard comme « probablement la chose la plus impopulaire que j'aie faite au Parlement ». Pour sa défense, il déclara à un intervieweur que son approche « rationnelle » n'avait pas fonctionné. Il avait essayé « de toute évidence, d'opposer l'épée à la matraque ». Il jura de ne pas être aussi subtil à l'avenir : « S'ils voulaient que ça barde, ça allait barder. » Si Trudeau, Marchand, Lalonde et de nombreux représentants (mais non tous) de la presse francophone interprétèrent les résultats des élections comme une réaction au bilinguisme officiel, ils exagérèrent probablement son incidence sur les résultats des sondages électoraux. Néanmoins, il est clair que la politique en matière de langues officielles a eu un effet sur la région d'Ottawa et, dans une proportion moindre, sur l'Ouest canadien. Dans sa biographie de Trudeau

---

Pour les entreprises immigrantes ; encore de nouvelles conditions. (Nous nommons plus d'autochtones aux conseils d'administration des entreprises.)
Nous avons des plans pour améliorer la Banque d'expansion industrielle
Et pour resserrer les règles du programme d'assurance-chômage
Et toujours pour nous assurer que nous avons retrouvé la cote,
Oh ! Voyez comme nous sommes enlacés dans une tendre étreinte !
Une relation à trois qui assure simplement notre santé –
La police montée, la reine et le Commonwealth.

* NDT : Traduction libre :
Libéraux de l'Ouest : Savez-vous comment l'Ouest fut perdu ?
Pierre E. lui-même : Non, mais si vous fredonnez quelques mesures, je peux faire semblant.

publiée en 1980, Richard Gwyn, qui a lui-même travaillé au service d'Eric Kierans dans le premier gouvernement de Trudeau, présente de brefs arguments convaincants sur la piètre administration de la politique de bilinguisme et ses effets néfastes en politique. Il comprit bien son importance pour Trudeau : «Le bilinguisme, c'est le mot "Calais" imprimé dans le cœur de Trudeau. C'est la passion au-delà de sa raison, l'homme derrière le masque. » Il décrit l'agonie des fonctionnaires anglophones dans la quarantaine traversant la rivière pour se rendre à Hull, «où six cents professeurs les attendaient pour leur faire la conversation. Ils étaient parfois poussés au bord des larmes par de petites Québécoises qui étaient soit séparatistes, soit féministes, ou encore les deux à la fois, et qui profitaient sans vergogne de cette occasion pour se venger[31] ».

Le bilinguisme était, dans la formulation pleine d'esprit mais non politiquement correcte de Gwyn, «*a frog in the throat** » de nombreux Canadiens. De plus, Keith Spicer, commissaire aux langues officielles, fit lui-même plus tard remarquer, à l'agacement de Trudeau, qu'une grande partie des fonds consacrés au bilinguisme était mal dépensée ou utilisée à mauvais escient, que les résultats étaient décevants (seulement 11 p. cent des fonctionnaires qui prirent des cours devinrent bilingues), et que l'argent aurait mieux servi à la formation des jeunes qui, grâce à la baisse des standards dans les universités, étaient moins nombreux à étudier le français dans les années 1970 que dans les années 1960. Le rapport Spicer de 1976 coïncida non seulement avec l'élection du Parti québécois, qui s'opposait au bilinguisme officiel, mais aussi avec un vilain conflit concernant l'utilisation du français dans le contrôle de la circulation aérienne, que les fanatiques employèrent comme excuse dans de nombreux coins du Canada anglais pour fulminer dans les émissions-débats à la radio[32].

Pourtant, il n'y a pas de preuve concluante que le bilinguisme officiel ait nui au Parti libéral, que ce soit en 1972 ou plus tard. John Meisel, fin analyste du comportement de vote des Canadiens, a conclu après un examen minutieux des données de vote des élections de 1972 que «des

---

* NDT : Littéralement : «une grenouille dans la gorge ». Cette expression a été traduite par «une politique dure à avaler » dans le livre de Gwyn. (Richard Gwyn, *Le Prince*, p. 261).

sentiments anti-français existent au Canada d'expression anglaise » et que ceux-ci ont eu un effet sur les suffrages, mais que « toutes les données disponibles [sur les élections de 1972] montrent néanmoins qu'il n'y a eu qu'une trace de cet effet, sauf dans quelques rares régions très particulières », comme Leeds, dans l'est de l'Ontario, où il y avait une querelle concernant le bureau de douane local, ou Ottawa, où la colère des fonctionnaires était réelle. Meisel soutient en outre que la politique de bilinguisme aida probablement les libéraux dans de nombreuses régions, en particulier au Québec, au Nouveau-Brunswick et dans les zones francophones de l'Ontario.

En outre, la faiblesse des libéraux dans l'Ouest canadien était antérieure au leadership de Trudeau et à sa politique de bilinguisme officiel. À l'ouest de la frontière de l'Ontario, les libéraux n'avaient remporté aucun siège en 1958, mais en avaient obtenu 6 en 1962, 6 en 1963 et 8 en 1965. La vraie aberration se produisit en 1968 lorsque Trudeau remporta 27 sièges, mais même en 1972, les 7 sièges remportés dans l'Ouest représentaient, du point de vue historique, une forte vague de soutien. De plus, les chefs du Parti conservateur et du NPD appuyèrent massivement le bilinguisme officiel lorsqu'ils furent mis au défi de le faire dans le cadre d'un crédit parlementaire en 1973. Lorsque 16 conservateurs se levèrent pour s'opposer à la politique, ils furent hués de tous les coins de la Chambre. Jamais plus les conservateurs ne choisirent un chef unilingue, et les deux successeurs de Stanfield eurent très à cœur la cause du bilinguisme – qui, dans les années 1980, avait transformé le gouvernement canadien. De Trudeau, Gwyn conclut en disant que « jamais il n'a fait la seule faute qui aurait vraiment compté : perdre la foi ». D'autres vinrent à la partager. Le bilinguisme officiel est, pour Trudeau, une réalisation durable et magnifique[33].

L'analyse par Meisel des élections de 1972 révèle que l'enjeu principal de la campagne fut, en fait, l'économie. On y attire l'attention sur le sondage effectué par le Canadian Institute of Public Opinion dans lequel les électeurs potentiels établissaient quels étaient les principaux enjeux : l'économie, l'inflation et les prix élevés obtenaient la première place avec 37 p. cent, le chômage la deuxième, avec 33 p. cent, tandis que le « gouvernement, Trudeau » et « les relations avec le Québec, le séparatisme », n'obtenaient que 6 p. cent et 4 p. cent, respectivement – à peu près le même classement que la « pollution » (6 p. cent). Dans la circonscription ontarienne de Kingston et des îles, où Flora MacDonald, la candidate progressiste-conservatrice, fit un suivi minutieux des « enjeux » de la campagne mentionnés au pas des portes, seulement douze des huit mille personnes interrogées mentionnèrent même les « relations entre francophones et anglophones », et deux des mentions étaient favorables[34]! Après la vague d'attention entourant la remarque de Trudeau sur les fanatiques en janvier 1973, le Parlement minoritaire refléta encore plus ce que les députés avaient entendu sur la plateforme électorale l'automne précédent. Les politiciens canadiens se préoccupèrent démesurément de l'économie, alors que de puissants courants internationaux convergeaient vers le Canada et déferlaient sur sa vie économique et politique.

Les chapitres précédents de ce livre ont montré comment ces courants forts se sont formés pendant les années 1960, au moment où la guerre du Viêtnam et les politiques économiques américaines entraînèrent une hausse de l'inflation. Simultanément, le marché commun européen devint de plus en plus fort avec l'application d'une politique agricole protectionniste qui perturba les marchés agricoles mondiaux et son tarif commun qui étouffa les tentatives du Canada de pénétrer les marchés intérieurs européens. Au début des années 1970, le deuxième investisseur et partenaire commercial en importance du Canada, le Royaume-Uni, dont l'entrée dans le marché commun avait fait l'objet d'un veto de la France dans les années 1960, chercha de nouveau à faire partie de l'Europe. L'achat astucieux de blé à bas prix par l'Union soviétique et une famine au Bangladesh au début des années 1970 déclenchèrent alors une série d'événements qui donna lieu à une crise alimentaire mondiale, avec des pénuries imprévues et des menaces de famine. Et à la veille de Yom Kippour, le 6 octobre 1973, des troupes égyptiennes et syriennes attaquèrent Israël. Tandis que les Américains venaient à la rescousse d'Israël assiégé, l'Arabie Saoudite entraînait les États du Moyen-Orient dans un embargo pétrolier contre les États-Unis au moyen de l'Organisation des pays exportateurs de pétrole (OPEP) nouvellement formée. Comme le Canada était un des exportateurs agricoles les plus importants du monde et un grand producteur de pétrole, son économie bénéficia de la situation, mais pas tous les Canadiens eurent une part de la prospérité en résultant. Ce n'était pas la première fois au cours du siècle que les problèmes mondiaux changeaient profondément le paysage politique du Canada.

Trudeau, cependant, avait à présent son propre monde – et il s'efforçait vaillamment de conserver un certain équilibre entre sa vie publique et sa vie personnelle.

⌒

Le monde extérieur n'entrait au 24, promenade Sussex qu'en soirée, lorsque la limousine de Trudeau le ramenait à la maison où il retrouvait Margaret et bébé Justin. Depuis leur mariage, Trudeau avait gardé jalousement l'intimité de sa famille en donnant comme instructions à Peter Roberts, son attaché de presse, de protéger Margaret des journalistes indiscrets et des ragots, et ce dernier assura farouchement l'observation de ces règles. Les missions à l'étranger avaient pour directives de ne pas faire de visites de politesse à Margaret, « puisque Mme Trudeau [...] n'allait pas assister aux événements officiels ni prendre part aux activités diplomatiques[35] ». Néanmoins, ce premier Noël, presque toutes les premières pages des journaux canadiens montraient Justin en maillot dans les bras de sa mère rayonnante, tandis que Pierre, en adoration, avait les yeux rivés sur son enfant. À cette époque, ils restaient collés l'un à l'autre. Margaret allaita Justin jusqu'à ce qu'il ait six mois, se levant pendant la nuit pour satisfaire sa faim. Cloîtrée derrière les grilles, des gardiens et des serviteurs entrant et sortant constamment de la maison et du terrain, elle prit refuge dans sa relation avec son nouveau-né et dans une chambre à elle située dans le grenier, au deuxième. Là, elle s'installait à la machine à coudre, le cadeau de mariage de Pierre, qui bourdonnait pendant qu'elle confectionnait des vêtements pour elle-même et son enfant, ses amis et sa famille.

Margaret se métamorphosa pendant cette période, passant d'une hippie à l'esprit libre vêtue de jeans et de t-shirts à une mère de la terre des années 1970, qui mangeait du riz brun et portait des jupes ondulantes avec des corsages vaporeux. Elle portait surtout ces vêtements dans le privé, ce qui, dans les premières années de son mariage, représentait une partie considérable de son temps. Cependant, Margaret reconnut certaines demandes de la charge de Pierre. Femme remarquablement radieuse, elle apprit à s'habiller pour les quelques cérémonies officielles auxquelles elle assistait. Norah Michener, l'épouse du gouverneur général, se lia d'amitié avec elle et la guida dans le choix de vêtements appropriés pour ces événements, telle la visite de la reine à l'été de 1973. Margaret trouvait les ensembles portés par le couple royal en visite « très simples, et même banals », mais elle apprit tout de même un truc de mode de la reine Élisabeth. Lorsque, à l'aéroport de Vancouver, le chapeau soigneusement choisi de Margaret s'envola au vent, une dame de compagnie de la reine s'avança rapidement avec une épingle à chapeau ; la reine, ses yeux très bleus brillant d'amusement, la prit pour fixer à nouveau le chapeau sur la tête de Margaret. Ce geste charma la foule[36].

Au début, Margaret détesta le vieux manoir froid du 24, promenade Sussex. Les sept serviteurs qui y étaient employés semblaient mal préparés pour s'occuper d'elle, ou d'enfants. Le majordome, surtout, Tom MacDonald, un ancien valet de chambre de l'armée, lui déplaisait : « Le triste laisser-aller que je trouvais autour de moi était le résultat de son indifférence et de son incurie. » Elle n'aimait pas non plus la chef cuisinière, une femme corpulente qui, suivant ses goûts « formés à l'école anglaise », cuisinait des « repas invariablement fades ». Pierre, qui selon Margaret et d'autres amies, mangeait sans prêter beaucoup d'attention à la nutrition, devint rapidement témoin d'une bataille entre les cuisiniers et Margaret, qui imposa graduellement un régime plus sain et plus élégant pour sa famille et les invités à la résidence officielle[37].

Le manoir victorien avait le charme et les défauts des maisons de ce genre. S'il comptait de trop nombreuses petites pièces pleines de courants d'air, il était toutefois rempli de coins et de labyrinthes où les enfants pouvaient se cacher. Il n'y avait aucune climatisation centrale et les climatiseurs individuels étaient insuffisants pour faire face aux vagues de chaleur estivale que connaît Ottawa. Les meubles portaient la marque de l'austérité de l'après-guerre et du style victorien vieillot, et les attraits courants de la prospérité nord-américaine des années 1970, comme la piscine, le sauna ou le centre de conditionnement physique, faisaient défaut. Margaret commença lentement à faire entrer la vie moderne dans la vieille maison. Elle le fit d'abord dans son endroit tranquille au grenier puis, après les élections, elle entreprit le défi de rénover le lieu avec enthousiasme – et avec la bénédiction de Pierre.

Pierre ajusta immédiatement certaines de ses habitudes de travail et tous ses temps libres à sa vie d'homme marié. Les enfants en général avaient toujours adoré les farces de Pierre et sa générosité avec eux ; ses propres enfants furent entourés de son affection la plus vive dès leur naissance. Justin était le premier enfant d'un premier ministre, depuis John A. Macdonald, à naître pendant que celui-ci était en fonction, ainsi que le premier enfant à vivre au 24, promenade Sussex, lequel n'était devenu la résidence du premier ministre qu'en 1951. La vie à la maison tournait autour des enfants – et cela voulait dire, à cette époque, les gazouillis, les parcs pour bébés et les gens qui détournaient discrètement les yeux lorsque Justin avait besoin d'être nourri. La lune de miel prit bientôt fin, comme se rappela Margaret, « derrière les bébés et les couches ». Margaret retomba enceinte à la fin du printemps de 1973. Alexandre « Sacha » Trudeau naquit, comme son frère, le jour de Noël, après un « accouchement [...] long et pénible. Il a fallu toute la nuit[38] ».

Alexander Yakovlev, qui avait été nommé récemment ambassadeur soviétique à Ottawa, raconte dans ses mémoires qu'on aurait donné son nom à « Sacha ». Selon lui, les Yakovlev, qui seraient devenus rapidement des amis des Trudeau, auraient dit à Margaret que Sacha était un diminutif d'Alexander. C'est aussi un diminutif français populaire et sa famille appela Alexandre « Sach » pendant toute son enfance. Un bon diminutif peut naturellement avoir de nombreux auteurs – et c'est le cas d'Alexandre[39]. Quoi qu'il en soit, l'étonnante coïncidence de la naissance des deux premiers garçons Trudeau un 25 décembre provoqua joie et stupéfaction, mais avait considérablement épuisé Margaret. Elle avait été enceinte deux fois en moins de trois années de mariage, ce qui entraînait parfois des effets sur sa santé mentale et physique*. Lorsqu'elle se

---

* Le premier voyage officiel de Margaret à l'étranger fut en Union soviétique en 1971, où, en raison du protocole strict, elle se retrouva souvent seule. En outre, les portions généreuses de nourriture riche dérangèrent sa digestion et ses nausées matinales lui enlevèrent tout plaisir à faire des visites touristiques. Elle découvrit cependant les avantages de la sécurité soviétique. En effet, elle refusait de croire qu'il y avait des micros cachés dans leur chambre d'hôtel, mais Pierre et elle réalisèrent que c'était bien le cas lorsque, de retour à leur chambre, Margaret, épuisée, s'était écriée : « Oh ! Pierre, ce que je donnerais pour une orange ! Mon royaume pour une orange, une orange fraîche ! » et que cinq minutes plus tard, un serviteur avait cogné à la porte, apportant une orange sur un plateau. Margaret Trudeau, À cœur ouvert (Montréal : Éditions Optimum, 1979), p. 100.

sentait dépassée par les événements, il lui arrivait de fondre en larmes ; parfois, ses nerfs et son anxiété la réduisaient au silence. Malgré tout, quels qu'aient été les défauts du 24, promenade Sussex et les exigences de la vie publique, après la naissance de Justin, l'insistance de Pierre pour que soit conservée leur vie privée fit de leur maison et, encore davantage, de leur retraite du lac Mousseau, des refuges. Graduellement, toutefois, le monde extérieur fit son intrusion toujours plus souvent, et Pierre conserva ses habitudes bien ancrées[40].

Avoir des enfants exige de savoir faire preuve d'une grande souplesse dans l'organisation de ses horaires, mais Pierre conserva ses mêmes habitudes ordonnées. Comme il l'avait toujours fait, il se levait à 8 heures dans leur chambre froide – il insistait toujours pour que les fenêtres soient ouvertes –, tandis que Margaret s'enfouissait sous les couvertures et prenait son temps. Pierre lisait les journaux tout en petit-déjeunant rapidement pendant que Margaret, selon ses propres termes, demeurait « *a blob* » (une masse informe) jusqu'à l'arrivée des enfants. À 9 heures, Pierre entrait dans la limousine qui l'attendait et se rendait sur la Colline parlementaire où il devait souvent foncer à travers une foule de partisans et d'opposants avant de monter les deux volées d'escalier menant à son bureau de coin de l'édifice du Centre. Une fois dans son bureau, il faisait venir immédiatement son adjointe personnelle, Cécile Viau, qui, par quelque prodige, réussissait à faire un suivi étroit de ses activités avec une discrétion et une habileté extraordinaires. Il rencontrait ensuite le personnel avant de commencer ses réunions – certains matins avec le Conseil des ministres et, tous les mercredis matins, avec le caucus.

Comme pour le 24, promenade Sussex, Trudeau fit redécorer son bureau par un nouvel ami architecte de Vancouver, Arthur Erickson[41]. L'endroit se transforma en une pièce spacieuse et élégante avec ses lignes épurées, luxueuse et confortable. Les murs de chêne clair n'étaient ornés que d'une sculpture sur bois frappante d'un huard noir, mais, trônant sur son bureau, les portraits de sa famille et de sir Wilfrid Laurier sautaient immédiatement aux yeux de tous les visiteurs – tout comme la boîte de chocolats qui comblait le faible de Trudeau pour les sucreries. Il prenait souvent un déjeuner léger après lequel, lorsqu'il y avait une séance de la Chambre des communes, il se préparait pour la période de questions de 14 heures. Un adjoint ou une adjointe l'informait généralement des points importants pour cette séance – il s'agissait habituellement de Joyce Fairbairn, dont il était proche et avec qui il avait beaucoup de plaisir à badiner*. Son entrée à la Chambre était interrompue à maintes reprises dans le lobby grouillant de députés. Après avoir rejoint sa place, il se plongeait dans ses documents pour se préparer aux assauts qui viendraient des députés de l'opposition. À 14 h 15, ils commençaient et Trudeau répondait, parfois avec une dignité et une minutie professorales, parfois avec un sarcasme mordant et de l'esprit. Contrairement à Diefenbaker ou à ses propres collègues Jean Chrétien et John Turner, Trudeau ne prenait pas de plaisir à ces moments passés à la Chambre, et quelques minutes après 15 heures, il se sauvait à la hâte.

D'autres réunions suivaient – avec les électeurs des députés libéraux, avec les membres du parti demandant une faveur ou un poste, ou avec des ambassadeurs présentant des lettres de créances ou faisant leur au revoir. À la fin de la journée, à 18 heures, Cécile Viau remettait à Trudeau ses messages, ses lettres personnelles et quelques documents à signer. Il vérifiait ensuite auprès d'un adjoint ou d'une adjointe son emploi du temps du lendemain avant de descendre rejoindre la limousine qui l'attendait.

Comme toujours, Pierre, ponctuel, arrivait à la maison à 18 h 45 avec une serviette remplie de dossiers. Il saluait rapidement Margaret, embrassait les garçons qui avaient déjà mangé et partait jogger. Lorsque la piscine fut installée, le jogging fut remplacé par la natation. Comme Margaret l'écrivit dans ses mémoires : « Il nage chaque soir quarante-quatre fois la longueur de la piscine, jamais plus, jamais moins. » Cela lui prenait dix-sept minutes. Lorsque les garçons furent assez vieux pour le faire, ils le rejoignirent pour un entraînement de quinze minutes dans la piscine. À 20 heures précises, Margaret et Pierre dînaient. Margaret se rappela plus tard ce moment de la journée : « Le soir, nous étions le plus souvent seuls tous les deux et cela n'a pas changé durant toutes les

---

* En 1973, une blessure empêcha Fairbairn de travailler pendant un certain temps. Le 2 mars, elle écrivit à son patron : « J'ai suivi les événements sur la Colline avec mon intérêt habituel et une attention fébrile pour m'assurer que vous ne vous mettiez pas les pieds dans les plats. Vous vous la coulez douce probablement cette semaine et j'ai bien hâte de revenir lundi pour aboyer après vous. » FT, MG 26 O20, vol. 4, dossier 10, BAC.

années de notre mariage. Les autres familles d'hommes politiques se seraient ennuyées avec nous : nous parlions d'idées et d'idéaux, jamais des sommes qu'il fallait allouer au programme de santé nationale. Nous avons toujours cru que cela changerait et que nous deviendrions plus sociables une fois que les bébés seraient un peu plus âgés, mais cela n'est jamais arrivé. »

Quelques amis leur rendaient visite : Michael et Nancy Pitfield, Hugh et Jane Faulkner, Tim et Wendy Porteous, l'exubérant Jacques Hébert (que Margaret adorait), et les Yakovlev – dont l'intimité avec les Trudeau, y compris des dîners à quatre au 24, promenade Sussex, suscitait l'intérêt des représentants de la sécurité canadienne[42]. Cependant, l'écart d'âge entre Margaret et Pierre, leurs intérêts différents et le piètre français de Margaret avaient une incidence sur leur vie sociale. Certains des vieux amis de Trudeau ne firent pas un bon accueil à Margaret : elle était trop jeune, trop libre d'esprit et, pour certains, trop anglophone. Bien que Gérard Pelletier demeurât proche de Trudeau, sa femme, Alec, une amie proche de Madeleine Gobeil, ne sympathisa pas avec Margaret. À un dîner chez les Trudeau, écrit Christina McCall-Newman, quelqu'un fit un commentaire voulant que les invités, qui étaient de vieux amis de Montréal, devraient parler anglais. Pierre répondit par une remarque au pied levé que Margaret ne les comprendrait pas s'ils le faisaient – un compte rendu avec lequel Margaret n'est pas du tout d'accord. Néanmoins, le mariage changea radicalement le cercle d'amis de Trudeau – ainsi que celui de Margaret[43].

À l'occasion, Trudeau faisait une pause, et Margaret et lui regardaient un film ou sortaient au restaurant – souvent libanais, une cuisine que Pierre affectionnait tout particulièrement, ou japonais. En temps normal, cependant, après le dîner de quatre services à la maison, Trudeau, dit Margaret, « [s'abstenait] de tout effort intellectuel pendant trois quarts d'heure alors qu'il [digérait], comme il [disait] ». Ils écoutaient de la musique, accrochaient des tableaux ou effectuaient d'autres menus travaux. Puis, une fois que les quarante-cinq minutes étaient passées, Trudeau sortait sa serviette. Cette habitude, il l'avait depuis qu'il était devenu adulte. Une amie d'une période antérieure se souvient d'avoir été surprise lorsqu'elle constata pendant leurs vacances qu'il emportait chaque jour avec lui à la plage ses livres et ses dossiers. Il semblait entrer en transe pendant qu'il travaillait. Margaret ne pouvait pas l'interrompre, et soudainement sa soirée devenait solitaire, car il travaillait jusque « vers minuit ». « Il m'arrivait de me révolter et de partir chez des amis en claquant la porte », dit-elle. Habituellement, elle cousait et allaitait les bébés jusqu'à ce qu'il la rejoigne plus tard au lit[44]. Avec les week-ends venait la liberté, surtout au lac Mousseau, où la structure des jours de semaine tombait. Les repas devenaient informels, les enfants jouaient bruyamment à volonté, et Margaret et Pierre cabriolaient dans le lac lorsque l'été avait réchauffé la fraîcheur du parc de la Gatineau[45].

Le lundi, cependant, marquait le retour à la routine – et, pour Trudeau, aux problèmes de gouverner le Canada dans le contexte d'un monde de plus en plus agité.

CHAPITRE 8

L'étrange renaissance
de Pierre Trudeau

Les adjoints, ministres et députés de Trudeau constatèrent qu'il était, durant les premières années de son mariage, un premier ministre encore plus intensément absorbé et travailleur qu'il ne l'avait été auparavant. Sa détermination, après les élections de 1972, non seulement de gouverner avec force, mais aussi de jeter les bases d'une nouvelle majorité libérale eut un impact majeur sur son administration : d'une part, il était moins prudent et plus disposé à courir des risques ; d'autre part, il étudiait les conséquences expressément politiques des décisions et des mesures prises par son gouvernement beaucoup plus fréquemment qu'il ne l'avait fait précédemment. Les longues soirées qu'il passait à travailler étaient récompensées chaque matin de la semaine alors que s'amorçait la succession de réunions : Trudeau maîtrisait souvent mieux les dossiers que les ministres concernés eux-mêmes.

Deux enjeux dominaient l'ordre du jour – l'économie et les événements internationaux – et au début des années 1970, ces problèmes contraignirent tous les politiciens à naviguer dans des eaux imprévisibles et inconnues. Comme nous l'avons vu au chapitre 6, le Nixon *shokku*, c'est-à-dire le « choc Nixon », qui eut lieu en 1971, avait subitement aboli la convertibilité du dollar américain en or, ce qui marqua la fin des accords de Bretton Woods d'après-guerre et le début d'une nouvelle ère d'incertitude. Comme c'est le cas avec la plupart des grands changements, ceux qui les vécurent furent souvent mystifiés par leur signification – et Trudeau ne fit pas exception à la règle. Comme il avait étudié l'économie keynésienne, il s'efforça de comprendre ce que la « stagflation » – combinaison d'un taux de chômage élevé et d'un haut taux d'inflation – signifierait pour des gouvernements démocratiques partisans de l'État providence.

En août 1972, Gus Weiss, un membre important de l'équipe consultative personnelle du président Nixon en matière d'économie internationale, donna une séance d'information sur l'économie mondiale aux représentants du Canada. Il leur parla en toute franchise : « Nous avons dix modèles informatiques qui essaient tous de prévoir les situations économiques potentielles, admit-il. Nous ne savons pas vraiment ce qui se passe. » Et c'était vrai. « Les externalités », bête noire des prédictions économiques, tourmentaient les décideurs de l'époque. Comme Weiss l'affirma, « le plus grand problème auquel nous nous heurtons aujourd'hui est qu'il y a trop de problèmes[1] ». Trudeau qui, en raison de sa formation chez les jésuites, cherchait constamment à comprendre l'ordre et le modèle de toute chose, se demandait quelles implications la soudaine crise alimentaire mondiale, la menace d'une crise de l'énergie, les turbulences dans les marchés des devises et la structure changeante des échanges internationaux auraient pour le Canada et le monde. L'économiste John Kenneth Galbraith, diplômé de Harvard, se rappela avoir rencontré un Trudeau très curieux lors de dîners donnés à New York et à Washington, où le premier ministre interrogeait constamment les invités de Wall Street et de Beltway à propos de ce que leur réservait l'avenir. En compagnie de Michael Pitfield et d'Ivan Head plus particulièrement, il s'intéressa vivement aux futuristes que rassemblait le Club de Rome, commanditaire du best-seller *Halte à la croissance ? Rapport sur les limites de la croissance.* Cet ouvrage controversé, fondé sur la modélisation mathématique, prédit un monde malthusien dans lequel la croissance de la population dépasserait les ressources décroissantes. Au sein des ministères du gouvernement canadien, des regroupements se formèrent afin d'étudier les tendances à venir, et agirent comme chef de file à l'échelle internationale en favorisant la discussion des analyses du Club[2].

Trudeau fit l'expérience, comme le préconisaient les futuristes, d'adopter une approche « horizontale » en ce qui a trait au gouvernement et à la résolution de problème, ce qui se refléta dans la nouvelle structure qu'il instaura pour les comités du Cabinet, le mouvement des fonctionnaires au sein des ministères, les comités interministériels et les groupes de travail. Toutefois, les sombres prédictions exposées dans le livre du Club et dans la méthodologie qui s'y rattachait, qui menaient inévitablement à une intervention de l'État et à une bureaucratie accrues, devinrent rapidement moins convaincantes aux yeux de Trudeau. Les conseils de son vieil ami Albert Breton qui, de retour de Harvard, était revenu au Canada en 1970 et avait fait pour son compte des analyses incisives de l'économie canadienne et internationale, exercèrent beaucoup plus d'influence sur lui. Ils plaisantèrent à ce sujet : lorsque Breton demanda à Trudeau s'il croyait encore en grande partie tous les « trucs » qu'il avait écrits avant de se lancer en politique, la réponse lui vint rapidement – « Très peu ». En novembre, Breton fit savoir que, à la suite des mesures draconiennes que l'administration Nixon avait mises en œuvre durant l'été, les États-Unis procéderaient, « selon toute vraisemblance [...] d'ici novembre 1972 [à l'adoption] de politiques qui [seraient] erratiques et incomplètes, et ces réactions de Washington pourraient mener à des politiques ou à des recommandations de politiques erratiques et incomplètes à l'extérieur aussi bien qu'à l'intérieur du gouvernement du Canada ». Libre penseur, Breton demeurait sceptique quant aux attitudes et aux prévisions du gouvernement à l'interne pour l'avenir[3].

La principale bataille liée à l'économie à Ottawa tournait autour du ministère des Finances, dont John Turner était maintenant le ministre, et Simon Reisman, le sous-ministre. Turner apportait un poids politique considérable au ministère, et Reisman, une agressivité bureaucratique et de fortes convictions continentalistes, et de plus en plus conservatrices. Étant donné les personnalités de Turner et de Trudeau et les rivalités connues entre les deux hommes, les frictions étaient inévitables. En effet, même lorsqu'il avait nommé Turner, Trudeau avait déclaré, « Personne ne laisse entendre que Turner est un ministre faible », et il ajouta : « Une des caractéristiques de Turner est qu'il aime réussir[4]. » Le risque de conflits était exacerbé uniquement par le fait que le gouvernement minoritaire dépendait du Nouveau Parti démocratique pour sa survie. Il n'est donc pas étonnant alors que Trudeau et ses plus proches adjoints décidèrent d'entrée de jeu qu'ils avaient besoin de voix indépendantes pour contrer toute domination exercée par ce ministère des Finances exceptionnellement confiant.

Selon Turner, la piètre performance des libéraux dans le Canada anglais s'expliquait par le déplacement important des votes vers la droite. Le maintien de la « crédibilité » financière était essentiel, insistait-il, et il ne voulait « aucune entente » avec le NPD[5]. Turner était également déterminé à honorer les engagements pris dans le budget de 1972 quant à la diminution de l'impôt des sociétés. Par contre, d'un point de vue réaliste, il était difficile de respecter cette promesse après les élections, car le NPD avait dénoncé les *corporate welfare bums* (sociétés parasites) très efficacement durant la campagne et détenait maintenant la balance du pouvoir.

Lors du discours du Trône, Trudeau indiqua clairement que son parti se rangerait à gauche et resterait au pouvoir grâce au soutien du NPD. Le tout premier vote suivant ce discours condamnait le bombardement américain de Hanoï. La décision d'appuyer cette résolution fut importante et eut comme effet de sceller l'alliance entre les libéraux et le NPD et d'enrager Richard Nixon, qui refusa de répondre à une lettre dans laquelle Trudeau lui expliquait les circonstances internes qui avaient mené à cette décision. Nixon fut vexé au point qu'il refusa même d'envoyer une note de condoléances à Trudeau à la mort de sa mère bien-aimée en janvier 1973. Pendant que le débat sur l'économie prenait de l'ampleur à la fois au sein du Cabinet et dans l'ensemble du gouvernement, les différences entre le premier ministre et le ministre des Finances devinrent personnelles et idéologiques. Trudeau fut associé à des politiques de gauche, tandis que Turner, qui avait développé d'excellentes relations avec son homologue conservateur américain, George Shultz, devint la voix des « affaires » et des « Américains ». La perception était injuste – les ministres des Finances sont invariablement considérés comme une force conservatrice au sein du gouvernement – mais le statut minoritaire du gouvernement exacerbait cette impression[6].

Le débat se focalisa sur le premier budget de John Turner après les élections, budget qui était, aux yeux de tous, essentiel à la survie du gouvernement. Turner et le ministère des Finances se battirent d'abord pour mettre en place les allégements fiscaux promis, bien qu'il fût prêt à ajuster le budget pour répondre aux demandes du NPD. Breton s'y opposa fortement, écrivant à Trudeau le 19 janvier 1973, que « quelles que soient les politiques à l'origine des coupures dans l'impôt des sociétés, l'argument économique est au mieux inexistant ou très faible ». Une réduction de l'impôt des particuliers, soutint-il, serait plus efficace et stimulante : les sociétés américaines bénéficieraient seulement de la moitié des réductions en raison de leur capacité à déduire leurs impôts canadiens aux États-Unis. En bout de ligne, le budget favorisa la gauche, accordant d'importantes dépenses pour les programmes sociaux et de nombreux points qui satisfirent le NPD, tels que des réductions du taux d'imposition des particuliers, une hausse des exemptions personnelles, des pensions de vieillesse plus élevées et l'indexation du taux d'imposition des contribuables, ce qui signifiait que l'inflation n'entraînerait pas une hausse des impôts en faisant passer les particuliers dans des tranches d'imposition supérieures. Plus de 750 000 Canadiens n'auraient plus à payer d'impôts sur le revenu, et le déficit prévu s'élevait à 1,3 milliard de dollars, comparativement à un surplus d'approximativement 100 millions de dollars l'année précédente. Le budget fut grandement stimulant, établissant un précédent de par son déficit, et fut utile sur le plan politique puisqu'il servit à gagner du temps pour l'alliance néo-démocrate-libérale.

Malgré des rapports faisant état que Reisman avait élaboré le système d'indexation de façon à freiner les dépenses publiques futures, Trudeau et Turner l'appuyèrent tous les deux. De plus, les débats du Cabinet du 13 février suggèrent que les ministres étaient au courant de cet effet potentiel. En 1973, même Trudeau cherchait activement un moyen de limiter la croissance gouvernementale – qui avait été remarquablement élevée pendant plus d'une décennie –, à Ottawa comme dans les provinces. Breton le prévint qu'une croissance exceptionnelle aux deux paliers de gouvernement, de même que les monopoles créés par la syndicalisation rapide des services publics, constituaient en soi des causes de l'inflation et, par conséquent, des problèmes politiques. La presse, toutefois, ignorait ces subtilités et préférait mettre l'accent sur les personnalités : Trudeau l'antiaméricain et gauchiste, et Turner, l'ami et homme d'affaires préféré de George Shultz[7].

Les caricatures étaient dénaturées, mais elles contenaient des parts de vérité. Trudeau sortit vainqueur de la lutte entourant le budget de

1973, alors que Turner ragea, en privé, que le premier ministre ne l'avait pas suffisamment appuyé*. Turner parvint à maintenir sa crédibilité plus tard en mettant en place les réductions de l'impôt des sociétés, mais ce succès ne fit que renforcer son image de représentant des intérêts commerciaux dans un ministère conservateur sur le plan économique. Turner avait déjà songé à quitter la politique au profit du secteur privé, et il savait qu'après avoir contribué à la survie politique de Trudeau, d'abord en défendant les réformes du Code criminel, puis grâce à un budget bien accueilli, ses propres chances de lui succéder étaient de moins en moins grandes. Le journaliste Ron Graham, qui connaissait bien les deux hommes, écrira plus tard : « [L]eur apparence, leur intelligence et leur réputation les avaient habitués à contrôler leur milieu et confirmaient qu'ils entreraient en conflit une fois que se seraient épuisés les avantages mutuels qu'ils tiraient de leur collaboration[8]. »

Après le budget, cet épuisement se fit effectivement ressentir. Trudeau reconnut que Turner était son rival, voire son successeur probable s'il échouait, et il se rappela que Turner avait voulu que le gouvernement démissionne immédiatement après la catastrophe des élections de 1972. En réponse à cela, il décida de garder ses distances par rapport au ministère des Finances et de mettre sur pied un système indépendant de conseillers économiques au sein du Conseil privé, dans son propre cabinet, et au Conseil du Trésor, où l'économiste Douglas Hartle fut particulièrement influent. Du coup, ces conseillers pouvaient critiquer sans détour les géants de la finance traditionnelle. Breton, par exemple, fit ce commentaire dans le rapport annuel de 1973 de la Banque du Canada en avril 1973 : « Il est triste qu'une institution qui compte quelques-unes

---

* La preuve que Trudeau essaya de cacher le fait qu'il l'avait emporté sur le ministère des Finances et sur Turner se trouve dans les mémoires d'Eugene Whelan. Whelan, qui devint ministre de l'Agriculture en 1972, écrivit : « Une chose que j'ai tout de suite apprise, c'est que Trudeau ne renversait jamais les décisions de son ministre des Finances [...] Maintes et maintes fois je n'ai pas eu gain de cause, que j'aie eu raison ou non, parce que le ministre des Finances s'y opposait. Et Trudeau se tournait habituellement vers moi et me lançait cette réplique familière : "Désolé, Gene, tu as encore perdu". Parfois, j'étais tellement furieux que je claquais mes livres, me levais et sortais de la pièce. » Whelan détestait particulièrement Simon Reisman, qui était le sous-ministre de Turner, et disait de lui qu'il était « surestimé ». Eugene Whelan dans E. F. Whelan, en collaboration avec Rick Archbold, *Whelan : The Man in the Green Stetson* (Toronto : Irwin, 1986), p. 199–201.

des personnes les plus brillantes du pays, et qui possède l'un des meilleurs services de recherche, soit devenue, pour des raisons qui m'échappent, uniquement capable d'apprendre à un rythme très lent et, par conséquent, soit inapte à fournir le leadership intellectuel et moral qu'elle devrait dans le domaine des phénomènes monétaires, et dont le pays a besoin[9]. » Un conflit entre les conseillers de Trudeau et le ministère des Finances était inévitable. La seule question qui demeurait était quand et comment cela se produirait.

⌇

Tous s'entendaient pour dire qu'au début des années 1970, le pays était devant de nouveaux défis. Lorsqu'il était arrivé au pouvoir en 1968, Trudeau avait déclaré qu'il ne ferait pas d'ajouts à l'État providence récemment établi. Il s'était plutôt engagé à travailler sur les disparités régionales et sur les inégalités entre les Canadiens, et il avait beaucoup insisté sur la création du ministère de l'Expansion économique régionale (MEER). Les faits démontrèrent plus tard que la panoplie de régimes du MEER, combinée aux transferts du gouvernement fédéral, avait atténué certaines inégalités régionales, mais que les projets d'envergure du MEER avaient généralement échoué. En effet, dès 1973, Breton prévint judicieusement Trudeau que « le gouvernement ne peut pas simplement continuer d'appliquer une politique qui n'a pas engendré beaucoup de résultats ». De plus, les « réactions défavorables par rapport à l'aide sociale » durant la campagne électorale, en plus de la création désordonnée du régime de sécurité sociale canadien, forcèrent Trudeau à évaluer dans quelle mesure l'approche du gouvernement fédéral avait porté fruit. Lors des réunions fédérales-provinciales qui avaient lieu sur une base de plus en plus régulière, les provinces continuèrent de critiquer le fait qu'Ottawa empiétait sur leurs responsabilités traditionnelles en matière de santé, d'aide sociale et d'éducation, des secteurs où leurs dépenses connurent une croissance rapide tout au long des années 1970. Trudeau perdit vite patience : il nomma son ami Marc Lalonde ministre de la Santé nationale et du Bien-être social dans « le but de systématiser un peu tous ces programmes d'aide à la misère, aux vieillards, à l'enfance, aux chômeurs, etc. ». Les programmes du Canada étaient presque devenus l'équivalent de ceux de l'Europe occidentale, mais ils étaient trop dispersés, et faire concurrence aux programmes provinciaux compliquait encore plus la situation. Trudeau exposa son ambition au journaliste Jean Lépine comme suit :

> Essaie donc d'intégrer tout ça. Nous on payait la moitié de l'assistance publique des provinces. Alors si on pouvait trouver un système… tout le monde je pense d'un peu progressif à ce moment-là, cherchait le revenu annuel garanti, essaie donc de faire un système pour intégrer tout ça. Et ça avait été le Livre orange qu'il [Lalonde] avait fait à l'aide d'un de ses sous-ministres, Al Johnson, et les deux s'entendaient bien et ils ont fait un travail assez extraordinaire, assez rapidement.

Le changement ne survint pas assez rapidement. Les conditions économiques se détériorèrent et le ministère des Finances se battit vigoureusement contre la proposition de Lalonde, qui souhaitait unifier les paiements de soutien en un revenu garanti. Trudeau fit marche arrière. Il expliqua plus tard à Lépine : « Moi généralement je préfère tomber à gauche mais en l'occurrence si je me fais dire qu'on n'aura pas d'argent pour payer nos programmes, je préfère être un peu plus prudent. » Mais Lalonde avait confié à Lépine que la décision découlait des conflits de personnalités plutôt que du problème lui-même, et Lépine se demanda si la « prudence » en était la véritable cause, particulièrement en raison du fait que le gouvernement penchait vers la gauche à cette époque. Trudeau soupira et éluda la question en disant que c'était « un bel exemple d'un gouvernement responsable[10] ». Le ministre des Finances occupe une position particulière, et si le premier ministre n'accepte pas les conseils de son ministre, il risque d'obtenir une démission. Trudeau savait que Lalonde ne démissionnerait jamais, mais il ne pouvait pas en dire autant de Turner – et le fait de perdre le populaire ministre des Finances à ce moment-là pouvait signifier la chute du gouvernement. Alors le revenu annuel garanti, que les libéraux évoquaient depuis les années 1960, devint le sacrifice essentiel à faire. Le ministère des Finances remporta éventuellement la victoire dans cette querelle, mais il allait perdre la plupart des autres batailles durant la période où le gouvernement fut minoritaire.

Lors des élections de 1972, le NPD avait obtenu les appuis de nationalistes canadiens, plus précisément ceux d'Eric Kierans et de Walter Gordon. David Lewis et son parti détenaient la balance du pouvoir, et cela signifiait que les libéraux ne pouvaient plus reporter leur promesse de créer une agence dont le mandat serait d'examiner les investissements étrangers au Canada. Trudeau lui-même en doutait; il confia à Alastair Gillespie, son ministre de l'Industrie et du Commerce qui avait la responsabilité de rédiger la loi : « Tu sais que je ne suis pas un nationaliste et qu'il s'agit là d'une forme de nationalisme, ce que je trouve suspect. » Disciple de Gordon et lui-même un nationaliste, Gillespie était toutefois exaspéré par la forme de nationalisme particulière véhiculée dans le *Toronto Star*, qu'il trouvait insatiable, mais sa propre expérience des affaires le convainquit qu'une agence d'examen de l'investissement étranger était essentielle dans un pays où un si grand nombre d'industries et de ressources appartenaient à des intérêts étrangers.

En 1973, il mit donc de l'avant les « lignes directrices de Gillespie », qui établissaient les conditions à appliquer aux investissements étrangers au Canada. Essentiellement, ces lignes directrices exigeaient que les investisseurs démontrent « l'avantage considérable » que leurs investissements représentaient pour le Canada. L'année suivante, elles furent intégrées au mandat de l'Agence d'examen de l'investissement étranger (AEIE), ce qui irrita bon nombre de gens d'affaires, tant au Canada qu'à l'étranger. Gillespie se souvient d'un homme d'affaires allemand « détestable » qui décria l'agence. Lorsque Gillespie lui demanda, « En quoi cela vous concerne-t-il ? », il répondit que son entreprise détenait 25 p. cent des parts de l'Algoma Steel et qu'il souhaitait en avoir plus. Gillespie répliqua qu'il n'y avait pas de problème pour autant qu'il puisse faire la preuve de « l'avantage considérable » qui y était associé. L'homme d'affaires explosa de colère et vendit ses parts de l'Algoma, qui, à la satisfaction de Gillespie, furent rapidement rachetées par des intérêts canadiens. En fait, peu d'investisseurs réagirent comme le fit l'homme d'affaires allemand, et le journal financier *Barron's*, qui avait d'abord condamné l'AEIE, mentionna que « la seule entreprise étrangère qui ne serait pas la bienvenue au Canada serait Murder Inc. [Meurtre Inc.][11] ».

L'AEIE, la Corporation de développement du Canada (par laquelle le gouvernement et les Canadiens pouvaient faire des investissements stratégiques dans les entreprises canadiennes) et les propos liés à l'élaboration d'une stratégie industrielle avaient disparu de la une des pages financières lorsque la guerre du Yom Kippour d'octobre 1973 au Moyen-Orient causa la première grande crise de l'énergie de la période d'après-guerre. Si l'Ontario prétend avoir créé l'industrie pétrolière au Canada avec le premier puits situé dans la ville de Petrolia, au sud-ouest de l'Ontario, c'est en Alberta que l'industrie s'était réellement développée au milieu du XXe siècle, en grande partie contrôlée par des intérêts étrangers. Les immenses champs du Moyen-Orient avaient émergé à la même période, engendrant un prix du pétrole qui n'avait jamais été aussi bas lors du boom économique du monde occidental durant les années 1950 et 1960. Les gouvernements du Crédit social de l'Alberta de l'époque croyaient, à juste titre, que le pétrole en Alberta était moins attrayant pour les grandes sociétés pétrolières internationales que le pétrole en Arabie Saoudite, où les coûts liés à l'extraction étaient extrêmement bas. Ainsi, la province acceptait des redevances peu élevées et un leadership multinational dans le développement des champs pétrolifères provinciaux. Sur le front intérieur, toutefois, le gouvernement de l'Alberta prit immédiatement des mesures pour établir, par voie législative, son contrôle de la ressource à la tête du puits. Le gouvernement fédéral prit des mesures similaires pour affirmer son contrôle du commerce international et interprovincial des produits énergétiques, particulièrement dans la construction de pipelines. La domination des sociétés pétrolières multinationales, les intérêts américains et les rivalités des gouvernements fédéral et provinciaux du Canada jouèrent tous un rôle dans les conflits qui s'amorcèrent dans les années 1950*.

---

* Par exemple, les sociétés pétrolières préféraient de loin importer du pétrole du Moyen-Orient et du Venezuela dans l'est du Canada parce que ce commerce était très rentable. Lorsque le gouvernement du Venezuela commença à demander une plus grande part des revenus, les multinationales, devant la possibilité d'une hausse des prix, choisirent l'est du Canada comme marché d'exportation pour ce pétrole parce qu'elles pouvaient y maintenir des prix plus élevés qu'aux États-Unis, où l'on consommait le pétrole bon marché du Moyen-Orient. Le gouvernement américain appuya fortement cette politique, qui cadrait avec les intérêts des politiques étrangères des États-Unis au Venezuela (J. G. Debanné, « Oil and Gas Policy », dans *The*

En 1956, il y avait eu un débat houleux à la Chambre des communes par rapport au pipeline de la société TransCanada lorsque les conservateurs de John Diefenbaker, qui étaient traditionnellement anti-américains, avaient attaqué les libéraux (et en particulier le « ministre responsable de tout » C. D. Howe, d'origine américaine[12]) parce que ces derniers avaient accordé une mainmise américaine de 51 p. cent sur le nouveau pipeline national de gaz naturel. Diefenbaker avait alors chargé la commission royale d'enquête sur l'énergie de régler le conflit. La solution de la Commission était simple : on procéderait à la création de la « ligne Borden » (nommée d'après son président, Henry Borden), une frontière qui scinderait le Canada à la vallée de l'Outaouais. Les résidants à l'ouest de la ligne utiliseraient le pétrole de l'Alberta et ceux à l'est bénéficieraient du pétrole brut bon marché du Moyen-Orient. Ce compromis reconnaissait la pratique des multinationales et répondait également aux besoins de l'Alberta de s'imposer dans un marché à un moment où les ressources énergétiques étaient grandes et le marché américain, protégé. Toutefois, au début des années 1970, ce stratagème soigneusement élaboré s'effondra.

Durant les deux décennies précédentes, une transformation fondamentale s'était opérée ; tous les pays de l'Ouest s'étaient désintéressés du charbon et du coke qui avaient, pendant plus d'un siècle, contribué à leur croissance économique et ils avaient opté pour le pétrole et le gaz naturel, plus propres et bien meilleur marché*. L'Ontario avait importé presque

---

Energy Question : An International Failure, éd. E.W. Erickson et Len Waverman, vol. 2 [Toronto : University of Toronto Press, 1974]). Debanné cite plusieurs autres exemples de la façon dont les intérêts multinationaux plus vastes affectèrent l'exploitation des ressources canadiennes. D'autres auteurs, cependant, ont soutenu que le développement du pétrole de l'Alberta dépendait d'ententes conclues avec les grandes multinationales ayant des ressources financières importantes et des compétences dans le développement pétrolier. Le problème de l'Alberta fut, jusque dans les années 1970, de vendre son pétrole à prix plus élevé tout en étant assujetti aux contingents et aux restrictions américaines sur les exportations aux États-Unis, qui avaient leur propre industrie pétrolière.

* En 1950, au Canada, le pétrole représentait 29,8 p. cent et le gaz naturel 2,5 p. cent de la consommation d'énergie primaire du Canada, tandis que le charbon et le coke en représentaient 47,6 p. cent. En 1970, les chiffres comparables étaient de 48,1 p. cent, de 16,5 p. cent, et de seulement 10,7 p. cent pour le charbon et le coke. Ainsi, l'air de la ville devint plus propre et la pénible tâche de se lever à 5 h du

tout son charbon des États-Unis, tandis que l'Ouest du Canada avait exporté ses abondantes ressources dans l'Ouest américain. Cet accord avait causé peu de problèmes – contrairement à la vente du pétrole. Le Crédit social en Alberta avait négocié des redevances très basses avec les multinationales qui, à la fin des années 1960, contrôlaient presque les quatre cinquièmes du secteur de l'énergie. Puis, un nombre grandissant d'Albertains et de nationalistes canadiens devinrent de plus en plus préoccupés par cette situation. Le nouveau chef du Parti conservateur de la province, Peter Lougheed, un brillant avocat de Calgary et ancien joueur vedette de football, s'employa immédiatement à élaborer une critique efficace des politiques précédentes. L'historien Gerald Friesen l'explique en ces termes :

> De 1965, lorsqu'il devint chef du Parti conservateur, à 1971, lorsque son parti prit le pouvoir, l'argument fondamental de [Lougheed] était que l'Alberta avait dilapidé ses revenus de pétrole en omettant d'investir dans les industries locales. Ses alliés étaient les professionnels urbains – les hommes d'affaires, les avocats et les spécialistes du secteur primaire de la nouvelle bourgeoisie de l'Alberta – qui convenaient avec lui que la province devait se préparer en vue du jour où les multinationales s'en iraient – et en vue du jour où il n'y aurait plus de pétrole.

Les arguments de Lougheed étaient similaires à ceux que Pierre Trudeau avait invoqués à propos du Québec dans les années 1950 contre le parti rural, religieux et populiste de l'Union nationale, qui avait dominé la politique de cette province pendant une génération. Toutefois, dans les années 1970, l'ambition avouée de Lougheed était de « renforcer le contrôle exercé par les Albertains sur [leur] avenir et de faire en sorte que [leur] qualité de vie demeure constante et qu'elle dépende moins des gouvernements, des institutions ou des sociétés de l'extérieur de la province[13] ». Trudeau et ses collègues perçurent cette ambition comme une menace, au même titre que le nationalisme québécois. La confrontation était inévitable.

---

matin pour alimenter les poêles en charbon disparut pratiquement. Les statistiques illustrent également la hausse importante du nombre de voitures et la croissance des banlieues. Voir G. Bruce Doern et Glen Toner, *The Politics of Energy : The Development and Implementation of the NEP* (Toronto : Methuen, 1985), p. 86.

Lougheed était un formidable adversaire. Comme l'historien Doug Owram l'observa, Trudeau et Lougheed « n'étaient pas étrangers au succès ». Ils avaient tous les deux réussi de façon exceptionnelle sur les plans universitaire, sportif et social. Ce qui avait déjà été dit à propos de Lougheed s'appliquait aux deux : « Il était l'enfant chéri. » Ni l'un ni l'autre n'acceptait facilement la défaite et « ni l'un ni l'autre [...] n'était du genre à céder pour préserver la paix[14] ». L'audace de Lougheed fut d'emblée évidente lorsqu'il haussa les taux de redevance des multinationales en 1972 et qu'il les défia quand ces dernières l'accusèrent d'avoir rompu des contrats solennels.

En 1973, l'attention de Lougheed se tourna vers Ottawa, qui l'avait déjà remarqué, lui ainsi que la position ferme de sa province. Même avant la guerre du Yom Kippour au Moyen-Orient, le pétrole était devenu une ressource essentielle, et l'Organisation des pays exportateurs de pétrole (OPEP) prit de la vigueur en raison de la demande extrêmement forte de ses produits dans l'Ouest. En mai, l'Organisation de coopération et de développement économiques (OCDE) fit savoir que la situation était incertaine et que la demande en pétrole était si forte que les membres les plus riches de l'OCDE allaient enregistrer un « déficit courant important » avec les pays de l'OPEP. Le pétrole, semblait-il, commençait à se faire rare. Mais personne n'en était certain.

En juillet 1973, Trudeau se rendit à Calgary pour assister à une Conférence sur les perspectives économiques de l'Ouest, qu'il avait proposée de tenir en janvier pour tenter de comprendre la raison pour laquelle « tant de gens doués de l'Ouest se sentaient à ce point insatisfaits de leurs perspectives actuelles et futures en tant que Canadiens ». Ces mots, tirés de son discours d'ouverture de la conférence, à laquelle les quatre provinces de l'Ouest participèrent, étaient clairement destinés au premier ministre « doué » de l'Alberta qui prenait place à côté de lui. Lougheed aurait certainement été d'accord avec bon nombre des commentaires de Trudeau, notamment sa demande que « l'Ouest joue un rôle particulier dans le renforcement du Canada » et sa préoccupation par rapport au progrès économique « mal réparti et étroit » dans les provinces de l'Ouest. Mais le fait que Trudeau réclame une nouvelle politique nationale déplut singulièrement aux gens de l'Ouest, qui étaient d'avis que les « politiques nationales » précédentes étaient abusives, colonialistes et qu'elles servaient principalement les intérêts du centre du Canada[15].

De tels commentaires irritèrent Donald Macdonald, le ministre fédéral de l'Énergie, des Mines et des Ressources. Nationaliste sur le plan économique, sûr de lui, athlétique, et grandement apprécié de Trudeau, l'imposant Macdonald se méfiait profondément des ambitions de Lougheed et de ce qu'elles signifiaient pour une politique énergétique nationale après la crise de l'OPEP durant les derniers mois de l'année 1973. Et il n'était pas le seul. Au Cabinet, il appuya sans réserve l'argument de son collègue ministre de Toronto, Alastair Gillespie, qui disait que ni l'Alberta ni les sociétés pétrolières ne devraient être en mesure de s'approprier les profits découlant de la hausse vertigineuse du prix du pétrole, qui était passé d'environ 1,20 $ le baril en 1970 à 2,20 $ en septembre 1973, lorsque le gouvernement fédéral l'avait gelé, pour atteindre plus de 9,00 $ sur les marchés internationaux durant les premiers mois de l'année 1974.

Bien que le gouvernement canadien avait commencé à considérer les implications d'une éventuelle crise de l'énergie au début des années 1970, il était étonnamment mal préparé et même confus lorsque la crise survint – un point de vue qui fut exprimé chez les Américains[16]. Le gouvernement de l'Alberta, l'Office national de l'énergie, les sociétés pétrolières et des observateurs indépendants ne pouvaient s'entendre quant à savoir combien de temps dureraient les réserves du Canada, et le gouvernement se mit rapidement à envisager l'élimination progressive des exportations aux États-Unis, la création d'une société pétrolière appartenant à l'État et une politique de double prix pour le pétrole : un pour les exportations et l'autre pour les consommateurs canadiens. Aux yeux de Lougheed, l'Alberta allait faire les frais de la confusion qui régnait ainsi que du nationalisme et de l'égoïsme dont le centre du Canada faisait preuve.

Au départ, on avait espoir que la soudaine « crise pétrolière » amènerait les deux gouvernements à collaborer pour arriver à des fins communes. Cet optimisme ne fit pas long feu. Après que le gouvernement fédéral eut établi une taxe à l'exportation en septembre 1973, l'Alberta informa Macdonald à la mi-novembre qu'elle avait l'intention de créer une commission de commercialisation de l'Alberta, qui « achèterait et vendrait avec la province [...] approximativement 85 p. cent de la production de pétrole brut de l'Alberta ». Critique, Macdonald rendit compte au Cabinet que cette mesure aurait pour effet « de permettre à l'Alberta de fixer le prix sur son territoire, et de refuser de vendre au-delà de ses frontières, à moins d'obtenir le prix qu'elle demandait ». Trudeau, et d'autres qui se préoccupaient de l'utilisation que faisait l'Alberta de ses redevances accrues, percevait cette affirmation du pouvoir provincial comme un défi à surmonter. Pour sa part, Trudeau espérait que l'Alberta se servirait de ses gains fortuits à des fins de conservation et de développement de nouvelles réserves (particulièrement des sables bitumineux), et la plupart des ministres souhaitaient que le problème puisse être résolu dans le cadre des discussions entre l'Alberta et le gouvernement fédéral, prévues le 22 novembre.

Le 27 novembre, l'assurance s'était atténuée. Le NPD, qui voulait une politique de double prix, un prix réduit et un accroissement de la réglementation gouvernementale, eut un véritable impact sur les discussions. Finalement, le Cabinet exhorta Macdonald à ne pas « approuver la hausse des taux de redevance » de la part de l'Alberta, comme l'avait suggéré un document du Cabinet. Pour refléter le consensus, Macdonald assura ses collègues qu'il « ferait bien comprendre à l'Alberta que [le gouvernement fédéral] ne concédait pas à la commission le droit d'établir les prix intérieurs du pétrole et que le gouvernement fédéral fixerait les prix intérieurs à un taux qui favoriserait davantage de travaux de recherche et de développement liés aux ressources pétrolières[17] ».

Trudeau et d'autres exprimèrent leur volonté de « partager » les profits inattendus avec les provinces productrices, principalement l'Alberta, mais leurs commentaires indiquent qu'ils se préoccupaient de l'effet de la richesse soudaine de l'Alberta sur le programme de péréquation du Canada, et aussi de savoir si les dépenses de l'Alberta profiteraient à l'ensemble du Canada. Mais les négociations sur le « partage » prirent une mauvaise tournure et le NPD fit remarquer que d'autres pays producteurs qui avaient nationalisé le pétrole avaient créé des fonds spéciaux dans le but de partager les profits avec les générations futures. En effet, en Colombie-Britannique, contrairement à l'Alberta, le premier ministre néo-démocrate Dave Barrett avait exigé la nationalisation des ressources énergétiques du Canada, même si la Colombie-Britannique était une province productrice.

Devant cette crise qui prenait de plus en plus d'ampleur, Trudeau s'empressa de récupérer l'initiative et convoqua une réunion du Cabinet le 12 décembre, lors de laquelle il proposa une déclaration à formuler sur l'énergie. La veille, Jack Austin, le sous-ministre de l'Énergie, des Mines et des Ressources, avait rencontré les hauts fonctionnaires de l'Alberta et leur avait dit que le gouvernement fédéral continuerait de geler les prix au-delà du 31 janvier et qu'il prévoyait « mettre fin à la carence dans les approvisionnements d'ici la fin de la décennie ». L'Alberta demanda un report, mais le gouvernement fédéral décida qu'il n'attendrait pas. En conséquence, Trudeau affirma qu'il annoncerait une nouvelle « politique nationale » pour faire en sorte qu'en 1980, le Canada soit autosuffisant. L'objectif était le suivant : la création d'un marché national pour le pétrole canadien, d'un mécanisme d'établissement des prix pour permettre l'exploration et le développement, d'un pipeline pour Montréal et l'est du Canada ; l'intensification de la recherche sur les sables bitumineux ; le développement de l'énergie nucléaire et l'exploration du plateau atlantique ; et plus important encore, la création d'une société pétrolière nationale. Cette dernière recommandation fut acceptée dans le cadre d'une motion présentée par le NPD à la Chambre stipulant de nationaliser une société d'énergie existante, mais les libéraux créèrent à la place une nouvelle entité, la société d'État Petro-Canada[18].

Lougheed fut furieux lorsque le premier ministre canadien et ses homologues des provinces se réunirent les 22 et 23 janvier 1973 pour discuter de la politique pétrolière. Le prix international s'élevait à 9,60 $, et le prix canadien, à seulement 3,80 $. Lougheed percevait cette différence comme un vol ; Trudeau et Macdonald, qui s'inquiétaient de la hausse de l'inflation, la trouvaient juste, quant à eux. Après de nombreuses négociations, l'assemblée s'entendit sur un seul et même prix à l'échelle nationale et sur la poursuite du gel jusqu'au 31 mars. Trudeau réitéra publiquement qu'en concluant cet accord, le Canada avait réalisé de grandes choses en agissant « collectivement et efficacement pour offrir de meilleurs services sociaux, pour réduire la pauvreté, pour promouvoir l'égalité parmi ses citoyens, pour voir à ce que les disparités entre les régions soient moins grandes ». À présent, avec les coûts de l'énergie qui secouaient la société et l'économie canadiennes, les Canadiens

devaient s'assurer qu'ils ne « laissaient pas une trop grande part des nouvelles recettes faramineuses s'accumuler dans un seul et même endroit,
ce qui pourrait faire en sorte que l'égalité des chances et une réduction
des disparités [deviennent] impossibles à atteindre au Canada ». Essentiellement, cette déclaration reflète la position que Trudeau garda par
rapport au développement des ressources énergétiques du Canada. Il
avait un allié : William Davis, premier ministre conservateur de l'Ontario,
la plus grande province consommatrice au pays, appuya avec enthousiasme le camp fédéraliste. Pour sa part, Robert Bourassa, premier ministre libéral du Québec, dont la province bénéficiait également des
politiques fédérales, formula péniblement un argument qui soutenait la
politique fédérale sans pour autant appuyer le gouvernement fédéral.

Lougheed accepta le compromis, mais s'indigna devant l'hypocrisie
des arguments de Davis et de Bourassa. Les Albertains n'avaient-ils pas
payé les prix mondiaux pour le minerai de fer, les réfrigérateurs et les
automobiles qu'ils s'étaient procurés dans le centre du Canada ? Pourquoi devrait-il y avoir deux prix pour le pétrole, mais un seul pour l'or, le
cuivre, le fer et les autres ressources extraites du Bouclier canadien ? Tout
en se dissociant du slogan affiché sur les pare-chocs de l'Alberta – « *Let the
eastern bastards freeze* » (Laissons les salauds de l'est geler) – Lougheed
dénonça la taxe fédérale à l'exportation comme étant « contraire à la fois
à l'esprit et à l'intention de la Confédération » et affirma qu'à l'avenir,
l'Alberta serait déterminée à vendre ses ressources à un juste prix. Aux
yeux de Lougheed, la matière noire que l'on tirait du sol de l'Alberta
appartenait aux Albertains[19].

⌐

Les arguments de Trudeau en ce qui a trait à la réponse du Canada à la
crise de l'énergie l'emportèrent. La réaction de la presse fut chaleureuse
et le sondage Gallup du 6 février révéla que les libéraux récoltaient 42 p.
cent des appuis, les conservateurs, 31 p. cent, et le NPD, 21 p. cent, et
que Trudeau avait lui-même rapidement regagné la popularité que sa
campagne maladroite de 1972 avait démolie. Dès janvier 1973, un sondage avait signalé que les Canadiens croyaient que Trudeau était une
fois de plus le candidat le plus compétent pour « diriger » le Canada, et

durant cette année difficile, les sondages et les commentaires de la presse confirmèrent que les doutes au sujet de son leadership se dissipaient. Sa popularité, qui avait chuté presque continuellement depuis le début de l'année 1971, commença à grimper rapidement et à revenir vers les niveaux atteints au printemps glorieux de 1968. Alors qu'il gagnait en popularité, Trudeau porta une attention particulière à ceux qu'il avait ignorés auparavant. Avec l'aide des députés et des ministres de Toronto, il rencontra des gens d'affaires et des éditorialistes sceptiques. Keith Davey le présenta à des personnages importants qui pouvaient influencer l'opinion publique, tels que Pierre Berton. On peut constater la distance séparant Trudeau de la classe moyenne du Canada anglais dans un mémorandum envoyé par Davey en novembre 1973 dans lequel ce dernier tentait de persuader Trudeau de faire une apparition à *Front Page Challenge*, l'émission extrêmement populaire de la chaîne CBC. Trudeau ne l'avait apparemment jamais regardée et en savait peu sur ses participants. « Trois des quatre participants habituels de l'émission, expliqua un adjoint de Trudeau, peuvent être considérés [d'allégeance libérale], Betty Kennedy, Fred Davis et Gordon Sinclair. Le quatrième, Pierre Berton, est un partisan néo-démocrate. » Grâce aux pressions exercées par Davey, Jim Coutts et ses puissants ministres de Toronto, Trudeau apprit à connaître beaucoup mieux la capitale ontarienne, que Davey connaissait bien et où il se sentait parfaitement à l'aise[20].

Trudeau commença également à découvrir les charmes politiques liés aux voyages vers certaines destinations internationales. En octobre 1973, Margaret et lui visitèrent la Chine dans le cadre d'un voyage qui reçut l'attention de la communauté internationale. Même si Richard Nixon avait notoirement reconnu le pays communiste en 1972, le fait que le Canada l'avait devancé lui avait donné de la crédibilité aux yeux des dirigeants chinois, particulièrement lorsque les Américains avaient tardé à échanger les ambassadeurs. Ce fut un séjour mémorable et merveilleux pour les Trudeau. Margaret était enceinte de sept mois de son deuxième enfant, mais sa santé et son moral étaient au beau fixe, et elle réussit même à échapper à un journaliste au sommet de la Grande Muraille. Pendant que Margaret visitait une école maternelle, Pierre fut convoqué à rencontrer le président Mao, qui lui accorda une rare et longue audience dans une salle sombre aux rideaux tirés de la Cité interdite.

Mao, comme à son habitude, monopolisa la conversation, et avec la guerre du Yom Kippour qui faisait rage au Moyen-Orient, il critiqua le Canada d'avoir appuyé Israël trop fermement. Le Canada signa néanmoins un accord commercial qui, à la différence de nombreux accords commerciaux conclus avec la Chine, sembla avoir de véritables retombées positives.

C'est Margaret qui vécut le moment le plus frappant. Le dernier jour, le premier ministre Chou En-lai organisa un banquet au Palais du peuple. Les femmes et les hommes étaient habituellement séparés lors de tels événements, mais Chou invita la resplendissante Canadienne à s'asseoir à ses côtés. Puis, au grand étonnement de Pierre, en dépit des représentants canadiens et chinois assis tout près, Chou parla dans un anglais clair et même familier de la libération des femmes. Il mentionna que Margaret était une femme libérée, mais que les femmes chinoises ne l'étaient pas. Lorsqu'elle tenta de dissimuler son ventre rond après avoir entendu Chou décrire comment une Chinoise s'était détournée de lui parce qu'elle était enceinte, il affirma: «Oh! non, non, vous, vous êtes assumée en tant que femme. Vous êtes fière. C'est très beau de vous voir marcher comme une reine avec votre gros ventre, parce que vous êtes tellement fière. Les Chinoises ont encore une attitude féodale par rapport à leur féminité, leur corps et leur sexualité. Elles se contentent d'imiter les hommes.» Pierre déclara plus tard que Chou En-lai était le dirigeant le plus impressionnant qu'il avait rencontré[21].

Cette période fut des plus heureuses. Ensemble, la jeune mère enceinte et le père qui, sans être dans la fleur de l'âge, était toujours fringant, avaient une démarche emplie de grâce lorsqu'ils marchèrent main dans la main vers la Grande Muraille. Ils échangèrent de petits rires pendant que leur guide touristique élaborait sur les oiseaux et la faune à bord d'un bateau qui naviguait dans l'incroyable corridor des montagnes escarpées du fleuve Li. Puis, enfin seuls, ils déambulèrent dans les chemins étroits de la vieille ville de Guilin. De retour au Canada, Justin, qui maintenant pouvait parler et marcher, arrivait même à faire sourire les conservateurs lorsque sa radieuse mère et lui s'approchaient d'eux dans le cadre d'événements où ils accompagnaient Pierre. Puis, le jour de Noël 1973, Alexandre « Sacha » vit le jour et rendit la période des fêtes encore plus festive. Avant longtemps, les deux petits garçons et leur jeune et radieuse maman ravirent non seulement les Canadiens, mais aussi leurs admirateurs de partout dans le monde.

Bien qu'un gouvernement minoritaire fût exigeant, Trudeau sut tirer profit de la crise, et la documentation du Cabinet fait état d'un dirigeant confiant, déterminé, prêt à courir les risques qu'il avait auparavant rejetés. Trudeau s'était aussi lié d'amitié, de façon inattendue, avec le premier ministre britannique Edward Heath, amitié fondée sur sa volonté à accepter et même à encourager la décision de Heath de faire adhérer la Grande-Bretagne à la Communauté économique européenne (CEE). Même s'il n'était pas un partisan de la monarchie, ses rencontres personnelles avec la reine au Canada, en 1973, contribuèrent également à créer une relation chaleureuse avec Élisabeth II, dont l'insistance à vouloir parler en français à son premier ministre canadien le charma. Les réserves de la reine au sujet du comportement de Trudeau lors de la première conférence du Commonwealth à laquelle il avait assisté semblèrent s'être dissipées. Il avait été un médiateur très efficace à la conférence du Commonwealth à Singapour, et Lee Kuan Yew, originaire de cette nation, était devenu un ami avec qui il se plaisait à débattre de questions internationales et philosophiques. Par opposition à Lee, qui était plutôt conservateur, Michael Manley, un Jamaïcain charismatique de gauche, interpella le passé progressiste de Trudeau. À l'instar de Trudeau, l'élégant et séduisant Manley avait fréquenté la London School of Economics durant les années de l'après-guerre, travaillé pour des syndicats dans les années 1950, et refusait de respecter les codes vestimentaires stricts auxquels les personnalités publiques jamaïcaines adhéraient traditionnellement. Ils sympathisèrent dès leur première rencontre. La force de leur affection est omniprésente dans le dernier hommage de Manley à Trudeau : « Par instinct et par formation, il croit que les meilleurs espoirs de l'humanité résident dans la raison, la persuasion, le compromis et l'art de comprendre le point de vue des autres. À ces qualités s'ajoutent la largeur de vues et le sens de l'histoire qui font les vrais internationalistes. »

Richard Nixon n'aurait pas été d'accord. Comme nous l'avons vu, il avait détesté immédiatement et intuitivement « ce fils de pute », mais la colère de Nixon à l'endroit du Canada avait redoublé après le vote parlementaire condamnant le bombardement du Viêtnam-du-Nord. En 1973, toutefois, l'attention du président fut détournée des questions de ce genre alors que le scandale du Watergate prenait de plus en plus d'ampleur dans le bureau ovale. Le 17 novembre, Nixon fit cette célèbre déclaration : « Je ne suis pas un escroc », mais la plupart des Américains et des Canadiens n'étaient pas de cet avis. Aux yeux des Canadiens, Trudeau semblait être un dirigeant national de loin supérieur, et simplement le fait d'être comparé à son homologue américain lui fit gagner du prestige. Trudeau admirait l'intelligence de Nixon, et dans ce contexte difficile, il pensa lui envoyer un message pour réconforter le président en difficulté – mais il ne donna pas suite à son projet. Pour Trudeau, la vie était belle cette année-là[22].

~

Lorsque les choses vont bien, les politiciens pensent aux élections, et Trudeau ne faisait pas exception à la règle. Il avait une confiance grandissante dans le flair politique avisé de Keith Davey et, sur ses recommandations répétées, il se tourna vers l'ancien adjoint de Pearson, Jim Coutts, pour obtenir des conseils politiques. Malgré les soupçons que Coutts, qui était dévoué à Lester Pearson, entretenait à l'égard de Trudeau, les deux hommes développèrent, contre toute attente, une solide amitié sur le plan politique. Coutts, un homme de petite taille aux traits candides, était un célibataire qui avait roulé sa bosse ; son souci du détail, son intelligence et ses séduisantes compagnes impressionnaient Trudeau. Grâce à ces nouveaux collègues, Trudeau apprit que les sondages étaient des indices qu'il fallait parfois suivre et souvent ignorer. Les vents étaient favorables à la fin de l'hiver de 1974, mais un changement pouvait survenir incessamment.

En raison de la situation économique qui s'assombrissait, le fait de reporter les élections aurait pu provoquer une défaite. Malgré la tentative du gouvernement d'atténuer l'impact de la crise du pétrole en contrôlant les prix, l'inflation grimpa de façon marquée en 1973. L'indice des prix à la consommation passa de 100 en 1971 à un troublant 104,8 en 1972 pour atteindre un surprenant 112,7 en 1973, les hausses les plus fortes provenant du secteur alimentaire (qui était passé de 100 à 123,3). Au même moment, le taux de chômage restait relativement élevé à 5,6 p. cent en 1973, avec des variations régionales importantes[23]. Le taux de chômage demeurait une préoccupation constante, et l'inflation constituait une nouvelle crainte. En septembre 1973, le gouvernement prit des mesures pour dissiper une certaine inquiétude en augmentant les allocations familiales et en ajustant les paiements en fonction de l'inflation, mais le prix de l'énergie continua de croître et accéléra l'inflation l'année suivante.

Le 27 mars 1974, le gouvernement fédéral et les provinces, y compris l'Alberta, convinrent, au terme d'un dîner enflammé au 24, promenade Sussex, d'un prix à la tête du puits de 6,50 $ et d'une taxe fédérale à l'exportation qui aideraient les consommateurs de l'est. L'après-midi suivant, alors que Trudeau entrait à la Chambre des communes, les libéraux l'accueillirent par une ovation qui faisait écho aux éloges que l'accord avait reçus dans les éditoriaux des quotidiens de l'est du pays. Pendant que Trudeau s'adressait à la Chambre, c'est un gouvernement de l'Alberta en colère qui annonça, sans en informer le gouvernement fédéral, qu'il imposerait un nouveau taux de redevance en vigueur à compter du 1er avril dans le but d'apporter à la province 900 millions de dollars. Trudeau et Macdonald étaient furieux : le premier ministre avait indiqué, dans une lettre envoyée précédemment à Lougheed, que les revenus plus élevés des provinces productrices risquaient de rendre la péréquation impossible et que ces provinces devraient faire face à « l'épuisement et au gaspillage » de leur ressource et consacrer des fonds au développement de l'énergie. Il souligna également, en faisant précisément référence à l'impôt des sociétés, que « les besoins du gouvernement fédéral de pouvoir partager, dans une mesure adéquate raisonnable, diverses sources de revenus à travers le pays [étaient] évidents ». Historiquement, ajouta Trudeau, « il ne fut pas difficile de concilier les intérêts des gouvernements fédéral et provinciaux en ce sens ». Hélas, cette déclaration était une mauvaise reconstitution de l'histoire et une fausse prophétie[24].

Lorsque l'esclandre éclata, Turner était au beau milieu de la préparation des budgets, et cela le plaça dans une position où il dut répondre, simultanément, à la taxe de l'Alberta et aux nouvelles demandes venant du NPD. David Lewis avait rédigé ce qu'il appelait sa « liste d'épicerie » qui devait être intégrée au budget si son parti continuait d'appuyer le gouvernement. Sa liste comprenait la fin des concessions fiscales bénéficiant aux sociétés que Turner avait habilement instaurées quelques mois auparavant, la fin des allégements fiscaux consentis au secteur des ressources, une baisse de l'impôt sur le revenu des particuliers, un conseil d'examen des prix, un abaissement de l'âge requis pour avoir droit aux régimes de pension et même la nationalisation du Canadien Pacifique. C'en était trop pour Turner et pour le gouvernement. Au lieu de cela, le ministre des Finances présenta le 6 mai un budget qui offensa tout le monde : les bureaucrates de son propre ministère, en raison de l'instauration d'un Régime enregistré d'épargne logement ; le NPD, parce que bon nombre des éléments de la liste d'épicerie n'y figuraient pas ; et Lougheed parce que l'Alberta n'était pas autorisée à déduire ses nouvelles redevances. Malgré tout, le budget plut aux Canadiens du centre grâce à son ton nationaliste, à plusieurs réductions d'impôt et à une légère hausse de l'impôt des sociétés. Lougheed critiqua vivement la décision liée aux redevances pétrolières, prétendant que le budget « mettait sérieusement en péril l'industrie pétrolière canadienne et la subsistance de nombreux Canadiens ». « Si les mesures sont mises en place, écrivit-il à Trudeau le 27 juin, nous anticipons une baisse significative des activités d'exploration et, par conséquent, une diminution des réserves de pétrole et de gaz naturel du Canada. Les conséquences pourraient bien se traduire par une pénurie d'énergie au Canada dans environ huit ans[25]. » Mais à Ottawa, personne n'écoutait.

Sept semaines plus tôt, le 8 mai, le gouvernement était tombé lorsque les néo-démocrates s'étaient joints aux autres partis pour le défaire. Les élections étaient prévues le 8 juillet. Trudeau avait déjà donné le ton à la campagne durant le débat sur le budget lorsqu'il se moqua de Lewis en disant « David la marguerite, qui s'arrache les pétales une par une : aurons-nous une élection, n'en n'aurons-nous pas [...] ». Puis, il s'attira les foudres de Robert Stanfield en le dépeignant comme un ami des séparatistes du Québec et des barons du pétrole de l'Alberta. Les dirigeants quittèrent la Chambre en colère, prêts à mener une campagne acrimonieuse. Trudeau feignit l'irritation lorsque l'opposition défit son gouvernement, mais comme il l'admit plus tard « [...] c'est ce que nous avons fait, en tramant nous-mêmes notre défaite à la Chambre des communes ». Lors d'un dîner au Cercle Universitaire d'Ottawa, Turner, Trudeau et MacEachen avaient comploté dans le but d'offenser à la fois les conservateurs et les socialistes dans le budget et de faire croire aux Canadiens que l'opposition avait « forcé » la tenue des élections. En moins de deux ans, Trudeau avait bien appris les rouages du jeu politique[26].

Ce n'était pas le cas de ses adversaires. Les conservateurs lisaient les sondages et croyaient, avec justesse, que les Canadiens craignaient l'inflation. Presque neuf Canadiens sur dix étaient d'avis que l'inflation était le grand enjeu. D'après ces résultats, les conservateurs conclurent qu'une promesse d'imposer le contrôle des salaires et des prix gagnerait la faveur du public et assurerait une victoire électorale. Quant au NPD, il pensait, probablement à juste titre, qu'un tel contrôle pénaliserait davantage leurs partisans ouvriers, et ils dirigèrent leur colère politique à l'endroit des conservateurs. Bien que les libéraux et le ministère des Finances aient envisagé ce contrôle, Trudeau n'avait pris aucun engagement et il s'était publiquement opposé à l'idée. Il vit immédiatement que Stanfield et les conservateurs lui avaient fourni une invitante cible. Son directeur de campagne l'explique en ces mots : « [...] je savais que nous gagnerions les élections, les sondages nous favorisaient[27]. »

Les sondages étaient effectivement favorables. Les libéraux gagneraient les élections – ou obtiendraient à tout le moins un autre mandat comme gouvernement minoritaire. Lorsque les brefs d'élection furent déposés, les libéraux remportaient 40 p. cent du vote, les conservateurs, 33 p. cent, et le NPD, 21 p. cent, tandis que 46 p. cent de l'électorat croyait que Trudeau « ferait le meilleur premier ministre pour le Canada » comparativement à seulement 22 p. cent pour Stanfield. Mais les chiffres peuvent changer, comme Trudeau l'avait appris dans les dernières semaines de la campagne de 1972. Cette fois, il ne laisserait aucune place à l'erreur. Trudeau avait passé les années de son gouvernement minoritaire à rencontrer des militants qu'il avait ignorés durant ses quatre premières années au pouvoir, et en 1974, ces derniers vinrent pour écouter et regarder un dirigeant transformé, un dirigeant dont les discours débordaient d'émotions, d'esprit, de sarcasmes, d'éloquence et d'une soif de pouvoir qui était la bienvenue. Le Trudeau insouciant, voire terne, qui avait feint un désintérêt pour les émotions politiques était enfoui sous les décombres de sa campagne précédente[28].

Margaret savait à quel point son mari voulait gagner et elle tint immédiatement à se joindre à la campagne, même si elle allaitait encore Sacha. Au début, Pierre s'y opposa farouchement ; d'autres personnes de son entourage, qui connaissaient le caractère fougueux de Margaret, éprouvaient également des doutes à ce sujet. Elle eut toutefois raison des sceptiques – pour le plus grand bien des libéraux. Entre-temps, Trudeau avait réuni un groupe de partenaires de campagne qui étaient bien différents des intellectuels, des maniaques d'informatique et des analystes de systèmes qui composaient son entourage en 1972 : Keith Davey, avec sa prestance et sa langue bien pendue, dirigeait la campagne, tandis que Jim Coutts, le fervent passionné de politique, gérait les médias. Davey amortissait les coups et inspirait les troupes ; Coutts veillait à assurer la clarté du message ; et Margaret, on s'en souviendra, adoucissait l'image de Pierre.

Margaret écrivit le meilleur compte rendu de la campagne, qu'elle et Pierre amorcèrent au Nouveau-Brunswick dans un train sortant directement d'une autre époque. Alors que le train sillonnait le Canada atlantique, filant de ville en ville, elle et Pierre émergeaient de leur voiture, la dernière du train, et saluaient des foules de plus en plus enthousiastes. Le temps était maussade ce printemps-là, mais l'accueil était immensément chaleureux lorsque Margaret sortait avec Sacha et que la foule scandait : « Bravos pour le bébé ! » À Bible Hill, dans la Nouvelle-Écosse de Stanfield, Trudeau s'adressa à la foule : « Je vais vous révéler le secret de mon nouveau *modus operandi*. J'ai un train et j'ai Margaret. » La presse adora. Comme le mentionna un reporter enthousiaste du *Toronto Star* : « Les paparazzi sont [devenus] fous. Ils ne peuvent trouver suffisamment de téléphones aux stations où le train s'arrête 15 minutes pour produire leur rapport détaillé de 30 secondes. Ils foncent dans les maisons, arrachent les téléphones pour y fixer leur magnétophone, tandis que les ménagères se plaignent et demandent qui va régler la facture de téléphone. » Le train stimula immédiatement l'imagination du public, mais ce n'était pas le moment de se reposer. Après un bref arrêt à Ottawa pour vérifier que tout allait bien pour Justin, le périple se poursuivit dans l'Ouest[29].

Les Trudeau étaient accompagnés de Mary Ann Conlon, une ancienne religieuse qui convertissait leurs chambres d'hôtel en pouponnière, tandis que les principaux adjoints politiques prenaient place parmi les oursons et les landaus de Sacha. À cette époque, les reporters fumaient et les effluves malodorantes qu'ils causaient contribuaient probablement

au mépris visible que nourrissait Pierre à leur égard, mais la scène familiale charmait les plus durs à cuire des journalistes de même que les
détracteurs de Trudeau. Pierre retrouvait son savoir-faire de 1968, séduisant les femmes, jouant avec les enfants et captant l'énergie de la foule. Il
était spontané et savait tirer profit de chaque occasion. S'il apercevait une
piscine, il y plongeait. Margaret appréciait la plupart des bouffonneries et
des activités auxquelles il s'adonnait, mais détestait la façon dont les agents
de sécurité la malmenaient dans les foules. Lors d'une occasion où un
agent de sécurité la bouscula, elle s'écria : « Lâche-moi tout de suite,
connard. » Après cela, le personnel de sécurité garda ses distances et, heureusement pour la campagne libérale, le silence sur cet incident.

Comme on l'avait prévu et craint au départ, Margaret était imprévisible. Elle pouvait descendre de la plateforme si elle était la seule
femme qui y prenait place et se joindre aux femmes assises dans la première rangée de la salle – un geste qui plaisait aux féministes, mais qui
dérangeait les stratèges électoraux. Elle se chicanait continuellement
avec Ivan Head, dont les discours, rédigés pour Trudeau, étaient selon
elle « pompeux et remplis de paragraphes lourds, interminables, qui ne
voulaient rien dire ». En Saskatchewan, elle écouta Pierre s'adresser à
une foule qui s'ennuyait ferme. Puis, après les quelques applaudissements
sans conviction de l'auditoire, elle se leva, s'excusa de ne pas avoir préparé de discours et parla spontanément des programmes familiaux mis
sur pied par les libéraux. La foule commença à l'acclamer, ce qu'elle
n'avait pas fait pour Pierre. L'intervention indigna certains politiciens,
mais Pierre appuya Margaret – il jeta ses propres discours préparés et
commença lui aussi à parler avec spontanéité.

Margaret ouvrit son cœur et donna le ton au reste de la campagne
libérale le 4 juin dans l'auditorium d'une école secondaire de la Colombie-
Britannique, sa province natale. Elle ne connaissait pas Pierre comme
un politicien, dit-elle, mais plutôt « comme une personne, un être
humain aimant, qui m'a beaucoup appris sur l'amour, au cours des trois
années de notre mariage et dans les quelques années qui l'ont précédé.
Pas seulement sur l'amour que l'on a l'un pour l'autre, ce qui est très
bien, mais sur l'amour envers l'humanité – une tolérance à l'égard des
individus qui a une très vaste portée ». Certains affirmaient qu'il était
arrogant, mais Margaret ne connaissait pas cet homme. À ses yeux,

Pierre n'avait jamais été arrogant : « Il est timide et il est modeste, et très, très gentil. » Peut-on avoir une meilleure référence politique pour un homme de cinquante-trois ans au front dégarni ? Ce n'était pas totalement convaincant, mais cela surprit et charma complètement la foule d'étudiants.

Le jour suivant cependant, c'est à l'hostilité de l'Alberta que Trudeau dut faire face : 400 manifestants l'entourèrent à Calgary, transportant des affiches sur lesquelles on pouvait lire : « Le pétrole de l'Alberta lubrifie la machine socialiste » et « Ce n'est pas Sacha qui trouve le pétrole ». Quand Trudeau se promena dans la rue, seules douze personnes lui serrèrent la main, dont un Québécois, un Mexicain et un Américain. Mais l'Alberta représentait seulement 7 p. cent de l'électorat canadien en 1974. Trudeau pouvait sourire et dire : « Habituellement, lorsque je visite une ville, j'espère en repartir avec quelques sièges. Mais pendant un moment aujourd'hui, j'ai pensé que je serais chanceux si je m'en tirais indemne. » Lorsque Lougheed tenta d'aider les conservateurs en dénonçant avec colère la politique énergétique libérale durant l'avant-dernière semaine précédant les élections, il aida probablement la cause des libéraux en Ontario. Trudeau sentit cet avantage et ne prit pas la peine de répliquer aux propos de Lougheed.

Le milieu des affaires de l'est du Canada ressentait un malaise devant l'agressivité de l'Alberta et par rapport au contrôle des salaires et des prix ; il trouvait les libéraux plus attrayants. Au cours de la dernière semaine, le très influent Paul Desmarais de Power Corporation* écrivit à Trudeau : « Je pense que vous menez une campagne du tonnerre. Le sourire de Margaret est irrésistible. Des millions de Canadiens préfèrent la regarder elle plutôt que n'importe lequel de nos étranges politiciens canadiens[30]. »

Trudeau se moqua du « cirque des slogans du NPD » de même que du contrôle des salaires et des prix proposé par les conservateurs, affirmant que ses adversaires envisageaient de maîtriser l'inflation d'un simple coup de baguette magique en disant : « Zap ! Vous êtes gelés ! ».

---

* Fait intéressant, Desmarais ajouta : « Tu m'as déjà dit qu'être un premier ministre était très amusant. Je te crois – vas-y à fond, tu vas gagner. » Paul Desmarais à Trudeau, n.d. [juin 1974], FT, MG 26020, vol. 17, dossier 14, BAC.

Il parla des mesures budgétaires des libéraux qui prévoyaient diminuer les taxes sur les articles de base indispensables, augmenter les limites de franchise et éliminer les impôts pour les personnes dans le besoin. Il promit que les libéraux lutteraient contre l'inflation. Au fur et à mesure que la campagne progressait, de plus en plus de Canadiens semblaient le croire.

À la fin de la campagne, ce n'était plus l'inflation qui était le principal enjeu, mais bien le leadership – le terrain de bataille électoral choisi par Keith Davey. Trudeau bouda les tribunes radiophoniques qu'il avait favorisées en 1972, et Davey contrôla efficacement ses apparitions. Ces stratégies fonctionnèrent, bien qu'elles fussent apparemment la cause de certaines tensions durant la campagne elle-même[31]. Le traitement que la presse réserva à Trudeau et aux libéraux était favorable. Sept des dix principaux énoncés de politique de Trudeau firent la une du *Globe and Mail* tout au long de la campagne. Dans l'ensemble, les libéraux firent l'objet de douze articles parus en première page dans le *Globe,* dont dix positifs, tandis que les conservateurs eurent droit à seulement cinq articles, dont deux étaient négatifs et portaient sur Leonard Jones, le maire conservateur de Moncton qui dénonça l'appui au bilinguisme de Stanfield[32]. Stanfield jouissait d'une bonne réputation en matière d'intégrité, mais Trudeau dominait les sondages pour tous les autres aspects, y compris la gestion de l'économie. La majorité des Canadiens mentionnèrent aux sondeurs que Trudeau avait « changé d'attitude » depuis 1972 et qu'il était maintenant « moins arrogant, plus humble, plus conciliant [...] plus humain, plus doux[33] ». Le 19 juin, il reçut même la presse au 24, promenade Sussex, une invitation qui étonna les journalistes qui avaient longtemps subi les regards profondément méprisants de Trudeau. Eux aussi s'étaient radoucis.

L'électorat était également plus calme que Trudeau et les libéraux n'étaient en droit de s'attendre. Même si le problème de l'inflation s'était atténué durant la campagne, il demeurait une réalité avec la nouvelle-choc qui parut le 12 juin et qui annonçait que l'indice des prix à la consommation avait connu une hausse de 10,9 p. cent depuis mai 1973. Ce qui deviendrait plus tard « l'indice de pauvreté », une combinaison du chômage et de l'inflation, atteignait des sommets records, mais, fait remarquable, cela n'eut pas d'influence sur les sondages : les libéraux maintenaient une avance respectable, les conservateurs stagnaient et le NPD commençait à perdre des appuis au profit des libéraux, car les travailleurs avaient décidé de voter contre le projet des conservateurs de geler leur salaire.

La campagne se clôtura par un incroyable pique-nique à Toronto Island, organisé par la campagne des libéraux en Ontario et dirigé de main de maître par Dorothy Petrie. À cette occasion, Pierre et Margaret, vêtus de façon simple mais élégante, s'adressèrent tous les deux à une foule de plus de cent mille partisans libéraux. Ils retournèrent à Ottawa le soir des élections, complètement épuisés, mais fiers du travail qu'ils avaient accompli. Les résultats leur parvinrent peu à peu, la marée libérale avait monté dans l'Atlantique, avait balayé le Québec, où les libéraux avaient ravi 60 sièges sur 74, pour atteindre son apogée en Ontario, où les libéraux remportèrent 55 sièges sur 88 – 19 de plus qu'aux élections précédentes. L'appui aux libéraux déclina rapidement dans l'Ouest, mais ceux-ci obtinrent deux sièges de plus en Saskatchewan et quatre de plus en Colombie-Britannique. Trudeau avait sa majorité avec 141 sièges, dont aucun ne provenait de l'Alberta. Les résultats dans l'Ouest étaient inquiétants, mais furent oubliés, alors que Trudeau et le personnel de sa campagne célébraient de façon extravagante le soir des élections. Davey, le gourou politique du jour, déclara : « Je vais vous révéler le secret de ces élections en trois mots – Pierre Elliott Trudeau. C'est sa victoire[34]. »

Margaret pleura jusque tard dans la nuit ce soir-là, peut-être d'affliction, peut-être de joie. Le succès avait été éclatant – tout comme elle l'avait elle-même été. Le jour suivant toutefois, son téléphone ne sonna pas. Elle attendit ; elle ne reçut aucun appel. Encore excitée du résultat, épuisée du voyage, confuse par rapport à son avenir, elle raconte : « Mais quelque chose s'est brisé en moi ce jour-là. J'ai eu l'impression qu'on s'était servi de moi[35]. »

CHAPITRE 9

Promesse de mi-mandat

Au Collège Brébeuf, le jeune Pierre Trudeau avait appris dans son cours classique qu'il existe des victoires dites pyrrhiques, où le prix payé par le vainqueur surpasse la valeur de ses gains. Le soir de l'élection, le 8 juillet 1974, Trudeau savoura son triomphe, mais cette majorité inattendue lui coûta cher. Trois problèmes persistèrent, probablement exacerbés par la campagne victorieuse. Tout d'abord, le budget à l'origine du déclenchement des élections avait privé l'Alberta de son droit de déduire les nouveaux frais de redevance de l'impôt fédéral. Au cours de la campagne, le premier ministre de la province, Peter Lougheed, avait réagi avec colère à cette politique libérale, tout comme la plupart des électeurs de la province. La relation, déjà difficile, avait empiré, et les répercussions de la querelle qui opposait Ottawa et les provinces de l'Ouest allaient sans doute nuire à la fragile structure du fédéralisme canadien. Deuxièmement, Trudeau s'était bien moqué de la proposition du chef du Parti conservateur, Robert Stanfield, concernant le contrôle des prix et des salaires, mais l'inflation demeurait l'enjeu central du nouveau gouvernement. Qui plus est, ni le budget ni la façon dont Trudeau avait présenté les enjeux économiques pendant la campagne ne plaisaient à l'influent ministère des Finances et à son ministre, le populaire John Turner. Il suffirait d'une crise pour que la fragile unité au sein du gouvernement minoritaire vole en éclats dans le nouveau gouvernement majoritaire. En effet, il n'était plus nécessaire d'obtenir une grande collaboration des partis pour empêcher la chute du gouvernement. Troisièmement, pour Margaret Trudeau, les pressions que la campagne électorale avait exercé sur elle eurent des effets désastreux sur sa santé mentale et son mariage.

Margaret ne comprit que beaucoup plus tard qu'elle souffrait de troubles bipolaires. Elle est d'ailleurs devenue une porte-parole éloquente pour la promotion d'un meilleur traitement de cette maladie, autrefois connue sous le nom de maniaco-dépression. En 2006, elle se remémora avoir vécu à l'adolescence quelques épisodes dépressifs mineurs, mais dit qu'elle n'en avait vécu aucun pendant les deux premières années de son mariage. Toutefois, comme le raconta un journaliste, « en 1973, après la naissance de son deuxième enfant, Sacha, le jour de Noël, [Margaret] souffrit de dépression majeure. Les gens, surtout son mari, ne cessaient de lui dire qu'elle n'avait "aucune raison au monde" d'être malheureuse. Elle venait de mettre au monde un enfant en parfaite santé et elle était choyée comme personne. Cependant elle pleurait continuellement, et était incapable de sortir de son lit[1] ». Les médecins diagnostiquèrent une dépression post-partum et on prescrivit à Margaret de puissants médicaments. Entre-temps, Pierre se préparait en vue de l'élection, tandis que Margaret s'inquiétait de voir quels en seraient les résultats. Elle décida de s'impliquer dans la campagne électorale, s'opposant ainsi à la volonté de Pierre : « La politique, disait-il, était son travail, le mien était de m'occuper des enfants et de nos deux maisons, et vouloir mêler les deux ne pouvait que nous plonger dans le désarroi. » Margaret, toutefois, y tenait mordicus : « J'avais l'intuition que si je menais la campagne électorale à ses côtés, faisant la preuve de notre bonheur sur toutes les estrades et dans toutes les salles de réunion à travers le pays, Pierre aurait une meilleure chance de convaincre les gens qu'il était le meilleur candidat. » Cela ne pouvait être plus vrai[2].

Mais sur le plan personnel, peut-être la décision de participer à la campagne fut-elle mal avisée. Comme le dit Margaret elle-même : « Ma rébellion a commencé en 1974. » Elle avait déjà son style « exubérant » au moment de faire la connaissance de Pierre à Tahiti, comme elle le fit remarquer plus tard, et « souffrir de troubles bipolaires ne veut pas dire être continuellement malade sur le plan mental ». Mais la maladie provoquait d'importantes sautes d'humeur, « soit des bas très bas, soit des hauts très hauts – et qui n'étaient pas appropriés ». « Les premières manifestations, dit-elle, furent provoquées par la vie officielle, cette vie de

protocole et de formalisme que [...] j'avais finalement fini par maîtriser. »
Pour Margaret, la vie au 24, promenade Sussex devint, pour reprendre
ses paroles, « un long tunnel de noirceur » où elle était en proie à une
profonde solitude, « à laquelle venaient s'ajouter les pressions de la vie
publique, pendant que je tentais par moi-même de calmer les symp-
tômes de la dépression bipolaire[3] ». Pierre était déconcerté, ne sachant
trop comment aborder sa maladie, et espérant que les médicaments
puissent l'aider à guérir.

Un examen attentif de cette période, avant et après l'élection de
1974, permet de voir de quelle manière le « tunnel » est apparu. En 1973,
les Trudeau s'étaient habitués aux us et coutumes d'Ottawa. Les voyages
à l'étranger, devenus partie intégrante des fonctions officielles de Pierre,
étaient pour eux des plus passionnants, comme lorsqu'ils étaient allés
goûter l'exotisme chinois. La vie de famille commençait aussi à leur
plaire énormément, particulièrement à la résidence du lac Mousseau.
Sur les photographies datant de cette époque heureuse, on peut voir
Pierre, Justin et Margaret enceinte vraiment unis, semble-t-il, et leur
affection mutuelle ne fait aucun doute. Et pourtant, même à cette
époque, Margaret avait maille à partir avec le personnel, les exigences
en matière de sécurité la rendaient amère, et elle tolérait mal les habitudes
de travail de Pierre, dont elle se sentait exclue*. Par exemple, Margaret
aimait regarder les émissions de télévision, mais chaque soir Trudeau
rapportait à la maison des comptes rendus de réunion et passait la
majeure partie de la soirée à les annoter. Le devoir passait avant tout,
même lorsqu'ils essayaient de passer du temps ensemble. « Le visiteur
qui se serait penché à la fenêtre du salon, décrit Margaret dans cette
image éloquente, aurait vu Pierre intensément absorbé dans le contenu
de l'une de ses sept boîtes brunes et moi, blottie devant le téléviseur

---

* Lors d'une entrevue accordée en 2006, Margaret Trudeau se remémora ce qui
suit : « Lorsque Justin est né, on m'a dit que s'il se faisait enlever, aucune rançon ne
serait versée. Je voulais aller me promener dehors sans la présence de policiers,
mais on me le refusa ; la police devait m'accompagner partout. On m'a montré
comment me rouler par terre sur le trottoir en tenant mon bébé sous mon corps en
hurlant à pleins poumons, de telle sorte que les ravisseurs ne puissent pas se saisir
de moi facilement et m'emmener dans une voiture. » Et, fit-elle remarquer, « cela
représentait une petite pression de plus pour une nouvelle maman. » Entrevue
avec Anne Kingston, *Maclean's*, 19 mai 2006.

avec d'énormes écouteurs aux oreilles, comme une astronaute devant un film silencieux[4]. »

L'origine de la dépression de Margaret au lendemain de l'élection est claire : elle avait compris que Pierre resterait maintenant en politique pendant encore plusieurs années. Un gouvernement majoritaire voulait dire cinq années au pouvoir au minimum, malgré que la plupart des premiers ministres décident de déclencher des élections dans la quatrième année. Avant l'élection, elle avait craint que les libéraux ne soient défaits ; après, elle regretta les conséquences d'une victoire libérale. Elle ne voyait plus la lumière au bout du « tunnel de noirceur ».

⌐

Margaret Trudeau ne fut pas la seule à être déçue après la victoire électorale. John Turner savait, lui aussi, que la victoire électorale amenuisait ses chances de faire partie du Cabinet du premier ministre. Le coprésident de la campagne, Keith Davey, lui avait fait comprendre sans ménagement qu'il deviendrait « le Paul Martin de cette génération-ci » si Trudeau obtenait la majorité. Il n'empêche que Turner avait fait campagne à la grandeur du pays, et très efficacement, et comme Margaret, il eut apparemment l'impression que ses efforts ne furent pas appréciés. Le soir de l'élection, il se rendit chez Trudeau au 24, promenade Sussex, mais c'est en vain qu'il attendit l'expression d'une sincère gratitude ; il se sentit exclu de l'équipe de campagne de Trudeau et de ses bons amis, pour qui il était « un tombeur doté d'un certain charme politique ». Les Turner et les Trudeau, au début, prenaient leurs vacances ensemble dans les Caraïbes, mais ces rencontres n'avaient fait tomber aucune des barrières qui les séparaient. Le souvenir de la course à la direction de 1968 était encore vivace, et les récentes années de gouvernement minoritaire avaient rendu les deux hommes encore plus méfiants quant aux intentions de l'un et de l'autre[5]. Les pointes de l'opposition quant à savoir qui était le « véritable chef » des libéraux n'avaient pas cessé d'irriter Trudeau.

Les deux hommes se retrouvèrent aux prises avec les vagues d'inflation et de chômage, qui, au début des années 1970, déferlèrent non seulement sur le Canada, mais sur l'ensemble des pays occidentaux. Les forts courants de cette véritable marée poussèrent le ministère des Finances à adopter une attitude plus conservatrice. Durant cette période, les travaux de Turner auprès du département américain des Finances, particulièrement le Secrétaire au Trésor, George Shultz, portèrent leurs fruits. C'était la fin de la période Nixon, et les responsables comme lui des questions financières s'inspiraient grandement de l'approche de Milton Friedman et de l'école monétariste de Chicago, qui s'opposait fermement à toute intervention de l'État. Bénéficiant du soutien de Shultz, Turner devint un acteur majeur de la scène internationale dans les négociations qui suivirent la crise de l'OPEP. Il continua de travailler en étroite collaboration avec William Simon, un autre partisan du conservatisme économique, qui remplaça Shultz au Trésor, et, à la suggestion de Simon, il fut nommé au poste de président du Comité intérimaire du Fonds monétaire international, chargé d'étudier l'énorme déséquilibre causé par la crise énergétique. Mais ces bons coups ne lui attirèrent que peu de sympathie à Ottawa, et les associations que Turner avaient mises sur pied suscitèrent même quelques doutes. Turner, faut-il s'en étonner, se demandait de plus en plus s'il allait conserver son poste.

Simon Reisman, ne faisait rien pour aider les choses. Grand fumeur de cigare, prompt à la bagarre, au parler franc et jurant comme un troupier, il était doté d'un ego légendaire, et les réformes de Trudeau, qui autorisaient les hauts fonctionnaires à participer aux comités ministériels, lui fournirent une tribune dont il se délecta. Mitchell Sharp s'est souvenu d'une réunion du comité chargé des priorités et de la planification, durant laquelle Reisman avait décidé de faire la leçon aux ministres. Après la diatribe de Reisman, Sharp s'était exclamé : « Monsieur le premier ministre, n'est-il pas merveilleux d'entendre les propos d'un haut fonctionnaire qui sait où est sa place ! » Tout le monde s'était esclaffé, y compris Reisman, mais « après une brève pause, loin de se décontenancer, il reprit ses attaques de plus belle ». Plus inquiétante fut la preuve que Reisman détestait maintenant le premier ministre et son parti. Keith Davey, pendant la campagne électorale de 1974, se trouva un jour à bord d'un avion. Il était absorbé dans ses documents lorsque le passager d'à côté lui dit : « Vous vous intéressez à la politique, ça se voit. » Davey avait acquiescé de la tête, et le passager lui avait demandé alors quel serait, selon lui, le résultat du vote. Toujours enthousiaste,

Davey lui répondit que les libéraux obtiendraient de bons résultats en Ontario. Ce à quoi le passager avait répliqué : « Jamais de la vie, c'est moi qui vous le dis. Les ministres à Toronto, ils sont finis ! C'est terminé pour eux ! » Au moment de l'atterrissage, il s'était présenté : « Je m'appelle Simon Reisman[6]. »

Cette anecdote, si elle suscite des doutes chez certains quant à sa véracité, témoigne néanmoins de la méfiance de plus en plus prononcée qu'inspirait le ministère des Finances, et de la colère grandissante de Reisman à l'endroit de Trudeau et de ses ministres. Pendant la campagne, le chef conservateur Robert Stanfield attaqua Reisman et, surtout, le ministère des Finances qui, selon lui, était responsable de l'inflation galopante qui avait cours à l'époque. Cette méfiance généralisée envers le Ministère et, dans une moindre mesure, la Banque du Canada, s'était développée au cours du premier mandat du gouvernement Trudeau, au moment où les politiques qu'il avait établies avaient semblé engendrer les problèmes économiques responsables des déboires du parti lors de l'élection de 1972. Stanfield n'était pas le seul à entretenir des doutes. Trudeau aussi se fiait aux avis de conseillers externes, notamment et surtout à ceux d'Albert Breton qui, maintenant économiste à l'Université de Toronto, se faisait souvent le critique acerbe de la politique économique du gouvernement. Lorsqu'il prit connaissance, par exemple, de la version préliminaire du discours du Trône prononcé en décembre 1972, il jugea bon de mettre Trudeau en garde, recommandant d'apporter au document quelques modifications, « tant ce qu'il y est dit diffère de ce que je crois être vos propres opinions [...] et certainement de l'image que le gouvernement souhaite projeter ». Recommandations dont Trudeau décida de tenir compte[7].

Essentiellement, Reisman, jadis un socialiste, se rangeait maintenant du côté de l'école monétariste contre les grandes bureaucraties, contre la réglementation et contre un État interventionniste. Mais Trudeau demeurait ferme dans sa volonté d'engager le gouvernement à intervenir dans l'aplanissement des inégalités, qu'il s'agisse des régions ou du citoyen individuel, et croyait à l'importance du rôle de « contrepoids » du gouvernement face aux pressions exercées par le milieu des affaires et les syndicats. Si Trudeau et Reisman partageaient une même méfiance à l'égard du nationalisme économique et du « phénomène bureaucratique », après 1972, ce qu'ils avaient en commun ne fit rapidement plus le poids par rapport à ce qui les opposait. Turner, qui était un pragmatique et, de plus en plus souvent, le porte-parole du milieu des affaires au Cabinet, se trouva pris entre l'arbre et l'écorce.

Une fois l'élection passée, Trudeau dut faire face aux pressions exercées sur lui pour modifier la composition du ministère des Finances, et consolider les effectifs proches de lui sur les questions économiques. Reisman s'étaient fait beaucoup d'ennemis, notamment Davey, dont l'influence, après le triomphe électoral, était à son sommet. Breton était d'avis que le ministère des Finances, Turner en tête, avait besoin d'être renouvelé de fond en comble et que Trudeau devait s'entourer de conseillers économiques plus solides pour contrer l'influence dominante du Ministère au sein de l'appareil gouvernemental. Le ministère de la Santé nationale et du Bien-être social, dirigé par Marc Lalonde, menait une lutte sans merci contre les Finances au sujet de la réforme du programme de bien-être social, et lorsque Trudeau proposa un compromis, Turner répliqua que, compte tenu du contexte économique difficile qui s'annonçait pour la deuxième moitié de l'année 1974, les propositions de Lalonde coûtaient trop cher[8]. De graves problèmes politiques s'annonçaient. Pendant la campagne, Trudeau avaient ridiculisé les sombres avertissements de Stanfield sur l'économie, mais peu après l'élection, on vit l'inflation grimper à un rythme soutenu, accompagnée d'une stagnation de la croissance économique. Voilà que son célèbre « Zap ! Vous êtes gelés ! » revenait le hanter, maintenant qu'il était aux prises avec un indice des prix à la consommation qui, en 1974, avait bondi de 12,4 p. cent, alors que dans les faits, la croissance de l'économie n'avait progressé que de 3,7 p. cent, comparativement à 6,8 p. cent en 1973[9].

Trudeau ne savait plus quoi penser, et les économistes nageaient en pleine confusion. Même Marshall McLuhan se préoccupait de l'inflation, comme en témoigne la longue lettre qu'il adressa à Trudeau et dans laquelle il expose ses « réflexions sur l'inflation et la dynamique des foules ». Trudeau y souligna ce passage : « De nos jours, la hausse des prix n'a plus rien à voir avec les anciennes lois de l'offre et de la demande, mais beaucoup à voir avec les nouveaux moyens d'information. » McLuhan laissait entendre que l'économie d'alors « voyait sa portée s'élargir tout en s'accompagnant d'un sentiment de panique amené par une perte de contrôle et d'identité » et que « l'une des causes évidentes de l'inflation est la *conscience* que nous en avons, fabriquée par les médias ». Pour McLuhan, comme pour Trudeau, c'étaient les attentes qui faisaient bouger l'inflation, et celles-ci étaient terriblement difficiles à gérer*. Ses conseillers, opposés quant aux avis sur la question, et lui-même en proie à l'incertitude, Trudeau cherchait avidement une solution, une en particulier qui permettrait à son gouvernement de conserver sa crédibilité après avoir dénoncé avec force toute forme de contrôle des prix et des salaires au cours de la campagne électorale[10]. La trouver ne serait pas chose facile.

∽

L'autre dilemme de Trudeau à la suite de l'élection concernait la manière de composer avec les provinces de l'Ouest, notamment l'Alberta, qui avaient carrément tourné le dos aux libéraux de Trudeau en juillet. Au mois d'août, lorsque Trudeau répondit finalement à la lettre que Lougheed lui avait envoyée pendant la campagne pour se plaindre que le versement des redevances aux provinces ne pouvait être prélevé de l'impôt fédéral sur les sociétés, le premier ministre y alla sans détour et sans s'ex-cuser : ces déductions ne seraient pas autorisées. Il incombait à Trudeau de préserver la base des revenus du pays, et les redevances menaçaient

---

* La lettre de McLuhan peut être considérée comme une mise en garde quant au fait de comprendre le fonctionnement de l'économie comme découlant d'attentes rationnelles. À l'époque où il a écrit sa lettre, l'économie en tant que discipline mettait de plus en plus l'accent sur la rationalité, ce qui menait inéluctablement à l'acceptation de la notion d'efficience des marchés et au refus du rôle intervention-niste de l'État. Dans un sens, McLuhan, et Trudeau avec lui, refusait d'admettre l'invalidité du point de vue de John Maynard Keynes selon lequel l'instabilité des marchés et les comportements irrationnels nécessitant l'intervention de l'État étaient dus aux « esprits animaux ». Plus récemment, George Akerhof, prix Nobel, et l'éminent économiste de Yale, Robert Schiller, ont reformulé l'argumentation avancée par Keynes dans *Animal Spirits : How Human Psychology Drives the Eco-nomy and Why It Matters for Global Capitalism* (Princeton : Princeton University Press, 2009). D'après eux, le mouvement hors des fondements psychologiques et de l'importance du concept d'« esprits animaux » remonte aux années 1970, et, en particulier, l'attaque menée contre l'intervention et la réglementation formulée par des économistes de cette période.

de la compromettre. Qui plus est, le système à double prix, qui mettait les Canadiens à l'abri du prix du pétrole mondial plus élevé, était essentiel pour assurer l'équité au niveau national. Les discussions de plus en plus vives entre Trudeau et Lougheed en vinrent à représenter symboliquement les intérêts de leurs gouvernements respectifs. À Ottawa, les discussions du Conseil des ministres montrent que Lougheed était impatient, et particulièrement irrité du lien que l'on établissait entre les intérêts américains et le gouvernement albertain. En janvier 1974, par exemple, Lalonde avait avancé que si les négociations venaient à piétiner, le Cabinet devrait envisager la prise de contrôle de l'industrie du pétrole et du gaz au nom de l'intérêt public. Dans ces circonstances, que l'Alberta n'ait pas été représentée ni au Conseil des ministres ni au caucus était une chose déplorable. Mais Lougheed n'allait pas se laisser bousculer, et on vit de plus en plus les groupes d'intérêts américains en matière d'énergie, qui commençaient à voir en l'Alberta un bon porte-parole chez leurs voisins du Nord, s'inquiéter de l'attitude que prenait le gouvernement Trudeau[11].

Les temps étaient difficiles pour l'ensemble des gouvernements occidentaux : l'essor de l'après-guerre tirait à sa fin et aucun remède ne semblait avoir le pouvoir d'en renouveler l'ardeur. Aux États-Unis, la chute de Nixon à la présidence semblait imminente, et survint effectivement de manière spectaculaire le 9 août avec la démission historique du président. Les gouvernements européens aussi faisaient face à une crise énergétique et au mécontentement politique. Quelles qu'aient été les difficultés auxquelles Trudeau se heurtait, la situation économique du Canada, au milieu de l'année 1974, figurait parmi les meilleures dans le monde. Tandis que d'autres étaient aux prises avec un problème d'inflation et de croissance économique à la baisse, le taux de chômage au Canada demeurait relativement faible, et son économie semblait relativement solide. Le *New York Times* qualifia l'élection de Trudeau de « démonstration impressionnante de la vitalité des institutions et des pratiques démocratiques canadiennes », déclarant que les Canadiens avaient « précisé leur identité en tant que peuple et nation ». Bien peu de Canadiens auraient accepté cet énoncé avec enthousiasme, mais, aux yeux d'un observateur extérieur, le Canada avait l'allure d'une oasis de civilité et de solidité[12].

Si Trudeau n'avait pas remporté l'élection de 1974, il aurait, en tant que premier ministre, occupé ce poste pendant plus longtemps que la majorité des premiers ministres canadiens. Son successeur aurait hérité de graves problèmes, mais Trudeau aurait tout de même pu faire valoir quelques réalisations majeures : la réforme du Code criminel et la reconnaissance de la Chine ; l'établissement de la souveraineté du Canada dans l'Arctique ; un rôle majeur dans la transformation du Commonwealth et de la Francophonie ; la réforme des institutions parlementaires et du financement des élections ; la promotion constante du bilinguisme officiel et, ironiquement, la canalisation du mouvement séparatiste radical et violent en un mouvement politique démocratique, réalisation qu'il partageait avec René Lévesque. Il avait maintenant devant lui au moins quatre ans de plus pour transformer le Canada, et une montagne de défis à surmonter.

On assista, dans les années 1970, à un changement radical des attitudes sociétales, lorsque le gouvernement Trudeau et les provinces canadiennes adoptèrent une législation visant la réforme du Code criminel et de la Loi sur le divorce. Entre 1966 et 1972, par exemple, le taux des divorces grimpa de 84,8 à 222 pour 100 000. L'incidence des réformes sur l'homosexualité, quoique plus difficile à quantifier, fut également profonde, puisque l'on assista à moins de discrimination en raison de l'orientation sexuelle au travail, et dans la société en général. Dans le cas de l'avortement, le taux des interventions passa de 3 pour 100 naissances d'enfants vivants en 1969 (une indication claire d'une activité illégale sous-déclarée) à 14,9 en 1975, et à 18,6 en 1978. Ces dernières données reflètent la longue lutte livrée par le Dr Henry Morgentaler, par l'ouverture de cliniques privées, pour l'élimination des restrictions imposées par les lois canadiennes en matière d'avortement. En 1973, l'année de l'arrêt de la Cour suprême des États-Unis dans l'affaire *Roe c. Wade*, qui reconnut l'avortement comme un acte légal jusqu'à la viabilité du fœtus, le Dr Morgentaler annónça qu'il avait pratiqué dans l'illégalité plus de cinq mille avortements. Il fut mis en accusation, puis acquitté lors d'un procès avec jury, mais la Cour d'appel du Québec renversa ce jugement.

L'amère polémique qui entoura les procès du Dʳ Morgentaler se poursuivit pendant encore de nombreuses années, tant au Parlement que
dans les cours de justice.

Trudeau éprouvait de profondes réserves au sujet de nombre de ces
transformations sociales – dont il s'entretenait en privé avec le prêtre qui
le recevait en confession, avec son épouse aux opinions plus libérales, et
avec Marshall McLuhan et le juge Otto Lang, des catholiques comme
lui – mais il était d'avis que les réformes qu'il avait amorcées et que
Turner compléta, étaient essentielles. Selon lui, on reconnaissait ainsi
légalement l'existence d'une société moderne et diversifiée dans laquelle
les individus sont responsables de leurs décisions et où l'État n'avait pas
sa place dans les chambres à coucher de la nation. Convaincu, Trudeau
n'opposa donc aucune objection lorsque les tribunaux voulurent envoyer
le Dʳ Morgentaler sous les verrous. Pour Trudeau, le médecin connais-.
sait la loi, mais avait décidé d'y passer outre en toute conscience ; à titre
de citoyen libre, il lui fallait accepter la peine imposée par la loi[13].

Trudeau fut peut-être à l'avant-garde en matière d'enjeux sociaux
dans les années 1960, mais au milieu des années 1970, les puissantes
forces du changement social, et en particulier le mouvement des femmes,
avaient laissé son gouvernement à la remorque de ces changements. Il
tenta comme il le put d'éviter les remous, préférant s'occuper de détails
tels que le manque d'équité à l'échelle du pays dans l'administration des
avortements pratiqués en toute légalité, c'est-à-dire de la difficulté plus
grande qu'avaient les femmes des régions rurales à obtenir ce service
comparativement aux femmes vivant en milieu urbain. Il reste que le
gouvernement Trudeau, avec sa réforme du Code criminel, avait mis en
action de puissants moteurs de changement social. Aux États-Unis,
c'étaient dans les cours de justice, plutôt qu'au sein de l'administration,
que les choses pouvaient bouger, et elles devenaient rapidement la cible
des guerres culturelles américaines. Au Canada, c'était le gouvernement
qui s'engageait sur la voie libérale, pendant que les tribunaux se tenaient
à l'écart des débats. Grâce à ce leadership, non seulement les contraintes
légales par rapport aux choix individuels furent-elles allégées, mais en
juillet 1976, la peine capitale fut abolie à l'adoption en Chambre du projet de loi C-84. Même si la peine capitale bénéficiait d'un appui considérable chez les députés conservateurs, et assez fort chez les libéraux des

régions rurales du Québec, et que son abolition suscitait une résistance de plus en plus vive aux États-Unis, Trudeau et l'ancien chef conservateur Bob Stanfield – ainsi que son successeur, Joe Clark – obtinrent gain de cause dans leur argumentation voulant que la peine capitale représentait un acte de vengeance, et non un acte de justice. Dans le discours qu'il prononça sur la question, et que le chroniqueur Richard Gwyn a qualifié de « sa meilleure allocution parlementaire », le premier ministre soutint que « conserver [la peine capitale] au sein du Code criminel du Canada équivaudrait à laisser tomber la raison en faveur de la vengeance, à laisser tomber l'espoir et la confiance en faveur du désespoir que représente la reconnaissance que nous sommes incapables de composer avec les crimes violents autrement que par la violence ». Un sondage Gallup effectué en avril avait indiqué qu'une proportion de 69 p. cent des Canadiens souhaitait maintenir la peine capitale. En dépit de cela, le vote final fut de 130 votes en faveur de l'abolition, et de 124 votes contre. Il n'y eut plus d'exécutions au Canada. Trudeau avait fait une différence[14].

⌁

En matière de relations canado-américaines, domaine crucial s'il en est, la tâche la plus importante d'un premier ministre consiste à entretenir de la manière la plus efficace possible une relation personnelle avec le président. Ici Trudeau faisait face à un défi particulier : « On ne saurait dire que Nixon et Trudeau étaient parfaitement faits pour s'entendre », écrivit Henry Kissinger, le principal conseiller du président Nixon en matière de politique étrangère. « Trudeau, issu d'une vieille famille québécoise, était un homme racé, brillant, énigmatique, intellectuel : comment cela n'aurait-il pas réveillé les rancœurs de Nixon envers "ces hommes du monde" qui, pensait-il, l'avaient toujours regardé de haut ? » Heureusement, Kissinger et Trudeau s'entendaient bien, chacun respectant le « goût pour la vie mondaine » de l'autre, ce qui signifiait, pour Kissinger, être entouré de quantité de belles femmes et faire la fête dans des endroits huppés. Kissinger souriait doucement lorsque le président traitait Trudeau de « pédé », de « trou du cul » et, le plus souvent, de « fils de pute ». En privé, Kissinger disait à d'autres qu'il considérait Trudeau comme un « dandy » et un « fils à maman », tout intelligent qu'il fût.

Pourtant, malgré leurs différences et leur méfiance, les deux leaders, dit Kissinger, « travaillaient ensemble sans gêne apparente. Ils
réglaient les questions pendantes et ne se laissaient aller à des commentaires personnels moins charitables que de retour chez eux ». En vérité,
Trudeau respectait le réalisme de la politique étrangère de Nixon,
approche qui, selon lui, faisait défaut dans la politique étrangère canadienne d'après-guerre. Il admirait l'audace de Nixon dans son ouverture
envers la Chine, même s'il l'interprétait, et cela agaçait Nixon, comme
une réponse des États-Unis à sa propre décision de reconnaître la nation
communiste. Trudeau souscrivait aussi avec enthousiasme à la volonté
de Nixon d'explorer la possibilité d'une détente par rapport à l'Union
soviétique ; Nixon, de son côté, trouvait que Trudeau faisait preuve d'un
trop grand enthousiasme envers les communistes. Kissinger résuma bien
cette situation particulière : « Les relations américano-canadiennes
démontrèrent que l'intérêt national peut passer par-dessus les sympathies
personnelles[15]. » C'est ainsi que le Canada réussit à esquiver l'annulation
du Pacte de l'auto, à atténuer les effets de nombre de mesures protectionnistes, à pacifier les Américains lorsqu'un fort sentiment antiaméricain
exigeait une réponse politique (comme ce fut le cas en janvier 1973, au
moment de la condamnation des bombardements au Viêtnam-du-Nord),
et à bien tirer son épingle du jeu par rapport aux Américains au moment
où la crise de l'OPEP secouait les marchés énergétiques de l'Amérique
du Nord.

Trudeau et Head, dans leur livre *The Canadian Way*, qui traite de
la politique étrangère du Canada, révèlent avoir été particulièrement
fiers des réactions positives, après la découverte de gisements de pétrole
en Alaska, au défi posé à la souveraineté du Canada dans l'Arctique. De
manière très détaillée, on y lit comment ils réussirent à apaiser les divers
intérêts par l'élaboration d'une nouvelle approche de mise en tutelle des
eaux territoriales, approche qui influa de manière profonde sur les négociations multilatérales entourant les questions de droit maritime :

Au cœur de la proposition, par conséquent, se trouverait le concept de
tutelle internationale. À l'avant-plan du développement du droit international, le Canada assumerait la responsabilité de la protection de la vaste
ressource écologique menacée de l'Arctique au large de la limite nord de

son territoire, tout en facilitant la conception et la mise en œuvre de mécanismes internationaux appropriés. Pour ce faire, il nous faudrait poursuivre deux objectifs à la fois : I) l'adoption d'une législation destinée à la protection de l'environnement, conçue pour empêcher les déversements de pétrole et autres activités délétères, et II) la négociation de normes internationales destinées à inclure et à étendre la position du Canada. Nous appuierions sur le fait que nous n'agirions pas en contravention des lois internationales, mais plutôt, et compte tenu du contexte particulier de l'Arctique, au nom de la communauté internationale en l'absence de lois applicables[16].

Les Américains n'acceptèrent pas la prétention du Canada quant à sa souveraineté sur les eaux de l'Arctique, mais ils s'en accommodèrent. Le mépris que Nixon éprouvait, à titre personnel, à l'endroit de Trudeau, et les paroles acerbes prononcées en Chambre et au Congrès ont trop souvent été considérés par les commentateurs comme une métaphore des relations canado-américaines de l'époque, alors qu'il n'en était rien. Les intérêts d'un pays comme de l'autre furent bien servis par leurs (très) différents leaders respectifs. Mais les choses devinrent certes plus faciles une fois Nixon parti, et que Trudeau entama une amitié chaleureuse et durable avec son successeur républicain, Gerald Ford[*].

⌒

---

[*] Si l'on exclut ses échanges en privé avec son personnel ou d'autres leaders, Nixon était peu habile dans l'art de la conversation. Margaret Trudeau, à l'occasion d'une soirée, crut cependant de son devoir de faire preuve de politesse. Assise à table entre le Secrétaire d'État, William Rogers, et le président, Margaret fit part à Rogers de ses hésitations à engager la conversation avec le président, comme on peut le faire à l'occasion d'un dîner. Immédiatement, Rogers se pencha vers le président : « Hé, Dick, madame Trudeau ne sait pas quoi te dire. » Nixon la regarda d'un air mauvais et entreprit de lui raconter en long et en large comment les pandas que lui avait offerts le gouvernement chinois refusaient de s'accoupler. Ayant rempli ses obligations, il retourna ensuite à la conversation avec Pierre. Lorsque Rogers demanda à Margaret comment elle avait trouvé Nixon, elle répondit : « Franchement, je ne sais pas trop. La seule conversation que j'ai eue avec le président des États-Unis a porté sur la vie sexuelle de ses pandas. » (Margaret Trudeau, À cœur ouvert, Montréal : Éditions Optimum, 1979, p. 156.)

Les premières réformes de Trudeau sur le fonctionnement du Parlement donnèrent lieu à d'importants changements dans la vie des députés. Le financement des bureaux de circonscriptions, l'augmentation des effectifs, l'instauration de bureaux de recherche des partis et d'indemnités de déplacement pour les députés et leur famille modifièrent les conditions de travail et de vie de ces derniers. Au Parlement, on restructura les comités et on leur donna un pouvoir législatif, et les règles de la Chambre furent modernisées, en particulier en ce qui avait trait à l'usage du temps alloué, qui structurait la durée des débats. La modification la plus importante de toutes fut le financement public des campagnes électorales canadiennes, qui devint une caractéristique durable de la vie politique, sur la scène fédérale comme sur la scène provinciale. Les lois relatives au financement des élections fixaient maintenant des limites sur le montant des dons, sur les crédits d'impôt admissibles, et sur le financement direct partiel dans le cas de candidats ayant obtenu un certain pourcentage des suffrages. Les partisans libéraux exprimèrent haut et fort leur mécontentement, car les conservateurs, et surtout le NPD, tiraient davantage profit de ces modifications que leur propre parti, mais Trudeau resta ferme. Bon nombre de ces changements reflétaient ceux qui s'étaient opérés dans d'autres démocraties occidentales. Cependant, Trudeau instaura une transformation unique et durable en introduisant le bilinguisme au Parlement, dans ses comités et, par l'exemple plutôt que par des lois, dans la vie à Ottawa. Robert Stanfield, qui démissionna après sa défaite de 1974, fut le dernier chef unilingue du Parti conservateur. Le Parlement était un monde transformé[17].

Même si le prédécesseur de Stanfield, John Diefenbaker, fut l'un des dix-sept membres du Parti conservateur à voter contre le projet de loi sur les langues officielles, le chef conservateur, tout à son honneur, mais peut-être aussi au détriment de sa carrière politique, combattit avec force en faveur du bilinguisme officiel, malgré l'opposition féroce de son caucus et des électeurs progressistes-conservateurs. En 1974, le populaire maire de Moncton, Leonard Jones, se présenta comme candidat chez les conservateurs avec, comme plateforme, l'opposition au bilinguisme. Il remporta son pari, mais Stanfield refusa immédiatement sa candidature, « pleinement préparé, si nécessaire, à risquer son leadership sur les perspectives de victoire électorale sur cette question ». Avec le soutien de

Stanfield, Trudeau établit les fondations sur lesquelles le bilinguisme officiel allait durer : la politique assurait à tous les Canadiens des services fédéraux bilingues et soutenait une éducation dans une ou l'autre langue partout au Canada. Elle entraîna certes d'énormes difficultés sur le plan administratif, mais « par l'approche alléchante que représentait le financement de l'éducation des communautés linguistiques minoritaires et des cours de langue seconde, le gouvernement fédéral contribua à faire de ces programmes une normalité [...] et le bilinguisme officiel devint partie intégrante de l'identité nationale canadienne[18] ».

En juin 1975, deux importants journalistes évaluèrent la carrière politique de Trudeau, alors dans la dixième année de sa carrière parlementaire. Peter Desbarats rappela aux lecteurs du *Saturday Night* que Trudeau

> [était entré] en politique fédérale comme un franc adversaire du séparatisme et un ardent défenseur de l'établissement d'une présence francophone importante en politique fédérale et dans l'administration fédérale.
>
> Une décennie plus tard, l'organisation terroriste FLQ semble, sur le plan politique, faire partie du passé, tout comme les patriotes canadiens-français de 1837. Le séparatisme est toujours un élément bien vivant au Québec, mais la stabilité que nous connaissons depuis quelques années permet d'atteindre l'un des principaux objectifs que Trudeau s'est fixé. Les sommes qui sont dépensées sur le bilinguisme contribuent à en atteindre un autre. Le programme fédéral est si étendu, et est à ce point une partie intégrante du paysage d'Ottawa, que les conservateurs ont maintenant l'impression qu'ils peuvent l'examiner à la loupe sans craindre de se faire accuser de racisme.
>
> [...] s'il y a des Canadiens dans l'avenir, y compris ceux qui vivent au Québec, on se souviendra de la première décennie Trudeau comme d'une période critique où la vision d'un seul homme a marqué la nation tout entière, et où l'homme correspondait au défi posé.

Desbarats poursuivit en disant que les « accomplissements » de Trudeau étaient « remarquables », mais les Canadiens y prêtèrent à peine attention[19].

Desbarats ne fut pas le seul à être favorable dans sa critique. Dans *Le Devoir*, Claude Ryan en surprit sûrement plus d'un parmi ses lecteurs

– et Trudeau lui-même – en faisant, contrairement à son habitude, l'éloge du premier ministre et de ses collègues Gérard Pelletier et Jean Marchand. Ryan commença par reconnaître la longévité des trois « colombes », comme on les appelait. Puis, il commenta la manière dont la Révolution tranquille avait exigé des leaders du Québec de créer un gouvernement fort au Québec. Les trois « colombes », toutefois, croyaient que pour éviter un certain mouvement autrement séparatiste, les francophones avaient besoin de l'influence d'Ottawa ; ils croyaient aussi qu'il fallait que toutes les provinces acceptent les règles du jeu communes et qu'un gouvernement central devait posséder de vrais pouvoirs. Il poursuivit en ces termes :

> En ce qui touche à la participation au pouvoir, les vœux des « trois colombes » se sont réalisés au-delà de toute attente. [...] Non contentes d'accepter le défi, elles l'exercent depuis plusieurs années d'une manière qui, loin de le déparer, situe d'emblée le Canada parmi les pays les mieux gouvernés, les plus ouverts et les plus tolérants du monde. Pour un trio de Québécois qui se lançaient il y a dix ans à la conquête d'un véritable Himalaya politique, ce n'est pas si mal.
>
> [...] Au plan de la complémentarité des personnalités, de la culture, de la compétence, de la longue connaissance du milieu et des meilleures disciplines modernes, aucune équipe politique canadienne-française ne se compare à celle-là[20].

George Radwanski, toutefois, un journaliste sympathique aux idées de Trudeau, publia trois ans plus tard, soit en 1978, la première biographie importante du premier ministre ; dans sa conclusion, on peut lire ce qui suit : « Si l'on compare le Trudeau d'aujourd'hui avec ce qu'il semblait promettre en 1968 et en 1974, on ne peut éviter une certaine déception. Même si dans l'ensemble son gouvernement a gagné le respect et accompli un certain nombre de choses importantes, il n'a pas réalisé, tant s'en faut, tout ce à quoi on pouvait s'attendre de la part d'un homme remarquablement intelligent qui jouissait de l'appui enthousiaste de l'électorat[21]. » Le jugement de Radwanski donne la mesure de la férocité des tempêtes qui balayèrent les évaluations favorables précédentes. Ryan avait terminé son essai par une question : les trois colombes avaient-elles créé un nouvel équilibre qui saurait venir enfin à bout du séparatisme, ou n'avaient-elles fait que tenir le fort avec dignité et intelligence pendant dix ans? Une question qui s'avéra prémonitoire.

∽

En 1975, l'univers de Trudeau s'effondra. La décennie, sur le plan politique, avait eu des conséquences néfastes sur le groupe de longue date des « colombes ». Pelletier était fatigué de la politique, et avait hâte de pouvoir s'échapper des querelles partisanes qu'il avait toujours détestées. Sa relation avec Trudeau demeurait cordiale – il signait toujours ses lettres à Trudeau « fraternellement, Pelletier » – mais il voyait moins son vieil ami depuis le mariage de Pierre et de Margaret. À l'automne de 1975, Trudeau nomma Pelletier ambassadeur du Canada en France, là même où leur amitié durable avait commencé près de trente ans plus tôt dans les cafés parisiens. Ils y avaient entendu Édith Piaf chanter et ils y avaient discuté de communisme, de catholicisme, du Québec, du Canada et de leur avenir. Avec Pelletier, l'amitié vieillissait comme un bon vin. Ils y goûtaient à l'occasion, mais chaque fois en la savourant; avec Marchand, cependant, la relation s'était acidifiée. L'ancien et bouillant chef syndical n'avait pas apprécié son transfert, en 1972, du ministère de l'Expansion économique régionale à celui des Transports, transfert qu'il considérait à juste titre comme une rétrogradation. En outre, il déplorait le fait que Trudeau ne le consulte plus. Au cours de l'élection de 1974, il avait coprésidé, avec Keith Davey, la campagne libérale. Mais ils ne s'entendirent pas, et Marchand resta amer lorsque, en dépit des excellents résultats obtenus au Québec, aucune promotion ne vint récompenser ses efforts.

Au départ, Marchand avait été un ministre influent dont la cordialité lui avait valu l'affection de son personnel et de ses collègues. Mais ensuite, il avait décliné. Il s'était mis à boire beaucoup, ce dont l'ascétique Trudeau s'aperçut. À l'occasion de rencontres, ils discutèrent de son problème d'hypertension, et d'autres qui pourraient éventuellement survenir, mais Marchand ne changea pas ses habitudes. En janvier 1975, lorsqu'un député néo-démocrate lui posa une question en Chambre à propos d'une politique des transports qui se faisait depuis longtemps attendre, Marchand stupéfia tout le monde en répondant qu'il n'y avait

« pas de politique globale ». L'opposition chahuta : « C'est un embrouilla-
mini ». Marchand répliqua durement : « Oui, naturellement. Et ça l'est
toujours et plus que vous ne le pensez. » Comme les députés de l'opposition continuaient de lui lancer des pointes, Marchand déclara que leurs
critiques étaient motivées par le « racisme ». Ce fut une performance
lamentable, et selon la rumeur qui courut, attribuable à l'alcool. Trudeau
l'obligea à présenter des excuses à Stanfield et aux députés de la Chambre
des communes. Le 26 février, Marchand abandonna son poste de leader
québécois au sein du Parti libéral, et fut remplacé par Marc Lalonde, à
qui il en voulut énormément. Quelques jours plus tard, alors qu'il quittait l'aéroport d'Ottawa au volant de sa voiture, Marchand heurta un
autre véhicule, avant de s'enfuir à toute vitesse. Un conducteur au volant
d'une Porsche, témoin de l'accident, le suivit jusque chez lui, où il prit
note du numéro d'immatriculation de la voiture de Marchand avant
d'appeler la police. Quand Trudeau prit connaissance du rapport de
police, il entra dans une grande colère, perceptible dans les nombreux
passages soulignés et les points d'exclamation qu'il y inscrivit. En juillet,
Marchand écrivit à Trudeau pour lui annoncer qu'il ne pourrait partir
en voyage comme prévu à la baie James, son médecin lui ayant dit que
sa « tension artérielle [avait] repris la voie ascendante ». Il remercia
Trudeau de « ton encouragement ».

Le 29 août, le lendemain de la démission de Pelletier avant sa
nomination à titre d'ambassadeur en France, Marchand fut condamné à
Ottawa pour délit de fuite. Trudeau lui rendit visite à l'hôpital, où il avait
été admis en raison de sa tension artérielle élevée. En sortant de la chambre
d'hôpital, Trudeau fut assiégé par une meute de journalistes : « Marchand
a-t-il démissionné ? » Trudeau indiqua que Marchand lui avait offert sa
démission, mais qu'il ne l'avait pas acceptée : « C'était la chose loyale à
faire [de la part de Marchand]. Il voulait simplement que je me sente
à l'aise de lui dire que je pouvais me passer de ses services, mais je ne
vais pas me passer des services de Marchand[22]. » Quelques mois plus
tard, toutefois, un remaniement ministériel permit à Trudeau de transférer Marchand en marge du Cabinet à un poste de ministre sans portefeuille, jusqu'à ce que celui-ci quitte Ottawa en trombe pour se battre à
l'élection provinciale québécoise de 1976. Les trois colombes étaient
maintenant chose du passé, et seul Pierre Trudeau, qui, au départ, avait

semblé être, des trois, le moins probable des politiciens, avait survécu. La solitude lui pesait.

～

Après l'élection de 1974, le centre de gravité du gouvernement Trudeau se déplaça. Le nouveau Cabinet du premier ministre ainsi que son personnel étaient maintenant plus torontois que montréalais, Keith Davey ayant joué un rôle majeur dans sa composition. Trudeau nomma Jim Coutts secrétaire principal en 1975, et les deux hommes, à partir de ce moment-là, mirent la politique davantage au centre des activités du Cabinet du premier ministre. Étant donné les résultats des élections, les choix possibles pour former le Cabinet de Trudeau étaient limités. En Colombie-Britannique, le ministre de l'Environnement, Jack Davis, avait été défait et remplacé par le sénateur Ray Perrault, une indication de la faiblesse libérale dans cette province. Aucun ministre ne provenait de l'Alberta, et Otto Lang demeura le seul député et ministre en provenance de la Saskatchewan. En Ontario, Trudeau se défit de Herb Gray et le remplaça par Barney Danson, un bouillonnant homme d'affaires torontois qui jouissait d'une grande popularité. Jeanne Sauvé, à l'Environnement, devint la première femme du gouvernement Trudeau à diriger un ministère à part entière (elle avait été ministre d'État depuis 1972). Paul Martin, député depuis 1935 et trois fois candidat dans la course à la direction, fut retiré du Cabinet et nommé haut-commissaire à Londres, où il tint un excellent journal de bord. Les politiciens canadiens ayant souvent tendance à se rendre à Londres, il s'agit de l'une des meilleures sources de potins sur le gouvernement Trudeau de la fin des années 1970[23].

Le changement le plus frappant fut sans doute la nomination d'Allan MacEachen au ministère des Affaires extérieures, en remplacement de Mitchell Sharp. MacEachen avait été le leader parlementaire le plus brillant de mémoire canadienne et un superbe politicien dans sa circonscription natale du Cap-Breton. Les Affaires extérieures semblèrent au départ un choix inapproprié dans son cas, mais il avait étudié l'économie au MIT, et il représentait l'aile gauche du parti et sa tradition internationaliste, tradition que Trudeau trouvait de plus en plus attirante.

Trudeau abritant Michel du vent glacial de l'Arctique,
à Melville Island, 1980. Michel allait hériter de l'amour
de son père pour l'aventure et les grands espaces.

Trudeau admirait le sens artistique et la féminité de la guitariste classique Liona Boyd.

L'étudiante en droit de Osgoode Hall, Deborah Coyne, remet à Trudeau un chandail de hockey, le 23 février 1979. Un peu plus de dix ans plus tard, ils eurent une fille ensemble, Sarah Coyne.

Trudeau et Gale Zoë Garnett étaient assis à la même table lors de la première du film de Jack Lemmon et de Garnett, *Tribute*, le 15 décembre 1980. Ils ont commencé à sortir ensemble peu après, et sont restés des amis proches jusqu'à la mort de Trudeau.

Dans une tente du désert richement décorée, le 18 novembre 1980, le ministre du pétrole saoudien, le cheik Yamani en train de danser, observé par Sacha.

« Une chose stupide » à faire, dit plus tard Peter Lougheed, parfois appelé le cheik aux yeux bleus, en voyant cette photo prise avec Trudeau au moment de trinquer au Programme national de l'énergie, 1981. À ce sujet, Trudeau eut lui-même un commentaire dans ses mémoires de 1993 : « Un juste compromis bon pour l'Alberta, bon pour le Canada, et qui méritait d'être célébré par une coupe de champagne ».

Deux personnalités très différentes engagées dans une lutte titanesque : Lévesque et Trudeau lors de la Conférence des premiers ministres en 1980. Lévesque refusa de se joindre aux autres premiers ministres et à Trudeau pour en arriver à une entente sur une nouvelle constitution canadienne comportant une charte des droits et libertés en 1981.

« Est-ce que la terre a tremblé ? » demande Trudeau sur cette caricature. Elle avait effectivement tremblé, après le référendum de 1980.

Lors de la réunion hebdomadaire du caucus, célébration du
premier anniversaire du retour au pouvoir des libéraux, février
1981 : Allan MacEachen (à gauche) et Gilbert Parent (à droite).

Margaret Thatcher et Pierre Trudeau étaient souvent et péniblement en désaccord. Il l'appelait sa « partenaire de combat idéologique ». Elle refusa de lui adresser de bons vœux de continuité lors de son dernier sommet du G7 en juin 1984.

Trudeau présidant un dîner de travail lors du Sommet économique de Montebello, 28 juillet 1981. Dans le sens contraire des aiguilles d'une montre en partant de la gauche en haut : Ronald Reagan, Helmut Schmidt, Zenko Suzuki, Giovanni Spadolini, Roy Jenkins, Margaret Thatcher et François Mitterrand.

« Nous avons gagné. » Allan MacEachen est à droite sur la photo, Jean Chrétien, à gauche, 5 novembre 1981.

La Constitution revient au pays. Trudeau dit de ce moment qu'il fut « un fier moment pour tous les Canadiens ». De droite à gauche : Michael Kirby et Michael Pitfield assistent la reine, pendant que Gerald Regan observe la scène, 17 avril 1982. Trudeau a dit dans ses mémoires politiques : « La reine était favorable à ma tentative de réforme constitutionnelle. M'ont toujours impressionné, non seulement la constante distinction de ses attitudes publiques mais aussi la sagesse dont elle faisait preuve, en privé, dans la conversation. »

Avec Margot Kidder à l'ambassade canadienne à Washington, avril 1983. L'ambassadeur Allan Gotlieb a dit : « La dame de Vancouver ajoutera une touche de glamour et une dose d'élégance hollywoodienne. »

On dit que Kim Cattrall, une actrice ayant grandi à Vancouver, a invité Trudeau à l'accompagner aux prix Génie. « Je n'ai pas de petit ami ; voulez-vous m'accompagner ? » Il le fit. Elle dira plus tard : « J'ai été complètement envoûtée par lui. Il était si incroyablement sexy. » *Reader's Digest*, avril 2005, p. 70-71. Gale Zoë Garnett, avec qui Trudeau était en relation à cette époque, était assise de l'autre côté ce soir-là, à table.

Avec l'éminente portraitiste Eva Prager qui affirma : « Ce fut la conversation la plus intéressante que j'aie jamais eue, jusqu'à ce qu'un de ses adjoints vienne le chercher. »

Deux changements se produisirent à cette époque qui influencèrent profondément la politique étrangère du Canada dans les années qui suivirent. Premièrement, Trudeau n'avait plus à se préoccuper de problèmes politiques intérieurs. La menace immédiate du séparatisme disparut après la crise d'Octobre, et après la victoire éclatante des libéraux de Bourassa en 1973, Trudeau tourna davantage son regard vers les affaires internationales et ce qu'il pourrait réaliser dans ce domaine au nom du Canada. À cet égard, il ne fut pas différent de bon nombre d'autres chefs politiques canadiens pour qui les affaires extérieures suscitaient davantage d'intérêt à mesure que leurs mandats se prolongeaient[24]. Deuxièmement, les temps semblaient propices à faire du Canada une « puissance d'envergure » dotée d'une politique étrangère digne de celle-ci. Trudeau voulait maintenant positionner le Canada au centre du tourbillon des événements entourant les crises du milieu des années 1970. Plus important encore, cette idée avait des adhérents. Le choc énergétique et ses répercussions profondes sur le système économique international, la crise alimentaire mondiale et ses effets horribles, de même que la stupéfiante démission d'un président américain devant la possibilité de sa destitution, tout cela obligea les Américains et d'autres nations occidentales à s'engager dans une coopération telle qu'elle n'avait pas été vue depuis les premières années de la guerre froide. Qui plus est, pour Trudeau, le monde, sur le plan international, était plus agréable maintenant que Charles de Gaulle n'y était plus, que Gerald Ford se trouvait à la Maison-Blanche et qu'Harold Wilson avait repris le pouvoir en Grande-Bretagne. Trudeau était finalement prêt à devenir un « citoyen du monde » représentant le Canada.

À ce moment-là, toutefois, les faiblesses de Washington présentaient de nouveaux défis pour le Canada, de même que l'expansion du Marché commun européen et de la société japonaise, de plus en plus nantie. Pour y répondre, le nouveau gouvernement ressortit le vague concept de « troisième voie » entre l'Est et l'Ouest qu'il avait élaboré auparavant et, à l'automne de 1974, entreprit des négociations en vue de l'établissement d'un « lien contractuel » avec l'Europe et le Japon[25].

Le Marché commun s'était enrichi de trois nouveaux membres en 1972, dont un très important, le Royaume-Uni. Aux yeux des Britanniques, Trudeau, contrairement à John Diefenbaker une décennie plus tôt, s'était comporté de manière admirable au moment où la Grande-

Bretagne avait entrepris des démarches pour faire partie de l'union. Trudeau déclara à Peter Hayman, haut-commissaire britannique au Canada, qu'il « considérait que la Grande-Bretagne s'était occupée avec beaucoup de générosité des problèmes du Canada au cours des négociations ». Certains responsables canadiens reconnurent que l'entrée des Britanniques au sein du Marché était « utile » au Canada en ce qu'elle lui permettait « de se tenir droit et de prendre conscience de sa propre position sur le plan du commerce mondial ». Il est certain que cela sembla influencer Trudeau dans ce sens. Kissinger avait déclaré l'année 1973 « l'année de l'Europe », et Trudeau s'était entretenu avec Ivan Head et Michel Dupuy, un haut fonctionnaire aux Affaires extérieures, quant à l'orientation du Canada en matière de politique étrangère. Tous deux recommandèrent vivement au gouvernement d'adopter une approche directe par rapport à l'Europe comme telle[26].

Trudeau fut poussé vers l'Europe par raison et aussi, en partie, à cause d'un lien affectif à la tradition. Mais c'est la passion qui l'attira vers les pays en développement. Dans le seul discours de campagne qu'il prononça au sujet de la politique étrangère, il exprima son espoir de voir le rôle du Canada dans le monde reconnu uniquement pour « son humanisme, sa poursuite de la justice sociale ». Plus tôt, au cours de son voyage en Chine en 1973, il avait dit que « la grandeur d'une nation se mesure non pas en fonction de son armée ou même de ses réalisations économiques, mais en termes de bien-être individuel et de dignité humaine[27] ». Trudeau n'était pas le seul à partager cet intérêt. La crise de l'énergie et, en particulier, la création étonnante d'un cartel par l'OPEP, se combinèrent à la crise alimentaire mondiale pour faire converger l'attention du monde sur les questions liées au développement. Les pays en développement avaient formé un « G77 » au sein des Nations Unies, dont la voix se faisait entendre de plus en plus fort, à cette occasion comme dans d'autres rassemblements. Ce caucus en appelait à un nouvel ordre économique mondial capable d'entraîner une restructuration majeure des relations économiques internationales[28]. Trudeau partageait l'inquiétude de ces pays à propos des inégalités et ce qu'on appellerait plus tard la division Nord-Sud. Après avoir nommé MacEachen, il rédigea une longue lettre à son nouveau ministre, dans laquelle il insistait sur la nécessité pour lui de jouer un rôle de premier plan dans l'expression des « préoccupations du Canada à l'égard des inégalités généralisées présentes dans le monde ». La pensée de Trudeau avait changé depuis 1968. Le Canada ne pouvait plus agir uniquement en marge des situations. Sa voix devait maintenant se faire entendre au centre, là même où les décisions importantes sur les « inégalités généralisées » se prenaient[29].

Malheureusement pour Trudeau et MacEachen, les Affaires extérieures n'étaient pas le ministère influent que Lester Pearson avait dirigé dans les années 1950. Les années écoulées et l'antipathie que Trudeau lui-même éprouvait pour le Ministère avaient eu des conséquences néfastes. À la fin des années 1960, le Ministère avait été l'objet de contraintes budgétaires et avait vu certains de ses meilleurs éléments, notamment Allan Gotlieb et Basil Robinson, transférés à d'autres ministères liés aux affaires intérieures. Puis, avec le départ du talentueux Ed Ritchie, le sous-secrétaire d'État aux Affaires extérieures au début des années 1970, qui eut un accident vasculaire juste après l'élection de 1974, la voix du Ministère à Ottawa en fut d'autant diminuée. Les Affaires extérieures virent d'un très mauvais œil le rôle que Trudeau avait donné à Ivan Head, qui non seulement se chargeait de missions spéciales pour le compte de Trudeau, pour lesquelles il négociait avec de hauts fonctionnaires et hommes politiques à l'étranger, mais aussi demandait à des responsables du Ministère de l'assister dans ses fonctions. Avec le départ de Sharp, Trudeau comprit que le Ministère devait retrouver son assurance s'il voulait faire du Canada un acteur plus important sur la scène internationale. Il nomma donc Robinson en remplacement de Ritchie[30]. Mais lorsque Robinson tenta d'asseoir l'autorité du Ministère en matière de relations étrangères, Head opposa une résistance et remercia même de ses services l'un de ses représentants aux Affaires extérieures affecté à son bureau, craignant que celui-ci ne soit un « espion » à la solde du Ministère. De toute évidence, les Affaires extérieures n'étaient plus l'institution centrale qui dominait les relations du Canada avec le monde, et devait lutter pour garder son avance par rapport à un premier ministre qui avait fini par développer un penchant pour l'internationalisme[31].

Trudeau comprit qu'il aurait à effectuer de fréquents déplacements en Europe et au Japon avant qu'il ne puisse négocier le lien contractuel qu'il voulait établir avec eux. Il tira profit de ces occasions pour soulever avec ses hôtes deux questions d'importance cruciale, à savoir le nouvel ordre économique mondial et la non-prolifération du nucléaire. Il fut furieux lorsque, en 1974, l'Inde fit exploser un engin atomique, que le pays avait conçu grâce à l'aide au développement accordée par le Canada dans les années 1950 et 1960. L'Inde avait déclaré que l'explosion avait eu lieu à des fins pacifiques et que, pour cette raison, elle ne dérogeait pas au traité de non-prolifération de 1970. Cette explosion nucléaire assombrit les relations entre l'Inde et le Canada pendant des décennies.

La visite de Trudeau au Danemark en mai 1975 est un exemple typique de ses discussions à l'époque. À l'occasion d'une rencontre avec le premier ministre Anker Jørgensen, les deux hommes discutèrent de la coopération dans l'Arctique et des inévitables conflits en matière de pêcheries. Trudeau parla alors du rôle de plus en plus important que jouait la Communauté économique européenne (CEE), issue du Marché commun européen, et des répercussions que cela pourrait entraîner pour le Canada. « À mesure que la Communauté européenne se développe, le Canada souhaite que les pays qui en font partie comprennent son désir de coopérer avec la Communauté et d'établir les liens avec elle, dit-il. Il arrive que le Canada soit considéré simplement comme une partie des États-Unis. Cela, bien entendu, n'est pas le cas, et nous poursuivons nos propres intérêts distincts. Nous possédons notre propre réacteur nucléaire. » Trudeau parla alors plus longuement du « nouvel ordre économique mondial » et du désir du Canada « de s'assurer que le système économique mondial apporte une plus grande justice sociale aux pays en développement[32] ». Comme à d'autres occasions, il fit référence à son expérience au Commonwealth comme d'un modèle de collaboration à plus grande échelle entre les pays développés et moins développés. Le Commonwealth, pour lequel Trudeau avait manifesté au départ de l'indifférence, sinon de l'hostilité, captait maintenant son intérêt en raison de son approche collaborative dans les intérêts Nord-Sud[33].

Après une longue discussion, Trudeau aborda ensuite les questions relatives au nucléaire, « pour lesquelles la Conférence du Commonwealth n'avait donné aucun résultat encourageant ». Bon nombre de nations, disait-il, « voyaient le contrôle de la prolifération du nucléaire comme un exemple de tentative de dissimulation de la part des peuples de race blanche envers les peuples de couleur ». Il parla même de son admiration pour l'Inde. À la surprise de Trudeau, Jørgensen accepta la revendication de l'Inde, à savoir que l'explosion avait été menée à des fins pacifiques. Trudeau répondit sur un ton de sarcasme : « S'il s'était agi de l'Afrique du Sud, les auriez-vous cru ? », et dit en guise de conclusion qu'il était très clair que le gouvernement canadien croyait en l'OTAN et la soutenait. Il y avait eu, certes, des divergences d'opinion quelques années auparavant, reconnut-il, mais cette opposition n'existait plus[34]. Toutes ces visites permirent à Trudeau d'obtenir le soutien qu'il souhaitait en faveur d'un lien contractuel, même s'il n'y avait rien, dans les discussions, qui permettait de définir ce que ce lien serait, ou, de manière concrète, ce qu'il permettrait au Canada d'obtenir au-delà des gains réalisés lors du cycle de négociations de Tokyo dans le cadre de l'Accord général sur les tarifs douaniers et le commerce (GATT).

Les tentatives de Trudeau pour étendre les intérêts du Canada au-delà des États-Unis lui valurent de recevoir la distinction « Freedom of the City of London ». Le discours qu'il prononça à Mansion House à cette occasion refléta non seulement sa vaste éducation et sa longue expérience, mais témoigna également de l'influence de ses bons amis Marshall McLuhan, Lee Kuan Yew de Singapour et Julius Nyerere de Tanzanie. L'occasion, dit-il en commençant, était importante, car elle se déroulait en Grande-Bretagne, « là où le concept de liberté fut l'objet de tant de débats, où sa signification fut tant élargie, et son exercice, si protégé ». Aujourd'hui, l'humanité devait progresser et non plus seulement parler d'être « libre », mais aussi d'être « libérée » : de la pauvreté, de la faim, de la maladie, de l'holocauste nucléaire, et de la dégradation de l'environnement.

Nous constatons que cette lutte est plus complexe, plus difficile et d'une portée plus grande que ce que nous avions cru possible [...] Notre lutte aujourd'hui prend des proportions beaucoup plus grandes, et pourtant les hommes et les femmes ne disposent que de peu de leviers pour la mener à bien. Ce n'est pas l'absence d'un Pitt ou d'un Churchill qui porte les hommes et les femmes à se demander dans quel sens se dirige l'humanité ; c'est la nature même de l'adversaire en cause. Il faudra davantage que de l'éloquence et du leadership pour juguler les déséquilibres monétaires, les déficiences nutritionnelles et la pollution environnementale [...] Et pourtant ces luttes se trouvent aujourd'hui au cœur même de la vie sur notre planète. Il ne s'agit pas de luttes que l'on peut confiner à des tribunaux ou sur un champ de bataille, ou aux débats de la Chambre ; elles requièrent l'établissement d'institutions et de régimes d'immenses proportions dotés d'attributions nouvelles ; elles en appellent, en dernière analyse, à une coopération de tous les pays, car elles exigent que nous luttions, non pas contre d'autres êtres humains, mais avec d'autres êtres humains. Elles exigent que nous fassions de l'humanité une cause commune.

Il fallait un nouvel équilibre, disait Trudeau, « rien de moins qu'une distribution acceptable des richesses mondiales ». Pour parvenir à cette « éthique planétaire » au sein d'un « village global », il fallait que tous en assument la responsabilité. « Personne d'entre nous ne peut se soustraire à cette lourde responsabilité. Personne d'entre nous ne peut ignorer la tragédie d'un échec quel qu'il soit. Non plus que personne, et cela est heureux, ne pourra échapper aux bénéfices, à la joie, à la satisfaction – à la liberté – qui accompagneront la levée de cette responsabilité[35]. »

Ivan Head, conseiller de Trudeau en matière de politique étrangère, était un idéaliste, et Henry Kissinger, celui du président Ford, un réaliste. Trudeau, pragmatique, pouvait être l'un et l'autre, et, en 1975, les intérêts de Kissinger et ceux de Trudeau, ainsi que leurs valeurs, convergèrent. De façon ironique, les questions bilatérales touchant le Canada et les États-Unis, particulièrement l'énergie, la culture et l'investissement, s'étaient compliquées. Kissinger, toutefois, ne se préoccupait guère des subtilités des relations canado-américaines, portant son attention plutôt sur le rôle du Canada sur la scène mondiale. Ce qu'il y voyait à cet égard avait son approbation. La compétence canadienne était susceptible de consolider la position des Américains à un moment où le géant vacillait. Lorsque Kissinger rencontra les représentants canadiens à Washington en mars 1975, il « trouva peu de quoi se réjouir » sur le plan international. Contrairement à son habitude, il resta silencieux à mesure qu'ils passaient « d'un sombre pronostic à l'autre ». Le Moyen-Orient était « un foutu bordel », et il fallait rejeter sur les Israéliens la responsabilité de l'échec de ses récents efforts pour en arriver à un règlement après la guerre du Yom Kippour. Les Canadiens, leur déclara-t-il, provoquaient parfois l'exaspération de ses fonctionnaires, et il recommanda que des mesures fermes soient prises à l'encontre du Canada, « mais sans y donner suite, ayant l'impression que les problèmes se régleraient d'eux-mêmes, et en cela il avait presque toujours raison ».

Ayant apaisé les craintes des Canadiens au sujet des problèmes bilatéraux, Kissinger demanda à MacEachen quelle serait sa façon d'aborder Israël « pour l'exhorter à adopter une attitude plus souple[36] ». Plus tôt, on avait prévu la tenue à Toronto d'un Congrès des Nations Unies pour la prévention du crime et le traitement des délinquants, et le Canada se demandait maintenant s'il fallait l'autoriser. Un vote des Nations Unies, en 1974, avait signifié que l'Organisation pour la libération de la Palestine (OLP) serait présente au congrès, et le Canada avait de manière constante exprimé sa vive opposition face aux tactiques terroristes de l'organisation. Quelques jours avant la rencontre avec Kissinger, MacEachen avait condamné une attaque terroriste à Tel Aviv « en termes les plus clairs ». Il n'y avait, déclara-t-il, « aucune excuse possible justifiant l'existence d'un terrorisme pur et simple responsable du meurtre de sang-froid de personnes innocentes ». Mais MacEachen et son ministère étaient néanmoins d'avis que le Canada ne pouvait refuser la participation au congrès des représentants de l'OLP, tandis qu'au Cabinet, Barney Danson parla au nom des leaders juifs qui en appelaient au Canada pour qu'il refuse l'entrée à l'OLP. Le premier ministre de l'Ontario, William Davis, avec le soutien du chef libéral Robert Nixon et du néo-démocrate Stephen Lewis, demanda l'annulation du congrès de Toronto. De son côté, le sénateur Ray Perrault, représentant de la Colombie-Britannique au Conseil des ministres, fit remarquer que l'annulation du congrès signifierait certainement aussi l'annulation de la Conférence sur les établissements humains prévue à Vancouver pour 1976. Il fut donc convenu que le Cabinet accepterait de condamner les Palestiniens et de se concilier les groupes juifs, en annonçant que les représentants de l'OLP seraient admis sur une base individuelle.

Puis, à la réunion du Cabinet du 10 juillet, Trudeau annonça abruptement que, « après mûre réflexion, il [...] avait atteint l'étape où il n'était désormais plus disposé à tolérer aucune forme de violence ». Il « préférait obtenir l'appui du peuple canadien plutôt que susciter l'admiration de certains milieux internationaux », et il fut décidé que le Canada interdirait l'entrée au congrès des membres de l'OLP. Une discussion vive s'ensuivit, certains ministres faisant remarquer que les États-Unis avaient condamné le terrorisme palestinien, mais sans condamner les violentes représailles d'Israël. La Conférence de Vancouver, mettaient en garde d'autres, en ferait sûrement les frais, et même les Jeux olympiques de Montréal en seraient peut-être compromis. Trudeau, qui détestait toute forme de terrorisme, resta sur ses positions en affirmant qu'il était prêt à « accepter les conséquences d'une telle décision ». En outre, sa décision devait envoyer un signal aux Nations Unies, « où les questions importantes étaient de plus en plus sacrifiées aux problèmes politiques ». MacEachen rencontra ensuite le secrétaire général des Nations Unies pour demander un report de la Conférence. Les Nations Unies refusèrent, et décidèrent sans délai de déplacer la Conférence à Genève[37].

Dans leur mémoire sur la politique étrangère, ni Trudeau ni Head ne font état de cette décision, en dépit du fait qu'elle suscita une énorme attention, et, chose très étonnante, ils ne font que quatre brèves références à « Israël », trois au « Moyen-Orient » et aucune aux Palestiniens. Trudeau avait développé une antipathie pour les Nations Unies depuis sa participation à la délégation canadienne en 1966. Les débats houleux de l'Assemblée générale au cours des années 1970 et, en particulier, sa condamnation du sionisme comme étant une forme de racisme, confirma sa faible opinion de l'organisation. Son aversion envers le terrorisme s'intensifia dans les années 1970 après la crise d'Octobre et la montée du terrorisme urbain en Europe, dont le groupe Baader-Meinhof et le massacre des athlètes israéliens par des terroristes de l'OLP pendant les Jeux olympiques de Munich en 1972 furent des exemples.

À l'instar de la majorité des tenants de la gauche en Europe, Trudeau admirait Israël. Il l'avait fait savoir lors de sa visite là-bas à la fin des années 1940, quand il avait vu les terres désertiques israéliennes transformées en champs et en vergers verdoyants. Il admirait le cran des Israéliens, ainsi que les principes sociaux démocratiques de leurs gouvernements travaillistes de l'après-guerre.

Ces convictions étaient bien accueillies dans sa circonscription de Mont-Royal, qui comptait une large population juive, dont la très grande majorité votait libéral. Dans les années 1950 et 1960, Trudeau était identifié à la lutte des droits civils, et cela consolida ses liens avec la communauté juive du Canada. La nomination de Bora Laskin, d'abord comme juge et ensuite, en décembre 1973, au poste de juge en chef de la Cour suprême, enthousiasma la communauté juive*. Mais tout n'était pas simple.

Dans son discours à Mansion House, Trudeau avait fait part de sa détermination à jouer un rôle primordial dans la création de ponts entre le Nord et le Sud, et l'occupation continue de la partie ouest et de la bande de Gaza par Israël était devenue un problème épineux dans le Sud. L'élection au pouvoir, en 1977, du parti du Likoud dirigé par Menachem Begin, un terroriste de l'Irgoun sous le mandat britannique, déçut profondément Trudeau. Begin avait déclaré qu'il ferait voter les Juifs de Toronto contre le Parti libéral à moins qu'on ne transfère l'ambassade canadienne de Tel Aviv à Jérusalem, une menace qui déclencha la colère de Trudeau : « Vous pouvez leur dire [aux Juifs canadiens] tout ce que vous voudrez mais je ne crois pas que de telles déclarations seraient très courtoises de la part d'un visiteur, ni qu'elles puissent produire de grands effets. » Joe Clark, qui était alors à la tête des conservateurs, mordit à

---

* Laskin doit en fait sa nomination au ministre de la Justice Otto Lang et, indirectement, à Margaret Trudeau. La démission soudaine du juge en chef Gérald Fauteux, avant Noël 1973, signifiait qu'il fallait trouver un remplaçant immédiatement. Margaret en était à ses dernières semaines de grossesse, et Trudeau avait demandé à Lang de s'en occuper. Normalement, le poste aurait dû être confié au juge le plus expérimenté – à l'époque, le conservateur de l'Ouest Ronald Martland – et Trudeau, semble-t-il, s'attendait à ce que les choses se fassent selon les règles établies. Lang, cependant, recommanda Laskin, et Trudeau souscrivit à cette idée rapidement. Martland ressentit une amère déception et laissa entendre que c'était parce que Laskin était juif qu'on l'avait nommé. Il est probable que cet élément influa sur la décision de Trudeau, qui croyait à juste titre que les Juifs avaient été depuis trop longtemps exclus des rangs des députés, de la salle du Conseil et du Cabinet. C'est lui qui nomma pour la première fois des Juifs au Conseil des ministres, ainsi que le premier Juif à siéger comme juge à la Cour suprême, le premier juif au poste de juge en chef, le premier Juif au poste de secrétaire principal du premier ministre (Jack Austin), et le premier Juif au poste de ministre adjoint aux Affaires extérieures – Allan Gotlieb – qui plus tard deviendrait le premier Juif nommé au poste d'ambassadeur canadien à Washington. Lorsque, à l'occasion d'une rencontre avec Trudeau, un groupe juif le remercia de tout ce qu'il avait fait pour leur communauté, Trudeau fut surpris. On lui présenta la liste des personnes qu'il avait nommées, et après en avoir pris connaissance, il répondit : « On dirait bien que c'est vrai. » Sur la nomination de Laskin, voir Philip Girard, *Bora Laskin : Bringing Law to Life* (Toronto : University of Toronto Press, 2005). Martland a fait ses accusations lors d'une entrevue avec l'Osgoode Society en 1985 (voir Girard, p. 410–411). Lang a confirmé les propos de Girard. La rencontre avec le groupe juif m'a été racontée par Berel Rodal au cours d'un entretien, juin 2008.

l'hameçon tendu par Begin et approuva la démarche, chose qu'il viendrait à regretter amèrement par la suite. Trudeau ne pardonna jamais à Begin. Herb Gray se rappela qu'au début et au milieu des années 1970, on s'intéressait relativement peu aux questions israéliennes au sein du Parti libéral, mais que les choses évoluèrent très vite. Trudeau était à ce point irrité par Begin que lorsque Gray visita Israël, il ne put s'empêcher d'envoyer dire au premier ministre israélien d'être « plus constructif[38] ».

Trudeau fut également déçu par la France, un autre amour de jeunesse, en raison de ses dirigeants et des politiques de ce pays au début des années 1970. Lorsque le Canada avait tenté d'établir un lien contractuel avec l'Europe, le ministre français des Finances, Valéry Giscard d'Estaing, à l'instar d'autres Européens, était resté froid à l'idée. Selon lui, il était tout simplement impossible de considérer sérieusement le Canada sur le plan international. Puis, en 1974, après la mort subite de Georges Pompidou, Giscard d'Estaing devint président de la République. Soucieux d'établir le leadership de la France, surtout en temps de crise économique internationale, il convia les chefs des principales économies mondiales à une rencontre au château de Rambouillet, la résidence présidentielle, à la fin de l'automne 1975. Y furent invités les dirigeants des quatre économies les plus importantes – les États-Unis, le Japon, l'Allemagne de l'Ouest et la Grande-Bretagne – de même que l'Italie, qui se classait au septième rang mondial. Le Canada, au sixième rang, fut ignoré. Head fulmina, mais les tentatives pour figurer sur la liste des invités échouèrent, malgré l'appui massif des Allemands, des Japonais et des Américains. Quant à la Grande-Bretagne, elle ne donna qu'un appui mitigé. Trudeau déclara à Kissinger que « le Canada n'avait pas à utiliser tous les atouts dans sa manche pour traiter cette question », non plus que ne devaient le faire les États-Unis*. Les Nord-Américains n'avaient pas à approcher l'Élysée à genoux.

Trudeau, par chance, comptait deux amis à Washington qui lui promirent qu'ils auraient leur revanche. Ford et Kissinger remplirent leur promesse en invitant le Canada au sommet suivant prévu à Porto

---

* Le ministre des Affaires extérieures, Allan MacEachen, demanda à ses fonctionnaires de considérer Kissinger comme un chef d'État en miniature, surtout lorsqu'il était question de lui dans les médias. Malheureusement, on respecta ses désirs. L'un des micros installés à la table d'honneur resta ouvert pendant qu'on servait des apéritifs, et enregistra les propos de Kissinger sur son nouveau patron, Richard Nixon, qu'il

Rico en juin 1976. Le gouvernement français persista dans sa tentative de tenir le Canada à l'écart, mais le chancelier Helmut Schmidt de même que Kissinger refusèrent de bouger, ne serait-ce que d'un iota, réclamant l'inclusion du Canada. Un social-démocrate, Schmidt souhaitait que Trudeau y participe étant donné l'intérêt qu'il portait lui-même aux questions Nord-Sud. Finalement, Trudeau, MacEachen et le ministre de l'Énergie Donald Macdonald se rendirent au sommet, qui se tint les 27 et 28 juin, où Trudeau joua un rôle modeste dans l'avancement des discussions sur les questions Nord-Sud. Head fit office de sherpa, s'occupant des préparatifs en vue de la rencontre – une autre gifle au visage des Affaires extérieures.

Aucune des résolutions officielles prises au cours du sommet ne fait mention du Canada. Le pays devint simplement l'un des membres du G7, lequel a agi parfois comme une sorte de directoire du monde, et la participation du Canada à ce groupe d'élite (et plus tard au G8) a transformé le rôle du premier ministre dans le cadre des affaires internationales. Grâce à ces rassemblements annuels, les dirigeants des principales puissances occidentales ont l'occasion de se réunir régulièrement, réunions au cours desquelles les questions bilatérales sont débattues en marge des sommets ; ainsi, le Canada a pu prendre part à quelques-unes des décisions les plus importantes au cours du dernier quart du XXe siècle. Les dirigeants ont de l'importance, et il en va de même pour leurs rencontres. Giscard d'Estaing, sachant qu'il serait appelé à rencontrer Trudeau chaque année, ne serait-ce que de manière non officielle, modéra son hostilité envers le Canada, et ce, juste au moment où les relations entre

qualifia d'« homme étrange, artificiel et déplaisant », quoique parmi l'un des meilleurs présidents. L'un des pires, déclara-t-il sûr de lui, était John Kennedy, dont les deux premières années avaient été désastreuses et qui était mort sans rien avoir accompli d'« important ». Tricia Nixon, offusquée, écrivit une lettre de protestation. Kissinger confondit les sœurs et appela Julie Nixon au téléphone pour s'excuser, ce qu'il fit avec une certaine grâce. Il semble que les Kennedy ne reçurent pas d'excuses. Archives de la sécurité nationale, ministère d'État de Kissinger, conversations téléphoniques, document 8, conversation téléphonique avec le Secrétaire à l'Agriculture, Earl Butz, 16 octobre 1975, et documents 9a et 9b, conversations téléphoniques avec Julie et Tricia Nixon, 1er et 4 novembre 1975. On trouvera le compte rendu des remarques de Kissinger enregistrées par le microphone dans le *New York Times* du 17 octobre 1975. On peut consulter ces documents en ligne à l'adresse suivante : http://www.gwu.edu/~nsarchiv/NSAEBB/NSAEBB135/index.htm.

la France et le Canada prenaient une importance cruciale au pays. Certains historiens ont d'ailleurs constaté qu'à partir de 1976, les dossiers canadiens à l'ordre du jour du président américain se firent plus complets et personnels. Pour dire les choses très simplement, il devint plus difficile d'ignorer le Canada une fois son entrée au G7[39].

Valéry Giscard d'Estaing, Helmut Schmidt et les Américains créèrent le G7 pour que les dirigeants puissent traiter entre eux de questions économiques internationales. Cependant, le mandat du G7 incorpora vite d'autres questions. Le Nixon *shokku* en 1971, qui avait fait sortir le dollar du système d'étalon-or, et la crise du pétrole de 1973 firent voler en éclats bon nombre des hypothèses formulées dans l'ère d'après-guerre concernant la gestion de l'économie. En observant cette période avec le recul de la fin des années 1990, deux éminents économistes canadiens firent remarquer à quel point ce tournant avait été déterminant. Tom Courchene déclara que « pratiquement tous les aspects du contexte sous-jacent à l'explosion des programmes sociaux au Canada dans les années 1950 et 1960 ont disparu dans la décennie suivante ou à peu près, une fois le choc initial du prix du pétrole passé ». Mais le Canada n'était pas seul dans cette situation. Richard Harris fit remarquer que « la croissance de la productivité dans pratiquement tous les pays industrialisés s'est mise à décliner aux environs de 1974, l'année même du premier choc du pétrole. L'année 1974 est également celle que la majorité des économistes utilisent pour marquer l'amorce de la transition vers un marché planétaire et le déclin du taux de croissance économique des principaux pays industrialisés de l'époque[40] ».

Le débat qui eut lieu au Canada quant aux origines de la crise et à la façon dont le gouvernement devait y réagir fut l'écho de celui de l'ensemble des sociétés occidentales. Dans certains pays, l'État décida d'intervenir pour répondre aux défis que posait le nouvel environnement économique. Au Canada, on prit la décision de maintenir le prix du pétrole au niveau national plus bas, de mettre sur pied un processus d'examen des investissements étrangers, d'élaborer un concept de revenu annuel garanti, et de maintenir et même de consolider les programmes sociaux des années 1960, comme le gouvernement Trudeau l'avait fait en 1972 et en 1973. Ces décisions correspondaient aux idées soutenues par bon nombre des membres du Cabinet du premier ministre, c'est-à-dire des ministres tels que John Munro, Allan MacEachen, Jean Marchand, et Marc Lalonde, et dans la majorité des cas, par Trudeau lui-même. D'autres s'opposèrent, en particulier John Turner, son sous-ministre Simon Reisman, et la majorité des représentants du ministère des Finances, aux côtés d'autres ministres aux idées plus conservatrices sur le plan économique, tels que James Richardson, Jean Chrétien et Bob Andras. L'homme d'affaires Alastair Gillespie, quant à lui, favorisait des idées conservatrices sur le plan fiscal, tout en étant résolument natio-naliste, tandis que Don Macdonald, moins conservateur sur le plan fis-cal, accusait une forte tendance nationaliste sur les questions d'énergie.

Les discussions se fixèrent autour de la « stagflation » et de la ques-tion primordiale de savoir s'il fallait s'attaquer à l'inflation ou au chômage dans une ère où l'une comme l'autre augmentaient rapidement. Cette question épineuse mit un terme au consensus keynésien, entraînant une réévaluation majeure des possibilités d'action du gouvernement. Les vieilles idées se voyaient mises au défi par les adeptes de l'école de Chicago de Milton Friedman, dont les acolytes monétaristes se trouvaient mainte-nant aux plus hauts échelons des gouvernements, de même qu'au sein des universités. En 1974, on décerna le prix Nobel d'économie au social-démocrate suédois Gunnar Myrdal et à l'économiste austro-britannique Friedrich von Hayek, auteur de *La route de la servitude,* écrit en 1944, qui en avait appelé « au retour à la microéconomie et à l'entreprise, comme seule véritable créatrice des richesses ». Il fallait y voir le symbole de la profonde remise en question du rôle de l'État et du fonctionnement des marchés. Si les années 1960 avaient signifié l'avènement de « l'heure libérale », pour reprendre l'expression de l'économiste John Kenneth Galbraith, les années 1970 en avaient été, d'abord, le crépuscule, pour devenir ensuite le point du jour d'une ère conservatrice[41].

Trudeau avait été formé à l'école de Keynes, son instinct le pous-sait vers une approche éclectique en matière d'économie, et, sur le plan politique, il adhérait aux valeurs égalitaires. Malgré toute son intelli-gence, sa vision, à l'aube de cette nouvelle ère, était parfois floue. Des temps difficiles s'annonçaient.

CHAPITRE 10

Fausse route

À Ottawa, tant le ministère des Finances que son ministre, John Turner, étaient mécontents du budget de 1974, qui avait été à l'origine du déclenchement des élections et du combat permanent avec Marc Lalonde et John Munro au sujet du revenu minimal garanti, mais la position minoritaire des libéraux avait permis de justifier amplement cette approche. Une fois les élections passées, par contre, Trudeau accepta immédiatement de reconduire les politiques nationalistes et interventionnistes, comme celles proposées concernant la fondation d'une agence d'examen de l'investissement étranger et la création de Petro-Canada, une décision concertée du Cabinet qui eut pour effet de préoccuper encore davantage les Finances et son ministre. Turner avait espéré qu'après l'élection, le ministère des Finances aurait pu retrouver son influence, comme dans les premières années Trudeau. Mais il commença alors à craindre que Trudeau, face aux crises économiques des années 1970 et à l'approche monétarisme utilisée pour l'élaboration des politiques publiques, n'ait adopté les idées de John Kenneth Galbraith – en particulier celles exprimées dans *La science économique, et l'intérêt général*. L'ouvrage, essentiellement « socialiste » dans son approche et une réponse directe aux idées des économistes conservateurs Friedrich von Hayek et Milton Friedman, avance que l'État a le devoir de réagir par l'action positive, y compris la propriété gouvernementale, pour promouvoir les valeurs et les objectifs visant le bien public. Trudeau voyait souvent Galbraith à cette époque, et le professeur d'Harvard se rappela plus tard l'insatiable curiosité de Trudeau lors de leurs discussions à

New York autour d'une table, pour comprendre ce que la crise des années 1970 signifiait par rapport aux concepts d'économie traditionnelle qu'ils avaient étudiés ensemble[1]. L'inquiétude de Turner augmenta de plusieurs crans lorsque, rencontrant au hasard les Trudeau en vacances dans les Caraïbes, il vit le premier ministre totalement absorbé dans la lecture de Galbraith sur la plage.

Mais Trudeau tenait compte d'autres discours aussi, et il continua à établir des forces de « contrepoids », aussi bien dans son propre cabinet qu'au sein du Conseil des ministres. Les opinions véhiculées par la majorité soutenaient les premières idées de Galbraith sur la nécessité d'équilibrer les forces syndicales et le milieu des affaires dans le capitalisme américain d'après-guerre. La plus grande influence fut probablement celle d'Albert Breton. Dans les années 1960, il s'était opposé à la nationalisation d'Hydro-Québec du fait que la société bénéficierait ainsi et surtout à certains groupes d'intérêts spéciaux, une vision qui faisait désormais partie de la propre argumentation de Trudeau à l'encontre du nationalisme. Breton énonça aussi que les politiques suivies par les Finances et la Banque du Canada au cours des premières années du gouvernement Trudeau avaient entraîné un taux de chômage plus élevé en 1972. C'est ainsi qu'il critiqua les plus récentes théories de Galbraith dans un mémorandum à l'intention de Trudeau, intitulé « *Do Markets Work ?* » : « Je crois personnellement qu'en tant qu'économiste et analyste social, il n'a pas beaucoup de poids et qu'il mérite très peu qu'on s'attarde à ses idées. » Trudeau, qui était lui-même à court de bonnes idées pour répondre aux problèmes économiques qui étaient en explosion en 1975, trouva chez Breton un son de cloche nouveau, auquel il pouvait se fier[2].

Au Canada, l'économie commença à chanceler de manière importante dans la seconde moitié de 1974, et les problèmes que cela engendra se poursuivirent pendant toute l'année 1975. Le taux de chômage augmenta à 7,1 p. cent (par rapport à 5,4 p. cent en 1974), le taux le plus élevé depuis la récession de 1960-1961, alors que l'inflation grimpa à 9,7 p. cent, au troisième rang des pourcentages les plus élevés de l'histoire canadienne (mais une amélioration par rapport au taux de 13,8 p. cent atteint en 1974). La productivité de la main-d'œuvre diminua pour une deuxième année consécutive, et un nombre record d'environ dix millions de jours furent perdus en raison de conflits de travail. La fonction publique, qui avait acquis le droit de grève, grâce surtout à l'influence de Marchand, de Trudeau et de Pelletier une décennie plus tôt, amorça l'année avec une série de débrayages rotatifs et en exigeant une augmentation de salaire de l'ordre de 42,5 p. cent sur un an. Les débardeurs, les ouvriers de l'acier, et surtout les travailleurs au Québec, où les préparatifs en vue des Jeux olympiques de 1976 avaient surchauffé le secteur de la construction, eurent des revendications similaires, et certains le manifestèrent avec violence. La politique de restriction volontaire, que représentait par exemple la Commission de surveillance du prix des produits alimentaires, sous l'imposante direction de Beryl Plumptre, fut de toute évidence inadéquate pour faire face à ces problèmes. Plumptre s'attaqua au marketing d'approvisionnement en agriculture, qui, selon elle, faisait augmenter les prix des biens agricoles en raison des contraintes imposées sur la production et le contrôle de l'approvisionnement. Eugene Whelan, le ministre de l'Agriculture, répliqua dans son style flamboyant que ces attaques des méthodes de marketing créées par lui ne faisaient rien pour soutenir la réputation du gouvernement dans les régions rurales*. Les économistes de tout acabit dénoncèrent ces dispositions en matière de marketing comme étant de l'ingérence dans une économie de libre marché, qui contribuait à la montée en flèche du prix des aliments – une cause majeure de l'inflation. Lorsque Whelan suggéra à une séance du Cabinet en avril 1975 que les fermiers soient exemptés d'appliquer les contraintes volontaires proposées, Trudeau répondit d'un ton taquin que même les secteurs hautement subventionnés avaient l'obligation d'y participer[3].

En préparation du budget qui devait être déposé le 23 juin 1975, le Cabinet débattit longuement de politique économique. Le 22 mai, Turner avertit ses collègues que le Canada allait subir au cours de l'année

---

* Whelan et Plumptre parcoururent le pays en se dénonçant l'un l'autre. Un jour, ils se retrouvèrent tous les deux dans un ascenseur au Château Laurier et, au dire de Whelan, « Quelqu'un dans l'ascenseur dit avec une lueur espiègle dans les yeux : "Mme Plumptre, avez-vous rencontré M. Whelan ? M. Whelan, vous connaissez Mme Plumptre ?" » L'un et l'autre répondirent oui, mais sans rien dire d'autre. Ce fut la seule et unique fois qu'ils se rencontrèrent. Eugene Whelan avec Rick Archbold, *Whelan : The Man in the Green Stetson* (Toronto : Irwin, 1986), p. 154.

suivante une vague d'augmentation de salaires accompagnée d'une chute des profits. En outre, les surplus d'exportation fondaient rapidement, car, en 1974, les coûts de main-d'œuvre avaient augmenté de 11,9 p. cent au Canada, comparativement à seulement 6,9 p. cent aux États-Unis, entraînant un fléchissement du dollar, qui était passé de 1,028 $ à 97,2 cents depuis l'élection de juillet 1974. Turner présenta quatre options : des contraintes strictes sur les plans monétaire et fiscal ; un contrôle obligatoire des prix et des salaires ; un impôt confiscatoire sur les traitements et les salaires, combiné à un impôt sur les excédents de bénéfices pour les sociétés et les travailleurs professionnels et à une surtaxe imposée sur les revenus de placement ; et un budget de « holding » neutre comportant certaines contraintes, un processus de discussion continu avec les représentants de la main-d'œuvre et du milieu des affaires ainsi que des modifications à certains programmes. Bryce Mackasey, qui était de retour au Conseil, remit en question les statistiques avancées par Turner comparant les coûts de la main-d'œuvre aux États-Unis et au Canada, mais Jean Chrétien, maintenant au Conseil du Trésor et un partisan du conservatisme économique, plaidait fortement en faveur de l'établissement de contraintes.

Cette vision des choses reparut dans les discussions du 19 juin, au cours desquelles Turner affirma que d'autres études l'avaient convaincu qu'il ne pouvait y avoir que deux options possibles : soit un budget neutre, soit des contrôles obligatoires. Malgré la promesse électorale, faite en 1974, de s'opposer au contrôle des prix et des salaires, certains étaient maintenant en faveur d'une telle politique. Le Cabinet et Turner optèrent toutefois pour un « budget neutre » – c'est-à-dire qui entraînerait une diminution des primes d'assurance-chômage et de la participation du gouvernement fédéral dans les programmes à frais partagés d'assurance-maladie et d'hospitalisation. Le budget prévoyait aussi mettre un frein à la croissance de la fonction publique, qui devait passer de 4,1 p. cent à 3,1 p. cent, réduction à laquelle s'ajoutait une mesure destinée à limiter l'augmentation des salaires dans la fonction publique pour faire en sorte qu'elle ne dépasse pas celles du secteur privé. Turner était contre une augmentation des impôts étant donné la baisse des bénéfices, et le budget prévoyait certaines mesures pour faire face aux problèmes liés à la jeunesse et au chômage dans les régions. Cependant le ministre des Finances était coincé. Les coûts vertigineux des subventions en matière d'énergie allaient devoir être réduits, une décision qui entraînerait une augmentation des prix pour les consommateurs. Ce changement, combiné aux réductions apportées aux programmes d'assurance-maladie et d'assurance-chômage, inquiétait l'aile progressiste du Conseil des ministres. À l'issue de cette réunion non concluante, et face à la division qui régnait au sein de ses ministres, Trudeau déclara qu'il discuterait de moyens à prendre pour parvenir à un meilleur « équilibre » dans le budget du 23 juin[4].

Les réunions du Conseil des ministres étaient tendues depuis des mois, les divergences d'opinion entre les ministres se transformant en colère sourde. Au début de l'hiver 1975, la proposition de revenu annuel garanti s'éteignit peu à peu, non sans douleur, victime des pressions économiques et des manœuvres d'obstruction du ministère des Finances. Simon Reisman, le sous-ministre des Finances aux opinions conservatrices, était toujours convaincu que la frénésie des dépenses en matière de programmes sociaux au cours des années 1960, l'irresponsabilité, selon lui, des programmes d'assurance-chômage de Mackasey, et les programmes nationalistes et néo-démocrates établis au cours de la période de gouvernement minoritaire étaient à l'origine de l'inflation et des problèmes économiques d'alors. Il détestait tout particulièrement Michael Pitfield, nouvellement venu au Conseil privé, proche de Trudeau sur le plan personnel et insensible aux dures pressions exercées sur lui par Reisman. Il n'aimait pas non plus la manière dont Turner s'impliquait dans le processus de restrictions volontaires, consultant, comme il l'avait fait, les représentants du milieu des affaires, de la main-d'œuvre et des gouvernements provinciaux. Reisman voyait dans la promotion de ces restrictions un moyen de retarder ce qu'il fallait vraiment faire – de solides compressions dans les dépenses, une réduction de l'appareil gouvernemental, et l'établissement de mesures d'imposition permettant d'accroître les revenus. Tout aussi irritant étaient les fréquentes absences de Turner lorsqu'il vaquait à ses occupations à titre de chef du comité du Fonds monétaire international chargé du recyclage de fonds pétroliers. Mais Turner était essentiel : c'était un ministre solide, qui pouvait tenir tête à Trudeau. Avant longtemps, des rumeurs se mirent à courir que Turner allait quitter la politique canadienne pour devenir le président de la Banque mondiale, rumeurs qui firent trembler Bay Street et s'agiter Reisman[5].

Sans surprise, étant donné sa frustration, Reisman avait annoncé, le 4 décembre 1974, qu'il quitterait son poste. Il refusa de critiquer publiquement le gouvernement, mais il dit au *Globe and Mail* vouloir une meilleure chance de voler de ses propres ailes, et que le style de gouvernement était tel qu'il était très difficile pour lui d'y faire quoi que ce soit qui soit à la hauteur de ses aptitudes et de ses capacités. Jim Grandy, le sous-ministre de l'Industrie et du Commerce, qui partageait en grande partie les opinions de Reisman, et dont la position exigeait la mise sur pied de l'Agence d'examen de l'investissement étranger, remit également sa démission. Il rejoignit Reisman à Ottawa, où il fut employé dans la même firme de lobbying, l'une des premières dans la multitude de sociétés qui accueillaient les anciens bureaucrates pour en faire des conseillers susceptibles de les aider dans leurs affaires et autres activités, notamment quant à la meilleure façon de traiter avec les ministres et les gouvernements. Trudeau remplaça Reisman par Thomas « Tommy » Shoyama, qui avait servi auparavant au sein des gouvernements socialistes de la Saskatchewan. Pour les journalistes, Reisman et Grandy devinrent des sources utiles en ce qu'ils connaissaient bien leurs anciens patrons et les politiques de ceux-ci, dont ils étaient par ailleurs les critiques féroces*. Ils s'en servirent pour alimenter les forces montantes au sein de la communauté des affaires canadiennes adversaires du gouvernement Trudeau et de ses politiques[6].

Pendant ce temps, le prestige dont jouissait Turner continuait à croître à mesure que les journalistes se tournaient vers lui pour s'orienter et

---

* Reisman s'associa rapidement à l'Institut Fraser, qui bénéficiait d'un appui considérable dans le milieu des affaires. Reisman rédigea un essai à l'automne de 1976 qui parut dans l'une des publications de l'Institut. Voir Michael Walker, éd., *Which Way Ahead? : Canada after Wage and Price Control* (Vancouver : The Fraser Institute, 1977). Il attaqua Galbraith, qu'il traitait d'« enquiquineur », de manière véhémente, affirmant que l'inflation au pays découlait principalement des dépenses du gouvernement et de l'assurance-chômage, et critiquant sévèrement Trudeau de nourrir des sentiments allant à l'encontre des exigences du marché, et déclarant que ceux-ci ne seraient pas accueillis « tant et aussi longtemps que les Canadiens conserveraient leur liberté politique ». Trudeau et ses collègues en prirent ombrage, ce qui est compréhensible.

qu'ils y allaient de leurs prédictions quant à savoir qui des deux, Trudeau ou Turner, serait le premier à partir. Le 31 mars 1975, Turner rédigea un article en hommage à Reisman, dans lequel il laissa entendre, avec raison, que selon Reisman les dépenses du gouvernement étaient hors de contrôle. Publié à la veille des préparatifs en vue du budget, l'article signalait aux collègues de Turner que celui-ci comprenait le désir de Reisman de « voler de ses propres ailes ». Le processus de restrictions volontaires était frustrant, les exigences imposées à la main-d'œuvre, trop importantes, et l'aide de Trudeau n'était tout simplement pas suffisante. Turner, avocat d'expérience en droit corporatif, était pleinement conscient des ruses employées dans le monde des affaires et des exigences imposées aux chefs syndicaux. Comme l'écrivit Ron Graham, qui serait plus tard l'adjoint de Trudeau, le monde que Turner connaissait « exigeait habituellement du premier ministre qu'il invite les leaders syndicaux à, disons, prendre un verre au 24, promenade Sussex, ou à taper dans le dos des chefs de la direction d'entreprises tout en prônant leur devoir envers la nation. » Trudeau, par contre, « n'était jamais à l'aise de se servir du prestige que lui accordait sa position pour parvenir à ses fins ». Le processus tortueux qui consista à établir le budget de juin confirma la distance qui séparait les deux hommes. Le désaccord avait déjà été démontré en janvier 1975 lorsque Trudeau avait révélé en Chambre avoir bénéficié des conseils d'un groupe sélect formé d'économistes qui n'avaient même jamais rencontré Turner*. La

---

* Trudeau reconnut que son secrétaire principal, Jack Austin, avait réuni un groupe d'économistes dans le but d'obtenir des conseils indépendants. Ces conseillers se faisaient souvent critiques à l'égard du ministère des Finances, lequel considérait ce groupe comme une menace à sa propre position au sein du gouvernement, un peu comme l'était l'attitude d'Ivan Head par rapport aux Affaires extérieures. Le *Montreal Star* (28 janv. 1975) observa que « mettre sur pied un groupe de conseillers en matière d'économie sans en aviser le ministre des Finances est aussi incompréhensible que typique du style du premier ministre. Cette manière d'agir ne fait pas que refléter l'insensibilité personnelle et bien connue de M. Trudeau, elle contribue à miner la crédibilité du ministre des Finances et, par conséquent, celle du gouvernement ». Les membres du groupe exprimèrent de nombreuses opinions différentes et leur identité fut révélée publiquement. Il s'agissait d'Albert Breton (Université de Toronto), de Thomas Wilson (Université de Toronto), de Carl Beigie (C.D. Howe Institute), de Grant Reuber (University of Western Ontario), de John Helliwell (University of British Columbia), et de l'économiste Benjamin Gestrin de la CIBC. Sous la pression de Turner, Trudeau mit un terme aux réunions officielles du groupe, mais les discussions non officielles se poursuivirent.

confusion semblait régner à la tête du gouvernement en matière d'économie – un leadership démobilisé et incertain.

Avec la disparition de la mesure d'effort volontaire et l'approbation
du Cabinet, Turner annonça le dépôt d'un budget « neutre » le 23 juin.
La réaction des gens d'affaires fut dans l'ensemble favorable, vu le crédit
d'impôt à l'investissement, les fonds alloués au logement et la réduction
des dépenses gouvernementales prévues. Néanmoins, l'économiste
Thomas Wilson critiqua le budget en raison de « ses effets inflationnistes et déflationnistes », affirmant que « les coûts d'énergie plus élevés
feraient augmenter le taux d'inflation et aussi ralentir la croissance de
l'activité économique réelle ». Breton partageait cette opinion et déclara
à Trudeau que le budget était néfaste et « stagflationniste » en ce qu'il
contribuait « à la fois à l'inflation et, étant donné la politique monétaire
actuelle, à la déflation ». Le problème découlait d'une mauvaise analyse
des responsables des Finances. Il craignait que le budget ne contribue,
avec d'autres éléments, « à mettre la table pour l'instauration, plus tard
dans l'année, de contrôles sur les prix et les salaires ». Il avait raison : pendant tout l'été les joueurs avaient répété leur rôle et la pression avait
monté jusqu'à ce que la pièce commence. Le rôle principal revint à John
Turner – qui en fin de compte hésita. Quant à savoir s'il resterait ou non
au sein du gouvernement, il dressa une liste des pour et des contre,
comme il l'avait fait plusieurs fois dans les années 1970, mais cette fois
les contre l'emportèrent sur les pour. Trudeau ne l'avait pas soutenu sur
la question des contrôles ou des restrictions volontaires, dans un parti
qui adoptait de plus en plus des tendances « de gauche idéaliste ». Il
décida qu'il était temps de partir la tête haute, avant qu'un piège dressé
sur la scène ne le fasse tomber[7].

Turner prit rendez-vous avec Trudeau et, le 10 septembre, ils se
rencontrèrent dans son bureau de l'édifice historique de l'Est, mais sans
qu'aucune réelle communication n'ait lieu entre eux. Turner remit sa
démission, et Trudeau lui demanda s'il voulait demeurer député ou bien
joindre le Sénat, sans lui offrir d'autre option du côté ministériel. La
conversation tomba à plat. Turner quitta le bureau et rédigea sans attendre
sa lettre de démission du gouvernement. De l'avis de Radwanski, « s'il est
parti, c'est, avant tout, parce qu'il en avait assez, qu'il était frustré de
travailler pour un premier ministre qui ne l'aimait pas particulièrement,

qui le louangeait rarement et qui oubliait de le faire se sentir quelqu'un de spécial ». Turner raconta plus tard à son biographe, Jack Cahill, que la rencontre avait fait ressortir les différences qui les opposaient. « Ce type est un logicien cartésien, et je suis un empirique. Je suis anglo-saxon. Je n'aime pas les codes et tout ce genre de choses. J'aime quand on règle les problèmes. » Dans une entrevue avec Radwanski, publiée en janvier 1978, Trudeau fit preuve d'une étonnante franchise dans ses propos : « J'ai pensé […] que ce type avait tout un tas de qualités […] pourquoi resterait-il à faire un travail […] où son patron ou son premier ministre n'est ni son ami ni son associé […]? Et quand John m'a dit "je m'en vais parce que je veux passer plus de temps avec ma famille et mes enfants", pour moi ça voulait dire exactement ça. »

Le journaliste Vic Mackie, que l'on avait « averti » du départ de Turner, présenta la version de ce dernier dans un article qui parut dans le *Montreal Star* un mois plus tard. Turner, disait-il, serait resté, mais Trudeau ne voulait pas le garder. Il lui avait même dit que sa démission marquerait la fin de toute possibilité d'être un jour premier ministre. Au contraire, écrivit Mackie, « peut-être cela avait-il été la meilleure des décisions […] pour s'assurer de pouvoir un jour prendre la tête du Parti libéral s'il venait à se présenter quand le temps serait venu ». Lorsque, une semaine après sa démission, Turner se rendit à un match de football opposant les Rough Riders d'Ottawa aux Eskimos d'Edmonton, il fut accueilli par un tonnerre d'applaudissements de la foule, quelque vingt-neuf mille personnes – un indice de sa popularité sur le plan personnel, et de l'impopularité du gouvernement[8].

Le Cabinet du premier ministre répondit froidement à la lettre de démission de Turner, l'assurant que, sa « démission n'étant pas fondée sur un désaccord politique », Trudeau continuerait de faire appel à ses « bons conseils ». Le *Globe and Mail* fit connaître ses opinions dissidentes avec force dans un article juxtaposé à une formidable caricature où l'on voyait un Trudeau tout dépenaillé offrant à Turner le volant d'une voiture brisée. « Merci bien, mais je vais marcher », disait Turner dans l'image. Le *Globe* déclara que « Turner a été incapable d'éveiller le premier ministre et ses collègues du Cabinet à la nécessité de faire preuve d'esprit de décision pour se prémunir des dangers d'effondrement qui les guette. M. Turner a agi de la seule manière possible. Il a secoué l'attitude léthargique de soit-que-ou-bien-quoique de l'administration Trudeau[9]. »

La démission de Turner renversa les choses. Le 5 septembre, soit cinq jours avant que ce dernier ne démissionne, Breton avait écrit à Trudeau : « Il est difficile de savoir comment il se fait que pratiquement tout l'establishment économique d'Ottawa soit maintenant en faveur des contrôles des prix et des salaires. » Trudeau rencontra ses ministres du Cabinet une semaine après la démission et décida de suivre le mouvement de l'establishment économique, faisant ainsi fi de la promesse faite avec tant d'emphase un an plus tôt. Ce qui avait été planifié comme un réalignement savamment orchestré des ministères se transforma soudain en remaniement ministériel majeur : Trudeau transféra Donald Macdonald du ministère de l'Énergie, où il s'était durement heurté à Peter Lougheed, à celui des Finances. En dépit d'une réputation de progressiste, Macdonald avait noué des liens solides avec Bay Street. Comme le dit Christina McCall, « contrairement à Turner, dont l'aveuglante ambition lui avait attiré la méfiance de ses collègues, Macdonald avait la confiance de ces derniers[10] ». Auparavant, Macdonald avait opposé une résistance aux demandes pressantes de l'establishment économique d'Ottawa, mais maintenant il acceptait d'acquiescer à la demande de Trudeau de rester, au moment où le gouvernement décidait d'avancer d'un pas hésitant vers davantage de contrôles.

Macdonald procéda à l'élaboration des détails du programme, mais lorsqu'il sortit d'une longue réunion du Conseil le 9 octobre, il ne chercha pas à cacher le dégoût qu'il éprouvait à le faire. « Nous n'avons jamais vu ce genre de restrictions en temps de paix, dit-il. Nous entrons dans une ère d'intervention de l'État dans l'économie. Si vous ne trouvez pas cela effrayant comme moi, alors dites-le-moi. » Trudeau, qui n'avait jamais cessé de résister aux contrôles jusqu'à la fin, semblait reporter le blâme de la décision sur la population canadienne : « Nous présumons que la population souhaite que le gouvernement agisse, et c'est ce que nous faisons. » Le jour de l'Action de grâce, le 13 octobre, il invita les premiers ministres des provinces chez lui pour le repas du midi, et le soir même, vêtu comme un banquier d'un complet bleu, il s'adressa aux Canadiens dans un discours spécial télévisé, pour annoncer sur un ton sérieux qu'il ne procéderait pas à un gel des prix et des salaires, mais plutôt à un « contrôle » de ces derniers, dans l'effectif gouvernemental, ainsi que dans 1500 des industries les plus importantes. Cette mesure visait à protéger les plus faibles de la société, et surtout à inspirer « un grand nombre de Canadiens » à « s'imposer des restrictions volontaires ». Il s'agissait, déclara le *Globe and Mail*, « d'un contrôle de l'inflation si cela est nécessaire, mais pas nécessairement d'un contrôle de l'inflation ». Ni la politique ni la performance n'étaient bonnes[11].

Une commission de lutte contre l'inflation, présidée par Jean-Luc Pepin, et où Beryl Plumptre accroîtrait son autorité précédente, surveillerait les salaires et les prix en les diminuant au besoin. Une autre agence serait responsable de l'application des décisions. Après trois ans, la population canadienne serait à même de juger de la réussite de ces mesures par voie de sondage. Les premières réactions ne furent pas encourageantes. À la Chambre des communes, les conservateurs eurent tôt fait de rappeler à tout un chacun la manière dont Trudeau avait attaqué Stanfield sur des propositions semblables un an auparavant : « Zap, vous êtes gelé ! » Les néo-démocrates, qui maintenant étaient au pouvoir dans trois provinces et qui détenaient la balance du pouvoir en Ontario, témoignèrent de la réaction hostile des syndicats face aux propositions. Selon Keith Davey, le leader syndical Dennis McDermott avait toujours affirmé détester les libéraux, mais "vraiment adorer cet e.d.c. de Trudeau". Une fois les contrôles en place, Trudeau devint une « dinde », et McDermott abandonna toute idée d'être un jour candidat libéral. Dans sa judicieuse évaluation de la fonction publique, l'économiste Ian Stewart affirma que la décision de recourir à des contrôles « semblait n'avoir le soutien de personne. Pour une grande partie de la communauté des gens d'affaires, la perspective de voir la pression des coûts diminuer était tempérée par son aversion grandissante, sur le plan philosophique, à l'intervention de l'État. Pour les groupes syndicaux, les relations avec le gouvernement, qui avaient été caractérisées par un sentiment de malaise de plus en plus fort, dégénérèrent en protestations ouvertes [...]. Pour la population en général, l'imposition de contrôles représentait un revirement politique spectaculaire, le non-respect d'une promesse électorale que beaucoup considéraient comme ayant eu un effet durable sur le soutien fondamental accordé au premier ministre Trudeau[12] ».

⌐⌐

Cet automne de 1975, Trudeau fut inhabituellement habité par ses réflexions. Margaret était enceinte de Michel, qui naquit le 2 octobre. Son état émotionnel fragile, toujours exacerbé avant et après la grossesse, perturbait leur union et aussi la capacité de Trudeau à se concentrer. Des adjoints remarquèrent que leurs notes de débreffage ne comportaient plus les corrections et les annotations que le premier ministre avait l'habitude d'y inscrire. La perte de Pelletier et l'éloignement de Marchand l'affectaient profondément. Pour combler le siège laissé vacant par Pelletier dans la circonscription d'Hochelaga, Trudeau se tourna vers Pierre Juneau, un collègue de *Cité libre* qui avait présidé le Conseil de la Radio-télévision canadienne avec autorité et grâce. Il devint le nouveau ministre des Communications ; mais, sans prévenir, le 16 octobre, trois jours après l'annonce des contrôles, les électeurs d'Hochelaga rejetèrent de manière décisive le candidat libéral en faveur d'un conservateur que Pelletier avait défait à trois reprises auparavant. Claude Ryan observa avec justesse que Trudeau, en choisissant Juneau, était revenu aux idées du passé et qu'une nouvelle génération avait émergé au Québec qu'il ne connaissait pas. Les sondages confirmèrent bientôt ce que le résultat d'Hochelaga laissait entendre, à savoir que les libéraux étaient dans le pétrin sur le plan politique. Le sondage Gallup de novembre montra que le taux de satisfaction de la population envers le parti était de 38 p. cent, les conservateurs, de 32 p. cent, et les néo-démocrates, qui avaient ressurgi, de 22 p. cent. Le même mois, lorsque les libéraux se rencontrèrent au cours du congrès biennal, les participants votèrent dans une proportion étonnante de 19,2 p. cent en faveur d'une course à la direction, soit deux fois plus que le pourcentage des participants qui avaient voté en faveur d'une révision après la désastreuse élection de 1972. Trudeau subit une nouvelle humiliation : une rébellion éclata parmi les simples députés et les loyalistes du parti, forçant Keith Davey, celui que Trudeau avait apparemment choisi pour occuper le poste de président du parti, à se retirer lorsqu'un député de l'Atlantique encore inconnu, le sénateur Al Graham, annonça qu'il présenterait sa candidature au poste.

Aux Communes, une série de scandales fournirent un malheureux contrepoint aux appels de restrictions. Un vice-président d'Air Canada avait acquis une villa dans un complexe de villégiature qui venait tout juste de signer un contrat avec la compagnie aérienne mais sans verser aucun paiement d'hypothèque. Encore plus grave, le sénateur Louis Giguère, un responsable bien connu des campagnes de financement libérales, avait empoché 95 000 $ à la suite de la vente rapide d'actions que lui avait données Sky Shops après avoir reçu un prêt gouvernemental pour l'exploitation d'une boutique hors-taxes à l'aéroport de Dorval. Lorsque la GRC se rendit au bureau parlementaire de Marchand pour l'interviewer au sujet du prêt le 27 novembre, l'ancien ministre des Transports les fit sortir avec colère. Il s'opposa vivement lorsqu'une équipe de la CBC voulut accompagner les agents, accusant la GRC de se mettre au-dessus des lois : « Je ne veux pas d'une autre CIA dans ce pays. » Même le fin politicien qu'était Marc Lalonde perdit son sang-froid : lorsqu'il fut interrogé par Eric Malling, du réseau CTV, il répliqua que « dire des Canadiens français qu'ils sont corrompus et que les Italiens sont corrompus, et que c'est seulement vous, nous, les "Wasps", qui sont purs et honnêtes, bien franchement, je pense que c'est de la m… ». Bien entendu que c'en était, mais cet automne-là, de la m… il y en eut encore[13].

Trudeau semblait maintenant bien loin des célébrations du 8 juillet 1974 où, vêtu d'un ensemble estival beige tout ce qu'il y avait de plus chic, lui et Margaret, dans sa robe soleil à fleurs, avaient célébré son triomphe électoral dans un Canada « fort et confiant ». Il paraissait encore plus étranger à ce matin de printemps de 1968 où, en tant que nouveau premier ministre célibataire, il avait pris possession du 24, promenade Sussex avec ses deux valises. Les temps avaient changé, et d'une manière saisissante. Trudeau ne put échapper au mépris généralisé pour la politique, profondément entachée par le Watergate aux États-Unis, et par l'affaire des Sky Shops et les tristes singeries de Marchand au Canada. Le meilleur chroniqueur américain de son temps, le romancier John Updike, se souviendra du milieu des années 1970 comme d'un état milieu entre la révolution des années 1960 et quelque chose de plus noir, un temps où « les jeunes des universités s'étaient déjà éloignés de la révolution et du dharma, craignant de ne pas trouver de place dans le mauvais contexte économique et de se faire descendre dans une manifestation futile, comme celle de Kent State University[14] ». Deux assassins tentèrent de tuer Gerald Ford au cours de son bref mandat à la présidence. Au

Québec, Trudeau évitait de paraître dans de grandes assemblées à cause des affrontements avec les syndicalistes militants qui ne manquaient pas de s'y trouver. Si aucune odeur de scandale financier ne planait autour du premier ministre, il faisait néanmoins preuve d'imprudence, surtout lorsqu'il demandait aux Canadiens de souscrire aux restrictions volontaires. Aux Communes, le député conservateur Tom Cossitt le harcelait continuellement sur ses dépenses, les jets privés qu'il utilisait pour ses déplacéments le week-end, et, surtout, la coûteuse piscine creusée qu'il était en train de faire construire à proximité du vieux manoir de la promenade Sussex.

Trudeau avait été extrêmement parcimonieux à son premier mandat, mais en 1972, il avait autorisé Margaret à redécorer la résidence comme elle avait voulu le faire plus tôt. Puis, il avait décidé qu'il lui fallait aussi une piscine. Juste avant minuit un soir du mois d'août 1972, le secrétaire principal de Trudeau, Jack Austin, accompagné de Jim Coutts et de Michael Pitfield, avaient frappé à la porte de chambre Keith Davey qui logeait dans un hôtel d'Ottawa. Trudeau, disaient-ils, insistait pour se faire construire une piscine, une catastrophe sur le plan politique, estimaient-ils. Il fallait que Davey « mette un grelot au cou du chat, et qu'il le dissuade de cette idée ». Davey rencontra Trudeau, mais le premier ministre y tenait mordicus. « Keith, tu m'as souvent dit que, sans moi, le parti ne survivrait pas financièrement. Et si je te disais que ce moi considère la piscine comme une nécessité biologique ? » Devant l'obstination de Trudeau, Davey, ingénieux, pensa à demander à quelque autorité médicale de déclarer, comme Trudeau l'avait laissé entendre, qu'une séance quotidienne de natation était essentielle à la santé du premier ministre. Dans sa quête, Davey s'adressa d'abord au Dr Wilder Penfield, mais après de nombreuses consultations pour savoir ce que voulait dire « nécessité biologique », il aboutit finalement dans le bureau de son propre médecin de famille, le Dr Henry Fader, qui voulut bien attester du fait que la piscine était nécessaire. Les dons pour couvrir les coûts d'achat et d'installation étaient déductibles d'impôt et pouvaient être versés en toute confidentialité. Trudeau contribua lui-même 10 000 $, une goutte d'eau si l'on compare cette somme au montant total, soit 275 000 $.

On commença les travaux au 24, promenade Sussex, et Tom Cossitt persista dans ses attaques envers le premier ministre, au point de lui faire du tort, l'une des raisons les plus importantes étant que le député avait déjà été président de la Leeds Federal Liberal Association et qu'il avait conduit la plupart de ses membres à quitter le parti juste avant l'élection de 1972. Même s'il niait que le bilinguisme officiel eût pu être à l'origine de cette migration vers les conservateurs, il critiquait sévèrement cette politique et, comme il fallait s'y attendre, Trudeau le détestait à cause de ses opinions. De toute évidence un franc-tireur, il s'attira l'attention et le respect de plusieurs lorsqu'il refusa de soutenir une substantielle augmentation du salaire des députés – le produit d'une entente convenue plus tôt à l'échelle du parti. Le temps que le projet de loi soit entendu à la Chambre le 8 avril 1975, l'inflation était devenue galopante et partout on multipliait les appels aux restrictions. Le projet de loi tel qu'il fut proposé était moins généreux que celui convenu à l'origine : plutôt qu'une augmentation de 50 p. cent du salaire de base pour le porter à 27 000 $, en plus d'indemnités non imposables de 12 000 $, le nouveau projet de loi proposait une augmentation tout de même importante qui faisait grimper le salaire à 24 000 $, avec une indemnité de 10 600 $. Toutefois, l'indexation aux gains pour l'ensemble des secteurs de l'activité économique commencerait plus tôt, soit en 1976 au lieu de 1978. La majorité des membres du NPD se retirèrent sans attendre, faisant remarquer que les pensions de vieillesse étaient indexées en fonction du bien plus modeste indice du coût de la vie et que les augmentations proposées pour les députés dépassaient de loin celles des travailleurs canadiens.

Cossitt et trois autres conservateurs se joignirent à neuf députés du NPD pour s'opposer au projet de loi, votant pour une motion de renvoi présentée par le doyen de la Chambre des communes, Stanley Knowles, qui fut rejetée par 170 voix contre 13. Ces treize voix devinrent des héros, résistant à la tentation, comme le dit le *Globe and Mail* « de se donner un refuge confortable et personnel contre l'inflation et de laisser le pays faire les sacrifices qu'il faudrait pour contrer le déluge ». Le *Toronto Star*, libéral, attaqua de la même façon ceux qui votaient en faveur du projet de loi, les traitant de « bande d'accapareurs qui s'assurent que le problème central auquel doit faire face le Canada ne viendra pas troubler leur confort ». À cause de ces commentaires, quelques députés quittèrent la coalition en faveur du projet de loi, dont John Diefenbaker, et les libéraux Charles Caccia et Bob Stanbury, un ancien ministre, mais la loi fut adoptée le 30 avril. Elle devint immédiatement un symbole des excès politiques et de la distance d'Ottawa par rapport aux préoccupations des citoyens ordinaires[15]. »

Cossitt était un enquiquineur, mais ces attaques incessantes blessaient Trudeau. « D'un côté, déclamait-il, nous avons le Canadien moyen qui doit faire face à une augmentation inflationniste du prix de l'essence, un bien nécessaire de la vie moderne, et d'un autre côté, nous avons le monde irréel d'un premier ministre qui se déplace dans une Cadillac de 80 000 $ avec deux chauffeurs, au choix, et qui consomme six milles au gallon, tous ses frais grandioses payés par les contribuables canadiens, bien entendu. » Ou bien encore : « Nous avons nos femmes au foyer canadiennes qui doivent se débrouiller avec les prix des produits alimentaires qui ne cessent de grimper, alors que le premier ministre vit et mange dans une élégance qui, cette année seulement, selon les chiffres du gouvernement, coûtera au peuple du Canada au moins 15 000 $. Il soupe peut-être même à la lueur des bougies, puisque, au cours des récentes années, il a acheté des dizaines de bougies aux frais des contribuables. » Cossitt découvrit qu'au cours de l'année écoulée, il s'était acheté au 24, promenade Sussex assez de whisky pour en servir une bouteille chaque jour. Bien sûr, on répondait à ces attaques : le coût de la sécurité nécessaire lors des déplacements quotidiens du premier ministre à la piscine du Château Laurier étaient exorbitants ; la GRC insistait pour qu'il utilise des limousines à l'épreuve des balles ; d'autres leaders nationaux dépensaient beaucoup plus pour la nourriture et les bougies ; en outre, Trudeau ne buvait pas de whisky, même si d'autres Canadiens de passage au 24, promenade Sussex en buvaient. Scott Young, le chroniqueur du *Globe and Mail*, tourna l'attaque de Cossitt en ridicule. Le prix d'un premier ministre, avança-t-il, « était de plus en plus élevé, comme tout le reste ». À quoi Cossitt s'attendait-il ? « S'il vient jamais un temps où [Trudeau] doit aller au travail à bicyclette après avoir passé la matinée à arroser son jardin de la Victoire, à s'occuper de sa nouvelle cuvée de bière maison et à aider sa femme à congeler des courgettes en vue du rude hiver à venir, le reste d'entre nous seront dans de telles difficultés que nous ne le remarquerons jamais[16]. » Nul doute que son fils, Neil Young, aurait été d'accord.

Dans son adresse de l'Action de grâce, Trudeau affirma que les contrôles avaient l'avantage de donner « à la population le temps de comprendre et d'adopter une véritable solution, laquelle consiste en un changement fondamental de nos attitudes ». Comme on pouvait s'y attendre, cet appel à se serrer la ceinture sonna creux dans la fureur causée par la piscine, les augmentations de salaire et autres « excès » d'Ottawa. Bob Stanfield lança des accusations : « [...] la confiance a été sapée dans notre société. » Cet automne-là, Trudeau sembla distrait à la Chambre. L'attaque des contrôles n'avait aucun répit, de la part des syndicats et puis, de plus en plus, de la part des communautés de gens d'affaires. Mais les sondages indiquèrent que la plupart des Canadiens partageaient la conclusion de Trudeau, soit que les contrôles étaient nécessaires pour éliminer les attentes inflationnistes et, plus encore, amoindrir le pouvoir des corporations et des syndicats concentrés sur leurs propres intérêts, non sur le bien commun.

Noël 1975 fut une période difficile pour Trudeau. Margaret était une nouvelle fois aux prises avec cette agitation psychologique qu'il ne pouvait tout simplement pas comprendre. Les sondages étaient défavorables, l'état d'esprit des Canadiens était teinté de cynisme et les perspectives pour la nouvelle année s'annonçaient médiocres. À la Banque du Canada, le gouverneur Gerald Bouey commença à suivre les approches monétaristes, une politique qui gagnait des appuis dans la communauté des affaires de plus en plus conservatrice. Néanmoins, Trudeau était d'humeur expansive lorsqu'il rencontra les reporters du réseau CTV Bruce Phillips et Carole Taylor pour une entrevue le 28 décembre. Taylor demanda à Trudeau : « Quel type de nouvelle société voyez-vous émerger ? » La réponse de Trudeau fut étonnamment et dangereusement longue.

« Eh bien, c'est amusant, mais je parle de cela depuis cinq ans maintenant, peut-être sept ou huit. La nécessité en temps de changement [...] de développer de nouvelles valeurs et même de changer nos institutions [...] je crois que le premier choc est venu en 1973 avec la crise de l'OPEP, et tout à coup le monde industrialisé a réalisé qu'il pouvait être tenu en otage pour son approvisionnement en pétrole. Ç'a été un choc à ce moment-là et nous [...] nous nous sommes mis à oublier ce temps jusqu'à ce que nous arrivions à cette situation de contrôles il y a quelques mois. Et les gens réalisent maintenant que c'est un monde différent et qu'on ne peut pas vivre dans un monde différent avec les mêmes institutions et les mêmes valeurs qu'on avait avant. »

« Lorsque vous mentionnez une nouvelle société et un nouvel ordre économique mondial, interrompit Phillips, intrigué, pensez-vous à la possibilité de réarranger complètement les centres du pouvoir et de prise de décision dans la société canadienne ? Quelque chose comme le modèle suédois, par exemple, un État syndicaliste ou de corporation où le gouvernement traite directement avec les grands groupes tels que les corporations et les syndicats et qui, chaque année, renouvelle son contrat social et économique ? »

Trudeau saisit l'appât : « Bruce, il y a une chose que j'aimerais clarifier dès le départ, et c'est qu'il n'y a aucun plan central dans mon esprit, non plus que dans un quelconque petit groupe d'élites au Cabinet du premier ministre, qui viendrait dire au monde entier en général et au Canada en particulier où il doit aller dans le proche avenir. Je pense que la société vit un grand malaise. Les gens se demandent qui dirige l'économie, qui dirige la société, et cela les préoccupe. Ils s'inquiètent, et avec raison, et c'est mon job comme politicien d'essayer et pas seulement de voir d'où nous venons, où nous sommes, mais aussi où nous allons, et je vous dis que, pour la plupart des domaines dont nous avons parlé, l'économique, la société, les relations internationales, nous allons devoir prendre de nouvelles directions, faire preuve d'audace dans le choix de nouvelles directions. L'exemple que vous avez donné concernant les contrôles, les contrôles économiques, est très significatif. Bien des gens voient ces contrôles comme [...] un genre de médicament puissant qu'il nous faudra prendre pour calmer l'inflation, mais en réalité c'est plus que ça. C'est une intervention massive dans le pouvoir de prise de décision des groupes économiques, et cela vient dire aux Canadiens que nous avons été incapables de le faire fonctionner, le système de libre marché. Nous avons abouti à un taux de chômage très élevé et un taux d'inflation très élevé. On ne peut plus retourner à ce qui était avant avec les mêmes habitudes, les mêmes comportements, et les mêmes institutions. Alors il faut que je fasse en sorte que nous tous nous tentions de trouver où était le problème. Vous savez, il n'y a évidemment pas de réponse facile, et personne en particulier n'a à prendre le rôle du bouc émissaire. Ce ne sont pas les syndicats et ce n'est pas le gouvernement, et ce n'est pas la question de dire, eh bien, si vous vouliez juste vous serrer la ceinture un peu plus à Ottawa, tout irait bien. »

« Est-ce une question de "taille"? » demanda Taylor.

Trudeau acquiesça : « Notre problème est donc de savoir comment composer avec la taille des entreprises et des institutions, pas de savoir comment les éviter. Et certains économistes affirment que tout ce qu'il faut faire, c'est de revenir à un système de libre marché et de faire en sorte que ce système fonctionne. Mais il ne fonctionnera pas, vous savez. Nous ne pouvons pas détruire les grands syndicats et nous ne pouvons pas détruire les multinationales [...]. Mais qui peut les contrôler ? Le gouvernement. Ça veut dire que le gouvernement va jouer un plus grand rôle dans le fonctionnement des institutions, comme nous le faisons maintenant avec nos contrôles anti-inflationnistes, et comme nous allons vraisemblablement le faire même après la fin des contrôles parce que, je le répète, nous ne voulons pas revenir au même genre de société, avec un taux de chômage et un taux d'inflation élevés. Et cela signifie qu'on va aussi avoir un gros appareil gouvernemental. Et ce n'est pas simplement une question de dire que le gouvernement dépense trop et que s'il ne faisait pas de compression, les choses iraient mieux. Les choses ne vont pas forcément mieux parce qu'on dépense moins sur la santé ou l'aide sociale et qu'on laisse le secteur privé libre de dépenser plus pour la production de marottes ou de gadgets multicolores. L'État est important, le gouvernement est important. Cela signifie qu'il y aura, non pas moins d'autorité dans nos vies, mais peut-être plus. »

« J'ai toujours pensé que vous étiez un libéral dans le sens philosophique du terme, fit remarquer Taylor, l'un de ceux qui croient aux droits civils et au pouvoir maximum des individus face à leurs décisions, et pourtant, vous semblez maintenant parler d'un gouvernement qui, selon vos estimations, est appelé à prendre de l'ampleur, qui aura davantage de pouvoirs, et qui interviendra encore plus. »

« Le libéralisme n'est pas une doctrine, ce n'est pas une chose que l'on peut appliquer, répondit Trudeau. Le libéralisme est une façon de penser, un manière d'aborder les problèmes en s'assurant que l'individu soit le plus respecté possible et, espérons-le, qu'il y ait plus de chances égales au Canada, dans le monde, autant qu'il est possible de le faire sans être doctrinaire.» S'il faut exercer «davantage de contrôle auprès des plus grands», seul l'État peut le faire d'une manière susceptible de permettre «un plus grand épanouissement de la liberté dans tous les autres domaines, qu'il s'agisse de l'éducation, des arts ou de la petite entreprise». L'État doit intervenir pour protéger cette liberté et s'assurer que «les forts et les puissants n'abusent pas de leur force et de leur puissance pour enlever des libertés aux petits».

«Ah ha!» déclara Cossitt le lendemain: «Le premier ministre a clairement illustré ce que beaucoup croient être sa véritable intention depuis le début, c'est-à-dire de mener le Canada directement sur la voie d'une forme de socialisme dictatorial ou d'une forme similaire de fascisme, et qu'il emploiera à peu près n'importe quel moyen ou excuse pour y arriver, même utiliser dans ce but la lutte évidemment nécessaire contre l'inflation [17].»

L'analyse de Cossitt correspondait assez bien à ce que les gens disaient autour d'un beignet et d'un café partout au Canada, même si les exploits des grands joueurs de hockey tels que Bobby Orr et Guy Lafleur occupaient sans doute et encore la position dominante des sujets de conversation. Plus sérieuse était l'étendue avec laquelle une interprétation similaire dominait les salles du conseil sur Bay Street, les chalets de ski à Tremblant et à Whistler, la salle à manger du Petroleum Club de Calgary, la salle de séjour de Simon Reisman, et même la Leeds Federal Liberal Association – qui fit parvenir une lettre à toutes les associations libérales du pays dans laquelle elle affirmait que Trudeau faisait «des déclarations qui violent l'essence même de la philosophie libérale et qui accentuent les différences entre les libéraux fédéraux et les vrais libéraux de l'Ontario». Earle McLaughlin, le président du conseil de la Banque Royale, exigea la tenue d'une élection si c'était l'intention de Trudeau de modifier le système économique du Canada, et Edgar Burton du magasin à rayons Simpsons dénonça Trudeau comme un socialiste dont les commentaires étaient «la chose la plus irresponsable que je l'aie jamais entendu dire».

Pendant qu'Otto Lang rassurait les habitants de l'Ouest que Trudeau croyait toujours en la libre entreprise, Alastair Gillespie persuada Harold Corrigan, le président de l'Association des manufacturiers canadiens (AMC), de convoquer une réunion à l'exclusif Toronto Club pour le

4 janvier 1976. Corrigan amorça la rencontre en allant droit au but : « Ce n'était pas forcément ce que le premier ministre avait dit (ou même ce qu'il avait voulu dire), mais ce qu'une très grande majorité de membres [de l'AMC] avaient perçu dans ses paroles, à savoir que le système de libre entreprise avait échoué et que le gouvernement allait devoir trouver quelque chose d'autre pour le remplacer. » Corrigan posa alors une question à Gillespie : « Essaie-t-il de transformer le Canada en un État socialiste en se servant des pouvoirs de législation anti-inflationniste ? » Gillespie répondit sur le même ton, affirmant au groupe qu'ils pouvaient « réagir d'une manière qui donnait l'impression à la population que le système de libre entreprise a été conçu pour leur propre profit (ou du moins qu'il devait être dirigé par eux), c'est-à-dire un système statique servant des intérêts acquis, qui ne change pas et qui n'est pas appelé à le faire », ou bien ils pouvaient « prendre la position que le système de libre entreprise est un système qui évolue, un système résilient et dynamique qui s'était ajusté dans le passé, et qui s'ajusterait dans l'avenir dans le but de respecter l'intérêt public ». Il partit en espérant que le groupe, qui comptait le futur partenaire de cabinet juridique de Turner, Bill Macdonald, accepte la seconde interprétation. Il ne le fit pas[18].

Les réactions se firent de plus en plus virulentes, mais Trudeau demeura silencieux. L'entrevue de CTV avait été diffusée le 28 décembre, le lendemain de son enregistrement ; le même jour, Trudeau partit en vacances à Sainte-Lucie, puis en Colombie-Britannique pour y faire du ski. Quand les reporters finirent par le trouver pour lui demander ce qu'il pensait de la controverse, il dit ne pas avoir de souci au sujet des vives réactions. Ses commentaires horrifièrent beaucoup de ses collègues, et il tenta de réparer les pots cassés en prononçant un discours au Canadian Club d'Ottawa, qui fut télévisé à l'échelle nationale le 19 janvier 1976. Trudeau démentit le fait d'avoir remis en question la « libre entreprise ». Il insista sur le fait qu'il avait parlé du « libre marché », qui ne fonctionnait pas et, en fait, n'avait pas fonctionné dans sa forme pure depuis la Grande Dépression : « J'ai dit que nous avons été incapables de faire fonctionner même une version modifiée du système de libre marché au Canada, de manière à empêcher le genre de problèmes que nous vivons à l'heure actuelle, et qu'il ne servirait à rien d'essayer de créer une économie purement fondée sur le libre marché dans le but de résoudre

nos problèmes futurs, parce que cela ne fonctionnerait pas non plus. »
Le Canada maintiendrait une économie mixte, et « de très larges secteurs de l'économie » demeureraient « là où le libre marché et la liberté
du consommateur étaient toujours florissants ». Il s'attaqua à ses critiques
qui l'accusaient d'être un communiste, un dictateur fasciste, et un radical de gauche. « Vous comprenez sûrement mon hésitation, fit-il remarquer, lorsque mes enfants me demandent ce que je fais dans la vie. » Il
tenta de rassurer son auditoire, déclarant que le gouvernement n'avait
pas l'intention d'imposer une réglementation plus sévère aux petites
entreprises, par exemple, « où la libre entreprise est forte, où l'initiative,
l'indépendance et la prise de risques des individus sont présentes, où des
hommes et des femmes autosuffisants continuent de se bâtir une vie
meilleure, pour eux et pour leur collectivité ». La question était simplement de savoir « jusqu'où allait s'étendre le contrôle de l'État par le moyen
de la réglementation, et jusqu'où allait s'étendre notre contrôle dicté par
notre propre sens des responsabilités ». Les syndicats et les grandes entreprises avaient à faire un choix, tout comme l'ensemble des Canadiens.

Lorsqu'il vit que son discours avait suscité des réactions soit tièdes,
soit hostiles, Trudeau sut que beaucoup de mal avait été fait[19]. Les sondages confirmèrent bientôt ses craintes, tandis que les libéraux tombèrent de manière spectaculaire et que les conservateurs émergèrent avec à
leur tête leur nouveau chef, Joe Clark, de l'Alberta*.

Qu'a voulu réellement dire Trudeau ? Essentiellement ce qu'il a
dit dans ses remarques lors de l'entrevue de Noël. Il est certain que ses

---

* Les résultats des sondages Gallup mensuels se lisaient comme suit :

	LIBÉRAL	PC	NPD	AUTRES	INDÉCIS
Janvier	39	37	17	7	42
Février	38	37	19	6	41
Mars	34	43	17	6	29
Avril	31	46	17	6	32
Mai	31	44	21	5	37
Juin	34	44	16	5	32

Source : *Canadian Annual Review of Politics and Public Affairs 1976*, John Saywell,
éd. (Toronto : University of Toronto Press, 1977), p. 138.

commentaires n'étaient pas suffisamment canalisés et qu'ils reflétaient de la confusion et même de l'incertitude. Il lisait à l'époque le dernier ouvrage de Galbraith, *La science économique, et l'intérêt général*, et avait assimilé son argumentation en faveur d'un activisme et d'une réglementation de l'État, sa défense d'un État axé sur le bien-être collectif, et sa méfiance à l'égard des grandes entreprises et des grands syndicats. De fait, Trudeau, à la blague, dit plus tard à Galbraith qu'il espérait que ses remarques avaient contribué à faire augmenter ses redevances, ce qui certainement fut le cas au Canada. Pourtant, jusqu'à la toute fin, Trudeau avait résisté à imposer des contrôles, jusqu'à ce que la pression exercée par les ministres, le caucus et le milieu des affaires l'obligeât à le faire dans certains cas. Et il ne s'opposa pas lorsque Breton critiqua sévèrement Galbraith. Sa méfiance à l'endroit de la grande entreprise n'était pas tant idéologique que pratique – l'attitude d'un propriétaire de petite entreprise qui acceptait mal le pouvoir mercantile des grandes pétrolières responsables de la hausse du prix du combustible qui servait à chauffer les logements appartenant à sa famille à Montréal. Trudeau avait toujours pris une part active dans la gestion des affaires à l'origine de la fortune de la famille Trudeau. On voit clairement qu'il portait une attention aux détails, comme lorsqu'il s'opposa au prix excessif que le parc d'amusement appartenant aux intérêts de sa famille (le parc Belmont) avait payé pour acquérir du géant Conklin les manèges « Hot Rods », « Silly Lilly » et « Costume Bob ». On trouve dans ses documents une foule de relevés comptables en rapport avec les affaires de sa famille, et il surveillait de près les incidences fiscales de ses décisions[20].

Même si Trudeau comprenait bien les rouages de l'exploitation d'une entreprise, il ne se considérait pas comme un homme d'affaires, et ses remarques lors de l'entrevue témoignent d'autres influences, depuis la pensée sociale de l'Église catholique, en passant par le socialisme de ses mentors de jeunesse que furent Emmanuel Mounier et Harold Laski, jusqu'à John Kenneth Galbraith. Et les membres de sa famille sont d'avis qu'il attribuait la mort prématurée de son père à la nature même de la vie d'homme d'affaires qu'il avait menée, un facteur dont l'incidence ne peut être mesurée, mais qui a certainement son importance[21]. Avec cet esprit curieux qui le caractérisait, Trudeau prenait position dans le débat nouveau sur la gestion de l'économie. Il divergeait d'opinion par rapport à ceux qui en appelait à une déréglementation, tout en sachant que les approches keynésiennes traditionnelles étaient devenues inefficaces. Il n'était pas seul à être perplexe : l'éminent économiste ontarien Ian Macdonald, qui était à l'époque le président de l'Université York, posa la question à l'automne 1976 : « Est-il possible de gérer l'économie davantage ? À en juger par les résultats du budget [de mai 1976], il faut répondre "non". Il ne s'agit pas de nier les efforts du ministre ou ses bonnes intentions, mais plutôt de poser la question de savoir si "le budget", à titre d'unique instrument, est réellement en mesure de jouer aujourd'hui le rôle qu'on lui a attribué dans l'univers pur des idéaux keynésiens. » Macdonald poursuivit en disant que, par le passé, il « était aussi coupable que n'importe qui d'autre lorsqu'il enseignait les politiques monétaires et fiscales qui lui faisaient appliquer le concept d'État unitaire de l'économie keynésienne au système fédéral canadien ». Cependant, les propos tenus en classe ne reflétaient pas la réalité du monde politique canadien et de ses nombreuses politiques. Macdonald, un ancien conseiller principal dans les gouvernements conservateurs ontariens, acceptait pour l'essentiel l'analyse de Trudeau, à savoir que « de nouvelles valeurs et de nouvelles institutions » étaient nécessaires et que les espoirs keynésiens théoriques ne correspondaient plus à la réalité que les responsables chargés de l'établissement des politiques au Canada étaient susceptibles de retrouver[22].

Trudeau parlait de cette vision à propos de l'inefficacité de l'application des approches traditionnelles, dites keynésiennes en général, dans les années 1970. Cependant, dans le débat nouveau qui opposait, d'une part, les monétaristes ou les néo-conservateurs, et, d'autre part, les partisans de l'État providence d'après-guerre (auquel les politiques keynésiennes donnaient une base intellectuelle), Trudeau choisissait sans équivoque cette dernière approche. Son goupe économique l'avait mis bien au fait du débat, et dans l'entrevue de Noël, il avait fait référence aux monétaristes, qui voulaient « revenir au système de libre marché et faire en sorte qu'il fonctionne », en répondant simplement : « Il ne fonctionnera pas. » Il se tournait vers l'Europe pour trouver ses modèles de social-démocratie, affirmant à Helmut Schmidt, un social-démocrate qu'il admirait beaucoup et qui partageait son propre « libéralisme de centre », que le système allemand de coopération entre le milieu des affaires et les syndicats l'intriguait. Trudeau et Schmidt entreprirent de travailler ensemble sur les questions Nord-Sud au milieu des années 1970, et le débat contemporain à propos d'un nouvel ordre économique mondial avait également une incidence sur sa manière de voir les choses. Trudeau ne cherchait pas, ou très peu, à dissimuler ses opinions lors d'entretiens privés.

Dans une remarquable conversation « philosophique » qu'il eut le 6 août 1976 avec Thomas Enders, l'impressionnant ambassadeur américain au Canada, Trudeau réitéra l'essentiel de ce qu'il avait dit le Noël précédent. Il avança « que les systèmes économiques des démocraties industrielles n'étaient plus efficaces et devaient être réformés au niveau même de leurs fondements » et « que les démocraties industrielles sont en train de perdre la bataille pour le monde en développement ». Trudeau se référait « souvent aux idées du Club de Rome sur la nécessité d'adopter de nouvelles approches politiques et morales face aux économies ». Même s'il rejetait les vues extrêmes exprimées dans l'ouvrage publié par le Club, intitulé *The Limits to Growth*, il croyait néanmoins que « la forte inflation et le "grand gaspillage" des années 1970 montrent que quelque chose ne fonctionne pas sur le plan des fondements [...]. Le système de marché, dont l'objectif est de canaliser la cupidité au service de la société, est plutôt dominé par elle, chacun des groupes tentant d'en accumuler plus que les autres ». Un nouveau contrat social était nécessaire, conclut Trudeau[23].

C'est ainsi que, pour plusieurs raisons, Trudeau prit fermement position dans ce débat politique et socioéconomique – en raison de son catholicisme social, de son admiration des modèles européens de social-démocratie et de l'égalité des sociétés du nord de l'Europe, de sa méfiance à l'égard des grandes entreprises et, de plus en plus, des grands syndicats, de sa croyance en la possibilité de l'action d'un État bienveillant, de son aversion envers le « gaspillage » entraîné par le développement nord-américain, née de son amour de la nature sauvage, de sa longue association avec ceux qui ont tiré de la Dépression la leçon que le libre marché ne pouvait pas livrer les biens publics essentiels dans une société moderne. En prenant position, Trudeau exprima encore plus clairement ce qu'il entendait par « société juste », plus encore qu'il ne l'avait fait en utilisant le terme pour la première fois en 1968. Cependant, le lien qu'il établissait entre les questions d'ordre général sur le rôle de l'État et la politique canadienne bien précise sur le contrôle des salaires et des prix, était ténu et non convaincant. Déjà, en août 1976, il pouvait dire à Enders que la plupart des autres leaders du G7 considéraient maintenant cette flambée de l'inflation comme le produit de circonstances exceptionnelles, plutôt que comme un changement fondamental dans la nature des économies occidentales, et qu'ils étaient d'avis que les dépenses engagées par l'État avaient été excessives. Néanmoins, Trudeau continua de s'opposer à la montée du monétarisme et ses interprétations néo-conservatrices, et il refusa de réduire l'intervention de l'État à seulement quelques secteurs d'activité. Comme il le dit à son ami Helmut Schmidt, grand amateur de voile, en naviguant dans les vents du changement économique, il préférait virer à gauche[24].

La discussion avec Enders révéla le point de vue de Trudeau sur l'économie, de même que son pessimisme croissant à l'endroit des politiques intérieures du Canada. Après l'élection de 1974, la principale difficulté de Trudeau en matière de relations fédérales-provinciales sembla concerner les provinces de l'Ouest, en particulier l'Alberta. Dans son discours, le soir de l'élection, il déplora les piètres résultats obtenus dans l'Ouest, en indiquant qu'il avait l'intention de diriger un gouvernement pour tous les Canadiens. Ce faisant, il offrait un rameau d'olivier à Peter Lougheed, dont la lettre de critique sévère publiée vers la fin de la campagne avait paru à beaucoup de libéraux comme une injustice. La querelle amère à propos des gâchis causés par les industries du secteur pétrolier se résorba aussitôt que les grandes entreprises pétrolières, en réaction aux mesures d'Edmonton et d'Ottawa pour s'en accaparer les revenus, retirèrent leurs plateformes de forage. Les disputes ne cessèrent pas, bien entendu, les enjeux restant énormes, mais la relation s'améliora grandement en raison de deux facteurs : le remplacement de Donald Macdonald par Alastair Gillespie comme ministre de l'Énergie à l'automne 1975, et la décision du gouvernement Trudeau d'augmenter le prix du pétrole, une augmentation rendue nécessaire à cause du grand déficit budgétaire occasionné, en partie, par les subventions en matière d'énergie.

En 1975, Lougheed et Trudeau travaillèrent bien ensemble lorsqu'ils se retrouvèrent devant une crise liée au développement des sables bitumineux, déjà considérés comme le joyau des ressources énergétiques de l'Alberta. Altantic Richfield, qui détenait 30 p. cent de Syncrude, annonça qu'elle se retirait du consortium qui serait chargé de développer ces sables bitumineux. À Winnipeg, le 3 février 1975, le gouvernement fédéral accepta d'acquérir 15 p. cent des actions de Syncrude, l'Alberta, 10 p. cent, et l'Ontario, pauvre en ressources énergétiques, accepta d'en acquérir 5 p. cent. Macdonald, qui avait qualifié Lougheed de « haineux » et son ministre de l'Énergie, Don Getty, de « venimeux », décrivit l'atmosphère qui régnait en février comme cordiale. Lougheed, en revanche, exprima à sa législature que le règlement de Syncrude et l'acceptation par le gouvernement fédéral d'adopter des prix plus élevés, avaient fait en sorte que l'industrie pétrolière « se [sente] plus stable ». C'est grâce à cette décision historique que les sables bitumineux, effectivement, ont pu devenir, bien des années plus tard, un joyau économique, malgré qu'on ne rappelât que rarement l'intervention cruciale d'Ottawa à cet égard.

Dans la stratégie fédérale en matière d'énergie diffusée à l'automne 1976, on fit remarquer que l'un des principaux problèmes auxquels devait faire face le gouvernement fédéral était la résistance des « provinces consommatrices » face à la décision d'élever le prix du pétrole pour l'aligner au prix mondial[25]. Évidemment, le gouvernement fédéral réussit à irriter les Albertains aussi, et des sondages ont indiqué que l'ère des bons sentiments après l'été 1975 n'avait pas convaincu les Albertains de voter libéral. La création de Petro-Canada et l'annonce que la société serait la « fenêtre » du Canada sur le monde énergétique en offensa beaucoup dans l'industrie pétrolière, comme celle de la nomination du juge Thomas Berger, un ancien leader du NPD en Colombie-Britannique, à titre de responsable d'étudier le projet de construction du gazoduc de Mackenzie Valley*. Les réflexions de Trudeau à Noël 1975 semblèrent

---

* Le journaliste Peter Foster, bien informé, eut ce commentaire sur la réaction de l'industrie pétrolière à la création de Petro-Canada : « Les murs du Petroleum Club résonnèrent de cris d'indignation à la pensée qu'on allait "espionner" les activités de l'industrie pétrolière. La philosophie première des milieux pétroliers – la libre entreprise, c'est bien et le gouvernement, c'est mauvais – prenait maintenant un sens précis et un peu trop menaçant. » Peter Foster, *Les Géants du pétrole* (Montréal : Edicompo / Inédi, 1982), p.150).

également confirmer la profonde méfiance à l'égard du point de vue socialiste du chef libéral. Mais ce fut au Québec, et non en Alberta, que Trudeau dut affronter ses plus grandes difficultés politiques.

⤶

Dans son discours de la victoire le soir de l'élection en juillet 1974, Trudeau exprima ses regrets de voir la faible représentation dans l'Ouest canadien, mais ne fit aucune référence au Québec, où les libéraux avaient eu d'excellents résultats. Robert Bourassa avait remporté son écrasante victoire en 1973, et les libéraux fédéraux avaient triomphé en 1974. Le Canada central prospéra en 1973 et 1974, et le gouvernement fédéral protégea le Québec, qui importait le pétrole qu'il utilisait, du choc de l'OPEP en subventionnant les importations de la province. Bourassa irritait Trudeau, par contre, particulièrement lorsqu'il s'aventurait sur le terrain de la « souveraineté culturelle » et d'un « marché commun » canadien, mais Trudeau répondait sans faire de vague, sachant qu'un premier ministre québécois avait des besoins politiques distincts. Les temps semblaient favorables. En janvier 1975, Trudeau déclara à un auditoire libéral montréalais qu'à « une certaine époque, on parlait d'un statut spécial pour le Québec, mais [que], heureusement, la question [était] maintenant morte et enterrée ». Et à l'hiver de 1975, Bourassa déclara que les relations entre Ottawa et Québec n'avaient « jamais été aussi bonnes ». Il avait des inquiétudes, certes, concernant sa province et sa langue, mais « aujourd'hui, dit-il, avec Pierre à Ottawa, nous ne courons aucun danger[26] ». Il y avait d'importantes divergences entre les deux gouvernements, particulièrement sur le projet de loi 22, qui avait fait du français la langue officielle du Québec, limité le droit des francophones et des allophones à envoyer leurs enfants à l'école anglaise, et imposé des restrictions sur l'affichage en anglais. Mais Trudeau résista aux appels de désavouer le projet de loi, même si des difficultés apparurent du fait qu'il « survenait au moment précis où nous avions toutes les peines du monde à faire accepter au reste du pays notre conception du bilinguisme institutionnel ».

Graduellement, cependant, la vieille méfiance reprit sa place. Bourassa, conclut Trudeau, était « stupide sur le plan politique », chose qu'il déclara publiquement. Au retour en classe à l'automne 1975, le gouvernement Bourassa céda, résultat de l'argumentation de la communauté italienne éminemment libérale, et accorda à quelques étudiants italo-canadiens des places supplémentaires dans le système anglais. Puis, sans qu'on s'y attende, le ministre québécois de l'Éducation, Jérôme Choquette, qui s'opposait à cette décision, remit sa démission et fonda un nouveau parti, le Parti national populaire, créé pour répondre aux attentes des conservateurs nationalistes[27].

À ce point, le Parti québécois avait réagi à sa désastreuse défaite de 1973 en déclarant que, lorsqu'il serait élu, il tiendrait un référendum sur la souveraineté, plutôt que de mener immédiatement la province à l'indépendance. Il fit du « gouvernement propre » son slogan, et ce choix fut fructueux. Bourassa avait fait accélérer le développement du gigantesque projet hydroélectrique de la baie James au moment même où le maire Jean Drapeau obtenait les Jeux olympiques de 1976 pour Montréal. La pression que subit en conséquence l'industrie de la construction causa une pénurie de main-d'œuvre dans l'ensemble du Québec et, évidemment, des dépassements de coûts et un gonflement des salaires au sein des différents corps de métiers. Il fallut peu de temps pour qu'on entende un peu partout des histoires de corruption, de pots-de-vin à verser pour que le travail soit fait et de contrats de complaisance. Bourassa réagit en mai 1974 en nommant une commission spéciale présidée par le juge Robert Cliche, ancien chef provincial des néo-démocrates, lui-même assisté par le dirigeant syndical Guy Chevrette et par l'avocat en droit du travail Brian Mulroney. La population fut indignée, et les tabloïdes, captivés, par les témoignages sensationnels effectués devant le comité. Tout à coup, Mulroney devint une célébrité au Québec – une situation qui aurait des conséquences à long terme pour le Canada. Le rapport final indiqua que les commissaires avaient « trop souvent été placés en présence de fraudeurs, d'escrocs et de canailles ». On détermina que le chef de la Commission de la fonction publique avait fait preuve d'« un manquement grave à l'éthique », et le gouvernement fut profondément affaibli par le rapport qu'il avait lui-même commandé.

Les problèmes de main-d'œuvre continuèrent, le coût des Olympiques monta en flèche, et les services se firent intermittents, alors que les travailleurs fermaient des usines et des routes un peu partout à Montréal. Bourassa semblait incapable de réagir efficacement. Claude

Forget, un ministre au gouvernement à cette époque, se rappela plus tard sa propre frustration par rapport à Bourassa : « Il n'y avait pas de corruption à grande échelle, certainement pas au niveau du Cabinet. Mais on utilisait des sous-entendus et des demi-vérités de manière très habile, et leur diffusion dans les médias passait bien, ce qui engendra un problème d'image, que l'on associait à la personnalité de Bourassa. Comme il n'était pas enclin à la confrontation, il refusait simplement de répondre ou [...] disait "Eh bien, ce n'est pas vrai, alors pourquoi s'en faire avec ça[28] ?" ».

Au moment où les deux gouvernements, fédéral et provincial, entrèrent en récession, des querelles éclatèrent entre Trudeau et Bourassa au sujet de tout un éventail de questions, y compris celles du financement des Olympiques, du rapatriement de la Constitution canadienne et de la visite de la reine Élisabeth II pour la cérémonie d'ouverture des Jeux. Sur certains enjeux plus vastes, on réalisa des progrès. La proposition du gouvernement fédéral de mettre fin à la conditionnalité des subventions et la présentation de la proposition de financement des programmes établis plurent à Bourassa, bien qu'il désirât l'obtention de l'ensemble du financement sans condition. Ce fut, toutefois, le rapatriement de la Constitution qui causa le plus de dégâts. Trudeau avait soulevé la question en avril 1975, au moment où la bonne entente régnait entre Ottawa et à la fois l'Ouest et les provinces de l'Est. Celle-ci fit place aux inévitables réserves, désaccords et peurs, et l'opposition de Bourassa se durcit au début de 1976. Pendant le congrès des libéraux fédéraux et du Québec au début de mars, il rencontra Trudeau à l'occasion d'un désagréable repas de deux heures. Un Trudeau irrité constata à un moment donné la présence de journalistes, et il en profita pour déclarer, par esprit de vengeance, qu'il n'avait pas l'intention de payer un sou pour les Olympiques. Puis, devant la foule libérale au congrès, il n'épargna pas Bourassa, l'accusant de s'être agité au sujet de la visite royale et, en particulier, de son refus de collaborer avec lui au rapatriement de la Constitution. Voulait-il que le Canada et le Québec demeurent des sujets du Parlement britannique ? Les Canadiens et les Québécois souhaitaient-ils cela ? S'exprimant sans notes, Trudeau appuya ses arguments d'expressions populaires et d'invectives au besoin. Avec mépris, il tourna en ridicule l'hôte avec qui il allait prendre le repas : « J'ai apporté mon lunch. Il s'en vient. Il paraît qu'il mange rien que des hot-dogs celui-là. » L'image resta : le maladroit et désespérant Bourassa mangeait des « hot-dogs[29] ».

Dans ce climat troublé, la langue d'usage des pilotes devint tout à coup un sujet chaud et fit fondre la courtoisie entretenue dans la vie publique canadienne. L'anglais avait été la langue de contrôle de la circulation aérienne au Canada, mais une directive de 1962 avait permis l'utilisation du français dans les situations d'urgence. Le français était utilisé par les pilotes au Québec, mais la Loi sur les langues officielles mena à une étude du ministère des Transports, qui suggéra en 1973 que les contrôleurs aériens au Québec soient bilingues. Le ministre Jean Marchand mit sur pied une commission en janvier de l'année suivante afin que l'on fasse des recommandations sur la langue à utiliser, mais la formation de cette commission incita l'Association canadienne des pilotes de lignes aériennes à lui écrire : « L'anglais doit être la langue exclusive des communications dans le contrôle aérien[30]. » Le rapport rendu par le comité de Marchand conclut que l'utilisation du français était appropriée au Québec et dans la région d'Ottawa et on établit des recommandations en ce sens. Les esprits s'échauffèrent, et les pilotes et contrôleurs anglophones rejetèrent fermement le rapport.

Quand Otto Lang remplaça Marchand aux Transports en septembre 1975, il tenta d'obtenir un règlement en insistant sur le fait qu'il y avait une place pour le français dans les transports aériens. Il n'arriva pas à grand-chose, puisque les pilotes et les contrôleurs entamèrent des grèves sauvages en juin 1976, et les compagnies aériennes internationales, poussées par les pilotes et les contrôleurs canadiens, annoncèrent une quarantaine de sécurité dans l'espace aérien canadien le 24 juin. La veille, le gouvernement avait nommé une commission devant examiner la sécurité du français dans les airs. Les pilotes de langue française organisèrent leur propre syndicat, Les Gens de l'air, pour faire avancer leur cause. Devant les caméras de télévision, Trudeau lança un appel à la raison, alors que les francophones s'unissaient pour défendre leur langue et que les journaux anglophones, à l'exception notable du *Toronto Star* et des journaux montréalais de langue anglaise, insistaient sur le fait que la sécurité seule était pertinente en la matière. Il souligna que le contrôle aérien bilingue fonctionnait bien dans de nombreux pays, que de nombreux pilotes au Québec étaient unilingues francophones et que la sécurité ne serait pas compromise. « Ce à quoi [les pilotes et les contrôleurs] semblent s'opposer, donc, est l'idée même d'examiner la possibilité d'avoir un contrôle aérien sûr et bilingue à Montréal. » En fin de compte, le 26 juin, Otto Lang, agissant à titre de médiateur, élabora avec difficulté une entente avec le groupe anglophone, mais Les Gens de l'air affirmèrent qu'on ne les avait pas consultés et que l'entente brisait des promesses antérieures. Trudeau était absent à ce moment-là, puisqu'il participait à un sommet du G7, et à son retour, il trouva le Cabinet divisé, les francophones rejetant l'entente. Marchand, furieux et ébranlé, remis sa démission, déclarant qu'il ne pouvait pas demeurer ministre dans un gouvernement qui acceptait un tel accord. Trudeau accepta la démission de Marchand en ces termes : « Tu continueras à faire entendre ta voix irremplaçable et à opposer ton authenticité québécoise et canadienne face à toutes ces interprétations mensongères avec lesquelles on tente de subvertir le Québec et de détourner le Canada de sa vocation. » Il conclut : « De toute mon amitié intacte[31]. »

Mais le gouvernement de Trudeau n'était pas intact, pas plus que celui de Bourassa. Maintenant que les Jeux olympiques étaient terminés, que la controverse entourant le contrôle de la circulation aérienne s'était estompée et que l'économie se remettait graduellement de la récession, Bourassa alla dîner en compagnie du journaliste montréalais Ian MacDonald dans un salon privé du bar Chez Son Père en septembre 1976. Autour d'un corégone et d'un chablis, il affirma à MacDonald qu'il avait l'intention de déclencher une élection dans le but de contrecarrer la tentative de Trudeau de rapatrier la Constitution. Presque tous les autres premiers ministres l'appuyaient et la question susciterait l'intérêt des électeurs francophones – ces derniers étant plus unis que jamais en raison des souvenirs récents du scandale de la circulation aérienne. MacDonald avait des doutes, surtout que le gouvernement n'en était qu'à la troisième année de son mandat d'une durée potentielle de cinq ans. Cependant, le triomphe de Bourassa en 1973 était arrivé après trois ans, et il était tentant de créer un précédent. En outre, il était toujours possible de jouer la carte séparatiste, et les sondages indiquaient que l'appui à la séparation était faible. Bourassa craignait que la proposition de Trudeau de rapatrier la Constitution, de même que la conférence à ce sujet prévue en décembre, ne réveille le sentiment séparatiste et nationaliste. Son cabinet organisa donc un entretien privé entre le premier ministre et lui-même au Hilton de Québec le 5 octobre. Lors de l'entretien, Trudeau demeura déterminé à aller de l'avant avec la Constitution, et menaça d'agir unilatéralement, si cela était nécessaire. Malgré les risques que représentait la position de Trudeau, Bourassa annonça, le 18 octobre, la tenue d'élections générales le 15 novembre. Lorsqu'on lui demanda de commenter la nouvelle plus tard ce jour-là, Trudeau affirma seulement, laconique : « Tout le monde s'y attendait[32]. »

La décision prise par Bourassa s'avéra désastreuse. La campagne des libéraux augura mal dès le début. Lorsque Jean Marchand et Bryce Mackasey annoncèrent qu'ils quittaient Ottawa afin de défaire les séparatistes et d'assurer de meilleures politiques relatives à la langue, les libéraux du Québec hésitèrent de prime abord à accepter ce qu'ils considéraient comme des biens usagés*. Somme toute, ils finirent par y consentir, parce qu'un rejet aurait causé encore plus de problèmes. La carte antiséparatiste n'était désormais plus un atout, car René Lévesque détenait dorénavant la carte du référendum, apaisant par le fait même les craintes que le Québec quitte la Confédération immédiatement après l'élection d'un gouvernement séparatiste. La Loi 22 (loi relative à la langue officielle que Bourassa fit adopter), qui imposait, selon les termes employés par Lévesque, des « tests […] sur des bambins de six et sept ans isolés de leurs parents » afin de déterminer si les enfants immigrants avaient une « connaissance suffisante » de l'anglais, était « une horreur » pour les

---

* À l'automne 1976, la fragilité de son équipe à Québec poussa Trudeau à demander à Jim Coutts de recruter Brian Mulroney, qui avait alors perdu la course à la direction du Parti conservateur au profit de Joe Clark. Trudeau, qui croyait que Mulroney était le candidat le plus redoutable du point de vue des libéraux, avait communiqué avec ce dernier après sa défaite pour lui dire qu'il s'en était bien tiré lors du congrès et qu'il pensait que les conservateurs avaient pris une décision qui pourrait, tout compte fait, lui rendre service. Coutts, un ami de Mulroney, offrit à ce dernier un poste de ministre et un siège à Montréal, s'il joignait les rangs des libéraux. Mulroney, considérablement endetté par sa course à la direction, fit savoir à Coutts qu'il continuerait de travailler pour la compagnie minière IOC, de laquelle il était alors président. Il mentionna également qu'il restait un progressiste-conservateur, même si l'offre de Trudeau était « infiniment plus généreuse que toute autre [qu'il avait] pu recevoir de [son] propre parti ». Brian Mulroney, *Mémoires* (Montréal : Éditions de l'Homme, 2007), p. 231. Jim Coutts confirma cette histoire au cours d'une conversation que j'ai eue avec lui.

anglophones[33]. Et effectivement, les sondages révélèrent bientôt que les anglophones, qui avaient toujours été un rempart pour les libéraux, penchaient maintenant pour l'Union nationale, dont le nouveau chef, Rodrigue Biron, était en faveur d'un bilinguisme officiel et d'un programme économique conservateur. Une semaine avant la tenue des élections, les sondages dressaient un portrait sombre de la situation, avec le PQ en avance sur les libéraux à 50 p. cent des intentions de vote contre 27 p. cent. Bourassa sut alors qu'il serait personnellement défait, et Claude Ryan se prépara à cautionner le Parti québécois, soutenant que ce serait un meilleur gouvernement[34].

Trudeau était consterné de la tournure des événements. L'analyste politique Gérard Bergeron écrivit plus tard qu'en raison des conflits qui opposaient le premier ministre et Bourassa, Trudeau « a été l'artisan partiel et involontaire [...] de l'arrivée au pouvoir du Parti québécois ». Le biographe de Lévesque, Pierre Godin, est d'accord pour dire que la « *passivité** » de Bourassa à l'égard des insultes de Trudeau a aidé la cause de Lévesque[35]. Trudeau n'aurait pas acquiescé, mais son mépris bien connu à l'endroit de Bourassa fut certainement un facteur. Il avait conclu que Bourassa était un piètre premier ministre dont l'ambivalence et les silences avaient nui à la cause fédéraliste au Québec.

Le soir de l'élection, les premiers résultats reflétèrent ce que les sondages menés pendant la campagne avaient prédit; de tous les coins de la province surgissaient les votes en faveur du PQ, même dans le bastion anglais de l'ouest de Montréal. Assuré d'une solide majorité, le futur premier ministre du Québec se retrouva soudainement entouré d'une horde de « nouveaux venus athlétiques » qui le poussèrent à travers une « incontrôlable cohue » à l'extérieur du Centre Paul-Sauvé, situé dans un quartier francophone de l'est de Montréal. Transpirant abondamment, Lévesque atteignit finalement la scène et déclara, entouré d'un océan de fleurdelisés et de partisans en liesse : « Je n'ai jamais été aussi fier d'être Québécois ! On n'est pas un petit peuple, on est peut-être quelque chose comme un grand peuple. » Trudeau s'adressa plus tard aux Canadiens et leur dit avec détermination : « J'ai confiance que les Québécois continueront à rejeter le séparatisme, car ils croient toujours que leur

---

* NDT : En français dans le texte.

destin ne peut s'accomplir qu'au sein d'un Canada indivisible. » La plupart des observateurs n'en étaient toutefois pas convaincus[36]. À certains égards, Trudeau se réjouit du départ de Bourassa et de l'absence d'ambiguïté. Lorsque Trudeau se réveilla le matin suivant les élections, il était prêt à affronter René Lévesque : « Je me disais : "Très bien. L'adversaire se présente en terrain découvert et nous pourrons désormais poursuivre la discussion jusqu'à tirer une conclusion décisive. Nous allons savoir quelle espèce de sécession ils veulent faire ; nous allons connaître les appuis dont ils jouissent" [...] ça va barder – voyons voir de quel bois ils se chauffent et vainquons-les. » Ce fut alors pour Trudeau le début du combat de sa vie[37].

Margaret Trudeau observa elle aussi Lévesque le soir de l'élection, et comment il électrisait la foule, dont les slogans faisaient vibrer l'aréna. Son cœur se brisa. La lutte de Pierre allait se poursuivre, mais elle savait qu'il en serait autrement pour leur mariage[38].

CHAPITRE 11

À cœur ouvert

Après les élections de 1974, le mariage de Pierre et de Margaret Trudeau commença à battre de l'aile et se brisa deux ans plus tard, après les élections provinciales au Québec. Pendant tout le mariage, la vie publique et la vie privée s'étaient entrelacées, parfois avec élégance et efficacité, mais à d'autres moments avec maladresse et embarras. La vie privée des premiers ministres canadiens précédents avait aussi comporté sa part d'ombre – l'amour de Laurier pour Émilie Lavergne, l'idylle frustrée de Bennett avec Hazel Colville, l'aventure spiritualiste de King avec sa voisine mariée Joan Patteson, et la dépression de Saint-Laurent –, et aucune ne fut autant médiatisée que la désunion de Margaret et de Pierre. Le nouveau journalisme des années 1970, combiné à la célébrité de Trudeau, propulsa l'échec de leur relation intime à la une des journaux partout dans le monde. En 1979, il inspira une très bonne pièce de théâtre, *Maggie and Pierre*, qui commence par leur première rencontre à Tahiti où Margaret dit à Pierre qu'elle n'a pas besoin de lire sur les rituels bachiques dans le livre de Gibbon, *Histoire de la décadence et de la chute de l'Empire romain*, puisqu'elle en a fait l'expérience elle-même.

> Pierre : Ça semble un long voyage. Tu veux continuer encore longtemps ?
> Maggie : Pour toujours. Et toi ? […] Je veux être reconnue mondialement, je veux déterminer le destin, je veux être folle de joie. On pourrait dire que je veux tout avoir.
> Pierre : Je veux être reconnu mondialement, je veux déterminer le destin, je veux être fou de joie. On pourrait dire que je veux tout avoir.

Linda Griffiths, l'auteure et la première actrice de la pièce, écrivit à l'époque que « Maggie et Pierre » étaient des « personnages épiques », des héros au sens où ils présentaient « tous les aspects de l'humanité, amplifiés ». Pour justifier la pièce de théâtre sur deux personnes vivantes dont le mariage bat de l'aile, elle expliqua : « Tout le pays et, en fait, une grande partie du monde connaissent déjà leur histoire. » Aussi : « Les événements vont trop vite pour attendre qu'ils soient morts avant de raconter leur histoire. » Mais si leurs rêves paraissaient si semblables au départ, ce sont leurs différences qui, éventuellement, les séparèrent. « La curiosité », écrivit Griffiths beaucoup plus tard, amena Pierre à aimer une jeune femme qui « semblait être son antithèse [...] le type de personne qui est entièrement menée par ses instincts et ses passions, dont le charme était une franchise on ne peut plus différente de la sienne. » Trudeau excellait lorsqu'il donnait une chance à l'amour, car les risques qu'il impliquait suscitaient le sentiment d'excitation qui gouvernait sa vie. Trudeau considérait la vie publique comme une scène, et sa curiosité insatiable faisait de lui l'observateur le plus intéressé de tous les acteurs[1].

Margaret raconta sa version de l'histoire dans ses livres *À cœur ouvert* et *Les conséquences*, lesquels contiennent la chronique très détaillée de la rupture de leur relation. Lorsque les problèmes devinrent plus évidents publiquement, Trudeau garda un silence de plus en plus digne, et répliquait sèchement aux journalistes qui lui demandaient comment allait son mariage : « Dites-moi comment va le vôtre ! » Lorsque la presse se mit à éreinter régulièrement Margaret à propos de sa vie dissipée, il dit simplement : « C'est une femme bien. » Dans ses mémoires politiques, il demeura discret tout en admettant avoir eu une part de responsabilité. Il écrivit sur la manière dont il avait essayé de tenir sa vie privée séparée de ses activités politiques, et reconnut avoir eu des doutes sur la participation active de Margaret à la campagne électorale de 1974. Malgré ces efforts, dit-il, « il se peut toutefois qu'à mon insu la vie politique ait parfois déteint sur la vie familiale ». Il reconnut que le flou aurait pu être évité, « car l'un des problèmes de la politique, c'est qu'elle ne fait pas toujours la vie facile à l'épouse ou au conjoint. L'homme ou la femme engagés sont tout entiers accaparés par le combat qu'ils mènent dans l'excitation indissociable de toute lutte. Mais le membre du couple qui doit rester à la maison avec les enfants, sans prendre aucune part à l'action, ne perçoit que les mauvais échos de cette lutte et ne peut y prendre aucun plaisir. De plus, j'étais pour ma part un néophyte dans les deux domaines, familial et politique. Je m'étais marié tard, nos trois fils, Justin, Sacha et Michel, étaient arrivés assez tôt et je devais m'initier au rôle d'époux et de parent en même temps que j'apprenais le métier politique. Le défi me dépassait peut-être et je ne peux pas hélas! me vanter d'une réussite exceptionnelle. » Il choisit de ne pas en dire davantage, sauf que les cinq années suivant l'élection de 1974 furent « turbulentes » et une période personnellement « marquée par de grandes difficultés d'ordre familial[2] ».

Ces difficultés personnelles eurent-elles un effet sur le jugement de Trudeau et, par conséquent, sur la vie politique du Canada? Stephen Clarkson et Christina McCall concluent que oui, parce que Trudeau « avait de plus en plus de difficulté à s'intéresser à son travail et à se consacrer à ses fonctions tant qu'une question particulièrement pressante ne le forçait pas à s'y replonger. Alors que pour ce troisième mandat il disposait d'une solide majorité et aurait dû être à même de donner sa pleine mesure, il fut constamment trop perturbé pour concentrer ses facultés sur les défis du pouvoir, à un moment pourtant où le gouvernement devait affronter crise après crise. » McCall, journaliste exceptionnelle et respectée, pouvait entendre les ragots que l'on racontait dans le cercle des journalistes, les fêtes estivales à Ottawa et les couloirs de la Chambre des communes, où l'on chuchotait et discutait des problèmes de Margaret. Dans une compilation de 1979 des meilleurs articles de journaux de la « décennie de Trudeau », il est observé que le mariage et, surtout, ses conflits ont dominé la couverture par la presse au milieu des années 1970, même si les rédacteurs notent avec justesse que de nombreux journalistes anglophones montrèrent beaucoup moins de discrétion et y portèrent beaucoup plus d'attention que leurs homologues francophones. Les troubles personnels de Trudeau se répercutèrent sur sa vie politique.

La couverture de ces troubles commença le 17 septembre 1974, lorsque Margaret, pâle et visiblement épuisée, sortit de l'hôpital Royal Victoria de Montréal et dit aux journalistes qu'elle souffrait d'un « stress émotionnel grave », ce que le service de presse du premier ministre avait soigneusement caché. La photographie de Margaret et ses commentaires parurent à la une de la majorité des journaux canadiens et de nombreux journaux étrangers, et la rumeur qu'elle avait fait une dépression post-partum se propagea rapidement. Les premiers comptes rendus n'étaient pas du genre « à sensation », même si plusieurs pages éditoriales justi-fièrent nerveusement leur couverture par le rôle clé qu'avait joué Margaret aux élections précédentes. La *Canadian Annual Review of Politics and Public Affairs* de 1974, cependant, suivit la tradition canadienne et ne fit aucune mention de la situation[3].

La détresse de Margaret, après ce qu'il considérait comme sa vic-toire politique la plus satisfaisante, stupéfia Trudeau. Elle s'était d'abord retirée dans sa « salle de la liberté » du 24, promenade Sussex, mais elle quitta bientôt sans passeport pour un « voyage de liberté » à Paris, où elle chercha à retrouver sans succès son ancien amoureux, Yves Lewis, avant de s'enfuir en Grèce. Là, elle voyagea sac au dos et dormit la nuit dans un sac de couchage en Crète. Après son retour à la maison, elle se rendit immédiatement à New York pour assister à un tournoi de tennis de célébrités et tomba complètement sous le charme du sénateur Edward Kennedy. De retour à Ottawa, elle commença à boire beaucoup. Pierre, inquiet, lui demanda si elle avait été infidèle. En colère, elle prit un cou-teau de cuisine, admit qu'elle était amoureuse et menaça de se suicider. « Tu es malade », rétorqua-t-il, se détournant d'elle, dégoûté. Ce « fut tout ce [que Pierre] prononça finalement ». Margaret était effectivement malade. Il s'ensuivit un séjour à l'hôpital, puis un voyage controversé au Japon avec ses sœurs, payé par un magnat de la marine marchande de Hong Kong puis, le 27 octobre, une entrevue télévisée à l'échelle du pays sur le réseau de télévision CTV. Carole Taylor, intervieweuse com-pétente et future politicienne, amena Margaret à se confier au fil de l'en-trevue.

Taylor : Êtes-vous fondamentalement une enfant fleur ?
Trudeau : Pas seulement fondamentalement, mais dans mon âme. C'est ma génération. C'est dans cela que je me suis épanouie.
Taylor : Est-ce quelque chose qui devra passer ou est-ce compatible avec ce genre de vie ?
Trudeau : Je serais très malheureuse de me passer de quelque chose que je – lorsque je me désigne comme une enfant fleur, je me considère

comme quelqu'un pour qui c'est important et qui se fiche des choses insignifiantes, qui n'accorde pas trop de valeur à l'argent et au statut social – bien que comment puis-je dire cela alors que je suis la femme du premier ministre, sauf que, vous savez, je n'ai pas épousé mon mari pour devenir la femme du premier ministre. Je rêve du jour où nous ne serons plus, où je ne serai plus la femme du premier ministre, où je pourrai simplement être la femme de Pierre.

La réponse était remplie de contradictions et de confusion, mais, comme le fit remarquer plus tard Margaret, de nombreux Canadiens furent charmés par l'entrevue, bien que d'autres furent consternés ou intrigués, surtout les journalistes au Canada anglais et à l'étranger[4].

Les critiques remarquèrent le mode de vie jet-set de l'enfant fleur : l'hôtel Georges V à Paris, les hivers dans les Caraïbes, les week-ends à New York, les vêtements de grands couturiers chez Holt Renfrew, et les voyages en jet privé à son amie la reine Alia de Jordanie, qui lui offrit des appareils photo dispendieux lorsqu'elle se lança dans une nouvelle carrière de photographe. Certains commentateurs précédents ont affirmé que Pierre, qui tenait à préserver sa vie privée, ne confia pas ses inquiétudes à d'autres, ce qui est vrai dans le cas de ses collègues politiciens. Marc Lalonde se souvient seulement d'une remarque de Trudeau sur la rupture de son mariage, laquelle était très semblable à celle incluse dans ses mémoires politiques. Il se tourna toutefois vers ses confidents de toujours : des prêtres et ses amies proches. Nancy Pitfield, la nouvelle épouse de Michael Pitfield, choisit de « magnifiques vêtements » pour Margaret au très cher et exclusif Creeds, à Toronto, et Wendy Porteous, la femme de l'assistant de Trudeau, Tim Porteous, se rendit avec Margaret à Montréal, trajet qui fut « extraordinairement joyeux », avant que cette dernière n'entre à l'hôpital. L'amie de longue date de Pierre, Carroll Guérin, fut surprise de recevoir un appel de Trudeau cet automne-là lui demandant si Margaret et lui pouvaient venir la visiter pendant le week-end. Margaret venait de sortir de l'hôpital lorsqu'elle et Pierre arrivèrent en hélicoptère à l'ancienne seigneurie d'une élégance discrète de Mont-Saint-Hilaire, où Carroll vivait. Pendant que Margaret se reposait, Pierre déclara à Carroll : « Je ne comprends pas. Je ne sais pas quoi faire. » Et en effet, il ne savait pas quoi faire[5].

En 1975, tandis que sa popularité politique déclinait, Trudeau tenta d'amener Margaret loin du « vieux manoir gris » du 24, promenade Sussex, qui était devenu pour elle une « prison ». Ils passèrent plus de temps au lac Mousseau, séjournèrent dans d'autres chalets les autres week-ends, prirent congé des visites officielles et, parfois, des documents officiels. Une fois, sur une plage, avec sa serviette loin de lui, Pierre, s'ennuyant, demanda à Margaret : « Qu'est-ce que tu lis ? ». Elle lui tendit le livre en lui répondant que cela l'intéresserait peut-être. Il ne le reposa qu'après l'avoir terminé. Il s'agissait du roman à succès d'Erica Jong intitulé *Le complexe d'Icare,* un classique du féminisme et, pour certains, de la littérature pornographique, racontant l'histoire d'une femme brillante dans un mariage peu satisfaisant qui quitte son mari et a des relations sexuelles anonymes. Ce qu'en pensa Trudeau demeure un mystère, mais on peut s'en douter.

La rébellion de Margaret, qui comme on le sait à présent résultait d'une dépression bipolaire, s'interrompit en 1975, car elle retomba enceinte au début de l'hiver. Bien qu'elle accompagnât Trudeau dans le tourbillon des voyages qu'il entreprit cette année-là, elle évita les obligations à caractère officiel, et les rares fois où elle assista à des rassemblements politiques, elle quitta de bonne heure*. Lorsque, par exemple, l'ambassade canadienne à Copenhague établit un itinéraire détaillé pour

---

* En mai, Margaret se rendit à Montréal avec Trudeau, mais après l'ouverture du congrès des jeunes libéraux le 26, elle retourna avec Justin à la maison. Selon William Johnson dans le *Globe and Mail* du 27 juin 1975, Trudeau partagea alors avec les libéraux un dîner de boulettes de viande et de pâté chinois, et répondit au pied levé à des questions avant de commencer « à danser librement sur un rythme de hard rock ».

« Il faisait chaud dans la salle où des filles, des femmes et des hommes aux yeux de lynx portant la moustache formaient un petit cercle autour du premier ministre. Bientôt, il ôta son veston bleu et faisant fi des convenances, Pierre s'élança, les bras tendus, claquant des doigts, faisant rouler ses hanches et tortiller sa taille en contorsionnant ses jambes.

« La sueur perlait sur son front. Une femme d'âge moyen étendit le bras par-dessus l'épaule des femmes plus jeunes serrées autour de lui et essuya le front de M. Trudeau. Il attrapa la femme par la taille et bientôt, ils se retrouvèrent tourbillonnant pour une danse de salon.

« Les gens battaient des mains en l'encourageant. Il dansa avec une partenaire, puis avec une autre, les filles et les femmes se frayant un chemin jusqu'à l'avant du cercle pour être la suivante avec qui il choisirait de faire quelques pas.

elle pendant la rencontre de Trudeau avec les représentants officiels du Danemark en mai, la réponse fut polie mais sèche : « Mme Trudeau vous remercie de lui avoir suggéré un programme qu'elle a trouvé très intéressant. Cependant, étant donné son état de santé actuel, elle préférerait n'avoir aucun programme et être libre de se reposer et, peut-être, de faire un peu de magasinage[6] ». Trudeau, qui était de plus en plus furieux des dépenses de Margaret, frémit probablement lorsqu'il lut ses solutions de rechange.

Et pourtant, on voyait bien qu'ils s'aimaient lorsqu'ils étaient ensemble. Peu après la naissance de Michel en octobre 1975, Trudeau organisa une visite officielle en Amérique latine au début de la nouvelle année, avec des arrêts à Mexico, à Cuba et en Amérique latine. Le voyage tombait à un bien mauvais moment du point de vue politique, et étant donné les nombreux voyages qu'il avait faits les mois passés et qui avaient été critiqués abondamment, même son propre cabinet s'y opposa. Même si les Américains avaient commencé à laisser tomber leurs barrières idéologiques avec Cuba, comme l'avait fait Nixon plus tôt avec sa politique de détente envers les Soviétiques et la reconnaissance de la Chine, les Cubains avaient répondu tièdement à ces mesures provisoires. Puis, lorsqu'en novembre Cuba accrut son intervention dans la guerre civile angolaise, les États-Unis reculèrent et s'attendirent à ce que le Canada en fasse autant. Trudeau, peut-être en raison des tensions dans sa vie personnelle, mais plus probablement en raison de son propre intérêt pour Cuba et l'Amérique latine, décida de faire le voyage comme prévu malgré tout. Cette visite au dictateur communiste le plus illustre de l'hémisphère dérangea non seulement les dirigeants américains, mais aussi le milieu des affaires canadien, qui était déjà furieux des commentaires qu'avait eus Trudeau à la fin de l'année sur la précarité future du capitalisme. Pour limiter les dommages, les Affaires extérieures diffusèrent un communiqué dénonçant l'intervention en Angola juste avant l'arrivée du premier ministre à La Havane, le 26 janvier. Castro, nombre de ses ministres, et des dizaines de milliers de Cubains vinrent accueillir

---

« Finalement, il se dirigea en dansant jusqu'au haut de l'escalier menant à la sortie, mit son manteau, marcha jusqu'à la grosse limousine noire blindée, embrassa cinq femmes sur la joue, et ses conseillers et gardes sautèrent dans leur voiture pendant qu'il se mettait en route pour revenir à Ottawa. »

Pierre, Margaret et Michel à l'aéroport. Castro charma immédiatement ses visiteurs avec son « anglais fleuri et romantique » et son étreinte exubérante du bébé Trudeau, qu'il surnomma « Miche ». Il avait même fait faire un badge officiel pour lui avec l'inscription « Miche Trudeau. Visiteur officiel de la délégation canadienne[7] ».

Dans un compte rendu des « trois nuits à La Havane » que passèrent les Trudeau, l'historien Robert Wright soutient que la chaleur du soleil de Cuba, les sambas, Castro avec son charme latin et son goût pour le flirt, la générosité flamboyante de l'hospitalité cubaine et la gaieté de sa population amenèrent Margaret et Pierre à abandonner leurs disputes et à s'aimer de nouveau. L'ambassadeur canadien, Jim Hyndman, qui accompagna les Trudeau pendant tout le voyage, conclut que Pierre « était toujours amoureux » de Margaret. Les archives visuelles de leurs journées passées ensemble confirment son opinion, car Margaret y apparaît radieuse et exubérante, et Pierre, plein de sollicitude et proche physiquement. Le flirtage outrancier de Castro les charma tous les deux : un soir tard il les surprit lorsque dans son « anglais soyeux » il dit à Margaret : « Vous savez que je n'y vois pas très bien, alors pour renforcer mes yeux, chaque jour je m'oblige à regarder le soleil. Je trouve cela très difficile. Mais savez-vous ce que je trouve plus difficile ? C'est de regarder le bleu de vos yeux[8]. » Il n'est pas surprenant que Margaret, qui avait trouvé la vie publique et politique formaliste et fastidieuse, trouva Cuba (et Castro) absolument captivante, totalement différente de l'État de travailleurs gris et socialiste qu'elle s'était attendue à découvrir. Pierre et elle avaient cessé de discuter de politique canadienne, mais à Cuba, soudainement, elle sentit « renaître [sa] conscience politique ». « C'est ça, l'utopie, pensa-t-elle. Si c'est ça la révolution, alors c'est vraiment merveilleux[9]. »

Trudeau, qui ne voyait pas Cuba comme l'utopie, mais respectait son système de soins de santé et de services sociaux, commença par débattre vivement avec Castro de la participation cubaine à la guerre civile angolaise. Mais les leaders, tous deux d'un grand charisme, éduqués par des jésuites, partageant un goût pour les activités physiques et le flirt, eurent tôt fait de s'engager l'un auprès de l'autre, sur le plan affectif comme sur le plan intellectuel. Castro proposa, pour leur dernière nuit sur l'île, de faire disparaître comme par enchantement ses invités des représentants officiels et de la presse pour une courte visite inoubliable à Cayo Largo, un îlot où ils partageraient un bungalow avec deux chambres et une petite hutte. Margaret supplia Trudeau de la laisser l'accompagner, une demande à laquelle Ivan Head, « cet homme pompeux et prétentieux », comme Margaret le décrivit, s'opposa aussitôt. Charmé par Margaret, Castro voulait absolument qu'elle vienne et Pierre accepta finalement qu'elle se joigne à eux. Ce fut, comme l'écrivit plus tard Margaret, « une soirée mémorable », pour laquelle « on avait suspendu des guirlandes de lumières au-dessus de la table, une longue table sur tréteaux avec des bancs où nous nous sommes assis pour manger tous ensemble, de la gouvernante aux chauffeurs ». Castro et Trudeau parlaient en espagnol, mais le Cubain passait gracieusement à l'anglais lorsqu'un sujet était susceptible selon lui d'intéresser Margaret. Au cours de cette dernière soirée à Cuba, le protocole disparut dans le nuage « de la musique très forte, de la bonne nourriture, des couleurs vives » et ils dansèrent tous jusqu'à tard dans la nuit. Lorsqu'il fallut dire au revoir le lendemain, Margaret fut submergée de larmes de bonheur. Trudeau dit à sa femme, avec une pointe d'ironie : « Je suis content que tu sois encore avec moi, j'ai cru que tu demanderais asile[10] ».

Les choses commencèrent mal à Caracas, la halte suivante. L'épouse de l'ambassadeur canadien avait organisé le programme régulier pour la femme d'un premier ministre, mais Margaret refusa d'y participer. Elle insista pour visiter une garderie parrainée par la femme du président vénézuélien, Carlos Andrés Pérez – une suggestion qui horrifia les représentants officiels canadiens. Néanmoins, Margaret persista comme elle l'avait fait à Cuba, et Señora Pérez accepta de l'accompagner au bidonville où se trouvait la garderie. Margaret fut tellement impressionnée par le travail qui y était réalisé qu'après la visite elle écrivit une chanson pour Señora Pérez. Pierre, encore dans une humeur enjouée après son aventure cubaine, l'incita à la chanter ce soir-là. L'occasion, cependant, n'était pas une petite rencontre, mais une « grande réception pompeuse d'un formalisme et d'une prétention » telle que Margaret n'en avait encore jamais vu depuis qu'elle avait épousé Pierre. Néanmoins, avec les encouragements de Pierre, elle se leva et chanta :

Señora Pérez, I would like to thank you.
I would like to sing to you
To sing a song of love.
For I have watched you
With my eyes wide open,
I have watched you with learning eyes*.

La chanson, que l'on aurait probablement trouvée charmante dans un contexte plus intime, embarrassa une grande partie de l'assistance, et, surtout, « toute la délégation canadienne était horrifiée ». La nouvelle se répandit rapidement et occupa une place de choix dans tous les médias canadiens. « Margaret Trudeau récidive », annonça le *Globe and Mail*. Faisant une litote délibérée, le journal poursuivait en précisant que « ceux qui étaient là disent que la voix de Mme Trudeau était forte, bien que non travaillée, et atteignait tous les coins de la salle. Elle a chanté sans accompagnement[11]. » En effet.

Même si Geoffrey Stevens, le chroniqueur du *Globe* conservateur, déclara que le voyage était utile du point de vue de la politique étrangère du Canada, les animateurs d'émissions-débats ridiculisèrent le voyage et régalèrent les auditeurs avec des histoires relatant les frasques de Margaret et son accusation, pendant le vol de retour à Ottawa, à l'effet que des « représentants officiels » avaient tenté de lui voler sa chanson pendant le dîner avant qu'elle puisse la chanter. Le lendemain matin, Margaret, souffrant du décalage horaire, se réveilla en entendant le radio-réveil diffuser des commentaires sur sa prestation, presque tous caustiques et négatifs. L'animateur déclara d'un ton taquin : « Margaret Trudeau […] si par hasard vous nous écoutez en ce moment, pourquoi ne pas nous téléphoner ? » Ce qu'elle fit. C'était, bien entendu, une erreur, tout comme sa décision de participer à une tribune téléphonique la semaine suivante.

---

*NDT : [Traduction libre]
Señora Pérez, je voudrais vous remercier.
Je voudrais vous chanter
Vous chanter un chant d'amour
Car je vous ai regardée
Avec mes yeux tout grands ouverts
Je vous ai regardée avec mes yeux qui apprenaient.

L'année 1976 se poursuivit, avec les Olympiques, une visite royale, et encore plus de voyages et de dîners officiels qui causèrent davantage de tensions dans le mariage. Au Japon, Ivan Head, qui était devenu le cerbère détesté de Margaret au cours des voyages officiels, lui dit qu'elle ne pouvait pas assister à la dernière conférence de presse de Pierre. Elle fit « une scène » et Pierre céda, mais Margaret était, selon ses propres termes, « hors d'elle ». Une fois assise dans la voiture de fonction, elle demanda de sortir, mais les portes étaient verrouillées. « Le garde japonais horrifié s'empressa de [lui] ouvrir et, sous les regards consternés des dignitaires qui reprirent leurs courbettes, [Margaret grimpa] les marches trois par trois en hurlant : *Fuck you!* à pleins poumons. » Comme elle l'insinue : « Geste plutôt difficile à assumer par la suite[12]. »

Les incidents se multiplièrent, et la célébrité – ou notoriété – de Margaret augmenta. Les lettres affluèrent de partout au pays et de l'étranger, et du personnel à temps plein fut engagé pour y répondre, en partie pour protéger Margaret de leur vitriol. Trudeau lui-même demanda de l'aide, mais ses relations avec sa femme étaient de plus en plus argumentatives et difficiles. Lorsqu'ils rencontrèrent le pape Paul VI à Castel Gandolfo, sa maison de campagne, Pierre irrita Margaret en niant avoir des problèmes lorsque le pontife lui demanda s'il en avait. Il dit à sa femme qu'il ne voulait pas parler de ses problèmes devant elle – une indication claire des conseils qu'il sollicitait auprès de chefs religieux, et de la distance qui le séparait de sa femme. Il commença à demander conseil à d'autres personnes qui connaissaient bien Margaret, comme Jane Faulkner, la femme de son collègue de cabinet Hugh Faulkner. Les frasques de Margaret attiraient de plus en plus l'attention de la presse, dans une décennie où les règles du journalisme politique étaient réécrites par Woodward et Bernstein dans leur couverture du Watergate et par la satire politique outrancière de *Saturday Night Live*, une émission conçue en 1975 par le Canadien Lorne Michaels.

Par ailleurs, la fougue de Margaret n'était pas unique ; elle avait une homologue au sud. Avant que Margaret ne parle de ses problèmes psychiatriques à l'automne de 1974, Betty Ford, la femme du président Gerald Ford, avait dit publiquement avoir eu une mastectomie. Elle fut par la suite tout aussi franche sur d'autres sujets, exprimant ses profondes convictions pro-choix (malgré le silence de son mari sur la question de l'avortement), son appui à l'intervention psychiatrique, son acceptation du sexe avant le mariage, et son propre plaisir dans la sexualité. Elle était, comme l'écrivit plus tard le *New York Times*, « un produit et un symbole de l'époque culturelle et politique – qui dansait le Bump dans les corridors de la Maison-Blanche, portait une bague sensorielle, et bavardait sur sa radio CB en utilisant le nom d'emprunt "First Mama" (première mère) – une femme au foyer revendiquant avec passion l'égalité des droits pour les femmes, et une mère de quatre enfants qui exprimait ses réflexions à voix haute et sans regret sur les drogues, l'avortement et le sexe avant le mariage[13] ». Les républicains conservateurs la surnommèrent « *No Lady* » (celle qui n'est pas une dame) plutôt que « *First Lady* » (première dame). Les journalistes canadiens, comme leurs homologues américains, tirèrent rapidement profit de cette nouvelle ouverture des épouses des dirigeants politiques et s'adaptèrent à la nouvelle franchise, particulièrement au Canada anglais. Peter C. Newman, dont les livres sur Diefenbaker et Pearson – écrits dans une langue directe et qui contenaient une foule de potins – transformèrent les écrits politiques dans les années 1960, était devenu le rédacteur en chef du *Maclean's*. Sous sa gouverne, ce mensuel vénérable devint un hebdomadaire animé – ne reconnaissant que peu de limites ou de tabous.

On voyait la liberté sexuelle s'épanouir ouvertement, mais la maladie mentale continuait de susciter nervosité et incertitude. En effet, l'opinion publique contraignit Thomas Eagleton, candidat démocrate au poste de vice-président, à démissionner en 1972 lorsque les médias révélèrent qu'il avait reçu des soins psychiatriques. Il n'est donc pas surprenant que le bureau de Trudeau annonçât en 1974 que Margaret était entrée à l'hôpital pour « se reposer » en raison d'un épuisement, et non qu'elle allait y recevoir des soins psychiatriques. L'année suivante, le film *Vol au-dessus d'un nid de coucou* remporta un nombre record de cinq oscars. On y évoquait la vie d'un criminel sain d'esprit se faisant passer pour fou afin d'être admis dans un asile, dans l'espoir d'y avoir une vie plus douce. Il trouvait, à la place, des conditions d'oppression totalitaire où le bien et le mal, la raison et la folie, l'amour et la peur étaient inversés sans jamais sembler pouvoir revenir à leur nature véritable. Ce film, d'une grande portée, reflétait et renforçait les arguments du philosophe français Michel Foucault voulant que la « maladie mentale » dans la pensée psychiatrique contemporaine serve à imposer la moralité bourgeoise et l'autorité de l'État. Lorsque la presse apprit que Margaret se trouvait en fait dans l'aile des soins psychiatriques, la façon dont elle traita cette information rendit compte de l'évolution des perceptions au sujet de la « maladie mentale » – changement que l'on constate de manière très évidente dans une élégante lettre que Margaret reçue de la romancière très admirée Gabrielle Roy.

> Madame,
>
> Je vous ai vue et écoutée hier à la télévision. J'ai été profondément émue par l'accent de sincérité qui se dégageait de tous vos propos. La télévision ne nous a pas habitués à recueillir souvent des mots qui sonnent si vrais venus droit de l'âme.
>
> Il me semble d'ailleurs que vous n'avez pas parlé en votre seul nom, mais au nom de toutes les femmes, que vous parliez pour chacune de nous... toutes plus ou moins enchaînées. Car dès que nous aimons ne subissons-nous pas une sorte d'esclavage ? Les hommes aussi sans doute le subissent – car qui est vraiment libre ? – mais moins peut-être que les femmes qui placent l'amour au centre de la vie et se trouvent ainsi les plus vulnérables des créatures.

Roy conclut sa lettre en se demandant « si ce ne sont pas de jeunes femmes comme vous, pleines de courage le plus grand qui soit, celui de la franchise, qui parviennent, et plus encore que les gouvernements, à changer le monde[14] ».

La manière dont Margaret parle des soins psychiatriques qu'elle a reçus dans ses mémoires et le caractère oppressif de la moralité conventionnelle étaient clairement influencés par cette perception ambivalente contemporaine de la maladie mentale. Tandis que les tabloïdes spéculaient, d'autres publications gardaient un silence discret : la *Canadian Annual Review of Politics and Public Affairs*, par exemple, ne mentionne jamais la maladie de Margaret ou même Margaret elle-même dans son épais volume sur 1976, et ne contient qu'une référence à elle en 1977. Les journalistes francophones détournaient généralement les yeux de la vie privée du premier ministre, même s'ils manifestaient une grande opposition contre lui du point de vue politique. Les tabloïds du Québec se montraient aussi discrets – contrairement à leurs homologues européens et au *Toronto Sun*, qui mirent souvent les problèmes des Trudeau en première page[15].

Trudeau était déconcerté. Il parla avec le père de Margaret, Jimmy Sinclair, des problèmes du couple lorsqu'ils visitèrent en secret les Territoires-du-Nord-Ouest et l'Arctique à l'été de 1975. Il encouragea Margaret à s'adonner à la photographie, à voyager lorsqu'elle le voulait, et même à magasiner lorsque l'envie la prenait. À l'été de 1976, malgré sa chute de popularité dans les sondages, il accepta d'aller en Jordanie avec Margaret visiter leurs amis le roi Hussein et la reine Alia. En raison de la situation politique délicate de la région – et du fait que sa circonscription de Mont-Royal comptait un grand nombre de Juifs –, il ajouta une semaine en Israël, une visite que Margaret détesta parce qu'il s'agissait d'une visite officielle. Elle se disputait avec l'ambassadeur canadien et avec Pierre, qui lui dit qu'elle était une compagne de voyage « détestable ». De retour à la maison, elle fuma de la marijuana avec une attitude de défi, ce qui rendit Trudeau furieux, narguant le personnel de sécurité de la Gendarmerie royale. Lors d'une dispute, elle arracha du mur la courtepointe de Joyce Wieland intitulée *La raison avant la passion*, déchira des lettres et les jeta du haut de l'escalier sur Pierre. Ils se querellaient constamment, mais Trudeau ne cessait de répéter à Margaret : « Tu dois faire exactement ce que tu veux. Tu peux faire tout ce que tu veux ! » Le problème, écrivit plus tard Margaret, était que « j'avais besoin de direction et non de liberté ». Trudeau, comme un commentateur perspicace l'écrivit à l'époque, avait peut-être le corps d'un homme dans la vingtaine, mais pas l'esprit. Il retourna où il était déjà passé, obtenant de vieilles réponses à de nouvelles questions. Il affirma à un intervieweur le 30 septembre 1975 : « Les gens veulent qu'on les dirige, mais pas qu'on les pousse. La distinction est vitale. Ils doivent être convaincus que vous avez raison pour vous suivre de plein gré, et ils doivent restés convaincus que vous avez toujours raison. » Tant en politique que dans son mariage, Trudeau ne semblait plus capable de convaincre les autres qu'il avait raison[16].

Les Trudeau passèrent le Noël de 1976 avec leur ami architecte Arthur Erickson dans les Caraïbes, où le premier ministre de Sainte-

Lucie leur fournit une voiture, un yacht et des provisions. Néanmoins, malgré le luxe et l'ambiance tropicale luxuriante, Pierre et Margaret « vivaient enfermés dans leurs propres cauchemars ». À leur retour le 9 janvier, Margaret s'inscrivit à un cours de photographie au Collège Algonquin à Ottawa, mais prit un congé pour visiter Washington avec Jane Faulkner et assister à l'ouverture d'une exposition à la galerie Hirshhorn. Elle charma la foule et, surtout, l'ambassadeur canadien « Jake » Warren, qui s'extasia que « pour de nombreux Américains, la vitalité, le charme et la simplicité attachante de Mme Trudeau personnifiaient quelque chose de spécial du caractère [canadien] ».

Puis, à la fin de février, Trudeau fit un voyage historique à Washington, principalement pour répliquer à un discours rassurant qu'avait fait René Lévesque le mois précédent à l'Economic Club de New York sur l'indépendance du Québec. Trudeau et le nouveau président américain, Jimmy Carter, se prirent immédiatement de sympathie, tout comme Margaret et Rosalynn Carter. À l'arrivée des Trudeau, les deux couples posèrent devant la véranda de la Maison-Blanche ; Margaret était superbe avec un chapeau de fourrure blanche. Toutefois, le soir du 21 février, au dîner officiel, elle portait une robe courte et ses bas de nylon avaient filé, ce qui leur donnait une apparence suggestive. La foule se mit à murmurer, mais sa beauté juvénile et son exubérance charmèrent ceux qu'elle rencontra. Les invités mangèrent du crabe d'Alaska et de la selle d'agneau farcie tandis que l'orchestre jouait de la musique populaire, romantique et, dans les circonstances, inappropriée, comme *I Concentrate on You* de Cole Porter et *I Could Have Danced All Night* de *My Fair Lady*, avec ses images d'une jeune fille innocente tombant amoureuse d'un vieux mentor. De nombreuses célébrités se trouvaient à la Maison-Blanche – John Kenneth Galbraith, Lorne Greene, la vedette d'origine canadienne de la série *Bonanza*, le chanteur Harry Belafonte, Elizabeth Taylor et deux jeunes fervents admirateurs de Carter, Bill Clinton et Hilary Rodham – mais ce furent Margaret et ses bas filés qui attirèrent le plus l'attention. Le *Washington Post* parla d'elle dans son reportage, et le *Globe and Mail* trouva un « représentant officiel » d'une association canadienne de la mode qui la condamna pour avoir embarrassé son pays. Pourquoi ne pouvait-elle pas se comporter comme la femme du président français et être la fierté de l'industrie de la mode de son pays ? Plusieurs années plus tard, le président Carter se rappela que Rosalynn et lui n'avaient jamais compris pourquoi il y avait eu une telle controverse. Même le *Globe*, dans un éditorial ultérieur, déclara à son honneur approuver la décision de Margaret de porter la robe courte, et que « la capacité qu'avaient les ourlets contrastants de tournoyer harmonieusement ensemble était encourageant à voir[17] ».

Le 23 février, Carter écrivit une note manuscrite à « Pierre et Margaret Trudeau », sans doute avec la controverse fraîche dans sa mémoire :

> Rosalynn et moi avons vraiment apprécié votre visite et espérons vous revoir souvent dans l'avenir.
>
> Pierre, votre expérience et votre franchise naturelle m'ont été très utiles comme nouveau président. J'ai senti que nos pays étaient encore plus proches.
>
> Margaret, vous avez apporté une bouffée d'air frais et de charme à Washington. Merci. Votre ami, Jimmy.

Trudeau reçut cette note au moment même où il signait sa propre réponse dactylographiée. Il prit son stylo et ajouta : « On vient tout juste de me remettre votre note manuscrite dans laquelle je retrouve toute la chaleur et la franchise qui ont fait de notre rencontre et de nos conversations une expérience inoubliable. Margaret et moi sommes très reconnaissants de votre amitié et de celle de Rosalyn [*sic*], et nous espérons que les occasions seront nombreuses dans l'avenir de la renouveler. »

Il n'y en eut pas. Quelques jours plus tard, le 4 mars, date de leur sixième anniversaire de mariage, Margaret décida de quitter Pierre pour une séparation d'essai de quatre-vingt-dix jours. Il n'y eut pas d'annonce publique. Même les assistants de Trudeau ne savaient pas pourquoi Margaret était maintenant si souvent absente[18].

Margaret avait prévu un voyage à New York, mais elle accepta plutôt une invitation à aller à Toronto pour assister à un concert des Rolling Stones. Ils se rencontrèrent au nouvel hôtel Harbour Castle, au bord du lac Ontario, dans la suite de Mick Jagger, où le chanteur fut au départ « poli et charmant » autour d'un verre de vin. Puis ils se rendirent au El

Mocambo, un club de rock de l'avenue Spadina, où les Stones surprirent l'assistance. La nuit suivante, Margaret resta à Toronto ; elle assista à une session des Stones, qu'elle photographia, puis elle aida à prendre soin du jeune fils de Keith Richards, pendant que Richards, qui était déjà accusé de possession d'héroïne, était roulé en boule sur le plancher. Aux petites heures du matin, elle invita les Stones dans sa chambre, où ils burent, jouèrent aux dés et fumèrent du hasch. Le lendemain, elle prit l'avion pour New York pendant que les manchettes des journaux claironnaient que la femme du premier ministre du Canada avait fait la bringue avec les plus mauvais garçons du rock. Paul Wasserman, l'agent du groupe, mentit à la presse en disant que Margaret avait pris l'avion pour New York avec les Stones, ce qui n'était pas le cas. Jagger récusa cette histoire, disant aux journalistes qu'il connaissait à peine Margaret – une « personne très attirante et gentille » – et qu'il était à New York avec sa femme et n'y avait pas vu Margaret[19].

Malgré les propos rassurants de Jagger, la séparation demeura un secret et les articles des tabloïds se déchaînèrent, surtout en Europe, où les sources canadiennes officieuses étaient faciles à trouver. Le nouvel attaché de presse de Trudeau, Patrick Gossage, était perplexe devant les milliers d'appels demandant la confirmation des rumeurs sur la fête au Harbour Castle, sur la situation matrimoniale de Trudeau, et sur les allées et venues de Margaret. Gossage écrivit dans son journal intime : « La soif de connaître personnellement les grands est-elle devenue la seule monnaie commune, le réel avantage concurrentiel, qui inquiète même le puissant *Toronto Star*, [et] le très estimé *Globe and Mail* ? » Lorsque Margaret retournait au 24, promenade Sussex, les Trudeau restaient discrets, même si les journalistes surveillant la maison la voyaient aller et venir. Dans son journal intime, Gossage exprime combien il était difficile de s'occuper de la situation, surtout quand Margaret avait déclaré publiquement en « avoir eu assez » – elle avait « abdiqué ». Les représentants officiels du premier ministre étaient tout de même déroutés et leur confusion était apparente dans leurs commentaires. Lorsque les Trudeau firent leur apparition en famille à l'ouverture des Jeux du Canada à la mi-mai, ils brouillèrent l'esprit de la presse, ainsi que les propres assistants de Trudeau. C'est alors que, le 30 mai, le Cabinet du premier ministre diffusa le communiqué suivant :

Pierre et Margaret Trudeau annoncent que, selon les désirs de Margaret, ils vont commencer à vivre séparément. Margaret renonce à tous ses droits en tant qu'épouse du premier ministre et désire abandonner le mariage et poursuivre sa propre carrière. Pierre accepte la décision de Margaret avec regret et tous deux souhaitent que leur séparation soit le début d'un meilleur rapport entre eux.

Le mariage se termina comme il avait commencé, selon les termes de Linda Griffith, avec « tous les aspects de l'humanité, amplifiés[20] ».

Patrick Gossage nota dans son journal intime que les journalistes « rationalisaient » la couverture de l'échec du mariage en reliant celle-ci à la question de savoir quel effet cet échec avait sur Trudeau dans son rôle de premier ministre. Ses problèmes ont-ils nui à sa compétence ? La rupture du mariage a-t-elle pour effet de faire monter en flèche sa popularité, comme le soutint Margaret ? La réponse à la première question est probablement oui, même si la preuve est surtout circonstancielle. Après la séparation, les journalistes rappelèrent comment il était indécis après les élections de 1974, ce qui ne lui ressemblait pas, comment il voyageait beaucoup, et comment il se mettait rapidement en colère – en particulier, comment, en novembre 1974, il était devenu furieux à la Chambre des communes lorsqu'il avait interprété un commentaire de l'opposition comme une référence à la rupture de son mariage. Pourtant, quiconque regarde ses entrevues, lit les transcriptions de ses conférences de presse et examine ses documents ne peut qu'être impressionné par sa connaissance des enjeux et sa réponse rapide aux questions. Lorsque, par exemple, il rencontra la presse à Washington après l'incident de la « robe courte », Trudeau était bien informé, plein d'esprit et concentré. Chose certaine, les commentateurs de l'époque étaient impressionnés. Dick Beddoes du *Globe and Mail* témoigna de sa sympathie lorsqu'il écrivit, après que Margaret eut donné une entrevue au magazine *People* où elle parla de sa lingerie : « Trudeau a réagi avec une élégance peu commune aux indiscrétions de sa femme, les pressions de son ménage ne semblant pas avoir nui au pays ni à ses compétences pour le gouverner. » Dans une entrevue où le journaliste québécois Alain Stanké tenta de percer la réserve de Trudeau, le premier ministre maintint une maîtrise entière de soi, sauf lorsqu'il parla de ses trois fils – sur lequel sujet sa joie était irrépressible. Il refusait autrement d'admettre avoir des relations personnelles profondes avec quiconque. Tout en admirant la réserve de Trudeau, Gossage se demandait ce qui se cachait derrière le calme qu'il affichait en surface : « Si vous n'êtes pas passé par là, vous ne savez rien de la manière dont les émotions peuvent vous réduire en lambeaux[21]. » Et lambeaux c'étaient.

Les assistants les plus proches de Trudeau, tout en admirant sa réserve en public, se rappellent sa distraction pendant les derniers mois agonisants de son mariage. En mai 1977, Gossage écrivit dans son journal intime que l'un des principaux assistants de Trudeau fit remarquer que celui-ci était devenu « extraordinairement et exceptionnellement imprévisible ». D'autres se souviennent que ses commentaires habituellement incisifs sur les mémorandums se firent beaucoup plus rares. À la Chambre des communes et lorsqu'il était bousculé par la presse, ses réparties étaient plus tendues, ses émotions, à fleur de peau*. D'autres se rappellent que les mois précédant la décision de Margaret de partir furent nettement tendus, incertains et difficiles. Pourtant, en 1977, il déclara à un intervieweur qu'après la victoire des séparatistes à l'élection québécoise de 1976, « le destin » l'avait mis au pied du mur. Il ne pouvait pas quitter la politique, comme le souhaitait Margaret, alors qu'« accomplir la chose précise qui avait motivé [son] entrée en politique » était en jeu[22] ».

On peut répondre à la seconde question – à savoir si le divorce fit monter en flèche la popularité de Trudeau – par un oui catégorique. Ironiquement, la vague de sympathie pour Trudeau que déclencha l'élégante annonce de la séparation diffusée en mai ébranla le triomphe de René Lévesque du 15 novembre 1976, que Margaret et, apparemment, Pierre considéraient comme le coup de grâce à leur mariage. Bien qu'aucune réponse scientifique ne puisse être fournie et que les spécialistes des sondages ne pouvaient pas, et n'ont sûrement pas pu, formuler une question pour indiquer exactement l'incidence de la rupture du mariage sur

---

* Un exemple fascinant du mélange du privé et du public dans l'esprit de Trudeau se produisit le 26 novembre 1976 lorsqu'on lui demanda si le Canada devrait organiser un référendum national si le Québec avait recours à un référendum provincial sur la séparation. Il répondit que la question était intéressante : « C'est comme dans un mariage. » *Le Devoir*, 26 novembre 1976.

la popularité accrue de Trudeau, le premier ministre ne fut jamais aussi populaire qu'à l'été de 1977, sauf pour cette brève et subite occasion pendant la crise d'Octobre. Les sondages effectués immédiatement après la victoire de Lévesque avaient été désastreux pour les libéraux fédéraux. En janvier 1977, les conservateurs menaient avec une marge suffisamment grande pour former un gouvernement majoritaire. Puis, lorsque le mariage de Trudeau se brisa, le vent tourna.

	LIBÉRAL	PC	NPD	AUTRES	INDÉCIS
Janvier	35	45	16	4	33
Février	41	37	17	4	32
Mars	42	36	17	5	37
Avril	44	34	18	4	39
Mai	47	32	17	4	31
Juin	51	27	18	4	31
Juillet	51	27	18	4	31
Août	50	29	17	4	34
Septembre	49	30	18	3	38

Au début de 1977, les sondages indiquaient que John Turner serait un chef libéral beaucoup plus populaire, et les experts méditaient sur le départ imminent de Trudeau. En juin, cependant, personne ne doutait plus que Trudeau resterait en fonction, et que Lévesque et lui étaient à présent engagés dans la lutte de leur vie[23].

❧

La vie personnelle de Trudeau fit probablement augmenter ses résultats dans les sondages en 1977, mais sa propre réaction à la victoire des séparatistes au Québec au début de l'année joua également un rôle dans son regain de popularité. Après avoir initialement fait un faux pas en réagissant grossièrement et même personnellement à la victoire de Lévesque, Trudeau parvint à devenir plus fort lorsque Lévesque alla trop loin au début de la nouvelle année*. Lorsque le nouveau premier ministre québécois s'adressa au prestigieux Economic Club de New York le 25 janvier, il cherchait à rassurer Wall Street que le Parti québécois ne représentait pas une menace pour les détenteurs américains d'actions ou d'obligations. Il est vrai que sa tâche était difficile, car le Parti québécois était extrêmement dépendant du soutien des syndicats et de la gauche, et son programme était de son propre aveu social-démocrate. Lévesque avait cependant donné les postes clés de son Conseil exécutif à des ministres dont les antécédents et les opinions rassuraient le milieu des affaires – entre autres l'économiste Jacques Parizeau, qui devint le ministre des Finances, et l'ancien fonctionnaire Claude Morin, un « gradualiste » qui devint ministre des Affaires intergouvernementales. Le monde des affaires québécois, qui avait été dominé traditionnellement par les anglophones, faisait partie intégrante du milieu des affaires nord-américain et craignait l'indépendance du Québec et le socialisme du PQ. D'après une étude contemporaine, onze sièges sociaux avaient quitté la province en 1975 et soixante et un en 1976, et le rythme allait en s'accélérant en 1977, tandis qu'une autre étude montrait que les actions d'entreprises québécoises avaient subi des baisses relativement plus importantes que les autres actions canadiennes ou américaines après les élections provinciales.

Étant donné cette réaction, Lévesque avait besoin de rassurer son auditoire à New York, et il promit que le Québec demeurerait dans une union économique avec le Canada et que la séparation ne serait mise en

---

* Depuis la fin des années 1960, Trudeau avait fait savoir publiquement qu'il accueillait la formation d'un parti politique incorporant une plateforme séparatiste plutôt que les nombreux groupes, certains violents, qui avaient fait la promotion de la cause. Même s'il regrettait l'élection du Parti québécois en 1976, il était heureux d'avoir la chance d'affronter directement les séparatistes. Un ministre libéral non identifié de l'Ontario dit à Peter Desbarats, biographe de Lévesque, qu'avant les élections de 1976 une victoire séparatiste « ne serait pas la fin du monde [...]. Cette épée de Damoclès nous pend sur la tête depuis 1960. Une victoire de Lévesque représenterait peut-être la *catharsis* dont nous avons tous besoin. » La remarque rend compte de la frustration des libéraux fédéraux par rapport à Bourassa, mais Trudeau n'était pas aussi optimiste que le ministre ontarien qu'il serait possible d'avoir une « vraie négociation » avec Québec. Peter Desbarats, *René ou le projet inachevé* (Montréal : Fides, 1977), p. 246. Sur le pessimisme de Trudeau concernant la négociation, voir Pierre Trudeau, *Mémoires politiques* (Montréal : Le Jour, 1993), p. 253.

œuvre qu'après la tenue d'un référendum. Il faillit à la tâche. Le lendemain, James Reston, le rédacteur en chef du *New York Times*, décrivit
René Lévesque comme un excellent conférencier, mais conclut que ce
« qu'il propose pose de graves problèmes ». Il avait écouté le discours
avec « admiration », mais aussi avec « regret », car « la mélodie de la séparation, tout comme le désir d'indépendance des Écossais et des Gallois,
semblait démodée et presque tragique ». Dans les pages consacrées aux
affaires, on semblait rendre le discours responsable de la chute de la
bourse des valeurs, et tant Moody's que Standard and Poor's annoncèrent qu'elles allaient réexaminer la notation des obligations du Québec.
Lévesque, amer, rejeta imprudemment le blâme sur une « cinquième
colonne » dans l'auditoire qui aurait détruit son message positif[24].

Lévesque avait aussi des problèmes plus près de chez lui. Lorsqu'il
s'adressa à la Chambre de commerce de Montréal le 8 février, il n'avait
pas son éloquence et sa force habituelles, en partie en raison d'un horrible accident de voiture deux jours plus tôt où il avait heurté un corps
couché sur un boulevard de Montréal, mais aussi parce que le discours
de New York continuait d'obtenir de mauvaises critiques. Il sembla « fatigué » et « visiblement ébranlé » devant la Chambre, mais parla pendant
une heure et vingt-sept minutes sous les applaudissements discrets d'un
vaste auditoire. En revanche, lorsque Trudeau avait pris la parole à la
Chambre de commerce de Québec le 28 janvier, il avait mis au défi le
PQ de faire son référendum bientôt, et une foule de 1500 personnes s'était
levée pour l'ovationner en chantant « *Ô Canada* ». L'événement servit de
répétition à son principal numéro politique cet hiver-là[25].

En réponse à la nouvelle crise, Trudeau accepta la recommandation du Comité du Cabinet chargé de la planification politique voulant
qu'il commence à tenir des conférences de presse régulières, si possible
hebdomadaires[26]. Bien qu'il fut réticent, Trudeau suivit la recommandation et utilisa l'une des conférences de presse pour nier que le discours
qu'il allait bientôt prononcer devant le Congrès américain, le premier
jamais fait par un premier ministre canadien, serait une réaction au discours que Lévesque avait fait à l'Economic Club. Il allait parler du
« Canada », et non de questions particulières, déclara-t-il[27]. Mais il n'y
avait qu'une seule question, et Lévesque était au cœur de celle-ci. Trudeau
prit la parole le 22 février et le texte fut publié immédiatement sur du

papier à lettres de haute qualité et distribué à grande échelle. Il commença par faire l'éloge avec éloquence de l'expérimentation et de l'expérience américaines. Il mentionna, en particulier, la « révolution sociale » des dernières années au cours desquelles les États-Unis avaient surmonté « des difficultés présentant d'immenses complications et de l'obstination [...] au moyen du processus démocratique » et fourni « un modèle pour toutes les nations ayant à cœur la dignité de la condition humaine ». Trudeau faisait ensuite le lien entre la route historique vers la liberté des Afro-Américains et l'acquisition par les Canadiens français conquis de leurs droits juridiques, sociaux et politiques. Malgré de nombreuses réalisations depuis la Confédération, dit-il, les Canadiens français ne s'étaient pas sentis totalement égaux : « Et voilà la source de notre principal problème aujourd'hui. Voilà pourquoi une minorité de gens du Québec sentent qu'ils devraient quitter le Canada et avoir leur propre pays. » Trudeau rassura ensuite son auditoire : « Le gouvernement nouvellement élu de cette province défend une politique reflétant cette opinion minoritaire, malgré le fait que pendant la campagne électorale il ait demandé un mandat pour un bon gouvernement, non un mandat pour la séparation du Canada. »

Trudeau soutint que la séparation serait désastreuse et allait à l'encontre de la voie que devait suivre le monde. Dans le passage le plus mémorable de son discours, il dit : « Une majorité de Canadiens comprennent que la rupture de leur pays serait une entorse aberrante aux normes qu'ils ont eux-mêmes établies, un crime contre l'histoire de l'humanité ; car je suis suffisamment impudique pour suggérer que l'échec de cette expérience sociale canadienne toujours variée, souvent illustre, créerait des vagues de choc d'incrédulité auprès de tous ceux partout dans le monde qui ont à cœur la proposition voulant que parmi les tentatives les plus nobles de l'homme se trouvent les communautés dans lesquelles les gens de diverses origines vivent, aiment, travaillent et trouvent un avantage mutuel. » Puis, comme il l'avait promis, il passa du Canada aux défis auxquels faisait face le continent et, avec plus d'éloquence, le monde :

« Même si nous sommes sortis de l'époque de la guerre froide avec ses confrontations politiques et militaires, il existe néanmoins un autre danger : celui que nous soyons rigides dans notre réaction aux défis actuels que sont la pauvreté, la faim, la dégradation environnementale et la prolifération nucléaire. Notre capacité à répondre à ces problèmes dépendra dans une certaine mesure de notre consentement à reconnaître qu'ils forment les nouveaux obstacles à la paix. Notre poursuite de la paix à ces égards a été tristement trop souvent aussi peu imaginative que notre lutte parfois aveugle avec les absolus de la sphère politique internationale. En outre, nous n'avons pas réussi à mobiliser adéquatement le soutien total de nos électeurs pour bâtir un nouvel ordre mondial. »

Enfin, Trudeau, qui avait bien longtemps auparavant dans son dortoir de Harvard traité avec mépris le patriotisme américain, rendit hommage au leadership américain et demanda aux Américains de rejeter l'avertissement de George Washington de se méfier des « ruses insidieuses des influences étrangères » et d'éviter les « alliances permanentes avec toute partie du monde étranger ». À présent, affirma-t-il, le Canada a besoin de l'Amérique. « Et pourtant, me voici, un étranger, tentant – insidieusement ou non, vous devrez en juger vous-mêmes – de recommander avec insistance que l'Amérique forme de nouvelles alliances encore plus permanentes. » Il se permettait de le faire en raison du lien existant entre le Canada et les États-Unis, et de l'esprit que représentait l'Amérique. Fort de sa déclaration hardie, il conclut : « La phrase de Thomas Paine demeure tout aussi valide aujourd'hui qu'il y a deux cents ans lorsqu'il l'a prononcée : "mon pays est le monde, et ma religion est de faire le bien". Dans votre quête continue de ces idéaux, Mesdames et Messieurs, tous les Canadiens vous souhaitent bonne chance ! » Les ironies ne manquaient pas – Thomas Paine s'était rebellé contre la Couronne britannique à laquelle les aïeux Elliott de Trudeau étaient restés loyaux ; la jeunesse de Trudeau avait été marquée par un dédain catholique conservateur pour l'esprit que représentait l'Amérique, et son premier gouvernement avait minimisé l'importance du Canada à l'échelle internationale –, mais le discours adaptait les opinions aux nouvelles réalités de l'esprit national canadien. Il atteint nettement et efficacement sa cible[28].

La réaction de la presse au Canada anglais fut très favorable, et le chef conservateur Joe Clark, qui avait été très critique des premières réactions de Trudeau à l'élection du Parti québécois, dit qu'il aurait applaudi le discours s'il avait été présent. Ed Broadbent, le chef du NPD, fut même plus généreux, le jugeant « sensible et élégant ». Au Québec, comme on pouvait s'y attendre, les journalistes de langue anglaise furent flatteurs, mais leurs homologues francophones critiquèrent la rhétorique exaltée et les détails vagues. Pour Claude Ryan, « le discours de Washington ne changera rien[29] ». La critique se concentrait sur l'absence de réponses précises aux doléances du Québec, mais l'approche générale adoptée par Trudeau dans son discours marquait une réelle différence dans la réponse du gouvernement fédéral, laquelle avait causé des problèmes depuis la victoire des séparatistes.

Premièrement, le discours reconnaissait la primauté de la question du Québec dans la politique canadienne. La rupture du Canada était un « crime contre l'humanité » – une déclaration qui fit monter énormément les enchères et mit de côté la conversation calme sur l'union économique et les référendums consultatifs. En établissant un lien entre la question du Québec et les problèmes internationaux plus vastes ainsi qu'entre les destins du Canada et des États-Unis, Trudeau cherchait à internationaliser le problème, comme l'avait fait le Québec pendant une décennie à propos de sa relation avec la France. Trudeau savait que, pour le Québec, la relation avec les États-Unis était beaucoup plus importante du point de vue économique et qu'elle aurait finalement plus d'influence sur la décision des gens de voter *oui* ou *non** à un référendum**. Il y a d'innombrables preuves que le discours de Trudeau eut l'effet souhaité. Reston écrivit dans le *New York Times* que l'appel lancé

---

* NDT : En français dans le texte.

** Après qu'il y eut eu une série d'événements entre le Canada et le Québec concernant la représentation internationale, René Lévesque fit une visite en France au début de novembre 1977 où il fut nommé Grand Officier de la Légion d'honneur. Le Canada s'objecta à cette reconnaissance parce que le gouvernement du Canada n'avait pas été consulté, comme cela était requis lorsqu'un Canadien recevait un honneur officiel dans un pays étranger. La France avait invité Lévesque à prendre la parole devant l'Assemblée nationale, mais, en raison des pressions exercées par le Canada, elle dut revenir sur sa position. Il aurait été le premier dirigeant étranger à le faire depuis Woodrow Wilson en 1919. Finalement, Lévesque parla devant les membres de l'Assemblée, mais dans un lieu différent. Jacques Chirac, le maire gaulliste de Paris, fit la fête à Lévesque et appuyait la séparation du Québec, tandis que le président français Valéry Giscard d'Estaing, qui organisa le dîner au cours duquel Lévesque reçut la Légion d'honneur, offrit son soutien, quelle que soit la voie choisie par Québec. Pierre-Louis Mallen, *Vivre le Québec libre* (Paris : Plon, 1978), p. 11 et suivantes, et J. T. Saywell, éd., *Canadian Annual Review of Politics and Public Affairs 1977* (Toronto : University of Toronto Press, 1979), p. 283.

par Lévesque aux Américains pour qu'ils acceptent le « démembrement » du Canada était la « pire proposition faite au gouvernement américain depuis que Nikita Khrouchtchev nous a invités à accepter l'emplacement des missiles nucléaires soviétiques à Cuba[30] » – mauvaise pour les États-Unis ; fatale pour le Canada.

Deuxièmement, Trudeau rejetait les réactions qui, selon lui, résulteraient inéluctablement en une décentralisation importante du Canada. Dans la confusion qui suivit les élections au Québec, par exemple, Ed Broadbent rompit avec la position centraliste traditionnelle du NPD et recommanda vivement de considérer la décentralisation comme une réponse à la situation, une opinion que les libéraux et le *Toronto Star,* qui était nationaliste, approuvèrent de façon surprenante. Les réactions des provinces furent encore plus significatives. Au cours de la campagne électorale au Québec, Peter Lougheed, le premier ministre albertain, envoya une lettre signée au nom des autres premiers ministres anglophones acceptant de discuter de rapatriement si la répartition des pouvoirs dans l'Acte de l'Amérique du Nord britannique était mise sur la table et d'importants pouvoirs étaient transférés aux provinces. Même si Trudeau lui-même avait déjà pensé que la décentralisation et un partage plus rigoureux des responsabilités étaient appropriés étant donné les nouveaux défis du gouvernement, son expérience au gouvernement l'avait fait changer d'avis. En raison de la crise du pétrole, qui entraîna un soudain déplacement de la richesse vers l'Ouest canadien, et des demandes grandissantes du Québec pour obtenir plus de pouvoirs, Trudeau répondit avec brusquerie à la lettre de Lougheed, envoyée à un moment mal choisi, en lui disant que toutes nouvelles réunions avec les premiers ministres « se révéleraient avoir peu de raison d'être si tout ce que les provinces souhaitaient était d'obtenir plus de pouvoirs ».

Lorsque Joe Clark, le nouveau chef du Parti conservateur, se fit l'écho des demandes de Lougheed et de Lévesque visant l'accroissement des pouvoirs des provinces, Trudeau prit une position ferme contre tout changement. Il répondit sans ménagement à un étudiant albertain à Oxford, qui insinuait que la réécriture de l'Acte de l'Amérique du Nord britannique de manière à donner plus de pouvoirs aux provinces renforcerait la Confédération : « Eh bien ! il est difficile de comprendre comment on pourrait renforcer la Confédération en l'affaiblissant ! » Le

Canada, poursuivit-il, « est déjà l'un des pays les plus décentralisés du monde, et l'on peut pousser plus loin la décentralisation, mais alors on perd la notion d'un pays pouvant agir à l'unisson et on commence à œuvrer pour une confédération d'États semi-indépendants ». Éventuellement, cette longue réponse se résuma en une question : « Qui parle au nom du Canada ? » Pour Trudeau, la réponse était évidente : le premier ministre du Canada[31].

Troisièmement, Trudeau rejetait l'idée d'un statut spécial pour le Québec dans la fédération existante, et il refusait également la possibilité d'avoir une quelconque relation spéciale après la séparation. Les premiers jours suivant les élections au Québec, le statut spécial sembla à de nombreux Canadiens une solution préférable à la séparation. Le *Toronto Star*, qui s'était opposé vivement à un statut spécial dans les années 1960 et au début des années 1970, changea d'avis après le choc de la victoire des séparatistes. Le journal rappela aux lecteurs qu'après la victoire des libéraux au Québec en 1973, Trudeau avait souvent déclaré que le séparatisme était « mort », mais novembre 1976 prouvait à présent qu'il était bel et bien en vie, et qu'il fallait réagir autrement. L'idée d'un statut spécial obtenait davantage l'appui de certains intellectuels anglo-canadiens, particulièrement ceux associés au Nouveau Parti démocratique (parti que Trudeau avait abandonné au début des années 1960 parce qu'il appuyait un certain type de statut spécial). Dans le Parti libéral fédéral, certains députés plus jeunes du Québec étaient aussi partisans de la notion de compromis et, immédiatement après les élections, ils exprimèrent dans le caucus libéral un intérêt pour un « statut spécial ». Serge Joyal était celui qui se faisait le plus entendre, mais d'autres aussi présentaient des arguments en faveur d'*une attitude d'ouverture** envers le Parti québécois. Lorsque les sondages effectués immédiatement après les élections au Québec indiquèrent une solide avance pour Joe Clark, un intervieweur de la télévision demanda à Trudeau s'il ne devrait pas écouter les dissidents et trouver une solution. Non, répondit-il avec fermeté : « Dans mon gouvernement, je ne retiens pas les gens de force ou par chantage. Ils travaillent avec moi s'ils partagent mes opinions et ma vision du Canada. Dans le cas contraire, ils n'auront pas à entrer en guerre

---

* NDT : En français dans le texte.

contre moi ou à me flanquer dehors. Je dirai simplement : "Au revoir". »
Les députés, rappela Trudeau à son public, connaissaient ses opinions
lorsqu'ils s'étaient portés candidats. Il discuterait d'un « échange de pouvoir, dit-il, mais ne croyez pas que je sois en train d'adopter une opinion
diamétralement opposée à ce que je prêche depuis dix ans[32] ». À Noël
1976, personne ne doutait de la position de Trudeau.

La position de Trudeau avait gagné encore davantage de clarté au
mois de mars, qualité précieuse dans un monde politique où la stupéfaction et la confusion régnaient. Les Canadiens trahissaient une grande
incertitude lorsqu'ils parlaient aux sondeurs, et au Québec, même si
les électeurs avaient appuyé un parti séparatiste en novembre 1976, ils
affirmèrent dans les sondages qu'ils ne voulaient pas la séparation.
L'opinion publique semblait réagir comme une girouette, suivant les
bourrasques les plus fortes. Un sondage de Martin Goldfarb indiqua
en mai que 33 p. cent des Québécois appuieraient la « séparation »,
mais les sondages Gallup réalisés au cours de l'année donnaient plutôt
un résultat autour de 20 p. cent. CROP, une maison de sondage de
Montréal, publia un résultat de 19 p. cent en mai, mais, lorsque la question fut reformulée pour « l'indépendance avec une association économique », le résultat augmenta à 38 p. cent, avec 50 p. cent appuyant la
séparation si le référendum demandait simplement un mandat pour
renégocier « la souveraineté-association ». Pour embrouiller encore
davantage les choses, un sondage du réseau français de Radio-Canada
effectué en novembre indiqua que le choix préféré des Québécois était
un « fédéralisme renouvelé ».

À l'extérieur du Québec, les provinces qui s'opposaient le plus à la
séparation du Québec étaient ses voisines, en particulier l'Ontario, et
celles qui s'opposaient le plus à un statut spécial et au bilinguisme étaient
les provinces des Prairies. Les Canadiens anglais affirmèrent dans un
sondage Gallup par une marge de 54,2 p. cent contre 38,3 p. cent qu'ils
s'opposaient à la négociation « d'ententes politiques et économiques spéciales avec le Québec pour empêcher la séparation ». Toutefois, les francophones appuyaient ces négociations par une marge de 66,9 p. cent
contre 23,2 p. cent. De la même façon, lorsqu'on demanda aux Canadiens anglais si « les gouvernements du Canada et des provinces
[devraient] encourager et financer davantage d'initiatives de bilinguisme

dans le pays afin d'essayer d'empêcher la séparation », seulement 27,8 p. cent étaient d'accord tandis que 64,1 p. cent s'opposaient à une telle politique. Pour les francophones, les résultats étaient presque exactement l'opposé : 56 p. cent oui, 33,1 p. cent non. D'une part, l'ambiguïté de ces réponses donna à Claude Morin au Québec la liberté de mettre au point son approche gradualiste à la séparation en pesant soigneusement les mots du référendum ; d'autre part, elle donna à Trudeau la liberté de mener plutôt que de suivre[33]. Cette liberté lui permit de capter l'imagination du public – pendant un certain temps.

Au début de l'hiver de 1977, Christina McCall écrivit dans le *Saturday Night* : « Que vous l'aimiez ou non, la plupart des choses qui se passeront au Canada au cours des quelques années à venir dépendront de Pierre Trudeau. » Il était « le champion de la cause fédéraliste, dit-elle, et nous sommes les spectateurs mal à l'aise ». Elle convenait comme le sénateur conservateur Grattan O'Leary que « la chance a tendance à lui sourire ». McCall, qui écrivit la meilleure analyse des libéraux dans les années 1970, croyait que, comme cela avait été le cas de Churchill en 1940, l'homme vaincu avait trouvé son moment et son défi. Les individus, écrivit-elle, déterminent le cours de l'histoire autant que les idéologies[34]. Que la chance de Trudeau ait tourné au début de 1977 était un renversement stupéfiant d'une période qui avait été épouvantable pour lui et son gouvernement. Après l'effondrement de son mariage et la menace de son rêve, Trudeau était maintenant placé devant son plus grand défi.

CHAPITRE 12

Fin de course

La détermination de Trudeau à s'attaquer de nouveau à la Constitution, le drame de l'échec de son mariage et sa vive réaction à la victoire du Parti québécois au Québec firent oublier à beaucoup de Canadiens qu'entre l'automne de 1975, moment de la démission de John Turner, et la soudaine remontée des libéraux dans les sondages au printemps de 1977, tant le gouvernement de Trudeau que le Parti libéral avaient fait bien des faux pas. Bien que de nombreux Canadiens à l'époque avaient tendance à fermer les yeux sur ces détails gênants, préférant concentrer leur attention encore une fois sur Trudeau, leur champion, les problèmes méritaient qu'on y prête attention : ils allaient sortir plus tard de leur état de sommeil et modifier profondément la vie politique canadienne. Son gouvernement n'était pas aussi fort que les sondages le laissaient entendre. Quelque chose de pourri s'y trouvait toujours.

En premier lieu, les contrôles des salaires et des prix semblaient avoir échoué, comme Albert Breton, le principal conseiller économique de Trudeau, l'avait prédit à l'automne de 1975. Certains économistes reconnurent plus tard que les contrôles avaient permis de mettre un frein aux anticipations d'inflation, mais les résultats globaux furent néfastes pour Trudeau. Au début de 1977, la décision de les mettre en œuvre semblait être une erreur : l'inflation avait diminué et semblait alors résulter davantage de facteurs internationaux que nationaux ; en outre, les contrôles des salaires s'étaient révélés diaboliquement difficiles à imposer. Trudeau déclara plus tard avoir payé « très cher, en perte de crédibilité » cette décision. Les contrôles accrurent le militantisme syndical au

Québec, causèrent de l'amertume envers le Parti libéral et contribuèrent probablement à la victoire des séparatistes au Québec en novembre 1976. Il est certain que la remarque caustique de Trudeau sur Bourassa, qu'il avait traité de « mangeur de hot-dogs », et sa décision cette année-là d'avancer dans ses démarches de rapatriement de la Constitution firent du mal aux libéraux du Québec, si ce n'est que parce qu'elles incitèrent Bourassa à déclencher des élections inutiles qu'il perdit[1].

Après que les contrôles des salaires et des prix eurent affaibli la situation de Trudeau et que ses remarques à Noël 1975 sur l'avenir du système capitaliste eurent créé de la méfiance et de la confusion dans le milieu des affaires, les libéraux baissèrent dans les sondages et la tendance se poursuivit pendant toute l'année suivante. Le gouvernement, qui avait été en grande partie épargné par les scandales, se retrouva soudainement devant plusieurs controverses impliquant directement des ministres. André Ouellet, qui était ministre de la Consommation et des Corporations, et exerçait de plus en plus de pouvoir au sein du gouvernement, dut démissionner en mars lorsqu'un juge le reconnut coupable d'outrage au tribunal pour des commentaires qu'il avait faits sur la fixation des prix dans l'industrie sucrière[*]. Lorsque les conservateurs insistèrent sur cette question en Chambre, Trudeau les traita de « bande d'hyènes » – ce à quoi le député conservateur tapageur Patrick Nowlan répliqua rapidement que les membres libéraux assis sur les premières banquettes étaient tous des « *horses' asses* » (des « trous du cul »).

---

[*] Des histoires de sécurité et de renseignement national éclatèrent aussi au grand jour en 1976 lorsque l'ex-agent de la sûreté de la GRC Robert Samson témoigna qu'il avait participé à un cambriolage illégal de L'Agence de presse libre du Québec, une agence de presse séparatiste. Son témoignage du 16 mars mena à une série de révélations scandaleuses sur les activités d'espionnage de la GRC et furent un embarras sans fin pour le solliciteur général, Jean-Pierre Goyer. En octobre, l'opposition demanda s'il y avait une « liste noire » des fonctionnaires qui devraient être surveillés parce qu'ils pourraient chercher à « détruire la structure politique et sociale existante du Canada ». Jean-Pierre Goyer nia l'allégation et Trudeau la ridiculisa, mais éventuellement son existence fut confirmée. La liste comptait d'éminents fonctionnaires, notamment Maureen O'Neil, qui devint présidente du Centre de recherches pour le développement international, et Robert Rabinovitch, qui devint plus tard conseiller principal de Trudeau et président de la CBC. Victor Rabinovitch, qui devint président du Musée canadien des civilisations, prétend qu'il était en fait la cible de la GRC et non son frère Robert. Entrevue avec Victor Rabinovitch, juin 2008. Canada, *Débats de la Chambre des communes* (16 octobre 1976).

En fait, plusieurs vétérans libéraux étaient soit épuisés, soit désillusionnés. L'atmosphère à la Chambre des communes était vitriolique lorsque Jean Marchand, en colère, démissionna du Conseil des ministres le 30 juin 1976 pour protester contre la décision en faveur de l'utilisation de l'anglais dans le différend sur le contrôle aérien. Bryce Mackasey et lui annoncèrent par la suite qu'ils abandonnaient la politique fédérale pour se présenter aux prochaines élections au Québec. Mackasey partit au terme d'une entrevue avec Trudeau le 14 septembre où, comme Turner, il était venu prêt à négocier, mais où il trouva un premier ministre qui n'était disposé ni à se faire rassurant, ni à échanger, ni à discuter des options. Furieux, Mackasey dit aux journalistes : « Ce sont les politiques qui me préoccupaient. Merde alors, combien de batailles est-ce qu'un homme seul peut livrer par lui-même ? On se décourage un peu, on devient un peu fatigué, puis on n'arrive plus à réfléchir aussi clairement et on devient un peu sensible. » L'exubérant Mackasey était populaire auprès du ban et de l'arrière-ban, et Trudeau lui-même aimait bien le « batailleur irlandais irascible ». Lorsqu'il annonça le remaniement ministériel qui en résulta, Trudeau déclara à la presse qu'il avait essayé de persuader Mackasey de rester, mais que l'ex-ministre voulait poursuivre d'autres champs d'intérêt. Mackasey répliqua qu'il avait trouvé dans l'entrevue une forme particulière de persuasion[2].

Le remaniement ministériel de septembre 1976 coïncida avec la publication d'un sondage Gallup, où les libéraux obtinrent 29 p. cent, leur niveau le plus bas en vingt-trois ans. Deux des ministres les plus influents quittèrent le Conseil des ministres : Charles « Bud » Drury et Mitchell Sharp. Trudeau avait toujours fait appel à Drury, ancien brigadier-général et homme d'affaires prospère, pour s'occuper des questions ou des portefeuilles difficiles, et il regrettait beaucoup son absence. Le *Toronto Star* conclut que le nouveau Conseil des ministres, avec ses nombreux nouveaux visages, mais beaucoup d'anciens géants partis, « confirmait que [Trudeau] formait à lui seul le gouvernement et que le gouvernement était formé de lui seul ». L'un des quelques rares vétérans restants, Allan MacEachen, faillit démissionner lorsque Trudeau le fit passer des Affaires extérieures au poste de leader à la Chambre : l'Écossais du Cap-Breton, l'air sévère comme à son habitude, quitta la cérémonie d'assermentation après s'en être pris violemment à Michael Pitfield, que beaucoup blâmaient pour les ennuis de Trudeau*. D'autres démissions suivirent bientôt : Lloyd Francis quitta son poste de secrétaire parlementaire à Ottawa, en critiquant le bilinguisme fédéral, tout comme le fit le ministre de la Défense, James Richardson. Le 18 octobre, jour de l'anniversaire de naissance de Trudeau, les libéraux perdirent deux élections partielles, l'une d'elles dans la circonscription de John Turner, Ottawa-Carleton, que les libéraux détenaient depuis quatre-vingt-quatorze ans. Le conservateur Jean Piggott remporta la victoire dans cette circonscription par plus de seize mille voix. Le 15 novembre, jour des élections au Québec, le député de Montréal, Hal Herbert, demanda publiquement une révision de la chefferie, affirmant qu'il devait être « ouvertement reconnu qu'il y avait une remise en question du leadership[3] ». Ces événements politiques menacèrent grandement le leadership de Trudeau, qui faisait l'objet de bien des doutes avant que Lévesque ne prenne le pouvoir à la fin de novembre 1976.

La remontée remarquable des libéraux en 1977 s'expliquait en partie par la vague de soutien dont fut l'objet Trudeau après le départ de Margaret et en partie par l'impression, relevée par Christina McCall, que Trudeau était le seul chef au fédéral à pouvoir relever le défi du séparatisme. Toutefois, de nombreux libéraux ne partageaient pas cet avis, en

---

* Pitfield était souvent la cible des ministres qui croyaient que Trudeau les avait maltraités. Sa nomination au poste de greffier du Conseil privé fut controversée en raison de son amitié de longue date avec Trudeau. Très intelligent, innovateur, souvent en retard et parfois distant, il devint un symbole de la concentration du pouvoir dans le groupe proche du premier ministre. Pour Trudeau, il était un ami sur qui il pouvait compter pleinement. Leur lien étroit fit naître des rumeurs de relation homosexuelle, une histoire scabreuse qui fut propagée par, entre autres, un ancien haut fonctionnaire qui détestait particulièrement Pitfield. Plus tard, dans les années 1980, Trudeau répondit au député conservateur Otto Jelinek, qui avait répété des accusations concernant l'homosexualité de Trudeau dans un envoi destiné aux électeurs. Trudeau s'emporta et demanda que Jelinek soit convoqué à la barre de la Chambre de communes pour se rétracter et être puni. Le sénateur David Smith et d'autres essayèrent de le convaincre d'ignorer la remarque. Trudeau insista, même lorsque Smith et d'autres lui dirent qu'il devait être absolument sûr que personne ne pouvait se présenter et dire qu'il était homosexuel. « Pourrait-il y avoir quelqu'un ? » demandèrent-ils. « C'est possible, répondit Trudeau, mais ce serait un menteur. » Finalement, Trudeau accepta sagement de laisser tomber. Entrevue avec David Smith, septembre 2002. Sources confidentielles.

privé et en public, non plus que les députés du Québec Hal Herbert et Serge Joyal n'étaient les seuls dissidents. De nombreux journalistes et probablement la majorité des francophones demeuraient extrêmement critiques à l'égard du leadership de Trudeau. De plus, des leaders d'opinion canadiens-anglais comme le politicologue Denis Smith, l'auteure Margaret Atwood, et une nuée de gens d'affaires à Toronto, à Calgary et à Montréal soutenaient que Trudeau était le plus grand problème du Canada, pas son sauveur. Selon eux, les Canadiens avaient bien des raisons de ne pas confier à Trudeau la bataille contre le séparatisme. N'avait-il pas déclaré à maintes reprises en 1976 que le séparatisme était « mort » ? N'avait-il pas contribué à la chute des libéraux au Québec ? N'avait-il pas gouverné avec indifférence depuis les élections de 1974 ? Beaucoup des meilleurs politiciens libéraux n'avaient-ils pas quitté son gouvernement ? Même les partisans de Trudeau ne pouvaient pas être fermement en désaccord avec ces critiques[4].

Et pourtant, malgré d'importantes faiblesses, Trudeau réussit à « faire tourner la chance » à l'hiver de 1976-1977. Il trouva encore une fois sa voix politique, et elle eut un écho rassurant auprès d'un nombre croissant de Canadiens. Sa réaction aux séparatistes reposait sur la base incertaine de l'opinion publique, mais à un moment où la plupart des Canadiens avaient besoin d'encouragement, la clarté de Trudeau et sa détermination évidente obtinrent de nombreux appuis. Des critiques ultérieurs, comme André Burelle, un rédacteur de discours de la fin des années 1970, et les politicologues Kenneth McRoberts et Guy Laforest, soutinrent tous que l'insistance de Trudeau sur le bilinguisme comme principale réponse au défi séparatiste et son refus de considérer un statut spécial pour le Québec ou une décentralisation appropriée aux provinces étaient finalement des erreurs et néfastes. Ils affirment qu'une réaction plus souple aurait donné un meilleur résultat[5]. Toutefois, il existe de fortes indications qui montrent que, si Trudeau avait considéré une telle approche en 1976, il aurait perdu sa légitimité à diriger, pas simplement pour l'abandon d'une promesse, mais surtout parce que les Canadiens ne l'auraient pas suivi. Joe Clark approuvait la décentralisation et certains accommodements au bilinguisme, et le NPD avait historiquement été en faveur du statut spécial. Des solutions de rechange avaient été présentées à Trudeau, mais les Canadiens n'en n'avaient pas voulu – ce qui explique le changement dans les sondages.

À la lecture des sondages, on comprend clairement pourquoi le statut spécial et la décentralisation manquaient d'intérêt politique. Le sondage Gallup publié le 9 avril 1977 posait la question suivante : « Est-ce que le gouvernement du Canada devrait négocier des ententes politiques et économiques spéciales avec le Québec pour essayer d'empêcher la séparation ? » Cette question résume l'essence du « statut spécial » sans en utiliser le terme. Les anglophones s'opposèrent à ces propositions dans une proportion de 54,7 contre 38,3 p. cent, ce qui indique clairement qu'un appui à ces propositions aurait été une source de grandes difficultés politiques pour n'importe quel parti. Lorsque Gallup posa la question sur le statut spécial aux Québécois en juillet 1977, seulement 22 p. cent se dirent en faveur de cette option, tandis que 72 p. cent s'y opposèrent, tandis qu'à l'échelle nationale les résultats atteignirent 10 et 86 p. cent, respectivement. Le statut spécial était clairement considéré comme équivalent à la séparation par la plupart des Canadiens, si ce n'est dans les salles communes des universités. Trudeau était gagnant sur le plan politique, tant et aussi longtemps qu'il était capable de montrer que la réaction de ses adversaires au défi du PQ était une indication de leur volonté d'accorder un statut spécial au Québec.

L'importance que Trudeau accordait au bilinguisme dans la fonction publique et dans les minorités anglophones et francophones au Canada était également considérée par de nombreux critiques comme un talon d'Achille. James Richardson, de Winnipeg, démissionna du cabinet libéral, affirmant que l'Ouest n'accepterait pas la priorité donnée par Trudeau au bilinguisme. Après la démission de John Turner, les libéraux perdirent de façon décisive le siège qu'il avait détenu, lorsque les conservateurs et les néo-démocrates firent campagne pour qu'il soit donné de meilleures chances aux fonctionnaires anglophones. Dans son premier discours après les élections au Québec, Joe Clark laissa entendre que l'obsession de Trudeau pour le bilinguisme était une cause de désunion nationale, et les sondages du jour appuyèrent son argument. Le sondage Gallup du 9 avril, par exemple, posa la question suivante : « Les gouvernements du Canada et des provinces devraient-ils promouvoir et financer davantage le bilinguisme dans tout le pays afin de tenter d'empêcher la séparation ?* » Au Canada anglais, seulement 27,8 p. cent répondirent par l'affirmative, et 64,1 p. cent, par la négative. Chez les francophones, par contre, la réponse fut très différente : 56 p. cent contre 33 p. cent, et même le PQ et de nombreux autres adversaires des séparatistes, comme Claude Ryan, soutenaient que la priorité donnée au bilinguisme était une chose erronée, peu judicieuse ou stupide[6]. Dans l'ensemble, cependant, les chiffres étaient beaucoup plus équilibrés qu'aucun sondage unique n'aurait pu l'indiquer, et dans de nombreuses régions, ils permirent de consolider les revendications politiques des libéraux de Trudeau.

Dans son opposition à l'appui renouvelé et fortifié au bilinguisme, Joe Clark reflétait les opinions qui étaient exprimées avec le plus de conviction dans les provinces de l'Ouest, où il avait remporté 49 sièges aux élections de 1974, contre seulement 13 pour les libéraux, dont 8 en Colombie-Britannique. Inversement, l'appui au bilinguisme était le plus fort au Québec, où Clark avait remporté 3 sièges, tandis que Trudeau en avait obtenu 60. Il était donc impossible pour Clark d'accroître son soutien, comme il devait le faire s'il voulait gagner les élections. Il renforça simplement les régions où il avait déjà une solide avance. Les libéraux remportèrent aussi 6 sièges au Nouveau-Brunswick, où le vote des francophones semble avoir été un facteur décisif, et 1 au Manitoba, sur lequel la victoire s'était définitivement établie. Même si l'appui de Trudeau au bilinguisme lui coûta peu dans l'Ouest, il solidifia fort certainement son appui parmi les francophones à l'extérieur du Québec – une force politique importante au Nouveau-Brunswick, en Ontario et à Saint-Boniface, au Manitoba. Dans de nombreuses circonscriptions, le vote francophone fut décisif. De plus, au Québec même, le bilinguisme était une cause

---

* L'étonnante popularité du livre *Bilingual Today, French Tomorrow* : *Trudeau's Master Plan for an All-French Canada* (Richmond Hill, Ontario : BMG Publications, 1977) par le capitaine de corvette (à la retraite) J. V. Andrew donne une idée de l'intensité de l'hostilité envers le bilinguisme dans certaines régions du Canada. Le livre connut dix réimpressions en 1977 et 1978. Accusant Trudeau de forcer le Canada à devenir un pays à 100 p. cent français, J. V. Andrew a écrit : « Nous faisons face au problème de nous débarrasser d'un homme totalement impitoyable qui a juré de rester au pouvoir, sans tenir compte du sentiment du public, jusqu'à ce que le Canada devienne effectivement bilingue d'un océan à l'autre et, par conséquent, à toutes fins utiles, un pays d'expression française. » (p. 129)

fédérale populaire, même si le PQ et de nombreux leaders francophones le rejetaient.

On constatait le même équilibre dans tout le pays concernant l'attribution par le gouvernement central de plus de compétences aux provinces. L'opposition de Trudeau au statut spécial aussi bien qu'à la décentralisation n'était pas un élément populaire auprès des francophones du Québec, mais plaisait beaucoup en Ontario. Trudeau devait sa majorité aux 55 sièges remportés par les libéraux dans cette province en 1974. Même si l'Alberta appuyait fortement la décentralisation, Clark détenait alors la totalité de ses 19 sièges. Ses espoirs d'avoir un gouvernement majoritaire dépendaient de l'Ontario, où le premier ministre conservateur William Davis critiquait avec vigueur toute mention de décentralisation ou de statut spécial. C'est ainsi qu'au printemps de 1977 Trudeau établit les bases personnelles et politiques d'un éclatant triomphe électoral.

Tout à coup, Clark fut sur la défensive. Jacques Lavoie, le député conservateur de la circonscription d'Hochelaga qui avait remporté une victoire stupéfiante contre l'éminent Pierre Juneau aux élections partielles en octobre 1975, annonça en juin 1977 qu'il quittait les Bleus querelleurs pour se joindre aux libéraux. Encore plus ahurissant fut le mouvement qui se produisit de l'autre côté du couloir lorsque Jack Horner, qui s'était lui-même proclamé « *redneck* » de l'Alberta, déclara le 20 avril que Joe Clark n'était pas à la hauteur de la « tâche suprême » de conserver le Canada uni. Tandis que John Diefenbaker déclara en bredouillant que le « shérif se joignait aux voleurs de bétail », Trudeau nomma Horner ministre sans portefeuille dans son gouvernement. Bientôt, ils nouèrent de façon inattendue une amitié chaleureuse[7]. L'équipe libérale commença à se préparer pour des élections, après avoir remporté cinq des six élections partielles le 24 mai, dont cinq au Québec. Les victoires, qui firent monter le vote libéral par rapport aux résultats obtenus aux élections de 1974, donnèrent du crédit à Marc Lalonde, qui avait remplacé Marchand en tant que lieutenant du gouvernement au Québec. Elles se produisirent moins d'un mois après le dépôt par le Parti québécois du projet de loi 1, qui déclarait le français langue de travail au Québec, une mesure allant bien plus loin que la législation adoptée par Robert Bourassa établissant le français comme seule langue officielle au

Québec. Les élections partielles semblaient signaler à Trudeau qu'il avait remporté la première manche contre Lévesque.

Le soir des élections partielles, cependant, Trudeau déclara à l'improviste : « La victoire de ce soir n'est pas une indication que nous avons besoin d'un nouveau mandat. » Le *Globe and Mail* ne le crut pas, faisant remarquer dans un éditorial que « M. Trudeau devait être très tenté de déclencher des élections hâtives ». Dans un autre éditorial, le journal accusa Joe Clark d'avoir « gaspillé » ses chances « par son indécision, sa peur de prendre une quelconque position qui pourrait aider l'un de ses adversaires, [et] l'aveu qu'il était manipulé – presque comme une marionnette – par ses conseillers immédiats ». Pour de nombreuses personnes de l'entourage de Trudeau, la tentation était en effet grande – mais l'annonce de la séparation de Pierre et de Margaret trois jours après l'élection partielle mit rapidement fin aux conjectures[8].

Peu après, toutefois, les spéculations reprirent. Les « férus de politique », écrivit Patrick Gossage, le nouvel assistant de Trudeau auprès des médias, « allaient sûrement considérer l'image de Trudeau père célibataire comme un atout électoral ». En outre, Trudeau était de nouveau « libre », ne demandant qu'à séduire et à être séduit, ou c'est ce que pensaient du moins certains journalistes et quelques femmes intéressées. Ses conseillers commencèrent à s'inquiéter que des « femmes journalistes avides [...] profitent de son intérêt pour les charmes manifestes » et que Trudeau y réponde trop rapidement. À une conférence de presse peu de temps après la séparation, ils se demandèrent s'il n'avait pas accordé trop d'attention à Catherine Bergman, une journaliste attirante et très populaire de Radio-Canada. Cependant, les sondages de plus en plus favorables donnaient raison à l'intuition de Patrick Gossage, et les conseillers persuadèrent Trudeau de passer l'été à courir les barbecues politiques, les festivals de la crevette et les sous-sols d'église. Souvent, un des garçons l'accompagnait dans ces occasions : pendant une tournée de la Gaspésie au début de juillet, par exemple, une photo de Sacha, « naturel et photogénique », marchant main dans la main avec son père, fit la une des journaux partout au Canada.

La population retrouva un Trudeau enjoué. Son charisme était revenu. Avant l'annonce de la séparation, Trudeau était arrivé à Londres au début de mai pour la réunion du G7 (qui s'appelait alors « sommet économique ») et avait attiré l'attention du *Times* en portant un « complet chic en velours côtelé brun clair avec une rose orange épinglée à son revers ». Mais il étonna tout le monde alors que, à l'élégant dîner officiel, il s'attarda au moment où la reine quittait la salle, pour soudainement faire une élégante pirouette. Il ne s'agissait pas d'un « geste impulsif et spontanément impoli » ; Trudeau l'avait au contraire soigneusement prévu des heures plus tôt. Le protocole britannique qui ordonnait de mettre les chefs d'État comme Valéry Giscard d'Estaing (qu'il n'aimait pas) à part des simples politiciens qui n'étaient pas des chefs d'État, comme lui-même et le chancelier allemand Helmut Schmidt, le contrariait[*]. Le sommet est depuis longtemps oublié, mais la photographie du geste commis, quoique bizarre, demeure celle de Trudeau la plus célèbre de toutes[9].

Comme Trudeau retourna à Londres en juin pour assister à la Conférence du Commonwealth, il eut amplement l'occasion de parler de la situation nationale avec le politicien canadien chevronné Paul Martin, qui occupait le poste de haut-commissaire du Canada en Grande-Bretagne. En mai, il fit clairement savoir qu'il ne songeait plus à quitter la politique comme il l'avait fait quelques mois plus tôt. Il était

---

[*] Il n'y avait pas qu'aux dîners officiels où les Britanniques offensaient les sensibilités plus républicaines de Trudeau. Lorsqu'il arriva à l'aéroport de Heathrow, pour la réunion du G7, le haut-commissaire Paul Martin remarqua que Trudeau ne reçut pas le même accueil que les présidents d'États plus petits. Comme il est précisé dans le tome 1 de la présente biographie, Trudeau s'opposait vivement à l'Empire britannique, ce qui lui valut sa plus faible note à l'université lorsqu'il écrivit un essai cinglant sur l'Empire pour un professeur anglophile de Harvard, William Yandell Elliott. En 1977, l'attitude hérissée de Trudeau s'était nettement adoucie, entre autres parce qu'il en était venu à apprécier les réunions des pays du Commonwealth, mais plus encore parce qu'il en était venu à avoir de l'admiration et, éventuellement, de l'affection pour la reine. Il confia à l'interviewer Ron Graham qu'elle faisait un « travail de premier ordre » et qu'elle l'impressionnait. Il était si facile de lui parler qu'il devint hardi à un dîner de « poulet caoutchouteux » en Alberta. Il lui demanda s'il pouvait lui poser une question qui le préoccupait depuis longtemps. Sa tante restée vieille fille, poursuivit-il, « était une dame plutôt raffinée et il arriva une fois, alors qu'ils mangeaient du poulet, qu'elle prit un pilon avec ses mains ». On avait froncé les sourcils devant son geste, ce à quoi la tante de Trudeau avait répondu : « La reine le fait. » À la fin de son histoire, Trudeau regarda la reine, qui le regarda à son tour : « Hmm », dit-elle. Et Trudeau de conclure : « J'ai l'impression qu'elle ne le ferait pas. » Paul Martin, *The London Diaries 1975-1979* (Ottawa : University of Ottawa Press, 1988), p. 249. Entrevue de Ron Graham avec Pierre Trudeau, 12 mai 1992, FT, MG 26 02, vol. 23, dossier 2, BAC.

à présent sûr de gagner une campagne électorale, même s'il n'avait fait aucun plan en ce sens malgré la pression exercée par divers libéraux. En juin, cependant, après les victoires aux élections partielles et l'annonce de sa séparation, il semblait beaucoup plus enclin à déclencher des élections. Il demanda à Paul Martin, qui était un observateur extrêmement perspicace de la politique, à quel moment il devrait les déclencher. Martin dit que ce pourrait être une bonne « arme contre Lévesque » et approuva implicitement des élections hâtives.

À Ottawa, la fièvre des élections grimpa, alimentée par des résultats dans les sondages encore plus élevés qu'à l'époque grisante de la Trudeaumanie. Les contrôles des salaires et des prix posaient un problème politique, mais Judith Maxwell, de l'Institut de recherches C.D. Howe, avait fait remarquer au début de 1977 que, malgré toutes les récriminations des Canadiens concernant la politique économique de Trudeau, le revenu personnel disponible réel par habitant avait augmenté au Canada entre 1969 et 1975 – les années où Trudeau était au pouvoir – de 5,1 p. cent par année, contre seulement 3,3 p. cent en Grande-Bretagne et 2,2 p. cent aux États-Unis. De plus, 1976 était la meilleure année de la décennie avec une croissance de 5,9 p. cent du PIB réel[10]. Au milieu de l'été, après trois semaines de vacances et « bien des résistances », Trudeau accepta d'envisager la tenue d'élections. Colin Kenny, un conseiller de Trudeau, affirma que « tout ce qui arrivait était transformé en un argument en faveur d'élections hâtives » par les conseillers les plus proches de Trudeau, même si le caucus et les ministres libéraux furent beaucoup moins enthousiastes à leur propre réunion. Jim Coutts, le conseiller le plus proche de Trudeau, était particulièrement inflexible dans son appui aux élections et, au milieu d'août, Trudeau et ses conseillers commencèrent à se réunir ; ces derniers, lorsqu'ils furent interrogés, se dirent tous en faveur de la tenue d'élections à l'automne.

Il y avait, bien sûr, des doutes et des problèmes. Il y avait l'exemple de l'Ontario, où les conservateurs avaient déclenché récemment des élections après avoir obtenu des sondages favorables, mais s'étaient retrouvés finalement minoritaires. En outre, Trudeau avait nommé un groupe de travail sur l'unité canadienne, présidé par l'ex-premier ministre ontarien John Robarts et par Jean-Luc Pepin. Ce dernier avait quitté la Commission de lutte contre l'inflation, et sa pertinence laissait hautement à désirer, et il était possible que des élections viennent compromettre ses travaux. Au début de juillet, Trudeau avait également nommé la Commission d'enquête concernant certaines activités de la Gendarmerie royale du Canada (la commission McDonald) et, là encore, des élections pourraient compliquer sa tâche. Puis, le 8 juillet, le ministre de l'Énergie, Alastair Gillespie, congédia le président d'Énergie atomique du Canada en raison des dépassements de coûts désastreux liés à la vente de réacteurs Candu à l'Argentine. À l'évidence, toutes sortes de mines pouvaient exploser pendant une campagne électorale[11].

Cependant, Clark semblait très faible ; Trudeau fut accueilli à bras ouverts dans le Camrose de Jack Horner en Alberta ; et l'économie continua de s'améliorer. Le 2 août, alors que Coutts était en vacances à la ferme de Paul Martin, fils, il confia à son hôte, qui envisageait d'entrer en politique, les raisons pour lesquelles il souhaitait qu'il y ait des élections : « 1) L'économie peut ne pas être bonne l'an prochain ; 2) les Bleus peuvent choisir un nouveau chef en novembre ; 3) l'inflation et le chômage seront à la hausse ; et 4) l'unité nationale pourrait ne pas être la priorité[12]. » Lorsqu'il fit valoir ces arguments au premier ministre, Trudeau promit qu'il prendrait une décision avant la fin du mois d'août. Le vendredi 26 août, son cabinet se préparait fiévreusement en vue de possibles élections, et les commérages allaient bon train. Gossage rendit compte de la frénésie dans son journal intime :

> « C'est des conneries ! » Je l'ai dit très fort dans le téléphone, peut-être le plus fort que j'aie jamais dit. Cette fois, c'était pour répliquer à une autre rumeur de la tribune voulant que les élections soient déclenchées vendredi. Notre bureau a été en ébullition toute la semaine.
>
> On sait ce que sont les pressions que Coutts et Davey ont exercées lundi, mardi et encore jeudi. Jim [Coutts] a eu l'air complètement frénétique pour la première fois cette année. On dirait presque un complot : les emplois promis, les ruses élaborées pour garder les choses secrètes. C'est lundi que la décision sera prise.

Trudeau n'attendit pas jusqu'au lundi pour décider. À la fin de la journée du vendredi, c'est un Colin Kenny découragé qui appela Gossage : « Bon, eh bien. C'est comme ça ! » Il n'y aurait pas d'élections.

Ce fut la pire décision politique de Trudeau. On raconta plus tard que Jean Marchand l'avait incité à attendre, mais cela est fort improbable, étant donné que Trudeau n'avait plus confiance dans le jugement de Marchand. D'autres ont soutenu que les libéraux fédéraux couraient un danger parce que l'enjeu principal de leur programme électoral allait être le bilinguisme officiel, en réaction à la Charte de la langue française de René Lévesque – mais c'était précisément cette bataille que Trudeau souhaitait livrer. Dans ses mémoires, Keith Davey, qui était en faveur d'une élection, prétend que Trudeau écouta le caucus, mais cette suggestion est aussi peu convaincante, parce que les débats en août se firent bien après la fin du caucus estival. Pour Trudeau, les députés d'arrière-ban n'étaient peut-être plus des « nullités », comme il les avait déjà traités, mais ils n'eurent vraiment pas une grande incidence sur sa décision.

Patrick Gossage, qui fut « *close to the charisma** » (proche du charisme) de Trudeau au cours de ces mois-là, a une explication plus simple et plus convaincante : « Je pense au PM devant prendre cette décision solitaire qui lui est imposée par des conseillers qui en savent peu sur sa vie intérieure. » Il lisait la transcription du *portrait intime*** de Trudeau par Alain Stanké, et réfléchissait aux commentaires de Trudeau pendant l'entrevue : « Je pense à Trudeau, qui recherche la paix [...] à connaître le nom de chaque arbre et de chaque fleur, à compter les brins d'herbe et à planter des radis[13]. » Même si Trudeau fit en apparence campagne cet été-là en Gaspésie, à Camrose et au centre-ville de Vancouver, son cœur et son esprit étaient ailleurs. Lors de ces courts épisodes, il s'en tirait brillamment parce que, comme toujours, il connaissait bien son texte, mais il n'était pas prêt à jouer une pièce de plusieurs actes, ce que seraient inévitablement des élections. Les hésitations de Trudeau sont compréhensibles, même s'il acceptait les raisons pour lesquelles, selon Coutts, il avait tort[14].

Ce sont des raisons du cœur, de tristes raisons, qui expliquent le manque de volonté de Trudeau à déclencher des élections à la fin de l'été de 1977. Ses commentaires en public et en privé de l'époque trahissent

---

* NDT : L'auteur utilise les guillemets, car l'expression correspond également au titre d'un livre écrit par Patrick Gossage.
** NDT : En français dans le texte.

son humeur. Il écrivit à Marshall McLuhan à la fin de juillet : « Vous continuez de nous fasciner avec vos traités sur la relation et la corrélation entre la technologie et l'homme. Vos réflexions récentes sur les effets des médias sur notre morale privée présentent des observations provocantes quoique effrayantes sur notre société. On commence à se demander si notre ère de la communication rapide laisse de la place pour quoi que ce soit de privé – pas uniquement la morale, mais les pensées et même la créativité. » Il avait besoin d'un peu de temps pour lui, loin des foules frénétiques de politiciens et de photographes. À l'été, il commença finalement à répondre par de brèves notes au nombre étonnamment élevé de témoignages de regret que lui avaient envoyés ses amis après l'annonce de sa séparation d'avec Margaret. À une lettre d'un vieil ami du Service extérieur qui disait savoir que c'était « un dur coup surtout pour un homme comme toi qui attache tant de prix à la réalité familiale et au bonheur des autres », Pierre répondit simplement : « Ton mot du 30 mai m'a beaucoup touché. Je voudrais tout simplement te dire merci[15]. » Il confia peu de choses à qui que ce soit sur sa vie personnelle pendant cette période.

Coutts était déçu, bien sûr, surtout parce que lui et d'autres au Cabinet du premier ministre souhaitaient se présenter aux élections, mais il accepta la décision, quelles qu'en soient les raisons. Coutts ne savait pas quoi penser de Trudeau. Écrivant à son propos dix-huit ans plus tard, il rappela que la politique était normalement une profession pour les personnes sociables, mais que, pour Trudeau, le pouvoir de se concentrer, l'un de ses plus grands atouts, « était affiné par des heures passées seul. Il appréciait la solitude et en avait besoin pour lire, penser et écrire. Plus surprenant encore, il utilisait également son temps en solitaire pour répéter, car il était un acteur », comme Trudeau en fit une si élégante démonstration lorsqu'il fit sa pirouette à Londres. Les livres et les entrevues de Margaret sont remplis d'exemples illustrant le pouvoir de concentration de Trudeau et son corollaire – le besoin d'être seul et de garder ses distances sur le plan personnel. À la base de ses habitudes, il fallait de la discipline, une qualité que Trudeau prôna souvent au milieu des années 1970, lorsque le désordre marqua sa vie publique et, d'ailleurs, la décennie. La discipline essentielle, les répétitions soigneuses et la concentration intense n'étaient tout simplement pas possibles pour lui en 1977. Il garda un silence impressionnant sur sa vie privée, refusant les invitations à monter sur la scène politique pour donner sa meilleure prestation, et rassemblant ses ressources pour se battre un autre jour[16].

⎯

Comme l'avaient craint Coutts et Davey, les sondages commencèrent à changer peu après la décision de Trudeau de ne pas déclencher des élections. En octobre, les conservateurs avaient gagné cinq points par rapport à leur faible résultat de juillet, et l'avance de vingt-quatre points dont avaient joui les libéraux n'était plus que de huit points en décembre. La mauvaise nouvelle arriva peu après la fête du Travail, lorsque Donald Macdonald, considéré par Trudeau et bien d'autres comme le ministre anglophone le plus important, annonça qu'il quittait la politique. Plus tôt, Jean Chrétien avait envisagé de se présenter à la course à la direction au Québec, mais il accepta avec enthousiasme l'offre de Trudeau de remplacer Macdonald et fut le premier Canadien français à devenir ministre des Finances du Canada. La presse au Québec et ailleurs applaudit sa nomination, mais, dans l'ensemble, le remaniement, qui n'apporta qu'un seul nouveau visage à la table du Conseil des ministres (Norm Cafik, de l'Ontario), fut catalogué comme manquant d'imagination. Warren Allmand, qui avait été populaire au portefeuille des Affaires indiennes et du Nord canadien, déclara publiquement avoir été « floué » lorsque Trudeau le muta au ministère de la Consommation et des Affaires commerciales. Deux autres nominations attirèrent l'attention : Marc Lalonde passa de la Santé et du Bien-être social, où il avait fait en vain la promotion d'un revenu annuel garanti, au poste de ministre d'État chargé des Relations fédérales-provinciales, et Monique Bégin, qui avait auparavant refusé le poste de ministre déléguée à la Situation de la femme parce qu'elle pensait qu'il s'agissait d'une nomination symbolique, accepta le même portefeuille parce qu'il était à présent rattaché au ministère de la Santé et du Bien-être social. Elle y fit un travail exceptionnel[17]. Cela dit, le remaniement ministériel ne représenta pas le nouveau départ dont avait grand besoin un gouvernement dans la troisième année de son mandat.

Trudeau avait confié à Paul Martin pendant l'été que Donald Macdonald était son meilleur ministre ontarien. Pourquoi, demanda-t-il, n'y avait-il pas plus de candidats compétents, comme à l'époque de Louis

Saint-Laurent et de Lester Pearson? Le départ de Macdonald renforça l'impression que Trudeau était incapable de travailler avec d'autres ministres puissants, surtout ceux en provenance du Canada anglais. Alors que la chance des libéraux tombait à l'automne, les journalistes et certains libéraux commencèrent à reparler de John Turner et à demander, souvent avec espoir: « Est-ce que Trudeau partira? » Puis, après un bref répit, les problèmes économiques revinrent à la une des journaux. Le même jour où Trudeau procéda au remaniement ministériel, Gerald Bouey, le gouverneur de la Banque du Canada, prévint que l'inflation, qui avait baissé en 1976, était en train de remonter en 1977, tandis que le chômage avait atteint 8,2 p. cent. La « stagflation » s'était installée en force – et touchait les travailleurs et en particulier ceux gagnant un revenu fixe. La hausse de l'inflation s'expliquait en partie par la baisse continue de la valeur du dollar canadien, qui semblait avoir été stimulée par l'élection du Parti québécois. Le 14 octobre 1977, elle était tombée juste au-dessus de 90 cents, son plus bas niveau depuis le début de la Seconde Guerre mondiale, et puis, dix jours plus tard, la valeur atteignit 89,88 cents, un niveau que l'on avait vu uniquement en 1932 au point culminant de la Grande Dépression. Même si Bouey pouvait faire remarquer avec justesse que l'ajustement du taux de change allait améliorer la compétitivité du Canada et créer des emplois canadiens, sur Bay Street et Main Street la nervosité grandissait[18].

La reine Élizabeth ouvrit la session parlementaire de l'automne le 18 octobre avec grâce et dignité, des qualités qui disparurent rapidement de la Chambre des communes lorsque la télévision se mit à couvrir les débats, avec des résultats prévisibles. Ce fut une session bruyante, le gouvernement faisant face à une économie chancelante, aux controverses entourant le bilinguisme et le projet de loi sur la langue au Québec, et aux scandales continus liés à la GRC et à sa réaction irresponsable devant la montée du séparatisme. Trudeau et le solliciteur général, Francis Fox, avançaient maladroitement sur la fine ligne qui sépare les forces de sécurité de l'interférence politique. Au fur et à mesure que les révélations s'accumulaient sur les cambriolages perpétrés dans des agences de presse et les bureaux du Parti québécois, et sur les longues listes de personnes considérées comme un danger pour la sécurité, desquelles faisait même partie le chef du NPD, Ed Broadbent, leurs défenses s'effondrèrent.

Monique Bégin rompit la solidarité ministérielle lorsqu'elle dit à un groupe d'étudiants de l'Université Carleton que « Francis Fox devrait déclarer clairement […] qu'il […] n'est pas d'accord avec ce que la police a fait, plutôt que de la défendre ou d'expliquer qu'elle avait peut-être de bonnes raisons ». Fox, aux abois, fut de plus en plus d'accord avec Bégin au fur et à mesure que sa colère contre la GRC augmentait, mais il essaya d'empêcher la commission Keable, nommée par le Québec, d'étendre ses investigations aux domaines de sécurité nationale. Au grand embarras du gouvernement fédéral, le 9 décembre le juge James Hugessen de la Cour supérieure du Québec statua contre Fox et le gouvernement fédéral, affirmant que « la loi doit encourager la franchise et la transparence dans tout ce qui traite des questions publiques[19] ». Comme on pouvait s'y attendre, la presse surnomma la situation « le Watergate canadien ».

Ces problèmes eurent peu d'effet sur la position du gouvernement, même s'ils reçurent une attention de la presse qui se justifie. On mettait l'accent sur le défi du séparatisme québécois, et les autres questions furent reléguées au second plan. Trudeau avait marqué des points dans ses premiers affrontements avec René Lévesque et avait renforcé sa position au sein du Parti libéral et au pays. De fait, dans cette manche, il sauva probablement sa propre vie politique. À la fin de 1977, cependant, les scandales entourant la GRC, les inextricables problèmes économiques et les disputes continues entre les provinces et le gouvernement fédéral avaient érodé la confiance des Canadiens en Trudeau. En fait, lui-même avait perdu confiance. Lorsqu'il rencontra le romancier estimé Mordecai Richler pour un déjeuner en septembre, Dick O'Hagan, son attaché de presse, l'incita à rassurer l'auteur cynique, qui prévoyait écrire pour l'*Atlantic Monthly* un article très critique sur le mouvement séparatiste et le Québec. Trudeau dit qu'« il ne pouvait pas, parce qu'il était lui-même loin d'être optimiste quant à l'avenir du pays ». Il paraissait « las », observa Patrick Gossage le 21 septembre, et son gouvernement se perdait : « Au cœur d'une nation en proie à un grand tourment, il me semble qu'il y eut de nombreuses occasions ratées et peu de travail d'équipe et qu'on a fait preuve de peu de sens commun. On a fait une "étude" pour savoir à quoi le PM occupait son temps, et 90 p. cent de ce temps est consacré aux "opérations". À présent, on va consacrer plus de temps à la réflexion et à la planification à long terme, comme le remaniement ministériel le laisse entendre. C'est bien, mais qui s'occupera des rouages?» Gossage était d'avis que le système ministériel paralysait plutôt qu'il ne facilitait la prise des décisions, et qu'il était impératif de trouver un nouveau cadre de travail[20].

À l'instigation d'O'Hagan, Trudeau avait commencé à tenir régulièrement des conférences de presse après la victoire du PQ et, à contrecœur, à rencontrer plus fréquemment les journalistes. Il accepta même de collaborer avec le journaliste George Radwanski à un projet de biographie. Il lui accorda huit entrevues d'une heure au cours de l'hiver et du printemps de 1977, demandant à ses assistants et à sa sœur, Suzette, de coopérer. Fort de cet accès extraordinaire auprès de Trudeau et de ses proches, Radwanski eut un aperçu sans précédent sur lui, depuis longtemps refusé à d'autres. Lorsqu'il fut publié en 1978, le livre, intitulé simplement *Trudeau*, révéla des détails qui avaient été depuis longtemps cachés au public. Dans le chapitre d'ouverture, on voit Radwanski suivre Trudeau, de 9 h 07, au moment de quitter en limousine le 24, promenade Sussex, jusqu'à 18 h 16, l'heure du retour à la maison. Lors de cette journée du début de juillet, Radwanski observa un premier ministre discipliné et travailleur, comptant beaucoup sur certaines personnes très talentueuses, notamment un noyau de quatre personnes qui se réunissait avec lui tous les matins où le Parlement siégeait. Ce noyau était formé de Michael Pitfield (le greffier du Conseil privé), Jim Coutts, Dick O'Hagan et de Montigny Marchand (membre de l'équipe du Conseil privé de Pitfield). Il y avait à l'occasion «quelques mots d'esprit», écrivit Radwanski, mais, même si la séance allait bientôt être levée et qu'il n'y avait aucune question en suspens, «le temps du premier ministre est trop précieux pour qu'on ralentisse l'allure du meeting». La même pression se poursuivit toute la journée. À la fin du chapitre, Radwanski fait allusion à l'analyse par le Cabinet du premier ministre des heures de travail de Trudeau: le premier ministre avait travaillé 250 heures par mois, soit beaucoup plus que la plupart des Canadiens[*]. La journée où

---

[*] Sur les 250 heures, 90 étaient consacrées aux affaires gouvernementales, 50 aux activités politiques, 12,5 aux relations avec les médias, 30 avec le CPM et le personnel du BCP, et 67,5 «à faire du travail de bureau, de la correspondance et des appels téléphoniques». George Radwanski, *Trudeau* (Montréal: Fides, 1979), p. 35.

Radwanski le suivit, il avait travaillé onze heures, mais « n'a paru en public » que quatre-vingt-huit minutes[21].

Les détails sur la vie quotidienne de Trudeau – le système téléphonique lui permettant d'appeler ses assistants principaux en appuyant simplement sur un bouton et la boîte de chocolats pour satisfaire son faible pour les sucreries – sont intéressants, mais ce sont surtout les commentaires des collègues proches de Trudeau qui fascinent. Mitchell Sharp, par exemple, avait été à la tête d'un des principaux ministères jusqu'en 1976 et demeura une figure importante à Ottawa. Néanmoins, il était étonnamment franc dans son analyse des difficultés courantes de Trudeau : « L'un des plus grands défauts de Trudeau, c'est son manque de sensibilité dans ses relations humaines. Il n'a jamais pu engendrer chez aucun de ses aspirants, à l'exception de quelques intimes comme Marchand et Pelletier, le sentiment de lui être personnellement utile. Il n'a aucun talent pour les relations humaines. C'est, d'ailleurs, lui-même qui me disait : "Je trouve que la partie la plus difficile de mon poste consiste à faire affaire avec les gens." C'est un homme qui inspire, mais qui semble manquer de chaleur dans ses relations personnelles et cela, je l'ai entendu dire à bien des gens. Ils arrivent, ils repartent : pas un mot d'appréciation. Jamais il ne dira : "J'ai besoin de votre aide." Cela a eu un effet très compréhensible. »

Radwanski précise que Trudeau admirait particulièrement Donald Macdonald parce qu'il était franc, direct et extrêmement compétent. Pourtant Macdonald, qui n'avait quitté le Conseil des ministres qu'à la fin de l'été de 1977, était aussi critique de Trudeau : « S'il est un domaine où il a ses faiblesses, c'est celui des relations humaines. Vous savez, c'est un homme peu communicatif qui n'a pas, je pense, beaucoup d'inclination pour autrui, de sorte qu'il ne réussit pas toujours à comprendre la situation des gens ni à se trouver de la sympathie pour eux. » Même s'il croyait que Trudeau n'était pas délibérément « sans cœur », ce n'était pas facile pour lui d'être « chaleureux et sympathique » et cela causait des difficultés dans ses relations avec ses collègues[22].

Ces commentaires trahissent un état d'esprit de *fin de régime** fait de réminiscences et de souvenirs, pas celui des attentes ou de l'enthou-

---

* NDT : En français dans le texte.

siasme*. Les propres remarques de Trudeau sont un rappel du passé et mènent directement à la conclusion de Radwanski, à savoir qu'en tant que premier ministre il « ne s'est pas encore pleinement réalisé », qu'il n'était pas encore parvenu à la grandeur, même si aucun autre chef n'aurait pu en faire plus et, de façon incongrue, que sa carrière entrait dans sa « phase décisive » sur un terrain qu'il avait si soigneusement labouré. Le livre, admirable pour ses recherches et son analyse réfléchïe, reflète son époque et permet ainsi de comprendre la montée et la chute de Trudeau comme champion du « Canada anglais » dans la bataille contre le gouvernement péquiste de René Lévesque. L'historien Ramsay

---

* On trouve dans la correspondance de Trudeau de nombreux exemples de sa sensibilité et de sa prévenance, mais il exprime ces émotions avec une réserve qui reflète sûrement l'exemple de sa mère. Ainsi, Robert Ford, ambassadeur du Canada en Union soviétique, était en profond désaccord avec une grande partie de la politique de Trudeau, mais ils gardèrent beaucoup d'affection l'un pour l'autre. Après que Robert Ford eut pris sa retraite, sa femme, Thereza, écrivit à Trudeau, le remerciant de sa compréhension à l'égard des incapacités physiques de son mari, qui limitaient sa mobilité. Il lui avait écrit en lui demandant s'il pouvait leur être utile lorsqu'ils prendraient leur retraite. Elle répondit : « J'aimerais déclarer officiellement que le gouvernement ne nous doit rien du tout et vous assurer combien le travail a été enrichissant et passionnant pendant toutes ces années passées à tenter de marcher sur vos traces [...]. Je dois aborder un autre sujet qui me tient beaucoup à cœur et c'est l'élégance absolue à l'égard de l'incapacité de Robert, ainsi que la compréhension et la minimisation de celle-ci. Je ne me suis jamais sentie traitée avec condescendance par vous, mais au contraire avec la plus grande aise dans des circonstances qui ont dû être parfois très difficiles. Je vous en serai toujours intensément et éternellement reconnaissante. Avec beaucoup d'affection, Thereza. » Ford à Trudeau, n.d., FT, MG 26 020, vol. 4, dossier 26, BAC.

Les entrevues avec le personnel de secrétariat sont remplies d'exemples de générosité personnelle, même s'il n'y a pas de doute que ces exemples sont beaucoup plus rares dans le cas de ses collègues politiciens. Il y a aussi un grand fossé entre les sexes. Trudeau trouvait difficile d'être proche et chaleureux avec les hommes. Tandis que Patrick Gossage note souvent dans son journal intime que Trudeau se tenait loin de lui et d'autres collègues masculins, l'assistante de Trudeau, Joyce Fairbairn, qui documentait Trudeau pour la période de questions, était très familière dans ses communications, comme à l'occasion de son anniversaire : « Bon anniversaire, mon petit ! Voici des biscuits maison au chocolat et aux noix pour les garçons et toi. Si tu rapportes la boîte, je la remplirai de nouveau. » Elle connaissait bien son faible pour le chocolat. Fairbairn à Trudeau, 18 octobre 1978, FT, MG 26 020, vol. 4, dossier 10, BAC. Trudeau traitait également les anciens amis du temps des études, dont plusieurs travaillaient au gouvernement, avec une gentillesse toute particulière, les référant à de hauts fonctionnaires lorsqu'on lui demandait des rendez-vous dans ce sens.

Cook a soutenu que le placer dans un tel « créneau » réduit le « débat des années 1970 à un simple affrontement entre deux personnalités » et, ainsi, « élimine la confusion au risque de dissimuler certains aspects ». Cependant, à l'époque, le débat fut présenté comme s'il s'agissait d'une impasse entre Lévesque et Trudeau. La question qui les divisait est ce qui a défini la scène politique canadienne à la fin des années 1970, et la capacité des politiciens à répondre de façon convaincante à cette question détermina leur succès : était-il préférable pour les Canadiens d'expression française d'être une majorité dans un État québécois pluraliste ou une minorité dans un État canadien pluraliste ? Un grand nombre des réalisations plus larges du gouvernement de Trudeau se trouvèrent donc obscurcies dans la tempête qui accompagna cette rivalité entre les gouvernements du Québec et du Canada. Radwanski écrivit son livre alors que le référendum de Lévesque était imminent et que le gouvernement de Trudeau, de moins en moins populaire dans les sondages, préparait ses propres réponses à ce défi[23].

∽

Dans son discours devant le Congrès américain et dans ses interventions dans les débats de la Chambre des communes au début de 1977, Trudeau présenta trois choix possibles pour le Canada : serait-il un pays bilingue pluraliste, avec comme clé de voûte des droits individuels, ou deux pays distincts ou deux entités distinctes du point de vue linguistique vaguement liées par un accord non encore défini ? Cette vision claire sembla de plus en plus attrayante aux Canadiens francophones et anglophones au printemps et au début de l'été, alors qu'un référendum était imminent et que la notion d'« association » du PQ semblait déroutante. Mais la vision devint floue. Les adversaires de Trudeau au Parlement critiquèrent sa rigidité et son inflexibilité – et, de fait, sa ferme opposition à un statut spécial et à la décentralisation semblait inflexible. À la fin de l'été et en automne, il élabora ses politiques, qui devinrent beaucoup plus ambiguës qu'elles ne l'avaient été auparavant. Trudeau réagit à ce changement lorsqu'il écrivit dans ses mémoires politiques que sur le plan de la répartition des pouvoirs : « Je voulais me montrer aussi généreux que le voisin et peut-être même davantage[24]. » Et généreux, il le fut dans le « marché » qu'il offrit aux provinces en 1979, comme nous le verrons. Il était souple, mais, comme il s'en plaignit plus tard, sa souplesse fut mal comprise.

L'une des premières réactions de Trudeau au défi séparatiste avait été nettement marquée par la décentralisation, même si son impact entier ne fut pas reconnu à l'époque, sauf par les économistes et les bureaucrates du ministère des Finances. À la première conférence des ministres de décembre 1976, Trudeau accepta de retirer les conditions rattachées aux principaux programmes à frais partagés – un choix qui répondait aux demandes faites par le Québec après la Révolution tranquille et, comme Trudeau le fit remarquer plus tard, à ses premiers textes sur la Constitution canadienne. L'entente toucha moins le Québec que les autres provinces, car il avait déjà choisi de ne pas participer à de nombreux programmes à frais partagés, et Lévesque eut tôt fait d'affirmer que l'objectif réel du gouvernement fédéral était de réduire ses propres coûts. L'accusation n'était pas dénuée de vérité, mais il reste que l'entente joua un rôle important dans l'augmentation de l'autonomie des provinces. En février, à la Chambre de communes, lorsque Donald Macdonald présenta la nouvelle *Loi sur le financement des programmes établis*, Ed Broadbent dénonça l'entente comme le « premier pas important vers la balkanisation de notre pays [...]. Ces propositions ont inévitablement pour effet de minimiser le rôle du gouvernement national dans le maintien de normes minimales en matière de services de santé et d'enseignement postsecondaire. »

Plus tard, lorsque Trudeau critiqua les innovations constitutionnelles de Brian Mulroney, certains défenseurs de l'Accord du lac Meech, comme Jack Pickersgill, le vétéran libéral de la politique, soulignèrent que l'entente de 1976-1977 fut la décision de l'après-guerre la plus radicale sur le plan de la décentralisation. La critique était injuste, car elle ne tenait pas compte du contexte de l'époque : le coût des programmes sociaux augmentait rapidement tandis que les recettes du gouvernement fédéral stagnaient, et le gouvernement fédéral avait besoin que les provinces qui administraient les programmes assument plus de responsabilités à leur égard. Quoi qu'il en soit, tant les dépenses que l'influence politique qui découle du contact direct avec les citoyens étaient en train de passer aux provinces[25].

La majorité des Canadiens ne remarqua pas ces ententes fédérales-provinciales, qui semblaient être un autre acte fastidieux d'une longue pièce de théâtre ennuyante. En juillet 1977, elle prêta cependant attention à la formation de la Commission de l'unité canadienne, présidée par John Robarts et Jean-Luc Pepin. La création de cette commission sembla curieuse à l'époque, et le reste encore aujourd'hui. Robarts, l'ex-premier ministre ontarien n'avait plus l'influence qu'il avait eue et Pepin était beaucoup plus ouvert au statut spécial et aux opinions nationalistes que ses anciens collègues de cabinet. Gordon Robertson, le sous-ministre des Relations fédérales-provinciales, écrivit plus tard : « Je pense que Trudeau n'a jamais cru qu'il pourrait accepter le résultat du travail de la Commission comme solution au problème constitutionnel. Ses opinions et celles de Pepin étaient totalement différentes. » Il soupçonnait que la seule raison de la formation de la Commission était que Trudeau « croyait [...] que quelque chose devait être fait pour réagir à la victoire du PQ ». Pour la plupart des Canadiens, cependant, le rapport qui résulta des travaux de la commission ne fit qu'embrouiller encore davantage le message de Trudeau sur l'unité nationale. Lorsque Pepin se rendit à Québec, il semble qu'il demanda à Lévesque si la souveraineté-association était différente du fédéralisme renouvelé, et Lévesque lui répondit, comme on pouvait s'y attendre, que la souveraineté-association était une façon expéditive de renouveler le fédéralisme. Cette conversation ne contribua pas à la cause de Trudeau. La Commission ne permit pas non plus au gouvernement de recueillir des appuis ailleurs. Cinq jours après la rencontre de Pepin et de Lévesque à Québec, plusieurs groupes quittèrent la rencontre organisée à Toronto parce que la Commission n'avait prévu que deux jours dans cette ville, soit le même temps alloué à Charlottetown. Malgré cet ordre du jour serré, le premier ministre William Davis insista pour parler pendant plus d'une heure. À Edmonton, cependant, le premier ministre Peter Lougheed choisit de ne pas parler du tout et n'envoya aucun membre de son cabinet aux audiences de la Commission. Ce n'était pas un bon début[26].

Au même moment, la réaction fédérale au projet de loi 1 de Lévesque, qui deviendra par la suite le projet de loi 101, rendit également les Canadiens perplexes. Lorsque Camille Laurin, un vieil ami de Trudeau, maintenant l'un des ministres les plus actifs du gouvernement péquiste, déposa ce projet de loi délimitant la langue d'instruction dans la province, les fédéralistes et les Canadiens anglais réagirent avec force et hostilité. Pourtant, au fur et à mesure que l'année avança, Ottawa fit clairement savoir que, malgré les caractéristiques inadmissibles du projet de loi, le gouvernement fédéral n'allait pas le révoquer, comme plusieurs groupes anglophones du Québec l'exigeaient. Même si elle était légalement possible, la révocation n'était pas envisageable d'un point de vue politique. Plus étonnante encore fut la décision d'Ottawa de ne pas renvoyer le projet de loi à la Cour suprême. Après tout, Trudeau n'avait-il pas déclaré que le projet de loi était rétrograde, un retour à l'« âge des ténèbres » ?

Les événements qui se produisirent au cours de l'été de 1977 rendirent la situation encore plus confuse. À leur réunion à St. Andrews, au Nouveau-Brunswick, les premiers ministres approuvèrent une déclaration dans laquelle ils convenaient « qu'ils [...] feraient de leur mieux pour offrir de l'enseignement en anglais et en français là où le nombre de personnes le justifiait ». Lévesque n'accepta pas cet engagement, mais offrit à la place de conclure des ententes bilatérales ou multilatérales avec les provinces – une offre qui, si elles l'acceptaient, pensèrent les provinces anglophones, allait naturellement représenter leur acceptation de fait du projet de loi 101. Cependant, le 2 septembre, Trudeau fit publier une longue lettre publique à Lévesque dans laquelle il affirme comprendre la déception de ce dernier face à la déclaration des autres premiers ministres « parce qu'il ne s'y trouve aucune certitude de mise en œuvre ni garantie de permanence ». Cependant, poursuivit Trudeau, cette lacune pouvait être comblée « par des dispositions constitutionnelles appropriées », bien qu'il fût disposé à discuter « d'autres solutions moins souhaitables ». Lévesque répondit une semaine plus tard qu'il était heureux que le gouvernement du Canada soit « prêt à reconnaître, dans les circonstances présentes, comme critère d'admission à l'école anglaise au Québec, le critère fondamental de la Charte de la langue française au chapitre de l'enseignement, soit la langue d'éducation des parents. Nous voyons là une reconnaissance de la constitutionnalité de notre loi. » Il fit aussi remarquer que la lettre de Trudeau reconnaissait implicitement que la situation du Québec était différente de celle des autres provinces. Néanmoins, il refusait d'inclure les droits à l'instruction dans la Constitution parce qu'ils seraient alors assujettis à l'interprétation de la Cour suprême, qui aurait toujours une majorité anglophone.

Le 6 octobre, Trudeau publia sa réponse à la lettre de Lévesque – et cette fois, il adopta une position beaucoup plus ferme. Il commença par déclarer que « selon la position et la politique du gouvernement fédéral, tous les Canadiens sont entièrement libres d'être instruits dans la langue officielle de leur choix, là où le nombre le justifie. Malheureusement, à notre avis, votre gouvernement et le gouvernement fédéral perçoivent différemment les perspectives d'avenir de la langue française au Québec et les conditions nécessaires pour assurer son développement continu. En effet, vous n'acceptez pas la liberté de choix. » Il exprima ensuite son désaccord avec le rejet par Lévesque d'une garantie constitutionnelle des droits linguistiques : « Je suis personnellement et profondément convaincu que le citoyen d'une démocratie devrait jouir de certains droits et libertés ayant la préséance sur les lois promulguées par n'importe quel Parlement et sur les règlements décrétés par n'importe quel gouvernement, parce qu'ils sont tellement fondamentaux à l'existence même d'une société démocratique qu'ils devraient être à l'abri de ses institutions gouvernementales. » Il reprocha ensuite à Lévesque les restrictions imposées à la langue anglaise au Québec et dit espérer qu'un jour celles-ci pourraient être allégées afin « d'étendre quelque peu » ce que le sociologue Fernand Dumont « avait appelé *"l'aire de la liberté au Québec**"* ». Il y avait là un subtil rappel des batailles passées que Lévesque, Trudeau et Dumont, l'universitaire très en vue devenu séparatiste, avaient livrées ensemble. Trudeau termina en défendant la Constitution, la Cour suprême et la nécessité d'avoir une garantie constitutionnelle qui allait protéger les droits des minorités. Il annonça aussi également que le gouvernement fédéral n'allait pas renvoyer le projet de loi 101 à la Cour suprême[27].

Le journaliste Geoffrey Stevens concentra son attention sur la décision de ne pas renvoyer le projet de loi : « Si le gouvernement de Trudeau croit vraiment tout ce qu'il a dit concernant le projet de loi 101 du Québec, la solution qu'il propose d'appliquer est cruellement inadéquate ; un compromis insatisfaisant entre l'action et l'inaction. Cela revient à essayer de s'imposer en ayant le petit bout du bâton. » Il reconnaissait

---

* NDT : en français dans le texte.

que le gouvernement était pris dans un jeu politique du chat et de la souris, où le gouvernement du Québec avait la corde la plus longue parce que Trudeau allait être le premier à faire face à des élections.

Dans le tourbillon des événements, Trudeau voulut conserver l'attention sur la question capitale : la menace de la séparation du Québec. À cette fin, en septembre 1977, il donna à Marc Lalonde, ministre d'État aux Relations fédérales-provinciales, la responsabilité de coordonner la réaction du fédéral. Lalonde aborda la tâche avec la même intensité et loyauté que lorsqu'il avait fait ses preuves en tant que lieutenant du Québec, après avoir succédé à Jean Marchand. Il consulta les provinces, lança un appel aux armes dans une brochure intitulée *Le temps d'agir*, et déposa le projet de loi 60, qui prévoyait le rapatriement de la Constitution et l'établissement du cadre d'une charte des droits, dont celui de l'enseignement aux minorités.

L'idée d'une élection refit surface alors que le gouvernement amorçait la quatrième année de son mandat. Sur la même page où figurait l'analyse par Geoffrey Stevens de la décision du gouvernement de ne pas remettre en question le projet de loi 101, le *Globe and Mail* rapportait que plusieurs directions de la fonction publique fédérale quittaient Ottawa – treize d'entre elles – pour diverses circonscriptions libérales du pays. Le déménagement le plus notable se fit à Camrose, en Alberta, la ville natale de Jack Horner, transfuge récent des Bleus dans les rangs des libéraux[28].

Le Cabinet du premier ministre « était en effet encore une fois sur le pied de guerre ; en alerte de vingt-quatre heures pour une autre décision relative aux élections », écrivit Patrick Gossage dans son journal intime. « Des entrailles de toutes sortes sont examinées. [...] Tout est exposé au grand jour. Des sièges sont ouverts afin que les candidats favoris puissent se présenter. » La machine à rumeurs fonctionnait à plein régime : Jean Chrétien quittait la politique fédérale pour aller au Québec ; Radio-Canada était un nid de séparatistes qui n'allaient pas couvrir équitablement Trudeau ou les autres candidats fédéralistes ; les marottes personnelles d'un ministre allaient bientôt être dévoilées. Le 30 janvier 1978, cette dernière rumeur se révéla vraie, lorsqu'un des jeunes ministres les plus prometteurs, le solliciteur général Francis Fox, un favori de Lalonde et de Trudeau, et le frère de la populaire assistante de Trudeau, Marie-Hélène Fox, se leva en Chambre en avouant avoir autorisé par écrit, en se faisant passer pour mari, qu'une femme mariée, enceinte de son enfant, se fasse avorter. Trudeau pleura dans son bureau. Pendant toute la semaine, il « resta de mauvaise humeur, affecté comme il ne l'avait pas été depuis la séparation d'avec Margaret ». La presse pourchassa impitoyablement sa proie ; les féministes demandèrent pourquoi les femmes avaient besoin de la signature d'un mari ; et les militants pro-vie se servirent de l'incident pour dénoncer la législation existante et ce qu'ils considéraient comme de l'hypocrisie de la part du gouvernement Trudeau.

Les préparatifs en vue d'une rencontre, à la fin de février, des gouvernements fédéral et provinciaux se poursuivirent, rencontre à laquelle l'on présenta les plans constitutionnels, dans une tentative de profiter de cet effet de levier. Mais, selon Gossage, « le véritable moment de la conférence a eu lieu lorsqu'un groupe déterminé de péquistes a quitté la salle de réunion pour se rendre, en trouble-fête, au salon des délégués donner leur propre conférence de presse à 15 h, soit une bonne heure environ avant la clôture de la conférence. Les fonctionnaires fédéraux étaient blêmes. C'était comme si les mois de préparation qu'ils avaient passés à labourer le sol provincial aride s'étaient envolés en quelques secondes. Lévesque a réussi à prendre la vedette de la tribune nationale de la manière la plus diabolique que l'on puisse imaginer. C'était brillant. » C'était le dixième anniversaire du moment où le nouveau ministre fédéral de la Justice, Pierre Trudeau, avait volé la vedette à Daniel Johnson du Québec, et amorcé par la suite sa quête du Cabinet du premier ministre. Ce que l'avenir réservait était loin d'être aussi évident en 1978[29].

Lévesque et son gouvernement avaient gagné en assurance et en crédibilité pendant leur première année au pouvoir. Le processus de francisation du Québec, qui avait commencé avec le projet de loi 22 de Bourassa, fut rapidement mis en place ; les menus de restaurant, les enseignes des commerces, les contraventions et les panneaux d'affichage de la vie courante étaient à présent tous en français uniquement. Le départ des anglophones de la province s'accéléra, mais ceux qui restèrent acceptèrent davantage la nouvelle réalité du Québec. Les sondages publiés par le gouvernement du Québec indiquaient que la communauté d'expression française appuyait très fortement les projets de loi

linguistiques et, en 1978, que ces derniers étaient étonnamment acceptés par les anglophones et les allophones, qui étaient nombreux à étudier
le français dans les innombrables écoles de langue qui florissaient à
Montréal et dans d'autres enclaves d'expression anglaise. En outre,
l'énergie et la franchise de René Lévesque impressionnaient non seulement les journalistes, mais aussi le grand public. Pierre O'Neill, qui avait
travaillé auparavant au service de presse de Trudeau, mais était retourné
au Québec pour travailler à Radio-Canada, fit plus tard des commentaires sur l'attrait de la personnalité politique de Lévesque. Lorsque, par
exemple, le premier ministre revint de vacances en 1977 et apprit qu'un
de ses ministres, Bernard Landry, avait blâmé le gouvernement fédéral
d'être seul responsable d'une soudaine hausse du chômage, il n'hésita
pas à montrer sa colère et à tenir une conférence de presse pour éclaircir
la situation. Ottawa, déclara-t-il, « bien sûr, partageait une partie des responsabilités, mais le Québec aussi aurait pu mieux prévoir et faire davantage pour stimuler la création d'emplois ».

Trudeau avait autrefois rêvé pour le Québec d'un parti de masse
dirigé par une élite qui aurait balayé la corruption et la dégradation
de Duplessis. Le gouvernement de Lévesque – avec sa solide base
parmi les travailleurs ; sa coterie d'intellectuels, de poètes et de penseurs ; et sa volonté de réformer radicalement le système électoral québécois afin d'en déraciner le favoritisme politique rétrograde – ressassait
l'image que Trudeau avait eue lorsqu'il organisait le Rassemblement,
un parti de masse, dans les années 1950. Beaucoup d'aspects du mouvement de Lévesque pouvaient susciter l'admiration de Trudeau, mais,
étant donné son objectif, ils suscitaient chez lui encore davantage de
craintes[30].

Pour Trudeau, le défi proposé par Lévesque était personnel : de fait,
lorsqu'ils se rencontrèrent en décembre 1977, il semble que Lévesque
leva son verre de Vosne-Romanée à Trudeau en disant : « À tes malheurs. » Sans hésitation, Trudeau aurait levé le sien et répondu : « Et aux
tiens[31]. » Trudeau mit encore plus d'intensité dans sa guerre contre le
défi du Québec, et il montra une volonté digne de Churchill à conclure
des pactes avec ses ennemis afin de vaincre le plus grand mal que représentait le séparatisme. Tandis que Chrétien caressait le projet de quitter
la scène fédérale pour se présenter au Québec, Claude Ryan commença

à émerger comme un chef possible du Parti libéral provincial. Ryan et Trudeau s'étaient affrontés farouchement pendant plus d'une génération, mais le rédacteur en chef du *Devoir* commença à écrire des textes plus favorables sur Trudeau à l'automne de 1977, dans lesquels il louait l'éloquence des lettres de Trudeau à Lévesque et leur capacité à hausser le niveau du débat. Bien des blessures cependant n'étaient pas encore cicatrisées. Lorsque les libéraux fédéraux commencèrent à baisser dans les sondages, il devint essentiel de recruter une figure publique majeure ayant une intégrité personnelle impeccable et une grande intelligence pour diriger le parti provincial. Les blessures se cicatrisèrent rapidement, même si la méfiance persista. De son poste de diplomate à Londres, Paul Martin, perplexe, médita longuement sur « les opinions de Ryan sur la modification de la Constitution », surtout son appui aux « deux nations ou à un statut spécial » et se demanda pour la forme : « Comment est-ce que Trudeau se sortira de cette dernière situation ? » Ce soir-là, le 7 mars 1978, Martin, inquiet, appela Trudeau et le trouva « en forme et confiant en son avenir politique ». Il attendait le prochain sondage, dit-il au vieux politicien expérimenté, et puis, si les résultats étaient les mêmes que le mois précédent, alors il déclencherait probablement des élections[32].

Après tous ces retards, il sembla que le décret de convocation des élections allait enfin être promulgué. Le cabinet de Trudeau fut de nouveau frénétique tandis qu'il cherchait des moyens de rendre le premier ministre populaire. L'initiative la plus réussie fut un « portrait » présenté au réseau CTV, produit par Stephanie McLuhan, une amie de Trudeau et la fille de Marshall McLuhan, dans lequel on voyait, au 24, promenade Sussex, Justin et son père en adoration devant lui jouer un charmant duo au piano, ainsi qu'un étalage de prouesses au plongeon dans la piscine. Trudeau fut constamment en mouvement ce printemps-là : il voyagea de nuit en avion pour aller honorer à Québec les quinze années de service du député Raynald Guay, visita sa circonscription de Mont-Royal pour remercier les bénévoles, et décocha le premier lancer à la partie des Blue Jays à l'Exhibition Stadium à Toronto. La photo de Justin et Sacha avec leur casquette des Blue Jays et leur drapeau canadien fit la une du *Globe*, mais leur père ne réussit pas à charmer les supporters de l'équipe. Alors qu'il prenait son élan pour lancer la balle, la foule, de façon inattendue mais spontanée, commença à le huer. La semaine suivante, le conseil d'administration de la Sun Life confirma le déménagement du siège social de la grande compagnie d'assurances de Montréal à Toronto, et un sondage Gallup montra que les conservateurs de Joe Clark étaient au coude à coude avec les libéraux. Encore une fois, les élections furent retirées de l'ordre du jour[33].

Sur la scène internationale, la bousculade entre Ottawa et la ville de Québec se poursuivit. Trudeau, comme tant d'autres premiers ministres, chercha sur l'arène politique internationale à satisfaire ses besoins personnels et à réaliser des gains politiques au pays. En mars 1978, il fit un discours au prestigieux Council on Foreign Relations à New York ainsi qu'à l'Economic Club, où seulement quatorze mois plus tôt Lévesque avait eu si peu de succès. Trudeau fut impressionnant. Au Council, trois cents membres de l'élite du milieu des affaires et des universités de New York s'entassèrent dans une salle qui ne comptait habituellement que cent sièges. Après une présentation par David Rockefeller, Trudeau parla de manière impromptue pendant dix minutes. Comme l'écrivit le consul général : « Encore et encore », il souligna que « les choses étaient réellement en train de changer au [Canada] quant à la place des Canadiens français », non seulement au gouvernement, mais aussi dans les « couches supérieure et moyenne des organisations publiques et des sociétés privées. » L'auditoire à l'Economic Club – quelque 2100 personnes – était le plus important depuis sa création en 1908. Dans le rapport du consul général, il est affirmé que « pour l'auditoire, le PM incarnait la volonté canadienne de conserver l'unité du pays » et, à cet égard, il l'appuyait pleinement. Certains, poursuivait-il, maugréèrent contre la troisième voie du Canada (la proposition de Trudeau de ne plus privilégier le commerce avec les États-Unis), l'Agence d'examen de l'investissement étranger et la mise en question par Trudeau du marché libre, mais ces critiques venaient surtout de Canadiens vivant à New York ou visitant la ville pour entendre son discours. Le *New York Times* fut généreux tant dans l'espace qu'il accorda au discours que dans les commentaires qu'il fit sur les efforts de Trudeau, citant sa déclaration selon laquelle « de plus en plus

de Canadiens réalisaient que nous serions une société follement auto-
destructrice si nous permettions que notre pays soit fracturé en raison de
notre incapacité à imaginer avec générosité une solution au problème
d'un État fédéral composé de différentes régions et fondé sur la reconnaissance de deux langues[34] ».

Le *Times* mentionna que le Canada avait nerveusement émis
750 millions de dollars d'obligations et que Trudeau « concédait » que le
défi séparatiste avait « été un facteur majeur qui avait affaibli l'économie
canadienne ». L'économie canadienne était en effet en difficulté, le dollar
atteignant son plus bas niveau depuis l'après-guerre une semaine après le
discours de Trudeau. Le *Times* prévint que « l'état de l'économie canadienne, avec un taux d'inflation de près de 9 p. cent et plus d'un million
de personnes cherchant du travail pour un taux de chômage record de
8,3 p. cent d'une population active de 10 millions de personnes, allait
assurément être la principale question soulevée par les partis d'opposition aux élections fédérales que M. Trudeau devrait déclencher en juin
ou au plus tard à l'automne ». Pour Trudeau et ses proches collègues,
cependant, toute certitude concernant la primauté de l'économie était
de plus en plus difficile à accepter, surtout lorsque la rupture du pays
était leur principale préoccupation – mais non celle désormais de la
majorité des Canadiens. Une division se créa entre les conseillers de
Trudeau, avec Keith Davey d'un côté, qui était d'accord avec l'analyse
du *Times*, et Lalonde, son codirecteur de campagne, de l'autre. Pour
mieux convaincre, Davey aimait citer une histoire racontée par Jean
Marchand sur un manœuvre d'un chantier maritime qui revient à la
maison et dit à sa femme : « Je n'ai rien fait de bon aujourd'hui parce que
je m'inquiétais trop de la Constitution. » Trudeau et Lalonde ne voyaient
pas l'humour dans cette histoire, mais ils admirent que l'économie canadienne était dans un état de plus en plus lamentable.

Trudeau confia ses inquiétudes au chancelier allemand Helmut
Schmidt, qui était toujours un ami proche, et, juste avant son discours à
New York, il lui écrivit qu'il croyait que les « difficultés économiques »
de l'Occident devraient être la principale préoccupation du prochain
sommet du G7 à Bonn. Il accepta également l'invitation de rester en
Allemagne après la fin du sommet à la mi-juillet afin de s'entretenir avec
Schmidt[35]. Dans leur analyse des sommets du G7, Robert Putnam et Sir

Nicholas Bayne classent celui de Bonn comme l'un des plus importants. Trudeau, comme il l'admit lui-même, était préoccupé par l'unité nationale, mais se concentrer sur les défis auxquels faisaient face les pays occidentaux fit augmenter son inquiétude. Même si Carter et Trudeau aimaient rire de l'habitude de Schmidt et de Giscard d'Estaing d'ouvrir les sommets par de longs discours sur l'économie – une tendance que partageaient tous les anciens ministres des Finances, observa plus tard Carter –, Trudeau en était venu à avoir un profond respect pour Schmidt, un homme intelligent et plein d'assurance qui s'était battu contre Giscard d'Estaing pour que le Canada participe au sommet des élites. À la réunion de Bonn, la concordance fut remarquable sur la nécessité de revigorer le cycle de négociations de Tokyo sur le commerce international, la discipline financière et un « programme complet pour la croissance mondiale[36] ».

Après la réunion, Trudeau accepta l'invitation de Schmidt à le joindre sur son voilier dans la mer du Nord, mais il parla tout d'abord avec chaleur de lui à un dîner privé. Il fit l'éloge du leadership économique de Schmidt, qui avait « réussi à garder les attentes populaires dans les limites du réalisme » ; du « système de gestion et des relations de travail de l'Allemagne, qui a maintenu la stabilité et la productivité de [son] industrie » ; et des « pratiques constitutionnelles de l'Allemagne, qui avaient évité les pièges de la répétition inutile tout en assurant à l'Allemagne une solide position dans les affaires internationales ». Ce succès, poursuivit Trudeau, avait permis à Schmidt de mettre son « imagination politique » au service de la communauté internationale, surtout dans la politique de détente et d'intégration dans la Communauté européenne. Schmidt avait fait ce dont Trudeau rêvait lui-même. Quand il laissa Schmidt, Trudeau résolut d'armer de courage le Canada pour affronter les défis économiques et internationaux auxquels il faisait face[37]. Gossage, qui accompagnait Trudeau, fut frappé par l'amitié proche liant les deux chefs d'État. Il vit « le vrai Trudeau, détendu d'une façon qui n'est possible qu'avec un ami qui vous stimule et vous respecte, qui ne cherche pas à obtenir quelque chose de vous et dont vous vous savez accepté tel que vous êtes ».

Trudeau revint au pays résolu à s'acquitter des engagements qu'il avait pris à Bonn. Il fit venir ses assistants, rédigea rapidement un discours en français et en anglais, réserva du temps d'antenne télé à 20 heures, le 1er août, et s'adressa d'un ton comminatoire aux auditeurs. Il dit aux Canadiens qu'il en « avait assez » des événements dans ce pays et qu'il était déterminé à transformer les postes en une société d'État, à diminuer de plus de 2 milliards de dollars les dépenses du gouvernement et à geler la taille du secteur public. Il envisageait également de transférer certains services gouvernementaux au secteur privé. Il agit si rapidement que ni lui ni son secrétaire principal, Jim Coutts, n'eurent le temps d'informer le ministre des Finances, Jean Chrétien, qui était en vacances à sa maison de Shawinigan, du discours ou de son message. Eddie Goldenberg, l'assistant compétent de Chrétien, avait parlé à plusieurs reprises à son chef ce jour-là, mais on n'avait parlé d'aucun discours imminent. Il fut stupéfait d'entendre à 19 h 45, à la radio de sa voiture, que Trudeau allait parler d'économie à la nation. Il appela Chrétien, mais ne put le joindre que deux heures plus tard, longtemps après la fin du discours. Lorsqu'il put enfin parler au ministre des Finances, il apprit que Chrétien ne savait rien des commentaires ou des actions de Trudeau. Il avait été, dans les termes de Goldenberg, « humilié publiquement par le premier ministre et le CPM ». Chrétien envisagea de démissionner, mais, considérant l'effet possible de sa décision sur les élections à venir, décida d'être un « bon soldat ». Ses réponses à la presse qui l'interrogea sur les actions de Trudeau révélèrent qu'il était, comme l'écrivit le journaliste Allan Fotheringham, « maladroit et sans défense ». Les élections furent, encore une fois, remises à plus tard[38].

Pendant que le projet de loi 60 donnait lieu aux inévitables consultations sur le rapatriement de la Constitution et la nouvelle charte des droits, et que la planification des élections avançait tant bien que mal, Trudeau se tourna de plus en plus vers la scène internationale, en partie parce que la politique nationale le frustrait et en partie parce que son statut d'« homme d'État international » offrait un contraste saisissant comparativement à l'inexpérience de Joe Clark, le chef des conservateurs. En effet, les tribulations de Joe Clark à l'étranger donnaient lieu à des blagues de mauvais goût, qu'il s'agisse de sa valise qui arrivait toujours en retard ou des commentaires de dirigeants politiques étrangers qui voyaient en lui des lacunes. Trudeau en était venu à apprécier les rencontres internationales et, comme David Rockefeller le précisa à l'occasion d'une présentation à l'Economic Club, il était maintenant l'« homme d'État ayant le plus d'ancienneté en Occident » : il avait survécu à la chute de Charles de Gaulle, à la destitution de Richard Nixon et à la disparition d'Edward Heath, d'Harold Wilson et de biens d'autres. Il était aussi le seul leader politique occidental à avoir émergé du tumulte de 1968. Au dixième anniversaire de sa nomination comme premier ministre, le prestigieux journal britannique *The Observer* donna à Trudeau une mauvaise note pour sa gestion de l'économie, en ajoutant toutefois que « personne ne niera qu'il a réussi sur le plan des affaires étrangères ».

En vérité, de nombreuses personnes critiquaient son rôle dans les relations internationales, surtout au ministère des Affaire extérieures, où l'on rejetait la responsabilité de l'absence de motivation sur le mépris qu'éprouvait Trudeau envers ce ministère. La journaliste Sandra Gwyn rendit compte de cette opinion avec finesse dans un article intitulé « Where Are You, Mike Pearson, Now That We Need You ? » (Où êtes-vous, Mike Pearson, quand on a besoin de vous ?) qu'elle rédigea en avril 1978 et où elle dit déplorer le manque d'intérêt pur et simple des Canadiens pour la politique étrangère. Une ambivalence qui, dit-elle, combinée à l'indifférence de Trudeau à l'égard du Ministère et de la nature très personnelle de ses interventions sur la scène internationale, contribuait au sentiment de malaise. Et pourtant, selon Gwyn, « l'ensemble de ces facteurs est plus petit que la somme de ses parties […]. Lorsque vous détruisez les mythes d'une nation, vous affaiblissez sa volonté de survivre, chose que Trudeau aurait dû comprendre. Plus que jamais, en ces jours sombres, nous avons besoin d'un nouveau mythe extériorisé pour continuer. »

Trudeau semble avoir compris l'importance d'un tel mythe après 1976, et l'effet que produisit son discours devant le Congrès américain et l'opposition de l'administration Carter au séparatisme témoigne de l'influence considérable des relations extérieures du Canada sur la politique nationale. Comme Gwyn le reconnut, la nomination de Don Jamieson, un Terre-Neuvien populaire et très influent, au poste de ministre des Affaires extérieures et le retour de l'influent Allan Gotlieb au poste de sous-secrétaire d'État renforcèrent grandement la voix du Ministère dans les milieux gouvernementaux. Ivan Head, qui avait dominé la politique étrangère du Canada, devint président du Centre de recherches pour le développement international. Toutefois, son attitude critique envers le Ministère demeura, et le livre qu'il écrivit plus tard avec Trudeau sur la politique étrangère canadienne s'en ressent grandement*. Néanmoins, la participation au G7, l'activité, du Québec d'abord, puis de l'Alberta, sur la scène internationale, et le besoin d'un « mythe extériorisé » portèrent Trudeau à se tourner vers des diplomates de profession pour le guider dans ses incursions, de plus en plus fréquentes, dans le monde diplomatique[39].

La relation du Canada avec l'Inde, le plus grand bénéficiaire du programme d'aide canadien au milieu des années 1970, représentait une voie particulièrement périlleuse. Entre autres choses, l'aide accordée touchait le développement de la puissance nucléaire du pays, et le Canada tenta avec insistance d'obtenir de l'Inde qu'elle s'engage à ne pas produire la bombe atomique. En 1973, Trudeau et Indira Gandhi, que le premier ministre canadien n'aimait pas, se rencontrèrent à Ottawa, mais aucun engagement ne sembla être sur le point d'être pris. L'année suivante, pendant la campagne électorale canadienne, l'Inde fit exploser son engin nucléaire à des « fins pacifiques », déclara-t-elle. Trudeau fut furieux : il mit immédiatement fin au programme d'aide nucléaire, créant ainsi un froid généralisé dans les relations entre les deux pays. Cependant, les réunions du Commonwealth signifiaient que Trudeau devait rencontrer chaque année les dirigeants indiens et, en marge de ces occasions, ils se querellaient sur les questions nucléaires. Lorsque Trudeau rencontra Carter en février 1977, ce dernier fut bien disposé à l'écouter. Selon le rapport du gouvernement canadien, Carter « amena la conversation sur le sujet de la non-prolifération, affirmant sa reconnaissance envers le

---

* Thomas Enders, l'ambassadeur américain, était de cet avis, ainsi que d'autres. Le 25 janvier 1978, Patrick Gossage écrivit dans son journal intime : « Joyce Fairbairn, l'adjointe législative loyale du PM, et Ivan Head, son conseiller en matière de politique étrangère, sont les mieux placés dans ce CPM ; l'une est vraiment chaleureuse ; l'autre analyse froidement les choses. Un général du PCB dit à Dick [O'Hagan] qu'on n'est pas à la Maison-Blanche. Ivan agit parfois comme si c'était le cas. » Le rôle de Head créa un précédent chez les premiers ministres subséquents, qui souhaitaient profiter de conseils indépendants en matière de politique étrangère, de la même manière que les présidents américains ont des conseillers à la sécurité nationale en constante opposition avec le secrétaire d'État. Patrick Gossage, *Close to the Charisma : My Years between the Press and Pierre Elliott Trudeau* (Halifax : Goodread Biographies, 1987 ; première édition, 1986), p. 109.

Canada, "pratiquement le seul pays à tenir cette position" après l'explosion de l'engin indien "qu'il n'avait aucunement à se reprocher" ». Affirmant être « vraiment inquiet concernant la non-prolifération », il encouragea Trudeau à aller de l'avant. Trudeau confia que Schmidt lui avait dit ne pas vouloir accroître les garanties parce qu'« il sentait qu'il n'y avait *aucun* moyen d'asseoir son autorité sur les Américains ». Cependant, ajouta Trudeau, Schmidt était « un homme très intelligent » résigné au fait que « tout le monde aurait la capacité de se doter d'explosifs nucléaires » d'ici une décennie. Son sentiment « d'impuissance » venait du fait qu'il était persuadé que « jamais les États-Unis et la France n'accepteraient de tels contrôles ». Trudeau, qui avait milité contre le nucléaire dans les années 1960 et était déterminé à mettre un terme au rôle du Canada dans ce domaine, ne partageait pas son pessimisme[40].

Au printemps de 1978, Trudeau demanda à des membres du Service extérieur canadien de l'aider à préparer un discours important aux Nations Unies sur la question du nucléaire. Klaus Goldschlag, un diplomate exceptionnel et étudiant en affaires internationales, aida Trudeau à rédiger un discours demandant l'application d'une « asphyxie » nucléaire. La stratégie consistait en « un ensemble cohérent de mesures, y compris le Traité d'interdiction complète des essais nucléaires difficile à respecter, une entente visant l'arrêt des essais en vol de tous les nouveaux vecteurs stratégiques, une entente interdisant toute production de matière fissible à des fins d'armement ainsi qu'une entente pour limiter et réduire les dépenses militaires affectées aux nouveaux systèmes d'armes nucléaires stratégiques[41] ». Des critiques universitaires firent plus tard l'erreur de rejeter le discours que Trudeau fit le 26 mai en le traitant de « mission internationale solitaire » typique de lui, qui pouvait offenser les alliés sans grands résultats. En réalité, le discours de Trudeau traduit avec justesse non seulement les opinions de Carter, le chef d'État du pays allié le plus important du Canada, mais aussi l'esprit de détente des années 1970. Mais l'état d'esprit disparut lorsque les tanks soviétiques franchirent la frontière afghane l'année suivante. Le discours gagna néanmoins l'appui des électeurs canadiens adversaires du nucléaire, qui s'égaraient facilement du côté du NPD. Il plut au *Toronto Star*, qui s'opposait fermement au nucléaire, ainsi qu'au *Devoir*, mais le *Globe and Mail* le jugea « prétentieux », suffisant et sans originalité particulière. Geoffrey Stevens, chroniqueur au *Globe,* reconnut que, si la question était importante, le vrai problème se trouvait dans le manque d'«intérêt durable pour les affaires étrangères» manifesté par Trudeau, le Parlement et les Canadiens[42].

Les attaques comme celle du *Globe* rendaient Trudeau et Head furieux, et leur livre, *The Canadian Way,* publié en 1995, critique de manière exhaustive l'accusation voulant que Trudeau ne prêta qu'une attention intermittente à la politique étrangère et, en particulier, qu'il préféra les pensées nobles aux actions concertées. Il est intéressant de noter que les contemporains de Trudeau dans les années 1970 étaient aussi en désaccord avec le *Globe.* Jimmy Carter et son vice-président, Walter Mondale, Helmut Schmidt et de nombreux autres témoignent de l'efficacité de Trudeau dans certains domaines internationaux, mais il est exagéré de penser comme Mondale qu'il y fut une «force indispensable». Aux réunions du G7, Trudeau dirigea en effet et à de nombreuses occasions les discussions sur les relations Nord-Sud et joua un rôle honorable dans l'explication des divisions entre les riches et les pauvres, comme nous le verrons plus loin. Lorsqu'un universitaire de l'Université Carleton critiqua les promesses non tenues de la politique d'aide du Canada et l'attention sporadique prêtée par Trudeau aux affaires étrangères, Head répliqua avec férocité, en attirant l'attention sur le fait que l'aide au développement au Canada avait quintuplé entre 1968 et 1975, que la couverture par les médias canadiens des activités étrangères de Trudeau était incomplète, et que les «représentants officiels» qui critiquaient Trudeau étaient injustes. Cependant, même lui dut admettre que l'aide au développement du Canada, qui avait augmenté à 0,54 p. cent du PIB en 1975, avait commencé à diminuer en même temps que l'économie canadienne avait ralenti. En effet, en 1981, l'aide au développement n'atteignait plus que 0,37 p. cent, beaucoup moins que le 0,7 p. cent préconisé par le rapport historique de Pearson de la Commission d'étude du développement international en 1969 ainsi que par des congrès ultérieurs du Parti libéral[43].

De nombreux critiques de la politique étrangère de Trudeau étaient injustes, en partie parce qu'ils s'étaient attendus à trop de la part de ce premier ministre éloquent, cosmopolite et polyglotte, mais davantage encore parce qu'au Canada, à la fin des années 1970, la priorité devait être accordée aux problèmes intérieurs. Même si Coutts et Davey convenaient que la célébrité dont jouissait Trudeau sur le plan international constituait un atout politique, ils déploraient privément qu'il préférât les lumières de Broadway et la Rive gauche de Paris au Stampede de Calgary et à la côte sud de la Nouvelle-Écosse. Pourtant, en raison du défi crucial que présentait la séparation du Québec, Trudeau voyagea beaucoup moins que ses successeurs et que la plupart de ses homologues du G7. Il manqua même une grande partie de son premier sommet du G7 pour s'occuper d'affaires intérieures. Il consacra beaucoup de son temps à refaire la Constitution du Canada pendant ses premières années en fonction puis, encore, après l'élection du PQ. Trudeau s'était opposé avec passion aux armes nucléaires avant d'en faire une question politique, mais même son discours sur l'asphyxie était trop imprégné de la politique intérieure du Canada et des intérêts d'Énergie atomique du Canada. Ses discours aux Nations Unies et au Congrès cherchaient trop à soulever l'enthousiasme pour le Canada, ce qui devait sûrement diminuer l'universalité des arguments qu'ils contenaient. Néanmoins, Trudeau était frustré qu'on lui demande constamment de se concentrer sérieusement sur les problèmes intérieurs, surtout lorsqu'il fut à même de constater que ceux-ci découlaient pour une large part du piètre état de l'économie internationale.

Lors d'une conférence de presse à Québec, quelques jours avant que Trudeau ne prononce son discours aux Nations Unies, un journaliste mécontent s'adressa à Trudeau lui-même pour lui demander des explications : « C'est la première fois depuis quelque temps que vous exprimez un intérêt pour les Nations Unies et que vous y ferez un discours, et, deuxièmement, c'est la première fois depuis longtemps que j'entends dire que vous avez l'intention de parler de désarmement, et il semble, surtout à présent que vous ne voulez pas en faire un scoop, qu'il y a une certaine orchestration cynique de votre discours à New York – qu'en fait votre objectif est d'essayer d'obtenir tant l'attention nationale qu'internationale, au détriment de la population canadienne, qui aimerait bien connaître quelle est votre politique. » Trudeau, furieux, répondit : « Si je cherchais à me faire de la publicité à l'étranger, j'aurais probablement prononcé ce discours à une autre occasion – comme à l'une des dix Assemblées générales des dernières années. Il se trouve que je sens qu'à cette occasion particulière j'ai quelque chose à dire, et j'aimerais le dire là-bas et pas à vous ici. » À son retour de New York, il dut faire face aux mêmes doléances de la part de l'opposition et de ses représentants à la période des questions[44].

À l'automne de 1978, il était plus important que jamais de faire de la politique. Les sondages, défavorables, rendaient impensable la tenue d'une élection. Pendant que Trudeau hésitait à déclencher des élections, des députés démissionnèrent tandis que d'autres cherchèrent refuge sur le banc ou dans une nomination quelconque, libérant leur siège en partant. Quand les choses allaient bien en 1977, les libéraux avaient nommé des députés conservateurs à certains postes, notamment l'excellent Gordon Fairweather, qui avait obtenu le poste de premier président de la Commission canadienne des droits de la personne. Mais lorsque les choses commencèrent à vraiment mal tourner, peu de postes vacants furent pourvus, et les sièges vides au Parlement apparurent comme de sérieux obstacles à surmonter avant la tenue d'élections générales. Keith Davey recommanda à Trudeau de déclencher des élections partielles avec l'objectif de pourvoir la moitié des quinze sièges vacants ; mais Trudeau, par défi, déclencha des élections partielles dans toutes les circonscriptions représentées pour le 16 octobre. Ce fut une décision désastreuse, surtout lorsque Martin Goldfarb, le spécialiste des sondages du parti, le prévint que les chances des libéraux dans les circonscriptions dispersées « variaient de minces à lamentables ». Les libéraux avaient recruté plusieurs candidats-vedettes, notamment le président de l'Université de Toronto, John Evans, et la grande journaliste féministe Doris Anderson. Ils furent parmi les treize libéraux défaits : seulement deux candidats du Québec remportèrent leur siège.

Comme les résultats étaient dévoilés, un représentant du CPM appela Trudeau au 24, promenade Sussex. Trudeau affirma qu'il ne regardait pas les résultats, mais il accepta néanmoins de se rendre au parlement pour faire un commentaire. Le lendemain matin, résultats en tête et prêts à mettre à jour leur propre curriculum vitæ, les membres du personnel prirent connaissance de deux interprétations différentes dans les journaux : d'une part, la « guerre était ouverte » contre Trudeau, son statut de « vedette » faisant converger « le mécontentement envers le gouvernement sur lui-même de façon théâtrale », et, d'autre part, les électeurs souhaitaient que les résultats « servent de leçon à Trudeau ». Ces deux visions annonçaient un hiver difficile – et la tenue inéluctable d'une élection au printemps de 1979[45].

Les résultats mirent en lumière les trois problèmes fondamentaux auxquels le gouvernement faisait face à l'approche des élections : la fatigue du gouvernement, le piètre état de l'économie, et la moindre menace que représentaient à présent les séparatistes pour les Canadiens anglais, comparativement aux deux années précédentes. Alors que Trudeau en était à son dixième anniversaire au pouvoir, les commentateurs faisaient invariablement le compte de ceux qui étaient partis : les deux autres colombes, Gérard Pelletier et Jean Marchand ; son successeur anticipé, John Turner ; le meilleur ministre anglophone, Don Macdonald ; les sages et vieux de la vieille, Mitchell Sharp et Bud Drury ; le brillant Eric Kierans ; le populaire Bryce Mackasey ; et Francis Fox, à l'avenir prometteur. Pas une semaine ou presque ne passait sans que l'on fasse référence aux opinions critiques de Turner à l'égard du gouvernement, qui, disait-on, avaient paru dans un bulletin privé publié par le cabinet d'avocats de Toronto pour lequel il travaillait. Les tentatives pour renouveler le parti ne furent pas convaincantes (comme dans le cas de Jack Horner en Alberta) ou se révélèrent insignifiantes (comme dans le cas d'Evans, d'Anderson et du célèbre homme d'affaires et environnementaliste Maurice Strong, qui retira sa candidature peu de temps après sa nomination). Les rapports entre Trudeau et le milieu des affaires ne s'étaient pas rétablis, seul Alastair Gillespie et, dans une moindre mesure, Barney Danson ayant maintenu des liens étroits avec Bay Street.

En tant que ministre de l'Énergie, Gillespie était parvenu à améliorer un peu les relations avec le secteur pétrolier et même avec le gouvernement de l'Alberta, mais le montant qu'il avait fallu payer pour rejoindre le prix mondial du pétrole irrita le gouvernement de l'Ontario. En outre, les consommateurs et les fabricants de cette province avaient eu l'impression de subir le gros du fardeau. Et le fardeau était réel. Au moment où Trudeau déclencha les élections partielles en août 1978, le taux d'inflation de douze mois atteignait 9,8 p. cent, et cela, presque trois ans après l'imposition du contrôle des prix et des salaires. Le chômage s'établissait à 8,4 p. cent, et le pessimisme était omniprésent dans les secteurs manufacturier et minier. Dans *Le Canada a-t-il un avenir?*, un livre à succès paru en 1978, parrainé par l'American Hudson Institute et financé par de grandes entreprises canadiennes, on reconnaissait qu'il y avait au Canada « un manque de confiance généralisé dans le leadership, tant économique, intellectuel que politique ». Le pays vivait une crise d'identité, aggravée par un sérieux problème économique de stagflation. Les principaux auteurs du livre, Marie-Josée Drouin et B. Bruce-Briggs, constataient que, si le néo-conservatisme américain n'avait pas encore établi de base au Canada, on assistait pourtant, en réaction aux problèmes économiques, à un tournant marqué vers la droite. Les auteurs convenaient du fait que la plupart des pays occidentaux partageaient les problèmes du Canada, faisant remarquer que : « Historiquement, nos classes privilégiées ont obtenu à peu près l'équivalent américain, tandis que fermiers et ouvriers gagnaient moins, ce qui donna d'ailleurs le branle à une émigration massive vers les États-Unis. Au cours de la dernière génération, cette situation a changé : les Canadiens moyens ont presque obtenu la parité avec les Américains, de sorte que les gens riches (sauf les hauts fonctionnaires) s'en inquiètent. »

Ils étaient en effet inquiets. Evans fut défait dans la riche circonscription de Rosedale, à Toronto, et Anderson, dans la circonscription grande bourgeoisie de Eglinton. À l'image de leurs lecteurs représentant le gratin de la société, le *Globe and Mail* et le *Financial Post* étaient d'humeur maussade, tandis que le journal libéral *Toronto Star* déplorait l'indifférence de Trudeau envers la situation critique des travailleurs, et que le *Toronto Sun*, un nouveau tabloïd plein d'allant, se faisait l'écho des doléances de « l'homme du peuple » au sujet des parasites des programmes sociaux (*welfare bums*), des bureaucrates sirotant du chardonnay et des immigrants frauduleux. Il semblait bien que l'heure des libéraux fut finalement passée[46]. Personne ou presque ne put nier le fait que l'économie allait être au cœur des prochaines élections au Canada anglais.

Au moment où la question du Québec domina la scène politique immédiatement après l'élection des séparatistes de René Lévesque, Trudeau avait émergé comme la voix de l'unité canadienne la plus éloquente. Les peurs s'apaisèrent peu à peu, cependant, le référendum prévu n'ayant pas eu lieu et le gouvernement de Lévesque impressionnant même ses adversaires fédéralistes par sa compétence et sa probité. La popularité de Lévesque allait croissant, en dépit de l'économie de la province qui battait sérieusement de l'aile : « Après deux ans de pouvoir, René Lévesque a livré pratiquement toute la marchandise promise pendant la campagne électorale. Les éditorialistes sont unanimes à saluer sa performance d'ensemble, ses réformes innovatrices et sa gestion responsable. Les sondages d'opinion révèlent en même temps un taux de satisfaction très élevé de la population. » Son succès ne fit toutefois pas augmenter l'appui au séparatisme, même caché derrière le concept plus rassurant de souveraineté-association. L'accession de Claude Ryan à la tête des libéraux du Québec en 1978 affaiblit la position de Trudeau comme seul porte-parole fort du fédéralisme. Le leadership de Ryan, qui rassurait les Canadiens anglais, réduisit probablement le soutien à Trudeau davantage au Canada anglais qu'au Québec, surtout en Ontario et dans les Maritimes. En effet, Daniel Latouche, alors membre de l'équipe de Lévesque, soutient que la réputation de Ryan, surtout dans le domaine constitutionnel, eut l'effet de geler le soutien à la souveraineté et d'empêcher la tenue d'un référendum en 1978 et au début de 1979. Ainsi, comme le Canada n'était pas sur le point de se désintégrer ou d'affronter un référendum, la question de l'« unité nationale » devint moins importante, mais le ressentiment envers les politiques linguistiques du Québec s'accrut. Une combinaison mortelle pour les libéraux fédéraux[47].

À la fin de l'automne de 1978, Trudeau était exaspéré. Lalonde déclara en novembre à une réunion de l'exécutif du parti que les libéraux canadiens-anglais avaient laissé tomber le parti. Le rapport de la commission Pepin-Robarts, qui fut publié le 25 janvier 1979, recommanda la décentralisation du Canada avec l'octroi d'une forme de statut spécial au Québec. Interprétant intelligemment les conclusions du rapport à son avantage, Lévesque prédisait que l'acceptation de cette sorte de « statut semi-spécial » encouragerait le Québec à demander plus de pouvoirs. Reconnaissant ce que cela impliquait, Trudeau prit acte du rapport à la Chambre des communes, mais refusa de l'approuver. Pepin raconta à sa femme qu'un conseiller du premier ministre lui avait confié que, lorsque Trudeau reçut le rapport, il le jeta immédiatement dans la corbeille à papier sans le lire. Qu'elle soit apocryphe ou pas, l'anecdote reflète l'attitude dédaigneuse de Trudeau. Mais quelles étaient les solutions de rechange? Avant la réunion fédérale-provinciale de février 1979, Trudeau lui-même accepta plusieurs propositions en faveur de la décentralisation et des provinces dans un effort désespéré pour obtenir un accord quelconque. L'assiette constitutionnelle était trop pleine: ni l'Alberta ni le Québec n'accepteraient qu'un «intérêt national contraignant» ne l'emporte sur les intérêts de leur province, et les prises de position politiques fusaient de partout. Le sénateur libéral Eugene Forsey, qui avait autrefois appuyé Trudeau avec passion, prit position contre les propositions de rapatriement, estimant, en tant que «Tory rouge», que le projet de loi 60 menaçait la monarchie. Il insinua avec extravagance que les propositions constitutionnelles étaient un «cauchemar» qui «pouvait être interprété comme une tentative de faire une république canadienne», tandis que John Diefenbaker, un ami de Forsey, dénonça les propositions comme «la chose la plus dangereuse pour l'avenir du Canada que toute autre qui se soit produite depuis la Confédération[48]».

Le projet de loi tomba à l'eau lorsque la Cour suprême déclara que certaines de ses dispositions outrepassaient les compétences du gouvernement fédéral. Il en fut de même des espoirs de remporter un triomphe constitutionnel susceptible de porter Trudeau au pouvoir – un reflet de cette première conférence sur la Constitution canadienne onze ans plus tôt. Les temps avaient changé, et la tenue d'une élection devenait plus réelle que jamais[49].

Le 26 mars 1979, Trudeau déclencha finalement les élections pour le 22 mai. Le sondage Gallup effectué en mars montrait les libéraux et les conservateurs à égalité, avec 41 p. cent des intentions de vote chacun, mais les résultats nationaux masquaient la très grande avance des libéraux au Québec ainsi que la force considérable des conservateurs en Ontario. Malgré tout, sur le plan personnel, les Canadiens préféraient de loin Trudeau à Clark comme premier ministre, et c'est sur cette base que les libéraux construisirent leur campagne. Trudeau, comme le craignait Keith Davey, insista pour parler de la Constitution et défendre le bilinguisme, mais certains signes étaient encourageants. Margaret publia son livre *À cœur ouvert* au début d'avril et, cette fois encore, sa franchise entraîna une vague de sympathie pour Trudeau. Keith Davey envoya une note adressée à « tous les candidats libéraux » leur demandant de faire écho à la déclaration de Trudeau voulant que sa vie personnelle ne soit pas « un enjeu d'élection ». Malheureusement, la vague de soutien fut de courte durée et l'appui aux conservateurs augmenta[50].

Pressentant la défaite, Trudeau fit campagne avec énergie. Il parla sans notes et sans veston, les doigts accrochés aux passants de sa ceinture et le corps penché vers l'avant. À une école secondaire de Kitchener, en Ontario, il se retrouva devant des chahuteurs portant des pancartes sur lesquelles on pouvait lire « Faites comme Maggie : larguez-le. » Pendant que ses partisans s'agglutinaient autour de lui, il avança avec précaution, souriant faiblement, parlant peu, semblant presque éthéré dans la foule grouillante. Puis, sur une scène faite de bois éraflé, il parla sur un rythme saccadé de son Canada, se renfrognant à la vue d'un technicien de Radio-Canada dont la caméra portait un autocollant du PQ, tout en expliquant pourquoi la vision de Joe Clark d'un Canada formé de communautés maintiendrait les Canadiens à part les uns des autres. L'atmosphère dans la foule s'électrisa, mais il ne s'agissait que d'un petit groupe, comme le firent remarquer avec justesse les journalistes présents.

Au plus gros rassemblement auquel il participa, qui eut lieu au Maple Leaf Gardens le 9 mai, où l'on avait accroché des bannières proclamant « *a leader must be a leader* » (un dirigeant doit diriger), Trudeau parla avec colère de l'échec de la dernière conférence fédérale-provinciale et de la longue et vaine tentative de rapatrier la Constitution. Il déclara que, s'il était élu, il donnerait aux provinces une dernière chance. Si elles ne la saisissaient pas, alors le gouvernement fédéral agirait unilatéralement pour rapatrier la Constitution et conférer une charte des droits aux Canadiens. Autrement, les libéraux ne firent pas de promesses surprenantes. Les conservateurs en firent beaucoup – trop, vu les chances du parti de prendre le pouvoir. Ils allaient démanteler Petro-Canada, déplacer l'ambassade canadienne de Tel Aviv à Jérusalem, et réduire les impôts de 2 milliards de dollars tout en annonçant de nouveaux avantages aux particuliers et aux collectivités. Ces promesses eurent l'effet escompté et l'appui aux conservateurs prit de l'ampleur pendant la campagne. Les libéraux espéraient que le débat des chefs du

13 mai allait permettre à Trudeau « d'éliminer » Clark ou, sinon, de lui faire perdre sa crédibilité, comme cela s'était produit pour Gerald Ford lors du débat présidentiel américain de 1976 lorsqu'il affirma que la Pologne était un pays « libre ». Mais Clark ne commit aucune erreur et, de l'avis de la plupart des observateurs, il surpassa les attentes. Ed Broadbent, dont le parti profita beaucoup des nouveaux règlements régissant les dépenses électorales, enregistra probablement des gains par sa simple présence auprès des chefs des grands partis.

Au fur et à mesure du déroulement de la campagne, les faiblesses des libéraux devinrent apparentes, surtout en Ontario et dans les centres urbains, où, pendant près de deux décennies, le libéralisme de Pearson et de Trudeau avait prospéré. Comme l'avait indiqué le rapport de 1978 de l'Institut Hudson, les gens « prospères » étaient inquiets. Certains travaux de recherche ultérieurs ont montré que 60 p. cent des Canadiens diplômés d'une université avaient appuyé Trudeau en 1968, contre seulement 36 p. cent en 1979. Les conservateurs obtinrent 38 p. cent de ces voix en 1979, contre seulement 30 p. cent en 1968, et les néo-démocrates passèrent de 8 à 19 p. cent au cours de la même période*. Davey, Coutts et d'autres, prenant connaissance des résultats des sondages privés, n'arrivaient pas à le croire. Ils espéraient toujours que quelque chose allait se produire, comme cela était si souvent arrivé dans le passé avec le premier ministre le plus spectaculaire de l'histoire du Canada. Mais les téléphones, le meilleur indicateur des chances des politiciens, restèrent silencieux dans la plupart des bureaux de campagne des libéraux. Le jour de l'élection approchant, les journalistes délaissèrent la campagne de Trudeau pour joindre l'entourage de Joe Clark. Quant à Trudeau, il savait que la fin arrivait sur le plan politique, et sa vie privée était en bouleversement. À un ami qui plus tard lui confia qu'une séparation récente l'avait laissé coupé de la réalité, en lui donnant la sensation d'être

---

* Il est intéressant de noter que, chez les Canadiens n'ayant fait que des études primaires, l'appui à Trudeau passa de 44 p. cent en 1968 à 47 p. cent en 1979, tandis que leur appui aux conservateurs demeura essentiellement le même (passant de 30 à 29 p. cent) et que celui aux néo-démocrates augmenta légèrement (de 15 à 18 p. cent). L'augmentation de l'appui aux libéraux vint surtout du Québec, où les créditistes avaient disparu. « The Gallup Report », 16 juin 1979, Fonds Keith Davey, boîte 11, dossier 12, Archives de l'Université de Victoria.

« ailleurs », dans ses gestes et dans ses paroles, Trudeau répondit qu'il comprenait : « C'est dans cet état d'esprit que j'ai complètement perdu une élection[51]. »

Trudeau invita Keith Davey et sa femme, Dorothy, ainsi que Jim Coutts et son vieux camarade Jean Marchand à venir les rejoindre, ses fils et lui, au 24, promenade Sussex le soir des élections. Les premiers résultats en provenance de l'Est étaient bons, les libéraux n'ayant perdu qu'un seul siège dans les provinces de l'Atlantique. Puis le Québec se montra loyal, comme par le passé, les libéraux raflant 67 des 75 sièges de la province, soit 6 de plus qu'auparavant, tout en obtenant un étonnant 61,7 p. cent des suffrages. Mais le monde de Trudeau s'effondra à la frontière de l'Ontario : les conservateurs remportèrent 57 sièges, et les libéraux, seulement 32. Puis l'Ouest se rangea massivement derrière l'Albertain Joe Clark. Lorsque Trudeau sut qu'il avait perdu, il alla retrouver ses militants bénévoles au Château Laurier. Beaucoup étaient en larmes, la plupart abasourdis, et un grand nombre allait bientôt se retrouver au chômage. Trudeau les rassura :

L'important, c'est que nous n'avons pas cédé d'un pouce à nos principes comme libéraux. Nous avons pris position pour les droits des minorités comme le Parti libéral l'a fait et le fera toujours, partout au pays. Nous nous sommes battus pour obtenir l'égalité des chances, nous avons proposé des programmes pendant que nous étions le gouvernement et pendant la campagne électorale visant à assurer encore plus d'égalité... Nous nous sommes aussi battus pour quelque chose d'extraordinairement important, je pense, à ce moment-ci de notre histoire, c'est-à-dire un gouvernement national fort, et je pense que nous avions raison de le faire, et je continue de penser que c'est le genre de gouvernement que ce pays mérite, mais aussi dont il a besoin maintenant. Et j'aimerais dire à ceux qui ont peut-être été surpris de m'entendre parler au cours des dernières semaines de campagne d'une Constitution canadienne faite par les Canadiens, au Canada, pour les Canadiens, que je pense toujours, je suis convaincu que c'était la bonne voie à suivre. Quand j'ai opté pour cette voie, je savais que nous risquions d'échouer et peut-être l'avons-nous fait à court terme, mais je suis absolument certain qu'à moyen et à long terme, c'est la voie que le Canada devra suivre.

La foule remua, et c'est alors que Trudeau se pencha en avant, le regard directement posé sur elle, et dit en souriant : « Malgré les vilénies, les labeurs et les rêves déçus, la vie a encore sa beauté. Sois prudent. Essaie d'être heureux. » Sur ces mots, il dit au revoir de la main et s'en alla chez lui retrouver ses fils[52].

CHAPITRE 13

La chute de Pierre Trudeau

Pour Pierre Trudeau, le monde n'était pas celui qu'il aurait dû être. Lorsque, le soir de l'élection, il parla d'un monde qui avait encore sa beauté malgré l'amertume et la peine, il s'inspirait une nouvelle fois de *Desiderata*, ce poème que, dans les années 1960, l'on trouvait souvent affiché dans les dortoirs des collèges et les lieux hippies, pour rappeler les temps heureux où une nouvelle ère politique semblait se profiler. Le 22 mai 1979, cette vision du changement disparut quand les Canadiens anglais décidèrent de mettre un terme à ce qui restait de la Trudeaumanie. Le lendemain matin, la mélancolie s'ajouta à la tristesse lorsque les journaux du monde entier publièrent une photo de Margaret Trudeau, prise au petit matin dans le très branché Studio 54 de New York, sur laquelle elle était en train de danser frénétiquement. La couverture journalistique fut loin d'être tendre. D'après le *Los Angeles Times*, qui publia une photo grand format accompagnée d'une description détaillée de l'incident, Margaret trouva que la défaite de Pierre était « une honte, car [elle] aimait le Canada ». Le *Chicago Tribune*, un journal conservateur qui publia également la photo, tourna en ridicule les propos de Margaret selon lesquels Pierre serait très bien dans l'opposition, car il y combattrait « la morosité ambiante ». Dans le vacarme de la discothèque, elle déclara aux journalistes qu'elle était très contrariée par la défaite de Pierre et qu'elle rentrerait à la maison le plus tôt possible pour être à ses côtés. « Je ne l'ai jamais laissé, affirma-t-elle. C'est l'homme le plus merveilleux que je connaisse. Nous sommes toujours ensemble, même séparés. »

Leur mariage avait irrémédiablement échoué, et cela depuis un certain temps, mais le couple autrefois idyllique que formait Pierre et Margaret se rapprocha une nouvelle fois en vue de la séparation des biens au 24, promenade Sussex. Hormis la maison de sa mère, Trudeau n'avait pas habité, depuis qu'il était adulte, d'autre résidence que celle du premier ministre. Les onze années qu'il y avait passées avaient grandement changé sa façon de vivre : au début, en raison du nombre d'employés de maison qui l'entouraient et, plus tard, de la présence de sa femme et de ses trois enfants. Lorsque lui et Margaret se séparèrent officiellement en 1977, il obtint la garde des enfants, mais Margaret resta très présente dans leur vie et elle eut un droit de visite qu'elle exerça pleinement. Lorsqu'elle était à Ottawa, elle s'occupait de ses fils cinq jours par quinzaine et, parfois, Pierre se joignait au groupe. En 1978, par exemple, ils emmenèrent les garçons en canotage pendant une journée : « [...] nous avons apporté toute la nourriture qu'ils préfèrent et il faisait un temps superbe. Nous avons fait des blagues toute la journée. » Mais arriva le temps de s'en aller. « N'y va pas, maman ! » dit alors Michel, le cadet, lorsqu'elle lui annonça qu'elle devait s'en aller pour finir son dernier film. « Il faut qu'elle y aille, dit Justin. Elle travaille. » Avec son franc-parler habituel, Sacha rejeta cette justification en disant : « Alors pourquoi elle travaille pas à être une maman[1] ? » Toutefois, comme nous le verrons, elle fit son travail de mère et elle ne ménagea pas ses efforts.

La colère avait éloigné Pierre et Margaret l'un de l'autre, mais, comme Margaret l'avait déclaré le soir de l'élection, son amour (pour reprendre ses paroles) pour Pierre était toujours vivant. Pierre, lui, ressentait encore pour elle de la tendresse à laquelle se mêlaient, de façon assez inhabituelle, une certaine frustration, une amertume occasionnelle et le sentiment d'échec. Les enfants constituèrent le lien qui les unissait et, en tant que parents, ils eurent le mérite l'un comme l'autre d'éviter les conflits que connaissent souvent les couples séparés dans leurs rapports avec leurs enfants. Il y eut bien sûr des frictions, et ce, notamment dans les mois qui suivirent leur séparation : Margaret vivait à New York dans des appartements qu'on lui prêtait, voyageait constamment pour trouver du travail, sortait avec des vedettes, écrivait *À cœur ouvert* et joua dans le film *Kings and Desperate Men*. Toujours parcimonieux, Pierre agit de manière stupide en lui refusant tout soutien financier, car cela leur aurait facilité la vie à tous les deux. Chose certaine, après avoir tout d'abord avidement désiré vivre sur Park Avenue et savourer la fièvre des discothèques new-yorkaises, elle écouta son instinct maternel et revint souvent à Ottawa pour s'occuper de ses enfants. Toutefois, faute de moyens financiers, elle n'avait pas de logement à Ottawa. Comme elle l'écrivit plus tard, « [...] cela lui répugne [à Pierre] de m'aider à mener une vie séparée de lui et de nos fils ». Invariablement, elle répondait aux demandes de Saçha : « Il *faut* que maman travaille. » Et c'était vrai.

Lorsqu'elle leur rendait visite, « maman » logeait tantôt au 24, promenade Sussex, tantôt chez des amis. Ayant appris dans sa jeunesse à faire preuve de régularité et de discipline, Pierre ne voyait pas d'un bon œil les séjours prolongés que Margaret faisait chez ses amis, qui bien souvent étaient des amis communs. Il alla même – chose qu'il faisait rarement, ayant toujours été imperméable à cet égard – jusqu'à s'ouvrir à un de ses collègues, Hugh Faulkner, le ministre des Affaires indiennes et du Nord canadien, dont la femme, Jane, était possiblement l'une des plus proches amies de Margaret, et à lui demander si cela ne le dérangeait pas que Margaret habite avec eux. Faulkner ne fut pas certain de ce que Trudeau entendait par là, si bien que les deux hommes en restèrent à des généralités. En fait, la situation resta difficile jusqu'à ce que Trudeau accepte de prêter à Margaret l'argent nécessaire pour lui permettre de verser un premier acompte sur une maison. Après que Margaret eut emménagé dans une maison située à proximité du 24, promenade Sussex, la vie des garçons prit la tournure bien plus organisée qui était nécessaire pour eux, et, en 1979, Trudeau put faire campagne en sachant que leur mère s'occuperait d'eux. Il finit par comprendre qu'il avait la chance de pouvoir compter sur son amour maternel, une grâce des plus précieuses. Dans les souvenirs de Jane Faulkner, Margaret était une merveilleuse mère dont la vie se mit à tourner autour de ses enfants[2].

De son côté, Margaret admirait l'amour de Trudeau pour ses fils, qui étaient de plus en plus au centre de sa vie depuis qu'il était père célibataire. Or, nous l'avons vu, leur séparation eut lieu à un moment de grande agitation politique au Canada, un moment où Trudeau était appelé à prendre des décisions cruciales. C'est donc grâce à son exceptionnelle faculté de compartimenter, découlant de la rigoureuse discipline qu'il s'était imposée depuis sa jeunesse, que Trudeau réussit à surmonter le stress causé par le fait d'être un père célibataire à la fin de la cinquantaine. Plus tard, lorsque l'on demanda à ses assistants comment Trudeau avait réussi à surmonter ses problèmes personnels, c'est le mot discipline qu'ils employèrent le plus souvent. Cette discipline, Trudeau se l'imposa tout au long de sa vie, quelles que soient les circonstances[3]. En outre, bien que, à titre de premier ministre, ses responsabilités aient été énormes, il eut la chance d'être très bien secondé. Il put compter sur la grande compétence et le dévouement du personnel chargé de s'occuper des enfants et, ce n'est pas rien, de veiller à l'organisation de son emploi du temps. En effet, au 24, promenade Sussex, le train-train quotidien était simple. Trudeau se levait, petit-déjeunait, puis embrassait chacun des enfants avant de monter dans la limousine qui le conduisait prestement à la Colline parlementaire. En 1978, lors de son premier jour, Heidi Bennet, la coordonnatrice de la maison, compris très vite combien la précision était importante pour Trudeau. En effet, peu après avoir souhaité la bienvenue à sa nouvelle employée qui était un peu nerveuse, Trudeau lui demanda : « Où est Michel ? » Le plus jeune manquait à l'appel lorsque les enfants furent réunis comme chaque matin pour que leur père leur dise au revoir avant de partir travailler. Contrarié, Trudeau dit sèchement à Bennet qu'il tenait à dire au revoir à ses trois enfants lorsqu'il partait travailler. Tous deux se mirent en vain à sa recherche. Finalement, juste au moment où Trudeau se résigna à monter dans la limousine, Michel sortit de la maison et se dirigea vers la voiture d'un pas mal assuré en criant : « Papa ! Papa ! Papa ! » Radieux, Trudeau sortit tout de suite de la voiture, prit son fils dans les bras et le ramena dans la maison. Bennet en conclut qu'en dépit du ton qu'il avait d'abord pris pour lui parler, « on ne peut pas être bien méchant quand on est un papa aussi aimant[4] ».

Tout en considérant Trudeau comme un « patron » exigeant, un mot très usité dans la maison puisque Justin appelait son père le « patron du Canada », les autres employés de maison en arrivèrent à la même conclusion. Leslie Kimberley-Kemper et Vicki Kimberley-Naish avaient la responsabilité, le soir, de la garde des garçons, qui commençait par le souper à 17 h et durait jusqu'à l'arrivée de Trudeau, peu après 18 h, au moment où ils terminaient leur repas. Les garçons s'élançaient alors

À l'hôtel Royal York à Toronto lors d'un dîner de financement, qu'on a appelé
« la dernière cène », décembre 1983. La passion de Trudeau pour les intérêts du Canada
était toujours évidente.

Il a fait les choses à sa façon.
Avec ses fils, après l'hommage rendu
par le Parti libéral, juin 1984.

Trudeau continua jusqu'à la fin d'embrasser des femmes. Des membres du personnel et des visiteurs réunis dans les halls de l'Édifice du Centre, sur la Colline du Parlement, sont venus lui dire au revoir au dernier jour de son mandat, juin 1984.

Quittant le 24, promenade Sussex pour la dernière fois, dans sa Mercedes bien-aimée, juin 1984.

« Je débusque un Tory ! », déclare Trudeau à Catherine Clark, lors d'une fête de Noël organisée pour les enfants. « Les fils Trudeau ont l'air de s'amuser ferme, eux aussi. » Trudeau, *Mémoires politiques*.

Trudeau était réticent et effacé à ce Rassemblement pour la paix à Toronto à l'hiver 1994. Puis il a fait la connaissance d'un garçon de neuf ans, Jonathan English (mon fils), et j'ai vu son visage s'éclairer.

Trudeau exprimant son opposition au lac Meech avec colère et éloquence, dans un témoignage remarquable qui dura six heures avant la tenue d'un comité parlementaire conjoint du Sénat et de la Chambre des communes le 27 août 1987.

Trudeau, Gérard Pelletier et Jean Marchand – « les trois colombes » –
échangent leurs souvenirs, septembre 1986.

« Ce gâchis mérite un gros non. » Le discours provocant qu'a prononcé Trudeau contre
l'Accord de Charlottetown, lors d'un événement parrainé par *Cité libre*, permit de
renverser l'opinion publique. Trudeau est ici à la rencontre organisée au restaurant
La Maison du Egg Roll, entouré des critiques libéraux de l'accord : Brooke Jeffrey,
de l'Université Concordia, Charles Caccia, un loyaliste de Trudeau, et la sénatrice
Anne Cools, que Trudeau avait nommée à cette chambre.

À la mort de Michel, 1998.

L'année suivante, Trudeau
continua à marcher jusqu'à
son bureau chez Heenan Blaikie.
Les Montréalais respectaient
sa vie privée et le dérangeaient
rarement.

À la Colline du Parlement, pour une dernière fois.

Une famille unie dans le deuil. L'éloge funèbre de Justin donna une voix à l'amour et au chagrin éprouvés par tous ceux qui vivaient ce deuil, tandis que Sacha prononça avec force ces paroles inspirées par le Livre de Daniel : « Qu'il soit trempé de la rosée du ciel et qu'il partage avec tous les hommes l'herbe de la terre. »

Sarah Coyne, neuf ans, en pleurs aux funérailles de son père.

Margaret regardant Justin pleurer sur le cercueil de son père. Assis près de Margaret, se trouvent Alexandre « Sacha » Trudeau, Deborah et Sarah Coyne, ainsi que Suzette Rouleau (la sœur de Trudeau). À gauche de Justin on peut voir Fidel Castro, le gouverneur général Roméo LeBlanc, l'Aga Khan et le président Jimmy Carter. Assis au dernier banc sur la photo se trouvent, entre autres, Leonard Cohen et deux vieux amis de Trudeau, l'honorable Jacques Hébert et l'honorable Jean-Louis Roux.

pour l'embrasser et il leur lançait un joyeux: « Salut, les enfants! » Pendant que Trudeau enfilait un maillot de bain et commençait à faire ses cinquante longueurs, les garçons montaient se changer et arrivaient à la piscine précisément lorsque Pierre terminait sa dernière longueur. S'ils arrivaient à la piscine, ne serait-ce qu'avec une minute de retard, Trudeau, « exigeant au chapitre de la ponctualité », demandait sur un ton provocateur: « Alors, il y a eu un *problème* pour amener ici les enfants à l'heure? » « Bien sûr, la possibilité d'un problème était exclue », écrivit plus tard Kimberley-Kemper avec une pointe d'ironie. « Trois enfants en âge d'aller à la maternelle qui finissent leur repas, qu'il faut monter là-haut pour se changer et aussitôt redescendre, le tout réglé à une minute près, ce ne pouvait *d'aucune façon* être un problème[5]! »

Chaque soir Trudeau faisait la lecture aux enfants: des extraits de la Bible d'abord, et ensuite des histoires pour enfants, puis, quand ils eurent l'âge, les classiques de la littérature. Les garçons riaient, posaient des questions, s'émerveillaient comme le font tous les enfants, puis, avant d'aller au lit, père et fils disaient leurs prières selon une habitude que sa mère avait inculquée à Trudeau dès son plus jeune âge[6].

Même si le personnel dont il était entouré faisait un travail formidable, Trudeau dut parfois se débrouiller seul comme le font tous les parents célibataires. Il y eut, par exemple, l'affaire du Labrador, un chiot que Farley et Claire Mowat avaient offert aux Trudeau. Très vite, le chiot fut baptisé Farley, car, comme son homonyme, il était adoré des enfants, mais pouvait se montrer très imprévisible. Une fois, alors que Trudeau attendait l'arrivée du premier ministre pakistanais Ali Bhutto, il avait demandé à Alastair Gillespie, le ministre de l'Énergie, de venir plus tôt pour que celui-ci l'informe sur une discussion animée que Gillespie et Bhutto avaient eue au sujet de la prolifération nucléaire. Trudeau rencontra Gillespie à la porte et il le conduisit à la salle de séjour dans laquelle Bhutto et les autres invités allaient bientôt se trouver. Le premier ministre ainsi que le très raffiné ministre se rendirent compte sur-le-champ que Farley avait fait ses besoins au beau milieu du tapis. Après avoir rapidement trouvé un ramasse-poussière et nettoyé le tapis, Trudeau aperçut ensuite sur une table la photo d'Indira Gandhi, premier ministre de l'Inde, qu'il fit promptement disparaître dans un tiroir. Puis, en examinant précipitamment la pièce pour s'assurer que tout était à sa place, il découvrit les écales de noix que Sacha, le plus espiègle des trois garçons, avait cachées dans et sous le canapé. Le premier ministre et son ministre purent enfin aborder la question de la non-prolifération nucléaire[7].

Malgré son emploi du temps soigneusement organisé, Trudeau, lorsqu'il était avec ses enfants, « donnait l'impression qu'il n'avait que ça à faire ». Il prenait part à leurs jeux avec un enthousiasme débordant et les enfants adoraient les manières enfantines qu'il adoptait. Souvent, ils jouaient « au monstre » : Trudeau se cachait et les enfants fouillaient tous les recoins de la vieille maison pour le découvrir. Lorsqu'ils approchaient de sa cachette, c'était une bête fauve qui sortait de sa tanière et poursuivait les enfants qui s'enfuyaient alors en hurlant et retournaient à toutes jambes dans leur lit. Durant les fins de semaine qu'ils passaient au lac Mousseau, la routine officielle s'arrêtait, même si Trudeau établissait des périodes de travail tous les jours, tout en prévoyant des moments pour jouer, faire du canot, nager et faire des randonnées avec les garçons. Malgré le caractère fort peu cérémonieux de ces activités, Trudeau ne disait que rarement « un petit merci » ou un compliment à son personnel directement, préférant exprimer sa reconnaissance comme il se devait, par la voie hiérarchique. En la matière et sur bien d'autres plans (comme les pourboires), il était plutôt vieux jeu. Néanmoins, au dire d'Heidi Bennet, le personnel du 24, promenade Sussex sentit qu'il faisait vraiment « partie de la famille » lorsque la résidence officielle fut devenue pas tant la résidence officielle du premier ministre du Canada que « d'abord et *avant tout* le foyer d'un papa très occupé et de ses trois fils » et qu'ils s'efforçaient de « mener une existence aussi normale que possible ».

Bennet est persuadée que Trudeau les considérait, elle et son équipe, également comme des membres de la famille. Patrick Gossage, l'attaché de presse de Trudeau, se souvient que, à Noël, Trudeau n'invitait au 24, promenade Sussex ni les principaux membres de son personnel politique ni ses ministres. Les seuls invités étaient son chauffeur, sa secrétaire particulière, le personnel de maison, ses gardes du corps de la Gendarmerie royale et les gens ordinaires qui faisaient vraiment partie de la famille. Bennet raconte la fois où elle trouva Gertie, la femme de ménage, en train de pleurer parce que son fils avait un cancer terminal. Lorsqu'elle annonça la triste nouvelle à Trudeau, celui-ci s'exclama :

« Oh ! non… Pauvre Gertie… » Puis, il partit à sa recherche avant que Bennet ait eu le temps d'en dire plus. Le père célibataire de soixante ans avait besoin d'une famille[8].

Lorsqu'ils durent céder la place à Joe Clark, à Maureen McTeer et à leur fille, Catherine, les Trudeau trouvèrent difficile de quitter le 24, promenade Sussex, car ils avaient transformé le vieux manoir en y ajoutant la piscine et le sauna et en aménageant les chambres des enfants. À leurs yeux, le 24, promenade Sussex était leur maison, si bien que Stornoway, la résidence officielle du chef de l'opposition, les déçut, et ce, en dépit du fait que, d'une certaine façon, Stornoway était plus intéressante que le 24, promenade Sussex. En effet, alors que la résidence du premier ministre est isolée sur un promontoire surplombant la rivière des Outaouais, celle du chef de l'opposition est située en plein cœur du quartier résidentiel de Rockcliffe et semble, surtout depuis qu'on y avait effectué des rénovations plus que nécessaires à l'été 1979, bien plus confortable et fonctionnelle que le 24, promenade Sussex.

La date à laquelle Trudeau devait remettre sa démission au gouverneur général Ed Schreyer, l'une des nominations les plus controversées du premier ministre, était fixée au 4 juin. Ce jour-là, par une belle matinée ensoleillée, Trudeau stupéfia les journalistes qui l'attendaient, en se rendant, au volant de sa Mercedes 300SL* blanche de collection, à Rideau Hall, chez le gouverneur général, dont la résidence se trouvait de l'autre côté de la rue. Dès qu'ils le virent, les journalistes lui posèrent leurs questions :

---

* Le penchant bien connu de Trudeau à vouloir conserver les vieux objets avait tourné une fois de plus à son avantage. Un amateur de voitures lui écrivit le 16 février 1979 pour lui dire que la Mercedes avait triplé de valeur. Cette augmentation de valeur, affirma l'amateur avec une pointe d'ironie, était « dans l'intérêt national pour les raisons suivantes :

« 1. La décapotable émet continuellement un vaste nuage de fumée bleue qui non seulement témoigne de sa lignée, mais aussi permet à la GRC de toujours savoir où vous êtes.

« 2. Sa vitesse limite diminue chaque année, ce qui élimine à coup sûr la tentation de rouler au-delà de 55 milles à l'heure. Quand Justin sera en âge de conduire, vous pourrez courir plus vite que l'allure de la voiture. Quoi de mieux pour la sécurité ? » Douglas Cohen à Trudeau, 16 février 1979, FT MG 26 020, vol. 3, dossier 3-14, BAC. Lorsque Justin s'est marié, il quitta l'église au volant de la Mercedes, son épouse à ses côtés. Il la conduit encore aujourd'hui à l'occasion.

« Qu'allez-vous faire ? » lui demandèrent-ils.

« Je vais y réfléchir », répondit-il.

« Mais, comment vous sentez-vous ? »

« Je me sens libre. »

Puis, il repartit et s'arrêta brièvement dans l'allée de Rideau Hall pour féliciter Heward Grafftey, surpris de le voir, qui allait bientôt être nommé ministre au sein du nouveau gouvernement de Joe Clark. « Félicitations et que Dieu vous garde », lui dit-il[9].

∿

Effectivement, la défaite lui apporta la liberté : plus de gardes à l'entrée, plus de gardes du corps et moins d'insupportables journalistes et de caméras pour le harceler. Mais cette liberté avait un goût doux-amer pour Trudeau, car il avait appris à apprécier les diverses possibilités qu'offrait le pouvoir politique. Discret de nature, pour Trudeau la vie politique était comme une scène de théâtre, où sa réserve s'évanouissait lorsqu'il était en présence d'un chef d'État ou qu'il se mêlait aux célébrités, et il arrivait qu'il se rende le week-end à New York à bord du Challenger, le jet du gouvernement, pour y rencontrer de nouveaux amis tels Barbra Streisand, Arthur Schlesinger et Anthony Quinn (qui devint un bon ami). C'est par l'intermédiaire de l'architecte Arthur Erickson et de son partenaire, Francisco Kripacz, que Trudeau découvrit Hollywood, ainsi que les riches retraites sur la Méditerranée et dans les Hamptons – un monde fait de yachts, de réceptions mondaines et de bains de minuit, et, comme on le disait à l'époque, de « *beautiful people* ».

---

* Erickson et Kripacz étaient renommés pour les fêtes qu'ils donnaient et auxquelles ils invitaient Trudeau régulièrement. Il arrivait qu'ils les organisent même autour de la présence de Trudeau lorsque celui-ci se rendait à New York. Le 13 avril 1981, Trudeau s'y était rendu en compagnie de Jim Coutts et d'autres membres de son personnel pour assister à une représentation de la Canadian Opera Company. Trudeau logea à l'hôtel Pierre, où il se rendait d'habitude et qui était, ironiquement, le lieu de résidence de Richard Nixon à New York. Profitant de l'occasion, Erickson et Kripacz organisèrent un dîner deux jours plus tard, y invitant la conservatrice et mondaine Pat Buckley, la gourou de la mode Diana Vreeland, le chroniqueur présidentiel Theodore White et son épouse, Beatrice, le rédacteur en chef de *New York Review of Books*, Robert Silvers et Lady Grace Dudley, l'actrice Shirley

Un des avantages, et non le moindre, du pouvoir politique était l'attrait qu'il exerçait sur les hommes intéressants et les femmes séduisantes. Sa famille, dans le sens traditionnel, maintenant dissoute, Trudeau chercha ardemment au milieu des années 1970 à rencontrer de brillants intellectuels, de grands artistes et des femmes ravissantes. Il invitait des écrivains et des intellectuels en vue à venir dîner au 24, promenade Sussex et ces derniers refusaient rarement. Trudeau était un séducteur dans l'âme, si bien que, lorsque les rapports affectifs qui existaient entre lui et Margaret disparurent, il rechercha la sécurité et l'intimité que d'autres femmes pouvaient lui apporter. En 1976, avant leur séparation, il était follement tombé amoureux de la guitariste classique Liona Boyd alors au sommet de sa gloire. D'après elle, ils se rencontrèrent pour la première fois en juin 1975 après que le député libéral Bob Kaplan, un ami de la famille, lui eut demandé si elle aimerait jouer devant le premier ministre. Elle accepta avec joie et, à sa surprise, se retrouva en compagnie des Trudeau et de Kaplan au lac Mousseau. Après un après-midi de baignade, durant lequel Pierre avait joué au dada avec Sacha et Justin, elle sortit sa guitare et se mit à jouer avec élégance et adresse un pot-pourri d'airs classiques pour Margaret, Pierre, Kaplan et les enfants, réunis dans la spacieuse salle de séjour. En février 1976, alors que Trudeau se trouvait à Kamloops, en Colombie-Britannique, le rédacteur en chef d'un journal local invita Boyd, qui était également en ville, à se rendre dans la suite de Trudeau pour jouer devant le premier ministre et son équipe, épuisés. Elle joua pendant une demi-heure, puis elle et Trudeau échangèrent des souvenirs sur la France. Elle lui parla du séjour qu'elle y fit; lui, des aventures de jeunesse qu'il y vécut. Dans ses mémoires, elle affirma: « Cupidon m'avait prise complètement par surprise[10]. »

MacLaine, la chanteuse Diana Ross, le président de Tiffany's, et les Canadiens Stephanie McLuhan et Paul Desmarais. Les riches et célèbres se mêlèrent aisément, et Trudeau fut tout particulièrement attiré par la vive et imprévisible Shirley MacLaine. Une autre des relations amoureuses de Trudeau m'a raconté que MacLaine, avec Margaret et elle-même, était l'une des femmes que Trudeau affirmait adorer. MacLaine, cette femme, ainsi que la bonne amie de Trudeau, Barbra Streisand, ont en commun le même jour d'anniversaire, soit le 24 avril, chose qui intrigue certains astrologues. La liste des invités à la fête se trouve dans FT, MG 26020, vol.17, dossier 13, BAC. Entrevue avec Arthur Erickson, sept. 2007; entrevue confidentielle.

Trudeau et Margaret venaient tout juste de revenir d'un voyage en Amérique latine, durant lequel ils s'étaient souvent disputés et au cours duquel Castro, galant, avait flirté avec Margaret. La magie de Cuba les avait certes rapprochés, mais, comme Margaret l'indiqua, à leur retour, leurs problèmes ressurgirent. Trudeau invita Boyd à leur rendre visite à Ottawa et c'est ce qu'elle fit un soir après avoir donné un concert dans cette ville. À la mi-septembre 1976, Trudeau l'invita également à jouer devant James Callaghan, le premier ministre britannique. Trudeau avait de l'attention pour elle, mais une lettre qu'il lui écrivit le 17 novembre indique que leurs relations, si elles étaient cordiales, n'étaient pas intimes : « Margaret et moi avons été déçus de manquer votre concert avec Gordon Lightfoot au Centre national des arts. Mais nous espérons bien pouvoir être présents la prochaine fois que vous donnerez un concert à Ottawa et, en attendant, nous vous remercions sincèrement de nous avoir offert votre dernier disque ; nous l'aimons beaucoup. Nous vous embrassons bien fort. Pierre[11]. »

Dans ses mémoires, Boyd qualifia d'ardente la relation qui s'établissait entre eux à mesure que le mariage de Trudeau se détériorait. Les proches de Trudeau, y compris des membres de sa famille, sont d'avis que le degré d'intimité dont parle le livre est exagéré. Selon Boyd, cette relation s'intensifia soudainement en 1977, lorsque Pierre et Margaret se séparèrent et que Boyd mit, comme elle dit, « un peu de légèreté » dans la vie de Pierre*. D'un commun accord, les deux amants turent leur liaison et confièrent à Cécile Viau, la très discrète et compétente adjointe de Trudeau, le soin d'arranger leurs rencontres, et à Jack Deschambault, son chauffeur, celui de veiller sur leur vie privée. En effet, comme Margaret retourna régulièrement au 24, promenade Sussex

---

* Sacha Trudeau, avec perspicacité, fit le commentaire suivant : « Je sais que mon père s'ouvrait avec les femmes comme il ne pouvait le faire avec personne d'autre. Je sais aussi qu'elles étaient un refuge par rapport aux questions terriblement sérieuses qui l'occupaient pendant la journée dans son travail. Dans ce sens, je ne crois pas qu'il recherchait à discuter de politique avec elles, et lorsque c'était le cas, il le faisait d'une manière didactique ou bien en adoptant un angle poétique (comme il le faisait parfois avec nous) – une version condensée de ses pensées. En particulier, dans ses dernières années, il choisissait des femmes pour l'énergie qu'elles dégageaient et leur caractère imprévisible. Elles l'éblouissaient et lui permettaient de s'évader. »

jusqu'à ce qu'elle puisse finalement s'acheter une maison située à proximité, les occasions de situations embarrassantes ne manquèrent pas et,
un jour, une telle situation se produisit. À Pâques, Margaret arriva au
24, promenade Sussex. Au dire de Boyd, les garçons lui firent « un
compte rendu animé de ce qu'eux, leur père et moi avions fait au lac
Mousseau au cours des jours précédents ». En une autre occasion,
quand Margaret arriva à l'improviste, Boyd fut discrètement envoyée au
Château Laurier où Pierre, dit-elle, la rejoignit plus tard en empruntant
l'escalier de secours.

À ce moment-là Trudeau et Margaret étaient officiellement séparés, bien qu'encore mariés. Ils avaient l'air de bien s'aimer lorsqu'ils
étaient ensemble en public, mais il est évident que leur mariage était un
échec complet. Trudeau, on le comprend, prenait beaucoup de précau-
tions pour sauver « les apparences devant les garçons ». Pour préserver le
secret, les lits étaient défaits et de subtils stratagèmes, élaborés. Boyd
n'était en outre pas la seule femme dans le cœur de Trudeau. Il y avait
beaucoup d'autres femmes avec qui, comme avec elle, Trudeau entretenait une liaison secrète. Néanmoins, selon Boyd, elle et Trudeau étaient
heureux de faire partie du cercle des célébrités constitué par Erickson et
Kripacz, ces deux personnes qui, comme elle le dit, « cultivaient » l'élite
internationale comme « des perles de culture[12] ».

Si conserver le secret était d'une importance capitale, Trudeau
pouvait aussi se montrer imprudent. Boyd se souvient d'une fois où ils
prirent part à une « réception autour d'une piscine de Rosedale au cours
de laquelle tout le monde se retrouva mine de rien en costume d'Ève ou
d'Adam ». Trudeau, écrivit Boyd, n'avait « vraiment pas froid aux yeux, et
les rumeurs auraient très facilement pu commencer à courir ». Toutefois,
à cette époque, la presse canadienne ne colportait pas les commérages
ou, du moins, ceux qui concernaient le premier ministre. En revanche,
Margaret Trudeau devait faire attention, en partie parce que la presse
étrangère rapportait ses comportements qui étaient matière à controverse, et que les journaux canadiens en profitaient pour parler de ses
mauvaises conduites, généralement en des termes rappelant plutôt le discours moralisateur des années 1950 que le discours libéral des années
1960. Étant un personnage jouissant d'une renommée internationale
somme toute modeste, Trudeau, lui, échappait, pour l'essentiel, aux

projecteurs des médias. Margaret ressentait, à juste titre, ce « deux poids, deux mesures » comme une injustice[13].

Lorsque, à l'issue de la coupe Grey qui se déroula à Toronto en novembre 1976, Keith Davey invita le premier ministre à dîner, ses collaborateurs lui dirent que Trudeau serait accompagné de Iona Campagnolo, la séduisante députée de la Colombie-Britannique, puis ils lui annoncèrent qu'il viendrait finalement en compagnie de Kristin, la ravissante fille de Bill Bennett, qui avait travaillé comme adjointe pour l'ancien ministre C. D. Howe. Trudeau avait rencontré Kristin en 1968 et ils sortaient ensemble régulièrement à la fin des années 1970[14]. Il semble que Trudeau avait besoin d'avoir de jolies femmes à ses côtés et ses échanges épistolaires avec des femmes reprirent en 1976. À la manière de nombre de couples célèbres, comme Franklin et Eleanor Roosevelt, Harold et Dorothy Macmillan ou Harold Nicolson et Vita Sackville-West, Trudeau semblait prêt à ce que lui et Margaret aient une relation publique, mais des vies privées séparées. En effet, sa foi catholique rendait la séparation difficile et le divorce encore plus problématique. Par la suite, Margaret dit que Pierre avait été disposé à ce qu'elle vive dans la maison, mais pas à ce qu'elle ait une carrière ni une vie sentimentale publique. Toutefois, le côté passionné des deux les empêcha de faire preuve de discrétion si bien que, comme le dit Margaret, « la position de Pierre était maintenant intolérable ». Au printemps 1977, Trudeau ne parvint plus à maîtriser sa colère et Margaret se retrouva avec un œil au beurre noir – qui ne passa d'ailleurs pas inaperçu lorsqu'on les vit ensemble au Centre national des arts. Lorsque finalement ils se séparèrent, il satisfit sa rancune en faisant signer à Margaret un accord de séparation qui lui enlevait la garde des enfants et ne lui donnait droit à aucune aide financière*. Margaret dut même rendre sa bague de fiançailles et son alliance à son ex-mari[15].

---

* Trudeau et Margaret ont conclu un contrat de mariage, signé après la cérémonie. Le frère de Trudeau, Charles, communiqua avec Don Johnston, qui serait plus tard ministre dans le cabinet de Trudeau, pour obtenir des conseils juridiques au sujet de « quelqu'un en Ontario » sur le point de se marier. Johnston, l'avocat de Trudeau, répondit avant la date du mariage qu'en vertu d'une loi québécoise récente il était possible de signer un contrat de mariage après la célébration. Une fois mariés, Pierre et Margaret, accompagnés de gardes du corps de la GRC, se rendirent à la résidence de Johnston, à la stupéfaction des voisins de ce dernier, et

Néanmoins, Margaret et Pierre restèrent proches. Il ne fait aucun doute que, comme le dit Margaret, la séparation améliora leurs relations. Par exemple, elle et Jane Faulkner aidèrent Trudeau à trouver une maison à Montréal après la défaite en 1979. Cependant, Trudeau ne suivit pas leur conseil, car il choisit le chef-d'œuvre Art déco que l'architecte Ernest Cormier avait fait construire sur les hauteurs du mont Royal – une maison que les deux femmes détestaient. Parfois, Margaret lui choisissait même ses vêtements, comme, en 1981, lorsqu'elle lui acheta un élégant costume fait par le styliste italien Zegna chez le très huppé Studio 267 de Toronto. Bien entendu, ils restèrent en contact continuellement, tout d'abord en raison des enfants, puis, avec le temps, de manière plus naturelle. De ce point de vue, Margaret fait partie des femmes avec qui Trudeau a noué une profonde amitié ou à qui il est resté lié après avoir eu une liaison amoureuse.

Pour Margot Kidder, avec qui Trudeau eut une liaison plus tard dans sa vie, c'était sa sensibilité envers les femmes qui lui permettait de nouer des liens durables, des liens qui parfois résistaient même à une longue absence ou à la négligence. Et effectivement, il maintint une longue amitié avec Thérèse Gouin, son grand amour de jeunesse, et Carroll Guérin, la femme la plus importante dans sa vie au début des années 1960. Avec Madeleine Gobeil, la rupture se produisit à l'annonce de son mariage avec Margaret, mais, après que leur union fut brisée, ils se raccommodèrent et recommencèrent à se témoigner une profonde amitié. En revanche, pour Kidder et certaines autres, la séduction de Trudeau résidait dans « une aptitude inconsciente à laisser apparaître le petit garçon derrière toutes [ses] défenses ; de sorte qu'une femme qui perçoit cette faculté chez un homme ne pourra plus se l'enlever de l'idée ». Kidder était persuadée que Trudeau avait un jour vécu une profonde blessure jamais vraiment refermée et que cela éveillait la curiosité

signèrent l'entente. Selon le contrat, Margaret n'avait essentiellement aucun droit sur l'actif de Trudeau-Elliott, la société de portefeuille gérant les biens de Trudeau, dont la valeur se chiffrait à environ 3 millions de dollars au début des années 1970. Conversation avec Don Johnston, juin 2009. Le contrat de mariage, signé en juin 1971, se trouve dans FT, MG 26020, vol. 6, dossier 6-39, BAC. Voir aussi Don Johnston à Trudeau, 29 juin 1971, *ibid.* ; entrevue avec Michel Jasmin, 16 déc. 1981, *ibid.*, MG 26013.

de toutes les femmes qu'il laissait entrer dans sa vie. En outre, Trudeau avait « les manières d'un père aimant et protecteur » qui donnaient à certaines femmes « [l']envie de [se] serrer contre [sa] poitrine comme un petit animal à fourrure ». Pour Kidder, ces qualités sont les caractéristiques des hommes « qui ont du succès avec les femmes » et Trudeau possédait les deux. De plus, chaque femme avec qui il avait une liaison devenait son centre d'attention tout le temps qu'ils étaient ensemble, ce qui faisait qu'elle avait alors l'impression d'être quelqu'un de très particulier. Tout comme Margaret, Kidder était tombée follement amoureuse de lui et l'était tout simplement demeurée[16].

Et pourtant, en 1979, la perte du pouvoir changea la vie privée et publique de Trudeau. Les réceptions du 24, promenade Sussex, la piscine, le sauna et la célébrité exerçaient un certain attrait sur les relations de Trudeau, comme le reconnaissent ouvertement Kidder, Boyd et d'autres. Comme l'écrivit Kidder, il est certain « que ça vous titille l'ego d'être introduite dans la résidence du 24 Sussex, comme si c'était chez vous, tandis qu'on monte vos valises dans votre chambre (quelques minutes, sans aucun doute, après qu'une autre femme en fut sortie, mais vous ne l'apprenez pas avant des années, quand vous commencez à comparer vos notes) ». Et, selon Gale Zoë Garnett, l'une de ses maîtresses les plus perspicaces, Trudeau réagissait de la même manière à côtoyer des célébrités ; un trait de son caractère qu'il est important de connaître, déclare-t-elle, pour comprendre l'homme. Après le départ de Margaret, Trudeau prit l'habitude d'inviter des célébrités féminines particulièrement séduisantes, comme la pianiste classique Monica Gaylord, l'actrice Kim Cattrall* et

---

* Cattrall, de *Sex and the City* (Sexe à New York), rencontra Trudeau à la première d'un film en 1982, où il lui demanda son numéro de téléphone. Plus tard, elle trouva un message sur son répondeur dans lequel il lui demandait de le rappeler. Elle l'invita aux prix Génie à Toronto. « J'étais complètement sous son charme. Il était si incroyablement sexy », dit-elle. Lorsqu'on lui demanda ce qui faisait de lui un homme sexy, elle répondit : « Il avait une voix très douce, il était incroyablement intelligent, sensible et vraiment un homme de la Renaissance – nous parlions de yoga, et il méditait. Il avait tellement de classe, des vêtements qu'il portait jusqu'à la voiture qu'il conduisait. » À son avis, il représentait « le meilleur » de ce que voulait dire être Canadien. Line Abrahamian, « Taking Chances, Making Choices: Face to Face with Kim Cattrall », dans *Reader's Digest* (avril 2005), p. 70-71.

Liona Boyd, à des activités publiques à Ottawa ou ailleurs. Dans le cas de Boyd, c'était souvent elle qui assurait le divertissement, comme lorsqu'elle se produisit à l'occasion d'un dîner donné en l'honneur du président mexicain José López Portillo. Lorsqu'elle entra dans la salle, elle fut accueillie par une foule de Mexicains exubérants « sifflant et criant *"guapa"*, *"rubia"* et *"que linda"* ». En novembre 1977, Trudeau invita également à un dîner la chanteuse Buffy Sainte-Marie. Celle-ci lui répondit : « Je vous remercie de m'avoir invitée à dîner […] en compagnie de 1600 personnes ? J'espère que nous aurons l'occasion de dîner ensemble et que, ce jour-là, il y aura environ 1598 personnes de moins. » Et effectivement, il y eut beaucoup d'autres occasions, pour bon nombre de femmes[17].

Toutefois, après la décevante défaite des libéraux, Trudeau eut bien d'autres sujets de préoccupations que sa vie privée. À la déception s'ajouta la considérable remise en question de ses aptitudes à diriger. Le nom de John Turner fut prononcé par beaucoup, et ce, d'autant plus que les sondages réalisés pendant la campagne semblaient indiquer que l'ancien ministre des Finances aurait pu battre Joe Clark. D'autres, furieux de ce qu'ils considéraient comme une trahison de la part de Turner, espéraient plutôt que le prochain chef serait Donald Macdonald. Malgré tout, Trudeau continua d'avoir la confiance de nombre de libéraux, notamment au sein des divers groupes ethniques du Canada anglais et, plus largement, au Québec où il avait remporté 67 des 75 sièges et obtenu, succès considérable, 64 p. cent des suffrages. Ce succès le mettait à l'abri d'une révolte à court terme au sein du caucus. Néanmoins, même ses plus fidèles partisans se posèrent des questions sur son avenir et le précaire gouvernement minoritaire de Clark rendit cette réflexion inéluctable. Car, même si les libéraux restaient forts au Québec et assez forts dans les Maritimes, à l'ouest de la rivière des Outaouais, l'avenir du parti semblait assombri. En effet, dans aucune des quatre provinces de l'Ouest, le parti n'avait obtenu plus de 24 p. cent des suffrages et, en Ontario, il avait seulement recueilli 37 p. cent des voix contre 42 p. cent pour le Parti conservateur.

En outre, la défaite subie, en Ontario et dans l'Ouest, par nombre de ministres proches de Trudeau représenta pour ce dernier un véritable camouflet : Iona Campagnolo et Len Marchand en Colombie-Britannique, le transfuge conservateur, mais ami de Trudeau, Jack Horner en Alberta*, Otto Lang en Saskatchewan et Tony Abbott, Norm Cafik, Bud Cullen, Barney Danson, Hugh Faulkner, Alastair Gillespie, Martin O'Connell et John Roberts en Ontario. Ironie du sort, Jean-Luc Pepin, auteur du rapport sur l'unité canadienne que Trudeau avait, dit-on, mis à la poubelle, fut élu député d'une circonscription d'Ottawa, bien que certains critiques aient laissé entendre que l'inimitié bien connue que le premier ministre entretenait à son égard pourrait avoir joué un rôle dans cette victoire. Trudeau se mura dans le silence, semblant indifférent à la déception de plus en plus manifeste autour de lui. Aussi n'est-il pas surprenant que, lorsque les associations de circonscription se réunirent au printemps 1979, nombre de libéraux de la base aient demandé quand Trudeau allait céder sa place. Ses plus proches assistants n'en savaient rien, pas plus d'ailleurs que Trudeau lui-même.

Tout d'abord, il fallait faire le ménage. Il fallait que Trudeau réduise la taille de son personnel politique, et ce, de manière draconienne. Il garda Jim Coutts et Tom Axworthy, mais pas Colin Kenny. Il dut également dire adieu à l'avion privé et aux élégantes suites d'hôtel. Désormais, les chambres étaient de taille normale et le service à la charge de Trudeau. Alors qu'il était notoire parmi ses collaborateurs que Trudeau n'avait jamais de portefeuille sur lui, il dut s'habituer à payer ses courses en taxi. Richard Gwyn raconte que Trudeau prit une fois un taxi à Toronto, laissant un pourboire de 25 cents à l'issue d'une course de 6 dollars. Piteusement, il avait demandé : « Est-ce que ça suffit ? » Le chauffeur, qui l'avait reconnu, ne répondit rien et se contenta de refuser ce pourboire dérisoire.

Malgré les nombreuses plaintes, le caucus libéral mit fin à la grogne et, à la mi-juin, accorda sa confiance à Trudeau, en dépit du fait que ce

---

* Malgré sa défaite électorale et le fait que beaucoup le dénonçaient comme un traître en Alberta, Horner ne douta pas de sa décision. En 1984, il écrivit à Trudeau : « Je suis né dans une famille conservatrice de l'Ouest canadien, et comme bien des conservateurs, je voyais d'un œil sceptique l'orientation dans laquelle vous semblez [*sic*] diriger le Canada. Avec le temps, j'ai réalisé que vous étiez un meneur d'hommes ; vous aviez vraiment à cœur ce concept d'un seul Canada et les intérêts de toutes les parties du pays. » Il n'eut aucun regret. Horner à Trudeau, FT, MG 26020, vol. 6, dossier 6-19, BAC.

soit Allan MacEachen, et non pas lui, qui ait rencontré la presse à l'issue de la réunion. Finalement, le 19 juillet, Trudeau convoqua la presse pour annoncer qu'il avait l'intention de rester à la tête du parti. Les journalistes lui demandèrent ses raisons. Il répondit : « Je reste. À mon avis, je suis le meilleur. » Peut-être avait-il le sentiment que les conservateurs de Joe Clark n'étaient pas « rompus à la discipline du pouvoir » pour reprendre l'idée de la très fine analyse publiée par le journaliste Jeffrey Simpson sur la victoire de Clark et ses conséquences. Plus probable est le fait que Trudeau ait été au courant de l'imminence du référendum projeté par Lévesque et sut qu'à titre de chef de l'opposition il serait entendu par bien plus de monde qu'en tant que simple politicien. Toujours est-il que, au Canada, l'été était arrivé et que, si les décisions pouvaient attendre, tel n'était pas le cas de ses fils[18].

L'école finie, Trudeau commença par emmener ses fils en vacances, puis il se joignit à un groupe bigarré de pagayeurs pour descendre les rivières arctiques Hanbury et Thelon. Chacun des membres du groupe avait des responsabilités : trois exerçaient les fonctions de chef cuisinier, les cinq autres, dont Trudeau, celles de laveur de vaisselle à tour de rôle. À des kilomètres de la civilisation, chacun trouvait les repas dignes d'un premier ministre : poisson farci, brochettes d'agneau, fondue au fromage et Mouton Cadet. Trudeau était nouveau dans le groupe qui réunissait le futur député John Godfrey, le député libéral Peter Stollery, Craig Oliver de CTV, Jean, le fils de Gérard Pelletier, de *La Presse*, Tim Cotchet de CTV News, le fonctionnaire et amateur d'art David Silcox, et l'aventurier John Gow. Trudeau faisait équipe avec Jean Pelletier, mais bon nombre des autres équipiers lui étaient inconnus. Il appela Gow « Don » pendant trois jours, jusqu'à ce que Godfrey se décide finalement à l'informer de son erreur.

D'après Godfrey, la principale qualité de Trudeau était « de savoir préparer à l'aide de pierres plates un emplacement pour le feu de camp du soir. Il mettait à cette activité exigeante un soin méticuleux et un esprit cartésien. » Trudeau était également maître dans l'art de faire des martinis bien tassés, très populaires à l'heure de l'apéro dans cette élégante excursion en nature sauvage. Trudeau sut se montrer bon vivant, fort probablement grâce à l'alcool. La dernière nuit, Trudeau et Godfrey eurent une discussion animée sur le personnalisme, la version du catholicisme à laquelle Trudeau adhérait, un concept qui malheureusement fit long feu, puisque Godfrey ne réussit pas à en retenir un traître mot. En revanche, David Silcox se souvient s'être fait reprendre par Trudeau sur une référence classique, ce qui prouve la mémoire phénoménale et la culture classique de ce dernier. En dépit du fait qu'il aimait parfois s'éloigner du groupe pour se balader seul le long du lac et se perdre dans ses pensées, il savait être de bonne compagnie. Il était réservé, et sa prestance forçait le respect. Néanmoins, John Gow mit Trudeau, qui était sûr de lui, au défi de descendre de dangereux rapides plutôt que de faire un portage, plus facile. Godfrey fit de l'histoire le compte rendu suivant :

Il était impossible que Pierre ne relève pas un défi lancé par un jeunot. En canot, c'était comme si nous retrouvions nos seize ans. Cependant, Pierre était passé maître dans l'évaluation des risques. Il avait fait sienne la devise *Voir, juger, agir*. Il a marché le long de ces satanés rapides un nombre incalculable de fois afin de les étudier et de les jauger. John Gowe [sic], qui était au début de la trentaine, essaya le premier. Très costaud, il passa les rapides comme si de rien n'était. Pendant que Pierre se préparait, la plupart des autres, notamment les journalistes, se dépêchèrent de monter sur un promontoire avec leur appareil photo afin de ne pas perdre une miette de la mort annoncée de l'ancien premier ministre. Comme je ne possédais pas un bon appareil, je décidai de m'installer au pied du promontoire afin de tenter de lui donner un coup de main si les choses tournaient mal. Pierre arrivait à une vitesse vertigineuse et, manifestement, il était en difficulté, car il se dirigeait droit sur la paroi rocheuse du promontoire. Comme je me trouvais à la même hauteur que lui, je pouvais voir ce qui était invisible aux autres : ses yeux. À un moment donné, je pus les voir se remplir d'horreur à l'idée qu'il allait s'écraser contre les rochers, mais, l'instant d'après, il se sauva en donnant un puissant coup de pagaie au hasard [...]. En aval des rapides, alors que nous rechargions nos canots, tout le monde le félicita de sa réussite. Plus tard, alors que nous étions seuls, je lui dis : « Vous vous en êtes bien sorti, mais je vous ai regardé et il y a eu un moment où... » Il me regarda alors et me dit simplement : « Il y a toujours un moment[19]. »

Les compagnons de canotage de Trudeau avaient remarqué que, tout comme sa vivacité intellectuelle, sa force physique demeurait remarquable. Toutefois, à l'automne 1979, il semblait que, sur le plan politique, son heure était passée. Il retourna à Ottawa reposé et profita de la vie sans avoir d'hélicoptère au-dessus de la tête ni de gardes du corps autour de lui. Puis, sur invitation d'Erickson, il se rendit au Tibet, ce royaume interdit dont le mystère intriguait toutefois les Occidentaux. Depuis sa séparation, c'était le premier long voyage qu'il entreprenait sans les garçons et ceux-ci attendirent impatiemment son retour. Au dire de Sacha, à son retour « il dégageait quelque chose de nouveau ». Il portait la barbe, était bronzé et « il était animé d'un curieux dynamisme ». Il « semblait plus combatif, plus vivant que d'habitude ». Sacha déborde toujours d'enthousiasme lorsqu'il repense au père qu'il retrouva alors : « On eût dit que dans ses yeux se reflétaient encore les merveilles qu'il avait vues, et toute son attitude le montrait prêt à les embrasser derechef du regard. Notre père avait changé, il n'était plus le père patient et dévoué qui nous adorait, mais un homme indépendant et libre qui avait sillonné le monde. Un voyageur solitaire. Un observateur. Le gardien d'un savoir occulte. » À la plus grande joie des enfants, il avait rapporté ces sabres en bois que l'on utilise dans les opéras chinois et des masques de papier mâché[20].

Quand Trudeau avait quitté Ottawa, il était d'humeur grincheuse et il reprochait à ses assistants de lui avoir fait perdre ses élections. En effet, alors qu'il avait toujours traité le personnel subalterne avec courtoisie, il avait, chose tout à fait anormale, refusé de dire au revoir aux standardistes à l'issue de la dernière réception tenue au 24, promenade Sussex. À l'automne, après ses vacances, il était redevenu de meilleure humeur. L'attaché de presse, Patrick Gossage, l'un des seuls employés qu'il ait gardés, écrivit en novembre que Trudeau était devenu « plus souple, mais que ses convictions sont toujours les mêmes. Désormais, il interroge autant qu'il écoute et il aime le changement. Il est plus proche des gens de son entourage et plus ouvert avec eux. » Lors d'un séjour qu'il fit à Calgary, la « gaieté » de Trudeau fut « contagieuse », comme le montre, par exemple, ce chauffeur de taxi d'origine turque qui lui fit « la révérence » et refusa de faire payer la course à cet illustre passager si sympathique. Néanmoins, la présence des gardes du corps lui manquait parfois. Comme cette fois où, lors d'une soirée dansante libérale,

Trudeau dit en virevoltant à côté de Gossage et sans équivoque qu'il souhaitait qu'on le sauve des bras généreux de l'énorme blonde avec qui il dansait. Le serviable attaché de presse s'interposa donc entre eux, aidant ainsi Trudeau à s'échapper[21].

Néanmoins, la liberté de Trudeau avait ses limites. À son retour du Tibet, il demanda à Jim Coutts ce qu'il pensait de sa barbe grise et, pour tout dire, plutôt clairsemée. Celui-ci lui répondit que, s'il voulait continuer à faire de la politique, mieux valait qu'il la coupe. C'est donc ce que Trudeau fit, car il n'était pas encore prêt à passer le flambeau. D'autant plus que, malgré le trouble semé par de jeunes députés libéraux québécois en réaction à la nomination par Trudeau de son vieil ami Jean Marchand à la présidence du caucus, l'imminence du référendum favorisait la cohésion du parti[22]. À la fin septembre, même s'il avait rendu tout le monde furieux en décidant de s'envoler pour la Chine et le Tibet à la veille de la reprise des travaux parlementaires, Trudeau impressionna le caucus grâce à son énergie débordante. Malheureusement, l'embellie fut de courte durée, car le mécontentement refit surface lorsque les libéraux se réunirent à Winnipeg à la mi-octobre et que les rumeurs de changement de chef se mirent fréquemment à circuler. Cependant, quand les travaux parlementaires commencèrent le 9 octobre, Trudeau maîtrisait parfaitement la situation. Le cabinet fantôme était clairement plus à gauche que les précédents cabinets, puisque Herb Gray, considéré comme un nationaliste de gauche, fut nommé critique du Parti libéral en matière de finances.

Lorsque, à la Chambre de communes, Trudeau posa sa première question à Clark, il s'adressa à lui sur un ton contenu et, adoptant un air de fausse humilité, il lui parla de son incapacité à aboutir à une entente sur les prix de l'énergie – une façon de rappeler toutes les fois où les conservateurs avaient critiqué l'incapacité du gouvernement Trudeau à imposer son autorité au premier ministre Lougheed. Clark ne savait pas comment échapper au « charmant boa constrictor » qu'il avait en face de lui, mais, tout comme ses ministres, il lui opposait de solides arguments. Puis, quand le débat commença, la retenue de Trudeau s'évanouit. Il attaqua le projet du gouvernement Clark de privatiser Petro-Canada, se moqua de son incapacité à fixer le prix de l'énergie malgré les courbettes qu'il avait faites aux provinces, le railla pour être revenu sur sa promesse

électorale de déplacer à Jérusalem l'ambassade du Canada en Israël et
s'insurgea contre l'idée de Clark faisant du Canada une « communauté
de communautés ». Les simples députés libéraux lui apportèrent leur
soutien en hurlant « démission, démission », cette fois-ci pas à Trudeau,
mais aux députés conservateurs[23].

Les Canadiens étaient du même avis que les simples députés libéraux : le gouvernement Clark avait fait preuve d'une totale incompétence.
Il avait attendu beaucoup trop longtemps pour reprendre les travaux parlementaires et la promesse de déménager l'ambassade avait montré la
troublante naïveté du gouvernement en matière de politique étrangère.
Clark chargea Robert Stanfield d'étudier ce qu'il fallait faire et, comme
il fallait s'y attendre, l'ancien chef conservateur privilégia la prudence et
recommanda de ne « rien faire ». La promesse de déménagement passa
pour de la politicaillerie visant à obtenir les voix juives, et ce, d'autant
plus que Menahem Begin, le premier ministre israélien, menaça d'appeler les Juifs à voter contre Trudeau si jamais il ne soutenait pas Clark
pour que le déménagement de l'ambassade ait lieu. Toutefois, grâce à
cette malheureuse affaire, Begin, un politicien de droite que Trudeau
détestait en raison de ses menaces, accrut considérablement la crédibilité internationale de Trudeau sur le plan de la politique étrangère.

Au Canada, le politicien conservateur de l'Alberta Peter Lougheed
donna à Clark autant de fil à retordre que Trudeau. Alors que le premier
ministre ontarien William Davis s'opposait à la volonté de l'Alberta de
suivre rapidement les cours mondiaux du pétrole et rappelait que, parmi
les députés conservateurs, le nombre des Ontariens était de loin supérieur à celui des Albertains, Lougheed continuait d'insister pour que le
Canada paye le pétrole au tarif international, et ce, même si les prix augmentaient rapidement en raison de la crise iranienne. Les conseillers de
Clark finirent aussi par croire que Lougheed, une ancienne vedette
de football, changeait les règles du jeu chaque fois que l'Alberta croyait
avoir marqué un touché dans la conclusion d'une entente imminente. À
la fin du mois d'octobre, poussé à bout, Clark informa la Chambre des
communes qu'il allait utiliser l'arsenal juridique dont disposait le gouvernement fédéral pour contraindre l'Alberta à vendre son pétrole aux provinces de l'est du Canada. Trudeau se réjouit de cette querelle publique
entre conservateurs et, à la Chambre des communes, il ne perdit jamais

une occasion de crier haro sur Clark et Lougheed, mais pas sur les premiers ministres conservateurs William Davis, de l'Ontario, et Richard Hatfield, du Nouveau-Brunswick. Ce détail allait, par la suite, prendre de l'importance. Le bénéficiaire de la dispute entre conservateurs et des faux pas de Clark était le Parti libéral : d'après un sondage Gallup, l'avance les libéraux, qui était de 5 points (42 p. cent contre 37 p. cent) en octobre, passa rapidement à 19 points (47 p. cent contre 28 p. cent) en novembre – une marge qui, en cas d'élection, permettrait la constitution d'un gouvernement largement majoritaire[24].

Exultant, Trudeau fustigea les conservateurs pour leur incompétence et appela les libéraux à « se débarrasser » d'eux. Toutefois, il n'aborda plus la question, pas plus qu'il ne recommença cette attaque en règle à la Chambre des communes. Lorsque Keith Dayey lui dit que les sondages du mois de novembre étaient très bons pour le Parti libéral, Trudeau répondit qu'Allan MacEachen, le leader de la Chambre, lui avait raconté que le NPD avait l'intention de laisser les conservateurs gouverner pendant un an. Sans une élection en vue, l'intérêt de Trudeau pour la politique sembla alors s'émousser, se montrant toujours plus apathique aussi bien durant la période des questions que dans sa manière de diriger. Début novembre, il dit aux libéraux de la Colombie-Britannique qu'il n'assisterait pas à un séminaire politique qui devait se donner un week-end, car il avait attrapé un rhume carabiné. Malheureusement, un photographe le prit en photo ce week-end-là, entrant dans le sélect Club Ibis, une discothèque de New York, en compagnie d'une femme ravissante. Art Phillips, un nouveau député de Vancouver très prometteur, déclara qu'au Canada le mécontentement était grand, et la militante libérale Shirley McLaughlin se dit « en furie » devant le « mensonge puéril » de Trudeau. À la Chambre des communes, Ed Broadbent, le chef du NPD, déposa un projet de loi visant à rendre les frais de discothèque déductibles d'impôt lorsqu'ils étaient engagés dans le traitement du rhume. Durant le journal télévisé de la CBC, cette histoire suivit un reportage sur les personnes âgées et le bingo. Knowlton Nash, le présentateur, ne put s'empêcher de lier les deux nouvelles en disant que tous les sexagénaires ne jouaient pas au bingo ; certains préféraient fréquenter les discothèques. L'analyste politique de CBC, Mike Duffy, qui serait nommé par la suite sénateur conservateur, affirma que le peu d'intérêt que Trudeau accordait à toute cette affaire – « Non, je ne vois pas pourquoi ils seraient mécontents » – montrait que la « reconstruction [du Parti libéral] ne l'intéressait guère[25] ».

Depuis sa séparation, Trudeau avait souvent trouvé des prétextes pour aller à des rendez-vous galants plutôt que d'assister à des réunions du parti, mais, cette fois-là, il s'était fait prendre la main dans le sac. Penaud, il accepta, malgré qu'il ait dû subir un douloureux traitement de canal peu de temps avant, d'assister à l'assemblée des libéraux de l'Ontario tenue du 14 au 16 novembre à l'hôtel Harbour Castle de Toronto, et de répondre aux questions des étudiants libéraux fougueux. Ainsi, installé dans la touffeur d'une pièce éclairée par des projecteurs de télévision, Trudeau parla-t-il de libéralisme avec ferveur, « reprenant les remarques de son auditoire survolté ». Gossage en fut impressionné : « Oubliés la chaleur moite de cette pièce, le fait qu'il était en train de cuire sous quatre projecteurs, le fait qu'il était installé dans un fauteuil aux pieds branlants, le traitement de canal et la joue enflée. Il donnait l'impression de se trouver, l'air serein et décontracté, dans une grande salle et de ne plus se préoccuper de rien, hormis de ce qu'il disait. » Également présent, Mike Duffy changea d'avis : Trudeau était toujours d'attaque pour repartir en campagne[26].

Néanmoins, les bavardages de couloir à propos de son leadership continuèrent. Un congrès du parti fut prévu à la fin de l'hiver au cours duquel les membres se prononceraient sur la question de l'organisation d'un congrès à la direction. Durant la réception organisée pour les présidents de circonscription, Trudeau sembla excédé et fatigué. Il avait une joue enflée, les marques de son visage grêlé étaient étonnamment évidentes et on aurait vraiment dit qu'il était en train de se remettre d'un rhume. J'ouvre une parenthèse personnelle pour dire que c'est à cette réception que ma femme et moi parlâmes pour la première fois à Trudeau et que celui-ci nous sembla un peu absent. Tout à coup, sur une table toute proche, il aperçut *Between Friends / Entre Amis*, l'album de photos que le gouvernement canadien avait curieusement offert en cadeau aux États-Unis pour le bicentenaire de la révolution américaine en 1976. « Pourriez-vous l'apporter ici ? demanda-t-il. Ouvrez-le à la page 232. » À cette page figurait la photo de M. et Mme René Deschênes, de Sainte-Anne-de-Madawaska, deux retraités assis sur un canapé rembourré.

Gravement, M. Deschênes tenait sa femme, une dame souriante et un peu plus corpulente, et tous deux se trouvaient dans une pièce où il y avait deux téléviseurs, un tableau imposant représentant la nativité, une croix ornée de bijoux et un petit portrait de Pierre, Margaret, Justin et Sacha, flanqué d'un portrait de la Vierge Marie et d'un autre du Christ. Subitement, les yeux de Trudeau brillèrent et son sourire familier éclaira son visage. Cognant la page de l'index, il dit : « Nous voilà*. »

Le 20 novembre, c'est-à-dire quatre jours plus tard, Trudeau, peu avant la réunion habituelle du mercredi matin, convoqua exceptionnellement les dirigeants du parti à son bureau où Cécile Viau les introduisit un par un. Ils en ressortirent la mine déconfite ; certains même en pleurant. Puis, à dix heures, Trudeau entra dans la salle de réunion du caucus et dit : « C'est fini. » Il avait décidé de démissionner. Les larmes lui montèrent également aux yeux lorsqu'il se mit à lire sa déclaration : « Vous savez bien que j'ai toujours été un grand sensible », dit-il, ce qui eut pour effet d'attendrir certaines des personnes présentes, qui sortirent leur mouchoir. Vêtu d'un costume en velours beige et arborant une rose jaune à la boutonnière, Trudeau traversa ensuite la rue Wellington pour se rendre

---

* Sous la photographie de M. et Mme Deschênes se trouve une citation de Louis-Olivier Letourneux, un juriste canadien des années 1840 : « La nationalité, selon nous, n'est pas seulement dans l'originalité des mœurs et des manières, dans la langue, dans la religion ; elle est encore beaucoup dans la chronique d'un peuple, dans ses légendes, dans ses traditions, dans ses souvenirs. » Cet énoncé, bien qu'écrit en 1845, était curieusement pertinent pour 1979. (*Between Friends / Entre Amis* [Toronto : McClelland and Stewart, 1976]). La circonscription que j'ai représentée à titre de délégué au congrès, Kitchener, reflétait la majorité de la population ontarienne à cette époque. La plupart des dirigeants membres de cette circonscription souhaitaient que Trudeau quitte avec grâce. Dans la majorité des cas (quoique pas tous), on voulait bien lui accorder du temps. Des libéraux influents de Toronto, qui plus tard jouèrent un rôle important dans le gouvernement Trudeau, et d'anciens ministres du cabinet ontarien appelèrent les libéraux de la base, leur recommandant de se préparer à la transition. Plus tard, ils nièrent publiquement avoir fait de tels appels. À l'époque où j'ai écrit sur cette activité dans Robert Bothwell, Ian Drummond et John English, *Canada since 1945 : Power, Politics, and Provincialism* (Toronto : University of Toronto Press, 1981), Drummond, économiste éminent qui connaissait ces personnes mieux que moi, reçut des appels dénonçant ces commentaires. Je dis à Drummond, qui voulait connaître ma source, que la personne qui s'était plainte, de Toronto, m'avait appelé personnellement. Il rapporta ma réponse, et la demande de rétractation fut vite abandonnée.

au Cercle national des journalistes. Là, sur un ton détaché, il lut une brève déclaration sans pratiquement jamais regarder son auditoire et il parla peu de ses projets, si ce n'est qu'il défendrait le Canada. Pour finir, il chiffonna ses notes, sourit et, paraphrasant Richard Nixon, il déclara aux journalistes : « Je suis désolé à l'idée que je n'aurai plus l'occasion de vous malmener. » Les journalistes applaudirent spontanément[27].

Plus tard, cet après-midi-là, la Chambre adopta une résolution proposée par le premier ministre Joe Clark et appuyée par Stanley Knowles, doyen de la Chambre et député NPD de Winnipeg North Centre, pour remercier Trudeau de son immense contribution envers le Canada. Tout en affirmant que Trudeau n'avait pas toujours fait l'unanimité, Knowles lui rendit un hommage chaleureux. Néanmoins, ajouta-t-il, « une façon de se soustraire à la critique, c'est de ne rien faire du tout » et, s'il était une chose que l'on ne pouvait reprocher à Trudeau, c'était bien d'être resté inactif. Trudeau répondit à cet hommage sur un ton, encore une fois, mesuré, peut-être parce qu'il craignait que les larmes ne lui montent aux yeux de nouveau. Se tenant un coude d'une main et se frottant le menton avec un doigt, il fit une brève allocution dans laquelle il parla de l'importance de la vie publique et rendit hommage au dévouement de tous les députés au Canada. Seul Allan MacEachen se montra quelque peu partisan en déclarant qu'il regrettait la démission de Trudeau, car il avait cru que ce dernier aiderait une fois de plus le parti à reprendre le pouvoir. Bien que beaucoup se soient attendus à sa démission, celle-ci fit couler beaucoup d'encre, car les journalistes, canadiens ou non, s'empressèrent de commenter sa longue carrière politique, puisque seuls Macdonald, Laurier et King, ces géants de l'histoire politique canadienne, avaient assumé les fonctions de premier ministre plus longtemps que lui. La question qu'ils se posaient tous était de savoir si Trudeau était de leur trempe[28].

~

Dans la première biographie de Trudeau qui a été écrite après sa démission, intitulée *Le Prince*, Richard Gwyn affirma que « les commentateurs québécois lui étaient plutôt favorables. Mais, comme une ébauche de ce qu'on pourrait lire plus tard dans les livres d'histoire, les éditorialistes et autres pontifes du reste du pays donnaient à Trudeau plus de mauvaises notes que de bonnes», et cela même si Gwyn pensait, à juste titre, que le Canadien moyen ne portait pas un jugement aussi sévère[29]. Quel qu'ait été le sentiment de l'opinion publique générale (et Gwyn laisse entendre que, au vu de la hausse vertigineuse des opinions favorables aux libéraux à l'automne 1979, «Trudeau manquait au Canadien moyen»), il demeure que son analyse des commentaires des éditorialistes et des pontifes est en grande partie exacte. Dans l'ensemble, ils se montrèrent négatifs et firent preuve d'un surprenant manque de jugement. Chose très étonnante, le *Globe and Mail* ne publia pas d'éditorial sur le départ de Trudeau, et ce, même si plusieurs chroniqueurs émirent des opinions variées et généralement négatives. C'est Geoffrey Stevens qui écrivit le plus long article intitulé «The Singer Who Couldn't Sing Any More» (Le chanteur qui ne pouvait plus chanter). Quant à Richard Needham, tenant des propos de plus en plus conservateurs, celui-ci déclarait: «Je pense de la démission de Pierre Trudeau ce que j'ai pensé de celle d'Harold Wilson au Royaume-Uni, à savoir que, quand quelqu'un a fait tous les dégâts possibles et imaginables, il est temps pour lui de passer le relais et de laisser quelqu'un d'autre s'y lancer.»

Comme ce fut le cas avec ses prédécesseurs libéraux, Lester Pearson et William Lyon Mackenzie King, les notices nécrologiques politiques mirent aussi l'accent sur les récentes controverses plutôt que de se livrer à une analyse sérieuse. Certains commentateurs essayèrent toutefois de replacer la carrière de Trudeau dans son contexte historique plus large, tout en concédant que Clio, muse de l'Histoire, soit particulièrement versatile. Trudeau lui-même omit, dans ses déclarations d'adieu qui étaient généralement restées sobres et s'étaient révélées bien peu éloquentes, de réfléchir sur le rôle qu'il avait joué. Dans une entrevue qu'il accorda à Michel Roy, du *Devoir*, Trudeau parla avec conviction du référendum qui se préparait, mais refusa d'aborder le sujet de son rôle dans l'Histoire. Gossage, qui l'accompagnait, fut à la fois surpris et impressionné: «C'était un homme qui ne tenait pas de journal. On aurait dit un jeune de trente ans aux yeux de qui le passé comptait moins que le présent. Avec ses idées et ses actions, il écrivait une nouvelle page de sa vie. Son âge ne comptait pas. Où qu'il aille, son univers le suivait[30].»

Et cette tendance persista: Trudeau refusa de regarder en arrière. Mais les autres regardèrent en arrière, croyant que l'influence qu'il avait eue sur le Canada devait être comprise par tous ceux qui réfléchissaient à l'avenir de la nation*. Deux des analyses les plus pénétrantes furent l'œuvre de deux de ses opposants. À droite, Allan Gregg, un jeune conseiller de Joe Clark, le chef des conservateurs, rédigea un mémorandum neuf jours après la défaite de Trudeau. Selon lui, en dépit de sa défaite électorale, Trudeau était toujours bien présent : « Contrairement à Trudeau, Clark n'a jamais réussi à faire l'unanimité sur ses qualités de chef, et ce, que l'on parle d'honnêteté, de fermeté, de compétence ou autre. En soi, cela n'est pas si étonnant, dans la mesure où c'est Trudeau qui, en matière de "style", avait donné le ton ces dix dernières années, période pendant laquelle s'était aussi établie l'idée de qui était Trudeau. » Rarement, voire jamais, un politicien canadien n'avait eu une influence aussi prépondérante que Pierre Trudeau dans les années 1970.

À gauche, le politologue Reg Whitaker, auteur du livre le plus achevé sur l'histoire du Parti libéral à l'époque de King, publia un article

---

* Trudeau reçut de nombreuses lettres de la part de jeunes Canadiens à la suite de sa démission. L'une des plus intéressantes fut celle que lui envoya le président de Power Corporation, André Desmarais. Alors âgé de vingt-trois ans, Desmarais lui écrivit cette lettre le 2 décembre 1979 :

[Traduction libre] La semaine dernière, quand j'ai entendu que vous aviez décidé de démissionner comme chef du Parti libéral, cela m'a beaucoup attristé. Même s'il va sans dire que je respecte votre décision, je me sens obligé de vous écrire.

Je voudrais vous dire à quel point, en tant que jeune Canadien, je me sens extrêmement privilégié d'avoir eu à plusieurs reprises l'occasion de passer du temps en votre compagnie.

Les années que vous avez passées à titre de premier ministre du Canada seront toujours pour moi une grande source de fierté. Je crois que tous les Canadiens, en rétrospective, comprendront que la vision et la sagesse avec lesquelles vous avez dirigé notre nation sont ce qui a fait du Canada et des Canadiens ce qu'ils sont aujourd'hui.

Votre immense contribution dans toutes les parties de notre vaste territoire, votre dévouement total aux principes de liberté et de justice, ainsi que votre détermination et les efforts sans relâche pour préserver l'unité canadienne ne seront jamais oubliés. Aucun mot ne saurait transmettre ma gratitude envers vous, M. Trudeau, pour tout ce que vous avez fait pour le Canada.

Desmarais, qui écrivait à Trudeau en anglais et en français, a épousé plus tard la fille de Jean Chrétien, France. Comme cadeau de mariage, Trudeau leur offrit un journal. Alors en voyage de noces, Desmarais écrivit du cap d'Antibes pour le remercier de son cadeau, en faisant remarquer qu'il y avait « une ressemblance frappante entre La Fayette et vous ». Desmarais à Trudeau, 2 déc. 1979, et 26 mai 1981, FT, MG 26020, vol. 2, dossier 3-58, BAC.

pénétrant dans lequel il déplorait la tendance à ne voir en Trudeau qu'un simple « anachronisme dépassé par le flot des événements ». Certes, écrivit-il, Trudeau avait démissionné et n'était peut-être plus la coqueluche des Canadiens, mais il restait « attaché au cœur de nos principaux dilemmes ». Tout en se montrant critique à l'égard de nombre des actions de Trudeau et de ses contradictions, le politologue se demandait s'il existait de meilleures idées que celles de Trudeau pour faire face à deux grands dangers : la menace que représentait le néoconservatisme pour le libéralisme nord-américain et l'ultimatum lancé par les francophones du Québec, tentés de s'affranchir sur le plan politique.

> Y en a-t-il parmi nous qui ont pu rester totalement insensibles à la déclaration [faite par Trudeau] au lendemain de la victoire du PQ, dans laquelle il affirmait que Lévesque s'était entouré de frères de sang, mais que lui, Trudeau, voulait nous parler d'une loyauté qui transcendait cette notion ? Quel critique de son libéralisme mécaniste pourrait proposer, en toute bonne foi, un système axé sur le bien commun plutôt que sur la recherche de l'enrichissement personnel et qui ne déclenche pas les conflits sociaux que Trudeau a toujours cherché à éviter ? [...] Reconnaître les forces et les faiblesses dont Pierre Trudeau a fait preuve au cours de son passage extraordinaire dans nos vies, tant sur le plan politique qu'intellectuel, c'est reconnaître certaines des valeurs et des principaux obstacles qui sont au centre de la crise actuelle[31].

En matière de style, Trudeau avait électrisé les milieux politiques canadiens depuis son arrivée spectaculaire sur la scène politique en 1968. Sur le fond, les avis étaient toutefois fréquemment divergents. Jusqu'à quel point Trudeau avait-il transformé le Canada et dans quelle mesure ces transformations avaient-elles été bénéfiques ? Si Trudeau avait abandonné pour de bon la politique en novembre 1979, aurait-il été, comme le laisse entendre George Radwanski dans la biographie qu'il publia l'année précédente, un premier ministre « qui ne s'est pas encore pleinement réalisé » ? À certains égards, au moment de sa démission, Trudeau aurait été d'accord avec l'analyse de Radwanski. Ses espoirs de parvenir à faire adopter la charte des droits et à rapatrier la Constitution canadienne ne s'étaient pas concrétisés. En outre, faisant disparaître ces espoirs, l'élection de René Lévesque en novembre 1976 fut une défaite importante pour Trudeau, lui qui, au milieu des années 1970, avait minimisé les possibilités d'une séparation. Les détracteurs de Trudeau considérèrent, à juste titre, que les mauvaises relations que Trudeau avait eues avec Robert Bourassa avaient joué un rôle dans la victoire de Lévesque. Cela ne fait aucun doute, son attitude dédaigneuse à l'égard des fédéralistes qui ne partageaient pas ses opinions joua contre lui.

La stratégie qu'il avait employée pour s'opposer aux séparatistes, notamment le rôle donné à la police, avait rendu perplexes nombre des partisans de Trudeau et même ses collègues du cabinet qui, comme lui, étaient hostiles au séparatisme. La réputation de défenseur des libertés civiles dont jouissait Trudeau, acquise au temps où il s'était frotté à Duplessis et aux forces de l'ordre du Québec dans les années 1950 et 1960, semblait contraster la ferme autorité dont il avait fait preuve durant la crise d'Octobre de 1970 et par les activités illégales que la GRC avait menées pour contrer le séparatisme. Les partisans de Trudeau mirent en avant le caractère extraordinaire du défi que représentait le Québec, l'incompétence et l'indépendance du Service canadien du renseignement de sécurité et le fait que le premier ministre avait agi sur les conseils de Jean Marchand, le bouillant dirigeant syndical. Et pourtant, même en tenant compte de ces faits, l'attitude et les gestes de Trudeau ont montré que, durant tout le temps passé à la tête de l'État, il avait ardemment défendu les droits individuels contre les prétentions de l'État.

L'existence d'« espions » séparatistes avait causé un sérieux problème de sécurité ; cependant, le gouvernement fédéral avait réagi aux activités illégales menées par la GRC, non seulement au Québec, mais également dans le reste du Canada, de manière inefficace et avait même parfois fait preuve de négligence. La colère de Trudeau, combinée aux nombreuses irrégularités du Service canadien du renseignement de sécurité, constitua un facteur, comme l'avait été aussi l'importance qu'il accordait à l'équilibre entre la sécurité et les droits individuels, équilibre qu'il considérait maintenant autrement que durant les années 1950 et 1960, quand il avait tourné en dérision la possibilité de rendre obligatoires les cartes d'identité. En dépit de la mission qu'il s'était fixée d'enchâsser les droits individuels dans une charte, Trudeau estimait que ces droits avaient des limites lorsque la sécurité collective des citoyens était menacée. Quand le socialiste Ken

McNaught, qui avait appuyé Trudeau durant la crise d'Octobre, lui envoya une analyse d'un document de la commission McDonald (chargée d'enquêter sur les abus commis par la GRC pour contrer la violence), le premier ministre lui écrivit cette fascinante réponse : « Le [document] constitue une pénétrante analyse (mais de votre part, cela n'a rien d'étonnant) de la question de la liberté et de l'ordre public, qui sort des sentiers battus. Les avocats et les juges définissent à juste titre la loi comme "ces sages limites qui rendent les hommes libres", mais ils ne s'intéressent la plupart du temps qu'à la liberté individuelle, pas collective, c'est-à-dire pas à la liberté qui demande de recourir à l'"ingénierie sociale[32]". »

Pour Trudeau, l'équilibre avait changé. Il s'était adapté à la « nouvelle réalité », c'est-à-dire au fait que la démocratie canadienne était menacée par des groupes extraparlementaires qui, dans certains cas, prônaient ouvertement la violence. En outre, bien avant la crise d'Octobre, il avait exprimé sa ferme opposition à l'emploi de la violence pour faire accéder le Québec à l'indépendance, notamment lorsqu'il coupa les ponts avec François Hertel, son ancien mentor, et Pierre Vallières, son remplaçant en tant que rédacteur en chef de *Cité libre*. Après la crise d'Octobre, Trudeau s'inquiéta du noyautage des institutions fédérales par des éléments séparatistes, convaincu, à juste titre d'ailleurs, que non seulement ces derniers se servaient d'espions pour découvrir les intentions d'Ottawa, mais que, parfois, ils continuaient à envisager de recourir à la violence pour arriver à leurs fins*. Même si Trudeau concevait

---

* La méfiance profonde entre les tenants du séparatisme et du fédéralisme, après octobre 1970, fut dévoilée dans les témoignages de la commission McDonald et de la commission Keable, nommée par Lévesque, ainsi que dans des publications ultérieures. La principale source à la base du sentiment de peur et de ressentiment exprimés fut la supposée création du prétendu réseau Parizeau, que le militant péquiste avait mis sur pied à l'automne 1970 pour espionner Ottawa. Il y avait, dit-on, trois agents principaux : Louise Beaudoin, directrice du bureau de Claude Morin, un important haut fonctionnaire et future ministre péquiste ; Lorraine Lagacé, du bureau du gouvernement du Québec à Ottawa ; et Jocelyne Ouellette, qui serait également plus tard ministre dans le gouvernement péquiste. La GRC manifestait une extrême méfiance, particulièrement envers la relation étroite entre Beaudoin et Jean Marchand, et envers Ouellette, que l'on voyait souvent en compagnie de ministres fédéraux influents. On découvrit plus tard que Morin lui-même avait transmis des renseignements à la GRC, une révélation qui changea profondément la manière dont les séparatistes du Québec voyaient ce ministre important. Parizeau reconnut à l'Assemblée nationale en 1977 avoir organisé un

des doutes à l'égard du Service canadien du renseignement de sécurité en raison du peu de civils qui en faisaient partie et du fait que ce service n'était pas sous la supervision de civils, il était persuadé que, pour défendre la démocratie, la fin justifiait les moyens, quand bien même ceux-ci seraient maladroits. Néanmoins, la commission McDonald conclut, à juste titre, que Trudeau avait toléré trop longtemps les irrégularités de la GRC et notamment que les instructions données par son gouvernement à cette dernière pour enquêter sur les groupes séparatistes n'avaient pas été suffisamment précises.

À la décharge de Trudeau, il faut dire que, quand il arriva au pouvoir, il dut faire face à diverses menaces de violence bien particulières auxquelles aucun autre premier ministre canadien n'avait été confronté en temps de paix. Ses responsabilités étaient grandes et les outils dont il disposait, inadéquats. Par la suite, d'autres dirigeants d'un État démocratique durent également faire face aux menaces de groupes terroristes nationaux ou internationaux et ils réagirent de la même façon que Trudeau et, dans un grand nombre de cas, avec une plus grande fermeté. Dans les années 1970, après la crise du FLQ, l'Espagne, l'Allemagne et l'Italie durent faire face à des groupes terroristes, et ces pays adoptèrent des lois restrictives et prirent des mesures extrajudiciaires. Comme l'a écrit Tony Judt, spécialiste de l'histoire européenne, il y eut « une réponse spontanée à la menace que représentait la terreur » pour la société et la gauche légitime, « car les "années de plomb" de la décennie 1970 étaient là pour

---

réseau de renseignements « pour voir d'où viendrait le prochain coup ». La méfiance et l'inimitié furent sans nul doute plus prononcées du fait que les espions et les personnes espionnées entretenaient des liens étroits sur le plan personnel, dans bien des cas depuis plusieurs dizaines d'années. Le rapport entre Marchand et Beaudoin dérouta ceux qui les connaissaient bien, y compris Trudeau. Les allégations de la GRC, qui parlait de « prostitution » des séparatistes, étaient absurdes, même si Ottawa, avec ses nombreuses ambiguïtés au cours des années 1970, entretenait effectivement une surprenante affinité avec les romans d'espionnage comme ceux de John Le Carré. Entrevues confidentielles. Sur le réseau, voir, dans Pierre Godin, *René Lévesque : L'Homme brisé (1980–1987)* (Montréal : Boréal, 2005), p. 108-109 et p. 199 et suivantes, au chapitre intitulé « Entre fiction et réalité », une réflexion sur l'histoire confuse des doubles loyautés. Le cas de Lorraine Lagacé est particulièrement pertinent à cet égard, dont la relation avec le député libéral Pierre de Bané entraîna une méfiance à son endroit de part et d'autre. Sur Morin, voir *ibid.*, chap. 18.

rappeler à tout le monde la fragilité des démocraties libérales[33] ». Plus tard, confronté au terrorisme irlandais et islamiste, par exemple, le Parti travailliste de Tony Blair imposa aux libertés individuelles des limites bien plus strictes que celles que Trudeau envisagea jamais. En effet, l'approche de Trudeau, consistant à réagir rapidement en s'appuyant sur une intervention massive des forces de l'ordre et des services secrets hautement renforcés, devint une référence pour les autres dirigeants occidentaux, comme les sociaux-démocrates James Callaghan en Grande-Bretagne et Helmut Schmidt en Allemagne.

Trudeau lui-même reconnaissait être favorable à la création, au Québec, d'un parti indépendantiste démocratique, prêt à laisser l'ensemble des Québécois, et non pas un simple groupuscule de personnes ne respectant pas la démocratie, décider de l'avenir de la province. Sur ce point aussi, Whitaker, également l'un des principaux critiques des activités du Service canadien du renseignement de sécurité, et qui fait autorité en la matière, est en désaccord avec ceux qui reprochent à Trudeau d'avoir créé par ses actions, en octobre 1970, une polarisation entre fédéralisme armé et séparatisme armé. L'interprétation de Whitaker a reçu la validation de l'ancien révolutionnaire armé Pierre Vallières dans le livre qu'il a publié en 1972 et dans lequel il a « reconnu tacitement » que Trudeau avait eu une influence pacificatrice, qui l'avait convaincu en 1972 de choisir la voie démocratique plutôt que la violence pour accéder à l'indépendance. Après s'être engagés dans cette voie, les séparatistes adoptèrent un programme modéré, organisèrent un parti démocratique et respectèrent les règles du jeu de la politique. S'ils parvinrent à prendre le pouvoir pacifiquement, ils ne réussirent pas à obtenir la séparation. Lorsque, au printemps 1979, Trudeau fut défait, le PQ n'avait pas tenu le référendum promis, en grande partie parce que Lévesque était persuadé que, aussi longtemps que Trudeau serait premier ministre, la tenue d'un référendum aboutirait à un échec. Comme Martine Tremblay, à l'époque chef de cabinet dans le gouvernement Lévesque, l'écrivit beaucoup plus tard : « La population n'est visiblement pas prête à accepter la deuxième partie du marché conclu avec le PQ en 1976. Les arguments sur le fond de la question n'ont rallié ni les fédéralistes déçus ni les indécis. »

Dès la démission de Trudeau, l'organisation d'un référendum au Québec commença. Nul doute que la présence de Trudeau joua un rôle prépondérant dans la planification du projet séparatiste. Ainsi, si Bob Winters, unilingue et son principal rival dans la course à la direction du parti en 1968, l'avait emporté, ou que Robert Stanfield, unilingue et le chef du Parti conservateur, avait succédé à Pearson ou remporté l'élection en 1972, il est fort probable que le gouvernement fédéral n'aurait pas affronté aussi efficacement le défi que représentait le séparatisme[34]. Avec la franchise qui le caractérisait, Lévesque déclara publiquement, après la défaite de Trudeau, que la voie vers l'indépendance était devenue beaucoup plus aisée. Tout en critiquant les nombreux défauts de Trudeau, Lévesque reconnut toujours les qualités de son adversaire et l'accomplissement majeur que représentait le « French power » qu'il avait établi à Ottawa. En effet, la transformation de la fonction publique, la rapide propagation du bilinguisme à ses échelons les plus élevés et le recrutement de jeunes francophones brillants au sein de la fonction publique fédérale en vue de contrer celle extrêmement efficace du Québec furent parmi les principales réalisations des dix premières années que Trudeau passa au pouvoir. Ces éléments constituèrent les principaux points du projet politique qu'il opposa au séparatisme[35].

Néanmoins, durant les années 1970 et même après, Trudeau fut souvent critiqué en raison de son « obsession » pour la question séparatiste. Les relations tendues du gouvernement fédéral avec les provinces de l'ouest du Canada ainsi que le manque d'attention accordée à l'économie souffrirent de l'importance accordée à cette question. Le mécontentement des provinces de l'Ouest envers Trudeau entra dans la légende. Bien que la plus grande erreur – le Programme énergétique national – ait été commise dans les années 1980, les commentateurs considérèrent fréquemment en novembre 1979 « l'Ouest » comme une région où Trudeau avait « échoué ». Les résultats de l'élection de mai 1979 semblèrent certainement confirmer cet argument, puisque Trudeau ne remporta que trois sièges et obtint moins d'un quart des suffrages exprimés dans les régions situées à l'ouest de l'Ontario. Même après avoir promis, au lendemain de sa réélection en 1974, de s'intéresser davantage aux revendications de l'Ouest, ces plans furent contrecarrés par l'élection du PQ et les continuelles querelles qui opposèrent Trudeau au premier ministre Lougheed qui exigeait que le Canada se conforme rapidement au cours mondial du pétrole malgré la forte résistance des provinces de l'est du Canada. Si les relations entre le gouvernement fédéral libéral et le gouvernement conservateur de l'Alberta se sont améliorées à la fin des années 1970, alors que le Canada se rapprocha inexorablement du cours mondial, la révolution iranienne fit monter en flèche les prix du pétrole, ce qui rendit la situation encore plus explosive.

Toutefois, la désaffection des provinces de l'Ouest envers Ottawa et les libéraux n'avait pas commencé avec Trudeau. En effet, comme Joe Clark s'en rendit vite compte au lendemain de son élection, les opinions de l'Est et de l'Ouest étaient fondamentalement incompatibles. Lester Pearson, par exemple, n'avait remporté que huit sièges et obtenu moins d'un quart des suffrages exprimés en Alberta et en Saskatchewan en 1965. Les gouvernements Trudeau accentuèrent cependant ces différences, car l'accent fut mis sur la question québécoise, le bilinguisme et le développement régional, autant de sujets qui devinrent de plus en plus inacceptables pour les provinces de l'ouest du Canada. Dès les premières années, tout le monde prit conscience avec beaucoup d'acuité que l'intérêt porté au Québec et à la Constitution serait source de conflits dans les provinces de l'Ouest. Hugh Faulkner, élu en 1965 député de Peterborough en Ontario, pour la première fois, se rendit compte de l'existence d'une fracture. Il s'intéressa grandement à la question de l'unité nationale et, durant le gouvernement Pearson, il rencontra Trudeau et Pelletier pour leur donner son avis sur la question et connaître le leur. Après l'élection de Trudeau, toutefois, il avertit Pelletier que l'intérêt porté au Québec faisait naître dans les provinces de l'Ouest un sentiment d'abandon. Pelletier lui répondit de but en blanc que les francophones et les anglophones devaient se sentir égaux au Canada et que les autres priorités devaient attendre. Dans l'ensemble, Trudeau voyait les choses de la même manière.

Lorsque, au milieu des années 1970, Trudeau examina la situation dans les provinces de l'Ouest, il se rendit compte que les revenus des particuliers augmentaient considérablement plus rapidement en Alberta et en Saskatchewan que dans les provinces de l'est du Canada, et que, de manière frappante, le taux de chômage y était plus bas. Par exemple, en 1976, le taux de chômage en Saskatchewan et en Alberta était respectivement de 4 p. cent et de 3,9 p. cent alors que, au Nouveau-Brunswick, au Québec et en Ontario, il s'élevait à 11,1 p. cent, 8,7 p. cent et 6,2 p. cent.

Pour un gouvernement décidé à aplanir les différences linguistiques et régionales, le choix était simple et Trudeau alla dans ce sens[36].

Sur le plan de l'économie, les jugements posés plus tard concernant le gouvernement Trudeau durant les années 1970 se sont révélés bien moins durs que ceux de ses contemporains. Une histoire économique classique résume ainsi le problème à peu près comme Trudeau l'avait fait à l'époque : « Les responsables politiques canadiens ne savaient pas plus comment s'attaquer au problème de la stagflation [du début des années 1970] au Canada que leurs homologues ailleurs dans le monde. » Il est indéniable que des erreurs furent commises. En effet, comme l'économiste Albert Breton le disait régulièrement à Trudeau au milieu des années 1970, la Banque du Canada n'aurait pas dû manipuler le taux de change pour protéger le dollar flottant, les réformes apportées à l'assurance chômage par Bryce Mackasey s'avérèrent bien trop généreuses et les subventions accordées par le gouvernement aux programmes de développement régional furent trop souvent soumises aux caprices de politiciens locaux. En ce qui concerne les contrôles des prix et des salaires, il est prouvé qu'ils ont freiné les augmentations salariales, mais que les coûts sociaux ont probablement été trop élevés.

Néanmoins, le Canada est loin d'avoir été un cas à part, puisque, au milieu des années 1970, le taux d'inflation des pays occidentaux était supérieur à celui du Canada et que le miracle économique allemand devint un cauchemar pour nombre de ses travailleurs de l'industrie. Dans l'ensemble du monde occidental, les déficits publics furent monnaie courante, à mesure que les gouvernements découvraient que leur système de sécurité sociale, mis sur pied à une époque de plein emploi, était aux prises avec des difficultés inédites. Pour les Américains, ce fut aussi une décennie difficile, car ils durent faire face à la soudaine concurrence du Japon et aux pénuries d'énergie, ce qui coûta cher à leurs présidents puisque l'un d'entre eux fut destitué et deux autres durent céder le pouvoir. Les critiques de Trudeau oublient fréquemment que, durant les années 1970, le niveau de vie des Canadiens a augmenté plus rapidement que celui des Américains. Par rapport à celui des Américains, le pouvoir d'achat du revenu national réel total par adulte au Canada est passé de 72 p. cent, en 1970, à 84 p. cent à la fin de la décennie, le pourcentage le plus élevé atteint à ce jour. Pour contrebalancer les plaintes des provinces de l'Ouest, la plus efficace intervention gouvernementale dans les années 1970 fut sans doute le soutien qu'Ottawa accorda au développement des sables bitumineux. Une récente étude avance que, sans les considérables subventions et le soutien direct d'Ottawa et, dans une moindre mesure, de l'Alberta et de l'Ontario, les sables bitumineux ne seraient pas devenus une locomotive économique trente ans plus tard. De manière ironique, la province qui aima le moins Trudeau fut la principale bénéficiaire de la politique à laquelle il tint personnellement[37].

Il est vrai que, dans la tourmente des années 1970, Trudeau se concentra sur le problème du séparatisme québécois au détriment de l'élaboration de politiques concernant l'ouest du Canada, de l'économie et, dans une moindre mesure, des affaires internationales. Pourtant, c'est dans le domaine de la politique étrangère que Trudeau avait obtenu les succès les plus considérables. Il arriva à la tête de l'État en disant que le Canada devrait se concentrer sur ses problèmes internes et chercher un peu moins à jouer les « intermédiaires utiles » dans le monde. Par la suite, il acquit la réputation d'avoir traité les affaires étrangères de manière fantaisiste et incohérente – un point de vue qui s'amorça avec l'indifférence qu'il afficha en 1968, se maintint grâce à ses grands discours du milieu des années 1970 sur le développement international et se termina par l'initiative de paix apparemment idéaliste menée en 1983 et 1984, au moment même de ses dernières années dans la vie publique[38]. Sur la scène internationale, la position de Trudeau fut affaiblie du fait qu'il s'entendait mal avec l'administration Reagan et avec Margaret Thatcher en particulier, et l'ambassadeur du Canada Allan Gotlieb, dans son livre *Washington Diaries* qu'il publia en 1980, juge sévèrement la politique étrangère de Trudeau[39].

Toutefois, il serait inapproprié d'appliquer ces jugements à l'ensemble des années 1970, car Trudeau fut grandement admiré par pratiquement tous ses homologues de l'époque. Contrairement à Kissinger, Nixon ne l'aimait pas, mais Trudeau et les représentants du gouvernement collaborèrent efficacement avec Gerald Ford et Jimmy Carter en vue de protéger les intérêts canadiens durant les bouleversements extraordinaires du début des années 1970. Ford et Carter admiraient et appréciaient Trudeau. Tous les dirigeants britanniques de cette époque le respectaient, y compris le conservateur Edward Heath, qui finit par apprécier la contribution de Trudeau durant les Conférences du Commonwealth. Durant ces réunions, Trudeau gagna l'estime des principaux chefs d'État africains de l'époque, et notamment de Julius Nyerere et de Kenneth Kaunda, ce qui lui permit de servir d'intermédiaire entre les pays occidentaux et les pays en développement. Lee Kuan Yew, le très talentueux dirigeant de Singapour, se lia d'amitié avec Trudeau. De plus, les relations que Trudeau entretint avec Helmut Schmidt furent étroites et chaleureuses, comme le montrent leurs fréquents échanges épistolaires. C'est d'ailleurs à la demande de Schmidt que Trudeau devint le dirigeant du G7 et assuma la difficile tâche de traiter la demande des pays en développement souhaitant la mise sur pied d'un nouvel ordre économique international, une tâche qui valut à Trudeau l'admiration de tous ceux qui ont vu les efforts qu'il a déployés. Sous beaucoup d'aspects, les années 1970 se révélèrent décevantes, mais, pour Trudeau, cette décennie lui alla mieux que la suivante[40].

Si la carrière politique de Trudeau s'était terminée en 1979, il n'aurait probablement pas pu figurer parmi les « grands » premiers ministres canadiens, aux côtés des Macdonald, Laurier et King. Néanmoins, les Canadiens auraient reconnu l'extraordinaire influence qu'il a eue sur son époque et les nombreuses contributions importantes qu'il a apportées à la politique canadienne. À l'instar de John F. Kennedy, il adorait citer ce vers célèbre de Robert Frost : « *The woods are lovely, dark and deep / But I have promises to keep / And miles to go before I sleep** », ou, dans le cas de Trudeau, des kilomètres, car les milles furent remplacés par des kilomètres lorsque, dans les années 1970, il insista pour que le Canada adopte le système métrique. Comme l'a déclaré la cinéaste Catherine Annau, les Canadiens de la génération des années 1970 resteront toujours les enfants de Trudeau[41]. Toutefois, lorsque, en 1979, le froid hivernal enveloppa le Canada, le parcours souvent difficile, imprévisible et, pourtant, jalonné de succès accompli par Trudeau sembla s'être achevé.

---

* NDT : Tiré du poème de Robert Frost intitulé : *Stopping by Woods on a Snowy Evening* (Halte près des bois une après-midi de neige) : Ce bois me plaît ; il est profond et sombre / Mais j'ai promis, il faut tenir. / Avant d'aller dormir, ma route est longue / Bien longue avant d'aller dormir. Robert Frost, *Choix de textes, bibliographie, portraits, fac-similés* (Paris : Seghers, 1964), 191 p. Traduction de ce poème par Jean Prévost.

CHAPITRE 14

Trudeau, nouvelle formule

Le nouveau gouvernement Clark entama l'automne de manière chancelante, et, comme Jeffrey Simpson l'avance dans son ouvrage traitant de ses déboires, « le gouvernement semblait déterminé à repousser les libéraux et les néo-démocrates mécontents ». Sur le plan international, la proposition de relocaliser l'ambassade du Canada en Israël s'avéra politiquement impossible, l'accord attendu avec l'Alberta sur les prix de l'énergie ne se matérialisa pas, et les relations médiocres avec Bill Davis, premier ministre conservateur de l'Ontario, empirèrent. Déjà, un urgent besoin de revenus gouvernementaux additionnels se faisait sentir afin de compenser pour les gains décevants tirés de la production d'énergie de l'Ouest et pour payer les promesses électorales d'un allègement des taxes sur la propriété et la déduction des paiements d'intérêt hypothécaire du revenu imposable.

À cette fin, le ministre des Finances John Crosbie, qui s'était personnellement opposé au plan sur les intérêts hypothécaires, proposait maintenant une taxe d'accise sur l'essence. Bien qu'il fut initialement confronté à une forte résistance de la part de ses collègues du Cabinet, ceux-ci, après des débats houleux, se mirent finalement d'accord sur une taxe de dix-huit cents. Ils savaient que ce serait politiquement controversé, mais la démission de Trudeau faisait croire à Crosbie et à d'autres que le budget ne ferait face à aucune opposition importante à la Chambre. Les journalistes prédisaient avec confiance qu'après le départ de Trudeau, assurément, les conservateurs n'avaient pas à s'inquiéter « au moins jusqu'au printemps de l'année suivante, parce que la dernière chose que les troupes libérales sans chef veulent forcer c'est une élection ». Les candidats à la succession libérale jouaient des coudes pour améliorer leur position : Donald Macdonald montrait clairement son intérêt pour le poste, alors que John Turner refusait de faire connaître ses intentions[1].

Trudeau rencontra Macdonald à Toronto lors du congrès libéral – une faveur qui fut correctement interprétée comme un appui à sa candidature. Des rumeurs couraient également à propos d'autres candidats : le franc-tireur de Québec, Pierre de Bané, déclara ouvertement qu'il était intéressé, et Iona Campagnolo, députée défaite de la Colombie-Britannique, comptait plusieurs appuis. Lorsqu'à la fin novembre elle écrivit à Trudeau, elle lui exprima son sentiment selon lequel les libéraux n'étaient pas prêts à compter une femme à leur tête, que Turner et Macdonald occupaient tout l'espace, et que le parti ne verrait plus jamais un leader comparable à Trudeau. Leur relation, par ailleurs, était exceptionnellement badine et cordiale :

Mon cher général (envoyé depuis une côte pluvieuse fasciste),

Je vous ai envoyé une lettre officielle (pour vos dossiers) à propos de votre décision de quitter le leadership de notre parti.

Maintenant que j'ai eu une semaine pour y penser – cette note s'adresse à vous.

En premier lieu, vous n'êtes définitivement *pas* mort ! (J'ai cru l'être moi-même pendant les deux mois complets qui ont suivi ma défaite), mais j'ai finalement trouvé un nouveau rôle à ma vie. Avec tous les panégyriques hypocrites dont vous avez été l'objet, vous aussi avez dû vous demander si vous n'étiez pas mort. Soyez assuré que la vaste majorité des éloges que vous avez reçus étaient tout ce qu'il y a de plus sincère.

Une gentille vieille dame qui m'a téléphoné en pleurs vendredi soir dernier représente un cas typique – elle n'a pas voulu me donner son nom parce qu'elle avait voté NPD au provincial, mais elle m'a demandé : « Qui prendra soin de nous, les personnes âgées, maintenant que Trudeau est parti ? La bande de Clark ne travaille que pour les compagnies. » Vous avez eu un grand impact affectif sur les gens, et peu importe ce que vous ferez maintenant, vous serez toujours un premier ministre pour un grand nombre de Canadiens…

Alors maintenant, pour ce qui est de la rumeur publique sur la course au leadership. Ce soir j'ai regardé Laurier LaPierre du côté des « âmes sensibles » et Doug Collins du côté des « *red necks* » disséquer ma très modeste bulle médiatique pour le leadership (je ne me présente pas, mais je ne l'ai pas fait savoir) – Collins, fulminant de ce que j'aie dilapidé 13 M$ de l'argent des « payeurs de taxes » ; Laurier me béatifiant d'avoir travaillé à apprendre le français. Puis, les commentaires « l'homme de la rue », en fait des femmes qui disaient ne jamais pouvoir appuyer la candidature d'une femme, etc. (Vive l'Islam et le pape J.-P. !)

En tout cas, je vais engraisser mon portefeuille d'actions, appuyer Don MacD [*sic*] pour le meilleur et pour le pire, et je vais rester à la CBC.

Campagnolo poursuivait en expliquant pourquoi, selon elle, le moment n'était pas encore venu pour qu'une femme accède à la direction du Parti libéral :

Humilier une femme candidate serait injurieux pour le parti de la même façon que ce le serait d'humilier un candidat francophone (Jean C ?). Soyez assuré que vous avez été un féministe remarquable, et que c'est notre époque réactionnaire plutôt que vos politiques qui a permis que des phallocrates se retrouvent en si grand nombre au sein du caucus libéral, qui cyniquement est à la recherche d'un bon gars afin que le parti ait l'air de se soucier d'équité. (Une polarisation rapide entre Turner et Don a tué dans l'œuf toute tentative pour faire évoluer nos politiques.) Nous pourrions très bien nous retrouver avec un congrès qui se décide au premier tour et Turner qui ne se présente même pas.

Elle concluait en faisant ironiquement référence aux moqueries de Crosbie à l'endroit des élitistes libéraux : « Eh bien, en tant que branchée de la classe moyenne, comme le dirait Crosbie, à un branché de la haute société, mon vrai choix en tant que *leader*, c'est encore et toujours vous. Ce pays est quasi ingouvernable et constitue une aberration dans le monde d'aujourd'hui – vous faisiez si bien le travail. »

Un autre ministre défait, Barney Danson, résumait le sentiment qui régnait au sein des vétérans libéraux en cette fin novembre : « Je peux seulement dire que j'ai été fier de servir sous votre administration et vous suis reconnaissant pour le plaisir, les expériences et les défis que nous avons eu la joie de partager – même lorsque j'avais le sentiment que vous faisiez des choses stupides, surtout lorsque vous tolériez les choses stupides que je faisais, moi[2]. »

Avec leurs souvenirs encore bien présents, portés par leurs espoirs, et dans la confusion grandissante, les libéraux se réunirent à Ottawa le 12 décembre 1979 à l'occasion de la fête de Noël qu'ils avaient organisée à l'Édifice de l'Ouest sur la colline parlementaire. Le 10 décembre, Turner avait annoncé qu'il ne briguerait pas l'investiture libérale, et le lendemain, Crosbie avait présenté son budget, qui comportait non seulement la taxe sur l'essence, mais également plusieurs nouvelles autres taxes sur l'alcool et le tabac, des vices qui gagnaient de plus en plus en popularité au sein de la population canadienne. Alors qu'à la fête de Noël la fumée s'élevait et que les verres s'entrechoquaient, Trudeau fit son entrée à 21 h 15. Il accepta un curieux présent de retraite (une tronçonneuse « pour abattre le gouvernement »), salua des amis, puis partit rapidement. Plus tôt ce jour-là, il avait dit au caucus libéral que celui-ci devrait voter contre le budget régressif des conservateurs, mais ajouta qu'il ne resterait pas si cela avait pour résultat de faire tomber le gouvernement. Les députés et tous les gens autour d'eux y allaient de conjectures quant à la signification des paroles de Trudeau, spéculaient sur les réactions possibles des conservateurs, et l'esprit enhardis par la chaleur de la fête, ils se promirent d'attaquer les conservateurs le lendemain[3].

Les conservateurs savaient que les libéraux voteraient contre le budget – qu'ils avaient décidé d'appuyer le sous-amendement au vote de non-confiance libéral, sous-amendement déposé par Bob Rae, critique du NPD en matière de finances. Mais les voix combinées des libéraux et du NPD s'élevèrent à 140, une de moins que celles des conservateurs et du Crédit social. Ce dernier groupe avait généralement voté en faveur des conservateurs, bien que le leader du gouvernement à la Chambre eût traité cavalièrement Fabien Roy, leader du Crédit social – attitude peu avisée, considérant l'hommage rendu par Roy à Trudeau à l'occasion de sa retraite, où il le qualifiait « d'une des plus brillantes intelligences politiques que le Canada ait connues ». Alors que le soir tombait sur Ottawa, presque tous les journalistes politiques s'attendaient à ce que le gouvernement survive – quoique de justesse. Tout au long de la journée cependant, Allan

MacEachen et Jim Coutts rallièrent discrètement les libéraux, toujours fortifiés par les libations conviviales de leur fête de Noël et encore plus par le sondage Gallup de novembre et ceux du parti effectués par Martin Goldfarb. Les conservateurs, au contraire, étaient insouciants au moment de pénétrer à la Chambre après le dîner ce 13 décembre, confiants que les libéraux – «disco Daddy et les Has-Beens», comme les avait surnommés Crosbie avec esprit – ne feraient pas effectivement tomber le gouvernement. Flora MacDonald, ministre des Affaires étrangères, ne s'était pas dépêchée de rentrer d'Europe, un autre ministre se trouvait en Australie, et personne n'avait fait le moindre effort pour courtiser les membres du Crédit social ou pour faire reporter le vote. De l'autre côté de la Chambre, les rangs libéraux étaient clairsemés, et les députés au pouvoir se mirent à se chamailler avec les conservateurs. Puis, comme le vote débutait, les bancs libéraux se remplirent soudainement de députés que les Tories croyaient absents ou d'autres qu'ils supposaient à l'article de la mort.

Ainsi, à 22 h 20, au grand étonnement d'à peu près tout le monde, le gouvernement Clark tomba: au vote, il fut défait 139 à 133*. Les Canadiens allaient connaître une campagne hivernale, les élections étant fixées au 18 février 1980.

Le matin suivant, le journaliste Robert Sheppard écrivait: «Si l'état d'esprit d'hier soir [parmi les députés libéraux] peut fournir quelque

---

* Dans ses mémoires, Crosbie déplore la stratégie conservatrice: «Je l'ignorais à ce moment-là, mais le Parti conservateur n'avait pas effectué de sondage privé depuis août. La responsabilité de cette omission revenait au chef et à ses conseillers politiques – Lowell Murray, maintenant sénateur, et Bill Neville, qui était alors chef de Cabinet au bureau du premier ministre. Encore pire, nous n'avions fait aucun effort pour nous rapprocher des créditistes, croyant que nous pourrions les balayer aux prochaines élections et faire élire quelques conservateurs au Québec. Avec le recul, si j'avais été le chef d'un gouvernement minoritaire, j'aurais accordé une plus grande importance à notre survie. J'aurais fait soigneusement le décompte, j'aurais courtisé les créditistes et les aurais gardés en bons termes, mais Joe fit l'erreur de supposer que les libéraux ne se risqueraient pas à une autre élection. Il insista pour que nous nous comportions comme si nous étions majoritaires.» Crosbie admet n'avoir jamais dit à Clark qu'il faisait une erreur. En outre, Stephen Harper a utilisé avec succès la stratégie de Clark en des circonstances similaires en 2007-2008, bien que les libéraux fussent moins enclins à risquer une élection même si le parti comptait un chef. John Crosbie avec Geoffrey Stevens, *No Holds Barred: My Life in Politics* (Toronto: McClelland and Stewart, 1997), p. 177.

indication, le choix quasi unanime sera Pierre Trudeau » pour mener le parti aux élections. Jim Coutts allait et venait dans les corridors du parlement, alimentant les conversations animées en laissant entendre que Trudeau resterait. Le jour suivant, vendredi, les libéraux se réunirent en caucus, d'abord en regroupements régionaux, puis, à midi, en caucus national. Il devint bientôt évident que les libéraux, hors de l'enceinte du Parlement, étaient loin d'être unanimes dans leur soutien à Trudeau comme leader lors des prochaines élections. Au cours d'appels téléphoniques effectués tard dans la nuit et au petit matin, des présidents d'associations de comté affirmèrent aux députés que l'opposition à Trudeau était considérable, et qu'on soutenait fortement la venue d'un autre leader, en particulier Donald Macdonald. Les caucus libéraux de l'Ontario et de l'Ouest reflétaient ce sentiment et favorisaient une course à la direction expéditive. L'imposant caucus québécois, pour sa part, soutenait Trudeau, tout comme c'était le cas pour les Maritimes.

Trudeau, qui peu de temps après la chute du gouvernement avait mentionné à certains députés libéraux qu'il ne reviendrait que si l'« Empereur » le lui demandait « trois fois, à genoux », fut moins catégorique au moment où il ouvrit la réunion du caucus national, mais ses réticences étaient évidentes alors que d'une voix faible et monotone il lut une liste de raisons selon lesquelles il ne devrait pas revenir. Il insista sur le fait qu'il désirait un soutien quasi unanime, tout en sachant que plusieurs personnes déjà s'opposaient à son retour. Cependant, alors que, au terme des assemblées régionales, le caucus se réunissait de nouveau, il devint clair que la majorité favorisait Trudeau, quoiqu'une minorité notable s'opposait à lui. Le caucus québécois exprima son soutien à Trudeau, mais ajoutait, de manière significative, qu'il donnerait son appui à un autre candidat si les libéraux anglo-canadiens en exprimaient clairement le souhait. Cette position découlait de la vision de Marc Lalonde selon laquelle on devait faire pression sur Trudeau afin qu'il acceptât la direction du parti et qu'il ne devait pas la rechercher ouvertement. Les voix en provenance de l'Ouest étaient faibles, mais celles de l'Ontario étaient puissantes. Néanmoins, plusieurs libéraux influents de l'Ontario, notamment les anciens ministres Judd Buchanan et Robert Andras, qui n'avaient pas approuvé que l'on fasse tomber le gouvernement, étaient connus pour s'opposer fermement au retour de Trudeau[4].

Dans les corridors, Jim Coutts était la présence dominante, mais, au sein du caucus, ce titre revenait à Allan MacEachen, celui-là même qui avait brillamment orchestré la défaite des conservateurs. Après avoir écouté les incertitudes, les arguments contradictoires et les positions mal définies, il se leva pour plaider en faveur de Trudeau. Lentement d'abord, de manière presque hésitante, il mit en évidence les principes libéraux et le danger que représentaient les conservateurs, et décria le budget conservateur comme constituant une attaque fondamentale contre tout ce que le parti représentait. Puis, sa voix puissante, ses cadences recherchées et son éloquence écossaise subjuguèrent la salle alors qu'il passait à son argumentation en faveur de Trudeau. Un député confia à Stephen Clarkson et à Christina McCall que « pour la première fois depuis bien des années, les libéraux semblaient savoir ce qu'ils représentaient et l'idéalisme qu'exprimait Allan nous faisait l'effet d'une bonne goulée d'hélium qui allait nous bourrer d'énergie pour la campagne qui s'en venait ». Pour les libéraux présents à cette réunion, Trudeau devint soudainement seul en lice. Lorsque tôt dans la soirée de vendredi se termina enfin la réunion du caucus, la presse annonça que celui-ci s'était unanimement entendu pour que Trudeau revienne – ou que tel semblait être le cas. La vérité était beaucoup plus complexe : les téléphones des libéraux sonnèrent sans arrêt toute la fin de semaine. Judd Buchanan, en l'occurrence, fit plusieurs appels, insistant pour que se tienne une course à la direction, et, à Toronto, l'équipe de campagne mise en place pour appuyer Don Macdonald s'inquiétait de ce qu'elle devait faire. Pendant ce temps, l'exécutif national du Parti libéral se réunissait à Ottawa pour approuver les recommandations du caucus[5].

Plusieurs membres de l'exécutif étaient mécontents. Ni Coutts, ni MacEachen ne les avaient consultés à propos du plan visant à abattre le gouvernement. Comme c'était souvent le cas, ils n'admettaient pas l'influence de non-élus tels que Jim Coutts et Keith Davey. Cependant, on faisait d'avantage confiance à Allan MacEachen, en raison de ses longs et loyaux services auprès des leaders libéraux depuis Louis Saint-Laurent. Il fustigea l'exécutif, faisant valoir que les libéraux n'avaient eu d'autre choix que de s'opposer au budget réactionnaire des conservateurs, que les sondages indiquaient que les libéraux pourraient reprendre le pouvoir, et qu'un congrès où régnerait la dissension ne pouvait que profiter aux détestés conservateurs. Ses arguments l'emportèrent. Le dimanche, alors que Trudeau retournait de Montréal à Ottawa, il téléphona à Macdonald – celui qui avait été son choix personnel pour assurer sa succession. Macdonald dit à Trudeau qu'il était prêt à prendre la relève. Trudeau lui répondit qu'il n'avait pas encore décidé s'il allait refuser l'offre de rester, mais il lui demanda si lui, Macdonald, serait disposé à se présenter comme député si Trudeau restait le chef. Macdonald répondit que « non ». Plus tard ce dimanche soir, Trudeau rencontra MacEachen, le président du parti Al Graham, et des représentants de l'exécutif national. Au cours du week-end, Goldfarb avait sondé six comtés déterminants et les résultats indiquaient que les chiffres déjà solides des libéraux augmentaient encore davantage lorsqu'on supposait que Trudeau serait le leader du parti. Mais Trudeau apprit également qu'il faisait face à une forte opposition en Ontario, et il savait que d'autres convoitaient son poste.

Lundi, Judd Buchanan rendit compte que les conversations qu'il avait eues avec d'influents libéraux dans des comtés décisifs de l'Ontario indiquaient une préférence pour la tenue d'un congrès et l'élection d'un nouveau chef. Buchanan, de même que Bob Andras et John Reid conseillèrent vivement à Trudeau de démissionner. Étonnamment, Jean Marchand et Marc Lalonde lui dirent également qu'il allait perdre les élections et lui conseillèrent de ne pas « revenir ». Cependant, Gérard Pelletier, celui en qui Trudeau avait le plus confiance, l'exhortait à rester pour livrer la bataille référendaire, alors que Coutts et MacEachen le mettaient en garde en lui faisant valoir que Turner pourrait maintenant revenir en politique et battre Macdonald en congrès. Pendant tout ce temps, Davey et MacEachen en appelaient au sens du devoir de Trudeau et en sa méfiance à l'endroit de Turner.

Alors que la tension montait, Coutts, MacEachen et Davey se rencontrèrent le lundi midi au Château Laurier Grill et épièrent Trudeau qui était à table non loin de là en compagnie de Gordon Robertson. Après le repas, Trudeau les rejoignit tous les trois et tenta de tirer au clair « ses appréhensions ». Est-ce que cela serait juste envers Macdonald s'il restait ? Que ferait-il de sa nouvelle maison de Montréal, où il avait prévu prendre sa retraite et élever ses garçons ? Était-il encore le bienvenu à la tête du parti ? Les nouveaux sondages réglèrent rapidement cette dernière question, mais les deux autres demeuraient en suspens et préoccupaient Trudeau. Finalement, tous se mirent d'accord pour tenir une conférence de presse le mardi à 11 h. Coutts, MacEachen et Davey n'étaient pas certains de ce que Trudeau allait décider, alors Coutts accepta d'ébaucher deux discours pour l'occasion. Ce soir-là, Trudeau appela de nouveau Macdonald qui lui réitéra son désir de se présenter, tout en se gardant de conseiller Trudeau sur ce qu'il devait faire. Ensuite, Trudeau appela Coutts et lui dit qu'il allait sortir marcher pour penser à son avenir. Lors de cette froide soirée d'hiver, il passa en revue toutes ses options avant de retourner à Stornoway pour se coucher.

Quelles furent les pensées qui se bousculèrent dans son esprit cette nuit-là alors qu'il errait dans les rues désertes et enneigées de Rockcliffe? Il dut certainement réfléchir profondément aux implications que cela aurait pour ses garçons. Margaret s'était établie à Ottawa, mais s'il se retirait, il prendrait les garçons avec lui à Montréal, où ils pourraient grandir, tout comme lui-même l'avait fait, dans le monde qu'il connaissait et affectionnait – un monde sans mesures de sécurité, auprès de sa famille et à proximité du chalet, du collège Jean-de-Brébeuf et de la langue française, que ses jeunes enfants hésitaient trop souvent à utiliser au sein de l'atmosphère plus anglophone d'Ottawa. Bien qu'Andras et Buchanan ne faisaient que l'irriter, les pensées de Trudeau ont certainement dû s'arrêter sur les mises en garde de Marchand et de Lalonde, des amis et des anciens compagnons d'armes. Puis il y avait Macdonald, qui avait été loyal envers lui quand d'autres ne le furent pas, et à qui il avait garanti son appui à peine quelques semaines plus tôt.

Mais des pensées différentes envahissaient également son esprit : l'air renfrogné de René Lévesque, les bannières séparatistes et les chahuteurs qui le confrontaient régulièrement dans les rues de Montréal. Il pouvait entendre la voix de Pelletier lui disant qu'il ne pouvait pas se détourner du défi : Lévesque avait déclaré publiquement que les chances du « oui » s'étaient grandement améliorées avec le départ à la retraite de Trudeau. D'autres amis, comme Michael Pitfield, que Clark avait congédié de son poste de greffier du Conseil privé, voulaient qu'il revienne pour la grande bataille : « Écoute, disaient-ils, tu peux être là pendant le référendum. Tu peux livrer une bataille bougrement plus efficace si tu es le premier ministre[6]. » Mais Trudeau n'était toujours pas convaincu.

Quand il s'endormit au petit matin le 18 décembre, démissionner lui semblait toujours la meilleure avenue. Mais à environ 8 h, « une pensée dérangeante m'éveilla brusquement : le regret d'avoir pris la veille une mauvaise décision ». Dans ses mémoires politiques, Trudeau affirme avoir ensuite appelé Coutts dans la matinée pour lui demander de venir au 24, promenade Sussex où, après avoir débattu avec lui du problème, il dit finalement à son assistant enthousiasmé : « OK. On y va. » Coutts croit maintenant que son choix était déjà fait à ce moment, mais qu'il prenait plaisir à discuter de la décision[7].

Une fois sa décision prise, les doutes de Trudeau s'évanouirent. Comme le fait remarquer Jeffrey Simpson, Trudeau « avait lu les coupures de presse à la suite de sa démission et il n'avait pas aimé ce qu'il avait lu : l'impression générale était celle d'un homme et d'un premier ministre qui n'avait pas su répondre aux attentes qu'il avait suscitées lors de son arrivée au pouvoir en 1968 ». Un miracle politique s'était maintenant produit, un deuxième acte et une chance de s'acquitter de sa tâche comme jamais auparavant. Il avait détesté être dans l'opposition ; les gratifications et les habitudes du pouvoir lui avaient manqué. À la conférence de presse de 11 h le 18 décembre, Trudeau, de la voix lente et monotone qu'il aimait à utiliser dans de telles occasions, annonça son retour : « La nuit dernière, j'ai décidé, après deux jours de longs entretiens avec des amis et des collègues du caucus et du parti, parce que le Canada fait face à de graves problèmes, parce que le gouvernement a été défait, et parce que notre parti se retrouve en élections, que mon devoir est d'accepter l'appel de mon parti – ce devoir était encore plus impératif que mon désir de poursuivre mes plans pour réintégrer la vie privée. » Il ajouta que le Parti libéral avait « une vision du Canada que je sens être la vision fidèle et juste du Canada ». Bien sûr, il s'agissait en grande partie de sa propre vision. Il était insouciant face aux questions de la presse concernant son annonce et, au dire de l'éditorialiste du *Globe and Mail*, « sans vie » et « indifférent ». Lorsqu'on lui demanda combien de temps il resterait à la tête des libéraux, Trudeau répondit : « Si [les Canadiens] m'aiment tellement qu'ils veulent me garder pour toujours, la réponse est désolé, ils ne peuvent pas m'avoir. Mais s'ils me veulent moi et le parti pour quelques années, alors, nous voici. » Il semblait impatient, se retirant même au milieu d'une question posée par David Halton, le respecté correspondant de la CBC. Les journalistes tressaillirent – Trudeau était de retour pour les malmener de nouveau[8].

⤳

Ainsi s'amorça la plus étrange des campagnes électorales de Trudeau – et une des plus insolites dans l'histoire du Canada. Joe Clark, assuré que le retour de Trudeau causerait un déclin rapide dans l'appui populaire au Parti libéral, mit en branle sa campagne dans l'enthousiasme, avec une politique claire et une organisation grandement améliorée. Les réunions électorales que Trudeau tenait à travers le pays étaient brèves, juste assez longues pour faire la une des quotidiens, et après son annonce du 18 décembre, il refusa de tenir d'autres conférences de presse. De l'aveu même de Trudeau, la campagne libérale était rigoureusement contrôlée. Influencé par la conviction du fan de hockey Keith Davey selon laquelle il devrait simplement « garder la rondelle » tout en y allant d'attaques occasionnelles mais dévastatrices à l'endroit de Clark, Trudeau apparaissait rarement en public et évitait la presse partout où cela était possible. Davey, Coutts et Marc Lalonde, le coprésident de la campagne, conseillèrent à Trudeau de ne pas affronter en débat Clark et Ed Broadbent, le fougueux leader du NPD. Il s'avéra que Trudeau prit graduellement goût à ce type de campagne. Il abandonna les habits de velours côtelé qu'il avait portés pendant la campagne de 1979 et, accompagné du publicitaire torontois Jerry Grafstein, il débarqua à l'élégant magasin Harry Rosen de Toronto, où il rassembla de nouveaux atours qui le firent davantage ressembler à un membre de la haute direction d'une entreprise qu'à un philosophe de salon[9].

À St. John's, par exemple, tard dans la campagne, le corps journalistique lui envoya une pétition bilingue lui demandant une conférence de presse. Quand Gossage lui remit la pétition comportant vingt-neuf signatures, Trudeau mit ses lunettes de lecture, la regarda attentivement, puis griffonna : « *fiat medial conferenciam* » sur le document. Gossage vérifia l'inscription latine, organisa la première conférence de presse, et observa Trudeau éluder adroitement toutes tentatives pour lui soutirer des informations. Vers la fin de la campagne, il cita le poète français Léon Bloy, ce qui inspira le journaliste radiophonique Jim

Maclean à remercier Trudeau pour avoir « haussé le niveau de la campagne ». Maclean le mit ensuite au défi d'identifier la source d'une parodie qu'il lut sur le système de sonorisation du DC-9 de Trudeau. Il ne reçut pas de réponse immédiate, mais le lendemain, à Winnipeg, Trudeau fit lui-même une parodie de *La tempête* et commenta : « Cela est pour rendre la monnaie de sa pièce à la presse qui supposait que je ne pourrais pas reconnaître quelque parodie du *Marchand de Venise*. » Pour le reste de la campagne, les journalistes furent conviés à une « guerre de poésies » au cours de laquelle Trudeau parodiait des poèmes dans ses discours, et Maclean, lui-même un amateur de poésie, tentait de les identifier. Avec le recul, ces moments avaient de quoi étonner, se rappelle le secrétaire de presse Patrick Gossage. Qu'un premier ministre francophone puisse identifier, sans faire d'erreur, de nombreux poèmes en langue anglaise témoignait non seulement de la remarquable mémoire de Trudeau, mais également d'une nature romantique que les rudes tempêtes politiques empêchaient souvent de laisser affleurer. En fin de campagne, alors que selon un sondage Gallup l'avance des libéraux atteignait les 20 p. cent, Trudeau inséra la phrase suivante dans son discours : « Les choses se brisent, le centre ne peut plus tenir ; la simple anarchie est lâchée sur le Parti conservateur. » Maclean reconnut la source choisie avec finesse : *Le second avènement* par William Butler Yeats[10].

Alors que le « second avènement » de Trudeau approchait, l'équipe de campagne libérale, confiante, organisa le samedi soir une fête à laquelle étaient conviés les membres de la presse, ceux-là même qui avaient été si adroitement repoussés au cours de la campagne. L'humeur était à la fête, Trudeau était affairé, et les rires emplissaient la salle de l'hôtel Royal York de Toronto. En fin de soirée, le chef libéral se livra à une impressionnante récitation impromptue du long poème *Les Conquérants de l'or*, du poète franco-cubain José María Heredia, décrivant la conquête espagnole du Pérou. Tous les journalistes, sauf un, furent stupéfiés de la vaste mémoire de Trudeau. L'exception était George Radwanski, rédacteur au *Toronto Star* qui avait écrit une biographie à succès qualifiant Trudeau de premier ministre « non accompli » (*unfulfilled*). Tout au long du souper, le chef libéral faisait référence à lui en l'appelant « Peter », bien que Trudeau eût récemment passé plus de temps avec lui qu'avec n'importe quel autre journaliste. Radwanski était d'avis que l'erreur était intentionnelle, qu'il s'agissait d'une insulte à lui ainsi qu'à Peter C. Newman, qui avait déclaré que les libéraux ne pourraient jamais plus gagner avec Trudeau[11].

Trudeau aimait à railler et à tourmenter la presse au cours de la campagne, tout particulièrement au début de février alors qu'il devint apparent que ses espoirs seraient comblés. Plus tard il écrivit que « tout le thème » de la campagne était simple : « Si vous êtes le gouvernement, vous devez gouverner, ce qui veut dire prendre des décisions – et nous pouvons le faire. » Il n'y eut aucun débat des chefs en 1979 parce que, selon les termes méprisants de Trudeau, le débat « était mené par les journalistes et non par ceux qui participaient aux élections ». Il évitait les apparitions publiques : celles-ci attiraient les chahuteurs et il réalisait que son tempérament bouillant pourrait lui faire dire quelque chose de stupide ou, pire, quelque chose d'obscène. Pourtant, la campagne libérale suivait une orientation plus claire dans ses politiques que n'importe laquelle de ses campagnes précédentes, en partie parce que la campagne des conservateurs de Clark, avec son budget décentralisateur et sa proclamation de déductions des intérêts hypothécaires, définissait les principaux enjeux non seulement pour eux-mêmes, mais également pour les libéraux. De plus, lors de la réunion de l'exécutif national libéral du 15 décembre, des membres du parti avaient insisté pour que le parti joue un rôle dans la rédaction de la plateforme électorale. Lorna Marsden, sociologue à l'Université de Toronto, aidée de manière considérable par Tom Axworthy, assistant et rédacteur de discours de Trudeau, prit l'initiative en créant une plateforme nationaliste mettant l'accent sur l'interventionnisme de l'État en vue de maintenir et de développer l'industrie canadienne tout en protégeant les classes défavorisées. MacEachen, dont les opinions politiques avaient été forgées à la fois par les dures années dans les gisements de charbon du Cap-Breton et par la pensée sociale catholique de Moses Coady et son célèbre mouvement Antigonish, apporta à la table de rédaction une passion pour l'égalité sociale et économique. Tout au long de la campagne, Axworthy se déplaça en avion avec Trudeau et le fournissait en « Gainesburgers » – des morceaux de programme « viandeux », comme la nourriture pour chien bien connue, pour émailler ses discours de « petites phrases ayant du punch ».

Gossage devint persuadé que, « peu importait à quel point les reporters de la télévision parlaient par-dessus un clip de Trudeau, peu importait de quelle façon ils le découpaient et le servaient ni à quel point les experts vociféraient (plusieurs d'entre eux étaient en extase devant Clark et son cabinet), les paroles de Trudeau et le programme libéral nationaliste et soigneusement nuancé trouvaient leur chemin jusqu'à la population ». De façon plus fondamentale, Trudeau était à l'aise avec cette plateforme. L'assertion de Clark voulant que le Canada soit une « communauté de communautés », par exemple, eut vite raison de la méfiance de Trudeau à l'endroit du nationalisme et lui permit de focaliser ses attaques contre Clark et d'autres « ennemis » de « l'esprit du Canada ». Il était farouchement opposé aux autonomistes provinciaux comme Peter Lougheed de l'Alberta, qui avait refusé de négocier avec Clark tout comme il avait refusé de le faire avec Trudeau avant lui, et il méprisait Brian Peckford, le nouveau premier ministre conservateur de Terre-Neuve dont les prétentions sur l'exploitation pétrolière en mer étaient truffées d'assertions sur les droits et l'autonomie des provinces, de même nature que celles avancées par l'Alberta. Comme l'ont dit Stephen Clarkson et Christina McCall : « Axworthy a délibérément usé de sa connaissance des origines de la pensée de Trudeau pour le persuader que les propositions de politiques énergétiques et industrielles n'étaient pas empreintes d'un vieux nationalisme négatif, mais au contraire porteuses d'une nouvelle canadianisation positive[12]. »

Au soir des élections, le 18 février, Trudeau invita Keith et Dorothy Davey à Stornoway pour regarder les résultats avec ses garçons. Davey garda le souvenir que « Trudeau semblait bien plus intéressé par les résultats globaux que par le succès ou l'insuccès de chacun des candidats en particulier. À moins cinq ou moins dix de chaque heure, alors que le commentateur de la télévision y allait de son analyse, il se mettait à écouter très attentivement. Des années plus tard, Trudeau pourrait sans nul doute rappeler à certains commentateurs quelques-uns des commentaires farfelus qu'ils avaient exprimés au soir des élections de 1980 ». Les résultats préliminaires en provenance des Maritimes étaient positifs, même ceux de Terre-Neuve, où la position libérale sur les ressources en mer allait à l'encontre de la rhétorique de Peckford. Ils y prirent cinq des sept sièges, et en tout dix-neuf sièges sur trente-deux dans les provinces de l'Atlantique. Puis vinrent les moments décisifs alors que fermaient les bureaux de scrutin du Québec et de l'Ontario. Dans sa province natale, Trudeau remporta la plus grande victoire par un premier ministre dans l'histoire canadienne – un incroyable résultat de soixante-quatorze sièges sur soixante-quinze, avec 68,2 p. cent des votes*. Avec l'imminence du référendum, ces résultats constituaient un sérieux avertissement aux séparatistes, les mettant en garde qu'une dure bataille les attendait. En Ontario, les libéraux remportèrent cinquante-deux des quatre-vingt-quinze sièges, reprenant des châteaux forts urbains qui étaient passés aux conservateurs en 1979. Trudeau avait déjà sa majorité, mais celle-ci augmenta très peu avec l'arrivée des résultats en provenance de l'Ouest, où les libéraux ne remportèrent que deux des quatre-vingt-dix sièges disponibles au-delà de la frontière ontarienne. Les libéraux avaient conquis – mais ils avaient aussi divisé[13].

Joe Clark concéda gracieusement la victoire à Spruce Grove, en Alberta, où il rendit hommage au processus démocratique, et, alors qu'on scandait : « No, no », il souhaita du succès à Trudeau et aux libéraux. Après l'allocution de Clark, Trudeau se fraya un chemin à travers la foule libérale triomphante réunie au Château Laurier à Ottawa. Vêtu d'un complet foncé, d'une étroite cravate cramoisie, mais étonnamment sans

---

* La popularité de Trudeau au Québec était remarquablement élevée, selon le *Canadian Institute of Public Opinion*. En décembre 1979, le taux d'« approbation » de Trudeau au Québec s'élevait à 87 p. cent avec seulement 10 p. cent de « désapprobation » lorsqu'on posait la question : « Selon vous, Pierre Trudeau est-il ou non un bon leader du Parti libéral ? » Les réponses à la question équivalente pour Clark étaient de 20 p. cent « oui » et 59 p. cent « non ». Les scores de Trudeau sur cette question étaient plus élevés que ceux de Clark dans toutes les régions, bien que les résultats dans les Prairies ne s'élevèrent qu'à un maigre 22,2 p. cent du vote. En janvier 1980, le Parti libéral obtenait également de meilleurs résultats que les conservateurs sur les questions du chômage, de l'unité nationale, de l'énergie et, étonnamment, de l'inflation. Les sondages indiquaient également que « l'inflation » constituait le principal problème aux yeux des Canadiens en janvier et février 1980. William Irvine, "Epilogue : The 1980 Election," in *Canada at the Polls, 1979 and 1980*, Howard Penniman, éd., (Washington, D.C. : American Enterprise Institute, 1981), p. 374-376.

rose à la boutonnière, Trudeau savoura le moment alors qu'il embrassait plusieurs femmes et saluait de vieux amis. Quand la foule éclata en ce que le commentateur de la CBC appela la « clameur stridente de la victoire », Trudeau jeta un regard à la foule et, de façon mémorable, commença son discours par les mots : « Bienvenue dans les années quatre-vingt. » La décennie en serait une « remplie de difficultés et d'occasions à saisir » pour le Canada, mais le pays serait maintenant en mesure de faire face aux difficultés et de saisir ses occasions parce que l'élection de 1980 démontrait de manière probante que « le Canada est plus que la somme de ses parties ». Trudeau fut étonnamment sérieux et beaucoup plus agressif et énergique que le jour où il avait annoncé son retour à la politique. « C'était si excitant », écrivit-il plus tard. « À l'instar de Sénèque qui conseillait de "vivre chaque journée comme si elle devait être la dernière", j'étais résolu à gouverner, au cours de ce mandat, comme s'il dût être mon dernier. » Ce qu'il fit – et il s'avéra que ce mandat serait son dernier et son plus significatif[14].

⤚

Après les élections de mai l'année précédente, quand les libéraux avaient quitté le « bunker » du premier ministre, l'édifice Langevin en face de la colline parlementaire, ils avaient barbouillé « We'll be back » (nous reviendrons) au rouge à lèvres sur les miroirs des toilettes. C'est dans cet état d'esprit qu'ils reprirent rapidement possession des lieux après les élections. Avec le référendum québécois qui approchait et le Parti québécois qui intensifiait ses préparatifs en vue du vote au printemps de 1979, il n'y avait pas de temps à perdre. Puis, le 1er novembre, le gouvernement du Québec fit paraître sa volumineuse plateforme référendaire intitulée La nouvelle entente Québec-Canada. Basée sur la stratégie soigneusement élaborée par le ministre des Affaires intergouvernementales, Claude Morin, le document faisait la promotion de la « souveraineté-association » avec le Canada. On reconnaissait que le concept était vague, mais des sondages préliminaires effectués au cours du gouvernement Clark indiquaient que les électeurs québécois avaient tendance à approuver ce concept. Bien sûr, Trudeau et ses proches collègues avaient pris connaissance de ces résultats et désespéraient parce que, selon eux, Clark semblait indifférent au rassemblement des forces séparatistes. Claude Ryan, leader libéral au Québec, organisait le camp du « non » en vue du référendum, et le gouvernement très majoritairement anglophone de Clark n'avait ni les connaissances ni les habiletés nécessaires pour participer à ces activités organisationnelles. En outre, Ryan n'avait pas besoin de son aide et n'en voulait pas[15].

Trudeau représentait un problème plus difficile à résoudre pour Ryan. Quand Trudeau avait donné sa démission, l'hommage que lui avait rendu Ryan avait été généreux, malgré les âpres différends qu'ils avaient eus dans les années 1970. Mais au cours de la campagne électorale de mai 1979, ils avaient manifesté publiquement leur désaccord lorsque Trudeau déclara que, s'il était réélu, il tiendrait un référendum national pour rapatrier la Constitution – ce à quoi Ryan s'opposait fermement. Lorsque Trudeau remporta son écrasante victoire au Québec en février 1980, le leadership de Ryan à la tête du camp du « non » en fut de toute évidence affecté. Contrairement à Clark, Trudeau était un francophone ayant des opinions arrêtées sur la nature des réformes constitutionnelles. Ryan avait répondu à la promesse de Lévesque de tenir un référendum en créant une commission qui produirait un rapport non seulement sur la position constitutionnelle du Québec, mais également sur la question plus générale de la réforme constitutionnelle canadienne. Le résultat de ce processus, le *livre beige*, nom donné par la presse au document produit par Ryan pour le référendum, « était intellectuellement redevable, de toute évidence, au rapport Pépin-Robarts [*sic*] publié douze mois auparavant », selon le savant homme de loi Edward McWhinney. « Plusieurs membres de l'équipe de recherche de Pépin-Robarts [*sic*] se sont retrouvés à la commission libérale [de Ryan], et les membres secondaires de cette équipe de recherche se sont retrouvés à la commission libérale dans les rangs élargis de ses consultants spécialistes. » Trudeau, comme nous le savons, avait censément jeté le rapport Pepin-Robarts à la poubelle peu de temps après en avoir obtenu copie, et il est bien possible que le livre beige ait subi le même sort.

Mais peut-être pas. La longue expérience politique de Trudeau lui avait enseigné les vertus de l'ambiguïté, particulièrement quand la question annoncée par Lévesque en décembre était, pour les fédéralistes, désespérément ambiguë*. Soigneusement rédigée pour refléter l'opposition des Québécois à la « séparation », elle allait dans le sens des sondages indiquant qu'ils seraient en faveur de l'« égalité ». L'ambiguïté de la question attira les « fédéralistes lassés » tel Léon Dion, éminent professeur de l'Université Laval et père du futur chef libéral Stéphane Dion. Il déclara que le fédéralisme de Trudeau était trop rigide et celui de Ryan trop complexe. Tout en s'opposant au « séparatisme », Dion indiqua qu'il se sentait contraint de voter « oui ». Le propre rédacteur de discours de Trudeau pendant la campagne référendaire, André Burelle, prétendit plus tard avoir été faussement amené à croire que Trudeau accepterait des changements plus radicaux : « J'ai prêté, en effet, ma plume à M. Trudeau durant le référendum de mai 1980 pour vendre aux Québécois un Canada "des petites patries sous la plus grande" à la [Emmanuel] Mounier, [le personnaliste français qui devint le mentor de Trudeau], mais après avoir semblé acheter mes idées (partagées par bien d'autres fédéralistes) pour amadouer le Québec, M. Trudeau les a mises au rancart aussitôt la bataille référendaire terminée. » Les récriminations de Burelle sont en partie justifiées. Tout comme Lévesque avait utilisé une question vague afin d'élargir ses appuis, Trudeau dissimula ses opinions dans l'ambiguïté et, pour un moment, laissa de côté ses vieilles disputes. Pour Trudeau, il s'agissait de la bataille de sa vie contre un adversaire brillant. Il ne pouvait pas se permettre de perdre des appuis à cause d'une formulation qui lui aurait échappé ou d'un commentaire insouciant[16].

Quand le nouveau gouvernement Trudeau prit le pouvoir, la campagne référendaire était déjà bien amorcée, mais Trudeau agit rapidement pour accroître la présence fédérale et créer un gouvernement

---

* La question se lisait ainsi :

Le gouvernement du Québec a fait connaître sa proposition d'en arriver, avec le reste du Canada, à une nouvelle entente fondée sur le principe de l'égalité des peuples ; cette entente permettrait au Québec d'acquérir le pouvoir exclusif de faire ses lois, de percevoir ses impôts et d'établir ses relations extérieures, ce qui est la souveraineté, et, en même temps, de maintenir avec le Canada une association économique comportant l'utilisation de la même monnaie ; aucun changement de statut politique résultant de ces négociations ne sera réalisé sans l'accord de la population lors d'un autre référendum ; en conséquence, accordez-vous au gouvernement du Québec le mandat de négocier l'entente proposée entre le Québec et le Canada ?

national plus fort. En premier lieu, il tenta de renforcer sa majorité dans la région où il était le plus faible : l'Ouest canadien. Peu après les élections, il appela le chef néo-démocrate Ed Broadbent et lui demanda s'il voulait se joindre au gouvernement. Le NPD avait remporté vingt-deux sièges dans les provinces de l'Ouest, tandis que les libéraux n'en avaient que deux, au Manitoba. Les néo-démocrates, bien qu'ils eurent remporté trente-deux sièges, un sommet historique, étaient d'humeur morose au soir des élections. Ils n'avaient pas effectué de percée en Ontario, la province de Broadbent, et Trudeau avait gagné en se taillant une place dans l'électorat nationaliste et dans celui de la gauche, un électorat que le NPD considérait lui être acquis. Bob Rae, critique du NPD en matière de finances, se souvint plus tard qu'au moment où Broadbent était apparu à la première réunion postélectorale du caucus, il avait exprimé sa frustration de voir de quelle manière les libéraux et Trudeau avaient coupé l'herbe sous le pied du NPD, privant le parti de ses aspirations au pouvoir. Dans ces conditions, il n'est pas surprenant que l'offre de Trudeau étonna Broadbent, particulièrement lorsque le premier ministre répondit au commentaire facétieux de Broadbent : « Voyons, vous me proposez combien de portefeuilles, au juste ? Cinq ? Six ? » en acceptant immédiatement : « D'accord, ils sont à vous. » La politique canadienne avait déjà connu des coalitions dans le passé, la plupart du temps du côté de la droite, mais le NPD et son prédécesseur, le PSDC, gardaient bien présente en mémoire l'histoire du Parti travailliste britannique et la façon dont il fut « trahi » par Ramsay MacDonald en 1931, quand lui et un groupe de députés travaillistes se joignirent à la majorité conservatrice dans un gouvernement de coalition pour combattre la Dépression. Broadbent et Rae, que Broadbent avait consulté dans les toilettes lors du mariage de Rae au Primrose Club de Toronto, avaient tous les deux étudié en Grande-Bretagne et connaissaient bien l'histoire de la « trahison ». À l'époque, Rae croyait qu'il s'agissait « d'une stratégie de la vieille gauche libérale » pour se débarrasser des socialistes et cette coalition ne vit jamais le jour*. Cinq ans plus tard, ironiquement, alors qu'il était le chef

---

* Rae ne faisait pas erreur ; Dorothy Davey, organisatrice libérale de premier plan et épouse de Keith Davey, mentionna plus tard que Keith avait toujours nourri l'ambition d'« unifier » la gauche en amenant le NPD à former une coalition. Conversation avec Dorothy Davey, mai 2009.

du NPD ontarien, il fit un accord similaire avec les libéraux provinciaux afin d'évincer les conservateurs provinciaux. Et en 2008-2009, Rae, un des principaux députés libéraux, incita fortement son parti à accueillir une coalition avec le NPD[17].

Le rejet par Broadbent de l'offre faite par Trudeau fut probablement un point tournant de l'histoire politique canadienne. S'il avait accepté, cela aurait pu transformer la politique des partis au Canada en « unifiant la gauche » et en assurant une décennie ou plus de pouvoir à la coalition des libéraux de gauche ; d'un autre côté, cela aurait pu conduire à la division du camp libéral et au renforcement des conservateurs à une époque de plus en plus conservatrice. Mais peu importe ce qui aurait pu en résulter, le rejet de l'offre de coalition créa un dilemme pour Trudeau. Devait-il aller de l'avant avec son plan pour créer des réformes constitutionnelles importantes et des programmes économiques nationalistes, deux initiatives qui se heurteraient à une sérieuse opposition dans l'Ouest ? L'imminence du référendum laissait peu de temps à la réflexion et son plan se cristallisa bientôt. Bien que le rapatriement de la Constitution ne fût pas un enjeu électoral dans la campagne de 1980, il avait promis dans celle de 1979 que, s'il était reporté au pouvoir, il « rapatrierait » la Constitution, même s'il devait agir sans l'accord des provinces. Sa méfiance à l'endroit de Ryan s'était accrue au cours des débats sur les réformes en 1979-1980, et le Parti libéral du Québec, écrivit-il plus tard, « se noyait dans un marécage de sa fabrication tandis que le Parti québécois tenait un discours ferme et fier ».

Trudeau n'est pas juste : le *livre beige* était un document remarquablement détaillé et minutieusement formulé, écrit en grande partie par Ryan lui-même, mais ce fut une erreur. Ryan confia plus tard au journaliste Ian MacDonald que le temps passé à écrire et à discuter du document au cours de l'hiver et en début de printemps avait fait en sorte que les libéraux n'étaient « pas réellement préparés au débat de l'Assemblée » – et le document constitua une cible facile pour les habiles têtes d'affiche du PQ. Les sondages confirmèrent à quel point Ryan et son parti avaient fait mauvaise figure dans les débats de l'Assemblée en mars 1980. Alors que le camp du « non » menait par une confortable marge de 52 p. cent à 41 p. cent au cours des deux premières semaines de février, un sondage effectué au cours de la deuxième semaine de mars montra que le camp du « non » ne menait plus que 47 p. cent à 44 p. cent. De plus, Lévesque était 8 p. cent plus populaire que son parti, tandis que Ryan était 18 p. cent moins populaire que le sien.

Horrifié par ces chiffres, le gouvernement fédéral abandonna toute hésitation. Trudeau fit immédiatement du ministre de la Justice Jean Chrétien le représentant fédéral du camp du « non » en lui donnant ces instructions : « Lance-toi et sois un peu plus vigoureux, joue le rôle que tu voudras… » Cette nomination, dans les termes de l'analyste politique Gérard Bergeron, ferait contrepoids au style politique de Ryan : « Ce bagarreur de ruelle dont le personnage populiste s'associerait difficilement au leadership autoritaire et raisonneur de Claude Ryan. » De plus, le 4 avril, Trudeau dit à Ryan qu'il s'impliquerait personnellement et qu'il ferait tout ce qui serait nécessaire pour gagner la campagne[18].

Ce fut une campagne acharnée et de tous les instants, et passa à l'histoire comme « la bataille des champions » – une lutte mettant aux prises deux remarquables politiciens qui, à l'origine, s'étaient d'abord affrontés à la cafétéria de Radio-Canada à Montréal alors que Trudeau, co-rédacteur en chef de *Cité libre*, avait raillé Lévesque, célébrité de la télévision, en lui disant à propos d'un article que ce dernier lui avait promis : « Hé, Lévesque, tu es très doué pour parler, mais je commence à me demander si tu sais écrire. » Leur opposition se poursuivit au début des années 1960 dans la modeste demeure de Gérard Pelletier quand Lévesque, alors ministre dans le gouvernement Lesage, demanda à Trudeau, Pelletier et d'autres de l'aider à interpréter les bouleversements de la Révolution tranquille. Leur quête commune prit fin lorsque Lévesque, au milieu des années 1960, choisit une voie séparatiste et que Trudeau émergea comme la voix la plus éloquente pour faire la promotion de changements au sein du fédéralisme canadien. Puis, dans la seconde moitié des années 1970, ils se mesurèrent de chaque côté du profond fossé alors que Lévesque rassembla les diverses forces séparatistes derrière une bannière commune, et que Trudeau, avec de plus en plus de difficulté, tenta d'unir les troupes fédéralistes dans une bataille pour laquelle de nombreux Canadiens à l'extérieur du Québec avaient perdu intérêt[19]. « Les champions » (comme on les appelait dans un documentaire de l'Office national du film) n'étaient pas des poids lourds se frappant comme des brutes, mais plutôt des poids moyens tels Sugar Ray

Robinson et Sugar Ray Leonard – des artistes qui se lançaient adroitement des jabs, se penchaient, esquivaient et échangeaient coup pour coup. Bien longtemps auparavant, Lévesque avait dit que Trudeau « avait un talent inné pour s'attirer les claques en pleine face ». Le sentiment était devenu réciproque[20].

Le débat à l'Assemblée nationale du Québec s'était mal déroulé pour les fédéralistes, mais Trudeau se lança dans la mêlée de la nouvelle législature le 15 avril 1980 – la journée même où Lévesque annonçait que le référendum se tiendrait le 20 mai. Ne consultant que rarement ses notes et parlant d'une voix efficacement monotone, Trudeau annonça à une Chambre étonnamment silencieuse qu'il ne négocierait pas de souveraineté-association avec le Québec si le « oui » l'emportait. La question était trop vague, les arguments des séparatistes trop malhonnêtes et la possibilité constitutionnelle de tenir de telles négociations, incertaine. Mais un vote pour le « non » ne signifierait pas que le changement politique au Canada serait paralysé. Au contraire, cela constituerait « le premier pas » vers la réforme du système fédéral, un système où le Parlement deviendrait plus efficace pour représenter les intérêts de tous les Canadiens, comme cela devait être : « En temps de conflit, le pays doit être convaincu qu'il se trouvera un gouvernement national qui parlera au nom de l'intérêt national et que celui-ci prévaudra. » Le Parlement travaillerait à garantir les droits civils et politiques de tous les Canadiens, et un référendum national pourrait affirmer que le Parlement fédéral aurait réuni « le seul groupe pouvant parler au nom de chaque Canadien et au nom de toute la nation ». De cette façon, Trudeau utilisa habilement l'imminence du référendum au Québec pour promouvoir la cause des réformes constitutionnelles qui n'avaient pas progressé dans les années 1970 et pour ajouter à l'ordre du jour la réforme du Parlement lui-même. Ce possible référendum était devenu un appel de clairon pour secouer les institutions politiques fatiguées et pour alerter ceux qui, comme Clark, s'étaient détournés de la bataille du Québec. Bien qu'il semblât sûr de lui à la Chambre des communes, Trudeau démontra de la nervosité lorsqu'il quitta la Chambre : il s'arrêta pour serrer la main d'une femme, et, quand l'anneau de cette dernière lui pinça le doigt, une expression de douleur apparut sur son visage. Des photographes immortalisèrent le moment, et alors qu'il descendit les escaliers, il trébucha[21].

Mais il perdit rarement pied au cours des semaines critiques qui allaient suivre. Graduellement, le camp du « oui » perdit du terrain dans les sondages, particulièrement lorsque Lise Payette, ministre dans le cabinet Lévesque, attaqua les femmes qui appuyaient les fédéralistes en les appelant des « Yvette » – un nom qui au Québec est généralement associé à des femmes dociles, taciturnes et traditionnelles. En réaction, l'épouse de Claude Ryan, Madeleine, que Payette avait bêtement attaquée personnellement, entreprit d'organiser des regroupements de femmes pour promouvoir la cause fédéraliste, et le 30 mars à Québec, elle tint un « Brunch des Yvette », qui attira beaucoup l'attention. Celui-ci fut suivi de plusieurs autres rassemblements, dont un qui attira plus de quatorze mille « Yvette » au Forum de Montréal[22]. Pourtant les sondages étaient instables – un reflet de l'incertitude et de l'intensité de la campagne. Le discours de Trudeau à la Chambre, promettant qu'un vote pour le « non » ne signifierait pas la fin du changement, mais plutôt une tentative renouvelée pour modifier le système fédéral, provoqua des critiques considérables, non seulement au Québec, mais également dans d'autres provinces où on n'avait que peu de goût pour de tels défis. Alors que la campagne tirait à sa fin, le ton devint amer, particulièrement lorsque l'avance du « oui » diminua*. Lévesque devint négligent et, comme d'autres adversaires de Trudeau l'avaient fait avant lui, on dit qu'il railla le deuxième nom de Trudeau, « Elliott ». Quand Trudeau entendit cette allégation, cela le mit en colère, juste avant son dernier discours de la campagne, le 14 mai, à l'aréna Paul-Sauvé.

C'est à cet endroit qu'en novembre 1976 le PQ avait célébré sa victoire électorale avec un brio historique. Maintenant, l'unifolié était agité à côté du drapeau du Québec et les cris scandés de « Canada-Québec » ébranlaient la salle dans un esprit aussi intense que lors des plus fiers moments vécus dans ces lieux par les séparatistes. Trudeau commença en disant que les autres partis et les autres chefs à Ottawa étaient unis

---

* Bernard Landry, ministre au PQ et futur premier ministre, et son équipe prirent un engagement nationaliste bizarre, celui de ne plus boire de vin, ce qu'ils faisaient habituellement, et de lui préférer le cidre québécois. Apparemment, cela fit en sorte que « certains l'ont finie [la campagne] avec des ulcères d'estomac ». Michel Vastel, *Landry: Le grand dérangeant* (Montréal : Les Éditions de l'Homme, 2001), p. 170.

contre le séparatisme et qu'ils partageaient son engagement envers le renouvellement du fédéralisme. Puis il devint personnel.

Mais, monsieur Lévesque m'a demandé : « Mais, quelle sera votre attitude dans le cas où la population québécoise répond majoritairement OUI ? »

Je l'ai déjà donnée cette réponse. Je l'ai donnée au Parlement. Je l'ai donnée ici à Montréal, à Québec. Je la répète ce soir : si la réponse au référendum était OUI, j'ai dit carrément en Chambre, à la Chambre des communes, monsieur Lévesque sera bienvenu de venir à Ottawa, où je le recevrai poliment comme il m'a toujours reçu d'ailleurs à Québec, et je lui dirai : il y a deux portes. Si vous frappez à la porte de la souveraineté-association, il n'y a pas de négociation possible.

(Applaudissements.)

Monsieur Lévesque continue de répéter : « Puis la démocratie, qu'est-ce que vous en faites si le peuple québécois votait majoritairement OUI ? Est-ce que vous ne seriez pas obligés par les lois de la démocratie de négocier ? »

Mais non !

C'est comme si je disais à monsieur Lévesque : la population de Terre-Neuve vient de voter à 100 pour 100 de renégocier le contrat d'électricité avec le Québec. Vous êtes bien obligés, au nom de la démocratie, de respecter la volonté de Terre-Neuve, NON ?

C'est clair que ça ne marche pas, ce raisonnement-là.

La démocratie peut exprimer le vœu des Québécois, mais ça ne peut pas lier les autres à vouloir faire, ceux qui n'ont pas voté dans les autres provinces, à vouloir faire ce que le Québécois décide.

Alors, ce raisonnement, monsieur Lévesque, il n'y aura pas d'association.

Maintenant, si vous voulez parler, si vous voulez parler de souveraineté, laissez-moi vous dire que vous n'avez pas de mandat pour négocier la souveraineté, parce que vous n'avez pas demandé, purement et simplement, aux Québécois s'ils voulaient la souveraineté.

Vous avez dit : « Voulez-vous la souveraineté à condition d'avoir en même temps l'association ? »

Comme il n'y a pas d'association, vous n'avez pas de mandat pour faire la souveraineté, vous n'avez pas la clef pour ouvrir cette porte, puis moi non plus.

(Applaudissements.)

Moi non plus, je n'ai pas de mandat, parce que, voyez-vous, nous venons d'être élus le 18 février, il n'y a pas deux mois de ça, nous venons d'être élus en force par la province de Québec, précisément pour faire des lois pour la province de Québec.

Alors, demandez-moi pas de ne pas en faire, demandez-moi pas de donner plein pouvoir au Québec.

(Applaudissements.)

Par contre, si monsieur Lévesque, par miracle, c'est le cas de le dire, frappait à l'autre porte et disait : « J'ai un mandat pour négocier, je voudrais négocier un fédéralisme renouvelé », la porte serait grande ouverte. Je lui dirai : ce n'était pas la peine de tenir un référendum pour ça, mais puisque vous voulez ça, c'est ça que vous voulez négocier, entrez.

Voyons si vraiment c'est possible que monsieur Lévesque dise ça, parce que, qu'est-ce que les tenants du OUI disent ?

Les tenants du OUI disent, et je l'ai demandé à monsieur Lévesque il y a une quinzaine de jours : qu'est-ce que vous ferez si la population vote majoritairement NON ? Qu'est-ce que vous direz à ce moment-là ? Est-ce que vous respecterez la volonté populaire ou est-ce que vous allez prétendre qu'un NON n'a pas la même valeur qu'un OUI et qu'un NON ne compte pas pour le moment, mais qu'on fera un autre référendum pour voir ?

J'ai demandé ça à monsieur Lévesque et voici ce qu'il a répondu : « Nous ne sommes pas pour refuser des graines d'autonomie pour le Québec, mais nous continuerons à tourner en rond. »

Monsieur Lévesque, même si la population du Québec vote NON, comme je pense qu'elle va voter NON...

(Applaudissements.)

... n'allez-vous pas dire que c'est votre devoir puisque le peuple a rejeté la souveraineté et l'association, n'est-il pas de votre devoir d'être un bon gouvernement et d'empêcher le statu quo que vous blâmez tant et de vous joindre à nous pour changer cette Constitution ?

Monsieur Lévesque nous a dit : « On va continuer de tourner en rond. »

Eh bien, ça, ça devrait éclairer tous les OUI pour augmenter le *bargaining power*, tous les OUI par fierté, tous les OUI parce qu'ils sont tannés.

Si monsieur Lévesque ne veut pas de fédéralisme renouvelé, même quand le peuple vote NON, c'est clair que si le peuple vote OUI, il va dire : « Pas question de fédéralisme renouvelé. »

Et moi, je dirai : pas question de souveraineté-association.

(Applaudissements.)

Ce qui veut dire que nous sommes dans une impasse et que ceux qui votent OUI doivent le savoir dès maintenant que le OUI va conduire soit à l'indépendance pure et simple, soit au statu quo, c'est ça l'option du OUI : l'indépendance du Québec, la séparation du Québec, ou alors le statu quo, pas de changement, parce que monsieur Lévesque refuse de négocier.

C'est ça qu'il faut dire aux tenants du OUI : si vous voulez l'indépendance, si vous votez OUI, vous n'aurez pas l'indépendance parce que vous l'avez faite conditionnelle à l'association, conditionnelle à faire en même temps l'association.

Si vous voulez l'association, votre OUI ne signifie rien, parce qu'il ne lie pas les autres provinces qui refusent de s'associer avec vous. Et si vous votez OUI, pour le renouvellement de la fédération, votre OUI sera perdu également, parce que monsieur Lévesque va continuer de tourner en rond.

Alors, c'est ça, voyez-vous, c'est ça l'impasse où cette question ambiguë, cette question équivoque nous a plongés, et c'est ça que les gens qui vont dire OUI par fierté, c'est à ça qu'ils doivent penser.

OUI par fierté veut dire qu'on soumet son avenir à la volonté des autres qui vont dire NON, pas d'association, et puis notre OUI fier, on va être obligé de le ravaler.

Et puis ceux qui disent OUI pour en finir, OUI pour sortir, OUI pour débloquer les négociations, ils se font dire dans la question même qu'il y aura un deuxième référendum, et puis peut-être un troisième, et puis peut-être un quatrième. Et c'est ça, mes amis, c'est ça que nous reprochons surtout au gouvernement péquiste, ce n'est pas d'avoir voulu l'indépendance, c'est une option que nous rejetons et que nous combattons franchement.

Mais ce que nous reprochons au gouvernement péquiste, c'est de ne pas avoir eu le courage de poser la question : OUI OU NON, L'INDÉ-PENDANCE ?

(Applaudissements.)

OUI OU NON ?

(Applaudissements.)

Ensuite, Trudeau parla de la façon dont le référendum avait divisé les familles, créé de l'amertume entre amis de longue date, et épuisé l'énergie qui aurait pu être employée à d'autres fins. Son frère, Charles, sa sœur, Suzette, et d'autres membres de sa famille étaient présents dans l'auditoire quand, pour la première fois, l'émotion brisa sa voix lorsqu'il répliqua à ce qu'on a rapporté être une raillerie de Lévesque concernant le nom de sa mère.

On me disait que monsieur Lévesque, pas plus tard qu'il y a deux jours, disait que dans mon nom il y a Elliott et puis Elliott, c'est le côté anglais et ça s'explique que je suis pour le NON, parce que, au fond, voyez-vous, je ne suis pas un Québécois comme ceux qui vont voter OUI.

Eh bien, c'est ça, le mépris, mes chers amis, c'est de dire qu'il y a dif-férentes sortes de Québécois, c'est dire que les Québécois du NON ne sont pas d'aussi bons Québécois et puis ont peut-être un petit peu de sang étranger, alors que les gens du OUI ont du sang pur dans les veines. C'est ça le mépris, et c'est ça la division qui se crée chez un peuple et c'est ça à quoi nous disons NON…

(Applaudissements.)

Bien sûr, mon nom est Pierre Elliott Trudeau. Oui, Elliott, c'était le nom de ma mère, voyez-vous. C'était le nom des Elliott qui sont venus au Canada il y a plus de deux cents ans. C'est le nom des Elliott qui se sont installés à Saint-Gabriel de Brandon où vous pouvez encore voir leurs tombes au cimetière, il y a plus de cent ans, c'est ça les Elliott.

Et puis mon nom est québécois, mon nom est canadien aussi, et puis c'est ça mon nom.

Trudeau rappela ensuite à Lévesque que Pierre-Marc Johnson, le fils du premier ministre Daniel Johnson, était un de ses ministres. Qu'il en était de même pour « Louis O'Neill, » ce bon francophone. Et, demanda Trudeau, qu'en était-il du leader des Inuits du Québec, Charlie Watt? Son peuple avait vécu sur le territoire bien avant que Cartier ne les ait rencontrés plus de quatre cents ans auparavant. Est-ce qu'il refuse-rait à Watt le droit de se dire Québécois? Cette question et celle concer-nant l'histoire des Elliott, devinrent le point central du discours, un discours que, jusqu'à aujourd'hui, certains considèrent comme son allocution la plus mémorable, même si lui ne la considérait pas comme une de ses meilleures. On peut comprendre son opinion : les premiers paragraphes n'étaient que de la rhétorique familière, et la dernière partie était certainement trop personnelle au goût de Trudeau – trop près de ses souvenirs de débats intérieurs face à son identité et à sa relation avec son passé. Le journaliste Ian MacDonald, habituellement très critique à l'égard de Trudeau, fut bouleversé lors du rassemblement et écrivit plus tard que le discours « fut le coup de grâce intellectuel et émotif de la campagne référendaire ». Celui-ci avait mis en évidence à quel point Trudeau engageait sa propre identité. Longtemps auparavant, dans son essai sur le canoë en nature sauvage, il avait écrit que les gens acquièrent le « nationalisme » quand on ressent « dans sa chair l'immensité de son pays et qu'on éprouve [...] combien furent grands les créateurs de sa patrie ». Dans ces années de guerre, le nationalisme de Trudeau ne s'appliquait qu'au pays compris entre la rivière des Outaouais et la frontière ouest du Québec. Dans les années 1980, son patriotisme embrassait toute la nation, incluant le Nord et tous les peuples du Canada[23].

Ce soir-là, Trudeau quitta rapidement Montréal et ne prit plus part à la campagne. Pendant ce temps, après une certaine rivalité initiale, Jean Chrétien (en tant que représentant fédéral du camp du « non ») et Claude Ryan avaient établi une solide relation de travail, et Ryan acceptait maintenant gracieusement l'aide de ses « cousins » fédéraux. Cependant, il y avait de l'orage dans l'air. Comme le firent remarquer l'analyste politique Gérard Bergeron et le chroniqueur du *Globe and Mail* Geoffrey Stevens, la présence de Trudeau au débat, de même que son plan agressif pour la période post-référendaire reléguèrent Ryan et la campagne officielle dans l'ombre, et le débat entre le « oui » et le « non » devint un duel entre Lévesque et Trudeau, duel qui changea la donne et assurait que des batailles futures seraient livrées. Le jour du référendum, le Québec vota comme jamais auparavant, alors que jeunes et vieux, athlètes et infirmes, anglophones, allophones et francophones s'entassèrent dans les bureaux de scrutin[24].

Le matin du référendum, Trudeau se rendit au modeste duplex de Ryan au 425, boulevard Saint-Joseph à Outremont. Dans la rue qu'il connaissait depuis son enfance, dans une maison où longtemps auparavant il avait rencontré des collègues de l'Université de Montréal, et où

Marc Lalonde avait vécu à l'étage au moment où Ryan avait emménagé, les deux guerriers de la politique québécoise moderne prenaient leur café ensemble. Ryan avait déjà voté; Trudeau le ferait plus tard. En parlant de l'avenir incertain, tous deux étaient confiants de gagner. Trudeau troubla Ryan lorsqu'il lui dit qu'il voulait aller de l'avant avec le rapatriement de la Constitution après le référendum, mais Ryan ne lui dit rien directement cette journée-là, ce n'était pas le temps d'avoir un débat ou des désaccords.

Après que Trudeau eut quitté Outremont, il alla voter dans sa circonscription de Mont-Royal, puis retourna à Ottawa regarder les résultats au 24, promenade Sussex. Ryan demeura à Montréal, préparant le discours qu'il allait livrer le soir dans sa circonscription ouvrière de Verdun. Trudeau invita un petit groupe à se joindre à lui. Celui-ci comprenait la présidente de la Chambre des communes Jeanne Sauvé, Jim Coutts, Michael Pitfield, de Montigny Marchand, un membre du groupe référendaire du bureau de Trudeau, et André Burelle, son principal rédacteur de discours pour la campagne[25].

Alors qu'ils tournaient en rond devant les deux téléviseurs, Trudeau fut estomaqué par les résultats. Le camp du « non » triompha immédiatement et termina la soirée avec 58,6 p. cent des votes. Un incroyable 85,61 p. cent des électeurs inscrits s'étaient prévalu de leur droit de vote, et les fédéralistes obtenaient une majorité dans toutes les régions de la province et, plus important, parmi les anglophones et les francophones. Juste après 19 h 30, Lévesque fit son entrée à l'aréna Paul-Sauvé, là où moins d'une semaine plus tôt Trudeau avait électrifié la foule fédéraliste. Maintenant, ses sièges et ses allées étaient remplis par des séparatistes, alors qu'un Lévesque fatigué s'apprêtait à parler, avec, à ses côtés, son épouse, Corinne, et, curieusement, Lise Payette, la ministre qui avait provoqué la furie des « Yvette », non loin. Autrement, il était seul, avec quelques notes, dans un habit de printemps gris. Alors qu'il s'approchait du microphone, la foule scandait presque avec déférence ses slogans. Quand il réussit finalement à faire taire son auditoire, il dit que, s'il les avait bien compris, ils venaient de lui dire « à la prochaine fois ». Lévesque concéda la victoire, mais rappela à la foule que Trudeau avait dit qu'une victoire du « non » ne voudrait pas dire demeurer avec le statu quo. Et il dit à son auditoire que les fédéralistes avaient « immoralement et scandaleusement» abusé du processus électoral en inondant la province de publicités, de contrats et autres incitatifs, mais qu'il allait néanmoins respecter cette dernière expression de la vieille garde québécoise. « Mais ne vous y trompez pas », dit-il : lui et ses partisans se relèveraient pour reprendre la lutte. Plusieurs pensaient que ces commentaires avaient été lancés sous le coup de l'amertume, mais Trudeau, contrairement à d'autres au 24, promenade Sussex, fut ému par la défaite de Lévesque et par ses paroles. Il le connaissait mieux que les autres qui étaient présents, et peut-être en était-il d'autant plus touché.

Pendant ce temps, Ryan préparait son discours à l'Auditorium de Verdun, furieux de ce que l'exubérant Chrétien soit apparu à la télévision plus tôt cette journée-là, et qu'il eût l'intention de le présenter lors de la soirée. Vêtu d'un habit noir et d'une cravate sombre, Ryan fit à l'endroit des séparatistes des remarques plus incisives que ce à quoi on se serait attendu, peut-être à cause de ses différends avec Chrétien, mais plus probablement parce qu'il avait pris la décision de demander la tenue d'une élection. Il appelait à la réconciliation tout en disant à Lévesque que cette grande défaite demandait que soient tenues des élections à l'automne. L'ambiance dans le caverneux auditorium était étrangement dénuée de célébration et de festivité. Finalement, tard dans la soirée, Trudeau obtint sa chance de parler. Peut-être était-ce l'humeur de la foule, combinée à la vague d'empathie pour Lévesque dans la défaite qui rendit Trudeau pensif : « Je veux simplement dire que nous sortons tous un peu perdants de ce référendum. Si l'on fait le décompte des amitiés brisées, des amours écorchées, des fiertés blessées, il n'en est aucun parmi nous qui n'ait quelque meurtrissure de l'âme à guérir dans les jours et les semaines à venir. » Il tiendrait sa promesse, dit-il, de faire en sorte qu'un vote pour le « non » soit le premier pas vers un fédéralisme renouvelé et non pas un retour au statu quo. Il ne s'agissait pas d'une soirée pour jubiler, dit-il à son auditoire, mais pourtant, c'est avec une pointe de fierté et de satisfaction dans la voix qu'il déclara : « Je n'ai jamais été aussi fier d'être québécois et canadien. » Cette nuit-là, il dormit à poings fermés[26].

L'assistant de Trudeau, Patrick Gossage, resta éveillé cependant, se demandant ce que cette journée avait signifié. « Cette nuit-là, songea-t-il, avait vraiment marqué la fin de la croisade tous azimuts de Trudeau pour le Canada. Peu importait la ténacité qu'allaient requérir les batailles constitutionnelles à venir, celles-ci ne seraient jamais que les rubans officiels qui enveloppent un colis attendu des Québécois, livré avec tout son esprit et son cœur lors de ses remarquables interventions référendaires. »

Trudeau, cependant, n'était pas d'humeur à se tourner vers le passé. Le matin suivant, il fit venir Chrétien dans son bureau et lui dit : « Saute dans un avion et va "vendre" aux provinces l'ensemble de nos propositions. » Un autre jour s'était levé[27].

CHAPITRE 15

Une entente conclue

Jean Chrétien, combatif et coloré, et Claude Ryan, austère et méticuleux, ainsi que chef de la campagne du « non » au Québec, s'étaient souvent affrontés pendant la période référendaire, mais leur alliance avait été hautement efficace – jusqu'à ce que la campagne prenne fin. C'est Chrétien, et non Ryan, que Trudeau consulta immédiatement au sujet de sa volonté de mettre fin au statu quo dans les relations fédérales-provinciales à la suite de la victoire du « non ». Il confia à Chrétien qu'il était désormais déterminé à atteindre deux objectifs : le rapatriement de la Constitution canadienne et la création d'une charte canadienne des droits. Le mot « réforme » avait un autre sens pour Ryan et pour de nombreux autres, dont le principal rédacteur de discours de Trudeau pendant la campagne référendaire, André Burelle. Ceux-là croyaient qu'une autre voie – celle d'une redistribution radicale des pouvoirs qui octroierait de nombreux champs de compétence fédéraux aux provinces – était celle qui avait convaincu les nationalistes modérés de voter pour le « non ». De leur point de vue, la charte proposée, qui allait renforcer l'autorité de la Cour suprême du Canada, nommée par le gouvernement fédéral, dans la détermination des droits politiques, économiques et culturels, contrecarrerait toute tentative de décentralisation ou d'octroi d'un statut spécial au Québec. Chrétien savait que le plan de Trudeau entraînerait une bataille – et il s'en délectait à l'avance[1].

Chrétien sentait d'instinct qu'il allait mener la lutte de sa vie. Ryan et lui s'étaient quittés en mauvais termes le soir du référendum après que Ryan, mécontent d'une entrevue que Chrétien avait accordée plus tôt dans la journée, s'était accroché au microphone dans l'auditorium de Verdun, refusant de laisser Chrétien s'adresser à la foule qui célébrait la victoire. Ils avaient des divergences non seulement personnelles, mais également stratégiques, politiques et intellectuelles. Ni Trudeau ni Chrétien n'acceptaient l'argument selon lequel la décentralisation et le transfert des pouvoirs aux provinces, et en particulier au Québec, constituaient les promesses essentielles faites pendant la campagne référendaire, et tous deux étaient maintenant convaincus que la décentralisation au Canada était allée beaucoup trop loin dans les années 1970. Trudeau s'était moqué de la déclaration de Joe Clark qui affirmait que le Canada était « une communauté de communautés » et avait commencé à poser la question clé : « Qui parle pour le Canada ? » Au cours de la campagne électorale de 1980, Trudeau s'était plaint de l'attitude « provincialiste » de Clark, sans toutefois parler de changements constitutionnels. Il avait souvent parlé avec passion de la nécessité d'un gouvernement fédéral plus interventionniste dans la gestion de la crise énergétique et des défis économiques, et dans la réalisation, enfin, d'une « société juste ». Ces vastes engagements eurent un effet considérable sur le processus constitutionnel et se traduisirent par la détermination de Trudeau à agir au moment de son retour au pouvoir. Il connaissait l'amertume de la défaite, et cela rendait sa victoire de 1980, pour un quatrième mandat, inattendu, particulièrement douce.

Tom Axworthy, qui devint après l'élection le conseiller principal de Trudeau en matière de politiques, et son secrétaire principal en 1981, se rappelle l'ambiance différente qui régnait au Conseil des ministres au cours de l'été et de l'automne : « C'était une vraie horde de lions. Sur un terrain après l'autre, ils recherchaient l'action concrète. Peu faisaient preuve de prudence ou affichaient des réticences. Presque tous avaient le sentiment que le libéralisme connaissait une renaissance. » Le temps passé dans l'opposition avait permis à Trudeau de réfléchir aux choses qu'il n'avait pas réalisées, ainsi qu'à la vitesse avec laquelle le gouvernement Clark était revenu sur les accomplissements qui lui étaient chers. Il devint ainsi « l'âpre démon de notre système gouvernemental ». La taille du CPM fut réduite, de même que le nombre de réunions et de cahiers d'information. Sur l'ordre de Trudeau, son personnel « passait un maximum de temps sur le terrain et un minimum de temps dans les bureaux ».

Le premier ministre se fit encore plus discipliné, prévoyant rigoureusement le temps dévolu à Justin, à Sacha et à Michel, et réservant ses week-ends à ses nombreuses sorties avec différentes femmes, souvent talentueuses, toujours séduisantes. La semaine, son attention s'attachait avec une intensité brûlante aux questions qui comptaient le plus pour lui et, en particulier, à ce qu'il allait léguer. Il laissait aux autres les choses de moindre importance[2].

Les domaines auxquels Trudeau accordait son attention étaient la Constitution, l'économie (en particulier le secteur de l'énergie comme partie intégrante d'une « stratégie industrielle » globale) et les affaires internationales. Il nomma le Cabinet en fonction de ses propres engagements. Au poste de ministre de la Justice, Chrétien tint serré les rênes du dossier constitutionnel, et sa franchise sans prétention et son bon sens politique transformèrent arguties juridiques en questions humaines. Les dons politiques de Chrétien tiraient de surcroît avantage des conseils avisés de son jeune assistant, Eddie Goldenberg, brillant du point de vue de la politique et toujours astucieux, le fils de Carl Goldenberg, qui avait lui-même conseillé Trudeau en 1968 sur des questions constitutionnelles.

À la suite de la deuxième crise énergétique, causée en 1979 par la prise d'otages américains en Iran, les politiques énergétique et économique se trouvèrent étroitement liées. Dans leur plateforme électorale de 1980, les libéraux avaient insisté avec force sur la promesse d'une nouvelle politique énergétique plus juste. Pour mener ce dossier, Trudeau nomma donc au ministère de l'Énergie, des Mines et des Ressources l'homme au sein du parti en qui il avait le plus confiance, Marc Lalonde. Au cours de la période où le parti avait siégé dans l'opposition et pendant la campagne électorale, Lalonde et le comité électoral avaient élaboré une ambitieuse politique énergétique. Lalonde tirait avantage de sa longue expérience à Ottawa, d'abord en tant qu'adjoint au ministre de la Justice conservateur Davey Fulton en 1959, puis en tant que secrétaire principal de Trudeau dans son premier gouvernement et en tant que fonctionnaire aux ministères de la Santé, de la Justice et des Relations fédérales-provinciales. Doté d'un puissant charisme, Lalonde était à l'origine des éclatantes victoires de Trudeau au Québec en 1979 et en 1980. Comme son chef, fatigué des temporisations passées, il se faisait maintenant impatient de passer à des actions ambitieuses.

Au poste clé de ministre des Finances, Trudeau choisit un autre politicien chevronné, Allan MacEachen, qui était arrivé à Ottawa en 1953 et avait œuvré au sein de nombreux ministères. La politique en soi était son domaine de compétence, et il faisait preuve d'un tel raffinement en la matière qu'il avait sauvé la carrière politique de Trudeau en 1979. MacEachen et Lalonde avaient développé un profond respect professionnel l'un pour l'autre et bénéficiaient aussi de la confiance la plus totale de Trudeau et d'une considérable liberté d'action.

On ne pouvait pas en dire autant de Mark MacGuigan, un choix surprenant de Trudeau en tant que ministre des Affaires extérieures. Ancien doyen de faculté de droit, le sérieux MacGuigan connaissait Trudeau depuis les années 1960, mais n'avait jamais été membre du Cabinet depuis sa première élection en 1968. Conservateur en matière de relations extérieures et très méfiant à l'égard du communisme soviétique, MacGuigan était, néanmoins, un catholique libéral qui partageait l'intérêt croissant de Trudeau pour les questions de développement international – ce que l'on appelait alors le *tiers-monde*. Quoi qu'il en soit, les mémoires de MacGuigan au sujet de son mandat aux Affaires extérieures ne laissent planer aucun doute quant à la principale raison de sa nomination : Trudeau voulait pour lui-même la direction des Affaires extérieures. Chaque fois que les choses devenaient dignes d'intérêt, devait le rappeler plus tard MacGuigan, « Trudeau s'arrangeait pour se débarrasser de moi[3] ».

Peu d'autres ministres étaient aux prises avec ce problème, car Trudeau se concentrait intensément sur les questions qui recelaient pour lui le plus grand intérêt. John Roberts, le ministre de l'Environnement, par exemple, a été incapable de se rappeler une seule fois où Trudeau était intervenu dans son travail ou s'était même adressé à lui sur des détails de ses activités ministérielles. Roberts figurait parmi les quelques ministres du nouveau Cabinet qui avaient une expérience considérable à Ottawa – dans son cas, comme député de 1968 à 1972, comme assistant de Trudeau de 1972 à 1974, puis comme ministre dans le troisième gouvernement Trudeau. Les autres membres du Cabinet de 1980 qui avaient travaillé de près avec Trudeau par le passé comprenaient Roméo LeBlanc, le ministre des Pêches, et Don Johnston, le secrétaire au Trésor, qui avait été l'avocat personnel de Trudeau. Montrant ainsi qu'il faisait peu de cas de certaines faiblesses personnelles, Trudeau nomma John Munro, qui avait démissionné du Cabinet en 1978 en raison d'un appel inapproprié fait à un juge, au ministère des Affaires indiennes et du Nord canadien, et il confia au député québécois Francis Fox, qui avait démissionné après avoir admis qu'il avait imité la signature d'un autre homme dans un formulaire d'autorisation d'avortement, les charges de secrétaire d'État et de ministre des Communications. Si Trudeau considérait ces péchés comme véniels, il se fit clair quant au fait que la déloyauté était devenue une infraction capitale. John Reid et Judd Buchanan, deux jeunes et talentueux ex-ministres de l'Ontario qui s'étaient opposés au retour de Trudeau comme chef, n'obtinrent pas de nouvelle nomination au Cabinet. L'éloquent et charmant Jean-Luc Pepin, dont le rapport sur la fédération canadienne avait agacé Trudeau, était cependant trop utile et populaire pour être laissé pour compte. Il fut donc nommé ministre des Transports – loin des négociations essentielles sur la Constitution, mais à proximité des importantes négociations devant mettre fin à l'archaïque Convention du Nid-de-Corbeau de 1897, qui avait garanti des bas prix aux expéditions de céréales et ainsi empêché les chemins de fer d'investir dans leur équipement.

Deux femmes compétentes, Monique Bégin et Judy Erola, devinrent, respectivement, ministre de la Santé et du Bien-être social et ministre d'État (aux Mines). L'Ouest, encore une fois, était faiblement représenté, la Colombie-Britannique, l'Alberta et la Saskatchewan ayant chacune un sénateur au Cabinet. Le Manitoba avait une présence plus solide, entre autres grâce au très prometteur nouveau venu Lloyd Axworthy, qui devint ministre de l'Emploi et de l'Immigration. Bien qu'Axworthy fût très lié à John Turner, il était perçu, avec raison, comme un important porte-parole de la gauche libérale. Son frère Tom et lui étaient des représentants de l'Ouest à même de bien exprimer un soutien des approches centraliste et interventionniste du nouveau gouvernement. Axworthy demeurait toutefois inconnu de la plupart des gens. Ceux qui étaient préoccupés par le glissement à gauche du nouveau gouvernement avaient dans leur mire Herb Gray, le nouveau ministre de l'Industrie et du Commerce, qui avait été exclu du Cabinet en 1974, mais qu'on associait aux politiques nationalistes ayant mené à la création de l'Agence d'examen de l'investissement étranger et à la publication du récent « Rapport Gray », qui encourageait la restriction des investissements étrangers.

Sa nomination contraria le *Globe and Mail*, de plus en plus conservateur. Gray était, selon ses rédacteurs en chef, un politicien « à la persévérance et aux œillères admirables », dont l'idée d'un remède universel se résumait à des mesures économiques nationalistes. Il ferait à leur avis, comme auparavant, « de son mieux, c'est-à-dire peu[4] ».

Le commentaire était injuste, et la composition du Cabinet, beaucoup plus forte que ce que le *Globe and Mail* voulait l'admettre, comme les brillantes carrières de nombre de ses membres, y compris Herb Gray, allaient le prouver. Le *Globe*, cependant, traduisait l'humeur de plus en plus conservatrice de Bay Street, que le virage à gauche de Trudeau rendait très mal à l'aise. Des commentateurs et libéraux bien informés comme Don Johnston et le journaliste Ron Graham, confident de Trudeau, minimisèrent l'orientation « gauchiste » du gouvernement, mais les documents privés de Trudeau indiquent bel et bien un virage dans ce sens[5]. De plus, Johnston se rappelle comment Gray, Axworthy, Bégin, Munro et d'autres se disputaient régulièrement au Conseil avec les ministres les plus conservateurs et axés sur les affaires tels que lui-même, Judy Erola, Ed Lumley et, chose étonnante bien qu'occasionnelle, Allan MacEachen – et comment les conservateurs étaient généralement les perdants[6]. Alors que les tories de Margaret Thatcher commençaient leur assaut contre le syndicalisme, les bureaucraties bien enracinées de l'État et la régulation des marchés en Grande-Bretagne, et que les républicains de Ronald Reagan entretenaient le feu de la guerre froide et entamaient une énergique reconstruction de l'arsenal militaire américain, le Canada sous Trudeau résistait obstinément à ce nouveau consensus anglo-américain.

Trudeau rejetait l'argument de Reagan et de Thatcher selon lequel le gouvernement faisait partie du problème et non de la solution. Il était entouré de jeunes partisans d'un gouvernement socialisant, tels que Tom Axworthy, qui avait joué un rôle clé dans la rédaction de la plateforme électorale nationaliste et interventionniste des libéraux de 1980, et il était fortement influencé par son stratège de campagne en chef, Keith Davey, qui répétait sans cesse que les libéraux perdaient quand ils ne regardaient pas à gauche, et par son secrétaire principal, Jim Coutts, qui œuvrait activement dans les organismes communautaires du centre-ville de Toronto dans l'espoir de bientôt se porter candidat. D'ailleurs, *Les années Trudeau : la recherche d'une société juste*, un recueil d'essais de 1990 rédigés par nombre des principaux acteurs de ce gouvernement et dont la publication fut dirigée par Trudeau et Tom Axworthy, constitue une justification détaillée de la manière dont ils ont « lutté afin de faire du Canada un pays plus équitable et plus humain pour tous, dans lequel le pouvoir du gouvernement n'était qu'un instrument nécessaire à l'établissement d'une société plus juste[7] ». En 1980, Trudeau non seulement tint bon, mais accéléra la cadence, alors même que Reagan faisait campagne pour une « nouvelle Amérique », au sein de laquelle le gouvernement fédéral mettrait fin à l'intervention économique et aux politiques d'aide sociale du New Deal, transférerait de nombreuses responsabilités sociales aux États et rejetterait les politiques de détente, de désarmement et de développement international interventionniste.

La « révolution Reagan » tira sa force de sa cohérence interne et de la puissance du cadre intellectuel mis sur pied pour la soutenir par les économistes axés sur le marché, Milton Friedman et Allan Greenspan, par exemple, et par les analystes sociaux James Coleman et Diane Ravitch. Néanmoins, le rejet par Trudeau de la déclaration de Reagan selon laquelle le gouvernement constituait le problème possédait lui aussi sa propre unité interne, qui liait la réforme constitutionnelle au Programme énergétique national et à l'engagement envers une plus juste distribution des richesses du monde entre les riches et les pauvres. Don Johnston a raison de souligner les excentricités conservatrices de Trudeau relativement aux affaires financières et son acceptation d'« un solide et vigoureux secteur privé », mais le climat intellectuel des années 1980 et ce que Stephen Clarkson a appelé « le défi Reagan » incitèrent Trudeau à une réaction énergique, en partie en raison de son esprit de contradiction interne, mais surtout parce qu'il croyait profondément à l'importance du régime d'assurance-maladie, à l'équité économique et à ce que les socialistes européens avaient appelé et allaient de nouveau appeler le « juste milieu », à mi-chemin entre l'intervention massive de l'État et la liberté des marchés non réglementés*. Trudeau avait bel et bien des doutes quant

---

* Les mémoires de Johnston, d'une valeur inestimable, contiennent un échange qu'il eut avec Trudeau à propos du caractère du libéralisme au printemps de 1981, alors que Bay Street, si ce n'était pas encore Main Street, se trouvait de plus en plus mécontent à l'égard du gouvernement Trudeau. Johnston réclamait de Trudeau qu'il porte une attention plus soutenue à leurs doléances, chose qu'il fit en répondant

à l'efficacité de bon nombre des programmes sociaux et d'enseignement mis en place à la hâte dans les années 1960. De plus, on a vu comment, aussi tôt que pendant sa course au leadership de 1968, il avait déclaré que le temps du père Noël était révolu et comment, une fois au pouvoir, il avait mis en place une série de mesures d'austérité. Néanmoins, dans les années 1980, Trudeau maintint la plupart du temps sa position interventionniste, alors que Thatcher, Reagan et la plupart des médias tendaient spectaculairement à droite. Sur la scène internationale, il s'identifiait au modéré social-démocrate allemand Helmut Schmidt, ainsi qu'à ses amis intimes, Olof Palme de Suède et Andreas Papandreou de Grèce, premiers ministres socialistes européens[8].

La campagne à la présidence des États-Unis de 1980 coïncida avec l'arrivée d'une crête de haute pression au-dessus du centre du continent. Celle-ci apporta une chaleur accablante qui dura de la fin du printemps au début de l'automne. Pour Jimmy Carter, l'été amenait une période trouble, qui se révéla l'être aussi pour les Canadiens. Le coup canadien qui permit à des otages américains de s'évader d'Iran fut généralement acclamé par les États-Unis. Cependant, il ne mit pas fin au drame qui se jouait à Téhéran, où la récente théocratie islamique maintenait prisonniers des diplomates américains et, par le fait même, les chances de réélection du président Carter. La détente semblait enterrée, alors que les chars et les avions militaires soviétiques pilonnaient les villes et les villages afghans et que la CIA nouait ses relations fatales avec les fondamentalistes islamiques qui luttaient contre l'agression soviétique.

par une déclaration selon laquelle le Parti libéral avait réussi le mieux lorsqu'il s'était positionné comme « une voix réformiste modérée entre les camps conservateur et socialiste », une tradition qu'il « fallait continuer », disait-il (p. 65). La réaction médusée de Johnston face à l'attitude de Trudeau lorsqu'il était question d'argent est bien illustrée dans cette anecdote : au début des années 1980, Johnston, furieux, était entré en trombe dans le bureau de Trudeau pour se plaindre du transfert des vols intérieurs de l'aéroport de Dorval à celui de Mirabel, construit dans les années 1970 dans une banlieue éloignée du centre de Montréal et qui s'avéra un gouffre financier. Trudeau ne voulait rien entendre et restait ferme sur ses positions, jusqu'à ce que Johnston, qui était l'avocat personnel de Trudeau et connaissait bien son côté pingre, lui dise qu'une course en taxi à Mirabel aller-retour coûtait cent dollars. Trudeau avait retiré ses lunettes : « Es-tu sérieux ? », pour ensuite se décider rapidement en faveur de Dorval. Don Johnston, *Up the Hill* (Montréal et Toronto : Optimum, 1986), p. 88. M. Johnston m'a confirmé les détails de cet échange dans un entretien.

Les habituelles célébrations estivales qui accompagnaient les Olympiques n'eurent pas lieu, car le Canada, malgré une répugnance considérable de la part de Trudeau, participa au boycott américain des Jeux de Moscou. Trudeau avait une nette préférence pour Carter contre Reagan dans la course à la présidence, mais il fut irrité et déçu de la position de plus en plus dure de Carter par rapport à l'Union soviétique et, dans certains domaines tels que l'embargo sur la vente de blé, refusa de participer entièrement au boycott – à la grande surprise de Carter, déçu à son tour[9]. Quant à eux, les chefs soviétiques remarquèrent la dissension de Trudeau. Leur ambassadeur à Ottawa, Alexander Yakovlev, accueillit avec enthousiasme le retour au pouvoir de son ami dans le journal soviétique *Novy Mir* en mai 1980, déclarant que Trudeau avait « réintégré son terrain de chasse, riche de plus de charisme et de l'appui de l'ensemble de son parti, ainsi que de l'ensemble de sa nation ». Heureusement pour Trudeau à une époque où la guerre froide se faisait glaciale, Yakovlev ne signa pas son article[10].

Dans ses rapports confidentiels à Moscou, Yakovlev remarqua avec un certain regret que Trudeau avait peu de temps pour la politique internationale en raison du fait que les questions nationales, en particulier la Constitution, l'absorbaient presque entièrement. Le séparatisme n'était pas mort avec la défaite référendaire des indépendantistes le 20 mai. En effet, Lévesque s'était exclamé à sa femme en anglais, quand il avait finalement bondi hors du lit à 11 h le lendemain matin : « *It's a new ball game* », autrement dit, c'est un nouveau match qui commence[11]. Cependant, ce match opposait les mêmes joueurs qu'avant, et les deux mêmes vedettes, Lévesque et Trudeau, dominaient toujours le terrain. Le rôle de Ryan, essentiel dans la campagne pour le « non », se fit moins important, et celui de Lévesque, plus central, alors que Trudeau faisait progresser ses plans constitutionnels. Quand les premiers ministres des provinces rencontrèrent Trudeau à Ottawa le 9 juin, Lévesque se rendit vite compte que leur homologue fédéral voulait modifier les règles du jeu constitutionnel et fut enchanté quand les autres premiers ministres lui opposèrent de la résistance. Lévesque et son proche conseiller Claude Morin reconnaissaient la valeur pour le Québec de la formation d'alliances avec les autres premiers ministres. Il apparut donc changeant, détaché et même prêt à apporter son aide alors que les autres s'en prenaient violemment aux propositions de Trudeau. Le gouvernement fédéral présentait un programme considérable de changements, qui incluait non seulement le rapatriement, mais aussi des « mesures populaires » et des « mesures gouvernementales ». Les mesures populaires étaient faites d'une déclaration de principes généraux, d'une charte des droits, de la péréquation (qui garantirait un partage des richesses avec les provinces pauvres) et de nobles sentiments, alors que les mesures gouvernementales étaient plutôt faites de détails réalistes sur les communications, le sénat, la radiodiffusion, les pêches et d'autres éléments qui avaient tourmenté les tribunaux et défié tout changement constitutionnel durant des générations[12].

Quand Trudeau et les premiers ministres émergèrent du 24, promenade Sussex, où des barrières d'acier avaient physiquement et symboliquement protégé les délibérations de la presse et du public, il ne restait plus que quelques lambeaux d'optimisme. Trudeau déclara aux médias que le groupe avait convenu de se réunir de nouveau après la fête du Travail afin de sceller le pacte constitutionnel. Toutefois, en réponse aux questions plus pointues, Trudeau dut admettre que les premiers ministres avaient aussi rédigé une liste de souhaits, qui comprenaient la propriété des pêches et le droit à l'autodétermination. Quand on lui demanda si une nouvelle constitution viendrait couronner ses efforts de longue date, c'est un Trudeau fatigué qui répondit : « Si nous arrivions à nous entendre sur tous ces points, je deviendrais très, très impatient de prendre ma retraite. Cela en motivera peut-être plus d'un. » Parmi les premiers ministres des provinces, seuls Richard Hatfield du Nouveau-Brunswick (qui avait offert à un Trudeau déconcerté un sac de têtes de violon à l'ouverture de la conférence) et William Davis de l'Ontario partageaient l'enthousiasme de Trudeau pour la nouvelle aventure constitutionnelle. Le collègue progressiste-conservateur de Davis, Peter Lougheed de l'Alberta, décrivit avec dérision Davis comme le « chien de poche » de Trudeau – un commentaire que Davis rejeta du revers de la main tout en faisant vaguement l'éloge de la volonté de Lévesque de « voir » le processus s'accomplir et « d'y participer[13] ».

Chrétien, dans son Challenger, s'envola une fois de plus pour une tournée des capitales provinciales, où il découvrit que les listes de mesures fédérales avaient inspiré aux premiers ministres un allongement de leurs propres listes de demandes prévisibles. Le processus suivit son cours par le biais du Comité permanent des ministres sur la Constitution (CPMC), que Chrétien coprésida avec le procureur général de la Saskatchewan, Roy Romanow. À Ottawa, les conseillers de Trudeau respectèrent le processus et tinrent d'incessantes consultations, mais travaillèrent à leurs propres plans. S'attendant à ce qu'ils résistent à ses propositions constitutionnelles, Trudeau avait formé une nouvelle équipe en vue de traiter avec les premiers ministres. Gordon Robertson, qui avait été le supérieur du jeune fonctionnaire Trudeau dans les années 1950, au moment où celui-ci découvrait le monde particulier des relations fédérales-provinciales, et qui avait supervisé le dossier constitutionnel depuis les années 1960, fut mis au rancart au profit de Michael Kirby. Recruté par Michael Pitfield, qui était revenu de Harvard et était entré au Conseil privé, le petit Kirby à l'allure juvénile, mathématicien de formation, était intelligent, astucieux et énergique, mais très peu au courant de l'histoire et des pratiques constitutionnelles canadiennes. Taxé de machiavélique par ses ennemis, Kirby s'amusait de ce qualificatif, citant son « mentor » dans les documents qu'il rédigeait et allant jusqu'à orner de manière espiègle sa carte de souhaits de Noël 1981 d'un extrait de Machiavel, d'abord aperçu dans le bureau du sous-ministre des Affaires intergouvernementales de la Saskatchewan : « L'on doit remarquer qu'en effet il n'y a point d'entreprise plus difficile à conduire, plus incertaine quant au succès, et plus dangereuse que celle d'introduire de nouvelles institutions. » Son manque d'expérience lui donnait qualité pour faire le travail qu'on attendait de lui. « Je n'avais pas besoin de conseils », dira plus tard Trudeau. « À ce stade-là, je savais exactement ce que je voulais : [...] un homme qui sache conclure des marchés et achever des négociations, pas un penseur ni un simple commentateur. » Kirby devint fièrement « l'enfant de chienne de Trudeau[14] ».

Et bien assez tôt, les choses se firent effectivement mordantes. Alors que Chrétien rapportait les points de vue des premiers ministres et que les fonctionnaires racontaient les difficultés qu'ils éprouvaient dans leurs négociations avec leurs homologues, Kirby, encouragé par Pitfield, élabora une stratégie qui allait forcer les premiers ministres à en arriver à une entente. S'ils échouaient, proféra-t-il, le gouvernement fédéral agirait unilatéralement – il diviserait pour mieux conquérir. Or, les divisions étaient déjà profondes, même au sein du Conseil privé et du Cabinet du premier ministre. Les principaux rédacteurs de discours de Trudeau, Jim Moore et André Burelle, se querellèrent au cours de l'été au sujet des déclarations publiques de Trudeau aux Canadiens, en particulier aux francophones. Des divergences marquées se firent jour au sujet des concepts de « nation » et de fédéralisme. Burelle croyait que le nationalisme québécois contemporain, étant de nature civique, s'inscrirait bien dans le modèle suisse de système linguistique et fédéral. Trudeau, qui avait un œil de lynx, corrigea assidûment les textes de Burelle qui exprimaient ce concept, rayant toute mention de « nation » au sujet du Québec. Moore, quant à lui, était en profond désaccord avec la déclaration au peuple canadien pour la fête du Canada de 1980, que Burelle avait rédigée en français :

[Traduction libre] Votre dernière version de la déclaration de principes est, à mon avis, si profondément différente de la version précédente qu'elle me pousse à soulever la grave question de savoir si cette nouvelle version ne sera pas vue au Canada anglais comme une provocation, plutôt que comme une tentative de rapprocher les Canadiens.

Les modifications problématiques sont les suivantes :

1. Dans le premier paragraphe, on comprend que le PM abandonne, en dépit de la critique nationaliste, l'idée que les Canadiens ne forment qu'un seul peuple. Conserver l'expression « un peuple » à la quatrième ligne ne suffit pas pour contrer cette impression.

2. Les éditorialistes anglos fondamentalistes protestants de l'Ouest canadien vont s'en donner à cœur joie lorsqu'ils compareront les deux versions et qu'ils constateront que le PM accepte de ne pas mentionner Dieu.

3. En inversant français et anglais à la cinquième ligne, vous avez éliminé l'équilibre d'égalité qui existait dans la version précédente. Maintenant la déclaration semble dire que, même si le français et l'anglais sont égaux, le français figurera toujours en premier lieu dans la Constitution.

Durant la joute estivale qui opposa Trudeau à Burelle, le rédacteur de discours francophone réfléchit à son avenir à Ottawa[15].

Gordon Robertson, pendant ce temps, était tout à coup devenu un homme du passé. Néanmoins, il faisait toujours sentir son influence lors des interminables cinq à sept en ville, les réunions des « éminents » retraités au sélect Rideau Club, et des rassemblements d'été dans les collines de la Gatineau. Il était de toute évidence mal à l'aise avec les nouvelles façons de faire conflictuelles. La relation de longue date entre Robertson et Trudeau commença à se désagréger. Les divergences devinrent des désaccords, puis, en fin de compte, un amer désenchantement. Mais Robertson était de la vieille école, prudent, respectueux du secret du Cabinet et inquiet des traces écrites ou, comme l'a affirmé Trudeau, « un mandarin dévoué au bien commun qui craignait tout dommage irréparable au tissu social du pays ». Il était « beaucoup trop gentleman » pour les temps difficiles à venir. Ses successeurs effrontés et querelleurs irritaient non seulement Robertson, mais aussi d'autres politiciens qui se sentaient exclus du cercle des initiés ou qui croyaient que la recherche de confrontation ou même le processus constitutionnel en soi étaient inappropriés. Comme on pouvait s'y attendre, il y eut bientôt des fuites, d'abord sous forme d'apartés discrets lors de repas, puis par la transmission de documents à des reporters ou, fait plus grave, au gouvernement du Québec. Le diplomate Robert Fowler, qui avait été affecté provisoirement au Conseil privé pour contribuer aux guerres constitutionnelles, se rappela plus tard avec une certaine colère de la façon dont, lors d'une séance privée, il avait parcouru l'assemblée des yeux en tentant d'échanger des regards avec ses collègues, pour en voir certains détourner les yeux. Les secrets avaient de l'importance, en particulier quand ils étaient mal gardés[16].

Quand les premiers ministres convergèrent de nouveau vers Ottawa le 7 septembre pour une autre rencontre sur les réformes constitutionnelles, ils se réunirent d'abord dans la chambre d'hôtel du premier ministre conservateur du Manitoba Sterling Lyon pour discuter de leur propre stratégie. Le ministre des Affaires intergouvernementales du Québec, Claude Morin, distribua un mémorandum sur la stratégie fédérale signé de la main de Michael Kirby. Le document, qui aurait été divulgué par une taupe séparatiste, se prononçait en faveur d'une stratégie agressive. Il envisageait le rapatriement unilatéral de la Constitution et suggérait au gouvernement fédéral d'aborder la rencontre sans s'attendre à une entente. Le soir même, les premiers ministres des provinces et le premier ministre du Canada étaient invités à Rideau Hall par le gouverneur général Ed Schreyer, un ancien premier ministre du Manitoba, pour un repas inaugural, où l'atmosphère fut dès le départ remplie de soupçons et de colère. L'attitude protocolaire fit place aux remarques mordantes, d'abord parce qu'on avait demandé qu'un des premiers ministres des provinces copréside la rencontre avec Trudeau – une proposition qui avait rendu ce dernier furieux. Les plats étaient médiocres, et quand le gâteau offert pour le cinquante-cinquième anniversaire de naissance du premier ministre de la Saskatchewan, Allan Blakeney, arriva, l'ambiance s'était tellement dégradée que Trudeau tourna le dos durant l'hommage qu'on rendit à ce dernier. Il pria Schreyer de faire accélérer le service afin de pouvoir partir rapidement. Il aurait également congédié son garde du corps en ces termes : « Va te faire foutre et laisse-moi rentrer seul[17]. »

Ce fut le misérable début d'une lamentable semaine. Le mémorandum de Kirby n'y fut probablement pas pour grand-chose ; en effet, un « mémorandum de Pitfield » divulgué précédemment avait déjà abordé la possibilité très nette d'un rapatriement unilatéral, et en août, lors d'une réunion ministérielle, Claude Morin avait annoncé sans équivoque à la presse que le gouvernement fédéral entendait agir unilatéralement. Même Romanow, en dépit de bonnes relations avec Chrétien*, se disputa ouvertement avec lui au sujet de l'insistance du fédéral concernant la Charte et sa politique sur les ressources naturelles. Des mois auparavant, des limites avaient été fixées, des alliances, formées et mises à l'épreuve, et des rancunes, suscitées. Aussitôt que les chefs se rencontrèrent à la table de conférence le lendemain matin, tout ce passé refit surface.

Lévesque se cala dans son fauteuil, sa fumée de cigarette l'enveloppant, et répondit avec indifférence d'un mouvement de tête ou de sa cigarette vers le cendrier aux interventions des premiers ministres et de Trudeau. Hatfield, du Nouveau-Brunswick, tenta, avec un peu trop

---

* Ils s'amusèrent à dire que Chrétien pourrait traduire les questions exprimées en français pour le bénéfice de son coprésident unilingue du Comité permanent des ministres sur la Constitution si Romanow acceptait de traduire les questions exprimées en ukrainien.

d'empressement, de se faire le plaisantin de service, cherchant le consensus à travers des blagues qui tombaient à plat. Lyon, du Manitoba, farouchement conservateur et aussi britannique que le Manitoba Club de Winnipeg au temps de l'Empire, exprima ces valeurs en les justifiant par la suprématie du Parlement sur les tribunaux. Bien moins conservateur, mais tout aussi attaché à la tradition parlementaire britannique, Blakeney alliait les soupçons qu'entretenaient les socialistes des Prairies à l'égard des libéraux à un esprit finement formé aux questions de droit qui, paradoxalement, avait aussi davantage confiance dans les politiciens que dans les juges. Le droit était un royaume très éloigné de l'univers du Britanno-Colombien Bill Bennett, à qui faisait défaut le style flamboyant de son père, mais pas son solide engagement envers les intérêts de sa province en matière de ressources naturelles. En cela, il était proche de certains autres premiers ministres, dont Brian Peckford de Terre-Neuve, qui arriva à la table avec en tête des rêves fiévreux de filons pétroliers en mer. Les richesses de l'Ontario, au contraire, ne résidaient plus dans les minéraux du Bouclier canadien, mais dans ses usines, dont les exploitants avaient grand besoin d'une énergie à faible coût. Ce besoin pressant alimenta l'intense conflit entre le terne premier ministre de l'Ontario « Brampton Billy » Davis, plus habile qu'il n'y paraissait, et Peter Lougheed de l'Alberta, dont l'opposition de longue date à de telles revendications était éloquente et catégorique.

Rétrospectivement, c'était un groupe étrange qui n'était pas en mesure d'arriver à une entente qui se rassembla au centre des congrès d'Ottawa. Seuls Trudeau et Lévesque étaient bilingues, à une conférence où l'enchâssement des droits linguistiques dans la charte proposée était une question fondamentale. Ils étaient aussi les seuls catholiques, la religion de 46 p. cent de la population, et les seuls participants à ne pas être d'origine britannique – une caractéristique que partageaient pourtant 56 p. cent des Canadiens. Tous les participants étaient des hommes d'âge moyen, également une minorité du point de vue de la démographie, et, à part Trudeau, aucun n'était d'allégeance libérale. Ces caractéristiques étaient tout sauf propices à une action concertée.

Pourtant, de profondes différences existaient aussi sous la surface de similitudes entre certains premiers ministres. Lougheed et Davis avaient tous deux été élus en 1971 : Davis, avant l'historique Conférence de Victoria, et Lougheed, peu après l'échec de cette conférence. Au départ, ils étaient amis. L'éloquent et charmant Lougheed avait été une des « vedettes » de la campagne ayant mené à l'élection de Davis le 21 octobre 1971*. Leurs routes s'étaient séparées au moment où l'OPEP avait bouleversé le milieu énergétique et où Lougheed avait voulu développer la part croissante de l'Alberta. En 1981, ils en étaient à avoir des mots durs l'un pour l'autre, leurs intérêts provinciaux et politiques ayant coupé court à leur fraternité conservatrice. Tandis que Lougheed se retrouvait souvent en train de plaider aux côtés du Québec en faveur de droits provinciaux, Davis entama la conférence de septembre par un appui ferme envers le gouvernement fédéral. La traditionnelle alliance Québec-Ontario céda le pas à une étrange entente Alberta-Québec. L'alliance de Davis avec Trudeau, toutefois, recelait quelques dangers politiques, et il fut accusé de vouloir introduire le bilinguisme officiel en Ontario. Il nia rapidement une telle possibilité – et fut sévèrement critiqué au Québec. Même le *Globe and Mail* souligna le contraste entre ses tactiques et le courage dont avait fait preuve Hatfield quand il avait demandé l'enchâssement du bilinguisme dans la charte[18].

Lougheed était généralement d'accord avec Lévesque, mais il n'exprima qu'indirectement ce soutien. Peckford, au contraire, mit en rage les fédéralistes quand il déclara qu'il se sentait plus proche de la vision qu'avait Lévesque du Canada que de celle de Trudeau. Le joueur important était néanmoins Lougheed, et Trudeau le défiait continuellement. Quand Lougheed déclara que la réponse fédérale aux demandes provinciales était « minimale et assez insignifiante », Trudeau répliqua du tac au tac que le gouvernement devrait dans ce cas retirer son offre de négocier la propriété des ressources en échange d'un marché commun canadien. Il rejeta fermement les plaintes de Lougheed au sujet de la centralisation en affirmant : « Nous savons tous que le Canada est la

---

* Davis était devenu premier ministre à la démission de John Robarts. Il remporta la course à la direction malgré son style oratoire terne et son air juvénile, qui en préoccupaient certains. Ministre ontarien de l'Éducation, il s'était acquis une réputation d'être le plus « rouge » des Bleus, notamment pour avoir fait la promotion du rapport Hall-Dennis, qui recommandait d'appliquer les solutions miracles des « années 1960 » à la mode pour « moderniser » le système éducationnel traditionnel de l'Ontario.

fédération la plus décentralisée au monde. Les provinces ont énormément de pouvoir en vertu de notre Constitution, plus de pouvoir que n'importe quel élément constitutif de n'importe quel autre gouvernement au monde. » Mais il plaida en vain. La conférence confirma les nombreuses différences au sein du Canada et, dans l'esprit de Trudeau, démontra la futilité d'une pénible recherche de consensus et la nécessité de faire avancer ses objectifs. Enfin, il mit un terme à la conférence, ferma violemment ses cahiers et avertit ces « messieurs » que ce n'en était pas terminé. Sterling Lyon déclara que Trudeau ne pouvait vraisemblablement pas aller de l'avant face à la dissidence des provinces, mais Romanow, qui avait travaillé de près avec Chrétien, affirma à la presse en quittant les lieux : « Ils vont le faire[19]. »

Et ils allaient effectivement le faire. Trudeau rencontra son caucus le 27 septembre. Les députés étaient toujours portés par l'enthousiasme des récents triomphes référendaire et électoral. Même ceux qui avaient douté de Trudeau en 1979 et ceux qui le pousseraient plus tard vers la sortie se tenaient fermement derrière leur chef quand celui-ci se leva et les informa qu'il n'avait pas le temps d'attendre. Il expliqua que les neuf « premiers ministres anglophones venaient d'endosser une liste d'exigences dressée par le Québec », rédigée par Lévesque et Morin, et que certains premiers ministres étaient si imbus de leur compréhension de la tradition parlementaire britannique qu'ils se joindraient à Lévesque pour résister à une charte intégrale permettant aux tribunaux de faire respecter les droits fondamentaux des citoyens. Il conclut son discours en prédisant une bataille épique pour l'obtention de l'intégralité de la Charte. Le caucus sentit bien l'importance du moment ; un membre québécois se leva et déclara : « Allons-y en Cadillac ! » Oui, ils utiliseraient un gros modèle nord-américain, dans lequel la Constitution ne se trouverait plus à Londres, les tribunaux et les corps législatifs seraient complètement souverains, la Charte enchâssant les droits fondamentaux l'emporterait sur les décrets législatifs, et la Cour suprême prendrait des décisions historiques qui modifieraient profondément la manière dont les Canadiens vivaient leur vie – tout comme la controversée Cour suprême des États-Unis l'avait fait dans l'après-guerre par ses arrêts historiques sur la ségrégation dans les écoles et les droits des prisonniers.

Le lendemain, Trudeau rencontra son Cabinet. Bien que les dossiers de cette réunion ne soient pas encore accessibles, peu de secrets, s'il en reste, demeurent. Trudeau avait averti le Cabinet avant la conférence de septembre avec les premiers ministres qu'ils auraient une rude lutte à mener au sujet de la Constitution et de la Charte : les chefs provinciaux s'opposeraient à eux vigoureusement, les Britanniques hésiteraient, et les opposants à l'enchâssement des droits linguistiques de la minorité anglaise au Québec ou des minorités françaises ailleurs au pays résisteraient âprement. En bref, il conclut : « Il se peut que nous déchirions ce satané pays par notre geste, mais nous allons le faire de toute façon[20]. » Le temps était épuisé, pour lui comme pour le pays. Conforté par le double mandat que lui avaient conféré sa victoire écrasante au Québec à l'élection de 1980 et le référendum, Trudeau était maintenant déterminé à remodeler son pays*. Certains membres du Cabinet connurent des hésitations : Pepin, sans surprise, le Franco-Ontarien Jean-Jacques Blais, qui avait peur d'une réaction brutale, le sénateur Ray Perrault, toujours imprévisible, et Charles Lapointe, un jeune ministre du Québec faisant partie d'un groupe de députés québécois mal à l'aise avec le fait de défier les nationalistes. L'idée d'un référendum pancanadien comme solution de remplacement à l'unilatéralisme fut brièvement soulevée, mais le Cabinet la rejeta. Les doutes se dissipèrent rapidement face à la détermi-

---

* Le chroniqueur Geoffrey Stevens, dans une chronique satirique intitulée « Too Many Traitors » (Des traîtres trop nombreux), imagina comment le conflit pourrait se développer dans un rapport fictif sur la manière dont les Américains pourraient couvrir la guerre politique canadienne : « Dans une entrevue exclusive avec NBC News au Banff Springs Hotel, le quartier général de Peter Lougheed, chef de la secte dissidente de l'Alberta, celui-ci a promis "d'établir la suprématie de sa province en matière de commerce interprovincial si ces batteurs d'enfants sacrilèges à Ottawa touchent une seule goutte de pétrole albertain de leurs sales mains pouilleuses". Pendant ce temps, à Ottawa, l'adjoint au ministre de la Guerre, John Roberts, a affirmé qu'il déploierait la flotte aérienne Jet Star au complet pour bombarder la Bibliothèque Diefenbaker en Saskatchewan, à moins que "cet infâme infidèle d'Allan Blakeney et ses troupes mangeuses de chèvres cessent de prélever des taxes indirectes d'ici à demain midi". Finalement, du lac Mousseau, où il s'est enfui pour échapper aux tirs d'obus intermittents sur la capitale par l'Armée de l'air de l'Île-du-Prince-Édouard, le premier ministre Trudeau a annoncé que tout collaborateur des provinces qui survit à "l'interrogatoire" sera jugé pour "crimes contre l'unité nationale" une fois la guerre de Cinquante-trois ans terminée. » [Traduction libre] *Globe and Mail*, 27 sept. 1980.

nation de Trudeau et à l'exubérance du caucus. Les libéraux s'étant mis d'accord, Trudeau tenta de trouver des alliés pour le soutenir là où son gouvernement avait des faiblesses. Il invita donc le chef du NPD Ed Broadbent à s'entretenir avec lui le 1er octobre 1980[21].

Broadbent, comme on le sait, avait rejeté la proposition antérieure de Trudeau de former une coalition avec le NPD. De plus, le parti se trouvait en présence de défis internes majeurs, étant divisé entre les députés de l'Ouest qui se méfiaient des libéraux, du Québec et du bilinguisme et les députés du centre et de l'Est qui appuyaient le rapatriement, la taxation des ressources, la Charte des droits et le bilinguisme officiel. Au cours de l'été, des députés tels que Bob Rae, à l'aise dans les deux langues, avaient exprimé leur soutien envers le projet de Trudeau, tandis que les députés de l'Ouest étaient beaucoup moins enthousiastes[22]. La relation entre Trudeau et Broadbent était difficile, peut-être en raison du passé néo-démocrate de Trudeau, mais plus vraisemblablement parce que le NPD et les libéraux se battaient pour les mêmes électeurs. Au cours de cet entretien, Trudeau déclara à Broadbent qu'il avait l'intention d'aller de l'avant, de rapatrier la Constitution et d'y enchâsser une charte, sans tenir compte de l'opposition des provinces. Broadbent accepta d'appuyer l'initiative si quelques modifications y étaient apportées de façon à accorder aux provinces une plus grande maîtrise des ressources et ainsi apaiser les socialistes de la Saskatchewan.

Cependant, Broadbent n'avait pas suffisamment consulté ses députés. Sa décision causa une tempête dans son parti, Blakeney menant la salve de critiques et l'accusant de trahison et d'ignorance. Un de ses propres assistants confia à la biographe Judy Steed : « Ed a négligé de flatter l'ego du parti à un moment décisif. Il a totalement oublié de jouer le jeu de la politique. Et c'est ce qui lui a causé tant d'emmerdements. » David Lewis, qui soutint Broadbent, était en profond désaccord avec son fils, Stephen, qui prit le parti de Blakeney, et quatre députés de l'Ouest s'opposèrent ouvertement à leur chef. Néanmoins, l'engagement fut maintenu[23].

Réconforté par l'enthousiasme de son caucus et armé du soutien de Broadbent, Trudeau fit une apparition télévisée le 2 octobre 1980 et annonça son plan de rapatrier unilatéralement la Constitution. C'était le soir du combat entre Larry Holmes et Mohamed Ali, lors du quatrième retour de ce dernier. Ce combat eut un résultat plus rapide et plus net – la seule défaite d'Ali par KO technique – que celui qui avait commencé à faire rage dans les tribunes politiques du Canada. Le discours de Trudeau portait sur trois éléments distincts : le rapatriement de la Constitution, une charte des droits et libertés enchâssant les droits des minorités en matière de langue et d'éducation, qui aurait force obligatoire pour tous les gouvernements, et une méthode en vue d'arriver à une formule de modification de la Constitution. Trudeau déclara que tout groupe qui s'opposerait à ce plan « se ridiculiserait aux yeux du monde ». Le chef conservateur Joe Clark manifesta immédiatement une profonde dissidence, dont se firent l'écho non seulement le chef du Parti libéral du Québec Claude Ryan, mais aussi le premier ministre René Lévesque. Leurs objections les plus importantes concernaient le refus de Trudeau d'offrir dans ce marché de nouveaux champs de compétence aux provinces ou un « statut spécial ». Broadbent offrit son appui, comme prévu, bien qu'il exprimât sa déception concernant les dispositions limitées relativement à la maîtrise des ressources naturelles par les provinces. Le lendemain matin, William Davis de l'Ontario prit ses distances d'avec Clark et annonça qu'il soutiendrait le plan de Trudeau. Peter Lougheed, après avoir consulté Bill Bennett, annonça furieusement : « Nous nous défendrons de toutes les façons imaginables. » On ne prenait plus de gants blancs[24].

Les propositions de Trudeau comprenaient bien quelques gestes conciliants envers les provinces. On n'exigerait pas de l'Ontario qu'elle devienne officiellement bilingue, la Saskatchewan et l'Île-du-Prince-Édouard seraient exemptées des restrictions sur la vente de terres, et les dispositions relatives au libre-échange entre les provinces étaient abandonnées – une exclusion contre laquelle la Chambre de commerce du Canada protesta et que devaient plus tard regretter Trudeau et de nombreux autres. Ces concessions furent vite balayées du revers de la main par ses adversaires, qui se concentrèrent sur la « centralisation » implicite dans la Charte. À l'origine des attaques virulentes de Joe Clark contre Trudeau et les changements constitutionnels, il y avait le solide soutien qu'obtenait son parti dans l'Ouest, ses espoirs d'une percée conservatrice au Québec et, en particulier, les menaces qui pesaient de plus en plus sur son propre leadership au sein de son parti. En septembre 1980, alors que Clark préparait sa réaction, Brian Mulroney, candidat défait à la direction en 1976, prononça une allocution publique qui prônait la revigoration du parti et

une base solide au Québec. Mulroney, comme presque tous les anglophones du Québec, appuyait la charte proposée. Ainsi, tout en se tournant
vers l'avenir, Clark devait aussi surveiller ses arrières. Lougheed, lui aussi,
s'était mesuré à lui quand les conservateurs étaient au pouvoir, mais le
premier ministre de l'Alberta comptait maintenant beaucoup sur Clark
dans le duel qui les opposait aux auteurs des réformes constitutionnelles[25].

Peu de temps après, un second front s'ouvrit dans la guerre fédérale-
provinciale. Le 28 octobre 1980, le ministre des Finances Allan MacEachen
se leva dans la Chambre : de son ton lent et de sa voix profonde, il dévoila
le Programme énergétique national (PEN) – un plan qui causa ce qui dut
être la plus grande controverse économique depuis la Politique nationale
de John A. Macdonald un siècle plus tôt. Le PEN souleva rapidement
l'Ouest contre l'Est et les fournisseurs de ressources énergétiques contre
les industries, tout en remplissant les coffres du gouvernement central.

Il est plus facile de comprendre le Programme énergétique national, tout comme la Politique nationale en son temps, à travers ses aspects
politiques qu'à travers ses détails économiques, bien que les deux éléments se trouvent au cœur de ses origines et de ses effets. Marc Lalonde,
ministre de l'Énergie au moment où MacEachen introduisit sa politique,
attire notre attention sur les arguments économiques et politiques en
faveur du PEN dans sa défense ultérieure du programme. Clark, affirme-
t-il, avait vécu des négociations difficiles avec l'Alberta – son ministre
des Finances, John Crosbie, avait même appelé Lougheed « Bokassa II »,
en référence à l'empereur fou de la République centrafricaine –, et les
libéraux étaient, à leur retour au pouvoir, déterminés à en finir avec
l'« image de confusion et de futilité » qu'ils avaient projetée avant leur
défaite de 1979. De plus, le PEN s'appuyait entièrement sur un discours de
campagne de Trudeau tenu en janvier 1980, qui avait promis un prix « fait
au Canada » pour le pétrole, l'expansion de Petro-Canada, la sécurité
énergétique par le biais de l'exploitation du pétrole dans l'Arctique et en
mer, une propriété canadienne accrue du secteur énergétique et l'intégration de l'énergie dans la politique industrielle du Canada. « En
Alberta, le document [eut] l'effet d'une bombe. La province pétrolifère

[resta] un moment sous le coup de la stupéfaction tandis que les retombées du texte se [propageaient] lentement à travers le continent[26]. »

Pour Lougheed, le PEN, qui s'ajoutait à la menace de rapatriement
unilatéral de la Constitution planant depuis la fin septembre, fut la goutte
d'eau qui fit déborder le vase. En colère, crispé et extrêmement méfiant
du gouvernement fédéral, il associait les propositions constitutionnelles à
ce qu'il considérait maintenant comme une atteinte fondamentale à la
propriété des ressources des provinces. Même avant la prise de pouvoir
par ses conservateurs en Alberta en 1971, Lougheed avait affirmé que la
pleine maîtrise de l'Alberta sur ses ressources naturelles était essentielle et
il avait critiqué son prédécesseur du Crédit social pour avoir échoué à
défendre les intérêts de l'Alberta lors de la Conférence de Victoria sur la
Constitution. Le PEN, bien qu'il ne contestât pas la propriété de l'Alberta,
revendiquait tout de même le droit d'Ottawa de réglementer le prix, la
taxation et le commerce international des ressources. Les économistes
parlèrent de débat sur les rentes, mais, pour les journalistes de divers
médias, il s'agissait non pas d'un obscur concept, mais plutôt d'un combat
d'Ottawa contre Edmonton, de Toronto contre Calgary, de Trudeau
contre Lougheed, de Galbraith contre Friedman et des pauvres contre les
riches. Les unes et les caricatures à ce sujet furent souvent grossières,
mais elles constituaient une certaine approximation de la réalité. Au fond,
le PEN était politique : il précisait qui aurait quoi, quand et comment[27].

Le 4 novembre, une semaine exactement après que MacEachen et
Lalonde eurent présenté le PEN, Ronald Reagan remporta la victoire à
l'élection présidentielle des États-Unis et, dans son discours inaugural, mentionna son « intention de réduire la taille et l'influence de l'effectif fédéral et
d'exiger la reconnaissance de la distinction entre les pouvoirs accordés au
gouvernement fédéral et ceux réservés aux États ou aux personnes[28] ». Le
PEN, son interventionnisme, sa promesse nationaliste de reconquérir la propriété du secteur énergétique canadien et la manière dont il favorisait les
entreprises canadiennes par rapport aux multinationales apparurent soudain comme un affront direct à la nouvelle administration américaine.
Lougheed, bien entendu, le remarqua, de même cependant que son voisin
socialiste Allan Blakeney, dont la vive opposition aux réformes constitutionnelles de Trudeau se trouvait maintenant intensifiée par la position agressive
du fédéral en matière de politique énergétique. Bien que la majeure partie

du milieu des affaires de l'Ontario et de la presse s'opposât vigoureusement au PEN, essentiellement parce qu'elle lui préférait le nouveau conservatisme, le premier ministre Davis reconnut que la baisse des prix du pétrole et l'accent mis sur le nationalisme canadien étaient populaires parmi ses électeurs. Il ne se plaignit donc que modérément au sujet du PEN et continua d'appuyer les libéraux fédéraux au sujet de la Constitution.

Au Québec, comme toujours, la situation politique était plus complexe. Le gouvernement social-démocrate de Lévesque s'opposait à la position antigouvernementale de Reagan et était favorable aux aspects de répartition égale des richesses du PEN, en particulier à la réglementation canadienne des prix du pétrole et à la perception de taxes plus élevées auprès des producteurs. Néanmoins, Lévesque et Lougheed trouvèrent dans la décentralisation et les droits des provinces un terrain d'entente. D'ailleurs, l'influent journal conservateur *Alberta Report* de Ted Byfield déclara que les représentants du gouvernement provincial avaient conclu juste avant le référendum qu'une victoire du « oui » serait favorable à l'Alberta étant donné qu'elle ébranlerait les ambitions «centralisatrices» de Trudeau et affaiblirait l'Ontario. Aucun homme politique de la province, ajouta le magazine, n'osait rendre publics de tels points de vue, mais ils étaient largement partagés[29]. Embrouillant encore la situation, l'économie s'enlisait dans la pire récession depuis la Grande Dépression. Le taux de chômage atteignait une moyenne de 7,5 p. cent et augmentait chaque mois; en 1982, il en serait à plus de 12 p. cent. Le taux hypothécaire sur cinq ans stagnait à 18,38 p. cent, et l'inflation, à 12,4 p. cent. L'indice dit *d'appauvrissement* étant à l'époque à son point le plus élevé de l'histoire canadienne, la période n'était pas propice à un remodelage facile du pays*.

---

* On peut voir les forces qui sous-tendent ces différences politiques lorsqu'on compare le produit intérieur brut moyen par habitant et son équivalent au niveau des provinces: en 1971, l'Ontario se positionnait à 117,8 p. cent de la moyenne canadienne; le Québec, à 90,1 p. cent; l'Alberta, à 107 p. cent; et la Saskatchewan, à 83,3 p. cent. En 1981, les données comparatives étaient: pour l'Ontario, 102,7 p. cent; le Québec, 86 p. cent; l'Alberta, 157,2 p. cent; et la Saskatchewan, 103 p. cent. Comme on peut s'y attendre, Trudeau insista pour que la réforme inclue une formule de péréquation parmi les provinces. *Annuaire du Canada* (Ottawa: Statistique Canada, 1994), p. 614. Le «Misery Index» (indice de pauvreté) créé par l'économiste américain Arthur Okun combine les taux d'inflation et de chômage. Cet indice a été à son niveau le plus élevé au cours de la période 1979-1981, selon une étude rapportée par la chroniqueuse Ellen Roseman. *Toronto Star*, 24 mars 2008.

Trudeau savait qu'à aucun moment ce ne serait facile. Cependant, à la différence de la confusion qui s'était installée lors de la faillite des approches keynésiennes dans les années 1970, la décennie 80 semblait apporter des choix clairs. D'un côté, il y avait les monétaristes et les tenants de la théorie de l'offre, de plus en plus étroitement liés aux néo-conservateurs, qui considéraient qu'une aide sociale excessive était propre à miner et à démoraliser toute société; de l'autre, il y avait les sociaux-démocrates et les interventionnistes libéraux, qui continuaient de compter sur l'État pour mener la création d'une société plus équitable et plus juste même s'ils reconnaissaient l'échec de certaines politiques d'aide sociale en particulier. Le PEN constituait ainsi une vaste réponse aux défis économiques que devait relever le gouvernement. Le gouvernement fédéral croyait que les prix de l'énergie continueraient d'augmenter de façon spectaculaire tout au long de la décennie et il souhaitait obtenir plus de revenus afin de soutenir des programmes tels que le régime d'assurance-maladie, dont les coûts grimpaient sans cesse, et d'aider les régions les plus pauvres du pays. L'énergie semblait être la clé du moteur qui assurerait un avenir financier stable aux provinces de l'Ouest, en particulier l'Alberta et la Saskatchewan, et, simultanément, produirait d'abondants nouveaux revenus pour le gouvernement fédéral, dont les dépenses s'accroissaient rapidement et le déficit budgétaire avait gonflé. Le conflit était inévitable.

Lalonde et MacEachen s'entourèrent de jeunes et brillants analystes qui avaient été attirés à Ottawa pendant les premières années Trudeau, quand tant de choses semblaient possibles et la science gouvernementale, fascinante. Ed Clark, le fils du plus éminent sociologue canadien, S. D. Clark, était un économiste en devenir qui avait écrit sa thèse de doctorat à Harvard sur le socialisme tanzanien. Il dirigea la rédaction du PEN. Mickey Cohen, un fiscaliste qui avait été sous-ministre de l'Énergie, des Mines et des Ressources sous Joe Clark, orienta le PEN à travers le maquis bureaucratique de ses collègues. Il assura aussi la collaboration d'Ian Stewart, un ancien boursier de Rhodes qui, en tant que sous-ministre des Finances, recherchait une voie intermédiaire entre celle des keynésiens et des tenants de l'interventionnisme libéral du cercle de Trudeau et celle des nombreux monétaristes et des quelques tenants de la théorie de l'offre de la Banque du Canada et du ministère des Finances. Aux côtés de Lalonde durant toute cette période se trouva son chef de cabinet, Michael Phelps, un jeune Manitobain titulaire d'une maîtrise en droit de la London School of Economics*. Possédant l'énergie de la jeunesse et les aptitudes oratoires qu'il fallait pour vaincre leurs adversaires, les jeunes économistes et avocats qui planchaient sur le dossier de l'énergie formaient un régiment analogue à celui réuni autour de Michael Kirby pour le dossier constitutionnel. Ensemble, ils marchèrent vers leur plus grand défi, alors que l'économie vacillait et que la réforme constitutionnelle semblait menacée en ces premiers mois de 1981.

⌐

---

* Ed Clark était l'une des cibles particulières du journaliste Peter Foster, qui attribua la trop grande portée du PEN à une « élite bureaucratique » qui, « si elle était réellement au travail (…) serait probablement dans le groupe des avocats ou des universitaires ». Cette élite n'avait pas servi dans les tranchées de la fonction publique comme les mandarins d'avant l'avaient fait. Foster affirme avec justesse qu'il y avait « un esprit de compétition féroce chez ces gens. Le jeu consistait à trouver les domaines clés de la politique et d'être celui ou celle qui aurait les idées brillantes. » Clark, selon Foster, en vint à être perçu, « particulièrement en Alberta, comme la quintessence du parti-pris anti-commercial et interventionniste d'Ottawa, et comme le moteur principal de la résurgence d'un farouche sentiment nationaliste ». À Calgary, il jouissait d'une « notoriété jamais encore accordée à aucun fonctionnaire ». Sa thèse sur le socialisme tanzanien fut « photocopiée et distribuée à l'ensemble des membres du Petroleum Club de Calgary, avec "un choix de passages cités" surlignés en jaune criard ». Peter Foster, *The Sorcerer's Apprentices*: *Canada's Super-Bureaucrats and the Energy Mess* (Toronto: Collins, 1982), p. 52, p. 74-75.

Chose intéressante, les « socialistes » des coulisses d'Ottawa connurent beaucoup de succès dans les salles du conseil de sociétés privées. Clark devint par la suite le président et chef de la direction de la Banque TD ; Phelps devint le chef de la direction de Westcoast Transmission et président de Duke Energy aux États-Unis (après avoir organisé la vente de la société canadienne du géant américain de l'énergie) ; et Cohen devint le chef de la direction de Molson et directeur au sein de bien d'autres sociétés, y compris de la Banque TD. Ils ont pu sans difficulté transférer leurs compétences manifestes hors de l'appareil gouvernemental, ce qui témoigne aussi de l'exceptionnelle qualité des jeunes fonctionnaires en poste à Ottawa dans les premières années du gouvernement Trudeau. La fascination de Trudeau et de Pitfield envers les théories intellectuelles et les conceptions systémiques n'est peut-être pas transférée facilement dans l'exercice du gouvernement, mais elle a attiré de nombreux jeunes intellectuels qui ont partagé la conviction du temps qu'on pouvait améliorer le gouvernement.

Le jour du Nouvel An 1981, le chroniqueur politique du *Globe and Mail* Jeffrey Simpson fit ses adieux à 1980 dans une chronique intitulée « Le PM avait le champ libre : l'année la plus pénible pour le Canada ». Les douze mois à venir, clamait-il, s'annonçaient sous les mêmes auspices. Simpson associait la lourde résistance des provinces productrices d'énergie et du Québec à la tentative de Trudeau de « réaffirmer la primauté du gouvernement fédéral ». Face au déficit budgétaire en augmentation, qui avait atteint 11 milliards en 1980, à un manque de revenus et à des inégalités croissantes, Ottawa réclamait sa juste part d'un gâteau énergétique de plus en plus gros. Trudeau était en assez solide position : « On lui laisse le champ plus libre qu'un premier ministre peut raisonnablement l'espérer pour accomplir sa vision du pays en exerçant son pouvoir politique. » Or, plus que jamais, Trudeau avait compris l'utilité du pouvoir.

Toutefois, il en était de même des provinces et de ses adversaires. Peu après l'annonce du PEN, Lougheed donna trois efficaces attaques : un défi constitutionnel au sujet de la taxe sur le gaz naturel, une réduction organisée des expéditions de pétrole aux autres provinces et un gel de l'exploitation des sables bitumineux, dont le PEN encourageait l'exploitation. Le Petroleum Club et les émissions-débats à la radio en Alberta acclamèrent le premier ministre, et les autocollants sur les voitures déclarèrent « *Let the Eastern Bastards Freeze* » (Laissons geler ces salauds de l'Est), mais Lalonde avait inclus des dispositions dans le PEN qui séduisaient des joueurs clés de l'Alberta. Ces entrepreneurs et leurs avocats voyaient à juste titre la disposition selon laquelle la propriété canadienne devait être de 50 p. cent sur les terres publiques – ces zones potentiellement riches sous contrôle gouvernemental – comme très avantageuse. Dome Petroleum, Nova et Petro-Canada se plaignirent donc des nouvelles taxes sur le gaz et le pétrole, mais ne s'associèrent pas à la dénonciation générale que faisait Lougheed du PEN. L'influent Bob Blair de chez Nova, une figure importante du secteur pétrolier, révéla publiquement son allégeance libérale et demeura en contact étroit avec Trudeau et Lalonde. Jack « le souriant » Gallagher de chez Dome fut le plus enthousiaste au sujet de l'acquisition de sociétés pétrolières étrangères, pressées de quitter le Canada à la suite de l'annonce du PEN. Bien installée dans une nouvelle tour au cœur de Calgary, surnommée le « carré rouge » par ses détracteurs, la société Petro-Canada, une créature du gouvernement Trudeau, ne put que se réjouir de son rôle accru en vertu du PEN.

Toutes ces sociétés rechercheraient avidement les subventions du programme d'encouragement pétrolier, qui favorisait le délaissement des ressources traditionnelles de l'Alberta au profit de l'exploration des terres publiques. Le PEN cherchait ainsi à imposer la fin de la domination qu'exerçait l'Alberta sur le marché du pétrole et du gaz par la création de ressources en mer et des activités de développement à la frontière nord. À cette fin, le « nouveau » pétrole recevait un traitement plus généreux que le « vieux » pétrole[30].

Les discours se faisaient amers, et les attaques, personnelles. Cela commença à inquiéter Lougheed, dont le patriotisme canadien n'avait jamais été mis en doute, bien que sa colère contre Ottawa fût profonde. Il confia discrètement à son ministre de l'Énergie, Merv Leitch, qu'il vaudrait mieux négocier une entente avec Ottawa sur le partage des revenus. Après l'incident des otages en Iran et la démonstration fraîche de la puissance de l'OPEP quant à la fixation des cours mondiaux, ni Ottawa ni Edmonton ne doutaient du fait que les prix de l'énergie continueraient d'augmenter tout au long de la décennie ou que le « nouveau » pétrole et le « nouveau » gaz se mettraient à couler. En bref, les fonds à se partager seraient abondants. De plus, la Colombie-Britannique et la Saskatchewan, bien que beaucoup moins importantes dans le secteur de l'énergie, étaient les alliées sans conteste de Lougheed. Toutefois, dans le cas de la Saskatchewan, la proximité croissante entre Roy Romanow et Jean Chrétien dans le règlement des détails constitutionnels compliquait la situation. Pendant que Chrétien insistait auprès de Romanow pour qu'il participe au rapatriement, Blakeney se tint fermement aux côtés de Lougheed – tant et tant que Chrétien, qui avait du respect pour Lougheed, crut que le socialiste de la Saskatchewan « hésitait à contredire » le conservateur albertain. Inévitablement, les deux domaines continuèrent de se mêler au cours de l'hiver et du printemps 1981, période où les sujets de l'énergie et de la Constitution dominèrent la vie politique du Canada[31].

Trudeau se préoccupait davantage de la Constitution que du PEN. Il pressa donc Lalonde d'en arriver à une entente avec les provinces productrices. De son côté, Lougheed s'impatientait lui aussi de conclure une entente au sujet du PEN, afin de retrouver la stabilité. Néanmoins, la situation menaçait de dégénérer. Le très fiable Don Braid, de l'*Edmonton Journal*, rapporta le 16 janvier 1981 que plusieurs députés conservateurs de l'Ouest avaient ouvertement avancé l'idée de la séparation en caucus. Aucunement séparatiste, Lougheed prit conscience que le nouveau Fonds du patrimoine de l'Alberta, la richesse démesurée de la province et les graves problèmes dans les grands centres industriels de l'Ontario pourraient dresser le reste du pays contre l'Alberta, et les Albertains, contre le Canada lui-même. Le résultat d'une telle isolation pourrait prendre la forme d'une disposition dans la Constitution qui serait nuisible aux intérêts de l'Alberta. En somme, les deux parties furent confrontées à des pressions en vue d'un compromis, en particulier quand la Cour d'appel de l'Alberta statua en mars que la nouvelle taxe d'accise fédérale sur le gaz naturel n'était pas de compétence fédérale. Ottawa fit immédiatement appel, mais la décision fut un coup dur porté au PEN. Puis, en avril, l'Alberta réduisit sa production et la circulation du pétrole albertain vers le reste du Canada, et le gouvernement fédéral réagit par la « taxe Lougheed » (une taxe spéciale d'un cent et demi par litre sur l'essence et les autres produits pétroliers, afin de compenser le coût de l'achat de pétrole étranger). Avant la fin du mois, Lalonde et Merv Leitch se rencontraient. Ils s'arrangèrent rapidement pour résoudre les 150 éléments en litige entre le gouvernement fédéral et l'Alberta[32].

Cet été-là, le gouvernement fédéral continua à la fois de railler les Albertains et de chercher à leur plaire. La Chambre des communes siégea tard dans l'été, et on perdit son sang-froid régulièrement, y compris Trudeau. Les crises et les désastres s'accumulèrent. Le 9 juillet, Imperial Oil suspendit le travail au projet Cold Lake (qui était subventionné par un prêt fédéral de 40 millions de dollars depuis janvier) parce qu'il ne détenait aucune entente sur le prix du pétrole extrait des sables bitumineux. Lalonde, avec l'appui de Trudeau, déclara aux Communes que le gouvernement « ne cédera[it] au chantage » d'aucune société pétrolière. Ce à quoi un député du nord de l'Alberta répondit : « Est-ce que cette décision est juste pour les habitants du nord-est de l'Alberta ? Ne sont-ils pas des Canadiens eux aussi ? » Lalonde se fit moins inflexible pourtant quand ce fut Jack Gallagher de Dome qui se plaignit que les subventions d'encouragement de l'exploration à la frontière étaient insuffisantes. Il les révisa promptement et consulta régulièrement Gallagher et Blair de Nova pour s'assurer qu'Ottawa conservait des alliés. En leur compagnie, Lalonde portait même un chapeau de cow-boy, buvait du whisky albertain et courtisait de plus petites sociétés canadiennes. Mais tout semblait fait en vain : les sondages indiquaient régulièrement que les Albertains se tenaient fermement derrière leur premier ministre dans l'opposition tant au PEN qu'aux réformes constitutionnelles et, bien sûr, aux libéraux[33].

Quand l'Alberta restreignit sa production pour la seconde fois en juin, le gouvernement fédéral réagit à nouveau par une taxe, cette fois de 1,6 cent par litre. À l'approche d'une troisième diminution le 1er septembre 1981, l'intensification des pressions força les deux parties à abandonner les combats. L'entente fédérale permit à l'Alberta de gérer les subventions du programme d'encouragement pétrolier et empêcha ainsi le gouvernement central de se mêler de nombreuses ententes commerciales albertaines. Celui-ci céda aussi son droit de taxer les exportations de gaz naturel et accepta une formule compliquée qui séparait le « vieux » pétrole du « nouveau » pétrole extrait des sables bitumineux, en mer et à la frontière arctique. En conséquence, le prix du pétrole canadien se rapprocha des cours mondiaux, mais cela signifiait aussi que le gouvernement fédéral obtiendrait du filon énergétique les revenus qu'il souhaitait et dont il avait grandement besoin.

Pour les consommateurs canadiens, l'accord signifiait que le prix du pétrole triplerait et que le prix du gaz naturel doublerait en cinq ans. La première augmentation de 0,4 cent par litre devait entrer en vigueur le 1er octobre, à l'expiration de la « taxe Lougheed ». De plus, selon l'entente, un système à deux niveaux persisterait, dans lequel le « vieux » pétrole demeurerait sous les cours mondiaux, contrairement aux prix du « nouveau » pétrole. Il y aurait une répartition des revenus fiscaux par laquelle l'« industrie », dont la majeure partie serait sous contrôle canadien grâce au PEN, recevrait 44,2 p. cent, l'Alberta, 30,3 p. cent, et le gouvernement fédéral, 25,5 p. cent – par rapport à environ 10 p. cent attribués au gouvernement fédéral avant le budget décisif d'octobre 1980. Après les attaques et les débats violents, la partie la plus appréciée de l'accord fut l'engagement du gouvernement fédéral à ne pas apporter de changements fiscaux durant son mandat. Alors que la bataille sur le rapatriement grondait toujours, Trudeau déclara : « En conformité avec la longue tradition du fédéralisme canadien, nous avons négocié avec opiniâtreté et nous avons trouvé un compromis – un terme bien canadien – un compromis qui est à l'avantage tant du peuple de l'Alberta que de l'ensemble du peuple canadien. » En première page des journaux canadiens, un Trudeau radieux serrerait les mains solides de Lougheed, et les deux hommes échangeaient un regard chaleureux. Dans une autre photo qui fut publiée ultérieurement, Lougheed et Trudeau portaient un toast au champagne, juste après la conclusion de l'entente. Mais l'idylle fut de courte durée.

Lougheed regretta par la suite cette photo, qui avait figé dans le temps un moment au cours duquel le profond désaccord entre l'Alberta et Ottawa semblait avoir pris fin. La désintégration du PEN fit rapidement oublier la fête. Les hypothèses au sujet des prix de l'énergie, formulées avec tant de soin par tout un troupeau d'économétriciens, se révélèrent complètement fausses. Même au moment où les analystes étudiaient de près les amples détails de l'entente, il y avait des doutes. Jeff Sallot déclara dans le *Globe and Mail* du 2 septembre qu'un certain nombre de points demeuraient « flous » ; plus inquiétants encore étaient les prix comme tels du pétrole : « Le gouvernement de l'Alberta mise sur le fait que les cours mondiaux du pétrole continueront de monter à la même vitesse ou à peu près qu'ils l'ont fait par le passé, alors que le gouvernement fédéral reconnaît tacitement qu'il y a en effet un certain lien entre les prix du brut intérieurs et étrangers. » Le *Globe* imprima le même jour une carte détaillée indiquant que le prix du pétrole à la consommation passerait de 27,30 $ le 1er septembre 1981 à 68,70 $ le 1er juillet 1986, mais cette supposition découlait principalement de l'attitude incertaine de l'OPEP, au sein de laquelle les fondamentalistes islamiques et les fantasques dictateurs libyens jouaient un rôle majeur.

Sur ces fragiles fondations, les fonctionnaires du ministère des Finances commencèrent à préparer le budget de l'automne, croyant que les principales incertitudes entourant le secteur de l'énergie avaient été levées[34]. L'entente avec les provinces productrices semblait avoir garanti des revenus futurs au gouvernement fédéral. Comme le démontrait une analyse de l'époque, l'augmentation des prix du pétrole signifiait que le gouvernement fédéral serait le plus avantagé en vertu de l'entente[35]. L'inverse était aussi vrai : les coffres du gouvernement seraient les plus touchés par une éventuelle chute des prix. À l'automne 1981, toutefois, aucun commentateur sérieux ne croyait que les cours baisseraient. Les fonctionnaires des Finances poursuivirent donc leur préparation d'un budget qui proposerait une révolution du système fiscal canadien, convaincus que les revenus étaient assurés. Mais, comme c'est souvent le cas en ce qui concerne les hypothèses économiques, la suite des choses confondit les prophètes et les politiciens.

⤸

Une année, à peu près jour pour jour, s'était écoulée depuis que Trudeau avait fait l'annonce télévisée, en octobre 1980, de son intention de rapatrier la Constitution. Cette déclaration et les turbulences qu'elle causa se mêlèrent aux bagarres énergétiques et traversèrent directement les provinces de l'Ouest. Là-bas, Lougheed mena l'opposition au rapatriement unilatéral de la Constitution et demanda du même souffle que la propriété provinciale des ressources naturelles fût enchâssée dans la version révisée de la Constitution.

Lougheed avait encore davantage perturbé les plans fédéraux par une proposition qu'il avait faite presque sans réfléchir au cours de la conférence fédérale-provinciale de septembre 1980 sur le rapatriement. En 1971, alors qu'il préparait une déclaration des droits provinciale dans le style de la loi fédérale de John Diefenbaker, Lougheed, en tant que nouveau premier ministre de l'Alberta, avait eu une rencontre avec Merv Leitch, alors son procureur général, qui lui avait affirmé que la loi proposée devrait comprendre une « disposition dérogatoire ». « Qu'est-ce que c'est que ça ? » avait demandé Lougheed. Leitch lui avait expliqué qu'une telle disposition serait nécessaire si le gouvernement souhaitait proposer une loi contraire aux droits que contiendrait la Déclaration des droits de l'Alberta. Neuf ans plus tard, quand les premiers ministres des provinces et le premier ministre s'étaient rassemblés à Ottawa pour leur première conférence des chefs et que les premiers ministres Lyon et Blakeney avaient exprimé leur opposition à la charte de Trudeau sur la base de la suprématie du Parlement dans la tradition britannique, Leitch était de nouveau allé parler en privé avec Lougheed, lui suggérant de « propose[r] une disposition dérogatoire semblable à l'article 2 de [la] *Déclaration* [*des droits de l'Alberta*] ». Cette intervention avait été cruciale, même si Lougheed découvrit par la suite que ses homologues n'avaient eu sur le moment aucune idée de ce dont il parlait[36].

En dépit de la confusion, l'idée d'une disposition dérogatoire par laquelle les corps législatifs pourraient ignorer les dispositions de la charte obtint un soutien rapide. Elle se combina à d'autres forces qui modifièrent fondamentalement le processus entamé en octobre 1980. L'annonce du rapatriement par Trudeau avait immédiatement déclenché un violent débat aux Communes avec Joe Clark, un des orateurs parlementaires les plus efficaces de son époque, qui dirigeait l'opposition à la proposition. L'enjeu était complexe, mais le débat s'axa sur la Charte des droits et libertés, qui comprenait les articles 1 à 30 du projet de loi sur le Canada. Les articles 16 à 23 étaient ceux qui importaient le plus à Trudeau. Ils portaient sur la question linguistique et avaient été astucieusement élaborés à partir des éléments sur l'éducation de la disposition dite « pancanadienne » proposée par Lévesque en 1977. Ces articles stipulaient que les citoyens canadiens dont la langue maternelle était l'anglais ou le français pouvaient demander à ce que leurs enfants soient éduqués dans cette langue durant leurs années pré-universitaires, dans la mesure où les places dans les écoles le permettaient. Une autre partie contestée était la partie introductive, qui prévoyait une période provisoire durant laquelle l'unanimité serait requise. Si une entente n'était pas conclue à la fin de cette période, un référendum national serait tenu, selon la formule acceptée à Victoria en 1971 par toutes les provinces sauf le Québec*.

Il y avait d'autres contentieux, de même que des questions sans réponse. En peu de temps, les Autochtones, les femmes, les universitaires,

---

* Cette formule compliquée exigeait l'approbation du Sénat et de la Chambre des communes, de la législature de chacune des provinces comptant 25 p. cent de la population, de deux des provinces de l'Ouest comptant la moitié de la population des quatre provinces de cette région, et de deux des provinces de l'Atlantique comptant la moitié de la population de cette région. Sinon, on pouvait tenir un référendum, avec l'approbation de l'ensemble de la population et une majorité dans chacune des provinces comptant 25 p. cent de la population, et une fois encore de deux des quatre provinces, dans les régions de l'Ouest et de l'Est. Il y avait d'autres détails, mais les provinces craignaient l'option référendaire, et le gouvernement fédéral s'inquiétait des complications du système.

les représentants des affaires, les constitutionnalistes et monsieur Tout-le-monde se précipitèrent devant le comité parlementaire mixte mis sur pied pour entendre les réactions des Canadiens à la proposition. Le comité, sous la direction du sénateur Harry Hayes de Calgary et du député québécois Serge Joyal, prévoyait clore les audiences au début de décembre, afin d'accélérer l'adoption de la résolution au Parlement britannique. Leur plan tomba vite à l'eau, probablement parce qu'ils avaient décidé de faire téléviser les audiences à une époque où, selon le fameux mot d'Andy Warhol, chacun recherchait ses quinze minutes de gloire. Les opinions des observateurs furent largement divisées quant aux résultats de la consultation. Edward McWhinney, un expert en droit constitutionnel, porta un jugement sévère : « Quand on prend connaissance de la liste [de témoins] du comité, il est difficile de ne pas en conclure qu'elle pèse lourdement en faveur des plus agressifs, de ceux qui savent le mieux se faire entendre et qui s'expriment sans retenue, ainsi que des mieux financés parmi notre armée naissante de groupes de pression et de lobbying nationaux. On a constaté un manque d'équilibre – ethnique, culturel, religieux, politique, idéologique et, surtout, linguistique et régional – dans cette liste. Divers groupes d'intérêt et gouvernements, en particulier ceux du Québec et des provinces de l'Ouest, ont décidé de boycotter les audiences du comité ou à tout le moins de s'en tenir à l'écart. »

Pourtant, les féministes et les groupes autochtones célébrèrent le procédé comme ayant corrigé certaines des profondes faiblesses des versions antérieures de la nouvelle Constitution. Or, au départ, le programme de rapatriement changea peu. Quand le gouvernement présenta la résolution à la Chambre le 13 février 1981, le seul changement consistait en un préambule auquel on avait ajouté les mentions de « Dieu » (le résultat d'intense lobbying par des membres conservateurs) et de la « primauté du droit », concepts cependant non définis. Cette absence de définition amena des députés conservateurs confus faisant partie du comité à s'opposer à la proposition libérale comprenant la mention de « Dieu », car elle leur semblait trop vague. Aux yeux de Trudeau, la formulation n'avait rien de malhonnête, et il déclara que les entourloupettes conservatrices étaient « davantage inspirées par la peur de l'électorat que par la peur de Dieu et que cela n'était pas très flatteur pour Dieu ». Il ne pensait pas lui-même que la mention de « Dieu » était nécessaire dans un

document séculier tel que la Constitution, mais il déclara solennellement qu'il avait, pour sa part, toujours été en sa faveur[37].

À vrai dire, Trudeau accorda peu d'attention aux audiences, bien
qu'il fût satisfait de l'intervention du premier ministre du Nouveau-
Brunswick, Richard Hatfield, qui demanda que sa province fût déclarée
officiellement bilingue. Le premier ministre était plutôt tourné vers ses
opposants, qui firent monter les enchères en déclarant, d'abord, qu'ils
s'opposeraient au rapatriement en faisant pression à Londres, où le Parlement britannique devait adopter une loi pour permettre le rapatriement,
et, ensuite, qu'ils tenteraient de faire annuler la loi dans les tribunaux
canadiens. La Cour suprême du Manitoba fut la première à entendre
l'affaire, quand on engagea la procédure à Winnipeg en décembre 1980.
Trois questions centrales étaient posées. D'abord, si la résolution sur le
rapatriement était acceptée, « les relations fédérales-provinciales ou les
champs de compétence, les droits ou les privilèges accordés par la
Constitution du Canada aux provinces, à leur corps législatif ou à leur
gouvernement seraient-ils touchés, et, si oui, de quelle façon »? Ensuite,
une convention constitutionnelle permettant au gouvernement fédéral de
demander l'amendement de la Constitution d'une manière qui touchait
aux relations fédérales-provinciales sans le consentement des provinces
existait-elle? Et enfin, l'accord des provinces était-il « constitutionnelle-
ment requis » pour les amendements touchant aux relations fédérales-
provinciales et aux droits des provinces[38]?

Le tribunal manitobain rejeta les arguments de sa propre province
le 3 février 1981, dans une mesure de trois contre deux, bien que le juge
en chef Samuel Freedman, qui rédigea la décision, refusât de se prono-
cer sur la première question. Cette faible victoire entraîna peu de célébrations à l'édifice Langevin. Le 31 mars, des nouvelles encore pires arrivèrent,
quand trois juges de la Cour suprême de Terre-Neuve appuyèrent unanimement la position de leur province sur les trois mêmes questions qui
avaient été posées au Manitoba. Trudeau avait soutenu qu'aucune question de droit ne se posait, mais la division des tribunaux prouvait le
contraire. Il était en colère. Il déclara au *New York Times* : « Je continue de
croire qu'il s'agit d'un processus politique et je suis déterminé à le poursuivre de manière politique. Je suis tellement convaincu de cela que je
suis effaré qu'il n'y ait pas eu de levée de boucliers dans le pays, au moins

parmi les intellectuels. » Il ajouta, amer : « D'une certaine façon, je préfé-
rerais avoir fait tout ça pour rien que d'un jour affirmer qu'un corps législatif ne peut pas légiférer sans la permission de la Cour suprême[39]. »

Les frustrations de Trudeau étaient devenues évidentes aux yeux de
tous. Le 23 mars, il répondit dans le détail aux critiques formulées tant à
l'égard du programme de rapatriement que de sa vision du Canada. « La
situation politique d'un pays, soutint-il, ne [pouvait] pas demeurer
constamment équilibrée », mais consistait plutôt en un « équilibre qui
oscille constamment », en particulier dans une fédération. Son gouvernement recherchait un équilibre propre à son époque : « En nous débar-
rassant des derniers vestiges coloniaux et en enchâssant les valeurs que se
partagent les Canadiens, nous voulons simplement établir le scénario,
afin d'organiser un débat sur ce que sera le Canada de demain. Nous
pourrons peut-être tenir un débat sur les deux régimes qui pourraient
exister au Canada. S'agira-t-il d'un régime hautement centralisé ? S'agira-
t-il d'une confédération de centres commerciaux, comme le disait un
certain homme d'esprit au sujet de Los Angeles ? Ou quelque chose
entre les deux ? Je ne sais pas. » Mais il connaissait son propre choix. Il
souhaitait que ses successeurs aient le pouvoir « de choisir la destinée du
Canada » et d'entreprendre « ce débat sur l'équilibre et sur le genre de
pays qu'ils voudront ». Pour conclure, il cita un de ses poètes préférés,
Charles Péguy : « Il est facile d'avoir les mains propres quand on n'a pas
de mains. » Après avoir balayé du regard la Chambre des communes, il
déclara : « Nous avons des mains, nous les mettons à la pâte, nous n'avons
pas peur de les salir parce que c'est pour une cause à propos de laquelle
tout le monde est d'accord pour dire que le peuple le veut[40]. »

Cependant, la totalité du peuple ne voulait pas ce qu'il proposait.
Contrairement aux tribunaux supérieurs du Manitoba et de Terre-
Neuve, la Cour suprême du Québec fut de l'avis de Trudeau sur les
trois questions, à quatre juges contre un. Et ainsi, le 28 avril 1981, le
gouvernement fédéral porta l'affaire devant la Cour suprême du Canada.
Ce tribunal avait longtemps été pour le gouvernement canadien une
institution sans grande importance : ses juges étaient inconnus, ses
jugements étaient rarement cités dans d'autres juridictions, et sa présence dans les débats publics était pratiquement inexistante. La nomination par Trudeau de Bora Laskin à ce tribunal en 1970, puis comme

juge en chef en 1973, avait secoué le monde du droit et sorti le tribunal de sa propre somnolence. Juif, ayant fait ses études à Harvard, doté d'une expérience théorique plutôt que pratique et défenseur des libertés civiles, Laskin avait déjà ébranlé les fondations pétries de traditions de la Cour suprême du Canada.

Laskin, selon les mots de son biographe, Philip Girard, espérait « que le *Renvoi relatif à une résolution pour modifier la Constitution* donnerait enfin forme aux fondements de la Constitution canadienne, longtemps restés obscurs ». Il partageait avec Trudeau la frustration due au fait que le Canada était la seule nation développée à ne pas pouvoir modifier sa propre Constitution. Il était aussi d'accord avec Trudeau que le rapatriement devait se faire rapidement – que les députés britanniques devaient « se boucher le nez » et accélérer l'adoption du projet de loi à Westminster afin que les Canadiens puissent célébrer la fête du Canada 1981 avec en poche une nouvelle Constitution qui leur appartenait. Bon nombre des plus éminents avocats du Canada se rassemblèrent dans l'édifice de la Cour suprême conçu dans les années 1930 par Ernest Cormier (qui était aussi l'architecte de la maison art déco que Trudeau avait récemment achetée), et leurs débats s'étendirent largement durant cinq jours sur le terrain accidenté de l'histoire constitutionnelle canadienne. Ceux qui connaissaient bien ce tribunal se rendirent tout de suite compte que les juges étaient divisés et que Laskin n'arriverait pas à les mener à un consensus. La séance du tribunal fut dûment levée sans qu'aucun jugement eût été prononcé. Trudeau était furieux[41].

Avril fut exceptionnellement cruel cette année-là. Le 13 avril 1981, Lévesque battit les libéraux de Claude Ryan à plates coutures à l'élection québécoise. Ryan, amer, et une grande partie de la presse québécoise, blâmèrent Trudeau pour cette défaite. Au cours de l'été, Ryan annonça que son parti adopterait une approche nationaliste et s'opposerait au plan de rapatriement de Trudeau. Puis, le 16 avril, lorsque la « bande des huit » premiers ministres contestataires se rassembla à Ottawa, ils signèrent un accord demandant un rapatriement « simple » de la Constitution – sans charte, péréquation ou protection des droits linguistiques, mais comprenant des dispositions permettant aux provinces de ne pas être visées par les amendements constitutionnels qui, selon elles, restreindraient leurs pouvoirs. Lévesque était un des principaux auteurs de ce plan, et son enthousiasme le fit accepter une formule d'amendement qui n'accordait pas au Québec de droit de veto sur les amendements constitutionnels. Ce consentement n'entraîna pas immédiatement de réaction, mais devait par la suite prendre une importance historique. Trudeau déclara sans ménagement que l'accord était « une victoire pour ceux qui voulaient voir le Canada se désintégrer ». Ce que les premiers ministres proposaient, réitéra-t-il, était « une confédération de centres commerciaux [...] et ce n'est pas le genre de Canada que je veux ». Quand on lui demanda s'il négocierait, il fit remarquer que les premiers ministres lui avaient fait parvenir leur accord par messagerie, puis s'étaient envolés de la capitale sans même le contacter.

Pendant ce temps, l'appel fait par les provinces et les groupes autochtones au Parlement britannique remportait un étonnant succès. Malgré l'engagement ferme de la première ministre Margaret Thatcher à « ne recevoir de requête que [...] de la part du Parlement fédéral du Canada », un comité parlementaire britannique dirigé par Sir Anthony Kershaw entendit les doléances provinciales, reçut les délégations autochtones et avança « des revendications juridiques au sujet du Canada et de sa Constitution en des propos dignes de l'époque du général Gordon de Khartoum[42] ». Les ennemis de l'Empire avaient décapité Gordon près d'un siècle plus tôt, et Trudeau aurait peut-être aimé administrer le même traitement à Kershaw. Cependant, il se rendit compte que les nationalistes écossais, les impérialistes vieux jeu et les politiciens en mal de publicité à Westminster ne comptaient pas autant que l'engagement de la première ministre à adopter le projet de loi sur le rapatriement[*]. Malheureusement, Thatcher trouvait les problèmes que lui causait Trudeau de moins en moins drôles, et sa propre position au sein de son caucus était faible.

À Ottawa, le haut-commissaire britannique, l'extrêmement maladroit Sir John Ford, indiqua qu'il croyait que les Britanniques ne voudraient et ne devraient pas adopter le projet de loi sur le rapatriement.

---

[*] Trudeau envoya le député David Smith, descendant du premier ministre britannique Sir Henry Campbell-Bannerman, exercer des pressions sur les parlementaires britanniques. Une fois arrivé à Londres, Smith apprit qu'il devrait avoir complété son travail auprès des lords avant le 12 août, jour de l'ouverture de la chasse à la grouse. Entrevue avec des ministres de Trudeau, 2 déc. 2002, BAC.

Stupéfait, le ministre des Affaires extérieures, Mark MacGuigan, déclara aux Communes qu'une telle conduite était « tout à fait inacceptable aux yeux du gouvernement canadien ». Sir John tint alors sa propre conférence de presse et, chose incroyable, déclara en guise d'avertissement que de « supposer que le Parlement britannique ferait immédiatement exactement ce qu'on lui demandait serait une très grave erreur ». Furieux, Jean Chrétien déclara à la Chambre : « L'époque où l'on recevait des leçons de l'Angleterre est révolue. » De son côté, le gouvernement britannique remplaça rapidement Sir John, qui prit une retraite anticipée en mai. Les sentiments antibritanniques latents de Trudeau furent à nouveau réveillés. À la fenêtre du parlement, alors qu'il observait un de ses assistants, ravi de rendre visite à la royauté, il lui dit sans mâcher ses mots : « N'oublie jamais qu'ils chient eux aussi[43]. »

Cet accent populiste fut la marque de l'approche de Trudeau à la Chambre durant les chauds mois d'été, tandis que le PEN bouillonnait, que la Constitution stagnait et que l'économie se dégradait. Le juge en chef Laskin et son meilleur ami à la Cour suprême, W.Z. « Bud » Estey, participèrent à un grand rassemblement d'avocats canadiens au Queen's College de Cambridge à la fin juillet, attirés par le mariage de Charles et Diana, les généreuses déductions fiscales pour leur déplacement et leur « formation », ainsi que la présence des principaux protagonistes de la lutte constitutionnelle – Jean Chrétien et les procureurs généraux Roy Romanow de la Saskatchewan et Roy McMurtry de l'Ontario. Laskin semblait las, alors que l'exubérant Estey reflétait le violent débat qui opposait les juges et que le tribunal se trouvait face à son plus grand défi et à la plus grande occasion de son histoire. Une décision défavorable au gouvernement fédéral détruirait le projet de rapatriement et, presque à coup sûr, la carrière politique de Trudeau[44].

Dans l'attente de la décision du tribunal, Trudeau, lui, était anxieux et d'humeur imprévisible. Son rédacteur de discours André Burelle et lui se disputaient au sujet des questions linguistiques au cœur de la charte. En particulier, Burelle protestait contre les dispositions de la charte proposée qui allaient à l'encontre des restrictions de la loi 101 du Québec sur le choix de l'école tout en acceptant la demande du premier ministre Davis de l'Ontario de voir sa province exemptée de bilinguisme officiel. Burelle partagea son point de vue avec Gérard Pelletier, qui lui indiqua qu'il était du même avis. Quand Pelletier revint de son poste d'ambassadeur à Paris pour une brève visite à Ottawa, il rendit visite à Trudeau et lui fit part de son opinion. Trudeau se mit dans une rage folle, accusa Burelle d'avoir influencé Pelletier et rejeta les critiques si brutalement que Burelle dit à son mentor qu'il n'exprimerait plus ses plaintes de crainte qu'elles ne minent leur amitié de longue date. L'incident révèle à quel point Trudeau était personnellement engagé dans le projet constitutionnel et combien sensible il était à la critique. Les hauteurs solitaires du 24, promenade Sussex s'élevèrent encore davantage cet été-là[45].

Le 28 septembre, Laskin se présenta devant les caméras pour la première décision télévisée du tribunal. Malheureusement, il y eut un problème de son, et des milliers d'avocats, d'étudiants et d'autres personnes à travers le pays ne purent que regarder Laskin articuler en silence la décision historique. Toutefois, même s'il l'avait entendu, l'auditoire aurait été désorienté ; le tribunal, comme le pays, était divisé. À la question de savoir si la charte imposait des restrictions aux pouvoirs fédéraux et provinciaux, la première question, tous les juges convinrent que oui. À la question de savoir si le rapatriement de la Constitution, incluant la charte, était « légal », la deuxième question, la décision fut affirmative, à sept contre deux. Les deux dissidents furent les juges Ronald Martland et Roland Ritchie, nommés par Diefenbaker. À la question de savoir si des « coutumes ou traditions » voulaient que l'accord des provinces fût nécessaire pour des changements constitutionnels majeurs, la troisième question, six juges considérèrent que de telles coutumes et traditions existaient et exigeaient un accord « substantiel » des provinces pour apporter un changement majeur à la Constitution, et trois – Laskin, Estey et William McIntyre – furent en désaccord. Laskin n'avait donc pas réussi à orienter son tribunal dans le sens voulu. Ironie de la chose, Jean Beetz, qui avait été nommé par Trudeau, était un de ses anciens collègues universitaires et avait soulevé la possibilité d'un rapatriement unilatéral dans la foulée de l'échec de la Conférence de Victoria, vota avec la majorité et rédigea même une partie de son jugement. Trudeau apprit la décision pendant une halte à Séoul en Corée du Sud, alors qu'il se rendait à la Conférence du Commonwealth à Melbourne, en Australie. Il fut déçu, furieux et, plus encore, perplexe[46].

Trudeau avait compté sur Laskin et sincèrement cru que la question de droit était claire. Il savait maintenant que les huit premiers ministres qui contestaient le rapatriement représentaient une opposition « substantielle » et il se rendait compte que son plan était compromis. Il appela Chrétien, et ils convinrent d'un stratagème : ils parleraient de victoire plutôt que de se plaindre de la complexité de la décision. Trudeau indiqua également qu'il ferait une ultime tentative pour obtenir un plus grand soutien provincial lors d'une dernière conférence fédérale-provinciale. Il évoqua mentalement les différentes possibilités au cours de son long vol au-dessus du Pacifique et demeura cramponné à son objectif. Il ferait un effort final auprès des premiers ministres, mais s'il échouait, il demanderait le rapatriement unilatéral. Si sa demande était rejetée par le Parlement britannique, il soumettrait la question à la population par référendum en tant que déclaration d'indépendance d'un Canada souverain. Une autre solution serait de tenir une élection en 1982. Il n'abandonnerait pas*.

Chrétien continua ses rencontres avec McMurtry et Romanow, qui avaient parié avec lui une bonne bouteille de scotch que la Cour suprême se rangerait du côté des provinces. Bill Davis et Richard Hatfield appuyaient toujours le gouvernement, mais les décisions des tribunaux et l'opposition véhémente de leurs collègues conservateurs rendaient leur situation difficile. Au Québec, Ryan était aussi déterminé que Lévesque dans son opposition et il se joignit à lui pour soutenir une résolution conjointe de l'Assemblée nationale qui condamnait le rapatriement unilatéral. Neuf libéraux anglophones firent cependant défection,

---

* Les rumeurs d'élection allaient bon train à l'automne étant donné la possibilité d'un rapatriement unilatéral. À l'origine de ces rumeurs était, entre autres, le gouverneur général Ed Schreyer. En janvier 1982, il dit à la presse qu'il aurait déclenché une élection « si toutes les provinces s'opposaient fermement au rapatriement et que Trudeau allait de l'avant et demandait à Londres d'adopter la loi ». Trudeau et son personnel furent furieux. L'assistant de Trudeau, Ted Johnson, inscrivit le mot « intolérable » sur une transcription de l'entrevue, en ajoutant une note à l'intention de Trudeau que Schreyer était « 1) dans l'erreur, 2) qu'il ne devrait pas parler, 3) qu'il aurait brisé une confidence ». Ils songèrent à la possibilité de demander sa démission, même si c'était Trudeau qui l'avait nommé. Après un appel téléphonique sur le sujet, Schreyer accepta de « retirer complètement » ses remarques. Ces notes écrites au plomb se trouvent dans FT, MG 26019, vol. 165, dossier 35, BAC.

et le leadership de Ryan, déjà fragile, s'affaiblit. Le 13 octobre, Trudeau affirma à la CBC qu'il avait promis de rencontrer les premiers ministres au début de novembre pour une dernière tentative d'en arriver à un accord[47]. Si aucun accord n'était conclu, son gouvernement ferait ce que le peuple voudrait. Les sondages effectués par le gouvernement comme par les sociétés privées indiquaient que la charte et le rapatriement étaient populaires dans l'ensemble du pays, et cette allusion à un référendum avait pour but de faire sortir les premiers ministres contestataires de leur bunker constitutionnel.

Les premiers ministres des provinces se rendirent à Ottawa le 2 novembre 1981 dans l'espoir que la réunion empêcherait le rapatriement unilatéral. Trudeau était très engagé dans les détails de la rencontre. Tandis que Michael Kirby et son équipe travaillaient jusque tard le soir, Trudeau étudiait de près différents documents au 24, promenade Sussex. Kirby appelait parfois Trudeau, discutait avec lui d'une formulation, puis retournait à sa tâche et modifiait, ou non, la formulation. Des incertitudes demeuraient: Trudeau et le caucus libéral étaient prêts pour un référendum et, pour certains, l'espéraient; Chrétien s'y opposait fermement. Il affirma par la suite: « J'avais trop bien vu tous les déchirements que le référendum du Québec avait provoqués pour vouloir renouveler une expérience pareille. » Mais Kirby et Trudeau le voyaient comme une arme essentielle à la partie fédérale, pouvant affaiblir la bande des huit premiers ministres contestataires et leur attrait populiste.

Les intrigues se nouèrent alors que les premiers ministres se rassemblaient dans le tunnel de la vieille gare ferroviaire en face du Château Laurier. Lévesque se méfiait déjà des autres membres de sa bande: Blakeney, pensait-il à tort, était le « bouffon » de Trudeau. Il s'inquiétait des liens de Davis avec les autres premiers ministres conservateurs et se tracassait à propos de sa propre délégation et de ses particularités. Son ministre des Affaires intergouvernementales, Claude Morin, était indispensable, mais ses liens avec les fonctionnaires fédéraux étaient d'une proximité suspecte – un fait confirmé après la conférence par Lorraine Lagacé, un membre du personnel de Lévesque qui devait rapidement lui fournir des « documents » fédéraux qui embrouillèrent la situation plutôt que de l'éclaircir. Plusieurs éléments de la délégation du Québec avaient déjà conclu avec raison qu'elle était un « agent double », et nombreux étaient ceux qui se méfiaient de Morin lui-même, encore une fois à juste raison. De vieilles animosités persistaient : Claude Ryan, qui s'était joint à Lévesque pour condamner l'action de Trudeau, ne reçut aucune réponse quand il supplia ce dernier de ne pas abandonner le droit de veto « historique » du Québec. En dépit des divisions, la bande demeura unie la première journée, mais la nervosité de nombre de ses membres était palpable. Brian Peckford, qui avait indigné Trudeau en se rangeant, plus tôt, du côté de Lévesque, exprimait maintenant ouvertement sa volonté de compromis, déclarant que le Canada ne pouvait pas « se permettre le luxe d'une attitude de "tout au vainqueur"[48] ».

Au troisième jour de la conférence, il semblait qu'il n'y aurait pas du tout de vainqueur. Sterling Lyon, le plus conservateur des premiers ministres, devait retourner au Manitoba pour une campagne électorale, et Lévesque menaçait de partir. Trudeau avait rencontré les membres de son Cabinet le soir précédent et avait débattu avec eux l'option référendaire et la réponse qu'il devait donner aux propositions que Davis, après consultation de la bande des huit, produirait. De nombreux ministres appuyaient un référendum, mais Chrétien, le principal négociateur, continuait de s'y opposer fermement. Devant la division, le Cabinet donna carte blanche à Trudeau. Le lendemain, la réunion tourna au vinaigre. Au petit-déjeuner, Blakeney proposa des changements aux premiers ministres, mais Lévesque les rejeta de manière péremptoire. Dès le milieu de la matinée, la frustration de Trudeau était évidente, et l'épuisement cerclait les yeux de Lévesque. Trudeau garda le cap sur son plan avec assurance et proposa qu'un référendum résolût ce que les premiers ministres n'arrivaient pas à régler. Chacun se mit à réitérer ses vieux arguments ; Trudeau, lui, se tourna vers Lévesque et, en français, le mit au défi d'agir en démocrate et de faire face au peuple. Lévesque accueillit l'idée avec enthousiasme, et Trudeau suspendit la séance pour le repas, affirmant aux reporters qui attendaient qu'un pavé avait été lancé dans la mare. Québec et Ottawa étaient d'accord. Il y aurait un référendum.

Mais le pavé du référendum coula à pic. Le soir même, les plus proches conseillers de Trudeau, notamment Lalonde et Chrétien, soutinrent qu'il fallait l'éviter. De plus, les premiers ministres contestataires étaient sur le point d'accepter une entente proposée à l'origine par Davis :

celle-ci permettrait aux provinces de ne pas participer aux programmes fédéraux, mais sans indemnisation ; elle maintenait les droits linguistiques, mais avec disposition dérogatoire ; elle contenait la formule d'amendement à « sept provinces et 50 p. cent de la population » proposée par les premiers ministres en avril, qui, avec l'accord de Lévesque, ne donnait pas de droit de veto au Québec sur les changements constitutionnels. Trudeau était mécontent, réticent à céder au sujet du référendum et prêt à laisser la conférence échouer. Il irait ensuite à Londres avec sa propre version de la Constitution, pas cette version diluée. À 22 heures, Davis appela au 24, promenade Sussex, où Trudeau et ses ministres étaient réunis. Il déclara que ni Hatfield ni lui n'appuieraient Trudeau s'il n'acceptait pas l'entente que les premiers ministres rédigeaient ce soir-là. Pendant que Trudeau discutait avec Davis, Chrétien contestait l'idée d'un référendum auprès de ses collègues. Quand Trudeau retourna dans la pièce, les humeurs avaient changé. Il écouta, mais parla peu, et quand les ministres quittèrent les lieux, la plupart d'entre eux étaient incertains de ce que la prochaine journée apporterait. Alors que Chrétien se préparait à partir, Trudeau le prit à part et lui dit : « Jean, si tu peux convaincre une majorité des provinces représentant la majorité de la population d'accepter ta proposition, je pense que je serai d'accord. » Puis il ajouta : « Mais laisse-moi dormir là-dessus », assurant ainsi à Chrétien une nuit sans sommeil[49].

Plus tôt ce jour-là, Chrétien avait pris le petit-déjeuner avec Roy McMurty et Roy Romanow au Château Laurier, puis continué la rencontre dans la cuisine du centre des congrès. Ils avaient fait l'ébauche d'une solution sur un bout de papier : une charte en échange de la formule d'amendement proposée par les provinces ; la possibilité de ne pas participer, mais sans indemnisation ; l'inclusion d'une disposition dérogatoire. Au cours de la journée, les trois hommes avaient « essayé de vendre » cette proposition parmi les ministres, les fonctionnaires et d'autres. Puis, au cours de cette nuit d'insomnie, pendant que Chrétien s'agitait dans son lit, les représentants des premiers ministres et les ministres se rencontrèrent – mais sans participation du Québec. À 6 h 30, Romanow apprit à Chrétien que Lougheed, le plus puissant acteur de la situation, était prêt à accepter le plan, mais que le Québec n'en connaissait pas encore le contenu. Chrétien, inquiet, dit à Romanow qu'il vaudrait mieux que Lyon ne signe pas, afin que le Québec ne fût pas le seul récalcitrant, mais Lougheed prouva une fois de plus sa puissance en convainquant Lyon, qui avait en horreur la charte et Trudeau, de signer. À 7 h 30, Chrétien annonça à Trudeau qu'il avait obtenu une entente.

Ce matin-là, ce fut Brian Peckford, un étrange choix, qui présenta l'entente. Trudeau, en éternel comédien, fit la grimace pendant que le premier ministre de Terre-Neuve la lisait ; Lévesque le remarqua et eut un large sourire, s'attendant à un rejet abrupt de la part de Trudeau. Mais alors Trudeau leva les yeux et déclara : « Ça paraît très raisonnable. » Lévesque se trouva isolé et frustré, et devint, selon les mots de son biographe, un « homme brisé ». Le premier ministre du Québec demanda d'un ton plaintif le droit de veto, mais celui-ci s'était envolé en avril, quand il était entré dans la bande. Tout comme Lévesque avait accepté un compromis alors, Trudeau en acceptait un maintenant. Tandis que les autres premiers ministres célébraient avec Trudeau, Lévesque partit en trombe du centre des congrès. Le rapatriement de la Constitution, facilité par la « nuit des longs couteaux », était pour lui un « poignard » en plein cœur.

La victoire était douce-amère, et Trudeau le savait, mais, comme le dit le plus proche conseiller de Lévesque, Claude Charron, il avait bel et bien gagné. La lutte entre les « champions » de chacun des camps, Lévesque et Trudeau, avait pris fin. Le premier, affirma Charron, était ce que les Québécois étaient ; le second, ce qu'ils espéraient être – un commentaire souvent exprimé par Lévesque lui-même et, dans l'esprit de Charron, un compliment aux deux chefs. Un Lévesque proche du peuple, un Trudeau noble ; un journaliste en croisade, un intellectuel engagé ; un nationaliste fervent, un antinationaliste passionné ; un coureur charmant, un acteur discipliné ; les costumes froissés et la cendre, la coupe parfaite et la rose à la boutonnière : ces deux chefs avaient forgé leur époque, leur province et leur pays. Le 5 novembre 1981 marqua un des plus grands triomphes de Trudeau, qui fut aussi son dernier[50].

CHAPITRE 16

Temps difficiles

Dans la soirée du 5 novembre, alors que les premiers ministres anglophones célébraient à Ottawa et que René Lévesque s'en retournait, amer et rejeté, à Québec, Pierre Trudeau s'envola pour New York afin de recevoir le prix « Family of Man » soulignant son « excellence à l'échelle internationale ». Cette distinction avait d'abord été décernée à John F. Kennedy en 1960, puis à Lester B. Pearson en 1965 – le seul autre Canadien à être ainsi honoré. Le départ de Trudeau marqua la fin de son intérêt intense pour la Constitution et le début de sa concentration sur les enjeux internationaux, juste au moment où la guerre froide était frappée d'un nouveau frisson. La politique étrangère et l'économie dominèrent les dernières années de Trudeau au pouvoir, et le contexte dans lequel il adressa ces défis était pour lui moins certain que le terrain constitutionnel qu'il connaissait si bien[1].

Malgré le nouvel intérêt de Trudeau, les guerres constitutionnelles ne prirent pas fin avec le champagne et les larmes versés lors de cette soirée de novembre 1981. Trudeau fut encensé par les Canadiens anglais, particulièrement au Québec, où sa défense catégorique des droits linguistiques des minorités fut applaudie par le journaliste L. Ian MacDonald, qui devint plus tard un proche collaborateur de Brian Mulroney. Dans l'édition du 7 novembre de la *Montreal Gazette*, MacDonald écrivit que le succès remporté par Trudeau en ce qui a trait à la protection des droits des minorités était « le couronnement de sa carrière, la fin de la voie inébranlable qu'il avait suivie depuis qu'il avait commencé à écrire dans *Cité libre* que son peuple se confinait dans le Québec alors que tout le Canada était sa demeure légitime ». À la fin de la conférence des premiers ministres, l'Ontarien William Davis, un critique habituel, félicita la disposition de Trudeau à faire des compromis : « Vous avez fait la preuve de ce qui est essentiel dans ce pays : la capacité d'en arriver à des compromis et d'accepter la diversité et les points de vue de tant d'autres », dit-il. La concession n'était pas une qualité que l'on associait souvent à Trudeau, mais elle avait marqué son récent parcours constitutionnel. Le résultat de son attitude souple, déclara-t-il alors qu'il s'envolait pour New York, était « une charte dont les Canadiens peuvent être fiers et à propos de laquelle nous pourrons, je l'espère, continuer de dire qu'elle est, probablement, la meilleure charte du monde[2] ».

Pourtant, la première grande étude théorique des événements de novembre 1981 s'intitule *And No One Cheered* (Personne ne fit la fête). Cette étude reflète les regrets qui survinrent dès que le champagne eut fini de couler. Le chef conservateur Joe Clark retira initialement son soutien en raison de la forte opposition du gouvernement du Québec, bien que la pression des premiers ministres conservateurs – les sages-femmes de « l'entente » – mirent rapidement fin à son hésitation. Mais beaucoup d'autres n'étaient pas satisfaits. L'historien constitutionnel et ancien sénateur libéral Eugene Forsey, qui avait quitté le NPD pour rejoindre Trudeau dans les années 1960, pesta contre l'accord dans l'une de ses lettres typiquement incendiaires envoyées à l'éditeur d'un journal :

La Charte canadienne des droits et libertés modifiée ne fonctionnera pas.

Les provinces l'ont transpercée de plusieurs balles, la laissant avec de gros trous béants.

D'abord, ce que la charte qualifie à juste titre de « libertés fondamentales » – liberté de conscience, liberté de pensée, liberté d'expression, liberté de réunion pacifique, liberté d'association – est laissé à la merci de dix législatures provinciales, qui peuvent en faire fi à leur guise.

La même chose s'applique aux « droits juridiques » – tels que le droit à l'*habeas corpus*, le droit à un procès public, le droit à un avocat, le droit à la protection contre les fouilles, les perquisitions ou les saisies abusives, le droit à la protection contre la détention ou l'emprisonnement arbitraires.

Forsey ajouta que les droits « varieront d'une province à l'autre, générant ainsi une mosaïque juridique ». Il mentionna deux groupes particulièrement lésés par l'accord : les femmes et les Autochtones. Dans le cas des femmes, les droits à l'égalité qui avaient été acceptés par les premiers ministres en avril avaient été « réduits à néant » par la clause nonobstant. De plus, les deux clauses qui avaient protégé les droits des Autochtones dans la Constitution proposée faisaient maintenant défaut – en particulier, l'article 34 proposé, qui avait inclus « Métis » dans la définition des peuples autochtones. À l'instar de Forsey, les femmes et les Autochtones avaient déjà pris connaissance de leurs pertes, et leur indignation balaya rapidement presque toute autre discussion liée à la Constitution et mit fin aux célébrations des premiers ministres[3].

Le comité spécial des femmes sur la Constitution, qui jouissait de l'appui total de Judy Erola, la secrétaire d'État responsable de la Condition féminine, eut rapidement un impact sur les députés des quatre coins du pays. Erola, une ministre combative et indépendante, organisa un mouvement d'opposition à partir de son propre bureau. Après l'entente du 5 novembre, elle lança à ses collègues et au premier ministre qu'il n'était « guère utile d'être ministre de la Condition féminine alors que les femmes ne bénéficiaient d'aucun statut au pays ». Trudeau sembla étonné de la réaction, affirmant à la Chambre qu'il ne savait pas que la clause de dérogation affecterait l'article 28, où l'égalité des sexes était garantie. Mais les féministes firent remarquer que l'ignorance n'était pas une excuse, et que sa réponse trahissait au mieux un manque d'attention envers la force politique du mouvement féministe dans les années 1980. Les premiers ministres étaient également sidérés de la force et de la spontanéité des protestations, et ils rentrèrent rapidement dans les rangs, en dépit du socialiste prudent de la Saskatchewan, Allan Blakeney, qui fut le dernier à se conformer. Chrétien se souvient qu'il avait prévenu Roy Romanow, le procureur général de la Saskatchewan : « [...] je suis sur le point de faire un discours à la Chambre des communes. Si vous donnez votre accord, je dirai que ton patron est un type extraordinaire, mais si vous refusez, je lui en ferai voir de toutes les couleurs ! » Les femmes, elles, s'étaient déjà attelées à cette tâche. Selon Penney Kome, l'historienne du défi féministe lié à l'ébauche de la charte du 5 novembre, les femmes « prirent le contrôle » de l'article 28 et en firent un *Equal Rights Amendment* pour le Canada. Et leurs efforts firent une différence. Les critiques conservateurs de la cour tels que le Calgarien Ted Morton évoquèrent l'article 28 renforcé comme étant la raison pour laquelle les groupes de pression en faveur des femmes gagnèrent non seulement de nombreuses causes où il était question de la charte, mais également de profonds changements à la « politique du statu quo ». En somme, leurs efforts changèrent la politique canadienne dans des domaines tels que l'avortement, la pornographie et la discrimination en matière d'emploi[4]. Le fait que leurs protestations portèrent fruit montra aux femmes que les hommes en complet avaient rendu la Constitution « imparfaite » et que, à l'avenir, elles ne devraient plus être mises à l'écart de l'exercice constitutionnel.

Contrairement aux femmes canadiennes, les Autochtones canadiens avaient concentré leur lobbying à Londres, où leurs costumes traditionnels colorés attirèrent l'attention des politiciens et des journalistes britanniques. Bien que romantiques et parfois touchants dans leur appel à la protection de la reine, fondé sur les belles promesses faites par la monarchie britannique plus d'un siècle auparavant, leurs protestations obtinrent bien peu de résultats, simplement parce que Londres ne comptait plus. En effet, le fait que le comité Kershaw épouse leur cause au Parlement britannique nuisit probablement à leurs protestations à Ottawa ou, plus exactement, dans les capitales provinciales, où l'appel pour les « droits des Autochtones » devint une cible pour les politiciens inquiets de ce que de tels droits laissaient véritablement entendre. Sur cette question, les trois premiers ministres des provinces de l'Ouest, malgré leurs divergences politiques, se tourmentaient à l'unisson sur ce que ces droits signifiaient pour les revendications territoriales, les droits issus des traités et la taxation, bien que Blakeney attira l'attention sur les droits des Autochtones durant le processus[*]. Depuis l'échec du livre blanc portant sur la Loi sur les Indiens de son premier gouvernement, Trudeau ne

---

[*] Dans ses mémoires, M. Blakeney souligne son soutien à la reconnaissance des droits des Autochtones dans le cadre des réunions constitutionnelles, mais indique également que les dirigeants autochtones n'appuyaient pas nécessairement la clause qu'il avait proposée à Ottawa. Il pense que l'ajout, par le premier ministre Lougheed, du mot « existants » à l'accord final était correct en ce sens qu'il ne reconnaissait pas les droits historiques. Dans le cas des femmes et des Autochtones, Blakeney blâme la CBC d'avoir mal cité ses commentaires. Il est la cible à la fois des politiciens fédéraux et québécois dans leurs mémoires, qui l'accusent de faire preuve de juridisme et d'ambiguïté. Allan Blakeney, *An Honourable Calling: Political Memoirs* (Toronto : University of Toronto Press, 2008), chapitres 17 et 18.

s'était guère préoccupé de la question des Autochtones, pas tant par manque d'intérêt que parce que d'autres questions avaient priorité.

La signification de « droits » collectifs avait toujours troublé Trudeau en raison de ses implications pour le Québec et, aussi, de ses propres notions soigneusement formulées par rapport à la primauté des droits individuels. Entre-temps, Ed Broadbent faisait lui-même face à une opposition relativement à la charte sur des considérations traditionnelles de la part d'Allan Blakeney et d'autres au sein du Nouveau Parti démocratique, notamment le député de la Colombie-Britannique Svend Robinson et la gauche du parti, qui demandaient une plus grande reconnaissance des « droits ». Il aborda donc Trudeau personnellement pour l'exhorter à envisager d'inclure les droits des Autochtones dans la charte. Trudeau lui demanda, à la manière de Socrate, ce que signifiaient les « droits des peuples autochtones », et Broadbent répliqua par une leçon d'histoire sur les droits démocratiques en général. À la fin de l'entrevue, les deux diplômés de la London School of Economics, profondément exaspérés de part et d'autre, en restèrent là sans que la question ne soit résolue[5].

La plus forte objection à l'extension des droits des Autochtones vint de l'Albertain Peter Lougheed, bien qu'un échange entre Chrétien et Roy McMurtry, le procureur général de l'Ontario, dont le contenu fut dévoilé le 19 novembre, révélât que les craintes s'étendaient au-delà des frontières de l'Ouest. L'Ontario, pouvait-on lire dans la lettre, se préoccupait de l'impact que la reconnaissance des droits des peuples autochtones aurait sur les droits de propriété et de « l'injustice, du désordre, de l'incertitude et des divisions » qu'une telle reconnaissance apporterait à la société canadienne. Le premier ministre Davis, toujours prudent, se dissocia rapidement de ces sentiments, ce qui reflétait sûrement des conversations privées antérieures. Mais les dirigeants autochtones ne seraient pas mis de côté. En Colombie-Britannique, un congrès du Crédit social du premier ministre Bennett fut perturbé par des militants autochtones demandant que justice soit faite, alors que des milliers d'Autochtones marchèrent lors de l'Assemblée législative de l'Alberta, sollicitant une entrevue avec le premier ministre. Lougheed résista avec ténacité, mais, isolé, il finit par céder. La presse canadienne, étonnamment, ne remarqua pas l'ironie de son opposition à l'extension du statut d'Autochtone aux Métis : l'arrière-grand-mère de Lougheed, Mary Allen

Hardisty, était Métisse, et son grand-oncle, le sénateur Richard Hardisty, s'était noblement battu pour les droits des Métis dans le Nord-Ouest un siècle auparavant. En fin de compte, la charte fut révisée afin que l'article 35 (2) de l'ébauche finale inclue les « peuples indiens, inuits et métis du Canada » parmi les « peuples autochtones du Canada » dont les « droits ancestraux et issus des traités » furent « reconnus et affirmés[6] ».

Les femmes et les Autochtones avaient gagné du poids politique depuis le rapatriement de la Constitution, mais, se plaignait René Lévesque, la province de Québec avait perdu du pouvoir. Il n'y avait aucun doute quant à l'authenticité de la colère de Lévesque. Il croyait que Lougheed était devenu son ami et allié*, que la « bande des huit » en était venue à une entente de rester unie dans la lutte contre les réformes centralisatrices de Trudeau, et que le projet de rapatriement était fondamentalement illégitime. La cascade de pertes et de déceptions qui suivirent durant ces premiers jours de novembre ébranlèrent son sang-froid et sa confiance. Son épouse, Corinne Côté, se souvient, lorsqu'il l'appela lors de cette horrible nuit du 5 novembre : « Je ne l'avais jamais vu dans un état pareil. Il ne s'était jamais senti aussi floué, et d'une façon machiavélique en plus. Il était cassé. Je pense que René est mort une première fois après la nuit des longs couteaux. » Lorsque Lévesque quitta Ottawa ce soir-là, il avait déclaré que trois aspects de l'accord étaient inacceptables : le refus de l'indemnisation fiscale pour les provinces qui « se retiraient » des modifications constitutionnelles, la section sur la liberté de circulation et d'établissement, qui, selon lui, limitait les pouvoirs de l'Assemblée législative du Québec, et les droits des minorités en matière d'enseignement, qui, de son avis, diminuaient également le pouvoir de la législature du Québec. Pendant le week-end, les discours entendus aux réunions tenues dans la ville de Québec jetèrent de l'huile sur le feu alors qu'il déversait sa rage sur son Cabinet, et cela eut pour effet de rendre

---

* Le fait que Lévesque s'identifiait à Lougheed est fortement exprimé dans ses mémoires : « Peter Lougheed était également sur le point de partir, cet Albertain assez farouchement souverainiste à sa façon pour nous comprendre tout en nous combattant, et de loin l'homme public le plus remarquable des Prairies de son temps. » La réponse de Trudeau aux initiatives de l'Alberta reflétait sa compréhension de l'alliance implicite qu'il y avait entre ces deux opposants. Lévesque, René, *Attendez que je me rappelle…* (Montréal : Québec/Amérique, 1986), p. 53.

tout changement encore plus inacceptable aux yeux des autres provinces et du gouvernement fédéral. Le bien informé Claude Charron se rappelle que la colère que nourrissait Lévesque à l'endroit des « Anglais » était si grande qu'il disait vouloir les « tuer ». C'était de pures fanfaronnades, mais il ne pouvait pas pardonner au Trudeau « manipulateur et fourbe », qui avait carrément dit à Lévesque, lorsque celui-ci avait demandé d'un ton plaintif la tenue d'un référendum après que les autres premiers ministres eurent accepté l'accord : « Les gens ont parlé, tu as perdu[7]. »

Et il avait effectivement perdu. Lévesque eut tôt fait d'apprendre, par un rapide sondage exécuté sur demande, que le « peuple » du Québec ne s'opposerait pas au rapatriement et à la charte proposés s'il y avait un référendum sur la Constitution et, en outre, déferait le PQ si des élections étaient tenues sur la question de la souveraineté. L'appui au séparatisme dans la foulée de la conférence d'Ottawa avait augmenté, mais pas suffisamment. Cette mauvaise nouvelle alimenta sûrement la frustration de Lévesque qui explosa dans son allocution à l'Assemblée nationale du Québec le 9 novembre, allocution dans laquelle il condamnait la nouvelle Constitution, concoctée dans « une nuit de fourberies » durant laquelle les provinces anglophones et le gouvernement fédéral avaient trahi le Québec. Il les accusa de traiter le Québec seulement comme « une force à contenir » et non comme un partenaire dans le processus de négociations. Dans ce discours, Lévesque mit aussi l'accent sur la perte du veto québécois et, le 13 novembre, il concrétisa ses objections de plus en plus nombreuses par rapport à la Constitution révisée dans une résolution qu'il soumit à l'Assemblée nationale.

Lorsque la résolution fut mise aux voix le 1er décembre, les libéraux n'appuyèrent pas la motion. Ryan déclara qu'une entente pouvait encore être conclue, et que, de toute façon, la Constitution était améliorée comparativement à ce qu'elle était auparavant. Le jour suivant, la Chambre des communes à Ottawa vota sur la résolution constitutionnelle qui comprenait les changements en lien avec les droits des Autochtones et des femmes, de même que deux changements affectant le Québec, que le gouvernement fédéral avait insérés après en avoir discuté avec Ryan. L'un de ces changements portait sur l'article 23 1(a), qui aurait limité la capacité du Québec à faire entrer les enfants d'immigrants dans les écoles francophones. L'autre changement permettait de se retirer avec une compensation dans les domaines de la culture et de l'éducation. La Chambre approuva la résolution par un vote de 246 voix contre 24. Durant le déroulement du vote, les députés entonnèrent l'*Ô Canada* dans les deux langues. On rapporte que les voix francophones enterraient les mots anglais pendant que l'hymne retentissait dans la Chambre[8].

Lévesque était livide, et son irritation ne fit que s'amplifier alors que Trudeau et lui s'échangèrent une série de lettres sur l'évolution de la situation. Leur colère personnelle et leur méfiance mutuelle transparaissaient dans les lettres qu'ils s'écrivaient. Trudeau nargua Lévesque sur la perte du veto et, dans une longue lettre publique datée du 1er décembre, affirma que Lévesque avait déjà abandonné le veto lorsque la bande des huit s'était formée en avril 1981. Il retraça l'historique juridique récent et conclut avec une familiarité sarcastique :

> Voilà, monsieur le premier ministre, comment je comprends le droit et l'histoire constitutionnelle en matière de prétendu veto provincial. Qu'il s'agisse de rapatriement ou qu'il s'agisse de formule d'amendement, il est difficile de comprendre comment vous pouvez – que ce soit par décret ou autrement – soutenir qu'un veto existe pour le Québec en vertu de la loi ou de la coutume.

Lévesque répliqua immédiatement par télex :

> C'est avec regret, mais sans surprise, que j'ai pris connaissance de votre lettre du 1er décembre 1981 dans laquelle vous niez explicitement au Québec un droit de veto que les Québécois, depuis des générations, ont toujours considéré comme une protection minimale dans le présent régime et qu'ils ont à maintes reprises exercé. Que cette lettre soit signée par un Québécois en dit long sur le déracinement qu'engendre le système fédéral actuel.

Trudeau rétorqua sans ambages :

> … laissez-moi vous rappeler que c'est vous qui avez signé l'accord des premiers ministres du 16 avril 1981 et, ce faisant, *vous* avez abandonné un veto pour le Québec dans la formule d'amendement de la Constitution…

Qu'un premier ministre du Québec ait pu faire une telle affirmation semble aberrant et, en réalité, irresponsable, particulièrement si l'on se souvient que la formule fédérale que je vous ai présentée contenait un droit de veto pour le Québec.

Soyons clairs alors. Le 16 avril, votre gouvernement adhérait à la notion d'égalité des provinces et il n'était pas question à ce moment-là de la dualité canadienne ou même d'un statut spécial pour le Québec ! Advenant que le Québec ait un veto, il faudrait que chacune des autres provinces bénéficie également d'un veto et que la formule d'amendement fasse l'unanimité pour respecter l'égalité des provinces. Mais la Cour suprême, dans sa décision sur le *Renvoi relatif au rapatriement de la Constitution canadienne*, énonce que l'unanimité n'est *pas* requise pour les modifications constitutionnelles. Par conséquent, si les provinces sont égales et que l'unanimité n'est pas requise, il n'est pas question de veto pour le Québec ni pour toute autre province. Cela est précisément la position avec laquelle vous étiez d'accord le 16 avril dernier. [Accent mis dans l'original.]

Avec ces échanges intransigeants, le long débat entre Trudeau et Lévesque sur une série d'enjeux importants tira bientôt à sa fin. Ils allaient être appelés à se revoir, mais dans le cadre d'événements beaucoup moins significatifs[9].

Il ne fait aucun doute que l'avenir du Québec et du Canada fut déterminé en grande partie pendant ces dernières semaines de l'année 1981. Leur sort reposa partiellement sur les réactions de Lévesque et de Trudeau aux événements qui survinrent soudainement. La question demeure : y aurait-il eu un autre dénouement possible ? Les deux hommes réfléchirent plus tard sur cette question.

Dans ses mémoires, Lévesque dénonce la « cruelle déception » à laquelle lui et ses collègues furent confrontés à Ottawa durant cette rencontre de novembre réunissant les autres premiers ministres et Trudeau. Dans ses réflexions sur les événements qui suivirent la défaite référendaire du Québec en mai 1980, Lévesque s'enorgueillit avec grande fierté de la vitesse avec laquelle son parti se remit de ce recul. Pour ce qui est du succès qu'il remporta lors de la campagne électorale qui se déroula moins d'un an plus tard, le 13 avril 1981, il s'attribue seulement une partie du mérite : « Claude Ryan ne pouvait plus que nous faciliter la tâche, écrivit-il, et il n'y manqua pas. » Immédiatement après la victoire, Lévesque rencontra les sept autres premiers ministres qui avaient rédigé leur contre-proposition pour le rapatriement de la Constitution sans charte, pour établir un processus de modification fondé sur sept provinces avec 50 p. cent de la population, et comprenant la possibilité pour une province de se retirer d'une modification si les deux tiers de sa législature l'approuvait. Lévesque était intrigué mais troublé, particulièrement par la majorité des deux tiers. Il est franc quant à son objectif : si une majorité simple était requise, nota-t-il, « ne pourrions-nous pas arriver peu à peu à bâtir cet État associé qu'on nous a refusé ? » Lévesque admet qu'il omit de parler de sa pensée sur un « État associé » avec les autres premiers ministres, mais eux non plus ne partageaient pas leurs réflexions privées avec lui. Après une réunion qui se termina tard le soir et recommença tôt le lendemain, les autres premiers ministres acceptèrent de laisser tomber la majorité des deux tiers en échange de la promesse de Lévesque « d'apposer solennellement [sa] signature en bonne place sur un historique parchemin au sommet duquel se déployait le drapeau unifolié[10] ». À ce moment-là, ce plan sembla un formidable coup à faire à Trudeau pour le remettre à sa place.

Comme nous l'avons vu, avril fut un mois désastreux pour Trudeau, avec la défaite de Ryan aux élections québécoises, la décision de la Cour d'appel de Terre-Neuve défavorable à son projet de rapatriement, et la création de la bande des huit avec son projet de rapatriement sans charte. Il est entendu que Lévesque était exubérant, voire trop confiant. Dans ses mémoires, il soutient fermement que « l'exercice du droit de retrait » avec compensation, comme il avait été convenu avec la bande, était extrêmement profitable au Québec : « D'étape en étape, je le répète, on pourrait ainsi se faire quelque chose comme un pays... » Il est vrai que le Québec perdrait son veto, mais, écrivit Lévesque, « cette vieille obsession ne [l]'a jamais emballé ». Le veto, fait-il valoir, « peut constituer une entrave au développement au moins autant qu'un instrument de défense[11] ». À ses yeux, la voie permettant « de se retirer » avait de toute évidence beaucoup plus de poids politique.

Les commentaires typiquement sincères que l'on peut lire dans les mémoires de Lévesque expliquent pourquoi il ne parla pas du veto comme d'un enjeu lorsqu'il quitta furieusement Ottawa le 5 novembre. Néanmoins, la tempête se déchaîna rapidement lorsqu'il retourna à Québec, où les nationalistes décrivirent la perte du veto comme une catastrophe. Et Trudeau, comme nous l'avons vu, le nargua d'avoir abandonné ce joyau au moment de se joindre à la bande des huit en avril. De plus, les autres premiers ministres accusèrent Lévesque d'avoir rompu l'entente qu'ils avaient conclue en avril lorsqu'il accepta imprudemment le défi de Trudeau de tester le rapatriement et la charte dans le cadre d'un référendum durant les réunions fatidiques du début de novembre. Dans son compte rendu de l'incident, Claude Morin confirme essentiellement cette interprétation, bien qu'il suggère également que, pour Lévesque, l'accord d'avril était déjà mort et enterré. De l'avis de Morin, l'objectif de la création de la bande des huit était de détruire les projets de Trudeau relativement à la charte lorsqu'il rapatrierait la Constitution. Lorsque les premiers ministres, notamment Allan Blakeney dont on se méfiait le plus, jonglèrent avec la notion de compromis, les espoirs de Lévesque se changèrent d'abord en frustration, puis en colère. Les gains d'avril étaient perdus; la récolte de novembre se révélait une trahison[12].

Submergé d'amertume, Lévesque alla ensuite trop loin. « Je continuais de fulminer de plus belle, écrit-il. De la "nuit des longs couteaux" à la "plus misérable trahison", je ne trouvais plus de termes assez forts pour exprimer tout le ressentiment qui me brûlait. » Il envisagea même d'imposer aux anglophones du Québec de subir la même « médecine scolaire », c'est-à-dire le même traitement que celui réservé aux francophones du reste du Canada en matière d'éducation, où bon nombre d'entre eux ne pouvaient pas étudier dans leur langue officielle. Cette « fulmination » entraîna un « défoulement », mais Lévesque admet lui-même que ce défoulement était « devenu excessif ». Cela contribua à l'humeur aigre et au sentiment de vengeance qui régnèrent au congrès du Parti québécois en décembre, congrès qui divisa le parti entre les souverainistes purs et durs et ceux en faveur de « l'association* ». Confronté à un parti divisé,

---

* La rage que nourrissait Lévesque à l'endroit de l'« Anglais » ne se reflétait pas dans sa politique de souveraineté-association, qui laissait fortement entendre une association étroite avec l'autre groupe linguistique officiel du Canada. Graham Fraser, qui connaissait bien le Québec pour y avoir été journaliste durant les années 1970 et 1980, affirma plus tard : « Même si très peu de membres du Parti québécois

Lévesque menaça de démissionner. Après avoir tenu tête aux radicaux, il resta en poste, mais Morin, l'auteur de « *l'étapisme* », abandonna et tira sa révérence. Le conseiller de Lévesque, Claude Charron, fit de même en février 1982 après qu'on l'eut arrêté pour avoir volé un manteau de 125 $ d'un magasin à rayons Eaton. Lévesque, avec son parti divisé et démotivé et l'économie qui s'effondrait, s'acquitta tant bien que mal de son dernier mandat au pouvoir. Puis, le 20 juin 1985, Lévesque démissionna comme chef du PQ après que le parti eut déclaré, contre sa volonté, que l'enjeu à débattre aux prochaines élections serait la question de la souveraineté. Il croyait que cet engagement de fonder la campagne électorale sur la souveraineté était ridicule et, le 3 octobre, il quitta son poste de premier ministre.

Deux ans plus tard, le 1er novembre 1987, Lévesque décéda d'un arrêt cardiaque. Il n'avait que soixante-cinq ans. Même si tous et chacun savaient que son état de santé se détériorait sans cesse, sa mort fut un véritable choc, et de nombreuses personnes pleurèrent au vu de tous dans les rues du Québec lorsqu'elles apprirent que celui-ci serait désormais privé de son énorme présence. Le vendredi soir précédant le décès de Lévesque, Trudeau l'avait vu à un festival d'auteurs canadiens, où il lançait un recueil de ses discours sur les affaires internationales. Vêtu d'un smoking, un Trudeau rayonnant dévisagea Lévesque, qui tenait avec précaution le nouveau livre sur lequel Trudeau figurait en couverture. On raconte que Lévesque, sourire aux lèvres, se serait tourné vers Trudeau et lui aurait dit : « Alors, tu dramatises encore. » Lorsqu'il apprit la nouvelle de la mort de son rival, Trudeau lança sur un ton songeur : « Quand nous ne parlions pas de politique, nous étions d'accord. » Il alla présenter ses respects le mardi soir alors que Lévesque était exposé au palais de justice du

---

partageaient réellement sa passion pour cette formule de souveraineté-association, Lévesque parvint à maintenir leur loyauté. Et il parvint à le faire parce que personne au Parti québécois ne croyait réellement qu'il était aussi ardemment attaché à cette formule qu'il s'avéra l'être. » Sa « rage » de novembre amena donc les militants à croire – à tort – qu'il pourrait aller au-delà de sa position politique énoncée. Fraser, cité dans Robert Bothwell, *Canada and Quebec: One Country, Two Histories*, éd. rév. (Vancouver : University of British Columbia Press, 1998), p. 157. Dans son propre livre, *René Lévesque et le Parti québécois* (Montréal : Libre Expression, 1984), Fraser fait un compte rendu juste et détaillé de la relation que Lévesque entretenait avec sa province et son parti.

Vieux-Montréal. Lorsqu'il entra dans la pièce, un jeune homme s'écria : « T'as pas d'affaires ici, toi ! » Gérard Pelletier et Jean Marchand assistèrent à la messe funéraire, mais Trudeau n'y alla pas[13].

La mort de Lévesque ne mit pas un terme au débat, particulièrement celui sur la perte du veto. Pour reprendre les mots de Lévesque, le Québec était « tout seul » après novembre 1981. L'image persistait, se faufilant à travers les visions politiques futures de ce que le Canada et le Québec étaient véritablement et de ce qu'ils devraient être. À l'instar de Lévesque, Trudeau aborda la question, dans ses *Mémoires politiques* et lors d'entrevues ultérieures, à savoir si le Québec avait choisi, ou avait été forcé, de faire cavalier seul. Dans ses *Mémoires politiques*, il affirme que Lévesque n'aurait jamais accepté de faire des compromis sur le rapatriement parce qu'il était un séparatiste qui ne voulait pas que le Canada réussisse. Toutefois, une entrevue en profondeur réalisée en 1992 par le journaliste Jean Lépine est plus révélatrice. À maintes reprises, Lépine revisita le 5 novembre et demanda à Trudeau pourquoi il n'avait pas fait un ultime effort pour inclure le Québec dans l'accord. Pensait-il vraiment que Lévesque ne signerait jamais ? Au début, Trudeau fut brusque et bref, mais au fur et à mesure que Lépine répétait la question, Trudeau se mit à élaborer longuement et en détail sur le point, affirmant que Lévesque avait quitté Ottawa en demandant trois changements – liés à la langue, à la liberté de circulation et d'établissement, et au manque de compensation pour les provinces lorsqu'elles « se retiraient ». Il admit qu'il n'était pas certain de ce que le Québec ferait, mais déclara qu'au cours de la semaine suivante Lévesque avait demandé trois nouveaux éléments, y compris le veto. Cette demande rendit les négociations impossibles, voire absurdes. À ce moment de l'entrevue, Lépine réitéra une fois de plus sa question :

> Maintenant que vous êtes en forme, je vous repose la question que je vous avais posée au tout début. Ma question c'était : aujourd'hui, quand on revient sur ces événements-là, on dit : pourquoi Trudeau, à la dernière minute le jour 5, voyant que le Québec ne signerait pas, n'a-t-il pas fait un effort suprême pour garder le Québec ?... Vous souvenez-vous que vous, vous étiez sûr à ce moment-là que de toute façon le Québec ne signerait pas ?

Oui, j'étais sûr. Je viens de vous faire la démonstration qu'il [Lévesque] ne savait pas ce qu'il voulait. Il a donné trois prétextes, trois raisons pour ne pas signer l'accord puis, une semaine plus tard, il disait que l'accord avait été inacceptable pour trois autres raisons. Alors mettez-vous dans ma peau !

Clairement, le questionnement persistant troubla Trudeau.

L'accord n'était pas parfait, mais il était essentiel, comme le dit Trudeau à son assistant dissident André Burelle. Lesage avait refusé le rapatriement de Pearson en 1964, et Bourassa avait saboté la Charte de Victoria en 1971. En novembre 1981, le sentiment qui régnait parmi les fédéralistes à la table de négociations était fort – le temps s'était écoulé –, et ce sentiment s'étendait bien au-delà de la table. Deux des plus proches confidents de Trudeau en ce qui a trait au dossier constitutionnel lui firent parvenir leurs impressions dès que l'accord fut conclu. Le 8 novembre, Ramsay Cook écrivit : « Je suppose que ce n'est pas exactement l'entente constitutionnelle que vous auriez souhaitée, mais elle est quand même très intéressante. [...] Quoi qu'il en soit, félicitations pour votre acharnement dans l'aboutissement de ce processus. » Trudeau répondit : « Comme vous le savez, ce n'est pas exactement l'entente constitutionnelle que j'aurais souhaitée, mais je respecte l'esprit de compromis qui nous a permis de trouver un terrain d'entente. » F. R. (Frank) Scott, qui avait été tourmenté par les déboires constitutionnels du Canada pendant des décennies, eut une réaction similaire : « Je suis insatisfait de certaines parties de l'entente – comme vous l'êtes sans doute vous aussi –, mais je suis ravi que vous ayez mis un frein à la poursuite des négociations. » Le temps avait effectivement passé. Le processus était « un gâchis », comme le confia Trudeau à un intervieweur, mais c'était un nouveau gâchis, avec des ingrédients plus riches[14].

Ce n'était certes pas l'entente constitutionnelle que Trudeau avait espérée, mais c'était bien mieux que de faire durer l'impasse constitutionnelle et d'avoir un pays sans droits individuels enchâssés dans une charte. Le 5 novembre, Trudeau nota « avec beaucoup de regrets » l'absence d'une disposition pour un référendum dans le cas d'une impasse constitutionnelle. L'image d'hommes d'âge mûr en complet ayant à décider eux-mêmes de l'issue de tels enjeux fondamentaux contredisait ce que Trudeau appelait « l'ultime souveraineté du peuple ». En outre, la clause nonobstant dérangeait Trudeau, tout comme les limites liées à la liberté de circulation et d'établissement. Et il y avait aussi l'absence de veto pour le Québec.

Trudeau répliqua à l'allégation du Québec voulant que le refus du veto soit un tort historique parce que, comme il le fit si souvent remarquer, Lévesque avait lui-même cédé le veto en avril 1981 lorsqu'il s'était joint à la bande des huit. Mais Jean Chrétien affirme, dans ses mémoires, que la demande de Lévesque d'obtenir un veto à la réunion de novembre était appropriée : « Personnellement, je crois que le Québec, représentant une population minoritaire aux préoccupations linguistiques et culturelles particulières, devrait avoir un droit de veto. » Il regrette, dit-il, que le plaidoyer tardif de Lévesque se soit soldé par un refus, mais souligne avec justesse que l'opposition d'une seule province à la requête était suffisante pour que cette dernière soit rejetée, et qu'ils étaient nombreux à vouloir joindre ces rangs. Curieusement, Trudeau est demeuré silencieux sur le sujet dans ses mémoires. Toutefois, en 1983, il dit à Ramsay Cook, qui avait critiqué la formule d'amendement, qu'il « espérait que les historiens consigneraient les réserves [de Trudeau] » au sujet de la perte du veto du Québec et « le fait [qu'il] avait favorisé une formule qui comprenait un veto québécois ».

Les historiens, en particulier au Québec, ne témoignèrent pas des espoirs de Trudeau, mais la vérité fondamentale demeure. Jusqu'en 1981, les gouvernements de Trudeau avaient toujours appuyé le veto du Québec. Un effort herculéen de la part des dirigeants fédéraux aurait-il pu persuader neuf provinces de changer la formule d'amendement ? Probablement pas, mais la mémoire historique floue de cette époque laisserait peut-être entendre que Trudeau aurait dû moins narguer Lévesque au sujet du compromis qu'il fit avec la bande des huit et insister davantage sur son regret personnel que sa propre province, avec ses différences « linguistiques et culturelles », ait perdu un pouvoir considérable au sein de la fédération canadienne. De plus, les tentatives tardives pour s'attaquer au veto par l'intermédiaire des accords du lac Meech et de Charlottetown révélèrent à quel point cette perte affecta le Québec et l'histoire constitutionnelle du Canada. Les accords du lac Meech et de Charlottetown eurent aussi un énorme impact sur les points de vue entourant les événements de novembre 1981 exprimés par la plupart des intellectuels et des politiciens québécois, non seulement les séparatistes, mais aussi des fédéralistes tels que Brian Mulroney et Daniel Johnson, fils[15].

Mais une observation rétrospective porte à occulter les considérations politiques et personnelles. En avril 1981, Trudeau fut abasourdi par la décision de la Cour d'appel de Terre-Neuve, irrité par les hésitations des parlementaires britanniques, blessé sur le plan politique par la réélection de Lévesque, et mis au défi par la création de la bande des huit. Son projet constitutionnel, sa « magnifique obsession* », semblait sur le point de s'effondrer. Mais cela n'arriva pas, grâce à ses habiles manœuvres, à la négligence de Lévesque et, comme il le confia à Cook, à l'esprit de compromis qui déferla soudainement dans le centre des congrès d'Ottawa durant ces jours tendus du début de novembre. Les déceptions de Trudeau relativement à l'accord final étaient le produit de ces compromis. Il négocia ; Lévesque, méfiant et de plus en plus mécontent, rata sa chance. Peut-être les deux hommes pouvaient-ils effectivement s'entendre lorsqu'ils ne parlaient pas de politique, mais la politique était à ce point au cœur de leur vie que la discorde l'emportait habituellement. Lorsque Lépine lui demanda de résumer son opinion de Lévesque, Trudeau répondit qu'il n'avait jamais su ce que Lévesque voulait – il ne savait pas s'il était un *indépendantiste* ou s'il croyait véritablement en *la souveraineté-association* ou si, « comme Claude Morin, c'était une forme d'étapisme pour arriver à l'indépendance ».

« Que respectiez-vous à propos de Lévesque ? » demanda Lépine.

« Bien, je respectais qu'il était… Je respectais qu'il… Bien, il était un sujet intéressant, il était coloré, il était obstiné, il… Je n'ai rien à dire au sujet de M. Lévesque[16]. »

Le biographe de Lévesque, Pierre Godin, observe à juste titre que Lévesque et Trudeau « ont contribué à redéfinir complètement le Canada ». Dans un Canada au bord de la séparation, ils régnèrent sur leur époque. Les deux hommes avaient, par leurs joutes oratoires, leurs sarcasmes et leurs batailles, « forcé le Canada anglais à voir la place du

---

* NDT : L'auteur fait référence ici au titre du livre de Stephen Clarkson et Christina McCall, *The Magnificent Obsession*, traduit en français sous le titre *Trudeau : L'homme, l'utopie, l'histoire*.

Québec dans la fédération sous un nouvel angle ». C'était une réalisation commune et, pour les Canadiens comme pour les Québécois, elle revêtait une énorme importance. Pour Trudeau, le rapatriement de la Constitution, en plus de la charte, renversa le cours de l'histoire constitutionnelle, qui avait déraillé dans les années 1970, avec la défaite à Victoria qui avait conduit à un désespoir qui s'était soldé par un échec lamentable en 1979. Sa portée était vaste lorsqu'il retourna au pouvoir en 1980, mais sa poigne l'était presque tout autant. Les premiers ministres dissidents, craignant peut-être d'être condamnés par leur électorat s'ils s'en prenaient à la charte, avec Lévesque dans le rôle du bourreau, allèrent bien au-delà des quelques miettes qu'ils avaient offertes à Trudeau en avril 1981 lorsque sa position semblait si faible. En fin de compte, très peu de changements furent apportés à la charte : l'option de retrait fut limitée, la péréquation des provinces fut enchâssée, les droits individuels furent garantis, et le rôle de la présence fédérale dans la vie des Canadiens fut assuré. Ironiquement, Claude Ryan, avec son engagement envers le statut spécial pour le Québec et la décentralisation en faveur des provinces – une position qui se rapprochait de la vision « une communauté de communautés » du chef conservateur Joe Clark –, aurait probablement été un adversaire de Trudeau plus efficace que Lévesque. Comme l'affirma Romanow lorsqu'il quitta le congrès : « curieusement », les arguments de Lévesque signifiaient que, « en ébranlant le Canada, il l'a renforcé ». Si c'était le cas, c'était la détermination de Trudeau à réfuter ces arguments qui avait rendu cela possible[17].

Trudeau reçut sa récompense publique par un 17 avril 1982 frisquet, dans le cadre d'une cérémonie extérieure devant le Parlement d'Ottawa où la reine Élizabeth II, vêtue d'une veste turquoise et d'un chapeau assorti, signa officiellement la proclamation royale de la Constitution. Une bourrasque de vent balaya alors les cheveux clairsemés de Trudeau, tandis que trente-deux mille spectateurs fidèles et trempés applaudirent. Neuf premiers ministres assistèrent à la cérémonie, mais Lévesque était absent, participant à une marche de protestation qu'il avait organisée à Montréal. Trudeau commença son discours en déclarant que le Canada avait enfin une souveraineté nationale intégrale. Puis, lorsqu'il se mit à parler du Québec, le ciel s'assombrit, des grondements de tonnerre se firent entendre et une pluie torrentielle se mit à tomber. L'allocution de la reine fut entrecoupée de façon intermittente par l'orage, comme lorsqu'elle qualifia l'accomplissement « d'acte qui défie l'histoire ». Après un dîner officiel le samedi soir, où l'on rendit hommage aux architectes de la nouvelle Constitution, la reine quitta la capitale. Trudeau l'accompagna à l'aéroport, et une fois qu'elle fut dans l'avion, il surprit les observateurs en exécutant tout à coup une élégante pirouette. Le jour historique de la cérémonie de signature, Trudeau avait terminé son discours sur ces paroles : « Célébrons le renouvellement et le rapatriement de notre Constitution, mais faisons tout d'abord confiance aux citoyens du Canada, qui lui insuffleront la vie. » Cela demeure, à tort ou à raison, le défi à long terme que lança Trudeau au peuple et à son histoire[18].

La popularité immédiate de la charte, selon ce que révélaient de nombreux sondages, ne passa pas directement au gouvernement Trudeau, dont la cote de popularité ne cessa de diminuer tout au long de 1981 et même davantage en 1982. Les libéraux entamèrent 1981 avec 10 points d'avance sur les conservateurs, mais, malgré plusieurs problèmes de dissension à l'interne à l'endroit de Joe Clark, les conservateurs étaient en avance, à 42 p. cent contre 28 p. cent, à la fin de l'année. Bien que la charte fut bien reçue dans presque tout le Canada anglais, l'appui au Parti libéral connut une baisse dans cette portion du pays alors qu'il demeura stable au Québec, où le gouvernement et la plupart des médias écrits s'opposaient fortement à la réforme constitutionnelle, mais pas à la charte.

Parmi les victimes de cette chute de l'appui aux libéraux figura Jim Coutts, qui avait quitté le Cabinet de Trudeau pour se présenter comme candidat à une élection partielle dans la circonscription de Spadina à Toronto. Trudeau avait nommé au Sénat Peter Stollery, un compagnon de canotage, de sorte que le poste de secrétaire principal de cette circonscription était vacant. Mais la machination sembla trop habile, et Stollery beaucoup trop jeune pour le Sénat – et la circonscription, libérale depuis trente-six ans, rejeta Coutts et élut Dan Heap, un conseiller municipal néo-démocrate radical de Toronto. Coutts manqua à Trudeau. Sans être des amis, ils s'étaient tout de suite compris et se faisaient mutuellement confiance. Coutts avait brillamment assuré le retour de Trudeau en 1979 et il avait géré les premiers mois au pouvoir efficacement. Il gardait un personnel réduit pour les journées d'opposition et, selon l'attaché de presse Patrick Gossage, il concentrait l'attention de Trudeau sur les choses qui importaient le plus sur le plan politique – le dossier constitutionnel par-dessus tout. Le départ de Coutts créa un nouveau climat, climat qui était plus ouvert, mais moins discipliné. Cela signifiait, du point de vue de Gossage, qu'un programme de « fin d'une époque » commençait à prendre forme[19].

⟨⟩

Coutts, à l'instar de Trudeau, protégeait jalousement sa vie personnelle, et en tant que célibataire endurci, il comprenait mieux que quiconque que Trudeau tienne à garder sa vie privée. En 1980, Trudeau établit clairement auprès de son personnel les conditions de son retour en politique, et parmi celles-ci, celle de pouvoir disposer de suffisamment de temps à consacrer à ses enfants et à sa vie personnelle. Pour les enfants – Justin, Sacha et Michel –, le retour au 24, promenade Sussex fut un cadeau de Noël tardif de l'année 1979. Ils se baignaient tous les jours dans la piscine, et leur père redevenait un véritable gamin lorsqu'il rentrait le soir, les soulevant de terre alors qu'ils accouraient pour l'accueillir et lui raconter quelques-uns des événements de la journée. Pierre était un père enthousiaste. Après qu'elle lui eut rendu visite à la maison, une amie écrivit à son sujet: « Tu es l'un des pères les plus attentifs et consciencieux que j'ai jamais rencontrés. C'est merveilleux[20]. » Et ce l'était, à la fois pour Pierre et pour les enfants. Justin se rappelle le début des années 1980 comme d'une période bénie, alors que ses parents, en dépit de leurs nombreuses préoccupations, jouèrent un rôle central dans la vie des garçons. Pas tout à fait des adolescents, mais plutôt encore à l'âge merveilleux où les enfants sont curieux et voient le monde sous un jour tout nouveau, les garçons furent encouragés à former leur caractère individuel, à questionner, à comprendre que leurs parents voulaient qu'ils expriment leurs talents et leur véritable personnalité le plus possible. Un jeune ami de leurs années de préadolescence se souvient que « le temps passé avec le papa de Justin était presque toujours occupé à surmonter différents défis d'ordre physique ou mental: dis-moi ce que tu as appris; montre-moi ce que tu sais faire; dis-moi à quoi tu t'occupes ». Et Pierre n'hésitait pas à leur montrer ce qu'il pouvait faire, comme lors de ce jour d'été passé au lac Mousseau alors qu'aucun des enfants réunis ne pouvait relever son défi de se tenir debout sur une planche de surf dans l'eau. Le père des garçons leur montra qu'il était possible de le faire alors que « les voix excitées des enfants, fascinés, faisaient le décompte des secondes » jusqu'à ce qu'il disparaisse finalement et élégamment dans l'eau[21].

La vie de famille devint plus facile après le retour à la promenade Sussex parce que Margaret avait trouvé, à ce moment-là, une maison à seulement trois coins de rues de là. Durant la campagne électorale de 1979-1980, elle s'occupa des garçons pendant que Pierre était absent. L'achat de la maison, rendu possible grâce à un versement initial de Trudeau et aux recettes du livre *À cœur ouvert*, mit un terme à l'entente selon laquelle Margaret vivrait à l'occasion dans une chambre au grenier du 24, promenade Sussex ou, lorsque Trudeau était dans l'opposition, à Stornoway. Ils tentèrent de rendre la vie des garçons aussi normale que possible dans les circonstances, mais elle ne l'était pas. Margaret et Pierre se disputaient parfois furieusement une fois les enfants au lit.

Un soir à Stornoway, après que Margaret lui eut demandé de l'argent et que Pierre lui eut offert seulement cinquante dollars, elle avait explosé de frustration, et dans la mêlée qui avait suivi, essayé de lui arracher les yeux. Ceinture brune en judo, Pierre l'immobilisa rapidement au sol, mais les enfants entendirent ses cris et se précipitèrent. Ils supplièrent leur père de ne pas lui faire de mal. Finalement, Micha, âgé seulement de quatre ans, demanda à Pierre de venir dans sa chambre. Selon Margaret, « leur conversation dura une demi-heure. Pierre avait toujours dit que Micha savait mettre les choses au clair. Puis Pierre s'en alla. » L'incident ébranla les deux parents, et ils consultèrent un thérapeute familial, à coup sûr une sage décision compte tenu des circonstances compliquées, car, peu importe à quel point Margaret pouvait irriter Pierre, ces épisodes de violence témoignaient de façon troublante de la colère et de la rage qu'entretenait Trudeau dans son for intérieur. Ils discutèrent en thérapie de leur mariage et, toujours selon Margaret, elle y découvrit que, « contrairement à ce [qu'ils croyaient], [ils] ne communiqu[aient] pas entre [eux] ». Margaret affirme qu'elle s'aperçut que Pierre était essentiellement quelqu'un qui aimait être seul (*loner*) – bien qu'il utilisait le terme « solitaire » – et qu'il avait érigé « […] une barrière si impénétrable qu'une véritable relation profonde et confiante entre adultes lui était impossible ». Mais il lui fit part, et elle en fut touchée, de son « appréciation » pour elle en tant que mère de ses enfants. Il aimait sa façon « d'élever les petits », et elle réalisa qu'elle aimait que Pierre soit le père de ses fils. Pour Trudeau, les enfants étaient une façon pour lui de pénétrer cette barrière, peut-être pour la première fois. Et malgré la tourmente et les émotions, Margaret et Pierre donnèrent aux garçons des bases solides sur lesquelles construire leur vie[22].

Margaret s'installa donc dans sa petite maison à proximité, avec sa véranda et ses lits superposés. Les garçons se rendaient chez elle une fois leur journée terminée à l'école publique Rockcliffe Park pour y prendre leur collation et s'amuser avant que la voiture de police ne les escorte au 24, promenade Sussex, où ils attendaient le retour de leur père, vers 18 h 45. À l'automne 1979, Margaret et Pierre informèrent les garçons qu'ils se séparaient de façon permanente, et ils organisèrent un système qui était, dans les faits, la garde partagée. La première fois qu'ils s'étaient séparés en 1977, Pierre avait obtenu la garde exclusive des garçons, mais avait consenti à un accès « généreux » aux enfants*. Sa colère s'amplifia après la publication du livre À cœur ouvert et les escapades de Margaret à la fin des années 1970, mais il reconnut que les garçons adoraient leur mère et voulaient être avec elle. Les nouvelles circonstances offraient une situation idéale. Ils s'entendirent pour que chacun puisse « garder les garçons tour à tour pendant une semaine », avec possibilité de négocier les fins de semaine. Pierre voulait amener les garçons avec lui au lac Mousseau une fin de semaine sur deux, mais les dessins animés télévisés

---

* En tant que catholique pratiquant, Trudeau ne voulait pas divorcer. Il dit à Margaret, selon ce qu'elle raconte : « Tu es mon épouse, tu seras toujours mon épouse et aussi dévoyée que tu deviennes, rien n'y changera. » En vertu des lois canadiennes à cette époque, un divorce après trois ans était possible si les deux parties y consentaient, mais Trudeau s'y refusait. Sans une telle entente, « [...] les cinq années de séparation prévues » étaient requises, et Margaret apprit plus tard que les jours où elle vécut dans le grenier du 24, promenade Sussex ne comptaient pas comme une « séparation ». En 1984, Margaret demanda le divorce et maria peu de temps après l'homme d'affaires d'Ottawa Fried Kemper, avec qui elle eut deux enfants. Trudeau discuta avec ses enfants de la possibilité de remariage, mais il n'indiqua jamais qu'il envisageait sérieusement de le faire. Citation tirée du livre de Margaret Trudeau, *Les conséquences* (Montréal : Éditions Optimum internationales, 1982), p. 77. Entrevue avec Alexandre Trudeau, juin 2009.

du samedi matin chez Margaret étaient trop populaires. Les goûts des garçons triomphèrent, et les fins de semaine au lac Mousseau commencèrent à midi. Leurs parents adoptèrent, comme l'écrit Margaret, une entente « sur certaines valeurs, comme l'honnêteté et la loyauté, l'éducation (qui devrait être bilingue) et le comportement (du moins en ce qui concerne les manières et l'alimentation). De cela devait émerger un nouveau mode de vie[23]. »

Trudeau chérissait le temps qu'il passait avec les garçons, et il s'arrangeait fréquemment pour que ceux-ci puissent l'accompagner durant ses voyages. Lors d'une occasion mémorable en 1980, il amena Sacha, alors âgé de six ans, en voyage en Arabie Saoudite, où le cheik Ahmed Zaki Yamani, le légendaire ministre saoudien du pétrole, invita le groupe de Canadiens à passer deux nuits dans le désert. Trudeau, aventurier depuis toujours, accepta et, en compagnie de Sacha, séjourna dans une tente de Bédouin. Un soir, on fit jouer de la musique arabe et Trudeau, en habit du désert, commença à bouger au rythme de la musique avec Sacha. Puis Trudeau et Yamani dansèrent ensemble dans la nuit du désert, une image qui enthousiasma les journalistes canadiens – et, évidemment, Sacha. Mais le moment inoubliable survint lorsque Sacha, vêtu d'une tunique arabe, monta, brûlant d'impatience, sur un chameau blanc et détala. « Sacha d'Arabie », lança son père à la blague, « parti dans le désert. À demain ! »

Les garçons, tout comme leur père, en vinrent à adorer le Nord canadien et la frontière. Et ils étaient souvent présents lorsque les visiteurs les plus éminents arrivaient à Ottawa. L'un de ceux qu'ils aimèrent tout particulièrement fut le président Ronald Reagan, qui, à l'instar de Trudeau, charma les enfants avec son attention soutenue et ses ruses de comédien. Lors d'une occasion, l'ancien secrétaire général des Nations Unies Boutros Boutros-Ghali, un Égyptien, dû assumer la fonction de traducteur pendant une réunion de Trudeau et du président Sadat d'Égypte au palais présidentiel. Trudeau présenta solennellement Sacha au président et à un autre invité, le président Senghor du Sénégal. Sacha, qui venait tout juste de revenir d'une visite au zoo, commenta : « Au zoo, ce matin, j'ai vu quatre girafes, trois éléphants et maintenant je rencontre deux présidents. » Senghor, qui comprenait l'anglais, se mit à rire ; Sadat, qui resta de marbre – et Boutros-Ghali ne traduisit pas –, accepta ses mots comme s'il s'agissait d'éloges qui revenaient à un président. Même lorsque les enfants ne voyageaient pas avec leur père, ils avaient accès aux meilleurs billets pour Sesame Street et d'autres émissions, et la chance de rencontrer les vedettes dans les coulisses après leur performance. Et il y avait les nouvelles amies de leur père – les nombreuses femmes qui venaient visiter le 24, promenade Sussex[24].

Les femmes commencèrent à faire leur apparition peu après que Pierre et Margaret furent séparés, mais la présence intermittente de Margaret au 24, promenade Sussex compliquait les choses. Margaret décrit l'atmosphère tendue qui régnait un vendredi, lorsqu'elle arriva à la maison tout juste comme Pierre se préparait à accueillir Liona Boyd. Trudeau changea rapidement ses plans, et lui et Boyd passèrent un week-end imprévu au lac Mousseau. Une fois que Margaret se fut installée dans sa propre maison, Trudeau eut plus de liberté, qu'il s'empressa de saisir. Il avait dit à son personnel, à son retour au Cabinet, qu'il tenait à sa vie privée en dehors des heures de travail, et il sépara scrupuleusement sa vie privée des préoccupations publiques, ce qu'il ne pouvait se permettre de faire lorsque lui et Margaret étaient mariés. Sa secrétaire particulière, Cécile Viau, veillait soigneusement à maintenir cette séparation et, au nom de Trudeau, s'indignait lorsqu'une correspondance privée était ouverte dans son bureau politique. Les amis proches de Trudeau, habituellement mais pas toujours des femmes (l'architecte Arthur Erickson était un correspondant constant), furent avisés d'estampiller la mention « confidentiel/personnel » sur leurs lettres, cartes postales ou notes, et Viau les donnait à Trudeau à la fin de la journée. Les amis connaissaient madame Viau ; c'est elle qui gérait les divers degrés d'accès à Trudeau qu'ils avaient et appliquait les restrictions. Elle était, l'observe Marc Lalonde avec un sourire forcé, « l'essence même de la discrétion[25] ».

Trudeau lui-même était discret jusqu'à l'obsession. Certes, il arrivait régulièrement que des femmes séduisantes soient à son bras lors d'événements publics, mais il établissait des règles claires pour les nombreuses femmes avec qui il entretenait des relations plus intimes dans les années 1980. Elles ne devaient pas parler publiquement de leur relation, et le temps qu'elles passaient à Ottawa était normalement une affaire secrète. Il leur arrivait parfois de s'envoler à bord du Challenger, l'avion du gouvernement, lorsque ce dernier était à proximité. À l'aéroport, le chauffeur de Trudeau, qui démontrait la même rigueur que madame Viau en matière de confidentialité, les faisait disparaître par des entrées et des sorties privées pour les conduire à leur rencontre avec Pierre. Ces femmes, quant à elles, étaient généralement jeunes, œuvraient souvent dans le domaine des arts ou du théâtre, étaient d'ordinaire intelligentes, fréquemment extraverties et pleines d'esprit, et invariablement ravissantes. Ses documents personnels sont remplis de lettres, de notes, de cartes postales et de vœux de Noël provenant de femmes qu'il rencontrait sur des plages, dans des avions, à des rassemblements diplomatiques, ou sur la colline. Il flirtait continuellement et outrageusement, et, en dépit de sa préoccupation pour sa vie privée, il semblait apprécier faire étalage de son pouvoir de séduction en présence de femmes.

Margaret, par exemple, se souvient d'un soir où elle se trouvait dans sa chambre au grenier du 24, promenade Sussex et qu'un groupe s'était réuni à l'étage inférieur après une réception à Rideau Hall. Trudeau vint dans sa chambre, lui dit qu'elle connaissait tout le monde, et lui demanda de se joindre à eux. Elle aperçut parmi le groupe Liona Boyd, qui avait joué à la réception du gouverneur général, et dit « méchamment » à Trudeau : « c'est à une maîtresse que tu demandes de jouer maintenant. » Trudeau répliqua rapidement : « Pas une, Margaret, mais deux » – une *chanteuse** avait également fait une performance cette soirée-là. Dans la même veine, Allan Gotlieb, l'ambassadeur de Trudeau à Washington, se plaint dans son merveilleux journal d'un dîner qu'il avait organisé en l'honneur de Trudeau, dîner qui « s'avéra des plus agaçants », principalement parce qu'on dénombrait trois « petites amies » de Trudeau parmi les cinquante invités[26].

Margot Kidder, alors au sommet de sa célébrité, était habituée aux nombreuses fréquentations de Trudeau. Le 30 mars 1983, après un souper à Toronto en compagnie du premier ministre grec Andreas Papandreou, elle remercia Trudeau « pour la soirée avec les Grecs », mais ajouta : « Pourquoi ne m'avez-vous pas dit que vous aviez une cavalière ? Comment une femme peut-elle espérer faire du charme à un homme qui lui plaît pendant un repas s'il a une petite amie à sa droite ? » Actrice

---

* NDT : En français dans le texte.

dans la pièce *Pygmalion* à l'époque, elle cita Shaw : « Êtes-vous un homme de bien dans vos relations avec les femmes ? »

Cette « petite amie » qui prenait place ce soir-là à la droite de Trudeau était probablement Gale Zoë Garnett, une écrivaine, actrice, chanteuse remarquablement douée et pleine d'esprit qui avait complètement charmé Trudeau lorsqu'il l'avait rencontrée au début des années 1980. Devenue orpheline à l'âge de quinze ans, Garnett avait quitté Toronto pour New York, où elle a participé à des pièces de théâtre et écrit, encore adolescente, les paroles et la musique de la chanson *We'll Sing in the Sunshine*, qui a atteint le sommet des palmarès aux États-Unis et est restée un classique des années 1960. La chanson, bien qu'ayant des propos provocateurs pour l'époque – une jeune femme raconte qu'elle restera avec un homme quelque temps pour ensuite s'en aller –, rapporta des redevances et procura la liberté à la jeune Garnett. À son retour à Toronto, elle participa à la première production de *Hair* et entama une carrière de journaliste. Sa première rencontre avec Trudeau eut lieu lorsqu'elle lui demanda une entrevue, et qu'il lui répondit par une invitation à souper. Elle répliqua : « Des entrevues, je peux en obtenir – un repas en bonne compagnie est quelque chose de beaucoup plus rare. » Ils se rendirent dans un restaurant japonais d'Ottawa quelque part au printemps 1981. Garnett, qui avait déjà entendu parler du zèle de Trudeau lorsqu'il s'agissait de sa vie privée, écrivit : « Je m'en veux de ne pas vous avoir appelé avant ! Quel gâchis ! Je ne pensais pas que vous seriez ouvert à quelque chose d'aussi public[27]. »

Leur amitié, immédiatement empreinte « de naturel et de désinvolture », s'épanouit rapidement, et les nombreuses lettres de Garnett donnent une idée claire de ce dont ils discutaient. Le 12 juin, elle écrivit, tout juste après une visite à Ottawa : « Dieu. J'oublie toujours de te demander quelque chose – ça me trotte dans la tête depuis ma visite au 24, promenade Sussex. Tu m'as parlé du rituel des trois questions avec Sacha. Tu as dit que l'une de ses questions ce soir-là était : « Qui a fait Dieu ? » Tu as continué en disant : « Mais je t'ai déjà répondu. » Tu étais sur le point de donner ta réponse et je n'ai pas voulu t'interrompre. Mais je te le redemande : « Qui a fait Dieu ? »

Deux jours plus tard, elle réagit aux dernières nouvelles des actualités, sachant que Trudeau était lui-même furieux au sujet des politiques du Likoud, le principal parti de la droite israélienne : « Les nouvelles ne parlent que d'Israël. Je crois que je déteste Menahem Begin. Je déteste tout ce qu'il pense. Pourrais-tu, voudrais-tu me parler de cela à un moment donné ? C'est difficile d'en parler à cause de la culpabilité qui ressort chaque fois que quelqu'un jette un œil critique sur Israël. »

D'autres aspects de la politique étrangère du Canada la faisaient douter – mais pas le succès constitutionnel de Trudeau. Le 9 novembre, elle félicita Trudeau : « Mille et mille fois BRAVO ! Mon Dieu, quel revirement incroyable ! Tu fais partie d'un panthéon auquel peu ont accès – tu te retrouves entouré de Mohamed Ali, Frank Sinatra, et du dieu-jaguar olmèque des Aztèques. Peut-être aussi d'Houdini. » Un groupe plutôt hétéroclite, mais Trudeau appréciait la flatterie – et, comme la plupart des hommes, plus particulièrement lorsqu'une femme en était l'auteure[28].

Ils se virent l'été suivant, alors que la tempête parlementaire était à son apogée. Par après, elle lui fit savoir que sa visite avait été « super ». Puis elle ajouta : « Je me sens toujours un peu nerveuse de te faire des compliments (sincères), car je sais qu'ils déconcertent ton côté spartiate. Je te les fais, disons, de façon détournée. » Elle lui en offrit « toute une collection » qu'il pouvait « avoir sur demande ». Ce Noël-là, elle lui donna *A Book of Nonsense*, et Trudeau la remercia et lui dit qu'il aimait déjà le bouquin. Garnett avait pour Trudeau une admiration respectueuse en raison des exigences que lui imposait sa vie publique. Elle lui intimait de prendre fréquemment des « pauses folichonnes », qu'elle disait, avec raison, être importantes « quand on mène une vie "plus grande que soi" ».

Maintenant dans la soixantaine, Trudeau souffrait de maux et de douleurs, particulièrement au dos et aux épaules. En septembre 1982, après qu'il eut fait quelques longueurs dans la piscine en compagnie de Garnett et qu'elle l'ait rejoint dans le sauna, celle-ci lui massa ses jointures endolories. Il aima tout particulièrement l'huile à massage qu'elle employa. Garnett lui fit donc parvenir une bouteille de cette huile, et dans la note qui accompagna ses remerciements, Trudeau y fit référence comme d'un « *half a loaf* » (pis-aller) ». Elle répondit poétiquement :

In order for this half-loaf to be bred
Into pleasure
You must *have* a *masseuse*
Fortunately,
The *masseuse*
Can be
Had*.

C'était, ajouta-t-elle avec affection, une « note ridicule », écrite très tôt le matin. Elle le remercia de « l'agréable moment – c'était, comme toujours, merveilleux de te voir ».

Rien d'étonnant à ce que Garnett ait charmé le premier ministre Andreas Papandreou lorsque Trudeau lui demanda de s'asseoir auprès de lui et du leader grec, à ce souper à Toronto**. Le moment était parfait : Garnett espérait passer le printemps et l'été dans les îles grecques, et Papandreou lui demanda de rester en contact – ce qu'elle fit. Sa visite suivante eut lieu à l'invitation de Papandreou et de son épouse. À son arrivée, une voiture officielle l'accueillit, et Papandreou, dont

---

* NDT : [Traduction libre]
Pour que ce pis-aller puisse devenir
plaisant
Il faut *disposer* d'une *masseuse*
Heureusement,
La *masseuse*
Est
disponible.

** Papandreou, le chef charismatique du Mouvement socialiste panhéllenique, était devenu premier ministre le 21 octobre 1981, après une campagne électorale pendant laquelle il critiqua la participation de la Grèce à l'OTAN, réclama une restructuration radicale de la démocratie grecque, et dénonça la présence de bases militaires américaines en Grèce. Après un coup d'État mené par l'armée grecque en 1967, Papandreou avait brièvement été incarcéré, pour ensuite être libéré lorsque le gouvernement américain avait fait pression sur les généraux. Papandreou, « un professeur d'économie de calibre mondial » possédant un doctorat de Harvard, avait enseigné à l'Université York de Toronto de 1969 à 1974. Durant cette période, il avait mobilisé les forces grecques exilées et joué un rôle important au sein de la communauté grecque du Canada, qui appuyait solidement les libéraux de Trudeau. Sur la réputation et la carrière de Papandreou dans le milieu universitaire, voir Richard Clogg, « From Academy to Acropolis », *Times Higher Education Supplement*, 22 déc. 1995.

l'attirance pour les femmes séduisantes était bien connue, l'invita à souper. Garnett raconte : « Il m'a parlé toute la soirée, de toutes sortes de sujets. » Le 30 mai 1983, elle fit savoir à Trudeau : « Il t'apprécie *vraiment*, d'un point de vue politique et personnel, et serait très content de t'accueillir en visite officielle. Il a suggéré octobre ou novembre (Mme Gandhi, que *personne* n'aime beaucoup, est en visite en septembre). Il dit que le peuple grec t'aime beaucoup et qu'une visite serait probablement agréable pour toi. Si je me fie à tout ce qu'il *me* donne, il te donnerait probablement la *Crète* ! » Papandreou mit à la disposition de Garnett un yacht privé de vingt-trois mètres pour qu'elle puisse découvrir les îles, et elle partit dès le début du mois de juin pour une odyssée bien à elle[29].

Le 22 juin, un télégramme au ton perplexe arriva au ministère des Affaires extérieures de la part de l'ambassade canadienne à Athènes : une certaine « Gale Garnette [*sic*] hospitalisée... Suj demande que le premier ministre [soit avisé] qu'elle reçoit actuellement des soins au service des maladies infectieuses de l'hôpital Aghia... pour une méningite... Suj nous dit qu'elle vit à Toronto, n'a aucune famille au Canada et a refusé à deux reprises de montrer un [passeport]. » Un fonctionnaire, habitué aux demandes farfelues sollicitant l'intervention du premier ministre, envoya le télégramme accompagné d'une note condescendante à Cécile Viau au Cabinet du premier ministre. Immédiatement, madame Viau fit parvenir un message à Athènes et aux Affaires extérieures : « PM Trudeau, qui connait bien MME Garnette [*sic*], désolé par nouvelles votre télegramme et lui souhaite prompt rétablissement. Pouvez-vous lui envoyer fleurs en son nom personnel... PVI MME Garnette [*sic*] était à la table d'honneur lors réception à Trnto en honneur du P.M. Papandreou. » Les fleurs, madame Garnett écrivit-elle dans une lettre qui faisait état de la gravité de sa maladie, étaient « élégantes, gracieuses et un *brin* exotiques – à l'image de leur expéditeur ». Lorsqu'il apprit l'état de santé de Garnett, Papandreou inonda la chambre de fleurs et envoya son médecin personnel. Entourée de tant de soins, Garnett se remit de sa méningite. L'infirmière qui s'occupa principalement d'elle, « une brave et charmante créature du nom de Despina », fit remarquer à l'orpheline : « Les autres ont une mère et un père, *vous*, vous avez des premiers ministres[30]. » En effet.

$\backsim$

À l'invitation de Trudeau, Garnett avait pris place à la tribune de la Chambre des communes lorsque le ministre des Finances Allan MacEachen présenta son budget le 28 juin 1982. Ce fut, dit-elle à Trudeau, « une démonstration de victimisation courroucée », opinion que le premier ministre partageait[31]. Ses programmes économiques allaient de mal en pis cette année-là alors que la main-d'œuvre, les entreprises et les électeurs attaquaient férocement les politiques économiques du gouvernement. Le budget de juin répondait à l'échec de celui qui avait été présenté le 12 novembre 1981, deux mois après que Lougheed et Trudeau avaient levé leur verre de champagne à un nouvel accord sur l'énergie. La célébration avait été prématurée : tandis que les hausses des prix du pétrole stagnaient, les installations de forage quittèrent le Canada, et le flot de fonds que Trudeau et Lougheed avaient tous deux anticipé pour renflouer le Trésor public se transforma plutôt en mince filet. Avec les assises financières de son budget de 1981 disparues, MacEachen se retrouva confronté à une tempête économique qui déferla de directions imprévues avec un impact dévastateur.

Les vents du sud furent les plus austères. Après l'élection de Ronald Reagan, Paul Volcker, président de la Federal Reserve Bank of the United States, adopta des politiques monétaires qui firent grimper les taux d'intérêt à des niveaux sans précédent, dans un effort fructueux pour mettre fin à l'inflation galopante. Au même moment, les républicains commencèrent à réduire les impôts, ce qui reflétait leur engagement à favoriser une économie fondée sur l'offre – on croyait que les bienfaits des réductions d'impôts créeraient une croissance économique rapide qui « soulèverait tous les bateaux ». L'étroite intégration des économies canadienne et américaine fit rapidement en sorte que l'impact de ces politiques se ressentit au Canada, avec des conséquences catastrophiques pour l'économie canadienne et les politiques du gouvernement fédéral. La Banque du Canada, suivant le chemin tracé par Volcker, restreignit également la masse monétaire de façon radicale. Plus tard, Volcker déclara : « Des taux d'intérêt de 20 p. cent ! Qui aurait pu s'attendre à une chose pareille ? Après, on se retrouve pris dans un processus, et on ne peut plus lâcher la bride. On ne veut plus lâcher la bride. Je ne suis pas du genre à baisser les bras. » Le taux de chômage se mit alors à grimper, atteignant les deux chiffres, les prix des logements chutèrent, les terrains de stationnement étaient pleins à craquer de véhicules non vendus, les taux de prêt hypothécaire se maintinrent à un incroyable 22 p. cent au mois d'août 1981 – et les politiciens canadiens battirent en retraite[32].

Le budget de 1981 avait appuyé la politique de la Banque du Canada dans sa tentative de freiner l'inflation en imposant des restrictions importantes sur la masse monétaire. À propos de la politique de la Banque, MacEachen affirma qu'il convenait « de l'appuyer par un renforcement des restrictions financières ». Il promit de réduire les dépenses, comptant sur les revenus du Programme énergétique national (PEN), plutôt que d'imposer de nouvelles taxes, afin de générer des revenus supplémentaires. Mais le PEN n'engendra pas les revenus souhaités. Entre-temps, les programmes sociaux mis en place dans les années 1960 et 1970 continuèrent à générer des coûts additionnels pour le Trésor fédéral au fur et à mesure que le taux de chômage s'élevait, résultant en un déficit budgétaire projeté de 13,3 milliards de dollars. Cependant, MacEachen estima que ce déficit tomberait à 10,5 milliards de dollars en 1982-1983 et à 9,6 milliards l'année suivante, alors ces portions du budget, y compris les projections, ne suscitèrent pas tellement de controverse. Presque tout le monde croyait que le PEN renflouerait les coffres du gouvernement. Toutefois, les problèmes survinrent lorsque MacEachen, dont le catholicisme social lui donnait une passion pour l'équité et une horreur de la pauvreté, s'en prit sans crier gare aux réductions d'impôts – la panoplie de déductions spéciales, les récompenses politiques aux compagnies d'assurances, l'étalement du revenu, les déductions pour revenus de pension, de même que les « annulations d'impôt » pour les sociétés minières, les entreprises du secteur immobilier et les sociétés financières qui s'étaient multipliées pendant la période d'après-guerre*.

---

* MacEachen choisit mal le moment. J.H. Perry, l'éminent historien de la politique fiscale canadienne, commenta avec humour « l'attaque contre le contribuable » du budget de 1981 : « Rarement le sang-froid des contribuables, maintenant persuadés que les impôts sont un fléau qu'il faut éviter à tout prix, n'a été autant mis à rude épreuve. » Il conclut en disant que les gouvernements futurs devraient éviter

Le budget fut un véritable cauchemar pour les comptables : il mettait fin à une architecture complexe de privilèges spéciaux que la commission Carter avait tenté de démanteler plus d'une décennie auparavant – même s'il faut reconnaître que les gouvernements de Trudeau y avaient apporté du renfort dans les années 1970. Du point de vue de MacEachen et de ses conseillers, les changements apporteraient des nouveaux revenus qui pourraient alors être redistribués aux petites entreprises, aux propriétaires de maison et aux autres personnes touchées par la hausse de l'inflation et la récession[33]. Mais ceux qui étaient touchés – les groupes d'intérêts spéciaux tels les compagnies d'assurances, cabinets comptables, promoteurs immobiliers et cabinets d'avocats – étaient furieux. À la venue de l'hiver, on vit leurs représentants s'envoler en hordes pour prendre d'assaut Ottawa.

Le budget de 1981 s'effrita rapidement alors que les pressions politiques s'ajoutèrent à l'impact foudroyant des taux d'intérêt élevés pour nuire à la recherche d'équité. Les hypothèses qui servaient de base au PEN s'avérèrent également fausses lorsque les prix du pétrole commencèrent à chuter avec la fin de la croissance économique et le début d'une importante récession. L'année 1982 fut désastreuse pour le Canada. Son PIB réel, qui avait augmenté en 1981 de 3 p. cent, derrière celui du Japon, baissa de 4,8 p. cent en 1982, atteignant une valeur inégalée depuis la fin de la guerre et se classant au dernier rang parmi les pays du G7. Son taux de chômage (12,6 p. cent) n'était dépassé que par celui du Royaume-Uni (12,8 p. cent) et était beaucoup plus élevé que celui des États-Unis (9,7 p. cent). Les mesures rigoureuses mises en place par Volcker contribuèrent à réduire l'inflation à 6,2 p. cent aux États-Unis, mais celle-ci demeura à 10,8 p. cent au Canada. Fait plus troublant encore, la croissance de la productivité, ou en bout de ligne la source de

---

de nommer des économistes tels que MacEachen ou des comptables tels qu'Edgar Benson au poste de ministre des Finances et devraient préconiser les avocats, qui ont tendance à être « des types beaucoup plus raisonnables » lorsqu'il s'agit de se mesurer aux contribuables. Le vrai problème, souligne Perry avec justesse, résidait dans le fait qu'« un pays à l'aube d'une importante récession ne devrait pas avoir à encaisser ce genre de choc ». Bien sûr, lorsque MacEachen présenta son budget en 1981, il ignorait tout du ralentissement économique auquel le Canada était confronté. J.H. Perry, *A Fiscal History of Canada: The Postwar Years* (Toronto : Canadian Tax Foundation, 1989), p. 91-92.

la croissance économique, diminua de 1,6 p. cent en 1982, soit un bilan encore une fois pire que dans tous les autres pays du G7. En juin, le dollar canadien atteignit un seuil historique de 76,8 cents américains avant de remonter à 81,4 cents à la fin de l'année. Ian Stewart, sous-ministre des Finances de MacEachen, écrivit plus tard que, « dans son budget de 1981, le gouvernement fédéral déployait des efforts considérables pour contenir le déficit, en procédant à une refonte de la fiscalité et à une réduction de la croissance des transferts aux provinces, l'activité économique du pays frisait la catastrophe et rendait inévitable une hausse rapide des déficits ». Le public tint le gouvernement responsable, et Trudeau dégringola dans les sondages[34].

« Bien franchement », écrivit Trudeau dans ses mémoires politiques, « ni moi, ni MacEachen, ni quiconque du Cabinet n'avions réalisé dans quelle mesure ce budget dérangerait tant d'intérêts privés dans autant de secteurs de la population ». Trudeau avait porté une attention particulière aux questions économiques pendant les années 1970, mais au début des années 1980, son intérêt semblait s'être atténué et il ne fit presque aucune affirmation significative sur le sujet. Monique Bégin, une de ses ministres de premier plan, le trouva à l'époque curieusement indifférent à l'économie[35]. Plusieurs raisons expliquaient cette attitude. Premièrement, ses deux ministres des Finances, Allan MacEachen et Marc Lalonde, étaient ses collègues les plus solides et ceux en qui il avait le plus confiance. Un important fonctionnaire se souvint plus tard que Trudeau avait dit « qu'il devait » à MacEachen son ambitieux budget de 1981 – MacEachen avait, après tout, joué un rôle déterminant en sauvant sa carrière politique en 1979[36]. Lalonde, figure dominante du dernier gouvernement de Trudeau, était non seulement extrêmement compétent, mais aussi entièrement loyal, une qualité que Trudeau appréciait grandement. Deuxièmement, le monétarisme et l'économie fondée sur l'offre, qui étaient devenus le nouveau dogme à Washington et chez de nombreux économistes canadiens, y compris ceux de la Banque du Canada dans le cas du monétarisme, ne correspondaient pas aux notions d'économie que Trudeau avait acquises à Harvard et dont il avait débattu avec des confrères pendant les années 1970. Il était trop âgé pour apprendre de nouvelles façons de faire, mais trop intelligent pour ne pas reconnaître leur importance*. Troisièmement, les événements économiques du début des années 1980 ébranlèrent fondamentalement l'ensemble des mesures que les libéraux avaient apportées au pouvoir en 1980 – un PEN de nature interventionniste, une solide Agence d'examen de l'investissement étranger et une stratégie industrielle activiste. La chute des prix de l'énergie réduisit le premier à néant, la forte opposition venant de Bay Street et de Washington de même que le déclin des investissements directs eurent raison de la deuxième, et la troisième devint impossible du fait que le déficit grandissant limitait la liberté du gouvernement Trudeau à intervenir afin d'atteindre ses ambitieux objectifs[37].

Et il y eut la guerre constitutionnelle : les débats l'entourant étaient de première importance pour Trudeau, et ses instructions à l'automne 1981 voulant que Lalonde arrive à un accord avec l'Alberta l'indiquent clairement. En outre, même si Trudeau était souvent absent des discussions sur l'économie, ces dernières étaient imprégnées de sa philosophie. Cela s'illustre dans une discussion que Trudeau eut en décembre 1980, lorsque l'homme d'affaires albertain Jack Gallagher lui réclama d'adopter plus rapidement le prix mondial du pétrole, ce à quoi le premier ministre répondit : « Est-ce équitable ? » Égaler le prix mondial ne pénaliserait-il pas trop de gens ? De même, en août 1981, lorsque Trudeau et Lalonde assistèrent à une conférence organisée par l'ONU sur les sources d'énergie nouvelles et renouvelables à Nairobi au Kenya, Trudeau déclara que l'augmentation des coûts de l'énergie était « l'ennemi de la liberté ». Il annonça la création de Petro-Canada International afin d'aider les pays en voie de développement à atteindre leur propre état d'autosuffisance. Lalonde renchérit et fit valoir que le Canada prêtait main-forte aux pays en voie de développement en devenant lui-même autosuffisant, libérant ainsi des ressources énergétiques limitées pour le bien des autres populations[38].

---

* Les incertitudes de Trudeau se reflétaient chez les économistes de façon générale. L'éminent économiste canadien Richard Lipsey, qui fut président de l'Association canadienne d'économie en 1981, mentionna la confusion générale qui régnait chez les économistes au début des années 1980 dans son discours présidentiel, dans lequel il s'interrogeait à savoir si les allégations des monétaristes étaient justifiées.

L'autosuffisance, les programmes ayant pour objectif l'équité sociale et économique, de même que l'utilisation du pouvoir de l'État pour faire pencher la balance du marché vers « l'équité », tous ces éléments se heurtèrent à une vive opposition dans les années 1980 alors que le néo-conservatisme de Reagan s'enracinait dans la majeure partie du monde occidental. Au départ, une forte opposition vint non seulement d'Ottawa, mais aussi de la France, où le nouveau gouvernement socialiste de François Mitterrand avait nationalisé les banques et redonné de la force à l'État, mais graduellement, les nouvelles convictions firent de nouveaux adeptes et la résistance de Mitterrand s'estompa. Certains retranchements en Scandinavie et ailleurs réussirent à opposer une résistance au phénomène, mais l'assaut contre l'État interventionniste et la célébration du marché devinrent une perspective de plus en plus dominante dans les démocraties anglo-américaines. Cette optique se caractérisait par une renonciation aux réglementations gouvernementales, par des baisses d'impôts considérables et par une foi profonde dans la validité du marché d'un point de vue moral aussi bien qu'économique. Le mélange de néo-conservatisme et d'économie de marché ébranla profondément la plateforme qui avait fait réélire Trudeau en 1980. Déjà en 1981, le gouvernement retirait ses promesses de renforcer l'AEIE et d'étendre les politiques interventionnistes représentées dans le PEN à d'autres secteurs économiques. Durement éprouvé par le plus important ralentissement économique au sein des pays du G7 depuis la Grande Dépression, le gouvernement Trudeau semblait sur la défensive, réagissant trop tard à l'inattendu et constatant avec incrédulité l'écroulement des programmes qu'il avait élaborés avec tant de soins[39].

Dans leurs comptes rendus des événements, Trudeau, Lalonde et d'autres attribuent leurs problèmes au déclin inattendu du prix du pétrole. « Si les prix avaient évolué comme prévu [79,65 $ en janvier 1990], souligne Lalonde, les produits pétroliers coûteraient de nos jours beaucoup plus cher aux consommateurs canadiens, mais, en revanche, l'industrie pétrolière serait devenue très prospère, les provinces productrices disposeraient de fonds du patrimoine bien garnis et le gouvernement fédéral aurait probablement éliminé son déficit. » Il fait remarquer que Fonds du patrimoine de l'Alberta connut son apogée en 1987, atteignant 12,7 milliards de dollars, alors que les redevances pétrolières cessèrent d'y être transférées et le déficit du gouvernement fédéral sous Brian Mulroney, le successeur conservateur de Trudeau, se maintint à 34,96 milliards de dollars. Dans la pure tradition canadienne, le blâme rejaillit sur tout le monde. Lalonde rappelle à ses lecteurs l'autocollant qu'il était courant de voir sur les pare-chocs des voitures à Calgary vers la fin des années 1980 – « Seigneur, donne-moi la chance de connaître un nouveau boum pétrolier. Je promets de ne pas cracher dessus. » À ses yeux, et aux yeux de bien des gens, les Albertains étaient responsables de leur malheur, ne réussissant pas à tirer profit de leurs richesses au moment opportun. Après tout, 4,5 millions de Norvégiens avaient amassé, grâce à leurs ressources énergétiques, un véritable trésor qui faisait vingt fois la taille du fonds accumulé par 3,3 millions d'Albertains. Les récriminations se firent nombreuses parmi les Albertains : le successeur de Lougheed, Don Getty, reçut le plus gros du blâme, mais les rancœurs furent surtout dirigées vers Ottawa et, plus particulièrement, vers le PEN[40].

Tout comme l'initiative constitutionnelle, le PEN doit être placé dans le contexte de la compréhension que Trudeau avait des événements à l'époque et de sa conviction qu'un gouvernement fédéral affaibli devait s'affirmer de nouveau, tout particulièrement au beau milieu des solutions économiques miracles mises de l'avant par Ronald Reagan et Margaret Thatcher. Le gouvernement fédéral se désengageait depuis la fin des années 1960, alors que les provinces étendaient leur rayon d'action dans le domaine des dépenses, gardaient un contact direct avec les citoyens, et affirmaient leur autorité par rapport à la langue (Québec) et aux ressources (Alberta). Trudeau et ses collègues voyaient leurs politiques dans la seconde moitié des années 1970 comme une série de reculs devant des assauts acharnés des provinces : la décision de ne pas avoir recours aux tribunaux ou à des pouvoirs spéciaux pour remettre en question les revendications de Lougheed selon lesquelles les ressources « appartenaient » à l'Alberta ; l'attribution de subventions à des programmes établis pour les provinces en 1977 ; l'entente Cullen-Couture en matière d'immigration en 1978, qui permettait au Québec de jouer un rôle direct dans la sélection des immigrants ; les propositions constitutionnelles de 1978 et 1979, qui envisageaient une décentralisation importante du Canada ; et l'adoption du prix mondial du pétrole, qui se produisit lorsque Trudeau remplaça le ministre de l'Énergie de l'époque, l'intransigeant Donald Macdonald, par Alastair Gillepsie, au caractère plus accommodant.

La défaite aux élections de 1979 et l'échec subséquent de Lougheed à conclure un accord sur l'énergie avec le gouvernement conservateur de Clark laissèrent leur trace à la fois chez les libéraux de Trudeau et sur les fonctionnaires du ministère de l'Énergie, des Mines et des Ressources, qui étaient exaspérés par ce qu'ils considéraient comme de l'agressivité de la part des gouvernements provinciaux. Comme l'écrivit le politicologue Bruce Doern en 1983 : « Le revenu était un problème véritable, mais il s'agissait aussi d'une extension des nombreuses préoccupations normatives inhérentes non seulement à la politique de l'énergie, mais à la politique canadienne en général : différentes visions du fédéralisme, le rôle de l'Ouest canadien, la gestion des ressources, les disparités régionales, les déficits budgétaires croissants et l'appartenance canadienne de l'économie. » Trudeau, à son retour en politique en 1980, jura qu'il ne reculerait plus[41].

Le PEN n'était pas simplement une question de revenus ; le gouvernement Trudeau voyait en ce programme la possibilité de se reprendre pour les occasions qu'il avait manquées dans les années 1970. Les dépenses du gouvernement fédéral avaient grimpé pendant cette décennie, mais son autorité, Trudeau croyait-il (et la majorité était également de cet avis), s'était affaiblie[42]. Il était impératif pour le gouvernement fédéral de confirmer sa pertinence et son efficacité aux Canadiens, peu importe leur lieu de résidence. La plupart, bien sûr, vivaient dans le centre du Canada et les tensions entre les revendications de l'Alberta en matière d'énergie et celles du Québec en ce qui a trait aux droits des provinces allaient à l'encontre des intérêts de l'Ontario, tels que définis par le gouvernement conservateur en poste. Le premier ministre William Davis appuya Trudeau contre René Lévesque et Joe Clark. Avec Frank Miller, le ministre des Finances de l'Ontario, il prit la défense du PEN, même si les entreprises du centre du pays ne l'appuyaient généralement pas. L'Ontario acheta même une part de 25 p. cent du producteur de sables bitumineux Suncor en 1981 – un geste qui endossait de façon implicite la canadianisation à la base du PEN. « L'équité » en matière d'énergie avait différentes significations, qu'on soit à Edmonton ou à Toronto.

Confronté à la hausse des coûts engendrée par le taux de chômage élevé du début des années 1980, par les dépenses fiscales des années 1970 (telles que l'indexation des paiements et de la taxation), et par les paiements croissants sur la dette nationale découlant des taux d'intérêt extrêmement élevés, le gouvernement Trudeau lutta durement afin de maintenir une orientation économique cohérente. Au cours des années 1970, le Canada avait préconisé deux approches. La première, la libéralisation du commerce par l'intermédiaire de négociations internationales telles que le GATT, signifiait la disparition du protectionnisme qui avait caractérisé depuis longtemps la politique nationale du Canada ; les fabricants canadiens durent alors faire face aux défis que leur lançaient Toyota Automobiles et Sony Electronics et, de plus en plus, les fabricants de textiles importés de nombreux pays en voie de développement. Les considérations politiques – plus particulièrement la concentration des usines de textiles au Québec – causèrent un retard important dans la libéralisation d'une partie du commerce, mais la tendance était claire. Ces politiques de libéralisation bénéficiaient d'un appui solide des fonctionnaires des ministères du Commerce et des Finances, du Conseil économique du Canada établi par le gouvernement et de quelques ministres, notamment Jean-Luc Pepin*. Cet appui venait également de Bay Street, des instituts Fraser et C.D. Howe (des instituts conservateurs soutenus par les entreprises), mais, surtout, de Simon Reisman.

La seconde approche économique – que le Canada pourrait prospérer grâce à un gouvernement interventionniste soutenant les nouvelles

---

* Les divisions, ou plutôt la dualité des approches demeura présente au sein du gouvernement Trudeau. Pepin, un économiste libéral, tenta de mettre fin au tarif historique du Pas-du-Nid-du-Corbeau, qui avait été établi en 1897, par un accord avec le Canadien Pacifique, sous forme de subvention donnée pour le grain et les produits agricoles à destination de l'Est, et pour les biens à destination des colons de l'Ouest. Pepin proposa dans la *Loi sur le transport du grain de l'Ouest* (1983) que le tarif du Pas-du-Nid-du-Corbeau soit remplacé par un prix croissant pour les envois de grains en retour d'une injection de fonds dans les chemins de fer, lesquels négligeaient le commerce du grain en raison des taux peu élevés. À la suite d'un débat orageux, la loi fut adoptée à l'automne. Le gouvernement conservateur de la Saskatchewan s'opposa à cette tentative d'adoption des prix du marché, et le gouvernement fédéral de même que Trudeau ne présentèrent aucun argument néolibéral contre les subventions. R.B. Byers, éd., *Canadian Annual Review of Politics and Public Affairs 1983* (Toronto : University of Toronto Press, 1985), p. 83-85.

industries essentielles – fut proposée par le Conseil des sciences du Canada, nommé par le gouvernement. L'énoncé économique du budget de novembre 1981, comme le dirent Kenneth Norrie et Doug Owram, « se fondait sur [la] vision que l'avenir économique du Canada résidait dans la richesse de ses ressources naturelles. Ces secteurs seraient ceux autour desquels s'articuleraient la fabrication et les services. » Il en résulterait « des mégaprojets d'exploitation de ressources tels que des installations d'exploitation des sables bitumineux, la prospection de gisements en mer et leur développement, des pipelines et des développements hydroélectriques ». Cette affirmation se voulait une atteinte délibérée à la célèbre déclaration de Reagan affirmant que le gouvernement constituait le problème ; pour Lalonde et Trudeau, il demeurait une solution et la source de débouchés éventuels pour le Canada[43].

Cependant, un nombre grandissant de critiques croyaient que le gouvernement n'était pas la solution, et les réductions d'impôts promises par Reagan attirèrent de nombreux Canadiens inquiets de voir que leur pays se remettait plus lentement de la récession que les États-Unis. En juin 1982, le nouveau budget de MacEachen traduisit la confusion qui régnait quant à la façon de passer à travers le ralentissement économique le plus alarmant depuis la Grande Dépression. Le budget limitait les hausses salariales des fonctionnaires à 6 p. cent pour un an et à 5 p. cent pour l'année suivante. Les entreprises et organismes gouvernementaux dont les taux sont assujettis à l'approbation du gouvernement étaient également limités à des hausses de prix de 6 et 5 p. cent sur deux ans. La solution rappelait celle à laquelle Trudeau eut recours dans les années 1970, lorsqu'il brisa la promesse électorale qu'il avait faite en 1974 et imposa des contrôles sur les salaires et les prix au pays. Mais les choix semblaient dorénavant très limités.

Deux économistes de la gauche, Clarence Barber et John McCallum (futur ministre libéral), définirent le dilemme du gouvernement dans une étude rédigée en 1982, tout juste avant le dépôt du budget de juin : « Il n'y a pas de solution facile à ce problème général. D'un côté, le Canada n'a pas les institutions et le consensus social sous-jacent qui ont aidé à contenir l'inflation au Japon et dans certains pays d'Europe. De l'autre côté, l'économie canadienne semble moins souple, plus réglementée et moins concurrentielle que celle des États-Unis, et cela pourrait être une des raisons pour lesquelles l'inflation semble plus difficile à réduire au Canada qu'aux États-Unis. » De leur point de vue, le Canada ne disposait pas, contrairement à de nombreux pays d'Europe, du consensus volontaire ni de l'étroite collaboration entre la main-d'œuvre, les affaires et le gouvernement pour freiner la hausse de l'inflation. À l'inverse, le marché était plus souple aux États-Unis, ce qui contribuait également à limiter l'inflation. Le Canada dut donc contrôler les salaires et les prix. Pour Trudeau, l'option européenne était la meilleure – un point de vue qu'il exprima de plus en plus au cours des années 1980 et 1990 –, mais le Canada n'était pas l'Europe. Pour des raisons pragmatiques, il choisit le contrôle[44].

En septembre 1982, en réponse aux critiques grandissantes et à l'effondrement de l'économie, Trudeau muta MacEachen des Finances aux Affaires extérieures et nomma Marc Lalonde pour le remplacer. Bien que la réaction des médias fut mitigée, tous respectaient la solidité de Lalonde et son influence sur le processus gouvernemental. La pianiste Monica Gaylord, qui était progressiste et fréquentait Trudeau, accueillit favorablement la nomination de Lalonde dans une lettre à Trudeau : « J'ai entendu parler que ton remaniement ministériel avait lieu aujourd'hui et avec un dur à cuire comme Lalonde aux Finances, je sais que notre remontée économique est inévitable. Je l'aime bien. Envisagerais-tu de faire de moi ta ministre de la Méditation et de la Paix ? » Comme de nombreux adeptes de Trudeau, elle souhaitait un équilibre. Cet équilibre ressortit dans le premier budget de Lalonde, le 19 avril 1983 : il offrit quelques mesures pour relancer l'économie et quelques incitatifs fiscaux qui plurent au milieu des affaires, mais refusa de se joindre à la révolution amorcée par Reagan-Thatcher. Pour Timothy Lewis, l'auteur de l'importante étude universitaire sur la « lutte au déficit » au Canada, Lalonde était « probablement le ministre des Finances le plus keynésien du Canada ». Fort de l'appui manifeste de Trudeau, il indiqua qu'il « ne resserrerait pas l'étau sur l'économie, ne sabrerait pas des milliards dans les dépenses gouvernementales ou ne chercherait pas à éliminer l'inflation de façon brutale ». Bref, il confirma que le gouvernement continuerait à « s'assurer que les forts et bien nantis viendraient en aide aux plus faibles et vulnérables[45] ».

Trudeau réaffirma le message lorsqu'il s'adressa à la nation le 28 juin, faisant écho à la défense de l'équité dont Lalonde faisait preuve dans son budget et au rejet des politiques reaganiennes. Il souligna les améliorations dans l'économie canadienne, où soixante-trois mille nouveaux emplois avaient été créés en mai, la plupart s'adressant aux jeunes Canadiens, et affirma que son programme 6/5 avait réduit le taux d'inflation de moitié. S'il remercia la communauté des affaires pour sa collaboration dans l'application de la politique relative aux salaires et aux prix, ses paroles faisaient davantage écho à Stockholm et Paris qu'à Washington et Londres, à une social-démocratie plutôt qu'à Reagan et Thatcher :

> Mais il y a ceux qui nous feraient revenir au conflit, à la discorde, à une nation fragmentée. De tels chefs sont ceux qui pensent que le moment est propice pour tirer leur épingle du jeu.
>
> Le gouvernement du Canada n'est pas prêt à rester muet devant la tentative d'une minorité à imposer à la majorité des Canadiens un retour au conflit et à l'inflation.
>
> Nous chercherons des moyens par lesquels la force combinée des dépenses fédérales et provinciales peut être utilisée pour empêcher que quelques cas de hausses de prix injustifiées, de hausses des salaires des cadres et de conventions salariales excessives ne deviennent monnaie courante à l'avenir.
>
> Le gouvernement est particulièrement soucieux que l'argent mis de côté dans le budget pour les Projets spéciaux de relance afin de créer des emplois ne soit pas utilisé simplement pour payer des salaires plus élevés aux cadres, ou pour offrir une meilleure rémunération à un petit nombre de travailleurs. Nous étudierons ces projets à la lumière de ces règlements.
>
> Nous ne dépenserons pas les fonds publics de façon à permettre à quelque groupe de Canadiens que ce soit de profiter d'une part plus importante du gâteau aux dépens des autres Canadiens, pas quand un million et demi de personnes sont toujours sans emploi.

Trudeau conclut en enjoignant la nation à travailler de concert pour aller de l'avant. La direction qu'il allait prendre s'avérerait toutefois différente de celle de l'administration républicaine au sud de la frontière[46].

⌒

Au moment où Trudeau fit ce discours, le sondage Gallup attribuait 50 p. cent des intentions de vote aux conservateurs, qui étaient sur le point de remplacer Joe Clark par Brian Mulroney. Clark considérait que l'appui de seulement 66,9 p. cent qu'il avait reçu au vote de confiance du congrès de janvier de son parti était largement insuffisant et il avait lancé une course à la direction. La plupart s'attendaient à ce que William Davis ou Peter Lougheed se présentent, mais les deux refusèrent et la victoire sembla acquise à Clark. Puis, la machine bien huilée de Brian Mulroney eut raison de l'avance de Clark. Mulroney, qui n'avait jamais siégé au Parlement et avait perdu contre Clark au congrès d'investiture de 1976, était parfaitement bilingue et son statut d'homme d'affaires important plaisait aux conservateurs qui jugeaient Clark mou et trop libéral pour cette période conservatrice*. En août 1983, Mulroney remporta une élection partielle en Nouvelle-Écosse et en septembre, le sondage Gallup attribuait aux conservateurs un remarquable 62 p. cent des intentions de

---

* Les opinions politiques de Mulroney étaient secondaires à ce qui l'opposait à Clark. Fervent partisan du bilinguisme et, contrairement à Joe Clark, adepte de la charte et du rapatriement à la suite de l'annonce de Trudeau concernant son initiative constitutionnelle, Mulroney avait des liens solides avec le Parti libéral. Dans les années 1980, il devint président de la Compagnie minière IOC, principalement grâce au soutien de William Bennett, l'ancien assistant du légendaire libéral C.D. Howe. La fille de Bennett, Kristin, avait fréquenté Trudeau et, dans les années 1980, marié le député libéral Doug Frith. Jim Coutts avait approché Mulroney pour l'inviter à joindre le gouvernement Trudeau en 1976, mais celui-ci avait décliné l'offre. Mulroney affirma que les conservateurs traditionalistes s'intéressaient à lui, car, comme il le raconta à Peter C. Newman, il se faisait un devoir d'inclure les gens. Clark, disait-il, avait toujours exclu tout le monde, comme Dan McKenzie [un député de droite du Manitoba] – il avait laissé la presse les décrire comme des fous de droite. Si on était en désaccord avec Clark, on était exclu, disait-il. Une fois élu, il demanda au caucus s'ils voulaient former un gouvernement ou passer le reste de leur temps à écrire des lettres au rédacteur en chef. La question était bonne. Mulroney était le conservateur qui avait le mieux réussi depuis Macdonald. Entrevue avec Jim Coutts, février 2008 ; entrevues confidentielles ; Peter C. Newman, *The Secret Mulroney Tapes: Unguarded Confessions of a Prime Minister* (Toronto : Random House, 2005), p. 63-64. Au sujet de l'offre de Coutts, voir Brian Mulroney, *Mémoires* (Montréal : Éditions de l'Homme, 2007). Mulroney affirme que Trudeau lui a dit, après sa défaite à la course à la direction du Parti conservateur en 1976, que son élection ne lui aurait pas fait plaisir.

vote. Des rumeurs concernant la démission de Trudeau commencèrent à circuler, d'abord sous forme de chuchotements, puis de murmures, pour enfin se transformer, vers la fin de l'automne, en déclarations appuyées des présidents d'associations libérales de circonscription, des fidèles de Turner et même de quelques parlementaires libéraux.

À la Chambre des communes et dans les circonscriptions, Trudeau et d'autres libéraux accusèrent les conservateurs de glisser vers la droite et de prendre une orientation néo-conservatrice. Mulroney refusa toutefois de se prononcer, mais rassura les conservateurs pendant la course à la direction du parti quant au fait que « tous les candidats ont de bonnes idées politiques, mais qui ne valent pas la poudre dont on a besoin pour leur faire traverser la rue si on n'est pas élu ». Il n'est pas étonnant que les libéraux aient cherché à arracher Mulroney de ses cachettes politiques, mais ce dernier restait évasif et, dans certains cas, ses positions politiques étaient conviviales. À l'instar de Trudeau, mais contrairement à Stanfield et Clark, il s'opposa ouvertement à ce que le Québec bénéficie d'un « statut spécial » et parla publiquement contre le retrait avec pleine compensation financière[47]. Ces positions étaient populaires auprès des Canadiens anglophones, mais les libéraux pensaient qu'ils détenaient la carte maîtresse avec le régime d'assurance-maladie – le programme social le plus populaire au Canada.

Depuis les années 1970, les dépenses liées au régime d'assurance-maladie, dont les coûts étaient partagés entre le gouvernement fédéral et les gouvernements provinciaux, avaient augmenté en flèche. En 1977, le gouvernement fédéral avait libéré les provinces de l'obligation de dépenser les fonds de transfert expressément sur les soins de santé, et il en résulta non seulement une augmentation des coûts des soins de santé (de 5,2 p. cent de la dépense nationale brute en 1977 à 6,1 p. cent en 1982), mais aussi une surfacturation de la part des médecins. Le juge Emmett Hall, un conservateur bien connu, avait condamné de tels droits dans un rapport paru en 1981. La problématique était parfaite : les provinces où la surfacturation causait problème étaient les provinces conservatrices de l'Alberta et de l'Ontario. La pratique n'était pas populaire auprès des citoyens, mais très applaudie par les groupes de réflexion conservateurs tels que l'Institut Fraser et par les associations médicales conservatrices. La ministre de la Santé, Monique Bégin, était populaire, à l'aise de s'exprimer dans les deux langues et prête à vaincre l'établissement conservateur. Le 25 juillet 1983, tout juste après la défaite de Clark, mais avant l'entrée de Mulroney à la Chambre des communes, Bégin annonça qu'elle mettrait en place la *Loi canadienne sur la santé* qui mettrait un terme à la surfacturation. Le plan consistait à retenir un dollar des provinces pour chaque dollar de frais modérateurs ou de surfacturation. Les néo-démocrates appuyèrent immédiatement la loi proposée ; les associations médicales et plusieurs provinces la dénoncèrent et les conservateurs de Mulroney hésitèrent[48].

Avec le Programme énergétique national tombant en lambeaux, le renforcement de l'AEIE sacrifié en raison de la récession et les coûts de la dette montant en flèche, le gouvernement libéral trouva refuge dans les programmes sociaux populaires que le parti avait établis au cours des années 1960. En réponse aux recommandations du mouvement féministe, il consolida le crédit d'impôt pour enfants et promit un financement amélioré des politiques axées sur les enfants. Tom Axworthy, le premier secrétaire de Trudeau, surgit un jour du Cabinet du premier ministre et présenta publiquement le cas des politiques progressistes – et bien sûr, plaida en faveur de la présence de Pierre Trudeau. Ses arguments éloquents, appuyés par les sondages indiquant que les Canadiens continuaient de soutenir ces politiques, mobilisèrent les légions libérales qui s'étaient férocement battues pour Trudeau. La *Loi canadienne sur la santé* proposée par Bégin obtint un appui immédiat des principaux groupes d'aînés, et les sondages indiquèrent un soutien considérable de la population, qui s'opposait à la surfacturation. Les rangs des libéraux n'étaient cependant plus aussi garnis qu'en 1980, et bon nombre des membres du parti étaient épuisés. Puis, en décembre, lorsque la *Loi canadienne sur la santé* fut finalement adoptée, Mulroney convainquit les conservateurs de l'appuyer à l'unanimité. Ce fut un coup habile qui dissipa les espoirs d'affrontement que les libéraux de Trudeau nourrissaient – et la recrudescence des passions progressistes[49].

Au sein du Cabinet, certains ministres envisageaient de contester la direction du parti, alors que d'autres jetaient un œil vers Toronto, afin de déceler des signes indiquant que John Turner, un favori de Bay Street, pourrait entrer en jeu et donner un nouveau souffle au Parti libéral. Même si la défense de l'équité, le régime d'assurance-maladie et les programmes sociaux proposés par Trudeau demeuraient populaires auprès de la majorité des Canadiens, plusieurs jeunes libéraux se plaignaient que le premier ministre n'était plus de son temps, qu'il représentait un pas en arrière dans les années 1960 alors que tout semblait possible, les budgets bénéficiaient de surplus, et le chômage n'était plus qu'un lointain souvenir[50]. Ils n'avaient pas tort : les dernières années de Trudeau au pouvoir représentaient une solide opposition aux forces conservatrices de Reagan et Thatcher qui s'étaient déchaînées sur le monde. Encouragé par des amis proches tels que Kidder, Gaylord, Garnett, Pelletier, Marchand et Hébert, Trudeau, préoccupé, se tourna vers l'extérieur et décida d'affronter les superpuissances. Il était temps, comme l'avait dit John Lennon lors de sa visite dans les années 1960, de donner une chance à la paix.

CHAPITRE 17

Enfin la paix

La guerre froide durait depuis une cinquantaine d'années lorsque Pierre Trudeau devint premier ministre. Les craintes et l'enthousiasme ardent qui avaient marqué les premières années de cette guerre s'étaient grandement estompés et Trudeau collait bien au nouvel esprit de l'époque, où les gens s'inquiétaient moins des menaces extérieures que de leur environnement immédiat. Le défi de la séparation du Québec, l'offre d'une sécurité sociale et l'assurance d'une stabilité économique et politique émergèrent comme les thèmes dominants de la fin des années 1960, et Trudeau répéta constamment qu'ils auraient la préséance dans son nouveau gouvernement. Son attitude reflétait un état d'esprit général. Ils étaient finis les jours heureux où le Canada pouvait jouer sa meilleure partie sur l'étroit terrain de jeu international où sa jeune exubérance et ses talents diplomatiques le faisaient briller parmi des confrères plus âgés et plus rudes, mais généralement sympathiques, dans leur lutte commune contre des ennemis menaçants et difficiles.

Même Lester Pearson, le protagoniste le plus important du Canada, s'était mis à avoir des doutes sérieux concernant l'Organisation du Traité de l'Atlantique Nord (OTAN), dont il avait été l'un des fondateurs, et l'Organisation des Nations Unies, qui lui avait fait gagner le prix Nobel de la paix. La présidence de Lyndon Johnson et la prise d'ampleur de la guerre du Viêtnam brisèrent sa confiance dans le leadership américain en Occident, qui avait servi de base à la diplomatie canadienne. Robert Bothwell, le principal historien de la politique étrangère du Canada, remarque que ce « sentiment que le présent était insatisfaisant » signifiait qu'un « changement s'imposait, qu'il était temps de trouver quelqu'un ou quelque chose qui franchisse la crevasse politique et sociale qui s'était creusée sous les institutions nationales du Canada ». C'est ce sentiment qui fit que Pearson choisit Trudeau comme successeur, soit le candidat qui promettait de rompre avec les institutions que le Canada et Pearson lui-même avaient aidé à construire[1].

La déclaration que Pearson fit à Paul Martin, alors ministre des Affaires extérieures, que son temps à la tête du Parti libéral était passé, sonna le glas de l'internationalisme activiste du Canada axé sur les Nations Unies, l'étroite alliance avec les États-Unis, l'engagement militaire à la défense de l'Europe, et le rôle clé dans l'établissement du Commonwealth à partir des cendres de l'Empire britannique. Trudeau s'était toujours tenu à l'écart du courant dominant en politique étrangère canadienne. Il s'était opposé à la Seconde Guerre mondiale et, plus tard, à l'intervention des Nations Unies dirigée par les Américains en Corée. Il avait aussi critiqué les politiques d'alliance du Canada et l'acceptation par Pearson des armes nucléaires pour les Forces canadiennes en 1963. Au moment où il obtint le pouvoir, cependant, les critères étaient devenus confus et une orientation claire n'était plus évidente. Pour Trudeau, le neutralisme de ses compagnons Gérard Pelletier et Jean Marchand, les deux autres « colombes », ou de ses précieux partisans de Toronto, Walter Gordon et Donald Macdonald, n'était pas une option. Les forces de la tradition libérale demeuraient trop grandes. Sachant qu'il pouvait représenter la recherche d'une nouvelle direction tout en renonçant à rompre clairement avec le passé, Trudeau trouva un point d'entente avec Pearson concernant une proposition centrale : la crise de l'unité nationale devait l'emporter. Il était temps de chercher en soi et non de projeter au monde un visage confiant cachant une âme confuse[2].

Dans sa campagne à la direction du Parti libéral, comme au cours de la campagne électorale de 1968, Trudeau refusa de se prononcer contre la guerre du Viêtnam (comme il avait auparavant vivement recommandé à Pearson de le faire), hésita à renoncer à l'OTAN, au NORAD et à leurs armes nucléaires (comme il l'avait exigé avec colère en 1963), et il se tint loin de toute allusion à un neutralisme scandinave (qui l'avait auparavant intrigué). Il satisfit plutôt ses critiques en promettant d'examiner la défense et la politique étrangère, de reconnaître la Chine communiste et d'accorder plus d'attention au développement international. Ces politiques ne rompaient pas avec la tradition de Pearson, mais s'en différenciaient par le fait que Trudeau affirma fréquemment que le Canada devait se concentrer sur ses propres intérêts et ne pas laisser ses activités internationales être menées par des institutions et des engagements multilatéraux. Le Canada ne devait plus être un « intermédiaire utile » pour le monde ; il devait à présent se guérir.

Ainsi Trudeau – le cosmopolite qui parlait plusieurs langues et se considérait comme un « citoyen du monde », l'avocat qui, dans les années 1950, avait sermonné des auditoires sérieux sur l'importance de la politique internationale – déclarait à présent aux Canadiens que leur pays et ses intérêts économiques et politiques devaient passer en premier. Le rôle approprié de l'armée était de défendre le continent ; la principale tâche des agents du service extérieur du Canada consistait à faire avancer le commerce et l'économie ; et la préoccupation la plus importante du gouvernement était de consolider les institutions internes du Canada. Comme Mackenzie King avant lui, Trudeau prit refuge dans l'ambiguïté et la dérobade. Résumant l'approche de Trudeau en 1968, l'historien J. L. Granatstein, qui appuyait à l'époque le retrait de l'OTAN et une plus grande indépendance par rapport aux États-Unis, écrivit : « La seule solution charitable pour démêler le fouillis des déclarations de Trudeau sur la politique de défense semble être de penser qu'il choisissait délibérément tous les camps dans toutes les questions de sorte que, lorsque l'examen était terminé, il pouvait étayer les décisions prises sur ses remarques antérieures[3]. » Ce qui est en partie vrai*.

La primauté de la politique intérieure sur la politique étrangère est évidente dans les documents des premières années du cabinet de Trudeau – et elle apporta une certaine cohérence à son premier gouvernement. Lorsque, par exemple, Paul Martin défendit vigoureusement le

---

* Même si Lester Pearson serait d'accord avec la défense vigoureuse par Granatstein du maintien de la paix et même de l'unification pour « jeter les bases d'une armée capable de s'acquitter de rôles cohérents et réalisables », il ne croyait pas que le Canada devait se retirer de l'OTAN et du NORAD, quels que soient leurs défauts, et s'opposa vivement à l'accent mis sur l'« intérêt national » dans l'examen de la politique étrangère. Dans son propre exemplaire du document, Pearson écrivit :

rôle permanent du Canada dans l'OTAN, Trudeau répondit qu'un sixième du budget global était consacré à la défense, et lorsque les membres du cabinet tentèrent de réduire cette dépense, l'inflexibilité de la participation à l'OTAN les en empêcha. Dans une remarque qui irrita sûrement Paul Martin mais aussi Mitchell Sharp, ministre des Affaires extérieures, et Léo Cadieux, ministre de la Défense, Trudeau se demanda : « Est-ce que les forces pourraient être utilisées pour construire des autoroutes, pour résoudre les problèmes de pollution comme cadres au développement social ? » Il voulait conserver le « pouvoir de dépenser librement », surtout parce que les demandes sur le système de sécurité sociale du Canada, avec ses transferts aux provinces beaucoup plus élevés depuis 1965, mettaient déjà à rude épreuve la planification budgétaire. Finalement, Trudeau fit un compromis et accepta une grande réduction des militaires canadiens stationnés en Europe, et le nouvel accent mis sur la souveraineté dans l'Arctique et les frontières du Canada. Tout comme les Allemands défendaient leur patrie, le Canada protégerait « l'équilibre écologique particulier existant à présent de manière si précaire dans l'eau, la glace et les terres émergées de l'archipel Arctique ». « Nous ne doutons pas un instant », déclara-t-il de façon prémonitoire en octobre 1969 à la Chambre des communes, « que le reste du monde nous blâmera et nous tiendra responsables d'avoir failli à protéger adéquatement cet environnement de la pollution ou de la détérioration artificielle[4]. »

Au cours de ses premières années, Trudeau intervint peu aux rencontres des pays du Commonwealth, évita de se prononcer sur la politique étrangère, et permit aux examens de la politique étrangère et de la défense de finir sur un murmure au Conseil des ministres, prévenant

---

« Une bien meilleure politique étrangère est sûrement celle qui se fonde sur un intérêt national qui s'exprime en coopération avec les autres ; dans la formation d'institutions internationales et l'établissement de politiques et d'ententes internationales menant à un ordre mondial qui encourage la liberté, le bien-être et la sécurité pour tous. » L'exemplaire portant la note manuscrite de Pearson était en possession de Geoffrey Pearson, le fils de Lester, qui me l'a prêté. Les critiques ultérieures par Granatstein de l'accent mis sur le maintien de la paix et l'unification figurent dans son livre *Canada's Army: Waging War and Keeping the Peace* (Toronto : University of Toronto Press, 2002), p. 353-361, dans lequel il résume bien l'examen par Trudeau de la défense et son incidence.

ainsi les explosions sur le terrain. Même s'il prit goût aux voyages à l'étranger à des fins politiques et même aux conversations avec les dirigeants étrangers, il évita tout engagement. Durant son voyage en Union soviétique en 1971, par exemple, il recula lorsque les Soviétiques lui demandèrent de signer un protocole prévoyant des rencontres annuelles. Comme Mackenzie King, son prédécesseur libéral qui était extrêmement prudent, il rejeta la notion d'un Canada comme «grande puissance», ajoutant que lui – et le Canada – ne pouvait «réagir qu'aux choses qui nous sont essentielles». Il ajouta comme précision : «En d'autres mots, nous ne tentons pas de déterminer les événements extérieurs ; nous essayons simplement d'assurer que notre politique étrangère soutient notre politique nationale.» Si on le provoquait, le Canada réagirait férocement, notamment aux intrusions par les diplomates français, les politiciens et les agents des affaires canadiennes. La politique étrangère était dans ce contexte un outil important pour soutenir «notre politique nationale». Mais dans la tornade de la diplomatie multilatérale, l'action privilégiée semblait consister à se retirer provisoirement des affaires du monde[5].

Les Soviétiques, qui balayaient rapidement les préoccupations nationales tout en poursuivant des ambitions mondiales, s'étonnèrent de voir le dirigeant d'un pays rejeter une «noblesse» qui lui était tombée du ciel. Pour Trudeau, cela voulait dire qu'il était prêt à accepter un compromis par rapport à ses opinions pour faire progresser ce qu'il croyait à juste titre être son principal intérêt politique. Les politiques dont il aurait été le partisan s'il avait écrit des articles pour *Le Devoir* à la fin des années 1960 – l'opposition à la guerre du Viêtnam, le retrait des alliances militaires, le rejet des armes nucléaires pour les Forces canadiennes, et la réduction radicale de l'armée canadienne – étaient politiquement impossibles pour le chef d'un parti qui équilibrait avec soin un fort appui au Québec, de généreuses contributions de Bay Street et des suffrages des électeurs des villes et des banlieues de la classe moyenne au Canada anglais. Parfois, l'ambiguïté disparaissait, comme lorsqu'il raillait le diplomate Charles Ritchie en lui disant que le Canada n'avait plus besoin du ministère des Affaires extérieures, suggérait qu'il était plus utile de lire le *New York Times* que les dépêches diplomatiques, ou ordonnait à Ivan Head et à un groupe de jeunes fonctionnaires de réécrire les examens initiaux de la politique étrangère et de la défense, lesquels appuyaient en grande partie la politique existante.

Ce sont non seulement la Constitution et le Québec, mais aussi les défis économiques difficiles à relever des années 1970 qui maintinrent les gouvernements de Trudeau concentrés surtout sur les affaires nationales. Le nationalisme canadien était une bête indomptée à cette époque-là, et Trudeau craignait son protectionnisme et ses orientations antiaméricaines. Avec Richard Nixon comme président, la majorité des premiers ministres canadiens se serait tenue à une distance prudente des États-Unis en raison de l'impopularité de Nixon au Canada et de son comportement imprévisible. Trudeau était suffisamment perspicace pour comprendre que la relation avec les États-Unis était la priorité de la politique étrangère, et il agit donc différemment. Sous la gouverne de Trudeau, le Canada choisit ses initiatives avec soin : le droit de la mer ; la protection des eaux arctiques ; l'avancement de la détente et de la migration humaine par l'entremise des accords d'Helsinki ; la médiation dans le Commonwealth ; et l'établissement d'une « troisième voie » à l'étroite étreinte économique des États-Unis. Dans ces initiatives, que décrivent bien Trudeau et Head dans leurs mémoires intitulés *The Canadian Way*, ce sont l'intelligence de Trudeau, ses aptitudes linguistiques et son charme personnel qui contribuèrent généralement à faire avancer les intérêts du Canada.

Ces qualités devinrent plus largement visibles lorsque le Canada se joignit au G7 en 1976 et que Trudeau noua des liens personnels étroits avec de grands dirigeants occidentaux, notamment le président américain Jimmy Carter et le chancelier allemand Helmut Schmidt. Après l'élection de René Lévesque, Trudeau profita de ses liens avec Carter pour assurer l'appui des États-Unis à un Canada uni, et il tira parti du fait qu'il était depuis longtemps en fonction pour souligner le contraste entre son expérience internationale et sa réputation et celles du nouveau chef conservateur, Joe Clark. Par une série d'initiatives, il demanda une « asphyxie » générale pour mettre un frein à la course aux armes nucléaires dans tous les pays et agit comme médiateur entre les riches démocraties occidentales et le monde en développement. De toute évidence, il se délectait d'être beaucoup plus présent sur la scène mondiale, en particulier grâce à son rôle au sein du G7. Pendant un certain temps, il sembla que l'internationaliste hésitant pourrait devenir une figure importante de la scène internationale où les acteurs du monde en développement n'étaient pas des protagonistes marginaux. Mais il était trop tard ; le triomphe de Clark aux élections du printemps de 1979 mit fin à ces rêves[6].

En 1981, trois universitaires firent par écrit l'éloge des récentes activités internationales de Trudeau et de son style accompli, mais conclurent que « l'image qui persiste, parmi tant d'autres, [est] encore celle de Trudeau, nouveau premier ministre, descendant en glissant sur la rampe d'escalier à une réunion matinale ». Leur argument s'appuyait en partie sur un numéro spécial de l'*International Journal* de 1978 dans lequel divers auteurs exprimaient leurs vives déceptions à l'égard de la politique étrangère de Trudeau. Dans l'article principal, Harald Von Riekhoff, politicologue à l'Université Carlton, résumait ainsi l'opinion générale : « Lorsque nous analysons l'incidence de Trudeau sur la politique étrangère canadienne, nous [...] examinons une fonction résiduelle de son activité politique globale et certainement pas celle qui déterminera sa place dans l'histoire du Canada[7]. »

Cette analyse était injuste. Dans les années 1970, le Canada avait réalisé d'importantes avancées dans des domaines précis, bien que cette approche pratique des questions internationales n'eût pas le charme sophistiqué qui avait caractérisé l'âge d'or de la diplomatie canadienne*. Dans les années 1980, la scène internationale parut moins prometteuse pour le Canada. Lorsque Trudeau reprit ses fonctions de premier ministre à l'hiver de 1980, un référendum québécois s'annonçait, l'économie

---

* Certains documents font état du sentiment de certains fonctionnaires qui trouvaient cette approche pratique préférable à celle de l'âge d'or, avec son brillant et ses rayures fines, et dont les prétendues gloires causèrent beaucoup de ressentiment parmi les successeurs de Pearson, de Norman Robertson et de Charles Ritchie. Dans sa critique des mémoires de Derek Burney, l'un des meilleurs ambassadeurs de la période plus tardive qui était reconnu pour son inflexibilité et sa brusquerie, Paul Heinbecker, tout aussi franc que Derek Burney, et qui fut ambassadeur tant aux Nations Unies qu'en Allemagne, déclara que le groupe de Burney était « une génération de Canadiens inflexibles, pleins d'assurance, futés et même un peu impitoyables, nés ni dans le luxe ni dans l'austérité, méprisant les faux accents d'Oxford et les manières affectées de la Ivy League que de nombreux prédécesseurs avaient cultivés ». Il y a des échos des attitudes de Trudeau de 1968 dans les remarques de Heinbecker. Paul Heinbecker, « Burney's Prescription Is Not a Good Fit for Today's Washington », *Diplomat and International Canada Magazine*, mai-juin 2005.

canadienne se trouvait perchée au bord de la pire récession depuis la Grande Dépression, et la plateforme du Parti libéral avait promis une restructuration en profondeur du secteur énergétique canadien qui allait sûrement causer une perturbation nationale. Néanmoins, Trudeau signala immédiatement qu'il allait se lancer dans un programme international ambitieux se concentrant sur l'écart entre les riches et les pauvres – et sur l'urgence de le combler[8].

∽

Même avant de perdre les élections de 1979, Trudeau s'était engagé à prendre une nouvelle direction. Aux réunions du G7 de 1977 et de 1978, avec le solide appui d'Helmut Schmidt et de Jimmy Carter, il avait recommandé vigoureusement de tenir compte des intérêts des pays en développement. La première fois que Carter rencontra Trudeau, en 1977, Zbigniew Brzezinski, conseiller à la sécurité nationale du président américain, lui recommanda vivement de « reconnaître l'accès spécial du Canada aux pays du tiers-monde et sa crédibilité auprès de ces pays, surtout les plus pauvres, et de se rappeler que la politique canadienne envers la Chine et Cuba a évolué plus rapidement que la nôtre ». En réponse au toast que porta Carter lors de cette visite de février 1977, Trudeau remercia le président pour ses commentaires concernant le Canada et le « tiers-monde », soulignant que le Canada était devenu l'une des « quatre ou cinq nations les plus importantes » à venir en aide aux pays en développement, même si, conclut-il « nous, au Canada, avons aujourd'hui tendance à être un peu cyniques relativement au rôle du Canada dans le monde et à sa générosité ». Le Canada « modeste » se mêlant de ses affaires, que Trudeau avait évoqué dans les années 1960, était en train de devenir démodé[9].

Trudeau concrétisa ses paroles : l'aide canadienne au développement s'accrut après 1974, et l'Agence canadienne pour le développement international (ACDI) fut réorganisée et agrandie. En 1980, lorsque Trudeau reprit ses fonctions de premier ministre, sa détermination à faire avancer le programme d'action en faveur du développement fut reçue avec scepticisme par un nouveau membre du club du G7, Margaret Thatcher, qui était devenue premier ministre de la Grande-Bretagne en mai cette année-là. Redoutable, ayant des opinions arrêtées, mariée à l'économie de marché, et méfiante à l'égard de l'Union soviétique et des socialistes en général, la « dame de fer » réagit fortement au rapport sur les différences Nord-Sud produit par une commission présidée par Willy Brandt, ancien chancelier allemand social-démocrate : « Le concept même de dialogue "Nord-Sud", que la commission Brandt avait mis au goût du jour dans la communauté internationale, était selon moi un concept erroné », écrivit-elle plus tard. Et elle n'avait que faire non plus du Commonwealth multiracial, qu'elle considérait comme « une autre conspiration des gens sans scrupules et dissolus, adeptes de complots idéalistes qui se devaient d'être modérés par une dose de réalisme britannique[10] ». N'étant jamais de ceux qui cachent ce qu'ils pensent, Thatcher fit rapidement savoir à Trudeau qu'elle avait une piètre opinion de la proposition des Mexicains de tenir un sommet sur la division Nord-Sud au Mexique pour discuter des questions urgentes comme le transfert de la technologie, l'énergie et les réserves alimentaires. Trudeau et Ivan Head, alors président du Centre de recherches pour le développement international, mais toujours proche de Trudeau, étaient déjà des partisans enthousiastes du plan mexicain. Comme le Canada devait présider le G7 en 1981, Trudeau utilisa le pouvoir que ce rôle lui conférait pour mettre le développement au centre de l'ordre du jour du sommet et préparer la voie pour l'événement mexicain qui se tiendrait à Cancún plus tard cette année-là[11].

Avant la tenue du sommet du G7 en juillet 1981 au Château Montebello, un centre de villégiature du Québec, Thatcher trouva un compagnon sympathique en Ronald Reagan, qui avait défait à plate couture Jimmy Carter aux élections américaines de novembre 1980. Cette idylle conservatrice anglo-américaine provoqua le fort esprit anticonformiste de Trudeau et l'incita occasionnellement à provoquer l'aigle américain ; à résister encore plus fortement aux vagues conservatrices déferlant sur les médias canadiens, les départements des affaires économiques, les groupes de spécialistes, Bay Street et certains ministères ; et à devenir une force compensatoire contre les forts courants cherchant à limiter le rôle de l'État. En raison de sa détermination à faire avancer son programme d'action en faveur du développement et de son inquiétude concernant l'incidence de Reagan et de Thatcher sur les affaires internationales aussi bien

que sur la politique nationale canadienne, Trudeau éclipsa régulièrement le ministre des Affaires extérieures, Mark MacGuigan, et se plaça
lui-même au centre des activités internationales du Canada. MacGuigan,
qui avait été fonctionnaire sans occuper de poste au Conseil des ministres depuis 1968, en voulait en silence à Trudeau de ses interventions et
endura son rôle de second plan[12].

À certains égards, MacGuigan s'harmonisait mieux que Trudeau
avec l'époque. Carter, avec qui Trudeau avait établi une bonne relation
personnelle, laissa tomber l'option de la détente peu après l'échec du
Parti libéral en décembre 1979, surtout après l'invasion par les Soviétiques de l'Afghanistan le jour de Noël et la reprise de la guerre froide. La
détente, écrit l'historien John Gaddis, « n'avait pas réussi [...] à arrêter la
course aux armes nucléaires, ou à mettre fin aux rivalités des superpuissances dans le "tiers-monde", ou même à empêcher l'Union soviétique
d'avoir recours encore une fois aux forces armées pour sauver le "socialisme" ». En janvier 1980, Carter, en colère et humilié, retira le traité
SALT II du Sénat américain, imposa des sanctions à l'Union soviétique
et annonça une augmentation des dépenses de défense qui, pendant les
années de détente, avaient été réduites de près de la moitié par Carter
lui-même, par Ford et par Nixon[13]. MacGuigan, qui était très méfiant à
l'égard du communisme soviétique, ne fut pas surpris, mais Trudeau
fut très déçu des actions de Carter. Sous la tutelle de son ami Helmut
Schmidt, Trudeau avait embrassé l'OTAN comme un instrument de
détente à la fin des années 1970 : il décida que l'armée canadienne
devrait rester en Europe, qu'il fallait augmenter les dépenses de défense,
que les forces armées devraient recevoir un nouvel équipement (notamment des chars Leopard achetés de l'Allemagne de l'Ouest en 1976), et
que l'OTAN devrait continuer d'appuyer la détente, même si l'arsenal
soviétique s'accrut rapidement pendant les années 1970[14]. Trudeau et
Schmidt contestèrent tous deux le rejet caustique par Thatcher des intérêts du tiers-monde et considéraient comme dangereuse l'éloge affirmée
par les Britanniques et les Américains du libre marché[15].

Lorsque Trudeau reprit ses fonctions de premier ministre pour un
quatrième mandat imprévu, il décida de se concentrer sur deux questions particulièrement importantes pour lui, restées inachevées en 1979 :
le rapatriement de la Constitution canadienne et, à l'étranger, le fossé

entre le Nord et le Sud. Tant la gauche que les organismes non gouvernementaux en plein essor dénonçaient le Canada qui n'avait pas atteint,
comme il l'avait promis pendant la campagne électorale de 1968, son
objectif de donner 0,7 p. cent du PIB du Canada sous forme d'aide internationale. En effet, la période économique difficile avait fait passer le
pourcentage de 0,53 p. cent du PIB en 1975-1976 à 0,47 p. cent en 1979-
1980. Les défenseurs de l'aide internationale se plaignaient également
que le Canada s'accrochait à des tarifs dissuasifs sur les produits des pays
en développement, subventionnait l'agriculture d'une manière qui
minait les pays pauvres, et liait une grande partie de son aide à l'achat de
produits et de services canadiens[16].

L'Institut Nord-Sud, un centre d'études et de recherches d'Ottawa
créé en 1976, évalua le legs de Trudeau dans une « fiche de rendement »
publiée en 1980. Il établit que Trudeau avait échoué dans neuf des vingt
et un engagements, et que son rendement avait été « insatisfaisant » dans
quatre, « bon » dans deux et « excellent » dans seulement un[17]. Dans les
universités canadiennes, les jeunes groupes de la « nouvelle économie
politique », souvent véhéments, éreintaient également les réalisations du
gouvernement : ils se servaient des théories de dépendance du développement économique international pour provoquer les théoriciens du
libre marché, comme le faisait Trudeau, mais utilisaient aussi les analyses marxistes pour expliquer la faiblesse économique du Sud, ce que
Trudeau ne faisait pas. Il devint donc une cible connue pour son « hypocrisie » et beaucoup condamnèrent son énergie à défendre les questions
de développement dans les réunions internationales comme rien de plus
que de l'opportunisme et de la politique de bas étage. Trudeau réagit
avec dédain aux critiques et à l'indifférence apparente du public canadien à ces questions tout en amorçant un débordement d'activité visant à
remettre les problèmes Nord-Sud au premier plan de l'ordre du jour
international. MacGuigan se rappela plus tard comment Trudeau « agissait avec une vigueur et un idéalisme juvéniles » quand il était question
de ces problèmes et, en 1981, il était « totalement habité » par le programme Nord-Sud. Une opinion que MacGuigan et Thatcher, critique,
partageaient[18].

Malgré l'opposition des conservateurs anglais et américains à
l'étranger et des critiques au pays, Trudeau croyait que les circonstances

lui donnaient alors certains avantages – en particulier pour plusieurs conférences internationales prévues en 1981. Venait en premier lieu le sommet du G7 à Montebello, en juillet, suivi par la Réunion internationale sur la coopération et le développement dans la station balnéaire de Cancún, au Mexique, en octobre. Depuis le début, il avait appuyé la demande de la commission Brandt que l'on organise un sommet international pour faire avancer les « négociations globales ». Celui-ci se matérialisait à présent concrètement sur le plan politique, alors que le président mexicain José López Portillo et le chancelier autrichien Bruno Kreisky organisaient la réunion de Cancún. En tant qu'hôte du sommet du G7 précédant cet événement, Trudeau savait qu'il aurait l'occasion d'essayer d'amener les principaux dirigeants des pays occidentaux à soutenir les objectifs de ce deuxième rassemblement. La troisième rencontre internationale était la Réunion des chefs de gouvernement des pays du Commonwealth, qui devait se tenir du 20 septembre au 7 octobre en Australie, pays dont le premier ministre, Malcolm Fraser, partageait les préoccupations de Trudeau pour les relations Nord-Sud et où la grande majorité venant d'États en développement allait certainement isoler Thatcher et Reagan, hostiles à une réforme économique internationale. La possibilité se présenterait peut-être.

Ce fut une année frénétique pour Trudeau : les batailles constitutionnelles accaparèrent la une de la plupart des journaux, le Programme énergétique national domina les pages des affaires, et, étant donné la progression rapide de la récession, les nouvelles du soir présentaient des histoires à dimension humaine, presque toujours tristes. Trudeau ne fit que peu de faux pas sur le chemin vers Cancún, même si le drame constitutionnel et la crise économique représentaient des diversions périodiques et imprévisibles. Il voyagea fréquemment et, selon ses détracteurs, il le fit avec frénésie et à grands frais. L'année commença mal lorsqu'un voyage prévu en Autriche afin de visiter le chancelier Kreisky et de faire du ski dut être annulé lorsqu'il se retrouva coincé à la station de Lech en raison d'une tempête de neige. Lorsqu'il put enfin partir, il annula sa visite en Algérie et se rendit directement au Nigeria et au Sénégal, où il distribua au compte-gouttes une aide généreuse et annonça son attachement à la justice économique internationale. Il visita par la suite de nombreux autres pays africains, où il prit position contre l'apartheid, s'engagea à augmenter l'aide du Canada à 0,7 p. cent du PIB en 1990 et appuya un « nouvel ordre économique international », même si l'expression de son enthousiasme s'accompagnait toujours d'une mise en garde sur les dangers du changement rapide[19].

Avec ses partenaires occidentaux, cependant, Trudeau était décidé et déterminé : il insista pour qu'une demi-journée entière soit consacrée aux questions Nord-Sud à la rencontre au Château Montebello. À la mi-juin, Trudeau avait visité plus de vingt capitales pour préparer le sommet du G7 et les discussions sur les questions Nord-Sud. À Ottawa, même Bernard Wood, critique du développement international, salua les efforts de Trudeau alors que « l'intérêt [canadien] pour les relations Nord-Sud atteignait un niveau record dans ce pays au milieu de l'année 1981, et que la communauté internationale comptait sur le Canada comme elle ne l'avait jamais fait auparavant[20] ». Le rapport spécial d'un groupe de travail parlementaire avait demandé un nouveau niveau d'engagement de la part du Canada et, de façon inhabituelle, le gouvernement réagit en permettant qu'il y ait, à la mi-juin, un débat de deux jours sur le développement à la Chambre des communes comme prélude au sommet du G7. Lors du débat, Trudeau présenta clairement sa compréhension du problème : « Pourtant, le Sud n'est pas un mythe. C'est un groupe de pays, pour la plupart d'anciennes colonies, reliés par une commune perception de leur statut par rapport au reste du monde. À leur avis, dit-il, leur solidarité peut faire contrepoids à la puissance du Nord industriel. Leur vision d'un nouvel ordre économique international procède de l'avis commun que les vieilles règles n'ont donné ni des possibilités égales ni un partage équitable des fruits du labeur. Ils ont raison. La justice est de leur côté[21]. » Tout de même, les relations entre le Nord et le Sud pouvaient être une situation favorable aux deux parties : Trudeau reconnaissait que le Nord était avantagé par les nouveaux marchés dans le Sud et que le nouvel ordre économique mondial pouvait contribuer à la paix et à la sécurité internationales.

Malgré cette allusion à l'intérêt personnel du Nord, les opinions de Trudeau étaient une abomination pour Thatcher, et probablement pour Reagan aussi, bien que le président fût temporairement immobilisé par une tentative d'assassinat infructueuse le 30 mars. La nouvelle administration américaine fit clairement savoir que, plutôt que de s'engager dans une discussion vague des niveaux d'aide et des besoins, elle voulait se concentrer sur la corruption et les faiblesses économiques des pays en développement eux-mêmes. Cependant, comme le fit remarquer plus tard un représentant américain : « Le Canada a dit non ; Pierre Trudeau ne parrainerait pas un sommet traitant de façon importante des politiques nationales des pays en développement. Ces politiques, affirma-t-il, n'étaient pas de nos affaires[22]. » Mieux connu et plus agréable du point de vue intellectuel, Helmut Schmidt, le chancelier allemand, accepta l'invitation personnelle de Trudeau de passer le week-end du 18 et 19 juillet seul avec lui à la résidence du lac Mousseau juste avant la tenue de la conférence. Schmidt se souvient que « le premier ministre canadien, Pierre Trudeau, un homme intelligent, réfléchi, mais donnant toujours une impression de bonne humeur, était un hôte raffiné. Il avait choisi pour cadre de cette rencontre un hôtel construit comme une maison de rondins au milieu d'un paysage absolument intact. Nous ne pouvions que nous y sentir à l'aise, et Reagan particulièrement. » Trudeau avait en effet choisi Montebello parce qu'il voulait garder la réunion officieuse et encourager les relations directes entre les chefs d'État, même si l'éloignement du lieu signifiait qu'il devait retourner en hélicoptère chaque soir à Ottawa pour y faire un point de presse pendant que les autres chefs d'État s'amusaient et faisaient de la randonnée. Avec sa vue sur la rivière et son style rustique, Montebello rappelait un passé romantique où le président américain sans façon se sentait suprêmement à l'aise*.

---

* Lorsque Reagan visita Ottawa le 10 mars, les Canadiens réunis dans la rue pour l'accueillir lui firent, dans ses propres termes, un « accueil chaleureux ». Curieusement, on donna à sa femme, Nancy, et à lui des chambres à coucher séparées – ce fut la première nuit de leur vie conjugale où ils ne dormirent pas ensemble. Après sa rencontre avec Trudeau, il écrivit dans son journal : « Découvert que je l'aime. Nos rencontres ont été très fructueuses. Quelques problèmes restent à régler… mais j'ai l'impression que nous les avons convaincus que nous souhaitons réellement trouver des réponses. » Trudeau fut moins impressionné par Reagan, surtout lorsque ce dernier raconta une blague sur deux soldats israéliens en patrouille à la recherche de soldats égyptiens, à qui on avait promis une récompense de cinquante mille dollars pour chaque soldat égyptien capturé. Ils s'endorment, se réveillent et se retrouvent encerclés par l'armée égyptienne au complet. Un soldat israélien se tourne vers l'autre et lui dit : « Nous sommes riches. » J.L. Granatstein et Robert Bothwell, *Pirouette: Pierre Trudeau and Canadian Foreign Policy* (Toronto : University of Toronto Press, 1990), p. 321.

À Ottawa, deux mille journalistes étaient entassés dans des hôtels, et le tourbillon social était intense avec les allées et venues de petites célébrités. Le dimanche, lorsque la majorité des chefs d'État arriva, la ville était un « camp armé », et Schmidt et Trudeau conduisirent ensemble le long de la rivière, du lac Mousseau jusqu'à Montebello. Ils savaient que la balance ne penchait plus du côté de l'esprit progressiste et réformiste qui avait marqué les sommets des années 1970. En route pour la conférence, Thatcher visita Washington, et Reagan et elle jurèrent fidélité à leur conservatisme commun sur la pelouse de la Maison-Blanche. Mitterrand, l'« opportuniste consommé », fut l'élément imprévisible du sommet. De nombreux leaders ne l'avaient pas encore rencontré et Thatcher le prit pour un portier lorsqu'elle arriva à Montebello. Ses politiques intérieures socialistes, incluant la nationalisation des banques et la réduction de la semaine de travail, témoignaient de ses opinions, mais sa position sur les questions internationales était toujours un mystère. Dans ses écrits récents, il avait parlé, comme l'avait fait Trudeau dans les années 1950, de l'équivalence morale entre le bloc soviétique et l'Ouest, mais, pendant la courte période depuis son élection en mai, il avait commencé à exprimer son inquiétude concernant l'armement soviétique et ses nouvelles fusées nucléaires pointées en direction de l'Europe de l'Ouest. Le sommet avait tous les ingrédients voulus pour être animé et intéressant[23].

En fin de compte, le sommet fut intéressant, mais infructueux : dans le classement qu'établirent Sir Nicholas Bayne, diplomate britannique distingué, et Robert Putnam, éminent professeur de Harvard, des sommets du G7, celui-ci obtint un « C ». Des sommets précédents, seul

---

Trudeau rencontra Reagan à Washington le 10 juillet pour discuter du sommet. Reagan déduisit correctement que le sommet servirait à discuter de « questions écon., des relations N-S et de certaines questions commerciales Est-Ouest ». Ils parlèrent également de pipelines et de politique économique. Reagan conclut d'un ton inquiet : « Je pense que notre problème est qu'il penche carrément pour la nationalisation de l'industrie. » Il avait dîné vendredi avec le révérend Billy Graham avant de quitter pour la conférence le lundi, et ils avaient discuté d'affaires internationales et des nombreux chefs d'État que Graham connaissait « par l'entremise de connaissances ». Il dit peu de choses sur le sommet dans son journal intime, mais était, comme en rendit compte Schmidt, charmé par Montebello, « une merveille technique ». Ronald Reagan, *The Reagan Diaries*, Douglas Brinkley, éd. (New York : HarperCollins, 2007), p. 7, p. 31.

celui de Porto Rico, le premier sommet auquel Trudeau assista, qui s'est tenu en 1976, obtint une note inférieure (D). Les espoirs de Trudeau qu'il y aurait des discussions informelles et réfléchies menant à des engagements sérieux quant aux relations Nord-Sud et aux principales questions commerciales s'évanouirent rapidement. Les choses commencèrent mal lorsque Reagan exprima sa surprise à son arrivée au fait que la plupart des membres du personnel parlaient une langue étrangère entre eux. Puis, à la première réunion, il étonna les autres lorsqu'il sortit des fiches de notes et se mit à les lire. Contrarié, Trudeau insista sur le caractère informel de la discussion, et Reagan se mit alors à raconter ses histoires préférées – pendant lesquelles Zenko Suzuki, le premier ministre japonais, s'assoupit, et Trudeau joua soigneusement avec sa rose. Lorsqu'il fut question des relations Est-Ouest, par exemple, Reagan, selon le souvenir de Trudeau, « se lança dans l'une de ses anecdotes du temps où il était président de l'Actors Equity à Hollywood dans les années 1940 ». Il affirma que le KGB avait envoyé un prêtre pour « semer la discorde parmi les acteurs de l'union ». Dans une conversation en privé sur le Moyen-Orient qu'ils avaient eue lors de la visite de Reagan à Ottawa en mars, Reagan avait déclaré d'un ton songeur que la religion était la réponse. Perplexe, Trudeau avait essayé de le faire parler. Reagan avait expliqué que la religion était la solution pour chasser toute influence communiste du Moyen-Orient, parce que tout le monde, là-bas, était religieux – les musulmans, les chrétiens et les juifs –, mais que les communistes étaient athées. Tous avaient donc un intérêt commun à lutter contre les communistes. Pendant que Reagan faisait durer son histoire, Trudeau lui fit plaisir, regardant d'un air entendu les assistants embarrassés de Reagan tout en portant toute son attention sur le président. Les anecdotes de Reagan amusaient et dérangeaient Trudeau tout à la fois[24].

Trudeau fut cependant moins dérangé par Reagan que par Mitterrand, qui au dîner du dimanche soir « avait fait comprendre à tout le monde qu'un formidable et loyal homme d'État anticommuniste était en charge de la troisième puissance nucléaire du monde ». Bien que Schmidt fût prudent par rapport à la ligne dure adoptée autour de la table contre les Soviétiques, lui aussi était heureux de constater l'abandon par Mitterrand des déclarations sur l'équivalence morale des Soviétiques et des Américains. De plus, Schmidt avait rencontré Reagan avant le G7, et, bien que son ignorance des enjeux le dérangeât, il le trouvait bien préférable à Carter, qu'il considérait comme étant imprévisible et émotif. Après avoir quitté Reagan le 22 mai, Schmidt conclut en disant : « J'étais soulagé et pensais avoir de nouveau affaire à un président américain à la politique égale et donc prévisible, après quatre années d'incertitudes. » Trudeau, qui aimait Carter et avait la nostalgie des jours de détente d'autrefois, n'avait pas confiance en l'« anticommunisme obsessionnel [de Reagan] » et au libre marché, et souhaitait que le sommet se concentre sur les questions Nord-Sud ; il se trouva de plus en plus isolé lorsque le sommet débuta[25].

Les questions Nord-Sud reçurent de l'attention pendant une période relativement longue, mais celle-ci fut réellement superficielle. L'importance du sommet reposait sur la coalition qu'établit Thatcher avec Reagan, qu'elle protégeait avec soin et dont elle fit vraiment avancer les positions. Contrairement à Reagan, qu'il traitait avec condescendance, Trudeau prenait Thatcher au sérieux. Il avait grand besoin qu'elle appuie son initiative constitutionnelle et elle le fit. Lorsqu'on demanda à Trudeau de faire un discours généreux après la résolution de novembre 1981 à la conférence des premiers ministres sur la Constitution, il déclara à des assistants que, s'ils le forçaient à le faire, il dirait que le premier ministre Allan Blakeney était nul et que René Lévesque était malfaisant, mais qu'il était redevable à Thatcher, qui avait des « couilles[26] ». Les assistants convinrent qu'il ne devrait pas faire ce discours. De plus, la façon de discuter de Thatcher impressionnait aussi Trudeau. Elle n'utilisait pas beaucoup d'anecdotes ; elle était plutôt très bien informée. Elle tirait ses arguments sur le libre marché des textes de Sir Keith Joseph et de Friedrich Hayek, prix Nobel de l'économie, et ses arguments contre les approches actuelles en matière d'aide au développement de Peter Bauer, économiste du développement, dont le rejet de la planification centrale et du protectionnisme dans le Sud devint éventuellement une idée reçue. Avec le soutien inarticulé de Reagan, elle présenta de bons arguments en faveur de la libéralisation du commerce et des solutions de marché tout en soutenant, avec l'aide de Mitterrand et même de Schmidt, que les missiles SS-20 des Soviétiques nécessitaient une intervention énergique de l'OTAN[27].

Le mardi après-midi, Trudeau et ses collègues retournèrent au Centre national des arts à Ottawa, où Trudeau, en tant qu'hôte, présenta officiellement la conférence sous un angle positif. Il reconnut qu'avant le sommet de nombreux commentateurs avaient prédit un « sommet très difficile » en raison de la présence de quatre nouveaux participants et des différences entre les pays. Trudeau déclara qu'il n'en était rien : le sommet avait donné confiance et résulté en la signature de plusieurs ententes. En ce qui a trait au commerce, on avait conclu une entente pour accroître la structure et établir un nouveau programme ; en matière de politique économique, particulièrement relativement aux taux d'intérêt élevés aux États-Unis, les chefs d'État étaient d'accord qu'on ne pouvait pas lutter contre l'inflation uniquement au moyen de la politique monétaire ; sur la question du fossé Est-Ouest, la situation courante par rapport « à la concentration de l'armée soviétique et aux actions des Soviétiques dans le tiers-monde » nécessitait « une capacité de défense », même si Trudeau souligna l'importance continue du « dialogue et de la négociation ». Enfin, Trudeau dit que le processus de Cancún, qui misait sur les « négociations globales » pour améliorer le sort des pays en développement, avait été bien accueilli : cette « ouverture envers le processus de négociations globales représente un consensus qui n'existait pas avant notre sommet et qui semblait bien loin d'être possible il y a quelques mois à peine[28] ».

Trudeau avait raison. L'administration Carter avait refusé d'envisager la tenue d'une réunion à Cancún, sauf si un ordre du jour précis avec des objectifs spécifiques était établi. L'administration Reagan, cependant, croyait que la rencontre pourrait être une tribune utile où la demande de « négociations globales » pourrait être désamorcée plutôt qu'avancée. Dans des discours publics, Ronald Reagan et d'autres représentants diminuaient l'importance des attentes relativement à la conférence, tandis que, dans les réunions privées, ils exprimaient haut et fort leur position. Dans le cadre d'une rencontre avec l'ambassadeur Andrés Rozental, le représentant officiel mexicain responsable de la planification du sommet et d'autres représentants mexicains et autrichiens, Richard Allen, l'assistant au président en matière d'affaires de sécurité nationale, affirma que Cancún pourrait être une occasion de dialogue, mais non le début de « négociations globales » – un terme, affirma-t-il, que les États-Unis ne comprenaient pas. Rozental l'assura qu'il n'y aurait aucun lien entre « les négociations globales et Cancún », mais Allen répondit que Trudeau avait déclaré que « les négociations globales devaient remplacer le dialogue, puisque ce dernier ne signifiait rien de plus que du bavardage ». La discussion se termina par une allusion d'Allen que « les Latino-Américains comprennent mieux l'imprécision que les Américains[29] ».

Pendant que la planification pour Cancún se poursuivait, Trudeau émergea comme le remplaçant probable du coprésident, le chancelier autrichien Bruno Kreisky, qui en raison de problèmes de santé ne pourrait peut-être pas participer à la conférence. Trudeau intensifia l'accent sur le processus, et à la fin juillet, début août, il se rendit en Afrique pour une conférence des Nations Unies sur les sources d'énergie nouvelles et renouvelables, où il rallia l'appui du « Sud » pour la rencontre. À la conférence, il déclara que « les participants au sommet à Ottawa ont exprimé la volonté de répondre plus rapidement aux besoins des pays du tiers-monde ». La crise économique actuelle, déclara-t-il, ne devait pas éloigner les nations pauvres des nations riches, mais les rapprocher afin qu'elles puissent satisfaire leur « grand besoin de stabilité nationale et internationale[30] ». Mais ce grand besoin avait déjà créé des goûts différents.

Alexander Haig, secrétaire d'État de Reagan, conseilla au président de profiter de l'occasion pour établir de solides relations bilatérales avec d'autres dirigeants, rassurer les vingt-deux pays présents que les États-Unis continuaient d'être « sensibles aux préoccupations » des pays en développement, et promouvoir les solutions du libre marché aux problèmes mondiaux. Bien que Mitterrand eût fait bonne impression aux Américains avec son anti-communisme étonnamment farouche à Ottawa, il avait été également déterminé dans sa demande de « négociations globales » et d'établissement d'une marge de crédit de la Banque mondiale liée aux questions énergétiques, deux aspects auxquels les États-Unis s'opposaient. Cancún représenta alors l'occasion de faire avorter un tel plan en concluant une entente bilatérale avec Mitterrand. Les ententes bilatérales, conseilla Haig à Reagan, pouvaient servir à promouvoir la proposition américaine de tenir une réunion ultérieure des sousministres. La proposition était totalement malhonnête : « Publiquement, ajouta Haig, nous devrions dire que nous souhaitons ainsi conserver l'impulsion donnée par Cancún. En privé, nous la considérons comme un frein au dialogue. » En vérité, Reagan accepta d'assister au sommet pour une seule et unique raison : Thatcher l'avait persuadé de le faire « parce qu'elle croyait qu'il était important d'être présents pour défendre la cause du libre marché » et pour bloquer les plans visant à mettre le Fonds monétaire international et la Banque mondiale sous le contrôle des Nations Unies.

Trudeau rencontra Thatcher juste avant la conférence de Cancún, à la Réunion des chefs de gouvernement des pays du Commonwealth qui eut lieu la première semaine d'octobre, à Melbourne, en Australie. Là, il commença ses remarques en notant que « Mme Thatcher a dit, presque avec nostalgie, que le monde n'avait pas atteint une plus grande stabilité, même si le nombre de pays membres de l'ONU est passé de 50 à plus de 150 dans les années d'après-guerre ». La remarque n'amusa probablement pas Thatcher, mais Trudeau se racheta en rappelant aux chefs de gouvernement de pays non alignés du Commonwealth que le Canada était aligné avec l'Ouest, et que les pays non alignés « devraient se servir de leur influence pour s'assurer qu'ils sont traités avec équité dans leurs discussions ». Elle ne fut certainement pas heureuse lorsqu'il déclara ensuite que 1981 était une année historique où le monde devait décider s'il allait combattre les inégalités mondiales ou rater cette grande occasion. Tandis que l'hiver approchait dans le Nord, vingt-deux chefs d'État débarquèrent sur le sable chaud de Cancún le 21 octobre 1981 pour faire face au jugement de l'histoire[31].

Trudeau avait la remarquable faculté de savoir créer dans sa tête des compartiments qu'il remplissait de détails dont il aurait besoin ultérieurement, et cette aptitude, il l'utilisa à son maximum lorsqu'il devint évident qu'il allait prendre la relève de Kreisky, qui ne pouvait pas coprésider le sommet à cause de son état de santé. Même si la réunion historique à Ottawa sur le rapatriement de la Constitution allait avoir lieu dans à peine deux semaines, il fut superbement bien préparé pour les séances de Cancún. Passant facilement du français à l'anglais et puis, alors qu'on ne s'y attendait pas, à l'espagnol, Trudeau se distingua des autres chefs d'État non seulement par son engagement, sa préparation et ses habiletés linguistiques, mais aussi par son élégance désinvolte dans ses complets blancs, ses chemises de soie et ses vêtements décontractés mettant en valeur son corps mince et bien musclé dans un groupe où plusieurs étaient loin de l'être. Dans la photographie de groupe, qu'il reproduit dans ses mémoires politiques, il sourit directement à l'appareil photo tout en arborant des sandales et une chemise stylisée en partie déboutonnée. La plupart des autres chefs d'État portent des complets, et Thatcher, un ensemble d'affaires sombre et des perles. Reagan ne porte ni veston ni chaussures de cuir noir, mais, curieusement, il ne regarde pas l'appareil photo. Trudeau avait présidé bien des réunions, et cette expérience, ainsi que ses solides relations avec certains des participants, en particulier plusieurs de l'Afrique, l'aida à diriger les discussions. Comme promis, Reagan fut amusant et coopératif. Thatcher bloqua ingénieusement les tentatives de fixer de nouveaux engagements et, à la dernière conférence de presse, elle déclara la conférence un « succès ». Elle était de cet avis parce que, comme elle l'écrivit plus tard dans ses mémoires, la conférence avait assuré que les « inextricables problèmes de la pauvreté, de la faim et de la dette du tiers-monde ne seraient pas résolus par une intervention internationale hors de propos, mais plutôt par une mobilisation des initiatives, par la promotion des échanges – et par la destruction du socialisme sous toutes ses formes[32] ».

Trudeau et Head furent amèrement déçus : « L'ignorance profonde de Reagan de la situation des pays en développement, et sa croyance naïve que les mécanismes du libre marché peuvent régler tous les problèmes où que ce soit, était un élément déprimant. » Malgré tout, il y avait une chance de compromis et même de succès, mais les Autrichiens, cherchant une perfection impossible, encouragèrent les pays en développement à le faire échouer. Le résultat, écrivirent Trudeau et Head, fut qu'« une occasion en or de réaliser un réel progrès dans les relations Nord-Sud fut perdue, faisant tomber en cascade la relation dans les profondeurs de l'indifférence du Nord pour des années par la suite[33] ». L'occasion « historique » fut ratée, Trudeau n'eut pas la chance de laisser clairement sa marque sur la question du fossé Nord-Sud, et le Canada et son premier ministre se tournèrent vers d'autres questions et intérêts.

⤿

L'échec de Trudeau à Cancún fut suivi moins de deux semaines plus tard par un triomphe à la conférence du 5 novembre 1981, où il persuada tous les premiers ministres des provinces, sauf René Lévesque, d'appuyer le rapatriement de la Constitution et une charte des droits et libertés. Il eut peu de temps pour célébrer, cependant, car la crise économique causée par la hausse des taux d'intérêt et du chômage, et la crise politique causée par les critiques sévères des Américains des politiques du Canada en matière d'énergie et d'investissement étranger nécessitèrent une attention immédiate. La colère des Américains fut si grande cet automnelà que les hauts responsables du gouvernement envisagèrent d'expulser le Canada du club exclusif du G7. Leur présence dans ce club était, après tout, le résultat des pressions exercées par les Américains auprès des Européens à une époque plus heureuse. Les politiques interventionnistes du gouvernement libéral offensaient les conservateurs économiques de Reagan, et ses politiques énergétiques, surtout la disposition permettant la garantie publique de concessions américaines déjà établies, semblaient punitives à d'autres Américains qui étaient ordinairement sympathiques aux intérêts canadiens. Afin de répondre en partie à ces problèmes, Trudeau nomma en 1981 Allan Gotlieb, qui avait été son conseiller depuis l'époque où il avait été ministre de la Justice, ambassadeur canadien à Washington. Il cherchait ainsi principalement à apaiser la colère des Américains*. À son départ, Gotlieb alerta Trudeau que cer-

---

* Gotlieb se rendit rapidement compte que Trudeau avait une autre tâche à lui confier : superviser la construction d'une nouvelle ambassade canadienne. Les ministères des Travaux publics et des Affaires extérieures avaient organisé une compétition que l'ami proche de Trudeau, Arthur Erickson, perdit lamentablement. Furieux, Erickson exigea que Trudeau intervienne parce qu'il suspectait, avec raison, que les fonctionnaires des Travaux publics ne l'aimaient pas. Ils avaient accusé Erickson, l'un des architectes les plus respectés du Canada, d'avoir soumis des présentations peu soignées pouvant entraîner des frais excessifs et des complications. Trudeau intervint, le projet d'Erickson fut choisi et Gotlieb fut chargé de superviser la construction du nouvel immeuble, même si d'autres fonctionnaires canadiens à Ottawa lui rendirent constamment la tâche difficile. Trudeau, affirmaient ses collègues du Conseil des ministres, avait toujours eu un grand intérêt pour l'architecture et examinerait avec intérêt les modèles qui lui étaient présentés, comme ce fut le cas du modèle de Canada Place, de Vancouver, conçu par l'architecte torontois Eb Zeidler.

Trudeau avait trouvé qu'Ottawa était une capitale nationale pathétique lorsqu'il y avait vécu dans les années 1950, parce qu'elle n'avait pas la grandeur architecturale d'autres capitales nationales. Faisant face à son dernier mandat, il était déterminé à laisser son empreinte sur la ville. Son gouvernement commandita les deux plus grands musées d'Ottawa : le Musée des beaux-arts du Canada, conçu par

tains, au Conseil privé, étaient antiaméricains : « Chaque fois que tu exprimes de l'exaspération envers les Américains ou que tu les critiques, ces scribes se mettent immédiatement à appeler partout en ville et intimident les gens en leur disant que Trudeau a piqué une colère contre les Américains, de sorte que nous, les représentants, devons agir en durs à cuir dans nos relations avec eux. » Pourtant, Gotlieb, réfléchissant à sa dernière conversation avec le premier ministre avant son départ, affirma que « Trudeau pense que les Soviétiques ne peuvent rien faire de mal » et que les « États-Unis lui semblent étrangers[34] ».

Ces réflexions tirées d'un journal intime furent écrites spontanément et ne constituent pas une analyse poussée de la politique complexe de Trudeau ou de son attitude face à la démocratie et aux régimes dictatoriaux au début des années 1980. Bien sûr, Trudeau était en colère contre les Américains, il détestait l'approche de Reagan aux affaires internationales, et était d'avis que les intérêts de l'Union soviétique se perdaient dans l'anticommunisme obsessif de Washington, et plus récemment, de Londres. Et pourtant, comme le nota Gotlieb dans la même entrée de son journal intime, Trudeau avait augmenté régulièrement les dépenses de défense depuis 1975, malgré les pressions économiques, et il avait fourni aux forces armées le nouvel équipement dont elles avaient besoin pour défendre l'Europe contre une agression possible de l'Union soviétique. De plus, Gotlieb remarqua que la rhétorique de Trudeau concernant le tiers-monde ne correspondait pas à la realpolitik

---

Moshe [et non pas Moishe] Safdie, et le Musée canadien des civilisations, conçu par Douglas Cardinal. Comme le Musée canadien des civilisations était encore à l'étape de la planification à la fin de la vie politique de Trudeau, celui-ci déclara à ses ministres et à ses assistants : « Je veux que l'on creuse le plus grand trou possible. » Lorsque les conservateurs arrivèrent au pouvoir, le trou était tellement grand qu'il était impossible de faire marche arrière. Les frustrations de Gotlieb sont décrites dans *The Washington Diaries: 1981-1989* (Toronto : McClelland and Stewart, 2006). L'intérêt de Trudeau pour l'architecture et le plan du « trou » sont décrits en détail dans les entrevues que j'ai eues avec de nombreux directeurs de Bibliothèque et Archives Canada le 2 décembre 2002 (l'enregistrement est maintenant au BAC). Le 14 décembre 1981, Erickson demanda à Trudeau d'intervenir et lui dit : « Ton nom fait peur aux bureaucrates. » Erickson à Trudeau, 14 décembre 1981, FT, MG 26020, vol. 2. Le volume contient cette note et de nombreuses autres lettres, y compris une datée du 16 avril 1984 disant à Trudeau qu'il faut avancer rapidement les travaux à Washington ou les conservateurs pourraient prendre le pouvoir et arrêter le projet.

qui caractérisait nombre de ses politiques comme, par exemple, en Afrique du Sud.

Malgré ces efforts, Gotlieb était conscient de la méfiance de Washington. Avec l'énergie qui le caractérise, il se plaça au centre de la tornade du Washington officiel, où il rencontra des vents forts et furieux soufflant vers le nord. Il tenta de les calmer, mais Ottawa, en particulier Trudeau, gênait ses efforts. L'indifférence apparente de Trudeau à la montée remarquable du mouvement ouvrier anticommuniste en Pologne – une expression de sa realpolitik sinon de son propre soutien au syndicalisme catholique dans sa jeunesse – irrita les conservateurs américains et, bien sûr, les Canadiens d'origine polonaise. Lorsque le gouvernement polonais, sous l'effet des pressions des Soviétiques, imposa la loi martiale, la déclaration de Trudeau à la Chambre des communes le 18 décembre 1981 – à savoir que la loi martiale n'était pas totalement mauvaise si elle permettait d'éviter la guerre civile et d'empêcher l'intervention des Soviétiques – fut même utilisée par les communistes polonais pour justifier leur geste[35]. Il y eut inévitablement des conséquences.

En juillet 1982, Helmut Schmidt rendit visite à Trudeau à Ottawa, sa dernière en tant que chancelier, et lui dit combien les Américains étaient devenus « négatifs » à l'égard du Canada et de lui en tant que dirigeant du pays*. Les diplomates canadiens avaient depuis longtemps communiqué ce message, mais l'animosité de Trudeau envers la politique étrangère américaine était devenue beaucoup plus prononcée au début des années 1980 avec la reprise de la guerre froide. Au sommet de Montebello, Trudeau fut la seule voix à remettre en question l'analyse critique des motivations des Soviétiques, et la conférence de presse qu'il

---

* Lorsque Allan Gotlieb rencontra Helmut Schmidt en Autriche en août 1986, Schmidt fit la remarque : « Quel homme gentil que Trudeau. » Gotlieb contesta la remarque en convenant qu'il était un « grand homme », mais cita ensuite Lord Acton : « Les grands hommes sont presque inévitablement mauvais. » Gotlieb, qui avait été proche de Trudeau, de Michael Pitfield, d'Albert Breton et d'autres, devint très critique de Trudeau dans les années 1980. Son journal intime laisse penser que les critiques incisives de Trudeau à l'égard des États-Unis, et, dans une moindre mesure, d'Israël, y étaient pour quelque chose. Lorsque Schmidt critiqua les États-Unis, Gotlieb répondit : « Je suis très proaméricain. C'est pourquoi nous devons comprendre comment fonctionne leur système et, par conséquent, ce qu'il est réaliste d'attendre d'eux. » Gotlieb, *Washington Diaries*, p. 399-400.

donna après le sommet ne rendit pas compte des différences réelles le distinguant des autres. En Australie, à la Conférence du Commonwealth, en présence de Margaret Thatcher agacée, il plaida pour le retour à des politiques d'asphyxie de la course aux armements nucléaires dans tous les pays, une position qu'il avait défendue vigoureusement dans les années 1970. À l'époque, les Soviétiques avaient atteint un équilibre stratégique avec l'OTAN au moyen des Pourparlers sur la limitation des armes stratégiques et du traité SALT I, mais, au cours des dernières années, le régime sclérotique de Brejnev était devenu arrogant et contestait les intérêts de l'Ouest dans le tiers-monde, installait des missiles SS-20 pour intimider l'Europe de l'Ouest et envahissait l'Afghanistan. Tandis que les dépenses militaires des pays de l'Ouest avaient beaucoup diminué pendant les années de détente, celles de l'Union soviétique avaient augmenté rapidement – comme le prouvait la parade infinie de chars d'assaut, de fusées et de soldats marchant au pas de l'oie à Moscou le Premier Mai.

La réaction hostile de Jimmy Carter à l'Afghanistan avait stupéfié Trudeau, mais il comprit que cette réaction avait été le produit de la colère et de la peur. Mais Reagan était différent. Le 17 mai 1981, à l'Université de Notre Dame, Reagan avait déclaré que l'avenir serait prometteur pour l'Amérique et la cause de la liberté : « L'Ouest ne maîtrisera pas le communisme, il le transcendera […] il l'écartera comme un chapitre bizarre de l'histoire humaine dont les dernières pages sont en train d'être écrites[36]. » L'année suivante, ce fut au tour de Trudeau de recevoir un grade honorifique de Notre Dame, mais son message fut très différent. Gotlieb, qui accompagna Trudeau à South Bend où se trouve l'université, dit que le discours sur les relations Est-Ouest « correspondait exactement au discours qu'il n'aurait pas donné, parce qu'il s'opposait à des rapports intransigeants avec les Soviétiques ». Gotlieb convenait que l'expression de cette opinion n'était pas « déplorable » en soi, mais avait l'impression que Trudeau avait introduit le thème de l'« équivalence morale » dans la discussion, faisant tant des Soviétiques que des Américains des « vilains » mettant en péril la sécurité mondiale[37].

Lorsqu'on examine attentivement le discours de Trudeau, il ne semble pas justifié de dire que celui-ci suggérait qu'il existât une équivalence morale entre les États-Unis et l'Union soviétique. Il y avait cependant une subtilité et de l'ambiguïté dans l'argument de Trudeau selon lequel le Canada faisait partie de l'alliance occidentale et les États-Unis devaient « s'engager fermement » et « promettre » de ne pas être « ceux qui commenceront la guerre ». La réaction de Gotlieb, que partageaient MacGuigan et les hauts fonctionnaires de l'administration de Reagan, rend compte du fait que Washington, sous Reagan, était convaincu que des négociations stériles et malhonnêtes avec l'Union soviétique étaient contre-productives et qu'il fallait faire preuve de fermeté pour riposter à l'approche « molle » de Carter face à l'Afghanistan[38]. Trudeau était totalement en désaccord avec cette position. Au printemps de 1982, dans le contexte de la pagaille dans le contrôle des armements, de la critique farouche par l'administration Reagan du Programme énergétique national et de l'Agence d'examen de l'investissement étranger mis en place par le gouvernement de Trudeau ainsi que de la « politique à deux volets » de réarmement de l'OTAN, Trudeau ne faisait qu'irriter davantage les plaies américaines. MacGuigan arriva à Washington le 11 juin et dit à Gotlieb qu'à l'OTAN et aux sommets du G7 en Europe « notre chef a constamment contredit, réfuté et piqué au vif Reagan ». De plus, « il était le seul à le faire ». Selon Alexander Haig, Trudeau s'était comporté « avec malice ». MacGuigan, qui était présent au sommet, était d'accord. L'« impulsion interne » de Trudeau le poussait à « appuyer Mitterrand le perdant et à harceler Reagan le puissant[39] ». Mitterrand, qui avait mis fin au flirt de son gouvernement avec le Québec, était de plus en plus en harmonie avec Trudeau sur les questions internationales.

Des rumeurs, presque certainement fausses, voulant que Trudeau ait traité Reagan d'imbécile firent des remous. Il était vrai, cependant, que, lorsque Reagan tenta maladroitement de répondre aux questions à une conférence de presse en mai 1982, Trudeau lança : « Demandez à Al [Haig]. Il sait. » Un tel comportement confirma les soupçons selon lesquels Trudeau était un socialiste dangereux qui menaçait les intérêts économiques américains et qui n'avait aucun respect pour Reagan. Même si le budget de novembre 1981 du Canada signalait que les activités de l'Agence d'examen de l'investissement étranger allaient être ralenties et que le Programme énergétique national ne serait jamais un précédent dans d'autres domaines, ce n'était pas assez. Le 25 juin, le

chroniqueur conservateur canadien Lubor Zink publia un article cinglant dans le *National Review* de William Buckley, un favori de la cour
de Reagan. Une photographie menaçante de Trudeau dominait la couverture, et l'article écrit dans un style sensationnaliste décrivait le premier ministre canadien comme un dupe communiste. Peu après, lorsque
Michael Deaver, conseiller principal à la Maison-Blanche, aborda
Gotlieb à un dîner, il lui dit que « les choses se sont mal passées pour nos
deux hommes aux récents sommets [du G7 et de l'OTAN] » et il ajouta
que l'article de Zink « a fait une impression áu président ». « Vous voulez
dire que le président a lu ces foutaises ? » demanda Gotlieb, incrédule.
La réponse était oui. Heureusement, le journal intime de Reagan suggère qu'il faisait peu de cas de Trudeau et du Canada : en effet, à la fin
du printemps, les Britanniques envahirent les îles Malouines, Haig
démissionna en raison de divergences d'opinions sur des politiques, et
son beau-père agnostique risquait de mourir sans accepter le Christ.
Cependant, les courtisans néoconservateurs de Reagan accordaient
beaucoup d'importance au Canada et à son chef, et Gotlieb s'attela rapidement avec Michael Pitfield et MacGuigan à faire amende honorable.
Le Canada, convinrent-ils, ne pouvait pas se permettre de mettre en
colère une administration américaine très nationaliste alors que l'économie canadienne se détériorait grandement, que le président était imprévisible et que le monde des affaires canadien s'organisait comme il ne
l'avait jamais fait auparavant pour contrer les politiques du gouvernement de Trudeau[40].

Leurs efforts, qui comprirent l'envoi d'une lettre servile à Reagan,
le remplacement de MacGuigan par Allan MacEachen (qui connaissait
bien George Shultz, le nouveau secrétaire d'État américain) et, de façon
plus importante, l'engagement du Canada à faire l'essai des missiles de
croisière à l'intérieur de ses frontières, calmèrent la tempête, mais ne

firent pas disparaître l'antipathie et la méfiance à l'égard de Trudeau
parmi les hauts fonctionnaires à Washington. Les missiles de croisière
et la version améliorée des missiles Pershing étaient au cœur de la
réponse de l'OTAN aux missiles SS-20 des Soviétiques, qui déstabilisè-
rent l'équilibre en Europe[41]. Trudeau avait accepté la stratégie « à deux
volets » consistant à affronter, d'une part, les Soviétiques avec ces armes
tout en négociant, d'autre part, une réduction des armements. Il était

profondément réticent à accepter le réarmement et l'essai par le Canada des missiles de croisière – une position qui reflétait l'importance de plus en plus grande du mouvement antinucléaire au Canada et en Occident. Ces activistes, encouragés par la catastrophe à la centrale nucléaire de Three Mile Island en Pennsylvanie, échauffés par la fin des négociations SALT II, et encore plus enflammés par la rhétorique agressive de Reagan contre l'« empire du mal » du communisme soviétique[42], descendirent rapidement dans les rues. Parmi leurs cibles se trouvait Pierre Trudeau – l'homme qui porta avec fierté le symbole de la paix dans les années 1960, qui dénonça avec vigueur la décision de Lester Pearson d'accepter les armes nucléaires en 1963, qui fit l'accolade aux pacifistes John Lennon et Yoko Ono en 1969, qui coupa l'aide nucléaire à l'Inde lorsque celle-ci fit exploser une bombe nucléaire en 1974, qui insista avec émotion aux Nations Unies pour l'asphyxie des armes nucléaires en 1978, et qui irrita Thatcher et Reagan aux sommets de l'OTAN avec ses appels à la négociation avec l'Union soviétique. Mais on oublia tout et rien ne fut pardonné lorsque le gouvernement de Trudeau accepta d'envisager l'essai des missiles de croisière dans le nord du Canada.

Trudeau avait de profonds doutes concernant la décision, mais Helmut Schmidt insista : « Pierre, [lui] dit-il, tu fais partie de l'OTAN. Tu es membre du club. Tu as réduit le nombre des troupes canadiennes postées en Europe et le budget militaire du Canada. Bon. Mais si tu fais partie du club, il faut que tu l'aides. L'OTAN a décidé de déployer un nouveau missile. Tu ne sais pas ce que les pacifistes allemands vont faire pleuvoir sur ma tête à cause de cette décision. À toi, on demande seulement de tester au-dessus de ton territoire un missile qui ne sera même pas armé. C'est vraiment le moins que tu puisses faire[43]. Pour Trudeau, le moins représentait beaucoup, et l'accusation par les Américains que le Canada ne s'acquittait pas de ses responsabilités en matière de défense était exagérée. Au début des années 1970, pendant que le budget de défense des États-Unis avait diminué, celui du Canada avait augmenté régulièrement. De 1972 à 1978, année où Trudeau s'était engagé à faire des augmentations régulières à long terme du budget de défense, les dépenses canadiennes avaient plus que doublé, passant de 2238 milliards de dollars à 4597 milliards, tandis que les dépenses aux États-Unis, tirant profit des dividendes de la détente, n'étaient passées que de 112 934 milliards à 178 189 milliards de dollars. Bien qu'il soit vrai que le budget de défense du Canada passa de 2 p. cent environ du PIB en 1970 à approximativement 1,7 p. cent de 1970 à 1979, il commença à monter de nouveau sous Trudeau dans les années 1980 et atteignit 2 p. cent lorsqu'il quitta ses fonctions de premier ministre en 1984*. De plus, les

---

* Ces chiffres sont tirés d'un rapport produit par le Service d'information et de recherche parlementaires de la Bibliothèque du Parlement à la demande de Colin Kenny, sénateur libéral et ancien assistant de Trudeau. Lorsque le rapport fut publié, Kenny compara favorablement Trudeau avec Brian Mulroney dont le gouvernement fit diminuer presque continuellement ce budget, qui atteint 1,6 p. cent du PIB, même si, dans les termes de David Pugliese, spécialiste de la défense, Mulroney «introduisit une politique de défense belliciste à la fin des années 1980». Il souligna que le premier ministre Stephen Harper n'avait augmenté les dépenses de défense qu'à 1,2 p. cent du PIB, beaucoup moins que la moyenne de 2,1 p. cent pendant les années Trudeau. «Ils font de belles promesses, mais quand vient le temps de les tenir, ils ne le font pas, allégua Kenny. Ils ne s'approchent même pas de la période gauchisante de M. Trudeau.» (L'article de Pugliese, avec la déclaration de Kenny, a été publié dans le *National Post*, 4 décembre 2007.)

La Conférence des associations de la défense (CAD) a réagi en faisant remarquer que les dépenses de défense sous le premier ministre libéral Louis Saint-Laurent avaient atteint en moyenne 6,5 p. cent; sous le conservateur John Diefenbaker, 5,4 p. cent; et sous Lester Pearson, 3,8 p. cent. Citant J.L. Granatstein, *Who Killed the Canadian Military?* (Toronto: HarperCollins, 2004), qui traita Trudeau d'«indifférent» aux besoins de défense, avec une «attitude antimilitaire» (p. 116-117), la CAD souligna que la feuille de route de Trudeau devrait être comparée avec celle de ses prédécesseurs et non avec celle de ses successeurs, et que les dépenses sous Trudeau, sur le plan du pourcentage du PIB parmi les alliés du Canada à l'OTAN, ne répondaient pas aux besoins. Bien qu'il soit très critique de Trudeau, Granatstein reconnaît que la position de Trudeau était représentative de celle des Canadiens à l'époque. Un rapport de recherche produit pour le présent ouvrage par Tavis Harris, historien militaire, réunit des articles des années 1970, qui rendent compte du fort sentiment antimilitaire de l'époque, même dans des sources imprévues, comme le comité de rédaction du *Globe and Mail*. Des forces puissantes au sein du monde des affaires ainsi que dans les Maritimes, où l'économie était dans de nombreux endroits dépendante des dépenses de défense, conseillaient vivement de hausser ces dernières, en particulier les dépenses d'équipement. Le colonel Alain Pellerin de la CAD et le bureau du sénateur Kenny ont aidé Harris dans son travail.

Trudeau a surtout marqué l'armée canadienne par son insistance sur le bilinguisme dans les Forces armées, une branche du gouvernement canadien où les francophones étaient très sous-représentés et où l'utilisation du français était rare. En 1993, le pourcentage des francophones dans l'armée atteignait 27 p. cent, plus que dans la population en général, et le bilinguisme fonctionnel constituait un préalable à toute promotion au-dessus du rang de lieutenant-colonel. Malgré beaucoup d'amertume et de plaintes, le résultat, écrit Granatstein d'un ton

Canadiens avaient amélioré grandement leur équipement, avec des chars Leopard, des avions patrouilleurs Orion, des avions CF-18 et six nouvelles frégates rutilantes.

« Tactiques sordides caractéristiques des libéraux », fulmina Pauline Jewett, critique de la défense pour le NPD, le 15 juillet 1983, à des centaines de manifestants pour la paix rassemblés sur la colline parlementaire avec des banderoles dénonçant Trudeau. Ses ministres de la Défense et des Affaires extérieures venaient d'annoncer que le Canada allait permettre des essais des missiles de croisière dans le nord du pays[44]. MacEachen écrivit ce jour-là à son ami George Shultz que la décision sur les missiles de croisière avait été un « souci majeur » du gouvernement canadien. Maintenant que la décision était prise, le gouvernement devait pouvoir « assurer la population canadienne que l'aspect contrôle des armements des négociations à Genève était poursuivi avec la même énergie et le même sérieux que le déploiement de nouveaux missiles ». Il conclut par une note étonnamment personnelle : « Comme tu dois en être conscient, George, l'une des principales préoccupations du Canada depuis longtemps a été et continue d'être notre ferme conviction que le problème de la vérification est au cœur des questions de désarmement et du contrôle des armements[45]. » Pour de nombreux Canadiens, ce n'était pas vraiment une « préoccupation », mais cela le devint de plus en plus pour Trudeau et certains de ses amis les plus proches.

〜

Trudeau prêta peu attention à Jewett, qui avait déjà été députée libérale, mais les manifestations des étudiants contre sa politique de la défense le blessèrent profondément. Pour la première fois de sa vie, il se trouvait du mauvais côté des barricades sur les questions de défense et d'armes

---

approbateur, fut une armée qui « représentait mieux que presque n'importe quelle autre institution fédérale la dualité du pays – en fait, mieux que n'importe quelle autre institution canadienne ». Granatstein, *Canada's Army*, p. 372.

Alexandre, un des fils de Trudeau, est entré dans la Force de réserve canadienne lorsqu'il était étudiant à l'Université McGill au milieu des années 1990. Il a été formé au camp de Gagetown, au Nouveau-Brunswick, et a été nommé au grade de sous-lieutenant.

nucléaires – comme le lui rappelèrent régulièrement certains de ses amis. En 1983, Gale Zoë Garnett, qui était restée proche d'Andreas Papandreou, exprima les profonds doutes du premier ministre grec concernant le leadership américain – une opinion que Trudeau connaissait bien des réunions de l'OTAN, où Papandreou se répandait en injures contre les politiques de Reagan et de Thatcher.

Encore plus virulente fut l'actrice Margot Kidder, activiste pacifique, et qui l'était déjà au moment où elle avait rencontré Trudeau pour la première fois après avoir écrit à son premier ministre pour lui demander de s'opposer aux armes nucléaires. Trudeau lui dit avec raison qu'en tant que membre de l'OTAN le Canada n'avait pas le choix de prêter son appui à l'utilisation de ces armes, qui constituaient l'élément clé de l'arsenal de l'organisation. Il lui demanda néanmoins de la rencontrer pour discuter de la question. La « paix » n'était sans doute pas la vraie raison de son invitation, et ce ne serait pas la première fois, mais elle devint importante en 1983 lorsque leur relation s'épanouit.

Trudeau demanda à l'ambassadeur Allan Gotlieb d'inviter Kidder à un dîner à l'occasion d'une visite à Washington les 26 et 27 avril, et Gotlieb accepta, faisant remarquer que la « dame de Vancouver ajouterait une touche de glamour et une dose d'élégance radicale hollywoodienne » à l'événement. Au dîner habillé, qui eut lieu sous une tente dans le jardin de l'ambassade, des célébrités, comme Christopher Plummer, Donald Sutherland et Norman Jewison, se délectèrent de « flétan de Terre-Neuve, d'une surprise à l'érable du Québec et de caviar de corégone du Manitoba », et d'autres mets délicats. Kidder discutait avec véhémence avec des hauts fonctionnaires de l'administration de Reagan tandis que Trudeau, qui était assis à son côté, l'encourageait en pressant sa cuisse chaque fois qu'elle marquait un point. Il y avait « pas mal de bavardage pendant la soirée à propos du fait » que la production de l'Office national du film célébrant l'activiste antinucléaire australienne Helen Caldicott avait remporté un oscar. Plus tard, Trudeau dansa lentement, et parfois frénétiquement, mais toujours de façon exquise avec Kidder. De l'avis de Gotlieb, le « magnétisme mystérieux » du premier ministre et la coqueluche d'Hollywood volèrent la vedette au cours de cette soirée[46]. Trudeau, dont le charisme n'avait jamais été aussi puissant, charma même la grande mondaine de Washington, Susan Mary

Alsop, tellement qu'elle lui demanda si elle pouvait écrire pour l'*Architectural Digest* un article sur les rénovations majeures qu'il avait fait faire récemment dans sa maison Art déco de Montréal*.

Le lendemain matin, Gotlieb trouva Trudeau épuisé lorsqu'il passa le chercher pour une réunion avec Reagan et de hauts fonctionnaires, et il mit sa fatigue sur le dos de Kidder. Pendant la discussion, Trudeau insista sur la question des armements, mais, à la joie de Gotlieb, il fit également l'éloge du discours qu'avait fait le président la veille au soir et reconnut avec chaleur que les États-Unis étaient le vrai leader de l'Ouest.

Heureusement, Kidder n'entendit pas ces remarques. Encouragée par leur rencontre de la veille, elle envoya à Trudeau le 17 mai une lettre protocolaire lui demandant d'effectuer un « gel » des armes nucléaires et insistant pour qu'il rencontre les militants pour la paix Randy Forsberg et Helen Caldicott. Elle était dérangée par les « prémisses » d'une lettre que Trudeau avait envoyée à des militants pour la paix du Canada. Il demeurait tout de même son meilleur espoir : si les « conservateurs sont élus, nous, du mouvement pour la paix, serons dans le pétrin, écrivitelle. Nous avons un intérêt direct, c'est le moins qu'on puisse dire, à te conserver au pouvoir. Tu es un allié potentiel. (Je te ferai changer de

---

* Alsop, qui était l'épouse de l'éminent chroniqueur Joseph Alsop et une descendante de John Jay, le premier juge en chef des États-Unis, avait déjà déclaré qu'elle ne voyait « pas d'avenir à être une personne ordinaire ». Elle écrivit vraiment l'article, « Architectural Digest Visits: Pierre Trudeau », qui décrit les rénovations remarquables faites à la maison Art déco de Cormier (*Architectural Digest 1*, 1986, p. 106-113). La fierté de Trudeau à l'égard de cette maison est évidente dans un échange avec Barbra Streisand. Il lui envoya des photographies de la maison en 1983, et elle lui répondit : « Je te montrerai la mienne... si tu me montres la tienne ! Ma maison Art déco, bien sûr ! » Streisand avait développé un intérêt marqué pour la période Art déco et croit que Trudeau a choisi sa maison grâce à elle. Ils discutaient souvent d'architecture lorsqu'ils se rencontraient. Malheureusement, il ne lui fut possible de visiter la maison montréalaise de Trudeau qu'après la mort de ce dernier, lorsque Justin Trudeau lui en fit faire le tour. Entrevue avec Barbra Streisand, juillet 2009. Streisand à Trudeau, n.d., FT, MG 26020, vol. 11, dossier 11-57, BAC. La description d'Alsop est tirée de sa notice nécrologique parue dans le *New York Times*, 20 août 2004. Les Alsop ont fait partie de la haute société de Washington durant de nombreux régimes, y compris celui de John F. Kennedy, qui s'est joint à eux pour le champagne et la soupe tôt le matin après sa cérémonie d'entrée en fonction.

camp même si je dois y laisser ma peau.) » Elle promit de le voir en juillet, auquel moment il aurait à écouter ses arguments contre les missiles de croisière et à y réagir, « si tu veux avoir la moindre crédibilité dans ta position actuelle ». Elle le pressa de parler aux sénateurs américains libéraux qui s'opposent aux essais des missiles de croisière et suggéra de devenir membre du Parti libéral afin de causer assez de « troubles pour assurer que la question des armes nucléaires se retrouve dans la plateforme du parti ». Pour conclure, elle résuma sa confusion :

> C'est étrange. Je n'ai jamais mélangé la politique et l'amour auparavant. Du moins pas avec quelqu'un qui semble appartenir à l'« autre camp ».
>
> Je pense souvent à toi, avec confusion, avec affection, avec de nombreuses questions sur ce que tu peux bien vouloir de moi. Mais je pense souvent à toi, alors j'espère que cela te flatte. (N'est-ce pas l'homme qui est censé dire ce genre de choses ?) Je suis trop gâtée. Je suis trop habituée à être courtisée. Oh ! et puis, merde ! Je t'aime, Margot[47].

Lentement, Pierre commença à changer de camp.

Le sommet du G7 à Williamsburg eut lieu peu après cet échange avec Kidder. Trudeau arriva dans la ville américaine historique tout juste après deux jours de réunions à Ottawa avec Mikhaïl Gorbatchev, l'impressionnant ministre soviétique de l'Agriculture. Dans le climat désagréable de guerre froide de 1983, une rencontre avec Gorbatchev avait un prix politique élevé pour Trudeau et il hésita initialement à le voir juste avant le sommet. Cependant, il faisait confiance à Alexander Yakovlev, l'ambassadeur soviétique au Canada, qui lui dit qu'il devait absolument rencontrer Gorbatchev. « Pourquoi ? » demanda Trudeau. « Gorbatchev est le futur dirigeant de notre pays », répondit Yakovlev[48]. La rencontre eut lieu et, à la surprise de Yakovlev, Trudeau confronta Gorbatchev immédiatement et directement, en lui demandant pourquoi les Soviétiques faisaient monter en flèche les tensions mondiales par la mise en place des SS-20 : « Je vous parle franchement, monsieur Gorbatchev, dit-il sans ménagement, afin que vous sachiez qu'il y a beaucoup de critiques [au Canada] à l'égard des États-Unis. Mais, sur la nécessité de réduire les SS-20, nous sommes d'accord. » Si les deux hommes convenaient que la rhétorique de l'administration Reagan était exagérée et que le monde était de plus en plus dangereux, ils ne s'entendaient pas sur la politique soviétique depuis l'invasion de l'Afghanistan. Malgré leurs différences, Gorbatchev et Trudeau furent énormément impressionnés l'un par l'autre, et leurs discussions encouragèrent Trudeau à parler avec plus de détermination à Williamsburg[49].

Trudeau décida de modérer l'intransigeance dont allaient faire preuve, pensait-il, Thatcher et Reagan. Ce qu'il avait lu sur les opinions récentes de Reagan le dérangeait beaucoup. Dans un discours fait le 8 mars devant des chrétiens évangéliques, Reagan avait intensifié la rhétorique, déclarant que la guerre froide était « une bataille entre le bien et le mal ». Les Américains, déclara-t-il, étaient « enjoints par les Écritures et le Seigneur Jésus de s'y opposer de toutes [leurs] forces ». L'Initiative de défense stratégique ou la « guerre des étoiles » débuta peu après, avec sa promesse de construire un bouclier spatial au-dessus de l'Amérique qui mettrait fin à la « destruction mutuelle assurée » sur laquelle la dissuasion reposait[50]. Les termes et la mesure adoptée étonnèrent et laissèrent Trudeau perplexe, tout comme ses conseillers et Tom Axworthy, son premier secrétaire, dont le frère, Lloyd, tant à l'intérieur qu'à l'extérieur du Conseil des ministres, s'opposait avec colère aux essais des missiles de croisière. Dans l'espoir d'encourager un échange officieux des points de vue, le plan pour Williamsburg était qu'il n'y ait aucun projet de communiqué des bureaucrates, mais plutôt une discussion suivie d'une déclaration. Heureux du caractère informel de la rencontre, Trudeau y arriva préparé à parler, portant un « chic chapeau de paille aux bords tournés, un complet brun bien ajusté et une chemise longue jaune[51] ». Thatcher, très déterminée et habillée de manière beaucoup plus conservatrice, arriva à la rencontre avec un projet engageant les participants à l'installation de missiles de croisière et de missiles Pershing. De son côté, Reagan ne se préoccupa pas de son dossier de synthèse et regarda *The Sound of Music* (*La mélodie du bonheur*) avec sa femme, Nancy, avant le début des réunions le 27 mai[52].

Lorsque Thatcher présenta son projet, et que Trudeau et Mitterrand protestèrent, même Reagan, de nature joviale, se mit en colère. Pendant le débat, Thatcher se moqua d'un ton glacial des craintes de Trudeau concernant les armes nucléaires, et avec le conservateur Helmut Kohl en remplacement de Schmidt, Trudeau n'avait plus que Mitterrand comme allié. Agaçant vivement Thatcher en parlant français entre eux, ils tentèrent de contrecarrer l'acceptation de son projet, mais sans succès. Reagan regarda avec admiration Thatcher tonner et dominer la discussion. « J'ai pensé à un moment donné, écrivit-il dans son journal intime, que Margaret allait ordonner à Pierre d'aller au coin. » Gotlieb sympathisa avec Thatcher dans son journal intime : « Notre premier ministre, comme on pouvait s'y attendre, joue le vilain. » Tout en concédant que Trudeau était « probablement sincère dans son rôle de pacifique », il ne comprenait pas qu'il « ne reconnaisse pas les limites aux intérêts du Canada dans tout cela ». Il y eut beaucoup de colère et des partisans américains de la ligne dure condamnèrent Trudeau devant Gotlieb, mais finalement, Trudeau réussit à assurer l'ajout d'un court paragraphe par lequel les chefs d'État affirmaient entretenir une vision du monde où l'ombre de la guerre disparaissait pour l'humanité tout entière, et qu'ils étaient déterminés à poursuivre dans cette voie. Trudeau apaisa la situation en faisant l'éloge de l'accueil de Reagan, autant en privé qu'en public, mais il railla rudement Gotlieb, qu'il considérait comme trop craintif des conservateurs américains. À leur retour en hélicoptère de Williamsburg, Trudeau lança la pointe suivante : « Je ne serais pas vexé de les avoir vexés [...] mais je reconnais que cela aurait été bien plus difficile pour toi. » C'était, commenta Gotlieb, un « habile maniement du stylet à la manière de Trudeau[53] ».

Trudeau savait qu'il avait perdu. Il quitta Williamsburg plutôt bouleversé et, peu après, l'installation des missiles commença. Comme Margot Kidder lui avait conseillé vivement, il rencontra Helen Caldicott, qui l'impressionna. Tom Axworthy, le principal secrétaire de Trudeau, et Robert Fowler, un diplomate, organisèrent également une rencontre avec Robert McNamara, ancien secrétaire à la défense sous les présidents John Kennedy et Lyndon Johnson, qui était devenu très critique de la politique de l'OTAN et de la course aux armements nucléaires. McNamara dit à Trudeau que la rapidité avec laquelle l'Est et l'Ouest étaient en train de s'armer et les peurs, de se propager, imposait une action immédiate. Les vieux politiciens devenaient simplement des « fantômes », affirma-t-il au premier ministre nostalgique et songeur, et il devait agir pendant qu'il était encore en politique. Axworthy et Fowler l'informèrent que les dangers nucléaires augmentaient chaque mois, et

Trudeau écouta les railleries de Kidder sur son amoureux qui appartenait à l'« autre camp », regarda le film de Caldicott, *If You Love This Planet* (*Si cette planète vous tient à cœur*), s'esquiva des manifestants en colère scandant des slogans devant la colline parlementaire, et pensa à « tous les amiraux, généraux et politiciens à la retraite [...] qui s'étaient décidés à plaider pour la paix mais seulement *après* avoir quitté leurs postes ». Enfin, se dit-il à lui-même à la fin d'août 1983 : « Je n'allais pas les imiter. La paix était l'un de mes soucis avant mon entrée en politique et je n'allais pas attendre la retraite pour prendre la parole et tenter de changer, si peu que ce soit, le cours des choses[54]. » Le temps était venu pour lui d'agir*.

L'initiative de paix de Trudeau découlait de ses ambitions personnelles, et elle était alimentée par ses amitiés et par l'impression que le temps était compté. Mais elle rendait aussi compte de sa conviction que le monde en était arrivé à un carrefour dangereux, où se tromper de voie pouvait mener à une catastrophe nucléaire. Il n'était pas le seul à entretenir cette crainte

---

* Marie Choquet, une amie de Trudeau et une activiste politique, lui écrivit après une soirée passée à la maison de la promenade Sussex, deux jours avant l'annonce concernant les missiles de croisière le 15 juillet 1983. Elle lui dit de « se mettre au travail ». Il avait à présent une « stature internationale » au moment où le « monde entier devient fou furieux, surtout à cause du vide ou, si tu préfères, de l'effondrement de la politique étrangère aux É.-U. » Dans une conclusion où elle ne mâche pas ses mots, elle lui parle de ses fils, puis lui dit :

> Il n'y a plus beaucoup de temps et maintenant, plus que jamais, tu as la possibilité de faire ce à quoi tu excelles : établir une stratégie visionnaire mondiale à long terme.
>
> Libère-toi des chaînes dans lesquelles tu t'es laissé emprisonner en étant trop docile avec ton personnel et ton Conseil des ministres chialeur, et fais ce que tu as la capacité de faire.
>
> Autrement, comme un de tes grands admirateurs m'a dit récemment : « J'ai tellement peur que l'histoire le voie comme l'homme des occasions ratées. »

Choquet à Trudeau, 13 juillet 1982, FT, MG 26020, vol. 3, dossier 3-3, BAC. Une autre compagne proche m'a parlé de l'humeur de Trudeau à cette époque. Ses souvenirs de cette époque faisaient aussi écho au commentaire de Choquet concernant le « Conseil des ministres chialeur ». Entrevue confidentielle.

à l'automne de 1983. Iouri Andropov, le successeur de Brejnev au poste de secrétaire général du Parti communiste, et ses collègues à Moscou interprétèrent les manœuvres de l'OTAN comme les préparatifs possibles à une « première frappe », et l'armée soviétique fut mise sur le qui-vive. Les États-Unis furent mis au courant des craintes des Soviétiques et des mesures prises par eux par Oleg Gordievsky, leur espion principal et, contrairement aux souhaits des purs et durs de son administration, Reagan fut informé des soupçons des Soviétiques et de l'état d'alerte par certains de ses fonctionnaires. Tout comme Trudeau, il devint terrifié par la possibilité d'une guerre nucléaire, mais leurs positions furent très différentes après que des avions de chasse soviétiques eurent abattu un avion des lignes aériennes coréennes avec 269 passagers à son bord, dont dix Canadiens, qui avait dévié en territoire soviétique le 30 août.

L'ambassade canadienne à Washington déclara que les « colombes » du Sénat s'étaient retrouvées avec « l'herbe coupée sous le pied », tandis que la réaction conservatrice était « nettement teintée d'antisoviétisme », frôlant la démagogie. La « minorité » croyait que l'incident confirmait la nécessité « que les deux superpuissances fassent plus d'efforts pour s'entendre sur un contrôle viable des armements », mais la grande majorité était maintenant en faveur de l'accroissement des dépenses en armements afin d'intimider l'Union soviétique belliqueuse. Le Cabinet de Trudeau prêtait une oreille attentive aux rapports de l'ambassade canadienne à Moscou, où le fils de Lester Pearson, Geoffrey, recommandait constamment de ne pas provoquer les Russes. Ce n'était cependant pas le cas du ministère des Affaires extérieures, qui craignait beaucoup d'offenser les Américains. Le ministre, Allan MacEachen, était en faveur d'une réaction vigoureuse, mais il restait bien peu de sanctions à imposer aux Soviétiques, car la plupart des accords culturels et économiques avaient été suspendus après l'invasion de l'Afghanistan. La réponse des Soviétiques, qui nièrent d'abord toute responsabilité puis s'en prirent aux accusateurs, fut méchante, brutale et stupide[55].

Tout en étant partisan d'une voie plus prudente, Trudeau laissa MacEachen imposer des sanctions sur un vol d'Aeroflot à destination de Montréal – une mesure qui fut bien accueillie par les Américains, mais que dénonça âprement l'Union soviétique. En privé, Trudeau exprima des doutes, disant que la réaction véhémente des Américains avait déconcerté le régime soviétique et engendré leur réaction stupide consistant à nier initialement la preuve évidente d'une attaque. En octobre, il exprimait ses opinions publiquement. Il parla de l'incident de l'avion coréen comme d'un « accident » et affirma plus tard au journaliste d'enquête Seymour Hersh qu'il « m'a semblé très tôt évident que les gens de Reagan essayaient de créer une autre pomme de discorde avec les Soviétiques parce qu'ils n'avaient pas d'argument valable ». Les deux camps « tentent d'avoir raison sans s'écouter ». Tom Axworthy se rappelle que « l'ombre de Sarajevo semblait planer sur le monde ». Dans cette atmosphère tendue, Trudeau ordonna à ses collaborateurs de commencer à dresser des plans pour amener les superpuissances à se parler[56].

Les Affaires extérieures maugréèrent, mais Ivan Head, toujours au Centre de recherches pour le développement international, prépara un mémorandum plaidant en faveur d'une initiative complète de la part des deux superpuissances pour éliminer « la peur des systèmes d'attaque anticipée ». La position du Canada ainsi que la réputation de Trudeau et son ancienneté parmi les chefs d'État, déclarait-il, lui imposait le « fardeau inévitable » d'agir. Robert Fowler, l'agent des affaires étrangères détaché au Conseil privé, se demanda si ses collègues diplomates étaient à la hauteur de la tâche, et il prévint Trudeau qu'il y aurait de l'opposition bureaucratique et des embrouilles. Néanmoins, Trudeau persista, discutant des subtilités des stratégies de contrôle des armements et écoutant attentivement un ensemble d'experts avec qui Head, Fowler et Axworthy lui avaient organisé des rencontres. Le 21 septembre, Trudeau écouta leurs idées, leurs doutes et leurs plans en se balançant d'avant en arrière, la tête dans ses mains. À la fin de la journée, il forma un groupe de travail pour transformer les nombreuses idées qu'il avait entendues en des propositions concrètes[57].

À cette réunion, un fonctionnaire des Affaires extérieures prévint que l'initiative pourrait être considérée comme « politique ». Trudeau, agacé, répondit d'un ton brusque que les fonctionnaires devraient laisser la politique aux politiciens. Mais, bien sûr, l'initiative avait bien un objectif politique, comme Trudeau lui-même l'admit ouvertement au groupe de travail le 7 octobre. Depuis le 17 avril 1982, date où Trudeau s'était joint à la reine pour signer la Constitution, le problème du Québec – qui avait propulsé son succès politique – s'était atténué. Lévesque s'était égaré, son parti était divisé, et le séparatisme semblait ne plus avoir d'influence au Québec ni au Canada. L'économie étant dans une situation désastreuse, le seul domaine où Trudeau l'emportait sur Brian Mulroney, le nouveau chef jeune et bilingue des progressistes-conservateurs, était les affaires internationales. Martin Goldfarb, spécialiste des sondages, Tom Axworthy et Keith Davey virent tous dans l'initiative de paix une possibilité de rajeunir le parti en baisse de popularité – et un puissant argument pour que Trudeau reste au pouvoir. Gotlieb, de plus en plus critique de Trudeau, conclut que l'initiative était « le point culminant de beaucoup de planification dans le CPM et le BCP pour ramener Trudeau sur le devant de la scène et combattre sa baisse de popularité dans les sondages ». C'était certainement cela, mais c'était aussi beaucoup plus que cela pour Trudeau. L'initiative rendait compte des voix provocantes et encourageantes de Kidder, de Garnett et de bien d'autres amis personnels, de son désir de marquer la politique internationale avant de quitter ses fonctions et, non le moindre, d'une peur sincère en tant que père, d'une confrontation terrifiante entre l'Est et l'Ouest[58].

De manière significative, Trudeau choisit une université, celle de Guelph, pour lancer son initiative de paix le 27 octobre 1983. Là, se tenant devant une rangée de drapeaux unifoliés, il fit un discours incisif, souvent éloquent, dans lequel il annonça qu'il allait rencontrer les chefs des cinq États possédant des armes nucléaires et d'autres dirigeants étrangers afin d'aller au-delà de l'approche « à deux volets » de l'OTAN. Il proposa d'ajouter un troisième rail « d'énergie politique de haut niveau pour accélérer le cours de l'entente – un troisième rail permettant de faire passer le courant de nos objectifs politiques plus globaux » dans l'intérêt de la paix. Très critique de la rhétorique et du comportement des superpuissances, il déplora l'échec des négociations sur les armes, demanda que les cinq puissances nucléaires négocient des réductions de leurs arsenaux stratégiques, exprima de la nostalgie pour les années de détente, recommanda vivement « l'imposition d'une dynamique politique sur l'immobilisme » des Pourparlers sur les réductions mutuelles et équilibrées des forces à Vienne, et demanda aux superpuissances d'accepter « un sens des responsabilités proportionnel à leur pouvoir ». Il conclut d'une manière significative en disant qu'« on ne peut pas créer un désert et l'appeler paix[59] ».

C'est dans un tonnerre d'applaudissements que la foule, surtout composée d'étudiants et de militants pour la paix, accueillit sa conclusion, même si nombre d'entre eux avaient lu la mise en garde du chroniqueur Michael Valpy publiée ce matin-là dans le *Globe and Mail* voulant que Trudeau « nous avait déjà charmés par son éloquence dans son rôle d'homme d'État du monde, sans être à la hauteur de ses promesses ». Le lendemain matin, Valpy, manifestement touché par la passion évidente de Trudeau, vit des échos ironiques de l'attachement de Pearson à l'internationalisme actif, mais l'attachement de Trudeau à la cause était cette fois entier et impressionnant[60]. Mais pourrait-il se montrer à la hauteur de la situation qu'il a lui-même créée ? Les Américains venaient tout juste d'envahir la Grenade, une petite île des Antilles, sans en informer le Canada. Allaient-ils prêter attention à Trudeau ? Le Canada avait-il de l'importance ?

Judicieusement, Trudeau commença ses voyages en Europe, où, écrivent Granatstein et Bothwell, « les séjours étaient brefs, les conversations un peu tièdes, la couverture par la presse [...] insipide ». Il n'avait pas inclus la Grande-Bretagne dans son itinéraire, parce qu'il avait discuté des questions de guerre et de paix avec Thatcher à la fin de septembre, à Ottawa. Mais Thatcher remarqua que les bureaux des gouvernements à l'étranger appelaient concernant l'intervention de Trudeau, même si la presse européenne ignorait le premier ministre, et elle observa que Mitterrand avait, chose étonnante et décevante, exprimé un intérêt dans des pourparlers par les cinq puissances sur les armes nucléaires. Alors la première ministre britannique, mécontente, invita Trudeau à la rencontrer à Londres où, au déjeuner, elle eut cette réplique mémorable qu'« il ne fallait pas oublier que les choses s'étaient remises à pousser un an après Hiroshima[61] ». Trudeau était scandalisé.

Malgré l'opposition de Thatcher, le voyage européen de Trudeau l'encouragea et il fit des plans pour soulever la question à la Conférence du Commonwealth en Inde, à la fin de novembre. Il mit en colère la première ministre indienne, Indira Gandhi, en demandant une prorogation du Traité de non-prolifération, mais il obtint dans les faits l'appui d'autres chefs de pays membres du Commonwealth, dont beaucoup étaient devenus des amis après tant d'années en fonction. Puis, il reçut d'autres bonnes nouvelles : la Chine, l'une des cinq grandes puissances nucléaires, acceptait sa demande de visite, et il prit l'avion à Goa pour se rendre à Beijing. Il réussit à rencontrer le personnage le plus puissant de la Chine, le président Deng Xiaoping. Ce fut une étrange rencontre où Deng, considéré comme un réformateur héroïque, fuma sans arrêt, cracha dans un crachoir, et refusa d'être interrompu. Il était furieux contre les superpuissances et dit à Trudeau que, même si une guerre nucléaire laissait deux milliards de morts, « la Chine survivrait ». Trudeau coupa court à la réunion et reprit un vol pour le Canada, où il arriva le 5 décembre[62].

Il était découragé par les progrès qu'il avait réalisés, mais Patrick Gossage, rappelé de l'ambassade à Washington pour occuper un poste d'attaché de presse pour l'initiative de paix, rapporta, au début de décembre, que la presse était généralement favorable. Les journalistes plus vieux se rappelaient les jours heureux de Mike Pearson – dont le gouvernement rappela le souvenir en renommant l'Aéroport international de Toronto en son honneur. L'initiative suscita de nouveaux espoirs au sein du caucus libéral, depuis longtemps déprimé par les sondages défavorables. Le député torontois Roy MacLaren, loin d'être un pacifiste, mais plutôt un homme d'affaires entretenant des liens étroits avec l'armée, écrivit le 7 décembre dans son journal intime : « Les relations internationales ont eu la place d'honneur dans le discours du Trône aujourd'hui, et avec raison. L'"initiative de paix" de Trudeau a suscité une réaction remarquable. À une époque où de nombreux Canadiens ont conclu – pour la énième fois – qu'ils ne l'aiment pas, l'appui de son initiative de paix en quatre parties dépasse toute espérance. » Quelques jours plus tard, la réunion ministérielle de l'OTAN donna à Trudeau ses premiers gains tangibles : une entente selon laquelle les ministres assisteraient à une importante réunion sur le désarmement en janvier 1984 à Stockholm et appuieraient, malgré l'opposition britannique et américaine, une déclaration demandant une « détente véritable ». Ce fut à ce moment-là que Reagan remarqua l'initiative et qu'il invita Trudeau à le rencontrer le 15 décembre[63].

Trudeau arriva à Washington juste au moment où Andropov venait de retirer l'Union soviétique des pourparlers sur le désarmement à Genève et de dénoncer la duplicité des Américains. Les services de renseignements américains avaient appris que les Soviétiques considéraient les manœuvres de l'OTAN comme des préparatifs à la guerre, et

Reagan, au désespoir de ses représentants, tenait de plus en plus à être moins dépendant des armes nucléaires. Comme dix millions d'Américains, il avait vu le film tourné pour la télévision *The Day After* (*Le jour d'après*), une puissante représentation de l'Amérique dévastée après une attaque nucléaire, et il était profondément ému. Les purs et durs de son administration étaient en colère contre George Shultz et d'autres parce qu'ils craignaient qu'ils éloignent Reagan de sa position rigide antisoviétique. Une déclaration faite par Reagan devant la Diète du Japon en novembre contre les armes nucléaires et la guerre inquiéta ce groupe formé de Richard Burt, Richard Pipes, Dick Cheney et Lawrence Eagleburger. Ils avaient raison de s'en faire. Ce qu'un journaliste américain avait appelé « la rébellion de Ronald Reagan » contre les conseillers « purs et durs » avait commencé – et allait mener éventuellement à la réunion remarquable de Gorbatchev et de Reagan en Islande, en 1986, où les deux dirigeants convinrent essentiellement qu'il fallait mettre fin à la terreur nucléaire. L'éminent historien marxiste Eric Hobsbawm rend hommage à Gorbatchev pour l'initiative, mais ajoute à juste titre : « Pour autant, il ne faut pas sous-estimer la contribution du président américain, dont l'idéalisme naïf brisa l'écran exceptionnellement dense que formaient autour de lui les idéologues, les fanatiques, les carriéristes, les desperados et les professionnels de la guerre froide. Il se laissa convaincre » par les arguments de Gorbatchev[64].

Trudeau ne savait pas plus que les proches de Reagan quelles étaient les pensées intimes de ce dernier lorsqu'ils s'assirent ensemble pour parler pendant une heure au programme chargé à la Maison-Blanche, ce jour de décembre. Avec le recul, il est clair que Reagan était beaucoup plus réceptif au message de Trudeau que ne s'y étaient attendus les Canadiens ou les conseillers du président. Trudeau avait remarqué le discours de Reagan devant la Diète du Japon, mais avait suivi le conseil de Gotlieb, et fut « modéré » dans son approche avec son hôte. De son côté, Reagan, cordial, parla ouvertement des dangers d'une guerre nucléaire et de la déformation de son message par les médias. Lorsque les deux chefs d'État sortirent sur la pelouse de la Maison-Blanche, ils dirent que leurs discussions avaient été utiles, et Reagan souhaita à Trudeau bonne chance dans sa mission de paix. Les représentants canadiens soupirèrent de soulagement.

Mais même avant que Trudeau n'arrive, des fuites négatives venant de représentants américains étaient apparues dans la presse demandant qu'il se tienne loin des relations soviéto-américaines : les grandes puissances ne travaillaient pas avec des intermédiaires, affirmaient-ils. Trudeau déclara que les sources des fuites étaient des « moins que rien », mais Richard Burt, souvent invité à l'ambassade canadienne et représentant américain influent, confronta Gossage, insulta Trudeau et utilisa des mots indécents pour critiquer l'initiative de paix. Puis, après la presse généralement bonne qui suivit la réunion et le commentaire de Reagan sur l'utilité des discussions, un « haut fonctionnaire [américain] » déclara supposément officieusement, mais à un large auditoire : « Celui qui pense que nous allions être d'accord avec les [propositions de Trudeau] doit avoir fumé quelque chose de pas mal bon. » Les journalistes dévoilèrent bientôt son identité – Lawrence Eagleburger, le représentant du Département d'État responsable du Canada – et la meilleure et la plus ancienne relation de Gotlieb dans l'administration. Eagleburger s'excusa, dit qu'il avait dit cela pour rire, mais affirma d'un ton railleur à Gotlieb que certaines grandes sociétés canadiennes lui avaient offert un poste. Gotlieb écrivit : « Je ne suis pas sûr qu'il plaisantait[65]. »

Trudeau ne rencontra jamais Andropov, qui décéda en janvier 1984, et son initiative de paix faiblit après la réunion avec Reagan. Lorsqu'un reporter lui demanda quel impact le décès d'Andropov aurait sur son initiative, Trudeau continua à marcher en regardant droit devant lui, et dit : « Je ne le verrai pas. » MacEachen et lui se disputèrent à savoir s'il devait se rendre en l'Europe de l'Est et y contester les tactiques de l'OTAN, mais il s'y rendit, en route pour les funérailles d'Andropov, où il rencontra le successeur du président soviétique, Konstantin Tchernenko. Les ministères assistèrent à la réunion sur le désarmement de janvier à Stockholm, et la mort d'Andropov amena une pause dans la rhétorique vibrante de colère. Cependant, l'initiative de paix commençait visiblement à s'essouffler avec des querelles entre les représentants canadiens et un climat international en évolution. En réponse aux critiques de la presse voulant que peu ait été accompli à Washington et qu'il avait été trop modéré avec Reagan, Trudeau fit remarquer que sa « tactique consistait essentiellement à amener publiquement Reagan à clarifier les aspects plus nouveaux et plus positifs de sa déclaration à la Diète, et

– plus important encore – de faire en sorte qu'il s'engage publiquement et personnellement envers la déclaration progressiste faite par l'OTAN à Bruxelles ». Cette déclaration progressiste devait beaucoup aux pressions du Canada. De plus, « si [Reagan] recule devant cette nouvelle orientation, il peut en être tenu responsable[66] ».

Finalement Reagan ne broncha pas, et Margaret Thatcher, après des discussions avec Trudeau concernant sa réunion avec Gorbatchev, décida que le nouveau dirigeant soviétique était un homme « avec qui faire des affaires ». L'influence de Trudeau sur la fin de la guerre froide fut marginale : peut-être une petite poussée invitant Reagan à suivre la direction dans laquelle ses instincts le menaient déjà, peut-être un encouragement à d'autres petits pays à s'élever contre la folie nucléaire, et plus certainement une influence sur Mikhaïl Gorbatchev, dont la visite au Canada eut un grand effet sur la voie de la perestroïka. Cependant, si Trudeau se fit des amis puissants à Moscou, il offensa et vexa d'autres personnes plus près de lui, notamment les Affaires extérieures, les institutions de la défense, les groupes de spécialistes conservateurs et, de manière plus troublante, certains de ses vieux partisans. Ce groupe de gens désillusionnés comptait Allan Gotlieb, qui était de plus en plus d'accord avec les plaintes des Américains contre le premier ministre canadien ; Mitchell Sharp, dont le soutien avait été critique à son accession au poste de premier ministre en 1968 ; et Allan MacEachen, qui avait joué un rôle clé dans son retour en politique en 1979. Et puis, bien sûr, il y avait Margaret Thatcher, qui ne lui pardonna jamais l'initiative de paix. Des années plus tard, MacEachen se rappela comment au dernier sommet du G7 auquel Trudeau participa, qui se tenait en Grande-Bretagne, Thatcher « n'aurait pas pu être plus méprisante avec M. Trudeau ». Il ne fut jamais question qu'il allait bientôt quitter le pouvoir et, « lorsqu'il tentait d'intervenir, elle ne lui laissait jamais la parole ». Geoffrey Howe, secrétaire au Foreign Office de Thatcher à l'époque, lui dit qu'elle refusait tout simplement de mentionner le nom de Trudeau. Sur Thatcher, Trudeau avait au moins laissé son empreinte[67].

En revanche, l'initiative de paix valut à Trudeau une effusion d'accolades personnelles. Margot Kidder oublia la décision de faire l'essai des missiles de croisière dans le nord du pays et célébra le fait que son ami proche n'était plus « dans l'autre camp ». Gale Zoë Garnett, Barbra

Streisand et bien d'autres se joignirent au chœur. Jimmy et Kathleen Sinclair, les parents de Margaret, lui dirent : « Nous sommes tellement fiers de suivre ta croisade pour une approche sensée à la paix et à la clarté entre les nations. » Olof Palme, le premier ministre suédois à qui Trudeau avait dédié son livre de discours sur les questions nucléaires et l'initiative de paix, ne tarissait pas d'éloges sur Trudeau. Tout comme les nombreuses personnes qui avaient parcouru le chemin de la paix avec lui. Patrick Gossage et Robert Fowler demeurèrent loyaux jusqu'à la fin et se mirent en colère contre les collègues qui se moquaient de l'initiative et mettaient en doute la sincérité de Trudeau. Il reçut des milliers de lettres à son bureau. Pascale Hébert, la fille de son ami le plus proche, Jacques, le louangeait parce qu'il avait pris « le plus beau chemin de la terre, le chemin de la paix, c'est très émouvant ». Parfois, poursuivait-elle, lorsqu'elle perdait espoir, « de voir un homme comme toi, un des seuls peut-être qui pourra apaiser et amener ces grandes puissances à se parler, ça me rassure ». Son père écrivit une lettre distincte disant à Trudeau que l'initiative avait un merveilleux effet sur les Canadiens, « particulièrement les jeunes[68] ! ».

Rien n'était plus important pour Trudeau que les jeunes, mais ils n'étaient pas tout. Il n'avait plus le temps : l'initiative de paix tourna court en février 1984 et l'appui dans les sondages, qui avait enregistré une brève remontée, était retombé à la fin de l'automne précédent. Le caucus devint ouvertement rebelle, la presse, extrêmement critique, et les futurs chefs se bousculaient dans les coulisses. À n'en pas douter, Trudeau voulait rester : Tom Axworthy jonglait avec les résultats des sondages pour prouver au premier ministre qu'il restait le leader le plus populaire et que son envergure internationale lui faisait gagner des votes des Canadiens ; ses amies s'inquiétaient qu'il trouve sa vie vide après la politique, qui avait occupé tellement de place ; Trudeau se rappelait les frustrations et les déceptions qu'il avait ressenties lorsqu'il avait perdu le pouvoir brièvement en 1979 ; et il savait qu'il avait encore du travail à faire et des rêves à réaliser. Son énergie physique, sa vivacité intellectuelle et sa capacité de travail demeuraient exceptionnelles. Mais il vient un temps dans la vie politique où les choix diminuent rapidement, et ce fut le cas pour Trudeau en février 1984, le début de sa quatrième année au pouvoir dans ce gouvernement, le quatrième. Il fallait déclencher des élections dans peu de temps et la plupart pensaient qu'un autre leader libéral allait encore triompher. Certainement pas lui.

Quatre ans plus tôt, il avait marché longtemps sous la neige par une nuit d'hiver et décidé le lendemain matin qu'il avait encore bien des « milles à parcourir » avant de se reposer de la politique. À présent, le 28 février, il sortit de chez lui et marcha encore une fois sous la neige, en pensant aux garçons, à la maison à Montréal, et aux batailles avec Reagan et Thatcher, mais sûrement aussi au pouvoir, aux gens et à l'accès qui disparaîtraient lorsque le « fantôme du pouvoir » arriverait enfin. Plus tard, il écrivit que George Santayana avait défini le bonheur comme « savoir prendre la mesure de ses capacités ». Ce soir-là, il fit sa propre évaluation et sut qu'il était finalement temps de partir[69].

CHAPITRE 18

À sa façon

Margaret Thatcher humilia Pierre Trudeau au dernier sommet du G7 auquel il participa à Londres au début de juin 1984, en refusant de lui donner la parole lorsqu'il voulait la prendre, en ne soulignant pas son départ prochain de la politique, et en négligeant de lui souhaiter bonne chance pour l'avenir. Son initiative de paix l'avait rendue furieuse, surtout au début de l'hiver lorsqu'il avait insisté auprès des leaders occidentaux pour qu'ils accélèrent les négociations avec l'Union soviétique, à une époque où, croyait-elle, et peut-être avec raison, leur besoin immédiat était de faire preuve de force. Ronald Reagan écrivit dans son journal intime que Trudeau et le président socialiste français François Mitterrand avaient généralement des « points de vue différents », tout en ajoutant : « nous les avons vaincus ». Et, poursuivit-il : « Il y avait du sang sur le sol – et ce n'était pas le nôtre. » Alors que Trudeau, abattu et isolé, ramassait ses documents à la fin du sommet, Reagan s'assit soudain à côté de lui. Pendant que les autres les regardaient et écoutaient, il exprima amicalement son affection pour « Pierre », comme il l'appelait toujours, lui offrant ses « meilleurs vœux » pour l'avenir. « Reagan n'avait pas à faire cela », déclara Trudeau à Don Jamieson, son ex-ministre qui était à présent haut-commissaire du Canada au Royaume-Uni. « Quels que soient les autres aspects de sa personnalité, c'est un homme bon[1]. » Le dédain qu'éprouvait Thatcher à son égard faisait cependant naître en Trudeau la crainte qu'il ne soit relégué à la poubelle de l'histoire – une inquiétude justifiée.

Après la réunion, en route vers Heathrow en compagnie de Jamieson, l'humeur de Trudeau changea abruptement ; maintenant loin des célébrations du passé et des réflexions sur les troubles actuels sur la scène internationale, il se mit à s'inquiéter de l'avenir du Parti libéral après le congrès à la direction qui allait se tenir à Ottawa le week-end suivant. Quelques mois plus tôt, lui et Jamieson avaient discuté à la résidence du haut-commissaire à Londres des prochaines élections. Jamieson, qui était un analyste politique perspicace, était d'avis que les sondages étaient mauvais et que Trudeau devait se retirer de crainte de subir une défaite désastreuse. Trudeau, allant instinctivement à contre-courant, répondit : « La politique m'amuse toujours. J'aime ce que je fais et ne vois rien d'autre que j'aimerais faire autant. » Alors que la limousine approchait du complexe d'accueil d'Heathrow réservé aux personnages de marque, et que des représentants se rassemblaient pour escorter Trudeau une dernière fois à titre de premier ministre du Canada, Jamieson réalisa que son compagnon n'était vraiment pas « heureux de s'arrêter là ». Il aimait son travail et en tirait beaucoup de fierté, et démissionner représentait inévitablement une perte pour un homme qui avait horreur de perdre. Des années plus tard, son fils Alexandre dira qu'une partie de son père était morte ce soir-là de février à Ottawa. Il avait marché dans la tempête, sans voir aucun signe du destin, rien d'autre que des rafales de neige qui soufflaient. Jamais plus ne se présenteraient aussi pleinement les défis dont il avait tant besoin et l'énergie pour les relever[2].

Peut-être Trudeau était-il resté trop longtemps au pouvoir. Contrairement à King, à Saint-Laurent et à Pearson qui guidèrent le choix de leur successeur, il demeura dans les coulisses pendant que le choix du chef suivant se précisait. Quelques heures après sa démission, il était clair que John Turner était maintenant prêt à quitter Bay Street et qu'il allait presque assurément remporter la course à la direction. Les marchés boursiers de Toronto montèrent en flèche à l'annonce de la nouvelle, à 12 h 30, le 29 février, que Trudeau partait, tandis qu'un groupe du milieu pétrolier réuni à Calgary applaudit à tout rompre. Margaret Thatcher, de manière un peu indirecte, fut respectueuse dans ses remarques, affirmant que « quiconque avait travaillé avec le premier ministre au fil des ans n'avait jamais eu de raison de mettre en doute son engagement envers sa vision personnelle du Canada ou les idéaux auxquels il tenait avec tant de ténacité ». Pendant ce temps, le gouvernement américain diffusa un communiqué réservé dans lequel il souhaitait à

Trudeau bonne chance dans ses « projets futurs ». Mais un assistant du sénateur républicain Jesse Helms, lorsqu'il entendit parler du départ de Trudeau, révéla un mépris plus généralisé lorsqu'il demanda : « De quel pays est-il ? »

Les premiers ministres des provinces eurent aussi des réactions très variées. Peter Lougheed, de l'Alberta, pour qui Trudeau avait fini par éprouver de l'admiration, fut généreux comme à son habitude, en exprimant « sa sincère reconnaissance » pour la « longue carrière de Trudeau dans la fonction publique du pays ». Bill Bennett, le premier ministre créditiste de la Colombie-Britannique, dit simplement qu'il laissait aux « historiens le soin d'évaluer l'intendance de M. Trudeau », tandis que Sterling Lyon, ex-premier ministre conservateur du Manitoba, fit connaître ouvertement son opinion : Trudeau avait été « un vrai désastre ». René Lévesque, qui était toujours premier ministre du Québec, était en grande partie d'accord avec Lyon, mais il tempéra sa critique en ajoutant qu'« à certains égards », il était désolé de le voir partir. La vision de Trudeau d'un Canada bilingue n'était pas réaliste, mais il concéda avec réticence qu'il s'agissait d'un rêve « potentiellement généreux[3] ».

Pendant le long vol de retour de Londres, Trudeau pensa sûrement aux jours à venir où il allait transmettre la direction du parti à Turner et recevoir un hommage au congrès. Deux décennies plus tôt, il n'avait accepté d'embrasser la voie du Parti libéral qu'avec hésitation, mais depuis, il avait remué son cœur et troublé son âme, et sous sa direction le parti avait remporté quatre victoires électorales au cours de près de quinze années de pouvoir. Son esprit curieux, formé, dans les salles de cours de Brébeuf il y avait de cela des décennies, à bien présenter les deux côtés d'un argument, se penchait maintenant sur ce que ce long mandat avait représenté pour lui, pour le Québec et pour le Canada. Le Québec faisait toujours partie du Canada, les droits de ses citoyens enchâssés dans une charte, et il était maintenant possible pour la première fois au pays, aussi bien pour des francophones que des anglophones, de travailler au sein de l'administration fédérale, ou avec lui, en français ou en anglais. Ses années à titre de premier ministre avaient transformé le Canada. Ce qui n'empêchait pas le gouvernement fédéral d'être plus distant des Canadiens qu'il ne l'avait été auparavant. De nouvelles fissures s'étaient ouvertes dans la confédération canadienne, et l'humeur de la nation était revêche – à mille lieues de l'été inoubliable de 1968 où, en tant que nouveau chef des libéraux, il avait fait de son périple électoral historique d'un océan à l'autre un moment remarquable de la Trudeaumanie. Il allait maintenant retourner chez lui à Montréal où il ferait face à beaucoup d'hostilité dans ses anciens lieux de prédilection qu'étaient les salles communes des universités et les soirées d'intellectuels. Nostalgique, il l'était sans nul doute lorsqu'il pensait à ce qu'il avait réalisé – et, peut-être encore davantage, à ce qu'il aurait pu faire.

En se rappelant le passé, il se tourna probablement aussi, comme il l'avait toujours fait, vers ce qui importait au moment présent. Il s'accrocha aux derniers fragments de son initiative de paix et fut encouragé par la déclaration imprévue de Reagan selon laquelle Moscou et Washington devaient commencer à négocier la fin de l'impasse nucléaire. Margot Kidder, l'amie proche qui l'avait critiqué sévèrement pour avoir permis l'essai des missiles de croisière dans le Nord canadien, avait applaudi avec enthousiasme son pèlerinage pour la paix. Un nouveau sentiment d'accomplissement les habita tous deux lorsqu'elle lui rendit visite une dernière fois au 24, promenade Sussex le 4 mai et lui envoya par la suite une carte postale disant : « Et le meilleur ami de la femme, c'est l'homme (ne dis pas aux féministes que j'ai dit ça). » Des milliers de lettres qu'il reçut après le 29 février, beaucoup mentionnaient ses derniers mois de voyages partout dans le monde pour la paix. L'image subsista lorsque les libéraux se réunirent à Ottawa le 15 juin 1984 pour leur congrès à la direction et que, quelques jours plus tôt, les écrivains politiques respectés Sandra et Richard Gwyn publièrent une analyse étonnamment favorable à l'initiative de Trudeau dans *The Politics of Peace* (La politique de la paix). Selon eux, « elle réveilla les Canadiens et marqua la rentrée du Canada dans le monde ». Geoffrey Pearson, qui, comme ses collègues du ministère des Affaires extérieures, avait longtemps été critique de l'approche idiosyncrasique de Trudeau à la diplomatie, écrivit une lettre personnelle au premier ministre sortant faisant l'éloge de l'initiative de paix : elle avait créé un meilleur climat de paix, disait-il, et stimulé « la bonne volonté des Canadiens[4] ».

Juste avant le congrès des libéraux, cependant, les Affaires extérieures publièrent avec mauvaise grâce des comptes rendus critiques dans leur revue, *International Perspectives*, l'un portant sur l'initiative de paix de

Trudeau et l'autre, sur sa politique étrangère en général. Heureusement, seulement une poignée de gens parmi les milliers de libéraux et de centaines de journalistes qui se réunirent au Centre municipal d'Ottawa les avait lus[5]. La course à la direction devint plus intéressante qu'il n'était prévu lorsque John Turner fit une gaffe à la barrière de départ. Même si un groupe s'était formé à Toronto dans le but d'organiser sa campagne en 1983, peu de choses avaient été accomplies, Turner n'ayant pas voulu paraître avide de pouvoir. L'un de ses jeunes et impatients partisans, l'avocat Alf Apps, déclara à la presse avoir appuyé Turner parce qu'il savait qu'il allait « faire le ménage » à Ottawa. Son groupe et lui savaient, déplora-t-il, que Trudeau « allait démissionner et pendant tout janvier et février, nous tentions de commencer à organiser les choses, mais on ne nous a pas donné le feu vert. C'était comme être dans un autocuiseur dont le couvercle s'apprêtait à sauter. » Turner attira rapidement certains des alliés les plus sûrs de Trudeau au Conseil des ministres et, très intelligemment, il nomma le gauchisant Lloyd Axworthy directeur honoraire de sa campagne. Toutefois, son positionnement à Bay Street en faisait un candidat conservateur et, implicitement, l'adversaire de l'héritage de Trudeau.

Le perspicace et populaire Jean Chrétien crut d'abord qu'en raison de l'appui extrêmement fort pour Turner il ne devait pas disputer la course. Cependant, lorsqu'il entendit Turner, dans sa conférence de presse du 16 mars, se distancer de Trudeau, il décida de tenter sa chance, pour émerger rapidement comme le candidat populiste et progressiste qui tenait compte de la tradition de Trudeau. « Turner, affirma-t-il plus tard, voulait donner trois impressions de base. Un, qu'il n'avait rien en commun avec Trudeau. Deux, qu'il allait amener le Parti libéral vers la droite, plus près du monde des affaires. Trois, qu'il allait être indulgent sur la question de la langue afin d'attirer des votes dans l'Ouest. » Plus le congrès approchait, plus jour après jour il gagnait des appuis, même si Turner devint l'objet d'attaques incisives des médias. Pendant tout ce temps, Trudeau resta silencieux et de plus en plus mécontent, se préparant toutefois à voler la vedette[6].

Il était attendu qu'en « faisant le ménage », Turner mettrait à la porte, comme le disait Apps, « la bande à Coutts, Davey, Axworthy et Goldfarb », que nombre de ses partisans blâmaient, non sans justesse, de la nouvelle orientation à gauche du parti au cours des dernières années. Mais pour l'heure, les gens de Trudeau avaient encore la maîtrise du temps présent, sinon de l'avenir. Davey écrivit à l'enfant chéri d'Ottawa, Paul Anka, le 2 avril pour lui dire « qu'il avait toujours pensé que *My Way* était la meilleure chanson de départ de tous les temps. D'ailleurs, poursuivit-il, vos paroles décrivent bien notre premier ministre. » Avec l'aide, dit Davey à Anka, de son « ami-et camarade de classe », le réalisateur Norman Jewison, il avait prévu d'organiser un hommage à Trudeau la première soirée du congrès. Plus tôt, le magnat de la presse I.H. « Izzy » Asper avait convenu avec Davey que *My Way* était la chanson thème idéale, maïs, prévint-il en imaginant la scène : « Il faudra avoir un grand orchestre, parce que ça doit démarrer sur un grand coup et être répété plusieurs fois, parce qu'il y aura une longue ovation et la musique doit durer pendant toute cette partie. » Ce devrait être la « musique de sortie de Trudeau, avec toutes les lumières éteintes et un seul projecteur blanc le suivant tandis qu'il quitte la salle, de préférence accompagné des trois garçons, et salue une fois l'auditoire à la hauteur du rideau ». Il recommanda vivement à Davey « de demander au jeune homme d'Ottawa [Anka] de chanter [...] dans un micro portatif [...] la chanson qu'il a écrite tout en étant éclairé par un projecteur unique et de terminer la chanson en arrivant près du premier ministre à qui il tendrait le manuscrit original dédicacé de la chanson[7] ».

Davey, accro à la musique pop américaine, essaya également de persuader Barbra Streisand d'assister à la soirée, lui proposant un avion privé pour l'emmener et la ramener illico, mais la remise des diplômes de son fils créa un conflit impossible à régler. Elle envoya néanmoins ses meilleurs vœux pour qu'ils soient transmis dans tout le Canada. Anka accepta l'invitation de venir chanter en hommage à Trudeau et demanda à Davey comment il pourrait « personnaliser » la chanson pour l'occasion. Davey insista sur l'initiative de paix, le Programme énergétique national (la « canadianisation de l'industrie pétrolière »), le référendum, les quatre victoires électorales, et le « style et l'intellect remarquables » de Trudeau[8]. Le charisme, lui, fit encore son effet. Lorsque Trudeau arriva pour ramasser sa trousse de documents du congrès le mardi matin à 9 heures, il y eut une « scène de foule impossible à maîtriser » : les médias renversèrent des tables pour s'approcher du premier ministre et des délégués tendirent brusquement leur programme à un Trudeau perplexe qui les dédicaça volontiers[9]. On aurait dit une nouvelle Trudeaumanie, sauf que l'acteur clé allait recevoir sa pension de vieillesse l'année suivante.

Le soleil brillait encore lorsque l'hommage à Trudeau commença en début de soirée, le 14 juin. Entouré de sa famille et de ses amis, Trudeau prit sa place centrale pour le spectacle qui s'intitulait *Pierre Elliott Trudeau: We Were There*. On présenta d'abord un film de vingt minutes, sans commentaire, mais avec beaucoup d'images, y compris des vidéoclips et des photographies, documentant la vie de Trudeau sur un fond sonore d'hymnes de l'époque : *Every Breath You Take* de The Police, *I'll Take You There* des Staple Singers, et bien d'autres. C'était, écrivit le critique culturel Ian Brown, une « vidéo rock politique » que ses créateurs surnommèrent en privé « la Cène de Trudeau ». Les hommages furent chaleureux, généreux, souvent amusants, et pleins d'emphase. Trudeau ne cacha pas ses larmes. Enfin, à 21 h 07, il monta sur la scène, sans notes, dans la salle assombrie où les projecteurs n'éclairaient que lui. Comme toujours, il commença doucement, en parlant de valeurs, de libéralisme, du philosophe John Locke et, inévitablement, de l'historien Lord Acton. Le Canada qu'il avait découvert en 1968 était un pays adolescent, dit-il, qui avait depuis atteint une « certaine maturité ».

Puis, soudain, il devint le flingueur, les doigts passés dans les ganses de son pantalon, le regard de défi, crachant ses mots pour attaquer ceux qui avaient tenté de lui en imposer : « Et j'ai constaté que, pour toutes les réformes, les réformes difficiles que nous avons essayé de mettre en œuvre pendant mes années au pouvoir, lorsque c'était laborieux et que nous avions contre nous les multinationales ou les premiers ministres des provinces ou les superpuissances, j'ai constaté que, si notre cause était juste, tout ce que nous avions à faire pour gagner était de nous adresser par-dessus la tête des premiers ministres, par-dessus la tête des multinationales, par-dessus la tête des superpuissances aux gens de ce pays, aux gens du Canada. » Voilà comment « nous » avions gagné le référendum, rapatrié la Constitution et donné aux Canadiens le « *people's package* » (constitution des citoyens)[10]. Le rideau allait tomber pour Trudeau, mais il déclara : « Nous sommes pleins d'espoirs. Nous avons une grande confiance dans les gens. Nous sommes très courageux. Et nos rêves pour ce beau pays ne s'éteindront jamais. »

Puis, suivant le script de Davey et d'Asper, Anka entonna *His Way*. S'il y avait une chose dont les Canadiens étaient sûrs, c'était que, tout au long de ces quinze années, Trudeau avait fait les choses *his way* – à sa façon. Pendant que la foule l'applaudissait de plus belle, beaucoup pleuraient et d'autres entonnèrent la chanson jusqu'à la fin. À ce moment-là, Justin, Sacha et Michel montèrent sur la scène, portant tous trois une casquette avec l'inscription « Trudeau ». Ils étaient remplis d'amour pour leur père, même s'ils ne comprirent pas ce qu'il voulait dire lorsqu'il déclara : « Je veux que mes enfants voient que le secteur d'activité de leur père avait de l'importance dans le pays[11]. »

Il y eut un tonnerre d'applaudissements lorsque Trudeau raconta comment il avait tenu tête aux Goliaths de Washington. Et pourtant, la culture américaine politique et populaire fut omniprésente – du témoignage de Streisand, au souffle coupé par l'émotion, jusqu'à la chanson d'Anka, d'abord écrite pour Frank Sinatra. Précédé de parodies, par Rich Little, des républicains Richard Nixon et Ronald Reagan, le discours de Trudeau faisait étrangement écho aux adieux de Ted Kennedy au nom de sa famille légendaire après l'abandon de la lutte pour l'investiture démocrate en 1980 – un hommage à la mémoire de Trudeau et à son désir de se lier à la voie progressiste dont il avait souvent dévié, mais à laquelle il retourna résolument au cours de ses derniers mois en fonction. Sur cette voie, s'étaient joints à lui non seulement Margot Kidder, mais aussi la militante pour la paix June Callwood et le héros nationaliste Walter Gordon, le mentor politique de Pearson, qui avait dénoncé Trudeau en 1972 parce qu'il n'avait pas demandé d'explications aux Américains et à leurs collaborateurs canadiens sur presque toutes les questions les préoccupant. La façon de Trudeau était devenue leur façon encore une fois[12].

Mais ce n'était pas la façon de la plupart des Canadiens, qui avaient commencé à suivre les Américains dans leur changement vers la droite*. Le lendemain, Turner, dans son discours au congrès, évita le passé tout en

---

* Il y eut de nombreux hommages à Trudeau. Le *Globe and Mail*, qui l'avait souvent critiqué, fit l'éloge de sa vision du Canada et de la clarté de ses opinions : quels que soient ses défauts, admit le journal, « il avait des convictions ». Il publia également un hommage de Paul Axelrod, historien de l'Université York, qui affirma que les historiens le classeraient parmi les « grands » premiers ministres – en compagnie de Macdonald, Laurier et King. Cependant, le rédacteur en chef Richard Doyle, qui devint par la suite sénateur conservateur, ridiculisa l'hommage en citant le rédacteur en chef de l'*Ottawa Citizen*, qui le surnomma une « pacotille de très médiocre qualité ». Il ajouta : « Il l'a fait à sa façon et, en vérité, c'était le sujet du congrès – n'importe quelle autre façon que la sienne. » *Globe and Mail*, 16 et 18 juin 1984.

pointant vers un avenir avec une politique économique plus responsable, moins de conflits avec les provinces et un compromis avec ceux qui étaient restés à l'extérieur du Parti libéral pendant les années de Trudeau. De Trudeau, il déclara uniquement qu'il était l'un des « Canadiens les plus remarquables de sa génération » – une remarque qui souleva un tonnerre d'applaudissements et l'accord général, même des critiques de Trudeau. Le samedi soir, lorsque Turner remporta la victoire au deuxième tour, la présidente du Parti libéral, Iona Campagnolo, dit qu'il était bon premier dans les suffrages, mais que Chrétien était le premier dans leurs cœurs. Trudeau rejoignit Turner sur la scène, mais ne dit rien.

Une fois les célébrations terminées, Trudeau dit au personnel des Archives nationales à Ottawa qu'il allait commencer à travailler à ses documents lorsqu'il trouverait le temps long. À Londres, il affirma aux journalistes qu'il n'avait pas de projets pour l'avenir, sauf passer du temps avec les « garçons ». Trudeau rencontra Turner après sa victoire pour lui demander de donner des postes à certains de ses collègues favoris et il convint de quitter ses fonctions le 30 juin. Il procéda à plusieurs nominations discrétionnaires avant de partir de la promenade Sussex, au volant de sa Mercedes 300SL. Le 9 juillet, Turner en annonça dix-sept autres lorsque, en réponse à l'insistance des faucons du caucus et aux sondages favorables, il déclencha des élections. Le nouveau premier ministre expliqua que la nomination de ces députés libéraux à l'arrière-ban, au service diplomatique et à d'autres organismes avait été reportée parce qu'il avait besoin de maintenir une majorité à la Chambre des communes. L'excuse n'était cependant pas convaincante. Trudeau demeura en grande partie absent de la campagne réelle, ne faisant campagne que pour quelques vieux alliés, mais les nominations imprudentes devinrent une préoccupation centrale des élections. Au cours du débat politique télévisé le plus décisif du Canada, Brian Mulroney se tourna vers Turner pour s'en prendre à lui au sujet de ces nominations :

« Je n'avais pas le choix », répondit Turner d'un ton de défi.

« Vous aviez le choix, monsieur, répliqua immédiatement Mulroney. Vous auriez pu dire : "Je ne vais pas le faire." »

En route pour la maison après le studio, Mila Mulroney dit à son mari : « La terre a tremblé. »

Les Canadiens, déclara le spécialiste conservateur des sondages Allan Gregg à l'équipe conservatrice, n'aimaient pas les libéraux, mais aimaient leurs politiques libérales. « Ces résultats, écrivirent Clarkson et McCall, encouragèrent Mulroney à travailler fort pour convaincre les Canadiens que son gouvernement ne saperait pas l'héritage de Pierre Trudeau, et pour faire preuve de fermeté sur l'universalité des programmes sociaux, le bilinguisme au Manitoba et la paix dans le monde. » Cependant, en privé, à Washington, Mulroney critiqua Trudeau devant l'ambassadeur canadien Allan Gotlieb, qui en avait lui-même assez de l'ex-premier ministre et accueillit Mulroney à son ambassade à la fin de juin. Mais Mulroney « [évita] tout au long de la campagne d'attaquer Trudeau, mais pas Turner ». Et Trudeau resta silencieux, même s'il suggéra que Mulroney était préférable à Clark du fait qu'il parlait directement aux gens. Le 4 septembre, Mulroney remporta un nombre incroyable de 211 sièges, contre seulement 40 pour les libéraux. Au Québec, où ils en avaient obtenu 74 en 1980 sous Trudeau, ils n'en avaient plus que 17[13].

Trudeau emménagea dans la maison de Montréal, le chef-d'œuvre Art déco qui, comme l'avait mis en garde Margaret, n'était guère approprié avec ses planchers de marbre, ses niveaux multiples et ses meubles Cormier originaux pour élever trois enfants exubérants âgés de moins de quatorze ans. C'en était fini aussi des chauffeurs, des bonnes et des cuisiniers qui avaient facilité la vie à la maison de la promenade Sussex[14]. Mais il se sortit bien d'affaire. Cet été-là, il promit aux garçons qu'ils verraient les endroits qu'il avait visités lorsqu'il était jeune, et ils étaient aux anges de savoir qu'au cours des années à venir ils visiteraient l'Union soviétique (où Alexander Yakovlev, l'ami de la famille, laissait une marque considérable sur le dirigeant soviétique réformiste Mikhaïl Gorbatchev), la Chine (où le régime communiste semblait s'ouvrir et peut-être aller à vau-l'eau), la Grande-Bretagne (où Trudeau avait étudié avec le grand socialiste Harold Laski il y avait si longtemps), et bien sûr Paris (où il leur montra un petit hôtel près de Notre-Dame où il avait vécu et discuté sur Dieu, l'amour et la poésie jusqu'à tard dans la nuit)[15].

Il y eut aussi les honneurs. Juste avant que Trudeau ne prenne sa retraite, la reine remit à l'ancien rebelle contre la Couronne l'Ordre des

Compagnons d'Honneur, qui ne comptait jamais plus de soixante-cinq membres vivants, choisis pour leur service exceptionnel. En novembre, il accepta le prix de la paix de l'Albert Einstein Peace Prize Foundation à Washington. Les invitations inondèrent la boîte aux lettres de Trudeau à la maison de l'avenue des Pins à Montréal, devant laquelle les touristes dans leur autobus restaient bouche bée et qui faisait ralentir les automobilistes en passant. La GRC offrit du personnel de sécurité pour surveiller la maison, et Trudeau, en s'adressant à Robert Simmonds, commissaire de la GRC, prit celui-ci par surprise en lui demandant s'il devrait porter un pistolet. Peu après avoir quitté la politique, il accepta un poste d'avocat principal chez Heenan Blaikie, un petit cabinet d'avocats entreprenant fondé par Don Johnston, qui avait été l'avocat personnel de Trudeau et qui fut par la suite membre du cabinet libéral, Roy Heenan, éminent avocat du travail, et Peter Blaikie, un éminent conservateur. Lorsqu'il parla de ce poste à Jim Coutts, ce dernier lui suggéra de négocier un salaire élevé, ce à quoi Trudeau répondit: « Mais je peux aller au travail à pied. » Et c'est ce qu'il faisait la plupart du temps lorsqu'il était à Montréal, coiffé ou non d'un béret, toujours fringant et remarqué. Les railleries étaient rares, les signes de tête, nombreux. Trudeau était revenu chez lui[16].

Son retour et son silence ne furent pas un exil comme celui de De Gaulle à Colombey-les-Deux-Églises, malgré certaines similitudes, car l'époque ne semblait plus être à la hauteur de ses grandes ambitions. Les libéraux sous Turner étaient en proie au désarroi tandis que les conservateurs sous Mulroney étaient aussi en mauvaise posture. Aucun camp ne critiquait directement son héritage, mais la presse d'affaires blâmait de plus en plus Trudeau pour le déficit public, qui continuait d'augmenter. Les femmes demeurèrent une partie importante de sa vie et il avait grand besoin de leur compagnie, surtout lorsqu'elles étaient jeunes*.

---

* Au début des années 1980, pendant un été, Trudeau s'intéressa particulièrement à une guide parlementaire. Lorsqu'il la rencontra sur la colline du Parlement, il lui demanda si elle était libre ce soir-là. Elle lui répondit qu'elle allait à la fête d'une autre guide dont le nom était Neatby. « Neatby, s'exclama Trudeau, je connais bien Blair et Jacquie Neatby. » C'était vrai – il les avait rencontrés au début des années 1950, à l'époque où ils étaient deux jeunes historiens à Ottawa. Ce soir-là, l'éminent biographe de Mackenzie King, Blair Neatby, fut surpris lorsque des agents de sécurité et une limousine apparurent devant sa maison. Le premier ministre était venu à la fête de sa fille. Conversation avec H.B. Neatby.

Le 1ᵉʳ novembre 1985, il rencontra Brooke Johnson, une aspirante actrice de vingt-trois ans, à une activité de financement de l'École nationale de théâtre et il l'invita, premièrement à danser et ensuite à faire une promenade à la campagne. Johnson rendit compte plus tard de leur amitié platonique mais profonde dans la pièce de théâtre *Trudeau Stories*, qui dévoile gentiment ses pensées, ses forces et ses faiblesses. Il lui confia qu'il ne lisait plus beaucoup, un fait que sa famille confirme. Comme il le faisait toujours avec les femmes, il s'interrogeait sur ses pensées, et sur ce que réservait l'avenir. Par l'entremise de Tom Axworthy et d'Helmut Schmidt, il s'était mis à participer à InterAction, un nouvel organisme formé d'ex-chefs d'État ayant à cœur les politiques internationales progressistes. Dans sa pièce de théâtre, Johnson demande à Trudeau à quoi s'occupe le groupe. Il répond :

« Oh ! nous parlons des problèmes actuels dans le monde, de divers sujets, et nous essayons de trouver des solutions […]. »

« C'est plutôt réconfortant que vous vous réunissiez ainsi, pour parler, je veux dire en dehors de la pression du *brouhaha*… politique… »

« Oui, c'est intéressant. J'espère que nous accomplirons certaines choses. »

Mais il n'en est pas sûr. Tout de même, il ajoute : « C'est toujours agréable de voyager[17]. »

InterAction permit en effet à Trudeau de voyager, ce qu'il aimait. Il dit à Johnson qu'il avait visité tous les pays, sauf l'Albanie. Appartenir à ce groupe lui permettait également de réfléchir aux principaux sujets du jour, avec d'autres chefs d'État retraités et quelques penseurs comme l'éminent théologien catholique peu orthodoxe Hans Küng et son ex-assistant, Tom Axworthy. Il présida seulement deux projets « d'experts de haut niveau », soit beaucoup moins qu'Helmut Schmidt et que l'ex-premier ministre australien Malcolm Fraser, mais les résultats furent intéressants. Le premier groupe examina les « options écologiques et énergétiques » et se réunit à Montréal les 29 et 30 avril 1989. Son rapport s'ouvre par une prescience surprenante : « Le réchauffement climatique est une réalité. Si les tendances actuelles se poursuivent sans être maîtrisées, des changements climatiques rapides et continus – y compris la sécheresse possible au milieu des continents et l'augmentation de la fréquence et de l'intensité des ouragans tropicaux –, accompagnés de hausses du niveau de la mer, se produiront au cours des prochaines décennies. Ces changements, poursuivait le rapport, vont inévitablement mettre en danger le bien-être et, peut-être, la survie de l'humanité. » Son autre rapport, résultant d'une réunion tenue à Londres les 6 et 7 avril 1991, portait sur la « transformation économique » dans les pays de l'ancien Pacte de Varsovie. Même s'il croyait en la nécessité d'introduire la libéralisation du commerce et l'économie de marché en Europe de l'Est, Trudeau hésitait à recommander un changement rapide : « L'échec du modèle socialiste ne devrait pas servir de prétexte pour promouvoir une solution "théologique" de capitalisme pur comme seule option possible », dit-il. Le rapport insistait plutôt sur le fait que le « déroulement dans le temps était essentiel » et que, dans la mise en œuvre de réformes, les pays de l'ancien Pacte de Varsovie devaient « se hâter lentement ».

La préoccupation de Trudeau sur le fait de se hâter trop rapidement, avec ses résultats potentiellement désastreux pour la santé de n'importe quelle société, était évidente au milieu des années 1990, lorsque Castro, voyant son pays perturbé par la fin abrupte du soutien financier de l'Union soviétique, envisagea de diminuer la rigidité de son système d'État socialiste. En raison de ses liens historiques avec Cuba, le Canada s'engagea dans des discussions avec le gouvernement cubain. James Bartleman, alors conseiller en chef en matière de politique étrangère auprès du premier ministre Jean Chrétien, laissa entendre plus tard que Castro abandonna son projet d'alléger les restrictions socialistes après avoir parlé avec Trudeau, qui le mit en garde sur l'effet que cela pourrait produire sur la santé sociale de son pays. Cette conversation de Trudeau avec Castro n'est consignée nulle part, mais le compte rendu qu'en fait Bartleman sonne vrai, vu l'amitié de Trudeau pour Castro et son respect pour les progrès réalisés par Cuba dans les domaines de la santé et de l'éducation. Dans l'Europe de l'Est bien plus fortunée, la fin abrupte du communisme avait causé une perturbation sociale et une forte baisse de l'espérance de vie. Le rapport de Trudeau pour InterAction rend compte de ces mises en garde, tout en étant toujours d'avis qu'un État démocratique, avec une économie de marché et un solide système de soutien social, est la meilleure garantie d'atteindre l'idéal d'Aristote d'une bonne vie[18].

Les conversations de Trudeau avec Castro et avec d'autres chefs d'État de régime autoritaire se distinguent par leur absence de discussion sur les droits humains. En effet, Trudeau semble avoir été intrigué par les chefs d'État forts, voire par les dictateurs, surtout ceux de gauche, quoique Lee Kuan Yew, premier ministre conservateur de Singapour, l'ait tout particulièrement intéressé à ce chapitre. Il serait facile de chercher à expliquer son attirance en évoquant l'éducation jésuitique de Trudeau qui mettait l'accent sur le rôle de l'élite, et son propre intérêt de jeunesse pour les mouvements antidémocratiques, mais les causes réelles étaient probablement plus diverses : un sens de l'histoire venant principalement des lettres classiques, où le leadership joue un rôle dominant dans l'interprétation ; son approche intellectuelle du catholicisme, avec ses traditions de hiérarchie et d'obéissance, et son ambiguïté historique envers l'État-nation moderne ; et, enfin, le sens du voyageur conscient du fait que différents pays établissent différents systèmes, ayant chacun leur propre validité. Lorsque Trudeau emmena ses fils visiter la Chine en 1990, peu après l'attaque des étudiants et des manifestants sur la place Tiananmen, les Chinois leur offrirent une série de banquets. Selon les souvenirs de Sacha : « Lorsqu'on lui demandait de prononcer un discours, mon père faisait immanquablement allusion avec beaucoup de délicatesse aux désolants problèmes auxquels la Chine avait dû faire face récemment. » La Chine, insistait-il, « est une nation très ancienne possédant ses propres réalités ; les gens de l'extérieur ne pouvaient tout simplement pas savoir ce qui lui convenait ni de quelle façon il lui fallait suivre les voies qu'elle s'était tracé ». Le moindre faux pas sur un territoire aussi immense, expliqua plus tard Trudeau aux garçons, « peut entraîner des morts innombrables et des souffrances considérables ». Il était donc préférable de se hâter lentement vers le printemps, quand des milliers de fleurs – la liberté et la démocratie – fleuriraient[19].

⌐

Le monde à l'époque était beaucoup plus intéressant que le Canada ; tandis que la Chine et la Russie mettaient en place des réformes, Reagan et Gorbatchev se rencontrèrent pour discuter de désarmement nucléaire, et la guerre froide commença sa dernière détente. Toutefois, le monde occidental était devenu plus conservateur, avec Reagan et Thatcher dominant leur groupe tel un puissant colosse et Mulroney, marchant dans leur sillage. Avec les libéraux et la gauche battant en retraite, il n'y aurait plus de nominations internationales importantes pour Trudeau, comme beaucoup s'en étaient doutés lorsqu'il avait entrepris l'initiative de paix pendant ses derniers mois au pouvoir. Au Québec, Robert Bourassa était revenu sur la scène politique en remportant la victoire le 2 décembre 1985. Le triomphe des libéraux semblait confirmer la déclaration de Trudeau voulant que le séparatisme soit mort, mais le battant vieillissant n'avait pas confiance en Bourassa. Les gens qui connaissaient le mieux Trudeau confirment tous que Bourassa figurait haut dans la liste des personnes qu'il n'aimait pas. Pendant ce temps, à Ottawa, le nouveau premier ministre conservateur garda une distance respectueuse au cours de sa première année au pouvoir – même si l'animosité que Mulroney ressentit plus tard envers Trudeau est abondamment présente dans ses mémoires. Il appela Trudeau aux occasions appropriées, comme lorsqu'il reçut l'Ordre des Compagnons d'Honneur, et il le nomma représentant du Canada en mars 1986 pour assister aux funérailles de l'ami assassiné de Trudeau, Olof Palme, le premier ministre socialiste suédois. Toutefois, Bourassa et Mulroney étaient amis sur le plan personnel, amitié à laquelle avait grandement contribué le soutien discret des libéraux provinciaux de Bourassa aux Bleus de Mulroney au cours de sa première campagne. Ils étaient prêts à conclure un marché.

Le marché fut conclu le 30 avril 1987, au lac Meech, situé dans les collines de la Gatineau au nord d'Ottawa, où, après une longue journée de négociations, Mulroney et les premiers ministres des provinces annoncèrent qu'ils s'étaient entendus sur cinq éléments clés : le rôle des provinces dans les nominations au Sénat et à la Cour suprême ; l'enchâssement dans la Constitution de l'entente Cullen-Couture, qui donna essentiellement au Québec le contrôle du choix des immigrants pouvant s'établir dans la province ; les limites au pouvoir fédéral de dépenser dans les domaines de compétence provinciale, avec une disposition visant tant le désengagement que la rémunération ; une formule d'amendement accordant un veto au Québec ; et la reconnaissance du Québec en tant que société distincte, ainsi que la reconnaissance constitutionnelle des minorités francophones et anglophones dans tout le pays.

Trudeau savait que les négociations constitutionnelles étaient en cours et Bourassa lui avait même parlé de ses cinq « conditions ». Même si Mulroney avait mentionné publiquement la nécessité pour le Québec de trouver une place honorable dans la Confédération, lorsqu'il rencontra Trudeau à la fin de l'été de 1984, il avait convenu qu'au besoin l'ex-premier ministre pourrait le conseiller sur les questions constitutionnelles*. Comme presque tous les Canadiens, y compris les participants, Trudeau ne s'attendait pas à ce qu'une entente soit conclue à la retraite au lac Meech[20].

Sachant que l'approbation de Trudeau allait importer, tant le gouvernement fédéral que le gouvernement québécois envoyèrent des représentants pour mesurer sa réaction. Consciencieusement, ils firent remarquer que, dans le passé, il avait appuyé de nombreux éléments de l'accord, soit à Victoria en 1971 ou dans ses propositions constitutionnelles, plus tard au cours de la décennie. Cependant, ils ne réussirent pas à faire vaciller ses doutes concernant la société distincte, le pouvoir de dépenser et le rôle des provinces dans les nominations à la Cour suprême et au Sénat. Il lui fallait s'adresser aux Canadiens, dit-il à Gérard Pelletier, et son vieil ami le mit en contact avec le rédacteur en chef de *La Presse*. Le 27 mai, Trudeau y dénonça l'accord avec colère. Il traita Mulroney de « pleutre », ne méritant pas de succéder aux premiers ministres canadiens précédents. Deux jours plus tard, il fut invité à l'émission de télévision de la CBC, *The Journal*, où Barbara Frum, critique, insista constamment sur le fait qu'aucun des premiers ministres et des trois grands partis politiques ne partageait son avis. Trudeau ne fut pas intimidé. Vêtu d'un complet gris avec une rose déployée à la boutonnière, Trudeau, avachi, fit tout d'abord ses soixante-six ans. Il s'anima cependant davantage lorsqu'il expliqua que, s'il avait été « remarquablement silencieux » depuis son départ de la politique, la proposition du lac Meech mettait toutefois en jeu l'avenir du pays et il n'allait plus garder le

---

* Mulroney demanda en effet conseil à Trudeau sur les « politiques étrangères », et Trudeau accepta. Il lui dit qu'il lui faudrait « entretenir avec les Américains des relations amicales », mais « à l'égard du gouvernement américain, ne vous montrez pas obséquieux ». Mulroney irrita ensuite Trudeau en tenant une conférence de presse immédiatement après la réunion « pour se vanter du fait que Trudeau acceptait de le conseiller en matière internationale ». Les libéraux, bien sûr, ne trouvèrent pas cela drôle. Trudeau, *Mémoires politiques* (Montréal : Éditions de l'Homme, 1993), p. 326.

silence. L'intensité de sa passion et la simplicité de son argument – il ne pouvait y avoir « deux Canada » dans la Constitution – animèrent et menèrent de plus en plus le débat houleux qui consuma la vie politique canadienne pendant les trois années suivantes.

Une fois que le Québec eut officiellement ratifié l'accord le 23 juin, les autres provinces devaient en faire autant dans un délai strict de trois ans. La critique de Trudeau devint un catalyseur qui en incita d'autres à s'élever contre Meech : on n'avait pas tenu compte des groupes autochtones dans les dispositions de l'entente ; on n'avait pas invité les femmes à participer aux discussions ; et bien d'autres encore s'inquiétaient de l'affaiblissement du gouvernement fédéral. L'historien Michael Bliss a décrit les problèmes que causèrent la longue période de ratification et les positions contradictoires des défenseurs de l'accord : « [Meech] était fondamentalement un ensemble de propositions contradictoires, et lorsque les gens se mirent à en parler, les contradictions devinrent très évidentes. Bourassa et les Québécois disaient qu'il s'agissait du gain le plus important depuis l'Acte de Québec, et les gens comme [le premier ministre ontarien] David Peterson et les autres premiers ministres provinciaux disaient : "Oh ! C'est symbolique, c'est tout ; ça ne signifie rien du tout." » Trudeau rejeta les arguments de Peterson de façon directe et notable lorsqu'il témoigna le 30 mars 1988 devant le Sénat en comité plénier, qui examinait l'Accord du lac Meech.

Au cours des six heures que dura son témoignage remarquable, Trudeau commença par expliquer avec éloquence pourquoi le Grec Thucydide s'était révélé être un aussi grand historien : il voulait écrire, dit Trudeau, sachant qu'Athènes, comme toutes choses humaines, ne durerait pas toujours. Le temps viendrait aussi où le Canada n'existerait plus, et lorsque son temps serait venu de disparaître, « laissez-le partir sur un Boum, pas un murmure* ». Tout aussi fougueux qu'il l'avait été dans son entretien avec Barbara Frum, Trudeau priait maintenant le Sénat, en tant que chambre de second examen modéré et réfléchi, de rejeter l'accord. Il

---

* NDT : Trudeau évoque les derniers vers du poème *The Hollow Men* (Les hommes creux) de T.S. Eliot : *This is the way the world ends / Not with a bang but a whimper* [C'est ainsi que finit le monde / Pas sur un Boum, sur un murmure]. Source : T.S. Eliot, *La terre vaine et autres poèmes* [1922 ; 1976 pour la traduction française] (Paris : Éditions du Seuil, 2006). Traduction de Pierre Leyris.

refusa de parler du fait que le chef libéral John Turner appuyait l'accord ; ce sont les gouvernements qui prennent les décisions, répliqua-t-il, pas les chefs de l'opposition. Aux affirmations voulant que l'accord corrigeât simplement ce qui avait été exclu de l'entente constitutionnelle de 1982, Trudeau répondit : « Ce n'était pas la peine de gagner un référendum si nous donnons à ceux qui l'ont perdu tout ce que nous avons obtenu en le gagnant. » Lorsque le journaliste Michel Vastel commença à crier de la galerie : « En français ! », Trudeau le prit à partie, au moment où ce dernier était expulsé, en disant d'un ton sombre : « La dernière fois, pour autant que je sache, j'ai parlé français et les médias francophones ont été peu nombreux à rapporter mes paroles. » À plusieurs reprises, des sénateurs sympathiques se mirent à applaudir, sans que jamais ne fléchissent ni l'énergie ni la passion de Trudeau[21].

En l'espace de trois ans, les ficelles qui tenaient Meech ensemble se dénouèrent, d'abord en octobre 1987 au Nouveau-Brunswick, où Frank McKenna, le premier ministre libéral nouvellement élu, dit qu'il ne ratifierait pas Meech sans modification ; puis au Manitoba, où un gouvernement minoritaire se fiait à la chef libérale Sharon Carstairs, qui s'opposait énergiquement à Meech ; et, de manière fatidique, à Terre-Neuve en avril 1989, où le chef libéral Clyde Wells promit pendant sa campagne électorale victorieuse qu'il allait rouvrir Meech. Brian Mulroney écrivit dans ses mémoires que Wells demanda conseil à Trudeau « qu'il admirait grandement et qu'il vénérait pour ses idées rigides et presque messianiques. Trudeau avait maintenant réussi à faire entrer le renard dans le poulailler[22]. »

L'opposition à l'Accord du lac Meech au Canada anglais s'était intensifiée en décembre 1988, lorsque le gouvernement de Bourassa avait déposé le projet de loi 178, lequel se servait de la clause de dérogation pour annuler une décision de la Cour suprême s'opposant à l'affichage unilingue français dans les commerces et dans la publicité. La défaite de Turner aux élections fédérales cette année-là et la campagne à la direction du Parti libéral qui s'ensuivit firent également de l'Accord du lac Meech un problème pour ce parti. Chrétien, qui avait quitté la politique fédérale en 1985, émergea comme le favori et l'héritier de la tradition de Trudeau, même s'il restait ambigu dans son opposition à l'Accord du lac Meech. Son principal adversaire, l'homme d'affaires montréalais Paul Martin, appuyait ouvertement Meech et s'arrangea pour déjeuner avec Trudeau au Club Mont-Royal, un club privé. Comme ils s'asseyaient dans la salle à manger, reconnus par tous ceux présents, Martin demanda à Trudeau pourquoi il était contre Meech. « Est-ce que vous l'appuyez ? » demanda Trudeau, avant que leurs repas ne soient servis. Martin venait à peine de commencer à répondre que Trudeau jeta sa serviette sur la table et sortit. Meech passait avant les bonnes manières au printemps de 1990.

À un autre déjeuner à Ottawa, Trudeau accepta de parler de Meech devant un groupe d'élite au Rideau Club. Trudeau avait été invité par Gordon Robertson, éminent ancien fonctionnaire, qui disait souvent en blaguant qu'il avait été le premier et le dernier patron de Pierre Trudeau, qu'il avait supervisé au Conseil privé au début des années 1950. Trudeau commença, comme il l'avait fait dans une présentation précédente au Sénat, en disant que l'on était en présence de deux visions claires du Canada : l'une envisageant une fédération décentralisée et déséquilibrée, et l'autre, mettant l'accent sur l'égalité des citoyens et des membres. Jack Pickersgill – qui avait été l'assistant principal de Mackenzie King et de Saint-Laurent, ministre sous Saint-Laurent et Pearson, et le meilleur performeur parlementaire de son temps, à l'exception de John Diefenbaker – était assis, redoutable et profondément hostile, à la droite immédiate de Trudeau. Le débat fut acéré et franc, et l'amitié et l'association de longue date qui avaient lié Trudeau et Robertson prirent fin ce jour-là. Trudeau était peut-être en train de s'imposer, mais il était aussi en train de se faire de nouveaux ennemis[23].

Le congrès à la direction du Parti libéral coïncida avec le jour fatidique de l'Accord du lac Meech, le 23 juin 1990. Juste au moment où Chrétien devint le chef du parti au premier tour, Meech tomba lorsqu'un membre autochtone de la législature manitobaine, Elijah Harper, refusa de participer au consentement unanime nécessaire pour que l'Accord du lac Meech passe. Entre-temps, à Terre-Neuve, Clyde Wells ne respecta pas l'échéance pour la signature de l'Accord. Meech était mort, et aux yeux de beaucoup, Trudeau avait été son assassin.

Brian Mulroney n'était cependant pas prêt à abandonner ses ambitions de réussir au Québec là où Trudeau, à son avis, avait échoué. Il retourna à la table de négociations, tint compte de l'opposition à l'Accord du lac Meech, et fit remarquer ce qu'il considérait être les conséquences de son échec : l'émergence d'un nouveau Parti réformiste dans l'Ouest canadien, qui permettait à ce dernier d'exprimer ses plaintes, et encore plus troublant, la création du Bloc québécois avec à sa tête l'ancien lieutenant québécois de Mulroney, Lucien Bouchard. Soutenant qu'il s'agissait de la dernière chance de garder le Canada uni, Joe Clark, le nouvel homme de pointe de Mulroney dans le dossier constitutionnel, se servit de ses excellents talents de négociateur pour réunir Wells, McKenna et d'autres leaders, y compris des chefs autochtones et les chefs de divers groupes d'intérêt importants. Un autre accord fut conclu, semblable à celui de Meech, mais sans une « clause Canada », qui visait à diluer les critiques d'une « société distincte » pour le Québec. À la fin du mois d'août de 1992, cet Accord de Charlottetown fut approuvé par les premiers ministres des provinces, les chefs autochtones, les chefs des territoires, le NPD et les libéraux par l'entremise de leur nouveau chef, Jean Chrétien. Contrairement à l'Accord du lac Meech, cependant, l'Accord de Charlottetown ne serait pas décidé par les divers chefs uniquement ; il ferait plutôt l'objet d'un référendum par lequel la population exprimerait son appui tant au Canada anglais qu'au Québec. La date fut fixée au 26 octobre 1992 – moins de deux mois après sa ratification.

Trudeau méprisait aussi bien l'accord que l'interprétation historique qu'il représentait. Le 21 mars 1991, à la salle des facultés de l'Université de Toronto, assis devant le juge en chef Brian Dickson, Trudeau critiqua les juges de la Cour suprême, y compris Dickson lui-même, qui avaient représenté la majorité dans la décision de 1981 sur le rapatriement de la Constitution. Par cette décision, ils avaient encouragé le compromis politique plutôt que la voie juridique, soutint-il, et le gouvernement fédéral avait été affaibli vis-à-vis des provinces lorsqu'il était allé de l'avant avec le rapatriement. L'avenir était incertain, mais, déclama-t-il, « il n'est pas trop tôt pour observer qu'avec le passage du temps, les souvenirs s'estompant et le complexe de culpabilité augmentant à Queen's Park, en plus de beaucoup de falsification de l'histoire à Ottawa, l'allégation subséquente – inventée par de nombreux leaders d'opinion québécois – voulant que leur province ait été humiliée en 1982 prit graduellement l'apparence d'un fait historique. Le terrain fut ainsi préparé pour la renonciation sans précédent par le gouvernement fédéral de ses pouvoirs souverains, entreprise pour apaiser les politiciens qui avaient simplement joué à "qui perd gagne" et ne demandaient modestement qu'à avoir le beurre et l'argent du beurre. » Cette accusation rendit Dickson furieux et il confronta Trudeau personnellement en lui disant qu'il rejetait tout ce qu'il avait dit. Trudeau répondit avec esprit, « Ah bon !, je vous ai bien nommé juge en chef ! » Dickson ne fut pas apaisé et déclara plus tard que « Trudeau aurait mieux fait de garder le vœu de silence qu'il s'était imposé[24] ».

Trudeau rompit fréquemment son vœu pour contester l'Accord de Charlottetown, d'abord dans un article pour le *Maclean's* et *L'Actualité*, le 28 septembre, puis dans une présentation qu'il fit au restaurant montréalais La Maison du Egg Roll, qui fut publiée et distribuée à grande échelle sous le titre « Ce gâchis mérite un gros non ! » (*A Mess That Deserves a Big No !*). Son effet fut immédiat et important : les sondages commencèrent soudainement à changer, passant de l'approbation à la désapprobation, tandis que Mulroney, dont la popularité traînait à présent sous les 20 p. cent, devint un problème. L'Accord de Charlottetown fut rejeté dans le référendum à l'échelle nationale à 54,3 contre 45,7 p. cent. On reconnut bientôt que Trudeau avait eu un grand effet sur les résultats, les commentateurs soulignant que, dans les quarante-huit heures suivant sa déclaration à La Maison du Egg Roll, la tendance dans les sondages s'était renversée, le pourcentage des partisans de l'Accord passant de 43 à 29, et celui des opposants passant de 46 à 34. Après la défaite, Bernard Ostry, un ancien fonctionnaire nommé par Trudeau, appela Mulroney et fut, selon les termes du premier ministre, assez profanateur : « Bernie ne se prive pas d'utiliser quelques jurons à l'occasion ». Il eut « quelques expressions choisies pour Trudeau et ses acolytes Keith Davey, Jim Coutts et Jerry Grafstein qui, entre autres choses, "passent tout leur foutu temps à baiser Jean Chrétien ou le Canada" : ils veulent être certains que personne ne réussira là ou leur gars a échoué ». Le nouveau premier ministre néo-démocrate de l'Ontario, Bob Rae, était furieux et tint Trudeau responsable d'avoir rendu « respectable le sentiment anti-francophone ». Jamais il ne lui pardonnerait d'être devenu une source pour les Ontariens en colère qui se servent « des paroles de Trudeau pour justifier leurs sentiments anti-francophones[25] ».

Trudeau ignora ces critiques. La responsabilité incombait à ces « politiciens sans scrupule » qui, comme Mulroney, cédaient au chantage :

« Les Canadiens français ne pourront se débarrasser de ce genre de politicien que si le chantage cesse d'être rentable, c'est-à-dire que le Canada refuse de chanter. L'histoire objective démontre que c'est précisément cette attitude qui a poussé le séparatisme au bord de la tombe entre 1980 et 1984. » Mulroney, Bourassa et, plus tard, Peterson et d'autres, déclarat-il, avaient ressuscité le séparatisme et, par le fait même, menacé de détruire le Canada. Il est juste de demander : l'opposition farouche de Trudeau aux accords du lac Meech et de Charlottetown traduisaitelle un ressentiment personnel d'avoir été exclu par ses successeurs, une opposition à tout changement constitutionnel fondée sur des principes, ou un désir de retourner sur les champs de bataille où il avait connu la gloire dans le passé ? Chacun de ces éléments joua probablement un rôle, quoique ses collègues les plus proches et les membres de sa famille témoignent tous de la passion ardente que ces deux accords suscitaient chez lui. Gérard Pelletier avoua à d'autres qu'il était surpris de la férocité de Trudeau. Pour Trudeau, cependant, l'intensité était essentielle s'il allait se prononcer contre un consensus abrutissant – comme cela avait été le cas des années auparavant contre Maurice Duplessis dans un Québec catholique. À présent, à l'amorce d'une quatrième décennie, Trudeau touchait profondément le Canada et les Canadiens. L'Accord de Charlottetown était sa dernière performance publique ; elle provoqua, mit en colère, inspira et finalement en convainquit un grand nombre. Cependant, certains vieux amis, y compris Gordon Robertson, Bob Rae et André Burelle, son ancien rédacteur de discours, quittèrent son cercle avec d'amers sentiments[26].

～

« Il nous hante toujours », la première phrase mémorable de la biographie de Trudeau que publièrent Clarkson et McCall en 1990, était très juste, car, au cours des quatre années suivantes, les mémoires politiques de Trudeau et la minisérie les accompagnant furent extrêmement populaires. Même un recueil d'essais denses sur la « société juste », dont Trudeau n'était que corédacteur, resta au sommet des succès de librairie pendant des semaines. Son éditeur et collègue Ivan Head le persuada d'écrire une histoire de son travail international intitulée *The Canadian Way*, qui était en partie une réponse au livre *Pirouette* de Granatstein et

Bothwell, lequel analysait la politique étrangère sous Trudeau, et en partie une critique prolongée du ministère des Affaires extérieures, qui, selon Trudeau et Head, avait trop souvent sapé leurs initiatives.

Les *Mémoires politiques* furent décevantes. Elles montraient des signes de précipitation et, plus surprenant encore, faisaient preuve d'étonnamment peu de réflexion sur sa vie et ses réalisations. L'ancien attaché de presse de Trudeau, Dick O'Hagan, avait souvent incité ce dernier à écrire ses mémoires, et il croit maintenant que Trudeau n'était pas prêt à confronter son propre passé, le nationalisme et le flirt avec le séparatisme de sa jeunesse, ses peurs intimes et ses opinions contradictoires. Beaucoup soutiennent que les droits reçus sur le livre et la série télévisée incitèrent Trudeau à écrire et à paraître à l'écran, mais qu'en raison des échéances à respecter il en résulta un produit sans profondeur où le style l'emporta sur la substance. Ayant personnellement étudié de près les premiers textes de Trudeau, j'ajouterais qu'il a toujours eu de la difficulté à écrire dans une prose soutenue. Il méditait longuement chaque mot, changeait constamment les virgules de place et révisait sans fin. Quelles que soient leurs lacunes, ses mémoires politiques et ses apparitions ultérieures montrent clairement qu'il était extrêmement fier de ses réalisations : ses polémiques contre Meech, Mulroney, Charlottetown, Bourassa et Bouchard révèlent toutes son sentiment profond d'avoir créé un héritage. Lorsque Jack Granatstein réussit enfin à obtenir une entrevue avec Trudeau – en échange d'un déjeuner au célèbre Ritz-Carlton de Montréal –, ce dernier l'attaqua à la fin du dessert. « Pourquoi avez-vous dit que j'ai corrompu la bureaucratie avec des nominations partisanes ? » demanda-t-il. Déconcerté, son hôte allégua son ignorance, mais Trudeau fit immédiatement allusion à la page 278 du livre *The Ottawa Men*, où Granatstein avait remis en question la récente « politisation » de la fonction publique. Trudeau avait fait le vœu de vivre au présent, de penser à l'avenir et de se défaire des toiles d'araignée de l'histoire ; mais dans les années 1990, il semble bien que son héritage était très important pour lui[27].

Le passé importa encore plus lorsque de vieux amis disparurent. François Hertel (pseudonyme de Rodolphe Dubé), qui avait été il y a longtemps son mentor nationaliste et son principal confident, mourut en 1985. Trois ans plus tard, ce fut le tour de Jean Marchand, dont la relation avec

Trudeau avait survécu à bien des coups dans les années 1970. En 1990, Trudeau dédia *La recherche d'une société juste* à Marchand : « Il est mort avant de pouvoir collaborer à la rédaction du présent volume ; mais toute l'histoire qui y est racontée ne serait pas arrivée n'eût été l'espèce de génie pour l'action que possédait JEAN MARCHAND. » Trudeau lui-même semblait s'accrocher aux jeunes, et il se rapprocha encore plus du sénateur Jacques Hébert, qui attira l'attention nationale (et une visite de Trudeau) en 1986 lorsqu'il jeûna dans l'antichambre du Sénat pour forcer le gouvernement de Mulroney à rétablir le financement de Katimavik, un programme pour les jeunes qu'il avait fondé avec l'encouragement de Trudeau. Pierre se concentra aussi encore plus intensément sur ses fils. L'écrivain Bruce Powe, qui déjeuna souvent avec lui pendant sa retraite et écrivit un livre sérieux sur ces rencontres, a noté que Trudeau se rappelait l'époque où les garçons avaient « environ dix, onze et treize ans » et qu'il leur faisait la lecture – Rousseau, de la poésie, Stendhal, Tolstoï et bien d'autres. Cette période fut « l'une des plus heureuses de ma vie », dit-il en y réfléchissant. Mais les garçons deviennent des adultes, tandis que les brefs moments du temps passé avec eux se transforment en souvenir, et que demeure, souvent, une tristesse. Peut-être était-ce là l'une des raisons des épisodes de colère de Trudeau à cette époque[28].

Un jour, au début des années 1990, les garçons reçurent un appel les convoquant à une réunion familiale urgente. Trudeau avait une nouvelle à leur annoncer : il était de nouveau père. Il avait travaillé en étroite collaboration avec Deborah Coyne, une avocate spécialiste du droit constitutionnel, qui était devenue conseillère dans le cadre de l'Accord du lac Meech auprès du premier ministre Clyde Wells. Trudeau et elle eurent une fille ensemble, Sarah Elisabeth Coyne, dont la naissance fut déclarée le 5 mai 1991, à St. John's, avec Trudeau inscrit comme père. Bientôt, la nouvelle se répandit, premièrement dans le magazine à scandale *Frank*, puis dans la presse nationale le 6 septembre. Tant Coyne que Trudeau refusèrent de faire des commentaires. L'âge de Trudeau, soixante et onze ans, attira particulièrement l'attention dans les caricatures et les reportages des médias, et était un fardeau dans ses rencontres avec ses fils. Alors, une fois encore, il enjamba les générations les séparant et, ce soir-là, il leur lut le magnifique poème *Ulysse* de Lord Alfred Tennyson, dont le héros, qui effectue son dernier voyage, aspire toujours à vivre de nouvelles expériences alors qu'il doit se battre contre le temps qui reste, de plus en plus limité :

La vieillesse a encore son honneur et son labeur ;

La mort est la fin de tout ; mais quelque chose auparavant,

Quelque œuvre de renom peut encore être accompli

[…] Allons, amis,

Il n'est pas trop tard pour chercher un monde plus nouveau.

Mettez à la mer et, assis en bon ordre, frappez

Les sillons sonores ; car j'ai toujours le propos

De voguer au-delà du couchant, où baignent

Toutes les étoiles de l'occident, jusqu'à ce que je meure.

[…]

Quoique beaucoup nous ait été retiré, beaucoup nous reste ; et quoique

Nous ne soyons plus cette force qui jadis

Remuait la terre et les cieux, nous sommes ce que nous sommes :

Des cœurs héroïques et d'une même trempe,

Affaiblis par le temps et le sort, mais forts par la volonté

De lutter, de chercher, de trouver et de ne pas plier*.

Luttant, cherchant, et trouvant encore, Trudeau commença sa dernière décennie d'existence avec une nouvelle vie à partager[29].

Justin étudiait à présent à l'Université McGill, juste au bas de la rue de la maison de Trudeau. Sacha terminait ses études à Brébeuf, où il débattait énergiquement avec ses condisciples du Québec et du Canada et, le soir, avec son père, de démocratie et d'anarchisme – qui l'attirait de plus en plus. Trudeau, toujours celui qui interroge, répondit par une défense énergique de la démocratie et du libre marché et, de manière plus efficace, encouragea Sacha à lire Dostoïevski, qui le renseigna sur la morosité morale de l'anarchisme. Et Michel, qui semblait être un mélange de ses deux frères, étudiait aussi à Brébeuf, et endurait l'adversité des séparatistes pendant que son père se battait encore une fois dans les tranchées les plus sales.

---

* NDT : Source : Alfred Tennyson, *In Memoriam* ; *Enoch Arden* ; *Le ruisseau* ; *Ulysse* ; *Les mangeurs de lotus* (traduit et préfacé par Madeleine L. Cazamian) (Paris : Aubier-Montaigne, 1938), 316 p.

En 1993, lorsque les libéraux reprirent le pouvoir, Trudeau fit l'éloge sans réserve de Jean Chrétien dans ses mémoires politiques, ce qui n'avait pas toujours été le cas dans le passé. Il allégua que « ceux des Québécois qui dénigrent l'homme et son style le font, je crois, parce qu'ils n'aiment pas ce qu'il pense du Canada ». Le livre parut juste avant que Chrétien ne soit élu premier ministre, mais Trudeau eut étonnamment peu d'influence sur le nouveau gouvernement. Le Bloc québécois, dirigé par Lucien Bouchard, formait à présent l'opposition officielle et le troisième parti était le Parti réformiste, qui exprimait avec force l'aliénation de l'Ouest canadien. Les deux partis critiquaient avec virulence les résultats des années de Trudeau au pouvoir, et le gouvernement de Chrétien réagit à ces critiques en se distançant des guerres passées – non seulement Meech et Charlottetown, mais aussi les politiques économiques des années 1970 et 1980, qui avaient produit une dette publique considérable et débilitante. Chrétien dit à son caucus que jamais plus le Parti libéral ne devait être sali comme celui « qui impose et dépense ». L'héritage de Trudeau resta dans l'ombre[30].

En septembre 1994, Jacques Parizeau devint premier ministre du Québec. Dix ans plus tôt, il s'était éloigné du Parti québécois lorsque Lévesque et son successeur, Pierre-Marc Johnson, s'étaient dirigés vers une conciliation avec le reste du Canada. Durant sa campagne, Parizeau avait promis d'organiser un référendum sur la séparation d'ici un an – un choix judicieux étant donné l'animosité en ébullition au Québec envers les récents échecs de Meech et de Charlottetown, et le succès de Bouchard aux élections fédérales. Fidèle à sa promesse, Parizeau annonça un référendum le 30 octobre 1995. Initialement, les sondages favorisèrent les fédéralistes, mais, soudainement, ils penchèrent en faveur des souverainistes. Le camp du « non » rallia ses troupes et, dans une grande vague d'émotion, premiers ministres, politiciens et simples citoyens de partout au Canada se rendirent en masse à Montréal le 27 octobre pour un « rassemblement de l'unité » qui réunit une centaine de milliers de personnes dans les rues de la ville. Cependant, personne ne pria Trudeau de faire un discours sur l'unité canadienne – sa « magnifique obsession* » –, ou même

---

* NDT : L'auteur fait référence ici au titre du livre de Stephen Clarkson et Christina McCall, *The Magnificient Obsession*, qui a été traduit sous le titre *Trudeau : l'homme, l'utopie, l'histoire*.

de se joindre aux chefs actuels sur l'estrade. Seul et rejeté, celui qui avait été jadis un orateur enflammé regarda l'événement du haut de la fenêtre de son bureau chez Heenan Blaikie, surplombant le square sur le boulevard René-Lévesque où les antiséparatistes s'étaient réunis pour le rassemblement. Ce soir-là, les Canadiens apprirent que le résultat du référendum avait été dangereusement serré : 50,58 p. cent pour le non ; 49,42 p. cent pour le oui.

Ce quasi-désastre en fut trop pour Trudeau. Il se détourna de la vie publique et dit à Bruce Powe que son vœu le plus cher était à présent que ses enfants se souviennent de lui. Il visitait régulièrement Sarah à Toronto, où Deborah Coyne vivait alors, l'amenant se balancer au parc du quartier et, parfois, pour de courts voyages*. Il voyageait encore et descendait même les rapides dans ses excursions en canot, mais le temps et la fatalité l'avaient finalement affaibli. Il commença à remarquer que sa mémoire extraordinaire lui faisait défaut. « Qu'est-ce que c'est ? » demanda-t-il un jour à un vieil ami en pointant du doigt une corbeille à pain placée devant lui. Il assista à une cérémonie pour le lancement d'un nouveau numéro de *Cité libre* à Toronto en janvier 1998 et lorsqu'on lui demanda pourquoi il ne prenait pas la parole, il répondit de but en blanc : « Je ne me rappelle rien. » L'une des personnes présentes, Catherine Annau, qui réalisa le film remarquable *Just Watch Me : Trudeau and the Seventies Generation* (en français : *Frenchkiss – La génération du rêve Trudeau*), se rappelle la soirée où, selon ses termes, la pièce regroupait la « fine fleur de l'establishment culturel et intellectuel canadien-anglais d'il y a trente ans environ ». Elle prit place dans la longue haie d'honneur, mais son « échange avec le grand homme fut somme toute banal ». Il semblait avoir vieilli et s'être ratatiné, mais alors qu'il lui serrait la main, « un léger sourire se dessina sur ses lèvres et il eut comme une lueur pétillante » dans les yeux. Certains instincts ne s'oublient jamais[31].

Sa tristesse augmenta lorsque Gérard Pelletier mourut d'un cancer le 22 juin 1997 ; Trudeau était à présent la dernière des trois colombes qui avaient lutté ensemble contre Duplessis à Asbestos, qui avaient grossi

---

* Alexandre Trudeau eut ce commentaire : « D'après le peu que j'aie pu observer de ses interactions avec Sarah, il était d'une incroyable gentillesse avec la fillette, malgré une certaine maladresse. S'il l'avait connue adulte, la présence d'une fille aurait certainement ajouté de la beauté dans ses dernières années de sa vie.

les rangs pour transformer Ottawa dans les années 1960, et qui s'étaient battues contre le séparatisme au cours des décennies suivantes. Pelletier était, dit-il aux gens réunis à ses funérailles « mon guide et mon mentor [...]. C'est une partie de mon âme qui s'en va et qui m'attendra[32]. »

Mais le pire se produisit dans l'après-midi du 13 novembre 1998 lorsque son plus jeune fils bien-aimé, Michel, fut emporté par une avalanche dans un lac du parc provincial du glacier Kokanee, en Colombie-Britannique, où il skiait avec des amis. Il avait tenté brièvement de se libérer de son équipement, ont-ils rapporté, avant de s'enfoncer pour toujours dans les profondeurs du lac. Une semaine plus tard, un vieil homme livide soutenu par ses deux fils survivants, accompagné de son ex-femme affligée, pleurait la perte de Michel à l'église Saint-Viateur, à Outremont, où il allait prier depuis son enfance. Pendant un certain temps, il cessa de prier, doutant d'un Dieu capable de prendre Michel et de laisser à un vieil homme son corps misérable à l'âme fatiguée. Il se débattit avec sa foi, puis, s'entretenant avec les prêtres dont il était proche, recommença à croire, pour finalement prendre refuge une fois encore dans la consolation de sa foi et de son Église[33].

Un cancer de la prostate commença à se généraliser, en même temps que la maladie de Parkinson, qu'il avait contractée quelques années plus tôt, gagna du terrain, faisant de son visage autrefois mobile un masque inexpressif. Conscient du peu de temps qu'il lui restait à vivre, il entreprit de faire ses adieux aux gens qui comptaient le plus à ses yeux, souvent au déjeuner, où il parlait du temps passé, des souvenirs partagés et des accomplissements. En général, il sortait peu, mais il aimait visiter l'écrivaine Nancy Southam, qui habitait non loin dans une caserne de pompiers convertie, et où de nombreuses personnes intéressantes, y compris le poète muse Leonard Cohen, venaient souvent faire un tour. Cohen fit un jour un croquis et composa un court poème sur Pierre, qu'il admirait énormément. Le 6 avril 1998, le *Maclean's* publia un article intitulé « Trudeau, 30 Years Later » (Trudeau, 30 ans plus tard) reconnaissant qu'il avait eu une très grande incidence sur le Canada, mais que son influence sur le gouvernement libéral alors au pouvoir à Ottawa était, affirmait-on avec raison, limitée. Des connaissances rapportèrent qu'il avait rarement des visiteurs à la maison, n'aimait plus conduire, parlait plus lentement, et portait des vêtements un peu abîmés.

« Chose incroyable, déclara une connaissance, il semble [...] être en train de s'adoucir. » William Tetley, ancien ministre du cabinet de Bourassa, avait demandé à le rencontrer pour discuter d'un livre qu'il écrivait sur la crise d'Octobre et ils allèrent déjeuner le 29 août 1999 dans un restaurant chinois. Trudeau commença par parler de Michel et de son intérêt pour l'environnement. Cependant, pendant que Tetley lisait les entrées de son propre journal intime, Trudeau lui donnait des détails, sa mémoire à long terme étant toujours étonnamment précise, et sa colère encore perceptible. Mais, dit Tetley, il n'était « jamais amer ni mesquin ou bruyant, mais toujours juste, raisonnable, tranquille et calme ». Il déclara qu'après le déjeuner il monterait les 102 marches de l'avenue du Musée pour revenir à la maison. Peut-être le fit-il, mais il ne le ferait plus pour très longtemps[34].

En 1999, la Presse Canadienne nomma Trudeau la « principale vedette de l'actualité au Canada au cours du siècle* ». Il refusa de donner une entrevue, mais rédigea une lettre dans laquelle il affirma être « à

---

* Classer les premiers ministres devint un sport populaire chez les spécialistes des sondages, les journalistes et les historiens au moment où le siècle s'achevait et un nouveau millénaire arrivait. Deux historiens éminents et espiègles, J. L. Granatstein et Norman Hillmer, demandèrent à vingt-six de leurs collègues universitaires de classer les premiers ministres canadiens. Trudeau obtint le cinquième rang, après King, Macdonald, Laurier et Saint-Laurent (*Prime Ministers: Ranking Canada's Leaders* [Toronto: HarperCollins, 2000]). Cependant, selon un sondage Ekos réalisé en décembre 2002, 32 p. cent des répondants considéraient Trudeau comme « le plus grand Canadien ». Terry Fox, victime d'un cancer, était deuxième avec 6 p. cent, tandis que Pearson et Lévesque étaient ex aequo avec 3 p. cent (http://www.canadainfolink.ca/pms.htm). En 2004, la CBC organisa un grand concours demandant aux Canadiens de choisir « le plus grand Canadien ». Trudeau fut en tête de liste dans les premiers temps, mais resta en arrière lorsque l'environnementaliste David Suzuki, partisan du NPD, demanda à ses partisans de voter pour l'ancien chef du NPD, Tommy Douglas. C'est ce dernier qui gagna. Trudeau termina troisième après Douglas et Fox, soit le meilleur classement parmi les premiers ministres. Le journaliste Rex Murphy présenta les arguments en faveur de Trudeau (http://www.cbc.ca/greatest/). Enfin, à l'été 2007, *The Beaver* demanda à ses lecteurs de nommer le plus mauvais Canadien. Avec plus de quinze mille voix exprimées, Trudeau l'emporta sur le tueur en série Clifford Olson, le déviant sexuel Paul Bernardo et le candidat immédiatement après lui, Stephen Harper, le premier ministre conservateur de l'époque. Tant pour les amis que pour les ennemis, Trudeau avait de l'importance. *The Beaver: Canada's History Magazine* 87, n° 4 (août-septembre 2007).

la fois surpris et très heureux de la nouvelle ». Puis, à la fin de l'été de l'an 2000, des rumeurs se répandirent dans le pays que Trudeau était gravement malade. Les gens se rassemblèrent plus qu'ils ne le faisaient normalement à l'extérieur de la maison Cormier, à jamais la maison de Trudeau. Margaret était de nouveau à ses côtés, avec Sacha et Justin, lorsqu'il mourut le 28 septembre 2000. Michael Adams, spécialiste des sondages, avait prévenu que la population canadienne n'était pas préparée à la mort de Pierre Trudeau et quand la nouvelle tomba, elle accusa le coup. Peter Mansbridge interrompit la couverture par la CBC des Jeux olympiques d'été pour annoncer la mort de Trudeau, et les jeux disparurent des écrans canadiens toute la soirée pour laisser la place à la présentation d'images de Trudeau. John Ralston Saul écrira plus tard que nous pensions tous le connaître, mais que ce mythe devait beaucoup à la manière dont nous nous voyons nous-mêmes dans le miroir de ses longues années au pouvoir.

Pour la majorité des Canadiens, Trudeau est pour toujours lié à la transformation d'un pays où les premiers ministres anglophones ne parlaient pas français, où les fonctionnaires ne pouvaient offrir des services à un quart de la population dans leur propre langue, où les politiciens ne pouvaient pas briser les liens constitutionnels avec la Grande-Bretagne, où les tribunaux s'effarouchaient devant tout activisme, où l'on ne demandait pas d'explications aux chefs d'État étrangers, où il n'y avait aucun séparatiste à la Chambre des communes, et où l'on n'avait pas fait face aux grands défis existentiels de l'avenir du pays pendant plus d'un siècle. D'autres, comme l'avocat Guy Pratte, soutenaient que sa vision était démodée, son approche, nuisible, et son héritage, corrompu. Pratte a écrit en 1998 qu'il ne « valait rien en tant que leader ». Comparant Trudeau avec Lincoln, Pratte soutenait que Trudeau n'avait pas le pragmatisme de Lincoln, ni son attitude généreuse ni sa bonne volonté à faire des compromis. Mais la perspective de l'histoire change : pendant quatre-vingts ans après la mort de Lincoln, les historiens ont réduit petit à petit le leadership de Lincoln et dénoncé la façon dont ses généraux ont dévasté le Sud, leurs comptes rendus adoptant l'état d'esprit de Scarlett O'Hara dans *Autant en emporte le vent*. Ce n'est que lorsque le mouvement des droits civils et la Cour suprême donnèrent enfin un sens à l'égalité des droits que Lincoln se révéla dans toute sa grandeur originale. La mort de Trudeau a enlevé une partie de la buée qui recouvrait le miroir, mais plus tard les Canadiens verront son envergure encore plus clairement[35].

Plusieurs réactions furent élégiaques, d'autres critiques, mais peu furent ternes. Tout de suite on déposa des bouquets de fleurs à l'extérieur du 1418, avenue des Pins. Chrétien revint de la Jamaïque à la Chambre des communes, où les chefs rendirent hommage à Trudeau et certains députés portèrent des roses rouges à sa mémoire. Joe Clark, maintenant à la tête d'un Parti conservateur qui ne représentait plus beaucoup ses membres, parla avec chaleur, mais Stephen Harper, qui dirigeait alors la Coalition nationale des citoyens, écrivit dans le *National Post* que Trudeau avait « battu l'air, allant d'une politique favorite à une autre » et que, lorsqu'il était question de nazisme et de fascisme, il « laissait passer ». Cependant, il fut l'un des rares à manifester son opposition. Trudeau aurait souri, car la plupart de ses vieux ennemis adoucissaient leurs piques, et il aurait apprécié l'hommage que lui rendit dans le *New York Times* le journaliste d'origine canadienne Rick Marin qui parla de sa première rencontre avec « ce vieil homme à l'air branché » qui entra dans une salle de danse de Manhattan « avec une fille superbe à chaque bras ». Il avait « fait du Canada un endroit *cool* ». Trudeau, écrivit-il, « avait du style. Presque tout en lui était l'antithèse des deux hommes [Al Gore et George W. Bush] qui briguaient la présidence des États-Unis. » Il n'était guère étonnant, concluait-il, de voir les Canadiens « pleurer fanatiquement » cet homme. Le deuil, s'il ne fut pas fanatique, fut incontestablement extraordinaire et complètement imprévu et sans précédent. Trudeau avait de l'importance[36].

Des milliers de personnes s'assemblèrent dans le Hall d'honneur de l'édifice du Centre, où la dépouille de Trudeau était exposée en chapelle ardente pendant qu'un orchestre jouait *Auld Lang Syne* (*Ce n'est qu'un au revoir*). Puis, tandis qu'on transportait son cercueil en train d'Ottawa à Montréal, des foules se rassemblèrent à l'improviste dans des petites villes, aux passages à niveau, et dans les terrains vagues le long de la rivière des Outaouais. À Montréal, son cercueil fut exposé à l'hôtel de ville, où des milliers d'autres personnes firent la queue pour présenter leurs respects avant que n'aient lieu les funérailles le 3 octobre 2000, à la basilique Notre-Dame de Montréal. Trois mille personnes se pressèrent dans l'église, ou se trouvaient aussi Margaret, avec ses deux fils restants, et Deborah Coyne, avec Sarah. Les dignitaires se mêlaient aux ministres et aux députés, anciens et actuels, ainsi qu'aux célébrités, et Leonard Cohen fut porteur honoraire. Fidel Castro était le seul chef d'État présent, mais deux des amis de Trudeau représentaient, respectivement, les États-Unis et la Grande-Bretagne : l'ex-président démocrate Jimmy Carter et l'ex-premier ministre conservateur Edward Heath. Au-dessus d'eux, assis aux balcons, se trouvaient d'autres personnes, surtout des jeunes comme mon fils âgé de quatorze ans, venus de loin et qui avaient attendu devant la basilique dans l'air frais automnal depuis minuit pour se frayer enfin un chemin dans les hauteurs, tenant en main le programme funèbre beige orné d'une rose unique sous l'inscription « Pierre Elliott Trudeau, 1919-2000 ». Chrétien lut la liturgie de la Parole, puis Sacha lut un passage du Livre de Daniel. Roy Heenan et Jacques Hébert firent leurs éloges funèbres, puis ce fut le tour de Justin.

Justin parla du père qu'avait été Pierre Trudeau, disant à quel point ses fils savaient qu'ils étaient « les enfants les plus chanceux du monde ». Il nous a donné « de nombreux outils, dit-il. Il nous a enseigné à ne rien tenir pour acquis. Il nous adorait, mais il ne nous permettait pas tout. Il nous encourageait à être exigeants envers nous-mêmes, à tester nos limites, à mettre en question les gens et les choses qui nous entourent. » Justin rappela que son père lui avait enseigné lorsqu'il avait huit ans qu'il ne devait pas se moquer de Joe Clark, qu'« on n'attaque jamais l'individu », mais montrer du « respect », même envers ceux qui ne partageaient pas nos opinions. Assis dans les premiers bancs de l'église, Clark, que Trudeau avait fini par connaître comme un homme bien, baissa la tête avec un sourire.

Trudeau était exigeant envers ses fils, mais Justin le remercia de « les avoir tant aimés ». Évoquant l'essai qu'avait écrit Trudeau dans les années 1940 sur les excursions en canot, il termina ainsi :

« La conviction fondamentale de mon père n'est jamais venue d'un manuel. Elle émanait de son amour profond pour tous les Canadiens, et de sa confiance en eux. Au cours des derniers jours, avec chaque carte, chaque rose, chaque larme, chaque salut de la main et chaque pirouette, vous avez répondu à son amour. Cela nous touche énormément, Sacha et moi. Merci.

« Nous nous sommes rassemblés du nord au sud, d'est en ouest, d'un océan à l'autre, unis dans notre peine, pour dire au revoir. Mais ce n'est pas la fin. Il a quitté la politique en 1984. Mais il est revenu pour Meech. Il est revenu pour Charlottetown. Il est revenu pour nous rappeler qui nous sommes et ce que nous sommes tous capables de faire. Mais il ne reviendra plus. C'est à nous, à nous tous, à présent, d'agir.

« Ce bois lui plaît, profond et sombre. Il a tenu ses promesses, il peut aller dormir*.

« Je t'aime, papa. »

Justin descendit ensuite vers le cercueil drapé de l'unifolié, et, se penchant pour s'approcher de son père une dernière fois, y déposa pour lui une rose.

Pendant que Justin et Sacha signèrent le registre, l'orgue entonna le *Lacrimosa* de Mozart. Le cardinal Turcotte conduisit Pierre Elliott Trudeau à son dernier repos, avec la prière que tout ce qui fut pour lui grand et sacré soit respecté et conservé, et que tout le mal qu'il ait pu faire lui soit pardonné.

Le service se termina par l'*Ô Canada*[37].

---

* NDT : Justin Trudeau évoque ici le poème *Stopping by Woods on a Snowy Evening* (Halte près des bois une après-midi de neige) de Robert Frost : *The woods are lovely, dark and deep / But I have promises to keep /And miles to go before I sleep.*[Ce bois me plaît ; il est profond et sombre / Mais j'ai promis, il faut tenir / Avant d'aller dormir, ma route est longue / Bien longue avant d'aller dormir.] Source : Robert Frost, *Choix de textes, bibliographie, portraits, fac-similés* (Paris : Seghers, 1964), p. 117-118. Traduction de Jean Prévost.

Notes

On trouvera une bibliographie complète pour l'ensemble de l'ouvrage aux adresses suivantes : http://www.cigionline.org/person/john-english et http://www.randomhouse.ca.

Dans les notes qui suivent, les sources telles que le Fonds Trudeau sont indiquées par des abréviations, dont voici la liste :

AQU   Archives de Queen's University
BAC   Bibliothèque et Archives Canada
BCP   Bureau du Conseil privé
FAB   Fonds Albert Breton
FA   Fonds Abbott
FAE   Fonds des Affaires extérieures
FAL   Fonds Arthur Laing
FALo   Fonds Arthur Lower
FC   Fonds Cadieux
FG   Fonds Gillespie
FM   Fonds McLuhan
FMacE   Fonds MacEachen
FMS   Fonds Michael Shenstone
FN   Fonds Nixon
FPL   Fonds du Parti libéral
FT   Fonds Trudeau
FTu   Fonds Turner
FWS   Fonds William Seidman

Chapitre 1 – La prise du pouvoir

1. *Calgary Herald*, 8 avril 1968 ; la citation de Jennifer Rae est tirée de *Trudeau tel que nous l'avons connu*, sous la direction de Nancy Southam (Montréal : Fides, 2005), p. 286 ; et Margaret Trudeau, *À cœur ouvert* (Montréal : Éditions Optimum, 1979), p. 32. Paul Litt explore brillamment l'importance de Trudeau en tant que phénomène « culturel » dans l'article « Trudeaumania : Participatory Democracy in the Mass-Mediated Nation », *The Canadian Historical Review*, vol. 89 (mars 2008), p. 27-53. Litt constate que le « sexe dénotait la liberté radicale de Trudeau en tant qu'individu. N'ayant pas d'épouse ni de famille, il était libre de le consommer ». C'était un signe du fait que Trudeau « était dans le vent » (p. 41).

2. Bob Rae, *From Protest to Power : Personal Reflections on a Life in Politics* (1996 ; réédition, Toronto : Penguin, 1997), p. 40-41 ; B.W. Powe, *Mystic Trudeau : The Fire and the Rose* (Toronto : Thomas Allen, 2007), p. 217 ; *Spectator*, 28 juin 1968, p. 881-882 ; Peter C. Newman in *Toronto Daily Star*, 8 avril 1968 ; Ramsay Cook, *The Teeth of Time : Remembering Pierre Trudeau* (Montréal et Kingston : McGill-Queen's University Press, 2006), p. 42. Selon l'excellent livre de Ramsay Cook, il est clair que William Kilbourn a joué un rôle beaucoup moins important dans la pétition de Toronto que je ne l'ai suggéré dans le tome 1.

3. Pearson fit le commentaire à Bruce Hutchison. Entrevue avec Bruce Hutchison, juin 1989. La caricature figure dans Michael Cowley, *Sex and the Single Prime Minister : A Study in Liberal Lovemaking* (Toronto : Greywood, 1968), n.p. Le beau-frère de Pearson, Herbert Moody, se souvint que lorsque Pearson les visita à l'été de 1968, l'ancien premier ministre s'irrita que Maryon et la femme de Moody chantent constamment les louanges de Trudeau. Pour Pearson, Trudeau était un centraliste et il déplorait leur enthousiasme. Entrevue avec Herbert Moody, juin 1989.

4. *Le Devoir*, 3 avril 1968.

5. *Ibid.*

6. Lubor Zink a réuni ses chroniques dans *Trudeaucracy* (Toronto : Toronto Sun, 1972), livre dans lequel il prétend avoir inventé le terme *Trudeaumania*.

7. Les critiques de Marcel Rioux, de Fernand Dumont et de Pierre Vadeboncoeur ont été réunies dans André Potvin, Michel Letourneux et Robert Smith, *L'anti-Trudeau : Choix de textes* (Montréal : Éditions Parti-pris, 1972). On trouve des exemples des chroniques de Lubor Zink dans son livre *Trudeaucracy*. La défense par Claude Ryan de Trudeau figure dans *Le Devoir*, 25 mai 1968.

8. Sur Trudeau et sa mère, voir le premier tome de cette biographie, *Trudeau : Citoyen du monde* (Montréal : Les Éditions de l'Homme, 2006), p. 203-213. La description de la mère de Trudeau à cette époque est composée à partir de plusieurs conversations avec des membres de la famille et des amis. Sur la visite, voir *Montreal Gazette*, 10 avril 1968.

9. Discussions du Cabinet des 17, 19, 20 et 22 avril 1968. RG 2, BCP, série A-5-a, vol. 6338, BAC ; *Montreal Gazette*, 23 avril 1968 ; Pierre Trudeau, *Mémoires*

politiques (Montréal : Le Jour, 1993), p. 90-95; et Paul Martin, *So Many Worlds*, vol. 2 de *A Very Public Life* (Toronto : Deneau, 1985), p. 634.

10. Les citations sont de Robert Winters lui-même, qui était interviewé par Martin Sullivan dans *Mandate '68* (Toronto : Doubleday, 1968), p. 381.

11. Richard Gwyn donne une excellente description du personnel et des amis de Trudeau dans « Les apprentis sorciers », le chapitre 5 de son livre *Le Prince* (Montréal : France-Amérique, 1981). La citation et la description du Conseil des ministres « immobiliste » sont tirées de John Saywell, éd., *Canadian Annual Review for 1968* (Toronto : University of Toronto Press, 1969), p. 29–30.

12. Discussions du Cabinet des 17, 19, 20 et 22 avril 1968 RG 2, BCP, série A-5-a, vol. 6338, BAC.

13. Trudeau, *Mémoires politiques*, p. 90–95; et Martin, *So Many Worlds*, p. 634.

14. *Montreal Gazette*, 23 et 24 avril 1968; et Trudeau, *Mémoires politiques*, p. 90–95.

15. Suzette Trudeau est citée dans Catherine Breslin, « The Other Trudeaus », *Chatelaine*, oct. 1969, p. 87. La chanson fit ses débuts à une émission de télévision de la CBC animée par Laurier LaPierre, qui était critique de Trudeau, et Patrick Watson, qui était un partisan. Elle est citée dans Litt, « Trudeaumania », p. 39; McLuhan sur les sociétés tribales est cité dans W. Terrence Gordon, *Marshall McLuhan: Escape into Understanding* (Toronto : Stoddart, 1997), p. 235. La lettre sur le débat se trouve dans Marie Molinaro, Corinne McLuhan et William Toye, éd., *Letters of Marshall McLuhan* (Toronto : Oxford University Press, 1987), p. 352-354. On trouve un article intéressant d'Arthur Kroker sur l'attirance de McLuhan pour le phénomène de Trudeau à http://www.ctheory.net/articles.aspx?id=70. L'auteur fait un lien entre l'approche à la compréhension des médias de McLuhan et son humanisme catholique.

16. Walter Stewart, *The Life and Times of Tommy Douglas* (Toronto : McArthur and Company, 2003), p. 273. Les descriptions des campagnes reposent sur des entrevues avec les conseillers de campagne Ramsay Cook, Gordon Gibson, Jacques Hébert, Marc Lalonde, Tim Porteous, Richard Stanbury et plusieurs des ministres du Cabinet de Trudeau.

17. Trudeau, *Mémoires politiques*, p. 95–97. Les meilleurs comptes rendus de la campagne figurent dans Saywell, éd., *Canadian Annual Review for 1968*; et Sullivan, *Mandate '68*.

18. Joe McGinniss, *The Selling of the President 1968* (New York : Simon and Schuster, 1969). La fausse chute de Trudeau est décrite par Bernard Dubé dans *Montreal Gazette*, 9 avril 1968.

19. Stewart, *Tommy Douglas*, p. 272.

20. *Globe and Mail*, 9 avril, 22 mai 1968.

21. Pierre Trudeau, journal intime de 1938, 1er janv. et 19 juin 1938, FT, MG 26 02, vol. 39, dossier 9, BAC.

22. Conclusions du Cabinet, RG 2, BCP, série A-5-a, vol. 6323, 25 juillet 1967, BAC.

23. L'analyse de l'opinion de De Gaulle par les représentants du Canada en France est citée par David Meren dans « *Les sanglots longs de la violence de l'automne* : French Diplomacy Reacts to the October Crisis », *The Canadian Historical Review* 88 (déc. 2007), p. 626.

24. Cook, *The Teeth of Time*, p. 74.

25. Conversation avec Barney Danson, mai 2007. L'histoire sur le commentaire de l'adversaire de Barney Danson se trouve dans Barney Danson avec la collaboration de Curtis Fahey, *Not Bad for a Sergeant: The Memoirs of Barney Danson* (Toronto : Dundurn, 2002), p. 90 ; l'impression d'Iglauer a été confirmée par l'adjoint de Trudeau, Tim Porteous, dans une conversation avec lui tenue en sept. 2007. Edith Iglauer dans *Trudeau tel que nous l'avons connu*, sous la direction de Nancy Southam, p. 109-110. Keith Davey, le conseiller de Pearson qui avait été exclu de la campagne, fut même appelé en renfort. Voir Martin, *A Very Public Life*, p. 634.

26. Journal intime de Richard Stanbury, collection privée, juin 1968.

27. Citation et description tirées de Donald Peacock, *Journey to Power: The Story of a Canadian Election* (Toronto : Ryerson, 1968), p. 368.

28. Commentaires faits par Martin Sullivan, qui voyagea avec Trudeau pendant la campagne. Voir le livre de Sullivan, *Mandate '68*, p. 313. Entrevue avec John Nichol, août 2005. Pour une description de la confrontation avec Nichol, voir Christina McCall-Newman, *Les rouges : un portrait intime du Parti libéral* (Montréal : Éditions de l'Homme, 1983), p. 129.

29. *Gazette*, 20 juin 1968.

30. On trouve un résumé de la position des journaux dans Saywell, éd., *Canadian Annual Review for 1968*, p. 43-44. Le sommaire note que cinq journaux de langue anglaise qui avaient appuyé les conservateurs en 1965 appuyaient à présent les libéraux. Parmi eux se trouvait l'influent *Globe and Mail*. Entrevue avec Richard Stanbury, sept. 2006.

31. Ces chiffres sont tirés des tableaux à la fin du livre de John Meisel, *Working Papers on Canadian Politics*, 2ᵉ éd. (Montréal et London : McGill-Queen's University Press, 1975).

32. L'analyse du sondage Gallup est tirée de Saywell, éd., *Canadian Annual Review for 1968*, p. 62–66 ; Ryan dans *Le Devoir*, 17 juin 1968. *Sièges élus* : PC 72 (27,3 %), L 155 (58,7 %), NPD 22 (8,3 %), Ralliement créditiste (RC) 14 (5,3 %), Autres 1 (0,4 %). *Suffrages exprimés* : PC 2 554 765 (31,4 %), L 3 696 875 (45,5 %), NPD 1 378 389 (17 %), CS 64 029 (0,8 %), Ralliement créditiste (RC) 359 885 (4,4 %), Autres 71 895 (0,9 %).

33. *Globe and Mail*, 26 juin 1968. La première page présente un ensemble de citations de divers adversaires politiques sous le titre « All running against Trudeau and Trudeau beat us all ». Une partie du compte rendu est tirée de Peacock, qui était avec Trudeau dans la suite du Château Laurier. *Journey to Power*, p. 381-382.

34. Saywell, éd., *Canadian Annual Review for 1968*, p. 65.

35. John Duffy, *Fights of Our Lives: Elections, Leadership, and the Making of Canada* (Toronto : Harper Collins, 2002).

36. *Kitchener-Waterloo Record*, 26 mai 1968; le discours du « père Noël » est cité dans George Radwanski, *Trudeau* (Montréal: Fides, 1979), p. 127.

37. Dans son analyse de la Trudeaumanie, Litt écrit: « Ceux qui appuyaient le plus Trudeau étaient les mêmes qui étaient les plus plongés dans les médias de masse et la culture populaire, et les plus conscients de ces derniers (…). Trudeau et les Trudeauphiles partageaient la même méfiance à l'égard des moyens de communication dont ils se servaient pour communiquer entre eux, même s'ils les utilisaient de façon experte pour atteindre leurs objectifs mutuels. » « Trudeaumania », p. 51.

CHAPITRE 2 – UN NOUVEAU VIN DANS DE NOUVELLES BOUTEILLES

1. Kurlansky, *1968, l'année qui ébranla le monde* (Paris: Presses de la Cité, 2005), p. 454-455, p. 489. Fulford dans *National Post*, 26 janv. 2008. Fulford comparait Trudeau à Barack Obama. Kurlansky affirme à tort que Trudeau avait 46 ans en 1968. L'erreur a persisté.

2. Une analyse intéressante figure dans Eric Koch, *Inside Seven Days: The Show That Shook the Nation* (Scarborough: Prentice-Hall, 1986).

3. Paul Rutherford, *When Television Was Young: Primetime Canada 1952-1967* (Toronto: University of Toronto Press, 1990), p. 430-433. Ces pages constituent la meilleure description de l'effet qu'eût l'utilisation efficace de la télévision par Trudeau.

4. Joe McGinniss, *Comment on « vend » un président* (Paris: Arthaud, 1970); et George Radwanski, *Trudeau* (Montréal: Fides, 1979), p. 134.

5. Pierre Elliott Trudeau, « Fédéralisme, nationalisme, et raison », dans *Le fédéralisme et la société canadienne-française* (Montréal: Éditions HMH, 1967), p. 214-215.

6. Albert Breton, Raymond Breton, Claude Bruneau, Yvon Gauthier, Marc Lalonde, Maurice Pinard et Pierre Trudeau, « Pour une politique fonctionnelle », *Cité libre*, mai 1964, p. 11-17; « An Appeal for Realism in Politics », *Canadian Forum*, mai 1964, p. 29-33. La meilleure description du contexte se trouve dans les commentaires de Marc Lalonde dans Robert Bothwell, *Canada and Quebec: One Country, Two Histories*, éd. rév. (Vancouver: University of British Columbia Press, 1998), p. 125. Discussions du Cabinet des 17, 19, 20 et 22 avril 1968. RG 2, BCP, série A-5-a, vol. 6338, BAC; *Montreal Gazette*, 23 avril 1968; Pierre Elliott Trudeau, *Mémoires politiques* (Montréal: Le Jour, 1993), p. 90-95; et Paul Martin, *So Many Worlds*, vol. 2 de *A Very Public Life* (Toronto: Deneau, 1985), p. 634.

7. Peter C. Newman, *The Distemper of Our Times: Canadian Politics in Transition, 1963-1968* (1968; réédition, Toronto: McClelland and Stewart, 1990), p. 109; entrevue avec Marc Lalonde, août 2007.

8. Conclusions du Cabinet, RG 2, BCP, série A-5-a, vol. 6338, 8 juillet 1968, BAC.

9. Trudeau, *Mémoires politiques*, p. 92. Lorsque j'ai interviewé Lord Trend pour une biographie de Lester Pearson, ce dernier fit remarquer qu'il avait rencontré Michael Pitfield, qu'il décrivit comme vivement intéressé par les questions de réforme gouvernementale.

10. Robert Bothwell, Ian Drummond et John English, *Power, Politics, and Provincialism: Canada since 1945* (Toronto: University of Toronto Press, 1981), p. 348–349; Turner cité dans Richard Gwyn, *Le Prince* (Montréal: France-Amérique, 1981), p. 101; Radwanski, *Trudeau*, p. 345 et suivantes; J.W. Pickersgill, *Seeing Canada Whole: A Memoir* (Markham, Ontario: Fitzhenry and Whiteside, 1994), p. 798; entrevues avec Allan MacEachen, Paul Martin, John Turner, J.W. Pickersgill (propriétaire de l'immeuble à Ottawa où j'habitais au début des années 1970); et entrevues collectives menées par Bibliothèque et Archives Canada. Le commentaire de Gordon Robertson et celui de Trudeau sur le fait d'être allé trop loin sont tirés de Gordon Robertson, *Memoirs of a Very Civil Servant: Mackenzie King to Pierre Trudeau* (Toronto: University of Toronto Press, 2000), p. 256. Le compte rendu le plus exhaustif de la tentative d'appliquer des méthodes scientifiques au gouvernement se trouve dans Jason Churchill, « The Limits of Influence: The Club of Rome and Canada, 1968-1988 » (thèse de doctorat, Université de Waterloo, 2005).

11. James Patterson, *Grand Expectations: The United States, 1945-1974* (New York: Oxford University Press, 1996), p. 682.

12. Rick Perlstein, *Nixonland: The Rise of a President and the Fracturing of America* (New York: Scribner, 2008), p. 747-778. Maureen O'Neil fit ces commentaires en 2008 au dîner organisé pour souligner son départ à la retraite du Centre de recherches pour le développement international, organisme lui-même représentatif de l'esprit innovateur d'Ottawa à cette époque.

13. John Meisel, *Working Papers on Canadian Politics*, 2ᵉ éd. (Montréal et London: McGill-Queen's University Press, 1975), p. 25.

14. *Le Devoir*, 8 juillet 1968.

15. Edith Iglauer, « Prime Minister/Premier Ministre », *New Yorker*, 5 juillet 1969. Le voyage est décrit dans *Globe and Mail*, 20 juillet et 30 juillet 1968. L'édition du 30 juillet contient trois excellentes photographies du voyage. Des années plus tard, Iglauer publia un article charmant dans lequel elle relate comment, à l'occasion d'un dîner organisé chez elle en l'honneur de Trudeau, celui-ci, sans prévenir, est arrivé avec à son bras la séduisante Barbra Streisand. Voir http://www.geist.com/stories/prime-minister-accepts.

16. On trouve une bonne description du voyage dans le Nord dans Martin Sullivan, *Mandate '68* (Toronto: Doubleday, 1968), p. 421-422. Les discussions du Cabinet de juillet et août se trouvent dans RG 2, BCP, série A-5-a, vol. 6338, BAC.

17. Le distingué Richard Musgrave, économiste en fiscalité de Harvard, fit une brillante analyse de la nouveauté et de la nature théorique des recommandations. « The Carter Commission Report », *Canadian Journal of Economics/Revue canadienne d'économique* 1, nᵒ 1, suppl. (fév. 1968), p. 159–182.

18. Il existe une abondante littérature sur de Gaulle et le Québec. Eldon Black, ancien diplomate canadien, a écrit une étude savante, *Direct Intervention: Canada-France Relations 1967-1974* (Ottawa : Carleton University Press, 1996). L'étude de J. F. Bosher, plus controversée, se fonde sur une recherche poussée dans les archives françaises et canadiennes. J. F. Bosher, *The Gaullist Attack on Canada: 1967-1997* (Montréal et Kingston : McGill-Queen's University Press, 2000). Bosher, éminent historien français, connaissait personnellement certains des « fonctionnaires », ce qui le mettait encore plus en colère contre ce qu'il considérait être une ingérence outrageuse dans les affaires d'une nation souveraine. Claude Morin, probablement le principal responsable de la politique internationale du Québec, a beaucoup écrit sur le sujet. Voir en particulier *L'art de l'impossible : la diplomatie québécoise depuis 1960* (Montréal : Boréal, 1999). Un résumé utile de la relation figure dans Frédéric Bastien, *Le poids de la coopération : Le rapport France-Québec* (Montréal : Québec Amérique, 2006). La citation résumant l'opinion de De Gaulle sur Trudeau se trouve dans David Meren, « *Les sanglots longs de la violence de l'automne* : French Diplomacy Reacts to the October Crisis », *The Canadian Historical Review*, 88 (déc. 2007), p. 35. Les notes en bas de page du livre fournissent une bibliographie complète sur le sujet.

19. Jim Coutts, « Trudeau in Power : A View from inside the Prime Minister's Office », dans Andrew Cohen et J. L. Granatstein, éd., *Trudeau's Shadow: The Life and Legacy of Pierre Elliott Trudeau* (Toronto : Random House, 1998), p. 151-153. Coutts développe ces positions dans un excellent article de 2003 sur la politique canadienne, disponible à l'adresse http://www.irpp.org/po/archive/p01103.htm#coutts. Conversation avec Jim Coutts, déc. 2008.

20. L'existence d'un tel groupe donna lieu à un débat animé parmi les anciens ministres présents à une entrevue de groupe réalisée sous les auspices de Bibliothèque et Archives Canada. Mitchell Sharp soutint l'existence de ce groupe. André Ouellet la nia avec colère. D'autres ministres se prononcèrent, l'opinion dominante étant qu'un tel groupe du Québec existait et jouait un rôle important dans les activités du Conseil des ministres.

21. Daniel Cappon, « Whom Should Trudeau Marry ? », *Chatelaine*, juillet 1969, p. 22-23, p. 56.

22. Ian MacEwan, *Sur la plage de Chesil* (Paris : Gallimard, 2008), p. 14 ; et entretiens avec Carroll Guérin, août 2007 et juillet 2009.

23. *Ibid.* ; et Jennifer Rae dans *Trudeau tel que nous l'avons connu*, sous la direction de Nancy Southam, p. 286–287.

24. Une bibliographie non officielle publiée récemment contient de nombreux détails sur Trudeau. Christopher Anderson, *Barbra: The Way She Is* (New York : William Morrow, 2006), p. 180, p. 191–195. Barbra Streisand a écrit sur sa relation avec Trudeau dans *Trudeau tel que nous l'avons connu*, sous la direction de Nancy Southam, p. 288–289, et il s'agit de la source dont est tiré le commentaire sur leur rencontre à Londres. Entrevue avec Tim Porteous, sept. 2007. L'information fournie est tirée en majeure partie d'un entretien avec Mme Streisand, juillet 2009.

25. Entretien avec Mme Streisand, *ibid.*; Anderson, *Barbra*, p. 192–193; et Streisand dans *Trudeau tel que nous l'avons connu*, sous la direction de Nancy Southam, p. 289. Entrevue avec Marc Lalonde, août 2007.

26. Anderson, *Barbra*, p. 193–195. Streisand à Trudeau, n.d. [avril 1970], et Streisand à Trudeau, 19 oct. 1970, FT, MG 26020, vol. 53, dossier 15, BAC.

27. Margaret Trudeau, *À coeur ouvert* (Montréal: Éditions Optimum, 1979), p. 13, 46, 49, 54.

28. *Ibid*, p. 53; *Ottawa Citizen*, 23 déc. 1969. On peut voir la rencontre entre Lennon, Yoko Ono et Trudeau sur YouTube à http://www.youtube.com/results? search=related&search_query=Lennon%200no%20Trudeau&v=bXXpiRmTz98.

29. John English, *Trudeau: Citoyen du monde*, T. 1 (Montréal: Éditions de l'Homme, 2006). Les chapitres 5 et 6 portent sur les opinions de Trudeau. Les notes sur Couchiching se trouvent dans FT, MG 26 02, vol. 12, dossier 17, BAC.

30. Pierre Trudeau, « International Development as a Requisite for Peace », *External Affairs* (juin 1968), p. 248-249. Le meilleur compte rendu de la période, écrit à partir d'entrevues et de recherches multinationales, est le livre de Robert Bothwell, *Alliance and Illusion: Canada and the World, 1945-1984* (Vancouver: University of British Columbia Press, 2007), chap. 15. Le propre compte rendu de Trudeau sur sa politique étrangère se trouve dans Ivan Head et Pierre Trudeau, *The Canadian Way: Shaping Canada's Foreign Policy, 1968-1984* (Toronto: McClelland and Stewart, 1995). Le livre est organisé par thèmes et Head semble avoir rédigé la majorité du matériel. L'ouvrage généralement accepté sur la politique étrangère de Trudeau est J. L. Granatstein et Robert Bothwell, *Pirouette: Pierre Trudeau and Canadian Foreign Policy* (Toronto: University of Toronto Press, 1990), œuvre que Trudeau et Head ignorent soigneusement dans leur propre livre. Il existe plusieurs comptes rendus contemporains de l'examen de la politique étrangère, dont les meilleurs sont ceux de Bruce Thordarson, *Trudeau and Foreign Policy: A Study in Decision-Making* (Toronto: Oxford University Press, 1972) et Peter Dobell, *Canada's Search for New Roles: Foreign Policy in the Trudeau Era* (Londres: publié pour le compte du Royal Institute of International Affairs par Oxford University Press, 1972), p. 752. Mitchell Sharp, avec l'aide de Robert Bothwell, écrivit *Which Reminds Me...: A Memoir* (Toronto: University of Toronto Press, 1994). L'analyse par Linda Freeman de Trudeau se trouve dans *Ambiguous Champion: Canada and South Africa in the Trudeau and Mulroney Years* (Toronto: University of Toronto Press, 1997), p. 284-288. J'ai également tiré grand profit de plusieurs ouvrages non publiés, y compris l'histoire officielle du ministère des Affaires étrangères et du Commerce international, et des mémoires de Geoffrey Murray, qui a participé à l'examen de la politique étrangère.

31. Ivan Head à Trudeau, 5 mars 1968, FT, MG 26020, vol. 21, dossier 17, BAC.

32. Commentaires de Cadieux sur Trudeau et les Affaires extérieures: entrevue avec Michel Gauvin, avril 1994. J'ai également rencontré à plusieurs reprises Marcel Cadieux dans les années 1980, qui m'a exprimé à l'époque les mêmes opinions.

La citation de Marcel Cadieux: Memorandum, 5 juin 1968, FC, MG 31, E31, vol. 4, BAC. Bosher examine la relation de Cadieux avec Pearson et Trudeau dans Bosher, *Gaullist Attack*, p. 66-97. Sur les faiblesses du ministère, voir Gilles Lalande, *Le ministère des Affaires extérieures et la dualité culturelle*, dans Études de la Commission royale d'enquête sur le bilinguisme et le biculturalisme, n° 3, (Ottawa: Imprimeur de la reine, 1969). Coutts a fait le commentaire sur Head dans une conversation, en déc. 2007. La majorité de cette analyse est tirée de mon article intitulé « Two Heads Are Better Than One », que j'ai présenté au ministère des Affaires étrangères le 18 déc. 2008.

33. Charles Ritchie, *Storm Signals: More Undiplomatic Diaries, 1962-1971* (Toronto: Macmillan, 1983), p. 113-114.

34. Escott Reid à Trudeau, 28 mars 1968, FT, MG 26020, vol. 21, dossier 17, BAC. David Golden écrivit une note dans le même dossier proposant un retrait encore plus précipité des forces canadiennes de l'OTAN.

35. M. Gotlieb tint ses arguments dans un document intitulé de façon intéressante « The Style of Canadian Diplomacy », qu'il rédigea pour Trudeau en 1968. Il m'a également aimablement fourni des documents qu'il a écrits pour Trudeau.

36. Bothwell, *Alliance and Illusion*, p. 288-290; « Meeting in Room 340S, Dec. 9th », 13 déc. 1969, FMS, MG, 35 B61, vol. 3, BAC; Geoffrey Murray, « The Foreign Policy Review Process, 1967–1972 » (que m'a remis M. Murray); journal intime de Cadieux, déc. 1968 à mars 1969, FC, MG 31, E31, vol. 5, BAC; et Head et Trudeau, *Canadian Way*, p. 66–69.

37. Conclusions du Cabinet, 17 avril 1969, RG 2, BCP, série A-5-a, vol. 6340, BAC; Bothwell, *Alliance and Illusion*, p. 289, sur les réactions, y compris le conseil à Kissinger d'y aller doucement avec les Canadiens; Bosher, *Gaullist Attack*, p. 97; et Granatstein et Bothwell, *Pirouette*, p. 28.

38. Head et Trudeau, *Canadian Way*, p. 68-69.

39. Granatstein dans *Canadian Annual Review for 1968*, p. 261 et suivantes. Le résumé des reportages est excellent. Canada, Débats de la Chambre des communes (10 sept. 1968); Walter Stewart, *Shrug: Trudeau in Power* (Toronto: New Press, 1971), p. 110; Bothwell, *Alliance and Illusion*, p. 307. Il est à noter que Stewart et Granatstein rapportent le commentaire fait au journaliste de la CBC en des termes légèrement différents, Stewart affirmant que Trudeau a répondu qu'il posait des « questions bizarres ».

40. Trudeau, *Mémoires politiques*, p. 313-316; Freeman, *Ambiguous Champion*; conversation avec Robert Fowler, fév. 2008; et Bothwell, *Alliance and Illusion*, p. 304 et suivantes.

41. Freeman, *Ambiguous Champion*, p. 285. Dans des entrevues, M. Gotlieb a insisté sur la manière « réaliste » de Trudeau à ses débuts, et ses notes destinées à Trudeau confirment qu'il insistait sur une telle approche.

42. Breffage à l'intention des cadres, « Arrival Ceremony for the Right Honorable The Prime Minister of Canada and Mrs. Pierre Elliott Trudeau », et breffage en

pièce jointe sur Head probablement produit en 1975. Jimmy Carter Presidential Library, White House Central File, CO 28, 1/20/77-2/28/77.

43. Trudeau, *Mémoires politiques*, p. 177; Macdonald à Sharp, RG 25, vol. 8837, dossier 20-1-2STAFEUR 8, BAC; et *Politique étrangère au service des Canadiens* (Ottawa: Information Canada, 1970). On trouve l'historique du ministère à http://www.dfait-maeci.gc.ca/hist/canada9-en.asp.

44. Sharp, *Which Reminds Me*, p. 202-204; le commentaire sur le journal a été fait dans une entrevue à la télévision et est cité dans Stewart, *Shrug*, p. 107–108.

45. *Time*, éd. canadienne, 24 janv. 1969, p. 22; *Globe and Mail*, 6 janv. 1969.

46. Tony Benn, *The Benn Diaries 1940-1990*, éd. Ruth Winstone (Londres: Arrow, 1996), p. 211. La correspondance et les coupures de journaux d'Eva Rittinghausen se trouvent dans FT, MG 26020, vol. 10, dossier 54, BAC. *Ottawa Citizen*, 17 janv. 1969.

47. *Le Devoir*, 15 janv. 1969; et Ritchie, *Storm Signals*, p. 124. Les opinions des Canadiens sur les comportements de Trudeau, qui semblent partagées de façon égale, ont été enregistrées et conservées par la CBC à http://archives.cbc.ca/on_this_day/01/16/. John MacNaughton, le fils d'un ministre progressiste-conservateur de l'Ontario, était l'un des étudiants présents à la réunion de Westminster. Il confirme la forte impression que Trudeau fit sur le groupe.

48. Voir les analyses dans *Montreal Star*, 14 janv. 1969; *Ottawa Citizen*, 23 déc. 1969; et Ritchie, *Storm Signals*, p. 139 (entrée du 11 déc. 1969).

49. Allan Gotlieb, «Some Reflections on Canadian Foreign Policy», n.d. [1968], que m'a donné M. Gotlieb. Thomas Axworthy, «Une politique extérieure», dans *Les années Trudeau: la recherche d'une société juste*, sous la direction de Thomas S. Axworthy et Pierre Elliott Trudeau (Montréal: Le Jour, 1990), p. 31. Axworthy écrit: «Pour être sensée, toute politique extérieure se doit de contenir un dosage approprié de bonnes intentions et de mesures destinées à les mettre en œuvre. S'il ne tient pas compte de la dure réalité, l'idéalisme équivaut à prêcher dans le désert.»

CHAPITRE 3 – LA CRISE D'OCTOBRE

1. Robert Bothwell, *Alliance and Illusion: Canada and the World, 1945–1984* (Vancouver: University of British Columbia Press, 2007, p. 300-301); et Peter C. Newman, *Here Be Dragons: Telling Tales of People, Passion, and Power* (Toronto: McClelland and Stewart, 2004), p. 341-342.

2. *Le Devoir*, 15 fév. 1969; *Globe and Mail*, 17 fév. 1969.

3. Sur les Johnson, voir Benoît Gignac, *Le Destin Johnson: Une famille, trois premiers ministres* (Montréal: Stanké, 2007), p. 103. L'attaque contre Trudeau la plus personnelle est celle de Vadeboncœur qui figure dans André Potvin, Michel Letourneux et Robert Smith, *L'anti-Trudeau: Choix de textes* (Montréal: Éditions Parti-pris, 1972, p. 75–79), un livre qui contient également plusieurs articles critiques rédigés par les anciens collègues de Trudeau: les sociologues Fernand

Dumont et Marcel Rioux. La décision de Jacques Parizeau de se joindre au Parti québécois est bien analysée dans Pierre Duchesne, *Le Croisé*, vol. 1 de *Jacques Parizeau : Biographie 1930–1970* (Montréal : Québec Amérique, 2001), p. 473 et suivantes. Ian McKay, l'historien canadien-anglais et spécialiste des mouvements de gauche au Canada, a écrit : « Non seulement une presse de gauche, mais aussi des médias de masse ouverts aux idées néo-marxistes et indépendantistes* attestent de l'existence [au Québec] d'une culture socialiste sans équivalent dans l'histoire de la gauche canadienne, à l'exception de la poussée de syndicalisme radical des années 1917-1922. » *Rebels, Reds, Radicals: Rethinking Canada's Left History* (Toronto : Between the Lines, 2005), p. 187.

*NDT : Le terme « indépendantiste » (sans s) est en français dans le texte.

4. Gouin à Trudeau, non daté [1969], FT, MG 26 01, vol. 48, dossier 1, BAC.

5. *Winnipeg Free Press*, 11 juin 1969 ; *Edmonton Journal*, 18 juillet 1969 ; et Irving, cité dans *Trudeau tel que nous l'avons connu*, sous la direction de Nancy Southam (Saint-Laurent : Fides, 2005), p. 142-143.

6. La rupture avec Hertel est décrite en détail dans le premier tome de la présente biographie, p. 367-369. Les raisons avancées par Trudeau pour justifier l'enquête policière figurent dans l'interview qu'il a accordée à Jean Lépine le 20 avril 1992. FT, MG 26 03, vol. 23, dossier 5, BAC. Trudeau décida également d'obtenir des renseignements sur le financement du mouvement séparatiste et sur l'influence de ce dernier au sein de la fonction publique. Voir Pierre Trudeau, *Mémoires politiques* (Montréal : Le Jour, 1993), p. 119-120. Deux importants rapports ont ultérieurement été rédigés sur les activités de la GRC au Québec relativement à des allégations de menace de violence. Le gouvernement Lévesque nomma Jean-François Duchaîne à la tête d'une commission qui rédigea le rapport intitulé *Rapport sur les événements d'Octobre 1970* (Québec : Ministère de la Justice, 1981) et le gouvernement Trudeau nomma D.C. McDonald à la tête d'une commission qui rédigea le rapport intitulé *Certaines activités de la GRC et la connaissance qu'en avait le gouvernement*, troisième rapport de la Commission d'enquête sur certaines activités de la Gendarmerie royale du Canada, 1981 (Ottawa : Centre d'édition du gouvernement du Canada, 1981).

7. Sur l'intérêt constant que la France porte à la crise, voir David Meren, *Les Sanglots longs de la violence de l'automne* : French Diplomacy Reacts to the October Crisis, *The Canadian Historical Review*, déc. 2007, p. 625-627. Sondages publiés dans John Saywell, *Quebec 70: A Documentary Narrative* (Toronto : University of Toronto Press, 1971), p. 10–12.

8. Sur l'aide du Parti libéral, *ibid.* ; et interview de Marc Lalonde, août 2007. À propos de l'offre faite à Lévesque, voir Duchesne, *Le Croisé*, p. 599-605 et Bothwell, *Alliance and Illusion*, p. 301.

9. La citation et les résultats de l'élection sont tirés de Saywell, *Quebec 70*, p. 22 et 23.

10. *Ibid.*, p. 26.

11. Dans *Les Sanglots longs*, Meren décrit le mémorandum envoyé à Maurice Schumann, le ministre français des affaires étrangères, dans lequel on parle des divisions au sein du gouvernement Bourassa, p. 627-668.

12. Trudeau, *Mémoires politiques*, p. 122.

13. Trudeau, *Mémoires politiques*, p. 119-129; Canada, *Débats de la Chambre des communes*, 6 oct. 1970. Il existe une abondante littérature sur ce qu'on a appelé la crise d'Octobre. Sur le FLQ, voir en particulier Louis Fournier, *FLQ: Histoire d'un mouvement clandestin*, 2ᵉ éd. (Montréal: Éditions Lanctôt, 1998). Pour une étude récente et intéressante basée sur un journal intime, voir celle de William Tetley, *The October Crisis: An Insider's View* (Montréal et Kingston: McGill-Queen's University Press, 2006). Dans cet ouvrage, Tetley donne une précieuse bibliographie et formule d'intéressants commentaires sur la crise. Il a en outre mis en ligne la plupart de ses recherches et de ses documents intéressants. L'ouvrage relate notamment la querelle qu'il a eue avec la célèbre journaliste Lysiane Gagnon à la suite d'un article que cette dernière a fait paraître dans *The Beaver* au sujet de la crise d'Octobre. La revue a refusé que Tetley publie dans le livre la totalité de sa réponse. Il l'a toutefois mise en ligne à l'adresse http://www.mcgill.ca/maritimelaw/crisis/.

14. Sur le désaccord entre Trudeau et Sharp, voir Trudeau, *Mémoires politiques*, p. 122-123. Sharp a confirmé le désarroi de Trudeau dans une entrevue qu'il m'a accordée en juillet 2002.

15. Gérard Pelletier cité dans Anthony Westell, *Trudeau le paradoxe* (Montréal: Éditions de l'Homme, 1972), p. 349-350; Gérard Pelletier, *La crise d'Octobre*. (Montréal: Éditions du Jour, 1971).

16. Trudeau, *Mémoires politiques*, p. 124.

17. Voir Carole de Vault et William Johnson, *Toute ma vérité: Les confessions de l'agent S.A.T. 945-171* (Montréal: Stanké, 1981), p. 102 et suivantes; Duchesne, *Le Croisé*, p. 546-551; et (sur l'accident) Gordon Robertson, *Memoirs of a Very Civil Servant: Mackenzie King to Pierre Trudeau* (Toronto: University of Toronto Press, 2000), p. 264. Alastair Gillespie, un député qui n'était pas encore devenu ministre, ouvrit la porte de son appartement, pour se retrouver face à un militaire qui braquait son arme sur lui, exigeant de connaître ses intentions. Le voisin de M. Gillespie était un ministre qui avait reçu une protection la veille. Jean Chrétien se souvient que des gardes étaient en faction dans son garage. Entretiens avec Chrétien en mars 2009 et avec Gillespie en fév. 2009.

18. Cette version est tirée de Saywell, *Quebec 70*, p. 71-73, qui reproduit la conversation dans sa totalité. L'enregistrement vidéo peut être consulté à l'adresse http://archives.cbc.ca/politics/civil_unrest/topics/101/. Le site contient plusieurs enregistrements vidéo sur la crise d'Octobre.

19. Tetley, *October Crisis*, p. 203. Devenu partisan de la ligne dure, Tetley note que « Trudeau a très bien parlé en ce qui concerne les "âmes sensibles" et la nécessité de faire preuve de fermeté. La conversation a été enregistrée et nous allons la regarder en Conseil des ministres. »

20. Saywell, *Quebec 70*, p. 73-74; Trudeau, *Mémoires politiques*, p. 126-127, pages dans lesquelles il donne le nom de tous les signataires; et *Le Devoir*, édition du 30 oct. 1970, dans laquelle Ryan décrit les circonstances de l'affaire. Voir également la description détaillée dans Newman, *Here Be Dragons*, chapitre 12; et Fernand Dumont, *La Vigile du Québec, Octobre 1970: L'Impasse?* (Montréal: Hurtubise, 1971), livre dans lequel Trudeau est accusé de traiter les Francophones du Québec comme des imbéciles (p. 193).

21. *Montreal Gazette*, 16 oct. 1970; *Le Devoir*, 16 oct. 1970; Paul Litt, projet de biographie de John Turner (je suis redevable à M. Litt de lui avoir fourni le manuscrit, qui s'appuie sur des documents personnels de Turner); Tetley, *October Crisis* et entrevue d'Allan MacEachen, oct. 2003. M. MacEachen a déclaré que Marchand exerçait une grande influence et qu'il était hors de lui.

22. Conclusions du Cabinet, RG2, BCP, série A-5-1, vol. 6359, 15 oct. 1970, BAC; Eric Kierans avec Walter Stewart, *Remembering* (Toronto: Stoddart, 2001), p. 181.

23. Brian McKenna et Susan Purcell, les biographes de Drapeau, ont avancé que ce dernier n'avait joué « qu'un rôle secondaire dans les décisions quotidiennes prises dans le cadre de la crise d'Octobre. ». Il était préoccupé par les élections municipales. Il a par contre profité de la situation sur le plan politique, surtout après le 15 octobre. Brian McKenna et Susan Purcell, *Jean Drapeau* (Montréal: Stanké, 1980), p. 247.

24. Conclusions du Cabinet, RG2, BCP, série A-5-1, vol. 6359, 15 oct. 1970, BAC.

25. *Ibid.*; et Kierans et Stewart, *Remembering*, p. 180 et suivantes.

26. Conclusions du Cabinet, RG2, BCP, série A-5-1, vol. 6359, 15 oct. 1970, BAC. Le texte de M. Litt (voir la note 21 ci-dessus) soutient cette opinion quant au rôle de Turner.

27. Le site Web créé par William Tetley, de McGill, contient tous les principaux documents concernant la crise. Voir http://www.mcgill.ca/files/maritimelaw/K.doc.

28. *Montreal Gazette*, 19 oct. 1970.

29. Duchesne, *Le Croisé*, p. 550-552; Douglas dans Canada, *House of Commons Debates*, 16 oct. 1970; et Trudeau, *Mémoires politiques*, p. 129. Les difficultés auxquelles s'est heurté Robert Stanfield, le chef du Parti conservateur, sont bien décrites dans Geoffrey Stevens, *Stanfield* (Toronto: McClelland and Stewart, 1973), p. 241. Stanfield reçut deux avis contraires de ses conseillers, un l'incitant à défendre les droits civils, l'autre à se ranger du côté des Canadiens contre le terrorisme. Le débat Trudeau-Douglas illustra les deux points de vue antagonistes et le débat resta ouvert. Dans ses mémoires, Trudeau accorde vingt-deux pages à la crise d'Octobre. Trudeau fait remarquer, par exemple, que René Lévesque a déclaré que « La police et l'armée devront un jour partir et les cochonneries de Trudeau n'empêcheront pas de toute façon d'autres enlèvements ». Toutefois, Trudeau mentionne, à juste titre, que les enlèvements ont cessé et que, peu après 1970, même Pierre Vallières a exhorté les séparatistes à renoncer à la violence. Trudeau conteste la validité des affirmations relatives à la crise qui figu-

rent dans le journal du ministre Don Jamieson, des affirmations qui sont souvent citées par les critiques pour prouver que Trudeau a vu dans le recours à la Loi sur les mesures de guerre un moyen d'en finir avec le séparatisme. Trudeau affirme que ces affirmations ne sont pas fiables, car Jamieson a été absent la majeure partie du temps et qu'il n'a pas participé aux « échanges cruciaux » au cours desquels « furent mises au point nos raisons d'invoquer la Loi sur les mesures de guerre et définie l'attitude que le gouvernement allait prendre ». Le procès-verbal semble confirmer ce que Trudeau avance au sujet de Jamieson. Il montre également son mépris, politique et personnel, pour Lévesque à l'époque. Le procès-verbal déclassifié montre clairement l'importance de ces « échanges cruciaux », car il permet de se rendre compte comment les ministres, comme Douglas, favorables à un débat parlementaire et à l'adoption d'une loi spéciale ont accepté l'argument de Marchand selon lequel seule la Loi sur les mesures de guerre permettrait de prendre les mesures qui s'imposaient pour empêcher une « détérioration » de la situation.

30. Cross a fait ses commentaires sur son expérience à Montréal au cours d'une entrevue dont la transcription est disponible à l'adresse http://www.chu.cam.ac. uk/archives/collections/BDOHP/Cross.pdf.

31. Robertson, *Civil Servant*, p. 264.

32. Kierans avec Stewart, *Remembering*, p. 180.

33. Turner, cité dans Litt, projet de biographie (voir la note 21 ci-dessus). La remarque d'Otto Lang est une information que ce dernier m'a fournie en 2005 au cours d'une conversation privée. L'affirmation de Robertson est tirée de Robertson, *Civil Servant*, p. 256.

34. La controverse sur la pétition du 15 oct. est bien analysée dans William Tetley, qui présente les deux aspects du problème, même s'il critique l'attitude de Ryan et de Lévesque. Tetley, *October Crisis*, p. 121-127. Peter C. Newman décrit comment Lalonde et Trudeau lui-même lui divulguèrent les informations sur le « gouvernement provisoire » de Ryan, en précisant qu'il s'est senti trahi et manipulé par eux. Tetley, *October Crisis*, p. 121-127; Newman, *Here Be Dragons*, chapitre 12.

35. Tetley, *October Crisis*, p. 120-131; René Lévesque, *Attendez que je me rappelle* (Montréal : Québec Amérique, 1986), p. 327.

36. Voir Tetley, *October Crisis*, chapitre 13, pour les arguments de Ryan, une analyse de la discussion et une présentation des faits. Cette section doit beaucoup à cet ouvrage. Voir aussi Lévesque, *Attendez que je me rappelle*, p. 327. Par ailleurs, cette interprétation découle d'une discussion sur la crise d'Octobre qui a eu lieu le 24 mai 2007 à l'University Club, à Toronto, à laquelle plusieurs sénateurs libéraux et députés libéraux en fonction à l'époque ont pris part, et d'entrevues réalisées avec plusieurs autres proches de Trudeau à l'époque, comme Marc Lalonde, Tim Porteous, Margaret Trudeau, Carroll Guérin, Otto Lang, Ramsay Cook, Albert Breton et John Turner. Le projet de biographie sur John Turner de Paul Litt (voir note 21) réfute clairement le point de vue du journaliste Doug

Fisher, mais aussi, soit dit en passant, celui adopté par Peter C. Newman dans ses mémoires, *Here Be Dragons*, selon lequel Turner n'était pas d'accord avec la voie suivie et que son désaccord serait évident quand ses archives seraient rendues publiques. Son biographe a bénéficié d'un accès sans restrictions à ses archives.

37. Duchesne, *Le Croisé*, p. 561, d'après une entrevue avec Louise Harel le 26 sept. 2000 ; et Trudeau dans « Entrevue entre M. Trudeau et M. Lépine », 29 avril 1992, FT, MG 26 03, vol. 23, dossier 5, BAC. Les derniers commentaires de Lalonde et de Pelletier sont tirés de L. Ian MacDonald, *From Bourassa to Bourassa: Wilderness to Restoration*, 2ᵉ édition (Montréal et Kingston : McGill–Queen's University Press, 2002), p. 154–156.

38. D'après une entrevue avec Parizeau et l'entrevue avec Harel (voir note 37) ; Parizeau, cité dans Duchesne, *Le Croisé*, p. 561.

39. Ramsay Cook, *The Teeth of Time: Remembering Pierre Elliott Trudeau* (Montréal et Kingston : McGill–Queen's University Press, 2006), chap. 4 ; et J.L. Granatstein, « Changing Positions » dans Andrew Cohen et J.L. Granatstein, *Trudeau's Shadow: The Life and Legacy of Pierre Elliott Trudeau* (Toronto : Random House, 1998), p. 298-305.

40. Margaret Trudeau, *À cœur ouvert* (Montréal : Éditions Optimum, 1979), p. 72. Margaret confirma cette histoire au cours d'une conversation que j'ai eue avec elle en fév. 2006. Après avoir eu une rencontre avec Trudeau en déc. 1970, le premier ministre britannique Edward Heath déclara à ses ministres qu'il « lui avait semblé très vieilli et abattu. Il était évident que les enlèvements l'avaient beaucoup affecté et qu'il avait été très soulagé par la libération de M. Cross ». « The Prime Minister's Visits to Ottawa and Washington: Note of a meeting held at 10 Downing Street on 21 déc. 1970 at 3 p.m. », PREM 15/7/1 22808, Archives nationales du Royaume-Uni.

Chapitre 4 – Raison et passion

1. Les commentaires de Snow sont tirés de *Trudeau tel que nous l'avons connu*, sous la direction de Nancy Southam (Saint-Laurent : Fides, 2005), p. 159, et ceux de Leclerc sont tirés d'entrevues qu'elle a accordées à la CBC et qui se trouvent sur le site www.cbc.ca/arts/photoessay/that60s-show/index2.html. Wieland elle-même parle de l'œuvre *Reason over Passion* dans une entrevue (Kristy Holmes-Moss, « Interview and Notes on Reason over Passion and Pierre Vallières », *Canadian Journal of Film Studies*, nº 15, automne 2006, p. 114-117.)

2. Holmes-Moss. « Interview and Notes ».

3. Ryan dans *Le Devoir*, 1ᵉʳ mai 1971.

4. Denis Smith, *Bleeding Hearts, Bleeding Country* (Edmonton : Hurtig, 1971). L'entrevue de Trudeau est tirée de George Radwanski, *Trudeau* (Montréal : Fides, 1979), p. 368.

5. Je souhaite remercier M. Cook d'avoir mis à ma disposition ses notes personnelles au sujet des discussions de cette soirée et de m'avoir signalé l'existence du

poème d'Eli Mandel. Le procès-verbal de la réunion se trouve dans sa version intégrale dans son livre *Teeth of Time: Remembering Pierre Elliott Trudeau* (Montréal et Kingston : McGill–Queen's University Press, 2006), p. 110-122. Les vers de Mandel ont été tirés de « Political Speech (for PET) » et publiés dans *Dreaming Backwards: The Selected Poetry of Eli Mandel* (Don Mills, Ontario : General, 1981), p. 79. La citation sur la nécessité d'être fort est tirée de Pierre Trudeau, *Mémoires politiques* (Montréal : Le Jour, 1993), p. 134. M. Donald Wright a eu la gentillesse de me remettre la lettre que Lower a envoyée à son collègue historien George Stanley. La description de la réunion s'inspire également des souvenirs de l'éminent économiste Albert Breton, qui m'en a parlé en détail peu après qu'elle eut lieu. Nous avons reparlé depuis cette réunion, mais je me souviens très bien de la colère de Breton au sujet des commentaires de certains participants. À l'époque, Trudeau, affirma-t-il, éprouvait la même colère.

6. Trudeau, *Mémoires politiques*, p. 134.

7. Geoff Pevere et Greig Dymond, *Mondo Canuck: A Canadian Pop Culture Odyssey* (Toronto, Prentice-Hall, 1996), p. 221.

8. William Tetley, *The October Crisis, 1970: An Insider's View* (Montréal et Kingston : McGill-Queen's University Press, 2006), p. 217-218. Après la crise d'Octobre, Tetley rencontra Trudeau au cours d'une réception tenue dans la circonscription de ce dernier, au cours de laquelle, selon Tetley, Trudeau fit preuve de tolérance à cette occasion. Il remercia Tetley de son aide. Ce dernier écrivit : « À vrai dire, je crois que c'est nous qui avons fait le travail et qu'il nous a aidés. Mais bon, il est charmant et honnête. » Tetley, *October Crisis*, p. 220.

9. Pierre Vallières, *L'Urgence de choisir : essai* (Montréal : Éditions Parti-pris, 1971).

10. La caricature est parue dans l'*Ottawa Citizen* du 2 nov. 1970 et a été reprise dans John Saywell, *Quebec 70: A Documentary Narrative* (Toronto : University of Toronto Press, 1971), p. 95.

11. Cité dans Anne Carney, « Trudeau Unveiled : Growing Up Private with Mama, the Jesuits, and the Conscience of the Rich », *Maclean's*, fév. 1972, p. 68.

12. Les entrevues de Lundrigan, d'Alexander et de Trudeau se trouvent dans les archives numériques de la CBC, qui peuvent être visualisées à l'adresse http://archives.cbc.ca/on_this_day/02/16/, et desquelles les citations utilisées sont tirées. Voir également le *Globe and Mail* et le *Montreal Star* du 17 fév. 1971. Nombre de libéraux estimèrent que Trudeau se sortit bien de l'incident, mais Trudeau lui-même ne trouva pas cela très drôle. Journal intime de Richard Stanbury, document privé, 4 mars 1971.

13. On trouvera la meilleure analyse récente sur la loi et son contexte dans Ross Lambertson, *Repression and Resistance: Canadian Human Rights Activists* (Toronto : University of Toronto Press), 2005, chapitre 1. Il existe également un certain nombre de textes intéressants sur la loi du cadenas à l'adresse http://faculty.marianopolis.edu/c.belanger/quebechistory/docs/Laloiducadenas-Duplessisetlefascisme.html.

14. Lettre de Wright à Smith date du 20 mai 1939, citée dans Philip Girard, *Bora Laskin: Bringing Law to Life* (Toronto: University of Toronto pour The Osgoode Society, 2005,), p. 106.

15. Les citations et les interprétations proviennent directement de James Walker, *"Race," Rights, and the Law in the Supreme Court of Canada: Historical Case Studies* (Toronto: The Osgoode Society, 1997), p. 278.

16. Christopher MacLennan, *Towards the Charter: Canadians and the Demand for a National Bill of Rights, 1929–1960* (Montréal et Kingston: McGill-Queen's University Press, 2003).

17. À titre d'exemple, Scott se fit une réputation grâce à l'affaire *Roncarelli c. Duplessis*, Roncarelli étant un restaurateur adepte des témoins de Jéhovah qui avait perdu son permis de débit de boisson à cause de la loi du cadenas de Duplessis, et grâce à l'affaire du roman *L'Amant de Lady Chatterley* à l'issue de laquelle fut levée la censure dont faisait l'objet le livre de D.H. Lawrence relatant une histoire d'amour illicite.

18. Pierre Trudeau, *Le fédéralisme et la société canadienne* (Toronto: Macmillan, 1968), p. vii-viii.

19. Voir Mark MacGuigan, « The Political Freedom of Catholics » dans *Brief to the Bishops: Canadian Catholic Laymen Speak Their Minds*, sous la direction de Paul Harris (Toronto: Longmans Canada, 1965), p. 18–25. Plus tard, MacGuigan publia une étude controversée que Trudeau lut attentivement et approuva: *Abortion, Conscience, and Democracy* (Toronto: Hounslow, 1994). Cette étude, en accord total avec le mémoire de 1965, dénonce l'influence de l'Église catholique dans les débats publics. En parlant avec MacGuigan, dont je suis l'exécuteur testamentaire littéraire, j'ai été informé par ce dernier des nombreux entretiens qu'il a eus avec Trudeau, lesquels ont montré que l'ancien premier ministre était d'accord avec les opinions libérales de MacGuigan sur la question de l'avortement. On trouvera une condamnation virulente de l'influence de ces éminents catholiques dans le débat sur l'avortement dans Alphonse de Valk, *Lang, Lalonde, Trudeau, Turner: Abortion* (Battleford, Saskatchewan: Marian Press, 1975). De manière prophétique, de Valk avance que « [...] tant que l'une des parties reste convaincue que l'avortement est un acte criminel qui mérite d'être condamné publiquement, car il s'agit de l'interruption d'une vie humaine innocente de tout crime et donc d'un acte contraire à la raison et à la volonté de Dieu, l'autre camp doit empêcher cette perception de s'exprimer. Il doit s'y mettre sans relâche jusqu'à ce qu'il réussisse, pour la bonne et simple raison que, lorsque les êtres humains ont des opinions contradictoires sur des questions concernant la vie et la mort, ils ne peuvent vivre durablement en société. » (de Valk, *Abortion*, p. 18). MacGuigan, comme on peut s'y attendre, était tout à fait en désaccord avec cette vision des choses.

20. Richard Gwyn, « Prologue » dans John English, Richard Gwyn et P. Whitney Lackenbauer, *The Hidden Pierre Elliott Trudeau: The Faith behind the Politics* (Ottawa: Novalis, 2004), p. 11; Margaret Trudeau, *À cœur ouvert* (Montréal: Éditions Optimum, 1979), p. 62.

21. Dans son édition du 11 sept. 1968, *Le Devoir* rapporte que nombre de députés pourraient trouver embêtant que le projet de loi omnibus soit scindé, car cela les obligerait à voter simplement par oui ou par non sur des sujets aussi divers que l'homosexualité, l'avortement et le contrôle des armes à feu. Cependant, aucune référence n'est faite au projet de loi omnibus dans les discussions du Cabinet des mois de juillet et d'août. Les commentaires de Trudeau se trouvent dans les Conclusions du Cabinet, 5 sept. 1968, RG2, BCP, série A-5-a, vol. 6368, BAC.

22. Pour plus de détails concernant les deux points de vue adoptés dans le débat sur l'avortement, voir John Turner, « Faith and Politics » dans English, Gwyn et Lackenbauer, *Hidden Pierre*, p. 111-116 et Bernard Daly, « Trudeau and the Bedrooms of the Nation : The Canadian Bishops' Involvement » dans *ibid.*, p. 135–140. L'encyclique *Humanæ Vitæ* se trouve à l'adresse http://www.vatican.va/holy_father/paul_vi/encyclicals/documents/hf_p-vi_enc_25071968_humanae-vitae_fr.html. On trouvera la réaction des Églises du Canada dans l'édition du 26 sept. 1968 du *Devoir*.

23. Turner, « Faith and Politics », p. 115-116, Daly, « Trudeau and the Bedrooms of the Nation », p. 135–140.

24. Turner, « Faith and Politics », p. 113, J.A. Scollin, directeur du service de droit pénal, ministère de la Justice, à J.W. Goodwin, 15 mai 1969, ministère de la Justice, RG13, vol. 2965, fichier 185300-149-1, BAC. On trouvera les remarques de Trudeau sur le divorce dans Canada, *Débats de la Chambre des communes*, 4 déc. 1967. Je tiens à remercier M. Paul Litt, le biographe de Turner, de m'avoir fourni ces références. Les craintes au sujet de la réaction du pape sont mentionnées dans une correspondance de l'ambassadeur Crean (Rome) à Marcel Cadieux, 20 janv. 1969, Affaires étrangères, RG25, boîte 10104, fichier 20-CDa-9-Trudeau, partie 1, BAC.

25. Ian Coates à John Turner, 13 mai 1969, ministère de la Justice, RG13, vol. 2965, dossier 185300-149-1, BAC. On trouvera les commentaires de Turner dans Canada, *Débats de la Chambre des communes*, 17 avril 1969. Ceux de Diefenbaker et de Caouette sont cités dans Turner, « Faith and Politics », p. 116.

26. Andrew Thompson, « Slow to Leave the Bedrooms of the Nation : Trudeau and the Modernizing of Canadian Law, 1967–1968 » dans English, Gwyn et Lackenbauer, *Hidden Pierre*, p. 125. La conférence sur laquelle repose ce livre a donné lieu à de longs débats sur la véritable nature de la réforme de la Loi sur l'avortement, la majorité des catholiques étant d'avis qu'elle était révolutionnaire, tandis que pour d'autres, il ne s'agissait pas d'une si grande révolution. Je ne suis pas de foi catholique, mais je serais plutôt d'accord avec eux sur ce point : le changement était considérable.

27. Entretien avec Henry Kissinger, mars 2008.

28. Cet entretien figure dans FAE, RG25, boîte 10105, dossier 20-CD4-9-Trudeau P.e. FP (2).

29. Les citations sont tirées de Brian Shaw, *The Gospel according to Saint Pierre* (Richmond Hill, Ontario : Pocket Books, 1969), p. 77 et 240.

30. Trudeau, *À cœur ouvert*, p. 53-60; entrevue de Margaret Trudeau, fév. 2006.

31. *Ibid.*, p. 61. Son journal de voyage se trouve dans FT, MG 26 020, vol. 17, dossiers 11 et 12, BAC. Trudeau rédigea la préface du livre de MacInnis, *Underwater Man* (New York: Dodd, Mead, 1975). MacInnis demeura un bon ami de Trudeau. Entretien avec Joe MacInnis, juillet 2009.

32. Entrevues de Carroll Guérin, mai-août 2007 et juillet 2009. Mme Guérin m'a remis une copie de la lettre en question et transmis diverses informations pertinentes.

33. Trudeau, *À cœur ouvert*, p. 62-67; entrevue de Margaret Trudeau, fév. 2006.

34. La référence à une rencontre entre Trudeau et Streisand au cours du mois de nov. se trouve dans FT, MG 26 020, vol. 53, fichier 15, BAC; Trudeau, *À cœur ouvert*, p. 73-74.

35. James Sinclair à Trudeau, 20 déc. 1970, FT, MG 26 02, vol. 53, fichier 10, BAC; Trudeau, *À cœur ouvert*, p. 74-77.

36. Discours analysé dans *Ottawa Journal*, 5 mars 1971.

37. Trudeau, *À cœur ouvert*, p. 85; entrevues de Margaret Trudeau (fév. 2006), de Madeleine Gobeil (mai 2006), de Carroll Guérin (août 2007) et de Marc Lalonde (août 2007); discussions confidentielles.

38. Trudeau, *À cœur ouvert*, p. 84-87; entrevue de Margaret Trudeau, fév. 2006.

39. *Ottawa Journal*, 5 mars 1971; *Vancouver Sun*, 5 mars 1971; *Le Devoir*, 8 mars 1971; et *Globe and Mail*, 6 mars 1971.

CHAPITRE 5 – L'ÉCHEC DE VICTORIA

1. Richard Simeon, *Federal-Provincial Diplomacy: The Making of Recent Policy in Canada* (Toronto: University of Toronto Press, 1972). Voir également Gordon Robertson, *Memoirs of a Very Civil Servant: Mackenzie King to Pierre Trudeau* (Toronto: University of Toronto Press, 2000), chapitre 13. L'argument du Québec est présenté dans Claude Morin, *Le combat québécois* (Montréal: Les Éditions du Boréal Express, 1973). Ce livre englobe et augmente deux autres ouvrages plus anciens de Morin, qui fut le haut responsable québécois des négociations menées pendant cette période. Morin affirme dans sa préface que la version anglaise de son livre révélera les raisons pour lesquelles le Québec s'est tourné vers la souveraineté et que cela est le résultat du « combat » qu'il a livré au nom du Québec contre le gouvernement fédéral.

2. Philip Girard, *Bora Laskin: Bringing Law to Life* (Toronto: University of Toronto Press pour The Osgoode Society, 2005), p. 368-369.

3. Pierre Trudeau, *Mémoires politiques* (Montréal: Le Jour, 1993), p. 207.

4. L'article typique que Trudeau a écrit était « Les Octrois fédéraux aux universités », *Cité libre*, fév. 1957, p. 9-31. Voir également au sujet de son attitude à cet égard John English, *Trudeau: Citoyen du monde*, T. 1 (Montréal: Éditions de l'Homme, 2006), p. 299-301.

5. Voir Pierre Trudeau, « Des valeurs d'une société juste », dans *Les années Trudeau: à la recherche d'une société juste*, sous la direction de Thomas S. Axworthy et Pierre

Elliott Trudeau (Montréal : Le Jour, 1990), p. 385, et Thomas Shoyama, « L'évolution du système fiscal », *ibid.*, p. 245-253.

6. Robertson, *Civil Servant*, p. 272 et suivantes, *Canadian Annual Review of Public Affairs 1971*, sous la direction de John Saywell (Toronto : University of Toronto Press, 1972), p. 46-47 ; et entrevue avec Marc Lalonde, août 2007. On trouvera un compte rendu intéressant et contemporain, très documenté à partir de sources importantes dans Anthony Westell, *Trudeau le paradoxe* (Montréal : Éditions de l'Homme, 1972), chapitre 1.

7. Gordon Gibson à Marc Lalonde, 10 mai 1971, FT, MG 26 03, vol. 121, dossier 313.05, BAC. Joint à ce mémorandum se trouve un éditorial tiré du *Devoir* qui rapporte les propos de l'éminent intellectuel Fernand Dumont, qui a écrit que les historiens de l'avenir blâmeraient Trudeau d'avoir brisé le Canada. Trudeau s'est dit amusé par ces propos, puisque Dumont, une vieille connaissance, souhaitait que le Canada soit brisé.

8. Robertson, *Civil Servant*, p. 272 et suivantes, *Canadian Annual Review 1971*, Saywell, éd., p. 46-47 ; et entrevue avec Marc Lalonde, août 2007.

9. Robertson, *Civil Servant*, p. 277–282, *Canadian Annual Review 1971*, Saywell, éd., p. 58-59.

10. Turner à M. Cummings, 30 juin 1971, FTu, MG 26 Q4, vol. 6, dossier 11, BAC (Je suis redevable à Paul Litt, le biographe de Turner, de cette référence.) ; Trudeau, *Mémoires politiques*, p. 210, et *Le Devoir*, éditions des 22 et 25 juin 1971. L'aide de Bourassa, Charles Denis, fait remarquer que les conseils donnés à Bourassa allaient tous dans le sens du refus, et avance que Trudeau a exagéré l'ampleur des réactions positives à Victoria (Charles Denis, *Robert Bourassa : La Passion de la politique* [Montréal : Fides, 2006], p. 148-151). Contrairement à Trudeau, Bourassa faisait assidûment appel à Ryan pour le conseiller. Selon L. Ian MacDonald, Bourassa n'a omis de le faire qu'une seule fois dans le cadre d'une décision importante. Le lendemain, Ryan publiait un éditorial cinglant. Bourassa ne refit plus jamais cette erreur. L. Ian MacDonald, *De Bourassa à Bourassa* (Montréal : Primeur Sand, 1985), p. 18.

11. *Globe and Mail*, 23 juin 1971.

12. Sur le mouvement syndical québécois et la CEQ, voir Ralph Guentzel, « "Pour un pays à la mesure des aspirations des travailleurs québécois" : l'aile socialiste du mouvement syndical québécois et l'indépendantisme (1972-1982) », dans Michel Sarra-Bournet, éd., *Les Nationalismes au Québec du XIXème au XXIème siècle* (Québec : Les Presses de l'Université Laval, 2001), p.158 ; *Le Devoir*, 16 sept. 1971.

13. Trudeau cité dans Westell, *Trudeau, le paradoxe*, p. 74 ; Beetz, « Mémorandum pour le Premier Ministre », 12 juin 1972, FT MG 26020, vol. 23, dossier 12, BAC. Ce dossier contient d'autres mémorandums écrits par Beetz, y compris celui rédigé le 15 fév. 1972, où il utilise l'expression « *les grands feudataires* ».

14. Morin, *Le combat québécois*, p. 180.

15. *Ibid.*

16. Raymond Blake, « Social Policy and Constitutional Reform: The Case of Canada's Family Allowance Program in the 1970s », Document de politique publique n° 52, Saskatchewan Institute of Public Policy, déc. 2007.

17. Trudeau, *Mémoires politiques*, p. 210.

18. Stephen Clarkson et Christina McCall, *Trudeau : L'homme, l'utopie, l'histoire* (Vol. 1) (Montréal : Boréal, 1995), p. 117-118 ; entrevue avec John Turner, mai 2003 ; Dion cité dans *Canadian Annual Review 1971*, John Saywell, éd., p. 76 ; et entrevue collective enregistrée avec des collègues de Trudeau, 9 déc. 2002 ; 5 mars 2003 ; et 17 mars 2003, BAC.

19. Claude Lemelin dans *Le Devoir*, 21 juillet 1972. Des études portant sur le bilinguisme officiel révélèrent que l'appui à une éducation en français hors Québec s'est accru de manière considérable après l'adoption de la Loi sur les langues officielles. Et malgré la critique importante que cette loi a suscité dans les médias au Québec, l'appui au bilinguisme officiel fut extrêmement élevé dans cette province. En effet, dans un. sondage mené en 2002, 98 p. cent des répondants francophones ont indiqué qu'il était « très important » ou « important » à leurs yeux. Le pourcentage obtenu dans les autres provinces varie de 76 p. cent (dans les Maritimes), à 63 p. cent (en Colombie-Britannique). Andrew Parkin et André Turcotte, *Le Bilinguisme : Appartient-il au passé ou à l'avenir?* (Ottawa : Centre de recherche et d'information sur le Canada, mars 2004). Les statistiques sur le doublement du pourcentage des francophones dans l'armée et la fonction publique sont tirées de Susan Trofimenkoff, *Visions nationales : une histoire du Québec* (Saint-Laurent : Éditions du Trécarré, 1986). La description que fait Trudeau de l'atmosphère « English Only » figure dans Trudeau, *Mémoires politiques*, p. 109.

20. Voir *Le Devoir*, 9 oct. 1971 ; Fernand Dumont dans *Le Devoir*, 26 oct. 1971 ; Christian Dufour, *Le Défi québécois : essai* (Sainte-Foy : Presses de l'Université Laval, 2000) ; McRoberts critique le multiculturalisme de Trudeau dans une entrevue qu'il a accordée à Robert Bothwell dans Bothwell, *Canada and Quebec: One Country, Two Histories*, éd. rév. (Vancouver : University of British Columbia Press, 1995), p. 235-236 ; Arthur Schlesinger, *La désunion de l'Amérique : réflexions sur une société multiculturelle* (Paris : L. Levi, 1993) ; Neil Bissoondath, *Le marché aux illusions : la méprise du multiculturalisme* (Montréal : Boréal, 1995) ; Ian Buruma, *On a tué Theo Van Gogh : enquête sur la fin de l'Europe des Lumières* (Paris : Flammarion, 2006) ; Kwame Anthony Appiah préfère le terme « cosmopolitisme », qui reflète certains des premiers écrits de Trudeau et l'écriteau de sa porte de chambre à Harvard, qui le déclarait « citoyen du monde » (voir *Pour un nouveau cosmopolitisme* [Paris : Odile Jacob], 2008), p. 12 ; Charles Taylor, *Le malaise de la modernité* (Paris : Éditions du Cerf, 2008) ; Gérard Bouchard et Charles Taylor, *Commission de consultation sur les pratiques d'accommodement reliées aux différences culturelles* (Québec : Gouvernement du Quebec, 2008) ; et Will Kymlicka, *La citoyenneté multiculturelle : une théorie libérale du droit des minorités* (Paris : Éditions La Découverte / Montréal : Édi-

tions du Boréal, 2001). La présentation de Putnam, qui se base sur l'expérience historique américaine pour avancer qu'une « anomie » se produirait à court et à moyen termes, tout en prévoyant des effets bénéfiques à long terme, se trouve dans son étude « *E Pluribus Unum:* Diversity and Community in the Twenty-First Century: The 2006 Johan Skytte Prize Lecture », dans *Scandinavian Political Studies*, vol. 30 (2007), p. 137-174. Les travaux de Helliwell sont mentionnés dans un article du *Toronto Star* intitulé « Toronto, the Sad ? » (30 déc. 2007). Cet article indique que Toronto ne réussit pas à se classer parmi les dix premières villes canadiennes, la première étant Saint-Jean, suivie d'un groupe d'agglomérations plus petites. Helliwell insiste sur l'importance de l'intervention de l'État dans l'intégration des immigrants à leur nouvelle société, faisant contraster en cela les approches canadiennes et américaines, et s'appuyant sur des preuves telles que la rapidité avec laquelle les immigrants adoptent la citoyenneté du pays et le nombre d'immigrants qui se disent appartenir à deux cultures. Ses travaux font partie du programme plus global Interactions sociales, identité et mieux-être de L'Institut canadien de recherches avancées (ICRA). Une compilation récente, publié sous la direction de Will Kymlicka et Keith Banting et intitulé *Multiculturalism and the Welfare State: Recognition and Redistribution in Contemporary Democracies* (New York: Oxford University Press, 2006), fait ressortir le contexte international du débat quant aux répercussions du multiculturalisme sur le sentiment d'appartenance à la communauté, lequel, selon certains, est essentiel dans un système d'« État providence ». Les essais qui figurent dans le livre laissent entendre qu'aucune conclusion n'a encore été établie au sujet des répercussions du multiculturalisme sur la redistribution des richesses et l'État providence.

21. Voir Mildred Schwartz, *Public Opinion and Canadian Identity* (Scarborough: Fitzhenry and Whiteside, 1967), p. 86-88.

22. Sur l'approche adoptée durant le gouvernement Pearson sur la question multiculturelle, voir J. L. Granatstein, *Canada 1957-1967: The Years of Uncertainty and Innovation* (Toronto: McClelland and Stewart, 1986), p. 248. L'article de *L'Encyclopédie canadienne* rédigé par Jean Burnet sur le multiculturalisme énonce spécifiquement que le terme « devient en vogue au cours des années 60 pour faire contrepoids au "biculturalisme". Voir http://www.canadianencyclopedia.ca/index.cfm?PgNm=TCE&Params=f1ARTf0005511. Le sénateur conservateur Paul Yuzyk, un Manitobain d'origine ukrainienne, dit avoir élaboré le terme en 1964 en réponse au rapport de la commission. Le discours où l'on fait mention des prétentions de Yuzyk (prononcé par le sénateur Rhéal Belisle) se trouve dans Canada, *Débats du Sénat* (24 juillet 1986). Le site Web commémoratif sur Yuzik met l'accent sur sa contribution au multiculturalisme et à la communauté ukrainienne. Voir http://www.yuzyk.com/biog-e.shtml.

23. Le titre officiel du livre blanc est *La politique indienne du gouvernement du Canada, (Livre blanc sur la politique indienne, 1969), présentée à la première session du 28ᵉ parlement par l'honorable Jean Chrétien* (Ottawa: Imprimeur de la Reine, 1969), p. *v*.

24. Le débat du Conseil des ministres se trouve dans Conclusions du Cabinet, RG2, BCP, série A-5-1, vol. 6381, 23 sept. 1971, BAC; Canada, *Débats de la Chambre des communes* (8 oct. 1971).

25. *Canadian Annual Review 1971*, John Saywell, éd., p. 96–98; *Toronto Daily Star*, 9 oct. 1971; et *Le Devoir*, 9 oct. 1971.

CHAPITRE 6 – LA FÊTE EST FINIE

1. Les données du sondage Gallup révèlent que l'appui aux libéraux est demeuré relativement élevé jusqu'à la crise d'Octobre. Il diminua par la suite, puis fut suivi d'une baisse soudaine à la fin de 1971. En août 1971, les résultats s'établissaient à 42 p. cent pour le Parti libéral, 24 p. cent pour le Parti conservateur, 24 p. cent pour le NPD, et 10 p. cent pour le Parti créditiste et les autres partis. Ces résultats figurent dans John Saywell, éd., *Canadian Annual Review of Public Affairs 1971* (Toronto: University of Toronto Press, 1972), p. 19.

2. Joseph Wearing, *The L-Shaped Party: The Liberal Party of Canada 1958-1980* (Toronto: McGraw-Hill Ryerson, 1981), p. 187-188.

3. *Ibid.*, p. 192.

4. *Ibid.*, p. 162-163; Richard Gwyn, qui travailla dans le bureau d'Eric Kierans au début des années 1970, affirme que « la passion qui dévorait Davey concernait moins les programmes que la *programmation* de programmes [...] ». (*Le Prince* [Montréal: France-Amérique, 1981], p. 96-97). L'influence de Davey est évidente dans PLC, MG 28-IV3, vol. 1083, BAC. Journal intime de Richard Stanbury, collection privée, exemplaire personnel qui m'a été remis par son auteur.

5. Voir John English, *Trudeau: Citoyen du monde*, T. 1 (Montréal: Les Éditions de l'Homme, 2006), p. 297-308.

6. Journal intime de Stanbury, 2 oct. 1969; James Robertson et Sebastian Pano, « Le système électoral canadien » (document préparatoire); Bibliothèque du Parlement, Service d'information et de recherche parlementaires, BP437-E.

7. Wearing, *L-Shaped Party*, p. 163. Pour la transcription des remarques captivantes de Trudeau à la conférence de Harrison Hot Springs, voir Tom Hockin, éd., *Apex of Power: The Prime Minister and Political Leadership in Canada* (Scarborough: Prentice-Hall, 1971), p. 97-100. Journal intime de Stanbury, 10 juin 1970.

8. Journal intime de Stanbury, 15 sept. 1971; Wearing, *L-Shaped Party*, p. 169-171; *Toronto Star*, 22 nov. 1970; et entretien avec Allen Linden au début des années 1980.

9. Tony Judt, *Après guerre: Une histoire de l'Europe depuis 1945* (Paris: Armand Collin, 2007), p. 565.

10. Marc Lalonde, « The Changing Role of the Prime Minister's Office », *Canadian Public Administration/Administration publique du Canada* (hiver 1971), p. 511; Arthur Schlesinger, *La présidence impériale* (Paris: Presses universitaires de France, 1976); et Gordon Robertson, « The Changing Role of the Privy Council Office », *Canadian Public Administration/Administration publique du Canada*

(hiver 1971), qui maintint qu'il y avait bien davantage de responsabilité et de reddition de comptes sous Trudeau que sous MacKenzie King, qui «aurait préféré tout tenir serré contre sa poitrine pour le présenter de la manière et au moment qui lui convenait à ses ministres pris au dépourvu, et le faire circuler bien à l'avance» (p. 488). L'étude influente de Robert McKenzie sur la «loi d'airin de l'oligarchie» dans les partis politiques britanniques attire l'attention implicitement sur la centralisation qui se produit dans les partis eux-mêmes et, par conséquent, dans les partis au pouvoir (*British Political Parties: The Distribution of Power within the Conservative and Labour Parties*, 2ᵉ éd. [London: Heinemann, 1963]). Entrevue avec Marc Lalonde, août 2007.

11. Donald Savoie, *Court Government and the Collapse of Accountability in Canada and the United Kingdom* (Toronto: University of Toronto Press, 2008); Jeffrey Simpson, *The Friendly Dictatorship* (Toronto: McClelland and Stewart, 2001); Hockin, éd., *Apex of Power*; et Edward Goldenberg, *Comment ça marche à Ottawa* (Montréal: Fides, 2007), p. 388-389. On trouve une critique contemporaine dans Walter Stewart, *Shrug: Trudeau in Power* (Toronto: New Press, 1971). Stewart, un socialiste, vilipenda le style de gouvernement «présidentiel» de Trudeau, soutenant qu'il préférait «la démocratie parlementaire, avec son manque de rigueur, son ennui et même ses injures à l'autorité ferme d'un homme dominateur (...). À moins qu'une partie du pouvoir ne soit ravie du super-groupe, le premier ministre vivra bientôt dans le plus heureux des mondes politiques, celui qui est sans opposition» (p. 3).

12. Le sondage, «Attitudes about Trudeau, oct. 1970», se trouve dans FAL, MG 32 C-36, vol. 1, dossier 2, BAC. Christina McCall-Newman, *Les Rouges: un portrait intime du Parti libéral* (Montréal: Les Éditions de l'Homme, 1983), p. 138. Pickersgill m'a parlé à plusieurs reprises de l'amertume ressentie à cette époque.

13. Henry Lawless, «Correspondence Analysis – juillet 1969», FT, MG 26 O3, vol. 290, dossier 319-1, BAC.

14. «Attitudes about Trudeau». L'italique dans la citation figure dans l'original.

15. Charles Trudeau à Pierre Trudeau, 20 juin 1971, FT, MG 26 O2, vol. 53, dossier 28, BAC.

16. Robert Bothwell, Ian Drummond et John English, *Canada since 1945: Power, Politics, and Provincialism* (Toronto: University of Toronto Press, 1981), p. 16-17.

17. Alan Greenspan, *Le temps des turbulences* (Paris: Hachette, 2008), p. 86.

18. Trowbridge, cité dans Alfred Eckes, *Opening America's Market: U.S. Foreign Trade Policy since 1776* (Chapel Hill et Londres: University of North Carolina Press, 1995), p. 199. Voir aussi Thomas Zeiler, *American Trade and Power in the 1960s* (New York: Columbia University Press, 1992).

19. Trudeau, cité dans Anthony Westell, *Trudeau, le paradoxe* (Montréal: Les Éditions de l'Homme, 1972), p. 218.

20. Bulloch raconte l'histoire de sa croisade, ainsi que l'incident de la baignoire, à http://www.cfib.ca/legis/ontario/pdf/on0212.pdf. Voir aussi Israel Asper, *The*

Benson Iceberg: A Critical Analysis of the White Paper on Tax Reform in Canada (Toronto: Clarke, Irwin, 1970), p. xv.

21. Danson à Trudeau, 30 nov. 1970, FG, MG 32 C-86, vol. 1, dossier 6, BAC.

22. Saywell, éd., *Canadian Annual Review 1971*, p. 18-19; Canada, *Débats de la Chambres des communes* (17 déc. 1971).

23. La citation et la description du rôle du mouvement Waffle sont tirées de Ian McKay, *Rebels, Reds, Radicals: Rethinking Canada's Left History* (Toronto: Between the Lines, 2005), p. 188-189; Anthony Westell, *Paradox: Trudeau as Prime Minister*, p. 1, p. 3 [NDT: ces citations, traduites librement, sont tirées de la section « Prologue » de la version anglaise qui n'apparaît pas dans la traduction française, *Trudeau, le paradoxe*.]

24. Les objections de l'Australie figurent dans « Discussions with Canadian Prime Minister, Mr. Pierre Trudeau », Procès-verbaux du Cabinet australien, 19 mai 1970, série A5852, C0821, Archives nationales de l'Australie. L'incident du papier et les efforts concomitants de Nixon sont décrits dans Margaret MacMillan, *Nixon in China: The Week That Changed the World* (Toronto: Viking Canada, 2006), p. 166-167. Voir aussi le compte rendu dans Robert Bothwell, *Alliance and Illusion: Canada and the World, 1945-1984* (Vancouver et Toronto: University of British Columbia Press, 2007), p. 308-311. Dans son mémorandum indiquant qu'on était parvenu à une entente, le sous-secrétaire d'État aux Affaires extérieures, Ed Ritchie, s'inquiétait que Taïwan soit oubliée et isolée, mais Trudeau semblait beaucoup moins inquiet. Ritchie à « tous les ministères », 13 oct. 1970, FAE, RG 25, dossier 10840, dossier 20-1-2PRC, vol. 10, BAC. Beaucoup d'informations sur la reconnaissance de la Chine figurent dans Paul Evans et B. Michael Frolic, éditeurs, *Reluctant Adversaries: Canada and the People's Republic of China 1949-1970* (Toronto: University of Toronto Press, 1991), surtout la section 8, qui se concentre sur les raisons personnelles et politiques pour lesquelles Trudeau désirait la reconnaissance de ce pays. Le ministère des Finances avait des réserves, et le problème de Taïwan était reconnu, mais on y prêta très peu d'attention.

25. Pour des vues divergentes sur le rôle de Trudeau en Afrique, voir Ivan Head et Pierre Trudeau, *The Canadian Way: Shaping Canada's Foreign Policy, 1968-1984* (Toronto: McClelland and Stewart, 1995), p. 107-115, et Linda Freeman, *The Ambiguous Champion: Canada and South Africa in the Trudeau and Mulroney Years* (Toronto: University of Toronto Press, 1997). À propos de Lee Kuan Yew: entretien avec Barry Carin, ancien haut-commissaire à Singapour, en mars 2008. Carin affirma que Lee Kuan Yew ne s'intéressait qu'à Trudeau, pas au Canada.

26. Ford analyse la situation d'un œil critique dans ses mémoires, *Diplomate et poète à Moscou: réflexions d'un diplomate sur l'Union soviétique* (Paris Sides: Valbonne F.-L. Collignon, 1990), p. 116. On trouve un bon résumé de la réaction négative de la presse canadienne dans Saywell, éd., *Canadian Annual Review 1971*, p. 258-260.

27. Le commentaire de Trudeau est cité et analysé dans Leigh Sarty, « A Handshake across the Pole: Canadian-Soviet Relations in the Era of Détente », dans *Canada*

and the Soviet Experiment: Essays on Canadian Encounters with Russia and the Soviet Union, 1990-1991, éd. David Davies (Waterloo: Centre on Foreign Policy and Federalism, 1993), p. 133n37. L'article constitue la meilleure analyse du comportement de Trudeau pendant la visite.

28. *Ibid.* Sarty traduit une partie de l'éditorial dans lequel la *Pravda* dénonçait les critiques de Trudeau comme des « champions locaux de la "guerre froide", appuyés par une populace d'émigrés réactionnaires et des mouchards hitlériens invaincus » au Canada. On louait les initiatives de Trudeau pour rechercher « de nouveaux amis et des partenaires commerciaux afin de renforcer l'indépendance [du Canada] » (p. 125).

29. Les deux versions se trouvent dans FN, boîte 750, 34452, Archives nationales des États-Unis, Washington. La version définitive a été envoyée le 23 nov. 1971. La citation est tirée des enregistrements de Nixon (*Nixon Tapes*), rmn e5341, 6 juillet 1971, Archives nationales des États-Unis, Washington.

30. Ambassade des États-Unis, Ottawa, à Melvin Laird, secrétaire de la Défense, 27 mai 1969, dossiers de la White House Situation Room, boîte 670 Canada, Archives nationales des États-Unis, Washington. Voir http://www.gwu. edu/~nsarchiv/japan/schaller.htm, où Michael Schaller, historien de la diplomatie américaine, a résumé le climat qui régnait à Washington à partir des documents d'archives dans un rapport pour la National Security Archive.

31. *Canadian Forum* publia le rapport de Herb Gray et un commentaire sur celui-ci sous le titre de *A Citizen's Guide to the Gray Report Prepared by The Canadian Forum* [NDT: la version française équivalente est la suivante: *Le rapport Gray sur la maîtrise économique du milieu national: ce que nous coûtent les investissements étrangers* (Montréal: Leméac/Le Devoir, 1971).]

32. L'enregistrement complet de la rencontre entre Nixon, Kissinger et Trudeau a été mis en circulation en déc. 2008. Les extraits présentés ici sont tirés d'une séquence d'actualités de la CBC, que l'on peut entendre électroniquement à http://www.thestar.com/Article/550024. L'enregistrement révèle également les directives données à Haldeman. Une bonne analyse de l'incidence des politiques économiques de Nixon sur le Canada figure dans Bruce Muirhead, *Dancing around the Elephant: Creating a Prosperous Canada in an Era of American Dominance* (Toronto: University of Toronto Press, 2005).

33. Trudeau fit son rapport de la visite au Conseil des ministres le 12 déc. 1971. Ce rapport portait surtout sur le Pacte automobile et était généralement optimiste (RG2, BCP, série 5-a, vol. 6381, BAC). La meilleure analyse des politiques de Nixon et de la réponse du Canada se trouve dans Bothwell, *Alliance and Illusion*, p. 319 et suivantes.

34. Trudeau fit la remarque au Press Club à Washington le 26 mars 1969. Il est cité dans le *Globe and Mail*, 27 mars 1969.

35. Dossiers des voyages du Conseil de sécurité nationale. Visite du président (17-19 avril 1972), boîte 471, Archives nationales des États-Unis, Washington.

36. Norman Hillmer et J. L. Granatstein, *Empire to Umpire: Canada and the World to the 1990s* (Toronto: Copp Clark, 1994), p. 296–299. Enregistrements de Nixon, Rmn_734, 11 déc. 1971, Archives nationales des États-Unis, Washington; *New York Times*, 19 juin 1972.

37. Ces opinions sont exprimées dans Bothwell, Drummond et English, *Canada since 1945*, p. 410. Voir aussi une critique de la gauche dans Alvin Finkel, *Our Lives* (Toronto: Lorimer, 1997), p. 139 et suivantes. Joel Bell, l'un des auteurs de la politique industrielle du gouvernement Trudeau, affirme que « le gouverne-ment a malgré tout fini par admettre que trop de projets voyaient le jour pour des questions d'emplacement au détriment de la logique industrielle » (Joel Bell, « Une politique industrielle canadienne », dans *Les Années Trudeau: la recherche d'une société juste* / sous la direction de Thomas S. Axworthy et Pierre Elliott Trudeau, [Montréal: Le Jour, 1990], p. 106-107). Dans le même livre, Lloyd Axworthy défend la politique du développement régional, mais admet que le MEER avait des « difficultés » majeures. Il soutient que les politiques ultérieures eurent du succès, surtout celles appliquées au Manitoba (Axworthy, Thomas S., « Le développement régional: l'exemple de l'Ouest » dans *Les Années Trudeau: la recherche d'une société juste* / sous la direction de Thomas S. Axworthy et Pierre Elliott Trudeau, [Montréal: Le Jour, 1990], p. 267).

38. Trudeau à John Godfrey, 14 fév. 1972, MG 32 C-86, vol. 1, dossier 12, BAC; John Gray, « The View from Ottawa », *Maclean's*, janv. 1972, p. 4; et Jerome Caminada, « Canada's Struggle for Identity », *Times* (Londres), 17 fév. 1972.

39. Paul Litt, projet de biographie de John Turner, chap. 9; journal intime de Stanbury, 1er sept. 1971. Voir aussi Wearing, *L-Shaped Party*.

CHAPITRE 7 – LE PAYS NE SE PORTE PAS BIEN

1. Gordon Gibson à Trudeau, 9 sept. 1969, FT, MG 26 07, vol. 121, dossier 313.05, BAC. Trudeau écrivit « *Hell, No,* » (« Il n'en est pas question ») sur la liste des rendez-vous contenant les autres rencontres mentionnées.

2. Les remarques de Weiss figurent dans FAL, MG 32 B22, vol. 30.

3. *New York Times*, 14 sept. 1972.

4. « Le premier ministre a confirmé qu'il avait toujours l'intention de tenir la réu-nion régulière du Conseil des ministres chaque semaine. Il a ajouté que des réunions pourraient parfois avoir lieu à l'extérieur d'Ottawa, pourvu que quatre ou cinq autres ministres soient disponibles. » Conclusions du Cabinet, RG 2, BCP, série A-5-a, vol. 6395, 7 sept. 1972, BAC.

5. L'histoire du fermier figure dans Christina McCall-Newman, *Les rouges: un por-trait intime du Parti libéral* (Montréal: Les Éditions de l'Homme, 1982), « *If you had any sense you'd know it's horse shit, not Liberal shit, that makes the land strong* », p. 143; entrevue avec les ministres de Trudeau, University Club, Toronto, 24 mai 2007; Lynch, cité dans *Ottawa Citizen*, 26 oct. 1972.

6. Eric Kierans avec Walter Stewart, *Remembering* (Toronto : Stoddart, 2001), p. 202-203 ; Denis Smith, *Gentle Patriot : A Political Biography of Walter Gordon* (Edmonton : Hurtig, 1973), p. 252-253 ; et Walter Gordon, « Last Chance for Canada », *Maclean's*, sept. 1972, p. 72.

7. Conversation avec Kathy Robinson, mai 2008.

8. Les modifications apportées à la Loi sur l'assurance-chômage en 1971 ont « élargi le champ d'application du régime de façon à englober la quasi-totalité de la population active, y compris les enseignants, les fonctionnaires, les membres des forces armées et les travailleurs des tranches de revenu supérieures ». Les presta-taires recevaient également leurs prestations beaucoup plus tôt, et les femmes-enceintes avaient droit jusqu'à quinze semaines de prestations de maternité. Les modifications en 1972 firent augmenter les coûts pour les employeurs, ce qui irrita les groupes d'entreprises (*Annuaire du Canada, 1980-81* [Ottawa : Minis-tère des Approvisionnements et Services, 1981], p. 285, p. 294). Le principal historien de l'assurance-chômage, James Struthers, a décrit les changements comme spectaculaires : « Au cours de ses 69 années d'existence, l'AC a oscillé entre les deux pôles concurrentiels de la protection sociale et du risque subjectif. Jusqu'en 1975, c'est la protection sociale qui a dominé. Au cours des années de prospérité, l'admissibilité à l'AC a été accrue progressivement et les niveaux de prestations ont augmenté, lentement dans les années 1950 lorsque les travailleurs saisonniers ont été ajoutés au régime, puis de manière explosive entre 1971 et 1975, lorsque l'AC a été libéralisée afin de couvrir 96 p. cent de la main-d'œuvre. Seulement huit semaines de travail dans une année étaient nécessaires pour présenter une demande, et les prestations atteignaient 66 p. cent des gains assu-rables. » *Globe and Mail*, 15 avril 2009.

9. Journal intime de Stanbury, document privé, 5 oct. 1972 ; Heather Balodis à Alastair Gillespie, 18 sept. 1972 ; et Gillespie à Balodis, 27 sept. 1982, FG, vol. 34, dossiers « Letters and Reply », BAC. Dans sa réponse à la lettre très précise de Balodis, Gillespie souligna qu'on avait beaucoup augmenté le nombre d'enquê-teurs, que les entreprises étaient encouragées à assurer le respect des règles, et que « 90 % des gens qui perdent leur emploi » se retrouvent « réellement dans une situation difficile ». Il fit remarquer que « ce sont les tricheurs, soit ceux qui abusent du régime, qui nous mettent tous en colère et salissent le régime le plus humain et le plus complet que je connaisse ». Des plaintes faites par Balodis, trois étaient clairement, selon elle, des abus, comme dans le cas d'une personne qui « espère travailler à temps partiel et se faire payer comptant afin de ne pas réduire le montant de ses chèques d'AC ». Les réformes de Mackasey étaient controversées à l'intérieur du Conseil des ministres, et le demeurent. Bien des années plus tard, Charles Caccia, que plusieurs considèrent comme le membre le plus à gauche du Conseil des ministres de Trudeau, me confia qu'il pensait que Trudeau avait laissé Mackasey aller trop loin. Il ne comprenait pas pourquoi on n'avait pas prêté plus attention aux problèmes potentiels associés à l'extension des prestations aux travailleurs saisonniers.

10. L'allocution du candidat libéral est citée dans George Radwanski, *Trudeau* (Montréal: Fides, 1979), p. 288.

11. Joseph Wearing, *The L-Shaped Party: The Liberal Party of Canada 1958-1980* (Toronto: McGraw-Hill Ryerson, 1981), p. 199; Pierre Elliott Trudeau, *Mémoires politiques* (Montréal: Le Jour, c1993), p. 140-144; et Radwanski, *Trudeau*, p. 293.

12. Journal intime de Stanbury, 27 oct. 1972; Wearing, *L-Shaped Party*, p. 196-197; et entrevues avec les ministres de Trudeau, University Club, Toronto, 24 mai 2007.

13. La description et les commentaires sur la chambre d'hôtel et la fête sont tirés de l'entrée du 31 oct. du journal intime de Stanbury.

14. La citation de *Desiderata* est tirée du *New York Times*, 31 oct. 1972. Voir aussi *Toronto Star*, 1er nov. 1972.

15. Entrevue avec Alastair Gillespie, sept. 2007; journal intime de Stanbury, 31 oct. 1972.

16. *Globe and Mail*, 3 nov. 1972.

17. Je dois les références aux demandes de démission de Ross Whicher et de Bill Lee à la biographie de John Turner par Paul Litt qui paraîtra bientôt. Andras était lui-même amer: petit homme d'affaires, il ennuya Stanbury tôt le matin du 31 oct., lorsque John Nichol, ancien président du parti, et lui « appelèrent George van Roggen [sénateur de la Colombie-Britannique] et commencèrent à parler de la nécessité de se débarrasser de tous les socialistes du parti ». Journal intime de Stanbury, 1er nov. 1972.

18. *Ibid.*

19. Conclusions du Cabinet, RG 2, BCP, série A-5-a, vol. 6395, 7 sept. 1972, BAC; Margaret Trudeau, *À cœur ouvert* (Montréal: Éditions Optimum, 1979), p. 110-111; et entrevue avec Margaret Trudeau, fév. 2006.

20. Wearing, *L-Shaped Party*, p. 199.

21. Trudeau, *Mémoires politiques*, p. 141-144; Radwanski, *Trudeau*, p. 293.

22. Pepin avait perdu de peu dans sa circonscription, mais il refusa d'en appeler à un juge. Marchand et d'autres pensaient que le parti devrait le faire. Stanbury demanda à Trudeau d'intercéder et de demander à Pepin de permettre au parti de faire appel. Trudeau dit qu'il le ferait, mais il voulait s'assurer que Pepin ne « prenne pas publiquement position contre nous ». Pepin refusa, alléguant que cela donnerait l'impression, aux yeux des séparatistes, que les libéraux donnaient des pots-de-vin à un juge. Journal intime de Stanbury, 10 nov. 1972.

23. À propos de Pepin, entrevue avec Sheila Mary Pepin, août 2007. Entrevue avec Herb Gray, juillet 2007. Les opinions négatives qu'avait Trudeau à l'égard de Davis et en particulier de Richardson étaient bien connues de ses collègues. Conversation avec Albert Breton, fév. 2006.

24. Sur les réunions du Conseil des ministres, voir les entrevues avec les ministres et associés de Trudeau du 9 déc. 2002 et des 5 et 17 mars 2003, à Bibliothèque et Archives Canada. L'admiration de Whelan pour Trudeau est évidente dans ses

propres mémoires, *Whelan: The Man in the Green Stetson* (Toronto: Irwin, 1986).

25. Une excellente analyse de l'approche changeante adoptée à l'égard de la réforme de la politique sur les drogues se trouve dans Marcel Martel, *Not This Time: Canadian Public Policy and the Marijuana Question, 1961-1975* (Toronto: University of Toronto Press, 2006). Le titre, que l'on pourrait traduire par *Pas cette fois: la politique publique canadienne et la question de la marijuana*, confirme l'interprétation présentée dans cette section.

26. Journal intime de Stanbury, 9 nov. 1972; Wearing, *L-Shaped Party*, p. 199.

27. McCall-Newman, *Les rouges*, p. 159.

28. Je dois beaucoup au livre de mon ancien étudiant, le professeur Stephen Azzi, qui a fait la lumière sur les liens profonds existant entre Gordon et le *Toronto Star: Walter Gordon and the Rise of Canadian Nationalism* (Kingston et Montréal: McGill-Queen's University Press, 1999).

29. Davey affirme que Trudeau s'amusait au souper, mais le compte rendu de McCall est probablement plus juste. Voir Keith Davey, *The Rainmaker: A Passion for Politics* (Toronto: Stoddart, 1986), p. 162-163, et McCall-Newman, *Les rouges*, p. 169–170; entrevue avec Marc Lalonde, août 2007; entrevue avec Tony Abbott, août 2005.

30. *Toronto Star*, 5 janv. 1972; *Globe and Mail*, 4 janv. 1972. Sur la nouvelle attention de Trudeau à la monarchie, voir John Muggeridge, « Why Trudeau, in 1973, Became a Monarchist », *Saturday Night*, janv. 1974.

31. L'intervieweur était George Radwanski. Voir son livre, *Trudeau*, p. 300; Richard Gwyn, *Le Prince* (France-Amérique: Montréal, 1981), chapitre 13. Il fait remarquer qu'en 1976, il n'était plus approprié de faire des blagues sur le bilinguisme, comme celle concernant le sauveteur qui laissait les gens se noyer parce que, bien qu'il connaissât le terme « nager » (*to swim*), il ne savait pas nager. L'engagement de Trudeau, que Gwyn décrit si bien, est évident dans une lettre qu'il envoya à son Conseil des ministres le 19 avril 1973, dans laquelle il se plaint que, malgré les nouvelles règles promulguées sur l'utilisation de l'anglais et du français dans les activités du Conseil, « le nombre de documents présentés en français, même s'il a augmenté, demeure faible ». En outre, « les discussions se font surtout en anglais ». Trudeau demande aux services qui présentent des documents par l'intermédiaire de leur ministre de mettre les titres en français et en anglais. Bien qu'il se dise prêt à écouter « les difficultés » que la situation peut créer, Trudeau ajoute : « Il est particulièrement important dans ce contexte que les ministres et le Conseil des ministres profitent de toutes les occasions qui s'offrent à eux d'utiliser les deux langues, de manière à s'acquitter de leurs responsabilités efficacement et en temps opportun. » Trudeau à Alastair Gillespie, 19 avril 1973, FG, vol. 144, dossier « *Correspondence with PM 1-11-1* », BAC.

32. John Saywell, éd., *Canadian Annual Review of Politics and Public Affairs 1976* (Toronto: University of Toronto Press, 1977), p. 83-87, décrit le rapport Spicer sur les langues officielles et la réaction à sa publication.

33. Gwyn, *Le Prince*, p. 263. Spicer, qui devint commissaire aux langues en 1970, retrace sa longue carrière à la défense du bilinguisme tout en exprimant ses doutes sur l'approche suivie dans ses mémoires intitulées *Life Sentences: Memoirs of an Incorrigible Canadian* (Toronto: McClelland and Stewart, 2004). Le successeur de Spicer, Graham Fraser, a écrit un livre sur la politique en matière de langues officielles, traduit en français sous le titre de *Sorry I Don't Speak French: Ou pourquoi quarante ans de politiques linguistiques au Canada n'ont rien réglé... ou presque* (Montréal: Boréal, 2007). La critique classique de la politique de Trudeau a été écrite par un ancien officier de l'armée, J. V. Andrew: *Bilingual Today, French Tomorrow* (Richmond Hill, Ont.: BMG, 1977). Les ventes de ce dernier livre dépassèrent probablement celles de tous les autres livres mentionnés dans cette note. Sur les causes du conflit sur le contrôle aérien, voir Sandford Borins, *The Language of the Skies: The Bilingual Air Traffic Control Conflict in Canada* (Montréal et Kingston: McGill-Queen's University Press, 1983). John Meisel, *Working Papers on Canadian Politics*, 2e éd. (Montréal et London: McGill–Queen's University Press, 1975), p. 218–219.

34. Meisel, *Canadian Politics*, p. 222.

35. Les instructions aux ambassades se trouvent dans Tim Porteous à Jean Coté, Affaires extérieures, 29 mars 1971, FT, MG 26 07, vol. 121, dossier 313.09, BAC. Voir McCall-Newman, *Les rouges*, p. 176-177, qui rapporte que Margaret se serait plainte du sérieux avec lequel Roberts observait les règles. Margaret reconnaissait que Roberts appliquait les règles existantes, mais se plaignit âprement de l'obstination de McCall-Newman à essayer d'obtenir une entrevue avec elle dans le cadre d'un voyage en Russie. Margaret affirma que le résultat relevait d'« un certain genre de journalisme » dirigé contre elle par McCall-Newman. Voir Trudeau, *À cœur ouvert*, p. 98.

36. *Ibid.*, p. 104.

37. *Ibid.*, p. 99, p. 91-92 et p. 108. Dans une entrevue accordée en fév. 2006, Margaret Trudeau a confirmé ces impressions et remarques, qui ont été présentées dans *À cœur ouvert*.

38. *Ibid.*, p. 130-131.

39. Dans sa biographie de Yakovlev, Christopher Shulgan fait remarquer qu'en 2008, Wipikédia affirmait qu'Alexandre avait été prénommé d'après Yakovlev. Il met en doute l'histoire, faisant remarquer que Yakovlev était arrivé récemment au pays et n'était pas encore proche de Trudeau. Il note également que dans ses mémoires, Yakovlev indique que Lyudmila Kosygina, la fille d'Alekseï Kossyguine, le premier ministre soviétique, qui avait rencontré Margaret Trudeau et était devenue son amie lors de la visite des Trudeau en Union soviétique en 1971, avait suggéré le prénom. Lorsque Pierre et Margaret discutèrent des diminutifs, Trudeau dit que « Sacha » pouvait être un diminutif d'Alexandre. Margaret ne le croyait pas, mais Trudeau lui dit d'appeler Yakovlev, ce qu'elle fit. Yakovlev confirma qu'en effet, Alexandre pouvait être appelé « Sacha » et le diminutif resta. Alexandre Trudeau lui-même affirme qu'il a reçu le nom de Yakovlev, ce

qui correspond au fond à ce qui est écrit dans Wikipédia. Essentiellement, la vérité se perd dans les brumes de l'oubli. Voir Shulgan, *The Soviet Ambassador: The Making of the Radical behind Perestroika* (Toronto: McClelland and Stewart, 2008), p. 179. Conversation avec Alexandre Trudeau, avril 2007. L'article de Wikipédia se trouve à http://en.wikipedia.org/wiki/Alexandre_Trudeau.

40. Trudeau, *À cœur ouvert*, p. 130-131; entrevue avec Margaret Trudeau, fév. 2006.

41. Arthur Erickson joua un grand rôle dans la vie de Trudeau après cette première expérience. Les nombreuses lettres qui forment la correspondance entre Trudeau et Erickson se trouvent dans FT, MG 26020, vol. 2, BAC.

42. Voir Shulgan, *Soviet Ambassador*, p. 179-180.

43. Cette section se fonde en grande partie sur Trudeau, *À cœur ouvert*, p. 131-134, et Radwanski, *Trudeau*, qui est particulièrement utile puisque le premier chapitre suit Trudeau pendant une journée typique passée au bureau. D'autres sources comprennent McCall-Newman, *Les rouges*, p. 145, et des entrevues avec Margaret Trudeau et Justin Trudeau, ainsi qu'avec Jim Coutts, Robert Murdoch, Tim Porteous, Jacques Hébert, Albert Breton, Marc Lalonde, et plusieurs autres qui étaient en contact avec les Trudeau à l'époque.

44. Trudeau, *À cœur ouvert*, p. 133-134.

45. *Ibid.*, p. 115-118, p. 133.

CHAPITRE 8 – L'ÉTRANGE RENAISSANCE DE PIERRE TRUDEAU

1. Document tiré du FAB, appartenant à des intérêts privés.

2. Alastair Gillespie, « Memorandum to Self: Notes on Hudson Institute Seminar, Aug. 22, 1972 », FG, vol. 46, dossier « associations e21 », BAC; entrevue avec John Kenneth Galbraith, oct. 2005; et Jason Churchill, « The Limits to Influence: The Club of Rome and Canada 1968 to 1988 » (thèse de doctorat, Université de Waterloo, 2006), p. 132 et suivantes. Trudeau fit part de son intérêt à l'endroit du Club de Rome, mais se dissocia de *Halte à la croissance? Rapport sur les limites de la croissance* (Paris: Éditions Fayard, 1973), dont les conclusions avaient été discréditées, dans une conversation avec l'ambassadeur américain Thomas Enders en 1976. « Conversation with Trudeau août 1976 », FWS, Economic Policy Board, dossiers 1974-1977, boîte 224, fichier 7660247, ambassadeur Enders, Librairie présidentielle de Gerald R. Ford.

3. Albert Breton, « For the Prime Minister: A Personal Reading of Current Economic Events », 12 nov. 1971, FAB, appartenant à des intérêts privés. Le document de travail circula seulement au BCP et au CPM et même au sein de ces instances, seuls les plus hauts fonctionnaires purent le consulter: Lalonde, Head, Pitfield, Robertson, Crowe, Hudon et Davey.

4. *Toronto Star*, 29 janv. 1972.

5. Turner fit ces commentaires sur une fiche (cités par Paul Litt dans l'ébauche de sa biographie de John Turner). Le meilleur compte rendu des ramifications

internationales de la situation politique se trouve dans Robert Bothwell, *Alliance and Illusion: Canada and the World, 1945-1984* (Vancouver: University of British Columbia Press, 2007), chap. 17.

6. À propos de la réaction de Nixon, voir Helmut Sonnenfeldt à Henry Kissinger, 17 janv. 1973, FN, dossiers du NSC, boîte 750, fiche « Canada, Trudeau », Archives nationales, Washington. Le livre *Le Prince* de Richard Gwyn ([Montréal: France-Amérique, 1981]) illustre exceptionnellement bien les tensions qui régnaient au sein du gouvernement durant cette période. Rédigé avant que les documents d'archives ne soient disponibles, son chapitre 9 sur la période de 1972 à 1974 demeure le meilleur compte rendu du gouvernement minoritaire de Trudeau.

7. « Cutting the Corporate Income Tax », Breton à Trudeau, 19 janv. 1973, FAB; « The Elasticity of the Tax Base », Breton à Trudeau, 1ᵉʳ mars 1973, FAB; *Toronto Star*, 20 fév. 1973; *Globe and Mail*, 20 févr. 1973; et Litt, ébauche de sa biographie de John Turner. La discussion au Cabinet (y compris la discussion du 13 fév. 1974) se trouve dans RG2, BCP, série A-5-a, vol. 6422, BAC.

8. Ron Graham, *One-Eyed Kings: Promise and Illusion in Canadian Politics* (Toronto: Collins, 1986), p. 203.

9. Le meilleur compte rendu de cette période se trouve dans Douglas Hartle, *The Expenditure Budget Process in the Government of Canada* (Toronto: Canadian Tax Foundation, 1978). Breton à Trudeau, 9 avril 1973, FAB.

10. Breton à Trudeau, 5 mai 1973, FAB; « Entrevue entre M. Trudeau et M. Lépine », 5 mai 1992, FT, MG 26020, vol. 23, dossier 8, partie 1, BAC.

11. Citations recueillies à partir des mémoires préliminaires d'Alastair Gillespie et des conversations avec Gillespie. La citation du journal financier *Barron's* provient du livre *Le Prince* de Gwyn, p. 367. En 1981, Ian Drummond, historien économique exceptionnel de sa génération, analysa l'efficacité de l'AEIE: « Le véritable objectif de l'AEIE était difficile à décrire. Naturellement, ses promoteurs croyaient qu'elle n'allait pas assez loin, tandis que de nombreux économistes et hommes d'affaires canadiens étaient d'avis qu'elle dépassait les bornes. » Il fit remarquer que l'Agence devint plus imprévisible à la fin des années 1970, mais qu'elle approuva plus des deux tiers de toutes les demandes. Voir Robert Bothwell, Ian Drummond et John English, *Canada since 1945: Power, Politics, and Provincialism* (Toronto: University of Toronto Press, 1981), p. 416-417.

12. Dans leur biographie de C.D. Howe, Robert Bothwell et William Kilbourn décrivent comment il reçut le surnom de « Minister of Everything [ministre responsable de tout] ». Howe, écrivent-ils, « était informé de ce qui se passait ou de ce qui était sur le point de se passer partout au Canada. Pour les entreprises canadiennes, Howe était synonyme "d'Ottawa" ». *C.D. Howe: A Biography* (Toronto: McClelland and Stewart, 1979), p. 262.

13. Gerald Friesen, *The Canadian Prairies: A History* (Toronto: University of Toronto Press, 1984), p. 443, p. 445.

14. Douglas Owram, « The Perfect Storm : The National Energy Program and the Failure of Federal-Provincial Relations », dans *Forging Alberta's Constitutional Framework*, Richard Connors et John Law, éd. (Edmonton : University of Alberta Press, 2005), p. 404-405. Voir également Allan Hustak, *Peter Lougheed : A Biography* (Toronto : McClelland and Stewart, 1979).

15. Délégation de l'OCDE, Paris, aux Affaires Extérieures, 2 mai 1973, FG, R1526, vol. 35, dossier « Trade Issues », BAC ; « Notes for the Prime Minister's Opening Remarks at the Western Economic Opportunities Conference », Calgary, Alb., 24 juillet 1973.

16. Conclusions du Cabinet, RG2, BCP, série A-5-a, vol. 6422, 31 oct. 1973. À propos de l'incertitude quant à l'approvisionnement, voir Tammy Nemeth, « Continental Drift : Canada-U.S. Oil and Gas Relations, 1958-1974 » (thèse de doctorat, University of British Columbia, 2007), p. 316n166.

17. Conclusions du Cabinet, *ibid.*, 22 et 27 nov. 1973.

18. *Ibid.*, 12 déc. 1973. La thèse de Nemeth (voir note 16) suggère une plus grande continuité politique que ce que l'on trouve dans les procès-verbaux du Cabinet. Ceux-ci font état d'une confusion et de réactions considérables par rapport aux événements. Précédemment, G. Bruce Doern et Glen Toner avaient insisté sur la façon dont le gouvernement « titubait » d'une crise à l'autre, n'ayant qu'une très vague idée de l'issue des mesures mises en place. G. Bruce Doern et Glen Toner, *The Politics of Energy : The Development and Implementation of the NEP* (Toronto : Methuen, 1985), p. 91.

19. Commentaires dans *Canadian Annual Review of Politics and Public Affairs 1974*, J.T. Saywell, éd., (Toronto : University of Toronto Press, 1975), p. 92-98.

20. Lawrence LeDuc, « The Measurement of Public Opinion », dans *Canada at the Polls : The General Election of 1974*, Howard Penniman, éd. (Washington, D.C. : American Enterprise Institute for Public Policy Research, 1975), p. 230. Le tableau à cette page est tiré de sondages Gallup. Colin Kenny à Trudeau, 16 nov. 1973, FT, MG 26 07, vol. 121, dossier 313-05, 1973-1975, BAC.

21. Pierre Trudeau, *Mémoires politiques* (Montréal : Le Jour, 1993), p. 186-188 ; Margaret Trudeau, *À cœur ouvert* (Montréal : Éditions Optimum, 1979), p. 152-153 ; et *New York Times*, 14 oct. 1973. À propos des avantages de l'accord, voir Karen Minden, « Politics and Business : The Canada-China Wheat Trade 1960-1984 », dans *Canadian Agriculture in a Global Context*, Irene Knell et John English, éd. (Waterloo : University of Waterloo Press), p. 103-122. Minden illustre comment le Canada jouissait d'avantages comparativement aux autres négociateurs tels que l'Australie et les États-Unis, que seul le favoritisme politique chinois peut expliquer. Alexandre Trudeau confirme la remarque maintes fois citée, soit que Trudeau considérait Chou comme étant le dirigeant le plus impressionnant.

22. Michael Manley, cité dans Trudeau, *Mémoires politiques*, p. 147 ; *New York Times*, 18 nov. 1973.

23. *Annuaire du Canada* (Ottawa : Statistique Canada, 1978), p. 392-393, p. 948.

24. Voir l'excellent compte rendu dans *Canadian Annual Review 1974*, Saywell, éd., p. 98 et suivantes, qui comprend la correspondance entre Lougheed et Trudeau.

25. *Ibid.*, p. 103-107. La lettre est remarquablement détaillée et longue.

26. *Ibid.*, p. 23. Canada, *Débats de la Chambre des communes* (7-8 mai 1974). Trudeau admit dans ses *Mémoires politiques* qu'il avait tramé la défaite : « Manipulation ? Peut-être. En 1972, parce que je m'étais complu dans la théorie, j'avais subi une quasi-défaite. En méconnaissant le rôle indispensable des "machines politiques", en omettant de répondre aux besoins des militants et de stimuler l'ardeur du parti tout entier, j'avais frôlé l'échec. Je n'allais pas commettre la même erreur en 1974. » (p. 153 et p. 155).

27. Davey, cité dans George Radwanski, *Trudeau* (Montréal : Fides, 1979), p. 314.

28. *Toronto Star*, 5 juin 1974 ; *Canadian Annual Review 1974*, Saywell, éd., p. 38-39 ; et LeDuc, « The Measurement of Public Opinion », p. 239.

29. *Toronto Star*, 1er juin 1974 ; Trudeau, À *cœur ouvert*, p. 199-207 ; et conversations avec Jim Coutts, Bob Murdoch, Keith Davey et Margaret Trudeau.

30. *Montreal Gazette*, 5 juin 1974 ; *Canadian Annual Review 1974*, Saywell, éd., p. 46-49 ; et Paul Desmarais à Trudeau, n.d. [juin 1974], FT, MG 26020, vol. 17, dossier 14, BAC. Après les élections, Trudeau visita le domaine Desmarais situé sur l'île d'Anticosti, accompagné de son fils Justin et de son frère Charles. Trudeau dit à Desmarais : « Tes deux fils, Paul et André, m'ont impressionné par leur amabilité et combien leur collaboration nous a permis de profiter pleinement de cette brève vacance. » Trudeau à Desmarais, 20 août 1974, FT, MG 26020, vol. 17, dossier 13, BAC.

31. Joe Wearing, un analyste bien informé connu pour son allégeance libérale, affirme qu'« une telle campagne ne s'est toutefois pas déroulée sans tensions : il semble que le comité de la campagne était contrarié de l'importance excessive accordée au chef et, selon une analyse, "l'ensemble de la campagne aurait dérapé si elle avait duré une semaine de plus". » Les notes de bas de page de cette citation font référence à des entrevues avec Jerry Grafstein et Blair Williams, tous les deux membres du comité. Joseph Wearing, *The L-Shaped Party : The Liberal Party of Canada* (Toronto : McGraw Hill Ryerson, 1981, p. 203.

32. Stephen Clarkson, « Pierre Trudeau and the Liberal Party : The Jockey and the Horse », dans *Canada at the Polls*, Penniman, éd., p. 84–86.

33. LeDuc, « Measurement of Public Opinion », p. 232. Cinquante-sept pour cent des gens interrogés étaient d'accord pour dire que Trudeau avait changé.

34. Les résultats de l'élection figurent dans « An Overview of the 1974 Federal Election in Canada », de William Irvine, chap. 2, dans *Canada at the Polls*, Penniman, éd. Voir également Saywell, éd., *Canadian Annual Review 1974*, p. 70 (citation de Davey) et Trudeau, À *cœur ouvert*, p. 206. Une étude universitaire ultérieure soutient que le leadership était un facteur, mais que c'est peut-être la faiblesse du leadership de Stanfield qui était en cause, et non pas le dynamisme de celui de Trudeau. Trudeau n'éclipsa pas le Parti libéral durant cette campagne, mais il le ferait en 1979. Voir Wearing, *The L-Shaped Party*,

p. 204, et J.H. Pammett et coll., « The Perception and Impact of Issues in the 1974 Federal Election », *Canadian Journal of Political Science*, 10 (1977) : p. 94-126.

35. Trudeau, À *cœur ouvert*, p. 207.

CHAPITRE 9 – PROMESSE DE MI-MANDAT

1. Rebecca DiFilippo, « Margaret Trudeau : Bipolar Disorder Drove Her Despair, Fired Her Courage », *Moods*, automne 2006, p. 49. Voir aussi, « The Trudeaus Today : Margaret, Justin and Alexandre Unite to Share Heartfelt Memories and Discuss Their Humanitarian Achievements », *Hello*, 7 sept. 2006, p. 70-80. Mme Trudeau a révélé publiquement sa condition le 5 mai 2006 lors d'une conférence de presse au Royal Ottawa Hospital. Elle déclara aux journalistes qu'elle composait avec ses variations d'humeur sans en parler à personne. « On ne parlait jamais de cette maladie à l'époque, et elle était à peine reconnue, quel que soit le milieu auquel vous apparteniez. Alors, comme j'étais constamment dans l'œil du public et surveillée, je tentais de gérer tout cela du mieux que je pouvais. » (*Ottawa Citizen*, 6 mai 2006). Elle accorda aussi une longue entrevue à Anne Kingston en vue d'un article pour le magazine *Maclean's* (19 mai 2006). Dans cette entrevue, Mme Trudeau a indiqué qu'elle a été diagnostiquée du trouble bipolaire en 2000. Entrevue avec Margaret Trudeau, juin 2009.

2. Margaret Trudeau, À *cœur ouvert* (Montréal : Éditions Optimum, 1979), p. 199-200. Trudeau confirme cette histoire dans Pierre Trudeau, *Mémoires politiques* (Montréal : Je Jour, 1993), p. 156-157. L'équipe de campagne de Trudeau s'inquiétait de cette approche jusqu'à ce que la présence de Margaret commence à attirer une couverture journalistique favorable. Elle avait de la difficulté avec Ivan Head, mais aimait bien certains des adjoints de Trudeau, notamment Bob Murdoch, qui connaissait déjà Margaret et sa famille. Entrevue avec Margaret Trudeau, fév. 2006 ; entretien avec plusieurs membres de l'équipe de campagne de Trudeau en 1974.

3. Trudeau, À *cœur ouvert*, p. 208 ; entrevue d'Anne Kingston, *Maclean's*, 9 mai 2006. Le commentaire sur le « tunnel de noirceur » se trouve dans *Ottawa Citizen*, 6 mai 2006.

4. Trudeau, À *cœur ouvert*, p. 199. La dépression de Margaret après la naissance de Sacha eut un profond impact sur Pierre, selon les propos racontés par Peter C. Newman. Trudeau, accompagné de Stuart Hodgson, commissaire aux Territoires du Nord-Ouest, survola le pôle Nord à l'hiver de 1974. Trudeau prit les commandes de vol tandis qu'ils passaient au-dessus du pôle, et Hodgson prit des arrangements pour qu'il puisse parler à Margaret, qui était à Ottawa. La femme de ménage des Trudeau répondit au téléphone à un Trudeau enthousiasmé. Puis, poursuit Newman, Trudeau dit à Hodgson que Margaret ne voulait pas lui parler, et il se mit à sangloter. Hodgson lui demanda doucement : « Pourquoi l'as-tu épousée ? » « Parce que je l'aime, je l'aime vraiment », répondit Trudeau.

Peter C. Newman, *Here Be Dragons: Telling Tales of People, Passion, and Power* (Toronto: McClelland et Stewart, 2004), p. 337.

5. Keith Davey, *The Rainmaker: A Passion for Politics* (Toronto: Stoddart, 1986), p. 165; Richard Gwyn, *Le Prince* (Montréal: France-Amérique, 1981), p. 222; Paul Litt, projet de biographie de John Turner; et conversation avec John Turner, sept. 2008. Turner parlait régulièrement de ses rapports avec le secrétaire d'État américain, George Shultz. Voir Conclusions du Cabinet, RG2, BCP, série A-5-a, vol. 6422, 1er août 1973.

6. Mitchell Sharp, *Which Reminds Me...: A Memoir* (Toronto: University of Toronto Press, 1994), p. 166; Davey, *Rainmaker*, p. 187; et plusieurs conversations avec J.W. Pickersgill, 1974. J'ai vécu dans la maison de M. Pickersgill pendant la campagne électorale et entendu ses rapports sur Reisman, avec qui il était d'accord sur plusieurs aspects.

7. Sur Reisman et l'élection, voir Christina McCall-Newman, *Les rouges: un portrait intime du Parti libéral* (Montréal: Les Éditions de l'Homme, 1983), p. 240-242. Breton à Trudeau, 21 déc. 1972, FAB, propriété d'intérêts privés.

8. La décision de Trudeau, que Turner remettait en question, est décrite dans les Conclusions du Cabinet, RG2, séries A-5-a, vol. 6436, 14 nov. 1974. Voir aussi Stephen Clarkson et Christina McCall, *Trudeau: L'illusion héroïque* (vol. 2) (Montréal: Boréal, 1995), p. 99-102.

9. *Canadian Annual Review of Politics and Public Affairs 1974*, J.T. Saywell, éd., (Toronto: University of Toronto Press, 1975), p. 346 et suivantes.

10. McLuhan à Trudeau, 14 août 1973, avec pièce jointe, FT, MG 26 020, vol. 9, dossier 32, BAC (accent mis dans l'original). L'approche de McLuhan face à l'inflation se compare à celle de John Kenneth Galbraith, qui avait une influence sur la pensée de Trudeau à l'époque. Galbraith mettait l'accent sur le rôle de la publicité dans la création de besoins artificiels, tentant de comprendre l'impact des communications. McLuhan reliait l'inflation à la nouvelle économie telle qu'il la comprenait. « Pour comprendre l'inflation dans un monde d'information instantanée et universelle, il est nécessaire de voir la vieille mécanique des produits et des prix de la façon dont elle interagit maintenant avec le nouvel ordre caché mondial de l'information instantané. Ce n'est pas seulement une nouvelle façon de jouer, c'est un nouveau terrain de jeu et de nouvelles règles du jeu au moment où la vieille production industrielle de technologies matérielles se retrouve tout à coup *à l'intérieur* d'un environnement d'information électrique simultanée. L'expression "faire de l'argent" est apparue au début du XXe siècle en même temps que "faire la nouvelle". Les deux sont des aspects d'un même processus d'information. À la vitesse de l'électricité, le temps et l'espace sont grandement raccourcis, sinon totalement éliminés. » (italique dans l'original).

11. G. Bruce Doern and Glen Toner, *The Politics of Energy: The Development and Implementation of the NEP* (Toronto: Methuen, 1985), p. 88 et suivantes; Conclusions du Cabinet, RG2, série A-5-a, vol. 6436, 17 janv. 1974, BAC; et

Tammy Nemeth, « Continental Drift: Canada-U.S. Oil and Gas Relations, 1958-1974 » (thèse de doctorat, University of British Columbia, 2007), chap. 4.

12. *New York Times*, 10 juillet 1974. Le taux de chômage était bas, soit à 4,0 p. cent en juin 1974; dans *Canadian Annual Review*, Saywell, éd., on résume l'année comme l'une au cours de laquelle « l'économie canadienne s'est raisonnablement bien comportée » (p. 346).

13. Les statistiques sur le divorce figurent dans *Canada Year Book, 1978-79* (Ottawa: Ministère des Approvisionnements et Services, 1978), p. 167; celles sur l'avortement, de Statistique Canada: http://cansim2.statcan.ca/cgi-win/cnsmcgi.pgm?re gtkt=&C2Sub=HEALTH&ARRAYID=1069013&C2DB=&VEC=&LANG=E &SrchVer=&ChunkSize=&SDDSLOC=&ROOTDIR=CII/&RESULTTEMP LATE=CII/CII_PICK&ARRAY_PICK=1&SDDSID=&SDDSDESC=. Sur Morgentaler, Trudeau, et Lang, voir les articles d'Andrew Thompson et Otto Lang dans *The Hidden Pierre Elliott Trudeau: The Faith behind the Politics*, John English, Richard Gwyn, et P. Whitney Lackenbauer, éd. (Ottawa: Novalis, 2004). Les réactions du Cabinet au jugement Morgentaler se trouvent dans les Conclusions du Cabinet, RG2, série A-5-a, vol. 6457, 26 juin et 3 juillet 1975. Trudeau a exprimé son inquiétude que le jugement infirmé dans l'affaire Morgentaler ne mène à une remise en question du système juridique.

14. Débats de la Chambre des communes du Canada (14 juillet 1976). La peine capitale fut maintenue pour les crimes de trahison et dans l'armée, mais fut retirée du Code criminel et remplacée par une sentence obligatoire de vingt-cinq ans de prison pour les meurtres au premier degré (*Globe and Mail*, 23 juin 1976). Un compte rendu complet du débat se trouve dans *Canadian Annual Review of Politics and Public Affairs 1976*, John Saywell, éd., (Toronto: University of Toronto Press, 1977), p. 9-12. La description de Gwyn et les résultats du sondage Gallup font partie du compte rendu.

15. Henry Kissinger, *À la Maison Blanche, 1968-1973* (Paris: Fayard, 1979), vol. 1, p. 400-401, et National Security Advisers, Memoranda and Conversations, boîte 7, Gerald Ford, Kissinger, et Scowcroft, 3 déc. 1974, Bibliothèque présidentielle Gerald R. Ford. Voir aussi les bandes magnétiques du président Nixon, rmn e534a, 6 juillet 1971; rmn _625b, 10 nov. 1971; rmn_629a, 11 déc. 1971; et rmne759_10, 19 août 1972. Une bonne évaluation de la relation se trotive dans Robert Bothwell, *Alliance and Illusion: Canada and the World, 1945-1984* (Vancouver: University of British Columbia Press, 2007), p. 314 et suivantes.

16. Ivan Head et Pierre Trudeau, *The Canadian Way: Shaping Canada's Foreign Policy, 1968–1984* (Toronto: McClelland and Stewart, 1995), p. 39.

17. Dans son étude de la réforme parlementaire, Thomas Axworthy place la situation canadienne dans un contexte international. Tout en déplorant la célèbre remarque de Trudeau à propos des députés, à savoir qu'il s'agissait de « nullités » qui n'avaient rien à faire sur la Colline du Parlement, Axworthy accorde à Trudeau le crédit de plusieurs réformes: « Il y a peu de doute que l'héritage parlementaire durable de Trudeau aura été d'incorporer le système de comités et

de donner au gouvernement le Règlement 75-C relatif au temps alloué. » *Everything Old Is New Again : Observations on Parliamentary Reform* (Kingston : The Centre for the Study of Democracy, Queen's University, 2008), p. 47.

18. Stanfield est cité dans *Canadian Annual Review 1974*, Saywell, éd., p. 56-57. Voir aussi Matthew Hayday, *Bilingual Today, United Tomorrow : Official Languages in Education and Canadian Federalism* (Montréal et Kingston : McGill-Queen's University Press, 2005), p. 181. Voir en particulier le chapitre 3, où l'on discute de la période 1970-1976.

19. Peter Desbarats, « Future Canadians May Regard Trudeau as a Success », *Saturday Night*, juin 1975, p. 9-12.

20. ·Claude Ryan, « The.Three Doves Ten Years Later », dans *The Trudeau Decade*, Rick Butler et Jean-Guy Carrier, éd. (Toronto : Doubleday, 1979), p. 290-291. [Initialement publié en français dans *Le Devoir*, 10 juin 1975, « Les "trois colombes" dix ans après ».]

21. George Radwanski, *Trudeau* (Montréal : Fides, 1979), p. 385-387, p. 391. Le dernier chapitre du livre de Radwanski, intitulé « Le chef accompli ». Son introduction est datée de janv. 1978.

22. *Débats de la Chambre des communes du Canada* (22 janv. 1975) ; *Canadian Annual Review of Politics and Public Affairs 1975*, John Saywell, éd., (Toronto : University of Toronto Press, 1976), p. 7, p. 87-88 ; Marchand à Trudeau, 11 juillet 1975, FT, MG 26 020, vol. 8, dossier 20, BAC ; entrevues avec Marc Lalonde (août 2007), Alexandre Trudeau (avril 2007), Jacques Hébert (juillet 2007) ; et conversations avec Pauline Bothwell. Les commentaires sur la visite à l'hôpital se trouvent dans *Canadian Annual Review 1975*, Saywell, éd., p. 88. Le rapport de police sur Marchand annoté par Trudeau se trouve dans FT, MG 26 020, vol. 8, dossier 20, BAC. Selon ce rapport, une femme accompagnait Marchand. Sa présence est la raison, semble-t-il, qui explique pourquoi il a décidé de ne pas utiliser le chauffeur du gouvernement, et pourquoi il a agi dangereusement au moment de la collision.

23. Entrevue avec Herb Gray, juillet 2007. Trudeau assura personnellement Gray que ce ne fut pas Michael Pitfield, l'ancien sous-ministre de Gray, qui avait parlé contre Gray. Sur Davey et le Cabinet, voir Davey, *Rainmaker*, p. 192.

24. J'ai parlé de la tradition libérale et du rôle de Trudau dans les affaires internationals dans mon article intitulé « In the Liberal Tradition : Lloyd Axworthy and Canadian Foreign Policy », paru dans *Canada among Nations 2001 : The Axworthy Legacy*, Fen Hampson, Norman Hillmer et Maureen Molot, éd., (Toronto : Oxford University Press, 2001), p. 89-93.

25. James Eayrs, « Defining a New Place for Canada in the Hierarchy of World Power », *International Perspectives* (mai-juin 1975), p. 24 ; Bothwell, *Alliance and Illusion*, p. 346-348 ; et J.L. Granatstein et Robert Bothwell, *Pirouette : Pierre Trudeau and Canadian Foreign Policy* (Toronto : University of Toronto Press, 1990), chap. 6.

26. Peter Hayman, British High Commission, Ottawa, à Hon. H.A.A. Hankey, Foreign and Commonwealth Office, 15 juillet 1971, FCO 82/17.122837, Archives

nationales du Royaume-Uni. Granatstein et Bothwell, *Pirouette*, p. 164. J'ai aussi parlé de la troisième voie avec Dupuy, qui pendant des années resta en faveur d'un lien contractuel.

27. Le discours sur la politique étrangère a été prononcé devant le Congrès juif canadien, 16 juin 1974. FAE, dossier 20-2-2-1, vol. 8821, BAC. Le discours chinois est cité dans Eayrs, « Defining a New Place for Canada », p. 24.

28. Dans les milieux universitaires, les écrits de l'économiste argentin et fonctionnaire international Raúl Prebisch ont eu une influence considérable, surtout au Canada, où les politicologues du cadre néo-marxiste trouvaient éclairante la théorie de Prebisch de la dépendance économique de la périphérie sur le centre. Trudeau considérait cette théorie un peu plus que les réflexions universitaires, pour lesquelles il avait de moins en moins de respect.

29. Trudeau à MacEachen, 4 sept. 1974, cité dans une ébauche d'histoire du ministère des Affaire extérieures.

30. Robinson s'était attiré, avec raison, beaucoup d'admiration pour sa capacité à agir à titre de conseiller en matière de politique étrangère auprès du difficile John Diefenbaker, et il avait de bons amis au sein du gouvernement, notamment ses compagnons de criquet, Alastair Gillespie et Donald Macdonald. Basil Robinson a écrit la meilleure étude sur la politique étrangère de Diefenbaker : *Diefenbaker's World : A Populist in Foreign Affairs* (Toronto : University of Toronto Press, 1988). L'ouvrage indique que le temps passé auprès de Diefenbaker a permis à Robinson de bien se préparer pour affronter les conflits tout aussi difficiles avec Head, et, dans une moindre mesure, avec Trudeau.

31. Le commentaire sur Head et « l'espion » se trouve dans l'ébauche d'histoire sur le ministère des Affaires extérieures, et est formulé à « l'espion » lui-même : Norman Riddell.

32. Ambassade du Canada au Danemark au sous-secrétaire d'État aux Affaires extérieures, 6 juin 1975, FAE, RG 25, vol. 9246, dossier 20-CDA-9-Trudeau/SCAN, BAC ; Ivan Head à Basil Robinson, 12 mai 1975, *ibid.* Head assista à la rencontre, en compagnie de John Halstead, qui était sous-secrétaire adjoint. Le secrétaire de presse de Trudeau, Pierre O'Neill, et son adjoint, Bob Murdoch, étaient aussi présents.

33. Trudeau avait joué un rôle dans le changement de structure des assemblées du Commonwealth, en particulier celle qui eut lieu à Ottawa en 1973. Il mit l'accent sur le caractère informel de la rencontre, tout en s'assurant d'une préparation soignée, comprenant entre autres l'organisation de visites par Head aux pays membres avant la rencontre. Voir *Alliance and Illusion*, p. 350.

34. Ambassade du Canada au Danemark au sous-secrétaire d'État aux Affaires extérieures, avec pièce jointe, 6 juin 1975, FAE, RG 25, vol. 9246, dossier 20-CDA-9-Trudeau/SCAN, BAC ; Ivan Head à Basil Robinson, 12 mai 1975, *ibid.*

35. Head et Trudeau, *Canadian Way*, p. 147. Le discours se trouve dans FT, MG 26 020, vol. 741, boîte 241, dossier Trudeau, corresp. Pierre, communiqués de presse, BAC.

36. Mitchell Sharp, secrétaire d'État aux Affaires extérieures par intérim, à Trudeau, 16 déc. 1975, FAE, RG 25, vol. 9246, dossier 20-1-2USA, BAC.

37. Conclusions du Cabinet, RG2, CPM, série A-5-a, vol. 6456, 19 juin, 10 juillet et 24 juillet 1975 ; *Canadian Annual Review 1975*, p. 290–294; *Toronto Star*, 16 juillet 1975 ; et conversations avec Barney Danson et Allan Gotlieb. John Holmes, un diplomate à la retraite, directeur du Canadian Institute of International Affairs, hautement considéré à titre de principal analyste de la politique étrangère canadienne, déplora la décision de Trudeau. Il fut cité dans l'édition canadienne du magazine *Time* (4 août 1975) pour avoir dit que « le Canada vient d'établir un malheureux précédent. La tragédie est que des gens bien intentionnés à Toronto et en Ontario encouragent plutôt qu'ils ne découragent le terrorisme. Les médias ont mal représenté l'Organisation de libération de la Palestine. Il s'agit d'une organisation fragmentée. Les modérés qui en ont le contrôle se battent eux-mêmes pour se débarrasser des factions terroristes. Pour obtenir une colonie au Moyen-Orient, Israël devra traiter avec les Palestiniens, et qui va les représenter ? Donner une plateforme aux Palestiniens permet d'alléger un peu les frustrations ». Holmes m'a raconté à cette époque que, en réaction à son commentaire, il s'est attiré beaucoup de critiques, ce qui laisse entendre qu'il était tolérant face au terrorisme et même antisémite.

38. Head et Trudeau, *Canadian Way*. Trudeau parle de ses médiocres relations avec Begin dans ses *Mémoires politiques*, p. 193. Lorsqu'il discuta de Begin avec son amie Gale Zoë Garnett en 1981, il exprima sa profonde antipathie pour l'homme. Trudeau était aussi influencé par le fait que le Likoud était un parti religieux, alors que le Parti travailliste était laïc. Gale Zoë Garnett à Trudeau, 11 juin 1981, FT, MG 26020, vol. 4, dossier 4-42, BAC ; conversation avec Gale Zöe Garnett, sept. 2007.

39. Peter Hajnal, dans *The G8 System and the G20 : Evolution, Role, and Documentation* (Aldershot : Ashgate, 2007), se sert de sources archivistiques récemment dévoilées pour retracer la création de l'institution. Ce compte rendu se fonde également sur Bothwell, *Alliance and Illusion*, p. 348-350, ainsi que sur Head et Trudeau, *Canadian Way*, p. 196-197. Head et Trudeau rapportent que Trudeau était « critique face au Ministère [...] lorsque certains hauts responsables employaient dans leurs déclarations publiques le langage même qu'il dénonçait [...] [et] qu'il considérait comme manquant d'élégance et contreproductif » (p. 197). Paul Martin, *The London Diaries, 1975-1979* (Ottawa : University of Ottawa Press, 1988), p. 70-92, contient un excellent compte rendu sur les tentatives émergentes d'exclure le Canada de l'organisation. Les documents américains importants sont : Helmut Sonnenfeldt, Mémorandum de la Conversation avec l'ambassadeur canadien Jake Warren, 22 oct. 1975, et Mack Johnson, ambassade américaine à Ottawa au secrétariat d'État, 31 oct. 1975 (Fonds Ford, NSA Presidential Country Files, boîte 3, Bibliothèque présidentielle Gerald R. Ford). Du côté canadien, on trouvera les documents dans RG 25, boîte 14123, dossier 3504-ESC, BAC, notamment une note de Head « au dossier » datée du 3 oct. 1975. Sur Porto Rico, voir « Report by Peter Towe on Preparatory Discus-

sion for Puerto Rico Economic Summit », 14 juin 1976. La position britannique a été décrite comme un appui, mais les journaux de bord de Martin, de même que les documents des Affaires extérieures, indiquent clairement que les Britanniques hésitaient par crainte d'irriter les Français, avec lesquels les relations n'étaient pas des meilleures à l'époque. Mis à part l'attitude générale à l'égard du Canada, les Français s'opposaient clairement à l'idée d'un deuxième représentant nord-américain, et ils s'attendaient, avec raison, que le Canada partage le point de vue des Américains sur les questions liées au change.

40. Thomas Courchene, « Proposals for a New National Policy », dans *Pursuit of the Public Good : Essays in Honour of Allan J. MacEachen*, Tom Kent, éd., (Montréal et Kingston : McGill-Queen's University Press, 1997), p. 75, et Richard Harris, « Canadian Economic Growth : Perspective and Prospects », dans *ibid.*, p. 124-125.

41. L'évaluation des ministres se fonde sur mon interprétation des conclusions du Cabinet, sur des entrevues (moins fiables) et sur la documentation disponible à l'époque. La citation décrivant Hayek provient d'une étude favorable à la révolution conservatrice par Daniel Yergin et Joseph Stanislaw, *La grande bataille : les marchés à l'assaut du pouvoir* (Paris : Odile Jacob, 2000), p. 80.

CHAPITRE 10 – FAUSSE ROUTE

1. Sur la position du ministère des Finances, voir Douglas Hartle, *The Expenditure Budget Process in the Government of Canada* (Toronto : Canadian Tax Foundation, 1978), p. 6-12, qui fait ressortir la position anti-interventionniste du Ministère. Ron Graham, *One-Eyed Kings : Promise and Illusion in Canadian Politics* (Toronto : Collins, 1986), p. 203, p. 210-211; et Paul Litt, projet de biographie de John Turner. Une biographie utile de Galbraith, qui illustre son influence sur le discours et la pensée de Trudeau, est celle de Richard Parker, *John Kenneth Galbraith : His Life, His Politics, His Economics* (New York : Farrar, Straus, and Giroux, 2005). Parker considère *Economics and the Public Purpose* (New York : Houghton Mifflin, 1973; en français *La science économique, et l'intérêt général*, Paris : Gallimard, 1974) comme le produit du déchantement de Galbraith à l'égard du capitalisme américain et de la politique publique après le Viêtnam, Nixon et les crises financières du début des années 1970. Il est d'accord pour dire que Galbraith est devenu un socialiste à cette époque.

2. Albert Breton, "Memorandum for the Prime Minister. Do Markets Work?", 16 janv. 1976 (FAB, appartenant à des intérêts privés). On trouvera un excellent résumé de la reconnaissance par Galbraith, vers la fin de sa vie, que son concept de la corporation ne réussit pas à prendre en compte la concurrence internationale et sa forme modifiée dans une critique de Richard Parker par le biographe de Keynes, Robert Skidelsky. http://skidelskyr.com/index.php?id=2,85,0,0,1,0.

3. Les statistiques proviennent de *Canadian Annual Review of Politics and Public Affairs 1975*, John Saywell, éd., (Toronto : University of Toronto Press, 1976), p. 6,

p. 313 et suivantes, et Robert Bothwell, Ian Drummond, et John English, *Canada since 1945 : Power, Politics, and Provincialism* (Toronto : University of Toronto Press, 1981), chap. 33. Le commentaire de Whelan sur l'exemption des fermiers se trouve dans les Conclusions du Cabinet, RG2, BCP, série A-5-a, vol. 6456, BAC.

4. Conclusions du Cabinet, 22 mai et 18 juin 1975, *ibid.* Litt, projet de biographie de Turner.

5. Sur Reisman, voir Stephen Clarkson et Christina McCall, *Trudeau : L'illusion héroïque* (vol. 2) (Montréal : Boréal, 1995), p. 99-101. Le compte rendu est basé sur les commentaires que Reisman a faits peu après sa démission. On trouvera un excellent et bref résumé de la croissance et de la restructuration du système canadien de bien-être social vues dans la perspective des années 1990 dans Ken Battle, « Back to the Future : Reforming Social Policy in Canada », dans *In Pursuit of the Public Good : Essays in Honour of Allan J. MacEachen*, Tom Kent, éd., (Montréal et Kingston : McGill-Queen's University Press, 1997), p. 35-43. Il existe quantité de descriptions contemporaines de la création de l'État providence canadien, notamment Dennis Guest, *Histoire de la sécurité sociale au Canada* (Montréal : Boréal, 1995) ; Rodney Haddow, *Poverty Reform in Canada, 1958-1978* (Montréal et Kingston : McGill-Queen's University Press, 1978) ; et Richard Van Loon, « Reforming Welfare in Canada », *Public Policy* (automne 1979), p. 469-504.

6. Les propos sur la démission de Grandy et de Reisman sont tirés de conversations avec leurs anciens ministres Alastair Gillespie et John Turner. Sur la déclaration de Morris, voir *Canadian Annual Review 1975*, Saywell, éd., p. 328. Sur l'industrie du pétrole et le gouvernement, voir Peter Foster, *Les Géants du pétrole* (Montréal : Edicompo, 1982), p. 151-152 – l'un des premiers comptes rendus de cette période, qui a bien passé l'épreuve du temps.

7. Le journaliste W.A. Wilson, bien informé, prétend que le ressentiment de Turner envers la manière qu'avait Trudeau de rabaisser la démission de Reisman est devenu la raison de sa propre démission (*Montreal Star*, 27 janv. 1976). Le point de vue de Wilson est décrit dans *Canadian Annual Review 1975*, Saywell, éd., p. 336. Il fait remarquer aussi que les économistes d'affaires étaient, dans l'ensemble, positifs. Breton a écrit à Trudeau le 27 juin 1975 pour critiquer le budget : « Le taux d'inflation aujourd'hui est très différent de celui qu'il était il y a seulement 18 mois ou même 12 mois. La trop grande demande ne sert à rien aujourd'hui ; le déplacement de la demande n'a pas beaucoup d'importance ; les pénuries, pour les mêmes raisons, n'ont aucune importance ; le taux de chômage est suffisamment élevé dans le secteur privé pour y réduire la demande. Le nouveau défi consiste à pousser les coûts dans le secteur public et à susciter des attentes inflationnistes. » FAB.

8. En tant que spectateur présent dans la foule, je peux attester de ce fait. Voir Jack Cahill, *John Turner, the Long Run : A Biography* (Toronto : McClelland and Stewart, 1984), p. 182 ; George Radwanski, *Trudeau* (Montréal : Fides, 1979), p. 250-254 ; et Vic Mackie, *Montreal Star*, 11 oct. 1975. Une entrevue avec

Trudeau à l'époque de la démission a été enregistrée par la CBC, et le montre vêtu d'une chemise sport colorée et de jeans blancs. Elle comprend aussi des commentaires de Turner au sujet de la nature mystérieuse de sa lettre (http://archives.cbc.ca/politics/prime_ministers/clips/13005/).

9. *Globe and Mail,* 12 sept. 1975.

10. Christina McCall-Newman, *Les rouges : un portrait intime du Parti libéral* (Montréal : Les Éditions de l'Homme, 1983), p. 251.

11. *Globe and Mail,* 10 oct. et 14 oct. 1975 ; Radwanski, *Trudeau,* p. 226-227.

12. Davey, *Rainmaker,* p. 201. Davey prétend à tort que la Commission de lutte contre l'inflation reçut « une réponse populaire extrêmement positive. Et la crédibilité du premier ministre est demeurée intacte auprès de tous excepté ses plus virulents critiques. » Stewart, un économiste et ancien fonctionnaire, n'est évidemment pas d'accord. Ian Stewart, « Une nouvelle politique économique », dans *Les Années Trudeau : la recherche d'une société juste,* sous la direction de Thomas S. Axworthy et Pierre Elliott Trudeau, (Montréal : Le Jour, 1990).

13. Sur Hochelaga et Juneau, voir *Le Devoir,* 17 oct. 1975. Sur la présidence, voir Joseph Wearing, *The L-Shaped Party : The Liberal Party of Canada 1958-1980* (Toronto : McGraw-Hill Ryerson, 1981), p. 205-206, où l'on déclare que la nomination de Gerry Robinson au poste de directeur national du parti par Keith Davey sans avoir procédé aux consultations appropriées a été la cause principale de la rébellion, quoique Christina McCall affirme que la cause principale a été l'insatisfaction générale entraînée par la démission de Turner ainsi que les problèmes globaux au sein du parti (McCall-Newman, *Les rouges,* p. 396). Des entrevues avec bon nombre des principaux acteurs, incluant Davey, laissent entendre que McCall avait raison. Davey lui-même affirme qu'il ne voulait pas le poste et que la nomination de Robinson a en fait eu lieu après les histoires entourant sa nomination potentielle à la présidence. Davey, *Rainmaker,* p. 202-203. La description des scandales est tirée de l'excellent compte rendu dans *Canadian Annual Review 1975,* Saywell, éd., p. 93-95, qui reproduit l'entrevue au complet de Lalonde avec Malling.

14. John Updike, *Memories of the Ford Administration : A Novel* (New York : Knopf, 1992).

15. Davey raconte l'histoire de la piscine dans *Rainmaker,* p. 193-195, mais n'identifie que deux donateurs à part Trudeau, l'un d'eux étant « Honest Ed » Mirvish. La biographie de Cossitt et son attaque de Trudeau se trouvent dans l'article de Jonathan Manthorpe, « The Tory Scourge of Sussex Drive », *Globe and Mail,* 31 mai 1975. Voir aussi *Débats de la Chambre des communes du Canada* (11 avril et 5 juin 1975). Sur l'augmentation, voir *Canadian Annual Review 1975,* Saywell, éd., p. 16-18 ; *Débats de la Chambre des communes du Canada* (19-30 avril 1975) ; *Toronto Star,* 11 avril 1975 ; et *Globe and Mail,* 11 avril 1975. Le Fonds Davey indique l'importance pour le « rainmaker » des attaques de Cossitt.

16. Scott Young, "Price of a PM", *Globe and Mail,* 5 août 1975. Cossitt a fait ces allégations au sujet des dépenses engagées par Trudeau à la Chambre des

communes au cours d'un débat sur le budget. Cossitt et Young s'écrivaient régulièrement au sujet des allégations.

17. L'entrevue se trouve dans *Canadian Annual Review 1975*, Saywell, éd., p. 96-98,
de même que l'attaque de Cossitt.

18. *Ibid.*, p. 98 ; et *Canadian Annual Review of Politics and Public Affairs 1976*, John
Saywell, éd., (Toronto : University of Toronto Press, 1977), qui rend compte de la
lettre de la Leeds Federal Liberal Association. Voir aussi Lang dans *Globe and
Mail*, 9 janv. 1976. On parle de la rencontre au Toronto Club dans un compte
rendu paru dans le *Globe* le même jour. Le propre compte rendu de Gillespie se
trouve dans une «note au dossier», 13 janv. 1976, FG, vol. 240, dossier 225, rencontre Gillespie, BAC. On trouvera une description détaillée par Ed Cowan dans
le *New York Times*, 19 janv 1976. Le groupe auquel s'est adressé Gillespie était
formé de chefs d'entreprise torontois influents. À part Corrigan et Macdonald, il
comprenait Rod Bilodeau, le président d'Honeywell ; le président de Molson,
James T. Black ; Roy Bennett, le président de Ford ; Guy French, le président
d'American Can ; Richard Thomson, le président de la Banque Toronto-Domi-
nion ; Peter Gordon, le président de Stelco ; Ted Medland, le président du
conseil de Wood Gundy ; et un représentant d'INCO.

19. Le texte intégral du discours de Trudeau a été publié dans le *Globe and Mail*,
20 janv. 1976. On a rapporté à tort dans *Canadian Annual Review 1976*, Saywell,
éd., que ce discours a été prononcé le 19 janvier, mais on y trouve néanmoins un
bon résumé des réactions qu'il a suscitées (aux pages 138-140). Les députés, les
ministres et le Cabinet du premier ministre furent débordés de lettres, tout
comme les journaux. Voir aussi Pierre Trudeau, *Mémoires politiques* (Montréal :
Le Jour, 1993), p. 174-175.

20. Trudeau fait le commentaire au sujet de Galbraith dans ses *Mémoires politiques*,
p. 174-175. Galbraith me confirma l'histoire avant sa mort. Conversation avec
Don Johnston. L'histoire du parc Belmont décrit la façon dont Trudeau a
confronté le président du conseil concernant des irrégularités, mais ne donne
aucun détail sur sa pleine participation. Steve Proulx, *Les Saisons du Parc
Belmont 1923-1983* (Outremont : Libre Expression, 2005), p. 122-124. Les dossiers très complets du parc Belmont se trouvent dans FT, MG 26 01, vol.2,
dossiers 2-5 à 2-12, BAC. Lorsque le parc Belmont fût vendu au milieu des
années 1970, pour un montant de 2,4 millions de dollars, les Trudeau possédaient 146 de ses 480 actions.

21. Alexandre Trudeau m'exprima son opinion en juin 2009. Il affirme que son père
croyait également que les sociétés exigeaient d'avoir les mains libres, en même
temps qu'elles s'adressaient à lui pour obtenir de l'aide. Cette approche mettait
son père en colère.

22. H.I. Macdonald, «Economic Policy : Can We Manage the Economy Any More»,
Canadian Public Policy : Analyse de politiques (automne 1976), p. 4-5. Robert
Campbell, *The Politics of the Keynesian Experience in Canada, 1945-1975*
(Peterborough, Ont. : Broadview, 1987) avance que les approches purement key-

nésiennes ne furent jamais appliquées au Canada et que c'était une « illusion » de croire qu'elles l'étaient. Les responsables de l'élaboration des politiques, dans les années 1960, ont certainement élargi la compréhension de ce concept au-delà de tout ce que Keynes aurait reconnu.

23. Enders au secrétariat d'État, Washington, 12 août 1976, National Security Adviser Presidential Country Files for Europe and Canada, boîte 3, Bibliothèque présidentielle Gerald R. Ford.

24. *Ibid.* Sur Schmidt et son admiration pour Trudeau et les similitudes entre les deux hommes, voir Trudeau, *Mémoires politiques*, p. 177. Leur correspondance fut chaleureuse dès le départ. Schmidt indique que Trudeau l'impressionna lors de leur première rencontre, et Trudeau appréciait tout particulièrement le soutien de Schmidt envers le Canada à titre de membre du G7.

25. On trouvera la meilleure description du changement d'humeur dont est tiré ce compte rendu dans Foster, *Les Géants du pétrole*, p. 45-47. Sur les sociétés et les sables bitumineux, voir p. 81 et suivantes. Le document du gouvernement fédéral qui décrit les problèmes pour les provinces consommatrices est intitulé *Une stratégie de l'énergie pour le Canada : politiques d'autonomie* (Ottawa : Information Canada, 1976), p. 40.

26. On trouvera des extraits du discours de Trudeau et un compte rendu des commentaires de Bourassa dans *Canadian Annual Review 1975*, Saywell, éd., p. 70-71.

27. Sur Choquette et son parti, voir *Le Devoir*, 11 nov. 1975. Pour les événements de 1975, voir le chapitre sur Québec par Jean-Charles Bonenfant dans *Canadian Annual Review 1975*, Saywell, éd., p. 146-161. Les commentaires de Trudeau sur le projet de loi 22 se trouvent dans ses *Mémoires politiques*, p. 211. Voir aussi Robert Bothwell, *Canada and Quebec : One Country, Two Histories*, éd. rév. (Vancouver : University of British Columbia Press, 1998), chap.8, et Don Murray et Vera Murray, *De Bourassa à Lévesque* (Montréal : Quinze, 1978).

28. Québec, *Commission d'enquête sur l'exercice de la liberté syndicale dans l'industrie de la construction* (Québec : Éditeur officiel du Québec, 1975), p. 176 ; Forget, cité dans Bothwell, *Canada and Quebec*, p. 152.

29. On trouvera le compte rendu original dans *Le Soleil*, 6 mars 1975. Pour une description complète du contexte, voir Gérard Bergeron, *Notre miroir à deux faces* (Montréal : Québec Amérique, 1985), p. 149.

30. *Globe and Mail*, 14 avril 1974.

31. Les lettres, qui se trouvent dans *Canadian Annual Review 1976*, Saywell, éd., p. 73-74, constituent un excellent compte rendu de la controverse et de la réaction de la presse. L'étude la plus éloquente, qui appuie la position du gouvernement, figure dans Sandford Borins, *Le Français dans les airs : le conflit du bilinguisme dans le contrôle de la circulation aérienne au Canada* (Montréal : Chenelière et Stanké, 1983).

32. L. Ian MacDonald, *From Bourassa to Bourassa : Wilderness to Restoration*, 2ᵉ éd. (Montréal et Kingston : McGill-Queen's University Press, 2002), p. ix-x [*De Bourassa

à Bourassa, (Montréal : Primeur Sand, 1985)]. La préface figure uniquement dans la 2ᵉ édition anglaise. La description de la rencontre entre Bourassa et Trudeau au Hilton de Québec, organisée par Charles Denis, qui fut un conseiller de Bourassa, se trouve dans Charles Denis, *Robert Bourassa*, vol. 1 « *La passion de la politique* » (Montreal : Fides, 2006), p. 344-345. Trudeau, cité dans Denis, *Bourassa*, p. 349.

33. René Lévesque, *Attendez que je me rappelle…* (Montréal : Québec Amérique, 1986), p. 357.

34. MacDonald, *Bourassa to Bourassa*, (préface de la 2ᵉ édition anglaise, p. ix-x). On trouvera les résultats des sondages et une description de la résurgence de l'Union nationale dans *Canadian Annual Review 1976*, Saywell, éd., p. 118-123.

35. Bergeron, *Notre miroir*, p. 148 ; Pierre Godin, *René Lévesque : Un homme et son rêve 1922-1987* (Montréal : Boréal, 2007), p. 316. Claude Forget, ministre dans le gouvernement Bourassa, était d'accord. Il estima la remarque de Trudeau à propos de Bourassa, à savoir qu'il était un « mangeur de hot-dogs », « extrême-ment rabaissante ». Il dit à Bourassa : « Tout le monde dans votre gouvernement se sent personnellement insulté lorsqu'on vous insulte, et nous voulons que vous disiez quelque chose et que vous répliquiez. » Bourassa refusa de faire quoi que ce soit. Cité dans Bothwell, *Canada and Québec*, p. 152.

36. Les commentaires de Lévesque le 15 nov. 1976 sont tirés de ses mémoires, *Attendez que je me rappelle…*, p. 369, p. 372. Le discours que prononça Trudeau ce soir-là se trouve dans *Montreal Gazette*, 16 nov. 1976.

37. Bergeron, *Notre miroir*, p. 148 ; Trudeau, *Mémoires politiques*, p. 217. On trouve le commentaire de Trudeau à propos du « fat in the fire » dans l'entrevue origi-nale. Entrevue avec Trudeau par Ron Graham, 7 mai 1991, FT, MG 26 03, vol. 23, dossier 10, BAC.

38. Margaret Trudeau, *À cœur ouvert* (Montréal : Éditions Optimum, 1979), p. 207, où elle décrit le piètre état de leur marriage à l'automne 1976 ; conversation avec Margaret Trudeau.

CHAPITRE 11 – À CŒUR OUVERT

1. Linda Griffiths avec Paul Thompson, *Maggie and Pierre : A Fantasy of Love, Politics, and the Media* (Toronto, Vancouver et Los Angeles : Talonbooks, 1980), p. 11, p. 19. L'avant-première de la pièce eut lieu dans le « Backspace » (salle arrière) du Théâtre Passe Muraille à Toronto le 30 nov. 1979. La première se fit dans le « Mainspace » (salle principale) au même théâtre le jour de la Saint-Valentin, en 1980, avec Linda Griffiths interprétant Margaret, Pierre – et Henry, un journaliste commentateur. Les commentaires ultérieurs de Linda Griffiths sont tirés de « The Lover : Dancing with Trudeau », dans *Trudeau's Shadow : The Life and Legacy of Pierre Elliott Trudeau*, éd. Andrew Cohen et J.L. Granatstein (Toronto : Random House, 1998), p. 45. Griffiths modifia sa vision dure de Trudeau par suite de commentaires que lui firent des amis. Entrevue avec Gale

Zoë Garnett, oct. 2007. Dans son livre *Les conséquences*, Margaret inclut une photographie de Linda Griffiths dans la pièce de théâtre avec la légende suivante : « J'étais remplie d'admiration par l'interprétation de Linda Griffiths dans sa pièce MAGGIE & PIERRE » (Montréal : Éditions Optimum internationales, 1982), p. 131.

2. Margaret Trudeau, *À cœur ouvert* (Montréal : Éditions Optimum, 1979) ; Pierre Trudeau, *Mémoires politiques* (Montréal : Le Jour, 1993), p. 156-157, p. 161.

3. Stephen Clarkson et Christina McCall, *Trudeau : l'homme, l'utopie, l'histoire* (Montréal : Boréal) 1995, p. 128. Rick Butler et Jean-Guy Carrier, *The Trudeau Decade* (Toronto : Doubleday, 1979) comprend un éditorial de Michel Roy dans *Le Devoir* du 4 juin 1977, qui analyse la différence entre la couverture au Canada anglais et au Canada français, p. 352-353. Pour un autre point de vue, voir le *Globe and Mail*, 25 sept. 1974. Dans *Canadian Annual Review of Politics and Public Affairs 1974*, J.T. Saywell, éd., (Toronto : University of Toronto Press, 1975), on ne fait qu'une brève référence à la présence de Margaret dans la campagne ; on n'y mentionne pas les troubles qu'elle eut à l'automne. Entre le 1er sept. 1974 et le 11 juin 1977, le site Web du *Globe and Mail* contient 2101 requêtes pour « Margaret Trudeau ».

4. Trudeau, *À cœur ouvert*, p. 253-254. La transcription de l'entrevue se trouve dans le *Globe and Mail*, 28 oct. 1974. Le 5 novembre, Geoffrey Stevens, le chroniqueur le plus important du *Globe*, critiqua l'entrevue pour ses contradictions.

5. Simone Florence, Creeds, 5 août 1974, FT MG 26 020, vol. 17, dossier 5, BAC. Le dossier contient également des factures pour des vêtements qui semblent être globales. Elles s'élèvent à 3 654,24 $ chez Holt Renfrew et à 4 522,57 $ chez Creeds. Margaret décrit Nancy Pitfield comme son amie proche à cette époque (*À cœur ouvert*, p. 240, p. 256). Conversation avec Marc Lalonde, oct. 2006 ; conversation avec Carroll Guérin, août 2007 ; plusieurs sources confidentielles. Margaret Trudeau.

6. Ottawa à Copenhague, 20 mai 1975, FAE, RG25, vol. 9246, dossier 20-CDA-9-Trudeau-Scan, BAC ; entrevue avec Margaret Trudeau, fév. 2006. En 1975, Trudeau a fait les voyages officiels suivants : du 26 février au 15 mars, il est allé en Europe, du 24 avril au 7 mai, dans les Caraïbes, du 27 mai au 1er juin, en Europe, du 28 juillet au 5 août, en Finlande et en Pologne, et il a fait une visite officielle à Washington le 23 octobre. Il a fait des voyages privés au roi Hussein de Jordanie, dont la femme était une amie proche de Margaret, et plusieurs autres voyages privés. Le *New Yorker* a classé *Le complexe d'Icare* (titre original anglais : *Fear of Flying*), dont il s'est vendu 18 millions d'exemplaires, dans le canon de la grande littérature. Voir Rebecca Mead, « Still Flying », *New Yorker*, 14 avril 2008, p. 23.

7. Margaret Trudeau décrit la visite dans *À cœur ouvert*, p. 194 et suivantes. Les problèmes sont mentionnés dans H. B. Robinson, « Memorandum for the Minister », 8 janv. 1976, FAE, RG 25, vol. 11089, dossier 21-3-Angola, BAC. On trouve un compte rendu complet de la visite dans Robert Wright, *Three Nights*

in Havana: Pierre Trudeau, Fidel Castro, and the Cold War World (Toronto: Harper Collins, 2007).

8. Hyndman, cité dans Wright, *Three Nights in Havana*, p. 169. Hyndman s'est rappelé que « Pierre était très, très attentionné avec elle, et s'occupait de faire face aux pressions qu'elle subissait, et s'arrangeait pour qu'ils restent ensemble ». La citation de Castro est tirée de Trudeau, *À cœur ouvert*, p. 211-212. J'ai discuté de Castro avec Mme Trudeau à la Havane en février 2006, soit le trentième anniversaire du voyage. Elle m'a dit que Castro parlait toujours en anglais avec elle, même s'il insistait pour parler en espagnol avec d'autres et que Pierre parlait bien espagnol. Trudeau fut surpris de constater que Castro, même s'il fumait beaucoup, pouvait retenir son souffle pendant une minute entière en pratiquant la pêche sous-marine. Contrairement à ses attentes, le premier ministre trouva que Castro « n'abusait pas des monologues. Au contraire, il posait des questions, toujours disposé à un échange de vues ». On pourrait dire jésuitique. Trudeau, *Mémoires politiques*, p. 188.

9. Trudeau, *À cœur ouvert*, p. 212.

10. *Ibid.*, p. 215–218.

11. *Ibid.*, p. 220; *Globe and Mail*, 3 fév. 1976.

12. Trudeau, *À cœur ouvert*, p. 221.

13. *Ibid.*, p. 220, p. 230; entrevues confidentielles; et *New York Times*, 30 déc. 2006.

14. Cité dans Trudeau, *À cœur ouvert*, p. 258-259.

15. Dans *Canadian Annual Review of Politics and Public Affairs 1977*, John Saywell, éd., (Toronto: University of Toronto Press, 1979), on signala simplement que « Pierre Trudeau a vécu une tragédie personnelle lorsque, à la fin de mai, sa femme a demandé une séparation officielle et laissé leurs trois enfants à la garde du premier ministre ». Au début de l'année, les conservateurs avait enregistré une avance de dix points dans les sondages sur le parti de Trudeau, mais en juin, son parti menait avec 51 p. cent de l'appui (contre 27 p. cent pour les conservateurs) (p. 31, p. 37). Le *Toronto Sun*, journal conservateur, se concentrait surtout sur la séparation de Trudeau, tout comme le *Journal de Montréal*, qui rompit avec la discrétion observée par la presse francophone en général.

16. Voyage avec Sinclair: FT, MG 26 020, vol. 17, dossier 13, BAC. Le père de Margaret appuya toujours Trudeau, non seulement pendant cette période, mais aussi après leur séparation. Le commentaire sur le corps et l'âge de Trudeau sont de Sheena Paterson et Mary McEwan, « Margaret Trudeau's Struggle for Identity: Victor or Victim? », *Chatelaine*, août 1977, p. 92. Citation tirée de Trudeau, *À cœur ouvert*, p. 231. Le voyage en Jordanie et la description de « détestable », *ibid.*, p. 226. Incident de la courtepointe, *ibid.*, p. 262. Entrevue avec Peter C. Newman, *Maclean's*, 20 oct. 1975, p. 6.

17. Les commentaires de Warren figurent dans Warren à Ottawa, 4 fév. 1977, RG 25, vol. 9246, dossier 20-CDA-9-Trudeau-USA, BAC; entrevue avec Arthur Erickson, sept. 2007. Les détails du dîner figurent dans Records of the First Lady (docu-

ments de la première dame), fichier Mary Hoyt, boîte 20, Bibliothèque présidentielle Jimmy Carter. Entrevue avec Jimmy Carter, avril 2008; *Washington Post*,
22 fév. 1977; et *Globe and Mail*, du 21 au 25 fév., 1977 (éditorial du 25). Rapport
sur la couverture de presse : Consulat canadien, New York, aux Affaires extérieures,
1er mars 1977, RG 25, vol. 9246, dossier 20-CDA-9-Trudeau-USA, BAC.

18. La lettre de Carter figure dans Records of the First Lady (documents de la première dame), dossier Mary Hoyt, boîte 20, Bibliothèque présidentielle Jimmy
Carter. Trudeau, *À cœur ouvert*, p. 264. La réponse de Trudeau, datée du 4 mars
figure dans FAE, RG25, vol. 9246, dossier 20-CDA-9-Trudeau-USA, BAC.

19. Margaret est la source de l'histoire sur la visite des Stones à sa suite et le hash. (*À
cœur ouvert*, p. 267-269). Les excuses de Wasserman concernant ses remarques
erronées et le commentaire de Jagger sont rapportés dans le *Globe and Mail*,
10 mars 1977.

20. Patrick Gossage, *Close to the Charisma : My Years between the Press and Pierre
Elliott Trudeau* (Halifax : Goodread Biographies, 1987; original, 1986), p. 66.
Son journal intime donne un excellent compte rendu de la manière dont la
presse a réagi à l'annonce de l'échec du mariage. Le texte du communiqué de
presse figure dans Trudeau, *À cœur ouvert*, p. 271. Entrevue avec Patrick
Gossage, mai 2009.

21. Gossage, *Close to the Charisma*, p. 64-69; *Globe and Mail*, 30 mai 1977.

22. Gossage, *Close to the Charisma*, p. 68; Clarkson et McCall, *Trudeau : l'homme,
l'utopie, l'histoire*, p. 128; et George Radwanski, *Trudeau* (Montréal : Fides,
1979), p. 345. J'ai eu une conversation ou une entrevue avec la plupart des principaux conseillers de Trudeau à l'époque : Jim Coutts, Bob Murdoch, Tom
Axworthy, Keith Davey, Rémi Bujold, Albert Breton, et les ministres qui étaient
proches de lui, dont André Ouellet, Donald Macdonald, Alastair Gillespie,
Mitchell Sharp, et plusieurs autres personnes qui connaissaient bien la situation.
Les entrevues avec le personnel de Bibliothèque et Archives Canada portaient
également sur la question, mais les participants, y compris Marie-Hélène Fox,
qui s'occupait de la correspondance de Margaret, ne l'ont pas commentée directement. Tous ont convenu que le sang-froid de Trudeau était remarquable dans
les circonstances, et ils avaient tendance à mettre l'accent sur cette qualité plutôt
que sur ses difficultés.

23. Les résultats du sondage Gallup ainsi que le sondage précédent sur Turner et les
méditations sur le départ de Trudeau figurent dans *Canadian Annual Review 1977*,
Saywell, éd., p. 30-31. Trudeau reçut littéralement des milliers de lettres de sympathie après l'annonce du divorce. Margaret précise que la plupart des lettres qui
lui étaient adressées étaient très hostiles. Entrevue avec Margaret Trudeau, fév.
2006. Les lettres à Trudeau sont éparpillées dans FT, MG 26 020, BAC.

24. La valeur des actions d'entreprises québécoises a été retracée dans *Toronto Star*,
12 avril 1977, et les départs des sièges sociaux sont décrits dans *Canadian Annual
Review 1977*, p. 58. L'article de Reston et le rapport sur la baisse du marché
boursier figurent dans *New York Times*, 26 janv. 1977, et un autre rapport sur les

actions y a été publié le 28 janv. 1976. Sur la tension créée entre l'appui des syndicats et de la classe ouvrière, et le besoin de rassurer un milieu des affaires intégré dans celui de l'Amérique du Nord, voir William Coleman, *The Independence Movement in Quebec 1945-1980* (Toronto : University of Toronto Press, 1984), p. 225-228.

25. *Montreal Gazette*, 29 janv. 1977. La description d'un René Lévesque « fatigué » et « ébranlé » figure dans le *Globe and Mail*, 9 fév. 1977. Discours à la Chambre de commerce de Québec : *Le Soleil*, 29 janv. 1977.

26. Conclusions du Cabinet, 9 déc. 1976, RG 2, BCP, série A-5-a, vol. 6496, BAC ; entrevue avec Patrick Gossage, juin 2009.

27. Commentaire sur la conférence de presse : Affaires extérieures à plusieurs consulats et ambassades, 14 fév. 1977, FAE, RG25, vol. 9246, dossier 20-CDA-9-Trudeau-USA, BAC.

28. « Remarks by the Prime Minister to a Joint Session of the United States Congress, Washington, D.C., fév. 22, 1977 », copie personnelle ; *New York Times*, 23 fév. 1977.

29. *Le Devoir*, 23 fév. 1977.

30. *New York Times*, 26 janv. 1977.

31. Le *Toronto Star* publia sa tribune libre du 27 nov. au 2 déc. 1976. Les lettres de Lougheed et de Trudeau, et les opinions de Clark et de Broadbent sont décrites dans John Saywell, éd., *Canadian Annual Review of Politics and Public Affairs 1976* (Toronto : University of Toronto Press, 1977), p. 129 et suivantes. Le commentaire fait à l'étudiant albertain figure dans « Transcript of the Prime Minister's Remarks at Question & Answer Session with Students — Oxford University, England », Government Publications, Bibliothèque de l'Université de Waterloo.

32. Les députés libéraux étaient identifiés dans *La Presse* du 18 nov. comme Pierre De Bané, Claude Lachance, Gérard Loiselle, Claude Tessier et Marcel Prud'homme. Les commentaires de Trudeau faits dans une entrevue télévisée sont rapportés dans *Canadian Annual Review 1976*, p. 136.

33. *Canadian Annual Review 1977*, John Saywell, éd., résume et compare les sondages, p. 64-66, tandis que le sondage Gallup de grande envergure est présenté dans *The Canadian*, 8 avril 1977.

34. L'article original de Christina McCall, « The Exotic Mindscape of Pierre Trudeau », a été publié dans le numéro de janv.-fév. 1977 de *Saturday Night* et est réimprimé dans Stephen Clarkson, éd., *My Life as a Dame : The Personal and Political in the Writings of Christina McCall* (Toronto : House of Anansi, 2008), p. 295.

CHAPITRE 12 – FIN DE COURSE

1. Pierre Trudeau, *Mémoires politiques* (Montréal : Le Jour, 1993), p. 174, p. 220. Breton s'opposa vivement aux contrôles et écrivit le 5 sept. 1975 « qu'un examen

des propositions actuelles de contrôles des prix et des salaires montre clairement avec le recul que votre gouvernement a pris les bonnes décisions au cours des deux dernières années de ne pas appliquer de contrôles des salaires et des prix. Si nous les avions eus, avec des exceptions pour les aliments, les importations, les terres, l'énergie, les prix dirigés, les taxes d'accise et peut-être quelques autres choses comme les exportations et les loyers des nouveaux immeubles, la situation des prix n'aurait pas été très différente de ce qu'elle est à présent, et non seulement le gouvernement paraîtrait mal, mais il se serait discrédité lui-même. » « Mémorandum pour le premier ministre », FAB, collection privée. Avec grâce, il ne rappela pas aux autres qu'il avait raison. Breton acceptait l'argument monétariste selon lequel la masse monétaire est essentielle aux pressions inflationnistes dans la société, et il insistait aussi sur le rôle des monopolistes et des syndicats du secteur public, ainsi qu'au souci excessif accordé par la Banque du Canada au taux de change, qui, si on le laissait flotter dans les règles, influerait sur les prix. Il partageait certaines des opinions du monétariste Milton Friedman, qui attaqua Trudeau dans une entrevue télévisée à la CBC le 17 fév. 1977. Friedman affirma que ni les grandes entreprises ni les syndicats n'étaient responsables de l'inflation. De plus, le problème n'était pas « d'obtenir l'autocontrôle de la population ». Il rejeta l'analyse par Trudeau des causes et ajouta : « Il n'y a qu'un endroit où l'inflation est créée au Canada, et c'est à Ottawa. » Transcription jointe à : Peter Cooke à Bob Murdoch, 5 avril 1977, FT, MG 26 020, vol. 32, dossier 1, BAC.

2. Canada, *Débats de la Chambre des communes* (25 avril 1976) ; *Globe and Mail*, 15 et 25 sept. 1976. Keith Davey s'attribua le mérite d'avoir assuré le retour de Mackasey au Conseil des ministres en 1974, en soutenant que le ministre populaire représentait le Canada des cols bleus. Il dit que lorsque lui et les deux hommes se réunirent pour discuter de cette possibilité, Trudeau déclara à Mackasey qu'il le ramenait pour « faire tout ce que Keith te demande de faire pendant cette campagne ». Mackasey eut un large sourire et dit : « Allons Pierre, tu sais bien que tu me ramènes pour une autre raison ! C'est parce que tu m'aimes bien. C'était le cas. » Keith Davey, *The Rainmaker : A Passion for Politics* (Toronto : Stoddart, 1986), p. 209.

3. Voir *Canadian Annual Review of Politics and Public Affairs 1976*, John Saywell, éd., (Toronto : University of Toronto Press, 1977), p. 142 et suivantes, pour une description du remaniement ministériel. *Toronto Star*, 15 sept. 1976. À propos de James Richardson et des élections partielles, voir le *Globe and Mail*, 14 et 19 oct. 1976. Concernant Hal Herbert, voir *The Montreal Gazette*, 16 nov. 1976.

4. Serge Joyal a exprimé sa dissension dans un discours le 24 novembre. *Le Devoir*, 25 nov. 1976. Les dissidents au Canada anglais s'exprimaient souvent dans *Canadian Forum*, un périodique dont Denis Smith, très critique de Trudeau, fut le rédacteur en chef de 1975 à 1979.

5. André Burelle est devenu le rédacteur des discours en français de Trudeau en 1977 et a écrit un important compte rendu de son travail. Il est devenu plus tard

très critique de l'approche constitutionnelle de Trudeau. *Pierre Elliott Trudeau: L'intellectuel et le politique* (Montréal: Fides, 2005). À propos de Kenneth McRoberts et de Guy Laforest, voir les commentaires sur Trudeau dans Robert Bothwell, *Canada and Quebec: One Country, Two Histories*, édition revue (Vancouver: University of British Columbia Press, 1998), p. 235-236.

6. Un résumé et une présentation des sondages de 1977 figurent dans *Canadian Annual Review of Politics and Public Affairs 1977*, John Saywell, éd., (Toronto: University of Toronto Press, 1979), p. 50 et suivantes.

7. Concernant Jacques Lavoie, voir *Le Devoir*, 14 juin 1977. Concernant la recherche de faveurs par Jack Horner, voir Davey, *Rainmaker*, p. 215 et suivantes. *Canadian Annual Review 1977*, p. 35-36. *Globe and Mail*, 21 avril 1977.

8. *Globe and Mail*, 25 et 27 mai 1977.

9. Patrick Gossage, *Close to the Charisma: My Years between the Press and Pierre Elliott Trudeau* (Halifax: Goodread Biographies, 1987; original 1986), p. 78, p. 82; *Times* (London), 6 mai 1977. Paul Martin écrivit dans son journal que Trudeau était troublé pendant le voyage à cause de ses problèmes conjugaux; toutefois, il désirait rencontrer des intellectuels britanniques et d'autres personnes qui pourraient l'aider à régler certains problèmes économiques (Paul Martin, *The London Diaries: 1975-1979* [Ottawa: University of Ottawa Press, 1988], p. 248 et suivantes). Le *Times* ne mentionna pas la pirouette de Trudeau, même si celle-ci fit la une des journaux canadiens.

10. Judith Maxwell, *Policy Review and Outlook, 1977: An Agenda for Change* (Montréal: Institut de recherches C.D. Howe, 1977), p. 27. Le commentaire sur 1976 figure dans J. H. Perry, *A Fiscal History of Canada – The Postwar Years* (Toronto: L'Association canadienne d'études fiscales, 1979), p. 82.

11. Martin, *London Diaries*, p. 253, p. 269; Kenny dans Gossage, *Close to the Charisma*, p. 88-89. Concernant Pepin-Robarts, McDonald et Énergie atomique du Canada, voir le *Globe and Mail*, 5 et 9 juillet 1977. Entrevue avec Gerry Robinson, juillet 2008.

12. Martin, *London Diaries*, p. 281.

13. Gossage, *Close to the Charisma*, p. 89-90. Alain Stanké a obtenu plusieurs entrevues avec Trudeau, qui ont été télévisées en 1977. Il a publié une transcription partielle, *Pierre Elliott Trudeau: portrait intime* (Saint-Léonard: Alain Stanké, 1977).

14. Davey, *Rainmaker*, p. 220. Davey amoindrit son argument en racontant une blague sur le caucus: «Comment appelle-t-on un groupe d'oies? Une volée. Comment appelle-t-on un groupe de vaches? Un troupeau. Comment appelle-t-on un groupe de colombes? Un caucus», *ibid*. Gossage, *Close to the Charisma*, p. 89-90. Hugh Winsor fit une analyse complète des raisons et des rumeurs entourant la décision concernant les élections dans le *Globe and Mail*, 31 août 1977. Richard Gwyn soutient que René Lévesque gagna le premier combat contre Trudeau au moyen de la Charte de la langue française, qui était populaire au Québec, et que par la suite, Trudeau craignit des élections où la question de la langue serait prédominante. Bien que les discussions du Conseil des

ministres soient censées révéler du ressentiment envers la charte et inclure des commentaires sur le danger d'avoir des élections centrées uniquement sur le bilinguisme, la question de la langue n'est qu'un des nombreux facteurs sur lesquels les ministres se sont penchés. La source de Gwyn pour les conclusions du Conseil des ministres n'est pas donnée après 1976. Richard Gwyn, *Le Prince* (Montréal : France-Amérique, 1981), p. 295-302.

15. Trudeau à McLuhan, 25 juillet 1977, FT, MG 26 020, vol. 9, dossier 9-8, BAC ; D'Iberville Fortier à Trudeau, 30 mai 1977 ; et Trudeau à Fortier, 8 juillet 1977, *ibid.*, vol. 4.

16. Jim Coutts, « Trudeau in Power : A View from inside the Prime Minister's Office », in *Trudeau's Shadow : The Life and Legacy of Pierre Trudeau*, sous la dir. d'Andrew Cohen et J. L. Granatstein (Toronto : Random House Canada, 1998), p. 149.

17. Les sondages et les discussions sur le remaniement ministériel se trouvent dans *Canadian Annual Review 1977*, p. 31-39. Concernant Warren Allmand, voir le *Globe and Mail*, 17 sept. 1977.

18. Lorsque Trudeau parla à Paul Martin le 16 juin, il lui dit que Donald Macdonald, son meilleur ministre, allait probablement quitter la politique. Paul Martin lui répondit qu'il ne donnait pas aux ministres « pleinement l'occasion de devenir eux-mêmes des personnalités ». Martin, *London Diaries*, p. 270. L'avertissement de Gerald Bouey est rapporté dans le *Globe and Mail*, 17 sept. 1977. Pour une analyse de la valeur du dollar canadien, voir le *Financial Post*, 14 et 24 oct. 1977.

19. Bégin est citée dans *Canadian Annual Review 1977*, p. 26-27 ; Hugessen, dans *The Montreal Gazette*, 10 déc. 1977.

20. Gossage, *Close to the Charisma*, p. 93.

21. George Radwanski, *Trudeau* (Montréal : Leméac, 1979), notes de l'auteur et chapitre 1.

22. *Ibid.*, p. 242.

23. *Ibid.*, p. 385-397. Ramsay Cook, « "Je n'ai jamais pensé que je pourrais être aussi fier" : le débat Trudeau-Lévesque », in *Les Années Trudeau : La recherche d'une société juste*, sous la direction de Tom Axworthy et Pierre Elliott Trudeau (Montréal : Le Jour, 1990), p. 364.

24. Trudeau, *Mémoires politiques*, p. 225.

25. Pour une analyse critique du changement, voir Robert Bothwell, Ian Drummond et John English, *Canada since 1945 : Power, Politics, and Provincialism* (Toronto : University of Toronto Press, 1981), p. 382. Voir aussi *Canadian Annual Review 1977*, p. 110-111, et *Débats de la Chambre des communes du Canada*, 15 fév. 1977. Pickersgill m'a fait ces commentaires à plusieurs reprises dans les années 1980 et au début des années 1990 lorsqu'il a rompu de façon décisive avec Trudeau. Keith Banting fait remarquer que les régimes fédéraux ont une influence « conservatrice » sur l'expansion des programmes d'assistance sociale, bien que cette influence ait été interrompue par les années de guerre et par l'établissement au Canada d'un système

d'assistance sociale à deux branches, où la santé resta aux provinces et la sécurité du revenu, au gouvernement fédéral. *The Welfare State and Canadian Federalism* (Kingston et Montréal: McGill-Queen's University Press, 1982), p. 173-174.

26. Gordon Robertson, *Memoirs of a Very Civil Servant: Mackenzie King to Pierre Trudeau* (Toronto: University of Toronto Press, 2000), p. 292-293; *Le Devoir*, 25 nov. 1977; *Globe and Mail*, 29 nov. 1977. Trudeau ne put annoncer les membres québécois de la commission qu'à la fin d'août : la journaliste Solange Chaput-Rolland et l'avocat constitutionnel Gérald Beaudoin, qui devint par la suite sénateur conservateur.

27. On trouve une description de la conférence des premiers ministres et les lettres de Trudeau et de Lévesque dans *Canadian Annual Review 1977*, p. 90-101. Pour une analyse critique des lettres, voir Gwyn, *Le Prince*, p. 297-298. Trudeau avait travaillé avec Dumont, une figure importante du monde intellectuel québécois, dans les années 1950.

28. *Globe and Mail*, 7 oct. 1977.

29. Gossage, *Close to the Charisma*, p. 109-117.

30. Pierre Bouchard et Sylvie Beauchamp-Achim, *Le Français: Langue des commerces et des services publics – Le point de vue de la clientèle*, Dossier du Conseil de la langue française n° 5 (Québec: Conseil de la langue française, 1978); Pierre O'Neill et Jacques Benjamin, *Les Mandarins du pouvoir: L'exercice du pouvoir au Québec de Jean Lesage à René Lévesque* (Montréal: Éditions Québec Amérique, 1978), p. 193. En 1978, les libéraux provinciaux et fédéraux avaient une attitude totalement différente sur la question linguistique. Le gouvernement de Trudeau décida de ne pas renvoyer le projet de loi 101 à la Cour suprême parce que plusieurs études indiquaient que les francophones du Québec avaient beaucoup de sympathie pour la législation linguistique. Les études révélèrent aussi une division entre les politiciens libéraux anglophones du Québec et leurs homologues des autres provinces qui n'étaient pas aussi passionnés qu'eux dans leur opposition. Voir, par exemple, David Rayside, « Federalism and the Party System: Provincial and Federal Liberals in the Province of Quebec », *Revue canadienne de sciences politiques* (sept. 1978), p. 499-528.

31. L'anecdote est racontée dans Gwyn, *Le Prince*, p. 299. Gossage ne la mentionne pas dans son journal intime. Gossage note qu'il prit quelques verres avec des journalistes et d'autres personnes. L'anecdote ne figure dans aucun reportage de l'époque. Cependant, même si l'histoire est un peu exagérée, l'esprit est sûrement exact.

32. Martin, *London Diaries*, p. 346-347.

33. Gossage, *Close to the Charisma*, p. 124-126, rend compte des huées inattendues et de la décision d'attendre pour les élections. Pour la photo de Justin et de Sasha, voir le *Globe and Mail*, 24 avril 1978. Pour le portrait de McLuhan, voir FT, MG 26 020, vol. 8, dossier 9-29, BAC.

34. Consul général, New York, à Ottawa, 27 mars 1978, RG25, vol. 9246, dossier 20-CDA-9-Trudeau-USA (6), BAC; *New York Times*, 23 mars 1978.

35. *New York Times*, 23 mars 1978 ; Davey, *Rainmaker*, p. 233-234 ; et Trudeau à Schmidt, avec des commentaires, Archiv der soziale Demokratie, Dep. HS, Mappe 8807.

36. Robert Putnam et Nicholas Bayne, *Hanging Together: Cooperation and Conflict in the Seven-Power Summits*. Édition révisée (Cambridge : Harvard University Press, 1987). Le classement et la description figurent dans Peter Hajnal, *The G8 system and the G20 : Evolution, role and documentation* (Aldershot, Angleterre : Ashgate, 2007), p. 55.

37. « Notes for a Toast to be Proposed by the Prime Minister at Chancellor Schmidt's Dinner in His Honour », 18 juillet 1978, Archiv der soziale Demokratie, Dep. HS , Mappe 8807. Fred Bergsten de l'Institute for International Economics a également attiré l'attention sur le sommet de Bonn comme modèle de convergence économique : http://www.iie.com/publications/papers/paper. cfm?ResearchID=275.

38. Gossage, *Close to the Charisma*, p. 144 ; *Toronto Star*, 2 août 1978. Fotheringham, dans *Maclean's*, 18 sept. 1978, p. 68. Dans ses *Mémoires politiques*, Trudeau affirme avoir appelé Chrétien avant d'annoncer les mesures (p. 176), mais Goldenberg nie cette affirmation dans *Comment ça marche à Ottawa* (Montréal : Fides, 2007), p. 124, comme le fit aussi Chrétien dans une conversation avec moi. Goldenberg me suggéra que Chrétien avait peut-être été délibérément exclu, parce que le CPM avait peur qu'il s'oppose aux actions de Trudeau. Keith Davey précise qu'en plus de lui, Jim Coutts, Michael Pitfield, Marc Lalonde et Allan MacEachen participèrent à l'« exercice ». (*Rainmaker*, p. 234).

39. *The Observer*, 30 mars 1978 ; Sandra Gwyn, « Where Are You, Mike Pearson, Now That We Need You? Decline and Fall of Canada's Foreign Policy », *Saturday Night*, avril 1978, p. 27-35 ; et Anne-Marie Mosey, « The Canadian Foreign Service in the 21st Century », NPSIA Occasional Paper n° 45, janv. 2005, http://www.carleton.ca/csds/docs/occasional_papers/npsia-45.pdf. Le commentaire de Thomas Enders figure dans le dossier préparatoire pour le président Carter à l'occasion de la visite de Trudeau en février 1977. Documents de Brzezinski, dossier NSA VIP, Canada PM Trudeau Briefing Book, fév. 1977, Jimmy Carter Presidential Library.

40. Sur la relation entre le Canada et l'Inde en ce qui a trait au nucléaire, voir Ryan Touhey, *Dealing with the Peacock : India and Canadian Foreign Policy*. Thèse de doctorat non publiée, Université de Waterloo, 2007. Conversation avec Carter à Washington, D.C., ambassade à Ottawa, 21 fév. 1977, RG25, vol. 9246, dossier 20-CDA-9-Trudeau-USA, BAC. Sur l'opinion de l'Inde concernant l'explosion du dispositif nucléaire, voir New Delhi à Ottawa, 11 juin 1974, *ibid.*, dossier 23-1-India.

41. Le discours se trouve dans Pierre Elliott Trudeau, *Lifting the Shadow of War*, sous la direction de David Crenna (Edmonton : Hurtig, 1987), p. 25-38.

42. Robert Bothwell, *Alliance and Illusion* (Vancouver, University of British Columbia Press : 2007), p. 283-284. La critique du milieu universitaire se trouve dans

Trevor Findlay, « Canada and the Nuclear Club » dans Jean Daudelin et Daniel Schwanen, éd., *Canada among Nations 2007: What Room for Manoeuvre?* (Montréal et Kingston : McGill-Queen's University Press, 2008), p. 204-206. Le *Toronto Star* et *Le Devoir*, 27 mai, 1978 ; Geoffrey Stevens, « A Pretentious Speech », *Globe and Mail*, 30 mai 1978.

43. Sur le respect à Trudeau, voir Ivan Head et Pierre Trudeau, *The Canadian Way: Shaping Canada's Foreign Policy, 1968-1984* (Toronto : McClelland and Stewart, 1995), p. 303. Ivan Head à John O'Manique, Norman Paterson School, 17 avril et 4 juin 1979, et O'Manique à Head, 7 mai 1979 (copies que Head m'a remises) ; Bothwell, *Alliance and Illusion*, p. 303.

44. « Transcript of the Prime Minister's Press Conference-Ottawa-mai 23, 1978 », CPM, RG2-19c, vol. 2736, BAC.

45. Davey, *Rainmaker*, p. 234-235; Gossage, *Close to the Charisma*, p. 151 (rapporte les interprétations dans la presse) ; *Toronto Star*, 17 oct. 1978 ; et Alastair Gillespie, « Made in Canada », projet de manuscrit.

46. Gillespie, « Made in Canada » ; entrevue avec Alastair Gillespie, mai 2008 ; et entrevues avec Richard O'Hagan, Jim Coutts, Donald Macdonald et Richard Stanbury. Dans un article antérieur, j'ai affirmé que John Turner était responsable du bulletin publié par son cabinet, McMillan Binch, mais il m'a répondu que c'était son associé William Macdonald qui en était l'auteur. Cependant, simplement en raison de sa présence dans ce cabinet et de l'information communiquée dans le bulletin, Turner fut inévitablement associé à ces articles. Paul Litt, projet de biographie de John Turner, chap. 12. Don McGillivray, dans *Ottawa Citizen*, 25 août 1978. Marie-Josée Drouin et B. Bruce-Biggs, *Le Canada a-t-il un avenir?* (Montréal : Stanké, 1978), p. 44. Madame Drouin avait des liens étroits avec des députés chevronnés des libéraux. Elle devint ensuite associée aux néo-conservateurs par son mariage avec Henry Kravis, un homme d'affaires de Wall Street.

47. Pour le commentaire de Daniel Latouche et la description du succès du gouvernement du PQ, voir Martine Tremblay, *Derrière les portes closes : René Lévesque et l'exercice du pouvoir (1976-1985)* (Montréal : Québec Amérique, 2006), p. 199-200.

48. Lévesque est cité dans le *Globe and Mail*, 26 janv. 1979. Entrevue avec Mary Pepin, août 2007. Les commentaires d'Eugene Forsey figurent dans le *Toronto Star*, 21 juillet 1978 ; ceux de Diefenbaker, dans le *Toronto Star*, 12 juillet 1978. Je tiens ces références de Matthew Stubbings, « The Defeat of Bill C-60 », travail pour le cours Histoire 602, Université de Waterloo, hiver 2009.

49. Le rapport sur la conférence constitutionnelle figure dans R. B. Byers, ed., *Canadian Annual Review of Politics and Public Affairs 1979* (Toronto : University of Toronto Press, 1981), p. 88 et suivantes.

50. Davey à « tous les candidats libéraux », 29 mars 1979, Fonds Keith Davey, boîte 22, dossier 13, Archives de l'Université de Victoria ; Byers, éd., *Canadian Annual Review 1979* ; entrevues avec les participants.

51. J'étais présent à l'événement de Kitchener, où j'ai rencontré Trudeau pour la première fois. B.W. Powe, *The Mystic Trudeau : The Fire and the Rose* (Toronto : Thomas Allen, 2007), p. 142.

52. Citation dans *Trudeau Albums,* Karen Alliston, Rick Archbold, Jennifer Glossop, Alison Maclean, Ivon Owen, éd., (Toronto : Penguin, 2000), p. 112. Concernant le soir des élections, voir Davey, *Rainmaker,* p. 242.

Résultats de l'élection de 1979 :
Canadian Annual Review of Politics and Public Affairs 1979, p. 43-45

	LIBÉRAL	PC	NPD	AUTRES
T.-N.	4	2	1	0
N.-É.	2	8	1	0
N.-B.	6	4	0	0
I.-P.-É.	0	4	0	0
Qué.	67	2	0	6
Ont.	32	57	6	0
Man.	2	7	5	0
Sask.	0	10	4	0
Alb.	0	21	0	0
C.-B.	1	19	8	0
Yukon et T.N.-O.	0	2	1	0
Total	114	136	26	6

Pourcentage du vote populaire

	LIBÉRAL	PC	NPD	AUTRES
T.-N.	41	30	30	0
N.-É.	36	45	19	0
N.-B.	45	40	15	0
I.-P.-É.	41	53	7	0
Qué.	62	14	5	19
Ont.	37	42	21	1
Man.	24	43	33	1
Sask.	22	41	36	1
Alb.	22	66	10	2
C.-B.	23	44	32	1
Yukon et T.N.-O.	33	37	29	1
Total	40	36	18	6

CHAPITRE 13 – LA CHUTE DE PIERRE TRUDEAU

1. Les remarques sur le soir de l'élection se trouvent dans *Globe and Mail*, 24 mai 1979; *Chicago Tribune*, 24 mai 1979; et *Los Angeles Times*, 24 mai 1979. La citation sur le pique-nique est tirée de Margaret Trudeau, *À cœur ouvert* (Montréal: Éditions Optimum, 1979), p. 279. La plus grande partie de cette section découle d'entrevues menées auprès de membres de la famille et d'amis. Margaret Trudeau a aussi accordé à Celeste Fremon une longue entrevue sur sa réaction aux circonstances qui avaient changé, et une entrevue sur le Studio 54, «Margaret Trudeau», *Playgirl*, sept. 1979, p. 116.

2. Trudeau, *À cœur ouvert*, p. 279. Entrevue avec Jane et Hugh Faulkner, août 2008. Margaret dit qu'après la séparation «mon rapport avec les enfants et avec Pierre s'améliorait de semaine en semaine. Mon indépendance et mes tentatives de trouver du travail me permettaient d'assumer mon rôle de mère de façon beaucoup mieux équilibrée», *ibid.*, p. 273-274.

3. Les commentaires ont été formulés à l'occasion d'une réunion avec plusieurs des adjoints et autres aides de Trudeau aux Archives nationales du Canada le 17 mars 2003, que j'ai organisée et enregistrée.

4. Heidi Bennet raconte cette histoire dans *Trudeau tel que nous l'avons connu*, sous la dir. de Nancy Southam (Montréal: Fides, 2005), p. 195-196.

5. On trouve le merveilleux témoignage de la période où elles étaient bonnes d'enfant dans *ibid.*, p. 187-194. L'histoire de la piscine est racontée par Kimberley-Kemper, p. 190.

6. Entrevue avec Alexandre Trudeau, juin 2009.

7. Entrevue avec Alastair Gillespie, juillet 2008.

8. Une description de la résidence du lac Mousseau se trouve dans *Trudeau tel que nous l'avons connu*, sous la dir. de Nancy Southam, p. 188 ; le témoignage de Bennet se trouve dans *ibid.*, p. 187, p. 190 et p. 196. Dans leur biographie de Trudeau, Stephen Clarkson et Christina McCall rapportent un incident en particulier mettant en cause le personnel et Margaret après la défaite électorale du 22 mai 1979. Margaret avait « improvisé une fête d'adieu » pour le personnel et demandait à deux agents de la GRC de jeter Trudeau dans la piscine. Il résista en s'agrippant à la porte, mais les agents, plus forts, eurent gain de cause et Trudeau fut projeté, tout habillé, dans la flotte. Ils citent une source confidentielle. Stephen Clarkson et Christina McCall, *Trudeau : L'homme, l'utopie, l'histoire* (Montréal : Boréal, 1995), p. 138. Entrevue avec Patrick Gossage, juin 2009.

9. *Montreal Star*, 5 juin 1979. Je tiens à remercier le très honorable Paul Martin ainsi que Sheila Martin de m'avoir permis de « faire le tour » du 24, promenade Sussex, et l'honorable Bill Graham et Kathy Graham de m'avoir autorisé à faire de même à Stornoway. Les descriptions sont le reflet de mes goûts personnels, de même que certains commentaires d'anciens résidants des deux endroits. Entrevue avec Justin Trudeau, sept. 2007. Justin dit que les enfants ont adoré le 24, promenade Sussex, même si ce ne fut pas le cas de leur mère.

10. Liona Boyd, *In My Own Key : My Life in Love and Music* (Toronto : Stoddart, 1998), p. 137-139.

11. *Ibid.*, p. 138-140 ; Trudeau à Boyd, 17 nov. 1976, FT, MG 26 020, vol. 2, dossier 40, BAC. Le haut-commissaire du Canada au Royaume-Uni, Paul Martin, qui accompagnait Callaghan, déplora vivement dans son journal la piètre couverture de presse réservée à Callaghan. Boyd se demanda aussi pourquoi la presse n'avait pas remarqué sa présence à de si nombreux événements. Paul Martin, *The London Diaries : 1975-1979* (Ottawa : University of Ottawa Press, 1988), p. 168-170.

12. Boyd, *In My Own Key*, p. 143-144, p. 214-215 ; entrevue avec Arthur Erickson, sept. 2007. Des entrevues confidentielles ont révélé que la famille Trudeau et des amis proches ont été extrêmement mécontents face aux affirmations de Boyd, qu'ils considèrent comme injustes, à la fois envers Margaret et envers Pierre, et par moments inexacts.

13. Boyd, *In My Own Key*, p. 138 et suivantes ; entrevues confidentielles.

14. Keith Davey, *The Rainmaker : A Passion for Politics* (Toronto : Stoddart, 1986), p. 211. Davey affirme que Bennett était une amie de Margaret Trudeau. Cependant, plus tard Bennett a écrit qu'elle et Trudeau se sont rencontrés en 1968 au grand bal annuel St. Mary à Montréal, dont Trudeau était l'invité d'honneur. Elle « fondait » « devant son sourire de gamin qui me retenait et disait : "Ne t'arrête pas. Continuons à danser." Nous étions si plongés dans le regard brillant de

l'autre que personne n'aurait osé s'interposer entre nous. La tête me tournait et je me sentais légère tandis que nous dansions et flirtions. » *Trudeau tel que nous l'avons connu*, sous la dir. de Nancy Southam, p. 297.

15. Voir Jane O'Hara, « Heady Day », *Maclean's*, 6 avril 1998, p. 30, où l'on trouve les commentaires de Margaret sur les arrangements de la séparation. Sur l'œil au beurre noir et le passage relatif à la position « intolérable », voir Trudeau, *À cœur ouvert*, p. 193.

16. Sur les costumes achetés chez Studio 267, voir la correspondance d'Albert Morton à Trudeau, les factures datées de juin 1981, et les lettres du 26 nov. et du 16 juillet 1983, FT, MG 26 020, vol. 9, dossier 9-3, BAC. L'entrevue avec Margot Kidder et les commentaires de celle-ci se trouvent dans *Trudeau tel que nous l'avons connu*, sous la dir. de Nancy Southam, p. 300-301. Les documents de Trudeau révèlent qu'il maintenait des liens cordiaux avec bon nombre de femmes lorsqu'il était marié avec Margaret. Il avait une abondante correspondance avec des femmes, et beaucoup d'entre elles continuèrent à lui écrire. Même si aucune de ces lettres n'est déplacée, ses salutations étaient souvent très chaleureuses.

17. L'entrevue avec Kidder et son témoignage se trouvent dans *Trudeau tel que nous l'avons connu*, sous la dir. de Nancy Southam, p. 301 ; entrevue avec Gale Zoë Garnett, avril 2008 ; Boyd, *In My Own Key*, p. 141 ; et Buffy Sainte-Marie à Trudeau, 20 nov. 1977, FT, MG 26 020, vol. 11, dossier 11-9, BAC. On trouvera une excellente compilation des commentaries formulés sur Trudeau « l'objet » dans François-Xavier Simard, *Le vrai visage de Pierre Elliott Trudeau* (Montréal : Les Éditions des Intouchables, 2006), chap. 6. Simard a recueilli un ensemble fascinant de citations illustrant les rapports de Trudeau avec les femmes et avec les hommes.

18. Jeffrey Simpson, *Discipline of Power : The Conservative Interlude and the Liberal Restoration* (Toronto : University of Toronto Press, 1996) ; *Globe and Mail*, 20 juillet 1979 ; et Richard Gwyn, *Le Prince* (Montréal : France-Amérique, 1981), p. 407 et p. 408.

19. D'après des discussions avec John Godfrey et David Silcox et le compte rendu de voyage par Godfrey dans *The Hidden Pierre Elliott Trudeau : The Faith behind the Politics*, John English, Richard Gwyn, et P. Whitney Lackenbauer, éd., (Ottawa : Novalis, 2004), p. 175-176.

20. Entrevue avec Alexandre Trudeau, juin 2009. Citation tirée de l'introduction qu'a rédigée Alexandre Trudeau dans Pierre Trudeau et Jacques Hébert, *Deux innocents en Chine rouge* (Montréal : Les Éditions de l'Homme, nouvelle édition, 2007), p. 8-9.

21. Patrick Gossage, *Close to the Charisma : My Years between the Press and Pierre Elliott Trudeau* (Halifax : Goodread Biographies, 1987), p. 182-183.

22. Conversation avec Jim Coutts. Paul Martin a eu connaissance à Londres de l'insistance de Trudeau pour nommer Marchand et cela l'inquiéta. Dans son journal il écrivit : « Dans tous les cas, Marchand serait un désastre. Perrault a fait du bon travail [à la tête du Sénat]. Est-ce vrai qu'il a été exclu d'une réunion du

Cabinet fantôme libéral ? (…) Marchand a eu des problèmes partout où on l'a transféré. Ce serait une erreur de le nommer à la tête du Sénat. » Paul Martin, *London Diaries*, p. 565-566. Martin ne dit rien sur la défaite de Trudeau, ce qui ne lui ressemble pas.

23. Cette période est bien couverte dans Gwyn, *Le Prince*, p. 408 et suivantes ; entrevue avec Arthur Erickson, sept. 2007. *Globe and Mail*, 11 oct. 1979. Le commentaire sur le « boa constrictor » se trouve dans la chronique de Geoffrey Stevens ; l'article donne un compte rendu de la première question posée par Trudeau. *Débats de la Chambre des communes du Canada* (10 et 30 oct. 1979).

24. Le meilleur compte rendu de cette période se trouve dans Jeffrey Simpson, *Discipline of Power*, sur lequel s'appuie ce résumé. On trouve aussi un bonne description des problèmes liés à l'énergie dans *Canadian Annual Review of Politics and Public Affairs 1979*, R.B. Byers, éd., (Toronto : University of Toronto Press, 1981), p. 90-97 (page 79 pour les résultats des sondages Gallup de l'année).

25. *Globe and Mail*, 14 nov. 1979 ; *Débats de la Chambre des communes du Canada*, 13 nov. 1979. L'extrait vidéo de la CBC avec Trudeau, Duffy et Nash se trouve dans les archives numériques de la CBC à l'adresse suivante : http://archives.cbc. ca/politics/parties_leaders/clips/13255/.

26. Gossage, *Close to the Charisma*, p. 184-185.

27. *Ibid.* ; Gwyn, *Le Prince*, p. 412. On trouvera l'extrait vidéo de la conférence de presse à l'adresse suivante : http://archives.cbc.ca/politics/prime_ministers/ clips/13256/.

28. On trouvera les échanges à la Chambres des communes dans *ibid.*

29. Gwyn, *Le Prince*, p. 413.

30. Michel Roy, *Le Devoir*, 26 nov. 1979. Gossage, *Close to the Charisma*, p. 187 ; *Globe and Mail*, 22 nov. 1979. Les réactions sont résumées dans *Canadian Annual Review of Public Affairs 1979*, Byers, éd., p. 56-57. L'article du *Maclean's* intitulé « An Era Ends », par Robert Lewis et Susan Riley, de manière caractéristique accorde peu d'attention à la démission de Trudeau, pour spéculer de manière approfondie sur ses successeurs possibles (3 déc. 1979, p. 25-26).

31. Le mémorandum rédigé par Gregg se trouve dans Simpson, *Discipline of Power*, p. 86. Reg Whitaker, « Reason, Passion, and Interest : Pierre Trudeau's Eternal Liberal Triangle », *Canadian Journal of Political and Social Theory/Revue canadienne de théorie politique et sociale* (hiver 1980), p. 28. Whitaker (p. 30n18) avance qu'on a vu, ironiquement, à quel point Trudeau comprenait mal l'idée de souveraineté populaire lorsque Clark remporta la majorité avec 4 p. cent de moins des suffrages. Il dit qu'il est « curieux » que Trudeau soit demeuré silencieux sur ce fait. Il ne le fut pas : dans son allocution d'adieu aux électeurs de sa circonscription, il confronta les résultats et en appela à une représentation proportionnelle.

32. George Radwanski, *Trudeau* (Montréal : Fides, 1979). Le chapitre 16 s'intitule « Le chef accompli ». On trouvera un bon résumé du Service canadien du renseignement de sécurité dans Philip Rosen, « Le service canadien du renseignement de sécurité, Bibliothèque du parlement », document 84-27E, révisé le

24 janv. 2000, 84-27F ; Trudeau à Kenneth McNaught, 16 nov. 1979, FT, MG 26 020, vol. 22, dossier 13, BAC. Le document que McNaught envoya à Trudeau a été produit par Martin Friedland, Ph. D., professeur de droit à l'Université de Toronto.

33. Tony Judt, *Après guerre : une histoire de l'Europe depuis 1945* (Paris : Colin, 2007), p. 447.

34. Whitaker, « Reason, Passion, and Interest », p. 31n50. Sur le PQ et le référendum, la discussion se trouve dans Martine Tremblay, *Derrière les portes closes : René Lévesque et l'exercice du pouvoir (1976-1985)*, (Montréal : Québec Amérique, 2006), p. 221. Pierre Vallières, *L'urgence de choisir : essai* (Montréal : Parti-Pris, 1972).

35. Les commentaires de Lévesque en mai 1979 à propos des avantages, pour les séparatistes, amenés par le départ de Trudeau se trouvent dans *La Presse,* 22 nov. 1979. Tremblay décrit le retour ultérieur de Trudeau comme un choc profond, qui a eu « un impact majeur sur la campagne référendaire ». Tremblay, *Derrière les portes closes*, p. 236.

36. Entrevue avec Hugh Faulkner, août 2008. À une amie de Calgary qui lui écrivit en 1980 pour lui faire part des doléances familières, il répondit :

> Je suis heureux que tu sois revenue à terre, si c'est ce que tu souhaites. Mais je ne suis pas certain que ce soit la meilleure place pour toi. Quant au pétrole et au gaz, tu es l'experte en ce domaine. Mais cela m'attriste un peu de t'entendre parler en clichés de l'Est et de l'Ouest : richesse de l'Ontario, taux de fret, règles du jeu, traité comme une colonie – mieux vaut ne pas continuer...
>
> Tu es une étrangère spéciale, et je suis triste. Je n'entends pas la Canadienne en toi. L'Alberta est-elle si pauvre, si opprimée ? Comment se fait-il que vous soyez tant à vous sentir misérables ? Mais enfin, Joyeux Noël et Bonne Année quand même.

FT, MG 26 020, vol. 3, dossier 3-44. *Annuaire du Canada 1978-1979* (Ottawa : Statistique Canada, 1978), p. 393.

37. Kenneth Norrie, Douglas Owram, et J.C. Herbert Emery, *A History of the Canadian Economy*, 4ᵉ éd. (Toronto : Thomson Nelson, 2008), p. 404, p. 415. Sur le niveau de vie, voir Pierre Fortin, *The Canadian Standard of Living : Is There a Way Up?* (Toronto : C.D. Howe Institute, 1999), et sur les sables bitumineux, voir Paul Chastko, *Developing Albert Oil Sands : From Karl Clark to Kyoto* (Calgary : University of Calgary Press, 2004). Chastko est généralement critique à l'égard d'Ottawa, mais reconnaît l'importance de l'intervention de 1975 pour la crise financière entourant les sables bitumineux. Certains détails contenus dans ce passage proviennent d'un travail d'étudiant : Bob Shields, « The Oil Sands : A Business History, 1973-1975 », travail effectué dans le cadre du cours History 602, University of Waterloo, avril 2009.

38. Trevor Findlay, « Canada and the Nuclear Club », dans *Canada among Nations 2007 : What Room for Manoeuvre?*, Jean Daudelin et Daniel Schwanen, éd., (Montréal et Kingston : McGill-Queen's University Press, 2008), p. 206.

39. Allan Gotlieb, *The Washington Diaries 1981-1989* (Toronto: McClelland and Stewart, 2006).

40. Ces jugements se fondent sur une conversation avec l'ancien haut-commissaire du Canada à Singapour Barry Carin, l'ancien responsable mexicain Andrés Rozental, l'ancien responsable allemand (et adjoint de Schmidt) Hans Gunter Sullima, Lord Trend de Grande-Bretagne, l'ancien haut-commissaire au Royaume-Uni Paul Martin (une opinion que l'on retrouve dans son journal publié), et bien d'autres responsables canadiens ayant travaillé avec Trudeau. La lettre de Trudeau à Schmidt à la suite de sa défaite de 1979 est exceptionnelle en raison des ajouts manuscrits, qui expriment l'espoir qu'ils puissent rester en contact, et dans laquelle Trudeau le remercie de « nos discussions personnelles ». Trudeau à Schmidt, 22 juin 1979, Depost HS Mappe 6600, Archives d'Allemagne.

41. Catherine Annau, *Frenchkiss – La génération du rêve Trudeau* (Office national du film du Canada, 1999).

CHAPITRE 14 – TRUDEAU, NOUVELLE FORMULE

1. Jeffrey Simpson, *Discipline of Power: The Conservative Interlude and the Liberal Restoration* (Toronto: University of Toronto Press, 1996), p. 118, p. 228 et suivantes; *Ottawa Citizen*, 23 nov. 1979. Concernant Turner et Macdonald, voir R.B. Byers, éd., *Canadian Annual Review of Politics and Public Affairs 1979* (Toronto: University of Toronto Press, 1981), p. 57.

2. Campagnolo à Trudeau, 28 nov. 1979, FT, MG 26 020, vol. 2, dossier 62, BAC; Danson à Trudeau, 21 nov. 1979, *ibid.*

3. Le meilleur compte rendu de l'automne passé par les conservateurs demeure le premier chapitre de *Discipline of Power* de Simpson. Mon compte rendu s'inspire aussi de conversations avec Allan MacEachen, Marc Lalonde, Jim Coutts, Flora MacDonald, Geoffrey Stevens, Mark MacGuigan, Herb Gray, Bob Rae, Ed Broadbent, et plusieurs autres personnes présentes.

4. Voir *Canadian Annual Review 1979*, Byers, éd., p. 79-80, et le compte rendu détaillé dans Simpson, *Discipline of Power*, p. 33-47. Sheppard fait ce commentaire dans le *Globe and Mail*, 14 déc. 1979. Le commentaire de Trudeau figure dans ses mémoires (Trudeau, *Mémoires politiques* [Montréal: Le Jour, 1993]), p. 237. Keith Davey donne son compte rendu dans *The Rainmaker: A Passion for Politics* (Toronto: Stoddart, 1986), p. 261 et suivantes. Richard Gwyn donne un vivant commentaire dans *Le Prince* (Montréal: Québec Amérique, 1981), p. 422 et suivantes, qui se base sur des souvenirs de contemporains et des conversations avec ceux-ci. Les commentaires sur les présidents libéraux et les appels téléphoniques sont basés sur des souvenirs personnels. J'étais le président de la Kitchener Federal Liberal Association lorsque le gouvernement est tombé et je fus personnellement appelé à donner mon opinion à propos de la circonscription. La circonscription s'opposait fermement au retour de Trudeau, ce qui n'était pas mon cas. En discutant avec d'autres libéraux ontariens, il m'a semblé que la division

se situait principalement entre les factions libérales et conservatrices, la première étant en faveur d'une course à la direction. On y continuait à espérer que John Turner reviendrait sur sa décision, une opinion que m'ont exprimé deux députés libéraux.

5. Stephen Clarkson et Christina McCall, *Trudeau : L'illusion héroïque*, vol. 2 (Montréal : Boréal, 1995), p. 207. Un article dans *Montreal Gazette*, 17 déc. 1979, a prétendu que Buchanan exerçait des pressions sur les libéraux de l'Ontario sur Trudeau. À titre de député responsable de l'organisation ontarienne, il avait la responsabilité de sonder les opinions. Cependant, il était aussi bien connu comme l'un de ceux qui pensaient que Trudeau devait démissionner, et les appels furent interprétés par plusieurs comme une tentative d'obtenir des appuis à son point de vue. Lorsque Buchanan parla à Trudeau de ses conclusions, lesquelles indiquaient une forte opposition à ce dernier, la conversation eut un effet irrémédiable sur sa position auprès de Trudeau, qui n'inclurait plus Buchanan dans le Cabinet après l'élection.

6. Trudeau résume la réaction de ses « amis » dans cette déclaration. Trudeau, *Mémoires politiques*, p. 240.

7. Ce compte rendu est tiré de Trudeau, *Mémoires politiques*, p. 241. On trouvera une version quelque peu différente dans Davey, *Rainmaker*, p. 264, où Coutts est montré comme persuadant Trudeau, le lendemain, de se présenter comme candidat. Ce même compte rendu, avec un commentaire de Coutts voulant qu'il ne connaissait pas la décision de Trudeau jusqu'à ce qu'il entende la conférence de presse, se trouve dans Gwyn, *Le Prince*, p. 425-426. La meilleure description se trouve dans Simpson, *Discipline of Power*, p. 33-47, qui correspond au compte rendu de Davey – et qui indique que Trudeau avait parlé à Coutts le matin à 8 heures 30, du fait qu'il ne se présenterait pas.

8. Simpson, *Discipline of Power*, p. 46-47 ; *Globe and Mail*, 19 déc. 1979 ; Patrick Gossage, *Close to the Charisma : My Years between the Press and Pierre Elliott Trudeau* (Halifax : Goodread Biographies, 1987), p. 188-189.

9. Le déplacement de Grafstein chez Harry Rosen et l'approche pour la campagne sont décrits dans le compte rendu du chroniqueur de campagne, John Duffy, *Fights of Our Lives : Elections, Leadership, and the Making of Canada* (Toronto : HarperCollins, 2002), p. 292.

10. Davey a écrit dans ses mémoires que la campagne libérale tournait principalement autour de Joe Clark : « Il était cependant clair qu'il ne s'agissait pas d'une campagne où notre chef serait mis à l'avant-scène. Qu'il s'agisse ou non de Pierre Trudeau – mais surtout parce qu'il *s'agissait* de Pierre Trudeau. » (*Rainmaker*, p. 265). L'information sur les relations avec la presse est tirée de Gossage, *Close to the Charisma*, p. 193-195. Gossage m'a fait ce commentaire sur les guerres de poésie dans une entrevue en juin 2009. La meilleure étude savante sur les élections de 1979 et 1980 est *Canada at the Polls, 1979 and 1980 : A Study of the General Elections*, Howard Penniman, éd., (Washington, D.C. : American Enterprise Institute for Public Policy Research, 1981), même si elle se concentre sur

l'élection de 1979. Robert Bothwell est l'auteur d'un excellent résumé des élections de 1979 et de 1980 paru sur Historica, une organisation traitant de l'histoire canadienne, à l'adresse suivante: http://www.histori.ca/prodev/article. do?id=15406.

11. Davey et Gossage décrivent tous deux l'incident aux pages 269 et 194, respectivement. Ni l'un ni l'autre n'est en mesure de dire si Trudeau s'est trompé intentionnellement ou non.

12. Gossage, *Close to the Charisma*, p. 190-191. D'autres commentaires se fondent sur des conversations avec Lorna Marsden, Allan MacEachen et Tom Axworthy. Voir aussi Clarkson et McCall, *Trudeau: L'illusion héroïque*, p. 139, y compris une bonne description de l'influence de Mardsen aux pages 280-286. La lettre à l'ami de Trudeau a été citée au chapitre 13, note 34, FT, MG 26 020, vol. 3, dossier 3-44.

13. Davey, *Rainmaker*, p. 270. Le stratège libéral John Duffy insiste sur la manière dont la division Est-Ouest est devenue l'élément central de la politique canadienne. Il décrit la campagne de 1979 en détail dans son livre *Fights of Our Lives*, p. 291 et suivantes. *Canadian Annual Review 1979*, Byers, éd., p. 43-45.

14. On peut visionner la soirée électorale présentée à la CBC à l'adresse suivante: http://archives.cbc.ca/on_this_day/02/18/. Les commentaires de Trudeau figurent dans ses *Mémoires politiques*, p. 244.

15. Sur l'anecdote des toilettes, voir Gossage, *Close to the Charisma*, p. 195. La déclaration du gouvernement québécois a été publiée sous le titre *La nouvelle entente Québec-Canada: proposition du gouvernement du Québec pour une entente d'égal à égal: la souveraineté-association*. (Québec: Éditeur officiel, 1979). On trouvera une discussion sur les sondages dans *Canadian Annual Review 1979*, Byers, éd., p.103-104. Trois des quatre sondages effectués en 1979 indiquaient une avance du camp du «oui». La formulation peu claire des questions des sondages fait qu'il est difficile de juger de leur validité. Cependant, la discussion indique que le gouvernement du Québec était modérément optimiste quant aux résultats avant le retour de Trudeau. Voir Martine Tremblay, *Derrière les portes closes: René Lévesque et l'exercice du pouvoir (1976-1985)* (Montréal: Québec Amérique, 2006), p. 236.

16. Edward McWhinney, *Canada and the Constitution 1979-1982: Patriation and the Charter of Rights* (Toronto: University of Toronto Press, 1982), p. 32; Léon Dion, *Le Québec et le Canada: Les voies de l'avenir* (Montréal: Les Éditions Quebecor, 1980); et André Burelle, *Pierre Elliott Trudeau: L'intellectuel et le politique* (Montréal: Fides, 2005), p. 424. Le livre beige est décrit dans *Le Devoir*, 11 janv. 1980; et Ryan en discute avec la journaliste Denise Bombardier à http://archives.radio-canada.ca/emissions/523-7461/page/1/, une entrevue qui illustre bien le sérieux de Ryan ainsi que la clarté de son exposé.

17. Trudeau discute de l'offre dans ses *Mémoires politiques*. Il affirme respecter Broadbent, mais qu'ils ne se côtoyaient pas de près, une opinion partagée par Broadbent. Une photographie de la réunion figure dans Trudeau, *Mémoires*

politiques, p. 244-245. Entrevue avec Bob Rae, sept. 2005. Citations extraites de Judy Steed, *Ed Broadbent : La conquête obstinée du pouvoir* (Montréal, : Les Éditions de l'Homme, 1988), p. 268-269. Rae a dit à Steed à la fin des années 1980 que l'atmosphère au parti n'était pas des meilleures à l'idée de passer quatre autres années sous la direction de Trudeau, et que les gens du parti se trouvaient dans une situation terriblement difficile (p. 271).

18. Trudeau, *Mémoires politiques*, p. 249 ; Ian MacDonald, *De Bourassa à Bourassa* (Montréal : Primeur Sand, 1985), p. 105 ; *La Presse*, 31 mars 1980 ; les résultats des sondages sont résumés dans *Globe and Mail*, 12 avril 1980. Gérard Bergeron, *Notre miroir à deux faces* (Montréal : Québec Amérique, 1985), p. 218.

19. Leur première rencontre est décrite en detail dans le premier tome de la présente biographie. *The Champions* (1994) est un documentaire brillant réalisé en trois volets par l'Office national du film du Canada, dans lequel on examine la relation entre Trudeau et Lévesque. Le volet 3 constitue la source principale du présent chapitre.

20. Cité dans Gérard Pelletier, *Souvenirs : Les années d'impatience, 1950-1960*, (Montréal : Stanké, 1983), p. 49.

21. *Débats de la Chambre des communes du Canada*, 15 avril 1980. La photographie a été publiée dans *Globe and Mail*, 16 avril 1980. Les critiques de l'approche de Trudeau figurent dans *Le Devoir*, 16 avril 1980.

22. Le phénomène a suscité des études savantes de la part de certaines féministes. Voir Naomi Black, « Les Yvettes : qui sont-elles ? » in *Thérèse Casgrain : Une femme tenace et engagée*, Anita Caron et Lorraine Archambault, éd., (Sainte-Foy : Presses de l'Université du Québec, 1992), p. 165-169, et Micheline Dumont, « Les Yvettes ont permis aux femmes d'entrer dans l'histoire politique québécoise », *L'Action nationale*, oct. 1991, p. 40-44. Un excellent compte rendu figure aussi dans MacDonald, *De Bourassa à Bourassa*, chap. 10. Il existe une quantité énorme de documents traitant principalement du référendum. La bibliothèque de l'Assemblée nationale a compilé une excellente bibliographie sur le sujet : http://www.assnat.qc.ca/fra/Bibliotheque/publications/thematiques/btHs.pdf.

23. Bibliothèque et Archives Canada a choisi de placer le discours sur son site Web comme un exemple des allocutions faites par des premiers ministres : http://www.collectionscanada.gc.ca/primeministers/h4-4083-e.html. MacDonald, *De Bourassa à Bourassa*, p. 179. Les sentiments de MacDonald sont décrits dans Gossage, *Close to the Charisma*, p. 197. On trouvera la dissertation de Trudeau intitulée « L'ascétisme en canot » dans Pierre Elliott Trudeau, *À contre-courant : textes choisis, 1939-1996* (Montréal : Stanké, 1996), p. 24.

24. Bergeron est l'une des nombreuses personnes à le dire. Stevens, un chroniqueur du *Globe and Mail*, a constamment critiqué l'inclusion de la réforme constitutionnelle dans le débat. Il s'opposait aussi fermement à l'attaque agressive du député libéral André Ouellet contre les intellectuels québécois et les médias. *Globe and Mail*, 17 avril 1980.

25. Le compte rendu de cette réunion est basé sur MacDonald, *De Bourassa à Bourassa*, p. 181 et suivantes, et sur des entretiens avec Jim Coutts, Eddie Goldenberg et Jean Chrétien.

26. MacDonald, *De Bourassa à Bourassa*. La description des rassemblements provient de sites Web où l'on peut visionner les discours de Lévesque et de Ryan: http://archives.cbc.ca/on_this_day/05/20/776/ et http://archives.cbc.ca/on_this_day/05/20/5600/, respectivement. L'agressivité de Ryan contraste de manière frappante avec l'abattement de Lévesque. La description que fait Trudeau de ses sentiments provient de ses *Mémoires politiques*, p. 255-256.

27. Gossage, *Close to the Charisma*, p. 198; Trudeau, *Mémoires politiques*, p. 256.

CHAPITRE 15 – UNE ENTENTE CONCLUE

1. La documentation traitant du processus constitutionnel est vaste et ne manque pas de controverse. Trudeau parle du débat dans ses *Mémoires politiques* (Montréal: Le Jour, 1993), partie 4, et Chrétien a décrit son rôle dans son livre *Dans la fosse aux lions* (Montréal: Les Éditions de l'Homme, 1985), chap. 6. Brian Mulroney a formulé des commentaires sur le processus proposé par Trudeau, qu'il avait appuyé à l'étape des premières ébauches, contrairement à Joe Clark et à Peter Lougheed (Brian Mulroney, *Mémoires* [Montréal: Les Éditions de l'Homme, 2007], p. 605-609). Le biographe de Lévesque, Pierre Godin, discute du sujet en profondeur dans *René Lévesque: L'Homme brisé* (Montréal: Boréal, 2005), tout comme Martine Tremblay, *Derrière les portes closes: René Lévesque et l'exercice du pouvoir* (Montréal: Québec Amérique, 2006), qui contient une excellente bibliographie couvrant les sources en français. Le premier ministre de la Saskatchewan, Allan Blakeney, parle de son rôle important dans *An Honourable Calling: Political Memoirs* (Toronto: University of Toronto Press, 2008). Pour un important recueil contemporain et révisé, et par ailleurs très critique, voir Keith Banting et Richard Simeon, éd., *And No One Cheered: Federalism, Democracy, and the Constitution Act* (Toronto: Methuen, 1983). Robert Sheppard et Michael Valpy, *The National Deal: The Fight for a Canadian Constitution* (Toronto: Fleet, 1982) constitue le meilleur compte rendu historique et contemporain, les auteurs ayant eu un accès exceptionnel aux personnes intéressées. La biographie d'Ed Broadbent par Judy Steed rend compte de manière excellente des problèmes que causèrent aux néo-démocrates les « guerres » constitutionnelles: Judy Steed, *Ed Broadbent: la conquête obstinée du pouvoir* (Montréal: Les Éditions de l'Homme, 1988), chap. 7. Le rédacteur de Trudeau et Chrétien, Ron Graham, a rédigé un compte rendu bien documenté des enjeux et des conséquences politiques dans *One-Eyed Kings: Promise and Illusion in Canadian Politics* (Toronto: Collins, 1986). Le rédacteur de discours de Trudeau, André Burelle, non seulement retrace les origines de sa propre dissension par rapport à l'approche de Trudeau, mais fournit également un important témoignage documentaire de ses propres documents dans *Pierre Elliott*

Trudeau: L'intellectuel et le politique (Montréal: Fides, 2005). Stephen Clarkson et Christina McCall sont les auteurs d'un ouvrage primé sur Trudeau et la Constitution: Stephen Clarkson et Christina McCall, *Trudeau: L'homme, l'utopie, l'histoire* (Montréal: Boréal, 1995), deuxième partie; et Philip Girard couvre bien les controverses juridiques dans son excellente biographie du juge en chef Bora Laskin: *Bora Laskin: Bringing Law to Life* (Toronto: University of Toronto Press pour The Osgoode Society, 2005). Le documentaire *The Champions*, réalisé en 1994 par Donald Brittain pour le compte de la CBC et de l'Office national du film, est une excellente source contenant de superbes entrevues avec les principaux protagonistes.

2. On trouvera les citations d'Axworthy dans Graham, *One-Eyed Kings*, p. 60, p. 64. Graham donne un excellent compte rendu de l'atmosphère qui régnait au moment où Trudeau est retourné au pouvoir. M. Axworthy a confirmé ses impressions dans un entretien en juillet 2005.

3. Mark MacGuigan, *An Inside Look at External Affairs during the Trudeau Years: The Memoirs of Mark MacGuigan* (Calgary: University of Calgary Press, 2002), P. Whitney Lackenbauer, éd. J'ai été l'exécuteur littéraire de M. MacGuigan et eu l'occasion de m'entretenir avec lui à plusieurs reprises au sujet de ce manuscrit avant son décès. Le commentaire cité est revenu souvent dans le cours de ces discussions.

4. *Globe and Mail*, 4 mars 1980.

5. Graham, *One-Eyed Kings*, section 1, et Donald Johnston, *Up the Hill* (Montréal et Toronto: Optimum, 1986).

6. Entrevue avec Don Johnston, juin 2009. Lorsque j'ai décrit à Tom Axworthy les rencontres que j'ai tenues avec les anciens ministres de Trudeau à Bibliothèque et Archives Canada, il eut ce commentaire voulant que les divisions étaient exactement les mêmes qu'à l'époque où ils étaient au gouvernement.

7. *Les années Trudeau: la recherche d'une société juste*, Thomas S. Axworthy et Pierre Elliott Trudeau, éd., (Markham, Ontario: Viking, 1990), p. 15. En plus d'Axworthy et de Trudeau, ont apporté leur contribution Marc Lalonde, Joel Bell, le conseiller de Trudeau, Ian Steward, responsable des questions financières et à la Banque du Canada, Jacques Hébert, le ministre de l'Environnement John Roberts, Jim Coutts, Gérard Pelletier, le sous-ministre des Finances Thomas Shoyama, Lloyd Axworthy, la représentante et plus tard sénatrice Lorna Marsden, Jean Chrétien, et les historiens de York University et partisans de Trudeau, Fernand Ouellet et Ramsay Cook.

8. Stephen Clarkson, *Canada and the Reagan Challenge* (Toronto: Lorimer, 1985) est pour l'essentiel une défense contemporaine de la résistance de Trudeau, alors que Peter Foster, *The Sorcerer's Apprentices: Canada's Super-Bureaucrats and the Energy Mess* (Toronto: Collins, 1982) est une attaque contemporaine des politiques économiques de Trudeau, dont il rend responsables le style de gouvernement de Trudeau, l'influence de John Kenneth Galbraith et un groupe d'élites bureaucrates à Ottawa. Un échange entre Keith Davey et Trudeau, dans

lequel ce dernier indique qu'il a lu et compris les arguments de Coleman, se trouve dans Davey à Trudeau, 21 fév. 1973, FT, MG 26 07, vol. 290, dossier 319-14, BAC.

9. Trudeau et Carter avaient développé une chaude amitié lors des rencontres du G7, et malgré l'opposition de Joe Clark envers le nationalisme économique, les Américains semblaient préférer le Trudeau familier. Une évaluation effectuée juste avant l'élection de 1980 a fait remarquer que « dans l'éventualité plus probable d'une victoire libérale, Trudeau soutiendra aussi les initiatives américaines en Iran et en Afghanistan. Il a même attaqué Clark pour n'avoir pas fait assez pour appuyer les États-Unis. Lui aussi est en faveur d'un boycott des Jeux olympiques pour autant que d'autres alliés occidentaux le soient. Le soutien de Trudeau envers la solidarité occidentale reflète son désir d'être identifié à une question bénéficiant d'un fort soutien populaire au Canada. » Cependant, le rapport fait bien remarquer que « Trudeau divergerait de Clark principalement sur la politique économique – il serait certainement un partenaire de négociation plus difficile pour les États-Unis. » Documents Brzezinski, boîte 7, dossier Canada 10/79-1/81, Jimmy Carter Presidential Library. Reagan partageait les inquiétudes de Trudeau au sujet de l'embargo de Carter. Il écrit dans son journal le 4 février 1981 : « J'ai toujours eu l'impression que [l'embargo sur les céréales] a fait plus mal à nos fermiers qu'aux Soviétiques. Bon nombre de nos alliés [...] se sont renfloués en fournissant les Soviétiques. » *The Reagan Diaries*, Douglas Brinkley, éd., (New York : HarperCollins, 2007), p. 2.

10. Cité dans Christopher Shulgan, *The Soviet Ambassador : The Making of the Radical behind Perestroika* (Toronto : McClelland and Stewart, 2008), p. 240. L'ouvrage de Shulgan est une excellente description de l'amitié entre Trudeau et Yakovlev, qui influença grandement la politique soviétique dans les années 1980.

11. Cité dans Pierre Godin, *René Lévesque : Un homme et son rêve 1922-1987* (Montréal : Boréal, 2007), p. 473. En dépit de cette anecdote, Godin fait remonter la date du déclin de Lévesque au jour de la défaite référendaire. Par contre, la confidente de Lévesque, Martine Tremblay, diffère complètement d'opinion à ce sujet dans *Derrière les portes closes*, p. 248.

12. On trouvera un bon compte rendu de la rencontre dans Sheppard et Valpy, *National Deal*, p. 40-42. Cet ouvrage demeure celui qui traite du processus constitutionnel de la manière la plus exhaustive.

13. *Globe and Mail*, 10 juin 1980 ; *Ottawa Citizen*, 10 juin 1980.

14. La conversation de Trudeau avec Stephen Clarkson et Christina McCall, 11 déc. 1986, est citée dans *Trudeau : L'homme, l'utopie, l'histoire*, p. 258-259. Kirby était contre le retour de Trudeau en 1979, mais il n'était pas alors une figure importante et Trudeau semble ne pas avoir été au courant de son opposition. Sources confidentielles. La description de la carte de Noël est de Patrick Gossage, *Close to the Charisma : My Years between the Press and Pierre Elliott Trudeau* (Halifax : Goodread Biographies, 1987), p. 239. Sur les origines de l'énoncé de Machiavel, voir Sheppard et Valpy, *National Deal*, p. 7.

15. Cité dans Burelle, *Pierre Elliott Trudeau*. Dans cet ouvrage, Burelle reproduit les documents dans lesquels Trudeau a enlevé toute référence au mot « nation ».

16. Le commentaire de Trudeau sur Robertson a été recueilli par Stephen Clarkson et Christina McCall en déc. 1986 (*Trudeau : L'homme, l'utopie, l'histoire*, p. 257). Conversation avec Robert Fowler. Pour la réaction de Gordon Robertson aux commentaires de Trudeau, voir *Memoirs of a Very Civil Servant : Mackenzie King to Pierre Trudeau* (Toronto : University of Toronto Press, 2000). Il en fut offensé, mais il en acceptait la substance. Il ne convenait pas et, par conséquent, il refusa de donner des conseils. « Personne ayant collaboré avec Mackenzie King, Louis Saint-Laurent ou Lester Pearson ne pouvait croire qu'un jeu de pouvoir, même favorable à court terme, était la manière de résoudre un problème d'ordre constitutionnel. » (p. 321-322).

17. Sheppard et Valpy, *National Deal*, p. 53-54; Steed, *Ed Broadbent*, p. 273. Le titre officiel du mémorandum de Kirby est « Report to Cabinet on Constitutional Discussions, Summer 1980, and the Outlook for the First Ministers Conference and Beyond, August 30, 1980 ». Le document de Kirby est maintenant disponible en ligne à l'adresse suivante : http://faculty.marianopolis.edu/c.belanger/ QuebecHistory/docs/1982/17.htm. Il contient la citation de Machiavel inscrite sur sa carte de Noël.

18. Les descriptions de la foi religieuse des participants proviennent de ce [...]-mentaire canadien* (Ottawa : Normandin, 1981), et [...] chiffres [...] nationaux sont tirés d'*Annuaire du Canada* (Ottawa : M[...] Appro[...]-nements et Services, 1981), ainsi que de *Globe and Mail* et *l[...] Devoir*, [...] sept. 1980. Sur Lougheed et Davis, voir Allan Hustak, *Peter Lougheed : A [...]* (Toronto : McClelland and Stewart, 1979), p. 144.

19. La description de la conférence et les citations sont tirées des sources suivantes : http://archives.cbc.ca/politics/constitution/clips/6041/; l'extraordinaire documentaire de Donald Brittain, *The Champions*, 3ᵉ volet, constitue un témoignage surperbe des tensions vécues autour de la table de la conférence; *Globe and Mail*, 8-11 sept. 1980; et *Ottawa Citizen*, qui reçut les premières fuites du « mémorandum de Kirby ».

20. Les citations se trouvent dans Clarkson et McCall, *Trudeau : L'homme, l'utopie, l'histoire*, p. 266. Voir aussi Trudeau, *Mémoires politiques*, p. 275-280, et « Interview between Mr. Trudeau and Mr. Graham », 4 mai 1992, FT, MG 26 03, vol. 23, dossier 7, BAC.

21. Le nom des dissidents fut rapidement connu malgré le secret imposé au Cabinet. Voir David Milne, *The New Canadian Constitution* (Toronto : Lorimer, 1982), p. 77. Ces noms ont aussi été confirmés dans des entrevues confidentielles, même s'il semble clair que d'autres ont eu des hésitations non exprimées.

22. Le frère de Bob Rae, John, a été l'adjoint de Jean Chrétien et un ami proche d'Eddie Goldenberg, qui a joué un rôle central dans l'initiative constitutionnelle. Grâce à eux, Bob apprit à connaître l'équipe à l'édifice Langevin derrière l'effort. Un quart de siècle plus tard, c'est ce même groupe qui facilitera l'entrée

de Bob Rae au Parti libéral, et qui fut présent au Centre des congrès de Montréal pour le soutenir au congrès à la direction du Parti libéral en 2006, et l'ont presque élu chef du parti. Sur l'idée de référendum, pour laquelle André Burelle était fortement en faveur, voir Burelle, *Pierre Elliott Trudeau*. Une description complète de l'équipe du côté bureaucratique et politique, qui souligne l'importance de Goldenberg, se trouve dans Sheppard et Valpy, *National Deal*, p. 72-73.

23. Steed, *Ed Broadbent*, p. 274. Conversation avec Bob Rae.

24. Les citations sont tirées de *Globe and Mail*, 3-4 oct. 1980, qui comporte, dans l'édition du 3 octobre, les déclarations faites par les leaders fédéraux. Pour le Québec, voir *Le Devoir*, 3 oct. 1980. L'offensive de Trudeau mena au report de l'élection au Québec (voir Tremblay, *Derrière les portes closes*, p. 252-253).

25. Sur la critique par le président de la Chambre, Sam Hughes, voir *Toronto Star*, 3 oct. 1980. Le discours de Brian Mulroney est décrit dans ses *Mémoires*, p. 249-250. Mulroney a reconnu son appui au rapatriement de la Constitution et à la charte, même si c'est à Clark que l'on donne le crédit de s'être battu en Chambre, manifestant son opposition aux plans constitutionnels, bataille qui fut qualifiée de son meilleur moment à titre de leader.

26. L'étude classique qu'a réalisé Craig Brown de la politique nationale s'intitule *Canada's National Policy 1883-1900: A Study in Canadian-American Relations* (Princeton: Princeton University Press, 1964). Le texte de Lalonde se trouve dans *Les années Trudeau : la recherche de la société juste*, Axworthy et Trudeau, éd., chap. 2. La citation au sujet de l'Alberta est tirée de Stephen Clarkson et Christina McCall, *Trudeau : L'illusion héroïque* (Montréal : Boréal, 1995), p. 156.

27. La description de l'opposition de Lougheed à Victoria se trouve dans Hustak, *Lougheed*, p. 144-145. Le Programme énergétique national suscita étonnamment peu d'études savantes. Pour une analyse réalisée dans les débuts et par ailleurs très critique, et contenant de précieux détails, voir *Sorcerer's Apprentices* de Foster. Clarkson et McCall, *L'illusion héroïque*, chap. 5, est plus favorable, et la partie 2 des *Années Trudeau : la recherche d'une société juste*, Axworthy et Trudeau, éd., est, chose étonnante, hautement favorable à la politique tout en concédant que la chute inattendue du prix du pétrole compliqua les choses. La meilleure source demeure G. Bruce Doern et Glen Toner, *The Politics of Energy : The Development and Implementation of the NEP* (Toronto : Methuen, 1985).

28. Cité dans Edmund Morris, *Dutch : A Memoir of Ronald Reagan* (New York : Random House, 1999), p. 411.

29. Les opinions exprimées dans *Alberta Report* sont citées dans James Laxer, *Canada's Economic Strategy* (Toronto : McClelland and Stewart, 1981), p. 178-179. Cet ouvrage contemporain est particulièrement important concernant la division entre les sections est et ouest du NPD. La situation de l'une des victimes du PEN, Dome Petroleum, est traitée dans Jim Lyon, *Dome* (Montréal : Les Édi-

tions de l'Homme, 1984).

30. Le lien qui existe entre les besoins financiers et la politique énergétique est bien expliquée dans Doern et Toner, *The Politics of Energy*, chap. 6. Entrevues avec Marshall Crowe, janvier 2008, et Marc Lalonde, octobre 2005. Comme autre stimulant pour l'Ouest, le gouvernement fédéral établit un Fonds de développement de l'Ouest, sous la présidence du Manitobain Lloyd Axworthy. Son objectif était de recycler certains des revenus additionnels revenant au gouvernement fédéral pour des projets dans l'Ouest sur le modèle de programmes similaires établis pour les provinces de l'Est.

31. Chrétien est d'avis que Lougheed a développé de bonnes dispositions envers lui lorsqu'il l'aida dans l'affaire des sables bitumineux en 1975. Sur Blakeney, voir Chrétien, *Dans la fosse aux lions*, p. 167.

32. On trouvera un excellent compte rendu de la rencontre de Winnipeg dans Clarkson et McCall, *Trudeau : L'illusion héroïque*, p. 159–160. Les détails des négociations conclues durant l'année se trouvent dans *Canadian Annual Review of Politics and Public Affairs 1981*, R.B. Byers, éd., (Toronto : University of Toronto Press, 1984), p. 157-165.

33. *Débats de la Chambre des communes du Canada* (9 juillet 1981). Selon Jim Lyon, dont la source était le chef de la direction de Dome, Jack Gallagher, Lalonde « était en communication quasi quotidienne avec les directeurs de Dome pendant que ceux-ci préparaient la naissance de Dome Canada. Marc Lalonde était présent, aux côtés de Gallagher, à la conférence de presse convoquée pour l'annonce officielle de l'incorporation. » (*Dome*, p. 25) Dome Canada était le véhicule permettant à Dome Petroleum de tirer profit des subventions accordées pour l'exploration des territoires de la Frontière. Entrevue avec Marc Lalonde, oct. 2005.

34. Ces statistiques sont tirées d'une excellente discussion en profondeur trouvée dans Doern et Toner, *The Politics of Energy*, chap. 9. *Globe and Mail*, 2 sept. 1981, fournit également des détails. La photographie est reproduite dans Trudeau, *Mémoires politiques*, p. 265.

35. John F. Helliwell, M.E. MacGregor, et A. Plourde, « The National Energy Program Meets Falling World Oil Prices », *Canadian Public Policy/Analyse de Politiques*, vol. IX, n° 3 (sept. 1983), p. 294.

36. Ces commentaires ont été faits au cours d'une entrevue avec Lougheed à l'anniversaire de l'adoption de la Charte canadienne des droits et libertés. Voir www.collectionscanada.ca/rights-and-freedoms/023021-144-e.html.

37. Voir Edward McWhinney, *Canada and the Constitution 1979–1982 : Patriation and the Charter of Rights* (Toronto : University of Toronto Press, 1982), p. 50. Pour une opinion contraire, voir Martha Jackman, « Canadian Charter Equality at 20 : Reflections of a Card Carrying Member of the Court Party », *Policy Options* (déc. 2005-janv. 2006), p. 72-77, et Louise Arbour, « Beyond Self-Congratulations : The Charter at 25 in an International Perspective » (document présenté lors d'un hommage intitulé « A Tribute to Chief Justice Roy McMurtry », Toronto,

12 avril 2007). *Débats de la Chambre des communes du Canada* (23 mars 1981).

38. Les défis présentés aux provinces sont décrits dans Sheppard et Valpy, *The National Deal*, p. 229 et suivantes; et *Canadian Annual Review 1981*, Byers, éd., p. 35, qui contient de longs extraits tirés des jugements.

39. *New York Times*, 3 avril 1981. Voir aussi *Canadian Annual Review 1981*, Byers, éd., p. 38 et suivantes.

40. *Débats de la Chambre des communes du Canada* (23 mars 1981). Les jugements sont regroupés de manière pratique à l'annexe G de McWhinney, *Patriation and the Charter of Rights*.

41. Le meilleur compte rendu se trouve dans Girard, *Bora Laskin*, chap. 22.

42. Sur l'élection québécoise et la réaction de Ryan, voir *Canadian Annual Review 1981*, Byers, éd., p. 373-36. Les commentaires de Trudeau sont tirés d'une entrevue qu'il a accordée à d'autres membres de la presse lorsque la CBC refusa de lui accorder du temps d'antenne après la conclusion de l'accord provincial. *Globe and Mail*, 17 avril 1981. Sur la réaction britannique, voir McWhinney, *Patriation and the Charter of Rights*, chap. 7. La citation sur le général Gordon figure à la page 66.

43. *Débats de la Chambre des communes du Canada*, 6 fév. 1981. Mark MacGuigan, *An Inside Look*, p. 92-93. Conversations avec Mark MacGuigan; Paul Martin, père; et Don Jamieson (qui était alors haut-commissaire du Canada au Royaume-Uni) au Cambridge Institute, été 1981. *Ottawa Citizen*, 7 fév. 1981. Entrevue confidentielle.

44. Sur la conférence à Cambridge, voir Girard, *Bora Laskin*, p. 508-509. J'ai assisté à cette conférence, et les impressions personnelles sont les miennes.

45. Burelle, *Pierre Elliott Trudeau*, p. 80–81, p. 333-334. L'ouvrage inestimable de Burelle contient les échanges entre Pelletier et lui au sujet des rencontres.

46. Trudeau, *Mémoires politiques*, p. 286. Sur la frustration de Trudeau, voir Chrétien, *Dans la fosse aux lions*, p. 185. Trudeau demandait à Chrétien, lorsqu'ils étaient assis côte à côte à la Chambre des communes: « si [Chrétien] avait eu vent des rumeurs au sujet de la décision; il paraissait sérieusement ennuyé du changement de calendrier [concernant la signature du pacte le Jour du Canada 1981]. »

47. Sheppard et Valpy, *National Deal*, p. 256-258. Le rôle central de Kirby est décrit en détail dans son livre, qui en constitue l'une des sources principales.

48. Le compte rendu de Lévesque est tiré de Godin, *L'Homme brisé*, chap. 14, qui contient des détails très intéressants et une bonne discussion sur ceux qui formaient la délégation du Québec. Sur Claude Morin, voir son livre intitulé *Lendemains piégés: du référendum à la « nuit des longs couteaux »* (Montréal: Boréal, 1988), p. 289-299. Chrétien, *Dans la fosse aux lions*, p. 187. Peckford est cité dans *Canadian Annual Review 1981*, Byers, éd., p. 57.

49. Chrétien, *Dans la fosse aux lions*, p. 190. Clarkson et McCall donnent un compte rendu qui contient d'excellentes informations au sujet de l'accord obtenu lors d'entrevues avec les principaux protagonistes, dont Trudeau lui-même (*L'illusion héroïque*, p. 348-352). M. Chrétien a confirmé la teneur de ce

compte rendu.

50. Charron a fait ce commentaire dans le documentaire *The Champions*, produit par la CBC et l'ONF, volet 3. Selon le biographe de Lévesque, Pierre Godin, Lévesque parlait souvent des différentes options et de ce qu'elles représentaient.

CHAPITRE 16 – TEMPS DIFFICILES

1. *Globe and Mail*, 24 oct. 1981 ; *New York Times*, 22 août 1982.

2. Davis est cité dans *Canadian Annual Review of Politics and Public Affairs 1982*, R. B. Byers, éd., (Toronto : University of Toronto Press, 1984), p. 67. Trudeau, cité dans *Montreal Gazette*, 6 nov. 1981. Entrevue de Trudeau avec David Frost, 23 fév. 1982, FT, MG 26 013, BAC.

3. Keith Banting et Richard Simeon, *And No One Cheered : Federalism, Democracy, and the Constitution Act* (Toronto : Methuen, 1983) ; Eugene Forsey, *Globe and Mail*, 21 nov. 1981.

4. Judy Erola a fait son commentaire à l'occasion de ma rencontre-entrevue avec d'anciens ministres du Cabinet de Trudeau à Bibliothèque et Archives Canada, le 9 décembre 2002, en réaction à ma question au sujet du succès remporté à la rencontre de novembre. D'autres ministres présents n'ont pas contesté son analyse. On trouvera l'aveu embarrassant de Trudeau dans *Débats de la Chambre des communes du Canada* (6 déc. 1981). Le commentaire de Chrétien figure dans *Dans la fosse aux lions* (Montréal : Les Éditions de l'Homme, 1985), p. 194. Voir aussi Penney Kome, *The Taking of Twenty-Eight : Women Challenge the Constitution* (Toronto : Women's Press, 1983), et F.L. Morton et Avril Allen, « Feminists and the Courts : Measuring Success in Interest Group Litigation in Canada », *Canadian Journal of Political Science/Revue canadienne de science politique* 34 (2001) : p. 55-84.

5. Judy Steed, *Ed Broadbent : la conquête obstinée du pouvoir* (Montréal : Les Éditions de l'Homme, 1988), p. 281.

6. Sur la fuite, voir *Toronto Star*, 19 nov. 1981. L'histoire familiale de Lougheed est couverte dans Allan Hustak, *Peter Lougheed : A Biography* (Toronto : McClelland and Stewart, 1979), p. 12. Voir aussi la biographie de William Hardisty par Jennifer Brown dans *Dictionnaire biographique du Canada en ligne* : http://www.biographi. ca/009004-119.01-f.php?&id_nbr=5566&interval=25&&PHPSESSID=s1mgen s3hav4bjusctlf22ono2.&PHPSESSID=4i5naguaudqtn82ella8bbti41. La révision a touché la Constitution et non la charte, et les conséquences ont été le sujet de certains débats.

7. Sur Côté, voir Pierre Godin, *René Lévesque : L'homme brisé 1922-1987* (Montréal : Boréal, 2005), p. 187-188. Les chapitres 16 et 17 donnent un compte rendu complet, basé sur des entrevues exhaustives. Pour un compte rendu complémentaire, qui diffère de celui de Godin, particulièrement sur la stabilité de Lévesque à cette période, voir l'analyse effectuée par l'adjointe de Lévesque, Martine Tremblay : *Derrière les portes closes : René Lévesque et l'exercice du pou-*

voir (1976-1985) (Montréal: Éditions Québec Amérique, 2006), p. 270-273. Claude Morin, conseiller constitutionnel, replace les événements en contexte dans son ouvrage *Lendemains piégés: du référendum à la « nuit des longs couteaux »* (Montréal: Boréal, 1988), tandis que Claude Charron décrit ses expériences dans *Désobéir* (Montréal: VLB Éditeur, 1983). À la page 53, il décrit l'échange entre Trudeau et Lévesque. Le rédacteur de discours de Trudeau, André Burelle, critiquait fermement la clause de dérogation. Néanmoins, il a rédigé les ébauches des discours qui auraient été prononcés en cas de réussite ou d'échec de la conférence constitutionnelle. Ils figurent dans son livre *Pierre Elliott Trudeau: L'intellectuel et le politique* (Montréal: Fides, 2005), p. 357-361. Les réactions de Trudeau et de Lévesque, de même que l'atmosphère à la fête qui se dégage des réactions des autres premiers ministres, ont été enregistrées sur un clip des archives de la CBC: http://archives.cbc.ca/politics/constitution/topics/1092/.

8. *Journal des débats*, Assemblée nationale, 9 nov. 1981; *Toronto Star*, 3 déc. 1981.

9. Le texte intégral des échanges se trouve dans *Canadian Annual Review of Politics and Public Affairs 1981*, Byers, éd., (Toronto: University of Toronto Press, 1984), p. 79-85. On peut également le consulter, de même que la résolution de l'Assemblée nationale du Québec, à l'adresse suivante: http://faculty.marianopolis.edu/c.belanger/quebechistory/docs/patriate/index.htm.

10. René Lévesque, *Attendez que je me rappelle...* (Montréal: Québec Amérique, 1986), p. 431 et p. 439.

11. *Ibid.*, p. 439-440.

12. Morin, *Lendemains piégés*, p. 301-302. Les options référendaires sont débattues dans Roy Romanow, *Canada-Notwithstanding: The Making of the Constitution 1976-1982* (Toronto: Carswell/Methuen, 1984), p. 193-207.

13. *Montreal Gazette*, 3 nov. 1981; *Globe and Mail*, 3 nov. 1981; *Le Devoir*, 6 nov. 1981. Corinne Côté, l'épouse de Lévesque, ne voulait pas accueillir Trudeau lors de sa visite. Godin donne une description de la visite de Trudeau dans *Lévesque: L'homme brisé*, p. 532-533. Entrevue avec Jacques Hébert, août 2007.

14. Pierre Elliott Trudeau, *Mémoires politiques*; « Entrevue entre M. Trudeau et M. Lépine », 11 mai 1992, FT, MG 26 03, vol. 23, dossier 11, BAC; Cook à Trudeau, 8 nov. 1981, et Trudeau à Cook, 30 nov. 1981, FT, MG 26 020, vol. 3, dossier 20, BAC; Frank Scott à Trudeau, 11 déc. 1981, FT, MG 26 020, vol. 11, dossier 23, BAC.

15. Chrétien, *Dans la fosse aux lions*, p. 192. Cook à Trudeau, 28 sept. 1983, FT, MG 26 020, vol. 3, dossier 20, BAC. Cook a expliqué la vision de Trudeau dans son article « Has the Quiet Revolution Finally Ended », dans *Queen's Quarterly* 90, n° 2 (été 1983): p. 336. Il a inclus l'article dans la lettre. L'attaque de Mulroney à l'endroit de Trudeau est présente partout dans ses mémoires, mais sa critique particulière de l'accord de novembre 1981 et de l'accueil qu'on lui a réservé au Québec par les politiciens de cette province se trouve dans Brian Mulroney, *Mémoires* (Toronto: McClelland and Stewart, 2007), p. 609-612.

16. « Entrevue entre M. Trudeau et M. Lépine », 11 mai 1992, FT, MG 26 03, vol. 23,

dossier 11, BAC.

17. Godin, *L'homme brisé*. Aux pages 529–530, il cite Romanow qui fait le commentaire, à la mort de Lévesque. Cette même citation figure dans *Globe and Mail*, 3 nov. 1987, et il a fait un commentaire semblable le 5 nov. 1981 (*Globe and Mail*, 6 nov. 1981). La déclaration de Godin sur l'importance mutuelle des visions figure dans sa biographie de Lévesque dans *Dictionnaire biographique du Canada en ligne*, qui sera bientôt disponible sur le site Web de Bibliothèque et Archives Canada.

18. Ce compte rendu s'inspire de *Ottawa Citizen*, 19 avril 1982; *Globe and Mail*, 19-20 avril 1982; et Robert Sheppard et Michael Valpy, *National Deal: The Fight for a Canadian Constitution* (Toronto: Fleet, 1982), p. 320-321, qui donne une évaluation très ambivalente des travaux menés par les premiers ministres des provinces et de Trudeau.

19. Les résultats complets des sondages figurent dans *Canadian Annual Review 1981*, Byers, éd., p. 139. Patrick Gossage, *Close to the Charisma: My Years between the Press and Pierre Trudeau* (Halifax: Goodread Biographies, 1987), p. 237-238.

20. Monica Gaylord à Trudeau, 13 juin 1982, FT, MG 26 020, vol. 5, dossier 5-2, BAC.

21. Entrevue avec Justin Trudeau, août 2007. Entrevue avec Gale Zoë Garnett, avril 2008. La jeune amie de Justin se nomme Shauna Hardy – citée dans *Trudeau tel que nous l'avons connu*, sous la dir. de Nancy Southam (Saint-Laurent: Fides, 2005), p. 353-354. La sociologue Annette Lareau a nommé cette étape du développement de l'enfant « *concerted cultivation* (culture concertée) ». Voir *Unequal Childhoods: Class, Race, and Family Life* (Berkeley: University of California Press, 2003). J'ai été amené à prendre connaissance de cet ouvrage dans ma lecture de Malcolm Gladwell, *Les prodiges: [pourquoi les qualités personnelles et le talent ne suffisent pas à expliquer le succès]* (Montréal: Éditions Transcontinental, 2008), chap. 4.

22. Margaret Trudeau, *Les conséquences* (Montréal: Éditions Optimum internationales, 1982), p. 126, p. 175. Entrevues avec Margaret Trudeau, Jane Faulkner, Justin Trudeau, Alexandre Trudeau, et entrevues confidentielles.

23. *Ibid*; et Trudeau, *Les conséquences*, p. 177.

24. L'anecdote de Boutros-Ghali se trouve aussi dans *Trudeau tel que nous l'avons connu*, sous la dir. de Nancy Southam, p. 355. Le superbe compte rendu de la visite en Arabie Saoudite est de Norman Webster et peut être consulté dans *Globe and Mail*, 20 nov. 1980. Sur les places spéciales, voir les commentaires de Jeff Gillin, un ami de Justin, dans *Trudeau tel que nous l'avons connu*, sous la dir. de Nancy Southam, p. 365.

25. Trudeau, *Les conséquences*, p. 78-79. Boyd a accordé une entrevue au *Maclean's* après l'incident, en disant qu'elle appelait les garçons par des surnoms. Toutefois, a-t-elle ajouté, à l'embarras de Margaret, « j'espère seulement qu'elle reprendra bientôt ses sens » (p. 79). Conversation avec Marc Lalonde.

26. Trudeau, *Les conséquences*, p. 80; Allan Gotlieb, *The Washington Diaries 1981-*

1989 (Toronto : McClelland and Stewart, 2006), p. 263-264. Cette description générale des nombreuses petites amies de Trudeau est tirée de la correspondance, que l'on trouve dans plusieurs dossiers du FT, MG 26 020, BAC.

27. Kidder à Trudeau, 30 mars 1983. FT, MG 26 020, vol. 6, dossier 7.3, BAC ; et Trudeau à Garnett, Noël 1981, FT, MG 26 020, vol. 4, dossier 4.2, BAC ; Garnett à Trudeau, 3 fév. et 9 fév. 1981, *ibid.*

28. Garnett à Trudeau, 12 juin, 14 juin et 9 nov. 1981, FT, MG 26 020, vol. 4, dossier 44, BAC.

29. Trudeau à Garnett, Noël 1982 ; Garnett à Trudeau, 23 sept. 1982, et 30 mai et 9 juillet 1983 (l'italique figure dans les citations du document original). Entrevue avec Gale Zoë Garnett, sept. 2008.

30. Ambassade, Athènes, aux Affaires extérieures, 22 juin 1983, FT, MG 26 020, vol. 4, dossier 44, BAC ; Affaires extérieures à Ambassade, Athènes, 22 juin 1983, *ibid* ; Garnett à Trudeau, 30 mai et 3 juin 1983, *ibid.* Entrevue avec Garnett, *ibid.*

31. Garnett à Trudeau, 29 juin 1982, *ibid.*

32. Volcker est cité dans Daniel Yergin et Joseph Stanislaw, *La grande bataille : les marchés à l'assaut du pouvoir* (Paris : Odile Jacob, 2000), p. 426.

33. *Débats de la Chambre des communes du Canada*, 12 nov. 1981. Un excellent résumé du budget et, en particulier, de l'effort de lobbying, se trouve dans *Canadian Annual Review 1981*, Byers, éd., p. 255-265. Dans son étude *The Welfare State and Canadian Federalism* (Kingston et Montréal : McGill–Queen's University Press, 1982), Keith Banting retrace l'origine des versements de sécurité du revenu par habitant et indique en quoi ces versements sont devenus une composante de plus en plus importante du revenu personnel. Par exemple, en 1964, de tels versements comptaient pour 15,5 p. cent du revenu personnel total à Terre-Neuve. En 1978, ces versements étaient de 29,4 p. cent. En Nouvelle-Écosse, province de MacEachen, ils étaient passés de 12,2 à 18,4 p. cent ; au Nouveau-Brunswick, de 13,3 à 20,9 p. cent ; et au Québec, ils augmentèrent de seulement 8,95 à 16,5 p. cent. Ceux de l'Alberta passèrent de 9,1 à 10,7 p. cent, et en Ontario, de 6,9 à 10,8 p. cent. On peut voir dans ces chiffres plusieurs explications politiques (p. 100-101).

34. *Canadian Annual Review 1981*, Byers, éd., p. 108-109 ; Ian Stewart, « Global Transformation and Economic Policy », dans *Les années Trudeau : la recherche d'une société juste*, Thomas S. Axworthy et Pierre Elliott Trudeau, éd., (Montréal : Le Jour, 1990), p. 140. Voir aussi dans ce recueil les textes de Marc Lalonde et de Joel Bell.

35. Commentaire fait au déjeuner du Rideau Club au sujet de Trudeau, 8 avril 2009. Plusieurs des autres fonctionnaires du temps de Trudeau n'ont pas contredit la déclaration de Mme Bégin.

36. Le ministre de l'Agriculture, Eugene Whelan, s'en est pris à MacEachen dans une allocution. Whelan a dit : « Trudeau m'a pris à part pour me dire : "Tu peux dire ce que tu veux sur les banques, mais laisse MacEachen en dehors de ça. Il est des nôtres" ». Eugene Whelan avec Rick Archbold, *Whelan : The Man in the*

Green Stetson (Toronto: Irwin, 1986), p. 228. Whelan s'en prend à plusieurs de ses collègues de Cabinet qu'il perçoit comme moins progressiste, notamment Don Johnston.

37. Entrevue avec Marshall Crowe, janv. 2008. Michael Bliss, *Right Honourable Men: The Descent of Canadian Politics from Macdonald to Mulroney* (Toronto: Harper Perennial, 1995), p. 271. On trouvera les commentaires plus complets de Bliss sur les problèmes du PEN vu sous l'angle de la communauté d'affaires canadienne dans *Northern Business: Five Centuries of Canadian Business* (Toronto: McClelland and Stewart, 1987), p. 541.

38. Les propos de Gallagher figurent dans une série de notes écrites au brouillon datant de la rencontre du 1er déc. 1980, que l'on trouve dans FT, MG 26, vol. 265, dossier 1, BAC. Les discours de Trudeau et de Lalonde sont décrits dans *Canadian Annual Review 1981*, Byers, éd., p. 318.

39. Alonzo Hamby, un historien du libéralisme américain, fait remarquer que, dans les années 1970, « le néo-conservatisme de Nixon était loin d'avoir éliminé le ressentiment à l'égard de la Nouvelle Classe [bureaucrates et technocrates] et des pratiques de politiques sociales », mais « celui de Reagan avait une définition de programme beaucoup plus complète, une idéologie de base très développée et des objectifs très déterminés. » Voir Hamby, *Liberalism and Its Challengers: F.D.R. to Reagan* (New York: Oxford University Press, 1985), p. 353.

40. Marc Lalonde, « Riding the Storm: Energy Policy », dans *Les années Trudeau: la recherche d'une société juste*, Axworthy et Trudeau, éd., p. 86 et p. 92. Les chiffres sur Sovereign Wealth Funds sont tirés de http://www.swfinstitute.org/fund/alberta.php. Les chiffres pour le fonds norvégien à la fin de 2008 étaient de 301 milliards $ US, comparativement à 14,9 milliards $ US pour l'Alberta.

41. G. Bruce Doern, « The Mega-Project Episode and the Formulation of Canadian Economic Development Policy », *Canadian Public Administration* 26, n° 2 (été 1993): p. 223. L'important ouvrage de Doern a été rédigé avec la collaboration de Glen Toner: *The Politics of Energy: The Development and Implementation of the NEP* (Toronto: Methuen, 1985). On trouvera aussi de nombreux et précieux commentaires dans Timothy Lewis, *In the Long Run We're All Dead: The Canadian Turn to Fiscal Restraint* (Vancouver: University of British Columbia Press, 2004), surtout aux pages 75 et suivantes.

42. Selon Richard Bird, dans la période de 1959 à 1977, les provinces sont responsables de la majeure partie de la croissance des dépenses à l'échelle nationale. Plus particulièrement, les provinces sont responsables de la croissance dans une proportion de 41 p. cent, alors que les gouvernements locaux le sont dans une proportion de 26 p. cent, et le gouvernement fédéral, de 12 p. cent. Cependant, la majeure partie de la croissance dans les provinces provenait de leur réponse aux programmes de frais partagés, encouragée par le gouvernement fédéral, notamment sur le plan de l'assurance-maladie. On a assisté à un renversement de situation entre 1977 et 1986, selon J.H. Perry, où la proportion du fédéral s'établit à 53 p. cent, celle des provinces, à 47 p. cent, alors qu'on assiste à un

déclin au niveau local. Richard Bird, *Financing Canadian Government : A Quantitative Overview* (Toronto : Canadian Tax Foundation, 1979), p. 20-32 ; J.H. Perry, *A Fiscal History of Canada : The Postwar Years* (Toronto : Canadian Tax Foundation, 1989), p. 419.

43. Kenneth Norrie et Douglas Owram, *A History of the Canadian Economy* (Toronto : Harcourt Brace Jovanovich, 1991), p. 606.

44. Clarence Barber et John McCallum, *Controlling Inflation : Learning from Experience in Canada, Europe, and Japan* (Ottawa : Canadian Institute for Economic Policy, 1982), p. 109.

45. Monica Gaylord à Trudeau, 11 sept. 1982, FT, MG 26 020, vol. 5, dossier 5.2, BAC ; Lewis, *In the Long Run*, p. 78–80.

46. « Prime Minister's Address to the Nation on the Economy », 28 juin 1983, MG 32, fonds « Family Papers of Maurice Sauvé », B-4, vol. 132, BAC.

47. On trouvera la citation sur la politique dans Patrick Martin, Allan Gregg et George Perlin, *Les Prétendants : la course au pouvoir des progressistes-conservateurs* (Montréal : Libre Expression, 1984), p. 119, le meilleur compte rendu de la chute de Clark et de l'ascension de Mulroney. Cet ouvrage fort documenté s'inspire des données de sondage d'Allan Gregg, qui était le principal spécialiste des sondages des conservateurs. Mulroney a publié une déclaration de politique de campagne, dans laquelle il parle du statut spécial et d'autres positions politiques : *Telle est ma position* (Montréal : Les Éditions de l'Homme, 1983).

48. Les chiffres sur les dépenses générales de santé sont tirés de Perry, *Fiscal History of Canada*, p. 648. Sur le contexte de la Loi canadienne sur la santé, voir *ibid.*, p. 655-658, et *Canadian Annual Review of Politics and Public Affairs 1983* (Toronto : University of Toronto Press), R.B. Byers, éd., p. 23-24.

49. *Globe and Mail*, 15 déc. 1983.

50. On trouvera le meilleur compte rendu sur le parti à cette époque dans Stephen Clarkson, *The Big Red Machine : How the Liberal Party Dominates Canadian Politics* (Vancouver : University of British Columbia Press, 2005), qui illustre comment le jeune groupe conservateur Grindstone, mis sur pied par un groupe de dissidents libéraux, a joué un rôle de plus en plus important dans la décennie 1980.

Chapitre 17 – Enfin la paix

1. Robert Bothwell, *Alliance and Illusion : Canada and the World, 1945-1984* (Vancouver : University of British Columbia Press, 2007), p. 277.

2. Les meilleurs comptes rendus des premières approches de Trudeau en matière de politique étrangère se trouvent dans Bothwell, *ibid.*, et un livre contemporain de Peter Dobell, ancien fonctionnaire des Affaires extérieures. Dobell a écrit le livre au titre judicieux *Canada's Search for New Roles : Foreign Policy in the Trudeau Era* (Londres : publié pour le Royal Institute of International Affairs par Oxford University Press, 1972). Il entreprit d'écrire le livre lorsqu'il crut que

Trudeau allait changer fondamentalement l'orientation de la politique étrangère canadienne. Il fut particulièrement troublé par une déclaration concernant l'approche de Trudeau qui, selon lui, rejetait de manière trop décisive la tradition de Pearson — et il fut étonné d'apprendre que parmi ses auteurs se trouvaient deux amis et jeunes fonctionnaires des Affaires étrangères, Max Yalden et Allan Gotlieb. Conversation avec Peter Dobell, avril 2008.

3. Granatstein, cité dans *Canadian Annual Review for 1968*, John Saywell, éd., (Toronto : University of Toronto Press, 1969), p. 249. Dans son essai « All Things to All Men : Triservice Unification » dans *An Independent Foreign Policy for Canada?*, Stephen Clarkson, éd., (Toronto : McClelland and Stewart, 1968), Granatstein écrit : « Pour cet observateur, l'unification [des forces armées] ne semble malheureusement pas suggérer le retrait du Canada de l'OTAN » (p. 137).

4. Conclusions du Cabinet, RG 2, BCP, série A-5-a, vol. 6340, 29 mars 1969, BAC ; Canada, *Débats de la Chambre des communes*, 24 oct. 1969 ; entrevue avec Marshall Crowe, janv. 2009.

5. Trudeau, cité dans *Canadian Annual Review of Politics and Public Affairs 1971*, John Saywell, éd., (Toronto : University of Toronto Press, 1972), p. 258. Voir une version légèrement différente dans Leigh Sarty, « A Handshake across the Pole : Canadian Soviet Relations during the Era of Détente », dans *Canada and the Soviet Experiment : Essays on Canadian Encounters with Russia and the Soviet Union, 1900-1991*, David Davies, éd., (Waterloo : Centre on Foreign Policy and Federalism, 1991), p. 124-126.

6. Ivan Head et Pierre Trudeau, *The Canadian Way : Shaping Canada's Foreign Policy, 1968-1984* (Toronto : McClelland and Stewart, 1995).

7. Robert Bothwell, Ian Drummond et John English, *Canada since 1945 : Power, Politics, and Provincialism* (Toronto : University of Toronto Press, 1981), p. 378. Harald Von Riekhoff, « The Impact of Prime Minister Trudeau on Foreign Policy », *International Journal*, nº 33 (printemps 1978), p. 267–286.

8. Concernant les succès canadiens dans des domaines précis, voir David Dewitt et John Kirton, *Canada as a Principal Power : A Study in Foreign Policy and International Relations* (Toronto : Wiley, 1983). L'étude standard de la politique étrangère de Trudeau par J.L. Granatstein et Robert Bothwell, *Pirouette : Pierre Trudeau and Canadian Foreign Policy* (Toronto : University of Toronto Press, 1990) est plus critique, mais reconnaît le succès du Canada à promouvoir ses intérêts dans les années 1970.

9. Le conseil de Brzezinski se trouve dans le dossier de Brzezinski, NSA, Canada 2.21-23-77, boîte 5, Jimmy Carter Presidential Library. Les toasts se trouvent dans Staff Offices, boîte 1, dossier 2.21.77, Visit Prime Minister Trudeau, Jimmy Carter Presidential Library. Carter écrit dans ses mémoires : « Aussitôt après mon arrivée, j'ai eu une entrevue proprement invraisemblable avec Helmut Schmidt [...] qui se plaignait que je lui aie écrit une lettre insultante, dans laquelle je l'accusais d'avoir renié ses engagements. » Jimmy Carter, *Mémoires d'un prési-*

dent (Paris : Plon, 1982), p. 415.

10. John Campbell, *The Iron Lady*, vol. 2 of *Margaret Thatcher* (Londres : Pimlico, 2004), p. 319 ; Margaret Thatcher, *Downing Street Mémoires* (Paris : Éd. Albin Michel, 1993), p. 158.

11. Trudeau et Head décrivent les plans pour Montebello et Cancún dans leur livre *The Canadian Way*, p. 158 et suivantes. Une grande étude sur l'aide canadienne au développement souligne que l'APD du Canada est passée de 122,35 millions de dollars en 1965-1966 à 903,51 millions de dollars en 1975-1976. David Morrison, *Aid and Ebb Tide : A History of CIDA and Canadian Development Assistance* (Waterloo : Wilfrid Laurier University Press, 1998), p. 8. Plusieurs des anciens adjoints de Trudeau ont discuté du rôle de Head et des raisons de son départ lors d'une entrevue spéciale pendant un dîner organisé par Bibliothèque et Archives Canada le 17 mars 2003. Lorsque j'ai demandé pourquoi Head avait quitté le Cabinet du premier ministre, la réponse, en général, a été qu'il avait décidé lui-même de partir et avait gardé une grande influence.

12. Les mémoires posthumes de MacGuigan de ses années en tant que ministre des Affaires extérieures détaillent les nombreuses interventions. Voir Mark MacGuigan, *An Inside Look at External Affairs during the Trudeau Years : The Memoirs of Mark MacGuigan*, P. Whitney Lackenbauer, éd., (Calgary : University of Calgary Press, 2002). Dans le chapitre 2, il décrit sa frustration relativement aux interventions de Trudeau et ses différences sur les questions Est-Ouest. La version complète est disponible dans le Fonds John English, aux archives de l'Université de Waterloo. Robert Bothwell a écrit que « MacGuigan n'était pas proche de Trudeau, et le premier ministre semblait souvent ne respecter ni sa position politique ni sa politique. MacGuigan avalait sa salive ». Bothwell, *Alliance and Illusion*, p. 377.

13. John Gaddis, *The Cold War : A New History* (New York : Penguin, 2005), p. 211-212.

14. Sur les réunions, voir Roy Rempel, *Counterweights : The Failure of Canada's German and European Policy, 1955-1995* (Montréal et Kingston : McGill-Queen's University Press, 1996), p. 87. Trudeau a écrit à Schmidt le 21 juillet 1978, à son retour de l'Allemagne : « Pendant les deux jours où nous avons fait de la voile, nous avons eu l'occasion d'aborder plus en profondeur les problèmes qui se posent à nous dans le monde en général et de discuter des relations de la République fédérale et du Canada. Dans les deux cas, j'ai eu le plaisir de consta-ter une grande convergence dans notre approche. » Il ajouta : « Vous devenez une figure connue pour les Canadiens et je suis sûr qu'à chaque visite, vous serez accueilli encore plus chaleureusement qu'à la précédente. » Archiv der sozialen Demokratie, dossier L-E-K Schmidt. Je remercie Wilhelm Bleek pour cette réfé-rence. Avec Roy Rempel et Hans Stallman, il a écrit un excellent compte rendu de l'amitié entre Trudeau et Schmidt, « Die Männerfreundschaft zwischen zwei politischen Kapitänen », *Zeitschrift für Kanada Studien*, vol. 20, n° 2 (2000), p. 62-86. Sur l'opinion qu'avait Schmidt de Carter, voir Helmut Schmidt, *Des*

puissances et des hommes (Paris: Plon, 1989), p 204-210. Dans une note adressée au conseiller national sur la sécurité de Carter, Zbigniew Brzezinski, un fonctionnaire signala que « ce chancelier fédéral ainsi que de nombreux autres Allemands croient que cette administration américaine <u>ne comprend pas les problèmes de la RFA</u> [souligné dans l'original]. Robert Blackwill à Brzezinski, 12 oct. 1979, NSF Brzezinski, President's Correspondence with Foreign Leaders, boîte 7, Jimmy Carter Presidential Library.

15. Voir Rempel, *Counterweights*, p. 98. John Halstead, le spécialiste de l'Allemagne le important à l'époque au Canada, m'a confirmé cette histoire dans une conversation.

16. Ces statistiques sont tirées du meilleur compte rendu des dépenses et de la politique canadiennes en matière de développement: Morrison, *Aid and Ebb Tide*, p. 453-454.

17. *L'Enjeu canadien ou Le développement du Tiers-Monde dans les années 1980* (Ottawa: L'Institut Nord-Sud, 1980). Selon une autre analyse du rendement de Trudeau, « les relations du Canada avec le tiers-monde étaient mieux comprises, mais plus mal gérées qu'elles ne le méritaient ». Néanmoins, Jack Granatstein et Robert Bothwell concluent: « L'équilibre est, toutefois, un tant soit peu favorable. » *Pirouette*, p. 307.

18. Le livre de Robert Carty et Virginia Smith, *Perpetuating Poverty: The Political Economy of Canadian Foreign Aid* (Toronto: Between the Lines, 1981) est un excellent exemple d'une critique de l'époque. On trouve une autre excellente analyse, qui traite de ces critiques, dans l'article de Kim Nossal, « Personal Diplomacy and National Behaviour: Trudeau's North-South Initiatives », *Dalhousie Review*, n° 62 (été 1982), p. 278-291. Les commentaires de MacGuigan sont tirés de *Inside Look*, p. 76.

19. Les voyages sont détaillés dans *Canadian Annual Review of Politics and Public Affairs 1981*, R. B. Byers, éd., (Toronto: University of Toronto Press, 1984), p. 311–312. Le chemin vers Cancún est décrit dans Head et Trudeau, *The Canadian Way*, p. 158 et suivantes.

20. Bernard Wood, « Canada's Views on North-South Negotiations », *Third World Quarterly*, n° 3 (oct. 1981), p. 651.

21. *Débats de la Chambre des communes du Canada* (15 juin 1981).

22. Helmut Schmidt, *Des puissances et des hommes*, p. 271. Sur ce que pensaient initialement Schmidt et Reagan de Mitterrand, voir le *Globe and Mail*, 16 juillet 1981, rapportant un commentaire d'un fonctionnaire allemand indiquant que Schmidt pensait que Mitterrand était un gauchisant, et Edmund Morris, *Dutch: A Memoir of Ronald Reagan* (New York: Random House, 1999), p. 442. Sur Thatcher et Reagan, sur la pelouse de la Maison-Blanche, voir Campbell, *Iron Lady*, p. 263. Entrevue de John Kirton avec Henry Rau, ancien fonctionnaire au Conseil de sécurité nationale des États-Unis, 7 mai 2004 (http://www.g8.utoronto.ca/oralhistory/nau040507.html). Le Centre du G8 à l'Université Trinity est un excellent dépositaire de documents sur cette institution et l'issue des sommets.

Voir aussi Peter Hajnal, *The G8 System and the G20: Evolution, Role, and Documentation* (Aldershot, Angleterre : Ashgate, 2007), qui a été publié par le Centre.

23. Tony Judt, *Après-guerre: Une histoire de l'Europe depuis 1945* (Paris: Armand Colin, 2007), p. 645. L'anecdote concernant Thatcher et Mitterrand se trouve dans Morris, *Dutch*, p. 442.

24. Robert Putnam et Nicholas Bayne évaluent les sommets depuis le premier à Rambouillet en 1975 dans *Hanging Together: Cooperation and Conflict in the Seven-Power Summits*, éd. revue (Cambridge: Harvard University Press, 1987). Sur l'assoupissement du premier ministre japonais et Trudeau jouant avec sa rose, voir Jacques Attali, *Verbatim*, vol. 1 de *Chronique des années 1981-1986* (Paris: Fayard, 1993), p. 62-63. L'histoire sur le Moyen-Orient m'a été racontée par Mark MacGuigan, alors ministre des Affaires extérieures. Séparément, Marc Lalonde et David Smith, activiste libéral et député entre 1980 et 1984, ont confirmé l'histoire, tout comme Eddie Goldenberg, qui était l'adjoint de Jean Chrétien à l'époque.

25. Pierre Trudeau, *Mémoires politiques* (Montréal: Le Jour, 1993), p. 300, pour l'anecdote sur Reagan, qui est présentée sous une forme légèrement différente dans Morris, *Dutch*, p. 442-443. L'opinion de Reagan sur Mitterrand se trouve dans *ibid.*, p. 442. Concernant le jugement positif de Schmidt à l'égard de Reagan, voir son livre *Des puissances et des hommes*, p. 271. Le commentaire sur l'« anticommunisme obsessionnel [de Reagan] » se trouve dans Trudeau, *Mémoires politiques*, p. 297.

26. Conversation avec David Cameron, qui a travaillé au Bureau du Conseil privé, avril 2009.

27. Bothwell et Granatstein, *Pirouette*, p. 322-323; Morris, *Dutch*, p. 442-443; Campbell, *Iron Lady*, p. 264; et les mémoires de cette période du politicien français controversé Jacques Attali, qui était présent au sommet: *Verbatim*, p. 59-104.

28. Cabinet du premier ministre, « Prime Minister's Statement at Joint Press Conference by Heads of Delegation in the Opera of the National Arts Centre, Ottawa, Tuesday, July 21, 1981 », exemplaire personnel.

29. « Memorandum of Conversation », 16 juillet 1981, Meese Dossiers LOC1/9/10/3, Ronald Reagan Presidential Library.

30. Affaires extérieures, « A speech by the Right Honourable Pierre Elliott Trudeau, Prime Minister, to the United Nations Conference on Energy », Nairobi, Kenya, 11 août 1981, Déclarations et discours, n° 81/22.

31. Alexander Haig, « Memorandum for: The President », sur « Your Meetings with Other Heads of State or Government in Cancún, oct. 21-24 », 2 oct. 1981, dossiers Meese, LOC1/9/10/3, Ronald Reagan Presidential Library; Campbell, *Iron Lady*, p. 341; Thatcher, *Downing Street Mémoires*, p. 159. Les commentaires privés de Trudeau à la conférence du Commonwealth figurent dans « PM Delegation to External », Ottawa, 8 oct. 1981, FAE, RG 25, Commonwealth Heads of Government Meeting, 1981, vol. 11092, dossier 23-3-1981, BAC, et ses remarques

publiques se trouvent dans *Canadian Annual Review*, Byers, éd., p. 314.

32. Campbell, *Iron Lady*, p. 341 ; Thatcher, *Downing Street Mémoires*, p. 159. Il y a deux pages de photographies de Cancún dans les *Mémoires politiques* de Trudeau, p. 276-277.

33. Head et Trudeau, *The Canadian Way*, p. 159-160. Conversations avec le représentant mexicain Andrés Rozental et le représentant allemand Hans Sulimma, oct. 2008.

34. Allan Gotlieb, *The Washington Diaries: 1981-1989* (Toronto : McClelland and Stewart, 2006), p. 12-13. Il est question de la menace pesant sur la participation du Canada au G7 dans Granatstein et Bothwell, *Pirouette*, p. 324.

35. Canada, *Débats à la Chambre des communes*, 18 déc. 1981. Voir MacGuigan, *Inside Look*, p. 56, concernant la réaction positive des Polonais.

36. Discours à l'Université de Notre Dame, 17 mai 1981. *Public Papers of the President of the United States: Ronald Reagan, 1981* (Washington, D.C. : Government Printing Office, 1982), p. 434.

37. Gotlieb, *Washington Diaries*, p. 61.

38. Le discours est repris dans Pierre Elliott Trudeau, *Lifting the Shadow of War*, C. David Crenna, éd., (Edmonton : Hurtig, 1987), p. 40-43.

39. Gotlieb, *Washington Diaries*, p. 66 ; MacGuigan, *Inside Look*, p. 58 ; Alexander Haig, *L'Amérique n'est pas une île* (Paris : Plon, 1985), p. 299.

40. Le meilleur compte rendu de cette époque figure dans Granatstein et Bothwell, *Pirouette*, chap. 12. L'incidence de l'article du *National Review* est abordée aux pages 328-329. L'article de Zink s'intitule « The Unpenetrated Problem of Pierre Trudeau », *National Review*, 25 juin 1982, p. 751-776. La conversation entre Gotlieb et Deaver figure dans *Washington Diaries*, p. 72. On peut suivre les efforts de Pitfield, MacGuigan et Gotlieb pour arriver à une réconciliation avec les Américains dans Gotlieb (p. 73 et suivantes) ainsi que dans *Inside Look* de MacGuigan, p. 122-123.

41. Un livre publié récemment dresse l'historique des missiles de croisière au Canada. Voir John Murray Clearwater, « *Just Dummies* »: *Cruise Missile Testing in Canada* (Calgary : University of Calgary Press, 2006).

42. La description de l'Union soviétique comme l'« empire du mal » n'était pas originale, comme le souligne le biographe de Reagan, mais son utilisation par le président eut un impact dramatique. Voir Morris, *Dutch*, p. 472-473.

43. Trudeau, *Mémoires politiques*, p. 301-302.

44. On peut entendre le commentaire de Jewet et les slogans scandés par les manifestants dans le compte rendu du journaliste Mike Duffy présenté dans le site Web des Archives de la CBC à http://archives.cbc.ca/war_conflict/defence/clips/1040/.

45. MacEachen à Shultz, FMacE, 15 juillet 1983, MG 35, A 67, vol. 806, BAC. La vérification était un domaine d'expertise du Canada à l'époque qui faisait référence à la capacité de chaque partie de confirmer les promesses de l'autre au moyen de la surveillance électronique, de l'intelligence et de la divulgation.

46. Conversation avec Gale Zoë Garnett, mai 2008. Gotlieb, *Washington Diaries*,

p. 147-149; conversations avec Paul Heinbecker, Jacques Roy et John Seibert, agents du Service extérieur canadien à la résidence ; entrevue avec Margot Kidder.

47. Margot Kidder à Trudeau, 12 mai, 17 mai, et n.d., 1983, FT, MG 26 020, vol. 6, dossier 7-3, BAC. Entrevue avec Margot Kidder.

48. Cette description est tirée de l'excellente étude de la relation Yakovlev-Trudeau par Christopher Shulgan, une relation qui, selon Mark MacGuigan, était une « chasse gardée » de Trudeau (MacGuigan, *Inside Look*, p. 9). Shulgan, *The Soviet Ambassador : The Making of the Radical behind Perestroika* (Toronto : McClelland and Stewart, 2008), p. 248.

49. On trouve un excellent compte rendu du sommet dans Shulgan, p. 248 et suivantes. Voir aussi le compte rendu de la réunion dans « Prime Minister's Discussions with Mr. Gorbachev, May 18, 1983 », FAE, RG 25, vol. 8704, dossier 20-USSR-9, BAC. Le compte rendu des remarques de Trudeau surprit Gotlieb, qui en était venu de plus en plus à croire que Trudeau était trop indulgent envers les Soviétiques. Il a écrit dans son journal intime : « Trudeau le pur et dur. Allez comprendre ! » Gotlieb, *Washington Diaries*, p. 159.

50. *New York Times*, 9 mars 1983 ; Gaddis, *Cold War*, p. 224-225.

51. Description de Trudeau dans le *New York Times*, 9 mars 1983.

52. Thatcher et le projet préparé sont décrits dans Thatcher, *Downing Street Mémoires*, et la soirée de cinéma de Reagan dans Morris, *Dutch*, p. 485.

53. Le compte rendu de Gotlieb figure dans *Washington Diaries*, p. 160-162. Le compte rendu de Trudeau qui figure dans Head et Trudeau, *The Canadian Way*, est étonnamment succinct, mais Trudeau s'y attribue le mérite de la déclaration citée, p. 296-297. On trouve également de bons comptes rendus dans Christina McCall et Stephen Clarkson, *Trudeau : L'illusion héroïque*, (Montréal : Boréal, 1995) p. 327-329 ; Morris, *Dutch*, p. 485-447 ; et Bothwell, *Alliance and Illusion*, p. 384.

54. Trudeau, *Mémoires politiques*, p. 303.

55. Ambassade de Washington à Ottawa, 1er sept. 1983 ; Pearson à Ottawa, 1er sept. 1983, FMacE, MG 35 A67, vol. 806, BAC. Voir *Globe and Mail*, 5 sept. 1983, pour les détails de la réaction.

56. Le dossier de MacEachen ci-dessus contient une solide preuve des différences. Les commentaires de Trudeau à Hersh figurent dans Seymour Hersh, « *The Target Is Destroyed* »: *What Really Happened to Flight 007 and What America Knew about It* (New York : Random House, 1986), p. 245 ; et *Les années Trudeau : la recherche d'une société juste*, Thomas Axworthy et Pierre Trudeau, éd., (Montréal : Le Jour, 1990), p. 60. Bothwell et Granatstein, dans *Pirouette*, p. 364, décrivent la réaction à la description par Trudeau de l'incident comme d'un accident.

57. Cette section repose sur un article non publié de Greg Donaghy, historien officiel des Affaires étrangères, « The "Ghost of Peace" : Pierre Trudeau's Search for Peace, 1982–84 », que M. Donahue m'a aimablement prêté. Il fait référence à des documents que je ne peux pas consulter. Voir aussi Head et Trudeau, *The*

Canadian Way, p. 297 et suivantes.

58. Patrick Gossage a été rappelé de Washington, où il était attaché de presse à l'ambassade canadienne, afin d'aider aux relations avec la presse. Il a fait un compte rendu de la réunion du 7 oct. dans *Close to the Charisma : My Years between the Press and Pierre Elliott Trudeau* (Halifax : Goodread Biographies, 1987), p. 255. Gotlieb, *Washington Diaries 1981-1989*, p. 179.

59. Le discours est publié et révisé « par M. Trudeau pour améliorer sa clarté » dans Trudeau, *Lifting the Shadow*, p. 75-80.

60. *Globe and Mail*, 27 et 28 oct. 1983.

61. Granatstein et Bothwell, *Pirouette*, p. 369. Thatcher est citée dans Donaghy, « *"Ghost of Peace"* ».

62. La réunion chinoise est abordée brièvement, sans commentaire, dans Head et Trudeau, *The Canadian Way*, p. 305. Geoffrey Pearson, qui accompagnait Trudeau, fut consterné par la rencontre et dédaigneux du comportement de Trudeau (souvenir personnel d'une conversation). Geoffrey Pearson a décrit ses voyages avec Trudeau en Chine et inclus des documents qu'il a écrits à l'époque dans *Anecdotage* (publication à compte d'auteur, 2007), p. 49-50. Richard et Sandra Gwyn, « The Politics of Peace », *Saturday Night*, mai 1984, est le meilleur article contemporain sur l'initiative de Trudeau et repose sur des entrevues avec des sources confidentielles.

63. Gossage, *Close to the Charisma*, p. 255 ; Roy MacLaren, *Honourable Mentions : The Uncommon Diary of an M.P.* (Toronto : Deneau, 1986), p. 165 ; and Donaghy, « *"Ghost of Peace"* ».

64. Concernant Reagan et le film *The Day After*, voir Morris, *Dutch*, p. 46. James Mann, *The Rebellion of Ronald Reagan : A History of the End of the Cold War* (Viking : New York, 2009). Le livre ne mentionne ni le Canada ni Trudeau, prouvant ainsi la fermeté des opinions antinucléaires de Reagan, opinions auxquelles se sont opposés vigoureusement notamment Henry Kissinger et Richard Nixon. Eric Hobsbawm, *L'âge des extrêmes : Histoire du court XXᵉ siècle, 1914-1991*, (Bruxelles : Éditions Complexe, 1999), p. 333.

65. Gossage, *Close to the Charisma*, p. 256 et suivantes ; Gotlieb, *Washington Diaries*, p. 193-194.

66. Commentaires de Trudeau sur Fowler, « Memorandum for the Prime Minister », 22 déc. 1984, BCP dossier U-4-5, cité dans Donaghy, « *"Ghost of Peace"* ». Correspondance avec Gale Zoë Garnett, juillet 2006.

67. MacEachen a fait ces remarques dans une entrevue collective avec les ministres de Trudeau, à Bibliothèque et Archives Canada, 9 déc. 2002.

68. Conversations avec Kidder et Garnett ; Kathleen et Jimmy Sinclair à Trudeau, 14 janv. 1984, FT, MG 26 020, vol. 17, dossier 17-6, BAC ; Gossage, *Close to the Charisma*, p. 263 ; Pascale Hébert à Trudeau, 30 oct. 1983, FT, MG 26 020, vol. 6, dossier 6-7, BAC ; Jacques Hébert à Trudeau, 20 déc. 1983, *ibid*. Le livre dédié à Palme est Trudeau, *Lifting the Shadow*.

69. Trudeau, *Mémoires politiques*, p. 311.

CHAPITRE 18 – À SA FAÇON

1. Ronald Reagan, *The Reagan Diaries*, Douglas Brinkley, éd., (New York : Harper-Collins, 2007), p. 246 ; Donald Jamieson, *No Place for Fools : The Political Memoirs of Don Jamieson*, Carmelita McGrath, éd., vol. 1 (St. John's : Breakwater, 1989), p. 11.

2. Jamieson, *No Place for Fools*, p. 12-14. Entrevue avec Alexandre Trudeau, juin 2009. La citation de Trudeau dans la tempête de neige est tirée du *Ottawa Citizen*, 1er mars 1984. Dans ses mémoires fascinants, Jacques Attali rapporte une conversation que la première ministre Thatcher et le président Mitterrand auraient eue à l'époque : Trudeau lui avait dit, déclara-t-elle, que son initiative de paix résultait de son inquiétude concernant les élections canadiennes à venir. Mitterrand répondit que la décision concernant les missiles de croisière était très difficile à prendre pour Trudeau, mais cet argument exaspérait Thatcher. Trudeau n'avait pas bien défendu les missiles de croisière, se moqua-t-elle, et d'ailleurs, en plus, il n'avait pas le droit de faire naître de tels doutes au moment où le Canada ne consacrait que 2 p. cent de son PIB à la défense. (*Verbatim*, vol. 1 de *Chronique des années 1981-1986* (Paris : Fayard, 1993), p. 522. Thatcher ne mentionne pas dans ses mémoires qu'elle disciplina Trudeau, mais elle reconnaît qu'il l'informa pendant la visite qu'elle fit au Canada en sept. 1983 que Mikhaïl Gorbatchev était quelqu'un à surveiller. Margaret Thatcher, *Downing Street Mémoires* (Paris : Albin Michel, 1993), p. 280–281.

3. Ces réactions sont tirées de : *Ottawa Citizen*, 1er mars 1984 ; *Globe and Mail*, 1er mars 1984 ; et *Montreal Gazette*, 1er mars 1984.

4. Kidder à Trudeau, 4 mai 1974, et carte postale non datée, FT, MG 26 020, vol. 6, dossier 7-3, BAC. Sandra et Richard Gwyn, « The Politics of Peace », *Saturday Night*, mai 1984, p. 19. Geoffrey Pearson à Trudeau, 28 juin 1984, copie personnelle de Geoffrey Pearson.

5. Michael Tucker, « Trudeau and the Politics of Peace », *International Perspectives* (mai-juin 1984), p. 7-10 ; Adam Bromke et Kim Nossal, « Trudeau Rides the "Third Rail" », *ibid.*, p. 3-6. Le deuxième article est plus critique et rend compte de l'opinion dans le ministère, comme un récent article non publié de Greg Donaghy, chef de la Direction des recherches historiques du ministère des Affaires extérieures, le confirme. Les articles reconnaissent que Trudeau a sensibilisé les Canadiens aux questions internationales, mais soutiennent que les ressources et les préparatifs étaient inadéquats et qu'une « diplomatie discrète » aurait pu être plus efficace – une opinion avec laquelle Trudeau est nettement en désaccord dans ses mémoires (*Mémoires politiques*, p. 307-310) et dans son discours à la Albert Einstein Peace Prize Foundation le 13 nov.1983, qui est publié, avec une introduction de David Crenna, dans *Lifting the Shadow of War*, C. David Crenna, éd., (Edmonton : Hurtig, 1987), p. 116-121.

6. Apps est cité dans *Toronto Star*, 17 juin 1984. Chrétien est cité dans Ron Graham,

One-Eyed Kings: Promise and Illusion in Canadian Politics (Toronto : Collins, 1986), p. 217. J'ai assisté au congrès en tant que délégué et plusieurs de ces impressions sont les miennes.

7. Davey à Anka, 2 avril 1984 ; Asper à Davey, 12 mars 1984. Fonds Keith Davey, boîte 32, dossier 36, Bibliothèque de l'Université de Victoria.

8. Davey à Anka, 2 avril 1984 ; Davey à Streisand, 4 mai 1984. *Ibid.*

9. *Globe and Mail*, 14 juin 1984.

10. L'article d'Ian Brown a été publié dans la section divertissements du *Globe and Mail*, 16 juin 1984. La transcription de Trudeau est tirée du *Toronto Star*, 15 juin 1984.

11. *Toronto Star*, 15 juin 1984 ; notes personnelles ; *Globe and Mail*, 16-17 juillet 1984.

12. L'émouvant discours de Kennedy au congrès des Démocrates en 1980 se termine par ces lignes : « Pour tous ceux dont les soins ont été notre préoccupation, le travail continue, la cause reste, l'espoir est encore vivant, et le rêve ne s'éteindra jamais. » J'aimerais remercier Jack Cunningham, étudiant au doctorat à l'Université de Toronto, qui m'a fait remarquer les similarités, qui ne sont de toute évidence pas une coïncidence.

13. Michel Vastel, *Trudeau : Le Québécois* (Montréal : Les Éditions de l'Homme, 2000), p. 273 et suivantes ; Brian Mulroney, *Mémoires* (Montréal : Les Éditions de l'Homme, 2007), p. 364. Concernant Gregg, voir Stephen Clarkson et Christina McCall, *Trudeau : L'Illusion héroïque* (Montréal : Boréal, 1995), p. 385. Peter C. Newman, *Mulroney : Les enregistrements secrets* (Montréal : Fides, 2007), p. 90. Allan Gotlieb, *The Washington Diaries : 1981-1989* (Toronto : McClelland and Stewart, 2006), p. 226-227.

14. On trouve des photographies du salon et des meubles dessinés par Cormier ainsi que de l'extérieur à plusieurs niveaux dans *Ernest Cormier et l'Université de Montréal*, sous la dir. d'Isabelle Gournay (Montréal : Centre Canadien d'Architecture et Éditions du Méridien, 1990), p. 79. Cormier avait pris les matériaux qui n'avaient pas été utilisés pour l'université et les avait incorporés dans sa maison.

15. Souvenir personnel d'une discussion avec des archivistes, août 1984. Entrevue avec Alexandre Trudeau, juin 2009. Il y a de nombreux souvenirs des années de retraite de Trudeau dans *Trudeau tel que nous l'avons connu*, sous la dir. de Nancy Southam, (Montréal : Fides, 2005), en particulier le chapitre 15 intitulé « Papa ».

16. Les commentaires de Robert Simmonds figurent dans Southam, *Trudeau*, p. 152. Entrevue avec Jim Coutts, avril 2009 ; Trudeau, *Mémoires politiques*, p. 316.

17. Brooke Johnson, *Trudeau Stories*, exemplaire fourni par l'auteure. Conversation avec Brooke Johnson, nov. 2008.

18. *Ibid.* Les rapports complets écrits par Trudeau figurent dans le site Web du Conseil InterAction à http://interactioncouncil.org/. Tom Axworthy accompagna Trudeau et l'aida dans la rédaction des rapports. Il témoigne de l'énorme influence d'Helmut Schmidt sur cette organisation et sur Trudeau. Conversation avec Tom Axworthy, fév. 2009. Bartleman a discuté avec moi de l'interven-

tion de Trudeau à Cuba en janv. 2007, et bien que l'influence de Trudeau ne soit pas certaine, il semble fort probable que la conversation entre Trudeau et Castro ait eu lieu.

19. Alexandre Trudeau, « Introduction », à Pierre Trudeau et Jacques Hébert, *Deux innocents en Chine rouge*, sous la dir. d'Alexandre Trudeau (Montréal : Éditions de l'Homme, 2007 ; première édition en 1961), p. 19-20. Mes commentaires ici proviennent de discussions et d'une correspondance avec Alexandre Trudeau sur le sujet. Pour une analyse de l'influence du catholicisme et de l'attirance de Trudeau pour les approches autoritaires, voir les commentaires dans John English, Richard Gwyn et P. Whitney Lackenbauer, sous la dir. de, *The Hidden Pierre Trudeau : The Faith Behind the Politics* (Ottawa : Novalis, 2004), en particulier les échanges entre Gregory Baum, philosophe des religions, et David Seljack, sociologue des religions (p. 145-150). Tom Axworthy a fait le commentaire suivant : « Je pense [que Trudeau] était plutôt agnostique concernant l'utilisation de l'État, sauf comme moyen d'essayer d'accroître la liberté humaine ; restrictif d'une part, mais permettant de l'autre d'exercer une certaine régularisation sur le marché » (p. 150).

20. Il existe plusieurs comptes rendus de ces événements. Trudeau, *Mémoires politiques*, p. 326 et suivantes ; Mulroney, *Mémoires*, p. 605-627 ; André Burelle, *Pierre Elliott Trudeau : l'intellectuel et le politique* (Montréal : Fides, 2005), section 7 ; L. Ian MacDonald, *De Bourassa à Bourassa* (Montréal : Primeur Sand, 1985), chapitre 22 ; Clarkson et McCall, *L'Illusion héroïque*, p. 390 et suivantes ; et surtout les articles de Trudeau dans le *Toronto Star* et *La Presse*, 27 mai 1987, et son entrevue avec Barbara Frum à la CBC à http://archives.cbc.ca/arts_entertainment/media/topics/368-2083/. De façon plus générale, voir le compte rendu complet dans Andrew Cohen, *A Deal Undone : The Making and Breaking of the Meech Lake Accord* (Vancouver : Douglas and McIntyre, 1990).

21. *Montreal Gazette*, 30 mars 1988 ; et *Globe and Mail*, 30 mars 1988.

22. Michael Bliss, cité dans Robert Bothwell, *Canada and Quebec : One Country, Two Histories*, éd. rev. (Vancouver : University of British Columbia Press, 1998), p. 193 ; Mulroney, *Mémoires*, p. 910.

23. L'article de l'*Encyclopédie canadienne* sur le projet de loi 178 figure à : http://www.thecanadianencyclopedia.com/index.cfm?PgNm=TCE&Params=F1ART F0009100. Entrevue avec Paul Martin, mai 2009.

24. Le discours a été publié dans *Fatal Tilt : Speaking Out about Sovereignty* (Toronto : HarperCollins, 1991), p. 16. Pour la réaction de Dickson, voir Robert J. Sharpe et Kent Roach, *Brian Dickson : A Judge's Journey* (Toronto : University of Toronto Press, 2003), p. 279-281.

25. L'article du *Maclean's* a été repris dans Pierre Elliott Trudeau, *À contre-courant : textes choisis, 1939–1996*, Gérard Pelletier, éd., (Montréal : Stanké, 1996), p. 265-276 . Vastel, *Trudeau*, p. 297, analyse l'influence de Trudeau, laquelle est confirmée dans l'étude théorique définitive par Richard Johnson *et al.*, *The Challenge of Direct Democracy : The 1992 Canadian Referendum* (Montréal et

Kingston: McGill-Queen's University Press, 1996). Les commentaires de Mulroney sont tirés de ses *Mémoires*, p. 1127. Les commentaires de Bob Rae figurent dans Susan Delacourt, *United We Fall: The Crisis of Democracy in Canada* (Toronto: Viking, 1993), p. 183-184. Le livre de Delacourt est le meilleur compte rendu de l'échec de l'Accord de Charlottetown.

26.   De l'article du *Maclean's* dans Trudeau, *À contre-courant*, p. 276.

27.   Stephen Clarkson et Christina McCall, *Trudeau : l'homme, l'utopie, l'histoire*, (Montréal : Boréal, 1990), p. 9 ; conversation avec Richard O'Hagan, mai 2009 ; *Les années Trudeau : la recherche d'une société juste*, Thomas S. Axworthy et Pierre Elliott Trudeau, éd., (Montréal : Le Jour, 1990) ; Ivan Head et Pierre Trudeau, *The Canadian Way: Shaping Canada's Foreign Policy, 1968-1984* (Toronto : McClelland and Stewart, 1995) ; J. L. Granatstein et Robert Bothwell, *Pirouette : Pierre Trudeau and Canadian Foreign Policy* (Toronto : University of Toronto Press, 1990) ; Trudeau, *Mémoires politiques* ; J. L. Granatstein, *The Ottawa Men : The Civil Service Mandarins 1935-1957* (Toronto : Oxford University Press, 1982), p. 278. Après avoir fait l'éloge des premiers ministres précédents, dont Diefenbaker, pour leur respect de l'impartialité et de l'indépendance de la fonction publique, Granatstein écrit : « Il est beaucoup moins sûr à présent que l'on pourrait se faire une telle opinion – après près d'une décennie et demie du gouvernement de Trudeau, et la politisation de la bureaucratie, du Bureau du greffier du Conseil privé jusqu'en bas de la hiérarchie. »

28.   Entrevue avec Jacques Hébert, fév. 2006. Powe a écrit à propos des enfants dans « The Lion in Winter », dans *Trudeau's Shadow : The Life and Legacy of Pierre Elliott Trudeau*, sous la dir. d'Andrew Cohen et J. L. Granatstein (Toronto : Random House, 1998), p. 401. Voir aussi B.W. Powe, *Mystic Trudeau : The Fire and the Rose* (Toronto : Thomas Allen, 2007).

29.   *Globe and Mail*, 6 sept. 1991 ; entrevue avec Alexandre Trudeau, juin 2009.

30.   Trudeau fait le commentaire dans la légende d'une photographie de lui prise avec Chrétien en 1990 (*Mémoires politiques*, p. 331). Le commentaire sur le caucus de Chrétien est tiré de souvenirs personnels.

31.   Catherine Annau, « The Sphinx », dans *Trudeau Albums*, Karen Allison, Rick Archbold, Jennifer Glossop, Alison Maclean, Ivon Owen, éd., (Toronto : Penguin, 2000), p. 145.

32.   *Le Devoir*, 28 juin 1997. Les commentaires sur l'incidence de la mort de Pelletier sont faits par tous ceux qui ont bien connu les deux hommes.

33.   Concernant les questions qu'il se posait sur sa foi après le décès de Michel, voir Ron Graham, « The Unending Spiritual Search », in *Hidden Pierre*, English, Gwyn et Lackenbauer, éd., p. 103. Entrevues confidentielles.

34.   Le compte rendu de Tetley a été publié dans le *Toronto Star*, 28 sept. 2001. *Maclean's* a été consulté en ligne à http://thecanadianencyclopedia.com/index. cfm?PgNm=TCE&Params=M1ARTM0011606.

35.   *Montreal Gazette*, 29 sept. 2000 ; *Le Devoir*, 29 sept. 2000. Le sondage sur la « principale vedette de l'actualité » et la réaction de Trudeau sont décrits dans

Trudeau Albums, p. 156. Introduction de John Ralston Saul au livre de Nino Ricci, *Pierre Elliott Trudeau* (Toronto : Penguin, 2009), p. xiii. La comparaison avec Lincoln figure dans Guy Pratte, « What Makes a Country ? Trudeau's Failure as a Leader », *Trudeau's Shadow*, Cohen et Granatstein, éd., p. 356-366.

36. *National Post*, 5 oct. 2000 ; *New York Times*, 6 oct. 2000.

37. « Pierre Elliott Trudeau 1919-2000 », Basilique Notre-Dame de Montréal, exemplaire personnel. Éloge funèbre de Justin Trudeau, *Toronto Star*, 4 oct. 2000.

Remerciements

Tout d'abord, je dois remercier la famille de Pierre Elliott Trudeau et les exécuteurs testamentaires de ce dernier de m'avoir demandé d'écrire la présente biographie. La famille Trudeau s'intéresse de près à l'histoire, à la littérature et, bien sûr, à la politique canadienne ; elle est aussi très cultivée en la matière. Ses membres m'ont donné libre accès aux documents personnels de Trudeau, dont est tirée la plus grande partie de ce tome. Justin Trudeau et Sophie Grégoire, Alexandre Trudeau et Zoë Bedos, ainsi que Margaret Trudeau ont tous partagé avec moi leurs souvenirs. Ils m'ont reçu au cours de mes recherches, et je les remercie de leur générosité et de la liberté qu'ils m'ont donnée d'écrire ce qui me semble être des vérités au sujet de Pierre Trudeau.

Comme dans le cas du tome 1, le présent tome a bénéficié du soutien généreux du Conseil de recherches en sciences humaines. J'ai ainsi pu employer quelques-uns de mes étudiants au doctorat à la création de cet ouvrage : Matthew Bunch, Jason Churchill, Beatrice Orchard, Andrew Thompson et Ryan Touhey. Leurs thèses de recherche ont grandement contribué au présent volume.

J'ai choisi de dédier ce tome à mon frère, qui était un membre actif du Nouveau Parti démocratique à l'époque où Pierre Trudeau était premier ministre. Ma mère a toujours appuyé le Parti libéral et Trudeau, alors que mon père annulait chaque fois le vote de ma mère jusqu'à ce qu'il finisse par voter libéral le jour où je me suis porté candidat. À ce moment-là, toutefois, Trudeau avait quitté la politique. J'ai appris d'eux que des opinions politiques variées sont légitimes et que des divergences politiques ne signifient pas qu'on ne peut pas avoir un mariage heureux. Celui de mes parents l'a sans conteste été. Je dois aussi beaucoup à ma femme, Hilde, qui a péri d'un cancer au moment où je terminais le premier tome de cet ouvrage, et à mon fils, qui suit de près la politique et vérifie avec zèle les faits présents et passés que j'aborde. Je tiens aussi à remercier ma belle-mère, Barbara Abt, et ma belle-sœur, Linda Abt, de leur soutien, ainsi qu'Angela Granic, de sa grande assistance.

De nombreux amis, collègues et associés ont été d'une aide précieuse dans la rédaction de ces deux tomes. Bien que je n'aie pas connu Pierre Trudeau – je l'ai rencontré à quelques reprises, mais il ne m'aurait pas reconnu si j'étais passé près de lui –, mon chemin a souvent croisé celui de son travail et de ses associés. Le fait que je ne lui aie parlé qu'une seule fois – pendant la semaine avant sa démission – bien que j'aie été président de circonscription et président de campagne de 1977 à 1980, illustre sans aucun doute la relation qu'avait Trudeau avec son parti politique. J'ai été de nouveau président de circonscription dans son dernier gouvernement, mais je n'ai eu aucune rencontre ou conversation avec lui au cours de ces années. Néanmoins, j'ai connu bon nombre des ministres de son Cabinet et de ses principaux stratèges politiques au cours de plus de trois décennies, et certains de ses plus proches et plus influents amis durant près de quatre décennies. J'ai assisté à des congrès politiques où son influence dominait et, comme tous les Canadiens, j'ai vu les effets de l'extraordinaire carrière de Pierre Trudeau sur nos vies.

Mes sources pour ce livre sont donc souvent mes souvenirs et des impressions personnelles que je me suis formées il y a longtemps, quoique quelque peu modifiées par le temps et l'interprétation historique. Il y a plusieurs années, par exemple, j'ai entendu la colère de Jack Pickersgill, un géant politique libéral d'une époque plus ancienne qui entretenait de profonds doutes quant à certaines des voies qu'avait choisi d'emprunter Trudeau. J'ai aussi eu le privilège, au milieu des années 1970, d'entendre Paul Martin et Allan MacEachan discuter de manière animée des mérites de Trudeau, discussion alimentée par un bon scotch. Ces deux politiciens astucieux et chevronnés étaient en profond désaccord : Martin, alors haut commissaire du Canada au Royaume-Uni, se chargeait de l'accusation, et MacEachen, ministre de Trudeau, assurait la défense avec son éloquence habituelle et une surprenante affection. Plus tard, j'ai rencontré de nombreux membres du personnel immédiat de Trudeau – chauffeurs, secrétaires, adjoints et gardes – qui partageaient la tendresse de MacEachen pour Trudeau en tant que personne, basée sur leur respect pour un être humain honnête, bienveillant et juste. De nombreux chefs, de Mao à Churchill, ont été présentés sous un jour défavorable par leur médecin, leur valet de chambre ou d'autres qui veillaient aux besoins quotidiens de leur important employeur. En ce qui concerne Trudeau, le contraire semble s'avérer, comme l'indique indéniablement la précieuse collection de souvenirs personnels de Nancy Southam au sujet de l'ancien premier ministre.

De manière générale, la mémoire des membres du Parti libéral à l'époque où Trudeau le dominait respecte cette même structure. Sa popularité est particulièrement grande au sein de la base, notamment chez les membres des communautés ethniques, alors que ses principaux détracteurs se trouvent parmi les hauts fonctionnaires du gouvernement et les dignitaires du parti. Au cours de mes recherches pour l'écriture de ce livre, alors que je lisais les documents et les discours de Trudeau, je me suis rappelé d'anciennes conversations au cours desquelles d'éminents libéraux s'en prenaient violemment à Trudeau et mettaient les malheurs du parti sur le compte de ses états de service. Cela a mis un frein à la tendance naturelle du biographe (et de tous les biographes en général) d'accepter les arguments ou le système de références de son protagoniste. J'espère qu'à l'instar des débats dans ma propre famille, ces échanges dont je me suis souvenu ont apporté un certain équilibre à ma compréhension de l'ancien premier ministre.

Dans l'expression de mes impressions de Trudeau et de son impact sur la politique canadienne et la vie au Canada, je suis redevable à de nombreuses personnes, y compris celles qui ont travaillé avec moi dans ma propre vie politique : David Cooke, Jim Breithaupt, Elaine et Roly Rees, Betty et Peter Sims, Mary et Jim Guy, Shawky Fahel, feu Walter Muzyka, Irene Sage, feu Vir Handa, Constantine Victoros, Munif Dakkak, Chris Karakokinos, feu Andy Borovilos, Steve Skropolis, Don et Katie Thomson, Noreen et Pat Flynn, Louise et Paul Puopolo, Janice Bryson, Jean Reilly, Wendy Angel et John Shewchuk, James Howe, Joan Euler, Basheer Habib, Marianne Apostolache, feu Tim Fitzpatrick, Merv Villemaire, Andrew et Nancy Telegdi, Janko Peric, Bryan Stortz, Pat Rutter, Jamie Martin, Dalbir Sidhu, Prakash Ahuja, Herb Epp, John Milloy, feu John Sweeney, Sue King, Carl Zehr, Jim Erb, Ray Simonson,

Chris Farley, Mike Carty, feus Doug et Linda McDowell, Karen Redman et Berry Vrbanovic.

Je souhaite aussi remercier les établissements qui m'ont soutenu durant l'écriture du présent ouvrage. J'ai intégré l'Université de Waterloo en tant qu'étudiant dans les années 1960 et j'y enseigne depuis le début des années 1970. Elle a constitué pour moi une solide base de recherche et d'enseignement, et j'ai le plus grand respect pour cet extraordinaire établissement. Les personnes à qui je suis redevable de leur aide sont trop nombreuses pour que j'en dresse ici la liste exhaustive, mais je tiens à souligner l'appui des directeurs de mon département et bons amis Pat Harrigan et Andrew Hunt, de leurs exceptionnelles adjointes Nancy Birss, Donna Lang et l'inimitable Irene Majer, des doyens de ma faculté Bob Kerton et Ken Coates, du doyen de mon université Amit Chakma et de l'ami et voisin de Trudeau, aujourd'hui le président de mon université, David Johnston. Ken McLaughlin a collaboré avec moi à de nombreux égards dans la rédaction de ce livre, récemment au Centre pour l'innovation dans la gouvernance internationale (CIGI), dont j'assure la direction générale.

Au CIGI, je suis très redevable à mon adjointe, Lena Yost, qui m'a secondé de tant de façons au cours de nombreuses années, et à sa remplaçante estivale, la pétillante Jen Beckermann. Je tiens aussi à remercier mes nombreux collègues de ce centre : Daniel Schwanen, qui a agi comme directeur intérimaire durant un an alors que je travaillais à ce livre, Andy Cooper, mon directeur adjoint et collaborateur de longue date, Paul Heinbecker, qui a su m'offrir en tout temps les rectifications qui s'imposaient compte tenu de ses services distingués à titre de diplomate canadien et de conseiller en chef de Brian Mulroney en matière de politique étrangère. Alison De Muy et son partenaire, Andrew Thompson, ont lu le manuscrit, et de nombreuses autres personnes m'ont aidé de diverses manières. J'exprime tout particulièrement ma gratitude à Jim Balsillie, le président du conseil et fondateur du CIGI, qui a généreusement donné de son temps, de sa vitalité et de son dynamisme intellectuel pour me guider dans la mise sur pied de ce groupe de réflexion sur les affaires étrangères, qui, de bien des façons, reflète la vision de Trudeau selon laquelle nous devons maintenant tous devenir des citoyens du monde. Les membres du conseil Ken Cork, Cosimo Fiorenza, Dennis

Kavelman et Joy Roberts m'ont aussi apporté leur soutien, comme l'ont fait les chargés de mission Drew Fagan et Graham Shantz.

Depuis peu, je suis aussi rédacteur en chef du *Dictionary of Canadian Biography/Dictionnaire biographique canadien* (DCB/DBC), dont les employés Robert Fraser, Willadean Leo, Geocelyne Meyers et Loretta James ont soutenu mon travail. Mon collaborateur à l'Université Laval est Réal Bélanger, le biographe de Laurier, qui a travaillé de près avec Robert Bourassa. Ses conseils avisés, son érudition au sujet de l'histoire du Québec et sa chaleureuse amitié m'ont nourri à plus d'une reprise. Je suis également très redevable à mon prédécesseur au DBC, Ramsay Cook, qui a rédigé de magnifiques mémoires personnelles au sujet de sa propre interaction avec Pierre Trudeau : à l'image de M. Cook lui-même, ses écrits sont sages, généreux et intellectuellement hors pair.

De nombreuses autres personnes qui ont écrit au sujet de Trudeau m'ont procuré de solides fondations sur lesquelles appuyer cette biographie. Il existe maintenant des douzaines de livres au sujet de Trudeau, mais je voudrais tout particulièrement mentionner l'ouvrage en deux tomes de Stephen Clarkson et Christina McCall, *Trudeau*, d'une formidable envergure, *Le prince* de Richard Gwyn, un classique parmi les plus anciens ouvrages, le *Trudeau* de Georges Radwanski, basé sur les meilleures entrevues de Trudeau, *Trudeau le paradoxe* d'Anthony Westell, un pamphlet perspicace, la très nécessaire biographie intellectuelle de Trudeau de Monique et Max Nemni, *Trudeau : Fils du Québec, père du Canada*, l'ouvrage de Michel Vastel qui n'a laissé personne indifférent, *Trudeau : Le Québécois*, le très critique livre d'André Burelle, *Pierre Elliott Trudeau : L'intellectuel et le politique*, et deux récents comptes rendus personnels au sujet de Trudeau, *Mystic Trudeau: The Fire and the Rose* de Bruce Powe et le *Pierre Elliott Trudeau* de Nino Ricci. Les lecteurs du présent tome y verront l'importance de trois journaux intimes qui ont été publiés : ceux de Paul Martin, père, de Patrick Gossage, un assistant de Trudeau, et du député libéral Roy MacLaren. Je suis aussi énormément redevable à l'Office national du film et tout particulièrement à CBC/Radio-Canada, dont les archives contiennent un remarquable dossier visuel sur Trudeau, que j'ai fréquemment consulté. Fait intéressant, quand l'excellente équipe de rédaction de l'Université Laval a révisé ma courte biographie de Trudeau destinée au tome du DCB/

DBC consacré aux premiers ministres, elle a comparé les citations de Trudeau avec les fichiers visuels et sonores des archives de la CBC, et dans de nombreux cas, le document écrit ne respectait pas fidèlement ce que Trudeau avait dit. Fort de cette expérience, j'ai tenté, dans mes recherches pour le présent tome, de vérifier la justesse des documents écrits en comparant ces derniers aux fichiers électroniques, qui m'ont de nouveau permis de corriger le tir.

De nombreux collègues de Trudeau ont écrit ou écrivent actuellement leur propre compte rendu de cette période, et mes discussions avec eux m'ont été utiles. Encore une fois, ma bibliographie, accessible en ligne, contient une liste complète d'ouvrages, mais je me dois de mentionner ici plusieurs d'entre eux en raison de leur importance toute particulière. Alastair Gillespie, un ministre de premier plan de Trudeau dans les années 1970, possède les documents les mieux classés sur cette période. L'accès entier à ces documents et la généreuse collaboration d'Irene Sage, la co-auteure de M. Gillespie, également mon ancienne assistante et une proche amie, m'ont été d'un grand secours. Paul Litt, qui est en train de rédiger une importante biographie de John Turner, m'a autorisé à lire son manuscrit, et cela m'a profondément aidé à comprendre la relation Turner-Trudeau et la période concernée. Allan MacEachen travaille quant à lui à ses propres mémoires, et deux de mes anciens étudiants au doctorat (aujourd'hui des collègues à l'Université de Waterloo), Andrew Thompson et Ryan Touhey, se sont penchés sur ses documents – à leur avantage et au mien. Un autre de mes anciens étudiants, Greg Donaghy, maintenant chef de la division historique du ministère des Affaires étrangères, m'a été extrêmement utile, comme à son habitude, particulièrement en me confiant son propre excellent essai sur l'initiative de paix de Trudeau. Dick Stanbury m'a, lui, remis un exemplaire de son précieux journal et a participé à une « entrevue collective » effectuée auprès de neuf anciens ministres à Toronto. L'institution Bibliothèque et Archives Canada, sous la direction inspirée d'Ian Wilson, a collaboré avec moi à quatre autres entrevues de ce type, et toutes ces rencontres, grâce à la participation d'anciens ministres, d'adjoints principaux et d'employés du cabinet de Trudeau, ont produit des données exceptionnellement précieuses au sujet de ce dernier.

Robert Bothwell, le principal historien de la politique étrangère canadienne et un ami depuis le jour, il y a quarante ans, où nous nous sommes rencontrés et avons découvert que nous comptions rédiger une thèse de doctorat sur le même sujet, apparaît régulièrement dans les notes qui accompagnent cet ouvrage et il a encore plus fréquemment influencé mon appréciation des événements. Nous avons partagé au fil des ans des notes de recherche et d'entrevue, et elles m'ont aidé dans ma tâche. Mes remerciements vont aussi à plusieurs autres personnes qui m'ont fourni des renseignements : Don Avery, Jack Granatstein, Norman Hillmer, Stephen Azzi, Donald Wright, Joan Euler et feu Geoffrey Pearson.

Au début de ce projet, mon bon ami, l'éminent diplomate Geoffrey Pearson, qui ne comptait pas parmi les admirateurs de Trudeau, m'avait prévenu de ne pas « y toucher ». Je laisse aux lecteurs le soin de juger si j'ai eu ou non tort d'ignorer ce conseil, mais je peux affirmer que l'expérience d'écrire ces deux tomes a été rendue très gratifiante grâce aux excellentes personnes qui ont travaillé étroitement avec moi au cours des sept dernières années. Mon assistant principal a été Jonathan Minnes, qui, tout en étant étudiant en histoire à l'Université Wilfrid Laurier, a vérifié mes notes, corrigé les épreuves, consulté des archives et m'a aidé à des centaines d'autres petites corvées. Nicolas Rouleau, un jeune homme exceptionnel qui est aujourd'hui en Inde, m'a aidé dans mes recherches et, récemment, à la traduction. Parmi les autres personnes qui ont contribué à ce projet, il y a Eleni Crespi, Ian Haight, Sean House, Alexis Landry, Alex Lund, Brodie Ross et, indirectement, les élèves de mon cours supérieur qui ont étudié la période Trudeau.

Enfin, j'aimerais remercier l'équipe des Éditions de l'Homme qui a rendu possible la sortie simultanée du livre en français et en anglais.

JOHN ENGLISH
Kitchener, Ontario
Juin 2009

Crédits de photographies
et permissions

QUATRIÈME ENCART
Page i (en haut) © La Presse Canadienne/Peter Bregg;
    (en bas) © La Presse Canadienne
Page ii (en haut) © La Presse Canadienne/Doug Ball;
    (en bas) © La Presse Canadienne
Page iii (en haut) © Getty Images Hulton Archive/David Montgomery;
    (en bas à gauche) © La Presse Canadienne/Charles Mitchell;
    (en bas à droite) © Bibliothèque et Archives Canada C-112617
Page iv Courtoisie de Margaret Trudeau

CINQUIÈME ENCART
Page i © La Presse Canadienne/Rod Ivor
Page ii (en haut) © La Presse Canadienne/Gary Hershorn;
    (au milieu) © The Toronto Star/Boris Spremo;
    (en bas) Courtoisie de Gale Zoë Garnett
Page iii (en haut) © La Presse Canadienne/Fred Chartrand;
    (en bas) © La Presse Canadienne/Robert Cooper
Page iv (en haut) © La Presse Canadienne/Drew Gragg;
    (en bas) The Gazette/Mike Aislin

SIXIÈME ENCART
Page i © Jean-Marc Carisse
Page ii (en haut) © La Presse Canadienne/Bill Grimshaw;
    (en bas) © La Presse Canadienne
Page iii (en haut) © La Presse Canadienne/Fred Chartrand;
    (en bas) © Bibliothèque et Archives Canada PA-141503
Page iv (en haut) © La Presse Canadienne/Peter Bregg;
    (en bas à gauche)
© La Presse Canadienne/Gail Harvey;
    (en bas à droite) Courtoisie de l'auteur

SEPTIÈME ENCART
Page i (en haut series) © Jean-Marc Carisse;
    (en bas) © La Presse Canadienne
Page ii (en haut) © Jean-Marc Carisse;
    (en bas) © La Presse Canadienne/Andrew Vaughan
Page iii (en haut à gauche) © Jean-Marc Carisse;
    (en haut à droite) Courtoisie de l'auteur;
    (en bas) © Jean-Marc Carisse
Page iv (en haut) © Jean-Marc Carisse;
    (en bas) © Jean-Marc Carisse

Permissions

L'auteur s'est efforcé autant que possible de retracer tous les détenteurs des documents assujettis à des droits d'auteur et qui sont reproduits dans le présent ouvrage. Il tient aussi à exprimer toute sa reconnaissance envers ceux qui lui ont permis de reproduire des extraits des documents déjà publiés suivants :

Gossage, Patrick. *Close to the Charisma : My Years between the Press and Pierre Elliott Trudeau*, Halifax, Goodread Biographies, 1987.

Griffiths, Linda and Paul Thompson. *Maggie and Pierre: A Fantasy of Love, Politics and the Media*, Vancouver, Talon Books, 1980.

Head, Ivan L. and Pierre Elliott Trudeau. *The Canadian Way: Shaping Canada's Foreign Policy, 1968-1984*, Toronto, McClelland & Stewart, 1995.

SUCCESSION D'ELI MANDEL
Mandel, Eli. «Political Speech (for PET)», *Dreaming backwards, 1954-1981: The selected poetry of Eli Mandel*, Toronto, General Publishing Co., 1981.

Morin, Claude, *Le combat québécois*, Montréal, Les Éditions du Boréal Express, 1973.

Morin, Claude. *Quebec versus Ottawa: The Struggle for Self-Government 1960-1972*, Toronto, University of Toronto Press, 1976.

McWhinney, Edward. *Canada and the Constitution 1979-1982: Partriation and the Charter of Rights*, Toronto, University of Toronto Press, 1982.

Ritchie, Charles. *Storm Signals More Undiplomatic Diaries, 1962-1971*, Toronto, McClelland & Stewart, 2001.

SUCCESSION DE PIERRE ELLIOTT TRUDEAU
Trudeau, Pierre. *Mémoires Politiques*, Montréal, Le Jour, 1993.

Index

Simon, William, 241
Simpson, Jeffrey, 155, 418, 427, 474-475
Sinatra, Frank, 518, 590
Sinclair, Gordon, 225
Sinclair, James (père de Margaret), 60, 126, 581
Sinclair, Kathleen (mère de Margaret), 581
Sinclair, Lin, 129
Sinclair, Margaret, 11, 153-154, 194. *Voir aussi*, Kemper, Margaret
  accompagne Pierre dans son voyage pour rencontrer le président Carter, 319
  a le sentiment que ses efforts pendant la campagne ne sont pas appréciés, 236
  apparence physique de, 201
  apprend par ses fils que Pierre fréquente Liona Boyd, 391
  attentions de Chou En Lai à l'égard de, 226
  a une conversation avec Richard Nixon, 250
  autorisée à refaire la décoration du 24, promenade Sussex, 188, 202, 283
  blessée par les ragots et les rebuffades, 121-123
  comprend que Pierre l'a demandée en mariage, 122
  courtisée par Pierre, 60-61
  décide de quitter Pierre pour une séparation d'essai, 320-322
  désintégration graduelle de son mariage, 305-322
  détermine de restreindre sa vie sociale à son mariage, 206
  devient de plus en plus intime avec Pierre, 121
  en colère contre les rendez-vous amoureux de Pierre avec Barbra Streisand, 60
  épouse Pierre, 127-129
  éreintée par la presse à propos de sa vie dissipée, 306
  est entendue en confession pour la première fois, 127
  est fouillée à la frontière américaine, 127
  est la confidente de Pierre, 250
  fait des commentaires sur la défaite libérale, 381
  hospitalisée à Montréal, 308
  influence croissante sur la pensée de Pierre, 192
  les premiers temps de sa vie à la maison avec Pierre après l'élection, 201-204, 205-207
  lettre d'admiration de Gabrielle Roy à, 317-318
  n'a pas de maison à Ottawa, 383
  naissance de son premier fils, 173
  ne ménage pas ses efforts dans son travail de mère, 382
  notoriété croissante de, 313-315
  opposée à Loi sur les mesures de guerre, 100
  participe à la campagne de 1974, 231-233, 236, 238
  participe aux événements de la campagne de 1972, 183
  photographiée en train de danser alors que les libéraux sont défaits, 389
  Pierre et elle consultent en thérapie de couple, 512
  première grossesse de, 136
  ragots de plus en plus nombreux au sujet de, 391
  rejoint Pierre lorsqu'ils déménagent du 24, promenade Sussex, 382
  rencontre la mère de Pierre, 126
  rencontre Mick Jagger, 320
  ressent comme une injustice le deux poids, deux mesures du traitement médiatique, 391
  s'enfuit à Paris, puis en Grèce, 308
  s'inscrit à l'Université d'Ottawa en 1971, 122
  sa connaissance limitée du français, 121
  sa déception devant les résultats de l'élection de 1972, 185
  sa deuxième grossesse, 203-204
  sa préparation en vue de sa conversion au catholicisme, 124-125
  sa séparation définitive de Trudeau annoncée par le CPM, 322
  sa troisième grossesse et l'accouchement de Michel, 281
  sa vie de « hippie » après Tahiti, 60
  se désespère des effets de la défaite des libéraux du Québec sur sa famille, 304
  se sent exclue à cause des habitudes de travail de Pierre, 239
  ses doutes sur son mariage avec Pierre, 125
  ses préparatifs en vue de son mariage avec Pierre, 124-126

Table des matières

L'effritement : 1974–1979

L'héritage : 1980–1984

SUIVEZ LES ÉDITIONS DE L'HOMME SUR LE WEB

Consultez notre site Internet et inscrivez-vous à l'infolettre
pour rester informé en tout temps de nos publications et
de nos concours en ligne. Et croisez aussi vos auteurs préférés
et l'équipe des Éditions de l'Homme sur nos blogues!

www.editions-homme.com

Achevé d'imprimer au Canada
sur papier Enviro 100% recyclé